Hans-R. Grundmann
Isabel Synnatschke

USA DER GANZE WESTEN

**Arizona
California
Colorado
Idaho
Montana
Nevada
New Mexico
Oregon
Utah
Washington State
Wyoming**

plus Abstecher nach
Texas, Nebraska &
South Dakota

Titelfoto: »Grand Prismatic Spring« im Yellowstone Nationalpark, ➤ Seite 727

Impressum

Hans-R. Grundmann, Isabel Synnatschke

USA - DER GANZE WESTEN

22. komplett überarbeitete und
erweiterte Auflage 2020

mit separater Planungskarte
für die US-Weststaaten

ist erschienen im

REISE KNOW-HOW Verlag

Sartoriusgang 8
D - 26122 Oldenburg

ISBN 978-3-89662-758-2

Gestaltung
Umschlag: Carsten C. Blind/Asperg,
Hans-R. Grundmann, Isabel Synnatschke
Satz und Layout: Hans-R. Grundmann, Isabel Synnatschke
Fotos: siehe Verzeichnis Seite 830
Kartographie: map solutions, Karlsruhe
Illustrationen: Alexander Brandt, München

Druck
MediaPrint Paderborn

Dieses Buch ist in jeder Buchhandlung
in Deutschland, Österreich und der Schweiz erhältlich.
Die Bezugsadressen für den Buchhandel sind

- Prolit Gmbh, 35463 Fernwald
- AVA Buch 2000, CH-8910 Affoltern
- Mohr Morawa GmbH, A-1230 Wien
- Barsortimente

Wer im lokalen Buchhandel Reise Know-How-Bücher nicht findet,
kann diesen und andere Titel der Reihe auch im Buchshop des
Verlages im Internet bestellen: www.reise-know-how.de

Für Rückmeldungen, Verbesserungsvorschläge und Korrekturen sind Autoren und Verlag dankbar: info@reiseknowhow.de.

Zur Konzeption dieses Reiseführers

Dieses Buch wendet sich in erster Linie an Leser, die den Westen der USA **auf eigene Faust** entdecken und erleben möchten. Es beruht auf jahrelanger Reiseerfahrung der Autoren und stellt praktische Fragen, wie sie sich bei der Reisevorbereitung und unterwegs im »touristischen Alltag« ergeben, in den Vordergrund.

Neben vielen wichtigen Informationen zum Reiseland USA ist breiter Raum zunächst **Überlegungen** gewidmet, die man noch **vor der eigentlichen Planung** anstellt bzw. anstellen sollte. Damit der Urlaub wunschgemäß verläuft und »bringt«, was man erwartet, sollten persönliche Ansprüche und Reiserealität so weit wie möglich übereinstimmen. Alle in diesem Zusammenhang bedenkenswerten Aspekte werden im einführenden Kapitel des »Allgemeinen Teils« behandelt. Dazu gehören auch Themen, denen Reiseführer oft keine besondere Aufmerksamkeit schenken, wie etwa dem Urlaub mit Kindern.

Sind Jahreszeit, Zeitraum und Art des Reisens (mit **Wohnmobil/Pkw, Motel oder Zelt**, Bus oder Eisenbahn, eventuell sogar per **Fahrrad**) bestimmt, findet der Leser in den Kapiteln 2 und 3 des ersten Teils alle Infos zur optimalen Durchführung seiner nun konkreten Reisepläne sowie **zahlreiche Tipps und Hinweise zur Vermeidung von unnötigen Ausgaben, Zeitverlust und Ärger**.

Der Reiseteil bietet – ausgehend von **neun Startrouten** ab Los Angeles, San Francisco, Seattle und Las Vegas und **vier Basis-Rundstrecken** (je zwei im Südwesten und Nordwesten) – ein dichtes Netz von Streckenbeschreibungen. In der **Umschlagklappe** vorne findet man das komplette **Routennetz**. Es ist so angelegt, dass man sich daraus – abhängig von persönlichen Prioritäten, Jahreszeit und Reisedauer – eine individuell optimale Reiseroute zusammenstellen kann. Dank vieler Querverbindungen ist auch ein Abweichen von der im Buch gewählten Richtung und Reihenfolge der Beschreibungen kein besonderes Problem.

Erleichtert werden Ziel- und Routenauswahl zusätzlich dadurch, dass Sehenswürdigkeiten, Streckenabschnitte, Quartiere und Campingplätze nicht nur erläutert bzw. aufgelistet sind, sondern – wo immer möglich und sinnvoll – mit Wertungen versehen wurden (ohne die berühmte »rosarote Brille«). Genauere Details zu Konzeption und Aufbau des Reiseteils stehen auf den Seiten 196ff.

Nicht unmittelbar die Reisepraxis betreffende **Daten und Wissenswertes zu den USA**, dem Land und seinen Menschen, weiteren Angaben zu Informationsmöglichkeiten vor Ort wie (ergänzend zu den Angaben im laufenden Text) im **Internet** sowie ein **Kurzlexikon** mit 500 nützlichen Begriffen und ein **Index** finden sich im abschließenden Anhang.

Die über **80 Karten** im Buch und die separate **Gesamtübersicht mit Karten von 17 Nationalparks auf der Rückseite** sind auf den Text abgestimmt.

Eine gute Reise wünschen Ihnen

Hans-R. Grundmann & Isabel Synnatschke

Reiseziel USA Westen

John Ford Point
im Monument Valley

Wandmalerei (Mural) an der Außenfassade eines Buchladens in Ajo/Arizona unweit des Organ Pipe National Monument

Planung, Vorbereitung und Organisation

einer Reise durch den Westen der USA

Hwy #101 am Cape Sebastian im Süden Oregons

NO

1 REISEPLANUNG

In diesem ersten Kapitel werden für die optimale Planung einer Tour durch den US-Westen alle wichtigen Punkte erörtert, die man noch **vor der Flug- und Fahrzeug-Buchung oder Festlegung einer Reiseroute** bedenken sollte. Nach der »Einkreisung« dessen, was man dort unbedingt sehen und erleben möchte, betrifft das vor allem die **ideale Reisezeit** sowie das perfekte **Transportmittel** (Pkw, SUV, Wohnmobil etc.) und – damit verbunden – auch die Art der **Übernachtung unterwegs** (H/Motel, B&B, Hostel, Camping) einschließlich der zu erwartenden Kosten der Alternativen.

Außerdem sollen die folgenden Abschnitte neben einer kurzen Einführung in die Geographie, Fauna und Flora des US-Westens eine Übersicht über das vermitteln, was man von der Reise erwarten darf und in Städten sowie freier Natur unternehmen kann.

Im Vordergrund steht neben dem Sightseeing die ganze Palette möglicher Urlaubsaktivitäten, Abenteuer und Ferienspaß. Der Westen der USA bietet in dieser Beziehung Möglichkeiten, die man in ähnlicher Breite anderswo kaum findet – schon gar nicht zum Null- oder moderaten Pauschaltarif wie öfters der Fall.

Weitere wichtige Punkte wie die zu erwartenden Gesamtkosten und sämtliche Aspekte der praktischen Reiseplanung und -vorbereitung (Flug-/Auto-/Hotelbuchung) sind Thema des Kapitels 2 im Allgemeinen Teil (rote Griffmarken). Alles, was zu berücksichtigen ist, nachdem man seinen Fuß auf amerikanischen Boden gesetzt hat, steht im Kapitel 3.

1.1 Wichtig zu wissen vor der Reiseplanung

1.1.1 Bevölkerung, Geographie und Natur der Weststaaten unter touristischem Blickwinkel

Bevölkerungsverteilung auf Ballungsgebiete und die Fläche

Fläche

Die 48 Staaten der kontinentalen USA bedecken (ohne Alaska) eine Fläche von rund 8,1 Mio. km² und sind damit über 22 mal so groß wie Deutschland. Davon entfallen auf die 11 Weststaaten (➤ Umschlagklappen) mit 3,075 Mio km² knapp 38%. Sie entsprechen damit fast exakt der gesamten Größe aller Staaten der EU vor der Osterweiterung.

Bevölkerung und ihre Verteilung

Von den mittlerweile ca. 326 Mio. Amerikanern leben aber nur ungefähr **77 Mio. im Westen**, und von diesen wiederum gute zwei Drittel in einem kaum mehr als 200 km breiten Streifen entlang der Pazifikküste. Die Bevölkerung auf dieser Fläche von maximal 400.000 km² ist dabei äußerst unterschiedlich verteilt. Die Metropolen Seattle, Portland, San Francisco, LA und San Diego samt Umfeld beherbergen allein über 40 Mio. Einwohner und wachsen unaufhörlich weiter; nur um die 8 Mio. leben in kleineren Städten und ländlichen Gebieten des – im weitesten Sinne – Küstenbereichs.

Die restlichen rund 29 Mio. Einwohner der Weststaaten teilen sich eine Fläche von ca. 2,7 Mio. km^2, wohingegen in der Europäischen Union (heute 27 Länder) auf 4,5 Mio km^2 gut 513 Mio. Menschen leben. Selbst dieser recht plastische Vergleich drückt kaum aus, wie dünn die riesengroße Region zwischen den Gebirgen der Sierra Nevada und Kaskaden und den Prärien des mittleren Westens wirklich besiedelt ist. Denn über die Hälfte von ihnen konzentriert sich auf nur wenige Ballungsgebiete: Las Vegas im Bundesstaat Nevada, Phoenix/Tucson in Arizona, Albuquerque/Santa Fe in New Mexico, Denver in Colorado und Salt Lake City in Utah.

Das zeigt sich auch ganz klar in der jeweiligen **Bevölkerungsdichte**: New Mexico kommt gerade mal auf 6,5 Einwohner/km^2, in Deutschland sind es 232 Einwohner/km^2.

Dass im US-Westen die Natur abseits der großen Städte und der Küsten noch weitgehend »in Ordnung« ist und sich ökologische Schäden in Grenzen halten, ist auch darauf zurückzuführen.

Geographische Gegebenheiten

Geographie

Die **ungleichgewichtige Besiedelung**, obwohl in der heutigen Entwicklung stärker durch wirtschaftliche Faktoren beeinflusst, war zunächst die Folge der geographischen und klimatischen Gegebenheiten. Zwar umfassen die Territorien von Montana, Wyoming, Colorado und New Mexico im Osten auch Teile der Prärien des (touristisch weitgehend uninteressanten) mittleren Westens, aber insgesamt sind die Weststaaten geprägt durch in Nord-Süd-Richtung verzweigte Gebirgszüge und die Ebenen zwischen ihnen.

Rocky Mountains

Jedermann kennt die Rocky Mountains. Die Bezeichnung bezieht sich auf die östliche Ausbuchtung der **Kordillerenkette,** die sich durch ganz Nord- und Südamerika von Alaska bis hinunter nach

Liegt meist abseits der üblichen Reiserouten, der Oatman-Topock Highway durch die malerische Wild-West-Kulisse der Black Mountains – ein Teilstück der ehemaligen Route 66

Feuerland zieht. Die »***Rockies***« laufen – von Kanada kommend – in breiter Linie über das westliche Montana und Wyoming mitten durch Colorado, New Mexiko und den Südwesten von Texas (**Big Bend Nationalpark**) nach Mexiko. Nur im Norden (**Glacier** und **Grand Teton Nationalpark**) zeigen sie ein uns von den Alpen her vertrautes Bild. Trotz auch weiter beachtlicher Höhen bis über 4000 m wirken sie im zentralen Bereich weniger schroff und spektakulär (etwa im **Rocky Mountain Nationalpark**), gewinnen aber in den ariden südlichen Zonen an Attraktivität.

Intermontane Hochebenen

Man darf sich die Rocky Mountains nicht als ein durchgehendes Gebirge vorstellen; sie bestehen in Wirklichkeit aus einer ganzen Reihe von – oft nicht einmal direkt miteinander verbundenen – Teilformationen mit unterschiedlichsten Bezeichnungen. Viele von ihnen liegen nicht innerhalb einer Linie, sondern parallel zur Hauptkordillere (**Bighorn Mountains** in Wyoming, **Bitterroot** und **Sawtooth Mountains** in Idaho, **Wasatch Mountains** in Utah und **San Juan Mountains** in Colorado).

Dazwischen befinden sich sogenannte **intermontane Hochebenen**, durchweg trockene, sommerheiße Gebiete, die wegen ihres geringen landwirtschaftlichen Wertes menschenleer blieben. Typische Beispiele dafür sind das zentrale Wyoming, das **Great Basin** Nevadas und das **Colorado Plateau**, das im südlichen Utah, im nördlichen Arizona und in New Mexico angesiedelt ist und vom gleichnamigen Fluss durchschnitten wird.

Das Colorado Plateau

Das **Colorado Plateau** erinnert in der Realität nur selten an eine »Ebene« im Wortsinn. Es handelt sich vielmehr um ein großes, zusammenhängendes Gebiet auf vornehmlich 1.500 m bis 2.000 m Höhe, das unterschiedlichste Teilareale aufweist. Die **Mehrheit der Spitzen-Nationalparks** (*Grand Canyon, Zion, Bryce Canyon, Arches* usw.), das Freizeitdorado **Lake Powell** und das ***Monument Valley***, aber auch zwei **große Indianerreservate** (Navajo und Hopi) liegen im Bereich dieser Hochebene. Sie wird nach Süden abgeschlossen durch gestaffelte, überraschend grüne Gebirgsformationen zwischen Grand Canyon und Las Cruces/New Mexico im ungewöhnlichen West-Ost-Verlauf.

Wüsten im Südwesten

Südlich des Colorado Plateau erstrecken sich die tiefer gelegenen, im Hochsommer fast unerträglich heißen Wüstengebiete des Südwestens mit stellenweise dichtem Kakteenbewuchs. Sie reichen bis zu den südkalifornischen Küstenbergen.

Westliche Kordilleren

Das pazifische Gebirgssystem bildet den westlichen Arm der nordamerikanischen Kordilleren. Es ist geteilt in die **Cascade Range** (Kaskaden) mit latenter vulkanischer Aktivität vom Mount Baker an der kanadischen Grenze bis zum *Lassen Volcano* (*National Park*) im Hinterland Nordkaliforniens, an die sich die **Sierra Nevada** (*Yosemite* sowie *Sequoia/Kings Canyon National Parks*) anschließt, und die sogenannten ***Coastal Ranges*** entlang der Pazifikküste. Letztere bestehen aus zahlreichen miteinander verbundenen Gebirgen

Weststaaten der USA
Landschaftliche
Gliederung
CANADA
MEXICO
Pazifischer
Ozean
N
Rocky Mountains
Mt. Olympic
Seattle
Spokane
Mt. Rainier
Portland
Columbia
Columbia River Basin
Coast Ranges
Cascade Mountains
Bitterroot Mountains
Sawtooth
Boise
Snake River
Missouri
Bighorn Mountains
WASHINGTON
MONTANA
OREGON
IDAHO
WYOMING
UTAH
NEVADA
COLORADO
CALIFORNIA
ARIZONA
NEW MEXICO
TEXAS
Great Basin
Sierra Nevada
Great Salt Lake
Salt Lake City
Wasatch Mountains
Denver
San Francisco
San Joaquin Valley
Mt. Whitney 4421 m
Death Valley
Las Vegas
Colorado Plateau
Lake Powell
Grand Canyon
San Juan
Sangre de Cristo
Mogollon Mountains
Los Angeles
Mojave Desert
San Diego
Colorado
Phoenix
Sonora Desert
Tucson
Albuquerque
Rio Grande
El Paso
Big Bend

mittlerer Höhe bis zu ca. 2000 m von den Olympic Mountains in der Nordwestecke Washingtons bis zu den San Ysidro Mountains an der mexikanischen Grenze.

Kalifornische Ebene

Zwischen den beiden pazifischen Gebirgszügen befindet sich auf den 1.600 km zwischen Los Angeles und Portland/Oregon ein Streifen meist kargen bis wüstenartigen Landes wechselnder Breite (bis zu 100 km), das dank ausgeklügelter Bewässerung zu den ertragreichsten Obst- und Gemüseanbaugebieten der USA entwickelt wurde. Touristisch ist in diesem Bereich mit einer Handvoll Ausnahmen (z.B. Sacramento) nur wenig »zu holen«.

Das Große Becken/ Great Basin

Das ausgedehnteste der intermontanen Plateaus (ca. 500.000 km^2) liegt zwischen den Bergen der Kaskaden bzw. der Sierra Nevada und den westlichen Höhenzügen der Rocky Mountains. Es bedeckt nahezu das gesamte Staatsgebiet Nevadas, den Südosten Oregons, den Südwesten Idahos, einen breiten Weststreifen Utahs (mit dem Großen Salzsee) und Südostkalifornien samt dem tief in die Umgebung eingeschnittenen ***Death Valley***.

Trotz der Unterschiede, welche die Bezeichnungen für die geographischen Teilregionen signalisieren (u.a. **Columbia River Basin** im östlichen Washington State, **Great Basin** im zentralen Nevada oder ***Great Salt Desert*** in Utah), gilt im Prinzip überall die gleiche Kennzeichnung: trockene und vegetationsarme Hochflächen, die von Ebenen, isolierten Gebirgen und nur nach Niederschlägen Wasser führenden Flusstälern unterbrochen werden.

Wüsten in Nevada und Kalifornien

Innerhalb dieses riesigen Gebietes (voller militärischer Sperrzonen für Waffenerprobung und Wüstenmanöver) gibt es neben Death Valley und Great Salt Lake viele sehenswerte Anlaufpunkte wie den ***Great Basin National Park***, die ***Little Sahara Desert***, den **Sand Mountain**, die restaurierte ***Calico Ghost Town*** und echte Geisterstädte. Touristisch ein wichtiger Aspekt, denn bei Reisen zu den Nationalparks im zentralen Westen mit Ausgangspunkt San Francisco oder Los Angeles/San Diego sind lange Fahrten durch die kalifornische Wüste oder das *Great Basin* nicht zu vermeiden.

Ebenen in Oregon und Washington

Sicherlich überraschend für viele Reisende setzt sich nach einer Unterbrechung durch die Blue Mountains, die im zentralen Osten Oregons Kaskaden und Bitterroot Mountains (Rocky Mountains Bereich) verbinden, die durch Trockenheit und hohe sommerliche Temperaturen gekennzeichnete Tafellandschaft bis nach Kanada fort. Das ***Columbia River Basin*** bzw. ***Plateau*** unterliegt aber dank der dort möglichen Bewässerung (ein System von Staudämmen von Kanada bis nach Oregon sorgt für nie versiegende Wasservorräte) im Gegensatz zum Great Basin einer intensiven landwirtschaftlichen Nutzung.

Weizenfelder bestimmen das Bild im Nordosten Oregons und im benachbarten Washington. Enorme Plantagen östlich der Kaskaden machen Washington zum drittgrößten Obstlieferanten der USA nach Kalifornien und Florida.

1.1.2 Flora und Fauna des US-Westens

Unterwegs informieren die Besucherzentren der ***State*** und ***National Parks*** immer wieder ausführlich über die Pflanzen- und Tierwelt des jeweiligen Gebietes. Ein Besuch deren Ausstellungen und ein Blick in die dort verfügbaren Publikationen lohnt sich immer, ebenso die meist kostenlose Teilnahme an Multivisionsvorträgen oder oft sehr guten, themenspezifischen von Rangern geführten Touren.

In diesem Kapitel soll es vorrangig Hinweise zu Pflanzen und Tieren geben, die typisch für den Westen der USA und unübersehbar sind oder wegen ihres besonderen Charakters sowieso auf der Liste dessen stehen, was man dort sehen möchte. Zusätzliche Einzelheiten zu der jeweiligen Flora und Fauna finden sich auch noch an entsprechender Stelle im Reiseteil.

Pflanzenwelt im amerikanischen Westen

Flora des Colorado Plateau

So abwechslungsreich die Landschaften des US-Westens, so vielfältig auch die dort heimische Flora. Je nach klimatischen und topographischen Bedingungen trifft man schon allein im Bereich des **Colorado Plateau** von der staubtrockenen Kakteenwüste bis zu dicht bewaldeten Bergregionen bereits alles an.

Unterhalb von 1.200 m dominieren auf diesem Tafelland überwiegend vegetationsarme Halbwüsten fast ohne Baum oder Strauch. Die Pflanzenwelt beschränkt sich vor allem auf robuste Kakteen und andere Überlebenskünstler wie den aromatisch riechenden ***Sagebrush*** (Wermutstrauch) oder die gelb blühenden ***Brittle*** und ***Creosote Bushes*** (Kreosotbüsche). Die aus Wildwest-Filmen vertrauten Kugeln aus vertrockneten Pflanzen sind vor Ort unter dem Namen ***Tumbleweed*** bekannt und rollen bei Wind durch die Gegend und gerne auch über die Landstraßen.

Feld voller California Poppies zur Blütezeit im Frühjahr in der Antelope Valley Poppy Reserve

Im Schutz der Canyonwände gedeiht eine Vielzahl an Pflanzen. Besonders schön sind die im Herbst gelb gefärbten Blätter der Pappeln (***Cottonwoods***), z.B. in den Schluchten rund um Escalante sowie die »Hängenden Gärten« aus Moosen und Farnen, die sich an Sickerstellen in den Sandsteinfelswänden ansiedeln. Zur Flussbegleitvegetation zählen zudem die unverwüstlichen Tamarisken (***Tamarisk***), die einst aus der Alten Welt eingeschleppt wurden und nun die einheimischen Pflanzen verdrängen/gefährden.

In höheren Lagen bis zu 2.000 m breitet sich die **Nußkiefer-/Wacholderzone** aus. Auf nährstoffarmen Sandböden sieht man dort immer wieder samtartige, dunkelbraune »Überzüge«. Diese sog. **Kryptobiotische Kruste** ist der Beginn allen Lebens in dieser ariden Umgebung. Die Ansammlung aus Algen, Flechten, Pilzen und Moosen schützt vor Erosion, speichert Feuchtigkeit und bildet die Grundlage für weitere Pflanzenbesiedlung. In Nationalparks wie den *Canyonlands* oder *Arches* wird sehr darauf geachtet, dass Besucher beim Wandern durch entlegene Gebiete nicht allzu großen Schaden an der empfindlichen Natur anrichten.

National-forste

Die **Baumgrenze** im Westen der USA liegt jenseits der 3.000 m und ist somit deutlich höher als in den Alpen. Der ***National Forest Service*** sorgt für den Erhalt und die Rehabilitierung der unermesslichen Wälder, die die höheren Lagen sowohl im Küstenbereich als auch besonders in den Gebirgen der Rocky Mountains bedecken und zeitweise durch ungezügelte Ausbeutung bedroht waren. Er unterhält in den von ihm verwalteten Wäldern mit über 1 Mio. km^2 zudem mehrere tausend (!) mehrheitlich hervorragend in die Natur eingebettete **Campingplätze**.

Während die **Laub- und Nadelwälder** durchaus an Europa erinnern können und große Gebiete in Kalifornien von ***Chaparral*** (ähnlich wie am Mittelmeer) bedeckt sind, so trifft man gerade dort auch auf so manchen interessanten Rekordhalter aus dem Pflanzenreich.

An erster Stellen seien hier die höchsten Lebewesen der Erde genannt, die Küstenmammutbäume (***Coastal Redwoods***). Einzelne Vertreter bringen es auf über 100 m Höhe. Sie benötigen für ihr Wachstum das neblige Küstenklima des nördlichen Kaliforniens. Besuchenswerte Bestände findet man – außer im oft überlaufenen ***Muir Woods NM*** unweit San Francisco – vor allem im ***Redwood National Park***, diversen *State Parks* an der Grenze zu Oregon und an der ***Avenue of the Giants***, außerdem nördlich von Santa Cruz im ***Big Basin Redwood***s oder ***Henry Cowell State Park***.

Weiter südlich gibt es fast keine *Redwoods* mehr. In den Küstenmischwäldern gedeihen dort wie auch weiter oben im Redwoodbereich Douglastannen, Ahorn-, Eichen- und Lorbeerbaumarten.

Giant Sequoia/ Riesenmammutbäume

Im Vergleich zum Riesenmammutbaum (***Giant Sequoia***), der nur an den Westhängen der **Sierra Nevada** vorkommt, wirken alle anderen Bäume gertenschlank. Der Durchmesser am Boden überschreitet bei den über 1.000-jährigen Exemplaren sagenhafte 12 m.

Üppig grüne Wälder und zahllose Wasserfälle kennzeichneten die Columbia River Gorge (OR/WA); beim Großbrand im Jahr 2017 wurde viel davon schwer in Mitleidenschaft gezogen

Dafür werden sie aber »nur« bis zu 80 m hoch. Es gibt noch rund 75 Haine mit – so heißt es – über 24.000 dieser »Kaventsmänner«. Die sehenswertesten Mammutbäume stehen in den Nationalparks ***Sequoia/Kings Canyon*** und ***Yosemite***.

Grannenkiefer

Eigentlich hätte man hier aber schon aus Gründen der Ehrfurcht die Grannenkiefer (***Bristlecone Pine***) an erster Stelle nennen müssen, denn die ältesten von ihnen haben über 4.000 Jahre auf dem zerzausten Buckel und standen bereits zur Zeit der Pharaonen. Ihr Zuhause haben die knorrigen, bis zu 20 m hohen Bäume im Great Basin Nationalpark im Nordosten Nevadas sowie in den kalifornischen White Mountains ab etwa 3.000 m Höhe. Bis vor Kurzem hatte der dort gut versteckte »*Methuselah*« einen Eintrag im »*Guinness* Buch der Rekorde«, nun lief ihm eine neu datierte Grannenkiefer mit einem stolzen Alter von **5.062 Jahren** diesen Rang ab. Um den genauen Standort dieser ganz besonders alten Bäume wird aus Naturschutzgründen vom ***National Forest Service*** ein großes Geheimnis gemacht.

Regenwälder

Nicht unerwähnt bleiben dürfen die **gemäßigten Regenwälder** (*rain forests*) im Nordwesten der USA. Niederschlagsmengen von gut 4.000 mm im Jahr und der unaufhaltsam vom Ozean aufziehende Nebel sorgen für sattgrüne, über und über mit Moos behangene Märchenwälder, die sich nahezu undurchdringlich über weite Teile der Olympischen Halbinsel ausbreiten und vereinzelt auch noch im Landesinneren zu finden sind (u.a. in Oregon in der ***Columbia River Gorge*** oder im ***Silver Falls State Park***).

Wildblumen-Wiesen

Im Hochsommer verzauben in dieser Ecke zudem ausgesprochen farbenfrohe und bunte Wildblumen-Wiesen zu Füßen der mächtigen Vulkankegel, allen voran im ***Mount Rainier National Park***, ebenfalls unweit von Seattle bzw. Portland.

Wüstenflora

Aber auch tiefergelegene, südlichere Gefilde haben weit mehr als nur trockene und karge Felslandschaften zu bieten und warten mit allerhand Exotischem auf. Jede der **drei großen Halbwüsten**, die sich von Südkalifornien bis nach Texas erstrecken (***Mojave***, ***Sonora*** und ***Chihuahuan Desert***), verfügt über ihre ganz eigene Pflanzenwelt. Einige Kakteenarten sowie der nach Regengüssen erstaunlich schnell grüne Blätter austreibende ***Ocotillo***-Strauch sind aber überall verbreitet. Sein die meiste Zeit dürres bis 10 m hohes, dorniges »Gerippe« schmückt sich selbst in trockenen Jahren mit leuchtend roten Blüten. Auch Kakteen blühen verlässlich ab März – unabhängig von der Niederschlagsmenge.

Wildblumen

Ganz im Gegensatz zu den Wildblumen: diese zeigen sich in den Trockengebieten manchmal **nur alle paar Jahre**, dann dafür aber umso beeindruckender. Nach einem überdurchschnittlich feuchten Herbst und Winter breiten sich ab Februar riesige Blütenteppiche auf den Wüstenböden aus. Berühmt für ihre bunten Wildblumenfelder aus Goldmohn, Wüstenlupinen, Nachtkerzen und Sandverbenen sind u.a. die *State Parks* ***Anza-Borrego Desert***, ***Lost Dutchman*** und ***Picacho Peak***.

Traumhaft schön ist dann der Kalifornische Goldmohn (***California Poppy***). Zigtausende von *Poppies* leuchten gelb-rot-gold in der Sonne von etwa Ende März bis in den Mai hinein nördlich von Los Angeles in den **Tehachapi Mountains** oder in dem eigens für die kalifornische Staatsblume eingerichteten Naturschutzgebiet ***Antelope Valley California Poppy Reserve***.

Mojave Desert

In Kalifornien bilden die Tehachapi, San Gabriel, San Bernardino und Santa Rosa Mountains die nördliche und westliche Grenze der **Mojave-Wüste**. Richtung Westen erstreckt sie sich bis hinauf in den Nordwesten Arizonas und die südwestliche Ecke Utahs.

Ihr auffälligster Vertreter ist der ***Joshua Tree***, benannt von mormonische Pionieren nach ihrem Propheten *Josua*. Mit »hoch erhobenen Armen« wies ihnen dieses große Yuccagewächs offenbar den Weg ins gelobte Land. Josuabäume, die bis zu 15 m hoch werden können, meist aber viel kleiner bleiben, findet man in Höhenlagen

Umgeben von prächtigen Saguaro-Kakteen am Alamo Canyon Zeltplatz im Organ Pipe National Monument

Josuabäume (Joshua Trees) im gleichnamigen Nationalpark

ab 500 m bis 1.800 m. Schöne Bestände git es u.a. im ***Joshua Trees National Park*** und in der ***Mojave National Preserve***. Seine großen, weißgelben Blüten zeigen sich im Februar/März und verbreiten einen eher unangenehmen Duft. Die braungrünen Früchte fallen bereits im Frühsommer und sind nicht genießbar.

California Fan Palm

Palmen sind im Südwesten der USA zwar weit verbreitet, die meisten von ihnen wurden allerdings »importiert«. Die einzige endemische Art ist die Kalifornische Fächerpalme (***California Fan Palm***), die bis zu 18 m hoch wird und eine bis zu 5 m breite Krone besitzt Ihr Aussehen kann erstaunlich unterschiedlich ausfallen. Ältere Exemplare wirken wegen herunterhängender und abgestorbener von Fasern durchsetzter Blätter besonders exotisch. Wenn diese nicht abgenommen werden, bilden sie im Laufe der Jahre eine dichte weit nach unten reichende braune Manschette um den tonnenartigen Stamm. Jüngere Bäume mit entfernten Altblättern wirken wie eine andere Art.

Das Verbreitungsgebiet der Kalifornischen Fächerpalme erstreckt sich von Südkalifornien bis in die östlich angrenzende Sonora-Wüste im Süden Arizonas. Sehenswerte Haine mit alten *Fan Palms* gibt es besonders im ***Anza-Borrego Desert State Park*** sowie im Bereich **Palm Springs** und Umgebung.

Sonora Desert

Die **Sonora-Wüste**, die sich über weite Teile Südarizonas ausbreitet, begeistert zudem durch ihren Kakteenreichtum und ist Heimat der berühmten bis über 15 m hohen ***Saguaros*** wie auch der vielarmigen Orgelpfeifenkakteen (***Organ Pipe Cactus***). Letztere gibt es auf amerikanischem Boden indessen nur im gleichnamigen Nationalmonument an der mexikanischen Grenze zu bewundern.

Chihuahuan Desert

Auf ersten Blick weniger spektakulär mag die Flora der ***Chihuahuan Desert*** erscheinen, die von Südostarizona bis nach Südtexas reicht. *Grasland*-Trockenbusch-Mischungen bestimmen dort das Bild. Im März/April zeigen sich aber auch Wildblumen und kleinere Kakteenarten von ihrer schönsten und buntesten Seite. Weit gen Himmel ragen die ***Giant Dagger Yuccas***, die teils baumartigen ***Soaptree Yuccas*** sowie die ***Lechuguilla***-Agaven, die sich nur einmal im Leben mit ihrem bis zu 3,5 m hohen Blütenstand schmücken.

Elche (auf Englisch »Moose«, nicht »Elk«!) sind kein seltener Anblick im Grand Teton, Yellowstone, Glacier oder Rocky Mountain Nationalpark

Tierwelt des amerikanischen Westens

Tierwelt

Aus mitteleuropäischer Sicht ist die Anzahl an wild lebenden Tieren, denen man während eines Aufenthalts im Westen der USA begegnet, mitunter überwältigend. Dies gilt insbesondere für die höher gelegenen, gebirgigen Regionen sowie für Nationalforste. Schon beim ersten Picknick in der Natur macht fast jeder Bekanntschaft mit bettelnden Zieseln (***Ground Squirrels***) und Streifenhörnchen (***Chipmunks***), Verwandte der ebenfalls oft zu sehenden Eichhörnchen (***Squirrels***) und der meist wachsam vor ihren Erdlöchern stehenden Präriehunde (***Prairie Dogs***).

Der auffällig blaue Diademhäher (***Steller's Jay***) und die mit ihrer »Banditenmaske« über den Augen unverkennbaren Waschbären (***Raccoons***) haben es meistens ebenso auf die Essensreste und Vorräte der Camper abgesehen.

Berg- und Waldbewohner

Zahlreich in ihrem Vorkommen sind auch nordamerikanische Hirscharten, zu denen die mächtigen Wapitis (***Elks***), der Weißwedelhirsch (***White-tailed Deer***) und die Maultierhirsche (***Mule Deers***) mit ihren etwas überdimensionierten Ohren zählen. Sie teilen sich Nationalforste und -parks mit den etwas scheueren Füchsen (***Foxes***), Dachsen (***Badgers***), Stinktieren (***Skunks***) und Rotluchsen (***Bobcats***). In den felsigen Gebirgsregionen sind außerdem Dickhornschafe (***Bighorn Sheeps***) weit verbreitet und oberhalb der Baumgrenze in Wyoming, Idaho, Montana, Washington und Colorado die kleinen hamsterähnlichen Pfeifhasen (***Picas***) sowie die weißen Schneeziegen (***Mountain Goats***).

Bighorn Sheep

Mit etwas Glück kann man in den Grasebenen des ***Yellowstone National Park*** Wölfe (***Wolves***) beobachten und begegnet dort sowie im benachbarten ***Grand Teton*** und im ***Glacier Nat'l Park*** noch dem einen oder anderen Elch (***Moose***). Den Sommer über ernähren sich diese mächtigen Tiere vorwiegend von Wasserpflanzen und stehen daher nicht selten bis zum Bauch eingetaucht in Teichen oder Flussläufen, wo auch eifrige Biber (***Beavers***) meist nicht lange auf sich warten lassen.

Braun- und Schwarzbären

Die im letzten Absatz genannten Nationalparks, sind außerdem der beste Anlaufplatz für alle, die gerne einen Braunbären (***Brown Bear*** bzw. ***Grizzly***) in freier Wildbahn sehen möchten. Auf den ersten Blick gar nicht so leicht zu unterscheiden sind sie von den allerdings kleineren und mitunter hellbraunen (!) Schwarzbären (***Black Bears***), die dort noch in größerer Zahl vorkommen, außerdem u.a. im Yosemite, Rocky Mountain und Olympic Nationalpark sowie in den Küstenwäldern bei Big Sur. Das beste Erkennungsmerkmal der Grizzlys ist weder ihre Größe noch die Fellfarbe, sondern vielmehr der ausgeprägte muskuläre »Höcker« zwischen ihren Schultern, der den Schwarzbären fehlt.

Begegnung mit Bären

Bären halten sich bevorzugt abseits großen Rummels im Hinterland auf, so dass man ihnen trotz der vielerorts einschlägigen Warnungen nicht häufig begegnen wird. Bei wiederkehrendem Aufenthalt in von Menschen frequentierten Gebieten (Essensgerüche auf Campingplätzen üben eine starke Anziehungskraft aus) werden sie als Gefahr angesehen und schnell von den verantwortlichen *Forest* und *Park Rangers* in entlegenere Regionen verfrachtet. Je weiter man in einsame Gebiete vordringt, umso größer sind daher die Chancen – oder das Risiko, wie man's nimmt – auf »Meister Petz« zu treffen. Allergrößte Vorsicht ist bei beiden Bärenarten vor allem dann geboten, wenn sie mit ihren Jungtieren unterwegs sind. Bei Wanderungen im Hinterland wird im Yellowstone und Glacier Nationalpark die Mitnahme von ***Bear Spray*** empfohlen: www.nps.gov/yell/learn/nature/bearspray.htm.

Pumas

Für Menschen ebenfalls nicht ganz ungefährlich sind Pumas (***Mountain Lion*** oder ***Cougar***). Diese große Raubkatze liebt die einsamen Bergregionen der Nationalparks ***Glacier***, ***North Cascades***, ***Grand Teton*** und ***Yellowstone***, ist aber ausgesprochen anpassungsfähig. Man findet Pumas auch weiter südlich im ***Yosemite***, ***Sequoia/ Kings Canyon*** oder ***Zion Nat'l Park*** und sogar in Wüstenparks wie dem ***Saguaro*** oder ***Big Bend***. Zuweilen fallen ihm sogar Haustiere am Stadtrand von Los Angeles zum Opfer.

Grizzly-Mutter mit dem unverkennbaren »Höcker« zwischen den Schultern und ihren zwei Jungbären

Büffel

Nahezu ausgerottet waren einst die Büffel (***Bison***), die vor Eintreffen des Weißen Mannes zu Millionen die Prärien des Westens bevölkerten. Aus den damals noch knapp 800 lebenden Exemplaren wuchs dank erfolgreicher Schutzmaßnahmen der Bestand auf wieder mehrere hunderttausend. Inzwischen sind Präriebisons sogar zu begehrten Fleischlieferanten geworden. Als wild lebende Tiere sind sie in größeren Herden vor allem in den Nationalparks *Badlands*, *Yellowstone* und *Grand Teton* zu sehen sowie in Montanas *Bison Range* und im *Custer State Park* in Süddakota.

Bisons sorgen regelmäßig für Staus auf den Straßen durch den Yellowstone Park

Wüstenbewohner

Weniger offensichtlich ist die Anwesenheit der Fauna in den wüstenartigen Gebieten. Bei allzu großer Hitze zeigen sich viele Bewohner nur nachts sowie in den Morgen- oder Abendstunden. Wahre Überlebenskünstler sind dort u.a. Kojoten (***Coyote***), Gabelantilopen (***Pronghorns***), Halsbandpekaris (***Javelinas***) sowie allerlei Reptilien wie die stark bedrohte Wüstenschildkröte (***Desert Tortoise***), der herrlich bunte Halsbandleguan (***Collared Lizard***), die dicken ***Chuckwallas*** oder die giftigen, rosa-schwarzgemusterten Gila-Krustenechsen (***Gila Monster***).

Begegnungen mit ihnen sind jedoch sehr selten, ebenso wie mit Schwarzen Witwen (***Black Widow Spider***), den handtellergroßen Taranteln, Skorpionen oder den berühmtberüchtigten Klapperschlangen (***Rattlesnake***). Besucher werden sie – wie viele weitere Wüstentiere – eher in zoologischen Gärten zu Gesicht bekommen als in freier Natur.

Klapperschlangen

Vorsicht ist aber dennoch angebracht bei Streifzügen durch entlegenere Gegenden, vor allem zwischen dunklen Lavasteinen, engen Canyonwänden oder im Dickicht in der Nähe von Wasserläufen sowie auf Wildblumenwiesen in Kalifornien oder Oregon. Die Autoren des Buches sind gut getarnten »***Rattlers***« bereits mehrfach (aus sicherer Entfernung) begegnet, u.a. in den ***Bisti Badlands***, im ***Valley of Fire***, in der ***Buckskin Gulch*** und in den Palmoasen des ***Anza-Borrego Desert State Park***.

Bisse sind jedoch sehr selten, denn meist machen die Klapperschlangen mit unverkennbaren Warnlauten rechtzeitig auf sich aufmerksam. Man darf sich aber nicht darauf verlassen, die Rassel der Jungtiere ist oft noch zu schwach. Leicht zu übersehen, aber nicht minder giftig, sind auch die nur 30-50 cm langen ***Midget Rattlesnakes***, die sich bei Hitze gern zwischen die engen, kühlen Wände der ***Escalante*** oder ***Paria Canyons*** zurückziehen.

Das starke Blut- und Nervengift der Klapperschlangen ist für erwachsene Menschen zwar nur in den seltensten Fällen tödlich, aber die Vergiftungserscheinungen, Spätfolgen und Schmerzen sind nicht zu unterschätzen – ebenso wie die hohen Kosten für das Gegengift, die sich im vierstelligen $-Bereich bewegen.

Korallenschlangen

Die für Menschen indessen lebensgefährlichen Korallenschlangen (***Coral Snakes***) leben extrem zurückgezogen im südlichen Arizona, New Mexico und Texas. Zwischenfälle gibt es laut Statistik so gut wie keine. Ihre grellen Warnfarben wurden von einigen anderen, meist harmlosen Schlangenarten nachgeahmt. Auf die Farbabfolge ihrer Streifen kommt es dann an: »*If red touches yellow, dangerous fellow; if red touches black, you're o.k., Jack!*«

Vögel

Ebenfalls nicht wegzudenken aus dem Südwesten ist der legendäre Rennkuckuck (***Roadrunner***), ein Vogel der – wie sein Name bereits vermuten lässt – zur Fortbewegung gerne und sehr geschickt seine Füße einsetzt (bis zu 27 km/h!). Recht flink sind auch die im Trockengebüsch und an den Küsten Kaliforniens weitverbreiteten quirligen Schopfwachteln (***Gambel's Quail***). Sie teilen sich ihre Reviere mit langohrigen Eselhasen (***Jackrabbit***) und den etwas gedrungeneren, niedlichen ***Cottontail Rabbits***, die einen buschigen weißen Schwanz aufweisen.

Bald Eagle

Saguaros sowie anderen Kakteen bieten sicheren Schutz für die Nester vieler Falken- (***Hawks***) und Spechtarten (***Common Flicker*** und ***Gila Woodpekker***) sowie von Eulen (***Owls***), Spottdrosseln (***Trashers***) und des Kaktuszaunkönigs (***Cactus Wren***).

Eine wahre Augenweide sind die zierlichen Kolibris (***Hummingbirds***), die wie funkelnde Edelsteine von Blüte zu Blüte flattern. Man sieht sie nicht nur an der kalifornischen Küste und in grüner Umgebung, sondern ebenso mitten in der Wüste, etwa im ***Anza-Borrego Desert State Park***. »*Feeder*« (Nektarspender) und ihre Lieblingsblumen locken sie in Gärten und auf *Campgrounds*.

An klaren, fischreichen Gewässern im Binnenland und der Küste erfreuen sich gleichermaßen Angler wie Weißkopf-Seeadler (***Bald Eagle***). Gute Chancen, dem **Wappentier der USA** zu begegnen, hat man im ***Yellowstone National Park***, an der ***Olympic Coast*** sowie – während der kalten Jahreszeit – im Vogelschutzgebiet ***Bosque del Apache*** in New Mexico, wenn das Sumpf- und Marschland auch von Abertausenden Schneegänsen (***Snow Goose***) und Kanadakranichen (***Sandhill Crane***) bevölkert wird.

Auf seinen nahen Verwandten, den Steinadler (***Golden Eagle***), trifft man im Sommer vielerorts, vorzugsweise in bergigen Regionen. Er kann im Flug leicht mit dem nur wenig kleineren, allgegenwärtigen Truthahngeier (***Turkey Vulture***) verwechselt werden. Bei genauem Hinsehen offenbart sich aber der knallrote Geierkopf.

Kalifornischer Condor

Seit den 1990er Jahren versuchen Wissenschaftler den kritisch gefährdeten Kalifornischen Condor (***California Condor***) wieder auszuwildern. Sein Bestand war weltweit auf nur noch rund zwei Dutzend geschrumpft, heute zieht dieser gewaltige Vogel (Flügelspannweite bis zu 3 m) zwar wieder seine Kreise am Himmel über Zentralkalifornien und dem nördlichen Arizona (u.a. bei den *Vermilion Cliffs*), aber sein Schicksal bleibt dennoch ungewiss.

Monarchfalter

Eine hübsche Besonderheit sind die orangeschwarzen **Monarchfalter**, die sich zwischen Ende Oktober und März einige Orte an der kalifornischen Küste als »Winterquartier« aussuchen, u.a. **Pacific Grove** und **Pismo Beach**. Sie hängen in dichten Trauben (***Clusters***) an den Ästen oder flattern zwischen den Bäumen umher.

Meeresbewohner

Auf größere Strand- und Meeresbewohner wie Seehunde, -löwen und -elefanten (***Seals***, ***Sea Lions*** und ***Elephant Seals***) stößt man bei Fahrten entlang der Pazifikküste fast automatisch. Abgesehen von zivilisationsnahen Ruhezonen der Tiere etwa beim ***Pier 39* in San Francisco**, in **La Jolla** oder rund um **Monterey**, lassen sie sich am besten in der ***Año Nuevo State Reserve*** nördlich von Santa Cruz und in der ***Piedras Blancas Reserve*** unweit San Simeon beobachten. In der ***Point Lobos State Reserve*** bei Carmel und etwas weiter südlich in **Moss Landing** gesellen sich zu ihnen in großer Zahl die immer noch gefährdeten Seeotter (***Sea Otter***).

Sea Otter

Blau- (***Blue Whale***) und Buckelwale (***Humpback Whale***) können den Sommer über bis in den Herbst hinein an der Küste vor San Diego und im Bereich Big Sur beobachtet werden. Von Dezember bis April ziehen zudem Grauwale (***Gray Whale***) an der kalifornischen Küste entlang und versammeln sich z.B. gern in den nährstoffreichen Gewässern bei Depot Bay/Oregon und in Kalifornien vor Newport und Laguna Beach.

Besonders gute Aussichten auf ein erfolgreiches ***Whale Watching*** hat man auch rund um die San Juan Islands und im Puget Sound vor den Toren von Seattle. Schwarzweiße Schwertwale (***Orcas***) zählen dort neben Tümmlern (***Porpoises***) von Mitte Mai bis Mitte Oktober zu den Dauergästen.

Einfahrt in das »Todestal«

1.1.3 Nationalparks, Nationalforste und State Parks

Nationalparks www.nps.gov

Die Idee hinter den National Parks

Die Schaffung der amerikanischen Nationalparks basiert auf dem Gedanken, außergewöhnliche Landschaften, Naturwunder und bedeutsame historische Stätten vor Zerstörung und kommerzieller Ausbeutung zu bewahren und gleichzeitig den Bürgern des Landes den (kontrollierten) Zugang zu ermöglichen. Als erster und bis heute wohl berühmtester von allen wurde der *Yellowstone* bereits 1872 zum Nationalpark erklärt. Aber erst seit 1916 existiert der ***National Park Service*** (***NPS***), der seither die Nationalpark-Idee in wirklich vorbildlicher und weltweit nachgeahmter Weise in die Praxis umgesetzt hat.

Dem *Park Service* unterstehen aber nicht nur die 61 als solche deklarierten Nationalparks (davon 30 in den elf Weststaaten und 5 weitere in unmittelbar angrenzenden Regionen in Südwest-Texas bzw. den Dakotas, 2 auf Hawaii, 8 in Alaska und 16 in den restlichen US-Staaten), sondern zusätzlich eine Vielzahl von Schutzgebieten, ➢ letzte Seite des Buches und hintere Umschlagklappe.

Unterschiede NP, NM, NHS

Die meisten ***National Parks*** (***NP***) umfassen neben herausragenden natürlichen Sehenswürdigkeiten meist auch einsame, große Wildnisgebiete im Hinterland. Sie sind Besichtigungs- und Ferienziel zugleich. In manchen Parks lassen sich nicht nur Tage, sondern Wochen abwechslungsreich gestalten. In den strenger thematisch (Flora und Fauna, Geologie, Siedlungs- und vorkolumbische Historie, bisweilen auch von jedem etwas) ausgerichteten ***National Monuments*** (***NM***) und ***Historic Sites*** (***NHS***) oder auch ***Historic Parks*** (***NHP***) ist die jeweilige Attraktion oft einziges, zumindest aber vorrangiges Besuchsmotiv. Die Abgrenzung zwischen den *Parks*, *Monuments* und anderen ist fließend. So gibt es unter den *NMs* einige, die alle Merkmale eines *NPs* zeigen und aufregender sind als mancher von ihnen, so z.B. das Kakteengebiet *Organ Pipe NM*, das vulkanische *Mount St. Helens* oder das landschaftlich äußerst vielfältige *Grand Staircase-Escalante NM* in Südutah.

America the Beautiful - Interagency Annual Pass

Für sämtliche Einrichtungen des ***National Park Service*** (*National Parks, Monuments* etc.) wie auch für alle ***Federal Recreational Lands*** (*National Forest, BLM Land* etc.) gilt der **Jahrespass »America the Beautiful«**. Ohne diesen offiziell auch als **»Interagency Annual Pass«** bezeichneten Plastikausweis im Scheckkartenformat sollte niemand unterwegs sein, der mehr als nur ein paar Tage seiner USA-Reise den Naturschönheiten widmen möchte. Er macht sich in kürzester Zeit bezahlt, selbst wenn nur wenige Nationalparks auf dem Programm stehen.

Der *America the Beautiful*-Pass kostet **$80** und ist ein Jahr lang vom Monat der Ausstellung an gültig für zwei Passinhaber, die weder verwandt noch miteinander verheiratet sein müssen, sowie deren im selben Fahrzeug sitzenden Begleitpersonen. Kinder unter 16 haben haben stets freien Eintritt. Campinggebühren, kostenpflichte Rangertouren usw. sind nicht eingeschlossen.

Der Jahrespass kann zwar vorab im Netz (https://store.usgs.gov/pass/) erworben werden, man kauft ihn aber am besten einfach im ersten Nationalpark direkt bei der Einfahrt oder im *Visitor Center* bzw. in einem Büro der anderen ***Agencies***, die man unweigerlich irgendwo passiert. Mit ihm erhält man einen sog. ***Hangtag*** (ggf. nachhaken!), der am Innenspiegel des Autos befestigt wird, wenn man eine nicht personell besetzte Einrichtung nutzt (vor allem Picknick- und Parkplätze in Nationalforsten).

National Recreation Areas

Der Begriff »Nationale Erholungsgebiete« bezieht sich vornehmlich auf Regionen, die für Aktivferien und *Family Fun* geeignet sind und wegen ihrer Attraktivität ohne staatliche Kontrolle längst Opfer privater Spekulation geworden wären. ***National Recreation Areas*** (***NRA***) entstanden mehrheitlich um die größten Stauseen. Ausnahmen sind z.B. die *Oregon Dunes* und der *Hells Canyon*.

National Lake- and Seashores

Die Nationalküsten an den Ozeanen dienen ebenfalls der Erholung und Freizeit unter wachsender Betonung des Naturschutzgedankens. An der Westküste fällt unter diese Kategorie nur die *Point Reyes National Seashore* nördlich von San Francisco.

Verkehrsmäßige Anbindung der Parks

Die weitaus meisten Parks und Monumente lassen sich ohne eigenes Fahrzeug nur schlecht erreichen, da sie abseits der Busnetze und des Schienensystems liegen. Zubringerbusse, die zwischen den wichtigeren Parks bzw. Monumenten und den nächsten größeren Ortschaften verkehren, sind bei geringer Frequenz recht teuer.

Eintritt

Fast alle Einrichtungen des Nationalpark-Systems erheben Eintrittsgeld, die Mehrheit von ihnen verlangt $25-$35 **für eine »private Wagenladung«** (=Pkw/Kleinbus bis 6 Personen, max. 4 Erwachsene; gültig **7 Tage**). Radfahrer, Wanderer oder Busreisende müssen $10-$20 pro Person entrichten. **Ein »Jahrespass« für $80** lohnt sich also für viele Besucher, ➤ Kasten oben.

Besucherzentren

Im Eintritt eingeschlossen ist überall ein Faltblatt mit Karte des Parks/Monuments und Basisinformationen zu Geschichte, Entstehung, Fauna/Flora und spezifischen Einzelheiten. So gut wie nie fehlen ***Visitor Center***, die meist eindrucksvoll durch Schaubilder und Ausstellungen mit den Eigenarten des Parks vertraut machen. In den stärker besuchten Parks gehören Filme/Videos oder Multivision-Shows zum Standardprogramm der Besucherzentren. Ergänzende Broschüren in deutscher und anderen wichtigen Sprachen gibt es in oft von Ausländern frequentierten Parks.

Ranger

Wo Campingplätze existieren (in der Mehrheit der Nationalparkeinrichtungen), werden während der Saison oft Abendprogramme (*Campfire Programs*) mit Lichtbildervorträgen oder Filmen angeboten. Zuständig dafür sind ***Ranger***, sowohl Aufsichtspersonen mit Polizeibefugnis als auch Spezialisten für Natur und Historie ihres Einsatzbereichs. Viele leiten tagsüber Wanderungen und andere Aktivitäten, denen sich Besucher häufig kostenlos, aber in letzter Zeit auch schon mal gegen Beitrag anschließen können.

Saison

Manche Nationalparks und -monumente weisen während der Saison von **Anfang Juli bis Ende August** (teilweise auch noch im Herbst) extrem hohe Besucherzahlen auf. Amerikaner sieht man in der *Off-Season* überwiegend im Rentenalter. Auf Übernachtungen in Unterkünften in den Parks sollte man ohne eine Reservierung zwischen **Mai und September** nicht spekulieren. Sie sind lange im Voraus ausgebucht und auch beim Campen ist die Situation in beliebten Parks oft problematisch.

National Forest Service

National Forests

Unberührte Natur findet man ebenso in den **Nationalforsten**. Sie stehen den Nationalparks in dieser Beziehung oft in nichts nach. In vielen Fällen setzen sich typische landschaftliche Merkmale der *National Parks* oder *Monuments* in den umgebenden National Forests fort. Sie sind vor allem in der Hochsaison Geheimtipp für alle, die sich gerne auch abseits der Haupt-Besucherströme halten möchten. Die meisten Straßen durch Nationalforste erfreuen fast immer mit schöner Streckenführung und geringer Verkehrsdichte, soweit sie nicht gleichzeitig als Zufahrt zu bekannteren touristischen Zielen wie den Nationalparks dienen. Die riesigen Wälder im US-Westen verfügen außerdem über zahlreiche hervorragend angelegte Campingplätze.

»Smokey the Bear« ist das Maskottchen der Nationalforste.

Der ***National Forest Service*** (***NFS***), der die riesigen Nationalforste der USA verwaltet, das ***Bureau of Land Management*** (***BLM***), eine für viele andere Ländereien (speziell Wüstengebiete) verantwortliche Organisation, das ***Corps of Engineers*** (***CoE***), Pioniereinheit der US-Armee, und weitere staatliche Institutionen erheben meist

Gebühren auf den von ihnen betreuten Arealen. Wer also wandern oder zu heißen Quellen laufen, wer einen Picknickplatz benutzen, sein Schlauchboot zu Wasser lassen oder mit dem Quad (ATV=*All Terrain Vehicle*) durch die Wüste brausen möchte, wird ziemlich lückenlos zur Kasse gebeten. Schon mangels Nähe zur Zivilisation stehen an etlichen Parkplätzen bzw. Ausgangspunkten für Wanderungen oft keine Minitresore mehr zum Einwurf von Bargeldumschlägen, sondern lediglich unübersehbare Gebührentafeln mit Hinweisen, wo Parkausweise zu erstehen sind (selten unter $5/Tag bzw. Einmalnutzung und oft meilenweit weg).

Inhaber eines ***Interagency Pass*** brauchen sich darum in der Regel nicht zu kümmern; der Pass gilt durchweg auch dort.

State Parks

State Parks

Als Pendant zu den *National Parks* können ***State Parks*** (***SP***), verwaltet von den jeweiligen Bundesstaaten, ebenfalls ungewöhnliche geologische Formationen, historisch interessante Stätten oder sehenswerte Landschaften schützen. Oft versteckt sich hinter dem Begriff aber nichts weiter als gepflegte öffentliche Anlagen wie Badestrände (***State Beach***), Bootsanleger- und Angelstellen, Picknickplätze oder – meist großzügig und komfortabel angelegte – *Campgrounds*. Sofern es sich nicht um reine Rastplätze oder Strandzugänge handelt, kosten *State Parks* **bis zu $20 Eintritt** auch für den sogenannten *day-use* (Tagsüber-Nutzung).

Aus Geldmangel wurden in den letzten Jahren immer wieder etliche weniger besuchte, defizitäre State Parks vorübergehend oder sogar komplett geschlossen, allen voran in Kalifornien, Arizona und Nevada. Zugleich wurden in vielen Fällen Eintritts- und Campinggebühren erheblich angehoben.

Nicht nur in Nationalparks stehen fantastische Landschaften unter Naturschutz. So mancher State Park macht ihnen ordentlich Konkurrenz. Bestes Beispiel ist das Valley of Fire nördlich von Las Vegas. Wie Feuer leuchten dort die zahllosen Felsbögen und -löcher in der tiefstehenden Sonne; das Foto links zeigt den ***Piano Rock*** *im Morgenlicht, einen mächtigen »Steinway« an der Camping bzw. Loop Road des Parks*

Insekten allerorten (von Mai bis September)

Wenn man vom Naturerlebnis in Amerika spricht, dann darf ein kleines Problem, das in der Fremdenverkehrswerbung gerne übergangen wird, nicht verschwiegen werden. In weiten Teilen Nordamerikas einschließlich der Weststaaten ist die Insektenplage ein arges Kreuz. Wenn es nicht die Mücken oder Wespen sind, dann die ***Black Flies***, ***Horse Flies*** oder die sogenannten ***No-See-Ums***, fast unsichtbare Kleinfliegen. Irgendetwas sticht oder beißt immer. Nicht umsonst verbarrikadieren Amerikaner ihre Häuser und RVs aufs Sorgfältigste mit feinmaschigen Insektennetzen. Auf Wanderungen, am Lagerfeuer und in weniger insektensicheren Zelten/Campern helfen im Sommer nur Dauerbehandlung mit (amerikanischem!) Insektenschutz und hochgeschlossene Kleidung.

1.1.4 Naturerlebnis und Abenteuer

Sofern es nicht ausschließlich in die großen Citys geht, bedeutet ein Urlaub im US-Westen immer »Naturerlebnis pur«. Und das gelingt am besten, wenn man nicht bloß die Sehenswürdigkeiten der Reihe nach »abhakt«, sondern auch ausreichend Zeit an jenen Orten hat, die einem besonders gut gefallen. Dann können auch ad hoc – je nach Lust und Laune – allerlei Aktivitäten ins Reiseprogramm eingebaut werden. In den USA sind die meisten der unten angeführten Unternehmungen sogar ohne Vorbuchung oder langfristige Anmeldung möglich:

Wandern/ Hiking

Zu einem intensiveren Reiseerlebnis gehört die eine oder andere Wanderung. In den Landschaftsparks bieten sich meist zahlreiche Gelegenheiten um sich die »Füße zu vertreten« – vom einfachen, ebenen Weg mit Lehrpfadcharakter (***Interpretive Trail***) bis hin zu kaum oder gar nicht gekennzeichneten Wildnisrouten über Stock und Stein (***Wilderness Trail***). Sofern man in den Besucherzentren nicht ohnehin eine genaue Karte mit Beschreibung erhält, informieren Tafeln am Weganfang über Verlauf, Dauer und Schwierigkeitsgrad der einzelnen ***Hiking Trails***. Die Ausgangspunkte (***Trailheads***) sind in der Regel gut ausgeschildert.

Backpacking

Befinden sich auch Zelt und Schlafsack im großen Rucksack, dem *Backpack*, wird aus dem *Hiking* ein ***Backpacking***. Dem Mehrtageswanderer stehen auf den ***Backcountry Trails*** meist in regelmäßigen Abständen kleine Einfachstzeltplätze (***Walk-in*** oder ***Wilderness Campgrounds***) zur Verfügung, die gegen eine geringe Gebühr oder kostenfrei genutzt werden können, sofern man sich vorher ein ***Wilderness*** oder ***Backcountry Permit*** bei den *National Forest* oder *Park Rangers* besorgt hat. Diese »Erlaubnisscheine« dienen primär der Ökologie, indem zum Beispiel nur eine begrenzte Zahl von Interessenten pro Tag zugelassen wird. *Backpacking* ist in den USA

Geführte Wanderung durch das Felslabyrinth »Fiery Furnace« im Arches National Park

bei Jung und Alt eine erstaunlich populäre Aktivität, die zeigt, dass durchaus nicht allen Amerikanern der Sinn nur nach Komforturlaub und kommerziellen Vergnügungen steht.

Long Distance Trails

Als Krönung des *Backpacking* gilt die Bewältigung zusammenhängender Wanderrouten über Tausende von Kilometern, und sei es stückchenweise. Einer der großartigsten Wege dieser Art ist der 4.240 km lange ***Pacific Crest National Scenic Trail*** von der kanadischen Grenze nach Mexiko durch die Nationalparks der Kaskaden und der Sierra Nevada. Im Bereich der *Yosemite* und *Sequoia/ Kings Canyon Parks* verläuft auf weitgehend identischen Wegen der wunderbare ***John Muir Trail***. Ebenfalls sehr reizvoll sind ***Oregon's Coastal Trails***, Wege entlang der dramatischen Oregon-Küste, die überwiegend aneinander anschließen. Der über 1.300 km lange, erst 2011 fertiggestellte ***Arizona National Scenic Trail*** durchquert den gleichnamigen Staat von Nord nach Süd.

Ausgewählte Wanderungen

Im Reiseteil dieses Buches finden sich über 200 Wanderempfehlungen. Dabei handelt es sich in erster Linie um Kurz- bis Tageswanderungen. Auch das Portal www.americansouthwest.net ist dafür eine gute Anlaufstelle.

Radfahren/ Biking

Keine größere City in der es heute nicht Fahrradverleihstationen (*Rent-a-Bike*) gibt; und auch in einigen Nationalparks kann man **Fahrräder mieten**. Häufig lassen sich kleinere Städte oder Parks besser mit dem Fahrrad als per Auto erkunden, obwohl selten Radwege vorhanden sind (Ausnahmen: *Grand Canyon* und *Yosemite Nat'l Parks*) und mehr Aufmerksamkeit im Verkehr angebracht ist als hierzulande. Für Bus- und Zugreisende ist *Biking* eine gute Ergänzung (➢ »Per Fahrrad durch die USA«, Seite 63).

Mountain Biking

Im Land, wo das Mountainbike erfunden wurde, gibt es natürlich auch jede Menge ***Mountain Bike Trails***, vor allem in Kalifornien, Utah und Colorado. Orte wie Moab/Utah oder Durango/Colorado sind die populärsten Treffpunkte für MTB-Fahrer und bieten großartige Reviere (dort auch *Bike-Rentals*). Noch mehr über *Mountain Biking* und/oder Radwandern in den USA vermittelt der Reise Know-How-Titel »**Bikebuch USA/Canada**«.

Reiten/ Horseback Riding

Von etlichen Veranstaltern werden Reitferien in den USA als Pauschalreisen angeboten, meist in Verbindung mit teuren Ranchaufenthalten. Wer zwischendurch mal Lust zum Reiten hat, findet in und um Nationalparks sowie an den Hauptreiserouten regelmäßig Möglichkeiten für Ausritte in die Umgebung. Auch ohne Voranmeldung kann man häufig noch an begleiteten Tagesausflügen teilnehmen. Leihpferde für individuelle Unternehmungen (nicht nur) für den geübten Reiter lassen sich leicht auftreiben. Die überall vorhandenen *Tourist Information Center* helfen dabei gerne. Die Stundensätze liegen oft unter den Tarifen in Europa. Möglichkeiten für kurze Ausritte, Tagestouren und mehr listet für alle Staaten das Portal www.horserentals.com/horses.html.

Backroads/ Hinterland-Straßen

Ausgesprochen beliebt in den USA sind (Auto-)Fahrten über sogenannte ***Backroads***, kleine, aber in der Regel ohne Einschränkungen befahrbare Straßen, die abseits der Hauptverbindungsrouten, durch das Hinterland (= *Backcountry*) führen. Vergleichbares gibt es in Mitteleuropa kaum. In abgelegenen Ebenen der intermontanen Plateaus können solche Strecken recht langweilig sein, andernorts aber durch landschaftliche Kleinode führen, die in keinem Reiseführer verzeichnet sind. An ihnen findet man idyllische Dörfer, in denen die Zeit fast stehengeblieben zu sein scheint, und das *Good Old America* der Kinderbücher. Sehr schöne *Backroads* gibt es z.B. in Nordkalifornien im *Humboldt* und *Trinity County*, im *Calaveras County* nordwestlich des *Yosemite Park* und in Südkalifornien zwischen Riverside, Palm Springs, der Pazifikküste und San Diego.

Seit der Wasserstand des Lake Powell stark sank, ist die gut ausgebaute, grandios geführte Straße #95 über die Brücke des Colorado River bei der ehemaligen Marina Hite faktisch eine Backroad mit nur noch wenig Verkehr

4-Wheeling/ 4x4 Trails

Weitaus abenteuerlicher ist das sog. »***4-Wheeling***«. Hierbei bewältigen geländegängige Jeeps oder andere *Off-Road*-Fahrzeuge Pisten, bei denen man es z.T. nie für möglich halten würde, dass sie sich tatsächlich noch mit vier Rädern befahren lassen. Das *Red Rock Country* rund um die Kleinstadt Moab ist so ein 4WD-Spielplatz. Dort locken zahllose **4x4-Trails** unterschiedlichen Schwierigkeitsgrads Fahrkünstler und Schaulustige gleichermaßen an.

ATVs/ ORVs

Etwas familientauglicher sind die kleineren Buggies, mit denen man sich auf Sandflächen und -dünen austoben darf. Bei uns seit ein paar Jahren nur unter dem Begriff »Quad« geläufig, werden sie drüben ***All Terrain Vehicle*** (**ATV**), ***Off-Road Vehicle*** (**ORV**) oder ***Off-Highway Vehicle*** (**OHV**) genannt. Sie wiegen nicht viel und sind simpel in der Handhabung, zudem verfügen sie dank geringer Untersetzung und Grobprofilen auf den Ballonreifen über ein sagenhaftes Steigvermögen. Ein Festfahren ist fast unmöglich, und wenn, dann kann meist eine Person die Maschine ohne große Probleme wieder aus dem Sand oder Matsch ziehen. ORV-Fahren bringt einen Mordsspaß. Und daher sind oft schon die Kleinsten dabei. Wo Krach und Flurschäden noch nicht zu Verboten geführt haben, lassen sich ORVs zu hohen Stunden- und Tagessätzen auch mieten. Beliebte ORV-Areale findet man an der Westküste in der ***Oregon Dunes NRA***, in den Dünen der ***Pismo State Beach*** in Kalifornien und landeinwärts in Wüstenregionen aller Staaten des Südwestens, u.a. in den ***Imperial Dunes*** im südöstlichen Kalifornien und den ***Coral Pink Sand Dunes*** in Süd-Utah.

Stauseen/ Reservoirs

Im Umfeld von San Francisco und LA wie auch in den Ausläufern der Sierra Nevada und Kaskaden fallen beim Blick auf die Landkarten ganze Seen-Ketten auf. Bei genauem Hinsehen erkennt man, dass Gewässer mit nennenswerter Größe meist in einer Ecke einen kleinen Balken aufweisen, der die Lage des Staudämme kennzeichnet. ***Reservoirs***, wie sie in den USA genannt werden, dienen als Wasserspeicher für Landwirtschaft und Großstädte und stehen – mit einigen Ausnahmen – der Öffentlichkeit für Erholung, **Wassersport** und Fischfang offen. An ihren Ufern kann man meist campen und sich während der heißen Jahreszeit Abkühlung verschaffen, es sei denn, der Wasserstand ist im Spätsommer oder nach Trockenperioden zu stark abgesunken, was in letzter Zeit oft vorkam.

Hausbootferien

Mit dem **Lake Powell** (Arizona/Utah), dem **Lake Mead** (Nevada/Arizona), weiteren **Stauseen des Colorado River** (Südkalifornien/Arizona), der ***Whiskeytown Shasta-Trinity*** in Nordkalifornien und der ***Lake Roosevelt National Recreation Area*** in Washington State besitzt der US-Westen fantastische **Hausboot-Reviere**. Auf ihnen warten Armadas von Hausbooten auf zahlungskräftige Kunden, die sich die schwimmende Wohnung samt *Speedboat* oder Jetski u.a.m. glatt bis zu $5.000 pro Woche oder mehr kosten lassen.

Hausbootferien zur Hauptsaison bucht man besser langfristig im Voraus. Reist man jedoch bis Ende Mai (*Memorial Day*) oder ab September (nach *Labor Day*), kann man ***Houseboats*** (außer auf dem oft ausgebuchten Lake Powell) jederzeit auch direkt vor Ort für (mindestens 3-4!) Tage mieten. Dies hat den großen Vorteil, dass man so auch gleich sieht, wie die Schiffe und vor allem das Revier beschaffen sind, und kann ggf. eine günstigere Miete realisieren, wiewohl selbst in der *off-season* immer noch exorbitante Tagestarife gelten.

Schwimmende Plattformen/ Motorboote

Wer es eher mal zwischendurch auf einen gemütlichen Tag auf dem Wasser abgesehen hat, findet von *Outboardern* angetriebene Pontons mit Sonnendach, Gasgrill und Badeleiter zu erschwinglicheren, trotzdem nicht geringen Mietpreisen. Normale Motorboote verschiedener Klassen werden ebenfalls angeboten.

Rafting

Eine der Spezialitäten nordamerikanischen Ferienabenteuers ist das ***White Water Rafting***. Es gibt kaum einen nennenswerten Fluss, der nicht von den Booten kommerzieller ***Rafting Companies*** befahren wird. Zum Ausprobieren des ***River Rafting*** auf Wildwasser bieten sich unterwegs im US-Westen viele Möglichkeiten für Halb- und Eintagestrips. Dabei sind alle Schwierigkeitsgrade zu haben: vom harmlosen Dahingleiten z.B. auf dem gemütlichen Teil des Colorado River nördlich von Moab bis zu Stromschnellen mit Gefahrenstufe IV weiter flussabwärts im *Grand Canyon*. Diese wie auch Trips durch die Schluchten des *Dinosaur NM* auf dem Green River können als Pauschalarrangement schon von Europa aus gebucht werden. Langfristige Reservierung ist oft angesagt. Mancherorts bekommt man mit etwas Glück aber auch in letzter Minute und ohne Voranmeldung noch einen freien Platz. Entsprechende Angebote liegen praktisch in jeder Touristeninformation aus.

Kajaks

Während der Kanadier (***Canoe***, offene Boote mit Stechpaddel) eher eine Domäne Kanadas und des US-Nordwestens ist, sind Kajaks (***Kayak***, mit Sitzlucke und Doppelpaddel) auch im Südwesten kein seltener Anblick – allen voran auf Seen und rund um den wilden oder aufgestauten Colorado River. Auf Kajak-Touren lässt man selbst an so populären Plätzen wie dem Lake Powell schnell die Grenzen der Zivilisation hinter sich.

Kajaktour vorbei am Lime Kiln Lighthouse auf den San Juan Islands bei Seattle

Kanadier/ Canoes

Der Kanadier ist im US-Nordwesten ähnlich angesagt wie in Kanada für Wasserwanderungen und Angeltouren, speziell auf Seen und Flüssen von Nationalparks und Wildnisarealen, z.B. im *Grand Teton* oder *Glacier Nat'l Park*, auf den Stauseen des Snake und Columbia River oder in der *Sawtooth Wilderness*/Idaho.

Inner Tubing

Großer Beliebtheit erfreut sich das sog. ***Inner Tubing***, ein bei uns kaum bekanntes Vergnügen. Die Amerikaner, jung und alt, benutzen Schläuche (*inner tubes*) aus LKW-Reifen und daraus entwickelte Schwimmringe mit Boden, um sich auf Flüssen und Bächen durch die Landschaft treiben zu lassen. Die dafür besonders geeigneten Gewässer zeichnen sich meist durch geringe Tiefen, gelegentliche Stromschnellen ohne ernste Gefahrenstufen und – im Sommer – angenehme Wassertemperaturen aus. Das Problem der »Einbahnstraße« Fluss lösen ***Rental Companies***. Sie vermieten Schläuche und kleine Schlauchboote und befördern ihre Kunden per Bus zum Ausgangspunkt. Genießer führen *Container-Tubes* mit eingehängter *Coolbox* für Getränke mit. Fürs *Inner Tubing* wie geschaffen sind z.B. der Truckee River nördlich des Lake Tahoe/Kalifornien, der Salt River bei Phoenix und der Deschutes River (durch die *Lava Lands* im zentralen Oregon).

Angeln/ Fishing

In Anbetracht der unzähligen klaren Gewässer, Stauseen und endlosen Meeresküsten mit unerhörtem Fischreichtum ist es kein Wunder, dass Angeln in ganz Nordamerika so eine Art Obsession darstellt. Auch ausländische Touristen dürfen in den USA ihr Anglerglück versuchen, die dazu unabdingbare, kostenpflichtige ***Fishing License*** (Angelschein) ist noch im kleinsten Dorf zu beschaffen. Allerdings wird in jedem Bundesstaat eine neue Lizenz fällig.

Goldwaschen/ Gold Panning

Neben der historischen Goldrauschregion in Kaliforniens Sierra Nevada gilt ein breiter Streifen von Mexiko bis in den hohen Norden als ***Gold Country***. Kurze und längere Boomperioden gab es in fast allen Weststaaten. Und so stößt man auch außerhalb bekannter Goldgebiete Kaliforniens, Nevadas und Colorados in Oregon, Idaho, Montana, Utah und South Dakota auf verlassene Minen und verrottetes Gerät in durchwühltem Gelände. Bis heute sind noch viele ***Claims*** gesteckt.

Die sportliche Variante des Inner Tubing

Kommerziell betriebene Ghost Town Goldfield bei Apache Junction/ Arizona mit Steakhouse/ Saloon und alter Goldmine

1

Goldsuche und -waschen ist seit jenen Zeiten eine Art Freizeitsport vieler Amerikaner, wiewohl anstrengend und kostspielig. Von der klassischen Waschpfanne bis zu verfeinerten *High-Tech*-Geräten setzen Amateurprospektoren alles ein, womit man Sand und Gestein noch winzigste Spuren von Gold entlocken könnte. Dies gelingt natürlich am besten mit ***Pay Dirt***, wo Helfer in echten alten oder künstlich angelegten Goldrauschstädtchen beim *Gold Panning* den »Inhalt« entsprechend präparieren. Mit einigen Dollar pro Waschpfannenfüllung ist man dabei.

Es gibt aber genug Leute, die allein auf sich gestellt in der Wildnis nennenswerte Dollarbeträge erarbeiten. Handbücher über das 1x1 des Goldwaschens mit Lageplänen der bekannten Fundstätten, gesetzlichen Vorschriften und Adressen von Firmen, die geeignete Ausrüstung vertreiben, findet man im Internet unter dem Stichwort »*Gold Panning*«. Als Einführung unübertroffen ist das »*Gold Panner's Manual*« des Kanadiers *Garnet Basque* (auch in der *Kindle*-Edition bei amazon.de erhältlich). Mit allerlei Handbuch-, Kurs- und Kartenangeboten sowie Links zu Geräteherstellern wird der moderne Freizeitschürfer im ***Gold Miners Headquarter*** versorgt (www.goldminershq.com).

Hot Springs/ Hot Tubs

Ganz im Gegensatz zum Wüstensand steht das heiße Wasser von Mineralquellen. Manche Ortsnamen (z.B. Desert Hot Springs) weisen explizit auf die heißen Quellen hin, denen die Gründung der Siedlung zu danken ist. Verteilt über den gesamten US-Westen stehen zudem zahlreiche kleinere kostenlose *Hot Tubs* oder zu großen Anlagen ausgebaute private wie öffentliche Heißwasserpools, die von nahen *Hot Springs* gespeist werden und für deren Benutzung ein paar Dollar Eintritt verlangt werden. Im Reiseteil erfährt der Leser, welche von ihnen besonders empfehlenswert sind.

»Wilde« Hot Springs

Ohne Hinweisschilder und deutliche Kennzeichnung in den Karten gibt es darüber hinaus zahllose heiße Quellen versteckt in den Bergen und Wäldern oder mitten in der Wüste, die über natürliche Pools verfügen. Die oft herrlich gelegenen Badetümpel ohne Beton und Zaun können eine willkommene Gratiszugabe zur Reise sein, auch wenn das Auffinden solcher Pools bisweilen Spürsinn und ein paar 100 m Fußmarsch erfordert. Wie für alles finden sich Infos mit Angaben zum »Wo?« und »Wie?« von ***Natural Hot Springs*** im Internet und in *Bookstores* (so die nach Staaten aufgeteilten Führer *Touring Hot Springs* von *Falcon Guides*).

Hochseil- und Kletterparks

Hochseil- und Kletterparks haben sich in bevölkerungsnahen Waldgebieten und Gebirgsregionen Nordamerikas in den letzten Jahren rasant ausgebreitet mit Bezeichnungen wie *Zipline Canopy Tours*, *Treetop Trekking*, *High Ropes* oder *Aerial Adventures*. Im Bereich dieses Buches gibt es Dutzende solcher Einrichtungen, die meisten in Kalifornien; darunter sogar *Ziplines* zwischen Hochhäusern (in Las Vegas). Alle Standorte mit Details und Kosten findet man unter www.ziplinerider.com oder www.funfix.com/zip-line.

Wintersport

Wintersportorte wie Aspen, Beaver Creek oder Vail in **Colorado** sind weltberühmt, das *Ski Valley* bei **Taos/New Mexico** ebenso, und in **Utah** liegt laut Eigenwerbung sogar der »*Greatest Snow on Earth*«: Der Pulverschnee von **Park City** begeistert Skiläufer aus aller Welt, ebenso die Abfahrten ein paar hundert Meilen weiter nördlich im **Sun Valley/Idaho** und rund um **Jackson Hole/Wyoming**. Auch **Kalifornien** hat auf diesem Sektor einiges zu bieten, nicht nur rund um den **Lake Tahoe** und an den Osthängen der **Sierra Nevada** (z.B. June Lake und Mammoth Mountain), sogar **unweit Los Angeles** findet man Wintersportmöglichkeiten in den San Gabriel und San Bernardino Mountains.

Sonstiges

Die aufgezählten Aktivitäten sind nur die auffälligsten und populärsten. Auch ausgefallenere Urlaubswünsche lassen sich in den USA realisieren, vom Heißluftballon (***Ballooning***), Drachenfliegen (***Hang Gliding***) bis hin zum ***Survival***, nichts ist unmöglich. Hinweise finden sich in nahezu allen Touristeninfos.

Kosten

Wermutstropfen bei so viel Spaß gibt es aber auch: Die Kosten für **alle Aktivitäten**, die **unter fachmännischer Anleitung** stattfinden oder geliehenes Gerät voraussetzen, sind selbst bei einem günstigeren Dollarkurs als zur Zeit nie niedrig. Man muss im touristischen Bereich in vielen Fällen mit einem fiktiven »Wechselkurs« von $2 = €1 umrechnen (also den jeweiligen Tarif durch »2« teilen). Erst dann entsprechen die Kosten vergleichbarer Aktivitäten in etwa dem Niveau bei uns in Euro.

Heliskiing in den Rocky Mountains

1.1.5 Kommerzparks, Shopping und Entertainment

Das Kontrastprogramm zum Ferienerlebnis in freier Natur bieten die zahlreichen kommerziellen Anlagen für Urlaubs-, Feierabend- und Wochenendspaß im Umfeld großer Städte und an den Hauptschlagadern des Tourismus.

Eintritt und Discounts

Im Gegensatz zum *Outdoor*-Vergnügen kosten (fast) alle hier beschriebenen Attraktionen **Eintritt**. Und zwar nicht zu knapp, soweit der Spaß privatwirtschaftlich organisiert ist. Spitze bei der Preisgestaltung ist traditionell ***Disneyland*** in Los Angeles mit rund $130 (+ *tax*) für den Tagespass für alle Besucher ab 10 Jahren. Eine auf den Tag bezogene Ermäßigung gibt es dort nur beim Kauf von Mehrtagestickets. Ansonsten sind ***Discounts*** üblich. Amerikaner zahlen an der Kasse von ***Amusementparks*** und anderer Sehenswürdigkeiten in Privathand selten den vollen Preis, da sie sich ***Discount Coupons*** besorgen. Die gibt's überall: frei verteilt in den ***Visitor Informations***, bei der Autovermietung oder im Hotel, auf den ersten und letzten Seiten von Straßenatlanten und Campingführern, zum Ausschneiden in der Tageszeitung und sogar zum ***Download* im Internet**. Die Abschläge vom Basispreis können bis zu 25% betragen.

»Senioren«/ Studenten

Ermäßigte Eintrittspreise erhalten fast immer auch **Senioren** (in den USA gilt man bisweilen schon ab Alter 60 als »***Senior***«, in Ausnahmefällen gar ab 55) und **Studenten**, sofern Sie einen ISIC-Ausweis vorlegen können (*International Student Identity Card*). Das gilt auch für Museen und Eintrittsgelder für alles Mögliche.

Amusement Parks

Kaum eine nordamerikanische City verfügt nicht über zumindest einen *Amusement Park*. Es handelt sich dabei um fest installierte Jahrmärkte in meistens parkähnlicher Anlage mit Karussells, Achterbahnen, Riesenrädern etc., Restaurants, Souvenirshops und Showbühnen. Allerhand sonstige Attraktionen ergänzen üblicherweise die größeren Komplexe und sorgen für ein eigenes, sehr amerikanisches Gepräge: Das Jahrmarktvergnügen wird in diesen Fällen mit Zirkusakrobatik, Zoobesuch, »deutschem« Oktoberfest, Delphin-Show, Wildwest-Szenen, historischen Eisenbahnen und sonstwas kombiniert. Der Besuch der *Amusement Parks* ist – wie gesagt – nicht billig und auch nicht immer so spaßig und amüsant wie die jeweilige Werbung glauben machen möchte. Die Ausgabe eines »*all-inclusive*« Tagespasses zum Fixpreis ist allgemein, aber nicht immer üblich. Für welche Parks sich die hohe Ausgabe eher lohnt, und wo weniger, erfährt der Leser im Reiseteil.

Shopping Malls

Selbst Einkaufszentren erhalten in Nordamerika mehr und mehr Amusementparkcharakter. Das Wort »***Mall***« kennzeichnet das **überdachte** *Shopping Center*. In den größeren Städten sorgen integrierte Entertainmentkomponenten mit Programm und Unterhaltung bis in die Abendstunden sowie zahlreiche Restaurants für totales »***Shoppertainment***«. Anders in kleineren Orten, dort verzeichnet sich seit der Finanzkrise teils ein größerer Leerstand.

Outlet Center
Preiswerte Markentextilien

Eine Variante der »normalen« Einkaufszentren sind *Outlet Center/Malls*, die mehr und mehr konventionellen Einkaufszentren ähneln. ***Factory Stores*** bieten dort Ware »direkt ab Hersteller« an. Die Preise für Markenartikel aller Art, vor allem für Textilien sind oft erstaunlich niedrig. Information im Internet z.B. auf den Portalen www.premiumoutlets.com, www.tangeroutlet.com oder die Gesamtübersicht USA unter www.outletbound.com.

Sie liegen meist unübersehbar an Autobahnen und Ausfallstraßen. Schon von weitem locken *Nike, Adidas, Levi's Jeans, Guess* usw. Architektonisch besonders gelungen ist das ***Viejas Oulet*** bei San Diego. Besonders günstig shopt man in Oregon, weil dieser US-Bundesstaat keine Mehrwertsteuer erhebt.

Die **größten** ***Outlet Center*** werden von der Firma ***Simon Property Group*** betrieben. Dazu gehören die zahlreichen ***Premium Outlets*** sowie zwei Riesenkomplexe: ***Ontario Mills*** in der LA-Vorstadt Ontario, Kreuzung I-10/I-15, ***Arizona Mills*** in Tempe bei Phoenix und ***Colorado Mills*** westlich von Denver; www.simon.com/mall.

Aqua Parks

Die maritime Variante der Amusementparks sind die *Aquaparks*, im Südwesten insbesondere ***SeaWorld*** in San Diego und ***Six Flags Discovery Kingdom*** in Vallejo bei San Francisco. Hauptattraktion sind Dressurakte mit Delphinen und Robben. Sie werden ergänzt durch Wasserskiakrobatik, Turmspringkünste, Perlentauchen, Fallschirmspringen und allerhand mehr. Man bekommt also einiges geboten und kann einen halben bis ganzen Tag gut ausfüllen, muss dafür aber tief ins Portemonnaie fassen.

Das riesige »Fashion Outlet of Las Vegas« steht gut 40 mi südlich der Stadt an der »Grenze« Kalifornien/Nevada

Wasserspaß

Auch Anlagen für den »Wasserspaß«, die ihren Ausgang in Florida nahmen, mit Bezeichnungen wie ***Wet'n Wild***, ***Splish Splash*** oder ***Raging Waters*** sind verbreitet. Wichtigster Bestandteil der Planschparks sind die riesengroßen Wasserrutschen mit langen Kurven und Spiralen. Dazu gibt es in den größeren Komplexen Kampfpools mit Wasserkanonen, Wellenbäder und den nassen Kinderspielplatz. Besonders Kinder werden begeistert sein.

Indessen sind auch hier die Eintrittspreise gepfeffert, im Allgemeinen um die $30-$40, egal wie lange man bleibt. Erst bei Ankunft am Spätnachmittag gelten bisweilen etwas reduzierte Tarife. Man sollte sich dieses Vergnügen für einen Tag aufsparen, an dem es heiß und nicht so voll ist.

Old West Towns

Von den diversen künstlichen Wildwestdörfern im Westen der USA entspricht vor allem ***Old Tucson*** (Arizona) so ziemlich der aus Film und Fernsehen bekannten Szenerie. Bestandteil jeder kommerziellen *Western Town* sind *Gunfights* bzw. *Shootouts*, die zu festgesetzten Zeiten während der Saison meist mehrmals täglich stattfinden. Auch wenn man als Ausländer dem Cowboy-Kauderwelsch und damit dem Sinn der Handlung selten recht folgen kann, so wird doch – wenn die Bösewichter letztendlich niedergestreckt im Staub liegen oder am Galgen enden – jedermann klar, dass am Ende Recht und Gesetz den Sieg davontrugen.

Ansonsten kann man in diesen Anlagen (kostenpflichtig) all das aktiv nachvollziehen, was ein Cowboyleben so ausmacht: im Planwagen durch die Stadt und die Umgebung rollen, im Sattel seine Reitkünste ausprobieren, auf der historischen Dampfeisenbahn eine Runde drehen, das elektrische Klavier in Gang setzen und natürlich einen Drink im *Saloon* nehmen.

Damit die Lieben daheim das später alles glauben, fehlt nie der ***Old Tyme Fotoshop***, wo man den Touristen zunächst mit zeitgenössischer Garderobe und passender Bewaffnung eindrucksvoll als Cowboy, Bürgerkriegsoffizier, Sheriff, Bankräuber oder Indianerhäuptling ausstaffiert, bevor man ihn auf antikem Fotopapier vor geeignetem Hintergrund ablichtet. Damen können in die Rolle eines verruchten *Can-Can-Girls* schlüpfen und sich als indianische *Squaw*, als abenteuerlustiges *Cowgirl* mit Gewehr oder zugeknöpft als anständige Bürgersfrau präsentieren.

Echte West Towns

Ihnen gegenüber stehen echte Städtchen und Straßenzüge, die wie aus dem Bilderbuch des Wilden Westens aussehen. Sie überstanden in mehr oder minder restaurierter Form – und vielleicht um ein paar originalgetreue Nachbauten ergänzt – die Jahre im

Rahmen eines funktionierenden Gemeinwesens. Davon gibt es eine ganze Menge, und nicht wenige besitzen trotz der unvermeidlichen »Touristifizierung« durchaus ihren Reiz, so etwa **Virginia City** (Nevada), **Nevada City** und **Virginia City** (beide Montana), **Deadwood** (South Dakota), **Cripple Creek** und **Black Hawk/Central City** (alle Colorado) und das dank *Wyatt Earp* bekannte **Tombstone** (Arizona), ➤ im Einzelnen den Reiseteil.

Sehenswerte Sonderfälle dieser Art sind auch die ***Old Town*** von Sacramento (Kalifornien), die an alter Stelle neu entstand, und der ***Columbia State Historic Park*** nördlich des *Yosemite*, ein Relikt des kalifornischen Goldrausches. Weitere Wildwest-Städtchen wie Oatman finden sich entlang der legendären ***Route 66***.

Für einen Besuch braucht man **keinen Eintritt** zu bezahlen, sondern kann einfach durch die Straßen bummeln oder einen Whiskey in einem urigen *Saloon* durch die Kehle spülen. Dort ist die Chance groß, abends auf eine Kneipe mit Live-Musik zu stoßen.

Geisterstädte/ Ghost Towns

Auch echte, lange verlassene Geisterstädte, sog. ***Ghost Towns***, findet man im gesamten US-Westen. Viele davon liegen nicht weit entfernt von den Straßen. Zu Zeiten der Gold- und Silber-Boomjahre von der Mitte des 19. bis zu den Anfängen des 20. Jahrhunderts entstanden wurden sie nach vergeblicher Suche oder rascher Erschöpfung zunächst vielversprechender Funde oftmals schnell wieder aufgegeben. Nicht nur die Häuser, sondern auch Inventar, Schürfgeräte und Planwagen ließen die abziehenden Prospektoren zurück. Man muss einen besonderen Sinn für die Geschichte des US-Westens und/oder ein Faible für »Gerümpel« mitbringen, um manchen der stark verfallenen Geisterstädtchen und seinen im Wüstenwind knarrenden Türgerippen etwas abgewinnen zu können. Aber einige sind durchaus sehenswert wie z.B. das gut erhaltene, museumsähnliche **Bodie** nördlich des Mono Lake in Kalifornien, die urige ***Vulture Mine*** in der Nähe von Wickenburg/Arizona oder das kommerziellere ***Goldfield*** bei der Apache Junction östlich von Phoenix. Eine Auflistung aller *Ghost Towns* mit Beschreibung gibt's unter www.ghosttowns.com.

Wild-West Theater

Eine typische Spezialität des US-Westens sind in den von Touristen stark frequentierten Orten (außer den oben bereits genannten z.B. auch in Durango/Colorado) ***Wild West Theater***, die in der Touristensaison mit tollen Melodramen (etwa *»Buffalo Bill meets Frankenstein«!*), *Can-Can* und anderen Shows aufwarten.

Chuckwagon Dinner/Supper

Aus den populären Touristenzielen in Cowboy-Staaten nicht wegzudenken sind die sog. ***Chuckwagon Dinner*** oder ***Supper***, die auf echten oder für diesen Zweck geschaffenen *Ranches* etwas außerhalb der Ortschaften angeboten werden – im Sommer nicht selten allabendlich. Unter freiem Himmel oder bei kühler Witterung und Regen in einfachen Hallen oder Zelten sitzen die Gäste an langen Tischen und verzehren auf Blechtellern ihre Portion Bohnen mit Steak oder gegrilltem Huhn, für die meist gebührend (am besten am Planwagen, dem *Chuckwagon*) angestanden werden muss.

Als *Beverages* gibt's bunten Sprudel und Kaffee; Alkohol ist allgemein verpönt – zumal viele Kinder teilnehmen. Nach dem Essen steigt die große ***Western-Show*** mit (sprachlich) schwer verständlicher Cowboy-Blödelei und Country-Musik. Amerikaner amüsieren sich dabei prächtig. Die Preise inkl. ***Dinner*** bewegen sich im Bereich $20-$40. Angebote für *Cowboy-/Chuckwagon Shows* findet man z.B. in Jackson/Wyoming, Durango/Colorado oder in den Black Hills.

Sonntags-vormittags-rodeo auf dem Lande (Sonoita/ Arizona)

Rodeo

Es gibt kaum einen Flecken in den Prärie- und Weststaaten der USA von Montana bis Texas, der nicht mindestens einmal im Jahr sein Rodeo veranstaltet. Rodeo besteht aus einer Reihe von verschiedenen Wettbewerben, die auf typischen Cowboyfertigkeiten wie Zureiten, Lassowerfen usw. basieren. Wo und wann Rodeos stattfinden, kann man in jedem Staat dem sogenannten ***Calendar of Events*** entnehmen, dem Veranstaltungskalender. Im Internet findet man ihn unter den offiziellen Info-Portalen der Staaten, ➤ Seite 822.

Eine Gesamtübersicht über alle Rodeotermine bietet www.rodeoz.com/states/california, wobei »california« durch beliebig andere US-Bundestaaten (»utah« etc.) ersetzt werden kann.

Dabei muss es nicht unbedingt ein großes Event wie das ***Pendleton Round-up*** im Nordosten von Oregon sein, um als Zuschauer Spaß zu haben. Im Gegenteil, die **Dorf- und Kleinstadtrodeos** mit Amateuren und Jugendlichen, wo man für nur wenige Dollar Eintritt oder auch schon mal gratis nah am Gatter stehen darf, vermitteln oft mehr echte Atmosphäre als die überregional bekannten Veranstaltungen. Und was auf dem Lande im Sattel gezeigt wird, kann sich oft genug sehen lassen und messen mit den Leistungen der Profis, die Woche für Woche in einer anderen Stadt immer die gleiche Show abziehen.

IMAX, OMNIMAX und 3D

Häufig in Verbindung mit Planetarien und Raumfahrtmuseen, aber auch als separate Anlagen (z.B. beim *Grand Canyon* in Tusayan oder eingangs des *Zion NP*), gibt es heute in vielen Städten ***IMAX-/Omnimax-Theater***. Überdimensionale Leinwände, *Surround Sound* und oftmals 3D oder gar 4D mit wackelndem Gestühl oder Sprühnebel vermitteln den Zuschauern das Gefühl, Teil des Geschehens zu sein. Dabei werden nicht nur Spielfilme gezeigt, sondern dramatische Naturereignisse und Abenteuer.

Spielkasinos

Kommerzielles Vergnügen bieten auch die Spielerparadiese Nevadas am **Lake Tahoe**, in **Reno** und **Las Vegas**. Die Spielkasinos muss man gesehen haben, um glauben zu können, dass sie wirklich so existieren, wie man das lange von Kino und Fernsehen her kennt. Dabei hat Nevada das einstige US-Kasinomonopol lange verloren. Seit den 1990er-Jahren schossen im ganzen Land Spielkasinos wie Pilze aus dem Boden. In alten **Wildwest-Städtchen** wie *Deadwood* in South Dakota oder *Black Hawk, Central City, Cripple Creek* (alle Colorado) wird jetzt wieder wie in guten alten Zeiten um Dollars gepokert. *Black Jack*-Tische und einarmige Banditen stehen auch in vielen **Indianerreservaten** (besonders zahlreich in New Mexico und Kalifornien), die sich auf ihre Souveränität besannen und an der Gesetzgebung des jeweiligen Staates vorbei das Glücksspiel als Einnahmequelle und »Tourismus-Förderinstrument« ganz legal einführten. Während diese Entwicklung Las Vegas selbst relativ unberührt ließ, gingen die Spielumsätze anderswo in Nevada stark zurück.

Der stationäre Raddampfer »Colorado Belle« dient als Spielkasino auf dem Colorado River in ***Laughlin****, einem bei uns kaum bekannten Spielerparadies im südlichsten Zipfel von Nevada. Laughlin erfreut sich von Spätherbst bis Frühjahr besonderer Beliebtheit bei Rentnern, die auf der Arizona-Seite des Flusses bei Bullhead City oder am Lake Mojave oberhalb der Stadt campen, tagsüber dort fischen oder mit Speedboats den aufgestauten Fluss 'rauf und 'runter jagen und abends die »Vorzüge« Nevadas genießen. Neben der Aussicht, vielleicht einen Jackpot zu knacken, sind das vor allem die Niedrigpreise in den Kasino-Cafeterias*

Kultur sogar mitten in der Wüste (Yucca Valley/California)

1.1.6 Kunst, Kultur und Geschichte

Bei derartig vielen Möglichkeiten zu Aktivitäten in freier Natur und zum fröhlichen Mitmachen oder Zuschauen, wie in den beiden vorangegangenen Kapiteln beschrieben, erscheint der Hinweis angebracht, dass das Kulturangebot des US-Westens mit *Disneyland* und dem wiederbelebten Wilden Westen noch nicht ganz ausgereizt ist. Tatsächlich existiert in den großen Städten ein durchaus anspruchsvolles und breit gefächertes Kulturleben. Im Fokus stehen hier weniger Veranstaltungen, Konzerte, Opernfestivals usw., die im Zweifel immer dann stattfinden, wenn man sich als potentiell dafür interessierter Tourist ganz woanders aufhält und wofür man selbst bei rechtzeitigem Auftauchen nur selten Eintrittskarten bekommt, sondern in erster Linie Stätten, die kontinuierlich und erreichbar Kultur auf einem Niveau bieten, das über dem der *Amusement Parks* liegt.

Museen

Museen von A wie *Arts* bis Z wie *Zuni Indian Culture* finden sich oft noch in erstaunlich kleinen Orten; hinzu kommen die Ausstellungen in den Besucherzentren der *National* und *State Parks* zu den jeweiligen historischen oder naturkundlichen Phänomenen. Man wird unterwegs feststellen, dass die Amerikaner der Pflege ihres kurzen geschichtlichen, des kulturellen und natürlichen Erbes erhebliche Mühe und Aufmerksamkeit widmen. Erstklassige Museen verschiedenster Prägung gibt es zwar vor allem in den Groß- und Hauptstädten des US-Westens. Aber auch in kleineren Orten, in denen man es kaum erwarten würde, stößt man gelegentlich auf Sammlungen mit hohem Niveau.

Nachfolgend die wichtigen Museumstypen mit Betonung ihrer Besonderheiten (mehr Details dazu in den Reisekapiteln):

Kunst aus aller Welt in den USA

Es ist kaum zu glauben, was sich in den USA im Laufe der Jahrhunderte an Schätzen aus allen Erdteilen angesammelt hat. Die Kunst der Alten Welt über das Mittelalter bis hin zum Europa der

Gegenwart ist bestens vertreten. Dabei können die ***Big Cities* im US-Westen** durchaus mithalten. Sie verfügen über Kunstmuseen mit bemerkenswerten Kollektionen. Die Erklärung für diesen – in Anbetracht der Gründungsdaten der meisten Häuser – überraschenden Umstand sind private Sammler, die ihr Vermögen für den Kauf von Kunstwerken einsetzten und später alles dem Staat oder einer Stiftung vermachten. Bekanntestes Beispiel ist das ***Getty Center*** in Los Angeles, das neben der Sammlung des Stifters mittlerweile über ein Kapital von über $6 Mrd. verfügt, dessen Erträge für Unterhalt und Zukauf eingesetzt werden.

Art Museum USA

Generell besitzt keine Stadt, die auf sich hält, nicht mindestens ein Kunstmuseum. Oft teilen sich mehrere Museen die Präsentation der alten und neueren Kunstwerke. »***American Art***« bezieht sich *Americana* (Werke amerikanischer Künstler) aus der Frühzeit der weißen Besiedelung des Kontinents bis zu *Warhol, Oldenbourg* u.a. und »***Contemporary Art***« ist internationale Gegenwartskunst.

In Europa gelegentlich belächelt wird die »***Western Art***«, deren bekannteste Vertreter (Moran, Bierstadt, Russell u.v.m.) in keinem Kunstmuseum der USA fehlen. Zusätzlich gibt es auch imponierende Spezialmuseen dieser Kunstrichtung, die sich durch nahezu fotografischen Realismus auszeichnet (in **Cody**/Wyoming, **Great Falls**/Montana und sogar im kleinen **Klamath Falls**/Oregon).

Geschichtsmuseen

Jeder Staat der USA besitzt in seiner Hauptstadt ein ***Museum of History***, das die Geschichte der jeweiligen Region von den Anfängen der weißen Besiedelung bis heute mehr oder weniger gekonnt beleuchtet. Nicht überall, aber doch seit geraumer Zeit mit zunehmender Tendenz widmet man dort auch den Indianern angemessen Raum. Darüber hinaus gibt es aufschlussreiche Regionalmuseen (so in ehemaligen Goldrauschgebieten). Im Reiseteil wird auf die besten Museen hingewiesen und auch gesagt, wo Mittelmaß überwiegt. Ebenfalls den historischen Museen zuzuordnen sind die **maritimen Museen** in **San Diego**, **San Francisco** oder **Astoria** (Oregon) mit nostalgischen Schiffen am Kai.

Art Museum in Albuquerque/ New Mexico

Indianische Kultur

Die vergangene wie gegenwärtige Kultur der Ureinwohner Nordamerikas wird in unterschiedlicher Weise gewürdigt. In eigenen **Museen der Indianer** im Bereich ihrer Reservate (z.B. ***Navajo/ Hopi*** in Arizona, ***Pueblo*** Indianer in Albuquerque und Santa Fe/New Mexico oder ***Blackfeet*** in Browning/Montana), in speziellen Abteilungen einiger historisch-naturkundlicher Museen (Seattle, Denver, Cody, Tucson, *Heard Museum* in Phoenix) sowie in Ausstellungen in Besucherzentren des *National* und *State Park* Systems (***Grand Teton***/Wyoming, ***Mesa Verde***/ Colorado und ***Cliff Dwelling*-Monumente** in Arizona wie New Mexico).

Pow Wow Dancer

An den öffentlichen und festlichen Zusammentreffen der *Native Americans*, den sog. ***Pow Wows*** [Aussprache: »*pauwaus*«] kann man auch als Tourist teilnehmen, ➤ Foto links. Diese großen Tanz- und Musikveranstaltungen werden den ganzen Sommer über an den unterschiedlichsten Orten im Westen der USA ausgetragen, teils nur im kleineren privaten Rahmen, meist aber während großer mehrtägiger Feiern (mit Rodeos, Miss-Wahlen etc.), u.a. Ende März das ***Denver March Pow Wow***, am vierten Aprilwochenende das ***Gathering of Nations*** in **Albuquerque**, Ende Juli das ***Julyamsh Powwow*** in **Post Falls**/Idaho, Mitte August das ***Inter-Tribal Indian Ceremonial*** bei **Gallup**, Anfang September die ***Navajo Nation Fair*** in **Window Rock** oder Ende September das ***Morongo Thunder and Lightning Pow Wow*** in **Cabazon**/Kalifornien. Sämtliche Termine US-weit findet man auf dem Portal www.powwows.com. **Fotografieren/Filmen** ist bei Tanzaufführungen oftmals erlaubt, wenn respektvoll und nicht zu aufdringlich. Am besten aber, man fragt vorher um Erlaubnis!

Extrem sorgfältig gehen die Amerikaner mit den oft tausend Jahre und mehr alten indianischen Ruinen und Felszeichnungen (*Rock Art Panels*) um. ***Petroglyphs*** (Felsritzungen) sowie ***Pictographs*** (Felsmalereien) findet man in vielen Parks und *Historical Sites* am Wege. Einige sind gut ausgewiesen und durch Zäune abgegrenzt (*class I*), die schönsten werden der großen Öffentlichkeit z.T. aber vorenthalten. So verraten *Ranger* z.B. deren Lage nur bei Nennung des exakten Namens (*class II*) oder gar nicht (*class III*). Der Schutz besonders heikler präkolumbischer Funde geht so weit, dass bei *class IV*-Stätten nicht einmal die Ranger wissen, wo die sich befinden.

Flugzeug-Museen

Die amerikanischen Erfolge in der **Luft- und Raumfahrt** werden in City-Museen (San Diego, Los Angeles) und ***Open-air-Exhibits*** der US Air Force und der NASA gebührend gefeiert. Eine der weltweit größten und interessantesten Ausstellungen von Kriegsflugzeugen steht im ***Pima Air Museum*** bei Tucson/Arizona in der unmittelbaren Nachbarschaft mit riesigen Arealen, auf denen Tausende ausgemusterter Militärmaschinen eingemottet wurden.

Bei ***Boeing*** vor den Toren von Seattle kann man in den Werkshallen den Produktionsprozess der Riesenjets mit verfolgen. Auch das Museum der ***Castle*** und ***Ellsworth Air Force Base*** bei Merced in der Nähe des Yosemite Nationalparks bzw. Rapid City/South Dakota und das ***Palm Springs Air Museum*** voller Weltkrieg-II-Flugzeuge können sich sehen lassen. Besuchenswert ist zudem das ***Titan-II Museum*** (stillgelegtes, aber intaktes Abschusssilo einer Interkontinentalrakete mit Atomsprengköpfen) südlich von Tucson/Arizona und das ***Museum of Nuclear Science*** in Albuquerque/New Mexico, das u.a. die Atombomben von Hiroshima bis zu Sprengköpfen unserer Tage samt Trägerwaffen zeigt.

Space Center

Die Weltraumbehörde NASA beweist der Öffentlichkeit gerne in **Raumfahrtzentren** (*Space Centers*) mit einer Kombination aus Museum und ***Rocket Garden*** (Raketenausstellung von der deutschen *V 2* bis hin zur *Saturn V*), wieviel Ruhm und Nutzen die investierten Steuermilliarden den USA und ihren Bürgern gebracht haben. Die wichtigsten *Space Center* findet man zwar im Osten des Landes, aber auch der Westen besitzt mit dem ***White Sands Missile Range Museum*** und dem ***Museum of Space History*** bei bzw. in Alamogordo/New Mexico Ähnliches. Eine ansehnliche Raumfahrt-Sonderabteilung mit dem originalen *Space Shuttle Endeavour* befindet sich im ***Los Angeles Museum of Science & Industry***.

Automuseen

In den Ausstellungshallen manches ***Museum of Transport*** stehen zwar auch einige nostalgische Flugzeuge, aber vorzugsweise konzentriert sich dieser Museumstyp auf Kutschen, Autos und Eisenbahn. Gute (oft private) Automuseen existieren in fast allen Staaten. Unübertroffen ist das ***National Automobile Museum*** in Reno, sehenswert aber u.a. auch das ***Petersen Automotive Museum*** in LA sowie die viel kleinere Sammlung in Gateway/Colorado.

Alte Eisenbahnen/ Railroads

An Bord eines Zuges mit nostalgischer Dampflok fühlt man sich unweigerlich in die Zeit des Wilden Westens versetzt. Vor allem in Colorado tuckern – neben den zwei Top-*Railroads* ***Durango-Silverton*** und ***Cumbres-Toltec*** – noch etliche interessante Bahnen durch die Landschaft, ➤ Seite 521.

Georgetown Loop Railroad westlich von Denver

Gläserner Besuchertunnel durchs Aquarium in Newport/Oregon

Naturkunde und naturhistorische Museen

Auch Naturkundemuseen zu Flora und Fauna Nordamerikas bzw. der Weststaaten sind recht verbreitet. Umfassend behandeln das Thema vor allem die ***Museen of Natural History*** in Denver, Los Angeles, San Francisco und San Diego. Unter den thematisch etwas enger abgegrenzten Museen ist das ***Arizona Sonora Desert Museum*** bei Tucson einsame Spitze. Gleich dahinter rangieren die naturkundlichen Ausstellungen in den Besucherzentren verschiedener Nationalparks, welche die jeweiligen Besonderheiten oft ausgezeichnet dokumentieren und erläutern.

Aquarien

An der Pazifikküste gibt es großartige Aquarien, einige in *Aqua Marine Parks* (***SeaWorld***/San Diego) oder in Naturkundemuseen integriert (San Francisco). Aber die besten von ihnen wirken ganz separat als Publikumsmagneten in **Monterey** und **Long Beach**/ Kalifornien, **Newport/Oregon** oder **Seattle**.

Science Center

Ein **edukativer Museumstyp**, der heute in kaum einer amerikanischen City fehlt, sind die ***Science Center***. Anliegen dieser Museen ist es, den Besuchern Naturwissenschaft und Technik durch kurzweilige oder lustige Experimente, an denen sie interaktiv teilnehmen, verständlich zu machen. Die *Science Center* wenden sich vor allem an Jugendliche, obwohl in einigen von ihnen die Zielgruppe »**Kinder unter 10**« bereits eine wichtige Rolle spielt.

Architektur

Neben den Museen besitzen auch architektonische Bauwerke einen hohen Attraktionsgrad. Die amerikanische **Hochhausarchitektur** von ihren Anfängen bis zur Postmoderne unserer Tage rechtfertigt schon fast allein eine Reise nach Amerika. Zwar erreicht keine Weststaaten-City eine ähnliche Hochhaus-Bebauungsdichte und -menge wie etwa Chicago oder New York, aber die Ballung und Originalität der ***Highriser*** insbesondere der jüngsten Generation in LA, San Francisco, Seattle und neuerdings auch in Las Vegas machen die Zentren dieser Städte zusätzlich sehenswert.

Glas- und Stahlpaläste des City Center und der High Fashion Mall in Las Vegas

Kunst am Bau

Zur Auflockerung der oft sterilen City-Landschaft aus Beton und Glas setzt man in Amerika in einem hierzulande unbekannten Maß die schönen Künste ein. Sei es durch die Gestaltung von Vorplätzen, Hallen und Miniparks zwischen Hochhäusern, durch das Aufstellen eigens angefertigter Kunstwerke (extrem im *City Center Resort* in Las Vegas) oder durch überdimensionale Wandbilder (***Murals***). Auch mancher Park wird durch Skulpturen verschönt; gelegentlich gibt es separat oder auch in Verbindung mit Museen ***Sculpture Gardens*** (z.B. im **Los Angeles** *County Museum of Arts* oder *de Young Museum* in **San Francisco** sowie bei der *Public Art Walking Tour* in **Denver**).

Baustile

Interessante Architektur beschränkt sich auch in Amerika natürlich nicht auf Hochhäuser. Auf bemerkenswerte Beispiele ausdrucksstarker Architektur bei unterschiedlichsten Objekten vom Einfamilienhaus bis zur *Shopping Mall* stößt man allerorten.

Adobe

Ein eigener, den Pueblo-Indianern nachempfundener **Adobe-Baustil** (Adobe = ungebrannte, luftgetrocknete Lehmziegel) ist in New Mexico und Arizona weit verbreitet – besonders hübsch z.B. die Innenstadt von **Santa Fe** im einheitlichen *Look*. In abgewandelter, mit ehemals spanischen Vorbildern vermischter Form ist er auch in Bereichen Kaliforniens zu sehen (so im *Pueblo de los Angeles*, *Old Town* San Diego und in Santa Barbara).

Brücken

Wer einen Sinn für Architektur mitbringt, wird an vielen Brücken seine Freude haben. Die fantastische ***Golden Gate Bridge*** in San Francisco ist nur das bekannteste Beispiel unter zahllosen phänomenalen Konstruktionen vom nostalgischen Eisen- und Holzgerüstbau (alte Eisenbahnbrücken!) bis hin zu modernen Pylonen- und Pontonbrücken über Canyons, Flüsse und Hafenbuchten. Bisweilen sind auch die mehrstöckigen *Freeway*-Kreuzungen architektonische, zumindest aber statische Meisterwerke.

City Life Komplexe

Eine amerikanische Großstadt ohne mindestens einen sanierten und zum Kneipen-, Restaurant- und *Entertainmentcenter* umfunktionierten alten Lagerhaus-, Fabrik- oder Bahnhofskomplex ist nicht vorstellbar. Und wenn man eigens »alte« Schuppen neu bauen musste, um sie dann von innen umso schicker aufzupeppen! Bisweilen wird auch gleich ein ganzes Viertel von Grund auf umgekrempelt (z.B. ***Old Towns*** in Portland und in Seattle). Die dabei versprühte Kreativität kann sich oft sehen lassen.

City Parks

Amerikanische *City Parks* wurden nicht nur geschaffen, um den Bürgern Spazierwege im Grünen zu bieten. Sie sind auch Freiräume, in denen die Städter ihren Bewegungsdrang ausleben und ihren sportlichen Freizeitaktivitäten nachgehen können. Meist ohne Gebühren kann man dort Tennis, Basket- oder Volleyball spielen, **Picknicktische und Grillroste** nutzen, die Kinder auf Spielplätze schicken und den Rasen nach Belieben betreten. Sehenswert sind u.a. die kunstvoll angelegtes Waldgelände mit heimischem und exotischem Baumbestand, sog. ***Arboreta***, in Seattle und Portland.

Rundfahrt-vehikel

Auch bei an sich individueller Reise ist es oft keine schlechte Idee, sich zur Orientierung und ggf. zum »Vorsortieren« der später noch näher in Augenschein zu nehmenden Ziele einer **Stadtrundfahrt** anzuschließen. Gemeint ist hier nicht die übliche Bustour, die in drei Stunden mit und ohne Zwischenbesichtigungen alles abfährt (weitgehend monopolisiert durch *Gray Line Tours* und recht teuer), sondern der in vielen US-Städten vorhandene ***Tourist-Trolley***. Das ist ein offener oder teilverglaster Bus – meist im *Old-Time-Look* – mit oder ohne Anhänger, der auf touristisch sinnreichen Rundkursen fürs *Sightseeing* eingesetzt wird. Dabei dürfen die Passagiere beliebig unterbrechen und mit dem Tagesticket (bisweilen auch für zwei Tage verfügbar) im nächsten *Trolley* wieder zusteigen (***hop-on-hop-off***, ➤ Foto auf Seite 261).

Originell sind **Amphibienfahrzeuge**, die u.a.in Seattle (»*Ride the Ducks*«), in San Diego (»*Seal Tours*«) oder Santa Barbara (»*Land Shark*«, ➤ Foto unten) zum Sightseeing zu Lande und vom Wasser aus einladen. Der größte Teil der Rundfahrten mit solchen Vehikeln läuft ganz normal über Straßen, aber am Ende oder zwischendurch geht's noch ein kleines Stück durchs Hafenbecken oder am Strand entlang.

Sightseeing zu Wasser und zu Lande in einer umfunktionierten Amphibienvehikel

Moderner amerikanischer Tourbus

1.2 Die unabhängige Amerikareise

1.2.1 Individuell oder pauschal reisen?

Soweit nicht Verwandtenbesuch oder Geschäft das Motiv für den Flug nach Amerika sind, gehören USA-Reisende entweder zu den

- **Pauschaltouristen**, die gleichzeitig mit dem Flug ein festes Programm buchen, oder sind
- **Individualurlauber**, die Amerika auf eigene Faust erkunden möchten und ihre Reise weitgehend selbst gestalten.

Pauschalreisen

An verschiedenartigsten Pauschalprogrammen von preisgünstigen Gruppenreisen für junge Leute im Kleinbus mit eigenhändigem Zeltaufbau bis zum Luxus-Urlaub im Spa-Resort besteht für die USA kein Mangel. Pauschalangebote bieten vor allem bei Wünschen, die sich individuell vor Ort nicht so ohne weiteres oder zumindest nicht kurzfristig realisieren lassen, den Vorzug einer von vornherein gesicherten und problemlosen Reiseabwicklung.

Wer im Schlauchboot die Stromschnellen des *Colorado River* durch den *Grand Canyon* bezwingen möchte oder es während der (dafür geltenden) Hauptsaison im September/Oktober auf Ranchurlaub in Arizona abgesehen hat, sollte unbedingt die Offerten hiesiger Veranstalter wahrnehmen und sein individuelles Wunschprogramm frühzeitig reservieren.

Busreisen

Das Gros der Angebote bezieht sich auf **Rundreisen im Bus mit Hotelübernachtung**. Soweit ersichtlich, werden auf den meisten Bustouren enorme Strecken bewältigt. Außer an Besichtigungstagen, die ganz für Stadt- und Nationalparkaufenthalte vorgesehen sind, muss man oft mit täglich sieben und mehr reinen Fahrstunden rechnen. Der schon dadurch sehr dichte Zeitplan erlaubt nur selten Besseres als das »Abhaken« der wichtigsten Sehenswürdigkeiten und ein sicher nicht für alle Teilnehmer befriedigendes Reiseerlebnis. Wegen der damit überwiegend verbundenen höheren Hotelkategorie und der Reiseleitung sind sie dennoch kostspielig.

Vorab festgelegte Pkw-Rundreisen

Zu den ebenfalls von allen Veranstaltern angebotenen Pauschalprogrammen gehören **Pkw-Rundreisen** mit reservierten Unterkünften auf einer fest vorgegebenen oder auch selbst geplanten Route. Sie wirken und sind bei eigener Routenzusammenstellung individueller als Busreisen, lassen aber beide für unterwegs aufkommende Änderungswünsche und -notwendigkeiten, etwa bei ungünstigem Wetter, keinen oder nur teuren Spielraum.

Durch die Vorabfestlegung der Tagesetappen wird ein großer Teil der an sich mit dem Mietwagen verbundenen Flexibilität von vornherein aufgegeben, indessen profitiert man Tag für Tag von der vorab gelösten Quartierfrage, verliert keine Zeit mit Diskussionen über die Tagesetappe und H/Motelsuche. Beides kann unterwegs nervig sein, besonders in stark besuchten Bereichen, wenn bei später Ankunft schon mal alles ausgebucht ist.

Individuell reisen

Auf jeden Fall sollte bei Reiseplänen für den US-Westen immer überlegt werden, ob nicht eine individuelle, mit Initiative und Engagement vorbereitete Reise den persönlichen Vorstellungen viel eher entspräche als fertige Programme. Auch wer über keine besonderen **Englischkenntnisse** verfügt, kommt im Allgemeinen gut durch. Die touristische Infrastruktur der USA, speziell in den Weststaaten, macht das unabhängige Reisen einfacher als in den meisten Ländern Europas. Unterkünfte lassen sich auch auf selbst geplanten Routen vor der Reise oder ebensogut erst unterwegs über Laptop, Tablet oder Phone kurzfristig buchen.

Vorteile

Ohne bereits hier detailliert auf Kosten eingehen zu wollen, sei angemerkt, dass eine Busreise für zwei Personen normalerweise teurer kommt als dieselbe unabhängig durchgeführte Reise mit einem Pkw bei Übernachtung in ungefähr gleichwertigen Hotels – die man dann selbst reservieren muss, dafür aber auch selbst aussuchen kann. Ein nicht hoch genug zu bewertender **Vorteil der Individualreise** ist, dass Reiserouten, Reisezeiten und Zwischenaufenthalte frei bestimmt und jederzeit nach Inspiration, Lust und Laune modifiziert und – vor allem bei sich ggf. unerwartet ändernden – klimatischen Gegebenheiten angepasst werden können.

Kasinohotel in Amargosa Valley, eine der preiswertesten Unterkünfte beim Death Valley und dem zentralen Parkbereich relativ nahe gelegen (➢ Seite 415); solche Möglichkeiten stehen Reisenden nur bei individueller Planung offen

1.2.2 Die Wahl des richtigen Transportmittels

Vorüberlegungen

Präferenz Auto

Im letzten Absatz klang bereits an, was hier noch weiter betont und begründet werden soll: Für eine individuelle USA-Reise gibt es zum gemieteten Fahrzeug keine wirkliche Alternative. Neben der hohen Flexibilität bei der Gestaltung der Route ist für diese Einschätzung vor allem von Bedeutung, dass **die meisten Sehenswürdigkeiten und Naturschönheiten abseits der Städte sich ohne Auto gar nicht oder nur unter Schwierigkeiten erreichen lassen**.

Übernachtung

Ohne die vom fahrbaren Untersatz in den USA viel mehr als bei uns abhängige Bewegungsfreiheit wird die **Lösung der täglichen Übernachtungsfrage** obendrein oft mühsam und leicht teurer als erwünscht sein, gleich, ob man Hotel, Motel, Jugendherberge oder einen Campingplatz sucht.

Camping erwägen

Für die Reise durch den US-Westen sollte das Campen auch in Betracht ziehen, wer damit sonst wenig im Sinn hat. Camping in Amerika und im dicht bevölkerten Westeuropa sind kaum miteinander vergleichbar, ➤ im Detail ab Seite 162. Am Lagerfeuer in der Sierra Nevada oder in einer sternklaren Nacht am Seeufer wird sich kaum jemand nach einem Hotelzimmer sehnen, gleichgültig ob er im Camper schläft oder sich mit dem Zelt begnügt.

Motel, aber das Zelt im Kofferraum

Es muss ja auch nicht die totale Entscheidung fürs Campen sein. Wer in Städten, bei ungünstiger Witterung oder im Falle besonders attraktiver Hotels aus gutem Grund das bequeme Zimmer vorzieht, eröffnet sich mit Zelt und Schlafsack im Kofferraum (ggf. sogar im Rucksack) unterwegs zusätzliche Möglichkeiten. Die sonst noch nötige Ausrüstung – in den USA in jedem Kaufhaus

Campingutensilien sind in den USA bei Wal-/K-Mart/Target billig: Schlafsack für Temperaturen über 0°C ab ca. $20; einflammiger Gaskocher ca. $20; Luftmatratze für zwei mit 12V-Luftpumpe ab $40; Zelt aus der Heimat ab €39; in den USA $40-$70

wie ***K-Mart, Walmart, Target*** etc. recht preiswert zu erstehende Utensilien wie *Coolbox*, ein bisschen Geschirr und Besteck, ggf. Campingkocher – hat für Selbstverpflegung und Picknick oft sowieso an Bord, wer mit dem Auto fährt. Selbst bei an sich klarer Präferenz fürs Hotel kann die Campingausrüstung im Kofferraum nicht schaden, die mitzunehmen bei überwiegend nur **23 kg Freigepäck/Person** (*Economy*) eventuell Zusatzkosten verursacht, aber sich vor Ort leicht beschaffen lässt. Man hat damit sein Ausweichquartier dabei, falls es mal mit der Unterkunft nicht so klappt oder dort, wo man gern länger verweilen würde, ein Bett weder vorhanden ist noch in die Landschaft passt.

Zunächst aber zu den Alternativen separat:

Miet-Pkw und Zelt

Kostenvorteil

Unter dem Aspekt der **Kostenminimierung** ist die Kombination Pkw und Zelt-Camping ab zwei Personen im Auto selbst dann unschlagbar, wenn ab und zu mal ein Motel aufgesucht wird, ➤ Übersicht Seite 81 und eine Liste der für eine solche Reise nützlichen Utensilien zum Mitnehmen auf ➤ Seite 123f.

Nachteile

Die grundsätzlichen **Nachteile** des Zeltens müssen hier nicht erörtert werden; bekanntermaßen handelt es sich in erster Linie um Komfortmängel, speziell bei Regen in den Bergen oder Pazifiknähe. In Amerikas Westen sind zudem die **Höhenlagen vieler Reiseziele ein ungemütlicher Aspekt**. Mitten im Sommer können in 2.000 m Höhe selbst bei tagsüber angenehmen Temperaturen Nachtfröste eintreten. Und bis Mai/ab September wird es nach Sonnenuntergang bei Höhenlagen über 1.000 m immer empfindlich kühl.

Campmobil

Vorzüge

Unbilden der Witterung lassen Campmobilfahrer dagegen kalt. Sie sitzen trocken und warm. Der für Campfahrzeuge typische Komfort (Küche, Wohn- und Schlafzimmer in einem, Toilette und ggf. Dusche), der bis zu eigenem Generator, Mikrowelle und Satelliten-TV reichen kann, bedarf keiner Aufzählung.

Die Handhabung von Campmobilen erfordert auf normalen Straßen keine besondere Übung, lediglich eine kurze Eingewöhnungszeit, soweit man sich mit einem Modell begnügt, das nicht über 22 Fuß (6,70 m) Länge aufweist. Für 2-3 Personen bietet diese Größe immer ausreichend Platz, eine sinnvolle Innenaufteilung vorausgesetzt, auch für Eltern mit zwei kleineren Kindern. Neben der eingebauten Bequemlichkeit ist ein wichtiger Vorteil des Campers gegenüber anderen Reisealternativen der Entfall des nervigen täglichen Kofferpackens und immer wieder neuen Verstauens der Siebensachen, gegenüber dem Zelt auch noch des Auf- und Abbaus.

Nachteile

Nun besitzen Camper auch ihre spezifischen Nachteile. Obwohl oben und in Veranstalterprospekten die Handhabung der Fahrzeuge durchaus zu Recht als einfach dargestellt wird, sind die erheblichen Ausmaße der großen Modelle (**über 23 Fuß Länge**) mit enormen Hecküberhängen durchaus nicht immer unproblematisch. Abgesehen davon, dass man mit Ausnahme von – kaum noch verfügbaren – Van Campern (17-20 Fuß) mit keinem Campmobil im Stadtverkehr Freude hat, wird es bei großen Modellen beim Rangieren auf Campingplätzen, Parken vorm Supermarkt und auf kleineren, oft reizvollen Straßen auch schon mal schweißtreibend eng. Verfahren sollte man sich lieber nur selten, denn ein geeigneter Wendeplatz kommt meist gerade dann nicht in Sicht, wenn man ihn dringend benötigt. Stressfrei fährt sich ein großes *Full-Size Motorhome* (mit 27 Fuß Länge und mehr) nur geradeaus auf gut ausgebauten verkehrsarmen Straßen und Autobahnen.

Auf weitere Hindernisse, die während einer Rundreise ein zügiges Vorankommen mit einem Wohnmobil behindern können, wird im Reiseteil hingewiesen. So ist beispielsweise im *Zion National Park* bei der West-/Ost-Durchquerung mit längeren Wartezeiten zu rechnen, je nach Campergröße und -länge. Auch so manche enge, kurvenreiche Bergstrecke ist mitunter selbst mit einem kleineren RV problematisch oder nicht machbar wie z.B. bestimmte Einfahrten ins *Death Valley* während der heißen Jahreszeit.

Technik und Wartung

Ein Reisemobil ist auch **nicht in jeder Beziehung bequem**. Damit alles funktioniert, sind Schläuche und Kabel zu entrollen, festzumachen und wieder einzupacken. Frischwasser- und Abwassertanks wollen kontrolliert, aufgefüllt bzw. abgelassen werden, um sicherzustellen, dass unterwegs oder auf nicht so gut versorgten Plätzen der eingebaute und schließlich mitbezahlte Komfort genossen werden kann. Auch die Strom- und Gasversorgung an Bord bedarf gelegentlicher Kontrolle. Und nicht nur die **technische Checkliste**, ebenfalls der **Einkaufszettel** wird besser sauber abgearbeitet. Einmal am Campingplatz voll angeschlossen, darf nichts fehlen. Denn dann noch 'mal wieder los ...?

Kosten

Leider gelten von Mai bis Oktober allgemein **sehr hohe Miettarife**, die in der Hochsaison zu Urlaubskosten erheblich über denen einer Reise mit Pkw und Hotelübernachtung (Mittelklasse) führen können, ➤ Seiten 81 und 116ff.

Fazit

Ohne Kostenüberlegung ist der Camper das optimale Fahrzeug für eine Rundreise durch den Westen der USA.

Bei der Campermiete trübt die falsche Größenwahl auch schon mal die Reisefreude ...

So schön kann Camping in den USA sein; hier in der Morgensonne im Organ Pipe Cactus Nat'l Monument in Arizona. Tisch und Grillrost (rechts unten vorm Kaktus) sind immer vorhanden

Camper oder Pkw/Zelt?

Kostenvergleich

Bei der persönlichen **Bewertung des Campers** kommt es – wie gesagt – darauf an, wie man dessen Vor- und Nachteile im Verhältnis zu den hohen Mietkosten gewichtet. Manche Leute reduzieren die Kosten, indem sie ein größeres Fahrzeug durch zwei Parteien teilen. Das macht ökonomisch Sinn, da die Groß-Camper gar nicht so wesentlich teurer als kleinere Modelle sind, führt aber sicher nicht immer nur zu ungetrübter Ferienfreude. Potentielle Campermieter, die vor den Kosten zurückschrecken, sollten zunächst intensiv **Preise vergleichen** und ggf. ein Ausweichen in die Nebensaison erwägen.

Mietwagen und Zelt

Die zweifelsfrei **sparsamste Alternative** (➢ oben) ist ein **Pkw mit Zeltausrüstung,** die man mitbringt (schwierig/teuer beim heutigen Transatlantik-Freigepäck von 23 kg/Person, ➢ Seite 97) oder in den USA zu geringen Kosten komplettiert. Wer es bequemer haben möchte, mietet einen **Minivan** mit sieben Plätzen, der bis zu vier Personen mit Campinggepäck reichlich Platz bietet (inkl. Vollkasko bei deutschen Veranstaltern ab ca. €350 pro Woche). Man muss auch nicht unbedingt jede Nacht auf dem Zeltplatz verbringen, sondern kann bei Gelegenheit und schlechtem Wetter im Motel übernachten und dennoch preiswert reisen.

Miet-Pkw und Hotel/Motel

Sofern man nicht überwiegend in teuren Quartieren absteigt, dürfte eine Pkw-Rundreise selbst bei ausschließlicher Übernachtung im H/Motel in den Monaten Mai-Okt. weniger als eine Reise per Campmobil kosten, ➢ Seiten 81 und 116ff. Nachteilig und zu bedenken ist dabei Folgendes: Hierzulande kann man in Dörfern und Städten nach Ankunft bummeln gehen und schon mal ein für

Komfortables »GLAMPING«

In einem Zelt schlafen, nachts den Geräuschen der Natur lauschen und dennoch nicht auf ein bequemes Doppelbett verzichten? Der neue Trend macht es möglich: »Glamping«, die Kurzform für »***glamorous camping***«, kombiniert die Bequemlichkeiten, die man aus Hotels kennt und schätzt, mit der Naturnähe und Lagerfeuerromantik, die einem nur das Campen bieten kann. Die Angebote (mit/ohne eigenem Bad) sind vielfältig und reichen von indianischen *Teepees* oder einem privaten Luxusgroßzelt (*Under Canvas*) in Nationalparknähe bis hin zum Übernachten im nostalgischen *Airstream Trailer*. Und der Komfort beginnt schon damit, dass man keinerlei Campingutensilien mitnehmen muss; auch Bettwäsche wird beim Glamping zur Verfügung gestellt. Natürlich ist das Ganze dann nicht so preiswert wie das »normale Zelten«. Infos sowie Angebote im US-Südwesten z.B. unter www.glamping.com/destinations/north-america.

den Abend in Frage kommendes Restaurant oder die Kneipenszene »ausgucken«. Im US-Westen ist das mit Ausnahme weniger touristischer Brennpunkte selten möglich. Spätestens nach Einbruch der Dunkelheit sind die Zentren vieler Orte (sofern überhaupt vorhanden!) faktisch wie ausgestorben, bisweilen gefährlich. »Los« ist vielleicht noch ein bisschen in der nächsten *Shopping Mall* (bis maximal 21 Uhr), später in verstreut liegenden Lokalen oder (nur in größeren Städten) in einem der Restaurant- und Kneipenkomplexe.

Wobei diese Nachteile im Herbst/Winter, wenn es recht früh dunkel wird, noch stärker zu Buche schlagen.

Abendgestaltung

Als Übernachter in Motels wird man oft irgendwo in der Nähe seiner Unterkunft landen, z.B. in einem der Kettenrestaurants an den Ausfallstraßen, und sich danach mangels besserer Zerstreuungsmöglichkeiten vorm Fernseher wiederfinden. Aber das muss nicht zwangsläufig so sein! Auch als Nicht-Camper kann man einen Grill im Kofferraum mitführen und ihn – zumindest an hellen Sommerabenden – im nächsten Park aufstellen und den Tag dort ausklingen lassen. In vielen Fällen findet man dort und in *National* und *State Parks* sowieso kostenlose Picknickplätze mit Tischbänken und Grillrost; dort reichen Holzkohle, Drahtbürste zur Entsorgung der von Vorbenutzern hinterlassenen »Reste«, Tischdecke, Grillbesteck und die essbaren Zutaten fürs perfekte Barbecue.

Bessere Hotels

Eine (nicht überall vorhandene) Alternative sind **teure, höherklassige Hotels**, die *Indoor*-Pool, *Coffee Shop*, Restaurant/Bar und ein bisschen Abendunterhaltung unter einem Dach bieten. Voraussetzung ist allerdings, dass bei dieser Form der Reisegestaltung die Höhe der Kosten keine besondere Rolle spielt. Derartige Buchungen sind aber auch in Europa preislich ähnlich gelagert.

Kontakte unterwegs

Kontakte zu anderen Reisenden ergeben sich in H/Motels ohne Service-Einrichtungen eher selten, weil der einzelne Gast ziemlich isoliert ist. Ganz anders sieht es hingegen in eher familiär betriebenen **B&Bs** wie auch in **Hostels** aus, ➤ Seite 160f.

Eisenbahn und Bus

Situation

Das **öffentliche Verkehrssystem** ist in den USA bei Weitem nicht so flächendeckend angelegt wie in Europa. Vor allem in den Weststaaten ist das **Eisenbahn-** wie auch **Busnetz sehr »weitmaschig«** und beide weisen eine recht **niedrige Verkehrsfrequenz** auf. Die meisten Staaten sind gerade mal von ein oder zwei Schienensträngen durchzogen, auf denen Personenverkehr oft nur 1x (!) täglich oder weniger je Fahrtrichtung abgewickelt wird.

Genau wie mit den Bussen bleiben bei dieser Art zu Reisen die meisten Nationalparks und die schönsten Plätze in der Natur unerreichbar oder können nur mit viel Aufwand und beachtlichen Extrakosten besucht werden. Anders sieht die Lage natürlich aus, wenn die Reise ausschließlich ein City-Trip werden soll (➤ weiter unten, Stichpunkt »Regionalbusse«).

AMTRAK

Da Einzeltickets des Passagier-Schienenverbundes ***AMTRAK*** meist eine ziemlich kostspielige Angelegenheit sind, kommt für Rundreisen – wenn überhaupt – nur ein für das gesamte US-Netz gültiger ***Rail Pass*** in Frage: **$459 für 15 Tage** (mit 8 frei wählbaren Teilstrecken), **$689 für 30 Tage** (12 Teilstrecken) oder **$899 für 45 Tage** (18 Teilstrecken). Man kann ihn online (www.amtrak.com) oder über die Hotline ✆ 1-800-872-7245 bestellen, muss den Pass dann allerdings vor Ort am Bahnhofsschalter abholen. Aber ohne **Fahrausweis** (müssen immer extra ausgestellt werden!) und ohne **Reservierung** darf man trotzdem nicht in den Zug steigen. Für spontane Entschlüsse bleibt nur wenig Raum. Einfach zum Bahnhof gehen, rasch ein Ticket kaufen und in den Zug springen, funktioniert im Allgemeinen nicht oder nur mit Glück.

Für einen Liegewagenplatz zahlt man Zuschläge und für **nostalgische Spezialzüge** wie etwa ***Durango-Silverton***, die Strecke von Williams zum ***Grand Canyon*** oder die ***Cumbres-Toltec Railroad*** gelten die *Amtrak Rail Passes* nicht. Mit anderen Worten: ein Trip durch den US-Südwesten per Schiene macht vielleicht für **eingefleischte Eisenbahn-Fans** Sinn, ohnedem kaum.

AMTRAK-Zug im Bahnhof von San Diego

Greyhound

Bei der Fernbuslinie ***Greyhound*** (»Windhund«) muss man – wie fürs Flugzeug – die **Tickets** mit Sitzplatzreservierung für die geplanten Teilstrecken vorab kaufen (Buspässe gibt es seit 2012 nicht mehr!). Frühbucher finden im Internet *Discounts* und – ähnlich wie bei einigen Airlines – recht variable Tarife je nach Wochentag, Startzeit, Auslastung etc. Wer viel Mühe in Routenplanung und Herausfinden jeweils besonders vorteilhafter Verbindungen und Zeiten investiert, kann mit *Greyhound* immer noch vergleichsweise preiswert unterwegs sein, aber der Aufwand dafür ist groß. Wer flexibel bleiben möchte und vor Ort spontan bucht, darf überwiegend deutlich tiefer in die Tasche greifen. Hinzu kommen noch ein paar **Unannehmlichkeiten** wie sehr volle, unter- oder überklimatisierte Busse, ungünstige Umsteigverbindungen verbunden mit langen Wartezeiten. Von fehlenden Routen zu lohnenswerten Zielen und Sehenswürdigkeiten und den daraus resultierenden Extrakosten für zusätzliche Regionalbusse nicht zu reden. Vor allem **Camping ist für Busreisende alles andere als leicht**. Denn der öffentliche Nahverkehr abseits der Großstädte ist entweder unzureichend oder gar nicht vorhanden. Mit anderen Worten: Für touristisches Reisen in den USA kommt der *Greyhound* seit dem Entfall der Buspässe kaum noch in Frage. Selbst allein reisende junge Leute unter 25, die bei der Automiete höhere Kosten in Kauf nehmen müssen, sind in der Regel mit dem *Greyhound* nicht günstiger unterwegs.

Aktueller Greyhound Bus mit Wifi und Steckdose an jedem Platz

Im Auto fährt man natürlich viel isolierter als im Bus, und mancher mag vielleicht gerade deshalb den *Greyhound* mit seinen Kontaktmöglichkeiten vorziehen. Wen dieser Aspekt interessiert, sollte aber wissen, dass *Greyhound* heute im Wesentlichen und mit einigen Ausnahmen eher ein Transportmittel für Amerikaner der Unterschicht und Randgruppen ist. Denn jeder, der es sich irgendwie leisten kann, fliegt oder benutzt sein eigenes bzw. gemietetes Auto.

Flixbus

Stark am Expandieren im Westen der USA ist seit 2018 das deutsche Unternehmen ***Flixbus***: Ähnlich wie in Europa gibt es Tickets zu Spottpreisen zwischen den großen Städten (San Francisco, LA, San Diego, Las Vegas, Reno, Phoenix, Tucson u.v.m.). Für City-Trips sind sie eine Option, für Nationalparkbesuche eher kaum. Routen und Preise unter: https://global.flixbus.com/bus-routes.

Regionalbusse

Obwohl die USA, was öffentliche Verkehrsmittel betrifft, nicht zu Unrecht einen eher schlechten Ruf besitzen, trifft die Pauschalisierung nicht auf alle Bereiche zu. Entlang der dichter besiedelten Westküste etwa ist das **regionale Busnetz relativ gut ausgebaut**. In Citys wie San Francisco, Los Angeles, Las Vegas oder San Diego und einigen Städten wie Sacramento, Monterey, Santa Barbara oder Palm Springs steht die Qualität des Kurzstreckentransports der in europäischen Städten kaum nach. Dank hoher Subventionen sind die **städtischen Systeme auch meist recht preiswert**.

Budgetbewusste Reisende finden auf vielen *Airports* neben teuren Expressbussen, die Zentrum und Flughafen direkt verbinden, Haltestellen der Vorortlinien (in LA und San Francisco auch U-/S-Bahn), die Passagiere zum regulären City-Tarif in die Stadt befördern. Weiter östlich im Südwesten der USA – in Regionen mit geringer Bevölkerungsdichte – ist die Versorgung mit öffentlichen Verkehrsmitteln indessen ziemlich dürftig.

Günstige, organisierte Bustouren

Wer unterwegs stärker den **Kontakt zu anderen** – Amerikanern wie Touristen aus aller Herren Länder – sucht, ist auf speziellen Routen (Seattle–San Francisco/San Francisco–Boston) sowie bei **Rundfahrten** durch den US-Westen mit Bussen der Firmen ***Green Tortoise*** (sprich: »*Tortis*«; www.greentortoise.com) und ***Adventurebus*** (www.adventurebus.com) auf jeden Fall besser, sicherer und origineller bedient als mit *Greyhound* oder *Amtrak*. Im hinteren Teil der Busse sind statt der Sitze Schaumgummimatratzen-Etagen installiert (während längerer Fahrten entfällt damit das Übernachtungsproblem!) und im vorderen Bereich ist eine Art Cafeteria eingerichtet. Musizierende Passagiere sind willkommen. Halt macht der Busfahrer dort, wo die Mehrheit es wünscht. Einkauf und Essenszubereitung erfolgen gemeinschaftlich.

Eine ähnlich kostengünstige Alternative für junge Leute (oder Junggebliebene) bietet ***TrekAmerica***: www.trekamerica.com.

Per Fahrrad durch die USA

Auch eine **Radtour** wäre eine Möglichkeit, um den Westen der USA zu erleben. Vom Sattel aus kann man Amerika wirklich erfahren und seine traumhaften Landschaften in vollen Zügen genießen. Radfahren heißt **langsam, aber intensiv reisen**, Kontakte knüpfen und (vielleicht) ein bisschen mehr Abenteuer als im Fall anderer Reiseformen. Wer sich dafür interessiert, findet auf der Seite www.bikeamerica.de/weiteretouren/links alles was man fürs Biken in Übersee wissen muss und ein PDF-Dokument mit den schönsten Rundstrecken durch den US-Westen.

Derartig attraktive Spielanlagen sind bei McDonald`s in den USA keine Ausnahme, sondern in allen größeren und vielen kleinen Orten auch bei der Konkurrenz zu finden

1.2.3 Amerikareise mit Kindern

Sollte man mit Kindern, womöglich mit ganz kleinen, eine Reise nach bzw. durch Amerika unternehmen? Die Autoren können nur von positiven Erfahrungen berichten.

Flugtarife für Kinder

Zunächst zum Flug: wer **Kleinkinder** im Alter von unter 2 Jahren mitnimmt, zahlt ohne Anspruch auf einen Sitzplatz – je nach Airline – 10%-15% des Erwachsenen-Tarifs oder einen geringen Fixbetrag. Empfehlenswert ist der Kleinkindtarif in Anbetracht der Flugdauer zu Zielen im Westen kaum, da Eltern mit ihrem Sprössling auf dem Schoß 10-11 Stunden Flug durchhalten müssen. Mit Glück erwischt man vielleicht eine weniger ausgebuchte Maschine und hat einen freien Platz neben sich. Aber darauf lässt sich nicht gut spekulieren, am wenigsten zwischen Mai und September und generell nicht auf Wochenendflügen. Möchten Eltern vermeiden, ziemlich erschöpft und entnervt anzukommen, bleibt nichts weiter übrig, als den Tarif 2-11 Jahre mit Sitzplatzanspruch auch fürs Baby zu bezahlen oder langfristig die »Familienplätze« in der ersten Reihe zu reservieren, wo ggf. sogar ein Babybett an die Vorderwand gehängt werden kann.

Kinder zwischen 2 und 11 Jahren kosten je nach Airline 50% bis 75% des jeweiligen vollen Tarifs. Eine Airline mit den günstigsten Tarifen für Vollzahler ist daher nicht notwendigerweise auch die preiswerteste für eine Familie mit Kindern. Ein Flug z.B., der für Vollzahler €100/Person mehr kostet, aber 50% Kinderrabatt bietet, kann für Eltern mit 2 Kindern gegenüber einem Flug mit nur 25% Kinderrabatt die kostengünstigere Alternative sein.

Non-Stop/ Direktflug

Mit **Kleinkindern** sollte man darauf achten, dass die Maschine non-stop zum Ziel fliegt. Das ungenaue Wort »Direktflug« schließt nicht aus, dass zwischengelandet wird.

In manchen Fällen heißt das: raus aus dem Flugzeug und – nach bisweilen gar nicht kurzer Wartezeit – wieder rein. Bei Anschlussflügen muss man sich zudem auf längere Pass- und Zollkontrollen am Umsteige-Airport einstellen und dabei auch noch sämtliche Koffer in Empfang nehmen und erneut aufgeben. Das artet bei knapp bemessener Zeit oft in argen Stress aus.

Reisekosten

Abgesehen von den Kosten für **Flugtickets** und **Eintrittsgelder** für (leider immer teurer werdende) *Amusementparks* etc. erhöhen Kinder die Reisekosten nicht proportional, sofern die Familie per Auto unterwegs ist. Denn der **Leihwagen** bzw. **-camper** kostet ja einen festen Tagessatz unabhängig von der Belegung. Das Gros der **Hotelzimmer** verfügt über zwei Doppelbetten, wobei der Übernachtungspreis nur geringfügig mit der Anzahl der Personen im Zimmer steigt. In vielen Fällen braucht für Kinder (bis zum Jugendlichenalter, variiert im Einzelfall) im Zimmer der Eltern überhaupt kein Aufschlag gezahlt zu werden. Auch auf die **Campingkosten** haben zusätzliche Personen nur einen unwesentlichen (bei Privatplätzen) bis gar keinen Einfluss (staatliche Plätze). Das Eintrittsgeld in **Nationalparks** gilt weitgehend unabhängig von der Besetzung immer für die Wagenladung, wenn diese 6 Personen (max 4 Erwachsene) nicht übersteigt.

Unterwegs

Soweit zu den Kosten. Dass die Attraktion vieler Sehenswürdigkeiten und möglicher Aktivitäten in Amerika (➢ die vorhergehenden Abschnitte 1.1.2 bis 1.1.5) auch für Kinder groß ist, bedarf keiner besonderen Erläuterung. Egal, welche Route die Eltern sich zurechtgelegt haben (sofern der Nachwuchs noch nicht mitentscheiden kann), an praktisch jeder Strecke gibt es auch für die Kinder genug zu sehen und zu erleben (➢ Foto links), dazu sowieso die überall gleichen, bei den meisten Kindern überaus beliebten *Fast Food Restaurants*, Supermärkte und *Shopping Malls*.

Künstlicher Kletterfelsen für Kinder in Mammoth Lakes/Kalifornien

Camping

Sofern gecampt wird, was die Autoren bei einer Reise mit Kindern in den Westen – wenn irgend möglich – immer empfehlen würden, bieten amerikanische Campingplätze von Anlage, Einrichtungen und Gelände her mehr als ihre europäischen Pendants. Kommerziell geführte Plätze wie auch viele *State Parks* verfügen über *Children's Playgrounds;* viele *Campgrounds* in den *National Forests* und anderswo sind für sich allein schon von Gelände und/oder Anlage her Abenteuerspielplätze.

So mancher enger Slot Canyon im Südwesten der USA ist für Kinder und Jugendliche mindestens so spannend wie ein Abenteuerspielplatz

Spielplätze

Möglichkeiten zum Austoben finden sich im Übrigen nicht nur auf Campingplätzen. Selbst in kleinen Orten gibt es **Stadtparks**, die sich zum Ballspielen und überhaupt für körperliche Aktivitäten immer eignen. Meistens verfügen sie auch über einen Kinderspielplatz. Gerade in den letzten zehn Jahren entstanden viele neue vorbildliche Anlagen.

Sehr praktisch sind – speziell an langen Fahrtagen – die kompakten **Kinderspielplätze der *Fast Food* Ketten** (*McDonald's, Burger King* u.a., ➤ Foto Seite 64), die im Konkurrenzkampf immer attraktiver wurden. Kleine Kinder lieben sie, besonders, wenn Plastikball-Wannen, Rutschen und Kletternetze vorhanden sind.

An ihnen führt mit Kindern zwischen 3 und 8 Jahren kaum ein Weg vorbei. Immerhin lassen sich dort ohnehin anliegende Zwischenmahlzeiten, »Pinkelpausen« und die Notwendigkeit, den Bewegungsdrang zu kanalisieren, sinnvoll miteinander verbinden.

Schöne Anregungen kann man sich auch vorab im Internet auf eigens fürs »Reisen mit Kindern« eingerichteten Portalen wie z.B. www.kids.utah.gov holen.

Krankheit

Eigentlich gibt es auf Reisen mit Kindern nur eine, lediglich eventuelle Problematik: In den USA ist es schwieriger als bei uns, im Krankheitsfall einen Arzt zu finden, wenn man sich auf der Durchreise befindet und niemanden kennt außer das Hotelpersonal oder den Zeltplatznachbarn, Notfälle ausgenommen. Da man sich voraussichtlich nicht ganz selten weiter weg von der Zivilisation und damit vom nächsten Hospital entfernt, als es in Europa normalerweise überhaupt möglich ist, sollte man auf Eventualfälle bei einem Urlaub mit Kindern vorbereitet sein.

Eine ordentliche Reiseapotheke und ein gut sortierter **Erste-Hilfe-Kasten** können ohnehin nicht schaden. Wenn die Kinder an sich gesund sind, birgt die Amerikareise ganz sicher keine unkalkulierbaren Risiken.

Die Wahrheit über Wohnmobilferien mit kleinen Kindern

Eine USA-Rundreise im Camper? Mit den Kindern, bevor sie ins schulpflichtige Alter kommen und nur noch zur Hauptsaison gereist werden kann? Das ist eine gute Idee, und die Kinder werden bestimmt eine Menge Spaß haben. Nur von der Überzeugung, dass durchschnittlich 200 mi am Tag locker zu schaffen sind, sollte man sich schnell verabschieden. Kaum jemand will in den Ferien mit den Hühnern aufstehen. Vor 8 Uhr aus dem Bett kommt also nicht in Frage. Und abends auf dem Campingplatz liegt ja einiges an: Einchecken, Autoklarmachen, Abendessen, vielleicht Lagerfeuer und Gute-Nacht-Geschichte, Zähneputzen und gegen 21 Uhr ins Bett mit den Kindern. Das klappt alles nur bei Ankunft spätestens um 18 Uhr. Folglich bleiben noch 10 Stunden täglich übrig, aber minus:

Morgenwäsche, Anziehen, Frühstück	60 min
Abwaschen, Camper startklar machen, Wasser auffüllen	30 min
Abschied von Platznachbarn/Kinder einfangen etc.	20 min
Zur Dumping Station fahren, Abwasser ablassen inkl. Wartezeit (mindestens 1 Wohnmobil vor Ihnen)	15 min
Endlich losfahren:	
Pinkelpausen in summa (knapp gerechnet)	30 min
Einkauf Supermarkt	60 min
Ausprobieren Spielgeräte und Kaugummiautomaten	15 min
Tanken, Öl und Luftdruck checken, Scheiben reinigen, Kaffee, Popcorn und Cola besorgen, zu Hause anrufen	30 min
Mittagssnack im Fast Food Lokal oder Picknick	30 min
Eltern Beine vertreten/Kinder 2x Spielplatz, Besuch von Kleintierzoos, kommerziellen Kinderfallen u.a.	60 min
Zusatzeinkäufe wegen Sonderwünschen der Familienmitglieder (Postkarten, Briefmarken, T-Shirts etc. pp.)	30 min
Nachmittagskaffee oder Eisessen	30 min
Anhalten bei der Touristinfo, Material einsammeln und studieren, Erkundigungen einziehen	30 min
Kartenstudium unterwegs, Campingplatz aus dem Führer suchen, günstigste Zufahrt erfragen, verfahren	30 min
Sonstige Zeiten (wie Warten in der Bank, Gasauffüllen, kleine Reparaturen, Verkehrsstau) im Schnitt mindestens	30 min
Summe	**500 min**

Von den 10 Stunden bleiben also ohne hier noch gar nicht berücksichtigte Unwägbarkeiten wie Werkstattaufenthalte, Arztbesuche etc. und eher knappe Zeitansätze ganze 100 Minuten pro Tag. Rechnet man davon je die Hälfte für den Besuch von Sehenswürdigkeiten und Fahrt bei 80 km/h, dann ginge es durchschnittlich 60 km täglich voran. In 20 Tagen z.B. entspräche das immerhin einer schönen Rundtour von San Francisco zum *Yosemite National Park* und zurück durch die *Sierra Nevada*.

Wer morgens um 5 Uhr aufsteht, schafft vielleicht sogar 150 mi am Tag mit ein paar Fotostopps. Und durchgetaktete Disziplin unterwegs holt vielleicht noch weitere 100 min 'raus...

1

Reisen in den Südwesten der USA mit Kleinkind

Ein Beitrag von Jana und Michael Anding aus Jena

Als wir erfuhren, dass Nachwuchs im Anmarsch ist, war schnell die Frage, wie wir die gemeinsame Elternzeit bestmöglich nutzen könnten. Bald waren wir uns einig, dass wir – wenn irgend möglich – gerne mit ihm verreisen würden. Nun ging es darum, Ziel und Zeitraum zu wählen. Da wir keine klassischen Globetrotter sind, uns in den USA aber unterwegs schon mehrfach sehr wohl gefühlt hatten, fiel die Entscheidung für den Südwesten der USA. Diese Region bietet einen idealen Kompromiss zwischen einem attraktiven Fernreiseziel und westlicher Infrastruktur. Letzteres war uns wichtig, um mit dem Kind keine unnötigen Risiken einzugehen. Als perfekter Zeitraum boten sich der 13. und 14. Lebensmonat an, da wir so von Ende März bis Mitte Mai reisen konnten und das Baby dann schon ein Kleinkind sein würde. Als Reisedauer schienen uns 7-8 Wochen optimal, da sich der »Aufstand« allein für die Vorbereitung einer solchen Reise bei deutlich kürzerer Dauer unserer Meinung nach kaum gelohnt hätte. Nachdem wir den Westen der USA schon früher kennengelernt hatten, wollten wir uns nun die *Highlights* und mehr in aller Ruhe noch einmal ansehen.

Nach der Geburt unseres Sohnes wurden die Planungen dann konkreter. Wir wollten so frei und entspannt wie möglich reisen, also uns flexibel an die Notwendigkeiten einer Reise mit Kind, Lust, Laune und Wetter anpassen und deshalb nur Flug, Mietwagen und das Hotel für die ersten Nächte buchen. Es ergab sich, dass wir rund sieben Wochen Zeit hatten; dafür planten wir die Tour ungefähr so, als würden wir zu zweit eine 3-Wochen-Reise vor uns haben. Damit blieb genug Zeit für Pausen bei im Schnitt nur wenigen reinen Fahrstunden pro Tag. Zugleich nahmen wir uns vor, die Übernachtungsorte so zu wählen, dass dort mindestens zwei Tage Verweilzeit Sinn machen, um nicht täglich ein- und auspacken zu müssen.

Eine grobe uns vorschwebende **Route** ergab sich aus folgenden Zwischenzielen:

Los Angeles – Palm Springs – Joshua Tree Nat'l Park – Grand Canyon Nat'l Park – Page am Lake Powell – Monument Valley – Arches und Canyonlands Nat'l Parks – Capitol Reef Nat'Park – Grand Staircase Escalante Nat'l Monument – Bryce Canyon Nat'l Park – Zion Nat'l Park – Las Vegas – Los Angeles.

Beim **Flug** waren wir uns einig, dass nur Direktflüge in Frage kämen. Wir buchten bereits neun Monate vor der Abreise bei der Lufthansa (mit dem Kind war uns die deutsche Airline wichtig) die Flüge München–Los Angeles und retour. Das hatte wichtige Vorteile für uns: Dank der frühzeitigen Buchung waren noch alle »Familienplätze« verfügbar, so dass wir Plätze am Fenster in der ersten Reihe reservieren konnten.

Dort hat man keine Sitze mehr vor sich und Platz für ein Babybett, das sich kostenfrei dazu buchen lässt. Hin- und Rückflug kosteten insgesamt knapp €1.300 für Eltern und Baby. Die Platzbuchung mussten wir gesondert über die Hotline der Lufthansa regeln. Der Abflug in München erfolgte erst gegen 16 Uhr, so dass wir genügend Zeit für die Anreise zum Flughafen hatten. Erstmals schlossen wir zur Sicherheit auch eine Reiserücktrittsversicherung ab, was uns früher ohne Kind nie eingefallen wäre.

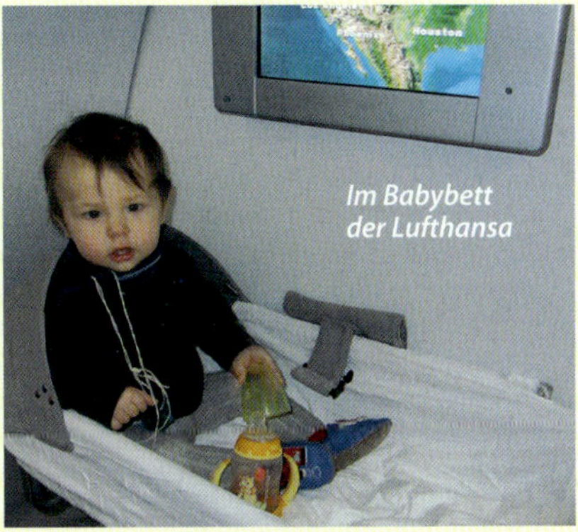
Im Babybett der Lufthansa

Da der Tag des Hinflugs auf den ersten Geburtstag unseres Sohnes fiel, sang die Lufthansa-Crew sogar ein kleines Ständchen und war auch sonst sehr bemüht. Dennoch waren die Flüge anstrengend. Der Kleine schlief zwar die Hälfte der Zeit, aber 5-6 Stunden Kindbespaßung und Unmutreduzierung im Flieger blieben als Elternpflicht. Zudem fiel es ihm trotz Müdigkeit bei all dem Trubel nicht leicht, zur Ruhe zu kommen. Auch daher waren wir über den Direktflug froh; die Flugzeit ist im Vergleich zu Umsteigeflügen deutlich geringer, und es fallen keine zusätzlichen Starts und Landungen an, bei denen dann jedes Mal wieder für einen Druckausgleich auch beim Kind gesorgt werden muss. Wenn es in dieser Phase nichts zu saugen oder nuckeln gibt, brüllen die meisten.

Für den **Transport in den USA** entschieden wir uns für einen **Pkw**. Da der Kleine mit einem Jahr gerade das Laufen lernte, schien uns ein Wohnmobil zu wenig Auslauf zu bieten. In Hotelzimmern hat der Sprössling am Abend mehr Gelegenheit, gefahrlos alles auf den Kopf zu stellen und seinen Bewegungsdrang auszuleben. Draußen auf einem Campingplatz ginge das nur in Begleitung. Zudem ergab der Gesamtkostenvergleich Mietwagen+Motel zu Wohnmobil deutliche ökonomische Vorteile zugunsten der ersten Alternative.

Den Wagen (*Medium Size*) buchten wir erst eine Woche vor der Abreise. Dabei gingen wir einfach nach dem Preis, da das Angebot der verschiedenen Vermieter sich auf weitgehend vergleichbare Fahrzeuge und Bedingungen bezog. Als wir nach ein paar Tagen merkten, dass der mitgemietete Kindersitz für unser Kleinkind zu groß war, konnten wir ihn kostenlos bei der nächsten Station des Vermieters (*National*) in ein kleineres Modell tauschen*).

Zur weiteren **Reisevorbereitung** gehört noch Folgendes:

- Prüfung/Abschluss/Erweiterung der Auslandsreisekrankenversicherung
- Beschaffung des Reisepasses fürs Kind. Damit sein Passbild so aktuell wie möglich ist, beantragten wir den Pass erst acht Wochen vor Reiseantritt.

---

*) **Anmerkung**: Für etwas größere Kinder, die auf einer so langen Strecke einen eigenen Sitz im Flugzeug brauchen (➤ Seite 64) ist es besser und kostengünstiger, den eigenen Sitz mitzunehmen und auch im Flieger zu benutzen.

- Buchung des Hotels für die erste oder mehr Nächte (*Kingsize*-Bett, damit der Kleine zur Not zwischen den Eltern Platz hat, oder gleich mit zwei Doppelbetten, wie es viele amerikanische H/Motels ohnehin haben). Wir reservierten ein Zimmer im Courtyard Marriott in Flughafennähe, was eine gute Wahl war, denn nach der Ankunft waren das Einreiseprozedere, das Koffer- und das Mietwagenholen schon stressig genug, so dass wir froh waren, bei Dunkelheit nicht auch noch weit fahren zu müssen.
- Die üblichen Kinderimpfungen ließen wir in den letzten drei Wochen vor Reiseantritt nicht ausführen, um eventuelle Nebenwirkungen zu vermeiden, durch die der Kleine vor der Reise geschwächt würde.
- Auch informierten wir uns im Vorfeld über das Internet, in welchen Orten entlang unserer Reiseroute wir Krankenhäuser finden würden, um für eventuelle Notfälle gewappnet zu sein.

Ins Reisegepäck gehörten für den Nachwuchs zudem folgende Dinge:

- Für das Kleinkind dürfen Lebensmittel und Getränke mitgenommen werden. Da wir die ersten Tage in den USA nicht damit verbringen wollten, passende Babynahrung zu suchen, nahmen wir genug für die erste Woche mit. Wir verzichteten dabei aber auf Gläschen mit Fleisch, da wir nicht sicher waren, ob die uns Probleme bei der Einreise machen könnten.
- Wir stellten auch eine Reiseapotheke (homöopathisch und konventionell) für den Kleinen zusammen.
- Weil im Südwesten der USA schon im Frühjahr die Sonne kräftig ist, haben wir uns mit Sonnencreme eingedeckt (sie ist in den USA teurer).
- Damit wir unseren Jungen leicht tragen konnten, sollte auch ein passender Gurt nicht fehlen. Das zahlte sich während der gesamten Reise nicht nur bei Wanderungen aus.
- Unseren kleinen klappbaren Sportwagen durften wir bis zum Einstieg ins Flugzeug benutzen.

Im Handgepäck hatten wir speziell fürs Kind dabei

- Babynahrung und Fläschchen für die Flugdauer plus ein paar Stunden
- Wechselwäsche für Kind **und** Eltern (falls doch mal was daneben geht)
- Spielzeug (zumindest die zwei, drei wichtigsten Objekte)

Die erste Nacht in Los Angeles war recht unruhig, da der Sohnemann mit der Zeitumstellung zu kämpfen hatte. Dennoch blieben wir eisern und brachten den Kleinen schnell in seinen aus Deutschland gewohnten Rhythmus (Essen/ Schlafen). Die zweite Nacht verlief bereits perfekt, und wir hatten von da ab keine Probleme mehr mit dem *Jet Lag*.

Der erste Tag gehörte der Eingewöhnung. Wir besuchten neben einem Supermarkt für die ersten Einkäufe zur Versorgung unterwegs auch einen *Department Store* (*Wal Mart, Target* oder *K-Mart*), um u.a. folgendes zu beschaffen:

- ein Kinderreisebett (*crib* bzw. *Graco Pack 'N Play Playard with Bassinet*; www.youtube.com/watch?v=7zjMOtYGfmo), da uns die Übergepäckkosten so hoch erschienen, dass wir so ein Ding lieber in den USA kauften. Ohne Extrabett hätten wir in manchem Motel keine rechte Freude gehabt.

- eine billige und vor allem kleine Kaffeemaschine (110 V!), damit wir am Abend im Motel heißes Wasser für Grießbrei machen konnten (die gibt's zwar auch in vielen Motelzimmern, aber viele sind nur für *Coffee Pads* ausgelegt und daher wenig geeignet für unsere Zwecke).

Nach all dem Organisieren begann die eigentliche Reise. Wir orientierten uns bestmöglich am Rhythmus Essen/Schlafen des Kleinen. Das lohnte sich, auch wenn der Tag für uns ebenfalls spätestens um 21 Uhr endete. So blieb der Junge aber bestens gestellt und damit auch die Eltern. Alle drei waren die gesamte Zeit über gesund; unser Sohn zog sich trotz der Klimaanlagen im Auto und in vielen Quartieren nicht einmal einen Schnupfen zu.

Die Reise verlief insgesamt ausgesprochen unproblematisch und war ein tolles Erlebnis.

Man sieht: der Grand Canyon gefällt auch dem Baby

Neben dem Besuch bekannter *State* und *National Parks*, den *Coyote Buttes North* oder dem *Devils Garden* im *Grand Staircase Escalante Nat'l Monument* gehörten auch ruhige Tage z.B. im kleinen Ort Bluff (Utah zwischen dem *Monument Valley* und dem *Canyonlands Nat'l Park*) oder an den Stränden des Pazifik zu den *Highlights* der Tour. Als sehr positiv empfanden wir auch die Kinderfreundlichkeit der Amerikaner, die viel stärker und verständnisvoller auf den Nachwuchs eingingen als wir es aus Deutschland gewohnt waren.

Nach der **Rückkehr in Deutschland** hielt der *Jet Lag* des Kleinen nach der neunstündigen Zeitumstellung eine gute Woche lang an, während wir selbst besser damit klar kamen. So musste einer von uns zunächst jede Nacht (in Kalifornien später Nachmittag) aufstehen und sich mit dem dann hellwachen Jungen beschäftigen.

Fazit

Obwohl die Wochen in Amerika mit Kleinkind natürlich ganz anders abliefen als das zu zweit der Fall gewesen wäre, würden wir die Reise so jederzeit wiederholen. Zu betonen bleibt, dass die gute Vorbereitung wesentlich zum Gelingen beitrug. Die **Gesamtkosten** waren zwar in Anbetracht der langen Reisedauer nicht niedrig, aber unbedingt das Geld wert, wobei die **Mitnahme des Kindes so gut wie keine Extrakosten** verursachte.

1.3 Die konkrete Planung der eigenen Reise

1.3.1 Generelle Gesichtspunkte

Dimensionen der USA

Als Europäer macht man sich selbst mit der Karte der USA vor Augen nur schwer einen Begriff von der immensen Größe des Landes und den Entfernungen. Im Rahmen eines einzigen Aufenthaltes – auch wenn dieser zwei Monate und länger dauert – wird man immer nur einen Teil all dessen, was sehenswert und attraktiv erscheint, besichtigen und genießen können.

Fahrleistung

Bei einer Rundreise sind 200 mi (bzw. 320 km) pro Tag das absolute Maximum dessen, was man sich – Ruhetage nicht mitgerechnet – im Schnitt zumuten sollte. Das sind bei einem 3-Wochen-Urlaub mit 18 Unterwegstagen um die 6.000 km; weniger wäre besser. Optimal ist eine Planung, die rein rechnerisch (Kartenentfernungen) in 3 Wochen 4.000 km nicht überschreitet. Daraus werden im Endeffekt zwar leicht 5.000 km und mehr, aber trotzdem bleibt so ein wenig Spielraum – etwa für ein ungeplantes Verweilen an besonders schönen Orten, die Teilnahme an reizvollen Aktivitäten oder Veranstaltungen und den spontanen Entschluss zum Umweg.

Länge der Tage

Ein Punkt, der bei Reiseplänen auch oft in Vergessenheit gerät, ist die Länge der Tage. Im **Herbst** sind diese deutlich kürzer als im Frühsommer und so bleibt weniger Zeit für gute Fotos, Besichtigungen und andere Unternehmungen. Auch **geht die Sonne im Südwesten im Frühling/Sommer spürbar früher unter als bei uns**. Denn der Süden von Kalifornien, Arizona und New Mexico liegt in etwa auf nordafrikanischer Breite; im Juni geht dort die Sonne bis zu 2,5 Stunden früher unter als in Berlin.

Wichtige Aspekte

Wesentliche Gesichtspunkte der eigenen Reiseplanung sind außerdem die Feriensaison der Amerikaner sowie die voraussichtlichen klimatischen Bedingungen zu den unterschiedlichen Jahreszeiten.

1.3.2 Reisezeiten der Amerikaner

Memorial bis Labor Day

Die zwei großen Feiertage, der ***Memorial Day*** (letzter Montag im Mai) und der ***Labor Day*** (erster Montag im September), kennzeichnen den offiziellen Anfang bzw. das Ende der »***High Season***« in den USA. In diesen Zeitraum fallen traditionell die Universitätsferien sowie – mit unterschiedlicher Länge – die Sommerferien der Schulen. Erfahrungsgemäß beginnt der **»intern-amerikanische« Ferienboom** aber erst richtig Ende Juni, nimmt in der zweiten Augusthälfte schon spürbar ab und endet mit dem *Labor Day* schlagartig.

Man hat generell mehr vom Urlaub und vermeidet obendrein die Hochsaisonpreise bei Flügen, Hotels und ggf. Campermiete, wenn es gelingt, die Reisezeit vor Mitte Juni oder nach dem *Labor Day* zu legen. Andererseits ist festzuhalten, dass von dem erhöhten Andrang weniger spürt, wer Top-Sehenswürdigkeiten möglichst an Werktagen ansteuert und sich sonst eher abseits der touristischen Hauptpfade hält (siehe Streckenbeschreibungen).

Wochenende

Denn eine große Ausnahme bilden die **Wochenenden**. Wegen der aus unserer Sicht sehr kurzen Urlaubszeiten in den USA (nur wenige berufstätige Amerikaner haben oder nehmen sich mehr als 2-3 Wochen Ferien pro Jahr) spielt das *Weekend* eine weit größere Rolle als bei uns. Die Bereitschaft, für den Wochenendspaß lange Strecken zu fahren, Ausgaben und Anstrengungen auf sich zu nehmen, ist deutlich ausgeprägter als unter Europäern.

Im Südwesten sind die Wochenenden daher auch im April/Mai und nach *Labor Day* bis Ende Oktober bei gutem Wetter noch beliebte Ausflugstage und es ist auch dann noch überall mit viel Betrieb und den daraus resultierenden Problemen zu rechnen: überfüllte Parkplätze an touristischen Brennpunkten (wie z.B. *Disneyland* in Los Angeles, *Fisherman's Wharf* in San Francisco oder im *Mount Rushmore Nat'l Monument*), ausgebuchte Quartiere und Höchsttarife, vor Mittag schon besetzte Campingplätze etc. Dasselbe gilt für den **späten Winter**, wenn in einigen dann schon sommerlich warmen Wüstengebieten (*Death Valley National Park, Anza Borrego Desert State Park* etc.) Hochsaison herrscht.

Überlaufen?

Im US-Westen gilt indessen eine andere Definition von »**voll**« oder »**überlaufen**« als bei uns. Europäische Verhältnisse wie am Mittelmeer oder an der deutschen Ostseeküste mit den dazugehörigen ferienbedingten Verkehrsstaus existieren dort so gut wie nicht, sieht man von einigen besonders populären Nationalparks und dem Wochenend-Rückreiseverkehr zu den großen Citys ab. Sehr heikel sind dann z.B. die Autobahnen in Richtung LA.

Parks wie den *Yosemite, Arches* oder *Zion NP* und Kleinstädte wie Moab, Page oder Springdale sollte man dringend meiden am ***Memorial* & *Labor Day Weekend***. Und auch für die **Weihnachtsfeiertage** müssen Unterkünfte langfristig reserviert werden.

Eislaufen zur Weihnachtszeit bei über 20°C im Schatten im Viejas Outlet Center an der Interstate #8 (Exit 33), ca. 30 Meilen östlich von San Diego

Diese winterliche Szene entstand Mitte Juni im Zion Nationalpark an einem hochsommerlich warmen Tag im Juni – zumindest, bis am frühen Nachmittag ein Unwetter einsetzte. Es hagelte und schneite, und nach einer guten Stunde lagen die Temperaturen nahe am Gefrierpunkt. Der Virgin River entwickelte sich vom anmutigen Flüsschen zum reißenden Strom. Die hier zu sehenden Wasserfälle schießen aus vorher knochentrockenen Canyons, die zum Teil zum Wanderweg-System des Parks gehören. Wer da nicht rechtzeitig herauskam, saß auf erhöhten Punkten stundenlang fest, bis die »Flash Flood« wieder nachließ. Die Nacht blieb eiskalt. Aber der nächste Morgen brachte einen neuen strahlenden Tag

1.3.3 Klima im Westen der USA – Beste Reisezeit

Saison und Klima

Reisen außerhalb der beiden Monate Juli/August sind im besonders attraktiven Südwesten gleichzeitig auch klimatisch empfehlenswerter, dagegen gibt es andere Regionen, für die der Hochsommer eindeutig die beste Reisezeit ist. Im Mai oder Oktober darf man etwa im Yellowstone oder Glacier Nationalpark nicht auf gutes Wetter hoffen, vielmehr ist mit **Kälte** und Sperrung der Pässe wegen **Schnee** zu rechnen. Selbst die Monate Juni und September können dort witterungsmäßig kritisch sein. Wer diese beiden Parks »im Auge« hat, findet dort die besten Bedingungen im Juli und August vor. Das Beispiel zeigt, dass durchaus nicht alle Reisevorhaben sich mit Aussicht auf leidlich gutes Wetter beliebig – sagen wir – zwischen April und Oktober realisieren lassen.

Höhenlagen

Für **unliebsame Überraschungen** gut sind grundsätzlich alle Hochlagen (3.000 m plus) der **Rocky Mountains** von der kanadischen Grenze bis hinunter in den Süden Colorados und der Kaskaden. Das bedeutet Schnee und Eis oft bis Mitte Juni, gelegentlich noch später, und wiederum ab Mitte September.

An sich überwiegende Schönwetterperioden in den Sommermonaten können in den Bergen schon mal recht unstabil ausfallen und durch ausgesprochen ungemütliche Regentage in Folge unterbrochen werden. Bei der Erörterung der Campingbedingungen wurde bereits darauf hingewiesen, dass in Höhen ab 2.000 m auch tagsüber hochsommerliche Temperaturen **Nachtfröste** nicht ausschließen. Im Camper sind Minusgrade zwar ein geringeres Problem, aber nördlich der Linie Denver/San Francisco hat man bei Reisen vor Juni und ab spätem September schon hier und dort das Risiko verschneiter Passhöhen.

Hochebenen

Die intermontanen Plateaus sind **Gutwettergebiete** und Regenperioden meist nur von kurzer Dauer. Im Norden (Washington östlich der Kaskaden, Montana, Wyoming) überwiegt der Einfluss des kanadischen Kontinentalklimas mit warmen, periodisch sogar sehr heißen Sommern, aber auch frühen Wintereinbrüchen.

Colorado Plateau

Das wegen seiner Nationalparks der Sonderklasse hochinteressante **Colorado Plateau** (➤ Seite 16) unterliegt tendenziell dem Südwestklima, das aber durch die Höhenlage abgemildert wird. **Beste Reisezeiten** sind dort **Mai/Juni** und **September**. April und Oktober gelten mit vielen Sonnentagen ebenfalls als gute Reisemonate, allerdings mit der Einschränkung oftmals noch/schon recht niedriger Tagestemperaturen bei teilweise scharfen Nachtfrösten. Höher gelegene Gebiete wie z.B. der Nordrand des *Grand Canyon* sind dann mitunter noch bzw. schon geschlossen und im *Bryce Canyon* kann im Oktober bereits der erste Schnee fallen.

Für **längere Wanderungen** rund um die Kleinstädte Moab oder Page ist der Monat **Oktober** dennoch ideal. Die Temperaturen sind angenehm und die 30°C-Marke wird nur noch selten überschritten. Außerdem ist es im Herbst meist deutlich weniger windig/stürmisch als im Frühjahr. Der Lake Powell ist dann noch immer badewarm und in den Canyons rund um Escalante leuchtet das goldene Herbstlaub. Der Höhepunkt der Laubfärbung liegt im *Zion Canyon* mit Anfang November sogar noch später.

Great Basin/ Wüsten

Anders sieht es aus im Bereich des Great Basin von der südkalifornischen Wüste bis hinauf an die Oregon-Grenze. Die **Hitze im Juli/August** liegt ohne Klimaanlage oft jenseits des Erträglichen; bekanntlich extrem im Death Valley mit bis zu 50°C. Dafür lässt sich das »Todestal« **von November bis April angenehm bereisen**. Niederschläge in diesen Trockengebieten beschränken sich im Allgemeinen auf kurze und heftige Gewitterschauer.

Herbstlaubfärbung in Colorados San Juan Mountains (Ende September/Anfang Oktober)

Columbia Plateau

Weiter nördlich auf dem *Columbia Plateau,* westlich der Blue Mountains (Pendleton/Oregon) und im **zentralen Washington** gilt Ähnliches, jedoch mit dem Unterschied nicht ganz so hoher Temperaturen vor allem in Frühjahr und Spätherbst.

Westküste

Entlang des pazifischen Küstenstreifens von Monterey bis zur Olympic Halbinsel herrscht ein **frisches Meeresklima**, das selbst im Sommer kühle Tage, Regen und Nebel mit sich bringen kann. Selbst im Hochsommer erwärmt sich **nördlich von Santa Barbara** der Ozean kaum über 15°C. Daraus resultiert bei gleichzeitig hoher Sonneneinstrahlung und Hitzeentwicklung im Landesinneren etwa ab Mai/Juni der berüchtigte **Seenebel** entlang der gesamten Nord- und Zentralküste Kaliforniens. Speziell der sog. ***June Gloom*** kann für anhaltend trübes Wetter sorgen. Nur ohne Bewölkung ist es dort im Sommer erfreulich warm. Bessere Aussichten auf angenehme, sonnige Tage hat man im Mai und im Herbst.

Südlich von Santa Barbara überwiegt das im Sommer heiße, im Frühjahr und Herbst angenehm warme und im Winter milde südkalifornische, dem mediterranen vergleichbare Klima. Auch die **Wassertemperaturen** steigen langsam, erreichen aber erst bei San Diego Sommerwerte um die 22°C. Entsprechend wird der Seenebel über den Stränden seltener, je weiter südlich man kommt.

Hinterland Westküste/ Kaskaden und Sierra Nevada

Die Tiefebenen zwischen dem Küstengebirge und den Kaskaden bzw. der Sierra Nevada zeigen **dem *Great Basin*** (➤ oben) **ähnliche klimatische Bedingungen**. Die Sierra Nevada, Hochgebirge wie die Rocky Mountains, unterscheidet sich von diesen durch stabilere Witterungsbedingungen. Von Juni (in tieferen Lagen auch früher) bis Ende September sind die Aussichten auf klares, sonniges Wetter im Allgemeinen sehr gut. In der Höhe ist dort ganzjährig mit niedrigen Nachttemperaturen zu rechnen. **Die Pässe schneien oft schon Anfang Oktober zu**, gelegentlich sogar im September, **ein wichtiger Aspekt für Reisepläne, die den Besuch der Nationalparks *Crater Lake, Lassen Volcanic* oder *Yosemite* einschließen.**

Innerhalb kürzester Zeit kann Seenebel landeinwärts ziehen und für das nasskühle Ende warmer, sonniger Tage sorgen; hier verdeckt er den Blick auf das Point Arena Lighthouse in Nordkalifornien

Der »tiefe« Südwesten

Der »klimatische« Südwesten lässt sich in etwa korrekt definieren als Südkalifornien unterhalb der Verbindung Los Angeles–Las Vegas (ohne den Küstenstreifen) plus das südliche Arizona und New Mexico auf der Linie Las Vegas/Phoenix/El Paso, eventuell unter Einschluss der tiefergelegenen Gebiete von New Mexico weiter nördlich und östlich und Südwest-Texas bis nach San Antonio. Während des Sommers klettert das Thermometer dort regelmäßig bis zur 40°C-Marke und darüber. Zur gleichen Zeit fällt auch die Hälfte der jährlichen Niederschläge – überwiegend in Form von Starkregen. Die ***Monsoon Season*** im Südwesten (Juli bis Mitte September) ist zwar deutlich milder ausgeprägt als in anderen Teilen der Welt, bringt aber dennoch eine höhere Gefahr von Unwettern und Sturzfluten (***Flash Floods***) mit sich. Die Auswirkungen sind häufig bis hinauf nach Südutah zu spüren.

Schon bzw. immer noch recht heiß, aber durchaus erträglich sind die Monate Mai und September, **beste Reisemonate April und Oktober**. Von Dezember bis Februar herrschen insgesamt unseren Vorstellungen entsprechende frühlingsartige Wetterbedingungen, was Überraschungen wie Minusgrade und Schnee nicht ausschließt.

Straßenkarten für unterwegs

Ein **Navi** kann immer nur zusätzlich hilfreich sein, allein darauf verlassen darf man sich nicht. Ähnliches gilt für die Straßenkarten im kostenlosen ***ADAC-TourSet*** für die USA-Reise, das Mitglieder beim heimischen Automobilclub erhalten. Es wurde aber in den letzten Jahren stark abgespeckt; Detailinfos unter www.adac.de.

Zur Not tun es die ***Official Highway Maps*** der Tourismusbehörde, die in den Besucherzentren oder *Welcome Centers* fast aller Staaten **gratis** oder gegen eine geringe Gebühr verteilt werden.

Besser greift man aber auf die detaillierten ***Road Maps*** des amerikanischen Automobilclubs ***AAA*** (»***Triple A***«) zurück, die drüben in den *AAA*-Filialen auch Mitgliedern europäischer Clubs **kostenlos** überlassen werden. Die Einzelstaaten-Karten gibt es außerdem in Buchläden, an Tankstellen, Besucherzentren usw., sie kosten dort aber. Für Reisen in die zentrale Südwestregion ist die staatsübergreifende Karte ***Indian Country Guide*** des ***AAA*** eine sehr gute Wahl. Auf der Rückseite stehen außerdem allerhand Kurzhinweise zu Sehenswürdigkeiten, Adressen und Telefonnummern von Touranbietern und Informationen zu indianischen Festen und Veranstaltungen.

Auf den ***Topographic Recreational Maps*** von *GTR Mapping* sind noch mehr Attraktionen und *Campgrounds* eingezeichnet, sie kosten $4,95 und zwar pro US-Bundesstaat (www.gtrmapping.com). Auf diesen Karten findet man zudem deutlich mehr Pisten durchs Hinterland, was aber zu Lasten der Meilenangaben geht, die auf Nebenstraßen z.B. bei der *Indian Country Map* detaillierter ausfallen. Statt einer *Highlights*-Übersicht findet man auf der Rückseite der *Topographic Maps* eine Liste mit den in Parks oder Nationalforsten vorhandenen Einrichtungen wie Picknick- und Campingplätzen. Auch Badestrände sind auf ihnen verzeichnet.

1.3.4 Weiterführende Reiseinformationen und -literatur

Straßenkarten und Atlanten

Für die erste Grobplanung der Nordamerikareise genügen die Karten dieses Reiseführers und das Internet. Mit ***Google Maps*** ist das Erstellen der ganz persönlichen Tour am Bildschirm ein Kinderspiel, ebenso mit ***Mapquest*** (www.mapquest.com). Dort kann man das Ergebnis samt Entfernungen auch ausdrucken und sich noch Hotels/Restaurants en route empfehlen lassen. Bei den Zeitangaben ist jedoch bei beiden Programmen größte Vorsicht geboten.

Sich bereits vor der Reise für teures Geld Karten anzuschaffen, lohnt daher kaum. Den jährlich neuen ***Rand McNally* Straßenatlas USA/Canada/Mexico** findet man hierzulande in geographischen Buchhandlungen, in Globetrott-Shops sowie im Internet. In den USA kostet er $15+*tax*, als verbilligter Sonderdruck in den Kaufhausketten ***Wal Mart/Sam's Club***, ***K-Mart*** oder ***Target*** ab $7+*tax*. Es gibt ihn auch in der kleineren ***Roadatlas* Deluxe Version** mit mehr Stadt- und Umgebungsplänen, Airportübersichten, Hotel- und Restaurantadressen – gut **für Cityhopper**.

Karten fürs Smartphone

Für Android können die Straßenkarten sämtlicher US-Bundesstaaten gratis unter www.openandromaps.org heruntergeladen und auf dem Smartphone mit einer entsprechenden Karten-Viewer-App geöffnet werden (*Locus* oder *OruxMaps*). Das kostenpflichtige ***GPS Navigation Sygic*** hilft aber besser bei der *Offline*-Navigation vor Ort. Fürs *iPhone* gibt es Programme wie z.B. ***Navfree GPS Live USA*** (gratis) oder das noch bessere ***CoPilot Premium USA***.

Information vor Ort und im Internet

Visitor Information

Bei »Grenzübertritten« auf Hauptverkehrsstraßen nicht zu verfehlen sind die oft beachtlichen ***Visitors***, ***Welcome*** oder ***Tourist Information Center*** der Bundesstaaten. Besucher erhalten dort neben der jeweiligen Straßenkarte (fast) jede gewünschte touristisch relevante Information, u.a. den aktuellen Veranstaltungskalender des Staates. Zur Selbstbedienung liegt immer eine Fülle von Material der regionalen Tourismusindustrie bereit.

Visitor Center, oft betrieben von der lokalen ***Chamber of Commerce*** (Handelskammer), gibt es oft noch in kleinsten Ortschaften.

Automobilclub AAA

Größere Filialen des amerikanischen Automobilclubs ***AAA*** (»***Triple A***«) unterhalten neben dem Mitgliederbüro auch einen ***Bookshop***, in dem Reiseliteratur und allerhand Produkte rund ums Reisen preiswerter als üblich sind. Dort werden Mitglieder europäischer Clubs gegen Vorlage des heimischen Mitgliedsausweises (der im Fall ADAC in der unteren rechten Ecke die *AAA*-Farben zeigt) mit **kostenlosen Straßenkarten** versorgt (➤ Kasten umseitig) sowie mit nach Staaten untergliederten ***TourBooks*** – kompakte Reiseführer mit Betonung kommerzieller Attraktionen (aktuelle Öffnungszeiten, Eintrittspreise und *Discounts* für *AAA*-Mitglieder) und reichlich Werbung. Die Bücher enthalten zudem ein umfangreiches und übersichtliches ***up-to-date* Motel-**

/Hotelverzeichnis für Häuser aller Preisklassen, vom einfachen *Budget* Motel bis hin zum *»Ultimate Luxus«* Resort sowie eine Liste ausgewählter Restaurants – allesamt mit kurzer Beschreibung und aktuellen Tarifen . Besonders hilfreich sind darin die jeweiligen Stadtpläne, in denen die Lage von Unterkünften und Restaurants markiert ist.

AAA Card/ Discounts Die Vorlage der Mitgliedskarte sichert drüben im Übrigen weitgehende Gleichbehandlung des Touristen mit *AAA*-Mitgliedern bei der Erlangung von Sondertarifen in H/Motels, Parks etc.

Nationalparks Besucherzentren existieren in ähnlicher Funktion wie beschrieben auch in den *National Parks.* Die als Auskunftspersonal eingesetzten ***Ranger*** sind in der Regel gut informiert und hilfreich bei Fragen von Touristen zur Besuchsplanung. Bisweilen stößt man sogar auf Fremdsprachenkenntnisse, selbst auf deutschsprachige Broschüren hier und dort.

Internet Eine unerschöpfliche Informationsquelle ist das **Internet**. Dort findet man die *Tourist Information Offices* der einzelnen US-Bundesstaaten ebenso wie die der meisten Städte (oft mit tollen *Online*-Info-Broschüren zum Durchblättern). Die **Komplettübersicht** gibt's auf der offiziellen Reise- und Tourismusseite der USA www.discoveramerica.com und gute Kurzbeschreibungen zahlloser Sehenswürdigkeiten/Wanderungen im US-Westen z.B. unter www.americansouthwest.net.

Für sämtliche Fragen rund ums Wohnmobil in Nordamerika ist das Portal www.womo-abenteuer.de eine empfehlenswerte Adresse.

Book Shops In größeren ***Book Stores/Shops*** der USA gibt es ein breites Angebot an Reise- und Sachbüchern zu allen erdenklichen touristischen und regionalen Themen von der Geologie, Flora und Fauna über Bike- und Kanurouten bis zu lokalen Joggingpfaden.

Amerikanische **Literatur** lässt sich zu fairen Preisen auch bei www.amazon.de oder bei der größten Buchhandelskette der USA unter www.barnesandnoble.com ordern.

Besucherzentrum in Kanab/Utah

*Camping im Canyonlands Nationalpark auf dem Platz Squaw Flat in einer tollen Felslandschaft; ein Wasserhahn ist in der Nähe, aber sonst fehlt jeder Komfort; dafür ist die »**camping fee**« von **$20** moderat (WoMo/Zelt identisch)*

1.3.5 Zu erwartende Kosten

Um einen Eindruck von den ungefähren Kosten einer individuellen Amerikareise zu haben, sind im Folgenden einige Beispiele zusammengestellt. Dabei wurde ein effektiver Wechselkurs von $1,15 pro Euro (ca. €0,87/$) zugrunde gelegt.

Tagessatz bei Selbstverpflegung

Bei **Selbstversorgung** ist ein Tagessatz von ca. **$40** für **Alleinreisende** die absolute Untergrenze, worin kleine Eintrittsgelder bis $10/Person und Nebenkosten sowie gelegentliche *Fast Food* eingeschlossen ist, nicht aber Alkoholika, Kneipen- und Restaurantbesuch; auch keine lokalen Transportkosten. **Zwei Personen** können bei gleichen Prämissen und Zurückhaltung mit ca. **$70** pro Tag auskommen. Diese Zahlen sind nicht haltbar bei häufiger Nutzung von Cafeterias und *Coffee Shops*.

Unterkunft

Übernachtungskosten können **$0 für Wildniscamping** oder **Gratiscampgrounds** bis **$250 und mehr im Cityhotel** betragen.

1. Beim **Campen** kann man (außer in Kalifornien) mit **$30-$40** Durchschnittskosten **pro Campmobil** auskommen, im **Zelt mit $15-$30**. Im Fall höherer Komfortansprüche muss man **ab $45** und mehr im Schnitt kalkulieren, ➤ auch Camping Seite 164ff.
2. **Außerhalb der Saison in den preiswertesten Motels** etc. oder auch in der Hochsaison bei konsequenter Übernachtung in Billigquartieren (Jugendherbergen, *Discount Motels* o.ä., ➤ Seite 157ff) lässt sich ein Durchschnittspreis für **zwei Personen** (ohne Frühstück) von **$70** realisieren.

Achtung:

Speziell zu anderen Jahreszeiten können sich ohne Änderung der Grundannahmen über Flüge, Transportmittel und Art der Übernachtung erheblich veränderte Größenordnungen ergeben. Besonders gilt das für Reisen im Campmobil wegen extremer saisonaler Unterschiede der Miettarife.

Aber auch die Flug- sowie H/Motelkosten unterliegen starken saisonalen Einflüssen

Weitere Prämissen der Kalkulation auf ➤ Seite 82

Reisekostenbeispiele* (Wechselkurs: €1 = $1,15; $1 = €0,87)

In etwa zu erwartende **Gesamtkosten eines 3-Wochen-Urlaubs** im US-Westen z.B. ab LA oder Las Vegas **für 2 Personen in Euro** im **Juni** unter den beschriebenen Voraussetzungen und Annahmen, ➤ auch Seiten 116f

	Miete SUV/ Billigunterkünfte	**Mietwagen Eco/Compact und Zelt**
Flug Europa–USA Westen je €900 (inkl. Gebühren)	1.800	1.800
3 Wochen **SUV Miete** inkl. Benzin, ➤ Seite 116	1.077	
3 Wochen **kleinster Mietwagen** inkl. Benzin [3]		830
20x Übernachtungskosten im Bett[2]	1.444	
im Zelt 18 Tage Campgebühr[1] (beide Fälle inkl. 2 Tage Cityhotel)		740
Verpflegung etc.: 21 x $100 bzw. $70/Tag[4]	1.827*)	1.279*)
Reisekosten gesamt **in €uro**:	6.148	4.649

	Mietwagen SUV, M/Hotel Mittelklasse	**Campermiete Van 21 Fuß**
Flug Europa–USA Westen je €900 (inkl. Gebühren)	1.800	1.800
3 Wochen Miete **SUV** ,	1.077	
bzw. 18 Tage **Campmobil** beide inkl. Benzin, ➤ Seite 116f		3.578
Übernachtungskosten, M/Hotel:	2.071	
im Camper 18 Tage Campgebühr + 2 Nächte Hotel, ➤ Seite 117f		1.050
Verpflegung etc. ca. $100 bzw. $70/Tag [4]	1.827*)	1.279*)
Reisekosten gesamt **in €uro**:	6.775	7.707

1) Camping $25/Nacht (➤ links) im Durchschnitt x 18 Nächte, also $450 plus $400 für 2 Nächte im Cityhotel bei Ankunft (x 0,87)

2) $70 pro Nacht im Durchschnitt (➤ Seite 82 oben) x 18 Nächte plus $400 für 2 Nächte im Cityhotel nach Ankunft (x 0,87)

3) Zahlen anders als ➤ Seite 116f: denn Automiete nur ca. €580 für einen kompakten Pkw (3 x €193), minus 30% weniger Spritdurst als SUV daher insgesamt minus €247 gegenüber SUV für 3 Wochen

4) Für Zelt- und Van-Urlauber wurde $70/Tag unterstellt (➤ links). Sie können sich leichter selbst verpflegen. Erfahrungsgemäß geben Motel-/Hotelübernachter wegen unvermeidlich stärkerer Restaurantnutzung deutlich mehr aus, Annahme hier $100/Tag als Untergrenze.

*) Die **Zahlen geben nur einen** – wiewohl – realistischen **Anhaltspunkt**. Die effektiven Reisekosten können – abhängig von Reisegestaltung, -zeit und Flügen – ggf. stark abweichen. Die Kosten für den Besuch **guter Restaurants, für Alkoholika und Mitbringsel fehlen ganz in der Rechnung**.

1

3. **Eine Person** reist relativ teurer und sollte **auch besser nicht unter $60** einplanen, sofern es nicht gelingt, überwiegend in den Mehrbettzimmern von *Hostels* unterzukommen.

4. Bei Reisen in der **Hauptsaison** und **Motel-/Hotelübernachtung** sollte man (ohne Neigung zu Billigquartieren, siehe vorstehenden Absatz) **im Durchschnitt nicht unter $110 inkl. *tax*** pro Nacht kalkulieren (also €95,70 fürs DZ inkl. *tax*).

   Die Untergrenze erreicht aber nur, wer unterwegs aufpasst. Je nach Route und Zielen kann es im Einzelfall teurer werden, **im Schnitt leicht über $130+*tax*** (also ab ca. €113/Nacht plus *tax*) ausgeben wird, wer zur guten Mittelklasse neigt und überwiegend in touristisch stark besuchten Regionen nächtigt. **Bis Mitte Juni und nach *Labor Day*** (der 1. Montag im September) können aber bei Aufmerksamkeit plus/minus **$90+*tax*** ausreichen, wenngleich mit Zugeständnissen an die Qualität der Unterbringung. Alle Zahlen sind bei längeren Aufenthalten in den großen Städten nach oben zu korrigieren.

Prämissen der Kalkulation

Für die erläuterten Übernachtungsalternativen zeigt die Übersicht auf der folgenden Seite in etwa zu erwartende **Gesamtkosten einer Reise in der Nebensaison** (bis Mitte Juni oder nach *Labor Day*). €900 für Flugkosten (inkl. Sicherheits- und Airportgebühren) sind dabei ein Wert, der sich eventuell noch unterbieten lässt, aber sehr leicht auch höher ausfallen kann. Die Details zu den Transportkosten und den dabei gemachten Annahmen finden sich auf den ➢ Seiten 116f.

Es sei noch einmal betont, dass für (verstärkten) Alkoholgenuss, Restaurant-, Kneipen-, Kino- und Theaterbesuche, Nachtleben, Mitbringsel usw. keine Ausgaben berücksichtigt wurden. Sie sind individuell zu addieren.

H/Motels, Restaurants und Tankstellen in der näheren Umgebung von Autobahnausfahrten sind durchweg unübersehbar ausgeschildert, oft sogar mit Enfernungsangaben

Dollarkurs und Reisekosten

Für den Wechselkurs Euro zu Dollar wird im Folgenden von **$1,15/€** ausgegangen, der Wert eines Dollars daher mit €0,87 angenommen. Die Aussagen in diesem Kasten wurden auf dieser Basis getroffen. Sie sind bei sich änderndem Wechselkurs entsprechend zu relativieren. Auch bei »**$1 = €0,87**« sind die USA für uns kein billiges Reiseland. Denn touristisch bedeutsame Preise haben in letzter Zeit kräftig zugelegt. Das gilt für H/Moteltarife, Campingplatzgebühren, Eintritt für Museen, Vergnügungs- und Naturparks und auch für Preise in Supermärkten und Restaurants.

Neben den reinen Flugtarifen spielen für die **Ticketkosten** die Sicherheitsgebühren eine wichtige Rolle; sie stiegen mit den in den letzten Jahren weiter intensivierten Kontrollen überdurchschnittlich. Je nach Ziel, Airline, Saison und Zwischenstopps sind heute für ein Transatlantikticket retour an die Westküste in der *Economy Class* ab ca. €900 fällig, im Sommer kaum unter €1.300.

Nicht außer Acht zu lassen sind die **Benzinkosten** für eine **Rundreise im Auto oder Wohnmobil**. Bleifreies Normalbenzin ist in den USA zwar erheblich günstiger als hierzulande, dennoch kommen bei ein paar tausend Urlaubsmeilen und speziell bei »spritfressenden« Fahrzeugen schnell beachtliche Ausgaben zusammen. Aktuelle lokale Preise findet man im Internet unter www.gasbuddy.com durch Eingabe des gewünschten Ortsnamens. *Gas Buddy* bietet auch eine App für iPhone und Android, die einen unterwegs zu den günstigsten Tankstellen leitet. Die **Benzinpreise** für *Regular* in Kalifornien starten bei $2,60 (Mittelwert dort etwa $3,50/Gallone bzw. $0,92/Liter oder €0,80/Liter). In New Mexico bewegt sich der Bezinpreis jedoch zwischen $2-$2,40/Gal. Der **Mittelwert in den Weststaaten** liegt daher bei **etwa $2,70/Gal.** bzw. **€0,62/l** (Stand Anfang 2020).

Bei Vorausbuchung von Europa aus für mindestens eine volle Woche sind **Mietwagen** (***Rental Cars***) erstaunlich günstig. Wer indessen vor Ort bucht, macht wegen extra zu zahlender Versicherungen meist kein so gutes Geschäft. Ab ca. €190/Woche gibt es ein kleines Auto, für €200-€250 bereits die Typklasse *Full Size*. Wer höher sitzen möchte oder mehr Platz fürs Gepäck braucht, wählt ein *Sport Utility Vehicle (SUV)* ebenfalls für Wochentarife ab ca. €240 (*Midsize*). Cabrios sind ab ca. €370/Woche, Vans ab €320/Woche zu finden. Diese Tarife beziehen sich auf Leistungspakete heimischer Anbieter, die unlimitierte Meilen, Vollkasko ohne Selbstbeteiligung, eine auf mind. $1 Mio. aufgestockte Haftpflichtdeckungssumme, alle Steuern und Zusatzfahrer, bisweilen auch noch die erste Tankfüllung und ein Navi einschließen. Noch preiswerter geht's mit – bei einigen Vermietern – reduzierten Inklusivleistungen.

Eine **Campermiete** ist nach wie vor ein teurer Spaß. Nur wer geschickt vergleicht und die Tarife in Vor- und Nachsaison in Betracht zieht, kann den Kosten halbwegs Paroli bieten. Außer bei höheren Ansprüchen an die Unterbringung sind Reisen im Pkw/Motel meist billiger, ➢ Seite 81.

Die **Hotel-/Moteltarife** unterliegen erheblichen geographischen, saisonalen wie wochentagabhängigen Schwankungen. Man zahlt zwar in der Hauptsaison (Mitte Juni bis Anfang September) in der Mittelklasse leicht $130-$180/Nacht und Zimmer (in der Nähe von Nationalparks und an beliebten Touristenrouten in der Saison und an Wochenenden oft erheblich mehr), aber außerhalb der Kernzeiten und erst recht in der Nebensaison Oktober bis Mai kommt man in vielen Fällen für $80-$120 akzeptabel, mit Glück sogar gut unter, mehr dazu ➤ Seiten 152ff. Mit *Discount Coupons* (➤ Seite 157) wird es ggf. noch etwas günstiger.

Hostels sind nicht nur für junge Leute eine Option. Im Mehrbettzimmer bezahlt man etwa $20-$55/Person und Bett, was vor allem in Großstädten lohnt. Auf dem Land ist der Abstand zum einfachen Motel meist geringer.

Wenn es einmal eng wird bei der Quartiersuche, sind **Schlafsack und Zelt** nützlich. Ein Campingplatz mit einer freien Ecke findet sich dann schon. Angesichts des Gepäcklimits von 23 kg/Person bei USA-Flügen und des kostenpflichtigen Zusatzkoffers sollte man gut überlegen, was man mitnimmt oder erst drüben kauft (einfache Zelte gibt es ab $50) und am Reiseende entsorgt.

Die Preise für **Übernachtungen auf dem Campingplatz** (im Zelt wie Campmobil) variieren. Es ist möglich, im Schnitt um $25-$30 (€22-€26) auszugeben, aber – speziell im Wohnmobil – auch leicht $45-$70 (€39-€61).

Die **Versorgungskosten unterwegs** sind höher als bei uns. Als Automieter kann man aber gut auf Selbstverpflegung und *Fast Food* setzen. Ohnehin geht nichts übers Picknick in Amerika. Tische stehen unverfehlbar in Stadtparks, an Aussichtspunkten und an oft wunderschönen Stellen in *National* wie *State Parks*. Und neben solchen Tischen findet man meist auch einen Grillrost für Holzkohle.

Im normalen **Supermarkt** der landesweit verbreiteten Ketten wie *Safeway* oder *Von's* ist das Gros der Produkte ohne Kundenkarte um Einiges teurer als in Deutschland. Mit einer dieser auch für Ausländer kostenlos erhältlichen Karten entsprechen die Preise eher einem akzeptablen Niveau. Das gilt nicht für Bio- (*organic*) und Milchprodukte sowie Obst und Gemüse (außer zu Erntezeiten). Generell günstiger (wiewohl immer noch teurer als bei uns) ist der Einkauf in den riesigen Märkten der Kaufhauskette ***Walmart***. Viel billiger als hierzulande sind oft Großpackungen, aber man sollte vorsichtshalber mitrechnen.

Relativ teuer bezahlt man Alkoholika von »besseren« Biersorten über Wein bis hin zum *Hard Liquor* wie Wodka, Bacardi und Whiskey. Wer sich größere Gebinde, etwa Kartons mit 15-30 Bierdosen/-flaschen oder ganze Gallonenpackungen Wein zulegt, kommt dagegen relativ preiswert weg.

Alles in allem gilt: Die laufenden **Ausgaben vor Ort** sind bei einer individuellen Reise nicht niedrig, aber immer noch günstiger als in einigen Ländern Westeuropas. Essengehen mit Alkoholkonsum in dafür »lizensierten« **Restaurants** ist – dank der *sales tax* und obligatorischem 15%-20% Trinkgeld – gemessen am Gebotenen im Allgemeinen teurer als in vergleichbaren Lokalen bei uns, aber billiger als etwa in der Schweiz, Frankreich oder England. ***Fast Food*** bei *McDonald's, Burger King* & Co. sowie die Gerichte in sog. *Family Restaurants* (häufig ohne Alkoholausschank) sind dagegen moderat gepreist.

Einen kleinen Ausgleich für hohe Unterwegskosten bieten ggf. **Einkäufe** in den zahlreichen ***Outlet Center***. Viele Importprodukte sind in den USA preiswerter als hierzulande. Das gilt u.a. für Markenartikel in den Bereichen »Textil« (*Levi's Jeans* ab $40 bzw. €35), *Outdoor*-Jacken, Schuhe, Sportartikel und mit Glück auch für Elektronik. Wer dabei »zuschlagen« möchte, sollte in den Koffern Platz und »Luft« unter dem Gewichtslimit lassen – und den Zoll zu Hause nicht vergessen. Die **Freigrenze** für Mitbringsel beträgt **€430**, ➤ Seite 193.

2 REISEVORBEREITUNG UND -ORGANISATION

2.1 Einreise in die USA, Kanada & Mexiko

Einreise in die USA ohne Visum

Voraussetzung einer (visumfreien) Einreise mit dem Flugzeug im Rahmen des sog. ***Visa Waiver Program*** (***VWP***) ist

- ein maschinenlesbarer **biometrischer Reisepass**, der für die Dauer des Aufenthalts gültig ist,
- eine ***APIS***- (➢ unten) und ***ESTA*-Anmeldung** (➢ Kasten umseitig)
- sowie ein **Rückflugticket** innerhalb der 90-Tage-Frist.

Für Personen, die mit *ESTA*-Autorisierung einreisen, braucht der Pass – theoretisch – nur für die Dauer des geplanten Aufenthalts gültig zu sein. Vorsichtshalber sollte aber auch ein 2-Wochen-Tourist auf minimal 90 Tage Restlaufzeit des Passes achten, denn offizielle Regelung und Vorstellungen von Grenzbeamten sind u.U. zweierlei, von Erkrankung und verpassten Flügen nicht zu reden.

APIS

Die USA verlangen neben *ESTA* von allen Fluggästen noch die Übermittlung weiterer Daten (u.a. der ersten Adresse vor Ort = Hotel), die unter dem Begriff ***APIS*** (*Advance Passenger Information System*) zusammengefasst werden. Man gibt sie meist vorab auf der Airline-Webseite oder erst beim Einchecken an.

Umsteigen in den USA

Auch im Transitverkehr bzw. bei vorhandenem Anschlussflug ist *ESTA* Pflicht! Alle Passagiere, die auf dem Luftweg amerikanischen Boden betreten, müssen am **ersten Ankunftsflughafen** die *Immigration* durchlaufen. Wer nur umsteigt, darf zudem die Koffer vom Gepäckband (*Baggage Claim*) holen und kurz darauf wieder **neu einchecken** (*Baggage Drop-off*).

Immigration-Prozedur

In den meisten Großflughäfen werden die Passagiere zuerst zu einem **Automaten** geleitet, bei dem selbstständig der Pass sowie alle 10 Finger gescannt und ein Gesichtsfoto gemacht werden muss. Hilfspersonal steht bereit. Mit dem Automaten-Ausdruck geht es dann weiter zum Schalter, wo der ***Immigration Officer*** alles nochmals überprüft und die Ankömmlinge üblicherweise kurz zu ihren Reiseplänen befragt (*business*, *tourism*, *visiting friends* o.ä.). Bei normalen Urlaubsabsichten erteilt er die Höchstaufenthaltsdauer von 90 (*ESTA*) bzw. 180 Tagen (mit Visum).

> Wait Time an der Immigration: http://awt.cbp.gov

Der *Officer* erkundigt sich mitunter auch nach Rückflugticket, Barmitteln und Kreditkarte und kann die Einreise sogar verweigern, falls ihn die Auskünfte des Touristen nicht befriedigen. Meist ist die Prozedur unproblematisch, nur die Wartezeit an den Schaltern kann bei gleichzeitiger Ankunft mehrerer Riesenjets schon mal 30 Minuten oder deutlich länger dauern.

Einreise auf dem Landweg

Die visafreie Einreise gilt auch **auf dem Landweg** von Mexiko und Kanada aus, kostet aber beim Grenzübertritt eine Gebühr in Höhe von $6. Dabei muss nicht, sollte aber besser ein Rückflugticket zur Hand sein, das dem *Immigration Officer* beweist, dass die Absicht besteht, nicht nur die USA, sondern Nordamerika (inkl. Mexiko) innerhalb der vorgegebenen 90 Tage wieder zu verlassen.

2

ESTA - Einreisegenehmigung in die USA

Die Registrierung bei ***ESTA*** (*Electronic System for Travel Authorization*) auf dem Internet-Portal https://esta.cbp.dhs.gov/esta muss **spätestens 72 Stunden vor der Abreise** erfolgen, damit man noch rechtzeitig seine Genehmigung erhält. Ohne vorherige Anmeldung bei *ESTA* ist eine Einreise per Flugzeug oder Schiff von Übersee in die USA nicht möglich. Die Genehmigung gilt für **zwei Jahre** ab Ausstellungsdatum und für mehrere Einreisen bzw. bis der darin angegebene Reisepass abläuft. Details: https://de.usembassy.gov/de/visa/esta.

Hinweis: Auf der Botschaftsseite wird vor unautorisierten Seiten gewarnt, die einen »offiziellen« Eindruck erwecken, aber erst nach Kartenzahlung von z.B. $59 für eine überflüssige Informationsschrift den Antrag weiterleiten. Wer im Internet unter »Einreise USA« sucht, findet tatsächlich eine Reihe von Portalen, die für die *ESTA*-Beantragung Hilfe anbieten. Keine davon benötigt man.

Das *ESTA*-Formular ist in sämtlichen wichtigen Sprachen verfügbar. Bevor man mit dem Ausfüllen der elektronischen Seiten beginnt, sollte man Folgendes zur Hand haben: Reisepass (deutsche Staatsbürger benötigen auch den Personalausweis = *National ID Number*), Kreditkarte, Adresse des Arbeitgebers, Anschrift in den USA (erstes Quartier) mit Telefonnummer und Notfall-Kontakt (Verwandte/Freunde, ebenfalls mit Telefon-Nr. und E-Mail-Adresse). Wichtig: Deutsche Passnummern enthalten nie den Buchstaben »O«, es muss immer eine Null sein! Die Eingabeprozedur zusammen mit der Zahlung der Gebühr in Höhe von **$14** per *PayPal* oder Kreditkarte dauert ca. 10 min.

Mit Versand des Formulars erhält jede/r Antragsteller/in einen 16-stelligen Zugangscode (unbedingt abspeichern, da keine Bestätigung per E-Mail verschickt wird!). Mit diesem Code kann man sich meist wenige Minuten später unter derselben Webadresse https://esta.cbp.dhs.gov/esta einloggen um nachzuschauen, ob die Genehmigung erteilt wurde (»Bestehenden Antrag überprüfen« bzw. »*Check existing application*«). Es empfiehlt sich diese für die Reise auszudrucken oder als PDF-Datei am Smartphone mitzunehmen.

Die erfolgreiche Registrierung bei der ***US-Homeland Security*** kann auch die Fluglinie beim Check-in aufrufen. Für den Fall, dass der *ESTA*-Antrag nicht bewilligt wurde, muss man sich ein Visum besorgen; ➢ unten.

Außerdem erfolgt auch dort ggf. eine Befragung über Reisepläne und dafür vorhandene Geldmittel. Eine *ESTA*-Anmeldung benötigt man **auf dem Landweg** nicht (Stand Anfang 2020). Eine Vorabregistrierung vereinfacht aber die Formalitäten und kann an so mancher Grenzstation das **Einreiseprozedere signifikant beschleunigen**.

Einreise mit Visum

Bei Urlaubsplänen, die 90 Tage Aufenthalt in Nordamerika übersteigen, und auch, wenn eine zweite Einreise in die USA (z.B. aus Kanada) nach diesen 90 Tagen liegt, benötigt man immer ein Visum (engl. ***Visa***), das alle Antragsteller über 13 und unter 80 Jahren nur nach einem **persönlichen Interview** im zuständigen US-Konsulat in Berlin, Frankfurt oder München erhalten (Österreicher und Schweizer wenden sich hierfür an die US-Botschaft).

Vorneweg muss der ausgefüllte **Antrag DS-160** (https://de.usembassy.gov/de/visa/tourismus-und-reisen/) samt farbigem Passfoto (digital 50x50 mm) elektronisch übermittelt werden und die Gebühr von zur Zeit ca. **$160** beglichen werden, die auch bei Ablehnung nicht erstattet wird (Stand: Anfang 2020). Den Interview-Termin darf man dann im Rahmen der Möglichkeiten selbst definieren (»*Schedule my Appointment*«).

Immer ein Visum beantragen müssen **bei uns lebende Bürger aller Staaten, die von der Visapflicht ausgenommen wurden**, sowie jeder, der sich **nach dem 1. März 2011 in Syrien, Irak, Iran, Sudan, Libyen, Jemen oder in Somalia** aufgehalten hat bzw. eine doppelte Staatsangehörigkeit in Verbindung mit einem dieser Länder besitzt.

Einreise nach Kanada

Für die Einreise **nach Kanada mit dem Flugzeug** (auch im Transitverkehr!) muss ein noch **mindestens sechs Monate gültiger Reisepass** vorliegen sowie eine – ähnlich *ESTA* – im Vorfeld ausgestellte **elektronische Einreisegenehmigung** (***eTA***; www.canada.ca/en/immigration-refugees-citizenship/services/visit-canada/eta.html). Sie kostet 7 CAD und ist für 5 Jahre gültig oder bis der Reisepass abgelaufen ist. Ausfüllhilfe in deutscher Sprache unter www.canada.ca/content/dam/ircc/migration/ircc/english/pdf/eta/german.pdf.

Auf dem Landweg ist *eTA* noch nicht Pflicht (Stand Anfang 2020).

Aus Übersee einfliegende Touristen mit Rückflugticket erhalten problemlos den Sichtvermerk für eine **Aufenthaltsdauer bis zu 6 Monaten**. Meist stellen die Einwanderungsbeamten keine detaillierten Fragen und geben sich mit einer kurzen Auskunft zu Zweck/Dauer der Reise zufrieden. Oft wird auf Fragen ganz verzichtet.

In den USA gemietete Fahrzeuge dürfen üblicherweise auch in Kanada ohne weiteres bewegt werden. Man sollte aber bei solchen Reiseabsichten vor der Buchung sicherstellen, dass beim ausgewählten Vermieter keine Einschränkungen bestehen.

Einreise nach Mexiko

Wer von den USA aus weiter nach **Mexiko** reisen oder einen Abstecher dorthin machen möchte, braucht ebenfalls keine besondere Vorausplanung. Die Einreise ist an jeder Grenzstation möglich. **Mietwagenfahrer** dürfen nur nach Absprache mit dem Vermieter die Grenze überqueren. Mit eigenem Auto geht das problemlos, man benötigt jedoch eine *Mexico Insurance*, ➤ Seite 278.

Wer mit der Fähre (USA/Vancouver Island) einreist, benötigt ähnlich ***wie auf dem Landweg*** *keine ESTA-/eTa-Registrierung*

2.2 Versicherungen

Kranken-versicherung

Eine USA-Reise ohne auch in Nordamerika geltenden Krankenversicherungsschutz anzutreten, wäre leichtsinnig. Denn ärztliche Behandlung und Krankenhausaufenthalte sind in den USA extrem teuer. Nur einige private Krankenversicherer bieten ihren Versicherten weltweiten Vollschutz. Wer nicht mit der Erstattung von in Übersee angefallenen Behandlungskosten rechnen kann – das sind u.a. alle gesetzlich Versicherten –, dem ist dringend zum Abschluss einer eigenen **Auslandskrankenversicherung** zu raten.

Im Jahresbeitrag für **»Edelversionen« von Kreditkarten** ist ein Versicherungsschutz für Auslandsreisen oft bereits enthalten.

Versicherter Zeitraum

Ein **wichtiger Punkt** bei Auslands-Krankenversicherungsverträgen ist der **maximal versicherte Zeitraum** bei ununterbrochener Abwesenheit; überwiegend beschränkt sich der Schutz auf 6-8 Wochen. Bei längeren Reisen muss ein gesonderter Vertrag über die gesamte Reisezeit abgeschlossen werden.

Kosten

Preisgünstig sind Verträge bis zu 2 Monaten Gültigkeit. Für kurze Fristen ist auch die Auswahl groß. Das Spektrum der Angebote beginnt bei nur €12,50 für Reisen bis zu 8 Wochen (*Alte Leipziger-Hallesche*; www.al-h.de; ab 60 Jahre teurer). Günstige Tarife bietet u.a. auch die *HUK-Coburg* (www.huk24.de).

Behandlung und Zahlung

Im Krankheitsfall wird in den USA häufig **vor** der Behandlung ein **Nachweis der Zahlungsfähigkeit** verlangt. Eine **Kreditkarte** ist dabei hilfreich bzw. fast unabdingbar. Ohne ausreichende Mittel und/oder Kreditkarte muss man sich bei teuren Behandlungen ggf. per Fax oder Telefon an seine Auslandskrankenversicherung wenden und um Vorschuss bzw. Kostenübernahme bitten. Die **Kopie des Vertrags** und die Rufnummer der Versicherung sollte man daher vorsorglich mitführen.

Erstattung

Wer Arzt- und Rezeptkosten vorstreckt, muss für die spätere Erstattung in der Heimat **detaillierte Aufstellungen** anfertigen mit Datum, Namen der behandelnden Ärzte, Behandlungsbericht etc.

Behandlungskosten, die aufgrund **chronischer Leiden** oder wegen Erkrankungen vor Reisebeginn anfallen, sind durch Reiseversicherungen nicht gedeckt. Zweifelsfälle sollten vor der Reise mit der Krankenversicherung erörtert werden.

Weitere Reiseversicherungen

Inwieweit man über die Krankenversicherung hinaus weiteren Versicherungsschutz benötigt, hängt von den bereits in der Heimat bestehenden Versicherungen und dem individuellen Risikoempfinden ab. Vor dem Abschluss spezieller **Reiseunfall-** oder **-haftpflichtversicherungen** sollte man schon vorhandene Versicherungsverträge prüfen, ob sie außerhalb Europas Deckung bieten.

Gepäck-versicherung

Über den Nutzen der **Reisegepäckversicherung** sind die Meinungen geteilt. Bei sorgfältiger Lektüre des »Kleingedruckten« erkennt man, dass die Fälle des Haftungsausschlusses ziemlich zahlreich sind. Etwa gilt das **Zelten** versicherungstechnisch als ein besonders riskantes Unterfangen.

Reise-rücktritts-kosten-Versicherung

Eine Reiserücktrittskosten-Versicherung ist in Pauschalreisepreisen bisweilen schon enthalten. Ebenso ist das der Fall für Besitzer bestimmter Kreditkarten, teilweise sogar unabhängig von der Kartenzahlung. Sie kann auch separat abgeschlossen werden. Aber die Prämien dafür sind relativ hoch. Der *ADAC* hat nicht nur für Mitglieder (die aber etwas billiger) eine derartige Versicherung für alle anfallenden Reisen gegen eine Jahrespauschale.

2.3 Die Finanzen

2.3.1 Kreditkarten

Situation in den USA

Wer noch keine Kreditkarte besitzt, sollte sich anlässlich der Reise nach Nordamerika eine zulegen. Im täglichen Zahlungsverkehr der USA spielt sie eine weitaus stärkere Rolle als bei uns, obwohl sie die Barzahlung durchaus nicht so weitgehend verdrängt hat, wie gelegentlich berichtet wird. **Ohne Plastikgeld** setzt man sich in Amerika leicht dem Verdacht aus, nicht kreditwürdig zu sein. Es gibt viele Gelegenheiten, bei denen Barzahlung mit Stirnrunzeln quittiert, wenn nicht gar abgelehnt wird. Ohne die Angabe einer Kreditkartennummer, deren Gültigkeit und Deckung sofort online überprüft wird, ist z.B. eine verbindliche Reservierung von Hotelzimmern (für Ankunft nach 18 Uhr), Fähren, Veranstaltungstickets etc. nicht möglich.

Generell gilt: **Kreditkarten sind für eine USA-Reise außerordentlich hilfreich, in vielen Situationen unabdingbar**. Ihr Vorhandensein sichert darüber hinaus die Zahlungsfähigkeit im – wenn auch hoffentlich nicht eintretenden – Notfall.

Vorteile

In ganz Nordamerika kann mit den international bekannten Kreditkarten ein Großteil der laufenden Ausgaben ohne Geldwechsel und/oder Vorwegbeschaffung von Reiseschecks bestritten werden. Eine übliche Frage in Läden und Tankstellen ist denn auch ***Cash or charge?***, »Bargeld oder Kreditkarte?«

Es beruhigt, nicht nur auf eine Karte angewiesen zu sein, zumal gelegentlich nur Visa oder nur MC akzeptiert wird. Im Übrigen kann im Verlustfall oder einer Beschädigung der Karte, speziell des Magnetstreifens weit weg von der Heimat eine Reservekarte nicht schaden – die Karten am besten getrennt aufbewahren!

Kosten

Der heute für viele »normale« Kreditkarten ohne Vergoldung und Sonderleistungen geforderte **Jahresbeitrag** ist so niedrig, dass er sich – unabhängig vom Einsatz unterwegs – schon durch die damit eingekaufte Sicherheit rentiert, selbst wenn man die Karte den Rest des Jahres kaum benötigt. Darüber hinaus bieten selbst »einfache« Karten oft geldwerte Zusatzleistungen (vor allem Versicherungen, ➤ vorstehenden Abschnitt), welche allein die Kosten wieder aufwiegen können.

Unterschiede

In den USA grundsätzlich verwertbar sind die weltweit verbreiteten Kreditkarten ***American Express, Diners Club, Mastercard*** und ***VISA***. Es gibt jedoch Unterschiede bei der Einsatzfähigkeit.

VISA und Master-/Eurocard

Unter dem Aspekt der Einsatzfähigkeit (und der Höhe der Jahresgebühr) geht nichts über die weltweit verbreiteten ***Mastercard*** und ***VISA Card***. *Mastercard*- und *VISA*-Emblem sind in den USA gleichermaßen allgegenwärtig. Mit beiden Karten lässt sich fast bargeldlos reisen, legt man es darauf an. Jahresgebühren und Konditionen hängen von der Vertragsgesellschaft ab. Im Falle von *VISA* oder *Mastercard* ist daher **Karte nicht gleich Karte**. Zur Frage, welche Karte man sich zulegen sollte, sind die **Kreditkartenvergleiche** der Stiftung Warentest und bekannter Wirtschafts-Magazine aufschlussreich (*Capital, Impulse, Focus* u.a.). Die individuell beste Karte lässt sich unter www.cardscout.de ermitteln. Gratis ist z.B. die *Advanzia Mastercard*; www.gebuhrenfrei.com.

Diners/American Express

Die *Diners Club Card* wird in Nordamerika erheblich seltener akzeptiert als die anderen Karten. Die ***AE-Card*** erfreut sich zwar breiterer Akzeptanz, aber nicht vergleichbar mit *MC* und *VISA*. Mit der *AE*-Karte kommt man am besten durch bei überdurchschnittlichen Ansprüchen und Ausgaben in höherpreisigen Hotels, »besseren« Restaurants, bei Autovermietern und Airlines.

Wechselkurs

Ggf. ein Vorteil der Zahlung per Karte kann die erst **nachträgliche Belastung** sein, die sich bei Ausgaben in den USA oft sogar noch verzögert, und die Zugrundelegung eines Wechselkurses (meist Devisenbriefkurs plus 1%-1,5%), der im Allgemeinen unter dem Abrechnungskurs der Banken für Reiseschecks und immer deutlich unter dem Verkaufskurs für Bardollars liegt.

Bargeld gegen Kreditkarte

Mit allen Kreditkarten lässt sich zu unterschiedlichen Konditionen auch Bargeld beschaffen. Mit ***Euro-*** und ***VISA-Card*** kann der Inhaber bei allen angeschlossenen Banken – die man noch bis ins letzte Dorf findet – Bargeld erhalten, vorausgesetzt, er weist sich durch seinen Reisepass aus. Ist die Geheimzahl bekannt, kann man sich auch bei den zahlreichen **Bargeldautomaten** bedienen.

Das ***Cashing*** kostet indessen oft hohe Gebühren, sofern kein Guthaben bei der Kartenorganisation gehalten wird, ➤ auch unter »Bargeld per EC-Geldkarte«. **Barentnahmen** werden im Gegensatz zu allgemeinen Ausgaben **umgehend** dem heimischen Konto belastet. Speziell eine häufige Entnahme kleiner Beträge ist nicht ratsam, da überwiegend (unabhängig von der Summe) eine Minimum- oder fixe Basisgebühr anfällt.

Grenzen Die Bargeldbeschaffung per Karte unterliegt unterschiedlichen **Höchstgrenzen** in Bezug auf Höchstbetrag und Frequenz der möglichen Abhebungen. Wer unterwegs stark auf Kreditkartenzahlung und Bargeldbeschaffung per Karte setzen möchte, sollte sich über die für seine Karten geltenden Bedingungen genau informieren, um Überraschungen zu vermeiden.

»Edelkarten« Weniger schiefgehen kann mit den **Edelausführungen** der *Credit Cards,* die meist einen höheren finanziellen Spielraum bieten und zunehmend auch gebührenfreie Barabhebungen weltweit.

Prepaid Kreditkarten Für alle, die keine Kreditkarte haben oder erhalten (etwa Jugendliche), sind ***Prepaid*-Kreditkarten** eine Option. Sie müssen vor der Nutzung mit einem Guthaben aufgeladen werden. Die Jahresgebühren variieren mit dem Anbieter und den jeweiligen Zusatzleistungen. Inhaber der *ADAC*-Clubmobil-Karte genießen sogar 1% Tankrabatt weltweit. Eine Übersicht der gängigsten, online erwerblichen *Prepaid Cards* gibt es unter: www.cardscout.de/prepaid-kreditkarte-ohne-schufa. **Aber Achtung**: Die Karten eignen sich nur für den unmittelbaren Zahlungsverkehr. Verbindliche Buchungen im Internet (Hotels, Flüge etc.) sind nicht möglich.

2

Kreditkartenverlust

Bei Verlust einer Kreditkarte ist die Haftung in allen Fällen auf €50 beschränkt, gleichgültig, welcher Schaden zwischen Verlust und Benachrichtigung der Organisation eintritt. Nach der Verlustmeldung entfällt jede Haftung. Telefonnummern können in den USA gebührenfrei angerufen werden, sollte die Kreditkarte verlorengehen oder sonst irgendein Problem auftauchen:

American Express	✆ **1-800-528-4800**
Mastercard	✆ **1-800-627-8372**
VISA	✆ **1-800-847-2911**

Für alle in Deutschland ausgestellten Karten gibt es die zentrale Telefonnummer ✆ 116116; bei Anruf dort aus den USA muss man 01149 vorwählen.

2.3.2 Bargeld und Reiseschecks

Cash only! Trotz der großen Bedeutung der Kreditkarten, gibt es Situationen, wo sie nicht weiterhelfen und ***Cash*** benötigt wird: Dies sind in erster Linie die **Campingplätze** in den Parks und Nationalforsten. Auch wer zu *Discount*-Preisen tanken möchte, braucht Banknoten.

Reiseschecks Da es aber kaum ratsam erscheint, größere Barbeträge mit sich herumzutragen, waren **auf US$ lautende Reiseschecks** über Dekaden eine gute Alternative als überall einzusetzende Zahlungsmittel ($20 und $50, größere Stücke weniger). Mittlerweile können sie **bestenfalls** noch als **eiserne Reserve** punkten. Denn ***Travelers Cheques*** (amerikanische Schreibweise) werden nur noch in den wenigsten Geschäften wie Bargeld akzeptiert. Und viele Banken verweigern die Barauszahlung von Reiseschecks. Und die dazu noch bereit sind, verlangen Reisepassvorlage und berechnen Gebühren.

Verlustfall

Immerhin: Falls Reiseschecks verloren gehen, bekommt man für sie im Gegensatz zum Bargeld Ersatz, sofern die Seriennummern der Schecks vorliegen, zu belegen durch die – selbst unterschriebene – Kopie der Empfangsbestätigung. Die muss man also dabei haben und separat aufbewahren. Zusätzlich sollten die Nummern der Schecks an einem sicheren Ort hinterlegt sein, falls ggf. auch die Empfangsbestätigung abhanden kommt.

Banknoten

US-Dollar-Noten – die Scheine lauten auf 1, 2, 5, 10, 20, 50 und 100 Dollar – **unterscheiden sich nicht in der Größe** und wiesen früher immer **dieselbe Farbe** auf: Zahlseite grauschwarz, Rückseite grün (daher auch der Begriff ***Greenback*** für den Dollar). Beim Herausgeben ist deshalb mehr Aufmerksamkeit als hierzulande geboten. Seit ein paar Jahren gibt es Banknoten, denen auf der »grauen« Seite ein rosa Farbton unterlegt wurde.

Der **Dollar** wird umgangssprachlich sehr oft ***Buck*** genannt. Speziell gilt dies bei Fragen nach dem Preis auf Märkten etc. Die Antwort lautet dann z.B. ***»five bucks«***.

Münzen

Münzen gibt es zu 1, 5, 10, 25 und 50 Cent. Die 50-Cent-Münze ist im täglichen Zahlungsverkehr allerdings äußerst selten. Die ebenfalls existierende silberne $1-Münze taucht im Zahlungsverkehr ebenfalls kaum auf. Auch eine **goldfarbene 1$-Münze** ist theoretisch im Umlauf. Aber man sieht sie fast nie; dabei werden angeblich jährlich 300 Mio. Stück nachgeprägt.

Folgende Bezeichnungen haben sich eingebürgert:

Penny 1 Cent ***Nickel*** 5 Cent ***Dime*** 10 Cent ***Quarter*** 25 Cent

Wichtigste Münze ist nach wie vor der ***Quarter***, man benötigt ihn für Automaten jeder Art (Waschsalons etc.) und gelegentlich auch noch zum Telefonieren an Münzgeräten.

Bargeld per Bankkarte

Flächendeckend kann man aus **nordamerikanischen Bargeldautomaten** (***ATM*** = ***A****utomatic* ***T****eller* ***M****achines*; »*Teller*« ist das englische Wort für Bankschalter) mit einer **Bankkarte** Dollars ziehen, sofern diese das **Maestro-Logo** zeigt und man die Geheimzahl parat hat. **Die Kosten sind im Allgemeinen niedriger als bei Bargeldbeschaffung per Kreditkarte**.

ATM

Ein kleines Problem der *ATM* ist das immer wieder etwas andere Menü der Benutzerführung in englischer Sprache. Unklarheiten, ob nun »*yes*« oder »*no*« zu pressen ist, tauchen da schon mal auf. Häufig wird abgefragt: »*Debit*« *or* »*Credit*«? Grundsätzlich heißt dann die Antwort »*Credit*« auch bei der Bankkarte und der Abhebung vom eigenen Konto.

Bargeldautomat (ATM) der Wells Fargo Bank; das Menu führt in der Regel nur auf Englisch, manchmal auch auf Spanisch durch den Ablauf

Hinweis

Bargeld aus dem Automaten – speziell beim ersten Versuch in den USA – sollte man sich lieber während der Öffnungszeit der Bank besorgen. Wenn etwas schiefgeht, lässt sich das dann klären. Bloß nicht den ersten Versuch am Samstag-Nachmittag machen!

Nötige Bardollars

Einen gewissen **Barbestand** für die ersten Ausgaben in den USA (ggf. bereits im Flugzeug, fliegt man mit einer US-Airline) sollte man auf jeden Fall dabei haben. Und zwar am besten **in relativ kleinen Scheinen bis maximal $50**. Mit $100-Banknoten gibt es nicht selten Probleme bei der Annahme. Ein **Vorrat an $1-Noten** darf nicht fehlen. Denn die braucht man für Trinkgeld und kleine Ausgaben vom Moment des Betretens amerikanischen Bodens an.

Generelle finanzielle Disposition

Wer das Fahrzeug bereits gebucht und bezahlt hat, überwiegend im Hotel übernachtet und Restaurants besucht, braucht nur maximal 10%-20% der kalkulierten Ausgaben in bar. Bei Campingreisen, auf denen tendenziell mehr Ausgaben in bar anfallen, muss man stärker auf die Bankkarte setzen.

Achtung: unter Umständen Problem mit Bankkarten

Auch wer alles richtig macht, erhält nicht an jedem *ATM* Bargeld. Insbesondere die Automaten kleinerer US-Banken verweigern schon mal die Auszahlung bei ausländischen Karten. Es macht daher Sinn, Dollars nicht erst besorgen zu wollen, wenn der Bestand schon gegen Null geht, sondern wenn man eine der Filialen national operierender Institute passiert, die sich auch in Kleinstädten finden, z.B. ***Bank of America*** oder ***Wells Fargo***.

Ein weiteres Problem sind ggf. neue Karten mit dem sog. **EMV-Chip**, die zwar im europäischen Ausland funktionieren, aber nicht weltweit, sofern sie nicht zusätzlich einen Magnetstreifen besitzen, der obendrein frei geschaltet worden sein muss. Anscheinend ist das nicht immer der Fall. Inhaber solcher Karten, selbst wenn die einen Magnetstreifen haben, sollten sich bei der Ausgabeinstitution vergewissern, ob und dass die Karte auch in den USA funktioniert.

2.3.3 Geldbeschaffung im Notfall

Geld ist weg!

Was tun, wenn Reiseschecks, Dollars und Kreditkarten abhanden gekommen sind und ein Ersatz nicht zu beschaffen ist?

Mit Anruf in der Heimat gibt's immerhin eine fast überall zu realisierende Möglichkeit für einen raschen Geldtransfer.

Reisebank/ Western Union

Den bieten von Deutschland aus **Reisebank** und **Post** in Kooperation mit ***Western Union***, einer Unternehmung, die in fast allen Städten Nordamerikas ab mittlerer Größe ein Büro unterhält.

Filialen der Reisebank befinden sich in Bahnhöfen deutscher Großstädte, in Flughäfen und an Grenzübergängen. Nach Einzahlung bei der Reisebank oder Post kann die Summe schon nach wenigen Minuten in einem *Western Union Office* weltweit in Empfang genommen werden; die Gebühren sind indessen sehr hoch.

Auskunft in Deutschland:
✆ 01805/225822 bzw. unter https://www.reisebank.de

Western Union in den USA:
✆ 1-800-CALL-CASH; www.westernunion.com

Zur Auslandsvertretung

Wenn alle Stricke reißen, bleibt nur der Gang zum nächsten **Konsulat** (Adresse bei der Botschaft, ➢ Seite 182). Die Konsulate helfen nicht mit Bargeld, aber bezahlen ggf. Hotelkosten und Flugticket in die Heimat. Das Außenamt fordert vorgestreckte Auslagen dort sofort wieder zurück.

Flugbuchung im Internet?

Zahlreiche **Internetportale** bieten heute eine scheinbar komplette Information zu Flügen weltweit und listen dabei die Angebote sämtlicher Agenturen nach Tarifen geordnet. Man sollte meinen, es sei damit ein Leichtes, für den eigenen Flugwunsch das passende und zugleich preisgünstigste Angebot herauszufiltern. Tatsächlich aber ist ein Großteil der vorgeschlagenen Verbindungen nach Las Vegas, Los Angeles, San Francisco oder Phoenix ab einem heimatnahen Flughafen oft völlig außerhalb jeder Diskussion mit Flug- plus Wartezeiten auf Airports in Europa und in Übersee von weit über 20 Stunden und mehrfachem Umsteigen, teilweise Übernachten.

Für richtig gute Ergebnisse werden Suche und Buchung in Eigeninitiative im Internet leicht zum zeitaufwendigen Unterfangen. Wobei die Mühe nicht immer mit Erfolg belohnt wird. Und mitunter werden am Ende des Buchungsvorgangs – nachdem man versucht hat, dem Kunden noch allerlei Versicherungen »unterzujubeln« – zusätzliche Service-Gebühren fällig.

Es empfiehlt sich daher, die gewünschten Flugdaten **direkt** auf den Webseiten der Airlines einzugeben. So bekommt man in der Regel gleich die besseren Verbindungen zu günstigeren Tarifen angezeigt (**Best-Preis-Garantie!**).

Wer Zeit und Arbeit sparen möchte, kann die Flugbuchung bequemer und sicherer durch eine **auf Nordamerika spezialisierte Reiseagentur** erledigen lassen, ohne dass dies notwendigerweise teurer wird. Dies betrifft in erster Linie

günstige Angebote für Flug **und** Mietwagen, die online nicht oder nur schwer zu finden sind. Wer kein passendes **Reisebüro** kennt oder um die Ecke hat, nimmt zunächst mal im Internet Kontakt auf, z.B. mit www.flywest.de, www.trans-amerika-reisen.de, www.usareisen.com oder www.canusa.de. Schweizer sind u.a. bei www.globetrotter.ch gut aufgehoben.

Die **persönliche Beratung** kann Gold wert sein und der richtige Zielflughafen die Gesamtkosten maßgeblich reduzieren. Denn bei Gabelflügen kommt es manchmal auf die Reihenfolge an (Wegfall der Mietwagen-Einweggebühren je nach Fahrtrichtung; ➤ Seite 104) und bei den RV-Anmietstationen gibt es meist beachtliche Tarif-Abweichungen, die durchaus ausschlaggebend bei der Wahl des Ankunftsairports sein könnten.

2.4 Der Flug in die USA

Flugtickets lassen sich eigenständig im **Internet** arrangieren, auf die USA spezialisierte Agenturen (➤ Kasten oben) können aber bei gleichzeitiger Mietwagen-Buchung durchaus preiswerter sein.

Flugdauer

Ein entscheidendes Kriterium ist die **Flugdauer**. *Non-Stop*, d.h. ohne Zwischenlandung ab Mitteleuropa in den US-Westen, dauert es in der Regel ca. 10-11 Stunden, zurück etwas kürzer. Mit Zubringerflug von 60-90 min und ausreichender Umsteigezeit (in Europa mind. 90 min) sind daher Verbindungen mit **14-15 Stunden Gesamtdauer optimal**. Alles, was über 20 Stunden hinaus geht, sollte meiden, wer nicht fix und fertig an- bzw. zurückkommen will.

Umsteigen in den USA

Bedenken sollte man auch, dass bei einem **Umsteigen in den USA** nicht nur die (mitunter langwierige) *Immigration* zu erledigen ist, sondern auch das **Gepäck entgegen genommen und wieder abgegeben werden muss**, inklusive Zollkontrolle, Terminalwechsel und anschließender Warteschlange bei der *Security*.

Ankunft am LA International Airport

Bei zu knapp bemessenen Umsteigezeiten (unter 2 Stunden) riskiert man den Anschlussflieger zu verpassen. Heimwärts ist ein Umsteigen drüben weniger problematisch (Koffer geht direkt nach Europa!). Eine längere Flugunterbrechung in einer US-City (***Stopover***) ist manchmal möglich, die Zusatzkosten sind abhängig von der Airline.

Non-stop-Flüge

DEN Denver
FRA Frankfurt
LAS Las Vegas
LAX Los Angeles
MUC München
SAN San Diego
SEA Seattle
SFO San Francisco

Die Zahl der ***Non-stop*-Verbindungen** in den Westen der Vereinigte Staaten ab Deutschland, Österreich und der Schweiz ist relativ überschaubar:

- ***Lufthansa***: ab FRA/MUC nach LAX, SFO, DEN und SEA sowie von FRA nach SAN, SEA und San José (»*Silicon Valley*« südlich von San Francisco)
- ***Eurowings***: ab Düsseldorf nach LAS
- ***United Airlines***: ab FRA nach SFO, LAX und DEN, zusätzlich von MUC nach SFO sowie Zürich -> SFO
- ***Condor***: von FRA nach SEA, LAS; im Sommer auch nach Phoenix und Portland
- ***Austrian Airlines***: ab Wien nach LAX
- ***Swiss***: ab Zürich nach SFO und LAX
- ***Edelweiss Air***: von Zürich nach LAS und SAN

Lufthansa, *Condor*, *Air Canada* und *Edelweiss Air* bedienen zudem das nur 150 mi von Seattle entfernte **Vancouver** in Kanada. **San Francisco** und **Los Angeles** werden zusätzlich von den großen Airports europäischer Nachbarländer das ganze Jahr über täglich *non-stop* angeflogen, und **Las Vegas** z.B. noch von ***British Airways*** ab London. Mit den Briten geht es außerdem *non-stop* nach **San Diego** und **Phoenix** sowie nach **San José** (**SJC**).

Economy Class im Airbus A 380 der Lufthansa

Koffer und Handgepäck

Jede Fluggesellschaft hat ihre eigenständigen Hand-, Frei- und Übergepäckregelungen, die – je nach Buchungsklasse – wiederum deutlich variieren können und immer wieder angepasst/geändert werden. Die aktuellen Infos (Menge, Gewicht, Abmessungen) entnimmt man daher am besten den jeweiligen Internetportalen, eine gute Gesamtübersicht für die Airlines mit Flügen nach Nordamerika liefert z.B. auch www.canusa.de/freigepaeckgrenze.html.

Im Handgepäck sind **spitze Gegenstände** (Taschenmesser, Nagelscheren etc.) verboten. **Flüssigkeiten sowie wachs- oder gelartige Stoffe** dürfen nur in Flaschen oder Dosen mit einem maximalen Fassungsvermögen von 100 ml mitgeführt werden, die sich alle in einem transparenten, wiederverschließbaren Plastikbeutel (mit max. 1 Liter Volumen) befinden müssen. Am besten verwendet man dafür Gefrierbeutel mit Zipp-Verschluss.

Gepäckstücke werden im Transatlantikverkehr in großen Stichproben geöffnet und durchsucht. Verschlossene Koffer »knackt« man dabei einfach. Also entweder alles von vornherein unverschlossen lassen oder – besser – ***Travel Safe Locks*** verwenden, Zahlenschlösser in unterschiedlichsten Ausführungen und gesicherte Gepäckgurte, die von der amerikanischen Checkinstanz *TSA* mit einem Spezialwerkzeug geöffnet werden können. Erhältlich sind sie in Ausrüstungs-, Sport- sowie Gepäckshops ab ca. €10/Stück. Angeboten werden auch Koffer und Reisetaschen mit integrierten ***TSA Locks***.

2

Für Reisen in den *Yellowstone National Park* eventuell auch von Interesse ist der Flughafen von **Salt Lake City** (**SLC**), der von Paris und Amsterdam von *KLM/Delta* direkt angesteuert wird.

Einige Fluglinien der Nachbarländer locken mit besonders niedrigen Ticketpreisen bei Start von einem deutschen Flughafen. Dazu zählen neben ***British Airways*** auch die im *Sky Team* miteinander kooperierenden ***KLM*** und ***Air France***. Ob der Zubringerflug aus Dresden nun nach München oder Amsterdam, London oder Paris geht (und von dort *non-stop* nach Übersee), ist zeitlich kein großer Unterschied und bei hohen Tarifdifferenzen durchaus erwägenswert.

Zubringerflüge

Aber egal wo der Zwischenstopp eingelegt wird – ob in Deutschland oder im Ausland – wichtig ist, dass man den **Transatlantik-Flug immer gemeinsam mit dem Zubringerflug** bucht. Wer eigenständig anreist bzw. getrennte Tickets hat und dabei den Anschlussflieger verpasst, darf nicht darauf hoffen, von der Fluggesellschaft kostenfrei umgebucht zu werden.

Premium Economy

Viele Fluglinien haben in den letzten Jahren ihre Flotten umgerüstet und eine verbesserte ***Economy Class*** eingeführt, die in der Regel einen höheren Komfort (breitere Sitze mit größerem Neigungswinkel und 15-20 cm mehr Abstand zwischen den Reihen), eine bessere Verpflegung (teils auf Porzellangeschirr serviert) und ggf. größere Bildschirme umfasst. Bei der *Premium Economy* von ***Lufthansa*** oder ***Air France*** sowie der *World Traveller Plus Class* von ***British Airways*** können außerdem **zwei freie Gepäckstücke bis 23 kg**

Flug über Island

Icelandair hat ab **Berlin Tegel**, **Frankfurt, München, Hamburg** und **Zürich** manchmal auffällig günstige USA-Flüge (selbst zur Hochsaison unter €1.000 nach **Denver**, **San Francisco**, **Seattle**, **Portland** oder **Vancouver**; www.icelandair.de). Voraussetzung ist allerdings meist eine langfristige Buchung, ca. 9-12 Monate im Voraus! Das dabei jeweils erforderliche **Umsteigen in Reykjavík** verläuft in der Regel unproblematisch, da bei Verspätung der Anschlussflieger wartet, und Island ohnehin fast auf der »Idealroute« in den US-Westen liegt.

Infos zu Sitzabstand, -breite und -neigung www.vornesitzen.de/premiumeconomy/index.html

und zur Bestuhlung der einzelnen Airlines www.seatguru.com

aufgegeben werden, bei *BA* darf sogar das Handgepäck bis 23 kg wiegen. Bei ***Air France*** und ***SAS*** gibt es zudem ***Priority Check-in & Boarding***. Mehrkosten pro Flug ab €100 bis €800. Speziell kurzfristig gebuchte *Economy*-Tarife liegen oft kaum niedriger als *Premium*.

Bei ***KLM/Delta*** bekommt der *Economy-Comfort*-Fluggast für €60-€160 Aufpreis ebenfalls ein Plus an Sitzkomfort und »Beinfreiheit«, aber keine höheren Gepäckfreigrenzen etc. Ähnliches gilt für die ***Condor Premium Class*** mit einen Aufpreis von etwa €50-€250/Strecke (dort inkl. **32-kg-**Freigepäck und ***Priority Boarding & Baggage***; d.h., gekennzeichnetes Gepäck wird als erstes aus dem Flugzeug ausgeladen). Die »Beinfreiheit« dieser Airlines reicht nicht an die der *Premium Economy* von *Lufthansa, BA* & Co. heran, wo 97 cm Abstand und Sitzbreiten um 48 cm üblich sind.

Bei ***Condor*** gibt es dafür den bequemen Liegesitz in der ***Business Class*** zu vergleichsweise – gemessen an den etablierten Linienfluggesellschaften – »moderaten« Tarifen ab ca. €1.000/Richtung.

Kindertarife

Für Kinder zwischen **2 und 11 Jahren** werden von ab Deutschland fliegenden Gesellschaften überwiegend 3/4 des Vollzahlertarifs berechnet. **Kleinkinder unter 2 Jahren** kosten ohne Sitzplatzanspruch zwischen €25 und 10%-15% des Ticketpreises der Eltern. Bei den langen Flügen an die Westküste der USA fragt sich, ob nicht besser auch für die ganz Kleinen ein Kinderticket mit Sitzplatzanspruch gelöst werden sollte; ➤ auch Seite 64.

Gebühren/ Zuschläge

In den Ticketkosten sind bis über €200 Flughafen- und Sicherheitsgebühren (*one-way*!) enthalten, die bei identischen Zielen und Zeiten je nach Airline erstaunlich unterschiedlich ausfallen können. **Flüge zu Ferienzeiten** sind durchweg mit kräftigen Zuschlägen belegt, auch an **Wochenenden** ist mit erhöhten Preisen zu rechnen.

Tarifvergleich

Beim Tarifvergleich ist es nicht ganz unwichtig, die »Nebenbedingungen« zu beachten. Das beginnt bei den **Umbuchungs- und Stornokosten** bei Datenänderung und eventuellem Rücktritt. Auch errechnen sich versteckte Preisunterschiede für alle, die nicht in der Nähe der Großflughäfen wohnen, aus den Anreisekonditionen und ggf. Abflugzeiten (Übernachtung notwendig?) sowie den Parkgebühren am Flughafen. Die Tarife etwa der ***Lufthansa*** können für manchen Kunden letztlich preiswerter und auch bequemer sein als ein nominal günstigeres Konkurrenzangebot, das von kleineren deutschen Airports deutlich teurer kommt.

Information

Die Telefonnummern der wichtigsten **Airlines im USA-Luftverkehr** in Deutschland finden sich in folgender Liste, ebenso deren **Internetadressen**, über die man ggf. auch **Sondertarife** findet:

Airline	Telefon	Internetadresse
Air France	069/29993772	www.airfrance.com
American	069/29993234	www.aa.com
Austrian Air	069/50600598	www.austrian.com
British	0421/5575758	www.britishairways.com
Condor	0180/6767767	www.condor.com/de/
Delta	069/29993771	de.delta.com
Edelweiss	0041/848333593	www.flyedelweiss.com
Eurowings	0180/6320320	www.eurowings.com
KLM	069/29993770	www.klm.com
Lufthansa	069/86799799	www.lufthansa.com
SWISS	069/86798000	www.swiss.com
SAS	0180/6117002	www.flysas.com
United	069/50985051	www.united.com

Rückfragen bei Flügen

Für Fragen im Zusammenhang mit der eigenen Buchung oder zur Rückversicherung von Abflugzeiten (auch im Internet oder über Handy-Apps) kann man vor Ort die überwiegend gebührenfreien Telefonnummern der Airlines nutzen. Hier die wichtigsten:

Air France	1-800-237-2747
American	1-800-433-7300
Austrian Air	1-800-843-0002
British	1-800-247-9297
Condor	1-866-960-7915
Delta Air Lines	1-800-221-1212
Edelweiss	+41-848333593
Eurowings	+49-221-59988202
KLM	1-800-618-0104
Lufthansa	1-800-645-3880
SWISS	1-877-359-7947
United	1-800-864-8331

Toll-free numbers sind von jedem US-Telefon aus zu erfragen: ✆ **1-800-555-1212** oder im Internet unter http://inter800.com

United fliegt im Code Sharing mit der Lufthansa in die USA

2

2.5 Vorbuchung des Transportmittels

Die Eignung der verschiedenen Transportmittel für Reisen durch den Westen der USA wurde eingangs bereits erörtert, ➤ Seite 56ff. Hier geht es um Details der Alternativen, die noch vor der Reise gebucht werden können und/oder sollten.

2.5.1 Die Pkw-Miete

Buchung und Kosten

Führerschein

Im Westen der USA genügt der nationale Führerschein – bei einigen Vermietern muss er aber **mindestens 1 Jahr alt** sein. Sofern man nicht im Besitz eines neueren Führerscheins im Kreditkartenformat ist, dessen Aussehen in etwa dem amerikanischen Pendant entspricht, macht es Sinn, zusätzlich eine ***International Driver's License*** mitzunehmen. Denn Regierungsabkommen und die Vorstellungen eines Sheriffs auf dem Land sind zweierlei. Bei Kontrollen oder Unfall leuchtet dem diese trotz der Symbolik eher ein. Auch manch kleinerer Autoverleiher vor Ort fragt gern nach dem Internationalen Führerschein (➤ Seite 103).

Mindestalter

Voraussetzung jeder Automiete in Nordamerika ist außerdem, dass der Fahrer das **21. Lebensjahr** vollendet hat (Ausnahme: bei *Hertz* bereits ab 20 Jahren). Für jeden **Fahrer unter 25 Jahren** wird immer ein **Zuschlag** von bis zu ca. €50/Tag (plus Steuern) berechnet. Die Gebühr hängt vom jeweiligen Verleiher und auch Anmietort ab.

Sondertarif »Under 25«

Bei der Firma ***Alamo*** gibt es ein Sonderpaket, »***Under 25***« oder »***Underage***« genannt, für 21- bis 24-jährige Mieter. Unter 25-jährige Mieter zahlen dabei – bei Entfall des Tageszuschlags – so etwa ab €140 pro Woche mehr als Mieter ab 25 Jahren (inkl. aller Fahrer unter 25 Jahre; bei nur einem Fahrer unter 25 Jahren wird's etwas preiswerter). **Wichtig**: Dieser Tarif ist nur erhältlich bei Vorausbuchung, nicht vor Ort am Schalter.

Rental Car Vermittler und Buchung

Bei Reiseveranstaltern, Automobilclubs, Internetagenturen und Mietwagenvermittlern sind alle gängigen Fahrzeuge zu buchen. Letztere sind z.B. ***Holiday Autos***, ***Sunny Cars*** oder ***CardelMar***, die sowohl mit Reisebüros zusammenarbeiten als auch das Internet als Vertriebskanal nutzen: www.holidayautos.de, www.sunnycars.de bzw. www.cardelmar.de. Nur übers Internet vermitteln die Firmen ***Mietwagenmarkt*** (www.mietwagenmarkt.de) und ***billigermietwagen*** (www.billiger-mietwagen.de) weltweit Mietfahrzeuge.

Pkw-Kategorien

Pkw und Vans können nach **Größenklassen** von *Economy/Subcompact* (*Ford Fiesta*-Klasse) über *Compact* (wie *Ford Focus*) bis *Fullsize/Premium* (*Ford Lincoln*) und nach **Gattungskriterien** wie ***Convertible*** (Cabrio), **SUV** oder ***Minivan*** gebucht werden. **Bestimmte Marken/Typen lassen sich nicht reservieren**. Einige Vermieter führen überwiegend bestimmte Hersteller (z.B. Avis: *General Motors*, Hertz: *Ford*), aber in allen Flotten befindet sich auch koreanische und japanische Autos. **Dieselfahrzeuge** gibt es normalerweise nicht.

Ausstattung Amerikanische Mietwagen sind oft etwas komfortabler und besitzen immer ein **Automatikgetriebe**, ***Air Condition*** **(*AC*)** und **Radio/CD-Player**, häufig mit Anschluss für **USB-Sticks**. Ihr **Verbrauch** ist höher als bei ähnlichen Typen in Europa, die Kosten halten sich aber dank günstiger Benzinpreise in erträglichen Grenzen.

Größe Bei der Wahl der Größe sollte man sich nicht zu sehr vom Preis leiten lassen; die Unterschiede sind bei den Pkw von Größenklasse zu Größenklasse meist gering (€30-€60/Woche). Ein etwas geräumigerer Wagen bietet den Vorteil, dass der Kofferraum nicht so knapp bemessen ist. Bei zwei Personen ist ein **SUV** ideal (➤ Kasten unten). Ab drei Personen sollte man – speziell auf längeren Reisen – auch an einen **Minivan** denken (ab ca. €320/Woche).

Tipp: Sport Utility Vehicle (SUV)

Ideal (nicht nur) für Zelturlauber sind Großraumjeeps mit/ohne Allrad (AWD =*all-wheel drive* und die geländegängigere 4WD-Version=*four-wheel drive*). Sie bieten nicht nur viel Platz, sondern auch eine hohe Sitzposition und komfortable Be-/Entladung hinten. In den größeren Modellen (***Standard/Full Size SUVs***) kann man zur Not auch (etwas unbequem) schlafen bzw. »**carcampen**«.

Die kleine Variante, sog. ***Midsize SUVs*** wie z.B. *Ford Escape*, *Toyota RAV4* oder *Jeep Compass*, handliche gute Autos mit relativ geringem Benzindurst, gibt es bei einigen Vermietern bereits ab ca. €240 pro Woche, also unwesentlich teurer als ein *Mid-/Fullsize*-Pkw. An großen Stationen von *Alamo/National* darf man sich das Wunschfahrzeug sogar aus dem Bestand aussuchen (in einer sogenannten ***Choice Line***). Mit ein wenig Glück interessiert sich dann tatsächlich niemand dafür, ob der *Midsize-SUV*-Bucher sich einen *Full Size SUV* (etwa den *Grand Cherokee*) greift, der an sich teurer gewesen wäre.

Üblicherweise lassen sich bei den US-Vermietern keine bestimmten SUV-Marken/Modelle reservieren. www.sixt.de macht hier eine Ausnahme und hat einen ***Jeep Wrangler*** und ***Range Rover Sport*** im Angebot ab Los Angeles, Las Vegas, Denver oder Phoenix. Dabei sollte man aber beachten, dass *SIXT* – anders als die allermeisten *Rental Car Companies* – nur Fahrten im Bundesstaat der Anmietung sowie in die angrenzenden »Regionen« gestattet, die teils unterschiedlich definiert werden. So darf man beispielsweise derzeit mit einem *SIXT*-Auto von LA nicht nach Colorado (*Mesa Verde NP* etc.), andersrum aber schon (Stand Anfang 2020).

Der Hyundai Santa Fe gilt in den USA als Standard SUV

Tarife und Kostenvergleich

Bei vielen Anbietern sind **kleine Pkw** im Westen der USA **ab ca. €190/Woche** zu mieten (Juli/August plus €30-€50), ***Midsize*** **SUV** (wie *Ford Escape*) kosten **ab €240/Woche**, ***Cabrios*** (z.B. *Ford Mustang*) **ab €370/Woche**. Die Angebote von Reiseveranstaltern, Vermittlungsportalen und *Rental Car Companies* zeigen für Standard-Modelle keine substanziellen Unterschiede, eher für Cabrios und Minivans. Ein Preisvergleich lohnt dennoch immer. Dabei sollte man genau auf das »Kleingedruckte« achten, damit ein scheinbar besonders günstiges Angebot nicht letztlich teuer kommt.

Konditionen und Versicherungen

Tarifinhalt

Bei **Vorausbuchung** sind unabhängig vom Vermieter auch im günstigsten Tarif üblicherweise bereits die **Basiskosten**, Umsatz- und Lokalsteuern, **Haftpflicht-** und **Vollkaskoversicherung** enthalten, außerdem **unlimitierte Meilen**. In Katalogen und auf den gängigen Internetportalen sind die Details recht übersichtlich gelistet.

Leistungspakete

Fast alle Tarife sind in sog. **Leistungspakete** unterteilt, mit unterschiedlichen Bezeichnungen (je nach Anbieter »Standard«/»Premium«, »Spar Plus«/«Inklusiv Plus«, »Silber«/»Platin« o.ä.), aber durchweg fast identischen Inhalten. Die etwas teureren »besseren« Pakete umfassen neben den oben angeführten Punkten Zusatzversicherungen, Gebührenentfall für den zweiten Fahrer und ggf. einen vollen Tank »gratis« (der kommt beim jeweils günstigeren Paket vor Ort gerne zum »Höchstpreis« auf die Rechnung). Bei »*full/empty*« erhält man den Wagen vollgetankt und gibt ihn »leer« ab (für Restbenzin erfolgt meist keine Rückerstattung!). Am besten fährt man mit der Variante »***full/full***«, die es u.a. bei *FTI* oder *Sunny Cars* gibt. Die **Eintragung des Zusatzfahrers** kann aber selbst im kleineren Paket schon inklusive sein. Bevor man den Vermieter/Vermittler endgültig wählt, sollte man daher die jeweiligen Tarifinhalte gut studiert haben.

Spezialfälle: Der Versicherungsschutz bei den großen, international agierenden Vermietern in Nordamerika erlischt bei einem **nicht angemeldeten Fahrer** und meist beim **Verlassen befestigter Straßen**. Mitunter ist der Begriff »*unpaved*«/«unbefestigt« etwas dehnbar und bezieht sich nicht auf »*graded*«, »*improved*« oder »*maintained*« ***Gravel Roads***. Die allermeisten Firmen lehnen aber kategorisch alle nicht asphaltierten Straßen ab, so dass man dort entstandene Schäden am Auto dann selbst tragen darf. Hinweise im »Kleingedruckten« der Verträge beachten! Ausnahme: *Jeep Wrangler* von *Best Time RV*, ➤ Seite 106.

Vorsicht ist auch bei **Reisen während der kälteren Jahreszeit** geboten: In Nationalparks wie dem *Yosemite* oder *Sequoia* und auf einigen höher gelegenen Straßen in Colorado und Kalifornien (darunter auch Autobahnen wie z.B. die I-80 zwischen Sacramento und Reno!) müssen bei Schlechtwettereinbrüchen **Schneeketten mitgeführt** und ggf. angelegt werden (aktuelle Infos z.B. unter http://quickmap.dot.ca.gov mit Haken bei *Chain Control* unter *Road Conditions*). Bei Zuwiderhandlung drohen Strafen bis zu $5.000. Hinzu kommt, dass die Verwendung von ***tire chains*** von den meisten Vermietern verboten wird. Passiert dann ein Unfall, kommt keine Versicherung für die Schäden auf.

Unbefestigte Straßen – stunden-/tageweise Anmietung von SUVs

Wer mit einem Wohnmobil durch den Westen der USA tourt oder generell beim Befahren von unbefestigten Pisten auf »Nummer sicher« gehen möchte (➤ Kasten links), kann z.B. in Escalante oder Moab/UT einen Geländewagen für diese Strecken auch nur stunden- oder tageweise ausleihen (ca. \$150-\$250/Tag). Dafür benötigt man einen **internationalen Führerschein** (meist unabdingbar bei kleinen Anbietern), eine Kaskoversicherung (***CDW*** ca. \$35-\$60/Tag + \$500-\$5.000 Selbstbehalt) sowie eine **Aufstockung der Haftpflicht**. Letztere kann beim kleinen Autoverleiher vor Ort in der Regel nicht erworben werden. Wer also derartige Ausflüge machen möchte, sollte sich am besten schon hierzulande um alles kümmern. Bei *HanseMerkur* z.B. wird ein »Mietwagen-Schutz« mit **Selbstbehaltausschluss und erhöhter Haftpflicht** ab \$6,50/Tag angeboten: www.hmrv.de/reiseversicherungen/spezialversicherungen/mietwagen schutz. Auf den »normalen« *Alamo*- oder *Avis*-Mietwagen lässt sich dieser Schutz nicht übertragen, da diese Versicherung ebenfalls nicht für Schäden auf »nicht genehmigten Straßen« aufkommt. Bei **Anmietung in Kalifornien** benötigt man zusätzlich noch eine ***»rental liability insurance«*** (*RLI*), da die gesetzliche Mindestdeckung – anders als in allen anderen US-Staaten – dort nicht in den regulären Miettarifen enthalten sein muss. Unbedingt nachfragen, zumal diese »Minimalhaftpflicht« die Grundvoraussetzung für eine (gültige) Aufstockung der Deckungssumme ist!

Es ist nützlich, auch noch Folgendes zu wissen:

Vollkasko CDW, SCDW und LDW

Für etwaige Schäden am eigenen Mietwagen wird unterschieden zwischen ***CDW*** (*»collision damage waiver«* mit reduzierter Haftung oder Haftungsbefreiung), ***SCDW*** (*»super CDW«* ohne oder mit sehr geringem Selbstbehalt) und ***LDW*** (*»loss damage waiver«* mit Haftungsbefreiung auch bei Diebstahl/Verlust). Bei fast allen hiesigen Anbietern ist die Vollkaskoversicherung ohne Selbstbeteiligung für US-Mietwagen längst Standard. Wichtig sind diese Begriffe allerdings bei einer **Buchung vor Ort**, auch z.B. bei einer **tageweisen Anmietung von SUVs**, ➤ Kasten oben.

Ajo Mountain Drive, ein fantastischer, aber unbefestigter Rundparcours durch das Organ Pipe National Monument

Einwegmieten

Alle Tarife gelten zunächst unter der Voraussetzung, dass das Fahrzeug an den Ausgangsort zurückgebracht wird. Im Fall von Einwegmieten werden **Rückführungsgebühren** (*one-way service fees*) berechnet, die sich zwar an der Entfernung zwischen Anmiet- und Abgabestation orientieren, aber je nach Anbieter recht unterschiedlich ausfallen und schnell €200-€400 betragen können. Interessant sind hier die **kostenlosen Sonderangebote** bei einigen Vermietern:

- Im Bereich Kalifornien/Las Vegas ist die Mehrzahl der *One-way-Rentals* zwischen den großen Flughäfen San Francisco, LA und Las Vegas frei von Zusatzkosten, teilweise auch generell innerhalb von Kalifornien. Die Ausnahmen variieren mit dem **Vermieter** und je nach **Fahrtrichtung**. So kann etwa San Francisco -> Las Vegas gratis sein, aber umgekehrt nicht. Oder die Abgabe außerhalb der genannten Großflughäfen, z.B. in San Diego, wird berechnet.
- Eine Ausnahme bilden auch die Strecken San Francisco -> Seattle (u.a. bei *Alamo*) und Denver -> San Francisco (u.a. bei *Hertz*).

Bei **Gabelflügen** kann die »richtige« Firma Extrakosten vermeiden. Am besten wendet man sich in dem Fall an eines der empfohlenen auf die USA spezialisierten Reisebüros, ➤ Kasten Seite 95.

Egal wohin, ***one-way*** muss von dem Verleiher **immer ausdrücklich bestätigt werden**. Auch sind nicht alle Fahrzeugkategorien dafür zugelassen, Minivans/Cabrios davon oft ausgenommen.

Zusatzkosten

VORSICHT: Mietverträge unbedingt genau durchlesen vor der Unterschrift!

Neben den Gebühren für Einwegmieten sind u.a. noch folgende Positionen vor Ort zu begleichen: **Aufschläge** für junge/zusätzliche Fahrer, Mietkosten eines **Navi/Kindersitzes**, ggf. ein ***Upgrade* auf die nächsthöhere Fahrzeugkategorie** oder ggf. die Kunden am Schalter gerne angebotenen, aber oft unnötigen **Zusatzversicherungen**. Zu den jeweils genannten Nettokosten kommen **immer *Taxes*** hinzu: In Kalifornien z.B. beträgt die ***Sales Tax*** (für den Staat plus lokale Zuschläge) günstigstenfalls **7,5%** plus ggf. noch weiterer Extras, die sich zu 10% und mehr addieren können. In den anderen US-Weststaaten liegen die Sätze der *Sales Tax* etwas niedriger.

Die Deckungssumme der Haftpflichtversicherung

Die Frage der Haftpflichtdeckung ist bei Mietwagen in den USA ein wichtiger Punkt, der hier deshalb ausführlich behandelt wird. Es gibt drüben (sofern vor Ort gebucht wird) tatsächlich Miettarife, die lediglich eine – gesetzeskonforme (!) – **Minimaldeckung** beinhalten. Sie variiert von Bundesstaat zu Bundesstaat und kann bei lächerlichen $5.000 (!) liegen. Ohne Zusatzversicherung haftet man persönlich, wenn bei einem selbstverschuldeten Unfall der gegnerische Sach- und Personenschaden diesen Betrag überschreitet.

Aufstockung der Deckung auf $1 Mio. oder mehr

US-Haftpflichtversicherungen sind **personen- oder haushaltsbezogen**, d.h., Amerikaner bringen meist ihre persönliche (bessere) Versicherung mit, die unabhängig vom Fahrzeug gilt. Der ausländische Tourist muss die **Erhöhung der Haftpflicht-Deckungssumme** erst erwerben: eine sog. *Extended Protection* (***EP***), *Liability Insurance Supplement* (***LIS***) oder *Additional Liability Insurance* (***ALI***) ab $12/Tag (+ *tax*). Die Reiseveranstalter/-portale bei uns bieten ihren

Mietkunden eine durchweg bereits im Basistarif enthaltene **Zusatzversicherung über mindestens $1 Mio**. Wer Risiken minimieren möchte: Bei *Sunny Cars* ist man bis **€7,5 Mio** zusatzversichert, bei *DriveFTI* sogar bis zu **€10 Mio** (so die Firmen Anfang 2020).

Bei einigen Anbietern beinhaltet das teurere Leistungspaket oft auch die *Underinsured Motorist Protection* (***UMP***), die wirksam wird, wenn der Unfallgegner unzureichend oder gar nicht versichert ist (in den USA kein Einzelfall!) oder Fahrerflucht begeht.

Aufstockung über die Kreditkarte

Inhaber einiger **goldener Kreditkarten** genießen teilweise eine Kfz-Zusatz-Haftpflichtversicherung für Mietwagen. Bei der ***Netbank*** beinhaltet die ***Mastercard Premium*** sowohl die Haftpflichtaufstockung als auch eine Mietwagen-Vollkasko. Mit der ***Lufthansa Card Gold*** ist zwar keine Aufstockung der Haftpflicht-, aber eine Vollkaskoversicherung für Mietwagen verbunden. Letzteres verbilligt das Anmieten von Fahrzeugen vor Ort. Voraussetzung solcher Deckungen per Kreditkarte ist natürlich immer die Zahlung der Mietkosten mit Karte. Wer die Karte einsetzen möchte und Wert auf die Zusatzhaftpflicht legt, sollte »seine« **Kreditkarten-Bedingungen** daraufhin genau überprüfen.

Fazit

Vorbuchen oder Eigeninitiative vor Ort?

Vergleicht man die Möglichkeiten der Automiete vor Ort mit Angeboten bei uns, ist man mit Vorausbuchung meist besser beraten. Zwar gibt es drüben durchaus Sondertarife und Discounter, aber da sollte man sich gut auskennen und Zeit mitbringen. Nicht übersehen werden darf z.B., dass niedrige Basistarife oft mit hohen Versicherungsprämien einhergehen, die nur Inhaber bestimmter Kreditkarten negieren können, ➤ oben. Die Sicherheit, dass bei Ankunft der Wagen vollgetankt bereitsteht und keine stressige Suche nach dem günstigsten Tarif anliegt, ist so oder so ein Vorteil.

Zu **Suche und Miete von Fahrzeugen vor Ort in den USA** finden sich die Details auf den ➤ Seiten 136f und wichtige Infos rund um die tageweise Anmietung von SUVs im ➤ Kasten Seite 103.

Auf der Golden Gate Bridge wird die Maut elektronisch erhoben, wer sein Auto nicht in San Francisco gebucht hat, sollte die Hinweise auf Seite 319 beachten

2.5.2 Die Miete eines Campmobils

Grundsätzliches

Führerschein Klasse 3 oder Klasse B

Campmobile, so heißt es, dürfen alle mit **Pkw-Führerschein** bewegt werden. Kaum ein Veranstalter oder Vermittler fragt, ob der soeben eingetroffene Tourist jemals vorher hinterm Steuer eines vergleichbaren 8 m-Ungetüms saß und welchen Führerschein er besitzt. Nur mit einem Führerschein der alten deutschen **Klasse 3** darf man Fahrzeuge bis 7,5 t bewegen. Das Limit des Führerscheins **Klasse B** (seit 1999!) liegt bei 3,5 t, einem Gewicht, das große Campmobile locker übertreffen. Der *ADAC* warnte daher bereits, dass Klasse B-Inhaber ungeklärte Risiken eingehen, wenn sie mit einem Fahrzeug über 3,5 t losfahren. **Im Gegensatz zum Pkw gibt es im Allgemeinen keinen Aufschlag für Fahrer zwischen 21 und 25 Jahren**.

Zu den Fahrzeugtypen

RVs

In den USA gelten Camper vom kleinsten Modell bis zum Riesen-Motorhome als ***Recreational Vehicles*** – Kürzel ***RV*** (sprich: »Arwí«). *RVs* verfügen über 8-12-Zylinder-Motoren, immer automatisches Getriebe und neben der vom Motor abhängige eine zusätzliche 110-V- Klimaanlage. Damit verbunden ist ein Benzindurst, der die Urlaubskasse oft ganz schön strapaziert.

Kategorien

Im US-Westen sind folgende Campertypen zu mieten:

- ***Van Camper Class B***
- ***Compact RV*** (*Cruise America*)
- ***Motorhome Class C***
- ***Motorhome Class A***
- ***Truck Camper*** (*Cruise America* und *Escape*)

4x4 Jeeps

Neuerdings hat der Anbieter *Best Time RV* (San Francisco, LA, Las Vegas, Phoenix) auch ***Jeep Wrangler* mit Trailer/Wohnwagen** (Wagenlänge 11-12 m) oder **mit Dachzelt** im Angebot; hierzulande buchbar z.B. unter www.crd.de oder www.usareisen.de. Ein Vorteil dieser Fahrzeuge ist: Damit verliert man meist auch abseits der asphaltierten Straßen den Versicherungsschutz nicht.

Man kann sich alle Fahrzeuge gut im Internet ansehen und dabei auch die kleinen firmenbezogenen Unterschiede entdecken. Hier die Internetadressen der wichtigsten Vermieter im US-Westen:

www.apollorv.com
www.elmonterv.com
www.roadbearrv.com
www.campervannorthamerica.com
www.cruiseamerica.com
www.besttimerv.com
www.britz-usa.com
www.starrv.com

Zu den verschiedenen Typen hier einige Anmerkungen:

Van Camper

Neue Class B Campmobile

Neuwertige *Van Camper* zur Vermietung gibt's im US-Westen bei ***Apollo, Star RV*, *Best Time RV*** und ***Campervan North America,*** Die ersten drei genannten Firmen haben ähnliche recht lange 21-Fuß-*Roadtrek*-Fahrzeuge auf *Chrysler*-Basis. *Best Time RV* führt neuerdings zusätzlich ein Kompaktmobil der deutschen Marke *Hymer*. Ebenfalls kompakte 19-Fuß-*Vans*, aber auch längere *Class*

Flowerpower Van von Escape; alle Fahrzeuge sind unter schiedlich bemalt,

B-Modelle bietet *Camper Van North America*. Vans haben Stehhöhe innen und Ablagen unter der hohen Decke rundherum, aber keine Hochbetten unterm Dach. Die meisten von ihnen sind daher nur für zwei, höchstens drei Personen ausgelegt.

Die Ausstattung ist US-typisch komfortabel: Klimaanlage, Heizung, Kochzeile mit Mikrowelle, (enge) Dusche mit Heißwasser, Toilette, bisweilen auch TV. Die Miettarife für Vans sind kaum bis gar nicht geringer als für weit größere *Motorhomes*, teilweise sogar teurer.

Ältere Vans

Ältere *Van Camper* unterschiedlicher Bauart und Ausstattung vermietet die Firma ***Adventures on Wheels*** (www.wheels9.com), hierzulande zu buchen über den Spezialisten für alternative Fahrzeuge, ***Adventure Travel*** (www.usareisen.com/adventures-on-wheels/).

Escape Vans

Auch auf dem Markt sind die peppig bemalten umgebauten **Minivans** der Firma ***Escape*** mit Stationen in Las Vegas, Denver, LA, San Francisco, Phoenix, Seattle und Portland. Es handelt sich um ältere Vans von *Ford* oder *GM*, die als Gebrauchtwagen gekauft werden. Die Umrüstung zum **Einfachcamper** mit ***Flowerpower-Look*** erfolgt jeweils bei Anschaffung neu durch *Escape*. Die hintere Sitzbank für ggf. zwei zusätzliche Passagiere wird nachts zum Doppelbett. Ein Zelt kann dazugemietet werden. Alle Details unter www.escapecampervans.com und www.usareisen.com.

Jucy Champ

Recht auffällig ist man auch in den *Campmobile* von **Jucy** unterwegs, knallgrüne ***Chrysler Minivans* mit »Dachbett«**. Ähnlich ausgebaut wie die *Escape Vans* handelt es sich hier aber um neuere Fahrzeuge. Als Clou haben sie einen aufklappbaren »Kasten«

mit einem 1,20 m breiten Bett auf dem Dach, *Penthouse* genannt. Damit ist das Fahrzeug für 3-4 Personen geeignet, ➤ Foto unten. Zwei Personen haben dadurch viel Platz auf einem Raum von nur ca. 5 m Länge. Alle Details unter www.jucyusa.com, ebenso z.B. bei www.trans-amerika-reisen.de.

Pick-up oder Truck Camper

Diese **Kleinlastwagen**, auf deren Ladefläche ein **Campingaufsatz** montiert ist, werden von ***Cruise America*** und ***Escape*** angeboten – im Westen der USA allerdings nur in der Zweiradantrieb-Variante (in Kanada auch 4WD). Die 20-Fuß-Modelle bieten den üblichen RV-Komfort (für maximal drei Personen), haben allerdings zwei Nachteile: Es besteht **kein Durchgang** zur riesigen Alkove über dem Fahrerhaus, der Eingang befindet sich im Heck. Durch diese Bauweise kommt es außerdem zu einer ungünstigen Fahrerposition und einer **eingeschränkten Sicht nach oben** (etwas hinderlich im Stadtverkehr wegen gelegentlich höher hängender Ampeln und im Gebirge wegen des Ausblicks!).

Straßenlage und **Windempfindlichkeit** sind ebenso eher schlechter als bei anderen Wohnmobilen. Der eigentliche **Vorteil** des *Pick-up* liegt in der möglichen Trennung von Fahrzeug und Aufsatz, die aber meist wegen fehlender dazu nötiger Ausrüstung entfällt, und der größeren **Bodenfreiheit und Robustheit** auf schlechten Pisten. Davon hat der Mieter in den meisten Fällen aber wenig, wird ihm doch die Nutzung unbefestigter Straßen überwiegend untersagt.

Compact RV und Motorhome Class C

Kennzeichnung

Die **technische Basis** eines *Compact RV* (19 Fuß) und von *Class C-Motorhomes* (23-31 Fuß) ist ein *Light Truck* amerikanischer Hersteller (*Ford*, *GM* oder *Chrysler* ohne Aufbauten und nach hin-

Minicampmobil von Jucy mit Dachzelt (»Penthouse«) im Valley of Fire State Park

31 Fuß Class C Motorhome »Leprechaun« von Roadbear mit zwei ausgefahrenen »Slide-outs«im Wohn- und Schlafzimmer Ende Mai im Crater Lake National Park

ten offenem Fahrerhaus) mit Stahlträgern unterschiedlicher Länge und – bis auf den *Compact RV* – Zwillingsreifen, auf den die verschiedenen, meist 2,60 m breiten »Campingkästen« montiert werden. Sie zeichnen sich bei allen Modellen durch einen weit über die Fahrerkabine hinausragenden **Dachüberhang** aus. In ihm verbirgt sich ein breites Bett. Das ist nicht nur zum Schlafen gemütlich, sondern auch als Stauraum tagsüber praktisch (die kleine Kletterpartie nach oben bereitet halbwegs gelenkigen Mietern keine Schwierigkeiten).

Ähnlich wie beim *Truck Camper* ist auch hier die überhängende Alkove von Nachteil im Stadtverkehr (eingeschränkte Sicht!).

Einrichtung

Ab 23-Fuß-Fahrzeugen gilt: Gasherd, Mikrowelle, Spüle und Kühlschrank haben Haushaltsgröße. Schränke und Schubladen ebenso. Dusche und Toilette sind groß genug, um sich nicht »verbiegen« zu müssen. Sie wachsen mit der Länge des Fahrzeugs, das von vorne bis hinten immer gute Stehhöhe hat. Ein Doppelbett füllt das Achterschiff zusätzlich zur immer auch zum Bett umzubauenden Sitzecke. Bequeme Sessel oder ein Sofa ergänzen die Inneneinrichtung. Erkauft wird dieser Komfort mit einem hohen Gewicht, das der Straßenlage nicht gut tut, und langen Überständen des Aufbaus über die hintere Achse, die bei RVs ab 27 Fuß abenteuerlich wirken; ➤ Videos der Vermieter im Internet.

Anschlüsse

Das *Motorhome* ist nur dann so richtig komfortabel, wenn es auf dem Campingplatz voll angeschlossen werden kann (*full hook-up*): Wasserschlauch, armdickes flexibles Abwasserrohr und ein mindestens 7 m langes fingerdickes, fest mit dem Fahrzeug verbundenes Gummikabel 110 V liegen bereit, eventuell auch noch die Antennenleitung für den TV-Kabelanschluss, wenn es nicht sowieso

eine Satellitenschüssel gibt. Und sollte mal in der Wildnis kein Strom da sein, wird der Generator angeschmissen, was aber extra kostet. Mit den Wasser- und Abwassertanks kommt man zur Not 2-3 Tage auch ohne Anschluss hin.

Slide-out

Bereits für die C-Klasse ab 23 Fuß gibt es ***Slide-out***-Versionen, die den Sitzbereich auf komfortable »Wohnzimmergröße« (ca. 3x3 m) ausdehnen, wenn der Campingplatz erreicht ist. Aber das Ding ist schwer und kostet noch mehr Benzin als das Gefährt sowieso schon konsumiert. Für Mieter, die viel fahren, ist daher *Slide-out* kein wirklicher Vorteil, eher für den Vermieter, da sich in den USA gebrauchte Camper damit besser verkaufen lassen.

Compact RV 19 Fuß

Der **19-Fuß-RV von *Cruise America*** vereinigt Vorzüge der *Vans* mit denen der Wohnmobile. In ihm sind die Einbauten nicht ganz so wuchtig wie im Standard *Motorhome* und auch das hintere Bett entfällt. Dafür gibt's einen Sessel extra. Das Fahrzeug wurde eigens für ausländische Mieter konzipiert und ist zeitweise (saisonabhängig) teurer zu mieten als ein Großcamper 25 Fuß.

2

Motorhome Class A

Ab ca. 32 Fuß Länge wird aus dem *Motorhome* ein **Riesen-Campingbus**, den man als *Class A* bezeichnet. Die Überhänge verschwinden zugunsten eines integrierten Cockpits über die volle Breite von ca. 2,50 m mit besserer Rundumsicht als in den »kleinen« Modellen. An die Stelle eines Alkovenbetts tritt gemeinhin ein Doppelbett, das nachts über den Vordersitzen abgesenkt werden kann. Das Schlafzimmer hinten ist vom Wohnbereich separiert, und die Nasszelle wird zum echten Badezimmer.

Welchen Camper?

Größenwahl Motorhome

Bei der Entscheidung für die individuell richtige Größe darf man seine eigentlichen Urlaubsabsichten nicht aus dem Auge verlieren. Je größer das *Motorhome,* umso weniger eignet es sich für Abstecher auf engen Straßen zu mitunter besonders reizvollen Zielen oder Campingplätzen und in verkehrshektischen Bereichen. Wer mit einem *kleinen* ***Van*** nicht auskommt, sollte deshalb die Miete des *19-Fuß Compact RV* oder des *Travato* erwägen. Es sei denn, ruhiges Reisen mit längeren Verweilperioden und/oder ein höherer Komfort- und mehr Platzbedarf stehen im Vordergrund.

Benzinkosten

Ein weiteres Kriterium für die Entscheidung könnten auch die Benzinkosten sein. Der **Preis für Benzin** schwankt immer wieder. Zur Zeit (Anfang 2020) kostet die Gallone Normalbenzin im US-Westen im Mittel etwa **$2,70**, also ca. **€0,62** pro Liter. Eine Ungenauigkeit an dieser Stelle beeinflusst die Gesamtrechnung kaum. Bei Campmobilen sollte man – außer bei *Vans* oder *Compact RVs* (da um 16 Liter/100 km) – nicht unter 22 l/100 km rechnen, mehr bei großen Fahrzeugen ab 25 Fuß. Die Spritkosten stellen sich bei 22 l/100km damit auf ca. €13,60. Für eine 4.000-km-Reise kommt man dann allein dafür auf rund €545 und mehr.

Die Straße #244 in den Black Hills von South Dakota verläuft dicht unterhalb der Präsidentenköpfe des Mount Rushmore Monuments

Welche Firma?

Man könnte auch fragen, welcher Vermieter **das beste Preis-/Leistungsverhältnis** und guten Service bietet. Jedoch ist ein objektiv haltbares Urteil dazu kaum möglich, ein wesentlicher Aspekt aber, dass die Fahrzeuge in einem Zustand sein sollten, der technischen Ärger während der Reise möglichst vermeidet. In der Vergangenheit kamen den Autoren zu den Firmen ***El Monte*** und ***Roadbear*** (von Schweizern und Deutschen geführt) negative Berichte nie bis sehr selten zu Ohren. Hinzu kommt, dass man z.B. in der *Premium* Kategorie von *El Monte* ausschließlich Fahrzeuge erhält, die nur 1-2 Jahre alt sind.

Die Firma ***Best Time RV*** ist unter dieser Bezeichnung erst seit 2015 auf dem Markt, dahinter stehen Schweizer Camperprofis der früheren Firma *Moturis*, die für einen hohen Qualitätsstandard bekannt war. ***Apollo*** und ***Britz*** (ebenfalls erst seit 2015) sind die Ableger australischer RV-Vermieter.

Auch zu den weiteren **Van-Vermietern** (➢ Seite 107) gibt es kein negatives Feedback. ***Adventure on Wheels*** ist bereits seit langem aktiv. ***Jucy*** expandierte vor einigen Jahren von Australien/Neuseeland aus auf den US-Markt. ***Escape*** ist eine amerikanische Firma, die ihre bunten Fahrzeuge seit ca. 10 Jahren anbietet.

Eine interessante Kundenbewertung mitsamt Ranking der wichtigsten Vermieter in den USA unter www.trans-amerika-reisen.de/usa_wohnmobil/usa_wohnmobil_bewertung.php.

Kosten

Tagestarife

Camper sind in den USA außer in der absoluten Nebensaison (etwa Mitte Oktober bis Mitte April) ein ziemlich **teures Vergnügen**. Zu den – dank ausgeklügelter Computerprogramme täglich schwankenden – Basis-Tagestarifen kommen Übergabegebühren, Endreinigungskosten, Pauschalen für die Ausstattung des Wagens mit Campingutensilien und Bettwäsche, Zusatzversicherungen, Zuschläge für Wochenend- und Vormittagübernahme u.a.m.

Meilen und Meilenpakete

Die **Standardtarife** beziehen sich auf 0 mi, 60 mi oder 100 mi pro Tag. Mehrmeilen kosten bis $0,40 pro Meile plus *tax*. Statt einer Meilenabrechnung können zusätzliche Pauschalmeilen/Tag (+40, +100 etc.) oder 500-mi-Pakete gekauft werden. Auch **unbegrenzte Meilen** sind zum Pauschaltarif oder als Tageszuschlag auf den Grundtarif erhältlich. Die Details wechseln von Firma zu Firma und in schöner Regelmäßigkeit von Jahr zu Jahr.

Meilenpakete und Pauschalen für unbegrenzte Meilen sind indessen vor Ort nicht verfügbar. Sie müssen hier vorgebucht werden. Das bedingt eine gute Vorausplanung der Route inkl. Meilenschätzung, damit man sich nicht für die falsche, sprich zu teure Variante entscheidet. Denn für nicht verbrauchte Meilen gibt es keinen Ersatz, ebensowenig bei der unlimitierten Variante, wenn man am Ende mit der Abrechnung der Meilen besser gefahren wäre.

Internet-/ Frühbuchung

Frühbucher erhalten bei allen Vermietern unterschiedliche, teilweise erstaunlich hohe Rabatte über sog. Flextarife, zusätzlich oft

Specials bei Wohnmobilen

Alle Wohnmobilanbieter offerieren in Abhängigkeit von Saison und Buchungslage für verschiedene Standorte eigene ***Specials***, darunter auch Überführungsfahrten von Produktionsstandorten in den zentralen USA an die Westküste oder nach Florida. Teilweise werden diese an die europäischen Vertragspartner, also an unsere Reiseveranstalter, weitergegeben. Oft genug sind solche Sonderangebote aber nur auf den Internetportalen der Vermieter zu finden. Wer bei seiner Reiseplanung zeitlich und geographisch flexibel ist und sich die Mühe macht, nach *Specials* zu suchen, hat eine gute Chance auf »Schnäppchen«.

auch bei Internetbuchung, was in der Summe die Kosten spürbar senken kann, ➤ Kostenbeispiele auf den Seiten 116ff.

Preisvergleich

Es ist heute nicht mehr nötig, zum Preisvergleich mühsam Tarife und Nebenkosten zu addieren, denn Reiseveranstalter nehmen dem potenziellen Kunden die Mühe der **Endpreisermittlung** ab. Auf einer Reihe von Internetportalen führt die Eingabe der Daten und Anklicken aller gewünschten »Extras« rasch zum Ergebnis.

Konditionen

Einige Details der Bedingungen bedürfen einer Erläuterung:

One-way

- **Unterschiedliche Ankunfts- und Abflug-Airports** erlauben unter Umständen attraktivere Reiserouten als die Rückkehr zum Ausgangspunkt. Das ist zwischen den hier in erster Linie interessanten Stationen Las Vegas, LA und San Francisco durchweg möglich, aber überwiegend mit Einweg-Zuschlägen belegt.

Death Valley National Park

- Für die Durchquerung des ***Death Valley*** gelten bei vielen Vermietern saisonale Beschränkungen (z.B. »nicht Mitte Mai bis Mitte September«). Bei Nichtbeachtung liegen alle Fahrzeugrisiken während der Durchquerung beim Mieter. Wenn's gut geht, o.k., sonst war's ein teurer Spaß. Dennoch riskieren das nicht wenige.

Haftpflichtdeckungssummen

- Die **Haftpflichtdeckungssumme** ist auch bei der Campermiete ein wichtiger Punkt. Wohnmobile sind in den USA wie Miet-Pkw oft nur mit der gesetzlich minimalen Deckung ausgestattet, ➤ Seite 104. Daher ist für Camper, die über hiesige Anbieter gebucht werden, eine Aufstockung der Deckung auf $1 Mio. und mehr in vielen Tarifen schon enthalten. Wenn keine Zusatzdeckung existiert, kann der Mieter durch Zahlung mit der »richtigen« Kreditkarte die Absicherung ggf. verbessern, ➤ Seite 104.

CDW

- Das **Kürzel *CDW*** steht für *Collision Damage Waiver* (manchmal auch ***LDW***, *L* für *Loss*) und suggeriert Freistellung von Kosten im Schadenfall. Faktisch ist sie immer in den Campertarifen enthalten, beinhaltet aber **hohe Eigenbeteiligung** bei Schäden am Fahrzeug (unabhängig davon, wer der schuldige Verursacher sein mag, zahlt der Mieter zunächst immer).

  Bei bestimmten Schäden, die nicht auf Verkehrsunfälle zurückgehen (vom Dach »abrasierte Klimaanlage«, Unterboden etc.) oder auf unbefestigten/nicht öffentlichen Straßen eintreten (Zufahrt zum Campingplatz), haftet der Mieter selbst mit *CDW*.

VIP

- Die **Zusatzversicherung** mit der Bezeichnung ***VIP*** (***V****acation* ***I****nterruption* ***P****olicy)* ergänzt *CDW/LDW*. Sie kostet vor Ort bis $20/Tag (+ *tax*), ist aber in den meisten bei uns angebotenen Tarifen enthalten (worauf man achten sollte!). Sie reduziert von *CDW* nicht abgedeckte Kosten und bisweilen die Selbstbeteiligung ganz. Letztere kann durch eine Sonderversicherung (ab €4/Tag) über den Veranstalter (nicht vor Ort) weiter reduziert oder eliminiert werden. Im Fall grober Fahrlässigkeit – wie immer das definiert sein mag – haftet der Mieter meist auch mit *VIP*.

VORSICHT beim Unterschreiben der Mietverträge, ➤ Seite 104

- Die Detailregelungen bezüglich der Versicherungen etc. stehen »kleingedruckt« in den Unterlagen, die der Mieter bei Fahrzeugübernahme – oft ungelesen – unterschreibt. Wer sich für die in dieser Hinsicht beachtlichen Unterschiede zwischen den Vermietern interessiert, findet die jeweiligen AGBs auch im Internet.

2

»Carcamping«, der SUV als Nachtquartier

Eine eher für junge Leute in Frage kommende Variante ist das Übernachten im Auto. Voraussetzung dafür sind die Miete eines ***Full Size SUV*** (denn die meisten *Midsize SUVs* sind zumindest für 2 Personen zu kurz), Schlafsäcke und Isomatten bzw. Luftmatratzen. Nach Umlegen der Rückbank zu einer möglichst ebenen Fläche steht ein enges Nachtquartier zur Verfügung. Preiswerte oder sogar Gratis-Campplätze für diesen Zweck finden sich vor allem in Nationalforsten oder in *BLM*-Gebieten, ➤ Seite 31.

Auf diese Art und Weise spart man die Mitnahme/den Kauf eines Zelts, kann abends bei Kälte vor dem Schlafengehen noch mal kurz einheizen und ist vor »Getier« auch noch sicherer als in einem Zelt.

Kaution

- Die **Höhe der Kaution** bei Übernahme des Campers ist unterschiedlich ($500-$1.500). Sie fällt immer an und kann üblicherweise nicht bar geleistet werden, sondern per Blankounterschrift auf einem Kreditkartenformular bzw. -ausdruck. Ggf. bucht man den Betrag tatsächlich ab unter Verrechnung mit Zusatzkosten bei Rückgabe (Mehrmeilen, Schäden u.a.m.) bzw. Erstattung, wenn keine $-Kosten anfielen.

*21-Fuß-Van Camper **Dodge Travato**, ein modifiziertes Fiat Ducato Wohnmobil, bei Best Time RV*

2.5.3 Ein Kostenvergleich: Camper versus Pkw/Zelt und Pkw/Motel (3 Wochen)

Nach einem Durchrechnen der Kosten, besonders für die Hochsaison, wird mancher vielleicht noch einmal seine Priorität für einen Camper in Frage stellen und die Alternativen Miet-Pkw mit Zelt und/oder Motel/Hotel bedenken. Hier eine Gegenüberstellung der Kosten für konkrete Fälle auf aktueller Basis:

Campmobil oder Pkw/SUV mit Zelt

Annahmen und Details

Ausgangspunkt der folgenden Vergleichsrechnung sei ein 3-Wochen-Urlaub von **2 Personen im Juni ab/bis Los Angeles**. Dabei fallen **18 Tage Campermiete** an bzw. **3 Wochen SUV-Miete**.

Hier sei ein aus dem Internet (*Trans Amerika Reisen*) entnommener **Frühbucher-Inklusivpreis 2020** (*Camping Kit, Preparation Fee,* VIP und Haftpflichtaufstockung auf €2 Mio) für ein **21 Fuß *Best-Time Travato Van (Class B)*** von **€ 3.102** inkl. aller Meilen zugrundegelegt (in der Hauptsaison **Juli/August** kostet dieser – wie andere *Motorhomes* auch – ohne Frühbuchung noch mehr!). Der relativ kleine *Van Camper*, nehmen wir an, brauche etwa 16 l/100 km bei einem Preis von ca. €0,62/l (entspricht ca. $2,70/Gallone zu 3,8 l).

Ein ***Midsize SUV*** (*Ford Escape*) kostet inkl. Vollkasko, lokalen Steuern und Haftpflichtaufstockung (ohne »Gratistankfüllung« und Zusatzfahrer) z.B. bei mehreren Vermietern über verschiedene Vermittler für die hier anliegenden 18/19 Tage bis zu 21 Tagen **ab ca. €720**. Angenommener Verbrauch: 12 l auf 100 km.

Kompakter C-19 von Cruise America, der (wohl wegen seiner Popularität bei Mietern aus Europa) saisonabhängig teurer vermietet wird als größere Modelle

Beide Wagen fahren insgesamt 3.000 mi (4.800 km):

Berechnung

Camperkosten

18 Tage Miete etc. (➤ Text)	€3.102
Benzinkosten ca.	€ 476
Höhere Campinggebühren als Zelt ca. (angenommene +$20 bzw. €17/Nacht)	€ 313
Gesamtkosten Camper	**€3.891**

Pkw/SUV-Kosten

3 Wochen Miete	€ 720
Benzinkosten ca.	€ 357
Gesamtkosten Pkw/SUV	**€1.077**

Differenz

Die Differenz beträgt zunächst hohe **€2.814**. Selbst bei Miete eines *Jucy Champ* würde sich noch eine Differenz bis zu €1.300 ergeben (je nach Campingkosten). Zeltcamper müssten indessen entweder für Übergepäck retour mindestens €150 investieren oder Teile der oder die ganze Ausrüstung in den USA dazukaufen, ➤ Seite 56. Das vermindert weiter die Differenz. An Regen- und Stadttagen kämen möglicherweise noch Unterkunftskosten für Hotels/Motels hinzu. Neben der Kostendifferenz ist es eine Frage der persönlichen Wertung, welche Alternative den Vorzug erhält.

Hochsaison

In der Hochsaison (statt im Juni wie im Beispiel) kostet der identische Camper – ebenfalls bei Frühbuchung – satte €4.221, bei Kurzfristbuchung etwa erst im Mai für den Juli/August (so überhaupt möglich) noch ein paar hundert Euro mehr. Die SUV-Miete erhöht sich dagegen im Hochsommer nur minimal (+€20 bei Frühbuchung). D.h., in diesem Fall wird der Camper um ca. €3.900 teurer. Die Campingkosten sind überwiegend saisonunabhängig.

Campmobil oder Pkw/SUV mit H/Motel

Details

Aufschlussreich ist auch der Vergleich zwischen Camper und Pkw/Motel. Dabei sind die oben nur als Differenz berücksichtigten **Übernachtungskosten** explizit mitzurechnen. Nimmt man nun (im Juni, noch Nebensaison!) **Motelkosten** in Höhe von **$110 pro Nacht** inkl. Steuern an, für ein Campmobil moderate (!) **$45 Campgebühren täglich** (➤ Seite 81) und – für beide Fälle – je eine erste und letzte Nacht im Stadthotel für je $200, dann ergibt sich bei einem **Wechselkurs** von **$1,00 = €0,87**:

Berechnung

Camperkosten plus Übernachtung

Reine Fahrzeugkosten (➤ umseitig: €3.102+€476)	€3.578
Campingkosten 18 Nächte zu ca. €39 ($45)	€ 702
Hotelkosten 2 Nächte ($400) ca.	€ 348
Gesamtkosten Camper	**€4.628**

Pkw/SUV-Kosten plus H/Motelübernachtung

Fahrzeugkosten (➤ umseitig)	€1.077
Übernachtungen (€348+18x €96)	€2.076
Gesamtkosten Pkw	**€3.153**

Differenz

Zwar liegen unter diesen Annahmen die Kosten für die Campervariante noch um **€1.475** über der Motelreise, aber die Übernachtungskosten sind relativ variabel. Sie können durchaus niedriger, aber auch leicht höher ausfallen. Einer Ersparnis stehen höhere Kosten für Mahlzeiten gegenüber, da bei der Kombination Pkw/SUV+Motel die Selbstverpflegung schwieriger ist.

Mit Schlafsack kann man auf manchen Campingplätzen nach Indianerart in einem Teepee übernachten, hier beim Bryce Canyon National Park (Ruby's Inn Camping)

Camping-Urlaub ist für Kinder immer ein großes Abenteuer

Hochsaison

Etwas anders sieht es wieder in der Hochsaison aus, wenn Campmobile besonders teuer sind. Im berechneten Fall kommen für den Camper über €1.100 hinzu (mit Frühbuchung!), bei der SUV-Miete €20 und höhere Übernachtungskosten; hier sei angenommen statt $110/Nacht im Schnitt $150/Nacht, im Ergebnis plus €696 (20x$40). Die Differenz zu Lasten der Campmobilreise erhöht sich trotzdem auf rund €1.900.

Wem keine Camperfrühbuchung gelingt, der hat es sogar mit einer Differenz zu tun, die in Richtung €2.500 steigt, speziell für Leute, die im Schnitt günstiger als für $150/Nacht unterkommen. Man müsste in Cafeterias und Restaurants zu zweit schon extrem zulangen, um in 20 Tagen eine solche **Differenz** aufzufuttern.

Fazit

Camper genüber Pkw mit Zelt oder Billigquartier

Die **Reisekasse** schont gegenüber einer Campermiete erheblich, wer in der Hochsaison Pkw oder SUV mietet und im **Zelt**, **Hostel**, oder gelegentlich im **Billigmotel** ($60-$80) übernachtet. Das gilt in geringerem Maße auch noch im Juni und im September. Davor und danach kommt ein (kleineres) Campfahrzeug, erst recht zum Beispiel der ***Jucy Champ*** mit seinem überschaubaren Benzindurst den Kosten der Mietwagenfahrer mit Zelt und ggf. Billigunterkunft schon näher.

Fazit Camper gegen Pkw/SUV +Motel

Wer gegenüber der Motelübernachtung klare Prioritäten pro RV hat, wird **bis Juni und ab September** inklusive der Ersparnisse aus Selbstverpflegung mit einem (kleinen) Campmobil die geringen Mehrkosten verschmerzen oder sogar Kostenvorteile realisieren können. Viel teurer wird's nur im Juli/August, ➤ oben.

Kostenteilung Campmobil

Ökonomisch ist ein dann größeres *Motorhome* sogar in der Hauptsaison kaum schlagbar, wenn Frühbucherrabatte genutzt werden und sich zwei Parteien mit vier oder mehr Personen, die sonst zwei Motelzimmer buchen würden, die Fahrzeugkosten teilen.

2.6 Vorbuchen von Unterkünften

Eine Fahrt ins Blaue oder besser das Gros der Übernachtungen vorab buchen – vor dieser Entscheidung stehen viele USA-Urlauber, sobald sie ihre Reiseroute grob zusammengestellt haben. Ein gewisses Maß an Flexibilität möchte man sich doch bewahren und abends trotzdem nicht stundenlang ein Quartier suchen müssen.

Wer indessen freitags und samstags die Touristenmagnete meidet, sollte in der Regel selbst zur Hauptreisezeit der Amerikaner (➤ Seite 72) ohne größere Probleme ein passendes Nachtquartier finden, sofern

- eine gewisse örtliche Flexibilität vorhanden ist
- die Suche nicht erst nach 15 Uhr beginnt und
- keine zu engen Präferenzen bei Preis/Qualität existieren.

Im Umfeld vieler nordamerikanischen Städte gibt es zudem – saisonabhängig – oft sogar **Überkapazitäten** mit erfreulichen Auswirkungen auf die Effektivpreise, die dann meist unter den Listentarifen der offiziellen Hotelverzeichnisse liegen. D.h., so profitiert man von der *»best rate«* oder den *Coupons* (➤ Seite 157) und übernachtet dort ohne Vorbuchung preiswerter.

Wo/wann vorbuchen?

Gleichzeitig gibt es aber zur Hochsaison im Sommer und oft an Wochenenden eine ganze Reihe von Ausnahmen, wo ein Unterkommen ohne Reservierung schwer und/oder sehr teuer ist:

- Die ***Big Cities*** Los Angeles, San Diego, San Francisco und Seattle gelten jede für sich als nationale wie internationale Touristenattraktion. Sie und ihre Einzugsbereiche sind nicht nur im **Sommer** generell, sondern an **Wochenenden** auch im Mai, Juni und September und ggf. darüber hinaus stark gebucht.

Der Vulkan (Mount Rainier) zum Greifen nah von den kleinen, einfachen Zimmern in der historischen Nationalpark-Lodge Paradise Inn

Old Faithful Inn und Lodge beim gleichnamigen Geysir des Yellowstone National Park; bei dieser Lage ist es nicht verwunderlich, wenn Zimmer/Cabins dort (sehr) lange im Voraus ausgebucht sind

- In **Las Vegas** verdoppeln bis verdreifachen sich die Zimmertarife freitags und samstags. Falls dennoch nur ein Wochenendbesuch in Frage kommt und man in bestimmten Kasinohotels unterkommen möchte, ist Vorausbuchung sehr angeraten.
- Einige **mittelgroße Städte**, die wegen ihrer Lage, historischer Besonderheiten und/oder kultureller Bedeutung eine hohe Popularität als Reiseziel besitzen. So sind z.B. Santa Barbara, Monterey/Carmel und Palm Springs (alle Kalifornien), Santa Fe/New Mexico, Reno/Nevada und Rapid City/South Dakota (Präsidentenköpfe im *Mt. Rushmore*) vor allem Wochenendziele.
- Bestimmte populäre **Kleinstädte** wie Solvang, Nevada City und South Lake Tahoe (alle Kalifornien), Moab/Utah, Page/Arizona, West Yellowstone/Montana, Coeur d'Alene und Sun Valley (beide Idaho) sowie besonders Jackson und Cody (beide Wyoming) teilweise nicht nur vom Wochenendproblem betroffen. Wer dort von Mai bis Ende September – ziemlich unabhängig vom Wochentag – nicht vorbucht, findet ein Zimmer oft nur zu Höchstpreisen oder gar nicht.
- Noch prekärer ist die Situation rund um beliebte Nationalparks wie *Grand Canyon, Yosemite, Bryce, Zion, Grand Teton, Rocky Mountain, Crater Lake, Redwood, Mount Rainier, Olympic* und *Glacier* (im Winter auch *Death Valley*). Wer ein Zimmer in einer der ***Park Lodges*** beziehen möchte, kümmert sich am besten bereits **Monate im Voraus** darum. Die Wochenendproblematik im Sommerhalbjahr betrifft vielfach auch **Unterkünfte in einem weiten Umfeld** des jeweiligen Parks.
- Im ***Yellowstone National Park*** können die parkeigenen *Lodges* bereits **ab 1. Mai des Vorjahres** online reserviert werden. Wer also seine Reisedaten lange im Voraus kennt und im *Old Faithful Inn* (➤ Foto oben) oder einer der etwas preiswerteren *Cabins* übernachten möchte, sollte am besten auch dann schon buchen.

- Mittel- oder langfristig ausgebucht sind bisweilen auch schicke Boutique-Hotels, *Holiday-Fun*-Resorts sowie **berühmte Häuser** wie z.B die *Queen Mary* in Long Beach, das *Hotel del Coronado* in San Diego oder die *Timberline Lodge* am *Mount Hood*/Oregon. Und wenn so eine grandiose Aussicht wie beim Hotel *The View* im Monument Valley geboten wird, ist ebenfalls eine langfristige Anmeldung ratsam.

Zimmer samt Terrasse mit Aussicht auf das Monument Valley im Hotel »The View«

- Ähnliches trifft auf spezielle **Großveranstaltungen** zu (Rodeos wie das *Pendleton Round-up* in Oregon oder die *Balloon Fiesta* in Albuquerque/New Mexico) sowie sportliche Superevents bzw. vielbesuchte Messen/Kongresse (*Consumer Electronics Show* in Las Vegas etc.). Besonders kritisch sind auch die verlängerten Wochenenden zum ***Memorial Day*** und das ***Labor Day Weekend*** (letztes/erstes Wochenende im Mai bzw. September) und ggf. noch das Wochenende um den **Nationalfeiertag des 4. Juli** (Unabhängigkeitstag) herum, wenn dieser auf einen Freitag, Samstag oder Montag fällt. Dann ist halb Amerika auf Achse, und man tut gut daran, das bei der Planung zu berücksichtigen.
- Für die **erste Nacht in der Ankunftscity** sollte man nach dem langen Flug schon mal ein Bett sicher haben. Diese erste »Adresse« in den USA kann sogar beim *Check-in* am Flughafen sowie auf den *ESTA*-/Zollformularen angegeben werden. Für Mieter von Campmobilen ist die Vorabbuchung der ersten Nacht ohnehin »Pflicht«, denn sie müssen in der Regel mindestens eine Übernachtung zwischen Transatlantikflug und Übernahme des Fahrzeugs legen. Nebenbei sind Angebote **heimischer Veranstalter für City- und Flughafen-Hotels** oft günstiger als Buchung vor Ort.

Ebenfalls anzuraten ist eine Vorabbuchung für die **letzte Nacht in Airport-Nähe**, falls der Rückflug schon am Vormittag anliegt (bei Direktflügen in die Heimat ist das aber eher selten der Fall).

WIE vorbuchen?

Die Häuser der bekannten **Ketten** bucht man am besten immer über deren Internetportale (➤ Liste auf Seite 158), vor allem wenn man in den Genuss des Automobilclub-Rabatts *AAA* kommen möchte (➤ Seite 78). Der *AAA*-Code für den deutschen *ADAC* lautet »00383« oder nur »383« für den *ÖAMTC* »00396« bzw. »396«.

Für unabhängige H/Motels bieten **Hotelbuchungsplattformen** wie www.booking.com oder www.hotels.com mitunter Spezialtarife, die teilweise unter denen bei Direktkontakt liegen. Auch unter www.trivago.de und www.orbitz.com öffnet sich nach Angabe beliebiger Reservierungsdaten immer eine beachtliche Liste von am Zielort verfügbaren Häusern und Angeboten.

Man sollte bei Buchung immer auf die ***refundable rate*** achten, um im Fall einer Änderung/Stornierung Kosten zu vermeiden. Nationalpark-*Lodges* buchen in der Regel die erste Nacht sofort von der Kreditkarte ab, retournieren das Geld aber bei rechtzeitiger Absage.

Mehr zum Thema »**kurzfristiges Vorbuchen**« von unterwegs per Internet, App oder Telefon steht auf den ➤ Seiten 155f.

2.7 Was muss mit, was nicht?

In den Koffer gehört alles, was man auch für eine ähnliche Reise in Europa mitnehmen würde – klimabezogen und aktivitätsabhängig. Eine **Check-Liste** befindet sich auf der übernächsten Doppelseite. Wenn trotzdem etwas vergessen wurde, dann lässt es sich in den USA meist leicht nachbeschaffen (dafür sind bei Rückkehr die Zollbestimmungen zu beachten, ➤ Seite 193).

Speicherchips

Speicherkarten für Digitalkameras findet man zum Beispiel in den Fotoabteilungen der Kaufhäuser wie *Target, K-* oder *Walmart* und in den Läden der Elektronik-Kette ***Best Buy***, www.bestbuy.com.

Steckdosen-/Kfz-Adapter

Anders sieht es bei den **Adaptern** für die amerikanische Steckdose aus, diese findet man bei uns problemlos in Kaufhäusern und am Flughafen, nicht so in den USA. Unbedingt mitnehmen! Zu beachten ist auch, dass einfache Elektrogeräte (Föhn, Rasierapparat etc.) sich nur benutzen lassen, wenn sie auf **110/125V** umschaltbar sind.

Als sehr praktisch erweist sich meist ein **USB-KFZ-Adapter** (ev. mit Dual Port) zum Laden von Smartphones und Digitalkameras während der Fahrt. Alternativ kann man dafür jeweils ein **Ladegerät fürs Auto** (12 V) mitnehmen; der Stecker passt auch drüben.

Medikamente

Seine Reiseapotheke kann man in ***Drugstores*** wie *Walgreens* oder *CVS* aber auch in ganz normalen Supermärkten wie *Safeway* mit rezeptfreien Medikamenten zu ähnlichen Preisen wie hierzulande komplettieren (meist Selbstbedienung). Einige gängige Medikamente wie z.B. *Aspirin* sind günstiger als bei uns.

Medikamente und Drogerieartikel gibt es bei Walgreens oft »24/7«, was heißt: rund um die Uhr sieben Tage die Woche

Wer **rezeptpflichtige Medikamente** braucht, sollte unterwegs nicht auf amerikanische Ärzte angewiesen sein, sondern einen ausreichenden Vorrat dabei haben. Außer in Notfällen (➤ Seite 186) ist ein Arzttermin für durchreisende Touristen schwer zu bekommen.

Medikamente, die abhängig machende Stoffe enthalten, können bei der Einreise zu Problemen führen. In diese Kategorie fallen etliche Herzmittel, Schlafmittel, Antidepressiva usw. Es schadet in solchen Fällen nicht, wenn man eine schriftliche Erklärung zur »medizinischen Notwendigkeit« des Hausarztes bei sich hat.

Brille

Brillenträgern sei empfohlen, neben einer Reservebrille den **Brillenpass** mitzunehmen. Damit kann man notfalls ohne den Umweg über einen Augenarzt (obligatorisch drüben) direkt einen Optiker aufsuchen. In großen Optikerläden gibt es angestellte Augenärzte.

Drogerie-Artikel

Seit eh und je **erstaunlich teuer** sind Artikel wie **Zahnpasta, Shampoo, Handcreme, Sonnenschutzmittel** u.ä., sofern man von – eher seltenen – Eigenmarken der Kaufhäuser/Supermarktketten absieht. Man tut gut daran, seinen Reisebedarf von Zuhause mitzubringen.

Insektenschutz

Gegen Mücken und andere Quälgeister helfen Essenzen aus Europa nicht sehr gut. Mit amerikanischen Mitteln hält man sich sämtliche Biester besser vom Leib; sie sind nur oft noch hautschädlicher als bei uns. Die günstigsten Preise für Spray, Lotion und Antimückenspiralen findet man in ***Discount Drugstores***. In Hochburgen des Tourismus wie z.B. Nationalparks schlagen die dortigen Monopolshops kräftig zu.

Bekleidung/ Schuhe

Textilien sind in den USA allgemein recht preiswert. Daher packt man hier am besten weniger als »eigentlich« benötigt ein. Selbst Markenklamotten von *Guess*, *Tommy Hilfiger* oder *Hugo Boss* gibt's in den ***Outlet Malls*** im Umfeld größerer Städte unter den bei uns gewohnten Preisen . Dort zahlt man etwa für ***Levi's Jeans*** bisweilen kaum mehr als die Hälfte wie hierzulande. Hübsche Kinderkleidung haben u.a. ***Gymboree*** oder ***OshKosh***.

Ersatz-Sportschuhe (*Nike, Adidas, Merrell* etc.) muss man nicht mitnehmen, auch sie kosten in den *Outlet Shops* (z.B. der US-Kette *Famous Footwear*) trotz des zur Zeit teuren Dollar meist immer noch weniger als bei uns. Auch ***Outdoor*-Artikel** von *Columbia* oder *North Face* sind oft noch relativ günstig zu haben.

Die Größentabellen für Kleider und Schuhe befinden sich im **Kapitel 3.8** ➤ auf den Seiten 185 respektive 188.

Autokindersitze

Autokindersitze fallen nicht unter die Gewichtsbeschränkung fürs Gepäck und sind bei Kleinkindern auch praktisch im Flugsessel. Zu bedenken ist allerdings, dass es bei Mitnahme des eigenen Kindersitzes im Falle eines Unfalls ggf. zu **Problemen mit der Versicherung** kommen kann. Deutsche Kindersitze sind amerikanischen Mietsitzen zwar meist qualitativ überlegen, haben dort aber in der Regel keine Zulassung. Wer auf Nummer sicher gehen möchte, besorgt sich daher einen (gebrauchten) US-Kindersitz oder bucht sie beim Autoverleiher für teures Geld dazu.

Was dem Camper unterwegs noch fehlt, findet sich bei Camping World mit Shops in vielen Städten auch im Westen der USA

Zu bedenken für WoMo-Mieter

Für eine Campingreise könnte man außer ohnehin selbstverständlichen Utensilien vielleicht noch Folgendes einpacken, sofern das kostenfreie Gepäckgewicht dies zulässt. In Abhängigkeit von den Kosten für ein zusätzliches Gepäckstück bzw. Übergepäck ist die Entscheidung, noch dies oder jenes mitzunehmen, auch ein Rechenexempel. Wenn auf dem Hinflug das zweite Gepäckstück unter 23 kg wiegt und Platz ist, können die »freien« Kilos für Einkäufe in den USA genutzt werden.

- Eigene **Bestecke** (und ggf. ein bisschen persönliches Geschirr + Gläser). Denn was von den Camper-Verleihern im teuer extra berechneten *Convenience* oder *Camping Kit* in dieser Hinsicht geboten wird, erreicht kaum untere Kantinenqualität.
- Individuell wichtigen (leichten!) **Kleinkram** für die Küche, z.B. Salz-/Pfefferfässchen, Knoblauchpresse, Schnapsgläser (gibt's in den USA so gut wie nicht!), Salatbestecke etc. Man verliert Geld und Zeit für den Einkauf von Gegenständen, die unterwegs fehlen, aber nach wenigen Wochen obsolet sind und am Ende weggeworfen werden, da sich die Mitnahme nicht lohnt.
- **Eigenen Schlafsack und Bettwäsche**. Die in den Campmobilen vorhandenen Decken (üblicherweise im *Kit* enthalten) können ebenfalls häufig nicht befriedigen. Da die Camper-Vermieter meist nur Laken liefern (jeweils zwei davon pro Schläfer), sind außerdem eigene Bettbezüge für viele sicher eine gute Idee.
- Wer Laptop, digitale Kamera und mehr dabei hat, das per **Akku** versorgt wird, sollte sich vor der Reise einen **Spannungsumwandler** beschaffen (im Internet recht preiswert), der aus 12 V aus der Autosteckdose 110-230 V macht und während der Fahrt die Geräte wieder auflädt. Es gibt auch kleine Solarzellenladegeräte, die für Handys etc. geeignet sind. Ohnedem müsste man für jedes Gerät ein eigenes Autoanschlusskabel haben.

Checkliste für den USA-Urlaub

Vorbereitungen:

( ) Flugticket
( ) Kreditkarten (besser 2), Bankkarte
( ) US-Dollar ($1-Noten für Trinkgeld usw.)
( ) Auslandskrankenversicherung
( ) ggf. weitere Versicherungen (Reisegepäck-/Reiserücktrittsversicherung)
( ) Automobilclub-Mitgliedskarte mit AAA-Symbol,
Intern. Studentenausweis, Jugendherbergsausweis (wenn vorhanden)
( ) Führerschein (ggf. internationaler)
( ) Mietwagen-Voucher
( ) ggf. Hotel-Voucher

Einreise:

( ) Reisepass
( ) ESTA (allerspätestens 72 Std vorher beantragen!) oder Visum
( ) Adresse der ersten Übernachtung (vorgebuchte Unterkunft oder Freunde)

HANDGEPÄCK:

( ) Handy inkl. (USB-)Ladegerät und ggf. Prepaid-Karte
( ) Laptop/Ipad, Navi mit USA-Karte, usw. (jeweils mit Ladegerät)
ggf. GPS-Gerät zum Wandern (mit Reserveakkus)
( ) Foto-/Videoausrüstung
(mit Speicherkarten, Akkus, Ladegerät, USB-Kabel,
ggf. Kartenlesegerät und externe Festplatten zur Datensicherung)
( ) Steckdosenadapter (falls man drüben umsteigt und seine Geräte laden möchte)
( ) wichtige Medikamente
( ) (Lese-/Sonnen-)Brille
( ) ggf. Kindersitz fürs Auto
( ) Kopfhörer
( ) Nackenkissen

IN DEN KOFFER:

Kleidung

( ) T-Shirts, Sweatshirts, Hemd, Blusen
( ) kurze/lange Hosen, Röcke
( ) Unterwäsche
( ) Socken, Strümpfe
( ) warme Kleidung (Jacken, Pullover)
( ) Kopfbedeckung, Sonnen-/Kälteschutz
( ) Pyjama
( ) Badelatschen zum Duschen etc.
( ) Sportschuhe, Sandalen
( ) Wanderhosen/-schuhe
( ) Badesachen inkl. Badetücher
( ) Halstuch, Schal

Hygieneartikel

( ) Seife, Haarshampoo, Duschgel
( ) Zahnbürste/-seide
( ) Zahnpasta/Mundwasser
( ) Sonnenöl, Lippenschutz, After-Sun
( ) Bodylotion, Handcreme
( ) Kamm, Haarbürste/-spangen und ggf., 110V-Fön (in Hotels meist vorhanden!)
( ) Erstversorgung bei Fieber, (Kopf-)Schmerzen, Durchfall
( ) Desinfektionsmittel
( ) Schmicksachen, Make-up-Entferner
( ) Ohrenstöpsel (gegen Schnarcher)
( ) Rasierutensilien
( ) Damenhygiene
( ) Nagelschere/-feile, Pinzette
( ) Deo, Parfüm, After Shave
( ) Fieberthermometer
( ) Pflaster, Wundsalbe, Erste-Hilfe-Material
( ) Ersatzbrille, Brillenpass (bei Brillenträgern)
( ) Kontaktlinsenlösung/-behälter
( ) Nagellack/-entferner
( ) Verhütungsmittel

Allgemeines

( ) weitere Steckdosenadapter ggf. Spannungsumwandler
( ) USB-Kfz-Adapter (+Kabel) ggf. Ladegeräte für das Auto
( ) Regenschirm/-poncho
( ) Taschentücher
( ) Taschenlampe, Kopf-/Stirnlampe
( ) Adressen für Postkarten/E-Mails
( ) (Plastik-)Besteck
( ) Notfall-TelefonNr (Versicherungen, Kreditkartensperre, Botschaften etc.)
( ) ggf. Reisewecker
( ) Rucksack zum Wandern (falls nicht schon =Handgepäck)
( ) Reiseunterlagen, Reiseführer, Straßen- und Wanderkarten
( ) Schweizer Taschenmesser
( ) Kopien der wichtigsten Dokumente
( ) Nähset/Sicherheitsnadeln
( ) Schreibutensilien/Papier
( ) ggf. Schutzputzmittel
( ) ggf. Wörterbuch/Sprachführer oder Dictionary-App
( ) ggf. Reisewaage

Camping/Backpacking

( ) Schlafsack/Isomatte
( ) ggf. eigene Bettwäsche (RV)
( ) Handtücher, Klopapier
( ) Dosen-/Flaschenöffner, Korkenzieher
( ) Schere, Klebeband
( ) ggf. Wasseraufbereitung (Micropur, Filter etc.)
( ) Zelt, Heringe
( ) Camping-Geschirr/Grillbesteck
( ) Waschmittel, Klammern, Leine
( ) Feuerzeug/Streichhölzer
( ) Trekkingstöcke
( ) ggf. Tauchsieder/Wasserkocher für das Auto

Grillen am entlegenen Alstrom Point
oberhalb des Lake Powell (➤ Seite 512)

Unterwegs im Westen der USA

Flughafenzubringerbus von/nach Anaheim am Los Angeles International Airport – Disneyland schon bei Ankunft

3. UNTERWEGS IM US-WESTEN

3.1 Glückliche Ankunft

Zeitumstellung/ Jetlag

Auf dem Flug in den Westen der USA »gewinnt« man zwischen 8 und 9 Stunden (je nach Ziel und Umstellungsdaten von Sommer- und Winterzeit, die von denen in Europa abweichen) mit der Folge, gemäß Ortszeit 2-3 Stunden nach dem Start eines Non-Stop-Fluges auf US-Boden zu stehen. Es empfiehlt sich, aufkommender Müdigkeit möglichst nicht zu rasch nachzugeben, sonst sitzt man bereits mitten in der Nacht (= 9-13 Uhr MEZ) hellwach im Bett.

Gelingt das, ist die Zeitumstellung schnell geschafft. Nach dem Rückflug und »Verlust« der entsprechenden Stundenzahl ist das schwieriger und der **Jetlag** dauert ein paar Tage bis zu einer Woche.

Formulare/ Sicherheitscheck

Vorm Einlass in die USA stehen zunächst die Einreisekontrolle (***Immigration***) und der Zoll (***Customs***). *ESTA*-Einreiser (➤ Seite 86) dürfen sich mit der Zollerklärung begnügen. Visa-Inhaber müssen noch den sog. *Departure Record* ausfüllen.

Folgendes wäre zu beachten:

Zollvorschriften

Bei **Mitbringseln** gibt es zwar eine **offizielle Wertbegrenzung von $100**, und mehr als eine Flasche hochprozentiger Alkoholika wird nicht toleriert, aber das scharfe Auge des Gesetzes schaut vor allem auf die **schriftliche Zollerklärung**: Dort darf um nichts in der Welt »Yes« angekreuzt sein bei der Frage »Ich habe Früchte, Fleischwaren u.a.m. dabei und war kürzlich auf dem Bauernhof«.

Zollbestimmungen bei der Einreise in die USA

Beschränkungen gibt es nicht nur bei der Einfuhr von Alkoholika, Zigaretten, Geschenken oder Bargeld, sondern – je nach Flughafen oder Grenzübergang – auch bei Obst- und Gemüsesorten sowie Fleischwaren. Alle Details unter https://help.cbp.gov/s/sidebar-top-5-travel?language=en_US

Ankunft

Grundsätzlich erfolgen Einreise/Passkontrolle und Zollfreigabe dort, wo man erstmals amerikanischen Boden betritt. Die erste Passkontrolle übernehmen heute auf großen US-Airports »Einreisecomputer«, die der Ankömmling alleine bedient – unterstützt durch Hilfspersonal. Gesichtsfoto und Fingerabdrücke erstellt man dabei selbst. Das dauert zusammen kaum länger als 60 s und reduziert die Zeit beim *Immigration Officer*. Ist alles in Ordnung, druckt der Automat eine Art »Passierschein« aus. Der Beamte blickt dann nur noch kurz auf Person, Pass und Ausdruck und fragt nach Zweck und Dauer der Reise: Ersteres ist ***Travel*** oder ***Visiting Friends/Relatives*** (bloß keine komplizierten weiteren Erklärungen!). Abschließend stempelt er das Einreisedatum in den Pass und notiert das späteste Ausreisedatum dazu.

Besuchern, die mit einem Visum – also nicht über *ESTA*-Genehmigung – einreisen, heftet oder legt der *Immigration Officer* noch den *Departure Record* in den Pass.

Beim ***Baggage Claim*** nimmt man seine Koffer entgegen, die im Falle eines Weiterflugs gleich wieder beim ***Baggage Drop-off*** abgegeben werden. Die durchweg reichlich vorhandenen Gepäckwagen (***baggage cart***) sind bei der Ankunft in der Regel gratis.

Zoll

Der Zoll macht beim grünen Schildchen (***nothing to declare***) nur **Stichproben** und nimmt das ausgefüllte Zollformular entgegen.

Umsteigen/ Weiterflug

Bei Fortsetzung der Reise über einen **inneramerikanischen Anschlussflug** muss in vielen Fällen das Gebäude gewechselt werden. Zwischen den Terminals der verschiedenen Airlines oder zwischen dem *International* und *Domestic Terminal* verkehren regelmäßig ***Airline Connection***-Busse oder Schnellbahnen.

Hotel-/ Mietwagen Pick-up Service

Zu weiter entfernten **City-Hotels** ist der Transport per Flughafen-Bus oder Taxi in der Regel selbst zu organisieren. Hat man eine Reservierung in Airportnähe, genügt ein Anruf, um den **Abholservice** (*Pick-up*) zu aktivieren (bei großen Häusern pendelt der Bus laufend in kurzen Abständen). Dafür muss man wissen, vor welchem *Terminal* man wartet (z.B. *International Arrivals, United Airlines* etc.). Üblicherweise existieren an den Fahrspuren markierte Bereiche für die verschiedenen Busdienste. **Hotel- und Mietwagenzubringer** stoppen durchweg im selben Abschnitt. Den ***Shuttle*** (Pendelbus) zu außerhalb des Flughafengeländes liegenden **Mietwagen-Parkplätzen** braucht man nicht zu alarmieren. Die Kleinbusse von *Avis, Hertz, Budget* etc. verkehren laufend und stoppen sowieso oder auf Handzeichen.

Buchung eines Hotels bei Ankunft

Ohne Buchung sind die in allen Ankunftshallen vorhandenen **Hotel-/Werbetafeln** hilfreich. Über kostenfreie Telefone erreicht man die angeschlossenen Häuser direkt. Nach Reservierung und Angabe des Terminals dauert es meist nur wenige Minuten, bis der Hotel-Kleinbus vorfährt. Bei derartigen Anrufen sollte man sich gut auf Englisch verständlich machen können; Fremdsprachenkenntnisse des Gegenübers am Telefon sind eher selten. Und keinesfalls gibt's bei Anruf und Buchung erst ab Airport günstige Sondertarife.

Die Busse der Autovermieter pendeln auf Großflughäfen laufend zwischen Station und Terminals; Ausnahme San Francisco, wo die Flughafenbahn auch direkt zum zentralen Parkhaus der Vermieter verkehr.

3.2 Übernahme/Rückgabe des Mietfahrzeugs

Vorausgebuchte **Pkw/SUV/Minivans** können gleich bei Ankunft an den Flughafen-Mietstationen übernommen werden. Die **Camper-Verleiher** holen ihre Kunden in der Regel im (vorgeschriebenen!) Hotel ab; bei größerem Buchungsaufkommen deutschsprachiger Touristen verfügen sie oft über Personal mit Deutschkenntnissen. Bei den Pkw-Vermietern darf man damit nicht rechnen.

Pkw/SUV/Minivan

Die Übernahme eines Leihwagens geht rasch über die Bühne: *Voucher* des Veranstalters, Pass, nationalen Führerschein vorlegen, ggf. noch Beschlussfassung über Zusatzversicherungen (**Achtung**: **gerne werden Kunden unnötige Versicherungen aufgeschwatzt**, auch wenn der Vertrag bereits Vollkasko und Haftpflichtaufstockung etc. enthält, ➤ Seite 104), Unterschrift und Hinterlassung der Kaution (Kreditkarte erforderlich!). An großen internationalen Flughäfen sind die reservierten Autos sehr häufig noch nicht bestimmten Kunden zugewiesen. Die dürfen dann in einer ***Choice Line*** aus dem Fahrzeugbestand der gebuchten Klasse selbst wählen. Die formale Zuordnung in den Papieren erfolgt so erst bei der Ausfahrtkontrolle.

Navi/ Kindersitze

Spätestens dann sollte man einen Stadtplan und/oder **Navi** zur Hand haben. Letzteres kann vor Ort am Schalter oft sogar mit deutscher Sprachführung, aber zu recht saftigen Tagesgebühren dazugebucht werden, sofern man nicht ohnehin sein eigenes Gerät mit USA-Karte oder Smartphone+App (➤ Seite 78) mitgenommen hat. **US-Kindersitze** (Details ➤ Seite 124) sollten bereits bei der Reservierung des Wagens angefordert worden sein.

Letzte Checks

Vorm Losfahren empfiehlt sich auch noch ein Blick in das Handschuhfach, wo sich eine **Bedienungsanleitung** befinden sollte, sowie auf das **Reserverad** und das **Werkzeug** zum Reifenwechseln. Bei einigen SUV-Modellen ist die Entnahme des Reserverads recht kniffig. Und sollte die Eigenart – etwa der Zündschloss- oder Anlassersperre (beim Anlassen ggf. Bremspedal treten, sonst rührt sich nichts) etc. – nicht einleuchten, muss man ausdrücklich fragen. Erklärt wird im Normalfall bei der Übernahme nichts.

Tankfüllung

Wer sein Auto nicht in der Kategorie B/Super Inklusiv/Platin (➤ Seite 102) oder die Variante »**voll/voll**« gebucht hat mit der ersten Tankfüllung inklusive, dem wird diese – hochpreisig – in Rechnung gestellt. Der Kunde spart dadurch zwar die Fahrt zur Tankstelle kurz vor Rückgabe, kann aber natürlich nicht den Tank exakt leerfahren.

Rückgabe

Auch die Rückgabe ist i.d.R. **unkompliziert** und rasch ohne bürokratischen Aufwand erledigt.

Die Rückgabelokalität für Mietwagen (Tafel rechts: »Rental Car Return«) ist auf allen größeren Flughäfen ziemlich narrensicher ausgeschildert

Campmobile

Camper-miete/ Abholung

Beim **Camper** dauert die Übernahmeprozedur erheblich länger, denn die **Wagenübernahme***) darf aus versicherungstechnischen Gründen in der Regel nicht am **Tag der Ankunft** nach dem Transatlantikflug erfolgen. Manche Unternehmen holen ihre Kunden auf Wunsch und meist gegen Gebühr im Hotel ab. War es früher bei den Camperverleihern üblich, den Vormittag weitgehend für die Rückgabe einlaufender Wagen zu reservieren und die Neukunden erst ab 11-13 Uhr »anzukarren«, ist heute der garantiert vormittägliche *Check-out* bei allen großen Vermietern möglich (Sonderregelung, meist mit Zusatzkosten verbunden).

Formales

Mehr oder weniger identisch ist bei allen Firmen das Formale. Die Kaution bzw. Blanko-Kreditkartenunterschrift deckt nicht nur Risiken ab, sondern bezieht sich auf eine lange Liste von Extrakosten (Übergabegebühren, Zusatzversicherungen, Mehrmeilen, ev. noch nicht bezahlte *Convenience Kits*, Kindersitze, Generator, Steuern und ggf. Schäden. Die Abrechnung erfolgt erst nach der Rückgabe.

Inspektion

Nach Klärung der Formalitäten erfolgt die **Inspektion des Fahrzeugs** verbunden mit einer **Einweisung**. Schließlich muss der Kunde

*) Wer dagegen direkt von Nordamerika aus in die Stadt der Fahrzeugübernahme einfliegt, z.B. von New York nach Salt lake City, und rechtzeitig genug eintrifft, hat mit dieser Regelung oftmals keine Probleme und darf noch am selben Tag in »seinen« Camper steigen.

wissen, was es mit Umbauliegen, Nebenaggregaten, Wasser- und Schmutzwassertanks, Gasherd, Kühlschrank, Dachklima etc. auf sich hat. Bei Andrang sind die unter Zeitdruck gegebenen Erläuterungen nicht immer optimal. Aber die Bedienungsanleitungen wurden in den letzten Jahren von den größeren Verleihern stark verbessert und liegen meist auch auf Deutsch vor.

Fragen kann man auch nach **Unterleghölzern**, die beim Niveauausgleich und gegen eine schlafstörende Schieflage des RVs helfen.

Ratsam ist, sich nach der Einweisung noch einmal gründlich mit der Technik des Fahrzeugs vertraut zu machen und die wichtigen Funktionen zu checken, bevor man den Hof verlässt. Wenn sich erst später herausstellt, dass der Kühlschrank nicht richtig funktioniert, der Wasserschlauch fehlt oder die Bremsen schief ziehen, ist das nicht nur ärgerlich, sondern ein Zurückfahren in Anbetracht des damit verbundenen – möglicherweise erheblichen – Zeitverlustes oft problematisch.

Checkliste

Unter www.womo-abenteuer.de/downloads gibt's eine ausführliche Checkliste für die Wohnmobilübernahme. Mit deren Hilfe kann nichts mehr schiefgehen. Eine Checkliste ist auch hilfreich für den täglichen Aufbruch. Denn vor jeder Abfahrt muss allerhand verstaut, verzurrt und/oder festgemacht sein, auch außen 'rum darf nichts hängengeblieben sein oder noch offenstehen.

Wartung

Ebensowenig wie bei der Pkw-Miete sind Wartungsfragen bei den Campmobilen normalerweise ein Thema. Nur bei sehr langen Mietzeiten können Ölwechselintervalle schon mal überschritten werden. In dem Fall erhält der Mieter bei der Übernahme dazu Anweisungen. Bei großer Hitze (und daher höherem Verbrauch des Kühlaggregats) und Kälte (hoher Verbrauch für die Heizung) müssen Mieter unterwegs gelegentlich **Gas auffüllen** lassen. Das geht problemlos auf vielen Campingplätzen und an Tankstellen.

Ladepistole & Gasanschluß unter dem Campmobil

Reparaturen

Reparaturen dürfen – wenn sie minimale Kosten übersteigen – **erst nach Rücksprache mit der Verleihfirma** ausgeführt werden. Dazu gehört auch der Ersatz unterwegs verschlissener Reifen. Die größeren Vermieter haben Verträge mit landesweit operierenden Reifenfirmen wie ***Goodyear***, ***General Tire*** oder ***Firestone***, die auch Routinereparaturen ausführen. Deren Ableger sind sogar in relativ kleinen Ortschaften zu finden. Der Mieter kann sie ggf. von sich aus anlaufen. Das

Typische Full Hook-up-Station für Wohnmobile (hier auf dem Campground Wahweap Marina am Lake Powell) mit Steckdose und Anschlüssen für Frisch- und Abwasser

hat den Vorteil, dass die Kommunikation mit dem Vermieter von der Werkstatt übernommen wird.

Pannen

Spätestens bei der ersten Panne wird man feststellen, dass es **kaum Bordwerkzeug** gibt. Es gibt Vermieter, die sogar Wagenheber und Radschlüssel entfernen. Hintergrund dafür ist, dass der Vermieter über die dann notwendige Hilfe durch den *AAA*-Pannendienst oder eine lokale Werkstatt objektiv erfährt, wo und wie die Panne erfolgte. Der Mieter darf sie also ggf. selber bezahlen, sollte er z.B. ausgeschlossene Gebiete (speziell *Death Valley* im Sommer) oder unbefestigte Straßen befahren haben.

Das hört sich dramatisch an, bleibt aber die Ausnahme. Ernster Ärger mit den überwiegend ziemlich neuen und bei jeder Miete wieder neu durchgecheckten Fahrzeugen (das versichert man zumindest) der großen Vermieter tritt eher selten auf.

Rückgabe des Campers

Vor der Abreise steht die Rückgabe des Wagens, bei den meisten Vermietern am Vormittag. Möchte man zusätzliche **Endreinigungskosten vermeiden**, muss der Camper besenrein und mit entleerten Abwassertanks zurückgegeben werden, oft auch mit gefülltem Frischwassertank und – falls man ihn voll übernommen hat – Benzintank. Die Vermieter akzeptieren im Allgemeinen äußerlich »normal« verschmutzte Fahrzeuge. Ist nichts beschädigt, sind die **Formalitäten** (Inspektion des Wagens, Abrechnung von Mehrmeilen, Steuern etc.) rasch erledigt.

Der Vermieter sorgt für den Transport zum Hotel bzw. zum Airport. Bei Planung von **Rückgabe und Abflug am selben Tag** sollte auf reichlich Zeit geachtet werden: besser nicht unter 4 Stunden zwischen Ankunft in der Station und Abflug bei einer angenommenen **Transferzeit** von etwa 1 Stunde. Denn gelegentlich entstehen Wartezeiten, etwa auf andere Kunden, die im selben Fahrzeug transportiert werden müssen. Auch Verkehrsstaus sind in den großen Übernahme-Citys immer drin.

3.3 Regelung des Transports vor Ort

Eigeninitiative

Steht am Ankunftsort kein vorgebuchtes Fahrzeug bereit und stecken auch keine *Amtrak*-Tickets in der Tasche, muss Eigeninitiative dafür sorgen, dass es in den USA weitergeht.

Pkw/SUV/Minivan mieten

Ein Auto zu mieten, ist im Prinzip eine unkomplizierte Angelegenheit. Der Kunde muss nur das 21. Lebensjahr vollendet haben und die auf ➢ Seite 100 erläuterten Voraussetzungen erfüllen.

Tarife am Airport

Jeder amerikanische Airport verfügt über Vertretungen der bekannten *Rental Car*-Firmen und lokale Anbieter. Fahrzeuge sind – mit wenigen Ausnahmen wie z.B. an Weihnachten und anderen großen Feiertagen – fast immer vorrätig, die kleineren, preisgünstigen Autos indessen oft ausgebucht. Generell liegen die Flughafenpreise um mehrere Dollar/Tag über den sonst ortsüblichen Miettarifen.

Billigvermieter

Für eine **kostengünstigere Wagenmiete** sollte man daher besser einen Bogen um die Airport-Schalter machen und im Web nach lokalen Lösungen schauen (www.orbitz.com bietet z.B. eine übersichtliche Darstellung der Angebote vor Ort). Einige Billigvermieter besitzen immer eine Station im Umfeld. Häufig stehen dort aber niedrigen Basistarifen hohe Versicherungskosten gegenüber. Mehr zum Thema »erforderliche Versicherungen« steht auf ➢ Seite 102ff.

Eine Reservierung per Telefon/Internet sichert die gewünschte Wagenklasse und überwiegend auch einen besseren Tarif als direkt am Schalter vor Ort. Zusätzlich zu den bereits ➢ auf Seite 100 mit Gratis-Hotlines und Webadressen angeführten Vermietern gibt es noch die Firmen ***Payless*** und ***Thrifty***, die gemeinsam mit ***Enterprise*** die Tarife der Marktführer oft deutlich unterbieten. Sie sind im ganzen Land vertreten, haben aber nicht überall einen Flughafenschalter.

Payless	1-800-PAYLESS	www.paylesscar.com
Thrifty*	1-800-THRIFTY	www.thrifty.com

Wer mit Ausflügen auf Gravel oder sogar Dirt Roads liebäugelt, findet in Touristenregionen meist teure Spezialvermieter direkt vor Ort, z.B. Farabee's im Death Valley

Rent-a-Wreck

Noch günstiger als die preiswertesten Neuwagen-Vermieter sind ältere Wagen von ***Rent-A-Wreck*** mit zahlreichen Stationen im US-Westen, ➤ www.rentawreck.com. Die Tarife für die in Wahrheit mitnichten an »Wracks« erinnernden Autos liegen unter den offiziellen Normaltarifen der Konkurrenz, aber nicht unbedingt unter denen billiger Vermieter wie *Thrifty*. Ein festgelegter Aktionsradius um den Sitz der Firma darf oft nicht überschritten werden. Solche Wagen eignen sich also eher für den reinen City-Aufenthalt. Sie sind ggf. für **Fahrer unter 25 Jahren** vorteilhaft, da dort manchmal kein Zuschlag berechnet wird.

Anmietung von Campmobilen

Saison-situation

Eine kurzfristige Campermiete während der Hochsaison ist generell schwierig, erst recht bei Buchung vor Ort. In Kalifornien ist der Zeitraum **Ende Juni bis Anfang September** kritisch. **Vor *Memorial Day*** Ende Mai und **nach dem *Labor Day*** im September sind die Aussichten, auch spontan einen Camper der gewünschten Kategorie aufzutreiben, schon besser. Ab Ende Oktober bis April freuen sich alle Vermieter über jeden Kunden. Dennoch sind auch in diesem Fall keine Dumpingtarife zu erwarten.

Die **Voraussetzungen** für eine Campermiete sind weitgehend identisch mit denen der Pkw-Miete, ➤ Seite 100ff.

Camper mieten, wo?

Adressen/Telefonnummern von Verleihfirmen findet man in den Gelben Seiten unter ***Automotive/RV-Rental*** oder ***Recreational Vehicles***. Die Ergebnisse im **Internet** (*Google*) unter ***RV Rental USA*** u.ä. führen zu den bekannten Vermietern (*Apollo, Cruise America, El Monte* etc) und anderen, die nicht international anbieten, mit oft sogar ungünstigeren Konditionen. Da es bei *RV*s mit dem Anruf nicht getan ist, sondern auch die Begutachtung der angebotenen Fahrzeuge erfolgen muss, benötigt man bis zur endgültigen Klärung einen Leihwagen.

Versicherung

Bei Buchung vor Ort wird die **Vollkasko** mit hohen Tagessätzen extra berechnet. Da die Basishaftpflichtversicherung der Fahrzeuge immer zu gering ist, muss entweder eine **Haftpflichtaufstockung** durch Zuzahlung vereinbart werden, oder man zahlt mit einer entsprechenden Kreditkarte (➤ Seite 104), die bei Fahrzeugmieten im Ausland eine Haftpflichtaufstockung beinhaltet. Sofern überhaupt eine Haftpflichtversicherung für das Mietfahrzeug besteht. Das muss definitiv geklärt sein. Wenn nicht, gibt's auch keine Aufstockung!

Erst drüben mieten?

Die Frage **»Lohnt es sich, erst drüben zu mieten?«** muss mit **»seit Jahren nicht mehr«** beantwortet werden. Erst bei Wechselkursen über $1,40 für den Euro mag sich das vielleicht wieder ändern. Aber Suche/Auswahl können stressig und nicht der ideale Einstieg in die Amerikareise sein.

Ein wenig ermunternder Gedanke ist zudem, dass bei Problemen wie etwa bei Mängeln am Fahrzeug, die man erst unterwegs entdeckt, und eventuellen Schäden eine daraus folgende Auseinandersetzung im fremden Land geführt werden müsste.

Auto Drive-Away

Autotransport

Eine typisch amerikanische Möglichkeit, gelegentlich billig und trotzdem relativ selbständig zu reisen, ist das sogenannte ***Auto Drive-Away***. Firmen in jeder größeren Stadt betreiben dieses Geschäft. Es handelt sich um den Fahrzeugtransport im Auftrage von Unternehmen und Privatleuten, die z.B. ihren Wohnsitz an einen anderen Ort verlegen und nicht die Zeit bzw. das Personal haben, alle im Besitz befindlichen Wagen selbst zu überführen. Für diesen Job sucht man Fahrer, die ohnehin zum vorgesehenen Zielort reisen wollen. Die Transportfirma spart dadurch Honorare, der eingesetzte Fahrer die sonst anfallenden Ticketkosten für Flugzeug oder Bus.

Die Mehrheit der Autotransporte fällt bei großen Entfernungen an, deren Bewältigung häufig mehrere Tage dauert.

Touristen als Fahrer

Auch Touristen können Fahrzeug-Überführungen übernehmen; eine Arbeitserlaubnis benötigen sie dafür nicht. Voraussetzung ist ein Alter von **mindestens 23 Jahren** und die Vorlage von Pass und Führerschein. Nicht-Amerikaner sollten vorsichtshalber auch die internationale Version dabei haben. Meistens ist eine **Kaution** zu hinterlegen. Darüberhinaus fordern viele Unternehmen **Referenzen** (Empfehlungsschreiben von Amerikanern, dass man vertrauenswürdig ist: *reliable, no criminal record*) und einen festen Wohnsitz (ggf. die Adresse eines Freundes). Zum Glück gelten Deutsche, Schweizer und Österreicher als zuverlässig, so dass es bei ihnen oft auch ohne Referenzen klappt.

Kosten

Bei »Anstellung« gehen je nach Fahrtziel und Firma ggf. nur die Kosten fürs Benzin voll oder teilweise zu Lasten des Fahrers.

Bedingungen

Die Fahrzeuge sind gegen Schäden durch **selbstverschuldete Unfälle** weitgehend versichert; die Kaution deckt eine eventuelle Selbstbeteiligung. Das zeitliche Limit wird normalerweise knapp bemessen. Man erwartet, dass der Fahrer **400-500 mi/Tag** schafft. Wer es nicht ganz so eilig hat, kann nach Wagen suchen, die nur über Teilstrecken der Wunschroute zu transportieren sind.

Beurteilung

Das *Drive-Away* ist **keine generelle Transportalternative** für eine Reise durch Amerika, sondern eher eine zusätzliche Variante für flexible Leute mit viel Zeit, die lange unterwegs sind.

Adressen

Interessenten finden Adressen in den örtlichen »Yellow Pages«, die man auch im Internet für jede City aufrufen kann, unter »*Drive-Away*« oder »*Auto Drive-Away*«. Die größte Firma mit Filialen in vielen Städten ist ***Auto Drive-Away Co***, *toll-free* zu erreichen unter © **1-800-346-2277** oder im Internet unter www.autodriveaway.com/driver. Das Anhängsel »*driver*« führt direkt auf die Konditionen, die Fahrer für den Job erfüllen müssen.

Einen Gesamtüberblick über alle Autotransportfirmen bundesweit wie Staat für Staat liefert die Webseite www.movecars.com. Dort kann man (als scheinbarer Kunde) Start und Ziel angeben und bei den genannten Firmen nachfragen, ob ein Job anliegt.

Transport mit Eisenbahn oder Bus

Linienverkehr

Eisenbahnfahrten sind per Einzelticket in den USA ein teurer Spaß. Die Busse von ***Greyhound*** und ***Flixbus*** sind am ehestens noch für City-Trips geeignet, als Transportmittel für den Besuch von Naturparks aber keine echte Alternative; alle Details ➤ Seite 61f.

Alternative Trips per Bus

Nicht zu vergleichen mit Linienverkehr, aber auch nicht mit klassischen Busrundfahrten sind die von ***Green Tortoise*** und ***Adventure Bus*** angebotenen Touren mit Übernachtung im Bus:

Green Tortoise und Adventure Bus

Die **»Grüne Schildkröte«** verkehrt regelmäßig ***Cross Country*** zwischen Ost- und Westküste auf verschiedenen Routen (10-14 Tage). Außerdem gibt es Trips durch die und zu den **Nationalparks des Westens**, »***Canyons of the West***«, ***Yosemite National Park***.

- ***Green Tortoise Adventure Travel***/San Francisco, ✆ 1-800-TORTOISE; www.greentortoise.com/adventure.travel.html.
- ***Adventure Bus*** sitzt in Moab/Utah; www.adventurebus.com.

Wie der Name so die Farbe der Busse von Green Tortoise

Flugbuchung vor Ort

Bis zu 90% des öffentlichen Personenverkehrs zwischen amerikanischen Citys werden per Flugzeug abgewickelt. Auf Hauptrouten wie zwischen San Francisco, LA, San Diego und Las Vegas gibt es stündliche Abflüge. Viele Tarife sind dank starker Konkurrenz der Airlines untereinander günstig, aber Flüge zu weniger frequentierten Orten generell ziemlich teuer. Günstiger als »Tagsübertarife« sind als ***Night Coach*** geltende Flüge abends nach 21 Uhr.

Buchung

Der konventionelle Weg zum Ticket ist das nächste Flugreisebüro. Wer seine Automobilklubkarte dabei hat, kann sich auch an die **Reisebüros des *AAA*** wenden, ➤ Seite 78. Wenn die *Airline* für den Flug vorab klar ist, bucht man am besten direkt, entweder im Web oder unter der jeweiligen gebührenfreien **800-Telefonnummer**.

- ***Alaska***: ✆ 1-800-252-7522 www.alaskaair.com
- ***American***: ✆ 1-800-433-7300 www.aa.com
- ***Delta***: ✆ 1-800-323-2323 www.delta.com
- ***Jet Blue***: ✆ 1-800-538-2583 www.jetblue.com
- ***Southwest***: ✆ 1-800-I-FLY-SWA www.southwest.com
- ***United***: ✆ 1-800-864-8331 www.united.com

Ein Vergleich vorab über amerikanische Buchungsportale wie www.orbitz.com und ggf. Sofortbuchung führt meist zum besten Tarif.

Autokauf und -zulassung in den USA

Wer eine **längere Reise** durch Nordamerika plant, fragt sich, ob nicht unter Umständen ein Autokauf der Miete vorzuziehen ist. Denn während **drei oder mehr Monaten** kommen bei den größeren Wagentypen und vor allem Campfahrzeugen erhebliche Mietkosten zusammen.

Bei der Entscheidung »Miete oder Kauf?« spielen neben dem reinen Kostenvergleich weitere Überlegungen eine Rolle. Z.B. ist man beim eigenen Wagen für **Reparaturen** selbst verantwortlich, die nicht nur Kosten, sondern auch Ärger verursachen können, der die Reisefreude trübt. **Organisatorische Probleme** können ebenfalls Kopfzerbrechen bereiten: schon mit dem Kauf, aber besonders mit dem Verkauf sind zeitraubende, mitunter frustrierende Aktivitäten verbunden.

Um dem von vornherein aus dem Weg zu gehen, wird mancher gern auf denkbare ökonomische Vorteile verzichten. Anderen dagegen mag die Aussicht auf (hoffentlich) geringere Gesamtkosten einige Mühe wert sein.

In diesem Kasten findet der Leser die wichtigsten Informationen zur Beschaffung und Zulassung eines Autos **in den USA**. Als Ausländer ein Auto **in Kanada** zu kaufen, empfiehlt sich schon allein wegen der höheren Preise und höherer Umsatzsteuern weniger. Die administrativen Hürden sind dort zudem (noch) höher als in den USA.

Die Anzahl der Autohändler und der zum Verkauf stehenden Fahrzeuge ist selbst in kleinen Ortschaften groß, in den Citys schlichtweg enorm. Man braucht also nur zuzugreifen – so scheint es – und das Beschaffungsproblem wäre erledigt. Wer aber bestimmte Vorstellungen und gleichzeitig einen günstigen Preis realisieren möchte, wird einige Tage benötigen, bis der richtige Wagen gefunden ist.

Die meisten Fahrzeuge auf Halde bei den Werksniederlassungen sind Neuwagen, da in Amerika die Mehrheit der Kunden Autos aus dem vorhandenen Bestand aussucht und gleich »mitnimmt«. Der **Listenpreis** wird üblicherweise mit allen Details im Seitenfenster der Wagen ausgehängt. Rabatte stehen in übergroßen Ziffern auf der Windschutzscheibe. Der effektive Preis unterliegt der freien Aushandlung. Die **Internetadresse** www.cars.com liefert auch eine Übersicht über das Preisniveau von Neuwagen. Das liegt beim derzeitigen Wechselkurs kaum noch niedriger als bei uns.

Zum Kaufpreis kommen die **Überführungskosten** (*Transport and Preparation Fee*) plus die **Umsatzsteuer** (*Sales Tax*) in Höhe von bis zu knapp 10% (einige Orte in Kalifornien inkl. lokaler Steuer). Wie alle anderen Preise gelten auch zunächst genannte Autopreise in Amerika netto. Die ***Sales Tax*** wird von der Zulassungsbehörde kassiert; nicht nur bei Neuwagen, sondern auch bei Gebrauchtfahrzeugen, gleichgültig, ob sie von privat oder vom Händler erworben wurden.

Bei **Neuwagenhändlern** findet man nur wenige gebrauchte bzw. nur Wagen neuerer Baujahre. **Ältere, preisgünstige Fahrzeuge** gibt es in größerer Auswahl beim ***Used-Car Dealer***, bei nicht werksgebundenen Reparaturbetrieben, bei Tankstellen und auf dem privaten Markt. Um sich eine Übersicht über Autotypen und -preise zu verschaffen, ist der Kauf eines ***Used-Car-Almanac*** für wenige Dollar zu empfehlen. Es gibt solche **Preisübersichten** getrennt nach Pkw, *Trucks* und RVs (Campmobile) z.B. in mit Tankstellen verbundenen *Mini-Marts*. Wer noch nicht in Amerika angekommen ist, schaut ins Internet. Indessen ist dort die Suche nach Gebrauchtfahrzeugen recht mühsam. Einen relativ guten Überblick liefern zum Beispiel www.autobytel.com und www.carsforsale.com. Gute Englischkenntnisse sind zum Verständnis vieler Details wichtig.

Wie bei uns sind **Fahrzeuge bei Händlern teurer** als von privat; dafür ist der Verhandlungsspielraum ungleich größer als hierzulande. Die privaten Angebote findet man in regionalen, auf Autos spezialisierten Verkaufsmagazinen und natürlich auch noch in Tageszeitungen im Anzeigenteil ***Classified (Ads) Section***, Stichwort ***Automotive/Sales***. Bei der persönlichen **Inspektion** und Beurteilung eines in Frage kommenden Fahrzeugs muss berücksichtigt werden, dass Amerikaner ihre Autos weniger liebevoll behandeln als Deutsche. Älteren Pkws und vor allem Campern sieht man die Jahre oft an, ohne dass dies als besonderer Mangel empfunden wird. Wichtig ist, dass technisch alles stimmt. Bei dieser Einschätzung hilft indessen keine TÜV-Prüfplakette.

Zwar muss jedes Auto bei Besitzerwechsel und/oder Neuzulassung in einem anderen Staat zur **technischen Kontrolle**, aber 100% vergleichbar mit strengen Richtlinien bei uns ist das nicht.

Grundsätzlich ist der **Camper das ideale Gefährt gerade für den Langzeittrip**. Viele Argumente sprechen für den kompakten ***Van Camper*** (➤ Seiten 58 und 107f). Gerade bei längeren Reisen reizen schon mal abgelegene, oft schlechte *Backroads* und Zufahrten zu versteckten Campingplätzen, heißen Quellen und anderen Kleinoden der Natur, deren Bewältigung mit *Motorhomes* beschwerlicher und oft genug unmöglich ist.

Wer sich in puncto Komfort bescheiden mag und sich in einem neueren Fahrzeug wohler fühlt, kann den Kauf eines deutlich preiswerteren ***Vans*** erwägen, den man mit Matratzen, Kocher, *Coolbox* etc. nach Lust und Geldbeutel mehr oder minder bequem einrichtet. Zusätzliche Fenster und/ oder insektensichere Belüfter lassen sich in den USA leicht, billig und ohne »TÜV-Abnahme« einbauen. Verkaufspreis und -möglichkeit am Ende der Reise sind weniger saisonabhängig und damit besser als beim reinen Campfahrzeug.

Die preisgünstigere Alternative, auch was die Benzinkosten angeht, ist ein älterer Pkw/Kombi mit Zelt im Kofferraum. Vor- und Nachteile des Zeltens, Auf- und

Angebote bei einem Gebrauchtwagenhändler in Carson City: Für diese 18 bzw. 17 Jahre alten Fahrzeuge sind die Autopreise (plus Sales Tax!) ganz schön hoch

3

Abbau bei Regen usw. sind bekannt. Für längere Reisen fallen zwar die Nachteile stärker ins Gewicht als bei einem 4-Wochen-Urlaub, aber grundsätzlich bietet die Kombination Pkw/Zelt plus gelegentliche Billigunterkunft **im Sommer** die preiswerteste Reiseform.

Bei der Kaufentscheidung sollte der Wiederverkauf nicht vernachlässigt, d.h., möglichst gekauft werden, was einen großen Markt besitzt. Das sind ertstaunlicherweise in erster Linie japanische und amerikanische Fahrzeugtypen. Dafür existiert selbst unter ungünstigen Bedingungen (»falsche« Jahreszeit und Gegend) wenigstens eine gewisse Nachfrage; der Verkauf ist dann »nur« eine Preisfrage.

Vor allem aber: mit einem ***Ford, Dodge*** oder ***Chevy*** kommt auch noch ein Mechaniker in der Einöde zurecht, aber wenn exotische Fahrzeugtypen (das sind alle anderen) weit weg von der nächsten Vertretung streiken, ist oft guter Rat teuer.

Zulassung

Ist der geeignete Wagen gefunden, sind einwandfreie Eigentumsverhältnisse wichtig. Der Verkäufer muss neben dem Auto den ***Title*** und die ***Registration*** (➤ unten) an den Käufer übergeben. In manchen Staaten wird ein **notariell beglaubigter Vertrag** zusätzlich zu den unten genannten Punkten gefordert. Man sollte sich vor Vertragsabschluss beim lokalen ***Vehicle Department*** erkundigen.

Die Zulassung eines in den USA erworbenen Autos auf den Touristen bereitet keine prinzipiellen Schwierigkeiten. Aber immer mehr Staaten verlangen einen **amerikanischen Führerschein** oder eine andere amerikanische ***Identification*** (Personalausweis), bevor sie Autos umschreiben. Beides hat der Tourist nicht, kann jeoch den Führerschein in vielen Staaten relativ problemlos erwerben. Wichtig ist, sich gut mit den theoretischen Prüfungsfragen vertraut zu machen (Übungshandbuch; gibt's in einigen Staaten – z. B. Kalifornien – sogar auf deutsch), sonst ist der an sich nicht schwere ***Multiple Choice Test*** nur mit Glück zu bestehen.

Ähnlich wie bei uns existiert in jeder größeren Ortschaft eine Zulassungsstelle, das ***Motor Vehicle Department***, dem häufig auch gleich ein technischer Prüfstand angeschlossen ist. In kleineren Orten, in einigen Staaten immer, übernehmen autorisierte Werkstätten und Tankstellen die Funktion der ***Inspection Station***. Geprüft wird in manchen Staaten bei jedem Besitzerwechsel, in anderen nur, wenn das Fahrzeug vorher nicht dort gemeldet war. Die *Inspection* ist auch mit nicht ganz jungen Gebrauchtwagen kaum eine große Hürde.

Für die Zulassung benötigt man:

- eine **ID** (= *Identification*, als Ausländer Reisepass), ggf. **den amerikanischen Führerschein**, wie vorstehend erläutert
- den **Kaufvertrag**, eventuell notariell beglaubigt
- die **Wagenpapiere**, das sind der ***Title*** (Kfz-Brief), der vom Vorbesitzer auf der Rückseite als »rechtmäßig weitergegeben« unterschrieben sein muss, und die ***Registration*** (entspricht unserem Kfz-Schein)
- eine im Einzugsbereich des *Vehicle Department* liegende **Anschrift**. Der Wohnsitz braucht nicht nachgewiesen zu werden. Es genügt die Adresse eines Bekannten, der jedoch zuverlässig bereit sein muss, den umgeschriebenen, u.U. erst nach Wochen zugesandten *Title* an den Touristen weiterzuleiten (ein Fahrzeugverkauf ohne *Title* ist unmöglich)

- **weitere Unterlagen** (in Abhängigkeit vom jeweiligen Staat) wie Inspektionszertifikat, Haftpflichtversicherungsbestätigung oder eine Erklärung, dass der Wagen versichert wird, eine vom Vorbesitzer unterschriebene Tachostandsbestätigung und anderes mehr.

Ist alles ordnungsgemäß vorhanden, erhält man gegen Zahlung der Anmeldegebühren und Steuern die Zulassung samt Nummernschild.

Versicherung

Da es ohne Hilfestellung von Freunden oder Verwandten (und oft selbst dann) vor Ort oft Schwierigkeiten bei der »Beschaffung« einer Versicherungspolice gibt, sollte man vorsorgen. Haftpflicht- und Vollkaskoversicherungen für Nordamerika vermitteln u.a. ***Tour Insure*** in Hamburg (www.tourinsure.de) und ***Seabridge*** in Düsseldorf (ww.sea-bridge.de).

Policen können auch blanko für zunächst unbekannte, noch zu beschaffende Fahrzeuge ausgestellt werden. Nach dem Kauf werden die Fahrzeugdaten in die Unterlagen eingetragen und gleichzeitig der Versicherung mitgeteilt.

Deutsches Campmobil auf dem Campingplatz Lees Ferry hoch über dem tief unten rauschenden Colorado River

Ein aus Übersee nach Nordamerika verschifftes Fahrzeug muss spätestens nach einem Jahr den Raum USA/Kanada/Mexiko (!) auf dem Land- oder Seeweg wieder verlassen. Zulassung und Verkauf solcher »Importe« ist in Nordamerika nicht (mehr) erlaubt.

3.4 Auf Amerikas Straßen

Verkehrssituation

Autofahren ist in Nordamerika insgesamt einfacher und im Allgemeinen weniger stressig als etwa in Deutschland oder in der Schweiz. Außerhalb der Ballungsgebiete sind geringe Verkehrsdichte, weitgehend beachtete Tempolimits, Getriebeautomatik der meisten Fahrzeuge und größere Gelassenheit der Amerikaner am Steuer einige Gründe dafür. Dennoch sind **Unfallhäufigkeit** und **Verkehrstote** bezogen auf die Zahl der Einwohner im landesweiten Schnitt viel höher als bei uns. Also Vorsicht!

Es wird rechts gefahren, und die wenigen für uns neuen Verkehrszeichen erklären sich weitgehend von selbst. Ein Umdenken des europäischen Autofahrers ist also nicht notwendig. Wohl aber gibt es eine Reihe von Verhaltensregeln und gewisse Andersartigkeiten, die zu kennen wichtig sind und in bestimmten Situationen sogar unabdingbar sein können:

3.4.1 Abweichende Verkehrsregeln

Zunächst die kurze Liste der von unseren Normen abweichenden Verkehrsregeln, deren Kenntnis erforderlich ist:

Vorfahrt

Stoppzeichen für alle Fahrtrichtungen an Kreuzungen bedeuten »wer zuerst kommt, fährt zuerst«. Das Anhaltegebot gilt auch bei offensichtlich leeren Querstraßen und wird strikt befolgt (und gelegentlich von der Polizei aus unauffälliger Position kontrolliert). Die Regel ist genauer als »rechts vor links« und in vielen Wohngebieten Standard. Dabei überqueren mehrere sich der Kreuzung nähernde Wagen diese nach kurzem Halt in **Reihenfolge der Ankunft**. Das gilt auch bei aufgestautem Verkehr (Ankunft **am weißen Balken** auf der Fahrbahn zählt); die Überquerung läuft dann meist ringsum einer nach dem anderen. Unklarheiten löst man durch Zuvorkommenheit.

Ampeln

Zeigt eine Ampel **rot**, darf man unter Beachtung der Vorfahrt des Querverkehrs rechts abbiegen, es sei denn, eine Schrifttafel untersagt dies ausdrücklich (***No Turn on Red***). Im Fall einer gesonderten Abbiegerspur **muss** sogar bei Rot abgebogen werden, solange dies der Querverkehr zulässt. Die **Lichterfolge** an der Ampel ist **Grün-Gelb-Rot-Grün**; die Rot/Gelb-Phase vor dem Grün entfällt also.

Schulbus

Die gelben (nostalgisch wirkenden) Schulbusse dürfen weder überholt noch vom **Gegenverkehr**(!) passiert werden, wenn sie anhalten und Kinder ein-/aussteigen lassen. Warnblinkleuchten an allen Ecken der Busse und ausgeklappte Schilder markieren die Stopp-Phase, die einer roten Ampeln gleichzusetzen sind. Ein Nichtbeachten gilt als schweres Verkehrsdelikt.

Rechts Überholen

Auf mehrspurigen Straßen wird in Amerika **legal rechts überholt**. Theoretisch ist dies zwar nur erlaubt, wenn dafür nicht die Spur gewechselt wird, aber in der Praxis sind Überholmanöver auf der rechten Seite üblich. Daran muss man sich erst gewöhnen und den rechten Fahrbahnen auf *Freeways* hohe Aufmerksamkeit schenken.

Schulbusse in den USA

Eines der obersten Gebote auf mehrspurigen Straßen ist nicht zuletzt deshalb das **sture Spurhalten**. Auf stark befahrenen Straßen kann daher ein Spurwechsel schwieriger sein als bei uns.

Carpool/Fast/ Diamond/ HOV/HOT/ Express Lanes

Zwecks Förderung von Fahrgemeinschaften während der Stoßzeiten (*Rush Hour*) wurden auf Stadtautobahnen ganz links ***High-Occupancy Vehicle*** (***HOV***), ***Diamond*** (mit Rautenzeichen), ***Fast*** oder ***Carpool Lanes*** eingerichtet. Sie dürfen zu definierten Zeiten ausschließlich von Bussen, Taxis und »besser belegten« Fahrzeugen benutzt werden; »*HOV-3*«-Spuren beispielsweise nur ab drei Insassen. Mancherorts kann man selbst als Einzelperson ***Express Lanes*** nutzen, muss dafür aber zahlen. Mit digitalen Anzeigetafeln werden die oftmals variierenden Gebühren auf diesen ***High-Occupancy Toll*** (***HOT***) ***Lanes*** angezeigt. Mit Glück entgeht man so einem Stau, muss sich aber beim Abfahren von der Autobahn vorher durch 3-6 dicht besetzte Normalspuren kämpfen. Schnellspuren dürfen nur an bestimmten Stellen verlassen werden, im ungünstigsten Fall nicht beim vom Navi angezeigten *Exit*.

Linie/ Doppellinie

Durchgezogene **Fahrbahn-Trennmarkierungen** dürfen zum Überholen oder Abbiegen überfahren werden. Die Funktion der bei uns und in ganz Europa einfachen Linie übernimmt in den USA eine auf keinen Fall zu überfahrende Doppellinie.

Tempolimits

Im Westen der USA gelten auf ***Interstates*** und autobahnähnlichen Straßen *speed limits* von **65-80 mph** (105-129 km/h), in Texas streckenweise sogar 80-85 mph. **Auf allen anderen Straßen gilt 55 mph, innerörtlich 30 mph**, sofern nicht ausdrücklich anderes erlaubt bzw. vorgeschrieben ist. Eine Unterscheidung zwischen Lkw und Pkw gibt es bei *Speed Limits* nur vereinzelt mit der oft unangenehmen Folge, dass ***Trucks*** schneller als der sonstige Verkehr fahren.

Speeding

Geblitzt wird aus stehenden oder entgegen kommenden Polizeiautos. Wer zu schnell am Sheriff vorbeibrettert, hat bald einen Wagen mit »Christbaumbeleuchtung« im Rückspiegel und muss rechts ranfahren. Dann kann man nur noch hoffen, dass der Ordnungshüter bei einem deutschen Führerschein 'mal ein Auge zudrückt. ***Speeding*** wird in jedem Staat unterschiedlich bestraft und kann richtig teuer werden.

Polizeikontakt und Alkohol am Steuer

Um einen Autofahrer zu stoppen, überholt die amerikanische Polizei nicht etwa, sondern bleibt hinter ihm und betätigt kurz Sirene und rote Rundumleuchte, das unmissverständliche Zeichen zum »Rechtsranfahren«.

Nach dem Anhalten wartet man im Wagen, alles andere könnte falsch gedeutet werden. Es ist auch nicht ratsam, unbedachte Bewegungen zu machen, etwa in der Absicht, die Papiere aus dem Handschuhfach zu holen. Am besten bleiben die Hände auf dem Lenkrad.

Ein solches Verhalten ist üblich, um der Polizei – die in Amerika mit überraschendem Schusswaffengebrauch rechnen muss – eine defensive Position zu signalisieren. Polizisten verhalten sich in Kontrollsituationen sachlich-korrekt und – nach dem ersten »Abtasten« und kooperativer Haltung des Gestoppten – auch bei Übertretungen im Allgemeinen nicht unfreundlich.

Die Eröffnung eines ernsthaften Disputs mit einem **Sheriff** ist in Anbetracht seiner (für uns) erstaunlichen Machtbefugnis nicht ratsam. Die respektvollen Anreden lauten **Officer** oder **Sir.** In Nationalparks besitzen die **Ranger** einen ähnlichen Status wie außerhalb die Polizei.

Alkohol am Steuer wird in Amerika noch weniger toleriert als bei uns. Es gilt zwar die **0,8-Promille-Grenze** (in Utah 0,5‰), solange nichts passiert. Aber die geringste Auffälligkeit genügt für jede Menge Ärger auch bei weniger Alkohol im Blut. Angetrunkene oder gar trinkende Beifahrer neben einem stocknüchternen Fahrer zählen bereits zum Tatbestand »Alkohol im Verkehr«. Es darf sich keine geöffnete Flasche mit einem alkoholischen Getränk im Innenraum des Fahrzeugs befinden – theoretisch nicht einmal die bereits entkorkte, aber nicht geleerte Weinflasche vom Vorabend im Kühlschrank des Campers. Weitere Details sind staats- und landkreisabhängig. Daher besser nur mit 0‰ fahren.

Gegenüber **Drogen** am Steuer gilt ***Zero Tolerance***. Wer in beider Beziehung auffällt, wird registriert und nach Bestrafung und Heimreise in Zukunft nicht wieder ins Land gelassen – *ESTA* weiß alles.

Polizeikontrolle beim Hoover Dam/Nevada

Parkhaus-einfahrt in Spokane/ Washington State

Not-moving over-Tickets

Gesetzlich vorgeschrieben ist in den meisten US-Bundesstaaten auch das **Ausweichen**, wenn am Straßenrand ein Rettungswagen oder blinkendes Polizeiauto steht. Wer die Spur nicht wechselt oder abbremst, wird schnell zur Kasse gebeten. Näheres im Web unter www.moveoveramerica.com.

Parken und Parkverstöße

Die **Parkvorschriften** in den Vereinigten Staaten sind streng und tunlichst zu beachten. Die Polizei ist ständig unterwegs, lässt abschleppen oder verteilt (teure!) ***Tickets***, auch an alle die auf Parkplätzen ohne Parkuhr die maximal erlaubte Zeit überschreiten. Kontrolleure verbinden per Kreidestrich den untersten Punkt des Autoreifens mit dem Asphalt. Ist bei der nächsten Kontrolle nach Ablauf der Maximalzeit der Strich zwischen Reifen und Straße noch durchgängig, wurde der Wagen nicht bewegt mit *Ticket* als Folge.

Markierungen

Rote Kantsteinmarkierungen signalisieren ein strenges Halteverbot. **Gelbe Markierungen** mit Zeitangaben stehen für Ladezonen, **weiße** ebenso fürs Kurzzeitparken zum *Drop-off* von Passagieren. **Blau** kennzeichnet »Parken nur für Behinderte« und **grün** mit Zeitangabe eine entsprechend begrenzte Parkerlaubnis. Am höchsten sind die Strafen in San Francisco, für unerlaubtes Parken an blauen Bordsteinen zahlte man dort 2019 **$866**!

Hydranten

Hydranten – die Dinger stehen überall – dürfen nicht zugeparkt werden: ca. 5 m nach rechts und links müssen freibleiben.

Zahlung von Tickets

Wer ein ***Ticket*** erhält, darf im beigelegten Umschlag **Dollars bar** verschicken oder bei einer Bank per ***Money Order*** das Bußgeld einzahlen. Bei Versäumnis hat der Autovermieter die Angelegenheit bald auf dem Tisch. Da er die Kreditkarte seines sündigen Kunden kennt, zahlt er üblicherweise und belastet dessen Karte. Und zwar plus einer meist saftigen Bearbeitungsgebühr, deren genaue Höhe sich im Kleingedruckten der Mietverträge findet. Man sollte sich also nicht wundern, wenn Monate nach der Reise ggf. noch eine Belastung auf dem Kreditkartenkonto erfolgt.

3

3.4.2 Straßensystem und Orientierung

Highways/ Freeways

Eine durchgehende Autostraße, welcher Qualität auch immer, ist grundsätzlich ein ***Highway.*** Ein begrifflicher Unterschied zum englischen Wort ***Road*** existiert prinzipiell nicht. Lediglich einen *Interstate Highway*, das amerikanische Pendant zur Autobahn, würde man kaum als *Road* bezeichnen. Für *Interstate*-Autobahnen und alle sonstigen autobahnartig ausgebauten Straßen existiert der Begriff ***Freeway*** *(Free* im Sinne von freie Fahrt/keine Kreuzungen). Etwas überraschend am *Freeway*-System sind **Auf- und Ausfahrten auf der linken Seite.**

Interstate Autobahnen

Wie der Name sagt, sind *Interstates* die Verbindungsstraßen zwischen Staaten und faktisch die verkehrstechnischen Lebensadern der USA. Dennoch ist ihr Netz im Westen verhältnismäßig dünn. Auf Urlaubsreisen wird man sie vorzugsweise nur zur raschen Überwindung größerer Distanzen und als City-Zubringer nutzen. Für die touristische Routenplanung sollte man *Interstate Freeways* trotz auch vorhandener landschaftlich reizvoller Teilabschnitte eher meiden, soweit Alternativen bestehen. Denn man fährt auf den Autobahnen leicht an manchem vorbei, was eine Amerikareise abrundet .

Interstate-Nummerierung

Zur Orientierung im *Interstate*-System ist die **Nummerierung in Verbindung mit der Himmelsrichtung** wichtiger als die Angabe von Ortsnamen, die sich mitunter erst nach Suche oder gar nicht auf der Karte finden lassen. Die *Interstate* mit **geraden Ziffern** laufen in Ost-West- und mit **ungeraden Ziffern** in Nord-Süd-Richtung. **Dreistellige Ziffern** mit gerader Anfangszahl bezeichnen Stadtumgehungs-*Freeways,* dreistellige Ziffern mit ungerader Anfangszahl in die Zentren führende Stichautobahnen.

Picnic Areas

An den *Interstates,* aber auch an anderen Straßen gibt es zahlreiche **Rastplätze** (*Picnic/Rest Areas*). Die meisten sind ähnlich wie Campingplätze **mit Picknicktischen und Grillrosten** ausgestattet, mit sauberen Toiletten sowieso.

Nebenstraßen

Das Netz asphaltierter Straßen ist generell in guter Verfassung. Man darf davon ausgehen, dass sich auch kleinste, in den Karten als befestigt ausgewiesene Nebenstrecken ohne Vorbehalte befahren lassen. Aber ihr Zustand verschlechtert sich – als Folge der leeren Kassen der Bundesstaaten – zur Zeit.

Gravel Roads

Für uns ungewohnt sind **Schotterstraßen** (*Gravel* oder *Unpaved Roads*). Schotter ist der bevorzugte Belag für weniger benutzte Nebenstrecken. In den Weststaaten gibt es erstaunlich viele Dörfer, die nur über *Gravel Roads* erreicht werden können. Bei anhaltender Trockenheit sind sie mitunter grausam **staubig**, bei Nässe sehr **rutschig** und nach längerem Regen voller »Sumpflöcher«.

Bei gutem Wetter sind viele gut gewartete Schotterstraßen problemlos zu befahren, obwohl mit den meisten Mietfahrzeugen, speziell Campmobilen, laut »Kleingedrucktem« in den Verträgen ausdrücklich nicht erlaubt.

So sehen Straßenbaustellen häufig aus. Zwischen ihren Enden pendelt dann ein **Pilot Car** *wie gezeigt, das die jeweils wartende Autoschlange in Empfang nimmt und mit ihr im Schlepp durch Dreck und oft auch Matsch langsam vorwegfährt*

Übertriebene Sorge ist zumindest bei kurzen Fahrten aber kaum angebracht. Auch *Motorhomes* »überstehen« *Gravel* gut. Fahren auf Schotter lässt sich schon deshalb nicht ganz vermeiden, weil bei Straßenbauarbeiten die Umleitung (selbst auf *Interstate-Freeways)* oft über *Gravel* und Matsch läuft. Außerdem sind einige ***National Monuments***, ***State Parks*** und zahlreiche **Campingplätze** nur über Schotterstraßen zugänglich.

Dirt Roads

Der niedrigsten Stufe in der Straßenqualität entspricht die *Dirt Road*, auch – etwas feiner – ***Unimproved Road*** genannt. Die »Dreckstraße« ist in der Regel ein besserer Feldweg, der sich bei Trockenheit indessen häufig angenehmer befahren lässt als eine *Gravel Road*, jedoch bei Regen meist schnell verschlammt. Nur mit Vierradantrieb zu bewältigende Wüstenpisten gelten in Straßenkarten ebenfalls als *Dirt Roads*. Für Touristen sind Straßen dieser Art im Gebiet des Colorado Plateau von Interesse. Wer sich dort ein 4WD-Fahrzeug leiht, wird seine helle Freude haben.

Orientierung

Trotz der Tempolimits kann der Verkehr auf dichtbesetzten *Freeways* ganz schön hektisch sein. Mit defensiver Fahrweise und klarer Zielvorstellung behält man die Übersicht. Wer keinen kartenkundigen Beifahrer hat, wird im *Freeway*-Gewirr von LA oder im Bereich San Francisco ein **Navi** zu schätzen wissen.

Innerhalb der Städte – also abseits der hindurchführenden Autobahnen – ist die Orientierung erheblich einfacher als bei uns, denn die meisten Städte sind überwiegend schachbrettartig angelegt, die Straßen durchnummeriert.

Stadtpläne

Zu Straßenkarten wurde im Zusammenhang mit der Reiseplanung bereits einiges angemerkt, ➤ Seite 77. Für eine Grobübersicht reichen die Karten dieses Buches und die Stadtpläne auf der Rückseite von Kalifornienkarten, z.B. des offiziellen Tourismusbüros. Genauere Stadtpläne gibt es in *Department Stores* und in Tankstellen für wenige Dollar. Mitglieder von Automobilklubs erhalten beim ***AAA*** auch Stadtpläne kostenfrei.

3

3.4.3 Tanken, Wartung, Pannenhilfe

Benzin

Die **Benzintarife** in den USA schwanken mit dem Rohölpreis und nach Region stark, so **Anfang 2020 zwischen $2 und $5 pro Gallone** (=3,8 Liter). In der Regel zahlt man in Kalifornien fast doppelt soviel wie in New Mexico oder Texas.

Aktuelle Benzinpreise erfährt man z.B. auf dem Portal www.gasbuddy.com/GasPriceMap, indem man den Ortsnamen in die Suchmaske einfügt.

Bei ***Discount*-Tankstellen** – mit oder ohne ***Mini Mart*** – gelten bei Zahlung mit der Kreditkarte oftmals höhere Preise. Gelegentlich überraschen sie auch damit, dass sie nur ***Cash*** akzeptieren. Darum sollte der erste Blick des potentiellen Kartenzahlers bei Einfahrt in die ***Gas Station*** den *Master Card/VISA*-Symbolen gelten.

Preisunterschiede

Auch lohnt es sich bei Autobahnausfahrten oft ein paar hundert Meter weiter in die Stadt hinein zu fahren, die Unterschiede können beachtlich sein und **über $1/Gallone betragen**! Etwas befremdlich für den Besucher aus Mitteleuropa dürften auch die zuweilen an einer Straßenkreuzung angeordneten Tankstellen mit abweichenden Tarifen sein.

Self Service

Self-Serve-Stations sind heute im US-Westen die Regel (mit Ausnahme von **Oregon**, dort darf man nicht selber tanken). Dabei muss man die Benzinsorte auswählen (meist 87 Oktan bei Mietfahrzeugen) und gelegentlich sogar einen Hebel (*level*) an der Tanksäule ziehen, drücken oder umlegen, sonst fließt kein Sprit.

Tanken mit Kreditkarte

Die **Kreditkarten-Tanksäulen** machen den Gang zur Kasse für Amerikaner überflüssig, für Ausländer allerdings nicht immer. Hat man Glück, wird nach Einschieben der Karte und kurzer Prüfungsphase der Benzinfluss freigegeben und am Ende ein Beleg gedruckt. Der Computer fragt aber meistens nach dem 5-stelligen **Postleitzahl** (***zip code***) der Rechnungsadresse. Nur selten ist er dann mit der korrekten deutschen Angabe zufriedengestellt, etwas häufiger mit einem beliebigen amerikanischen *code* wie z.B. »90210«.

Die Zahlen an diesem Tankautomaten stehen für die amerikanischen Oktanwerte (87 = normal). Diesel galt (bis VW) als umweltfreundlich und ist daher grün markiert

Cash oder Kreditkarte am Tresen

In über 50% der Fälle lehnt er aber die Karte ab und fordert »*See Cashier!*«. Die Option »*fill up*« gibt es an der Kasse nicht, dort muss der Kunde einen $-Betrag nennen, der dann auf der Kreditkarte »pre-autorisiert« und an der Zapfsäule (***pump***) freigegeben wird. Ist das Guthaben verbraucht, stoppt das Gerät automatisch. Überschüssige Vorauszahlung wird im Anschluss zurückerstattet, sicherheitshalber sollte man sich immer den Beleg aushändigen lassen.

Ist Barzahlung erforderlich, muss auch hier beim Volltanken zunächst ein höherer Betrag über den Tresen wandern.

Reifendruck

Einen Druckluftservice, wie bei uns selbstverständlich, vermisst man an den meisten Tankstellen. Wo vorhanden, findet man einen sperrigen Schlauch, dessen Ventil unter Druckbelastung eine Skala freigibt, oder man muss selbst mit eigenen, billig zu erwerbenden Prüfern im Kugelschreiberformat nachchecken. ***Mini Marts*** haben auch schon mal einen schwachbrüstigen Münzkompressor, der gegen *Quarters* ein paar Minuten anspringt.

Wartung/ Ölwechsel

Nur bei sehr langfristig ausgeliehenen Fahrzeugen stellt sich die Wartungsfrage. Bei Wagen von *Avis, Hertz* etc. überlässt man das nicht den Mietern, sondern macht mehrere Verträge hintereinander, bei deren Ablauf die Stationen der Firmen anzufahren sind und das Fahrzeug gewechselt wird.

Die eigenständige Wartung (insbesondere der **Ölwechsel**) wird bei Langzeitmiete ggf. beim Campmobil verlangt. Ist die entsprechende Meilenzahl erreicht, läuft man eine der allerorten vorhandenen **Service-Stationen** mit Bezeichnungen wie ***Jiffy Lube, Quick Lube*** an (*to lube* = abschmieren/ölen). Neben Öl- und Filterwechsel werden dort auch sonstige wichtige **Checkpunkte** abgeprüft und erledigt (z.B. Bremsflüssigkeit, Getriebeöl auffüllen). Die Preise dafür sind moderat und werden bei Fahrzeugrückgabe verrechnet.

3

Unfall/ Panne

Alle Auto- und Campervermieter geben ihren Kunden eine Telefonnummer mit auf den Weg, die bei Panne oder Unfall angerufen werden muss. Bei den großen, landesweit operierenden Firmen ist das Telefon Tag und Nacht besetzt, versichern sie ...

AAA Straßendienst

Sofort helfen kann auch der nordamerikanische Automobilclub ***Triple A*** (*AAA*=*American Automobil Association*), der einen ***Emergency Road Service*** unterhält. Einsatzwagen patrouillieren wie bei uns auf Autobahnen und vielbefahrenen Strecken.

Im Fall einer Panne wählt man gebührenfrei © 1-800-222-4357 (=1-800-*AAA-HELP*) und wird dann zum nächstliegenden *AAA Roadside Assistance Center* weitergeleitet.

Mitglieder europäischer Automobilklubs, die ihre Mitgliedskarte (*Membership Card*) vorweisen können, sind *AAA*-Mitgliedern weitgehend gleichgestellt.

Auch der ***ADAC* Auslands-Notruf** ist rund um die Uhr besetzt:

© 011 49 89 222222 (bei Fahrzeugschäden).

3.5 Hotels, Motels und andere Unterkünfte

3.5.1 Hotels und Motels

Situation

Touristen wird die Suche nach einer geeigneten Unterkunft in den USA leicht gemacht. H/Motels konzentrieren sich **unübersehbar** an den Ausfallstraßen von Städten und Ortschaften, an typischen Ferienrouten und in der Nähe der Flughäfen. Vor allem *Motels* und *Motor Inns* zeigen fast immer mit

Vacancy/No Vacancy bzw.

Welcome/Sorry oder

ganz einfach **Yes/No**

in Leuchtschrift unmissverständlich an, ob sich die Frage nach einem freien Zimmer lohnt. Wobei man sich aber nicht nach einem – sprachlich naheliegenden – »***free*** room« erkundigen sollte (= gratis Zimmer!).

Die Begriffe **Hotel, Motel** und ***Motor Inn*** werden in den USA ohne klare Abgrenzung verwendet. Für die Qualitätseinstufung spielen sie eine nachrangige Rolle:

Motel

Im **Motel** kann man meist nahe am Zimmer frei parken, so dass die Ent-/Beladung des Autos auf kurzem Wege möglich ist. Ein Motel verfügt über ebenerdige und oft auch doppelstöckige (von außen zugängliche) Zimmertrakte und eine Rezeption, **sehr selten auch über eine eigene Gastronomie**. Der Service beschränkt sich auf Automaten für alkoholfreie Getränke und Snacktüten sowie Eiswürfelmaschinen. Auf dem Lande besteht manches Motel aus einer Ansammlung sogenannter ***Cabins***, zimmergroßen Holzhäuschen, gelegentlich in Blockhausbauweise. *Cabins* können aber auch komplett ausgestattete Ferienhäuser sein.

Motor Inn

Motor Inns unterscheiden sich oft durch nichts außer ihrer Bezeichnung vom Motel. In besseren *Inns* erfolgt der Zutritt zu den Zimmern wie im Hotel über die Rezeption oder für Nicht-Gäste verschlossene Eingänge und Korridore, d.h., nicht über außenliegende Türen. Das ist zwar unpraktisch, kommt aber dem Sicherheitsbedürfnis vieler Gäste entgegen. Nur *Inns* gehobener Klassen verfügen über Restaurant und Bar.

Hotel

Eine allgemein zutreffende Kennzeichnung wie für *Inns* und Motels lässt sich für **Hotels** kaum formulieren. Zwischen »Absteigen« in Randbezirken der Stadtzentren und Luxusherbergen aus Glas und Beton liegen Welten. Gemeinsames Merkmal fast aller Hotels ist die zum Haus gehörende **Gastronomie** und die Erhältlichkeit von **Alkoholika** (**nie** in Motels, selten in *Motor Inns*).

Hotel-Parkplätze Bei innerstädtischen Hotels werden oft **hohe Gebühren für bewachte Parkplätze** berechnet und beim sog. *valet parking* durch Hotelpersonal fällt noch zusätzlich Trinkgeld an.

Lodge Vor allem in landschaftlich reizvollen Gebieten und Nationalparks nennen sich Hotels gerne ***Lodges*** und signalisieren damit, dass **Aktivitäten** wie Reiten, Fischen, Kanufahren, *Whitewater Rafting* etc. geboten werden oder dort möglich sind.

Zur Art der Zimmer Üblich sind in der Mehrheit der H/Motels heute ***smoking*** und ***non-smoking rooms***. Für viele bedeutsam ist auch die Alternative ***first*** oder ***second floor*** (= 1. Stock). In Motels mit Außenkorridoren liegt das Erdgeschoss mit Auto vor der Tür »gepäckgünstig«. Das Obergeschoss ist meist ruhiger, erfordert aber manchmal erhebliche Gepäckschlepperei über entfernte Treppen. ***Connecting Rooms*** (Zimmer mit Verbindungstür) sind nur für Familien ideal.

Minimalistisches Doppelzimmer im Motel 6: kaum Elektrogeräte außer Flachbildfernseher und ggf. Radiowecker. Föhn, Kaffeemaschine, Kühlschrank oder Mikrowelle gehören so gut wie nie zur Standard austattung dieser Low-Budget-Kette

Komfort und Ausstattung Die **Innenausstattung** amerikanischer Unterkünfte zeichnet sich durch eine **weitgehende Uniformität** aus: Je nach Größe des Raums ein ***king*** (1,93 x 2,03 m) bzw. ***queen bed*** (1,52 x 2,03 m) oder ***two queens*** bzw. ***doubles*** (1,35 x 1,90 m), gegenüber der Fernseher, ggf. eine kleine Schreibplatte, in der Ecke Sessel/Stühle plus Tischchen; oft auch Kühlschrank, Kaffeemaschine/Mikrowelle. Man schläft zwischen zwei Laken unter einer Wolldecke, deren Zustand (nicht nur) in billigen Unterkünften schon mal zu wünschen übrig lässt.

Ein **eigenes Bad** gehört noch zum preiswertesten Raum, in sommerheißen Gebieten überall eine **Klimaanlage**, die aber in einfachen Quartieren oft laut ist. Unterschiede im Preis drücken sich weniger in generell vorhandenem Mobiliar und Zimmergröße als in Qualität/Gediegenheit der Ausstattung und Grad der Abnutzung aus. Neuere Häuser der oberen Mittelklasse bieten einen Raumkomfort, der denen in weitaus teureren Hotels häufig kaum nachsteht.

3

Einzel/ Doppel

Manchenorts wird in der Werbung der günstigste Preis herausgestellt, nämlich für Einzelbelegung. Dann steht ein kleines **sgl** für ***single occupancy*** hinter der Zahl. Tatsächlich gibt es in Nordamerika aber so gut wie nirgends »echte« Einzelzimmer, mindestens steht ein Bett der Größe ***double*** im Raum. Der DZ-Preis liegt dann nur wenig über dem fürs Einzel oder ist sogar identisch. In Zimmern mit zwei *Queen*- oder *Kingsize*-Betten können bis zu vier Personen übernachten, ohne dass dafür immer ein Aufgeld verlangt wird. **Kinder** sind – oft bis zum Alter von 16/18 Jahren – im Zimmer mit ihren Eltern normalerweise »frei«.

Tarife

Alle Preisangaben sind netto; hinzu kommt immer die *Sales Tax*, die im Hotelgewerbe häufig höher liegt als sonst (bis zu 16%). Die Zimmerpreise unterliegen erheblichen regionalen und saisonalen **Schwankungen**. Aber sieht man ab von Brennpunkten des Tourismus und der jeweiligen Hauptsaison gelten im US-Westen – vor allem an Wochentagen und auf dem Land – oft noch einigermaßen moderate Tarife, mit Glück unter $70. Entsprechende Angebote sind dann an *Highways* und Ortsdurchfahrten nicht zu übersehen.

Senioren

Senioren werden oft Nachlässe gewährt, wobei man auch schon mal ab 50 Jahren so definiert wird (z.B. im *Death Valley*). In den meisten Hotels beginnt das discountberechtigende Alter aber erst mit 63.

Kaffee und »Frühstück«

Ein Frühstück, wie wir es aus Mitteleuropa kennen, ist selten im Zimmerpreis enthalten. Das gängige ***Free Continental Breakfast***, mit dem viele H/Motels – oft vollmundig – werben, ist meist dürftig. Brötchen oder Müsli, Wurst- und Käseaufstrich (außer *Philadelphia* allerorten zu getoasteten *Bagels*) sucht man vergebens, frisches Obst ebenso. Nicht selten gibt's gerade mal einen klebrig-süßen *Donut* oder *Muffins*, dazu gewöhnungsbedürftigen Kaffee aus der Pumpkanne, oder eine Scheibe Toast mit Chemie-Marmelade und eine Auswahl an *Kellogg's Cereals* mit *Low Fat Milk*.

Manche Häuser werben gar mit ***Free Deluxe Hot Breakfast***. Mit »Luxus« hat das, was da in den häufig ungemütlichen Frühstücksräumen auf den Pappteller kommt, aber selten zu tun.

Typisches »Hot Breakfast Buffet« eines Mittelklasse-Motels mit einem Waffeleisen (links), Orangensaft, ein paar Muffins, Äpfel, Milch und Cereals (rechts)

Frühstückstische am Pool im Holiday Inn Express La Jolla, einem Küstenstadtteil von San Diego (gutes Mittelklasse-Hotel)

»*Hot*«bezieht sich dabei meist nur auf ein Waffeleisen zur Selbstbedienung, dazu Zuckersirup mit Ahorngeschmack. Besser sieht's aus in bestimmten Häusern der gehobenen Mittelklasse wie *Best Western Plus* oder *Holiday Inn Express*, wo man den Gast schon mal mit aus Eipulver hergestelltem Rührei oder Omeletts, Würstchen und *Bacon* erfreut. Auch Joghurt, Äpfel, Bananen oder Orangen fehlen dort nicht. Pappe, Styropor und Plastikbesteck sind in fast allen Fällen Standard; Porzellan/Keramik ist äußerst selten.

Die Alternative sind *Fast Food Places* mit preisgünstigen Frühstückskombis oder die Filialen von Restaurantketten wie ***Denny's*** mit ***American Breakfast*** für den größeren Appetit.

Pay TV

Gratisfilme am laufenden Band (fast) ohne Werbeunterbrechung gibt es auf den Kanälen des ***Cable-TV***, das manche Motels abonniert haben. Bessere Häuser bieten als Hausprogramm eine Auswahl neuester Produktionen (überwiegend gegen Gebühr).

WLAN/Wifi

Ab unterer Mittelklasse, speziell, was die Ketten betrifft, finden **Laptop- und Tablet-Nutzer** in der Mehrheit der H/Motels freien Zugang zum Internet (***free Wifi***), nur gelegentlich – und dann eher in teuren Häusern – sind dafür Gebühren fällig. Das Passwort, so überhaupt notwendig, gibt's beim Einchecken gleich mit.

Tipp: Weiß man schon, wo am nächsten Tag übernachtet werden soll, kann eine kurzfristige telefonische oder Internet-/App-Reservierung vorab nicht schaden. In der Regel genügt es aber, wenn man **am nicht zu späten Nachmittag** mit der Quartiersuche beginnt. Es gibt aber auch **Ausnahmen** wie besonders populäre Resort-Hotels, typische Wochenendziele, Regionen/Orte mit begrenztem Angebot, Veranstaltungstage etc.; ➤ Seite 120ff (»**Vorbuchen von Unterkünften**«).

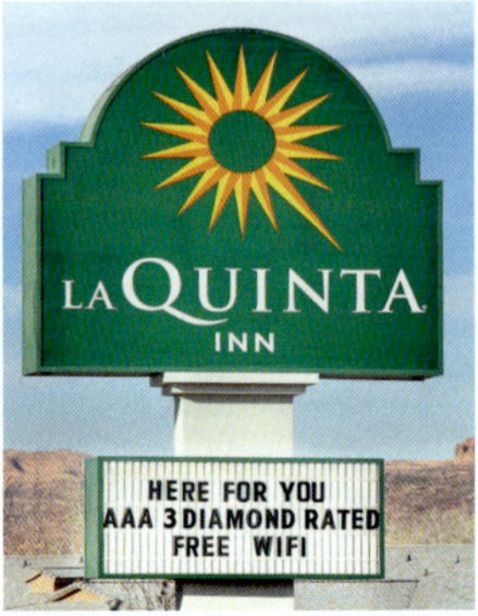

»Free Internet« oder »Free Wifi« ist heute Standard für die Mehrheit der H/Motels im US-Westen

Finden und Reservieren von Unterkünften

Unterkünfte findet man auch ohne Hotelverzeichnis oder Navi in den USA relativ leicht, indem man sich an der Werbung entlang von Autobahnen, an Ausfallstraßen oder in Flughäfen orientiert.

TourBooks

Wer nicht ganz auf sein Glück vertrauen möchte und Wert auf ein gutes Preis-Leistungs-Verhältnis bei der Übernachtung legt, besorgt sich die ***TourBooks* des *AAA***, die ziemlich umfassende **Unterkunftsverzeichnisse** mit aktuellen Preisen und Daten für Häuser ab der unteren Mittelklasse mit **Rabatt-Angeboten für Klubmitglieder** enthalten, ➤ Seite 78. Auch die in vielen ***Welcome*** oder ***Visitor Centers*** gratis ausliegenden regionalen ***Accommodation*** bzw. ***Hotel Guides*** (Unterkunfts-/Hotelführer) sind hilfreich, ebenso wie ***Coupon Guides***, ➤ rechts.

Internet

Eine gute Übersicht liefern zudem im **Internet** Buchungsportale wie www.booking.com, www.expedia.com oder www.hotels.com.

Kostenfreie **Smartphone-Apps** gibt es sowohl im *iTunes App Store* als auch im *Android Market*, darunter die Apps der oben genannten Buchungsseiten sowie für einzelne oder miteinander verbundene Ketten wie z.B. *Choice Hotels* (www.choicehotels.com) und des Hotelbewertungsportals ***Tripadvisor*** (www.tripadvisor.com).

Trotz der ansprechenden Fotos im Web sieht man aber natürlich immer erst vor Ort, ob die getroffene Wahl glücklich war. Denn mitunter entsprechen *Tripadvisor*-Beurteilungen oder ins Netz gestellte Bilder nicht so ganz den wirklichen Gegebenheiten. Das Ranking bei *booking.com* ist diesbezüglich meist etwas verlässlicher und aktueller, da dort nur »echte Gäste« Bewertungen abgeben dürfen, die nach kurzer Zeit bereits wieder verjähren.

Toll Free Numbers

Unter den in den USA weit verbreiteten **gebührenfreien Nummern** erreicht man die Reservierungszentralen der Ketten und Hotelgruppen (➤ Seite 158). Für unbekannte 800-Nummern, ruft man – ebenfalls gebührenfrei – die ***Toll-free Information*** an: © **1-800-555-1212**.

Kettenhotels bzw. -motels

Die Verteilung und Dichte von H/Motels der verschiedenen Ketten ist regional sehr unterschiedlich. Die **Ober- und Luxusklasse** konzentriert sich eher auf Großstädte, während die Mittelklasse (*Super 8, Econo Lodge, Ramada, Travelodge, Days Inn, Best Western, HI Express, Comfort/Quality Inn*) nahezu an allen wichtigen Orten und Verkehrsknotenpunkten des Westens vertreten ist.

Tarife Die Ketten in der Übersicht (➤ umseitig) sind nach **Ober-**, **Mittel-** und **Untere Preisklasse** aufgeteilt, wobei die Grenzen insbesondere zwischen den letzten beiden fließend verlaufen. Die angegebenen Tarife in Klammern dienen nur als **Anhaltspunkt**. Sie können je nach Lage, Saison und Auslastung unter-, aber auch deutlich überschritten werden, so dass der Leser vermutlich nicht in allen Fällen mit der gewählten **Einordnung** übereinstimmen wird.

Qualität Während die Unterkünfte der Oberklasse und der gehobeneren Mittelklasse wie z.B. *Country Inn & Suites*, *Holiday Inn (Express)*, *Best Western Plus* in den meisten Fällen einen Standard bieten, der den Erwartungen und dem Preis (im jeweiligen lokalen/saisonalen Rahmen) gerecht wird, so trifft das bei Weitem nicht auf alle Häuser der unteren Mittel- und Budgetklasse zu.

In der Mittelklasse gibt es große Abweichungen innerhalb einer Gruppe. So sind bei *Choice Hotels* etwa die *Comfort Suites* eindeutig der oberen Mittelklasse zuzuordnen, eine *Econo Lodge* oder ein *Rodeway Inn* hingegen ist mitunter kaum besser als so manches renovierte und gut geführte *Motel 6* (untere Preisklasse). Nicht selten werden Unterkünfte nach einigen Jahren (und mit schon deutlich sichtbarer Abnutzung) innerhalb der Hotelgruppe herabgestuft. So kann es passieren, dass ein vormals gutes *Comfort Inn* zu einer eher mittelmäßigen *Econo Lodge* wurde.

Auch in verschiedenen Häusern ein- und derselben Kette, die an sich überall einen in etwa identischen Standard aufweisen sollten, findet man in der Praxis erhebliche Unterschiede – ganz in Abhängigkeit davon wie strikt die Vorgaben des übergeordneten Franchise-Unternehmens hinsichtlich Zimmergröße, -ausstattung etc. sind.

Discount Coupons für H/Motels

In den Touristeninformationen, aber auch in Restaurants wie *Denny's* oder *Burger King* liegen zur freien Bedienung sogenannte ***Coupon Guides*** voller Rabattgutscheine (*Coupons*) für Unterkünfte. Sie beziehen sich überwiegend auf Häuser der Ketten an *Interstates*, in Städten und rund um touristische Attraktionen. Im Internet gibt es die Gutscheine unter www.hotelcoupons.com. Ein Anspruch auf Einlösung der *Coupons* besteht indessen nicht; es kommt auf die jeweilige Auslastung und auf das Kontingent an »Billigzimmern« an. Bei Ankunft nicht zu spät am Tage hat man erfahrungsgemäß gute Chancen, zu den Vorzugstarifen der *Discount Coupons* unterzukommen. Wer einen Sonderpreis nutzen möchte, sollte beim *Check-in* zuerst nach dem Tagestarif fragen (»*What's your best rate today*?«) und bei vorhandener Automobilclub-Mitgliedschaft ggf. auch noch nach der »*Triple A Rate*« (*AAA* bringt meist 10% Rabatt!). Gelegentlich liegen diese Preise auch schon mal unter dem *Coupon*-Angebot. Ist das nicht der Fall, bringt man den Gutschein ins Spiel. **Nebenbei**: Die *Coupon*-Hefte sind mit ihren Übersichtskarten sehr gut geeignet zur Orientierung und Identifizierung der Lage von Motelansammlungen.

Die wichtigsten Hotel-/Motelketten im US-Westen:

Kettenbezeichnung	toll-free ✆	www.
Obere Preisklasse (€150 bis >€400)		
Doubletree/Hilton*1)	1-800-HILTONS	3.hilton.com
Hyatt (alle *Brands*)*2)	1-800-233-1234	hyatt.com
Marriot*3)	1-888-236-2427	marriott.com
Radisson	1-800-967-9033	radisson.com
Starwood Hotels*4)	1-877-STARWOOD	starwoodhotels.com
Mittlere Preisklasse (€80-€200)		
Best Western	1-800-780-7234	bestwestern.com
Choice Hotels*5)	1-877-424-6423	choicehotels.com
Country Inn & Suites	1-800-830-5222	countryinns.com
Holiday Inn/IHG*6)	1-800-HOLIDAY	ihg.com
La Quinta	1-800-SLEEPLQ	lq.com
Ramada Worldwide	1-800-854-9517	ramada.com
Red Lion Hotels*7)	1-844-248-7467	redlion.com
Shilo Inn	1-800-222-2244	shiloinns.com
Vagabond Inn	1-800-522-1555	vagabondinn.com
Wyndham*8)	1-800-407-9832	wyndhamhotelgroup.com
Untere Preisklasse (€50-€120)		
Budget Host	1-800-BUDHOST	budgethost.com
Motel 6	1-800-899-9841	motel6.com
Red Roof	1-800-733-7663	redroof.com

*) weist darauf hin, dass unter der identischen zentralen Telefonnummer und Internetseite die Häuser weiterer Ketten zu buchen sind, die ggf. auch ein eigenes Webportal haben können

*1) Doubletree/Hilton, Hilton Garden, **Mittelklasse**: Embassy Suites & Hampton Inn

*2) Hyatt und alle Ableger wie Hyatt Regency u.a.m.

*3) Renaissance/Marriott & Marriott Courtyard, Mittelklasse: Fairfield Inn u.a.m.

*4) Starwood Hotels mit Meridien, Westin, Mittelklasse: Sheraton Four-Points u.a.m.

*5) Choice Hotels mit z.B. in der gehoberen Mittelklasse Clarion, Comfort Suites, in der normalen Mittelklasse: Comfort Inn, Quality Inn, Sleep Inn, in der unteren Mittelklasse: Econo Lodge, Rodeway Inn

*6) Holiday Inn & Express, Intercontinental (gehobene Mittelklasse), Oberklasse: Crowne Plaza 1-800-227-6963

*7) RLH Coperation: Americas Best Value Inn 1-888-315-2378, America's Best Inn & Suites 1-855-537-4573; Knights Inn (untere Mittelklasse)

*8) Wyndham Hotels (auch Oberklasse) in der gehobenen Mittelklasse: Baymont Inn & Suites 1-800-337-0550, in der normalen Mittelklasse: Days Inn 1-800-225-3297, Howard Johnson 1-800-221-5801, Microtel Inn & Suites 1-800-337-0050, Ramada 1-800-854-9517, in der unteren Mittelklasse: Super 8 1-800-454-3213, Travelodge 1-800-525-4055

Während man z.B. in allen *Holiday Inn (Express)* Unterkünften mit einer vergleichbaren Zimmerqualität rechnen darf, gibt es bei den billigeren Ketten der *Choice Hotels* (z.B. *Econo Lodge, Rodeway Inn*) oder *Wyndham*-Gruppe (*Travelodge, Super 8, Ramada* usw.) große Schwankungen bei Qualität/Sauberkeit zwischen den Standorten. Primär hängt das vom jeweiligen Hotelmanagement ab. Ähnliches gilt das auch für Ketten wie *Americas Best Value Inn* oder *Vagabond Inn*, bei denen die ganze Palette des Kundenurteils von »tadellos« bis »nie wieder!« vertreten ist. Aktuelle *booking.com*-Bewertungen können in vielen Fällen recht hilfreich sein, mehr hierzu ➢ Seite 156.

Typische Motel-Cabins der einfachen Kategorie, mitunter von innen sehr »rustikal« und sanitär grenzwertig, aber meist preiswert

Ein- und Auschecken

Übliche Prozedur

Bei Ankunft füllt der Gast ein Anmeldeformular aus (meistens will man sogar Autokennzeichen, Marke und Farbe wissen) und unterschreibt den *Credit Card Slip*. Der zugedachte Raum sollte vorab in Augenschein genommen werden und man sollte nicht zögern, nach einer Alternative zu fragen, wenn die **Schnellstraße** gleich hinterm Fenster verläuft, der **Fahrstuhl** sich nebenan befindet (ältere Exemplare verursachen bei jeder Bewegung ein kleines Zimmerbeben) oder das Klappern der **Eiswürfelmaschine** und des **Getränke-Automaten** bis tief in die Nacht hinein stören. Im **Airport-Hotel** ist ein Zimmer mit *Runway*-Blick bei Lärmschutzverglasung möglicherweise ganz spannend, sonst weniger erfreulich.

Kosten

Wer spät nachts ankommt und erst am Nachmittag das Zimmer räumen möchte, kann nach einem ***Late Check-out*** fragen, was meist akzeptiert wird und bei vorheriger Klärung nichts oder nur wenige Extradollars kostet. Ohnedem muss man Zimmer **zwischen 10 am und *Noon*** räumen, bei unangekündigtem Überziehen der Zeit im Extremfall den vollen Tarif zusätzlich bezahlen.

Trinkgeld Hotelpersonal

Nicht nur die Kellner im Restaurant, sondern auch Angestellte in H/Motels sind viel stärker vom Trinkgeld abhängig als ihre Kollegen bei uns. So wird bei allen Dienstleistungen im Hotel ein ***Tip*** erwartet. Der ***Bellhop*** (Hotelpage) erhält fürs Koffertragen $1 pro Gepäckstück, der ***Doorman*** (Türsteher) $2 fürs Taxiholen und die ***Room Maid*** $2-$3, die man **täglich** im Zimmer hinterlässt.

3.5.2 Sonstige Unterkünfte

Bed & Breakfast

Situation

Im US-Westen gibt es relativ viele *Bed & Breakfast Places*, sowohl in Privathäusern wie auch als explizite ***B&B Inns***. In ländlichen Regionen wird man **B&B-Schilder** häufiger entdecken als in größeren Städten, wo manche Gastgeber ihr Angebot nicht am Haus annoncieren.

Größere *Bookstores* führen regionale **B&B-Führer** und sogar Bildbände für solche Häuser in exzellent gelegenen und/oder architektonisch/historisch besonderen Anwesen. Der Übergang zum ***Country Inn***, faktisch einem Hotel, ist dabei fließend. Hier und dort sind auch **Listen mit allen *Bed & Breakfast Places*** einer Stadt/Gegend in den Büros der *Tourist Information* erhältlich.

Internet/ App

Im Internet finden sich zahlreiche Websites von B&B-Betreibern und Vermittlungsportale wie z.B. www.bedandbreakfast.com oder, speziell für Kalifornien, www.cabbi.com. **Google** liefert unter **b&b** plus Region jede Menge Adressen. Von *CABBI* gibt es z.B. im ***iTunes App Store*** und auch für ***Android*** ein freies App für alle angeschlossenen B&Bs in Kalifornien.

B&B Ranches

Auffällig ist auch die **gewachsene Zahl hochwertiger B&B-Angebote im Umfeld von Touristenattraktionen des US-Westens**. Rund um Nationalparks und an den typischen touristischen »Rennstrecken« (Utah/Arizona) findet man viele reizvolle Quartiere, darunter auch manche ***Ranch*** mit *Outdoor*-Aktivitäten inklusive. Neuere Gebäude besitzen häufig separat angelegte Räume mit Bad, TV etc. und unterscheiden sich kaum noch vom Hotel.

Kosten

B&B ist in den USA nicht die billige Alternative zum Motel; das Preisniveau liegt im Rahmen der Mittelklasse, aber oft auch höher, so ab $150 pro Zimmer und Nacht.

Historische viktorianische Holzvilla von Ende des 19. Jahrhunderts als B&B Place in Ashland/ Oregon, Ort eines sommerlangen jährlichen Shakespeare Festivals

Privatzimmer

airbnb.com und andere

In den letzen Jahren konnten sich auch Privatzimmer-Vermittler im Internet wie www.airbnb.com, www.homeaway.com oder www.windu.com erfolgreich etablieren. Neben »Schnäppchen« für Sparfüchse findet sich dort viel Originelles wie der Wohnwagen in Big Sur, die Kabine auf der Segelyacht oder gleich ein ganzes Hausboot. Der Kontakt zu Amerikanern ist dabei oft inklusive.

International Hostels

Jugendherbergen/ Hostelling International (HI-Hostels)

Das Herbergswesen ist in den USA im Vergleich zu Europa zwar unterentwickelt, aber einige Häuser befinden sich in günstiger Brennpunktlage der Citys oder in besonders attraktivem Umfeld.

Die Tarife in den ***Hostelling International (HI) Hostels*** sind für Einzelreisende konkurrenzlos. Bei zwei Personen zahlt man aber manchmal bereits mehr als in einem Billigmotel. Viele Herbergen haben auch EZ/DZ, teilweise sogar mit eigenem Bad zu ähnlichen Preisen wie in der unteresten Motelkategorie.

Reservierung

Zu den *HI Hostels* in den USA findet man alle Informationen unter www.hiusa.org. Dort kann man auch gleich zentral reservieren. Herbbergen in den Großstädten und in der Nähe attraktiver Ziele (Nationalparks/ Küstenorte) müssen überwiegend Wochen – ggf. auch Monate – **im Voraus reserviert werden**.

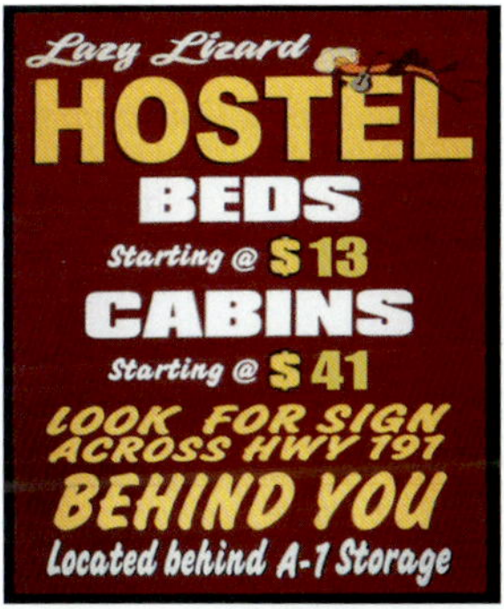

Alternative Hostels

Eine Alternative zu den Herbergen von *Hostelling International* bieten viele Häuser unter freier Trägerschaft. Auch sie verfügen über Mehrbettzimmer (ab ca. $20 bis über $40 pro Bett) und meist auch EZ/DZ ab etwa $50. Bei ihnen geht es im Allgemeinen lockerer zu als in Hostels der Herbergsorganisation.

Im Internet findet man Details zu den unabhängigen Hostels unter den Reservierungsportalen:

- www.hostels.com
- www.hostelsclub.com
- www.hostelworld.com

Apps

Smartphone-Nutzer finden Apps für *HI Hostels* wie auch für die Unabhängigen im ***iTunes App Store*** und im ***Android Market***.

Studentenwohnheime

Eine Übernachtungsalternative sind in den Sommermonaten (Ende Mai Mai bis einschließlich August) die dann teilweise leerstehenden Studentenwohnheime, die ***University Residences*** oder ***College Dormitories***. Fast jede größere Stadt verfügt über mindestens ein *College*. Das ***Department of Housing*** der jeweiligen Institution ist zuständig für die Vermietung, wobei die Bedingungen (z.B. keine Einzelübernachtungen) und Preise stark variieren.

3.6 Camping USA: The Great Outdoors

In den Bergen, Nationalparks und riesigen Wäldern des Westens genießen die Amerikaner ihre *Great Outdoors*, Camping und Freizeitaktivitäten draußen in der Natur. Daran teilzuhaben, gehört zu den besten Erfahrungen jeder Amerikareise. Im überbevölkerten Mitteleuropa gibt es nichts Vergleichbares.

3.6.1 Amerika hat es besser

Ausstattung der Plätze

Die USA bieten Campern alles, was das Herz begehrt, sei es nun Komfortcamping im Wohnmobil oder eher ein Campieren unter einfachsten Bedingungen weitab jeder Zivilisation. Die meisten Campgrounds sind großzügig angelegt, und die **Stellplätze** fürs RVs oder Zelt beschränken sich nicht auf wenige Quadratmeter, sondern umfassen ein eigenes **kleines Areal mit Picknicktisch und Grillrost**, oft auch mit Feuerstelle – Letzteres aber in erster Linie auf staatlichen Plätzen, ➢ weiter unten.

Camping-führer und Apps

Die im ***iTunes App Store*** und ***Android Market*** verfügbaren ***Camping Apps*** für alle US-Staaten sind den gedruckten Listungen in allen Belangen überlegen. Neben dem Blick auf »*All Campgrounds*« kann man selektiv auch Plätze nur für Zeltcamper, nur für RVs, nur in Nationalparks etc. aufrufen. Hinter den Kurzinformationen der App-Liste steht damit auf dem Monitor jeweils das ganze Paket mit allen Detailinformationen einschließlich Anfahrtkarten zur Verfügung; ➢ www.allstays.com.

Verbreitet und in vielen Miet-RVs vorhanden ist der ***Good Sam RV Travel Guide***, ein stark auf kommerziell betriebene Plätze ausgerichteter Führer. Sein Aufbau macht die Benutzung mühsam und viele Plätze – so des *Corps of Engineers*, *National Forest Service* und *BLM* – bleiben in diesem telefonbuchdicken Band unerwähnt. Die

Camping auf dem Platz »Jumbo Rocks« im Joshua Tree National Park

Campervermieter versorgen ihre Kunden oft auch mit dem ***KOA Directory*** (➤ Seite 168) und Broschüren privater Platzbetreiber.

Kosten

Auf allen **staatlichen Plätzen** gilt eine **pauschale Einheitsgebühr (*fee*) pro Stellplatz** unabhängig von der Personenzahl (Obergrenze 4-9 Personen und oft 2 Fahrzeuge). Die Gebühren werden überwiegend im sog. ***Self Registering*** erhoben. D.h., die Camper stecken Bargeld nach Eintragung ihrer Daten in einen bereitliegenden Umschlag und werfen diesen in eine gesicherte ***Deposit Box***. Es gibt hier und dort aber auch Automaten für Kreditkartenzahlung. Auf **privaten Plätzen** überwiegt eine Basisgebühr für 2 Personen plus Aufschlag für jeden zusätzlichen Gast.

Hook-up

Die meisten kommerziellen Campingplätze und viele *State Parks* (➤ Seite 165) verfügen über sog. ***hook-ups***, d.h. Steckdosen, Wasserhahn und Abwasserloch an den Stellplätzen. Häufig stehen nur ***Electricity & Water*** zur Verfügung, sind alle drei Anschlüsse vorhanden, spricht man von einem ***full hook-up***. Oft gibt's auch die **TV-Buchse** für die zentrale Satellitenschüssel oder das Kabelnetz. In rascher Verbreitung begriffen ist der **Internetzugang** (*Wifi*) mit oder (meistens) ohne gesonderte Gebühr. Komfortplätze mit solchen Vorzügen kosten naturgemäß mehr.

Wasseranschluss, auf der Rückseite Steckdosen. So elegant und sauber sieht es nicht immer aus

Mit vorausschauender Disposition kommen RV-Fahrer auch ohne *hook-up* aus. Denn auf manchen Rastplätzen und vielen *Campgrounds* ohne *hook-up* sowie auf Plätzen in *National-* und *State Parks* befinden sich sog. ***dump***, ***sani*** oder ***sewage stations***, wo – oft gegen Gebühr – Schmutzwasser abgelassen und Trinkwasser aufgefüllt werden kann. Auch **Tankstellen**, ***Truck Stops*** und lokale Besucherbüros (*Visitor Information* oder *Chamber of Commerce*) bieten bisweilen eine ***Dump Station*** als Service.

Strom benötigt man im Camper an sich nur zum Betreiben der Dachklimaanlage bei großer Hitze oder für die Mikrowelle, Fernseher und Haartrockner, sowie fürs Aufladen von Akkus, obwohl das auch in der 12-V-Steckdose geht, ➤ Seite 123. Fürs Licht genügt die Kapazität der in Campmobilen vorhandenen zweiten Batterie (sie wird automatisch neben der Motorbatterie mit aufgeladen), sofern man keine längeren Standzeiten einlegt. RV-Mieter haben im Übrigen in Fahrzeugen ab 23 Fuß immer einen Generator mit an Bord, der im Notfall für »Saft« sorgen kann.

3.6.2 Alles über Campingplätze

Staatliche Plätze – Public Campgrounds

National Parks/ Monumente

Reservierung Seite ➤ 168

Die Campingplätze in Einrichtungen des Nationalparksystems liegen überwiegend in reizvoller Umgebung und zeichnen sich durch eine großzügige Aufteilung aus. Einige sind wegen des Massenandrangs in der Hochsaison von erheblichen Ausmaßen. Die Mehrheit verfügt neben den üblichen Ausstattungsmerkmalen (➤ oben) nur über einfache sanitäre Anlagen. Lediglich Großkomplexe in einigen besonders stark besuchten Parks wie *Grand* und *Bryce Canyon* und *Yosemite NP* bieten mehr Komfort.

Die Campgebühren liegen in der Regel unter **$30 pro Nacht** und Stellplatz. Manchmal gratis sind ***Walk-in-Campgrounds*** abseits der Straßen. Für ihre Benutzung benötigt man ein ***Camping-Permit***, das in Besucherzentren und *Ranger Stations* ausgestellt wird.

National Forest

In den riesigen Wäldern des Westens hat der ***National Forest Service*** zahlreiche Campingplätze der – sanitär gesehen – Einfachkategorie angelegt. Unter ihnen befinden sich **traumhafte Anlagen** inmitten sonst unberührter Natur. Ein paar Extrameilen auf Forststraßen (*forest roads*) lohnen sich fast immer, wenn man ein hübsches, ruhiges Plätzchen für die Nacht sucht. Auch in der Hochsaison sind abgelegenere ***NF Campgrounds*** nur ausnahmsweise voll belegt. Und wenn, dann dürfen Reisende meist ganz legal und gebührenfrei Quartier abseits im Wald nehmen (mindestens 400 m vom nächsten offiziellen *Campground* entfernt). Das ist erlaubtes sogenanntes ***dispersed camping***; ➤ Kasten Seite 166.

So schön und großzügig angelegt wie der Campground im Arches Nationalpark sind meist nur staatliche Plätze, dazu zählen auch jene in Nationalforsten (➤ Foto rechts)

Auch landschaftlich super: der NF-Campplatz Lone Pine östlich der Sierra Nevada unterhalb des Mount Whitney (4.421 m); mit Grill, holzbefeuertem »Ofen« und »Herdplatte« (rechts)

Lage und Gebühren der NF-Plätze

Reservierung Seite ➢ 169

NF-Plätze sind nur sehr sporadisch in den konventionellen Campingführern verzeichnet, dafür aber lückenlos in den auf ➢ Seite 162 erwähnten ***Camping Apps*** und zum Teil – soweit es gratis und niedrigpreisige Plätze betrifft – unter www.freecampgrounds.com. Markierungen in den **Karten der Bundesstaaten** und im empfohlenen ***Rand McNally Atlas*** (➢ Seite 78) weisen für viele auf deren ungefähre Lage hin. Genaue und vollständiges Kartenmaterial erhält man in den regionalen Büros des *Forest Service* im Umfeld der Forste. Die Übernachtungskosten betragen zwischen **$0 und $25**. *National Forest Campgrounds* unterliegen durchweg der **Selbstregistrierung**. Dafür müssen genaue Dollarbeträge zur Hand sein.

Die Höhe richtet sich weniger nach der Ausstattung, die über ein paar Kaltwasserhähne und Plumpsklos/Chemietoiletten selten hinausgeht, als nach ihrer verkehrstechnischen Lage. Am teuersten sind Plätze im Umfeld von Nationalparks. Mit zunehmender Entfernung zur nächsten befestigten Straße fallen die Gebühren. Nur zu Fuß zugängliche Plätze »weitab vom Schuss« sind meist gratis.

State Parks

Reservierung Seite ➢ 169

Alle amerikanischen Bundesstaaten unterhalten ***State Parks***, in denen die Bürger Erholung finden und die *Outdoors* (großteils mit Campingmöglichkeit) genießen können. ***State Park Campgrounds*** sind ausnahmslos in Campingführern verzeichnet und **auf den meisten Karten** deutlich markiert. Sie weisen von Staat zu Staat und sogar innerhalb eines Staates recht unterschiedliche Merkmale auf. Manche verfügen über hohen sanitären Komfort mit Wasser- und Stromanschluss an allen Stellplätzen (zunehmend auch *Wifi*!), andere sind mit den einfachen *NF-Campgrounds* vergleichbar. So oder so, Lage wie Anlage der *SP*-Areale im Westen sorgen meist für sehr **erfreuliche Campingbedingungen** zu passablen Preisen ($20-$25/Nacht). Nur Kalifornien ist teurer: $25-$60 (am Pazifik).

BLM

Reservierung Seite ➢ 169

Das ***Bureau of Land Management*** (des Innenministeriums) unterhält **sanitär einfache *Campgrounds*** auf Ländereien, die nicht in die Zuständigkeit des *National Forest Service* fallen. Sie liegen vielfach in Wüstengebieten abseits großer Straßen mit bisweilen

BOONDOCKING – Übernachten »for free«

In *National Forests* ist unweit der offiziell ausgewiesenen Zeltplätze **kostenloses Camping** gestattet, sofern man mindestens 400 m Abstand zum nächsten ausgewiesenen *NF Campground* hält und nicht ausdrückliche Verbotsschilder dies untersagen (selten). Das gilt ähnlich auch für Landstriche unter der Obhut des *Bureau of Land Management* (*BLM*) und z.T. in den Gebieten des *National Park Service*. So wird im *Grand Staircase-Escalante NM* auf den sog. *Primitive Campsites* nur ein (gratis!) *Overnight Permit* benötigt, das man sich zuvor im Besucherzentrum besorgen muss. Solche Plätze sind mit einem Wohnmobil größer als *Van Camper* bisweilen nur schwer oder gar nicht erreichbar.

Mit ihnen darf man dafür ganz offiziell auf **Parkplätzen einiger Kasinos in Indianerreservaten** über Nacht stehen und bei vielen ***Walmart*-Filialen**. Unter www.walmartlocator.com/no-park-walmarts erfährt man, welche *Wal Marts* diesen Service einschließlich Toilettenbenutzung des Hauses zu den Öffnungszeiten nicht (mehr) bieten. Wer in den Abendstunden einen weitgehend autofreien Parkplatz vor einem Supermarkt oder *K-Mart, Target, Sam's Club* oder *Cracker Barrel* mit ein paar einsamen RVs passiert, darf eine *Overnight*-Parkerlaubnis vermuten – fragen kostet nichts! Gratis über Nacht stehen kann man aber bei ***Truck Stops*** wie ***Flying J*** im Umfeld der *Interstate Freeways* – laut, aber relativ sicher.

Kostenloses Camping heißt in den USA ***Boondocking*** (»*in the boondocks*« wörtlich »in der Pampa«), die Bezeichnungen ***Wild*** oder ***Dispersed Camping*** sind ebenso weit verbreitet. Die Online-Plattform www.freecampsites.net liefert tolle Infos zu diesem Thema (mit Kartenansichten!), eine gute Adresse für RVler ist außerdem www.campendium.com.

»Boondocking« ist »wildes« Campen, hier in der Weite Arizonas (bei Wickenburg)

sehr rauen Zufahrten. Die Gebühren für solche Plätze sind im Allgemeinen niedrig; Details unter www.blm.gov.

Corps of Engineers

Die von den **Pioniere der US-Armee** (***CoE***) an Stauseen im gesamten Westen angelegten Plätze gehören oft zur preiswerten Einfachkategorie und eignen sich für Zwischendurchübernachtungen. Sie sind im Allgemeinen eher ein Geheimtipp und gut gepflegt. Einige verfügen sogar über *full hook-up*; Infos: www.rv-camping.org/COECampgrounds.html und http://fmcadventure.com/2018/09/06/guide-to-army-corps-of-engineers-coe-campgrounds/.

Indianer-Reservate

Überwiegend **einfache *Campgrounds*** findet man auch in Indianerreservaten in der Nähe besonderer Sehenswürdigkeiten wie etwa dem ***Monument Valley*** (Navajo) oder den ***Mesas*** der Hopi-Indianer. Sie wurden in landschaftlich attraktiven Gebieten auch zur Unterstützung der Reservatswirtschaft angelegt, so z.B. in den White Mountains/Arizona (Apache) und Sacramento Mountains/New Mexico (Mescalero). Auf den Parkplätzen ihrer **Spielkasinos** dürfen Wohnmobilbesitzer mit ihrem Fahrzeug **oft umsonst** übernachten.

Citys & Counties

Auch **Städte** und **Landkreise** unterhalten Campingplätze sehr unterschiedlicher Qualität und Ausstattung. Die **Kosten** variieren entsprechend. Ein typisches Beispiel ist der teure, aber relativ citynahe Campingplatz direkt an der ***Dockweiler Beach*** in Los Angeles unterhalb der Einflugschneise des *International Airport*.

Wie findet man diese Plätze?

Die Plätze des ***BLM***, des ***CoE***, der ***Cities & Counties*** und in **Reservaten** erfahren eine sehr unterschiedliche Dokumentation in den Campingführern. Im ***Good Sam Guide*** und anderen findet man sie bis auf die städtischen und kreiseigenen Plätze so gut wie gar nicht, wohl aber in den *Camping Apps*. Die preiswerteren unter ihnen sind aber in den Spezialveröffentlichungen für Billig-/Gratisplätze ebenfalls lückenlos berücksichtigt: www.freecampgrounds.com.

Kommerziell betriebene Plätze

Ausstattung/ Kosten

Bei den kommerziell betriebenen Campinglätze überwiegen Anlagen mit ***hook-up*-Angebot** und knappem Zuschnitt der Stellplätze. Die **Tarifgestaltung** orientiert sich an Ausstattung und Nähe zu touristischen Reiserouten und -zielen. Die **preisliche Untergrenze** für einfache/abgelegene Privatplätze liegt im Westen bei etwa **$25**. Im Umfeld von Attraktionen (Nationalparks, Badeorte) und im Einzugsbereich der Großstädte wird es rasch teurer. Campmobilisten finden dort ab ca. **$45/Nacht** (teilweise auch deutlich mehr) ein ebenes Plätzchen, Sanitäranlagen, Pool, Shop, TV-Anschluss und *Wifi*. Die Nachbarn hat man jedoch meist auch auf engerer Tuchfühlung als in *State/National Parks*, im *National Forest* etc.

Lage

Nur wenige kommerziell geführte *Campgrounds* können es in puncto landschaftliche Einbettung und Attraktivität der Anlage mit der staatlichen Konkurrenz aufnehmen. Zwecks guter Auslastung liegen sie eher in **günstiger Position**, d.h., häufig in der Nähe vielbefahrener Straßen und *Interstate Freeways*.

Qualität

Wer sich bei der Auswahl des Platzes von Werbebroschüren und Campingführern mit entsprechenden Anzeigen leiten lässt, wird bisweilen staunen über die Diskrepanz zwischen Werbung und Realität. Der **Zustand der Sanitäreinrichtungen** ist trotz hoher Tarife oft ein recht wunder Punkt.

Camping-Ketten

Die Mehrheit der *Campground*-Betreiber ist unabhängig. Aber es gibt auch Campingplatz-Ketten. *Good Sam Campgrounds* garantieren nur die Einhaltung gewisser Standards. Aber die fast **500** ***Kampgrounds of America***, www.koa.com, gehören zu einer straff geführten Kette, bieten überall eine fast identische Qualität vor allem im Sanitärbereich und haben individuelle **kostenlose Reservierungstelefone**. Außerdem sind sie ebenso wie die staatlichen Plätze zentral über www.reserveamerica.com zu reservieren.

KOA

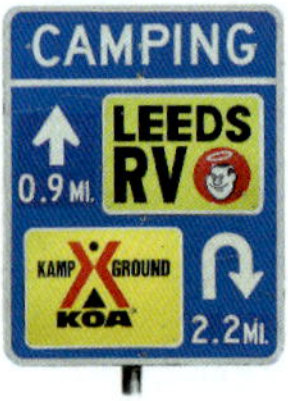

KOA kooperiert mit Campmobilvermietern und lockt deren Kunden mit der gratis ***KOA Value Card***, die **10%-Rabatt** und andere ***Hot Deals*** verspricht. Aber selbst damit bleibt *KOA* in der preislichen Oberklasse – Zelte ab ca. **$25** bzw. RVs ab **$40** und häufig noch erheblich mehr. Gutes Marketing, die verkehrstechnisch günstige Lage vieler Plätze und ein meist durchgehend guter Standard bei **Toiletten- und Duschanlagen** erklären den Erfolg von *KOA*. Auch sonst bietet die Kette einen etwas höheren Komfort und erlaubt i.d.R. das Grillen am Lagerfeuer (bei einigen privaten Plätzen nicht gestattet!).

Eine (nicht nur) *KOA*-Spezialität sind kleine Blockhäuser, ***Cabins*** (auf 90% aller *KOA*-Anlagen) und ***Cottages***, für $45-$200/Nacht für bis zu 4 Personen (die teuren Varianten haben Badezimmer und Küche). Der Schlafsack ist selbst mitzubringen.

Good Sam

Im Allgemeinen empfehlenswert sind die unabhängigen *Campgrounds*, die vom ***Good Sam Club*** eine Art Gütesiegel erhalten. Die Qualität der sanitären Einrichtungen und sonstige Merkmale sind aber bei *Good Sam*-Plätzen stärkeren Schwankungen unterworfen als bei *KOA*; www.goodsamclub.com.

Reservierung

Außerhalb der Monate Juni bis August braucht man normalerweise nur an bestimmten Wochenenden (*Memorial* und *Labor Day*) zu reservieren. Selbst im Hochsommer findet oft noch gut Platz, wer nicht zu spät am Tage ankommt (Ausnahmen ➢ Seite 72).

Private Plätze

Alle kommerziell betriebenen *Campgrounds* lassen sich telefonisch und meistens auch per Internet reservieren. Die Adressen dazu stehen in Campingführern, in den ***Apps*** und – im Fall besonders empfehlenswerter Plätze – auch im Reiseteil dieses Buches.

Nationalparks

Der ***National Park Service*** vergibt immer **nur einen Teil** seiner Plätze in den populärsten Parks über das zentrales Reservierungssystem: www.recreation.gov, ✆ **1-888-444-6777**. Wer im Sommer auf deren stark frequentierten *Campgrounds* unterkommen möchte, sollte **ab dem jeweils 5. eines Monats bis zu 5 Monate im Voraus reservieren** (im *Yosemite NP* ab dem 15. jeden Monats).

Nat'l Forest Service, BLM und CoE

Über dasselbe Portal und alternativ www.reserveamerica.com sind auch alle *Campgrounds* des ***National Forest Service***, des ***Bureau of Land Management*** und des ***US Army Corps of Engineers*** zu buchen, die nicht *first-come, first-served* vergeben werden.

Staatliche Plätze

Die staatlichen Campingplätze in den US-Bundestaaten **Idaho**, **Montana**, **Nebraska** und **New Mexico** und **Utah** können ebenfalls unter www.reserveamerica.com reserviert werden. Diese Adresse gilt auch für viele der kommerziell betriebenen *Campgrounds* (nicht nur *KOA*).

Überwiegend ist eine Gebühr (***fee***) von $5-$10 pro Buchung fällig (unabhängig von der Zahl der Nächte). Der einmal bezahlte Stellplatz wird gehalten, egal, wie spät man ankommt.

Folgende Staaten haben eigene separate Buchungsportale:

Toll-Free-Nummern können auch von Europa aus angerufen werden, kosten aber die normale Auslandsgebühr

Arizona:	✆ 1-877-697-2757, www.azstateparks.com
Colorado:	✆ 1-800-244-5613, https://cpw.state.co.us
Kalifornien:	✆ 1-800-444-7275, www.reservecalifornia.com
North Dakota:	✆ 1-800-807-4723, https://apps.nd.gov/pnr/sp/services/public/main.htm
Oregon:	✆ 1-800-452-5687, https://oregonstateparks.org
South Dakota:	✆ 1-800-710-2267, https://travel.campsd.com/Reserve-A-Campsite
Texas:	✆ (512) 389-8900, https://tpwd.texas.gov/business/park_reservations/
Washington:	✆ 1-888-226-7688, http://parks.state.wa.us/223/Reservations
Wyoming:	✆ 1-877-996-7275, http://wyoparks.state.wy.us.

In **Nevada** werden die Plätze in allen *State Parks* nach wie vor noch gemäß ***first-come, first-served*** belegt.

KOA beim Monument Valley, relativ neu und (noch) schattenlos

Beurteilung

Von der Heimat aus ist das Internet kostengünstiger und sprachlich einfacher als Anrufe in den USA, zumal Name, Adresse etc. nur einmal registriert werden müssen. Eine Kreditkartennummer ist erst bei konkreter Buchung anzugeben. Obendrein bieten die genannten Portale zusätzliche bzw. erste genauere Informationen. Alle Parks sind kurz beschrieben samt aller Einrichtungen, einer Anfahrts- und Detailkarte, oft zusätzlich mit der Möglichkeit, per ***google maps*** auf den Platz und die Region zu zoomen.

In vielen Fällen kann man sogar einen spezifischen Stellplatz (am Wasser, im Schatten, in Duschanlagennähe etc.) bestimmen und reservieren. Den vor Ort vorzulegenden ***Voucher*** muss man sich **selbst ausdrucken**. Eine **Stornierung** kostet $10/Reservierung. Buchen macht daher nur Sinn bei fix feststehenden Daten.

Empfehlung der Autoren

Vorteile und Nachteile der verschiedenen Plätze

Die meisten staatlichen Plätze sind – unabhängig von Kostenüberlegungen – privaten Anlagen vorzuziehen, sofern der Vollanschluss nicht im Vordergrund der Bedürfnisse steht. Das Campen auf ihnen ist mehrheitlich erfreulicher. Wie bereits erläutert, finden Wohnmobilfahrer genügend Möglichkeiten, die Ver- und Entsorgung ihres Fahrzeugs auch ohne *hook-up* am Stellplatz zu erledigen. Der Nachteil eventuell nicht vorhandener Duschen auf sonst herrlichen Plätzen ist sicher auch mal zu verschmerzen. Wohnmobilmieter haben ohnehin eine Dusche an Bord. Gegen Gebühr können Zeltcamper unterwegs die Duschen von kommerziellen Plätzen oder *Truck Stops* nutzen oder – so in einigen Nationalparks (*Yosemite, Sequoia/Kings Canyon* & *Bryce Canyon*) – öffentliche Duschanlagen aufsuchen.

Optimal sind ***State Parks***. Gut angelegt in schöner Landschaft verfügen sie meist über zumindest akzeptable, häufig bessere Sanitäranlagen als mancher Privatplatz.

Offiziell erlaubtes »unorganisiertes«, dennoch gebührenpflichtiges Campen am Ufer des Lake Powell (Lone Rock Beach bei Page/Arizona)

Preiswerter einkaufen mit Kundenkarte

Mit einer ***Loyalty***, ***Rewards***, ***Value*** oder ***Club Card*** können auch Touristen den relativ hohen regulären Supermarktpreisen Paroli bieten und wie Einheimische die **erheblich reduzierten »Sonderpreise«** nutzen. Sie gelten vielfach für über 50% des Sortiments bei *Safeway* & *Vons* (die Karten dieser beiden werden wechselseitig anerkannt), *Smith's*, *City Market* sowie etlichen anderen Läden. Einsparungen von $5-$15 bei Großeinkäufen sind keine Seltenheit. Für die bei einigen Ketten angeschlossenen Tankstellen sammelt man automatisch Bonuspunkte und zahlt dann $0,10-$0,30 weniger pro Gallone. Um eine Kundenkarte zu erhalten, muss man sich nur mit einer beliebigen Adresse (Freunde, Hotel etc.) registrieren lassen. Das geht meist rasch und problemlos direkt vor dem Bezahlen an der Kasse oder ggf. beim *Service Desk*.

3.7 Essen und Trinken

3.7.1 Selbstverpflegung

Supermärkte

Die Selbstversorgung in den USA ist unproblematisch. Die ***Food Marts*** der national operierenden Ketten wie ***Safeway***, ***Vons***, ***Albertsons***, ***Smith's*** oder ***Fred Meyer*** findet man praktisch an jeder Ecke. In größeren Ortschaften sind sie häufig an den Ausfallstraßen in ***Shopping Plazas*** integriert und haben fast ausnahmslos **bis 21 Uhr** geöffnet, oft sogar **»24/7«** (rund um die Uhr, 7 Tage die Woche).

Die oben genannten Supermärkte führen – je nach Standort – auch ein gutes Sortiment an Bio-Waren (***Organic Food***) zu etwas günstigeren Preisen als die darauf spezialisierten ***Whole Foods Markets*** (www.wholefoodsmarket.com) oder die Aldi-Tochter ***Trader Joe's*** (www.traderjoes.com).

Walmart Supercenter umfassen immer auch einen *Discount Supermarkt*, dessen Preisniveau liegt zwar unter dem der reinen *Food Mart*-Ketten, aber nicht vergleichbar wie *Aldi* und *Lidl* in Europa. ***Aldi*** ist seit langem auch in Übersee, expandiert aber erst neuerdings in den US-Westen. ***Lidl*** ist ebenfalls im Begriff, den amerikanischen Markt zu erschließen.

Lebensmittel, aber kaum Obst, Gemüse und Frischprodukte, findet man oft rund um die Uhr in ***Mini-Marts*** (*Circle K Stores, K-Food, am/pm, 7-Eleven* u.a.). Sie sind relativ teuer, mit Tankstellen kombiniert und fungieren mit *Soft Drinks, Coffee, Ice Cream, Hot Dogs* und Snacks als **Versorgungsstationen für Autofahrer**.

Weitab des modernen *American Way of Life* stößt man immer noch auf den ländlichen ***General Store***, einen klassischen Gemischtwarenladen, der von der Milch bis zum Angelhaken alles führt, was die Kunden im Einzugsbereich nachfragen. Zu dieser

Kategorie gehören auch die (ziemlich teuren) Läden in Nationalparks. Sie sind voll auf die Touristenversorgung eingestellt.

Nettopreise/ lbs-kg

Die (Netto-) Preisauszeichnung bezogen auf die englische Maßeinheit *lb (=pound*; ein Pfund entspricht etwa **450 Gramm**) lässt Preise niedriger erscheinen, als sie es in Wirklichkeit sind. Der Endpreis für ein Kilo beträgt das 2,2-fache des *lb*-Preises.

Lebensmittel

Brot

Brotsorten, die unserem Misch- oder Vollkornbrot nahekommen, sind so gut wie nicht existent. Qualitativ halbwegs erträgliches Brot ist erstaunlich teuer, das allgegenwärtige weiße Einfachbrot in Scheiben dagegen billig. Am besten schmeckt noch das baguetteähnliche *French Bread*, wenn auch nur tagesfrisch.

Wurst/ Käse

Für die überwiegend vakuumverpackten Käsesorten und Wurstwaren wird um einiges mehr verlangt als hierzulande. ***Smoked Ham*** und ***Rostbeef*** sind noch am besten, ebenso der amerikanische ***Cheddar Cheese*** in seinen vier Abstufungen von *mild* bis *extra sharp*. In ***Delis*** und an Delikatesstheken in Supermärkten findet man noch preisintensivere importierte Sorten aus Europa sowie ausgefallene einheimische Kreationen.

Fleisch/ Steak

Fleisch kauft man nur im Supermarkt. Schlachterläden gibt es nicht. Manche Bezeichnungen für Rindfleisch sind uns weniger geläufig. Für den Grill eignen sich vor allem ***Rib Eye, Sirloin, T-Bone*** und ***New York Steaks***. ***Tenderloin*** **(Filetsteak)** ist noch teurer als *Rib Eye* und relativ seltener zu finden. Man hüte sich vor *Brisket, Chuck-* und *Roundsteak*, auch wenn sie gut aussehen; sie sind nicht selten zäh wie Leder und nur nach Behandlung mit ***Meat Tenderizer*** (»Weichmacher«) zu genießen.

Fisch

Gleich neben dem Fleisch befinden sich in allen Supermärkten die Fischtheken. Naturgemäß wird entlang der ganzen Pazifikküste eine große Vielfalt an Frischfisch angeboten.

Obst und Gemüse (Produce)

Das Angebot an Obst und Gemüse variiert je nach Region und Saison. Normalerweise ist die Auswahl reichhaltig, dafür aber oft auch ziemlich bis extrem teuer. Preiswerteres ***Produce*** gibt's zur Erntezeit an Straßenverkaufsständen in den Obstanbaugebieten. Ausgezeichnet schmecken die »***Spicy Hot***«-Gemüsesäfte von ***V8***.

Tiefkühlkost

Besonders prall gefüllt sind Tiefkühltruhen und -schränke. Wer im Wohnmobil über einen Backherd oder Mikrowelle verfügt, findet akzeptable tiefgefrorene **Fertigmahlzeiten**.

Kaffee/ Tee

Der grob gemahlene und anders geröstete amerikanische Kaffee stößt bei vielen Kaffeefreunden auf wenig Gegenliebe. Hier und dort gibt's *Melitta*-Kaffee, der fast so schmeckt wie bei uns, und **Kaffeebeutel** fürs schnelle Aufbrühen. Die **Teeauswahl** ist – außer in wenigen Fachgeschäften – dürftig und besteht vor allem aus Teebeuteln einiger großer Hersteller. Die **Milch** dazu – *Non Fat* (ohne Fett), *Low Fat* (1%-2%), *Homo Milk* (3,5% Vollmilch) – ist immer mit Vitamin A+D angereichert.

Alkoholika

Jeder US-Bundesstaat hat seine eigenen Alkohol-Gesetze (www.stateliquor laws.com/map). In etlichen erhält man Hochprozentiges ausnahmslos nur im ***Liquor Store*** und manche untersagen den Verkauf zu bestimmten Uhrzeiten oder an Sonntagen. In **Utah** führen Supermärkte nur Bier und Wein, soweit ihr Alkoholgehalt 5% nicht übersteigt. Im übrigen Südwesten werden in **Supermärkten** durchweg höheren Preise dafür als in Deutschland verlangt. Überall verboten ist die Abgabe von Alkohol an **Personen unter 21 Jahren**. Auf die Einhaltung dieser Vorschriften wird im Allgemeinen streng geachtet.

Alkoholika dürfen außerdem **nur auf privaten Grundstücken** (dazu gehören auch der Stellplatz auf dem *Campground* und das *Open-air*-Lokal an der Straße) **und in Räumen** konsumiert werden. Öffentlicher Alkoholgenuss ist *prohibited by law* und etwa beim Picknick im Park/am Strand somit ein klares »NO GO«.

US-Biere sind in der Regel relativ leichte Sorten (***Lager***) mit einer nur geringen Bitternote, an denen viele deutsche Biertrinker keinen sonderlichen Gefallen finden, aber dafür gute Durstlöscher. Überall erhältliche kanadische und mexikanische Biere haben mehr Würze. Unter den teureren US-Marken (ab $1,20/Flasche bzw. $7 und mehr pro *Sixpack*) findet man durchaus auch gute Biere (z.B. ***Samuel Adams***, $8-$10/*Sixpack*). Substanziell billiger wird Bier bei Kauf von Kartons mit 12-36 Dosen/Flaschen.

In vielen Orten wurde die alte Tradition kleiner Brauereien wiederbelebt. Diese ***Micro Breweries*** – meist mit eigenen Kneipen und Restaurants – erzeugen heute qualitativ gute, teilweise auch ungewöhnlich schmeckende Biere. Voll im Trend liegen stark hopfenbetonte *Craft Beers* wie das ***India Pale Ale*** (*IPA*) von diversen Brauereien; gut sind z.B. »*Off Duty*« oder »*Hop Rising*«.

Speziell **kalifornische Weine** können es bekanntlich mit europäischen Produkten ohne weiteres aufnehmen, aber nur soweit es sich um die besseren, teureren Tropfen ab ca. $10 handelt. **Portwein** und **Sherries** von ***Gallo*** sind preiswert und durchaus akzeptabel.

Alkoholfreie Getränke

Als ***Soda*** oder ***Pop*** werden sämtliche ***Soft Drinks*** bezeichnet, von *Sprite, Coke* bis hin zum *Mountain Dew* mit einem noch höheren Koffeinanteil. Das ***Root Beer*** gilt als Erfrischungsgetränk, ist alkoholfrei, klebrigsüß und erinnert an Medizin.

Trinkwasser

Das **Leitungswasser** in den USA fällt geschmacklich oft eher in die Kategorie »Schwimmbad« und eignet sich nicht einmal für den Kaffee- oder Teegenuss. Amerikaner kaufen deshalb ***Purified Water*** im Supermarkt in 1- bis 2-Gallonen-Behältern oder füllen dort eine Spezialkaraffe auf. Wirklich schmecken tut aber selbst das nicht. Wer zu Hause gerne reines Wasser trinkt, greift lieber zu ***Spring Water*** z.B. von *Crystal Geyser, Arrowhead* oder *Mount Olympus*. Mit **Kohlensäure versetztes Mineralwasser** wurde früher drüben eher selten getrunken, mittlerweile findet man 1- oder 1,25-Liter-Flaschen ***Sparkling Water*** von *Arrowhead* bzw. *Crystal Geyser* immer öfter selbst in kleineren Läden auf dem Land.

3.7.2 Von Fast Food bis zu Feinschmecker-Restaurants

Schnell etwas zu essen findet man im Westen der USA an jeder Ecke. Hungrige haben – neben Salatbar, Suppen und anderen heißen Fertiggerichten in Supermärkten – die Wahl zwischen *Fast Food*, *Family* und »richtigen« Restaurants:

Fast Food

Von der Kleinstadt aufwärts besetzen *Fast Food*-Lokale die Straßen des Hauptverkehrs in dichter Folge. Die großen Ketten (*McDonald's, Burger King, Kentucky Fried Chicken, Pizza Hut, Subway* etc.) kennt man auch hierzulande, sie haben schon vor langer Zeit den Sprung über den Ozean geschafft und müssen nicht näher erläutert werden. Sie locken ihre Kunden nicht nur mit überaus günstigen *Menus* an (preiswerter als bei uns), sondern auch mit übergroßen Kinderspielplätzen, *free Wifi* und sog. ***free refill*** für Limonaden. Automaten für *Coke, Fanta* etc. stehen meist frei zugänglich im Lokal zur (mehrmaligen) Selbstbedienung.

Fast ausnahmslos erfolgt **kein Alkoholausschank**. Unabhängig von ihrer Spezialisierung für den Rest des Tages gibt es in vielen *Fast Food Restaurants* morgens 6-10 Uhr oder bis 11 Uhr ***Breakfast***.

Burger

Die Marktführer qualitativ in Schach hält die weit verbreitete Kette ***Carls Jr.*** mit ihren »***Charbroiled Burgers***« (vom Holzkohlegrill) und etwas abwechslungsreicheren Zutaten wie *Jalapeños, Guacamole* etc. Voll im Trend liegen die Angusrind-Burger von ***Shake Shack*** (Niederlassungen bislang nur in den Großstädten) und die im Südwesten gut vertretene ***In-N-Out***-Kette, die mit regionalen und besonders frischen Produkten wirbt. Burger stehen auch im Fokus bei ***Wendy's*** sowie ***Jack-in-the-Box***.

Kaffee und Coffeehouses

Der amerikanische ***Cup of Coffee*** spaltet die Besucher aus Europa in zwei Lager. Die einen empfinden den Kaffee als braune Plörre, die anderen trinken ihn wie die Amerikaner gleich literweise, zumal ein ***Refill*** – ein-, zwei- oder mehrmals nachgeschenkt – in Restaurants überwiegend kostenlos ist.

Wie Pilze aus dem Boden schossen in den 1990er-Jahren ***Coffeehouses*** wie ***Starbucks***, ***Coffee Bean*** oder ***Tully's Coffee***. Viele Unabhängige zogen nach, und vor allem entlang der nördlichen Pazifikküste stehen die kleinen *Drive-thru*-Häuschen, die außen wie innen recht originell aussehen können, praktisch an jeder Ecke. Neben aromatisierten Kaffeesorten wird in *Coffeehouses* **Espresso, Cappuccino** oder ***Caffe Latte*** zum *Croissant, Donut* oder *Muffin* serviert. Aber selbst der teuerste Edelkaffee kommt meist nur im Papp- oder Plastikbecher.

Bisweilen trotzen einzelne Fast Food Lokale der Kettenkonkurrenz: Pink's ist eine »Institution« in LA, vor der sich oft Warteschlangen aufbauen. Angeblich schmecken Hot Dogs nirgendwo sonst vergleichbar gut

Bei ***Arby's*** kommen in die runden Brötchen keine Hackfleisch-Pattys, sondern Roastbeef oder Geflügel-Wurstscheiben.

Den *Drive-thru Counter* für den besonders eiligen Gast kennt man bereits aus der Heimat. Noch eine Schippe drauf legt ***SONIC*** mit seinen tankstellenähnlichen *Drive-Ins* im **1950er-Look**. Dort bringt ein Kellner (oft auf Inlineskates) das Tablett zum Kundenauto.

Mexikanisches

Bestens vertreten sind Lokale mit mexikanischen Spezialitäten wie z.B. ***Taco Bell***. Basis der Gerichte sind dort *Tortillas,* Mais- oder Weizenfladen, die mit Hackfleisch, Püree aus braunen Bohnen, Salat, Guacamole, *Sour Cream* (Sauerrahm) und Käse gefüllt werden. Man rollt die weichen Teigfladen zu ***Burritos, Enchiladas*** oder ***Soft Tacos***. Kross fritierte *Tortillas* belegt man mit den oben genannten Zutaten zu ***Tostadas*** oder klappt sie zu ***Tacos*** zusammen. Die Variationen sind ausgesprochen preiswert. Kaum irgendwo sonst lässt sich für so wenig Geld der Magen füllen – dasselbe gilt für Konkurrenten wie etwa ***El Pollo Loco***, ***DelTaco*** oder ***Taco Time***. ***Chipotle*** hat das *Subway*-Prinzip übernommen; dort lässt sich der Gast an der Theke die *Tacos, Burritos, Bowls* (Schalen) oder Salate nach seinen Wünschen zusammenstellen. Dazu gibt es Limonaden oder kostenloses Wasser und an einigen Standorten sogar Bier und Margaritas.

Asiatisches

Asiatisches bzw. in erster Linie chinesisches *Fast Food* mitsamt Glückskeks bietet die Kette ***Panda Express***.

Eisdielen

Erwähnenswert ist noch ***Baskin-Robbins***, eine der beliebtesten *Ice Cream*-Ketten mit hervorragendem, aber sehr teurem Eis (bis zu 35 Sorten!). Eiskuchen und Eiskaffee ergänzen das Sortiment.

Eine der größten Schnellrestaurantketten der USA (und der Welt!) ist ***Dairy Queen*** (***DQ***). Die ursprünglich auf Milch-Mixgetränke, **Softeis** und Joghurt spezialisierten Lokale servieren mittlerweile zusätzlich auch allerlei **Hamburger**-Varianten u.v.m.

How do you want your eggs?

Während bei uns die Frage meist schnell beantwortet ist, wird es in Nordamerika schon am frühen Morgen richtig kompliziert: ***Soft*** oder ***hard boiled***, weich oder hart gekochte Eier, werden eher selten gegessen, dafür schätzt man sie umso mehr ***scrambled*** (Rührei) oder mit der Sonnenseite nach oben (***sunny side up*** = klassisches Spiegelei). Bei ***over easy*** oder ***over light*** werden die ***fried eggs*** (Spiegeleier) einmal gewendet, das Eigelb bleibt dabei noch flüssig. ***Over medium eggs*** werden etwas länger gebraten und bei ***over well*** ist der Dotter dann durch bzw. fest, aber noch intakt (ganz anders als bei der Variante ***over hard***, bei der er sich mit Eiweiß etwas vermengt!). Intakt und weich bleibt der Dotter bei den ***poached eggs*** (in Wasser ohne Schale gegart) sowie bei den ***Eggs Benedict***, dem amerikanischen Frühstücksklassiker schlechthin, bei dem die *poached eggs* auf einem halbierten englischen *Muffin*-Weißbrot mit einer dicken Scheibe Schinkenspeck (*ham*) oder Speck (*bacon*) und Sauce Hollandaise serviert werden.

Family Restaurants (Fast Casual)

Familienrestaurants sind zwischen *Fast Food* und *Full Service*-Lokalen anzusiedeln. Man wird dort in der Regel am Tisch bedient – wie in »richtigen« Restaurants, aber schneller – und zu relativ moderaten Preisen, so dass sich auch Familien der unteren Mittelklasse mit Kindern noch das Essengehen leisten können. Eine Lizenz zum Alkoholausschank haben die allerwenigsten von ihnen.

Denny's

Das **klassische *Family Restaurant*** im alten »American Diner«-Stil ist ***Denny's*** mit Filialen nahezu überall in den USA. Sie sind oftmals Tag und Nacht geöffnet und servieren dann Reichhaltiges sowie typisches ***American Breakfast*** zu jeder (!) Uhrzeit.

IHOP

Alles was den Tag versüßt, wird auch im »International House of Pancakes« ***IHOP*** zubereitet – von *Pancakes* (Eierkuchen) mit Ahornsirup *(Maple Syrup)* oder billigerem Zuckersirup, Crepes, Waffeln, *Hash browns* (kleine Kartoffelrösti), *Omelettes* bis hin zu den unterschiedlichsten *French Toast*-Varianten. Wer es gesünder mag, bekommt dort auch Salat, Suppen oder ein Sandwich.

Weitere Ketten

In die Kategorie *Family Restaurant* fallen im US-Westen noch ***Cracker Barrel*** (rustikal eingerichtet und meist mit *Old Country Gift Store*) sowie ***Shoney's*** oder ***Village Inn*** (auch auf Frühstück spezialisiert). ***Ruby's Diner*** überzeugt mit stylischem 1940er-Jahre-Ambiente. ***Red Robin*** rühmt sich *Gourmet Burger* zu servieren, dazu gibt's Cocktails sowie frischgezapftes Bier. Auch im ***Sizzler Steakhouse*** kann man zu seinem *hand-cut steak* mit *All-you-can-eat*-Salatbuffet ein Glas Bier oder Wein ordern.

All-you-can-eat

All-you-can-eat-Buffets stehen hoch im Kurs bei Amerikanern. Dazu gehört auch die Kette ***Golden Corral*** mit Niederlassungen u.a. in St. George, Albuquerque, Tucson, Phoenix, Spokane, Boise oder Great Falls; www.goldencorral.com/locations/. Das Angebot reicht dort vom *homemade cooking* und mexikanischen Spezialitäten, **Steaks** (frisch vom Grill) und Salat bis hin zum »Schokobrunnen«, in den man zur Nachspeise Früchte tunken kann.

»Richtige« Restaurants

Überblick

Natürlich existieren in den USA nicht nur *Fast Food Places* und *Family Restaurants* sondern auch zahlreiche »richtige« Restaurants, die im Vielvölker-Amerika **Spezialitäten aus aller Herren Länder** anbieten. In den großen Citys ist die Auswahl unter verschiedenartigsten ethnischen Küchen oft enorm, während sich in Kleinstädten und auf dem Lande das gastronomische Angebot nicht selten auf Hamburger- (auch im *full-service* Restaurant!) und Steak-Gerichte beschränkt, bestenfalls erweitert um Pizza, Spaghetti und *Mexican Food*. Viele von ihnen verfügen im Gegensatz zu *Fast-Food/Family* Restaurants über eine Alkohollizenz.

Italian und Asian Food

Relativ häufig stößt man auf **italienische Restaurants** mit hausgemachter Pizza und Pasta. **Asiatische Restaurants** sind ebenso weit verbreitet – chinesische und thailändische Lokale und in größeren Citys die japanischen ***Sushi Bars***.

Sea Food

Serviert werden in erster Linie Krabben (*Shrimps*), Thunfisch (*Tuna*), Lachs (*Salmon*) und Schwertfisch (*Swordfish*) – auch in vielen Restaurants, die nicht ausdrücklich auf Fisch und Meeresfrüchte spezialisiert sind. Fisch wird frittiert (*deep fried*) oder gegrillt (*grilled, broiled*, über Holzkohle *charbroiled*).

Mexican Food

Beim »**Mexikaner**« überwiegen die in Tortillas eingerollten, mit Zwiebeln gewürzten und mit Käse überbackenen Fleisch- und Hackfleischvariationen. Wer auf eine bessere Fleischqualität Wert legt, hält sich an marinierte und gegrillte Steakstreifen (***Fajitas***). ***Enchiladas*** und ***Burritos*** können auch mit Huhn oder – für Vegetarier – nur mit Käse und/oder Bohnen gefüllt sein. Manchmal stehen auch modische Abwandlungen wie *Spinach Enchiladas* oder ***Shrimp Burritos*** auf dem Menü. Als Beilagen dienen immer *Refried Beans* (braunes Bohnenmus), *Black Beans* (schwarze Bohnen), *Spanish Rice* (gewürzter Reis) und *Sour Cream* (Sauerrahm), oft auch gemischter Salat und *Guacamole* (Avocado-Dip).

Zum feinen Seafood genießt man im Ivar's Salmon House den Blick auf den Lake Union und Downtown Seattle

3

Vegetarisch

Dank der vor allem in Kalifornien steigenden Zahl gesundheitsbewusster Menschen ist es dort weniger schwer als in anderen US-Regionen, Restaurants mit vegetarischen Gerichten zu finden, darunter auch rein vegetarische Lokale wie den ***Veggie Grill***.

Standorte/ Ketten

Außer in typischen Touristenzonen (*Fisherman's Wharf* in San Francisco, Hollywood), großen *Shopping Malls*, Altstadtbereichen (*Old Town* Sacramento) und bestimmten Großstadtvierteln (*San Diego Gastown*) ist ein gutes Restaurant nicht einfach beim – in Amerika sowieso selten angezeigten – Ortsbummel zu finden. ***Full Service-Restaurants*** liegen ebenso wie die *Fast Food*-Konkurrenz auch als Kettenlokal (z.B. ***Applebee's, Chick-fil-A, Red Lobster, TGI Fridays, Outback Steakhouse, Hooters, Ruby Tuesday*** u.v.a.m.) vor allem an Hauptverkehrsadern zwischen Einkaufszentren, Motels und Tankstellen.

Preisniveau/ Lunch/Diner

Gemessen an dem, was hinsichtlich Ausstattung, Ambiente und Küchenqualität oft geboten wird, sind amerikanische Restaurants (egal ob Kette oder unabhängig) – selbst bei auf den ersten Blick noch halbwegs moderaten – Tarifen **kein preiswertes Vergnügen**. Qualitativ gutes Essen bei ebensolchem Service in einem erfreulichen Ambiente ist immer teuer. Dabei gelten mittags und abends meist unterschiedliche Karten. Ein ***Lunch***-Gericht kostet dann deutlich weniger als die identische Speisenfolge zum ***Dinner***.

Uriger »Iron Door Saloon« – mit Grill Restaurant – von 1852 in der Ortschaft Groveland am direkten Weg von San Francisco zum Yosemite National Park

Rund ums Restaurant - wichtig zu wissen:

Please wait to be seated

In den USA werden Restaurantbesucher «platziert«. Auch wenn freie Tische vorhanden sind, wartet der geduldige Gast, bis sich ein ***Waiter/Host*** oder eine ***Waitress/Hostess*** seiner annimmt und einen Tisch zuweist. Ist kein Tisch frei oder noch nicht voll abgeräumt, werden die **Namen** der ankommenden Gäste **notiert** und der Reihe nach aufgerufen. »*Muller, party of three!*« soll heißen, für den Gast Müller und insgesamt 3 Personen ist nun alles bereit. Bis dahin können sich Müllers die Zeit mit einem *Drink* an der Bar vertreiben, so vorhanden. **Warteschlangen** vor Restaurants sind in den USA kein ungewöhnliches Bild.

Die Karte Die Speisekarte heißt ***Menu***, sprich: »Mänjuh«. Vorspeisen sind ***Appetizers*** oder ***Starters***, Hauptgerichte ***Entrees***. Die Beilagen zum *Entree* nennt man ***Side Dishes/Orders***.

Salattheke Vor allem ***Steak Restaurants*** verfügen über eine ***Salad Bar***, an der unbegrenzt nachgefasst werden darf. Häufig sogar ohne ein Hauptgericht zu bestellen, obwohl das nicht immer ausdrücklich auf der Karte steht. Das kostet nur ein paar Dollar und ersetzt leicht eine ganze Mahlzeit.

Free Refills Anders als in Deutschland werden in vielen US-Restaurants nicht nur Eiswasser und Kaffee sondern auch schon mal *Softdrinks* wie Cola oder Sprite kostenlos nachgeschenkt (*free refills*).

Alkoholkonsum Alkohol gibt's im Restaurant nur in Verbindung mit einer Mahlzeit (für über 21-jährige Gäste!). Ausgedehnteres Verweilen und der Wunsch nach alkoholischem Nachschub, wenn die Mahlzeit eigentlich beendet ist, ruft Befremden hervor.

Wer noch ein paar Gläser mehr konsumieren möchte, geht dazu an die Bar oder in die *Cocktail Lounge* desselben Hauses oder in ein anderes Lokal.

Ende der Veranstaltung Ein Restaurantbesuch ist in den USA keine abendfüllende Angelegenheit. Selbst nach einem üppigen Menü mit Vor-, Haupt- und Nachspeise hat es die Bedienung gelegentlich störend eilig, dem Gast nach dem letzten Bissen zu signalisieren, dass das Vergnügen nun beendet sei. Nach einem knappen, eher rhetorischen »*Anything else*?« wird rasch die Rechnung präsentiert.

Rechnung/ Trinkgeld Die Rechnung (***Check***) weist neben den Nettopreisen des *Menu* zusätzlich die Umsatzsteuer aus (ca. 6%-11% *sales tax* des Staates inkl. lokal unterschiedlichen Aufschlägen). Da der *Service* nie im Preis enthalten ist, wird ein für europäische Verhältnisse **üppiges Trinkgeld** erwartet. Üblich sind **15%**, bei guter, freundlicher Bedienung auch deutlich mehr nicht ungewöhnlich. Ein ***Tip/Gratuity*** von **$10** bei einer **Rechnung von zum Beispiel $60** (netto, also exklusive Steuern) gilt in Restaurants der mittleren bis gehobenen Kategorie nicht nur als normal, sondern wird so ungefähr erwartet.

Zu den Netto-Preisen auf der Speisekarte muss man also **rund 21%-26% addieren**, um ungefähr auf die Effektivkosten des Restaurantbesuchs zu kommen.

In **Touristenrestaurants** mit hohem Ausländeranteil unter den Gästen ist es gelegentlich üblich, die 15% – oder gar 20% – Trinkgeld gleich mit auf die Rechnung zu setzen (»*service charge*« oder »*gratuity*«) also aufpassen, sonst zahlt man am Ende den ***Tip*** **doppelt**.

Eine gute Übersicht zum Thema »***Tipping***« liefert auf Englisch das Portal www.money.cnn.com/pf/features/lists/tipping.

Zahlung Gezahlt wird bisweilen an einer Kasse am Ausgang. In diesem Fall hinterlässt man sein Trinkgeld besser bar am Tisch. Bei Rechnungsbegleichung per Kreditkarte kann man den *Tip* auch auf dem Beleg vermerken. **Hinweis**: auf keinen Fall der Bedienung die Karte mitgeben, sollte kein tragbarer Ausdrucker zur Hand sein.

Eddie McStiff's, eine Microbrewery in Moab/Utah mit Live-Musik und selbstgebrauten Biersorten

3.7.3 Bars und Saloons

Kneipen

Sieht man ab von Utah, lässt sich über die Auswahl an ***Watering Holes*** für durstige Kehlen in den US-Weststaaten nicht klagen. Die Atmosphäre in ihnen entspricht weitgehend dem Bild, das uns Fernsehserien und Filme liefern. Hotels besitzen üblicherweise eine ***Bar*** oder ***Cocktail Lounge***. Vor allem auf dem Lande findet man noch originale ***Saloons*** im Westernstil: Klapptür, lange Bar, einige Tische und Stühle, vielleicht eine kleine Band mit ***Country-Music***. In den Citys existieren viele **originell ausgestattete Kneipen** vor allem in den restaurierten »alten« Vierteln und in künstlichen Restaurant- und Kneipenzentren. Eine **uramerikanische Besonderheit** sind ***Sports Bars***, Bierkneipen, in denen an den Wänden Fernseher hängen, die laufend und alle unterschiedlich Sportübertragungen zeigen, in erster Linie *American Football, Baseball, Basketball* und *Eishockey*.

Happy Hour

Was fehlt, ist »unsere« **Gastwirtschaft** – Restaurant und Kneipe in einem. Dafür wird in manchen *Bars* und *Lounges* abends oder zur ***Happy Hour*** (meist 17-19 Uhr) ein kleines *Buffet* aufgebaut, an dem sich die Gäste bedienen dürfen. Solche ***Snacks*** ersetzen zur Not ein Abendessen. Gezahlt wird nur für den Getränkekonsum.

Getränkeauswahl

In den Kneipen trinkt man überwiegend **Bier**. Hochprozentiges wird in reinem Zustand – außer *Whiskey* und *Rye* (kanadischer Whiskey) mit viel Eis *on the rocks* – so gut wie nicht konsumiert, sondern nur zum Mixen benutzt. Beim Bier stehen meist mehrere Sorten Flaschenbier und Zapfbier (***draft beer***) zur Auswahl. Das eiskalte Nass fließt fast ohne Schaumbildung flott ins dikkwandige Glas. Beliebt sind ***pitcher***, Karaffen, aus denen sich eine fröhliche Runde selbst Bier einschenkt. Ein ***Glas of Wine*** gibt's auch in Kneipen oft nur als *red or white* ohne weitere Unterscheidung.

Preise

Alkoholische Getränke sind ein recht teurer Spaß. Ein Bier (0,3 l) unter $5 gibt es kaum noch, selbst wenn es aus einem Plastikbecher getrunken werden muss. Wein beginnt bei $8/Glas.

3.8 Alles Weitere von A – Z

Apotheken

Reine Apotheken (***Pharmacies***), wiewohl hier und dort vorhanden, findet man relativ selten. Meistens ist den *Drugstores* der großen Ketten (*CVS, Rite Aid, Walgreens* u.a.) und auch Supermärkten eine *Pharmacy* zugeordnet. Dort gibt es nicht verschreibungspflichtige Medikamente in Selbstbedienung und rezeptpflichtige Medikamente an einer Sondertheke für ***Prescriptions***.

Ärzte und Zahnärzte

Für den Eventualfall einer auf Reisen notwendigen Behandlung sollte unbedingt vorgesorgt sein. Es kommt vor, dass die Behandlung auch im Notfall verzögert oder sogar abgelehnt wird, wenn unklar ist, wie und ob sie bezahlt werden kann, ➢ Seite 88.

Trotz einer insgesamt hohen Dichte bei der ärztlichen und zahnärztlichen Versorgung, ist es in den USA für Touristen bisweilen nicht einfach, einen Arzt (***Physician***) oder Zahnarzt (***Dentist***) zu finden bzw. einen Termin zu erhalten. Im Prinzip benötigt man lokale »Fürsprache«, etwa des Hotel- oder Campingplatzpersonals. Relativ zwecklos ist der Versuch, ohne Anmeldung in einer beliebigen Praxis (***Doctor's Office***) vorzusprechen. Eine Ausnahme bilden ***Walk-in Clinics***, auf »Laufkundschaft« eingestellte Gemeinschaftspraxen, die man in Städten ab mittlerer Größe findet. Mit **akuten Beschwerden** und **Verletzungen** kann man sich direkt zum ***Emergency Room*** (Notaufnahme) des nächstgelegenen Hospitals begeben.

Bei Problemen hilft ggf. die Touristenorganisation ***Traveler's Aid*** weiter (➢ im lokalen/regionalen Telefonbuch, alle Adressen auch unter www.travelersaid.org). In *National* und *State Parks* sind die ***Ranger*** Ansprechpartner und meist sehr hilfsbereit.

Notfälle 911

Die im ganzen Land gültige Telefonnummer für **Notfälle aller Art** *(Emergencies)* ist 911, ➢ auch Seite 185.

Banken

Eine Bankfiliale findet sich noch im kleinsten Ort. Die meisten akzeptieren die gängigen **Reiseschecks** und zahlen (gegen Gebühren) den Nennwert aus. Üblicherweise muss dabei der Pass vorgelegt werden. Das gilt ausnahmslos auch für die Auszahlung von Dollars gegen Kreditkarte ***(Cashing)***. Die Mehrheit der Banken honoriert ***Mastercard/Eurocard*** und ***VISA***.

Banken sind von Montag bis Freitag (manchmal auch samstags) ab 9 Uhr bis mindestens 14 Uhr, spätestens bis 16 Uhr geöffnet.

Geldautomaten (ATMs)

Geldautomaten (***ATM***: *Automated Teller Machine)* stehen für Abhebungen mit Kreditkarte oder auch per **EC-Karte** (mit Maestro Logo, ➢ Seite 92) rund um die Uhr zur Verfügung. Üblich sind ***Drive-in ATMs***, an denen man das Auto nicht verlässt.

3

Sieht aus wie eine Tankstelle, ist aber eine Bank. Amerikaner erledigen ihre Geldangelegenheiten gern mal am Drive-thru-Schalter

Botschaften und Konsulate

Die diplomatischen Vertretungen des eigenen Landes in den USA sind für Touristen normalerweise nur von Interesse, wenn **Not am Mann** ist, in erster Linie bei Verlust der Finanzen und der Papiere. Soweit »lediglich« Reiseschecks und Kreditkarten abhanden gekommen sind, helfen die ausgebenden Organisationen und Eigeninitiative, ➤ Seiten 91+ 94.

Ist der **Pass weg**, lässt sich für Deutsche der Gang zu den Konsulaten nicht vermeiden. Sie und nicht etwa die deutsche **Botschaft in Washington** (4645 Reservoir Road NW, ✆ 202-298-4000; www.germany.info) sind die zuständigen Anlaufstellen:

Deutsche Generalkonsulate in den US-Weststaaten
(www.germany.info, weiter unter Menüpunkt »*Consulates General*«)

Los Angeles	zuständig für Südkalifornien, Arizona, Nevada, Utah und Colorado: 6222 Wilshire Blvd, Suite 500, ✆ (323) 930-2703
San Francisco	zuständig für Nordkalifornien und nordwestliche US-Staten: 1960 Jackson Street, ✆ (415) 775-1061

Botschaften von Österreich und der Schweiz

Schweiz	***Embassy of Switzerland,*** 2900 Cathedral Ave NW, **Washington DC** 20008; ✆ (202) 745-7900, www.eda.admin.ch/washington
Österreich:	***Austrian Embassy,*** 3524 International Court NW, **Washington DC** 20008; ✆ (202) 895-6700; www.austria.org

Hilfreich sind im Verlustfall **Fotokopien** oder im Web hinterlegte **Scans** der abhanden gekommenen Dokumente. Mit einer Hilfeleistung ggf. verbundene Aufwendungen holt sich der Staat später in der Heimat zurück.

Datum

In Amerika ist die Datumsschreibweise **Monat/Tag/Jahr**. Der 25. September 2020 schreibt sich demzufolge **09/25/20**.

Elektrischer Strom

Die USA verfügen über ein Wechselstromnetz mit **110-125 Volt** Spannung und einer Frequenz von 60 Hertz. Geräten, die sich auf 110/125 V umschalten lassen, schadet der Frequenzwechsel von 50 auf 60 Hertz nicht; Rasierapparate laufen etwas rascher. Viele elektronische Geräte passen sich automatisch an (*Laptops*).

Feiertage

Feiertag	Datum	Bemerkungen
New Years Day	1. Januar	Neujahrstag wie bei uns
Martin Luther King Day	3. Montag im Januar	Gedenktag an den ermordeten Prediger wider den Rassenhass
President's Day	3. Montag im Februar	an sich Washingtons Geburtstag, heute Feiertag zu Ehren aller ehemaligen Präsidenten
Good Friday	Freitag vor Ostern	Karfreitag, nur bedingt ein Feiertag
Memorial Day	Letzter Montag im Mai	Tag zur Ehrung aller Gefallenen; das Wochenende läutet den Sommer ein
Independence Day	4. Juli	Unabhängigkeitstag, wichtigster Feiertag der USA
Labor Day	1. Montag im September	Tag der Arbeit und Ende der Feriensaison.
Columbus Day	2. Montag im Oktober	Gedenktag an die Entdeckung Amerikas, in einigen Staaten und Städten als »Indianertag« (*Native's Day*) gefeiert
Veteran's Day	11. November	Ehrentag für die Armee-Veteranen
Thanksgiving (»*Turkey Day*«)	4. Donnerstag im November	Erntedankfest, großer Familientag
Christmas Day	25. Dezember	Nur **ein** Weihnachtstag

An Feiertagen bleiben Banken, Postämter und öffentliche Verwaltungen geschlossen. **Private Geschäfte brauchen ein Feiertagsgebot nicht zu beachten**. Auf Sonntag fallende Feiertage werden am darauffolgenden Montag nachgeholt.

3

Fernsehen

Private Stationen

Das amerikanische Fernsehen mit zahlreichen Kanälen wird von einer Handvoll großer, auf privatwirtschaftlicher Basis operierender Gesellschaften dominiert. Gegen die in kurzen Abständen von Werbung unterbrochenen überwiegend seichten Programme wirkt das Angebot unserer öffentlich-rechtlichen Sender super intellektuell, und selbst unsere Kommerzsender schneiden im Vergleich dazu nicht schlecht ab.

H/Motels werben gerne mit **gratis *HBO*** (*Home Box Office*), einem *Pay-TV*-Sender, auf dem relativ aktuelle Kinospielfilme und Eigenproduktionen von *HBO* gezeigt werden. Dazu zählen u.a. extrem erfolgreiche Serien wie *Game of Thrones*, *The Sopranos* oder *Sex in the City*. Wo anderorts in den USA gleich ein »Piep-Ton« als Zensur ertönt, darf es auf *HBO* auch mal wilder, ungenierter und weniger prüde zugehen.

Nachrichten

Die »locker« gemachten amerikanischen Nachrichten vermitteln mehr noch als bei uns nur Informationen in krasser Momentaufnahme, außerdem sind sie deutlich stärker auf ***National News*** beschränkt. International berichtenswert ist nur, was die Politik und Interessen der USA direkt tangiert oder Sensationswert besitzt. Die Welt außerhalb der USA ist für den durchschnittlichen US-Fernsehkonsumenten – und so heißt es – selbst für die Mehrheit der Kongressabgeordneten, die Gesetze mit oft internationaler Auswirkung beschließen, weitgehend *terra incognita*.

Internet

Probleme unterwegs

***Prepaid*-Daten-SIM-Karten** für das Smartphone holt man sich am besten schon hierzulande; nur Datenvolumen oder in Kombination mit Gesprächsguthaben z.B. bei www.simlystore.com. Die einst sehr lückenhafte **Netzabdeckung** im US-Südwesten (*AT&T, Verizon, T-Mobile*) hat sich zwar in den letzten Jahren deutlich verbessert, aber in den endlosen Weiten und in der Wüste gibt es noch jede Menge »weiße Flecken«. Probleme können auch die unterschiedlichen *LTE-/UMTS*-Bänder beim Zugriff auf das Internet bereiten; hier sollte man sich vorab schlau machen, ob das eigene Smartphone die richtigen Frequenzen unterstützt.

Free Wifi

Hinzu kommt, dass in den allermeisten Unterkünften und bei der Mehrzahl der kommerziellen Campingplätze ein kostenloser Zugang zum Internet zur Verfügung steht. Sogar *California State Parks* werben mit ***free Wifi***. Gratis ins Web geht's man auch in etlichen Cafés, darunter in allen Filialen von ***Starbucks***, in den Restaurants von ***Denny's***, bei ***McDonald's***, ***Carl's Jr*** u.a.m. Auch in einigen Supermarktketten wie z.B. ***Fred Meyer*** oder ***fry's Food Stores*** ist der Internetzugang möglich und gratis. Ein Problem vieler freier Zugänge ist indessen der langsame Seitenaufbau. *High Speed Wifi* kostet dann doch, so verfügbar.

Kleidergrößen/Umrechnungstabellen

Damen DE	32	34	36	38	40	42	44	46	48
Damen USA	4	6	8	10	12	14	16	18	20
	XS	XS	S	S	M	M	L	L	XXL
Herren DE	44	46	48	50	52	54	56	58	60
Herren USA	34	36	38	40	42	44	46	48	50
	S	S	M	M	L	L	XL	XL	XXL

Kriminalität

Abseits der *Big Citys* sind die USA im Allgemeinen ein relativ sicheres Reiseland. Es empfiehlt sich aber grundsätzlich keine Wertsachen im geparkten Auto liegen zu lassen, schon gar nicht sichtbar auf der Rückbank. Vor allem an von Touristen gern aufgesuchten Plätzen wie z.B. bei den Aussichtpunkten an der Conzelman Road in San Francisco oder auch in Indianerreservaten ist die Wahrscheinlichkeit eines Autoeinbruchs besonders groß.

Maße & Gewichte

Obwohl auf dem Papier die Einführung metrischer Maße und Gewichte vor Dekaden gesetzlich beschlossen wurde, findet man bis heute nur in Broschüren und auf Wegweisern der Nationalparks so exotische Angaben wie Kilometer, Liter und Temperatutren in °Celsius. Ansonsten gelten *Miles, Gallons, Ounces, Pounds* usw.

1 inch			2,54 cm
1 foot	12	inches	30,48 cm
1 yard	3	feet	91,44 cm
1 mile	1760	yards	1,609 km
1 acre	4840	square yards	0,40 ha
1 square mile	640	acres	2,59 km^2
1 fluid ounce			29,57 ml
1 pint	16	fluid ounces	0,47 l
1 quart	2	pints	0,95 l
1 gallon	4	quarts	3,785 l
1 barrel (Öl)	42	gallons	159 l
1 ounce			28,35 g
1 pound (lb)	16	ounces	453,59 g
1 ton	2000	pounds	907,18 kg

Notfälle Notfall-Rufnummer © 911

Krankheit/Unfall

Anruf

In dringenden Notfällen, gleich ob man in erster Linie einen Arzt, den Unfallwagen oder die Polizei benötigt, ruft man die © **911** an. Sollte die ***Emergency Number*** ausgefallen sein, wählt man die

3

»Amtsleitung« Null, der *Operator* verbindet dann weiter. Vor jedem Notfall-Anruf sollte man sich über den eigenen **Standort** vergewissern und für Rückrufe die Nr. des Apparates, von dem aus man telefoniert, parat haben. In den USA besitzen auch Münzfernsprecher eine Nummer und können angerufen werden.

Notfall-Service der nordamerikanischen Automobilklubs
© 1-800-222-4357 (=AAA-HELP)

Dort kann man Tag und Nacht gebührenfrei die Telefonnummer des lokal zuständigen Straßendienstes erfahren. An den Autobahnen stehen kaum **Notrufsäulen** *(Motorist Aid Call Boxes)*. Fahrer liegengebliebener Vehikel signalisieren durch die **geöffnete Motorhaube**, dass sie Hilfe benötigen.

Pass-/Geldverlust

Pass

Bei Verlust des Passes helfen die **Generalkonsulate** in San Francisco oder LA (Kopien der wichtigsten Dokumente sind hilfreich, ➤ Seite 182), ggf. auch die Notfallzentralen der Kreditkartenunternehmen.

Reiseschecks

Falls Reiseschecks verlorengehen/gestohlen wurden, ruft man die ausgebende Institution – *toll-free* – an und erhält dann vom Aufenthaltsort abhängige Direktiven für die Ausstellung von Ersatz. Voraussetzung dafür ist das Vorhandensein des Kaufnachweises und eine »Buchführung« über ausgegebene Schecks.

Hilfe

Sind alle Unterlagen und auch die Kreditkarten abhanden gekommen, hilft ggf. ***Western Union*** (Büros in vielen Städten der USA) in Kooperation mit der deutschen **Post** und der **Reisebank** (Filialen in Flughäfen und Bahnhöfen deutscher Großstädte). Die Geldüberweisung auf diesem Weg ist zwar teuer, aber funktioniert rasch und sicher. Schon wenige Minuten nach Einzahlung bei der Reisebank/Post kann der Empfänger in einem *Western Union*-Büro seiner Wahl über den Betrag verfügen.

Details unter © 01805/225822, www.reisebank.de
Western Union: © 1-800-325-6000; www.westernunion.com

In den USA werden Postämter offenbar nicht wegrationalisiert wie bei uns. Post Office im Minidorf Ophir zwischen Telluride und Silverton in den südwestlichen Rockies von Colorado

Polizei

Äußeres und Verhalten der amerikanischen Polizei entsprechen durchaus dem aus **Fernsehserien** bekannten Bild. Tatsächlich baumelt schon mal der Colt am Halfter, auf dem Lande und in der Kleinstadt steht auf dem Wagen der Obrigkeit wirklich ***Sheriff***, und so sehen die Jungs auch aus. Der amerikanische Arm des Gesetzes ist mit erheblichen Vollmachten ausgestattet und greift in der Ausübung seiner Pflichten im Bedarfsfall härter durch als sein europäischer Kollege; in Anbetracht des im Zweifel bewaffneten Gesetzesbrechers verständlich.

Mit amerikanischen Polizisten ist bei Fehlverhalten nicht gut Kirschen essen, der Kontakt im Allgemeinen aber entspannt und freundlich. Zur Situation bei **Verkehrskontrollen** und **Übertretungen** ➢ auch Seite 146f.

So wartet der Sheriff kaum verdeckt an der Straße auf den nächsten Sünder. Hier jedoch steht nur das Auto; drinnen sitzt eine Puppe in Polizeiuniform und sorgt Personalkosten sparend für brave Bürger

Post

Laufzeiten/ Postämter

Die amerikanische Post funktioniert zuverlässig, ist aber nicht gerade sehr schnell. **Postkarten/Briefe** nach Übersee kosten derzeit $1,15. Post **nach Übersee** geht (mit der Ausnahme von Paketen) automatisch per Luftpost, wenn ***Air Mail Stamps*** benutzt werden. Briefe nach Europa laufen **bis zu 1 Woche**. Postämter befinden sich auch noch im kleinsten Nest und sind dank der zu den Schalterstunden (Zeiten ungefähr wie bei uns) immer aufgezogenen **Nationalflagge** selten schwer zu finden.

Briefmarken gibt es auch am **Automaten** in Supermärkten und Einkaufszentren, dort allerdings meist mit einem Aufschlag.

Wer in den USA Post empfangen möchte, kann als *American Express*-Reisescheck- oder -Kreditkarteninhaber eine der zahlreichen **AE-Vertretungen** nutzen. Auch postlagernd (***General Delivery***) funktioniert, vorausgesetzt, es herrscht Klarheit über das Postamt. Jedes von ihnen ist durch eine Postleitzahl (***Zip Code***) eindeutig identifiziert. Alle *US Zip Codes* (5-stellig) findet man im Web unter https://tools.usps.com/go/ZipLookupAction!input.action.

3

Radio

In Zeiten von Smartphones sind Münztelefone eine aussterbende Gattung

Radiostationen sind meist **Lokalsender** mit geringen Reichweiten. In dünn besiedelten Regionen ist das Radio daher 10 Autominuten außerhalb größerer Ortschaften oftmals ziemlich tot. Zumindest gilt das für **FM** (=UKW). Auf **AM** (Mittelwelle) findet man zur Not immer noch einen *Country* & *Western*-Sender und/oder Stationen mit religiösen Botschaften und Musikprogrammen erbaulichen Liedguts. Neuere Fahrzeuge verfügen über **Satellitenradio** (Taste »**XM**«), das nahezu lückenlosen Empfang bietet, sofern der Autovermieter die Gebühr dafür entrichtet hat.

Politik

Faszinierend sind landesweite politische Sendungen, die von extrem konservativen bis rechtsradikalen Organisationen gesponsert werden. In die mit aktuellen Tagesereignissen verknüpften **Tiraden** können sich Hörer telefonisch einklinken und mitdiskutieren. Wer sprachlich fit genug ist, um den Ausfällen (nicht nur) des Stars seiner Zunft, ***Rush Limbaugh*** (sprich: *Limbo*), folgen zu können, mag kaum glauben, dass so etwas straffrei möglich ist.

Trost & Rat

Kulturell aufschlussreich sind auch **Trost- & Ratsendungen**, in denen Hörer für ihre Privat- und Berufsprobleme oft – aus unserer Sicht – recht ungewöhnliche Ratschläge/Lösungen erhalten.

Senioren

Der Begriff des ***Senior*** für alle älteren Mitbürger ist eine amerikanische Erfindung, die sich auch bei uns durchgesetzt hat. Wichtig ist, dass es in Amerika für vieles **Seniorenrabatt** gibt, auf die Eintrittspreise in Museen, beim Camping, in *Family Restaurants* und auch in Hotels. In den **USA** gilt oft schon als Senior, wer **60 Jahre** alt ist, bisweilen genügen sogar 50 Jahre (z.B. bei der *Furnace Creek Oasis* im *Death Valley*). Ca. 10-30% Rabatt wird mancherorts gewährt, d.h., es macht durchaus Sinn bei Dienstleistungen und Eintrittsgeld nach dem ***Senior Discount*** zu fragen.

Schuhgrößen/Umrechnungstabellen

Damen DE	35	36	37	38	39	40	41	42
Damen USA	4	5	6	7	8	9	10	11
Herren DE	40	41	42	43	44	45	46	47
Herren USA	6,5	7,5	8,5	9,5	10,5	11,5	12,5	13,5

(können bei Sportschuhen je nach Hersteller aber leicht abweichen)

Telefonieren (national und international)

System

Nordamerika inklusive Mexiko verfügt über ein vereinheitlichtes Telefonsystem. Jeder Bundesstaat besitzt eine 3-stellige Vorwahl, den ***Area Code***, dicht besiedelte haben sogar mehrere davon. Dieser ersten Vorwahl folgt eine **zweite, 3-stellige Zahl**, die sich auf das Dorf, einen Landkreis oder Stadtteil bezieht, sowie die Anschlussnummer aus vier Ziffern. Bereits Anrufe beim Nachbarn, der eine abweichende zweite Vorwahl besitzt, sind »Ferngespräche«. Statt des Ortsgesprächstaktes gilt dann der Minutentakt. Bei Gesprächen über den regionalen *Area Code* hinaus muss die **»1« vorgewählt** werden., dasselbe gilt für gebührenfreie Nummern.

toll free Nummern

1-800/ 833/844/ 855/866/ 877/888

Toll-free-Nummern gehen in der Regel die Kosten zu Lasten des Angerufenen. Sie sind auch vom Ausland aus zu erreichen, dann zunächst Vorwahl 001 statt »1«. Außerhalb der Vereinigten Staaten kommt allerdings der Anrufer für die Gesprächsgebühren auf. Großer Beliebtheit erfreuen sich leicht zu merkende »***vanity numbers***«, wo die Ziffern durch Buchstaben/Wörter ersetzt werden, z.B. 1-800-FLOWERS.

1	2 ABC	3 DEF
4 GHI	5 JKL	6 MNO
7 PQRS	8 TUV	9 WXYZ

1-900

Das Gegenteil der 800-Nummern sind **900-Nummern**, für die im Minutentakt eine **Honorierung für den Angerufenen** fällig wird.

International

Über die Vorwahl »01«, gelegentlich auch »011«, öffnet man den Zugang zum internationalen Netz. Mit

49 für Deutschland **41** für die Schweiz **43** für Österreich

und die um die Null reduzierte Ortsvorwahl sind Verbindungen in die Heimat (von Privattelefonen aus) leicht hergestellt.

Phone oder Calling Cards

Sogenannte ***Phone*** oder ***Calling Cards*** gibt es praktisch überall, in Kaufhäusern, Tankstellen, Hotels etc. Die **Minutenpreise** bei den verschiedenen Karten sind dabei verblüffend unterschiedlich, d.h., vergleichen lohnt sich! Sie funktionieren wie folgt: Im Hotel oder am öffentlichen Telefon wählt man die 800er-Nummer für die jeweils gewünschte Sprachansage (selten deutsch) und tippt dann nach Anweisung die Codeziffern der Karte ein, wählt die Nummer und fertig. Noch verfügbare Restminuten werden jeweils angesagt. Aber Achtung: Beim **Einsatz an öffentlichen Telefonen** werden mitunter **hohe fixe Zusatzgebühren** pro Gespräch fällig. Ein paar vergebliche Versuche und zack ist die Karte leer ...

Pay Phones

Auf die amerikanischen Münzfernsprecher (***Pay Phones***) sollte man, wenn möglich, nicht angewiesen sein. Nicht nur, weil deren Anzahl seit Jahren stark rückläufig ist und man sie nicht mehr »an jeder Ecke« findet, sondern auch wegen der Preispolitik ihrer Betreiber. Für ein kurzes Telefonat nach Europa benötigt man **rollenweise (!)** ***Quarters***, und auch das Telefonieren mit Kreditkarte kann mit diesen Apparaten **exorbitante Kosten** verursachen.

Im Hotel

Im H/Motel ist ebenfalls mit Aufschlägen zu rechnen. Selbst vermeintliche Anrufe zum **Nulltarif** (**800-Nummern** etc.) werden gelegentlich mit einer Zusatzgebühr belegt. Besser man erkundigt sich, bevor man zum Hoteltelefon greift.

No-contract-Phones

Für Vieltelefonierer im inneramerikanischen Netz kommen **Billig-Handys** in Betracht (***Prepaid Cell Phones*** nur zum Telefonieren ab ca. $30), die man bei ***Best Buy*** oder in ***Department Stores*** wie ***WalMart*** und ***K-Mart*** findet. Mit dem Kauf verbunden sind jede Menge Freiminuten. Für Auslandsgespräche muss man es aber meist freischalten lassen. Mehr unter www.net10wireless.com.

Telefonieren mit dem eigenen Handy

Wer sein eigenes Tri- oder Quadband-Handy (die alten Dualband-Telefone funktionieren in Übersee nicht!) mitnimmt und einfach drauflos telefoniert, sieht sich – sofern man kein Auslandspaket gebucht hat – nach der Reise nicht selten mit einer recht heftigen Rechnung konfrontiert.

Wäsche waschen unterwegs

Bei Campern und auch bei vielen Motelübernachtern gehört zur Reise unvermeidlich gelegentliches Wäschewaschen, wenn die Reisezeit zwei Wochen überschreitet. Münzwaschautomaten gibt es auf den meisten kommerziellen Campingplätzen. In Dörfern und Städten sind ***Coin Laundries*** oder ***Laundromats*** an den Ausfallstraßen kaum zu übersehen. In den dort installierten Maschinen bewegt sich aber immer noch statt der – wie bei uns üblich – Trommel in vielen Fällen eine Art Propeller hin und her und quirlt die Wäsche durch.

Egal, ob Trommel oder Quirl: die Einstellung »*hot*« heißt nicht etwa 90°C, sondern entspricht der Temperatur des zulaufenden Heißwassers (keine Nachheizung in der Maschine); »*warm*« bezeichnet halbe/halbe heiß/kalt. Nach ca. 30 min ist der Vorgang beendet und das Ergebnis entsprechend. Bei höheren Ansprüchen an den Grad der Sauberkeit fügen Amerikaner dem Waschmittel (***Detergent***) die bei uns als »Extra« längst vergessene Bleiche zu (***Bleach***).

Prepaid SIM-Karte

Handy-Komfort zu moderaten Gebühren verspricht dagegen eine **Prepaid SIM-Karte**, die man für die Dauer des Urlaubs ins eigene Handy einsetzt. Man kann sie bereits in Europa erwerben z.B. unter www.simlystore.com. Faktisch hat man damit eine nordamerikanische Rufnummer, unter der man drüben auch jederzeit von der Heimat aus erreicht werden kann. Die Lieferung erfolgt noch vor der Abreise an die deutsche Heimatadresse. Pünktlich zu Urlaubsbeginn wird sie dann automatisch freigeschaltet und enthält je nach »*Plan*« (amerikanisch für »Tarif«) **Gesprächsguthaben** und/oder ein **Datenvolumen**, ➤ »Internet« auf Seite 184.

Telefonieren über das Internet

Skype/ WhatsApp

Am günstigsten telefoniert man über das Internet. Wer Laptop, Tablet oder Smartphone dabei hat, kann von unterwegs – wo immer *free Wifi* verfügbar ist – mit ***Skype*** relativ billig ins deutsche Festnetz bzw. Mobilnetz oder **kostenfrei** andere *Skype*-Nutzer anrufen; www.skype.de. Auch ***WhatsApp*** und andere Messenger-Dienste bieten die Möglichkeit gratis und unkompliziert übers Internet zu kommunizieren; www.whatsapp.com.

Erlaubt es die Qualität des Anschlusses, kann man mit diesen Programmen sogar **Videotelefonie** betreiben.

Temperaturen

In den USA werden Temperaturen in Fahrenheit (**F**) gemessen. Die Formel für die Umrechnung von Celsius (**C**) in Fahrenheit und umgekehrt lautet:

°F = 32° + 1,8 x°C bzw. **°C = (°F – 32°) : 1,8**

Näherungsformel: °F = 30° + 2 x°C bzw. **°C = (°F – 30°) : 2**

Celsius	-15°	-10°	-5°	0°	5°	10°	15°	20°	25°	30°	35°	40°
Fahrenheit	5°	14°	23°	32°	41°	50°	59°	68°	77°	86°	95°	104°

Trinkgeld

In der heutigen amerikanischen Dienstleistungsgesellschaft ist das Trinkgeld (***tip*** oder ***gratuity***) fester Bestandteil des Entlohnungssystems. Ein *Tip* wird nicht nur in der Gastronomie, im Taxigewerbe und in besseren Hotels von den diversen dienstbaren Geistern erwartet, sondern auch bei einer Stadtrundfahrt oder im Supermarkt, sofern der höfliche junge Mann hinter der Kasse beim Transport der Tüten zum Wagen behilflich ist. So klare Regeln für die Höhe des *Tip* wie im Restaurant oder Hotel, ➤ Seiten 179 und 159, gibt es sonst nicht, außer dass Münzgeld selten ausreicht. Eine **Dollarnote** muss es selbst bei kleinen Handreichungen schon sein. Eine recht hilfreiche Übersicht zum Thema Trinkgeld liefert das Internetportal: http://money.cnn.com/pf/features/lists/tipping.

W(ireless)LAN bzw. Wifi

➤ »Internet« auf Seite 184

Zeit

In den USA steht **»am«** (*ante meridiem*, vormittags) oder **»pm«** (*post meridiem*, nachmittags) hinter einer Zeitangabe:

9 Uhr	9 am
21 Uhr	**9 pm**

Besonders zu beachten ist:

12.00 Uhr	**12:00 pm**	**oder *noon***
12.20 Uhr	**12:20 pm**	
24.00 Uhr	12:00 am	oder ***midnight***
0.20 Uhr	12:20 am	

In **Fahrplänen** werden »am-Zeiten« häufig in Normalschrift, **»pm-Zeiten« in Fettschrift** gekennzeichnet.

Zeitungen und Zeitschriften

Zeitungen/ Nachrichten

Die einzige landesweit verbreitete Zeitung ist ***USA Today***. Sie besitzt ein akzeptables Niveau und liegt nicht nur in Kaffeehäusern wie *Starbucks* aus, sondern oft auch kostenlos in der Hotellobby.

Die wenigen »besseren« Zeitungen im Westen mit mehr internationalen Nachrichten (***Los Angeles Times, San Francisco Chronicle***) werden außerhalb der Citys kaum angeboten. **Lokale Zeitungen** gibt's auch, aber sie beschränken sich fast nur auf Neuigkeiten der Region. Online findet man eine gute Übersicht unter www.onlinenewspapers.com/Top50/Top50-CurrentUS.htm.

Zeitschriften

Bei den **Zeitschriften** existiert ein breites Sortiment für alle denkbaren Spezialbereiche und massig Blätter der seichten Unterhaltung. Darüber hinaus gehen nur die bekannten ***Newsweek, Time*** und einige Wirtschaftsmagazine. Insgesamt ist das Zeitungs- wie Zeitschriftenangebot mit europäischer Vielfalt und vor allem dem bei uns gewohnten Niveau nicht vergleichbar.

Deutsche Presse

Internationale Publikationen werden nur von ausgewählten ***News Shops*** der großen Citys geführt. Für viel Geld ergattert man dort schon mal »Spiegel«, »Stern« oder »Die Welt«, oft aber nicht aktuell (besser ins Internet schauen!). An den Kiosken der Flughäfen sind neben amerikanischen bestenfalls noch britische und spanischsprachige Printmedien aus Lateinamerika erhältlich.

Die namensgebenden Felsnadeln im Needles District des Canyonlands Nat'l Park

Zeitzonen

Im Westen der USA gibt es zwei Zeitzonen: ***Mountain*** und ***Pacific Time*** liegen 8 bzw. 9 Stunden hinter der Mitteleuropäischen Zeit (MEZ; drüben *CET* für *Central European Time,*) zurück; z.B. entspricht 15 Uhr in Deutschland 6 Uhr morgens in LA.

Zur pazifischen Zeitzone (*PT*) gehören Kalifornien, Nevada, das Gros von Oregon, Washington State und das nördliche Idaho, während die *Mountain Time* (*MT*) in Arizona, Colorado, New Mexico, Utah, (im südlichen) Idaho, Wyoming und Montana sowie im Westen der beiden Dakotas und Nebraskas gilt.

Am zweiten Sonntag im März beginnt die **Sommerzeit** (***DST***= ***Daylight Saving Time***), sie endet am ersten Sonntag im November. Dabei besitzt Arizona eine Sonderstellung: **nur in den Indianerreservaten** ticken die Uhren nach Sommerzeit, im restlichen Staat unterbleibt die Umstellung. In der Konsequenz gilt in Arizona im Sommer faktisch *Pacific Time* wie in den Küstenstaaten.

Unterwegs weisen nur selten Schilder auf den Übergang von einer Zeitzone zur anderen hin.

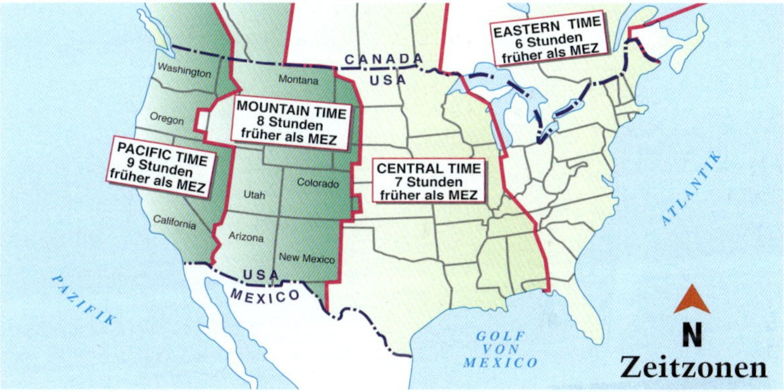

Zoll bei Rückkehr aus den USA

Zum Zoll bei der **Einreise in die USA** ➤ Seite 130. Wer aus Nordamerika **nach Deutschland** zurückkehrt, braucht bis zu folgenden Werten **weder Zoll noch Umsatzsteuer** zu zahlen: **Mitbringsel** im Wert **bis zu €430 pro Person** (unbedingt Kaufbelege aufbewahren!).

Unabhängig davon max. **500 g Kaffee**, **50 g Parfüm**, **200 Zigaretten** und **1 l Spirituosen**, **außerdem noch 4 l Wein** und **16 l Bier**.

Bei Warenwerten bis €700 pro Person zahlt man eine **Pauschalabgabe** von 15%-17,5% (USA und Kanada). Erst darüber kommen die vollen Sätze Zoll (überwiegend gering) zum Tragen, die mit der Warenart etwas variieren, immer aber sind dann 19% Einfuhrumsatzsteuern auf Warenwert plus Zoll fällig.

Sonnenaufgang im Winter am Mesa Arch im Canyonlands Nationalpark

Reiserouten durch den
Westen der USA

KONZEPTION DES REISETEILS

Zur Routenplanung

Im Westen der USA gibt es unendlich viele Möglichkeiten für eine Zusammenstellung der individuellen Reiseroute. Je nach Jahreszeit, geplanter Reisedauer und persönlichen Präferenzen können selbst Reisende mit identischen Hauptzielen auf unterschiedlichsten Strecken unterwegs sein. Viele populäre Eckpunkte lassen sich leicht über **touristische »Trampelpfade«** erreichen, aber auch über weniger belebte, **oft reizvollere Alternativen**. Nun wird nicht jede Hauptstraße des Tourismus' durch diesen Umstand als solchen von vornherein zur minder empfehlenswerten Route. Die Beliebtheit bestimmter Strecken ergibt sich natürlich auch aus dem attraktiven Straßenverlauf wie etwa im Fall des *Highway* #1 an der südkalifornischen Pazifikküste.

Das rasche und unproblematische **Vorankommen** steht bei sehr vielen Ferienreisenden – besonders bei den Amerikanern selbst – stark im Vordergrund. Das erklärt teilweise, weshalb manche grandios geführten, aber weniger gut ausgebauten Straßen selbst in der jeweiligen Saison nur wenig frequentiert werden. Eine Rolle spielt dabei sicher auch die fehlende Information. Nur mit Straßenatlas oder sogar nur dem Navi vor Augen kann man vielleicht die verkehrstechnisch beste Route bestimmen, selten jedoch die schönste oder touristisch ergiebigste. Die üblichen **Kennzeichnungen in den Karten für schöne Streckenführung helfen nur bedingt**, da sie – wie es scheint – oft mit der »Gießkanne« verteilt wurden und tolle Nebenstraßen kaum berücksichtigen.

Empfehlung

Daher sollte man der **Routenplanung immer hohe Aufmerksamkeit schenken**. Denn nicht nur die angesteuerten »großen« Sehenswürdigkeiten bestimmen die Intensität des Amerikaerlebnisses, sondern gerade im Westen die vielen Eindrücke und bisweilen überraschenden »kleinen Sensationen« am Weg dorthin.

Aspekte

Bei der **Routenplanung** geht es um drei Aspekte:

- **die Auswahl der Reiseziele im einzelnen**
- **die Verbindungsstraßen zwischen ihnen**
- **die zur Verfügung stehende Zeit**

Streckenauswahl in Reiseführern

In den meisten Reiseführern wird nur dem ersten Punkt ausführlich Raum gewidmet. D.h., je nach Schwerpunktsetzung findet der Leser eine mehr oder minder umfassende Beschreibung der Sehenswürdigkeiten in (für eine Region) kompletter oder ausgewählter Form. Die Verbindung von A nach B nach C etc. ist ein eher untergeordneter Punkt. Angaben dazu gehen selten über rein technische Daten (Straßennummern, Meilen) hinaus. Am ehesten geschieht dies noch dort, wo die Behandlung der Reiseziele nach Maßgabe einer bzw. mehrerer **Vorschlagsrouten** erfolgt. Mögliche **Alternativen** mit ihren Vor- und Nachteilen sind **so gut wie nie** Gegenstand der Erörterung. Der ungefähre Zeitbedarf für den Besuch bestimmter Sehenswürdigkeiten und ggf. für Abstecher wird nur ausnahmsweise genannt, und wenn, dann selten praxisgerecht.

Auf der Straße #163 in Richtung Monument Valley

Dieses Buch

Aufbau wie Art und Weise der Behandlung von Reisezielen und -routen in diesem Buch trägt diesen kritischen Anmerkungen und den speziellen Gegebenheiten des individuellen Reisens im Westen der USA Rechnung. Dazu gehört – wie oben angedeutet – der Umstand, dass es nicht nur eine Handvoll idealer Routen, sondern eine Vielzahl von Strecken gibt, die man in unterschiedlichster Weise zur **persönlich optimalen Reiseroute** kombinieren kann und das auch ganz bewusst machen sollte.

Startrouten und Rundstrecken

Die Erfassung aller besuchenswerten Ziele und attraktiven Straßenverläufe erfolgt über **Startrouten** ab den wichtigsten Ankunfts-Airports und sinnvoll ausgearbeitete **Rundstrecken**, die sich voll oder teilweise für die eigenen Pläne übernehmen lassen:

- Je drei **alternative Startrouten** sind für Reisebeginn in **Los Angeles, San Francisco** und **Seattle** ausgearbeitet. Einige dieser Routen führen nach **Las Vegas** und sind damit – in umgekehrter Richtung – ebenso **Startrouten von dort**. Die östlich orientierten Westküsten-Startrouten wurden so angelegt, dass sie an geeigneter Stelle an eine der **Inlands-Rundstrecken** (Kapitel 4 und 7) »andocken« und sich von dort problemlos fortsetzen lassen.
- **Ab Las Vegas** in die Nationalparks von Utah und Arizona geht es auf **zwei getrennten Rundstrecken** und **Erweiterungen** durch den zentralen und den südlichen Südwesten. Beide dienen als **Startrouten ab Las Vegas** und ggf. Verlängerung der vorher beschriebenen Routen ab Los Angeles und San Francisco. Sie sind leicht miteinander zu verknüpfen und besitzen **Verbindungspunkte zur Rundstrecke 7.2** durch den Nordwesten (mit dem *Yellowstone NP*). Die **Rundstrecke 4.4** durch Arizona und New Mexico könnte auch in **Phoenix** oder **Albuquerque** begonnen werden.
- Die **Westküstenroute von Seattle nach San Francisco** ist nicht nur als Startroute, sondern gleichzeitig als **Teil einer Rundstrecke** konzipiert, die über den **Lake Tahoe und die Kaskadenvulkane** wieder zurück nach Norden führt.

- Ziele und Strecken im **zentralen Nordwesten** sind über die **Rundstrecke 7.2** samt **Erweiterungen** miteinander verbunden, die sowohl in **Salt Lake City** als auch in **Denver** begonnen werden kann. Die Verbindung zu anderen Ankunftsflughäfen wie Seattle, San Francisco und Las Vegas ergibt sich aus den darauf abgestimmten Startrouten von dort.

Weitere **Details zu den Routenverläufen einschließlich klimatischer Bedingungen** und einer allgemeinen Bewertung findet der Leser in einer Übersicht eingangs der Rundstreckenkapitel.

Die **Karte in der vorderen Umschlagklappe** zeigt alle beschriebenen Teilstrecken in vereinfachter Form. Die außerdem einbezogenen Ziele und Routen ergeben sich aus der Inhaltsübersicht.

Routenvorschläge

Im **Kapitel 8** finden sich vier zusätzliche, von den beschriebenen Startrouten und Rundstrecken abweichende **Routenvorschläge für unterschiedliche Zeitspannen und Jahreszeiten** – im US-Westen, im US-Südwesten (mit/ohne Südkalifornien) und US-Nordwesten.

Citys

Den **Großstädten** sind eigene Kapitel gewidmet. Für die wichtigsten **Ankunfts-/Abflugs-Citys Los Angeles**, **San Francisco**, **Las Vegas** und **Seattle** fallen diese ihrer Bedeutung entsprechend umfangreicher aus als für die Städte, deren Beschreibung in die jeweiligen Routenkapitel integriert wurde. In allen Stadtkapiteln kommen die »technischen« Fragen der Besichtigung von der Orientierung bis zu Unterkunfts- und Restauranthinweisen ausführlich zur Sprache.

Bewertung

Um bei der Fülle der Ziele und Routen dem Leser die Auswahl zumindest zu erleichtern, dürfen **bewertende Aussagen** nicht fehlen. Dieser Reiseführer beschränkt sich daher nicht auf die reine Beschreibung, sondern liefert auch Beurteilungen. Obwohl Leser sicher nicht in allen Fällen mit der **Einschätzung der Autoren**, wo sie explizit erfolgt, übereinstimmen werden, sind doch nach kurzer Benutzung des Buches deren Urteilskriterien in Bezug auf die eigene Position einigermaßen nachvollziehbar.

Highway #12 durch den Red Rock Canyon westlich des Bryce Canyon

Karten und Piktogramme in diesem Buch

Karten

Übersicht mit allen Kartenschnitten in der **hinteren Umschlagklappe**

Alle Karten wurden geographisch so korrekt wie möglich **eigens für dieses Buch** angefertigt. Sie erheben zwar keinen Anspruch auf Vollständigkeit, enthalten aber i.d.R. sämtliche wichtige Straßen, Orte, ***National***, ***Provincial*** **&** ***State Parks***, Gewässer, Sehenswürdigkeiten und Wanderwege, wie sie auch im Text erwähnt werden.

Die **Regionenkarten** sind in erster Linie gedacht zur Orientierung bei der Lektüre dieses Buches. Darüber hinaus leisten sie in **Ergänzung zur separaten Gesamtübersicht** gute Dienste bei der Reiseplanung. Rot gekennzeichnete Straßen entsprechen weitgehend den beschriebenen Routen und möglichen Alternativen.

Die **Stadt- und Nationalparkpläne** vermitteln ein ausreichend klares Bild von den Gegebenheiten vor Ort; dort bezieht sich die rote Kennzeichnung auf Hauptstraßen. Genaue Ortskarten ersetzen sie nicht. Diese erhält man gratis in den *Tourist Info*-Büros.

Zusätzliche Karten

Unterwegs benötigt man unbedingt auch gute Straßenkarten, ➤ Ausführungen auf den Seiten 77f. Ein Navi kann immer nur zusätzlich hilfreich sein, allein darauf verlassen darf man sich nicht.

Piktogramme

Auf mehrheitlich persönlicher Erfahrung der Autoren beruhen die **Empfehlungen**. Die Bedeutung der nebenstehenden **drei Campingsymbole** dürfte klar sein. Die meisten Plätze eignen sich für Campmobile und Zelte; einige ausschließlich für Zelte, andere nur für Wohnmobile. Die positive Einschätzung bezieht sich überwiegend auf landschaftliche Einbettung und Großzügigkeit der Anlage, berücksichtigt aber auch die relative Höhe der Übernachtungskosten. Die Qualität sanitärer Anlagen und anderer zivilisatorischer Einrichtungen standen bei der Empfehlung meist nicht im Vordergrund.

Die **Quartierempfehlungen** beziehen sich auf außergewöhnliche Unterkünfte, solche mit gutem Preis-Leistungs-Verhältnis und auf günstige Einfachquartiere (Jugendherbergen etc.). Das Hinweisschild findet sich auch, wenn eine lokale Unterkunftssituation nur generell erläutert wird.

Das Piktogramm des Wanderers weist vor allem auf tolle **Tageswanderungen** von kurzer bis mehrstündiger Dauer hin.

Die weiteren Symbole sind ebenso leicht zu deuten: Die oberen beiden kennzeichnen die Aussicht auf eine **Kaffeepause**, einen **Drink** oder eine gute **Kneipe**. In der zweiten Reihe geht's links um einen guten Snack oder ***Fast Food*** bzw. rechts um ein empfehlenswertes **Restaurant**.

Die Schwimmerpiktos beziehen sich auf **Badegelegenheiten** in Seen sowie Flüssen, selten im Ozean und – mit Leiter – in öffentlichen Pools, heißen Quellen oder Aquaparks.

Die Kamera weist auf besonders lohnenswerte Ausflüge und **tolle Fotostandorte** hin (teilweise auch auf die beste Tageszeit für den Besuch oder andere Besonderheiten).

1

1. LOS ANGELES/SAN DIEGO UND STARTROUTEN

1.1 Los Angeles

1.1.1 Geschichte, Klima und Geographie

Geschichte

Das mit rund 15 Millionen Einwohnern nach *Metropolitan New York* zweitgrößte Ballungsgebiet der USA blickt auf eine nur knapp 230-jährige Geschichte zurück. Die Gründung des ***Pueblo*** *de Nuestra Señora la Reina* **de los Angeles** *Porciúncula* durch den spanischen Gouverneur *de Neve* und den aus Mallorca stammenden Franziskanerpater *Junípero Serra* erfolgte 1781. Zur Zeit der Eroberung durch die Amerikaner im mexikanisch-amerikanischen Krieg 1847 beherbergte das »Dorf der Engel« ganze 1500 Einwohner. Wie im Falle San Franciscos gab der kalifornische Goldrausch von 1848-1851 den Anstoß für die folgende Expansion. 1876, im Jahr der Anbindung von Los Angeles an das transkontinentale Schienennetz, zählte die Bevölkerung immerhin schon 40.000 Köpfe, um die Jahrhundertwende über 100.000. Die dadurch verursachten **Wasserprobleme** löste ein Herr *Mulholland* 1913 mit dem gewinnträchtigen Bau eines ersten Aquädukts, das Wasser aus der 400 km entfernten Sierra Nevada nach Los Angeles transportierte. Er schuf damit die Voraussetzung für die Entwicklung der einstigen Wüstenoase zur Industrie- und Dienstleistungsmetropole. Heute wird LA über ein System von Kanälen versorgt, das bis nach Nordkalifornien und zu den Stauseen des Colorado reicht. Nichtsdestoweniger stellt die **Wasserversorgung** trotz mittlerweile scharfer Verbrauchsrestriktionen neben dem fast täglichen »Verkehrsinfarkt« und hoher Kriminalität eines der größten Probleme der Stadt dar.

So was gibt's nur in LA: Luxuslimousine zur Vermietung mit Chauffeur und Hündchen auf einem Parkplatz an der Santa Monica Beach

Klima

Wechselhaftigkeit kennzeichnet das Klima von Los Angeles. Dabei liegen die **Tagestemperaturen** im Sommer statistisch im Bereich zwischen 23°C und 28°C bei hoher, schweißtreibender **Luftfeuchte,** im Winter zwischen 15°C und 20°C. Vorausgesetzt, weder Smog, Bewölkung oder Seenebel hängen über der Stadt. In den letzten beiden Dekaden hat sich die Luftverschmutzung aber gebessert, so dass die früher häufige Smogglocke über der Stadt heute eher selten ist. Erhebliche Abweichungen von den Mittelwerten, mitunter innerhalb weniger Stunden, sind nach wie vor häufig. **Klares Wetter** herrscht vor allem in der Periode August bis November; **Regen** fällt überwiegend in den Wintermonaten.

Kennzeichnung des Großraums LA

Metropolitan Los Angeles setzt sich aus einer Vielzahl von Städten zusammen und verfügt über keinen natürlichen, gewachsenen Stadtkern wie etwa San Francisco, sondern über eine Vielzahl regionaler Zentren wie Pasadena, Santa Monica, Long Beach etc. Zwar existiert südlich des Kreuzungsbereichs der Autobahnen #110 (*Harbor Freeway*) und #101 (*Hollywood/Santa Ana Freeway)* unweit der historischen Ursprünge (*Pueblo de los Angeles*) ***Downtown Los Angeles***, ein Geschäftszentrum mit der für die *Big Cities* Amerikas typischen ***Skyline* aus Stahl und Glas** und ein zentraler Verwaltungsbezirk mit Rathaus und Gerichten, aber *Downtown LA* besitzt für den Großraum LA bei weitem nicht die Bedeutung der Zentren anderer Großstädte für deren Umgebung.

Als die älteste (weiße) Siedlung der Region lieferte der **Stadtteil *Los Angeles*** immerhin den Namen für das riesige städtische Konglomerat – über 100 km lang in nordwest-südöstlicher Ausdehnung (und immer noch wachsend) und bis zu 50 km breit zwischen Pazifik und San Gabriel Mountains.

Vororte

Während große Teile des Stadtgebietes einst wüstenartigen Ebenen abgetrotzt wurden, wachsen die Vororte entlang der nördlichen Tangente I-210 (*Foothill Freeway*) in die weitgehend menschenleeren San Gabriel Mountains hinein (*Angeles National Forest*). Kaum bekannt ist, dass dort – in Höhenlagen von 2.000 m bis 2.700 m nur rund 50 mi von Downtown entfernt – im Winter Ski gelaufen werden kann.

Im Nordwesten bildeten einst **Santa Monica** und **Verdugo Mountains**, zum Meer strebende Ausläufer des San Gabriel Gebirges, natürliche Grenzen für die Besiedelung. Heute ist Los Angeles lange über das ***San Fernando Valley*** bis hinauf nach **Palmdale/Lancaster** (*Freeway* #14) gewachsen. Die Hügel wurden bis auf das Areal des ***Topanga State Park*** (oberhalb Malibu) und den *Griffith Park* weitgehend mit Nobelanwesen zugebaut: in Beverly Hills und Hollywood, aber auch in Glendale und Teilen von Burbank.

Letzte Freiräume zwischen **Anaheim/Santa Ana** und **Riverside/San Bernardino** im (Nord-) Osten (*Riverside Freeway* #91) und entlang der Verkehrsachse I-15 (San Diego–Las Vegas) schließen sich immer weiter. Die **Küste von Malibu über Long Beach bis hinunter nach Laguna Beach** ist weitgehend zugesiedelt.

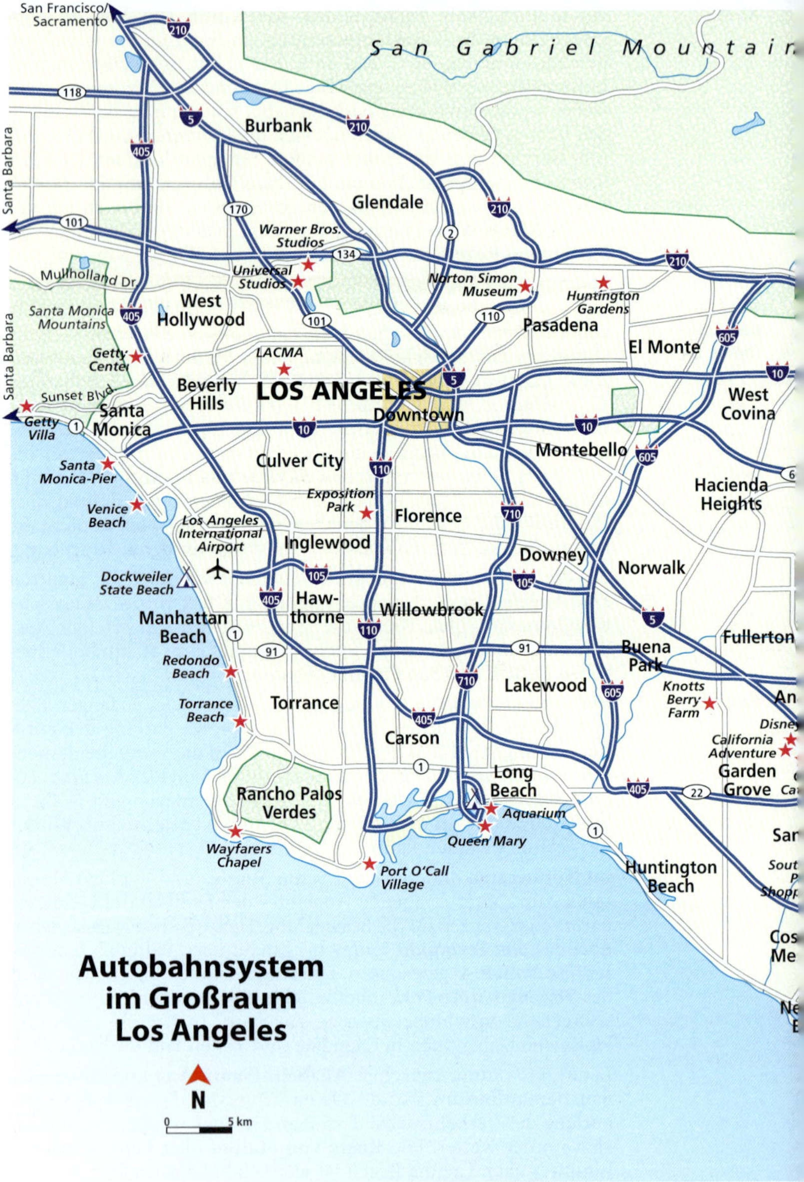
Autobahnsystem im Großraum Los Angeles
N
0
5 km
San Francisco/ Sacramento
San Gabriel Mountains
Santa Barbara
Santa Barbara
Burbank
Glendale
Warner Bros. Studios
Universal Studios
Norton Simon Museum
Huntington Gardens
Pasadena
El Monte
Mulholland Dr.
Santa Monica Mountains
West Hollywood
Getty Center
LACMA
Beverly Hills
LOS ANGELES
Downtown
Sunset Blvd.
Getty Villa
Santa Monica
West Covina
Montebello
Culver City
Santa Monica-Pier
Venice Beach
Hacienda Heights
Exposition Park
Florence
Los Angeles International Airport
Inglewood
Downey
Norwalk
Dockweiler State Beach
Hawthorne
Willowbrook
Manhattan Beach
Fullerton
Buena Park
Redondo Beach
Lakewood
Knotts Berry Farm
Torrance Beach
Torrance
Carson
California Adventure
Garden Grove
Long Beach
Aquarium
Queen Mary
Rancho Palos Verdes
Wayfarers Chapel
Port O'Call Village
Huntington Beach
118
210
5
405
170
101
134
2
110
10
1
605
710
105
91
22
6

Las Vegas, Barstow
Angeles National Forest
San Bernardino National Forest
San Bernardino
dora
Ruancho Cucamonga
Fontana
Rialto
Raging Waters
Ontario Outlets
Pomona
Ontario
Colton
Palm Springs
Diamond Bar
Mission Inn
Riverside
Chino Hills
Galleria Shopping Mall
Norco
California Citrus State Historic Park
Moreno Valley
Chino Hills State Park
Yorba Linda
Featherly Regional Park
Corona
Lake Mathews
Lake Perris
Orange
Cleveland National Forest
Tustin
Santa Ana Mountains
Lake Elsinore
Irvine
Lake Elsinore
Laguna Hills
Ortega Hwy
San Juan Canyon
Oso Parkway
Laguna Beach
Cleveland National Forest
Dana Point
San Juan, Capistrano, San Diego
San Diego

1

1.1.2 Freeways und Orientierung

Situation

Bekanntlich setzte Los Angeles noch stärker als andere amerikanische Citys auf das Auto und den Ausbau eines umfassenden **Schnellstraßennetzes**. Nachdem die 10- und 12-spurigen Autobahnen und bis zu vierstöckigen Kreuzungen und Abzweigungen lange als vorbildlich angesehen wurden, sieht sich die Stadt schon seit Jahrzehnten an den Grenzen des Individualverkehrs: Die ***Rush Hour*** dauert auf den *Freeways* häufig ganztägig. Bereits existierende Pläne für doppelstöckige Straßenführungen wurden nach den Erdbeben in den 1990er Jahren fallengelassen.

Zeitplanung

Fürs allgemeine ***Sightseeing*** in Los Angeles sollte man sich vorzugsweise auf **Samstage, Sonn- und Feiertage** konzentrieren. Der Verkehr auf den *Freeways* hält sich dann in erträglichen Grenzen. **Vergnügungsparks** und **Museen** kann man dagegen besser **dienstags bis freitags** (letztere meist montags geschlossen) besuchen. Wenn sich Fahrten an Wochentagen nicht vermeiden lassen, empfiehlt sich entweder ein zeitiger oder relativ später Aufbruch, d.h., vor 7 Uhr oder erst nach 10 Uhr, und ein Antritt der Rückfahrt möglichst vor 14 Uhr oder nach 18/19 Uhr.

Diamond Lanes

Immerhin, wer zu zweit oder mit mehr Personen im Auto sitzt, findet im *Freeway*-System häufig separate *Carpool*-Spuren (auch ***Diamond***, ***Express*** oder ***HOV Lanes***), auf denen man schneller vorankommt. Aber das Einfädeln dort und das rechtzeitige wieder Herauskommen ist bei starkem Verkehr nicht ganz einfach. Ein **Ausweichen auf andere Straßen abseits der *Freeways*** bei größeren Distanzen ist trotz der breit ausgebauten und nicht permanent verstopften Hauptverkehrsboulevards wegen der unzähligen Ampeln extrem zeitraubend, mühsam und in unsicheren Stadtteilen wie Compton oder Watts auch nicht ratsam.

Karten

Möchte man überfüllte *Freeways* verlassen, benötigt man einen besseren Helfer als die nur auf den ersten Blick akzeptablen Karten der Autoverleiher oder der ansonsten sehr brauchbaren ***Rand Mc Nally***-Atlanten. **Gratis** bekommen Automobilclubmitglieder die ***Southern California Map*** der *California State Automobile Association* (➤ Seite 77, *AAA*) mit der sehr übersichtlichen Karte ***LA Area Freeways*** auf der Rückseite. Hilfreich ist die **laminierte *Los Angeles Map*** mit Detail- (1:17.000) und Großraumkarten (1:60.000) von *Borch* (www.borch.com); in Europa erhältlich für €8,90.

Navi

Noch nützlicher in LA als in anderen großen Citys ist ein **Navi**, entweder mitgemietet, billig in den USA gekauft (ab ca. $100) oder mitgebracht und mit Nordamerika-Straßenprogramm »gefüttert«. Zur *Rush Hour* unbedingt eine Route wählen, die nach Möglichkeit Downtown weiträumig umfährt!

Lage der Sehenswürdigkeiten

Den Los Angeles *Freeways* ist hier deshalb soviel Raum gewidmet, weil sich manche der touristisch besonders interessanten Sehenswürdigkeiten in weit auseinander liegenden, mit Bus und/oder Metro nur schwer zu verbindenden Stadtteilen befinden.

Nordwesten

Für LA-Verhältnisse relativ nah beieinander und in kurzer Distanz zum *Int'l Airport* (LAX) liegen **Santa Monica, Beverly Hills, Hollywood, der Wilshire District und Downtown** im Nordwesten des Großraums. Von Santa Monica und den beliebtesten Stränden über die Villenviertel am Sunset Boulevard, Hollywood, das alte Zentrum der Filmindustrie, die Museen im *Hancock Park,* Downtown, *Old Town* und *Chinatown,* den *Griffith Park* bis hin zu den *Universal Studios* konzentriert sich dort die Mehrheit der populären Besucherattraktionen. Etwas außerhalb liegt **Pasadena** mit dem beachtlichen *Norton Simon Museum.*

Südwesten

Rund 35-45 km südlich von Downtown LA (*Harbor* oder *Long Beach Freeway*) bilden die felsige Halbinsel **Rancho Palos Verdes, Long Beach** mit der *Queen Mary* und die **Strände** von Long und Huntington Beach weiteren Anlaufbereiche.

Südosten

Im Südosten beherbergen die Nachbarstädte **Buena Park** und **Anaheim** die Vergnügungsparks ***Knott's Berry Farm, Disneyland*** mit ***California Adventure*** sowie weitere Touristenattraktionen, u.a. die ***Crystal Cathedral*** und die ***South Coast Plaza***, eines der größten *Shopping Center* des US-Westens.

1.1.3 Unterkunft und Camping

H/Motels

Wenn nicht eindeutige andere Präferenzen bestehen, sollte man die Region **Santa Monica/West LA/Westwood/Hollywood** oder **Downtown** zum Ausgangspunkt für einen Besuch in Los Angeles machen. Von dort lässt sich die Mehrheit der Sehenswürdigkeiten mit dem Auto relativ gut erreichen und zur Not auch mit dem öffentlichen Bus-System ***MTA*** (➤ Seite 210), speziell ab dem Zentrum teilweise auch per Metro, ➤ Karte Seite 211. Der Pazifik mit seinen Stränden liegt für die ersten vier Regionen nicht allzu weit entfernt. In den empfohlenen Bereichen stößt man entlang der Hauptstraßen (u.a. Wilshire Blvd, Santa Monica Blvd, Ocean Ave von Santa Monica bis Venice, Hollywood Blvd, Figueroa Street) auf **Hotels und Motels aller Preisklassen**.

Blick auf das nächtliche LA mit dem Griffith Observatory im Vordergrund

Airport und Umgebung

Taxes auf Hotelübernachtungen summieren sich in LA auf insgesamt 14%

In LA gehört auch der **Airport-Bereich** (**Inglewood**) zu den verkehrsmäßig noch »zumutbaren« Adressen für einen Citybesuch. Die Unterkünfte in der Flughafenzone sind nicht selten **an Wochenenden unterbelegt** und bieten mit reduzierten Tarifen ein oft sehr gutes Preis-Leistungs-Verhältnis. **Relativ günstig** sind nach wie vor die **Tarife deutscher Veranstalter** für einige Airport-Hotels. Bei ihnen kosten Häuser wie das ***Crowne Plaza*** oder ***Westin*** teilweise deutlich weniger als vor Ort zum Dollartarif. Erheblich unter dem Standard der Oberklasse liegende Mittelklassehotels sind bei Veranstaltern oft nur €20-€50 billiger, wenn überhaupt.

Wer vor Ort direkt bucht, muss meist mehr bezahlen oder Abstriche beim Komfort machen. Bei Eigenbuchung bietet sich an das:

- ***Quality Inn***, 4922 W Century Blvd, © 1-800-228-5050, ab $140

oder die zwei Häuser der *Super 8*-Kette (passable Zimmer für ca. $115; © 1-800-454-3213):

- ***Super 8***, 9250 Airport Blvd
- ***Super 8***, 4238 W Century Blvd.

Noch flughafennah und auch ohne Auto (z.B. für die erste/letzte Nacht in den USA) akzeptabel, da die *Westfield Shopping Mall* benachbart liegt, ist das ***Four Points by Sheraton*** in Culver City am 5990 Green Valley Circle; Fr-So ab $160, sonst ab $250; © 1-866-716-8133; www.fourpointslosangeleswestside.com.

Long Beach

Ganz **originell** sind die nostalgischen Kabinen auf der ***Queen Mary*** in **Long Beach**; ab $129, © 1-877-342-0742; www.queenmary.com; ➢ Seite 230. Auch Buchung über deutsche Veranstaltern.

Anaheim

Dank ***Disney*** hat Anaheim die dichteste Hotelkonzentration im Großraum LA (**Harbor Blvd** beidseitig der I-5 und **Katella Ave**). Eine **sagenhafte Kapazität** an Kettenhotels und in sämtlichen Kategorien sorgt dort sehr oft für ein Überangebot an freien Zimmern und damit für **Sonderpreise** unter den offiziellen Tarifen, ➢ *AAA Tourbook* und Internetportale der H/Motelketten (➢ Seite 158). Aber an Sommerwochenenden und an Feiertagen wird es garantiert eng.

Nostalgische Kabinen anstelle von normalen Hotelzimmern auf der Queen Mary bei Long Beach

RV-Camping an der Dockweiler Beach

Preiswert

In LA gibt es viele **Billigunterkünfte** für junge Leute, z.B.:

- ***HI Santa Monica***, 1436 2nd St in ausgezeichneter Lage; Betten ab ca. $48, DZ $140; © (310) 393-9913, www.hilosangeles.org
- ***Orange Drive Hostel***, 1764 N Orange Dr; direkt hinter dem *TCL* und *Dolby Theatre*, Betten ab $52, DZ ab $111, Familienzimmer ab $158; © (323) 850-0350, www.orangedrivehostel.com
- ***Hollywood USAHostel***, 1624 Schrader Blvd; Betten ab $49, DZ $140; © 1-800-524-6783, www.usahostels.com
- ***Walk of Fame Hostel***, 6820 Hollywood Blvd; Betten $48-$54, DZ $1175; © (323) 463-2750, www.walkoffamehostel.com
- ***Samesun Backpackers Lodge***, 25 Windward Avenue am Strand in Venice Beach; Betten ab $48, DZ ca. $140/$160 mit/ohne Bad; © 1-888-718-8287, www.samesun.com
- ***Backpackers Paradise***, 4200 West Century Blvd, ganz in Airport-Nähe; im 20-Bett-Schlafsaal $38, DZ $80-$180; © (310) 419-0999, www.backpackersparadise.com
- ***Surf City Hostel***, 26 Pier Avenue, prima Lage am Meer in Hermosa Beach; Betten $32-$45, EZ/DZ $85-$92; © (310) 798-2323, www.surfcityhostel.com.

Zwei empfehlenswerte ***HIs*** (www.hiusa.org) sind auch:

- ***HI South Bay***, 3601 Gaffey St, toll gelegen über der Küste in San Pedro, Bett ab $31, DZ ab $538; © (310) 831-8109
- ***Fullerton HI***, 1700 N Harbor Blvd, prima Haus in Parklage, 5 mi nördlich von den *Disney*-Parks, aber weit weg von *Hollywood*; Bett ab $31; DZ ab $55; © (714) 738-3721.

Beach-Camping

http://reservations.lacounty.gov

Der citynächste **öffentliche Campingplatz** (nur RVs) liegt an der

- ***Dockweiler State Beach*** unterhalb der Startbahn des *LA Int'l-Airport* (12001 Vista del Mar; Anfahrt am besten über Imperial Hwy, von dem man streckenweise alle Lande-/Startbahnen von *LAX* überblickt); 1. Reihe am Strand ab $70, sonst minus $5. Mittlerweile gute Sanitäranlagen, daher trotz hoher Tarife bedenkenswerte Alternative für LA; © 1-800-950-7275.

Malibu und Long Beach

Gute **privatwirtschaftlich betriebene Campingplätze** sind:

- ***Malibu Beach RV Park*** in toller Lage direkt oberhalb des Pacific Coast Hwy, dessen Verkehrslärm aber kaum nach oben dringt; leider **reichlich teuer** vor allem während der Sommermonate an Wochenenden und mit *Premium Ocean View*: Zelte $40-$90, RVs $40-$230; © 1-800-622-6052, www.maliburv.com
- ***Golden Shore RV-Resort*** in **Long Beach** zwischen dem *Freeway* Richtung *Queen Mary* und Shoreline Drive; 101 Golden Shore; nur RVs; $60-$72; © 1-800-668-3581, www.goldenshorerv.com.

Interessant für Zelter ist das ***Musch Camp*** des ***Topanga State Park***; oberhalb von Santa Monica; Anfahrt über den Topanga Canyon Blvd /#27 ab Hwy #1 oder Fwy #101, dann Entrada Rd; $10/Person, *first-come, first-served*; www.parks.ca.gov/?page_id=629.

State Parks in den Santa Monica Mountains

Wer noch ein bisschen weiter westlich (ab Malibu Beach) auf der Malibu Canyon Road ca. 7 mi die Santa Monica Mountains hinauffährt, kann auch mit Wohnmobil sehr gut übernachten im:

- ***Malibu Creek State Park***; Zufahrt ebenso vom *Freeway* #101, *Exit* 32 (Las Virgenes Rd), ca. 5 mi; $45, egal ob Zelt oder RV. Einer der schönsten Camping-Plätze im Großraum Los Angeles, aber weiter weg von den Attraktionen als der *Malibu Beach RV Park*; www.parks.ca.gov/?page_id=614.

Anaheim

Diverse Plätze warten in **Anaheim** auf Kunden. Am disneynächsten liegt der eine gute Meile vom Haupteingang entfernte (**zu Fuß** erreichbar oder per kostenpflichtigem *Shuttle*-Service) ***Anaheim Harbor RV Park***; 1009 South Harbor Blvd; Zelte $35, Wohnmobile $45-$70 je nach Saison und Größe der Stellplätze; © (714) 535-6495, www.anaheimharborrvpark.com.

1,2 mi bzw. 3 mi von *Disneyland* entfernt befinden sich:

- ***Anaheim Resort RV Park***, 200 W. Midway Drive; guter Komfortplatz mit *Wifi*, Pool und einfachem Anschluss zu den *Disney*-Parks per *ART*-Bus ($3 pro Person) und mit gutem Blick auf das allabendliche *Disney*-Feuerwerk; RV ab ca. $65, Fr+Sa ab $86; © (714) 774-3860, www.anaheimresortrvpark.com
- der ordentlich gepflegte ***Orangeland RV Park*** an der 1600 West Struck Avenue; mit Pool & *Spa*; Stellplätze $70-$85 (10%-Rabatt mit *AAA*); *Shuttle* für die *Disney*-Parks $3/Person; © (714) 633-0414, www.orangeland.com.

Yorba Linda

Gut 10 mi sind es von Anaheim zum großzügig angelegten ***Canyon RV Park*** zwischen Fwy und Santa Ana River (Teil des *Featherly Regional Park*); auf der **#91 East** bis *Exit* 41/Gypsum Canyon Rd; schattige Stellplätze ($75) und *Cabins* ($90), aber laut wegen der Straßennähe; © (714) 637-0210, www.canyonrvpark.com.

NF und SP

National Forest Campgrounds befinden sich oberhalb Pasadena an der Straße #2 und weitere ***State Parks*** mit Camping im Nordwesten (***Leo Carillo Beach/Point Mugu State Park***) und Süden (***Doheny***, ***San Clemente*** und ***Onofre State Beach***) recht weit entfernt für LA-Besuche.

1.1.4 Restaurants und Kneipen

In Anbetracht der großen Entfernungen wird man in LA Restaurants meistens in der Nähe des eigenen Quartiers oder der besuchten Sehenswürdigkeiten suchen. Hier nur einige Hinweise:

Von Malibu bis Redondo Beach

- Beliebt bei Film-Crews ist direkt am Pacific Coast Hwy ***Bob Morris' Paradise Cove Beach Café*** in **Malibu** (#28128; www.paradisecovemalibu.com). Weitere *Hot Spots* sind dort ***Neptune's Net*** (#42505; www.neptunesnet.com) sowie das teure ***Gladstone's Malibu*** in **Pacific Palisades** (#17300; www.gladstones.com).
- In **Santa Monica** konzentrieren sich Restaurants in der autofreien ***3rd Street Promenade***, am Santa Monica Boulevard und der Ocean Avenue. Auch auf dem Santa Monica Pier verhungert man nicht. Nur einige Meilen sind es von dort nach **Westwood** im Umfeld der *UCLA*, wo sich jede Menge ***Eateries*** und **Kneipen für junge Leute** im Bereich Wilshire/Westwood Blvd finden.
- Nicht weit (ca. 2 mi) ist es von Santa Monica nach **Venice Beach** mit *Open-air*-Lokalen vor allem am ***Ocean Front Walk***. Nicht ganz so so touristisch ist die Strandpromenade weiter südlich. In **Manhattan** & **Hermosa Beach** findet man viele weitere Optionen direkt hinter dem Strand (auch mit jungem Publikum).
- Rund um den Yachthafen ***Marina del Rey*** (Admirality Way/Via Marina) findet man diverse bessere Restaurants und Kneipen. Preiswerter geht es zu im ***Fisherman's Village*** an der Südostseite der Yachthafen-Einfahrt. Dort sitzt man auf Terrassen mit Blick übers Wasser auf die Yachten der Marina; Zufahrt über Pacific Coast Hwy #1 (Lincoln Blvd) und Fiji Way.

Foto unten: US-Standard Jagdflugzeug des 2. Weltkriegs: P51 Mustang im kleinen Park des Restaurants »Proud Bird«

Flugzeugfans sind richtig im ***Proud Bird Restaurant*** unweit des *Int'l Airport* am 11022 Aviation Blvd mit ausrangierten Kampffliegern auf dem Gelände. Vom 1. Stock aus hat man den besten Blick auf startende/landende Flugzeuge; www.theproudbird.com.

Tipp: Planespottern wird auch beim ***In-N-Out Burger*** am 9149 South Sepulveda Blvd reichlich Action geboten. Das Lokal liegt direkt an der Einflugschneise – die Flieger sind zum Greifen nah!

West LA/ Hollywood

- Wahre Institutionen in West LA sind das 24-Std-*Diner* ***Mel's Drive-In*** am 8585 Sunset Blvd, ***Canter's Deli*** am 419 North Fairfax Ave sowie ***Pink's Hot Dogs*** an der 709 North La Brea Ave.

Farmers Market

- Mehr als 100 *Food Stands* und 40 Restaurants jeder Provenienz machen den *Original Farmers Market* (6333 West Third Street, www.farmersmarketla.com) zu einer generell geeigneten Anlaufadresse, wenn der Magen knurrt und *open-air* reizt.

San Pedro

- Wer die lange Fahrt in Kauf nimmt oder die nahe *Queen Mary* besichtigt, findet im (künstlichen) Fischerdorf ***Ports o' Call*** in **San Pedro** (nördlich von Long Beach) rustikale (mexikanische) **Fisch- und Krabben-Grilllokale** mit großen ***Open-air Decks***.

1.1.5 Information und öffentliche Verkehrsmittel

Anlaufstellen

Die offizielle LA Touristen-Info (www.discoverlosangeles.com) unterhält **zwei Besucherzentren** in U-Bahn-Nähe, am 6801 Hollywood Blvd (Mo-Sa 9-22, So 10-19 Uhr, © (323) 467-6412) und an der *Union Station* (800 N Alameda Street, © (310) 514-9484). Die dort erhältlichen **Gratis-Stadtpläne** und *Discount Coupons* für kommerzielle Attraktionen, findet man aber meist auch in den separaten Infostellen in Santa Monica, Long Beach oder Anaheim bzw. an der Rezeption vieler Hotels, beim Autovermieter etc. Besonders hilfreich sind die **Karten des *AAA*** für LA, die man in allen Stadtteilen in den *AAA*-Büros erhält; ➤ Seite 78.

GO LA Card

Für **viele Sehenswürdigkeiten im Großraum LA (und San Diego)** lassen sich mit der ***Go LA Card*** bis zu 50% Rabatt gegenüber regulären Tickets realisieren. Mit der ***Go LA Build your own Card*** gibt es 20% ab zwei gebuchten Attraktionen (*Knotts Berry Farm, Warner Bros Studios, Sony Studios, Madame Tussauds, Six Flags, Legoland, San Diego Zoo* etc.), bei *Universal Studios* nur 10% *Discount*; www.smartdestinations.com/los-angeles-attractions-and-tours.

Busse

Der Großraum LA verfügt über ein weitgespanntes Busnetz. Die wichtigste Gesellschaft ist die ***Metropolitan Transit Authority MTA*** mit 3.000 Bussen (**$1,75 Einheitstarif**; www.metro.net). Die Zentrale steht an der One Gateway Plaza unweit der Union Station. Auskunft und Routenkarte gibt es aber in jedem ***Service Center***. Für den Norden/Nordwesten ist die ***Santa Monica Big Blue Bus Line*** zuständig ($1,25-$2,50; www.bigbluebus.com).

Tagsüber verkehren ***LAX FlyAway***-Busse stündlich *non-stop* zwischen Flughafen und fünf zentralen Stationen, $8; www.flylax.com/en/flyaway-bus. Im Airport-Bereich betreibt zudem die ***Culver City Company*** einige Routen: www.culvercity.org/how-do-i/find/culver-city-bus. Weiter südlich sind die Busse des ***Orange County*** unterwegs; www.octa.net.

Beurteilung

Die Tickets sind relativ billig, aber – außer im Fall separater Spuren – ist man im Bus meist langsamer unterwegs. So bleibt häufig zu wenig Zeit für das Ziel. Hinzu kommen längere Wartezeiten an Haltestellen in praller Sonne sowie unterkühlte Fahrgasträume.

DASH

Die **positive Ausnahme** bilden die nur in Downtown verkehrenden ***DASH*-Busse** (*Downtown Area Short Hop*), mit denen man für **$0,50** pro Tour (*exact change!*) alle wichtigen Hotels, *Shopping Malls* und Sehenswürdigkeiten erreicht. **Route A** fährt über *Little Tokyo*, **Route B** über *Chinatown* (Mo-Fr alle 7-15 min; Umsteigen kostenlos). **Route E + F** (*Exposition Park*) verkehren auch Sa+So; www.ladottransit.com/dash/routes/downtown/downtown.php.

U-Bahn

Für viele Milliarden Dollar entstand in den letzten Dekaden ein neues **U- und S-Bahn-Netz**. Derzeit sind **8 Linien** in Betrieb:

- von ***Downtown Metro Center*** **nach Long Beach** (blau)
- von **Atlantic** über **Union Station** nach **Pasadena** (golden)
- entlang des ***Freeway* #105** von **Norwalk über den *Int'l Airport*** und **Manhattan Beach**/Marine Ave nach **Redondo Beach** (grün)

- am Wilshire Blvd entlang **bis *North Hollywood*** (rot) und
- als separate Linie nach **Wilshire** (violett).
- als Verlängerung der roten Linie **ab North Hollywood** (orange).
- Die grau markierte ***Silver Line*** ist eine **Expressbuslinie** mit freier Fahrt auf eigener Spur im Wesentlichen auf *Freeways*.
- *Expo Line* vom ***Metro Center*** (7th St) nach **Sta Monica** (hellblau)

Verkehrszeiten von 4.30 bis 1.10 Uhr mit hoher Frequenz; **Basistarif** $1,75, ***Silver Line* $2,50**, ***Day Pass* $7**; Umsteigen von Metro auf *Muni*-Bus +$0,75. U-Bahn-Fahrten sind nur mit einer aufladbaren ***TAP-Card*** möglich (keine Papiertickets!), man erhält sie für $2 an den Fahrscheinautomaten (*Vending Machine*).

Der ***Metro-Trip Planner*** ermittelt nach Start-, Ziel- und Zeiteingabe unter www.metro.net die beste Verbindung mit öffentlichen Verkehrsmitteln einschließlich der Abfahrt-/Fahrtzeiten, Umsteiger und Tarife.

Los Angeles Nordwest
N
0
5 km
San Francisco/ Sacramento
zur I-5
Burbank
San Fernando Valley
Roscoe Blvd
North Hollywood
Glendale
Van Nuys
Ventura Fwy
Glen Oaks Blvd
Santa Barbara
Woodland Hills
Warner Bros. Studios
Universal Studios
Zoo
Griffith Park
Norton Simon Museum
Pasadena
Mullholland Drive
Benedict Canyon
Coldwater Canyon Ave
Beverly Park
BelAir
Hollywood
Chinese Theatre
Observatory
Santa Monica Mountains
Holmby Hills
Beverly Hills
Monica Blvd.
Santa
Topanga State Park
Getty Center
Hollywood Cemetary
Palm Springs
Westwood
Rodeo Drive
Golden Triangle
LACMA
La Brea Tar Pits
Chinatown
Brentwood
Villa Aurora
UCLA
Wilshire Blvd
Riverside
Getty Villa
Sunset Blvd
Sunset
San Vicente Blvd
Wilshire Blvd
Santa Monica Blvd
West LA
Petersen Automuseum
Museum of Tolerance
DOWNTOWN
Malibu
Santa Monica Fwy
Pacific Palisades
Santa Monica
Venice Blvd
Culver City
Western Ave
Vermont Ave
South Los Angeles
Santa Monica Pier
Venice
Pacific Coast Hwy
Culver Blvd
Anaheim
Slauson Ave
Muscle Beach
Marina del Rey
Exposition Park
Harbor Fwy
Florence
Fisherman's Village
Los Angeles International Airport
Manchester Ave
Alameda St
Inglewood
Downey
Dockweiler State Beach
Imperial Hwy
Century Fwy
Highland Ave
Hawthorne
San Bernardino
Riverside/
Rosecrans Ave
Willowbrook
Manhattan Beach
Hawthorne Blvd
Gardena Fwy
Artesia Blvd
Hermosa Beach
San Diego Fwy
Redondo Beach
Torrance
Lakewood
Sepulveda Blvd
Carson
Torrance Beach
Pacific Coast Hwy
Long Beach
San Diego
Rancho Palos Verdes
Hafenanlagen
Aquarium
Western Ave
Ocean Blvd
Queen Mary
USS Iowa
Palos Verdes Drive
Wayfarers Chapel
Ports O'Call Village
Catalina Island
405
170
5
210
101
2
134
27
110
10
1
105
710
91

An der #1 nördlich von Malibu lädt die El Matador State Beach zu einem kurzen Spaziergang ein. Bei Ebbe liegt auch der Felsen mit den vielen höhlenartigen Öffnungen frei (links im Bild)

1.1.6 LA kreuz und quer

Besuchsplanung

Im Gegensatz zu anderen kompakteren Städten gibt es in Los Angeles selbst für Kurzaufenthalte **keine logische Reihenfolge im Besuchsablauf**, genaugenommen nicht einmal eine klare Liste dessen, was man einfach gesehen haben »muss«. Es kommt unter anderem darauf an, wo sich der Ausgangspunkt bzw. die Unterkunft befindet und wie die eigenen Interessen gelagert sind. Zur Beschreibung und Wertung der Sehenswürdigkeiten im Großraum Los Angeles wird hier deshalb im Wesentlichen der oben skizzierten touristischen Geographie gefolgt: zunächst geht es um ein **nordwestliches Dreieck**, markiert durch Malibu/Santa Monica, den Griffith Park/Pasadena und Burbank, dann um den zentralen Westbereich von Downtown bis Venice und im letzten Abschnitt um Long Beach, Anaheim/Buena Park und sonstige Ziele.

Der Nordwesten von Malibu bis Pasadena

Malibu/ Getty Museum und Stiftung

In Malibu, an der Straße #1, dem Pacific Coast Highway, noch vor den *City-Limits* von LA/Santa Monica steht ein »altrömischer« Palast, der bis 1999 das *Jean Paul Getty Museum* beherbergte. Der einst reichste Mann der Welt hatte ihn nach einer in Herculanum beim Vesuvausbruch im Jahr 79 v. Chr. versunkenen Villa speziell für seine kolossale Sammlung von Kunstgegenständen aller Epochen nachbauen lassen. Nach seinem Tod setzten die Verwalter der ***Jean Paul Getty Foundation*** die Sammelwut des Stifters fort und erweiterten den Bestand des Museums laufend.

Von den Millionenerträgen aus den anfangs $2,2 Mrd., mittlerweile 4,5 Mrd. Stiftungskapital muss jedes Jahr ein mindesten 4,2% der Summe entsprechender Betrag (i.e. heute fast $190 Mio) zum Ankauf zusätzlicher Stücke ausgegeben werden. Die Getty-Stiftung nimmt daher schon kaufkraftmäßig unter den Kunstmuseen der Welt eine Spitzenposition ein. Da mit der Akquisition

Eintritt, Zeiten, Anfahrt und Parken Getty Center und Villa

Information: © (310) 440-7300; www.getty.edu/visit; **Eintritt in beide frei**

Öffnungszeiten (im Sommer, sonst kürzer): ***Getty Villa***: Mi-Mo 10-17 Uhr; ***Getty Center***: Mo-Fr 10-17.30 und Sa bis 21 Uhr

Für das Museum in der ***Getty Villa*** ist ein **eintreffzeitgebundenes Vorabticket** zwingend (per Internet oder Telefon 2 Monate im Voraus möglich).

Keine Zugangsrestriktion fürs *Getty Center*.

- **Anfahrt zum *Getty Center*** mit der *Metro Rapid Line* #734 (Mo-Fr) oder #234 (Sa+So); Info dazu: © (323) 466-3876 und www.metro.net
- **Anfahrt zur *Getty Villa*** mit *MTA*-Bus #534; Info dazu wie oben. Wer die Villa per Bus anfährt und daher zu Fuß zum Eingang kommt, muss neben der Anmeldung das vom Busfahrer speziell gelochte Ticket vorweisen. In der Umgebung parken und zu Fuß ohne Busticket kommen, geht nicht.

Parkgebühr Pkw+Vans in beiden Standorten **$15**; bei Besuch von *Center* und *Villa* am selben Tag gilt: *Pay once, park twice.*

Keine RV-Parkmöglichkeit, heißt es offiziell für beide Standorte. Aber es gibt gegenüber der Zufahrt zum ***Getty Center*** am Sepulveda Blvd einen Busparkplatz gleich neben dem *Leo Baeck Temple* (1300 North Sepulveda). RVs parken dort ebenfalls für $15. Zu Fuß unter der I-405 durch sind's 200 m.

immer neuer Schätze die Kollektion laufend umfangreicher wurde (heute 45.000 Objekte), platzten die vergleichsweise beengten Räumlichkeiten der alten Villa schon vor Jahren aus allen Nähten.

Man errichtete daher auf einem Hügel der Santa Monica Mountains am ***San Diego Freeway*** das schon rein architektonisch als Kunstwerk geltende riesige ***Getty Center*** und löste gleichzeitig damit auch alle Platz- und Parkprobleme des alten Standorts.

Besuchsplanung

Getty Villa

Mit Eröffnung des *Getty Museums* im *Getty Center* im Jahr 1998 schloss man den alten Museumspalast für Umbauten. Erst 2006 wurde die pompöse ***Getty Villa*** als zusätzlicher Standort des *Jean Paul Getty Museum* in veränderter Konzeption wieder eröffnet. Dort geht es heute in erster Linie um Kunstwerke aus dem alten Griechenland, der Etrusker und aus römischer Zeit; Anfahrt über **Pacific Coast Highway** nur von Süden aus möglich. Keine Linksabbieger auf das Gelände mit Hausnummer 17985. Voranmeldung wegen knapper Parkkapazität nötig, auch im Internet 2-3 Monate im Voraus möglich, ➢ Kasten oben.

Getty Center

Der größere Teil der Schätze der *Getty*-Sammlung kann nach wie vor in den Räumlichkeiten des – bereits vom *Freeway* aus unübersehbaren – Getty-Komplexes bewundert werden. Dabei, so heißt es, seien nur jeweile gerade 3% des vorhandenen Gesamtinventars dort ausgestellt. Man erreicht das ***Getty Center*** über die ***I-405/ San Diego Fwy, Exit Jean Paul Getty*** nördlich des Sunset Blvd.

Tramway

Vom Eingang/von den Parkhäusern (**Navi-Adresse:** Ecke North Sepulveda Blvd,/Getty Center Drive) geht's per *Tramway* hinauf zum hochgelegenen Museumskomplex. Bei Andrang muss man warten. Der auch mögliche Fußmarsch ist relativ steil und lang und bei Hitze ein bisschen viel. Zwischen Ankunft am *Gate* und Betreten der – **eintrittsfreien** – Ausstellungen im *Getty Center* vergehen auch schon mal 30 min und mehr.

Ausstellung Getty Center

Endlich angekommen, findet man Ausstellungen unterschiedlichster Kunstobjekte, verteilt auf diverse Gebäude, die sich um eine zentrale Plaza gruppieren: Mittelalterliche Buchillustrationen, Gefäße aus der Renaissance, barocke Bronzen, Gemälde aller Epochen, *Western Art* u.a.m. Da immer nur – wie gesagt – ein Bruchteil der Sammlung ausgestellt ist, finden häufiger als anderswo Wechsel und Sonderausstellungen statt. Aktuelles Programm im Internet, ➤ Adresse im Kasten links. **Infobroschüren** und Dokumentationen gibt es sogar **auf Deutsch**.

Architektur und mehr

Sehenswert sind im Übrigen allein schon Architektur, Anlage und Gärten dieses phänomenalen Komplexes hoch über Beverly Hills, die Café-Terrassen und das lichtdurchflutete Restaurant. Davon wird mancher beeindruckter sein als von der Kunstpräsentation, die durchaus nicht allem anderen in der Kunstszene komplett den Rang abläuft. **Nicht auslassen sollte man den einführenden kurzen Film**, der laufend in der *Entrance Hall* gezeigt wird.

Zeitbedarf

Ein intensiver Besuch des *Getty Center* kostet mit An-/Abfahrt, Wartezeiten auf die *Tram* selbst ohne längere Pausen in der Cafeteria leicht einen vollen Tag. Nicht auslassen sollte man den einführenden Kurzfilm, der laufend in der *Entrance Hall* gezeigt wird.

Topanga State Park

Von der *Getty*-Villa in Malibu sind es nur ein paar Meilen auf dem **Topanga Canyon Blvd** nach Topanga und zum *Topanga State Park* (Abzweigung Entrada Road), von dessen Hügeln man weite Blicke über den Ozean und Los Angeles hat. Ca. 5 km läuft man vom Parkplatz *Trippet Ranch* zum grandiosen ***Eagle Rock***. Der *State Park* besitzt auch einen Zeltplatz für *Biker* and *Hiker*, ➤ Seite 208; www.parks.ca.gov/?page_id=629.

Park und Teilansicht des eindrucksvollen Getty Center

Westside/ Villa Aurora

Östlich der *Getty Villa* zweigt der **Sunset Blvd** vom ***Pacific Coast Hwy*** ab. Er führt kurvenreich durch die Ausläufer der Sta Monica Mountains an zahllosen Villen der *Upper Class* vorbei durch die feine **Westside** von LA. Dort wohnten früher auch deutsche Literaten und Künstler, die vor dem Dritten Reich geflüchtet waren, darunter **Thomas Mann** sowie **Lion** & **Marta Feuchtwanger**. Die *Villa Aurora* am 520 Paseo Miramar, der einstige Treffpunkt der Exilanten, ist heute ein Kulturzentrum und kann nach Voranmeldung besucht werden; www.vatmh.org/de/villa-aurora-besuche.html.

Westwood/ UCLA

Mittendrin liegt der Stadtteil **Westwood** zwischen Sunset und Wilshire Boulevard östlich der *Interstate* #405, einst ein abgelegenes Dorf, heute Sitz der *University of California Los Angeles*, kurz ***UCLA***, mit einem bemerkenswerten Campus für 35.000 Studenten; www.ucla.edu/maps-directions-parking/.

Westwood Village

Unterhalb (= südlich) des Universitätsgeländes hat sich das ***Westwood Village*** als **der *Nightspot*** für junge Leute etabliert (Westwood/Wilshire Blvd). Neben zahlreichen Kneipen, Restaurants und *Nightclubs* sind es **Erstaufführungskinos**, die ein junges Publikum – neben *TCL Theatre* in Hollywood (➤ rechts unten) – nach Westwood locken; www.thewestwoodvillage.com.

Beverly Hills

In Beverly Hills wird der **Sunset Boulevard** zur **Prachtallee**. An ihr und vielen Nebenstraßen stehen – meist hinter Mauern, riesigen Hecken und verschlossenen Toreinfahrten – die Villen zahlreicher Film-, Fernseh- und Showstars. Wer sich dafür interessiert, kann passende **Touren** buchen, z.B. unter www.hollywoodtours.us.

Bel Air/ Holmby Hills

Nördlich von Westwood und oberhalb des Sunset Boulevards liegt der Nobelstadtteil **Bel Air**, der gemeinsam mit **Beverly Hills** und den ebenfalls exklusiven **Holmby Hills** das »***Platinum Triangle***« bildet. Auch in diesen hügeligen Arealen stehen die Wohnpaläste auf überdimensionierten Grundstücken und man bekommt von den »Reichen & Schönen« kaum etwas zu sehen.

Prunkbau des 1927 eröffnetem Chinese Theatre am Hollywood Boulevard. Es wechselte im Lauf der Jahre mehrfach den Namen (derzeitiger Sponsor ist »TCL«) und birgt einen der größten IMAX-Kinosäale der Welt, in dem 932 Besucher Platz finden

An der 516 Walden Drive/Ecke Carmelita Ave in Beverly Hills steht der auffällige Bau des Witch's House aus dem Jahr 1921. Das »Hexenhaus« befand sich einst in Culver City und war ursprünglich nur als Büro und Umkleide»raum« eines Filmstudios konzipiert

Die zwei **Luxus-Hotels *Bel Air*** und ***The Beverly Hills*** dienen seit den 1950er-Jahren immer wieder als Kulisse für *Hollywood* und als Residenz der Stars. Unter den großen Prachtanwesen in Holmby Hills nördlich des *Los Angeles Country Club* befindet sich auch Hefner's ehemalige ***Playboy Mansion*** (10236 Charing Cross Rd).

Besonders attraktive und problemlos auch **in Eigeninitiative** abzufahrende Straßen sind nördlich des Sunset Blvd der Beverly Glen, Coldwater und Benedict Canyon Drive, südlich der Beverly Drive und Cañon. Die Adressen der »*Movie Stars*« findet man auf Webportalen wie www.vpike.com/moviestars1.htm. Aber Achtung, zu Fuß in den Wohnstraßen herumbummelnde Touristen sind nicht gern gesehen und erregen leicht das Misstrauen der *Security*.

Rodeo Drive

Das Dreieck zwischen Santa Monica und Wilshire Boulevard bis etwa North Rexford Drive wird als »***Golden Triangle***« bezeichnet und gilt als exklusivste Shoppingzone von Los Angeles mit dem teuersten Kern am **Rodeo Drive**.

Holocaust Museum

Nur wenige Häuserblocks südlich des Goldenen Dreiecks steht das ***Museum of Tolerance***. Die **Holocaust**-Abteilung beansprucht breiten Raum. Sie beschreibt authentisch das Schicksal der Juden im 3. Reich. Ein individueller Gang durch die Räume ist nicht möglich. Um lange Wartezeiten bis zur nächsten freien Tour zu vermeiden, besorgt man sich die Tickets ($15,50/$11,50) am besten im Voraus; So-Fr 10-17 Uhr; 9786 West Pico Blvd (gratis Parkgarage unter dem Museum); www.museumoftolerance.com..

Hollywood/ TCL Theatre

Weiter oben (etwa ab Fairfax Ave) verändert die dort ***Sunset Strip*** genannte Allee ihr Erscheinungsbild und wird zur ganz normalen Geschäftsstraße. Parallel zu ihr läuft zwei Blocks weiter nördlich der **Hollywood Boulevard**, wo vor dem berühmten Premierenkino ***TCL Chinese Theatre*** (zwischen La Brea/Highland Ave) Stars und

Am 5.2.2019 erhielt auch Sängerin P!NK einen Stern am Walk of Fame und erschien mit ihrer Familie zur Verleihung

Sternchen ihre Hand- und Fußabdrücke samt Spruch für **Sid Grauman**, den einstigen Eigentümer des Theaters, im Zement verewigt haben (6925 Hollywood Blvd). Bekannt ist das Gebäude auch unter seinem alten Namen: ***Grauman's Chinese Theatre***. Touren führen hinter die Kulisse: www.tclchinesetheatres.com.

Walk of Fame

Über 2.600 große Messingsterne wurden in die Gehsteige des Hollywood Blvd auf einer guten Meile Länge beidseitig des chinesischen Theaters und ein Stück in die Vine Street hinein eingelassen und den Größen des Showgeschäfts gewidmet. Zur (öffentlich zugänglichen) Verleihungszeremonie am ***Walk of Fame*** sind die geehrten Stars meist persönlich anwesend. Infos zu bevorstehenden Auszeichnungen: www.walkoffame.com/pages/upcoming-ceremonies.

Madame Tussauds

Wenn das Timing nicht passt, kann man sich auch jederzeit gleich nebenan im ***Madame Tussauds***-Wachsfigurenmuseum mit all den berühmten *Hollywood*-Stars fotografieren lassen; Eintritt $31, Kinder (3-12) $20; online oder mit *Coupon* um einiges günstiger.

Situation heute

Obwohl der Stadtteil heute nur noch relativ wenig mit Filmproduktion und TV zu tun hat, die großen Studios längst ins San Fernando Valley (North Hollywood/Burbank) und sonstwohin verlagert wurden, steht sein Name nach wie vor als Synonym für die kalifornische Filmindustrie. Und so bevölkern tagtäglich erstaunliche Touristenscharen Hollywood. Die Besucher finden dort außer den oben genannten Attraktionen auch noch die ***Guinness World of Records*** (www.guinnessmuseumhollywood.com) und ***Ripley's Believe it or not*** (www.rip leys.com/hollywood), einige antiquarische Buchläden, jede Menge Souvenirshops, *Fast Food Places*, Restaurants sowie Kneipen.

Dolby Theatre

An der Ecke Hollywood Blvd/Highland Ave steht das *Hollywood & Highland Center* mit dem ***Dolby Theatre***, in dem alljährlich die **Oscar-Verleihung** (*Academy Awards*) stattfindet. Touren \$25/\$19; täglich alle 30 min, 10.30-16 Uhr; www.dolbytheatre.com. Von der Terrasse des Komplexes erkennt man hoch oben in den Hügeln den berühmten **Werbeschriftzug »Hollywood«** aus dem Jahr 1923. Weitere gute Standpunkte sind der *Griffith Park* und der **Mulholland Drive** beim *Lake Hollywood Park*.

Hollywood Cemetery

Authentisch ist in Hollywood der Friedhof, auf dem man viele bekannte Namen des Filmgeschäfts entdecken kann. Der ***Hollywood Cemetery*** befindet sich am Santa Monica Blvd zwischen Gower St und Van Ness Ave; www.hollywoodforever.com.

Griffith Park

Nordöstlich von Hollywood zwischen ***Freeway* #101** und ***Golden State Fwy*** (I-5) liegt der außergewöhnliche *Griffith Park*, den man am besten über die Vermont Ave ansteuert. Sie führt durch hügeliges Waldgelände (*Vermont Canyon*) mit enormer Picknickkapazität, Sportanlagen und Wanderwegen hinauf zum ***Planetarium & Observatory*** mit einer Aussichtsterrasse, von der man an Tagen mit guter Sicht große Bereiche von LA überblickt (➤ Foto Seite 205).

Die zahlreichen fantastischen **Shows** (Di-Fr 12-22 Uhr; Sa+So ab 10 Uhr; Mo geschlossen; \$7, Kinder \$5-\$3) unter der Kuppel des *Samuel Oschin Planetarium* sind sehr populär. Da oben zu Showzeiten kaum zu parken ist, verkehrt ein *Shuttle* zur Anlage. Details zum aktuellen Programm etc. unter www.griffithobservatory.org.

Greek Theatre

Am Wege passiert man – noch im Eingangsbereich des Parks – das ***Greek Theatre***, das von Ende Mai bis Oktober überwiegend für *Open-air*-Konzerte genutzt wird. Große Namen aus Rock und Klassik sind dort keine Seltenheit; www.greektheatrela.com.

Zoo und Wildwest Museum

Ein ebenfalls stark frequentierter Bereich des *Griffith Park* ist ein Streifen an seiner Ostseite parallel zur nahen I-5. Über Crystal Springs/Zoo Drive (Anfahrt über Los Feliz Blvd oder I-5) erreicht man unweit des ***LA Zoo*** (www.lazoo.or) das sehenswerte ***Autry***

Star- und Sternchenjagd in Hollywood

National Center (Di-Fr 10-16 Uhr; Sa+So 10-17 Uhr, Eintritt $14, Kinder $6-$10). Beachtlich ist vor allem die prima präsentierte Kollektion zum Thema **Eroberung des Westens** und dessen Glorifizierung in Cowboylegenden, Wildwest-Shows (vor allem durch Buffalo Bill), Film und TV; http://theautry.org.

Pasadena/ Museum of Art

Ein beachtliches Museum ganz anderer Art, das seltener auf dem Programm ausländischer Besucher steht, ist das ***Norton Simon Museum of Art*** in Pasadena (Mo+Mi+Do 12-17 Uhr, Fr-Sa 11-20 Uhr, So 11-17 Uhr; $15, bis 18 Jahre frei), rund 8 mi östlich des *Griffith Park* an dem 411 W Colorado Blvd, erreichbar über den *Ventura/Foothill Freeway* #134 oder *Freeway* #110 von anderen Richtungen aus. Das Museum beherbergt u.a. eine **Sammlung alter Meister**, in der auch Namen wie Rembrandt, Brueghel, Goya und Rubens nicht fehlen, ein Lucas Cranach-Gemälde »*Adam & Eva*«, eine beachtliche Kollektion europäischer Im- und Expressionisten (van Gogh, Renoir, über 100 Degas, Manet, Monet, Cezanne u.a.) sowie indische und südostasiatische Kunstwerke. Nett ist der Skulpturengarten mit **Cafeteria**; www.nortonsimon.org.

Huntington Library

Einmal in Pasadena sollten Kulurbeflissene die ***Huntington Library*** mit ***Art Gallery*** und ***Botanical Gardens*** nicht auslassen. Die Bücherei beherbergt eine phänomenale Sammlung alter Schriften und Bücher (darunter eine **Gutenberg-Bibel**), die Kunstgalerie vor allem englische Werke des späten Mittelalters. Der 60 ha große Botanische Garten, eher ein Park, besteht aus 15 wunderschönen Teilgärten. Navi-Adresse: 1151 Oxford Road; die Anfahrt über den Colorado Blvd und die Allen Ave ist ausgeschildert. Geöffnet Mi-Mo 10-17 Uhr, Eintritt $25; an Wochenenden $29, Kinder $13-$24; www.huntington.org.

Rasantes, virtuelles Achterbahnabenteuer in einem maroden Vergnügungspark in Springfield, sicher ein »Muss« für eingefleischte Serienfans

Universal City Studios www.universalstudioshollywood.com

Von den ***Amusementparks*** im Großraum Los Angeles sind die ***Universal Studios*** neben den *Disney*-Parks die mit Abstand populärsten. Sie liegen einige Meilen nordwestlich von Hollywood am *Freeway* #101, Ausfahrt Universal City. Alternative Anreise **per U-Bahn** (*Red Line*) oder ***MTA Bus*** (www.metro.net).

Eintritt

Der Pauschaleintritt kostet datumsabhängig **$109-$129 pro Person** (hinzu kommen Parkplatzgebühren von mind. $25). Mit *Discount Coupon* oder Online-Ticket spart man etwas Geld. Für nur $40 mehr gibt's bereits die ***2-Day Admission*** (zweiter Tag innerhalb von 7 Tagen nur für dieselbe Person!). Gegen die Wartezeiten vor den *Rides* in bisweilen endlosen Schlangen hilft das ***ExpressTicket*** (plus $70-$150). Die 5-6 stündige ***VIP Experience*** ganz ohne Anstellen inklusive *Gourmet Lunch* beläuft sich auf **$349-$409**.

Geöffnet sind die Filmstudios den Sommer über täglich ab 8/9 Uhr bis 22 Uhr, sonst kürzer. Mit An- und Abfahrt entspricht der Besuch einem vollen Tagesprogramm.

Der *Universal*-Komplex besteht aus drei Teilbereichen:

Upper Lot

In dem durch jede Menge Shops und Restaurants ergänzten ***Entertainment Center*** im ***Upper Lot*** laufen mehrmals täglich unterschiedlichste Vorführungen: ***Animal Actors***, die actiongeladene Baller-Show ***Waterworld***, der virtuelle ***Simpson's Ride*** sowie das 3D-Abenteuer ***Despicable Me*** zum Kinohit »Einfach unverbesserlich«. Viel Action mit ***Kung Fu Panda*** gibt es zudem im *DreamWorks Theatre*. Fans der TV-Serie »***The Walking Dead***« werden den gleichnamigen Grusel«*walk*« nicht verpassen wollen.

Der Publikumsrenner schlechthin ist aber ***Wizarding World***, wo man in die magische Welt des Zauberlehrlings ***Harry Potter*** eintaucht mit spektakulärer *Hogsmeade*-Kulisse und einem ultramodernen ***3D-HD-Besenstielritt*** hinter den alten Gemäuern von ***Hogwarts***. Natürlich darf (alkoholfreies) *Butterbeer* auch nicht fehlen.

Lower Lot

Unterhalb, im ***Lower Lot***, liegt das ***Studio-Center***. Dort erwarten das Publikum die ***Revenge of the Mummy*** (wüster *Rollercoaster* im Dunkeln), der ***3D-Ride Transformers*** sowie ein »interaktives« Museum mit Ausstellungsstücken »*from behind the scene*« aus *Universal*-Produktionen. Bei dem neuen Saurier-Grusel-*Ride* von 2019 werden Besucher in die ***Jurassic World*** versetzt.

Studio Tour/ Back Lot

Durch das Gelände der Studios, das ***Back Lot***, geht es per ***Tram*** (mit jeweils etwa 150 Personen). Während der 60-minütigen Tour gelten pausenlose Erläuterungen all den Filmen, die in den Stadtattrappen und an künstlichen Seen gedreht wurden, und den Stars & Sternchen, deren Bekanntheit natürlich vorausgesetzt wird. Für Spaß und Schrecken ist gesorgt, wenn man die Vorstadtidylle der ***Desperate Housewives*** passiert, eine Flutwelle anrollt, der **Weiße Hai** angreift, die **Erde bebt**, Beton bricht und Flammen lodern. Die Bahntour beinhaltet auch noch eine Runde durch die Wahnsinnswelt von ***King Kong* und *T-Rex* in 3D**. Eine neuere Erweiterung ist ***Fast & Furious – Supercharged***.

Alles ist unterhaltsam und kurzweilig, solange man vermeidet, das Gebotene allzu kritisch zu reflektieren.

Citywalk

Nach all dem können die Besucher die Welt des *Entertainment* weiter im ***Universal Citywalk*** genießen. Hinter ***Art Deco*-Fassaden** verbergen sich Shops, *Fast Food Places* und *Restaurants* (u.a. ***Hard Rock Café*** und ***Bubba Gump***). Eintritt frei und auch von außen zugänglich, aber Parkgebühr $25/Fahrzeug bzw. nach 16 Uhr $10; www.citywalkhollywood.com.

Freeways um Universal

Ein besonderes Problem stellt die Rückfahrt dar, denn die *Freeways* rund um die *Universal Studios* sind abends oft »verstopft«. Also entweder früh morgens kommen und am frühen Nachmittag abfahren oder bis nach 19 Uhr warten und erst einmal shoppen und dinieren, wenn das Fahrtziel nicht gleich um die Ecke liegt.

Action pur in der Waterworld Show. Da rasen Outboarder und Airboats durch die rostige Befestigung im Wasser, MGs ballern wie verrückt, es kracht, knallt und explodiert

Weitere Studio Tours

Warner Brothers

Das Gelände der ***Warner Brothers*** im nahen Burbank (3400 West Riverside Drive) ist perfekt für eingefleischte Filmfans. Die rund 3-stündige Tour durch Studios wie Stadt- und Landschaftskulissen für *WB*-Produktionen im 12-Personen-Elektrovehikel gilt als **beste Filmstudio-Tour überhaupt**. Mit Glück erwischt man einen Tag mit aktuellen Dreharbeiten und sieht auch das eine oder andere bekannte Gesicht aus aktuellen TV-Serien wie »*The Big Bang Theory*«. Täglich 8.30-15.30 Uhr (letzte Abfahrt); **Tickets $69/$59** (Kinder erst ab 8 Jahren!), Parken $15 (keine RVs!); Reservierung angeraten unter ✆ 1-877-492-8687 bzw. www.wbstudiotour.com.

Panamount/ Sony Studios

Paramount Studios sind als Einzige noch direkt in Hollywood verblieben; 5555 Melrose Ave, ✆ (323) 956-1777, 2-stündige Tour ab $58, www.paramountstudiotour.com. ***Sony Pictures Studios*** mit *Men in Black*-Studio und den Sets zu *Jeopardy* und *Wheel of Fortune* befinden sich an der 10202 West Washington Blvd; 2 Stunden ab $50, www.sonypicturesstudiostours.com.

TV Shows

Wer als **Publikum in Fernsehshows** (gratis) dabei sein will, schaut unter http://tvtix.com/schedule.php oder www.tvtickets.com.

Downtown und Umgebung

Geographie Downtown

In LA existiert keine »Innenstadt«, die von ihrer Bedeutung her mit der anderer großer Citys vergleichbar wäre, dennoch fällt die **Hochhauskulisse** schon aus der Distanz ins Auge. Zu **Downtown** zählt man neben dem Geschäfts- und Finanzzentrum den ***Civic Center*** Komplex mit Administrations-, Gerichts- und Kulturgebäuden, die heute als ***State Historical Park*** ausgewiesene ***Old Town*** sowie – in Randlage – ***Chinatown*** und ***Little Tokyo***. Das Gebiet wird durch den *Pasadena Fwy* (I-110) oberhalb und unterhalb der Kreuzung mit dem *Hollywood Fwy* #101, die 7th Street östlich der I-110 und die Alameda St bis zur College St begrenzt.

Parken/ Anfahrt

Die **Park- und Verkehrssituation** in der Innenstadt ist werktags katastrophal. Es empfiehlt sich ein Abstellen des Wagens auf einem der zahlreichen (teuren) Parkplätze in den Randzonen der Innenstadt oder in einem der Parkhäuser und eine **Erkundung von Downtown** – zumindest innerhalb der Teilbereiche – **per pedes**. Dank des mittlerweile gut ausgebauten U-Bahn-Netzes ist auch eine Anfahrt mit der **Metro** keine schlechte Idee.

Transport in Downtown

Einmal dort eignen sich zur Überbrückung größerer Distanzen am besten die Busse des ***Downtown Area Short Hop*** (***DASH***), die Mo-Fr 5-22 Uhr in Intervallen von 5-20 min (an Wochenenden deutlich reduziert) zwischen allen wichtigen Hotels, *Shopping Malls*, markanten Gebäuden und Sehenswürdigkeiten verkehren; ➤ Seite 210.

Die nostalgische Zahnradbahn ***Angels Flight*** überbrückt eine gerade mal 100 m lange Strecke zwischen der South Hill und Olive Street. Die Fahrt lohnt schon allein wegen des Kontrastes zwischen diesem Relikt aus dem Jahr 1901 und den modernen Glas- und Betonsilhouetten ringsum; täglich 6.45-22 Uhr; Tickets $1.

Hochhäuser

Zur Inaugenscheinnahme der Versicherungspaläste, Banken und Luxushotels und der neueren Kreationen postmoderner **Architektur** samt unübersehbarer Skulpturen zwischen den Hochhäusern beginnt man am besten am **Südende** (etwa 8th/7th St) der **Figueroa St**.

Westin Bonaventure Hotel

Dabei lässt sich das ***Westin Hotel*** mit seinen einst Downtown prägenden, heute von seinen Nachbarn teilweise überragten gläsernen Türmen nicht verfehlen. Sehenswert ist dessen lichtdurchflutetes Atrium mit Boutiquen- und **Restaurantarkaden** und Wasserspielen auf versetzten Ebenen. Von dort sollte man der 4th bis zur Hope St folgen und oben (spätestens 1st St) zur **Grand Ave** hinübergehen.

Museum of Contemporary Art (MOCA)

An der California Plaza/Grand Ave an der 250 South Grand Ave steht abgesenkt der eindrucksvolle Bau des ***Museum of Contemporary Art***. Die Sammlung bezieht sich auf (überwiegend amerikanische) Kunst seit den 1940er-Jahren bis heute. Viele große Namen dieser Epoche (Rauschenberg, Warhol etc.) sind mit Werken vertreten; Tickets $15/$8; Mo+Mi+Fr 11-18 Uhr, Do bis 20 Uhr (Eintritt frei ab 17 Uhr), Sa+So 11-17 Uhr; www.moca.org.

Art Museum »The Broad«

Schräg gegenüber dem *MOCA* befindet sich ***The Broad*** mit zahlreichen Objekten zeitgenössischer Kunst (u.a. Cindy Sherman und Roy Lichtenstein). Mo geschlossen; Eintritt frei, die Zahl der Tickets/Tag ist begrenzt; Reservierung angeraten: www.thebroad.org/visit.

Panoramablick über Downtown LA

An der Ecke S Figueroa/7th St steht das ***Wilshire Grand Center*** von 2017, der mit 335 m höchste Wolkenkratzer in LA und westlich des Mississippi. Die ***Spire 73 Lounge*** auf der obersten Etage überzeugt mit einer 360° freien Rundumsicht, ähnlich die ***Skylobby Lounge*** und das Restaurant ***La Boucherie*** im 70. bzw. 71. Stock. Beliebt zum Sonnenuntergang ist das ***OUE Skyspace Observation Deck*** ($25/$19) des *US Bank Tower* (310 m). Für reichlich Nervenkitzel sorgt dort die transparente Außenrutsche ***Skyslide***, die den 70. und 69. Stock verbindet (+$8); 633 W 5th St, täglich 10-22 Uhr, letzte Auffahrt 21 Uhr; www.oue-skyspace.com. Völlig kostenlos ist der Blick auf Downtown von der 27. Etage der ***City Hall***; Mo-Fr-8-17 Uhr (Eingang an der 201 N Main St). Für die Aussicht aus der Ferne empfiehlt sich das ***Griffith Park Observatory*** (2800 E Observatory Rd) sowie ein Abfahren des **Mulholland Drive**, ➤ Seite 219. Hoch oben in den Hollywood Hills befindet sich dort der ***Jerome C. Daniel Overlook*** (mit Mini-Parkplatz am 7036 Mulholland Dr). Ein Insider-Tipp ist außerdem die ***Kenneth Hahn Recreation Area*** im Westen der Stadt – vorzugsweise an Tagen mit guter Sicht und im Winter sogar mit schneebedeckten Bergen im Hintergrund; 4100 S La Cienega Blvd.

Walt Disney Concert Hall/ Kathedrale

100 m nördlich des *MOCA* steht die avantgardistische ***Walt Disney Concert Hall***, Heimat des *Los Angeles Philharmonic Orchestra* (111 South Grand Ave), Foto ➤ unten; www.laphil.com. Ebenfalls an der Grand Ave südlich des *Freeway* #101 liegt die ***Cathedral of our Lady of the Angel***s, ein weiteres architektonisches Meisterwerk. Für Fotos der ***Skyline*** eignen sich in Downtown besonders gut der ***Pershing Square*** sowie die spiegelnden Wasserflächen beim ***Dorothy Chandler Pavilion*** an der Hope Street; ➤ auch Kasten oben.

Broadway

Nach Osten bildet der mexikanisch geprägte **Broadway** eine Art Grenzlinie zwischen dem *Business*-Bezirk und der schäbigen, bei Dunkelheit unbedingt zu meidenden *Eastside* der City. In diesem Bereich befindet sich das ***Greyhound Bus Terminal*** (1716 East 7th Street nahe Alameda Street) und passenderweise auch gleich das **Polizeihauptquartier** (251 East 6th Street).

Market

Am Broadway zwischen 3rd und 4th St markiert auch der ***Grand Central Public Market*** einen bemerkenswerten Kontrast zur Pracht der postmodernen City; www.grandcentralmarket.com.

Walt Disney Concert Hall von Stararchitekt Frank Gehry

Japan Viertel

Zwar auch östlich des Broadway, aber zwischen 1st und 2nd Street bereits etwas außerhalb der Problemzonen, findet man das japanische Miniviertel ***Little Tokyo*** (San Pedro St/Central Ave). Im Wesentlichen handelt es sich um ein leicht japanisch »angehauchtes«, durchaus nicht typisch japanisches *Shopping Center* (Japanese Village Plaza), das man vielleicht zum Besuch eines der ***Sushi Restaurants*** aufsuchen könnte. Einen eigenen Besichtigungswert besitzt *Little Tokyo* nicht; www.visitlittletokyo.com.

Old Town

Unmittelbar jenseits des *Hollywood Freeway* zwischen Alameda (gegenüber der ***Union Station*** – Bahnhof für die *Amtrak*-Züge/U-Bahn und Baudenkmal) und Spring Street pflegt man im ***Pueblo de los Angeles State Historic Park*** die Reste spanisch/mexikanischer Vergangenheit, die sich dort in ein paar – eher mäßig sehenswerten – Gebäuden manifestiert. Ein ***Visitor Center*** an der Main Street informiert über Einzelheiten. Im Mittelpunkt steht aber letztlich weniger die Historie als das kommerzielle Angebot auf der hübschen **Old Plaza** und – daran anschließend – in der **Olvera Street** mit jeder Menge ***Mexico Shops*** und ***Mexican Food***.

Chinatown

Wenige Blocks nördlich des *Pueblo* besitzt auch LA seine *Chinatown,* aber nicht ansatzweise so groß und prächtig wie jene in San Francisco. Ihr Zentrum ist ein **Fußgängerbereich** zwischen Hill St und North Broadway oberhalb der College Street. Abends ist dort nicht mehr viel los; www.chinatownla.com.

Baseball & Basketball Stadium

Unweit von *Chinatown* steht das **Stadium** der ***LA Dodgers*** (1000 Elysian Park Ave). Im ***Staples Center*** in der äußersten Südwestecke der Innenstadt (1111 South Figueroa Street; neben dem *Convention Center*) sind die Basketballriesen der ***Los Angeles Lakers***, ihre Rivalen ***Los Angeles Clippers*** und die ***LA Sparks***-Damen zu Hause.

Exposition Park/ Coliseum

Nicht mehr zum Bereich Downtown gehört der ***Exposition Park*** (Figueroa Street/Exposition Blvd), dessen Anlage und Bezeichnung auf die Weltausstellung von 1914 zurückgeht. Er liegt rund 4 mi südlich der City und ist auf dem *Harbor Freeway* #110 leicht erreichbar. Kernstück des Komplexes ist das ***Coliseum***, Hauptschauplatz der Olympischen Spiele von 1984 und 1932.

Science Center

Immer stark besucht und bei Schulklassen beliebt ist das ***California Science Center*** (10-17 Uhr, Eintritt **frei**), ein enormes Technikmuseum mit vielen Sondertrakten, darunter vielleicht am interessantesten das *Aerospace Building* zur Luft- und Raumfahrt mit *IMAX*-Kino. Wer nur zum ***Space Shuttle Endeavour*** möchte, muss sich im Internet anmelden und das ausgedruckte Ticket ($3) mitbringen; www.californiasciencecenter.org.

Naturkundemuseum

Das *LA County* ***Natural History Museum***, in Breite und Präsentation ein gutes naturgeschichtliches Museum mit großer Dinosaurierabteilung, liegt in nächster Nähe des *Science Center*; täglich 9.30-17 Uhr; $15/$7-$12, online Rabatt; www.nhm.org.

Rosengarten und USC

Erholung im Grünen bieten der große ***Rose Garden*** nördlich der Museen und diverse kleine **Parks** im Campus der ***University of Southern California*** nördlich des Exposition Blvd; www.usc.edu.

Wilshire District

Hancock Park

Weitgehend parallel zur I-10 läuft der **Wilshire Blvd** durch den gleichnamigen Bezirk und später – zwischen Sunset und Santa Monica Blvd – als dritte Verkehrsachse durch Westside (➤ Seite 216). Im ***Wilshire District*** passiert die breite Allee den ***Hancock Park*** (zw. Fairfax und La Brea Ave) mit folgenden Sehenswürdigkeiten:

Los Angeles County Museum of Art (LACMA)

In Südwestecke des Parks befindet sich das ***LACMA***, ein großer Komplex aus fünf um eine zentrale Hofanlage gruppierten Gebäuden und drei Skulpturengärten; Mo, Di, Do von 11-17 Uhr, Fr bis 20 Uhr, Sa+So von 10-19 Uhr; $25, bis 17 Jahre gratis; www.lacma.org. Parkgarage ($8-$10) mit Zufahrt von der 6th St.

Die Ausstellungen im *Art of the Americas, Ahmanson* und *Hammer Building* beziehen sich auf Stil- und Kunstrichtungen zahlreicher Kulturen vom Altertum bis zur Neuzeit. Im ***Art of the Americas Building*** findet man vor allem Kunstwerke aus Latein- und Nordamerika und im ***Hammer Building*** chinesische und koreanische Kunst. Im ***Ahmanson Building*** beeindrucken alte Meister (u.a. Rembrandt, Frans Hals), eine Kollektion von Rodin-Skulpturen sowie Kunst weltweit. Aus dem Rahmen fällt der ***Pavilion for Japanese Art***, dessen Architektur ganz andere Akzente setzt als die übrigen Gebäude. Empfehlenswert sind das ***Café*** und die ***Stark Bar*** samt ***Ray's Restaurant***, ideal für *Lunch* oder *Dinner* nach anstrengenden Stunden in den Museen.

Mammut im La Brea Teertümpel

Östlich neben dem Kunstmuseum befinden sich die ***La Brea Tar Pits***, mit einer teerigen Brühe gefüllte Teiche, in denen im Laufe der Erdgeschichte unzählige Tiere versanken. Hunderttausende von Knochen wurden aus den *Pits* geborgen und teilweise wieder zu Skeletten zusammengesetzt, darunter auch das einer Frau, der ***La Brea Woman***. Erstaunlich gut konserviert sind die prähistorischen Fossilien. Ein Teil davon ist im ***Page Museum of La Brea Discoveries*** zu sehen, Di-So, im Sommer tägl. 9.30-17 Uhr; Eintritt inkl. *Excavation Tour* $15/$7-$12; www.tarpits.org.

Petersen Automotive museum

Wer sich für Autos interessiert, wird vom ***Petersen Museum*** mit über 150 gut erhaltenen *Oldtimers* begeistert sein, auch *Pixar Cars* sowie das 1989er-*Batmobil* zählen zu den Ausstellungsstücken. Das **architektonisch beachtliche** Gebäude steht schräg gegenüber dem *LACMA*; 6060 Wilshire Blvd (mit eigenem Parkhaus, Einfahrt an der Fairfax Ave); $16/$11; täglich 10-18 Uhr; http://petersen.org.

Von Santa Monica über Venice Beach nach Long Beach

Santa Monica

Santa Monica ist nach Hollywood sicher der bekannteste Stadtteil von LA. Unzählige Filme und TV-Serien haben dafür gesorgt. Dabei kommt es nur auf den Küstenstreifen mit dem berühmten ***Santa Monica Pier*** an (+ 2-3 Blocks landeinwärts), etwa zwischen den Enden des San Vicente Blvd und der Rose Ave.

Unterhalb der zunächst hinter dem Strand steilen Küste läuft der ***Ocean Front Walk & Bike Path*** zweispurig bis zur Halbinsel Rancho Palos Verdes. Der **Dauerjahrmarkt** ***Pacific Park*** auf dem Pier, offizielles Ende der *Route 66* (Exkurs ➢ Seite 527), ist nicht ganz so attraktiv wie von der Werbung suggeriert. An der Ocean Ave passiert man vor allem Hotels und teure Restaurants. Nur gute 200 m hinter der Küste liegt das ***Shopping Center Santa Monica Place*** und die ab dort (Broadway) verkehrsfreie Einkaufsstraße ***3rd Street Promenade***.

Weiter nach Süden

Südlich des Pier rücken mit der abfallenden Küste die Villen näher an den Strand, und die Ocean Ave wird zum Barnard Way, an dem Großparkplätze die Autos der Strandbesucher aufnehmen.

Zu Fuß oder per Bike (auch am Strand entlang) erreicht man von dort rasch das als »alternativ« geltende **Venice** auf Höhe der Rose Avenue. **Mit dem Auto** geht's von Santa Monica aus am schnellsten über den etwas zurückliegenden Pacific Coast Hwy #1 dorthin.

Venice Beach

Am Nordende von Venice teilen sich der ***Ocean Front Walk*** und der ***Bike Path*** für eine gute Meile. Das **»Venedig«** von LA hat ein paar hübsche an Kanälen gelegene Wohnstraßen (*Linnie Canal Park* zwischen South Venice Blvd und 28th Ave sowie entlang der Esplanade East) und schöne *Murals* an einigen Hauswänden (www.venicebeach.com/self-guided-walking-tour-of-the-venice-murals). Besucher konzentrieren sich meist vorrangig auf den Strand und die Promenade rund um den ***Beach Park***. Starke Männer stählen ihren Körper an der legendären ***Muscle Beach*** (zwischen 18th und 19th Ave), Volley- und Basketballer produzieren sich im *Recreation*

Muscle Beach in Venice, wo Arnold Schwarzenegger einst groß und stark wurde

California Beach Life

Endlose Strände erstrecken sich von Malibu bis Newport Beach hinunter. Im Gegensatz zu Santa Monica und Venice Beach gibt es in Manhattan, Hermosa und Redondo Beach – obwohl die Strände ebenso schön oder sogar besser sind – **nur wenige Touristen**. Draußen und in den Lokalen spielt sich das typische Leben junger *Los Angelitos* ab. Dort erkennt man die Qualität des ***Californian Way of Life*** für diejenigen, die Zeit und Dollars haben es zu genießen.

Center. An freien Tagen tummeln sich entlang der *Open-air*-Restaurantzeile und bunten Verkaufsstände oft Tausende, um zu sehen bzw. gesehen zu werden. Im krassen Gegensatz zum regen Leben am *Ocean Walk* stehen die unerfreulich wirkenden Querstraßen gleich dahinter. Am Abend meidet man *Venice Beach* besser.

Marina del Rey

Die ***Marina del Rey*** schließt unmittelbar an Venice an. Dieser Hafen war 1984 Zentrum der olympischen Segelwettbewerbe. Wer es sich leisten kann, hat dort sein teures Apartment gleich neben dem Bootsliegeplatz. Die Hafenbecken werden umrundet von der Via Marina, dem Admirality Way und dem Fiji Way an der Südostseite. Auf ihm gelangt man von der Lincoln Ave (= Pacific Coast Hwy #1) zum ***Fisherman's Village***, einer Restaurantballung am Wasser.

Beaches südlich von Venice

Südlich der Marina kann man via Culver Blvd auf der Straße **Vista del Mar** unmittelbar der Küste folgen. Die Straße passiert die ***Dockweiler State Beach*** (mit *RV Camping*, ➤ Seite 207), die Einflug-/Startschneise des *International Airport* und Industrieanlagen, bevor sie als Highland Ave **Manhattan Beach** erreicht. Ein erstes Zentrum des *Californian Beach Life* erlebt man auf Höhe des Manhattan Beach Blvd mit einem beliebten Pier samt Café und Aquarium. Die nächste Agglomeration am Weg heißt **Hermosa Beach**, alles in allem der **attraktivste Strandbereich von Los Angeles**, die spanische Bezeichnung »hübsch« passt daher 100%.

Rancho Palos Verdes

Über **Redondo** und **Torrance Beach** erreicht man den **Palos Verdes Drive**. Er läuft ozeannah kurvenreich über die Halbinsel **Rancho Palos Verdes** vorbei an beneidenswerten Anwesen, Golfplätzen und schönen Aussichtspunkten. Mit einigen Fotostopps ist man bis **Long Beach** schnell eine Stunde und mehr unterwegs.

Wayfarers Chapel

Eine Sehenswürdigkeit am Wege ist die ***Wayfarers Chapel***, eine von **Frank Lloyd Wright** gestaltete Kapelle aus Natursteinen, Holz und viel Glas mit Aussicht auf den Ozean; 5755 Palos Verdes Drive; täglich 10-17 Uhr; www.wayfarerschapel.org.

San Pedro

In **San Pedro** warten anschließend noch das fast 300 m lange Schlachtschiff ***USS Iowa*** aus dem Zweiten Weltkrieg ($20; täglich 9/10-17 Uhr; www.pacificbattleship.com) sowie das künstliche »Fischerdorf« ***Ports o'Call Village*** (11-21 Uhr) mit *Seafood Eateries* und ausgelassener Latinoatmosphäre an Wochenenden.

Hwy #1 nach Long Beach

Bei Verzicht auf die Fahrt über den Palos Verdes Drive braucht man auf dem **Pacific Coast Hwy #1** ab Redondo Beach bis Long Beach mitunter nicht einmal 30 min.

Long Beach

LA-Südküste

Über das Freewaynetz aus allen Richtungen gut erreichbar besetzt die **City of Long Beach** die LA-Südküste an der San Pedro Bay rechts bzw. östlich der Halbinsel Rancho Palos Verdes. Südlich der zentralen *Long Beach Marina* beginnen wieder **breite, nahezu endlose Strände** bis hinunter nach San Diego, die nur von Yachthäfen und gelegentlichen Steilküstenabschnitten unterbrochen werden. Insbesondere **Huntington Beach** südlich von Long Beach gilt als *Surfer*-Hochburg.

Long Beach

Direkt nach Long Beach hinein führt der gleichnamige *Freeway* I-710. Die Ausfahrt Long Beach (#1A) führt auf den **Shoreline Drive** in Richtung *Convention Center* und dem künstlichen ***Shoreline Village***, einem Restaurant- und Kneipencenter am Wasser, zur Marina, RV-Park und dem ***Aquarium of the Pacific***. Der Blick von Uferstraße und Park fällt auf der Küste vorgelagerte mit Palmen und nächtlicher Illumination getarnte Ölförderinseln und die gegenüberliegende ***Queen Mary***.

Aquarium

Das ***Aquarium of the Pacific*** an der *Long Beach Waterfront* (100 Aquarium Way) ist eines der größten und modernsten Aquarien der USA, im Westen nur erreicht vom *Monterey Aquarium*. Sehr lohnenswert! Geöffnet täglich 9-18 Uhr; Eintritt $30, Kinder bis 11 Jahre $18; zzgl. Parkgebühren. Kombiticket-Ermäßigungen (mit 4D-Film, der *Behind-the-Scenes Tour*, Bootstrip oder *Queen Mary*) nur im Internet unter www.aquariumofpacific.org.

Queen Mary

Der nostalgische Luxusliner ***Queen Mary*** liegt als Touristenattraktion schon seit Dekaden an der Kaimauer von Long Beach. Mit den weitgehend im Originalzustand erhaltenen Kabinen dient die *Queen* heute auch als **Restaurant- und Hotelschiff**, ➤ Seite 206.

Für Hotelgäste ist die 1,5- bis 2-stündige ***Self-guided Audio Tour*** durch alle Decks (auch auf Deutsch) kostenlos. Tagesbesucher erwerben am besten einen ***First-Class Passport*** ($40, Kinder 3-11 Jahre $20), der noch weitere Touren und den Eintritt ins 4D-Theater beinhaltet. »Geistern« und anderen übernatürlichen Phänomenen ist man nachts auf der Spur beim ***Ship Walk*** (ab 16 Jahre; $45) und bei den ***Paranormal Investigations*** ($89). Parken kostet nochmal $18 extra. Täglich 10-18/19 Uhr; www.queenmary.com.

Die **Anfahrt** vom *Freeway* ist direkt (ohne einen Umweg über die City of Long Beach) möglich und ausgeschildert. Man gelangt automatisch auf den Parkplatz für die *Queen Mary*.

Huntington Beach

Santa Catalina Island

Die Ausflugsboote zur rund 26 mi vor der Küste liegenden ***Santa Catalina Island*** starten von **San Pedro** (*Terminal* bei der *Vincent Thomas Bridge*), von **Long Beach** (320 Golden Shore unweit des Aquariums), von der Halbinsel in **Newport Beach** (400 Main St) und von **Dana Point Port** noch weiter im Süden. Die nahezu autolose Insel erkundet man per Fahrrad oder zu Fuß, bei gutem Wetter ein sehr schöner **Ganztagestrip**. Nur an Sommerwochenenden bringen Ausflügler und Yachtbesatzungen richtig Leben mit nach **Avalon**, der einzigen Inselstadt. Quartiere sind dort sehr teuer, aber man kann prima **campen**: www.visitcatalinaisland.com/camping-and-boating/two-harbors-camping.

Die Überfahrt mit dem ***Catalina Express*** dauert 60-90 min je nach Abfahrtshafen und Ziel (Avalon oder Two Harbors) und kostet $74-$76 retour, Kinder 2-11 Jahre $58-$60. Information und Reservierung unter © 1-800-613-1212; www.catalinaexpress.com. Der ***Catalina Flyer*** benötigt ab Newport Beach ca. 75 min, Tarife $70/$53; © (949) 673-5245, www.catalinainfo.com.

1

Disneyland und Disney California Adventure Park

Anfahrt/ Allgemeines

Die Stadt **Anaheim** im Südosten von *Metropolitan* LA beherbergt die neben den *Universal Studios* meistbesuchte Touristenattraktion der Westküste, der *Disney*-Komplex mit ***Disneyland*** und ***California Adventure***. Vom Zentrum und anderen Ausgangspunkten weiter nördlich erreicht man Anaheim am schnellsten auf dem *Santa Ana Freeway* (I-5), von West LA und Long Beach über den *Redondo Beach Fwy* #91 oder die Kombination *San Diego/Garden Grove Fwy* (I-405/#22) und danach wiederum die *Interstate* #5.

Ab der I-5: von LA kommend Ausfahrt 110B, dann Disneyland Dr zu den ***Mickey & Friends*-Parkplätzen** westlich von *Disneyland* oder weiter zum *Downtown Disney Parking*. Aus Richtung Süden gelangt man ab *Exit* 110 über Harbor Blvd, W Ball Road auch zum Disneyland Drive. Einmal runter von der *Interstate* sind die Parkplätze dank der Wegweisung ringsum kaum zu verfehlen. Von dort geht es dann weiter zu den Parks per kostenlosem *Shuttle*.

Teurer DISNEY Spaß:
Familie mit 2 Kindern älter als 10 Jahre zahlt für 1 Tag im Park $441-$621 (inklusive Parkplatzgebühr)

Öffnungszeiten für beide Parks: generell täglich 9-20 Uhr mit saisonalen, feiertäglichen und ferienbedingten Abweichungen; manchmal bereits ab 8 Uhr und teils bis 22/24 Uhr. Am besten vorher online die Zeiten checken unter https://disneyland.disney.go.com.

Eintritt: $104-$149 pro Person (Kinder 3-9 Jahre $98-$141) für den Ganztagespass, der die Teilnahme an sämtlichen *Rides* und den Besuch aller Attraktionen **in einem der beiden Parks** einschließt. Wer die zwei *Disney*-Parks ausgiebig besuchen möchte, benötigt ein ***2-Day Ticket*** ($225/$210) und ggf. noch ein ***Hopper Ticket*** (+$55), bei dem man zwischen den beiden hin und her wechseln darf. Wer seine Karten vorab online kauft, braucht nicht mehr am Schalter anzustehen. ***Discount Coupons* gibt's für *Disney* nicht**! Durch Mitnahme von Proviant & Getränken lässt sich aber etwas Geld sparen. **Parken** kostet $25 extra (RVs $30).

Wer in einem der Hotels in der näheren Umgebung wohnt, kann aber auch einen ***ART Bus*** zum Haupteingang der Parks nutzen ($3 *one-way* in bar oder Tagespass $5,50, Kinder $2; diverse Routen durch Buena Park/Anaheim/Garden Grove/Orange: https://ride-art.org). Allen, die sich in einem der *Disney*-Hotels (➤ Seite 235) einquartiert haben, steht ein kostenloser *Shuttle* zur Verfügung.

Zeit-Problematik

Selbst in Zeiten mittleren Andrangs (= wochentags, keine Feiertage und außerhalb der Schulferien) können sich vor den Attraktionen lange Warteschlangen bilden (Dauer bis zu 2 Stunden und mehr ...). Am besten geht man daher gezielt vor und besorgt sich für seine »unverzichtbaren« *Rides* möglichst rasch einen kostenlosen ***FASTPASS***, so dass man sich dort dann zu einer vorgegebenen Zeit in die »schnellere Warteschlange« einreihen darf (https://disneylanddaily.com/a-fastpass-guide-for-disneyland-and-california-adventure). Auch bei früher Ankunft in den Parks, kann man trotzdem kaum alles an einem Tag wahrnehmen.

DISNEYLAND PARK

Der Park verfügt über sechs unterschiedliche miteinander verbundene Themenbereiche. Folgende Attraktionen sind hervorzuheben:

Bereiche Disneyland

- ***Main Street USA***:
  Eisenbahnfahrt zur Übersicht über den Gesamtkomplex
- ***Adventureland & New Orleans Square***:
  Pirates of the Caribbean – Bootsfahrt durch Piratenhöhle
  The Haunted Mansion – fantasievolle Geisterbahn
  Indiana Jones Adventure – gute, actionreiche Jeep-Fahrt
  Jungle Cruise – Bootstrip durchs »gefährliche« Afrika
  Tarzan's Treehouse – Baumhaus mit tollen Einfällen
- ***Frontierland & Critter Country***:
  Splash Mountain – nasses Vergnügen im »Baumstamm«
  Mark Twain Riverboat – Raddampfer bei der Abenteuerinsel
  Big Thunder Mountain – Achterbahn durch den Wilden Westen
- ***Tomorrowland***:
  Star Tours – simuliertes intergalaktisches Abenteuer
  Space Mountain – rasante Achterbahn im dunklen (!) Weltall
  Buzz Lightyear Astro Blazers – flotte Fahrt durch Galaxien mit interaktiver Laserbewaffung

- ***Fantasyland*** (vorzugsweise für Kinder 7-12 Jahre geeignet):
  Storybook Land sowie *Peter Pan's Flight*
- ***Star Wars Galaxy's Edge*** (neu seit 2019!):
  Virtuelle Flüge im *Millennium Falcon*

Das Meet 'n' Greet mit den Disney-Charakteren bringt die kleinen Gäste garantiert zum Strahlen

Etwas abseits, noch hinter *Fantasyland,* befindet sich ***Toontown*** mit den recht originellen, comicartigen Behausungen der *Disney*-Charaktere. Kinder werden viel Freude haben, wenn sie in *Minnie's House* z.B. die Kühlschranktür öffnen und Herd oder Waschmaschine einschalten können und abschließend fürs **Erinnerungsfoto** mit diversen »Hauseigentümern« posieren dürfen.

Auf dem Weg dorthin passiert man cinc nostalgische Kleinkinderattraktion *»It's a small world«* mit fröhlich stimmender Bootsfahrt durch alle Erdteile dieser Welt voller singender, animierter Puppen in den bunten Trachten ihrer Heimat.

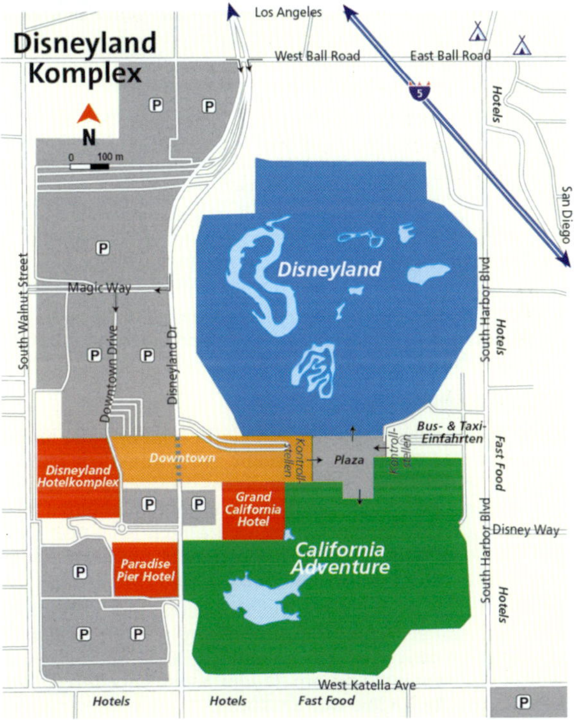

Jeden Nachmittag finden zu jahreszeitabhängigen Stunden **Paraden durch die Main St** vorbei an Cinderellas Märchenschloss und weiter in Richtung *Toontown* statt – ein unterhaltsamer, lustiger Zug, der fast 40 min dauert.

An ausgewählten Tagen gibt es nach Einbruch der Dunkelheit ein tolles **Feuerwerk** zum Abschluss. Alles übertrifft ***Fantasmic***, eine **Lasershow** auf dem ***River of the Americas*** vorm finsteren Nachthimmel. Die Sitzplätze dafür sind reservierbar mit einem *Fast* bzw. *MaxPass.*

DISNEY CALIFORNIA ADVENTURE PARK

Der »kalifornische Abenteuerpark« gleicht einem konventionellen Vergnügungspark mit Riesenachterbahn und den typischen Jahrmarkt-Fahrgeschäften. Etliche Attraktionen sind »sehr amerikanisch« und bei den auf *Tweens* (8-12) und *Teens* (13-17 Jahre) zugeschnittenen Shows brauchen diese schon sehr (!) gute Englischkenntnisse um mitzukommen und sich zu amüsieren. Der Park ist außerdem kleiner als *Disneyland*, so dass das Preis-Leistungs-Verhältnis hier ungünstiger erscheinen mag. *Marvel*-Fans oder von *Pixar*-Animationsfilmen kommen bei den actionreichen *Rides* dennoch voll auf ihre Kosten. Auch wird man dort einigen seiner Lieblingscharakteren begegnen, so den Spielzeugen aus den Computeranimationsfilmen *Toy Story* oder den lustigen »Gruselfiguren« aus der *Monster AG*.

Hollywood & Cars Land

Im ***Hollywood Land*** erleben Besucher bei ***Guardians of the Galaxy – Mission Breakout*** »5 min Schrecken« im außer Kontrolle geratenen Fahrstuhl und bei ***Radiator Springs Racers*** im ***Cars Land*** fährt man in einem bunten Rennauto – mal gemütlich, mal rasant – durch eine aufwendig gestaltete *Red Rock*-Kulisse bevor man in der Finsternis fast mit *Mack Truck* kollidiert und anderen »sprechenden« ***Cars*** begegnet. Am besten mit *FastPass*!

Mit moderner *IMAX*-Technologie ausgestattet ist ***Soarin' around the World***, ein eindrucksvoll simulierter Schwebeflug über weltbekannte Attraktionen – in nur wenigen Minuten geht es von der Kalahari über die Südsee bis nach Neuschwanstein.

Von den *Rides* verdient außerdem noch die Schlauchbootfahrt durch die Stromschnellen des ***Grizzly River*** Erwähnung. Aber Achtung, sie sorgt für reichlich Abkühlung – nicht nur an heißen Tagen!

Das in die Jahre gekommene ***Bug's Land*** wurde im Herbst 2018 geschlossen. Es muss einem neuen Themenbereich weichen, der ganz im Zeichen der angesagten *Marvel*-Superhelden steht (Eröffnung voraussichtlich im Sommer 2020!).

DOWNTOWN DISNEY

Zwischen beiden Parks erstreckt sich ein **Restaurant- und Shopping-Komplex**, der seinesgleichen sucht. Alles künstlich attraktiv, nicht billig und teils bis 2 Uhr morgens geöffnet. *Downtown Disney* ist sehr populär, da ohne Eintritt und ohne Gebühren fürs Parken, zumindest wenn man Folgendes beachtet: Bei einem Einkauf in *Downtown* über $20 sind 3 Stunden gratis, mit Restaurant-Besuch (*Table Service* erforderlich!) sogar 5 Stunden.

Downtown Disney ist eine reine Fußgängerzone und verbunden mit dem **Luxushotel *Grand Californian*** und dem ***Disneyland*-Hotelkomplex**. In dieser attraktiv gestalteten Resortwelt befinden sich weitere Restaurants und mit ***Trader Sam's Enchanted Tiki Bar*** die einzige gute Kneipe weit und breit.

Quartiere in der Nähe der Disney-Parks

Zur **Hotelsituation generell** in Anaheim ➤ Ausführungen auf Seite 206. Am S Harbor Blvd – in nur ca. 1 km Entfernung zum *Disney*-Haupteingang und in Fußgängerdistanz zu Supermärkten und *Fast Food*) stehen zwei gute Mittelklasse-Häuser, das ***Days Inn*** (#1111) und nur wenig nördlich das ***Quality Inn*** (#871); beide ab ca. $140 (an nachfrageärmeren Werktagen auch preiswerter) und mit *ART Bus*-Anschluss zu den *Disney*-Parks; https://rideart.org.

Disney-Hotels

Reservierung der **sehr teuren** disneyeigenen Hotels unter ✆ (714) 956-6425 oder http://disneyland.disney.go.com/hotels. Auf diesem Portal werden auch konzernfremde Unterkünfte der Mittel- und Oberklasse als *Good Neighbor Hotels* vermittelt. Man sollte bei diesen Häusern schauen, ob sie nicht ggf. anderswo preiswerter zu buchen sind. Die meisten vergleichbaren Quartiere außerhalb des Einflussbereichs von *Disney* sind überwiegend weniger kostspielig.

Eine Übersicht der ***Campgrounds*** in der Nähe von *Disneyland* befindet sich ➤ auf Seite 208. Empfehlung hier in erster Linie ***Anaheim Resort RV Park*** am 200 West Midway Drive.

Garden Grove, Buena Park, Yorba Linda

Bis 2012 war die Christ Cathedral unter dem Namen Crystal Cathedral bekannt

Die ***Christ Cathedral***, ein architektonisches Wunderwerk aus verspiegeltem Glas, steht nur wenige Blocks südlich von *Disneyland* in Garden Grove (Chapman Ave/Lewis Street). Der moderne Gottestempel mit Platz für 3.000 Leute wurde in den 1970er-Jahren vom amerikanischen Stararchitekten Philip Johnson für die *Reformed Church of America* kreiert. 2012 wurde das Kirchengebäude vom römisch-katholischen Bistum *Orange* erworben und umbenannt; Touren *self-guided* oder geführt (30-45 min) Mo-Fr 10-15, Sa 9-16 Uhr; www.christcathedralcalifornia.org.

Knott's Berry Farm

Knott's Berry Farm im Anaheim benachbarten Stadtbezirk **Buena Park** (8095 Beach Blvd = Straße #39) ist ein *US-Amusement Park* der Kategorie ***Super-Rollercoaster***. Im Hochsommer täglich ab 10 Uhr, Schlusszeiten variabel, teils bis 22/23 Uhr. **Tagespass vor Ort $82 (online $46!)**, Kinder bis 11 Jahre $52; Parken $20, RVs $25. Wer Warteschlangen vermeiden möchte, kauft das Ticket inkl. ***Fast Lane Pass*** für $116 (online!); www.knotts.com.

Die einstige Beerenfarm bietet neben ihren **10 Achterbahnen** zahlreiche weitere ***Rides*** mit Aufregefaktor und auch der typischen

Jahrmarktkategorie für Kinder und Familien. Dazu gibt's ***Show*** und ***Entertainment*** in *Ghost Town, Fiesta Village, Wild Water Wilderness, Indian Trails* und *Camp Snoopy*.

Ein weiterer bekannter *Amusement Park* mit *Super-Rollercoasters* ist ***Magic Mountain*** am anderen Ende von LA, ➤ Seite 279.

Planschpark

Gleich nebenan befindet sich ***Knott's Soak City*** im Nostalgielook der 1950er-Jahre, ein Wasserspaß für Jung und Alt mit jeder Menge Rutschen und Wellenstrandbad. **Tagespass** $50, online ab $44. Parken $20, RVs $25. Im Sommer geöffnet ab 10 Uhr mit variablen Schlusszeiten; www.soakcityoc.com.

Ritterturnier

Ebenfalls am Beach Boulevard von Buena Park, nur wenig nördlich von *Knott's Berry Farm*, wird in ***Medieval Times, Dinner & Tournament***, das (europäische) Mittelalter wieder lebendig. Das große Abendessen in königlicher Gesellschaft des Schlossherrn kostet inklusive des ritterlichen Turnierspektakels zwar ab $64 pro Person (Kinder unter 12 Jahre $37), dafür wird tatsächlich eine tolle Reitshow geboten. Die Anfangszeiten variieren, Auskunft und Reservierung unter © 1-866-543-9637 bzw. www.medievaltimes.com.

Piraten-dinner

Gleich neben dem Gemäuer von *Medieval Times* steht der Showpalast fürs ***Pirate's Dinner Adventure***, eine Veranstaltung mit Piraten, Pyrotechnik, Akrobatik und Musicalanleihen; Mo-Fr um 19 Uhr, Sa 17+20 Uhr, So 15.30+18 Uhr. Preislich geht es los mit $62/Person (Kinder bis 11 Jahre $37) für alles außer alkoholische Getränke. Das Paket kann aber aufgestockt werden (Cocktails, Bier usw.). Bei **Online-Tickets** gibt es oft erhebliche *Discounts*; © (714) 690-1497, www.piratesdinneradventure.com.

Richard Nixon Library

Von Anaheim/Buena Park ist es nicht weit nach **Yorba Linda** zur ***Richard Nixon Library & Birthplace***, 18001 Yorba Linda Blvd (kreuzt *Orange Fwy* #57 oberhalb der #91, ca. 3 mi ab dort). Mo-Sa 10-17 Uhr, So ab 11; $16, Kinder $6-$10; www.nixonfoundation.org. Interessant für alle, die sich diese amerikanische Spezialiät der Verehrungsstätten für ehemalige Präsidenten ansehen wollen. Lohnender ist die *Reagan Library*, ➤ Seite 365.

Presidential Center

Memorials zu Ehren ehemaliger Präsidenten befinden sich außer in Yorba Linda noch in Simi Valley nordwestlich von LA (***Ronald Reagan Presidential Library***, ➤ Seite 365), im Osten der USA (**Kennedy** in Boston, **Carter** in Atlanta u.a.), in Arkansas (**Bill Clinton** in Little Rock) und in Texas (**LB Johnson & George Bush**). Diese »Verehrungsstätten« beleuchten den politischen Werdegang »ihres« Präsidenten unter dem Blickwinkel nachträglicher Verklärung und ggf. auch – wie im Fall Nixon – Auslassung und Rechtfertigung. Sie sind gleichzeitig ergiebige historische Archive. Ihre touristische Anziehungskraft trotz hohen Eintritts ist bemerkenswert. Für den ausländischen Besucher im US-Westen bieten die ***Reagan*** und die ***Nixon Library*** gute Gelegenheiten, diese Spezialität amerikanischer Politkultur kennenzulernen.

1.2. Startroute #1: Von LA zum Joshua Tree Park

(von dort Weiterfahrt nach San Diego, Phoenix oder Las Vegas)

1.2.1 Von Los Angeles nach Palm Springs

Routen

Eines der attraktivsten Ziele in der Wüste Südkaliforniens ist der ***Joshua Tree National Park,*** der wegen seiner etwas abseitigen Lage von ausländischen Touristen weniger besucht wird. Von Los Angeles fährt man zunächst in Richtung Riverside – je nach Ausgangspunkt auf den ***Freeways #60*** oder **#91** bzw. der **I-10**. Ab Beaumont, östlich von Riverside, bildet die I-10 nach Phoenix die einzige direkte Route nach Osten. Eine theoretische Alternative dazu ist die zeitaufwendige Straße #74 durch die Südausläufer der **San Jacinto** und **Santa Rosa Mountains** nach Indio östlich von Palm Springs.

Riverside

Am Wege (auch bei Fahrt in Richtung Las Vegas) liegt Riverside, eine Schlafstadt für LA-Pendler, zugleich ein historischer Ort. Noch vor 100 Jahren war Riverside als Zentrum des Orangenanbaus größte und reichste Stadt Südkaliforniens. Der ***California Citrus State Historical Park***, einige Meilen südlich der #91 am

Esperanza Firefighters Panoramic Highway

Bei Banning, 6 mi östlich von Beaumont, beginnt der ***Esperanza Firefighters Panoramic Hwy #243***, eine kurvenreiche ***Scenic Road*** durch die San Jacinto Mountains. Besonders **die ersten 30 mi** dieser pittoresken Straße bis Idyllwild führen durch eine Gebirgslandschaft von in dieser Region kaum erwarteter Höhe bis 3.300 m mit dichtem Hochwald und milden Sommertemperaturen, wenn in der Ebene auf 150 m die Hitze kaum zu ertragen ist. Kein Wunder, dass Idyllwild und Umgebung beliebte Sommer-Wochenend- und Ferienziele sind, und dort erstaunliche Immobilienpreise selbst für die »letzte Hütte« verlangt werden. Eine Reihe schön gelegener ***Campgrounds*** im *National Forest*, im *State Park Mt. San Jacinto* und als *County Park* bei Idyllwild laden zum Übernachten, Picknick oder als Ausgang für Wanderungen ein.

Idyllwild gilt als **Künstlerdorf** und schickes Resort mit vielen (ziemlich teuren) Motels, *Inns* und guten Restaurants. An Wochenenden kommt man dort von Mai bis September ohne Reservierung nur mit Glück unter, egal ob im Motel oder auf einem Campingplatz (Reservierung *National Forest* ➤ Seite 169) der Umgebung; www.idyllwildchamber.com.

Wer sich einmal abseits der üblichen touristischen Pfade bewegen möchte, wird eine Fahrt über Idyllwild und weiter auf der (nun nicht mehr aufregend verlaufenden) Straße #74 nach Palm Springs und/oder zum *Joshua Tree Park* als lohnend empfinden. Früher oder später im Jahr muss aber bedacht werden, dass es oben sehr kühl werden kann. Nachtfrost im Mai oder schon im Oktober ist keine Seltenheit.

Las Vegas
Victorville
Lucerne Valley
18
247
15
Silverwood Lake SP
Lake Arrowhead
Big Bear Lake
Big Bear Citry
138
San Bernardino National Forest
18
San Bernardino National Forest
215
38
Joshua Tree
Yucca Valley
San Bernardino
10
10
62
Joshua Tree National Park
10
Mission Inn
Desert Hill Outlet
Riverside
Banning
10
111
Palm Springs
California Citrus SHP
215
243
Mt. San Jacinto SP
2600 m
3300 m
Cathedral City
Los Angeles
74
Idyllwild
Rancho Mirage
Palm Desert
Phoenix/Arizona, Indio
Lake Hemet
San Bernardino National Forest
Cleveland National Forest
5
74
74
15
Laguna Beach
1
Capistrano
Cahuilla Casino
371
Temecula
79
Aguanga
Anza
Doheny State Beach
San Clemente
San Clemente State Beach
San Onofre State Beach
Palomar Mountain SP
79
Borrego
76
Cleveland National Forest
15
Borrego Springs
Desert
S6
79
State Park
Oceanside
78
Carlsbad
Legoland USA
Escondido
Santa Ysabel
Brawley
Flower Fields
Encinitas
Safari Park
78
Julian
78
San Elijo State Beach
S6
5
79
Torrey Pines State Beach Black's Beach
56
67
Cuyamaca Rancho SP
Lake Jennings
15
Santee
Cleveland National Forest
La Jolla
52
Pacific Beach
5
125
Viejas Outlet Center
8
N
0 10 km
Mission Beach
8
El Cajon
San Diego
Sweetwater
Yuma/ Arizona
Südkalifornien West
Corondolo
805
Otay Lakes
125
Chula Vista
San Ysidro
USA
Imperial Beach
Mexiko
Tijuana

Van Buren Blvd/Dufferin Ave, würdigt den Segen de Zitrusfrucht für die Gegend (geöffnet im Sommer 8-17, Sa+So bis 19 Uhr).

Zeugen des auf ihnen basierenden Wohlstands sind im Zentrum (Mission Inn Ave) zu besichtigen. Vor ***City Hall*** und ***Municipal Museum*** in erster Linie das ***Mission Inn***, ein enormer, stilistisch schwer definierbarer, mexikanisch angehauchter Komplex zwischen gleichnamiger Avenue, Main und 6th Street. Die Besichtigung von außen ist allein schon lohnenswert. Auch übernachten kann man dort: Wer sich zu Beginn oder am Ende der Reise etwas Besonderes gönnen möchte, findet im **Hotel** des ***Mission Inn*** eine tolle, wenngleich nicht ganz billige Unterkunft: ab ca. $200 mit *AAA*-Rabatt; © (951) 784-0300, www.missioninn.com.

Einfachere Motels kosten in Riverside ab $80 so z.B. das ***Days Inn*** und ***Econo Lodge*** (beide in der Magnolia Avenue parallel zur #91) unweit des ***Citrus SP*** und der ***Galleria at Tyler Mall***.

Nach Palm Springs

Ohne Umweg über Idyllwild sind es von Beaumont nur 20 mi bis zur Abfahrt nach Palm Springs, das immer einen kleinen Abstecher wert ist. Am Wege liegt **Cabazon** mit den großen und schön angelegten ***Desert Hills Premium Outlets***, in denen die wichtigen Textilmarken in rund 120 *Factory Stores* vertreten sind; *Exit* 103/104 von der I-10; www.premiumoutlets.com. Das von Indianern betriebene ***Morongo Casino, Resort & Spa*** gleich nebenan ist eines der größten Kasinos in Kalifornien.

Das Wahrzeichen des Ortes Cabazon sind zwei lebensgroße Beton-Dinos; sie locken schon seit den 1960er-Jahren Besucher in einen *Truck Stop* mit einfacher *Eatery* (Abfahrt106).

Mit dem »Eintauchen« der I-10 aus den Bergen in die östlichen Wüstenebenen geraten zahllose **Windkraftanlagen** beidseitig der Autobahn und auch noch entlang der Zufahrtstraße #111 nach Palm Springs ins Blickfeld.

Palm Springs ist bekannt für seine vielen Palmen und Luxus-Resorts

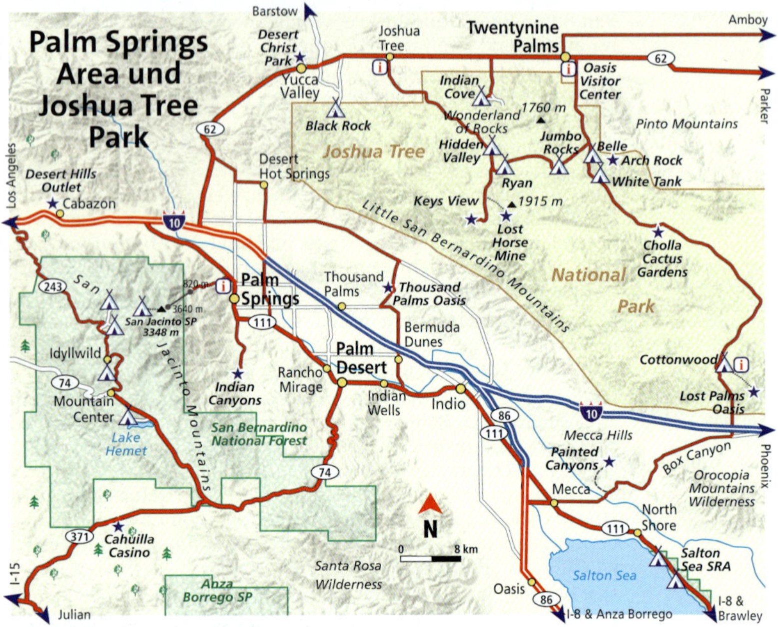

Palm Springs

Luxusvillen und gepflegte Golfplätze kennzeichnen Palm Springs/Desert samt Umgebung. Von Oktober bis April sind sie nicht nur bevorzugtes **Wochenendziel** für *Los Angelitos* sondern auch **Winterdomizil** der sog. »*Snowbirds*«. Hierbei handelt es sich um (sehr) wohlhandende US-Bürger, die in der Halbwüste der Kälte entfliehen und erst in der wärmeren Jahreszeit wieder nordwärts ziehen.

Seilbahn

Bei Anfahrt vom Westen passiert man an der #111 noch vor dem Ortsbeginn die steile 5-mi-Zufahrt zur ganzjährig populären ***Aerial Tramway*** auf den fast 2.500 m über Palm Springs liegenden ***Mount San Jacinto State Park***. Die Temperaturunterschiede zwischen oben und unten betragen bis zu 30°C. Aktive können dort im Winter Loipen (!) befahren und im Sommer in die Wildnis wandern bzw. mit *Permit* sogar zelten, www.parks.ca.gov/?page_id=636). Auffahrten alle 30 min, Mo-Fr 10-20, Sa+So ab 8 Uhr; Ende Sept. 14 Tage wegen Jahreswartung geschlossen. Tarif $27, Kinder bis 12 Jahre $17; mit Buffet ***Ride n'Dine*** $36/$23,50 ab 16 Uhr; www.pstramway.com.

Information

Direkt am Abzweig zur *Tramway* steht das ***Official Palm Springs Visitors Center***; täglich 9-17 Uhr; www.visitpalmsprings.com. Ein zweites Besucherzentrum, das ***Greater Palm Springs Convention & Visitors Bureau***, findet man 11 mi weiter östlich an der #111; Mo-Fr 8-17 Uhr; www.visitgreaterpalmsprings.com.

Kunstmuseum

Einen Besuch verdient auch das ***Palm Springs Desert Art Museum*** in einem beachtlichen Bau mit einer ebensolchen Sammlung am Museum Drive parallel (westlich) zur Hauptstraße Palm Canyon Drive. Die Ausstellung bezieht sich vor allem auf Kunstwerke, die im Südwesten der USA entstanden bzw. den Südwesten thematisieren. Geöffnet Fr-Di 10-17 Uhr, Do 12-20 Uhr; Eintritt $14/$6, kostenlos Do nach 16 Uhr; www.psmuseum.org.

Indian Canyons

Die ***Agua Caliente Indian Reservation*** ist für ihre Palmenbestände sowie **Schluchten** mit ungewöhnlichen Felsformationen (***Andreas*** und ***Murray Canyon***) bekannt. Am Ende der Zufahrtstraße (Navi-Adresse: 38520 South Palm Canyon Drive) stehen neben einem *Trading Post* etliche Picknicktische mit herrlichem Blick auf den ***Palm Canyon***, eine Oase voller mächtiger Kalifornischer Fächerpalmen. Dem kleinen Bach folgt dort ein einfacher Weg, der auf seinen ersten 1,5 km am schönsten ist und Zugang verschafft zu weiteren *picnic tables* im Schatten der Palmen. In die anderen Canyons des Reservats gelangt man auf ruhigeren, aber teils etwas anspruchsvolleren Pfaden. Geöffnet Oktober-Juni täglich 8-17 Uhr, sonst nur Fr-So; Eintritt $9/$5-$7; www.indian-canyons.com.

Wasserpark

Im Einklang mit den klimatischen Gegebenheiten steht ein ***Wet 'n' Wild Park*** (Gene Autry Trail, Straße von/nach Desert Hot Springs); im Sommer täglich 10-19 Uhr, Fr+Sa länger; Eintritt $40/$30; Parken $10-$15; www.wetnwildpalmsprings.com.

Militär-Flugzeug Museum

Bunt bemalte Jagdflugzeuge und Bomber aus dem 2. Weltkrieg, ein Großteil davon in einsatzbereitem flugfähigen Zustand, außerdem Schiffsmodelle und Oldtimer Autos sind Teil des absolut besuchenswerten ***Palm Springs Air Museum***, 745 North Gene Autry Trail (hinter dem Flughafen). Täglich 10-17 Uhr; $17,50, Kinder $10,50-$15,50; www.palmspringsairmuseum.org.

Übernachten

Auch wenn alles ziemlich teuer ist in der Wüste, führen Leerstände zur »Saure-Gurken-Zeit« im Sommer **wochentags** zu Angeboten **ab ca. $70** für ein gutes Mittelklassezimmer. Im Winter muss man locker das Dreifache und mehr veranschlagen.

Auf WoMos zugeschnitten ist das ***Cathedral Palms RV Resort***; schöner campt es sich am See im ***Lake Cahuilla County Park***.

Bemalung eines Weltkrieg-II-Bombers vom Typ B-25 im Air Museum

Rancho Mirage/ Palm Desert

Folgt man von Palm Springs der **Straße #111** weiter südöstlich, passiert man zahlreiche Golfplätze und eine Siedlung nach der anderen. Die Übergänge sind fließend. Ein weiteres Zentrum mit jeder Menge Resort-Hotels und Motels, vor allem aber *Shopping*, ist **Palm Desert**. Auf dem Weg dorthin passiert man in Rancho Mirage an der Einmündung des Bob Hope Drive ***The River***, eine *Shopping Mall* mit *Open-air*-Cafés am den Komplex umgebenden »Fluss«. Etwa eine Meile weiter zweigt der attraktive ***»El Paseo«*** von der #111 ab, die parallel dazu verlaufende **Haupteinkaufsmeile** von Palm Desert mit über 300 Shops und Restaurants. *El Paseo* kreuzt die Portola Ave, an der der *Living Desert Park* liegt.

Living Desert

Wer sich für die Natur in der Wüste interessiert, wird von der ***Living Desert Reserve***, einem botanischen Garten und Zoo zugleich, nicht enttäuscht sein; Oktober-Mai 9-17 Uhr, sonst 8-13.30 Uhr, $20; Kinder 3-12 Jahre $10; www.livingdesert.org.

1000 Palms Oasis

Einen schönen Bestand der auch in der *Living Desert* vertretenen ***California Fan Palms*** kann man **gratis** in der ***1000 Palms Oasis*** besichtigen und dort in herrlicher Ruhe unter den Palmen picknicken (Ramon Rd nördlich der I-10, dann 1000 Palms Canyon Rd); Okt-April 7-18 Uhr, sonst 6-20 Uhr, im August geschlossen; Parken nur für Fahrzeuge unter 20 Fuß; http://coachellavalleypreserve.org.

1.2.2 Von Palm Springs zum Joshua Tree National Park

Bei Weiterfahrt von Palm Springs über den *Joshua Tree National Park* stehen zwei Routen zur Auswahl. Auf der I-10 zur **Südeinfahrt** sind es ca. 45 mi, ab Palm Desert ca. 35 mi. Die mit Abstand interessantesten Bereiche liegen jedoch im Nordwesten des Parks (*Wonderland of Rocks* und Stichstraße zum *Keys View*), daher wird hier die **Nordroute** über die #111 North (*Gene Autry Trail*) und den ***Twentynine Palms Hwy*** (Straße #62) ab Palm Springs favorisiert.

Desert Hot Springs

Rund 15 mi nördlich von Palm Springs passiert man auf dieser Strecke **Desert Hot Springs**. Die warmen Quellen sind bis heute die einzige Attraktion des Ortes. Über populäre öffentliche Pools verfügt das ***Desert Hot Springs Spa Center*** am Palm Drive, 8-22 Uhr, mit Mittelklasse-Hotel (im Sommer ab ca. $80; © 1-800-808-7727, www.dhsspa.com). Von Oktober bis Mai ist die Anlage oft ziemlich voll; Eintritt wochentagsabhängig $5-$10. Nur ein wenig teurer, aber ansehnlicher ist weiter nördlich das ***Miracle Springs Hotel & Spa*** mit Zimmern ab ca. $100 im Sommer; © (760) 251-6000, www.miraclesprings.com.

Straße #62 nach Joshua Tree

Der Nationalpark verfügt ab der #62 über vier Einfahrten:

- zwei miteinander verbundene Eingänge ab den Orten Joshua Tree und Twentynine Palms und dazwischen noch die
- Zufahrt zum Kletterparadies und ***Campground Indian Cove***
- westliche Stichstraße ab Yucca Valley zum *Black Rock Nature Center* (dort gibt es nicht viel zu sehen, und der *Black Rock* Campingplatz ist der schlechteste des ganzen Parks).

Straße #62

Der Abschnitt der #62 zwischen Yucca Valley und Joshua Tree ist dicht besiedelt und fast ohne Unterbrechung von typisch amerikanischer Kommerzinfrastruktur gesäumt. Wer dort ein Quartier benötigt, hat im Sommer und auch sonst wochentags eine große Auswahl unter zahlreichen Motels mit günstigen Angeboten. Für etwas Abwechslung sorgen die Themenräume des ***America's Best Value Inn Yucca Valley*** mit Betten in einem 1959er-*Cadillac*, im Dschungel oder in einer Höhle; www.oasisofeden.com.

Pioneertown

Wer sich für urige Wildwest-Kulissen begeistern kann, sollte in Yucca Valley den Abstecher nach ***Pioneertown*** nicht auslassen (4 mi ab der #62; westlich der #247 ausgeschildert). Die alten Holzhütten waren in den 1940er/50er-Jahren in allerhand Western und Fernsehserien zu sehen, heute bergen sie Souvenirshops, einen beliebten Saloon mit *Live*-Musik und ein gutes, nicht ganz billiges Quartier (www.pioneertown-motel.com). Beim *Corral* wartet zudem ein Einfachstcampground ($10 pro Zelt oder RV; nur mit Barzahlung; http://pioneertowncorrals.biz).

An ausgewählten Samstagen im Sommer leben die »Wilden Zeiten« in Pioneertown wieder auf

Desert Christ Park

Zu einem weiteren Zwischenstopp lädt ein ungewöhnlicher Skulpturenpark ein: Im ***Desert Christ Park*** wurden biblische Gestalten und bekannte Szenen in Beton gegossen und auf dem das Tal überschauenden Kirchengelände gestellt. Zufahrt über den Sunnyslope Drive, der von der Pioneertown Road abzweigt, oder ab der #62 den Mohawk Trail bis zum Ende folgen.

Twentynine Palms

Mit dem **Ort Joshua Tree** erreicht man die **Hauptzufahrt** in den Nationalpark und eines der beiden ***Visitor Centers***, hier eher eine Informationsstelle mitsamt teurem Shop. Für bessere Parkinfos (Flora, Fauna, Geologie, Historie, Ausstellung) empfiehlt sich die Weiterfahrt zum ***Oasis Visitor Center*** in **Twentynine Palms**. In der kleinen Ortschaft findet man indessen etliche Unterkünfte (u.a. *Motel 6*, *Fairfield Inn* und *Best Western*) sowie zahlreiche, teils schöne Fassadengemälde (***Murals***).

Kuriose Felsformationen beim Jumbo Rocks Campground im letzten Licht des Tages; auf der hinteren Steinkugel sieht man einen wagemutigen Parkbesucher

Joshua Tree National Park

Eintritt $30/Auto oder Interagency Jahrespass

Der Name dieses ausgedehnten Parks (ca. 2.300 km^2) bezieht sich auf die baumartigen, oft bizarren ***Joshua Trees*** (Yucca), die große Areale der hier bereits wieder höher liegenden Halbwüste bedecken (300-1.700 m). Gemeinsam mit den grandiosen, rundgeschliffenen Granitfelsen verleihen sie diesem Nationalpark einen unverwechselbaren Reiz. Karte ➤ Seite 240; www.nps.gov/jotr.

Die Straße ab Joshua Tree führt durch das zu Recht so bezeichnete ***Wonderland of Rocks***. Für kurze **Wanderungen** (z.B. ins ***Hidden Valley*** und auf den ***Ryan Mountain***) sowie Geländeerkundungen bestehen zahlreiche Gelegenheiten, sofern einem danach vor lauter Hitze zumute ist (im Sommer bis 50°C). Einen schönen Überblick bis hinüber zur I-10 und Palm Springs bietet der Aussichtspunkt ***Keys View*** am Ende der 5-mi-Stichstraße (asphaltiert).

Wanderempfehlung

Auch wenn die mächtigen Granitfelsen nicht danach aussehen, im Gebiet des heutigen Nationalparks wurde einst mehr oder weniger erfolgreich nach Gold geschürft. An der Straße zum *Keys View* passiert man den Abzweig zum Ausgangspunkt für den Wanderweg zur ***Lost Horse Goldmine***. An dessen Ende stehen noch erhaltene Holzstrukturen der alten Anlage (ca. 6,5 km retour).

Einen Einblick in das Leben der Goldsucher Anfang des 20. Jahrhunderts liefert die 90-minütige ***Keys Ranch Guided Walking Tour***; meist nur Oktober-Mai; $10/$5; Reservierung unter ✆ (760) 367-5522. Ein Geheimtipp für Fans von *Ghost Towns*, kein Zugang ohne Rangerführung!

Camping

Unübertroffen ist das Campen in diesem Park, auch wenn es auf den Plätzen überwiegend weder Komfort noch Wasser gibt. Am schönsten sind ***Jumbo Rocks***, ***Ryan*** und ***Hidden Valley*** ($15). Die Stellplätze dort wurden zwischen Felsen und Wüstenvegetation platziert und animieren zu leichten »Kletterwanderungen«.

Etwas abseits des Kerngebietes des *Wonderland of Rocks* liegen die *Campgrounds* ***Belle*** und ***White Tank*** an der Wilson Canyon Road südlich der Nordroute durch den Park; beide $15 und ebenfalls zwischen Felsen und *Joshua-Tree*-Bestände eingebettet. Auch der etwas isolierte ***Indian Cove*** ($20) ist ein guter Platz, speziell für Kletterfreaks (nur kurze Anfahrt von der #62). Weniger reizvoll präsentieren sich die beiden *Campgrounds* mit Wasser ***Black Rock*** (zuletzt ungepflegt, Zufahrt in schlechtem Zustand) und ***Cottonwood*** weit außerhalb des Felswunderlands ($20).

Alle Plätze auf *first-come, first-served*-Basis, von Oktober bis Mai aber bei *Black Rock* und *Indian Cove* Reservierungen möglich, ➤ Seite 168. Zu der Zeit sind die Campingplätze **an Wochenenden meist knallvoll**; So-Do jedoch ist Unterkommen im Normalfall leichter. In Anbetracht der vielen romantischen, felsgeschützten Feuerstellen darf man auf keinen Fall vergessen, sich »*firewood*« vor der Einfahrt zu beschaffen; es ist im Park **nicht vorhanden**

Klima

Die hohen **Tagestemperaturen** in den Sommermonaten sollten nicht vom Besuch abhalten. Selbst 40°C im Schatten sind bei der dort vorherrschenden Trockenheit noch zu ertragen. Die **Nachttemperaturen** sinken auch im Hochsommer in der Regel auf ein erträgliches Niveau, früher oder später im Jahr kann es recht kühl werden. Nachtfröste gibt es noch im Mai und schon im Oktober. Sogar Schneefall ist im Winterhalbjahr möglich.

Strecke nach Cottonwood

Zwei weitere Sehenswürdigkeiten befinden sich noch an der Parkstraße, die nach Südosten in Richtung Cottonwood führt. Vor allem den beeindruckenden, natürlichen Granitfelsbogen mit dem nicht sehr originellen Namen ***Arch Rock***, gleich zu Beginn der Strecke, sollte man sich nicht entgehen lassen. Der 800 m lange Rundweg startet beim Stellplatz #9 des *White Tank Campground*.

Teddy Bear Chollas

Etwa auf halber Strecke zwischen Twentynine Palms und Cottonwood liegt außerdem der ***Cholla Cactus Garden*** mit einem Lehrpfad und einer beeindruckenden Ansammlung an *Teddy Bear Cholla* Kakteen (Aussprache: »*dschoi-ja*«), ➤ Foto links. Wer ohnehin nach Süden fährt oder von dort kommt, sollte hier einen Zwischenstopp einlegen. Eine »Notwendigkeit«, der Straße bis nach Cottonwood zu folgen, besteht ansonsten nicht.

In **Cottonwood** an der Südeinfahrt befindet sich nur eine Rangerstation (tägl. 8.30-16 Uhr) und der Ausgangspunkt für die Wanderung zu den ***Lost Palms***, einer pittoresk am Hang zwischen Felsen »eingeklemmten« Oase (ca. 12 km retour). Der *Campground Cottonwood* (Wasser und *Dump Station*) kann mit anderen Plätzen nicht »konkurrieren«.

Joshua Tree Silhouetten nach Sonnenuntergang

1.2.3 Vom Joshua Tree NP nach LA oder San Diego

Zurück nach LA

Die schnellste Strecke zurück nach Los Angeles ist naturgemäß die I-10. Eine **reizvolle Alternative** bietet die kaum befahrene ***Box Canyon Road*** (#195) durch die *Mecca Hills Wilderness* in Richtung Südwesten. Beidseitig der Straße zeigt sich schräg aufgefaltetes Gestein, das stellenweise recht farbig sein kann. Am buntesten ist es aber entlang der nach rechts abzweigenden, sandigen ***Painted Canyon Road*** (lieber nur mit 4WD!). Die Piste endet nach 4,7 mi am Parkplatz und Ausgangspunkt der 8-km-Rundwanderung durch den ***Ladder Canyon***, die auch während der kühleren Monate anstrengend ist (nur mit Karte und Beschreibung: www.hiking-inps.com/mecca-hills-painted-canyon-ladder-canyon-hike).

Entlang der *Box Canyon Road* ist Camping erlaubt und frei, die meisten Plätzchen liegen aber ziemlich abseits des Asphalts.

Über **Mecca** – ein Kaff, das in einem lateinamerikanischen Entwicklungsland kaum elender sein könnte – geht es dann weiter über Indio und ggf. die #74 über Hemet oder ab Idyllwild in Kombination mit dem *Firefighters Panoramic Highway*, ➤ Seite 237.

I-8 oder I-15 nach San Diego

Auf den **Straßen #74** und **#371/#79** gelangt man bei Ziel San Diego relativ rasch **auf die I-15** bei Temecula. Eine besonders hübsche Route ist auch die **#79 in südliche Richtung** bis hinunter zur **I-8**.

Via Salton Sea und Anza Borrego SP nach San Diego

Eine andere Route führt vom ***Joshua Tree NP*** durch den ***Anza-Borrego Desert SP*** nach San Diego. Zunächst entspricht diese der oben beschriebenen Straße durch den ***Box Canyon***. Ab Mecca geht es entweder auf der #111 am Ostufer des **Salton Sea** entlang oder auf der breiten, schnelleren #86 in einiger Distanz am Westufer vorbei. Die #111 wäre nur bei Interesse an der Vogelwelt des Salzsees, den ***Algodones Sand Dunes*** oder an der quietschbunten Kunstinstallation ***Salvation Mountain*** zu erwägen.

Über den Salton Sea zu den Algodones Dunes

Salton Sea

Kaninchenkauz (Burrowing Owl)

Der **Salton Sea** ist mit einer durchschnittlichen Fläche von ca. 1.300 km^2 größter Binnensee Kaliforniens. Er entstand 1905 durch einen Dammbruch am Colorado River und war einst ein populäres Ausflugsziel. Wegen des steigenden Salzgehalts und der miserablen Wasserqualität schlief der Tourismus bis heute weitgehend ein. An den Ufern dieses abflusslosen Gewässers 70 m unter NN gibt es nicht mehr allzu viel zu sehen bis auf ein paar verfallene, postapokalyptisch wirkende Strukturen rund um ***Bombay Beach***, einige übel nach faulem Fisch riechende »Strände« und das ***Sonny Bono Salton Sea National Wildlife Refuge***, ein Vogelschutzgebiet im Südosteck des Sees. Die meisten Tiere sind dort zwischen November und Mai anzutreffen – gelegentlich sogar Blaufußtölpel!

Gänse, Reiher, Kaninchenkäuze usw. bevölkern dann auch die endlosen Agrarflächen rund um die Mini-Ortschaft **Calipatria**. Die zwischen den Feldern vereinzelt auch über Nacht entstehenden, kleinen ***Mud Volcanos*** werden von aufsteigendem Kohlendioxid angetrieben und spucken meist kalten Schlamm. Eine größere Ansammlung befindet sich beim *Davis-Schrimpf Seep Field*; 499 West Schrimpf Rd/Ecke Wister Road (beide ungeteert), aber vergleichen mit den »Hexenkesseln« im *Yellowstone NP* (➤ Seite 723) kann man sie nicht. Ein riesiges »Schlammloch« hat sich neuerdings direkt neben der #111 nördlich von Niland aufgetan (Ecke Gillespie Road).

Salvation Mountain

Die größte Attraktion in der Umgebung des Salton Sea ist der ***Salvation Mountain*** bei **Niland**, das Lebenswerk eines Kriegsveteranen. Aus Stroh, Lehm und Autoreifen errichtet, mit Höhlenzimmern untertunnelt und verziert mit farbenfrohen Gemälden, einem Kunterbunt aus biblischen Zitaten und dem übergroßen Schriftzug »*God is love*«, lockt der 15 hohe, 45 breite Berg Schaulustige und Kamerateams aus aller Welt in diese sonst eher »gottverlassene Ecke« Kaliforniens; Anfahrt von der #111 über Main und Beal Rd ca. 3 mi nach Osten; Eintritt frei (Spende). Mehr Kuriositäten warten nur wenige 100 m weiter in den »Ortsteilen« *East Jesus* und *West Satan* der Hippie- und Aussteiger-Wohnmobilsiedlung ***Slab City***.

Ähnlich kurios wie der »Salvation Mountain« (im Hintergrund) sind auch die Fahrzeuge auf dem Gelände, in denen der Künstler bis Ende 2011 wohnte

Blick über die Algodones Dunes; der etwas dunklere Strich ist die hindurchführende Straße #78

Unterkunft

Wer eine Bleibe für die Nacht sucht, findet in **Brawley** u.a. ein ***Best Western Plus*** sowie ein auffällig gut geführtes Haus der Einfachstkette ***Motel 6***. Großzügig angelegte und meist leere ***Campgrounds*** am nordöstlichen Ufer des Sees sind ***Mecca Beach*** und ***Headquarters*** in der Nähe des *Visitor Center* der nicht sehr reizvollen ***Salton Sea State Recreation Area***; www.parks.ca.gov/?page_id=639. An Baden mag dort – selbst bei größter Hitze – kaum einer denken!

Algodones Dunes

Von Brawley könnte man der #78 nach Osten folgen bis zu den ***Algodones Dunes*** und der für ATVs (*All Terrain Vehicles*) freigegeben ***Imperial Sand Dunes Recreation Area***, ein zwar immerhin 20 mi weiter (*one-way*), aber für manche sicher spannender Abstecher. Ein bis zu 90 m hoher und 10 km breiter Sanddünenstreifen reicht von der mexikanischen Grenze in nordwestliche Richtung bis an die Chocolate Mountains heran.

Entlang der #78 ist das Halten/Parken auf einer Strecke von etwa 7 mi verboten, so dass sich als primärer Anlaufpunkt für Besucher der ***Osborne Overlook*** anbietet. Nördlich der Straße lädt dort die »unberührte« Dünenlandschaft zu einem kurzen Spaziergang ein und in Richtung Süden kann man den ATV-Fahrern bei ihren waghalsigen Manövern zuschauen. Wer sich selbst in das Abenteuer stürzen möchte, besorgt sich ein entsprechendes Fahrzeug in **Glamis** im Osten der Dünen, das nur aus einem Shop mit *OHV Rental* und *RV Park* besteht. An Wochenenden ist in dem Bereich oft der Teufel los, selbst nachts hört und sieht man dann noch die beleuchteten *Buggies* über die Dünenkämme rasen.

Gratis campen

Boondocking ist abseits der #78 an mehreren Stellen (u.a. südlich der *Ranger Station*) wie auch im Südbereich unweit der I-8 erlaubt. Am ruhigsten steht man an der Ogilby Road östlich von Glamis. Zu den Camparealen führen befestigte Stichstraßen; sehr einfach, nur Chemietoiletten, kein Wasser, keine Picknicktische oder Grillroste – nur Sand, so weit das Auge reicht. Übersichtskarte im PDF-Format unter www.blm.gov/visit/imperial-sand-dunes.

Ocotillo Wells

Auch westlich des Salton Sea befinden sich an der #78 kleinere Wüstenareale mit ATV-Vermietern und Campingplätzen, speziell in der ***Ocotillo Wells Vehicular State Recreation Area***. Vergleichbar mit den tollen *Algodones Dunes* ist diese Gegend aber nicht.

Über den Anza-Borrego Park nach San Diego

Anza-Borrego Desert State Park
kein Eintritt

Die Straße #S22 führt vom Westufer des Salton Sea in das Zentrum der knochentrockenen ***Anza-Borrego***-Wüste, wo außer Kakteen und anderen anspruchslosen Gewächsen nur wenig gedeiht. Der größte Teil der Region (ca. 2.000 km²) ist Wildnis und steht als ***State Park*** unter Naturschutz. Neben der S22 führen auch die S3 und die Borrego Springs Road jeweils ab der #78 in das Zentralgebiet des Parks, der sonst nur von 4WD-Pisten und Wanderpfaden erschlossen wird. Die Wintermonate bilden die beste Jahreszeit für einen Besuch, im Sommer lohnen sich ein größerer Umweg und Aufenthalt in diesem Park nur bedingt.

Wüstenblüte

Die Gegend ist berühmt für prächtige **Wildblumenteppiche**, die von Mitte Februar bis Mitte April für eine kurze Periode die kargen Ebenen großflächig überziehen können. Die Wüste blüht allerdings nur nach einem feuchten Winter! Ansonsten zeigen sich bestenfalls Kakteen und *Ocotillos* von ihrer bunten Seite und der Park sieht im März schon fast so dürr und trocken aus wie im Sommer. *Up-to-date*-Infos gibt es über die ***Wildflower Hotline*** © (760) 767-4684 sowie im Internet unter www.parks.ca.gov/?page_id=638.

Borrego Springs

Während der Wildblumenblüte (und auch nur dann!) herrscht ein reges Leben in **Borrego Springs**, dem einzigen Ort weit und breit. Er liegt auf nur 230 m über NN, ist vom *State Park* umgeben und verfügt über eine begrenzte Infrastruktur, darunter etliche ***Spa*-Hotels** wie das *Borrego Springs Resort* oder das *Palm Canyon Hotel* im auffälligen Wildwest-Look und **Campingplätze** (z.B. *Oasis Inn*, © (760) 767-5409, www.oasisinnborrego.com). »Wild« und **kostenlos** campt man beim Clark Dry Lake östlich des Ortes an der S22.

Im Sommer wirkt Borrego Springs meist wie ausgestorben, kein Wunder, denn er ist einer der **heißesten Orte der USA**. Ab April überschreitet das Thermometer regelmäßig die 40°C-Marke und im Sommer wurden dort auch schon **50°C** gemessen.

Ein Riesenskorpion, Raptoren, Mammuts und zahlreiche andere Tiere aus Metall hauchen der (vor allem im Sommer) eher trostlosen Umgebung von Borrego Springs etwas Leben ein

Metall-skulpturen

Borrego Springs dient mittlerweile aber nicht ausschließlich als Basislager für die *State Park*-Touristen. **Weit über 100 teils überdimensionale Metalltiere und -skulpturen** wurden in und rund um die Ortschaft aufgestellt. Sie sind eine Attraktion für sich und durchaus sehenswert. Einige wurden gut eingebettet in die Natur. Die Info-Broschüre mit Übersichtsplan erhält man im Besucherzentrum (786 Palm Canyon Drive); zum Durchblättern im Web am besten nach »Borrego Springs Village Guide« googeln. Wer mit Kindern auf »Safari« geht, ist locker ein paar Stunden beschäftigt!

Eine gute Meile westlich des Ortskerns liegt das **Besucherzentrum** des *State Park* mit einer Ausstellung zu Flora und Fauna, *Nature Trail* und Picknickplatz unter Palmen; geöffnet Oktober-Mai 9-17 Uhr; an Wochenenden und Feiertagen fällt eine Parkplatzgebühr von $10 an. Der großzügig angelegte und komfortable **Campingplatz *Palm Canyon*** wartet 2 mi weiter nördlich ($25; mit *hookup* $35; Reservierung nur Januar-April, sonst immer reichlich Platz).

Borrego Palm Canyon

Dort hat auch der populäre ***Borrego Palm Canyon Trail*** zu einem Palmenhain in den nahen Bergen seinen Ausgangspunkt (5 km bzw. 90 min retour; 180 Höhenmeter). Das Ziel verlor 2004 durch eine »*Flash Flood*« einen Teil seines Bestandes. Anfang 2020 war der *Trailhead* wegen eines Brands bis auf Weiteres gesperrt.

4WD-Touren

California Overland bringt Besucher in ausrangierten Militär-Trucks sicher und schnell an die schönsten Stellen des Parks. Der **5-stündige Trip** mit *Slot Canyon*-Besuch und Abstecher zum tollen Aussichtspunkt *Fonts Point* kostet ausgehend von Borrego Springs z.B. $125 pro Person; www.californiaoverland.com/desert-tours/.

Borrego Palm Canyon

Weiterfahrt nach San Diego

Von Borrego Springs sind es auf den Straßen #S3/#78 bis **Julian** keine 30 mi. Dabei überquert man zunächst – noch im Bereich des *State Park* – den *Yaqui Pass* (526 m) und klettert dann serpentinenreich rasch auf 1.200-1.500 m Höhe hinein in den *Cleveland National Forest* und damit in eine komplett andere Klima- und Vegetationszone. Julian ist mit seinen moderateren Temperaturen ein schattiges Sommer-Ausflugsziel für die hitzegeplagten Talbewohner der Umgebung. Der Ort überrascht mit einem künstlichen Wildwest-Look, hübschen Restaurants und gemütlichen **B&B-Unterkünften**.

Weiter nach **San Diego** geht es auf der sehr schön geführten #79 durch den ***Cuyamaca Rancho State Park*** hinunter zur I-8. Von Descanso (an der *Interstate*) sind es noch 35-40 mi bis San Diego.

Südkalifornien Ost
N
0 20 km
Death Valley
Las Vegas
Las Vegas
Nipton
Searchlight
Cottonwood Cove
Lake Mead NRA
Lake Mohave
Nevada Telephone Cove
Katherine Landing
Laughlin
Bullhead City
Kingman
Flagstaff/Grand Canyon
Big Bend
Oatman
Black Mountains
Needles
Topock
Mojave National Preserve
Cima Road
Cima
Kelso-Cima Rd.
Kelbacker Road
Aiken Mine
Hole in the Wall
Black Canyon
Kelso
Kelso Dunes
Baker
Barstow Los Angeles
NEVADA KALIFORNIEN
Ludlow
Amboy
Sacramento Mountains
Lake Havasu City
Buckskin Mountain SP
Lake Havasu
Colorado
Bullion Mountains
Vidal Junction
Parker
Joshua Tree
Twentynine Palms
Joshua Tree National Park
Keys View
Lost Horse Mountain 1915 m
Cholla Cactus Gardens
General Patton Museum
Lake Tamarisk
Lost Palms Oasis
Indio
Box Canyon
Mecca
Chocolate Mountains
Blythe
Ehrenberg
Quartzsite
Phoenix
KALIFORNIEN ARIZONA
North Shore
Salton Sea SRA
Salton Sea
Salton City
Bombay Beach
Salvation Mountain
Niland
Font's Point
17 Palms Oasis
Borrego Springs
The Slot
Ocotillo Wells
Anza Borrego Desert State Park
Sonny Bono NRW
Palm Canyon
Kofa NWR
Castle Dome Museum
Westmorland
Brawley
Glamis
Algodones Sand Dunes
Imperial
El Centro
Holtville
Coachella Canal
Ogilby
Center of the World
Proving Grounds
Tucson
Calexico
Mexicali
USA Mexiko
Old Plank Road
Yuma
127 15 164 93 68 163 66 95 40 62 177 111 10 86 78 S22 115 S2 8 98

1.2.4 Vom Joshua Tree NP nach Phoenix oder Las Vegas

Die soweit beschriebene Strecke eignet sich auch als erstes Teilstück für weiterführende Routen in **Richtung Phoenix, Las Vegas** oder **Grand Canyon**. In den ersten beiden Fällen handelt es sich ab dem *Joshua Tree Nat'l Park* um **gute Tagesetappen**. Die Fahrt zum Grand Canyon ließe sich zur Not ebenfalls an einem Tag bewältigen, zwei Tage Zeit wären allerdings angenehmer.

Weiterfahrt nach Phoenix

Auf der Strecke nach Phoenix gibt es keine Alternative zur ziemlich eintönigen **I-10**. Für militärisch stark Interessierte bietet sich das *General Patton Museum* beim *Exit* 173 als Zwischenstopp an, in dessen Außenbereich bereits allerlei Panzerarten stehen. Die kleine Ansiedlung **Quartzside**, bereits in Arizona bei der Ausfahrt #17, verwandelt sich alljährlich in das größte Winter-Wohnmobil-Campinglager des US-Westens und ist im Januar Austragungsort einer große **Edelstein- und Mineralien-Verkaufsshow** (*Gem & Mineral Pow Wow*) sowie **RV-Messe**.

Strecke nach Las Vegas

Die **kürzeste Verbindung nach Las Vegas** läuft ab Twentynine Palms über **Amboy**, einer Straßenkreuzung, an der – in diesem Bereich witzlosen – ***Route 66*** (➤ Seite 527) mit einer Handvoll Häuser und der letzten Tankstelle bis zur I-15. Von dort geht es über Kelso/Cima auf einsamen Straßen durch die ***Mojave Preserve*** (➤ Exkurs rechts), dann noch ca. 60 mi *Interstate* bis Las Vegas.

Auf der **raschesten, wiewohl eintönigsten Route nach Vegas** (ca. 2,5 Stunden) sind es **ab Amboy** noch einige Meilen mehr auf der ***Route 66*** nach Osten, dann weiter auf der **I-40** und von ihr ab *Exit* 133 auf der **#95** in Richtung Norden.

In Richtung Grand Canyon

Den Grand Canyon erreicht man ab dem *Joshua Tree* Park am schnellsten über die **#62** (gut ausgebaut, kaum Verkehr und grandioser Verlauf durch fast menschenleere Regionen) bis Vidal Junction und dann die **#95 bis zur I-40** (Auffahrt 144) bei Needles – oder noch besser mit Umweg auf der ***Route 66*** über das Wild-West-Dorf **Oatman**. Die ca. 50 mi zwischen den *Exits* 1 und 44 der I-40 durch Arizona sind **das landschaftlich reizvollste Teilstück aller noch intakten Abschnitte der Route 66 bis Chicago**; ➤ Foto Seite 15. Bei Kingman stößt man auf die weiter unten beschriebene Route durch Arizona und New Mexico. Zum **Grand Canyon** sind es noch ca.180 mi, **nach Las Vegas** ca. 100 mi (#93).

Mit etwas mehr Zeit könnte man sowohl in **Richtung Grand Canyon** als auch **Las Vegas** weiter auf der **Straße #62** bleiben und bei **Parker/Arizona** den Colorado River überqueren. Dort wendet man sich nördlich und fährt über **Lake Havasu City** (Standort der Stein für Stein über den Atlantik geschafften *London Bridge*, die früher die Themse überspannte) in Richtung I-40. Für diese Strecke braucht man einen **Extratag** Zeit, der sich aber lohnt bei Lust auf eine entspannte Pause oder einen Abend am Fluss (Bootfahren, Schwimmen). Zahlreiche Hotelresorts warten an beiden Ufern auf Gäste, von den Campingplätzen ist jener im ***Buckskin Mountain State Park*** unmittelbar am Wasser besonders zu empfehlen.

Abstecher in die Mojave National Preserve

Bei Anfahrt über den *Joshua Tree National Park* erreicht man auf der ***Kelbaker Road*** nördlich von Amboy und ca. 12 mi nach Querung der I-40 die kurze Stichstraße zu den hellgelben ***Kelso Dunes***, dem größten Dünenfeld der Mojave Wüste. Eine 5 km lange Wanderung (*one-way*) führt vom gekennzeichneten *Trailhead* bis zum höchsten Dünenkamm (200 m).

Zurück an der *Kelbaker Road* gelangt man schon bald nach **Kelso**, eine *Ghost Town*, stünde dort nicht an den Schienen der *Union Pacific Railroad* die restaurierte alte Bahnstation mit dem ***Kelso Depot Visitor Center*** der *Mojave National Preserve*, dem nach dem *Death Valley* zweitgrößten vom *National Park Service* in Kalifornien verwalteten, aber eher selten besuchten Gebiet. Gute Übersichtskarte unter www.nps.gov/moja/planyourvisit/maps.htm.

Von Kelso führt die ***Kelbaker Road*** durch eine Vulkanlandschaft voller Aschekegel weiter in Richtung **Baker** an der I-15 (34 mi). Auf halber Strecke verschafft die unbefestigte *Aiken Mine Road* Zugang zu einer **Lavahöhle** (nicht ausgeschilderter Abzweig 15 mi hinter Kelso; gute Bodenfreiheit erforderlich; Straßenzustand vorher im Besucherzentrum erfragen!). Nach 4,4 mi in östlicher Richtung hält man sich links und erreicht nach 300 m den ***Lava Tube Trailhead***. Von dort geht es noch 300 m leicht bergauf bis zum Höhlenzugang rechter Hand auf einer Anhöhe. Eine Metallleiter hilft beim Abstieg. Unbedingt Taschenlampe mitnehmen, denn nur so schafft man es in die Hauptkammer.

Nach Las Vegas geht es zur I-15 über die ***Kelso-Cima Road*** entlang der Bahnlinie und *Providence* Berge im Hintergrund (40 mi). Auf dieser Route passiert man schöne *Joshua Tree*-Bestände, im hoch gelegenen *Shadow Valley* an der ***Cima Road*** zur I-15 sogar einen ***Joshua Tree Forest*** mit besonders großen Exemplaren.

Wer Zeit und Lust auf einsame felsige Wildnis hat, könnte auch noch den ***Hole-in-the-Wall***-Bereich und ***Black Canyon*** der *Nat'l Preserve* einen Besuch abstatten. Zufahrt ab der Cima Road (ungeteert, meist aber Pkw-tauglich) oder ab Essex (I-40 *Exit* #100, dann auf der geteerten *Black Canyon Road* 19 mi nach Norden). Neben einem durchlöcherten Tuffsteinlabyrinth (***Hole-in-the-Wall***) warten dort ein kleines *Information Center* sowie ein toll gelegener **Camp- und Picknickplatz** ($12; *first-come, first-served*; keine *hook-ups*, aber Trinkwasser und *Dump Station*). Abenteuerlustige und schon etwas größere Kinder werden ihre Freude haben an den kurzen und relativ einfachen Kletterpartien entlang des 2,5 km langen ***Rings Loop Trail***, der beim Besucherzentrum beginnt.

Aschekegel und Joshua Trees prägen die Landschaft im nördlichen Teil der Mojave National Preserve

1.3 Startroute #2: Von Los Angeles nach San Diego

I-5

Die offensichtlich schnellste Verbindung von LA nach San Diego bietet die *Interstate* #5. Sie gehört zu den Autobahnen mit dem höchsten Verkehrsaufkommen Kaliforniens. Für die – je nach Ausgangspunkt – 100-120 mi kommt man daher selten mit der rechnerisch möglichen Fahrzeit von 2 Stunden aus.

Straße #1

Die #1 ist innerhalb des Großraums LA bis Santa Monica und wieder ab Manhattan Beach südlich des internationalen Flughafens mit dem **Pacific Coast Highway** identisch, dessen Verlauf bis Long Beach weiter oben kurz erläutert wurde, ➤ Seite 228ff.

Newport Beach

Südlich von Huntington Beach (➤ Seite 230) erreicht man **Newport Beach**, eine Art kalifornisches Venedig, wie man dort gerne hervorhebt. So attraktiv Newport Beach für die Tausenden von glücklichen Bewohnern sein mag, deren Yachten in den Buchten und Kanälen an Steg und Tonne vor der Haustür festgemacht sind, für Touristen ist nicht einmal der Strand dort sonderlich hervorhebenswert. Er bildet das Ende der ab Long Beach durchgehend flachen hellsandigen, breiten, aber alles in allem nicht wirklich reizvollen Badestrände.

Laguna Beach

Nur 11 Meilen weiter wartet jedoch der neben La Jolla (San Diego) attraktivste Küstenort Südkaliforniens. Das noble **Laguna Beach** zieht sich über drei Meilen hin und verfügt über einen fast 2 km langen Hauptstrand und diverse hübsche Sandbuchten unter Felshängen und Uferparks. Der Zentralbereich liegt rund um die Einmündung der Laguna Canyon Road (#133 – im Ort Broadway Street) in den Hwy #1; www.visitlagunabeach.com.

Eine besonders schöne Aussicht hat man vom ***Crescent Bay Point Park*** mit oft vielen Kolibris (gleichnamiger Drive ist Zufahrt ab der #1). Nur ein wenig weiter südlich davon zweigt der **Cliff Drive** ab, der durch feine Wohnlagen am ***Heisler Park*** vorbei wieder zurück auf die #1 führt. Auf ganzer Länge dieses Parks verläuft ein wunderbarer **Spazierweg** bis zur *Main Beach*.

Am zentralen Strandbereich von Laguna Beach

Ruine der Great Stone Church auf dem Missionsgelände von San Juan Capistrano

Laguna Beach entwickelte sich aus einer Künstlerkolonie und veranstaltet im Juli bis einschließlich August ein großes ***Arts Festival*** in den Kunstzentren und Galerien. Das Kulturleben manifestiert sich auch außerhalb der Festivalzeit in den zahlreichen ***Art Galleries*** und einem anspruchsvollen Veranstaltungskalender.

Unterkunft

Beneidenswert gelegene Villen und teure M/Hotels säumen die Uferlinie. Ein noch »relativ günstiges« kleines Quartier in zentraler Lage am 460 North Coast Hwy ist das ***The Tides*** mit Sommertarifen ab $200; © 1-888-777-2107, www.tideslaguna.com.

Kurz vor Erreichen der I-5 passiert man den langen Sandstrand der ***Doheny State Beach*** mit einem besonders schön angelegten Campingplatz. *Beachside*-Plätze kosten $60, in 2. Reihe $40/Nacht.

Mission San Juan Capistrano

Ein kleiner Umweg (3 mi zurück nach Norden auf der I-5 bis zur Abfahrt 82) könnte der ***Mission San Juan Capistrano***, dem vielleicht schönsten Missionskomplex Kaliforniens, gelten. Der Eingang befindet sich an der Ecke Ortega Hwy/Camino Capistrano. Eintritt $9 inkl. Audio-Führung (auch auf Deutsch), täglich 9-17 Uhr; *free Wifi* auf dem ganzen Gelände; www.missionsjc.com.

Über die rätselhaften um den 19. März herum eintreffenden und im Sommer in der Mission »überwinternden« Schwalben aus Argentinien findet täglich um 13 Uhr ein *Walk & Talk* statt.

Strandzugang

Ab **Capistrano Beach** gibt es für die Weiterfahrt nach Süden **zur I-5** zunächst **keine Alternative**. Sie durchquert ein riesiges Sperrgebiet des *US-Marine Corps*. Ein Atomkraftwerk sorgt zusätzlich für kilometerweite Absperrungen. Hinter der Ortschaft San Clemente findet man daher nur über die ***State Parks San Clemente*** und ***San Onofre*** Zugang zum Meer. Als Tourist mit begrenzter Zeit gilt: Am besten durchfahren bis mindestens Oceanside.

Küstenstraße S21

Im einst mondänen, aber heute nicht mehr so überzeugenden Seebad **Oceanside** beginnt parallel zur I-5 die streckenweise unmittelbar an der Küste verlaufende ***County Road* S21** (*Historic Route 101*). An ihr liegen kleine, mehr oder weniger zusammengewachsene **Seebäder** mit jeder Menge H/Motels. Wegen ihrer Lage direkt am Strand sind die ***Campgrounds*** in den *South Carlsbad* und *San Elijo State Beaches* (letztere in Cardiff südlich von Encinitas) unübertroffen und daher immer voll. Unbedingt reservieren! Die angenehmsten Badeorte an der #S21 sind **Carlsbad** und **Del Mar**.

Flower Fields

Wer **im März bis Anfang Mai** unterwegs ist, könnte in Carlsbad den Besuch der ***Flower Fields*** mit den nur dann blühenden bunten Ranunkeln erwägen. Von der Cannon Road zweigt gleich östlich der I-5 der Paseo del Norte Drive nach Süden ab. Gleich hinter einer ***Premium Outlet Mall*** (mit *Factory Stores* von *Nike, Adidas, Levi's* usw.) liegt das 20 ha große »Blumenfeld« (ca. 1 mi ab I-5). Im Grunde handelt es sich dabei aber nur um einen Pflanzenmarkt mit Eigenanbau der Ranunkeln und anderer Blumen samt Souvenirshop. Dafür zahlt man $18 Eintritt. Geöffnet 9-18 Uhr nur während der kurzen Saison; www.theflowerfields.com.

Legoland

Über dieselbe *Interstate*-Abfahrt und die Cannon Road erreicht man auch das kalifornische ***Legoland*** (ebenfalls nur rund 1 mi von der I-5 entfernt). Der Besuch ist erheblich teurer als bei uns: $105, Kinder 3-12 Jahre $90; online etwas Rabatt sowie Kombitickets mit dem ***Legoland Water Park*** und ***SEA LIFE Aquarium***; www.legoland.com. Tipp: Mit der ***GO LA Build your own Card*** erzielt man bei gemeinsamer Buchung mit einer zweiten Attraktion 20% Ermäßigung, alle Details dazu ➤ Seite 210.

Weiterfahrt nach San Diego

Die #S21 geht noch vor San Diego in die ***Torrey Pines Road*** über, auf der man automatisch auf den ***La Jolla Shores Drive*** stößt, der zum *San Diego Scenic Drive* gehört, ➤ unter San Diego, Seite 260.

Zur Orientierung im Küstenbereich und für die in den nächsten Absätzen beschriebene Route benötigt man wegen der Vielzahl und Dichte kleiner Straßen bei gleichzeitig keiner oder schlechten Beschilderung eine genaue **Südkalifornien-Karte**. Eine Navi ist nur bedingt hilfreich, weil es zwar zum Ziel führt, jedoch keine hier besonders wichtige Gesamtübersicht bietet.

Alternative Route #76/ Palomar Observatory

Eine hübsche, aber zeitraubende Alternativroute zur Küstenstrecke ist ab Oceanside die **Straße #76** nach Osten durch den *Cleveland National Fores*t (auch denkbar bei Anfahrt auf der I-15, dann von dort Abfahrt 46).

Etwas abseits, aber am Wege liegt die renommierte Sternwarte ***Palomar Observatory*** – etwa 11 mi Zufahrt über zahlreiche Kehren der Straße #S6. Die Besichtigung der Anlage mit den Riesenteleskopen und des kleinen Museums ist gratis und täglich 9-15/16 Uhr möglich; www.astro.caltech.edu/palomar. Ein 400 m langer Fußweg führt vom Parkplatz dorthin. Der Besuch ist aber nur ergiebig bei großem Interesse.

Zwei ***National Forest Campgrounds*** befinden sich nur wenig westlich des Mount Palomar. Der bessere von beiden ist ***Observatory*** ($15, die Benutzung der Duschen verursacht Extrakosten).

Straße #79

Nach San Diego geht es von dort am besten über die Straßenkombination **S7** (zum Lake Henshaw), **dann #76/#79/I-8**. Im Abschnitt zwischen **Julian** und der Autobahn fährt man durch eine schöne Landschaft mit klaren Bächen (im Frühjahr; später im Jahr meist ausgetrocknet) und Hochwald. Sehr schön campt man im *Green Valley* des ***Cuyamaca Rancho State Park***, ➤ Seite 250.

Straßen #S6/#67/#S4

Man könnte sich – statt hinunter zur I-8 zu fahren – auch wieder westwärts wenden und über die Straßen #S6 oder #78/#67/#S4 die **I-15** ansteuern. Damit gelangt man rascher nach San Diego (speziell bei Wahl der Straße #S6 ab Bereich Mount Palomar).

Safari Park

Ein weiteres Motiv für diese Routen liefert ggf. der ***San Diego Safari Park*** an der #78, 5 mi östlich von Escondido. Die Frage ist, ob sich dieser Tierpark lohnt. Zusätzlich zum ***San Diego Zoo*** (die bessere Option; ➤ Seite 273) muss der *Safari Park* nicht sein. Zwar lässt sich die asiatische und afrikanische Fauna von Rundwegen und Aussichtspunkten beobachten und man darf u.a. zwischen Kängurus herumspazieren, aber die Safari-Touren durch die großen Gehege mit Tierbegegnungen (z.B. Füttern von Giraffen oder Nashörnern bei der *Caravan Safari*) kosten nochmal gut $100 pro Person extra. Für Großfamilien ein richtig teurer Spaß! Regulärer Eintritt $56, Kinder 3-11 Jahre $46; etwas *Discount* mit *Coupons* möglich oder 10% *AAA*-Rabatt; www.sdzsafaripark.org.

In **Santee**, einem nördlichen (Fast-) Vorort von San Diego befindet sich das für die meisten Europäer sicherlich recht kuriose ***Museum of Creation & Earth History***. Es geht dort um die Schöpfungsgeschichte aus der in den USA verbreiteten Sicht der ***Creationists***, derzufolge die Bibel naturwissenschaftlich genau die Entstehung der Erde vor 10.000 Jahren beschreibt. So schuf auch die Sintflut zu Zeiten Noahs einst den *Grand Canyon*! 10946 Woodside Ave; Zufahrt über über I-15 und *Freeway* #52 oder die I-8, *Exit* 18, auf den *Freeway* #67, von dort *Exit* 3; $8/$3; Mo-Sa 10-18 Uhr, So ab 13 Uhr; www.creationsd.org.

1

Luftaufnahme von Downtown San Diego mit Seaport Village im Vordergrund, links hinten der Flugzeugträger Midway und rechts das Convention Center

1.4 San Diego

1.4.1 Geschichte, Klima und Geographie

San Diego – und nicht etwa San Francisco – ist heute mit rund 1,4 Mio. Einwohnern nach Los Angeles **Kaliforniens zweitgrößte City**. Die Stadt verfügt jedoch über keinen vergleichbaren Gürtel von Trabanten- und Nachbarstädten. Der **Großraum San Diego** (ca. 3,1 Mio.) ist daher bei weitem nicht so bevölkerungsstark wie *Metropolitan* San Francisco, andererseits aber touristisch ähnlich bedeutsam mit aktuell um 35 Mio. Besuchern jährlich.

Geschichte

Nach der Entdeckung Amerikas ließ auch die Erkundung der Westküste nicht lange auf sich warten. Schon 1542 setzte der Seefahrer ***Juan Rodriguez Cabrillo*** seinen Fuß auf die der San Diego Bay vorgelagerte Halbinsel. Mit der Landung am Point Loma, wo heute ein *National Monument* an ihn erinnert, reklamierte er sogleich ganze Landstriche im Westen Nordamerikas – das heutige Kalifornien – für die spanische Krone. Aber erst 227 Jahre später erfolgte 1769 die Errichtung eines militärischen Außenpostens auf dem jetzigen *Presidio Hill*. Gleichzeitig gründete der Franziskanerpater ***Junípero Serra*** die *Mission San Diego de Alcalá*.

Nach der Eroberung Kaliforniens ging die Entwicklung lange Zeit an San Diego in der äußersten Südwestecke des Staates vorbei. Erst um die Jahrhundertwende entstanden mit der Anbindung der Stadt an das Eisenbahnnetz ein nennenswerter Hafen und Industrie. Mit dem Überfall der Japaner auf Pearl Harbor und einer dadurch bedingten Verlegung des pazifischen Oberkommandos der US-Streitkräfte von Hawaii nach San Diego wurde der zweite Weltkrieg zum entscheidenden Anstoß für die seither erlebte Expansion. Die Marine- und Airforce-Gelände belegen nach wie vor gewaltige Areale rund um die Bay, und die pazifische Kriegsflotte dominiert weit vor den Thunfischfängern die Hafenanlagen.

Der heute wegen der Drogenkriegsproblematik in Mexiko reduzierte, aber lange florierende **Grenztourismus** nach Tijuana, wo manches erlaubt, was in den USA verboten ist, tat ein Übriges für San Diegos Prosperität.

Klima

Nun sind nicht allein militärische Aktivitäten, Industrie, Handel und Wandel verantwortlich für den anhaltenden Boom San Diegos. Die **Freizeitgesellschaft** der Nachkriegsära entdeckte – ganz besonders seit den 1980er-Jahren – die hervorragende klimatische und geographische Eignung der Stadt fürs ganzjährige ***Outdoor Living*** zwischen Strand, *Swimming-Pool,* Tennis- und Golfplatz.

In San Diego herrschen **jahraus, jahrein angenehme Temperaturen**. Wie im benachbarten Los Angeles erreichen sie selbst im Januar im Tagesdurchschnitt 18°C und sinken nachts kaum unter 6°C bis 10°C, aber im Sommer klettern sie selten so hoch wie dort, sondern verharren im Allgemeinen deutlich unter 30°C. Und das bei maximaler Sonneneinstrahlung und wenigen Regentagen.

Geographie

Die Geographie San Diegos unter touristischem Blickwinkel lässt sich wie folgt unterteilen (➤ Karten Seiten 257+268):

- Die nördlichen Vororte (**La Jolla, Muirlands, Pacific** und **Mission Beach**) liegen zwischen der *Interstate* #5 und dem Ozean. Dort findet man die reizvollsten Strände, das unter jungen Amerikanern legendäre *San Diego Beach Highlife* und ausgedehnte Villenviertel. Sie werden nach Süden durch die **Mission Bay** begrenzt, frühere Brackwassersümpfe, die zu einer Seen- und Parklandschaft mit Stränden, Marinas und dem ***Sea World* Komplex** auf der Südseite umgestaltet wurden.
- Die Stadtteile **Ocean Beach** und **Point Loma** unterhalb von Mission Bay und San Diego River bilden die westlichen Vororte auf der weit nach Süden reichenden, großenteils von der US-Marine besetzten Point Loma Halbinsel. Die North San Diego Bay, der *Lindbergh International Airport* und die I-5 begrenzen diesen Bereich nach Osten.
- Die langgestreckte, am Kopf inselartige ***Coronado Peninsula*** bildet die westlichen Ufer der San Diego Bay. Sie ist mit dem Zentrum über eine 4 km lange Brücke verbunden.
- **Downtown** San Diego ist ein überschaubares, teils neues, teils restauriertes Stadtzentrum am Nordende der Bay unterhalb des höhergelegenen ***Balboa Park***.
- Zwischen I-5 und I-8 in unmittelbarer Nähe ihres Kreuzungsbereichs liegt die ***Old Town***, östlich davon das sog. ***El Presidio***, Keimzelle San Diegos hoch über der Stadt.
- Das ***San Diego River Valley*** mit der nach Osten führenden *Interstate* #8. Auf ihr erreicht man die 1774 verlegte ***Mission San Diego*** und die größte **Hotel- und Motelkonzentration** der Stadt.

Die weiter südlichen, bereits **mexikanisch geprägten Stadtteile** haben Touristen kaum etwas zu bieten. Man durchfährt sie auf den *Freeways* in Richtung Grenze.

1.4.2 Orientierung und öffentliche Verkehrsmittel

Besucher-information

Ein ***Visitor Center*** befindet sich am 996-B North Harbor Dr/Ecke Broadway und hat täglich ab 9 Uhr geöffnet, ein zweites in ***Old Town*** (2415 San Diego Ave) täglich 11-18 Uhr; www.oldtownsandiego.org. Dort liegen u.a. der hilfreiche *San Diego Visitor Guide* aus (online unter www.sandiego.org/plan/travel-guides-apps mit Rabatt-*Coupons* für Attraktionen oder Restaurantbesuche) sowie der *Old San Diego Guide* (www.oldtownsandiegoguide.com).

Go Card

Im Harbor-Drive-Besucherzentrum ist außerdem die ***Go San Diego Card*** erhältlich mit *Discount* für 39 Attraktionen (darunter *Sea-World*, der Zoo und *Safari Park* sowie diverse Museen); ab $94/$89; www.smartdestinations.com/san-diego-attractions-and-tours.

Stadtplan notwendig

Vor allem, wer zunächst die nördlichen Stadtteile (ohne Navi) besucht, sollte sich vorher bei der *Tourist Info* oder beim *AAA* eine genaue Karte besorgt haben. In San Diego ist die **Orientierung** nicht einfach, da wegen wechselnder Topographie das sonst in Amerika übliche Schachbrettmuster weitgehend fehlt.

59 Mile Scenic Drive

Erreicht man San Diego auf der Straße #S 21 (oder auf der I-5, *Exit* Genesee Ave) und über die **North Torrey Pines Road**, lässt sich der ausgeschilderte (blau-gelb mit einer Möwe) ***Scenic Drive*** nicht verfehlen. Dessen Verlauf kann man gut als Leitlinie durch die Stadt nutzen, ohne sich in allen Einzelheiten daran zu halten. Am besten folgt man ihm seeseitig auf dem **La Jolla Blvd**. Nach Passieren der Mission Bay geht es zu den ***Sunset Cliffs*** und von dort zum *Point Loma* bzw. (ohne den Abstecher) über den North Harbor Drive direkt nach Downtown, zum *Balboa Park* und ggf. weiter zur *Old Town*. Mit Ausnahme der *Coronado Peninsula* und der *Mission San Diego* erfasst diese Route die Mehrheit der in Frage kommenden Anlaufpunkte. Eine Beschreibung des ***59-Mile Scenic Drive*** findet man unter: www.sandiego.org/articles/tours-sightseeing/san-diegos-59-mile-scenic-drive.aspx.

Bus und Straßenbahn

Der öffentliche Transport funktioniert in San Diego gut. Neben dem Bussystem existieren drei ***Trolley*-Linien** (Straßenbahnen). Die ***Orange Line*** fährt vom *Santa Fe Depot Downtown* nach **El Cajon** im Nordosten der City, die ***Green Line*** vom Zentrum (Imperial & 12th Street) nach **Santee** und die ***Blue Line*** vom *Santa Fe Depot* durch Downtown nach **Ysidro** an der Grenze.

Nachsaison an der Mission Beach, dem beliebten. langen Sandstrand auf der Landzunge zwischen Mission Bay und Pazifik

Hop-on-hop-off Sightseeing Trolley beim Maritime Museum; im Hintergrund das Schiff »Star of India«

Die einfache Fahrt kostet $2,50. Kombi-Bus/Trolley-**Tagespässe $5**, 2 Tage $9, 4 Tage $15 usw., www.sdmts.com/fares.asp. Beim ersten Kauf ist zunächst für $2 eine ***Compass Card*** zu erwerben, auf die man den ***Day Pass*** lädt. Details unter http://511sd.com/compass/compass. Infos zu Fahrplänen und Tarifen gibt's im ***Transit Store*** in Downtown: 102 Broadway/1st Ave, Mo-Fr 9-17 Uhr.

1

Hop-on-hop-off Trolley

Wer sich keine Gedanken zu Orientierung und Parkplatzsuche oder Routen und Zeiten öffentlicher Verkehrsmittel machen will, bucht den ***Old Town Trolley***, der eine weite Runde durch San Diego dreht – von der *Old Town* ins Zentrum und *Coronado* und weiter nach *Balboa Park* und *Little Italy*. An 11 Haltepunkten kann beliebig zu- und ausgestiegen werden. Eine volle Runde lässt sich auch gut für eine erste Gesamtübersicht nutzen.

Das **Tagesticket kostet $42**, Kinder 4-12 Jahre zahlen $25, Online-Preise meist etwas günstiger; Frequenz alle 30 min. Im Sommer stehen meist auch **La Jolla & Mission Beach**-Touren auf dem Programm ($39/Person). Für Information und Unterhaltung sorgen die Fahrer; © 1-866-754-0966, www.trolleytours.com/san-diego.

Doppeldecker Bus Tours

Ähnliches bietet ***San Diego Scenic Tours***: kommentierte Halb- oder Volltagestouren, die die Highlights von San Diego inklusive La Jolla umfassen und wahlweise um eine Bootsfahrt im Hafen und einen Ausflug nach Tijuana aufgestockt werden können. Abfahrten bereits um 8.30 Uhr; Tickets ab $38/$19; © (858) 273-8687, www.sandiegoscenictours.com.

Seal Tours

Einmal rund um den Hafen fahren die **Amphibienfahrzeuge** (alte, bunt bemalte Landungsboote der Marine) ab dem *Seaport Village* und tuckern dann ab Shelter Island auf der San Diego Bay herum. Die Touren werden das ganze Jahr über 10-17 Uhr angeboten; Anzahl der Abfahrten und Zeiten variieren; Tickets $42/$35; online etwas billiger; Dauer 90 min; www.sealtours.com.

Bike Rentals

Große Bereiche von San Diego einschließlich Downtown sind eben und somit ideal für eine Stadt- und Stranderkundung per Rad. ***DecoBike*** hat ein Netz mit über 100 City-Stationen, wo die Fahrradmiete problemlos per Kreditkarte läuft; www.decobike.com.

1.4.3 Unterkunft, Camping und Essengehen

H/Motels & Hostels

San Diego verfügt als Touristenziel über zahllose H/Motels überwiegend in der mittleren bis gehobenen Klasse mit teilweise ziemlich heftigen Tarifen. Im Umfeld des hier besonders citynahen **Flughafens** stehen einige empfehlenswerte Häuser wie:

Airportnähe/ Downtown

- ***Motel 6 Downtown***, 1546 2nd Ave; einfache DZ ab $110, Preis/Leistung bei der Lage gut; © (619) 236-9292, www.motel6.com
- ***Best Western Plus Island Palms***, 2051 Shelter Island Drive, schön am Yachthafen gelegen und sehr gute Zimmer ab $160 , © 1-800-922-2336, www.islandpalms.com
- ***HI Express Airport at Old Town***, 1955 San Diego Avenue, ab $160; © 1-800-465-4329, www.hiesandiego.com
- ***Holiday Inn San Diego Bayside***, 4875 North Harbor Dr, prima Lage; ab $160; © 1-800-662-8899, www.holinnbayside.com
- ***Ramada Limited SeaWorld***, 3747 Midway Dr; preiswertes Haus zwischen dem Zentrum und Mission Bay; ab $120; © 1-800-854-9517, www.ramada.com
- ***Ramada Gaslamp/Convention Center***, 830 6th Ave, Nostalgiebau von 1912 zentral im *Gaslamp Quarter*; Dachterrasse mit Blick über die Innenstadt, aber Standardzimmer recht klein; ab $110; © 1-800-664-4400, http://stjameshotel.com
- ***The Bristol***, 1055 First Ave, Boutiquehotel in modernem Design im Herzen von Downtown; ab ca. $230; © (619) 232-6141, www.thebristolsandiego.com.

Hotel Circle

Östlich des Kreuzungsbereichs I-8/I-5 ballen sich am Hotel Circle South über 20 H/Motels ab der unteren Mittelklasse (*Days Inn, Double Tree by Hilton, Hampton Inn* usw. ca. $150). Dort findet sich leicht ein passendes Zimmer. Die Restaurantdichte ist an dieser Straße ebenfalls hoch.

Hotel del Coronado auf der gleichnamigen Halbinsel, bekannt aus dem Hollywood-Klassiker »Manche mögen es heiß«

In Strandnähe

An der Mission Bay oder in La Jolla wird es im Allgemeinen teurer mit Sommer-Tarifen meist jenseits der $200:

- ***The Dana on Mission Bay***, 1710 W Mission Bay Drive, in *SeaWorld*-Nähe; © 1-800-445-3339, www.thedana.com
- ***Inn by the Sea at La Jolla***, 7830 Fay Ave, © (858) 459-4461, www.innbytheseaatlajolla.com
- ***HI Express La Jolla***, 6705 La Jolla Blvd, schöne *Poolside*-Zimmer, ca. 300 m vom Strand entfernt; © 1-800-465-4329.

Pacific Beach

Preiswerter sind Motels der Einfachklasse am Mission Blvd:

- ***Red Roof In Pacific Beach***, 4545 Mission Bay Drive, ab $110; © 1-800-733-7663, www.innatpacificbeach.com.

Preiswert

Angesichts der hohen M/Hoteltarife, sind DZ in *HI*- und freien Hostels eine Alternative (zeitige Reservierung erforderlich):

- ***SD Downtown Hostel (HI)***, 521 Market Street im *Gaslamp Quarter*; Bett ab $30, DZ ab $82; © (619) 525-1531, www.hihostels.com/de/hostels/hi-san-diego-downtown
- ***Point Loma Hostel (HI)***, 3790 Udall Street, Point Loma, Betten ab $27, DZ ab $62; schöne Lage; © (619) 223-4778, www.hiusa.org/hostels/california/san-diego/point-loma
- ***Ocean Beach Hostel***, 4961 Newport Ave, ab $33, DZ ab $120; am Strand, Lesermeinung: »***Spitze***«; © 1-800-339-7263, www.usahostels.com/locations/san-diego-ocean-beach/
- ***Lucky D's Hostel***, 615 8th Ave, Bett $56, DZ ab $76; im *Gaslamp Quarter*; © (619) 595-0000, www.luckydshostel.com
- ***ITH Hostel*** mit gleich drei Niederlassungen in der Stadt (am Strand in Pacific Beach, nördlich von Downtown in I-5-Nähe sowie beim *Balboa Park*); Betten ab $30, EZ ab $50, DZ ab $66; © (619) 578-2638, www.ithhostels.com.

B&B

- ***Hillcrest House***, 3845 Front St, ab $170; sieben renovierte Gästezimmer, günstige Lage zwischen *Balboa Park* und *Old Town*; © (619) 990-2441, www.hillcresthousebandb.com
- ***Keating House***, 2331 2nd Ave (nahe der *Balboa Park*-Museen) ab ca. $110; © (619) 239-8585, www.keatinghouse.com.

Spitzenklasse

Nur schwer zu toppen (auch hinsichtlich der Preise) sind:

- ***Hotel del Coronado***, 1500 Orange Ave; Holzbau von 1888 am Meer; ab ca. $400; © 1-800-468-3533, www.hoteldel.com
- ***Marriott Marquis & Marina***, 333 W Harbor Drive im Zentrum; mit eigenem Yachthafen; ab $300; © 1-800-228-9290
- ***Crystal Pier Cottages***, 4500 Ocean Blvd; Holzhäuschen auf dem Pier, das Nonplusultra an der Mission Beach; © 1-800-748-5894; www.crystalpier.com.

Zimmervermittlung

Eine Übersicht freier Kapazitäten findet man auf dem Portal www.sandiego.com/hotels oder auf der offiziellen Tourismusseite der Stadt: www.sandiego.org/stay.aspx.

Zentrale Reservierungsnummer: © 1-800-350-6205

Camping

Komfortcamping

Die stadt- bzw. beachnahen privaten *Campgrounds* zeichnen sich in San Diego durch **exorbitante Tarife (über $100/Nacht)** aus:

Dafür mangelt es einem an nichts auf dem Superkomfortplatz ***Chula Vista RV Resort*** auf etwa halber Strecke zwischen Tijuana und San Diego; Parkanlage mit Strand der San Diego Bay, I-5 *Exit* 7B; 460 Sandpiper Way; © 1-800-741-6878, www.chulavistarv.com.

Kaum günstiger ist ***Campland-on-the-Bay*** am Nordufer der Mission Bay mit eigenem Badestrand und Poolanlage; Zelte ab ca. $70, *hook-up* für RVs ab $100; © (858) 581-4260, www.campland.com.

Der ***KOA*** an der 111 North 2nd Ave (unweit der I-805, *Exit* 8) ist ebenfalls gut, liegt aber weiter weg vom Strand; Zelte ab $55, *full hook-up* ab $80; © 1-800-562-9877, www.sandiegokoa.com.

Am Strand

Direkt am Meer campt man in Stadtnähe bei der ***Silver Strand State Beach*** auf der Coronado Halbinsel. Am asphaltierten Parkplatz stehen dort die RVs mit Strom- und Wasseranschluss bisweilen dicht an dicht für $50-$65, *dump station* kostet $10 extra. Der Platz verfügt nur über einfachste Sanitärgebäude und kalte Duschen. Langfristige Reservierung angeraten: www.reservecalifornia.com.

County Parks

Ziemlich weit von der City entfernt, aber gut am See liegt der ***Lake Jennings County Park***, I-8 East, östlich von El Cajon ausgeschildert; Zelte $30-$35, *hook-up* (*full/partial*) $35-$44; *Teepees* $65-$76; *Wifi* gratis; © 1-877-565-3600; Reservierung (Gebühr $8) online unter www.lakejennings.org/see-and-do/camping/.

Ein weiterer (bei Reitern beliebter und dafür teilweise speziell hergerichteter) ***County Park*** ist ***Sweetwater Summit***, südöstlich der Stadt. Anfahrt über I-805, dann Bonita Rd und weiter auf Summit Meadow Rd; RVs mit *full/partial hook-up* $29-$33; © 1-877-565-3600; Reservierung ($5) online: http://reservations.sdparks.org.

Beliebtes Restaurant in Old Town San Diego

Restaurants und Kneipen

Das **Restaurantangebot** in San Diego ist in allen Bereichen nahezu **überwältigend**. Ob Mission Bay, Zentrum, *Old Town* oder *Balboa Park*, die nächste *Eatery* oder Kneipe findet sich in der Nähe.

Downtown

In **Downtown** konzentrieren sich Lokale aller Art rund um den Bereich ***Gaslamp Quarter*** und ***Seaport Village***. In der architektonisch auffälligen *Westfield Horton Plaza Shopping Mall* befindet sich auf der oberen Ebene (*Level 3*) ein großer **Food Court**. Eine gute Wahl in der Innenstadt sind z.B. ***Brian's 24*** an der 828 6th Ave sowie das ***House of Blues*** (1055 5th Avenue).

Seaport Village

Die Lokale im ***Seaport Village***, einem künstlichen Schnuckeldorf in der südwestlichen Ecke von Downtown, sind im Wesentlichen auf ***Fast Food*** spezialisiert, das man dort mit Blick über die San-Diego-*Skyline* und die Bucht genießen und mit einem kleinen Spaziergang durch den anschließenden ***Embarcadero Marina Park*** verbinden kann; www.seaportvillage.com.

Nur ein Riesenparkplatz trennt das *Seaport Village* von ***The Headquarters at Seaport District***, einem weiteren Shopping- und Restaurantcenter mit *Open-Air*-Innenhof; www.theheadquarters.com.

Direkt am Wasser

Auf dem G Street Pier (750 Harbor Dr) stehen die ***Fish Market Restaurants*** mit *Seafood*-Familienrestaurant im Untergeschoss und einem Edelrestaurant mit Aussichtsterrasse darüber; www.thefishmarket.com. Noch nobler ist das ***Peohes*** auf der anderen Seite der San Diego Bay (1201 1st St, Coronado) mit guter Küche und herrlichem Rundumblick auf Wasser, Stadt und Brücke. *Dinner* ist teuer, aber zum ***Lunch*** gelten zivile(re) Preise; www.peohes.com.

Old Town

Für ein mexikanisches *Dinner* mit *Mariachi*-Musik empfiehlt sich – trotz des dort sehr touristischen Ambientes – eines der Restaurants der ***Old Town***, zumal dort wegen großer Konkurrenz die Preise noch relativ moderat sind, z.B. das ***Café Coyote***, 2461 San Diego Ave, oder die ***Casa Guadalajara***, 4105 Taylor Street.

Bierkneipen

Frisch gezapftes Bier gibt's im ***Iron Pig Alehouse*** in Pacific Beach (1520 Garnet Ave), in der ***Karl Strauss' Micro Brewery*** in Downtown (1157 Columbia St) sowie von ***Stone Brewing*** beim *Petco Park*-Stadion (795 J Street) bzw. an der 2816 Historic Decatur Road.

Balboa Park

Wer den ***Balboa Park*** besucht, findet ordentliche **Cafeterias** in den Museen. Kalifornische Fusion-Küche in attraktivem Umfeld bietet das preisgekrönte ***Prado***-Restaurant an der 1549 El Prado, www.cohnrestaurants.com/theprado.

Am Strand

Kaum zu übertreffen für *Breakfast* & *Lunch* ist das ***The Mission*** am gleichnamigen Boulevard (#3795); www.themissionsd.com.

In La Jolla geht von der Lage her nichts über die ***Brockton Villa*** erhöht an der Küstenpromenade (1235 Coast Blvd). Verfeinerte amerikanische Karte und nicht ganz billig, aber dennoch rustikal-legere Atmosphäre; Reservierung angeraten: www.brocktonvilla.com.

Eine gute Wahl ist auch das moderne ***Puesto*** an der 1026 Wall St; www.eatpuesto.com; ausgesprochen leckere *Filet Mignon Tacos*!

Kleine sandige Buchten und steile Felsklippen wechseln sich an La Jollas Küste ab

1.4.4 Stadtbesichtigung

Die Strände www.a-zsandiegobeaches.com, www.beachcalifornia.com

Strände und Strandleben sind in keiner anderen Stadt Kaliforniens so bestimmend wie in San Diego. Neben dem Klima ist dafür sicher auch die **tolle Vielfalt** verantwortlich: Lange flache Sandstrände (***Mission Beach***), felsige Ufer mit Einsprengseln von Sandbuchten (***Windansea Beach*** und ***La Jolla Cove Beach***), Strände unter Steilküsten ideal zum Surfen sowie gepflegte Anlagen mit Duschen, Snackbars und Spielrasen unter Palmen (***La Jolla Shores***) treffen jeden Geschmack.

Torrey Pines

Die ***Torrey Pines Reserve*** erreicht man über die North Torrey Pines Rd (#21 ab I-5 *Exit* 29). Von den Parkarealen hoch über dem Meer führen Pfade hinunter zum inoffiziellen Nudistenstrand der ***Black's Beach***. Die Steilhänge dienen Drachenfliegern wie Paraglidern als Absprungkante; www.parks.ca.gov/?page_id=657.

La Jolla

Folgt man im Anschluss vorerst nicht dem ***59 Mile Scenic Drive*** (➤ Seite 260) durch San Diego sondern dem La Jolla Shores Drive, gelangt man zum ***Kellogg Park*** und dem langen familienfreundlichen Badestrand ***La Jolla Shores***. Wenig später passiert die Küstenstraße den attraktiven ***Ellen Browning Scripps Park*** mit Picknick- und Grillplätzen sowie die von Felsen eingerahmte, hübsche ***La Jolla Cove Beach***. Seehunde haben diese Bucht und die noch etwas weiter südlich gelegene ***Children's Pool Beach*** (Ecke Coast Blvd/Jenner Street) für sich eingenommen, ziehen dort zwischen Dezember und Mai ihren Nachwuchs auf und lassen sich von Menschen nicht stören.

Ein toller Platz, um die **Surfer** früh morgens oder abends beim Wellenreiten zu beobachten, befindet sich noch weiter südlich an der Ecke Coast Blvd/Coast Blvd South (➤ Foto rechts). Bei Niedrigwasser werden dort hübsche Gezeitenbecken freigelegt. Dort verlässt der offizielle *Scenic Drive* die Küste. Zur Badebeach ***Windansea*** gelangt man vom La Jolla Blvd über die Nautilus Street oder Palomar Ave, zur noch südlicheren ***Tourmaline Surfing Beach*** über die letzten 200 m der gleichnamigen Straße.

Mission Beach

Der Mission Blvd verläuft parallel zur ***Mission Beach*** mit kilometerlanger Strandpromenade (***Ocean Front Walk***, der nördlich des *Crystal Pier* mit dem *Pacific Beach Park* beginnt). Am *Front Walk* und an den Haupt- und Nebenstraßen dahinter gibt es jede Menge Motels, *Fast Food*, Restaurants, Kneipen, Boutiquen, *Surfboard-*, *Skating-* und Fahrrad-*Rental-Shops* und alles, was sonst zum prallen Strandleben gehört. Auf der anderen Seite der Landzunge zwischen Ozean und Mission Bay trifft man auf künstlich angelegte Halbinseln, Marinas und Strände ohne Brandung.

Ocean Beach

Flacher Sandstrand (***Ocean Beach Park***) und eine Infrastruktur vom Typ *Mission Beach* setzen sich südlich des *Mission Bay Canal* im Stadtteil Ocean Beach fort. Die Gegend ist hier weniger fein als Muirlands und La Jolla nördlich der Bay. Der *Scenic Drive* läuft, ohne Neues zu bieten, nur kurz am felsigen Ufer der *Sunset Cliffs* entlang und entfernt sich über die Hill Street von der Küste. Ein kurzer Abstecher könnte dem ***Sunset Cliffs Natural Park*** mit hübschem Strand gelten (südlich Ladera Street); das lohnt sich vor allem am frühen Abend vorm Sonnenuntergang.

Point Loma, Cabrillo NM

Auf dem Catalina Blvd/Cabrillo Memorial Drive geht es durch ein Marinegelände bis zum ***Cabrillo Nat'l Monument*** im *Point Loma Park*. Die Fahrt wird nur im Winter so recht belohnt, wenn vor der Küste Grauwale vorbeiziehen, die sich – mit Glück – von einer hochgelegenen Plattform aus beobachten lassen. Zu anderen Zeiten ist Point Loma einen besonderen Umweg kaum wert, zumal auch das *Visitor Center* mit seiner kleinen historischen Ausstellung eher enttäuscht; $20/Auto oder *Interagency Pass*.

Südliche Strände

Ein breiter und sehr weitläufiger Strand ist die ***Coronado Beach***. Die **weiter südlich gelegenen Strände** bis an die mexikanische Grenze (***Silver Strand***, ***Imperial Beach***) muss man nicht gesehen haben. Nähere Infos zum Camping an der *Silver Strand State Beach* ➤ Seite 264.

Morgendlicher Treffpunkt der Surfer: die Küste unmittelbar südlich des Whale View Point in La Jolla

San Diego
Los Angeles
Escondido
Tecolote Canyon Park
Mission Bay Park
Sea World
Friars Rd.
San Diego River
Shopping Mall Fashion Valley
MISSION VALLEY
Mission Valley Fwy
Phoenix
Hotel Circle North
Hotel Circle South
Taylor St.
Juan St.
Presidio Park
Old Town State Historic Park
MISSION HILLS
UNIVERSITY HEIGHTS
Sunset Blvd.
Fort Stockton Street
Washington St.
UPTOWN
Pacific Hwy
Rosecrans Ave.
Nimitz Blvd.
International Airport
1st Ave.
Zoo
Park Blvd.
Hawthorn St.
Prado
Balboa Park Museen
6th Ave.
Balboa Park
Spanish Landing Park
Harbor Island
Harbor Dr.
LITTLE ITALY
Maritime Museum
Ash St.
Aircraft Carrier Midway
DOWNTOWN
Broadway St.
Museum of Cont. Art
Horton Plaza
Market St.
Gaslamp Quarter
Seaport Village
12st St.
Kongress-zentrum
Imperial Ave.
Tijuana, Mexiko
Coronado Ferry
North Island Naval Air Station
Old Ferry Landing
San Diego Bay
4th St.
CORONADO ISLAND
Orange Ave.
Tidelands Park und Beach
Coronado Bridge
N
0
1 km
Beaches
Hotel del Coronado
Silver Strand

Downtown

Harbor Drive

Die **interessanteste Route** ins Zentrum San Diegos führt über den North Harbor Drive. Wer nicht via *Scenic Drive* automatisch auf diese Uferallee an der North San Diego Bay gerät, sollte mit Ziel Innenstadt die *Freeways* I-8 bzw. I-5 im Kreuzungsbereich verlassen (Ausfahrt 2 bzw. 20) und der **Rosecrans Street** nach Südwesten bis zum Nimitz Blvd folgen; dann links auf diesen und wieder links auf den **Harbor Drive**, der ganz um die Bucht herum läuft. Auf ihm passiert man zahlreiche **Yachthäfen** und den **Flughafen** und blickt über die Bucht auf die *Skyline* der Innenstadt. Uferparks laden zu Zwischenstopps ein.

Auf Höhe Downtown lassen sich die **Parkplätze** beim *Maritime Museum* (Bild), auf dem ***Navy Pier*** beim Flugzeugträger *Midway*, beim ***Fishmarket Restaurant*** auf der **G Street Mole** (Parkuhren für kürzere Parkzeiten) und beim ***Seaport Village*** nicht verfehlen. Von dort sind es jeweils nur ein paar Schritte ins Zentrum.

Downtown und Gaslamp Quarter

Rund um die *Horton Plaza* hat sich das Stadtbild in den letzten beiden Dekaden erheblich verändert. Das zentrale San Diego präsentiert sich heute attraktiv, ohne jedoch besonders hervorhebenswerte »Besucherbonbons« zu besitzen. Auffällig sind die Architektur einiger Hochhäuser, das bombastische Kongresszentrum an der Südseite von Downtown unterhalb des *Seaport Village*, die ***Horton Plaza Shopping Mall*** und das einstige ***Santa Fe Railroad Depot*** (in der C Street/Kettner Blvd). Der gern gelobte ***Gaslamp***

Horton Plaza Einkaufszentrum in Downtown San Diego; zwar keine Outlet-Preise, aber dafür mit ziemlich ausgefallener Architektur

Quarter District mit seinen restaurierten Backsteinbauten entlang der 4th und 5th Street südlich des Broadway ist in erster Linie ein **Restaurant- und Kneipenviertel**, das sich erst abends richtig belebt und tagsüber eher enttäuscht; www.gaslamp.org.

Baseball Stadion

Der enorme ***Petco Park*** der *San Diego Padres* steht unübersehbar zwischen *Gaslamp Quarter* und *Convention Center* am Harbor Drive; täglich Führungen ($20/$17). Stehplätze bei Spielen gibt es für $20, bei den Sitzen der besseren Kategorie steigen die Ticketkosten steil an; http://sandiego.padres.mlb.com.

Midway/ Maritime Museum

Der Harbor Drive westlich der Downtown wird regelrecht dominiert vom **Flugzeugträger »*Midway*«** und von den Schiffen des ***Maritime Museum***. Zwischen Harbor Drive und Wasser verläuft eine breite **Fußgänger- und Bikerpromenade**.

Midway

Die ***Midway*** liegt am *Navy Pier* etwas südlich der Ost-West-Achse Broadway durch die Innenstadt. Der noch im Golfkrieg 1991 eingesetzte Flugzeugträger aus dem 2. Weltkrieg wurde erst 2004 hierher verlegt und ist seitdem eine der größten Attraktionen in San Diego; täglich 10-16/17 Uhr, Eintritt vor Ort $21, Kinder $8-$15, Online-Ticket sind etwas billiger; www.midway.org.

Die Besichtigung erfolgt per *self-guided tour* durch und über alle Decks. Neben dem Schiff als solchem sind über 20 Kampfflugzeuge und -hubschrauber aus der Nähe zu bewundern. Und wer immer schon mal auf einem Flugzeugträger Kaffee und Kuchen genießen wollte, kann das wunderbar auf dessen Heckterrasse im ***Fantail Café*** mit Blick auf die Baumkronen über der Promenade.

Der Flugzeugträger »Midway« (Baujahr 1945) ist am Harbor Dr vor den Schiffen des Maritime Museum die Hauptattraktion

Schiffe des Maritime Museum

Während die *Midway* eine ganz eigenständige Sehenswürdigkeit aus dem Bestand der in San Diego stationierten pazifischen US-Kriegsflotte ist, umfasst das ***Maritime Museum of San Diego*** diverse nostalgische Schiffe, darunter die beiden Segelschiffe ***Star of India***, einen ursprünglichen Tee-Clipper aus dem 19. Jahrhundert, und die ***HMS Surprise***, den Nachbau einer Fregatte aus Nelsons Zeiten, der zuletzt im **Film »*Master und Commander*«** Verwendung fand. Zu sehen gibt es zudem **zwei U-Boote**: die *USS Dolphin* und ein Exemplar der sowjetischen Foxtrottklasse. Geöffnet täglich 9-20/21 Uhr, oft auch bis 21 Uhr; Eintritt $18, Kinder $8-$13; www.sdmaritime.org.

HMS Surprise und U-Boot

Ausflugsboote

Die dritte Attraktion in diesem Bereich des Harbor Drive sind die Ausflugsboote ab dem *Broadway Pier*. Vor allem geht es um Touren unter der enormen ***Coronado Bridge*** hindurch, um – aus der Distanz – die Kriegsschiffe der US-Pazifikflotte zu bestaunen. Von Dezember bis Februar laufen auch Boote zur **Walbeobachtung** aus; ab $50, www.flagshipsd.com/cruises/whale-watching-san-diego.

Fähren nach Coronado

Ab *Broadway Pier* sowie vom Kongresszentrum bei der 5th Ave verkehrt jeweils eine **Fähre** zum gegenüberliegenden Stadtteil Coronado, ***Ferry Landing Park***, eine lohnenswerte Tour mit prima Blick auf San Diegos *Skyline* (➤ Foto umseitig) und die *Coronado Bridge* ($5 pro Richtung; Fahrrad und *Segways* frei). Außerdem sind es von dort nur ein paar Schritte zum ***Tidelands Park*** mit **Badestrand** unter der *Coronado Bridge*. Direkt hinter dem Anleger auf Coronado wartet ein kleine Passage mit ***Open-Air*-Restaurants**.

G Street Pier

In der Südwestecke des Downtown-Quadranten liegen im geschützten Becken des ***G Street Pier*** die erstaunlich kleinen Boote der Thunfischfänger. Das Restaurant ***Fish Market*** hat Aussichtsterrassen mit Blick über die *Bay* und hinüber zur *Midway*, eine erwägenswerte Alternative zu den *Eateries* im *Seaport Village*.

Blick auf die Skyline von San Diego vom Ufer an der Coronado Halbinsel

Seaport Village

Gleich südlich des Hafenbeckens an des *G Street Pier* erstreckt sich das ***Seaport Village***. Halb versteckt hinter riesigem Parkplatz und *Marriott Hotel* hat man ein »Fischerdorf« mit Uferpromenade und abschließendem Park auf eine künstliche Halbinsel gesetzt. Die Idylle beherbergt vor allem ***Fast Food Eateries*** und Boutiquen. Der Zutritt ist gratis, Toresschluss im Sommer 22 Uhr, sonst 21 Uhr. Hübsch zum Bummel am Wasser bei gutem Wetter, aber keine Attraktion an sich; www.seaportvillage.com.

Coronado Peninsula

Coronado Halbinsel

Schon wegen der immensen Brückenkonstruktion, die das Durchfahren auch größter Schiffe (hier speziell Flugzeugträger) ermöglicht, sollte man einen Abstecher hinüber nach Coronado einlegen. Das einst mondäne, immer noch als solches beliebte **Seebad** Coronado liegt am Ende einer die *South San Diego Bay* vom Festland trennenden Halbinsel, deren Fläche für die Marineflieger in die Bay hinein erweitert wurde. **H/Motels** und **Freizeit-Infrastruktur** säumen die **Hauptstraße Orange Ave**. Die populärsten **Strände** verstecken sich ein wenig hinter den Villen westlich der Hauptstraße; von der Badebeach unter der *Coronado Bridge* war oben schon die Rede.

Hotel del Coronado

Zwar sind die Villen und der Wohlstand der Coronado Halbinsel, die Yachten in der Glorietta Bay und die Strände ***Dog*** und ***Center Beach*** durchaus ansehenswert, aber die einzige »echte« Sehenswürdigkeit dort ist das nostalgische ***Hotel del Coronado*** am südlichen Ortsende unmittelbar an der Orange Ave.

Das Hotel wurde weltweit bekannt durch den Marilyn Monroe-Film »Manche mögen's heiß« (*Some like it hot*), ➢ Foto und Hotelempfehlungen, Seite 262f. Auch Nicht-Gäste dürfen heute – bei Verzehr – die Hotelterrassen über dem Strand, Pool und Liegen benutzen. Alles zum Hotel unter www.hoteldel.com.

Silver Strand

Nur wenig südlich des Hotels endet die Bebauung der Halbinsel. Ein endloser, aber nicht überall einladender Strand zieht sich hinunter bis nach Mexico. Kurz hinter Coronado blockiert das Militär streckenweise den Zugang. Parkplätze und einen überwachten Strandabschnitt findet man ca. 5 mi entfernt im Areal der ***Silver Strand State Beach***; www.parks.ca.gov /?page_id=654.

Balboa Park

Balboa Park

Der hügelige, im Wesentlichen östlich des *Cabrillo Freeway* (Straße #163) gelegene **Balboa Park** ist Heimat der landesweit zweitgrößten Ansammlung von Museen (nach Washington DC) und des größten Zoos der USA. Seine subtropische Vegetation, die Gestaltung und architektonische Details des Museums- und Veranstaltungskomplexes sind einen ausgedehnten **Bummel** wert (mit kleinen Pausen **leicht 2 Stunden**). Von Downtown fährt man am besten über die 12th Ave, die in den **Park Boulevard** übergeht, und parkt zentral im Bereich des *Village Place* (südlich des Zoos), es sei denn, man fährt zunächst zum Zoo. Eine Karte mit Erläuterungen und Veranstaltungsprogramm erhält man im **Besucherzentrum** im ***House of Hospitality*** am Prado (Fußgängerzone).

Zoo

Der ***San Diego Zoo*** ist einer der **größten und besten in den USA**. Alles passt dort zusammen: die wechselnde Topograhie, die üppige Flora, Tiere in Freigehegen oder großzügigen Käfigen und die gut gemachten Tiervorführungen. Man benötigt zum Besuch inkl. der diversen *Animal Shows* und Verschnaufpausen leicht einen vollen Tag. Geöffnet im Sommer 9-21 Uhr, Rest des Jahres kürzer; Eintritt $56, 3-11 Jahre $46; http://zoo.sandiegozoo.org.

Der Zoo kooperiert mit dem ***Safari Park*** (➢ Seite 257) und ***SeaWorld*** (➢ Seite 277), alle drei zusammen kosten $149/$139. Interessant sind ggf. auch die Ermäßigungen mit der ***GO LA Build your own Card*** (➢ Seite 210) oder ***Go San Diego Card*** (➢ Seite 260).

Museen im Balboa Park

Unter den vielen Museen des *Balboa Park* ragt keines durch übermäßige Brillanz der Kollektionen heraus. Aber die spanisch/mexikanisch beeinflusste **Architektur** der Gebäude beidseitig des Prado zwischen ***Plaza de Balboa*** (*Science Center/Natural History Museum*) und ***Museum of Man*** verdient umso mehr Beachtung. Die Öffnungszeiten (meist 10-16.30/17.30 Uhr) variieren etwas, so auch der jeweilige Einzeleintritt; www.balboapark.org.

Möchte man mehrere Museen besuchen, spart man ggf. Geld mit dem **$59-Passport** (Kinder $32) für bis zu 16 Museen und Ausstellungen, der 7 Tage lang gültig bleibt (Pass für einen Tag $48). Einschließlich Zoo werden daraus $103 bzw. $68.

Museen im Einzelnen

Sehenswert sind immer die ***IMAX*-Filme**, die im ***R.H. Fleet Science Center*** gezeigt werden. Im Ticket fürs *Science Center* ($22, Kinder 3-12 Jahre $20) ist der Eintritt ins *IMAX*-Filmtheater enthalten. Aktuelles Programm online unter www.rhfleet.org.

Für das anthropologisch/ethnologisch ausgerichtete ***Museum of Man*** (www.museumofman.org) benötigt man spezifisches Interesse, ebenso wie für die etwas unsortierte permanente Kollektion des ***Museum of Art*** (www.sdmart.org). Dessen Stärke liegt eher in (wechselnden) Sonderausstellungen. Das **Restaurant** ist dort besonders stilvoll untergebracht und die **Bar *Panama 66*** bietet Cocktails, lokale Biere und Live-Musik.

Nicht nur für Modelleisenbahnfans ist das ***Model Railroad Museum*** ansehenswert; $11, Kinder $4-$5; www.sdmrm.org. Etwas abseits an der *Pan American Plaza*, aber mit Auto erreichbar, befindet sich das ***Aerospace Museum*** mit ***Hall of Fame*** im *Ford Building*; $20; www.sandiegoairandspace.org. Sowohl die Flugzeugsammlung als auch die nostalgischen Fahrzeuge im ***Automotive Museum*** nebenan können sich durchaus sehen lassen; http://sdautomuseum.org. Ein Spaziergang durch den ***Japanese Friendship Garden*** und das ***Palm Arboretum*** runden den Besuch im Balboa Park ab.

Konzerte im Balboa Park

Speziell im Sommer finden im Balboa Park laufend **Konzerte, Theateraufführungen** und allerlei sonstige **Veranstaltungen** statt, die im gegebenen Rahmen besonderen Reiz besitzen. Die abendliche und sonntägliche ***Open-air*-Musik** – u.a. auf der voluminösen *Spreckels*-Konzertorgel ist meist eintrittsfrei. Details bei der *Visitor Info* des Parks.

Die Architektur fast aller Gebäude im Balboa Park entspricht einer Art neospanischem Barock, obwohl sie erst im 20. Jahrhundert errichtet wurden

Mexikanische Tänzerin nach einem Auftritt in der »Fiesta de Reyes« in Old Town San Diego

Old Town San Diego

Verbindung Balboa Park Old Town

Vom Balboa Park gelangt man auf schnellem Weg via *Freeway* #163 (Nordrichtung) und dann I-8 (nach Westen, *Exit Hotel Circle* South, aber rechts auf Taylor Street, auf ihr geradeaus am *Presidio Park* entlang) zur ***Old Town San Diego*** und den ***Presidio Hill*** im Dreieck zwischen den beiden *Interstates* #5 und #8.

Fahrt via Presidio Park

Der **schönere, aber zeitraubendere Weg** führt gegen die Richtung des *San Diego Scenic Drive*: Man verlässt den Balboa Park auf dem zentralen Park Boulevard nach Norden und fährt dann links auf die **University Ave** (wer aus dem Zentralbereich des Parks diesen über den Prado/Laurel St verlässt, fährt auf der 15th oder 16th Ave bis zur University Ave), diese dann bis zur **Goldfinch**, auf der kurz rechts und nach zwei Blocks auf den **Fort Stockton Drive** bis **Artista Street**, dort links und wieder rechts auf den **Presidio Drive**.

Durch schöne Wohnviertel geht es auf dieser Route zum hoch über der Stadt gelegenen ***Presidio Park*** mit herrlicher Aussicht und schattigen Picknicktischen am besuchenswerten ***Junípero Serra Museum***. Das schlichte Kirchengebäude, ein Nachbau des Originals von 1769, markiert den ursprünglichen Standort der ersten Mission in Kalifornien; Juni-August Do-So 10-13 + 13.30-17 Uhr, Sept-Mai nur Sa+So; empfohlene Spende $10; www.sandiegohistory.org.

Old Town State Park

Ausgelassene mexikanische Atmosphäre herrscht unterhalb des *Presidio Park* im autofreien Kerngeländes des ***Old Town San Diego State Historical Park***. Obwohl die Erhaltung einiger historischer Bauten aus der Gründerzeit San Diegos (Anfang bis Mitte des 19. Jahrhunderts) theoretisch im Vordergrund steht und *Old Town* Freilichtmuseumscharakter hat, so ist sie dennoch in erster Linie ein kommerziell betriebener Besuchermagnet mit zahlreichen ***Shops*** und mexikanischen **Restaurants** mit Live-Musik und folkloristischen Tanzaufführungen; 4002 Wallace Street, *Exit* 20 von der I-5; kein Eintritt; www.parks.ca.gov/?page_id=663.

Das ***Visitor Information Center*** (mit einem historischen Modell von San Diego um 1872; geöffnet täglich 10-17/16 Uhr) befindet sich im *Robinson Rose House* direkt am Washington Square (Plaza de las Armas). Dort erfährt man auch alles über dieses gerne als »*Birthplace of California*« betitelte Areal.

Parkplätze in der Umgebung können abends und an Wochenenden schon mal knapp werden, jene direkt am *Historical Park* sind kostenlos (hilfreiche »Parking Map« unter www.oldtownsandiego.org).

Heritage County Park

Wenige Schritte östlich der *Old Town* (Juan Street) bilden sechs viktorianische Häuser aus den 1880er-Jahren den ***Heritage Park***. Besonders ansehnlich sind das ***Sherman-Gilbert House*** von 1887 und das ***Christian House*** von 1889; 2454 Heritage Park Row; www.sdparks.org/content/sdparks/en/park-pages/Heritage.html.

Mission San Diego/ Camino Real

Die hervorragend konservierte, in Nachfolge der ersten Gründung 1774 errichtete und bei Erdbeben zweimal zerstörte, jedoch wieder aufgebaute ***Mission Basilica San Diego de Alcalá*** ist wertvollste kulturhistorische Sehenswürdigkeit der Stadt. Ausgehend von dieser Station wurden im Abstand von jeweils einer Tagesreise weitere 20 Missionen gebaut, die am Ende zusammen die Stationen des insgesamt 970 km langen ***Camino Real*** bildeten, des »Königsweges« bis nach San Francisco .

In der schönen Anlage an der 10818 San Diego Mission Road (parallel zur *Interstate* #8, Abfahrt: Mission Gorge Road) gibt es keinen der *Old Town* vergleichbaren touristischen Rummel. Kirche, Garten und Museum können tägl. 9-16.30 Uhr besichtigt werden; www.missionsandiego.org.

Keimzelle der Stadt: Die alte Mission San Diego de Alcalá

SeaWorld und Birch Aquarium

SeaWorld

In totalem kulturellen Gegensatz zu den Missionsstationen steht der ***Aqua Marine Park SeaWorld*** am Südrand der Mission Bay, Anfahrt über die I-8 oder auf dem zur *Interstate* parallel verlaufenden SeaWorld Drive. Täglich im Sommer meist 10-22 Uhr sonst deutlich kürzer; **Eintritt $92 pro Person**; Rabatt gibt es meist online, in einigen Hotels oder mit ***Discount Coupon***. Von der Kombioption mit dem *San Diego Zoo* und *Safari Park* war bereits die Rede, ➤ Seite 273; www.seaworld.com/san-diego/.

Attraktionen

SeaWorld San Diego ist der Prototyp der amerikanischen *Amusementparks* dieser Art, 4-5 Std lassen sich dort recht abwechslungsreich gestalten.

SeaWorld Delfin-Show

Als Höhepunkt werden neben **Delfin- und Seelöwenshows** auch Tier-Begegnungen geboten; ***Interaction***-Programme mit Belugawalen oder Delfinen verursachen aber Extrakosten. Außerdem gibt es eine simulierte Fahrt durch die Eiswelt des Nordpolarmeers (***Wild Arctic***), dann noch ***Journey to Atlantis*** (eine Kombination zwischen *Rollercoaster* und Wildwassertrip), die wüste Achternbahn ***Electric Eel*** (bis zu 45 m hoch und 100 km/h schnell), der rasante ***Tidal Twister*** sowie weitere jahrmarktübliche *Rides*. Eine tolle Sache ist auch die Gondelfahrt über die Bay (***Skyride***) sowie die scheinbar endlose Aussicht vom beinah 100 m hohen ***Skytower***.

Lohnenswert? Vergleich zum Zoo

Trotz des Nervenkitzels einiger *Rides*, der Shows und Aquarien mit bemerkenswerter **Pinguin-** und **Haifischhalle** ist der Besuch im Zoo zu deutlich geringeren Ticketkosten alles in allem nicht weniger spannend.

SeaWorld's Aquatica

Fast 25 mi und ca. 30 min Fahrtzeit von *SeaWorld* entfernt (südlich über die I-8 in Chula Vista, 2052 Entertainment Circle) liegt ***Aquatica***, der dazugehörige »Planschpark« mit langen Rutschen, Wellenbad, üppiger Vegetation und exotischen Tieren; $48/$43, online günstiger, Parken kostet extra; https://aquatica.com/san-diego/.

Birch Aquarium

Über Flora und Fauna des Pazifik erfährt man alles im ***Birch Aquarium*** des *Scripps Institute of Oceanography* nördlich von La Jolla, 2300 Expedition Way; täglich 9-17 Uhr; $19,50, 3-17 Jahre $15.

Exkurs Abstecher nach Tijuana/Mexico www.tijuana.com

In San Diego könnte der Gedanke naheliegen, einen Abstecher nach Mexiko zu unternehmen, wenngleich die dortigen Drogenkriege in den grenznahen Städten ein gewisses Risiko darstellen. Von einem Besuch in die Dunkelheit hinein ist daher abzuraten.

Mit dem Fahrzeug

Da Autovermieter Fahrten nach Mexiko überwiegend nicht oder nur mit hohem Aufschlag gestatten, kommt für die meisten Touristen ein Grenzübertritt nur ohne Fahrzeug in Frage. Wer im eigenen Auto hinüber möchte, benötigt eine **Zusatzversicherung** (Policen bei einer mexikanischen Gesellschaft an der Grenze oder beim ***AAA***, 2440 Hotel Circle N. bzw. 569 Telegraph Canyon Rd). Für Kurzaufenthalte lohnt sich die Fahrt per Auto auch kaum, weil sich retour oft lange Staus vor der ***US Immigration*** aufbauen.

Papiere

Die Einreise nach Mexiko für weniger als 72 Stunden ist unproblematisch. Man benötigt nur den Pass, der in der Regel zunächst weder auf amerikanischer noch auf mexikanischer Seite kontrolliert wird. Bei der Rückkehr möchten die US-Grenzbeamten aber immer den Pass sehen. Für **längere Aufenthalte** in Mexiko braucht man eine sog. ***Tourist Card***.

Parken vor der Grenze

Sein Auto kann man in San Ysidro auf großen Parkarealen grenznah abstellen. Mit dieser Absicht folgt man ab der *Interstate* dem Schild ***Turn right to US***, um nicht plötzlich doch vor der Abfertigung zu stehen. Der (teuerste) grenznächste Parkplatz ist oft voll. Dann ist die beste Alternative ***Border Station Parking*** (ca. $25/Tag, 4570 Camino de la Plaza, borderstationparking. com) beim ***Las Americas Premium Outlet Center***. Weiter nach Tijuana geht es zu Fuß oder mit dem ***Tourismo Express Bus***; $10 eine Strecke, ➤ www.sandiegan.com/ach-mexico-travel.

Zu Fuß

Der **Weg** hinüber nach Tijuana über eine Fußgängerbrücke ist kurz. Mexikanisches Leben und Treiben beginnt schon 100 m hinter der Grenze in der Shopping-Zone ***Viva Tijuana***.

Zentrum Tijuana

Über die *Tijuana River Bridge* erreicht man die zentrale Laden-, Restaurant- und Kneipenzone entlang der ***Avenida de Revolución*** und Nebenstraßen (ca. 800 m von der Grenze entfernt). Bei Hitze kommt dafür ggf. ein **Taxi** in Frage. Der Trip ab Grenze nach Downtown kostet ca. $10. Es gibt teure ***Yellow Cabs*** ohne Taxameter meist mit englisch sprechenden Fahrern (*gringo-friendly*) und günstigere weiße ***Taxis Libre*** mit Taxameter, deren Fahrer aber oft ausschließlich spanisch sprechen.

Mit Bussen/ Straßenbahn (Trolley) ab San Diego

Man könnte das Auto auch in San Diego lassen. Zum Grenzstädtchen **San Ysidro** verkehren ***Transit*-Busse** (relativ umständlich: ab Downtown mit **Bus #901** bis Iris Ave, dann mit **#906/#907** bis San Ysidro bzw. zur Grenze). Komfortabler sind ***San Diego Scenic Tours-Busse*** (➤ Seite 261). Das einfachste ist indessen die Fahrt mit der Straßenbahn, dem ***San Diego Trolley*** (*Blue Line*), bis in unmittelbare Nähe der Grenze.

1.5 Startroute #3: Von Los Angeles zum Yosemite Park über Sequoia/Kings Canyon National Parks

1.5.1 Anfahrten zum Sequoia Park

Mögliche Routen

In **Richtung *Yosemite***, einem Hauptziel aller USA-Reisenden, gibt es ab Los Angeles zwei prinzipielle Zufahrtsrouten, westlich und östlich der Sierra Nevada. Die **Westroute** führt schneller zum Ziel und bietet die Möglichkeit, quasi auf halbem Weg, auch noch den ***Sequoia/Kings Canyon* Doppelpark** zu besichtigen. Die **Ostroute** führt »hinter« den Gipfeln der *Sierra Nevada* entlang (Straße #395 ohne Zugang zum *Sequoia National Park*) und ist ideale Verbindungsstrecke zwischen *Yosemite Park*, *Death Valley* und Las Vegas. Sie wird in diesem Buch als Route ab San Francisco in Nord-Süd-Richtung beschrieben, ➤ Seiten 384ff.

Interstate #5/ Freeway #99

Die schnellste Route ab Los Angeles entspricht zunächst dem Verlauf der ***Interstate* #5**. Sie durchquert die **Berge der *Sierra Madre*** mit dem *Angeles National Forest* und passiert dabei u.a. das schön

Six Flags Magic Mountain & Hurricane Harbor

Bei **Santa Clarita (I-5)** befindet sich der neben *Knott's Berry Farm* und *Disney's California Adventure* dritte große *Amusement Park* konventioneller Art im Großraum LA. ***Rollercoaster*** sind die Attraktion im ***Six Flags Magic Mountain Park***: Noch relativ neu ist ***Twisted Colossus***, die längste Hybrid-Achterbahn der Welt und Nachfolger der legendären Holzachterbahn *Colossus*. Vom Nervenkitzel her wird der »Koloss« weit überboten durch die *Looping*-Bahn ***The New Revolution-Classic***, die physikalischen Gesetzen scheinbar trotzende ***Viper*** (einer der höchsten und schnellsten *Looping Rollercoaster* der Welt) und die »schwebende« Achterbahn ***Ninja*** und ***Riddler's Revenge***, in der die Passagiere stehend »abstürzen«. Sagenhafte 78 m hoch ist die Achterbahn ***Goliath***, schon ein paar Jahre alt ***Scream***, ein *Ride* ohne Aufsatzfläche für die Füße. Bei **Batman** »hängen« Passagiere unterhalb der Fahrtrasse, bei ***X2*** sitzen sie beidseitig der Führungsschiene. Neueste Attraktion ist das gigantische Pendel ***CraZanity***, das mit 125 km/h bis zu 17 Stockwerke hoch schwenkt. 2019 kamen noch die zwei »gegeneinander antretenden« *Highspeed*-Achterbahnen dazu, die ***West Coast Racers***.

$93/$63 Eintritt zahlt man vor Ort an der Kasse, billiger wird es mit *Discount Coupons* oder 7 Tage vorab im Internet (dann zahlen Erwachsene auch $63). **Wartezeiten** sind in diesem Park ein großes Problem. Eine Stunde und mehr für 5-10 min Spaß sind keine Seltenheit, es sei denn man hat noch einen ***FLASH Pass*** für teures Geld dazu gekauft. Aber auch dann sind die investierten Kosten schwer »abzufahren«. Diese und andere Parks sind knallvoll, nicht zuletzt, weil Saisonpässe nur unwesentlich teurer sind als die normale Tageskarte. Wer den Besuch in Erwägung zieht, sollte den Parkplatz beachten (schlägt nochmal mit $25 extra zu Buche!), schon halb gefüllt werden drinnen die Schlangen lang.

Öffnungszeiten variabel, im Sommer meistens ab 10.30 Uhr bis 18/20/21 Uhr; aktuelle Details unter www.sixflags.com/magicmountain.

Wie *Knott's* hat auch *Six Flags* nebenan einen **Planschpark**: ***Hurricane Harbor***.

gelegene ***Castaic Reservoir*** (Baden und Windsurfen, ***Camping*** im gleichnamigen *State Park*; www.parks.ca.gov/?page_id=628). Jenseits des *Tejon*-Passes geht es relativ rasch rund 1.000 m hinunter in das ***San Joaquin Valley*** und ab Mettler weiter auf dem ***Freeway* #99**. Ein raffiniertes Bewässerungssystem hat aus der Wüste zwischen Küstengebirge und Sierra Nevada zwar den größten Obst- und Gemüsegarten der USA gemacht, die Fahrt durch diese Ebenen ist aber überwiegend ziemlich eintönig.

Bakersfield

Mit Bakersfield erreicht man die »Ölkapitale« Kaliforniens und zugleich das kommerzielle Zentrum des südlichen *San Joaquin Valley*. Außer zur Versorgung oder zum Übernachten muss man dort die ***Freeways*** nicht unbedingt verlassen. Ein guter **Campingplatz** in einer parkartigen Anlage am Lake Ming befindet sich ca. 10 mi östlich der Stadt (***Kern River Campground***, Straße #178, dann Alfred Harrell Hwy; ab *Freeway* #58/Ausfahrt 21 Comanche Road); *first-come, first-served*, $12-$24.

Die Kern River Route und das Giant Sequoia Nat'l Monument

Reisende mit genügend Zeit und Lust auf weniger ausgetretene Pfade lassen in **Richtung *Sequoia Park*** die *Freeways* links liegen und folgen ab Bakersfield der ganz wunderbar am gleichnamigen Flussufer durch den Canyon geführten **Kern River Canyon Road** #178 in Richtung Lake Isabella. Der Stausee hat dank niedriger Wasserstände in den letzten Jahren erheblich an Reiz verloren und eignet sich nicht einmal als Zwischenziel. Kurz vor dem See zweigt die Straße #155 nach Norden ab und stößt bei Kernville auf den Sierra Way, der ein paar Meilen weiter zum ***Kern River Highway*** wird, offiziell MT #99.

Kernville ist ein ausgesprochen hübscher Ort beidseitig des Flusses mit einer ganzen Reihe von Motels (ordentlich das ***Kernville Inn*** am Park), Restaurants und Kneipen samt *Brew Pubs (Kern River Brewing Company* mit tollem Bier). Er eignet sich bestens als Etappenziel, sofern man es nicht auf die ***NF-Campgrounds*** nur wenig weiter nördlich abgesehen hat. Auf ca. 15 mi passiert man am aufsteigenden *Kern River Highway* gleich sechs sehr schön am Ufer des idyllischen Flusses angelegte große Plätze ($18-$22) und zusätzlich *Picnic Sites* an den Flussstränden.

Im Sommer und Herbst sind Schwimmen, Baden und *Inner Tubing* angesagt. Die ***Ranger Station*** in Kernville (105 Whitney Road) hat Karten dazu. Info unter www.kernvalley.com/news/kerncamp.htm.

Von Kernville geht es auf der #99 mit vielen Kehren auf rund 2.000 m Höhe bis zur MT #50 (*Parker Pass Drive*) über Johnsondale und dann wieder westlich auf der abzweigenden MT #90 (später #190) ins Kerngebiet des **Giant Sequoia Nat'l Monument** (ca. 45 mi ab Kernville, aber leicht 2 Stunden Fahrt). Auf dem ***Trail of 100 Giants*** in der Nähe des ***Redwood Meadow Campground*** lassen sich über 100 *Sequoias* bewundern; www.fs.usda.gov/sequoia/.

Von dort geht es entweder über Camp Nelson, Springville und Porterville **weiter zur #198** Richtung ***Sequoia National Park*** oder via **California Hot Springs** etwas direkter nach Westen und Norden (beide Routen sind mit anstrengender Kurverei verbunden, letztere etwas weniger).

Point Reyes National Seashore
Santa Rosa
Napa
Sacramento
Reno
Sparks
Pyramid Lake
Crystal Bay
Tahoe City
Lake Tahoe
Virginia City
Carson City
Placerville
San Francisco
Berkeley
Oakland
Stanford University
Palo Alto
Silicon Valley
San José
Dos Rios Park
Stockton
Caswell Memorial
Tulloch Lake
Murphy´s
Grover Hot Springs
Calaveras Big Trees
Columbia
Modesto
Sonora
Santa Cruz
Turlock Lake S.P.
Walker Lake
17- Mile Drive
Monterey
Carmel
Mc Cornell State Park
YOSEMITE NAT. PARK
Bodie
Lee Vining
Merced
Mariposa
Salinas
Hollister
Carmel Valley
Big Sur
Soledad
Pinnacles N.M.
San Joaquin Valley
Yosemite Valley
Fish Camp
Mono Lake
Bass Lake
Oakhurst
Mammoth Lakes
Devils Postpile
Santa Lucia Mountains
King City
Lake Millerton
Sierra Nevada
Fresno
Trimmer
Bishop
Hearst Castle
San Simeon
KINGS CANYON NAT. PARK
CALIFORNIA
NEVADA
Cambria
Paso Robles
Visalia
Lake Kaweah
Big Pine
Montana de Oro SP
Morro Bay
SEQUOIA NAT. PARK
Milo
Mount Whitney 4348 m
Scotty´s Castle
Pismo Beach
San Luis Obispo
Porterville
Springville
Lone Pine
Oceano
GIANT SEQUOIA N.M.
DEATH VALLEY NAT. PARK
Santa Maria
Johnsondale
Kern River
Lompoc
Kern River County Park
La Purisima Mission
Bakersfield
Isabella Lake
Solvang
Lake Cachuma
Furnace Creek
Gaviota
Red Rock Canyon State Park
Santa Barbara
Tehachapi
N
0
50 km
Lake Casitas
Santa Cruz Island
Ojai
Mojave
Ventura
Castaic Reservoir
Zentral-Kalifornien
Mc Grath State Park
Oxnard
Magic Mountain
Leo Carillo Beach
Calico Ghosttown
Barstow
Zuma Beach
Santa Monica
Los Angeles
Las Vegas
1
101
580
5
80
49
89
50
88
4
108
99
120
140
152
G13
25
41
395
6
180
198
46
190
65
136
178
58
14
126
127
15

Über Visalia zum Sequoia Nat'l Park

Von Bakersfield nach Visalia, einem weiteren wenig attraktiven Zentralort zur Versorgung der Agrarwirtschaft, sind es auf der #99 nur rund 70 mi. Ein Abweichen auf die parallele #65 lohnt nicht und kostet nur Zeit. Ab Visalia geht es für alle Fahrzeuge bis 22 Fuß auf der **Straße #198 zur Südeinfahrt in den Sequoia Nat'l Park**.

Über die #14 und #178 zum Kern River

Die im Kasten beschriebene *Kern River Route* lässt sich von Los Angeles auch anders ansteuern: Statt auf der I-5/#99 zunächst bis Bakersfield zu fahren, verlässt man bereits in San Fernando die I-5 und setzt die Fahrt auf der **#14** (***Antelope Valley Freeway***) fort.

Poppy Reserve SP

Nahe der Vorstadt **Lancaster** befindet sich ein kleines Naturschutzgebiet, das ganz und gar der kalifornischen Staatsblume gewidmet ist. Den Abstecher dorthin sollte man **zur Blütezeit in den Monaten März und April** auf keinen Fall auslassen. Ab dem *Freeway* #14 (*Exit* 44) sind es über die West Ave I, die in die Lancaster Rd übergeht, ca. 16 mi bis zur ***Antelope Valley California Poppy Reserve***. Ein 3 km langer Rundweg führt durch die großflächigen Wildblumenfelder. Parkgebühr: $10/Auto; www.parks.ca.gov/?page_id=627; Vorsicht Klapperschlangen! Wer den Höhepunkt der Blütezeit des **Kalifornischen Goldmohns** erwischt, findet wunderschöne Fotomotive – auch auf den umliegenden kostenlos zugänglichen *Rolling Hills*!

Red Rock Canyon SP

Hinter Mojave wird aus der Autobahn eine breite Landstraße, die weiter nördlich auf die #395 stößt (diese Straße verläuft östlich der Sierra Nevada und ist weiter oben eine wichtige Verbindung zwischen *Yosemite Park*, *Death Valley* und Las Vegas, ➤ Seiten 403ff). Rund 25 mi nördlich von Mojave liegt der ***Red Rock Canyon State Park*** beidseitig der Straße mit grandiosen gelb-rot-grauen Fels- und Sandsteinformationen. Auf der Westseite warten ein ***Visitor Center*** und der ***Campground Ricardo*** mit vielen Stellplätzen samt Feuerstellen vor und zwischen Sandsteingebilden. *First-come, first-served*, weder Duschen noch *hook-up*; $25.

Die #178 führt zwischen der Straße #14 und dem Lake Isabella durch ausgedehnte Orangenplantagen mitten in der Wüste, die dort nur dank intensiver Bewässerung gedeihen.

Nach Kernville

Ca. 7 mi südlich des Straßendreiecks #14/#395 zweigt die **#178** nach Westen zum Lake Isabella ab. Kurz hinter Weldon beginnt der ***Sierra Way*** (MT#99) in Richtung Norden, der aber zunächst dem Nordufer des Sees folgt. **Ab Kernville ➤ Kasten vorige Seite**.

Restriktion für RVs auf der #198

Für welche Anfahrt man sich auch entscheidet, am Ende erreicht man in oder bei Visalia die **Straße #198**, die ab Three Rivers steil bergauf zu den ***Sequoia & Kings Canyon National Parks*** führt. **Diese Einfahrt wird von der Nationalparkverwaltung nicht empfohlen (*not advised*) für RVs über 22 Fuß Länge. Es geht auch mit 24 Fuß, aber das ist eine Frage der persönlichen Risikoneigung**.

1

Längere RVs fahren **ab Visalia** (sofern man dort nicht in den ***Sequoia Shuttle*** umsteigt; $15; www.nps.gov/seki/planyourvisit/parktransit.htm) auf der #63 bis zur Straße #180, die zur Westeinfahrt führt. Die auf der Karte etwas kürzer erscheinende Route über die Straße #245 ist streckenweise sehr schmal und kurvenreich. Mit einem RV sollte man sich die nicht antun.

Straße #198

Auf der Straße **#198** lässt man mit Erreichen des (meist fast leeren) ***Kaweah Reservoir*** die Ebene des *San Joaquin Valley* endgültig hinter sich. Das Landschaftsbild ändert sich völlig; im Sommer bestimmt Trockenheit die Szenerie. Die Straße folgt zunächst dem Lauf des immer Wasser führenden Kaweah River.

Prima Badestelle Slick Rock Recreation Area im Kaweah River

Eine bei Hitze willkommene **Badestelle** zwischen Felsen ist die ***Slick Rock Recreation Area***, ca. 1 mi westlich vom Ortsschild Three Rivers (➤ Foto oben). Kurz davor passiert man den ***Horse Creek Campground*** (mit Duschen), von dessen Stellplätzen man über Tal und See schaut.

Three Rivers

Wer noch vorm Nationalpark rasten möchte, findet in der Ortschaft **Three Rivers** die letzten Quartiere, u.a. ein gutes ***Comfort Inn*** (ca. $170 im Sommer), außerdem eine Tankstelle und hinter der Brücke über den Fluss das Restaurant ***The Gateway*** mit einer wunderbaren Terrasse und angeschlossener *Lodge*; © (559) 561-4133, www.gateway-sequoia.com. Eine weitere **Badestelle** liegt unterhalb des Parkplatzes an der Einfahrt zum *Sequoia National Park* (200 m Trampelpfad).

Mineral King

Dort zweigt auch die Stichstraße nach **Mineral King** ab. Die Zufahrt in diesen Teil des *Sequoia Park* ist eng, schlagloch- und serpentinenreich; sie abzufahren lohnt für die meisten nicht.

1.5.2 Sequoia & Kings Canyon National Parks

www.nps.gov/seki, www.visitsequoia.com

Die ***Sequoia*** genannten Mammutbäume sind verwandt mit den ***Redwoods*** an der Küste (➤ Seite 330). Sie wachsen aber nicht ganz so hoch. Ihr Durchmesser erreicht dafür bis zu 12 m am Boden.

Von Süden in den Sequoia Park

Eintritt $35/Auto $20/Person oder Interagency Jahrespass

Gleich bei der Parkeinfahrt befindet sich das ***Foothills Visitor Center*** (täglich 8-16.30 Uhr) für erste Informationen und ggf. Reservierung einer Tour in die *Crystal Cave*. Dahinter führt die Straße #198 in endlosen Kehren auf über **2.000 m Höhe** (Restriktionen bei Wohnmobilen ➤ umseitig). Wasserstellen in regelmäßigen Abständen sind zur Beruhigung kochender Kühler gedacht. Von der Einfahrt bis auf das Hochplateau sind es ca. 25 Meilen.

Fahrt über die untere Spur zwischen den Four Guardsmen hindurch

Rund 2 mi, bevor man die Höhe erreicht, zweigt die Zufahrt zur Tropfsteinhöhle ***Crystal Cave*** nach Westen ab (ca. 7 mi steile Abfahrt 600 m hinunter). Vom Parkplatz sind es noch 800 m zu Fuß. Zutritt nur mit reservierter Tour (stündlich für 45 min, Startzeiten saisonabhängig, Tickets im *Foothills Visitor Center* und in Lodgepole; Eintritt $16, Kinder $5-$8; www.sequoiaparksconservancy.org.

Fast oben passiert man mit den ***Four Guardsmen*** die ersten schon ganz beachtlichen **Mammutbäume**. Durch diese vier in wenigen Metern Abstand passen gerade die dort separierten Fahrspuren. So schön eng fährt man kein zweites Mal zwischen *Sequoias* hindurch!

An der Abzweigung der Straße zum *Moro Rock* befindet sich das ***Giant Forest Museum*** (im Sommer 9-18 Uhr, sonst 16 Uhr), wo man alles Wissenswerte über die *Sequoias* erfährt.

Big Trees Trail

Gegenüber dem Museum beginnt der ***Big Trees Trail*** (ca. 1 km), ein Rundweg entlang einer grünen Lichtung vorbei an Sequoia-Exemplaren der Extraklasse. Auf keinen Fall diesen kleinen Spaziergang auslassen (maximal 30 min). Dieser Bestand ist ebenso sehenswert wie *Grant Grove* und *Giant Forest*.

Mit ca. 2,50 m Durchfahrtshöhe passen sogar noch kleine Vans unter dieser schon 1937 umgestürzten, als »Tunnel Log« bezeichneten Sequoia hindurch

Zum Moro Rock

Ein weiteres »Muss« im *Sequoia Park* ist der **Abstecher zum *Moro Rock***, am Museum rechts ab (2 mi). Die schmale Straße bildet die südliche Begrenzung des *Giant Forest*, ➤ unten. An ihr liegt u.a. der ***Auto Log***, ein umgestürzter Baum, auf dessen Stamm man früher Autos hinaufrangieren durfte.

Der 300 m hohe **Granitmonolith *Moro Rock*** mit einer 400 m langen Stiege bietet einen spektakulären Blick über die Felslandschaft der Sierra Nevada. Für den steilen Auf- und Abstieg und ein wenig Verweilzeit oben benötigt man mindestens 30 min

Tunnel Log

Folgt man der Straße bis zum Ende (*Picnic Area Crescent Meadow*), dürfen kurz hinter dem *Moro Rock* Pkw den ***Tunnel Log*** unterqueren. Der 3 km lange ***Log Meadow Loop*** hat den ***Tharps Log*** zum Ziel, dessen vom Feuer geschaffener Hohlraum einst den ersten Siedlern als Unterkunft diente.

General Sherman Tree

Ca. 2 mi nördlich des Museums steht unweit des ***Generals Highway***, der grandios geführten Höhenstraße durch den Park, der ***General Sherman Tree***. Dieser gewaltigste aller Mammutbäume hat einen Bodendurchmesser von 11,1 m und eine Höhe von 83,8 m; sein Alter schätzt man auf ca. 2.500 Jahre. Sein jährliches zusätzliches Wachstum entspricht der Holzmenge eines »normalen« Baumes von 20 m Höhe.

An einem Platz unterhalb des Standorts können Buspassagiere und Mitfahrer »entladen« werden und Behindertenfahrzeuge parken. Alle anderen müssen noch etwa 1 mi weiterfahren (Abzweig Wolverton Road) zu einem großen Besucherparkplatz (Toilettenservice), von dem ein asphaltierter Weg leicht bergab hinunter zum *Sherman Tree* und den dort beginnenden ***Giant Forest*** führt. Die beste Zeit für ein Foto des Baumes liegt vor 11 Uhr.

Giant Forest

General Sherman ist der ideale Ausgangspunkt für **Ausflüge in den *Giant Forest*** mit vielen dicht stehenden *Sequoias* unterschiedlichster »Formate«. Eine Rundwanderung auf dem grandiosen ***Congress Trail*** ist weitgehend ein Spaziergang ohne besondere

Steigungen, Gesamtlänge 3,2 km. Man benötigt je nach Verweildauer an den Baumriesen und Schritttempo 1-2 Stunden. Wer sich mehr zutraut, kann bis zum *Moro Rock* (6 km) laufen und auf anderen Wegen zurückkehren, z.B. über den ***Pine Trail*** und den ***Trail of the Sequoias***, einer Erweiterung des **Congress Loop** *(Sequoia/Circle Meadow Loop Trail* 10 km Gesamtlänge). Eine genaue **Karte des *Giant Forest*** mit allen Wanderungen liegt im *Museum* und in den *Visitor Centers* aus.

Das größte ***Visitor Center*** beider Parks mit allen **Serviceeinrichtungen** ist ***Lodgepole*** rund 3 mi nördlich des *Sherman Tree*.

Nur wenig östlich des Besucherzentrums beginnt der großflächige gleichnamige ***Campground*** mit zahlreichen herrlichen Stellplätzen für RVs wie für Zelte in der bewaldeten Felslandschaft beidseitig des Oberlaufs des bereits unter Three Rivers erwähnten Kaweah River; $22, Reservierung nötig (www.recreation.gov).

Quasi »um die Ecke« befindet sich mit der ***Wuksachi Lodge*** die einzige Unterkunft im Sequoia Park, ➢ Seite 289.

Ein schöner, nicht schwieriger Pfad führt vom Campingplatz am Fluss entlang zu den ***Tokopah Falls*** (3 km).

Lost Grove

Auf der Weiterfahrt passiert man auch noch den weniger sensationellen, dennoch einen Stopp werten ***Lost Grove***. Der Campingplatz ***Dorst*** an der Zufahrt zum *Muir Grove* ist nicht so gut angelegt wie *Lodgepole* oder *Azalea* im Bereich *Grant Grove*.

NF-Camping

Im angrenzenden ***Sequoia Nat'l Forest*** bieten einfache ***Campgrounds*** Ausweichquartiere, wenn *Lodgepole* besetzt sein sollte. Zwei davon – *Tenmile* ($18, *first-come, first-served*) und *Landslide* ($22, reservierbar) liegen am abkürzenden Weg zum *Kings Canyon NP* über den Hume Lake.

Hume Lake

Der hübsch gelegene See ist erstaunlich warm und daher beliebte Sommerfrische mit Stränden, Bootsverleih und einer (begrenzten) touristischen Infrastruktur im **Ort Hume Lake**. Die ***Sandy Cove*** birgt einen schönen **Badestrand** am Südausläufer.

Kings Canyon Park

In den Kings Canyon NP?

Spätestens in Hume Lake, aber auch ganz generell stellt sich die Frage: »Lohnt sich die lange Strecke hinunter in den *Kings Canyon*?« Im Vergleich zum Sequoia Nationalpark gibt es dort nichts Sensationelles zu sehen, vielmehr »nur« großartige Landschaft vor allem entlang der Abfahrt ins Tal des Kings River. Am Ende der Straße starten **Weitwanderwege**, die tief ins Hinterland der Sierra Nevada führen und in der Höhe auf den berühmten ***Pacific Crest Trail*** treffen, der von Mexiko bis Kanada läuft.

Fazit

Bei knapper Reisezeit und mit dem *Yosemite NP* im Programm sollte man für Zeitgewinn anderswo auf die ermüdende Hin- und Rückfahrt verzichten, speziell mit einem RV. Die gut ausgebaute Straße macht auch für große Campmobile keine Probleme, aber die Kurbelei ist anstrengend. Davon hat man noch genug beim Durchfahren/Verlassen des *Sequoia*, gleich in welche Richtung.

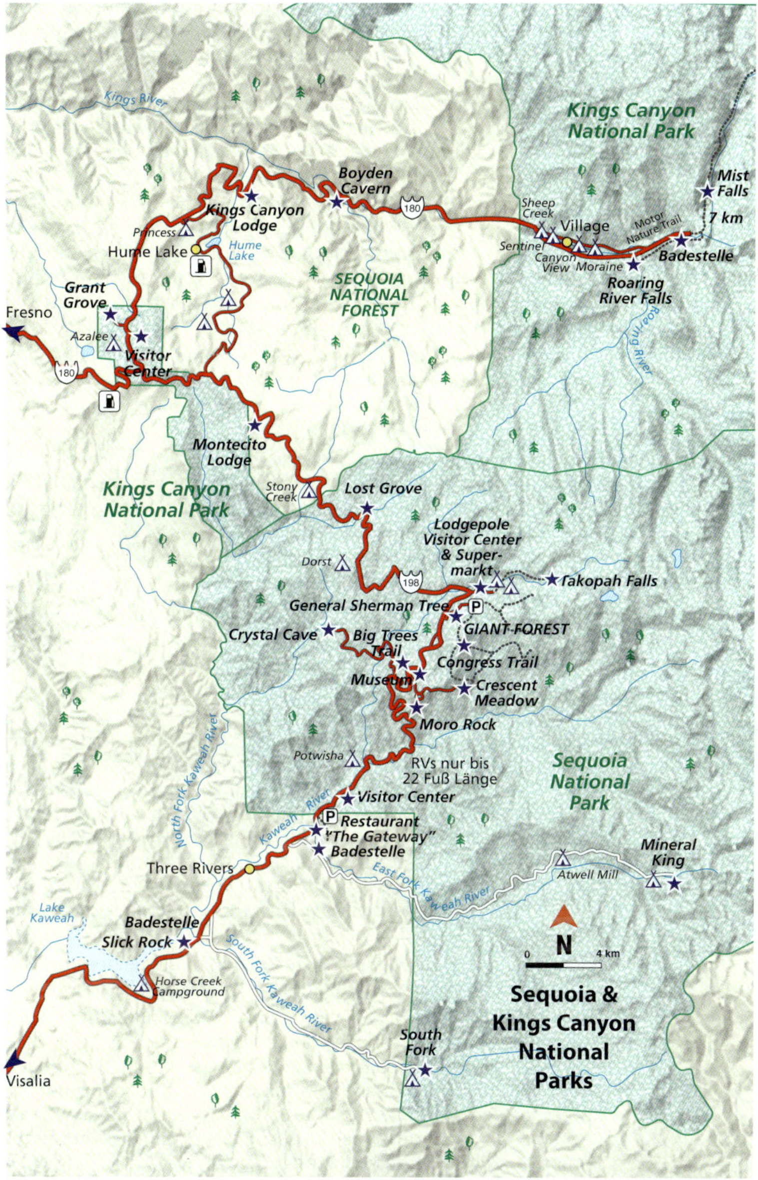
Kings River
Kings Canyon National Park
Boyden Cavern
Kings Canyon Lodge
180
Sheep Creek
Village
Motor Nature Trail
Mist Falls
7 km
Princess
Hume Lake
Hume Lake
Sentinel
Canyon View
Moraine
Badestelle
Roaring River Falls
SEQUOIA NATIONAL FOREST
Grant Grove
Fresno
Azalee
Visitor Center
180
Roaring River
Montecito Lodge
Kings Canyon National Park
Stony Creek
Lost Grove
Lodgepole Visitor Center & Supermarkt
Dorst
198
Tokopah Falls
General Sherman Tree
P
GIANT FOREST
Crystal Cave
Big Trees Trail
Congress Trail
Museum
Crescent Meadow
Moro Rock
Potwisha
RVs nur bis 22 Fuß Länge
Sequoia National Park
North Fork Kaweah River
Visitor Center
Kaweah River
P
Restaurant "The Gateway"
Badestelle
Three Rivers
East Fork Kaweah River
Atwell Mill
Mineral King
Lake Kaweah
Badestelle
Slick Rock
Horse Creek Campground
South Fork Kaweah River
N
0
4 km
South Fork
Visalia
Sequoia & Kings Canyon National Parks

Kings Canyon Highway

Einige Meilen nördlich von Hume Lake stößt man auf den breit ausgebauten ***Kings Canyon Highway*** (#180), der am *Grant Grove* weiter oben beginnt. In kurvenreichem Verlauf führt er hinunter in das ***Kings River Valley***. Umwerfende Aussichten hinab in das Tal und auf die gewaltigen grauen Granitwände ringsum begleiten die Fahrt. Für die ca. 30 mi ab *Grant Grove* (ab Hume Lake ca. 5 mi weniger) durch den *Sequoia National Forest* sollte man bis *Cedar Grove Visitor Center* im Kings Canyon ohne Stopp für Fotopausen etc. mit rund **90 min reiner Fahrtzeit** rechnen.

Boyden Caverns

Kurz nach der *Kings Canyon*-Einfahrt passiert man den Parkplatz für die Besucher der ***Boyden Cavern***, einem Höhlensystem mit Zugang hoch über dem Fluss. Die Touren starten im Sommer stündlich zwischen 10 und 17 Uhr; $16, Kinder $5-$8; keine Reservierung nötig; www.boydencavern.com.

Infrastruktur Kings Canyon

Der *Canyon* erweitert sich nach Überquerung einer Brücke über den Fluss zu einem breiten Tal ähnlich dem *Yosemite Valley*. In kurzer Folge passiert man **vier ausgedehnte Campingplätze** (einfach) zwischen Straße und Kings River ($18-$22). Im Sommer sind sie oft schon am frühen Nachmittag voll (Reservierung möglich).

Unterkunft nur in der ***Cedar Grove Lodge*** (im Sommer ab $150, © 1-866-807-3598, www.visitsequoia.com/lodging/cedar-grove-lodge oder außerhalb in der ***Stony Creek Lodge***, ➤ Seite 290.

Außerdem gibt's da unten eine Tankstelle mit Duschanlage ($4 für 10 min), Cafeteria und kleinen Supermarkt.

Trails

Die Stichstraße endet etwa 6 mi hinter dem Campingbereich. Am Parkplatz ***Roads End*** beginnen verschiedene *Trails*. Nur gut 100 m in südliche Richtung sind es zur **Badestelle *John Muir Rock*** am (eiskalten) Kings River.

Eine Brücke führt dort über den Fluss zum ***River Trail***. Nach Westen (also zurück) geht's auf ihm zu den pittoresken ***Roaring River Falls*** (3 km, aber die erreicht man ebenso auf kurzem Weg von der Straße aus, für Kurzbesucher das Minimum an Aktivitäten im Canyon). Nach Osten geht es auf schönem Pfad zur nächsten Brücke (ca. 3 km). Von dort kehrt man auf einem guten Weg auf der anderen Flussseite (*Paradise Valley Trail*) zum Parkplatz zurück (locker in 90 min zu machen). Wer noch Reserven hat, setzt die Wanderung zu den ***Mist Falls*** fort (bester längerer Tagestrip über ca. 15 km retour ab Parkplatz *Road's End*).

Für die Rückfahrt bis Cedar Grove kann man die rechtsseitig des Kings River verlaufende raue Einbahnstraße **River Road** wählen.

Grant Grove

Zwischen den Hauptarealen des *Sequoia* und *Kings Canyon Park* befindet sich im äußersten Westen der zu letzterem gehörende *Grant Grove* mit dem – im Sinne des Wortes – herausragenden ***General Grant Tree***. Er ist etwas mächtiger, dafür aber rund 2 m kürzer als der *Sherman Tree* und gilt nach diesem und *General Lee Sequoia* (beide im *Giant Forest*, ➤ oben) als die **Nummer 3** unter den größten Mammutbäumen.

Der ***Grant Grove*** liegt an der Straße #180 nördlich des ***Kings Canyon Visitor Center*** (bei Anfahrt von Fresno auf der #180 ist dies der erste wichtige Anlaufpunkt im Doppelpark). Vom Parkplatz führt ein ansteigender Rundweg (ca. 500 m) vorbei an weiteren Mammutbäumen zum *General Grant Tree*. Immerhin lässt der sich besser aufs Bild bannen als der verdeckter stehende *General Sherman*, man muss aber fürs richtig gute Foto möglichst vor 12 Uhr zur Stelle sein.

Unterkunft und Camping

Camping

Am ***Grant Grove*** gibt es **drei *Campgrounds*** (*Azalea, Sunset, Crystal*; ***Azalea*** ist der beste; alle **$18**). Andere empfehlenswerte Campingplätze wurden bereits vorstehend genannt.

Quartiere

Beim Besucherzentrum ***Grant Grove*** kann man in der ***John Muir Lodge*** (im Sommer ab $250) bzw. in einfachen ***Tent*** oder ***Rustic Cabins*** ($90 bzw. $120) übernachten; Reservierung nötig unter ✆ 1-866-807-3598 oder www.visitsequoia.com/lodging/john-muir-lodge.

Neben der ***Wuksachi Lodge*** bei Lodgepole (im Sommer ab $230; ✆ 1-866-807-3598) ist einzige Hotelunterkunft am *Generals Highway* die ***all-inclusive Montecito-Sequoia Lodge***, ca. 10 mi südöstlich des *Grant Grove*; Doppelzimmer kosten im Sommer ab ca. $220; Buchung unter: ✆ 1-800-227-9900 bzw. www.mslodge.com. Eher etwas für Familien mit Kindern, die gleich 4- oder 6-Tage-*Packages* buchen.

General Grant Tree

Außerhalb der Parkgrenzen steht noch die ***Stony Creek Lodge*** (ab $220, © 1-877-828-1440 oder www.sequoia-kingscanyon.com/lodging.html) in toller Lage zwischen beiden Parks.

Klein und preislich moderat ist ***Cyndi's Snowline Lodge*** an der #180 in Dunlap, 8 mi vom Kings Canyon Parkeingang entfernt (44138 E Kings Canyon Road, © (559) 336-2300, http://snowlinelodge.blogspot.com).

1.5.3 Weiter zum Yosemite National Park

Hauptroute über Fresno

Der schnellste Weg vom *Sequoia* zum *Yosemite Park* führt über **Fresno**, einem agrarwirtschaftlichen Zentrum und ***Turkey Capital of the US***, obwohl dabei einige Kilometer mehr zu bewältigen sind (ab *Grant Grove* bis zur *Yosemite*-Einfahrt Fish Camp ca. 110 mi) als auf verbundenen kleinen Landstraßen durch die Vorgebirge der Sierra Nevada.

Backroads

Bei einer Extrastunde Zeit wird man die Mühe einer Fahrt auf kurvenreichen ***Backroads*** über Tollhouse nach Oakhurst/Bass Lake nicht bereuen (aber nur mit **regionaler Straßenkarte!**). Gute Campgrounds gibt es am **Pine Flat Lake** (oft halbleerer Stausee) und westlich des **Bass Lake** (*Forest Service*). Zwischen Auberry und North Fork liegt **das immer volle (!) *Kerkhoff Reservoir***, dessen kühles, klares Wasser bei Hitze zum Baden einlädt.

Millerton Lake

Wer die Route über Fresno wählt, passiert nördlich die ***Millerton Lake Recreation Area*** mit einem **Campingplatz in toller Lage zwischen Felsen und Bäumen** über dem Stauseee; über die #41, Ausfahrt Millerton, dann geradeaus, vorm *Friant Dam* nach links, dann Wegweisung *Campground* folgen ($30-$40).

Oakhurst

Letzter gut sortierter **Versorgungsort** (Supermarktcenter *Vons*) und wichtigste Etappe außerhalb des *Yosemite Park* mit einem noch »normalen«, wiewohl bereits angehobenen Preisniveau (im Park gelten bei begrenztem Angebot extreme Preise!) ist **Oakhurst** an der **Straße #41**. Zahlreiche **Motels**, ***Fast Food Eateries*** und ***Restaurants*** warten dort auf Gäste. Die Hotellerie ist dort ähnlich teuer wie in Mariposa, besonders empfehlenswert das ***Best Western Plus Yosemite Gateway Inn***. Preiswerte Motels der unteren Mittelklasse findet man auch im Dorf **Coarsegold** etwas südlicher. Ein paar B&Bs gibt es auch, u.a. in Ahwannee (Straße #49) das ***Apple Blossom Inn***; www.appleblossombb.com.

Neben Mariposa (➢ Seite 388) ist Oakhurst die wichtigste Etappe außerhalb des Parks. Dort beginnt bzw. endet die Straße **#49,** der ***'49er's Highway***, benannt nach dem kalifornischen Goldrausch 1849-50, ➢ Seite 386.

Railroad

Etwa 2 mi südlich von Fish Camp passiert man die nostalgische ***Yosemite Mountain-Sugar Pine Railroad***, die auf einem kleinen Rundkurs von Mai bis Oktober durch die Landschaft dampft; eher etwas für Familien mit Kindern, aber den Spaß gönnen sich auch Erwachsene ohne Anhang; www.ymsprr.com.

Fish Camp

Das Dorf unmittelbar vorm Südeingang des Nationalparks besteht nur aus Tankstelle, *General Store*, Postamt und einer Handvoll *Lodges und* B&Bs. Akzeptabel ist dort die – einzig tariflich halbwegs moderate – ***White Chief Mountain Lodge***; im Sommer ab $160; © (559) 683-5444, www.whitechiefmountainlodge.com.

Wer nicht auf den Dollar schaut, findet mit der ***Tenaya Lodge*** – im Sommer ab ca. $350, sonst ab $210, © 1-888-514-2167, www.tenayalodge.com – 2 mi südlich des *Yosemite* ein Quartier für höhere Ansprüche; sie kann auch über Veranstalter gebucht werden. Ganz gemütlich, aber kaum billiger als die Hotelzimmer sind die ***Tenaya Lodge Cottage Rooms*** in Nebengebäuden etwas abseits des Hauptkomplexes.

Preislich nur wenig niedriger (ca. $300) liegt das kleine, ausgesprochen gut beurteilte ***Big Creek Inn B&B*** an der #41 gleich nördlich von Fish Camp. Zumindest ist dort das Frühstück im Tarif inbegriffen; © (559) 641-2828, www.yosemiteinn.com.

Die Infrastruktur in Fish Camp besteht aus Gas Station, Postamt und diesem General Store mit Kneipe & Eatery

Der ***NF-Campground Summerdale***, eine gute Meile vor den Toren des Parks bietet schönere Stellplätze als der nächste, überbeanspruchte Platz ***Wawona*** innerhalb des *Yosemite Park*.

Mariposa Grove

Von der Südeinfahrt zum beeindruckenden ***Mariposa Sequoia*** **Hain** sind es nur wenige Meilen. Wegen des ausschließlich per *Shuttle Bus* möglichen Zugangs dauert der Abstecher mit Parken, Wartezeiten etc. alles in allem nicht unter 2 Stunden. **Wer bereits im *Sequoia/Kings Canyon Park* war, muss den *Mariposa Grove* nicht gesehen haben.**

Für die rund 40 mi in das Zentrum des *Yosemite* Tals (*Curry* oder *Yosemite Village*) benötigt man ab der Parkeinfahrt ab 90 min.

Alles weitere zum *Yosemite Park* und weiterführende Routen von dort nach Norden, Westen und Osten ➤ ab Seiten 399+401.

1.6 Startroute #4: Von Los Angeles nach Las Vegas auf der I-15

Übers Death Valley

Für viele Touristen ist Los Angeles Ausgangspunkt für eine Reise durch die Utah-Nationalparks und/oder zum *Grand Canyon National Park* und darüberhinaus. Vor allem, wenn zunächst der ***Zion National Park*** auf dem Programm steht, liegt Las Vegas sozusagen am Wege. Bei **Ziel *Grand Canyon*** kostet das Zwischenziel Las Vegas einen ziemlichen Umweg. Wer auf Las Vegas – zumindest bei der Anreise – verzichten mag, fährt zum *Grand Canyon* besser über den wunderbaren *Joshua Tree Nat'l Park* und die Stauseen des unteren Colorado River (oder auf parallelen Routen) und dann weiter über die I-40 nach Arizona, ➤ Seite 252f.

Die direkte Route I-15

Von Los Angeles nach Las Vegas sind es je nach Startpunkt **270-320 mi**. Man verlässt Los Angeles – wie auf ➤ Seite 237 für Palm Springs beschrieben – in Richtung Riverside/San Bernardino entweder auf dem ***Freeway* #91** oder der **I-10**. Beide stoßen auf die stark befahrene **I-15** San Diego-Las Vegas-Salt Lake City. Nach Überquerung der San Gabriel Mountains bei San Bernardino führt diese Autobahn durch die südkalifornische Wüste, einen Landstrich, der mit seinen Felsformationen, Sanddünen und verkrusteten Salzseen eine überraschend abwechslungsreiche Fahrt bietet. Wegen der oft hohen **Verkehrsdichte** auf den ersten 130-150 mi **bis Barstow** und der vielen Steigungen sollte man für die Strecke bis Las Vegas nicht unter **6 Stunden Fahrzeit** kalkulieren, auch wenn das *Speedlimit* großenteils bei 65-70 mph liegt.

San Bernardino Mountains

Wer in diesem Bereich nach spätem Start in LA vielleicht daran denkt, erst einmal zu campen bzw. bei entgegengesetzter Richtung eine letzte Nacht vor Erreichen von LA einzulegen, findet einen schön gelegenen *Campground* im ***Silverwood Lake State Park***, ca. 12 mi östlich der I-15 in den San Bernardino Mountains, Straße #138. Reservierung im Sommer angezeigt über © 1-800-444-7275 bzw. www.reservecalifornia.com. Am großen Strand dieses ringsum bewaldeten Stausees kann man gut baden und ggf. in der Marina Boote und Badeplattformen mieten. (**Ausweichcamping**, falls voll: ***Mojave River Forks*** 8 mi weiter an der #173.

Lokal sehr beliebt sind auch die Campingplätze weiter östlich im *National Forest* entlang der **Straße #38** zwischen der I-10 östlich von San Bernardino und dem Big Bear Lake.

Calico Ghost Town

Ein Zwischenstopp ließe sich 10 mi östlich von **Barstow** einlegen, um die ***Calico Ghost Town*** zu besuchen, eine rekonstruierte **Silberminenstadt** des 19. Jahrhunderts in malerischer Umgebung (Ausfahrten Yermo oder Calico Road von der I-15).

Dieser Regionalpark ist eine Art »Zwitter« zwischen historischem Erhaltungsanliegen und einer kommerziellen Touristenattraktion, die kein Reisebus auslässt. Geöffnet täglich 9-17 Uhr, Eintritt $8, Kinder 6-15 Jahre $5; www.calicotown.com.

Der eigentlich gut zwischen Felsen angelegte ***Campground*** ist nicht der schönste seiner Art. Immerhin aber hat er passable Sanitäranlagen, und die Gebühr ($30; mit *hook-up* $35-$40; www.sbcountyparks.com) umfasst auch den Zutritt zur »*Ghosttown*«.

Übers Death Valley

Eine Fahrt von LA nach Las Vegas bietet die Gelegenheit zum Besuch des ***Death Valley***. Die Straße **#127** ab Baker führt über Shoshone (dann #178) zur Oase *Furnace Creek* mitten im Tal des Todes. Dieser Abstecher mit Weiterfahrt nach Las Vegas kostet gegenüber der direkten Fahrt auf der I-15 rund 180 mi zusätzlich. Die Gesamtstrecke bis Las Vegas beträgt ohne Umwege dann kaum unter 270 Meilen. Dafür sollte inklusive Zwischenstopps ein voller Tag kalkuliert werden. Zum Vergleich: Las Vegas ist von Baker noch etwa 90 *Interstate*-Meilen entfernt, die mit kurzem Stopp in Primm Valley leicht in nur 2 Std zu machen sind.

Nipton

Gerade noch in Kalifornien liegt 10 mi westlich der I-15 an der #164 das Wüstennest **Nipton** mit »alternativem« B&B-Hotel, Café & *Saloon*; © (760) 799-4929; www.nipton.com. Das Areal wurde kürzlich von einem Investor aufgekauft und soll in naher Zukunft zu einem »***Pot Mecca***« ausgebaut werden – die Legalisierung von *Recreational Marijuana* in Kalifornien (2018) macht es möglich.

Primm

Unmittelbar vor der Grenze zu Nevada steht eines der weltgrößten **Solarkraftwerke** (*Ivanpah*) und gleich dahinter warten in Primm Valley schon beidseitig der I-15 die ersten **Spielkasinos** inkl. **Hotels** und *Amusementpark* mit Riesenachterbahn, außerdem noch die beliebten ***Fashion Outlets*** mit über 100 Shops. Die ***Las Vegas Premium Outlets*** sind nicht schlechter, haben aber ein anderes Angebot. Außer zum Shoppen lohnt die Fahrtunterbrechung hier nicht so recht, die Kasinos am *Strip* sind ungleich spannender.

Ein letzter Stopp könnte noch der Installation ***Seven Magic Mountains*** des Schweizer Künstlers Ugo Rondinone gelten (in quietschbunten Farben bemalte, übereinander gestapelte Kalksteinbrocken, ➤ Foto unten); von der Abfahrt 12 bei Jean 5 mi parallel zur *Interstate* weiter in Richtung Norden.

Zur **Fortsetzung des Textes** für den ***Death Valley Nat'l Park*** bitte weiterblättern bis ➤ **Seite 412**. Das **Las Vegas-Kapitel** schließt unmittelbar daran an, ➤ Seite 419ff.

Kunst in der Wüste, die Seven Magic Mountains an der I-15 zwischen Primm Valley und Las Vegas

2. SAN FRANCISCO MIT STARTROUTEN

2.1 San Francisco

2.1.1 Geschichte, Geographie und Klima

»City by the Bay«

San Francisco (abgekürzt »SF«) liegt am Nordende einer Landzunge, die im Westen vom Pazifik und im Norden und Osten von der San Francisco Bay begrenzt wird. Im engeren fast quadratischen Stadtgebiet (ca. 120 km^2) an der Spitze der Halbinsel leben heute über 900.000 Einwohner, rund um die gesamte Bucht herum in der sog. ***Bay Area*** (San Francisco, Berkeley und Oakland, Santa Clara, San José, Palo Alto u.a.) über 8 Mio. Menschen.

Die hügelige Topographie der Region tat der dichten Besiedelung keinen Abbruch. Gerade einige Parkareale und die Twin Peaks blieben von der Bebauung verschont, wobei die Stadtplaner weitgehend die Eigenheiten des Terrains ignorierten und für die Straßenführung **Schachbrettmuster** zugrunde legten. Nur wo das beim besten Willen nicht durchzuhalten war, wich man davon ab. Zahlreiche schnurgerade **Straßen** mit bis über 30% Steigung/Gefälle verlaufen daher **achterbahnähnlich**. Sie stellen recht hohe Ansprüche an den Durchhaltewillen bei Stadterkundungen per pedes, aber die Anstrengung wird an höhergelegenen Punkten immer wieder mit wunderbaren Blicken und Perspektiven belohnt, so in der Hyde, der Filbert und natürlich der berühmten Lombard Street, es sei denn, der berüchtigte Nebel liegt mal wieder über der Stadt.

Klima

Oft bleibt der **Seenebel** auf der Linie *Golden Gate Bridge/Twin Peaks* hängen. Im Stadtzentrum scheint dann die Sonne, während die westlichen Vororte unter Feuchtigkeit und Kälte leiden. Dieses Phänomen ist nicht etwa eine Wintererscheinung, sondern eher **im Sommer** anzutreffen. Die Temperaturen werden davon stark beeinflusst. Sie steigen selbst im Juli/August selten über 20°C. Erheblich kühlere Witterung bildet keine Ausnahme. Relativ **sonnenreich** und damit angenehm warm sind September und Oktober. Der spärliche Regen konzentriert sich auf die Wintermonate, deren mittlere Temperaturen nur um 8°C vom Sommerdurchschnitt abweichen.

Geschichte/ Gründung

San Francisco gehört zu den ältesten Städten der Vereinigten Staaten. Ursprünglich als **Missionsstation** (*Mission Dolores*) im Jahr 1776 von spanischen Franziskanermönchen unter dem mallorquinischen Pater Junípero Serra errichtet, fiel die später ***Yerba Buena*** genannte Siedlung 1846 im mexikanisch-amerikanischen Krieg ohne Kampfhandlungen an die USA. Sie erhielt ein Jahr später zu Ehren des Schutzheiligen ihrer Gründer den heutigen Namen. Während der Jahre des kalifornischen Goldrausches (im Gebiet der Sierra Nevada zwischen Yosemite Nationalpark und Lake Tahoe) 1848-1851 ging es mit San Francisco steil bergauf, und bereits 1870 zählte die Stadt 150.000 Einwohner. Ein schweres Erdbeben und die dadurch verursachte Feuersbrunst zerstörten 1906 zwar 80% aller Gebäude, aber die Entwicklung San Franciscos und der *Bay Area* zu der heutigen Metropolis wurde dadurch nur kurzfristig unterbrochen. Die nach wie vor latente **seismische Gefährdung** der Region stellte ein schweres Beben der Stärke 6,9 auf der Richter-Skala das letzte Mal 1989 unter Beweis.

Flower Power

In der Nachkriegszeit bewies sich wieder die immer schon vorhandene Attraktivität San Franciscos für »Andersdenkende«: So erkor in den 1950er-Jahren die ***Beat Generation*** die Stadt zu ihrem Hauptquartier. Ab der zweiten Hälfte der 1960er-Dekade bevölkerten ***Hippies*** aus Nah und Fern das Viertel **Haight-Ashbury** und vertäuten bei Sausalito jenseits des *Golden Gate* eine ganze Armada abenteuerlicher Hausboote an der Richardson Bay.

LGBT-Community

In den 1970er-Jahren erwarb sich San Francisco zudem den Beinamen »Welthauptstadt der Schwulen«. Die in der Hippie-Zeit ausgelöste sexuelle Liberalisierung sorgte für eine ***»Lesbian, Gay, Bisexual & Transgender«-Community***, kurz *LGBT*, die heute auf 20% der wahlberechtigten Bürger der Stadt geschätzt wird. Als politischer und wirtschaftlicher Faktor – ihr Einkommen liegt in der Regel deutlich über dem Durchschnitt – ist die Homosexuellenbewegung nicht mehr wegzudenken. Als ihre »Hochburg« gilt ein Bereich unterhalb der Twin Peaks und des *Buena Vista Park* mit Zentrum in der Castro Street zwischen der 17. und 19. Straße.

Golden Gate Bridge www.goldengate.org

Golden Gate Bridge von der Marshall's Beach

Die enge Einfahrt durch das »Goldene Tor« in die San Francisco Bay legte früh den Gedanken an eine Brücke nahe. Aber erst das 20. Jahrhundert sorgte für die technischen Voraussetzungen zur Überbrückung einer Meerenge von über 2 km Breite bei Wassertiefen von 30 m und mehr. Bis dahin gab es nur Fähren zwischen San Francisco und dem Nordufer der Bucht. Wegen der plötzlich von See her einbrechenden Nebelwände kam es dabei oft zu Havarien (wer den »Seewolf« von Jack London gelesen hat, erinnert sich vielleicht, dass der Roman mit dem Untergang einer der *Golden Gate*-Fähren begann). Aber erst in den 1920er-Jahren erfolgte die konkrete Planung der Brücke und 1933 deren Realisierung. Die *Golden Gate Bridge* wurde im April 1937 fertig. Sie war damals mit einer Gesamtlänge von 2.737 m die längste Hängebrücke der Welt. Ihre Spannweite zwischen den 227 m hohen Pfeilern beträgt 1.280 m. Die die 27 m breite Fahrbahn (sechsspurig plus Fuß- und Radweg 67 m über der Hochwasserlinie) tragenden Kabel haben einen Gesamtdurchmesser von 92 cm.

Bei sonnigem Wetter am Spätnachmittag, wenn die Brücke in gleißendem Rot und das Land in einem warmen Gelbbraun erstrahlen, erkennt man besonders von den Aussichtspunkten in den *Marin Headlands* (➤ Seite 328) den Ursprung der Bezeichnung »Golden Gate«. Selbst an Tagen durchsetzten Wetters, wenn die Pylonen immer wieder im Nebel verschwinden, ist der Blick beeindruckend.

2.1.2 Orientierung

Zentrum

Die Orientierung **im zentralen San Francisco**, wo sich ein Großteil der Sehenswürdigkeiten und populären Attraktionen befindet, ist wegen des Stadtaufbaus **relativ einfach**. Gleich, aus welcher Richtung Besucher die Innenstadt erreichen (einschließlich der ersten Anfahrt vom *International Airport* an der San Francisco Bay bei San Bruno), fast unweigerlich geraten sie auf oder über die **Van Ness Ave**, ein mitten durch die City führendes Teilstück der Nord-Süd Küstenstraße #101. Diese sechsspurige Allee und die auf Pylonen geführte *Interstate* #80 (Verlängerung der *Oakland Bay Bridge*) trennen den in der nordöstlichen Ecke der Halbinsel gelegenen Kern vom weitläufigen «Rest« San Franciscos. Innerhalb dieses Gebietes befinden sich auf nicht einmal 10 km^2 Fläche u.a. **Downtown San Francisco** mit dem Union Square und den für amerikanische Großstädte typischen Hochhäusern der Banken und Versicherungen des **Financial District**.

Zentrale Neighborhoods

Außerdem liegen dort so bekannte *Neighborhoods* wie das quirlige **Chinatown**, **North Beach** mit seinem italienischen Flair und die schönen Hügelviertel **Nob Hill**, **Russian** und **Telegraph Hill**, nicht zuletzt auch der erst in den letzten beiden Dekaden zu Bedeutung gelangte Bereich **South of Market**, kurz: **SoMa**. Dazwischen fließen Arterien wie die **Market Street** und die **Columbus Avenue**, dazu unzählige kleine Lebensadern, deren Namen und Straßenecken an Szenen aus dem »***Malteserfalken***« oder aus »***Vertigo***« erinnern: Turk Street, Macondray Lane oder der krumme Abschnitt der Lombard östlich der Hyde Street. Das Nordufer der Bay zwischen Hyde Street und Pier 39 dominiert der komplett touristifizierte Besuchermagnet ***Fisherman's Wharf***.

Coit Tower und Downtown San Francisco

Bereiche westlich von Downtown

Auf der Market Street gelangt man in Richtung Südwesten in den **Mission District** mit seinem nach wie vor lateinamerikanischen Grundrhythmus sowie ins *LGBT*-Mekka ***Castro***. Nur wenig weiter nordwestlich liegen die ehemalige Hippie-Hochburg **Haight-Ashbury** und der ausgedehnte ***Golden Gate Park***.

An die ***Fisherman's Wharf*** schließen sich westlich erst der ***Fort Mason Park***, dann der **Marina District** mit seinen Yachthäfen und pittoresk bunten Holzfassaden und das frühere Militärgelände ***Presidio of San Francisco*** mit dem Freizeitpark ***Crissy Field*** (heute Teil der *Golden Gate National Recreation Area*) am Ufer der Bay an. Am Westende des *Crissy Field* steht das ***Fort Point*** direkt unter der ***Golden Gate Bridge***. Über sie führen in einem kurzen gemeinsamen Verlauf die #101 und #1. Südlich der Brücke geht es durch die Wohnviertel **Seacliff** *und* **Richmond** bis ans Nordwestende der Halbinsel mit den ***Lincoln*** und ***Sutro Heights Parks*** hoch über dem Pazifik.

49-mile-Drive

Die interessantesten Besuchspunkte lassen sich durch einen Rundkurs gut miteinander verbinden, den sog. ***Scenic 49-Mile-Drive***, ➤ Übersichtskarte Seite 315, Beschreibung ab Seite 314.

Aussichtspunkte

Wer sich vor **Beginn einer Stadterkundung** erst einmal einen Überblick verschaffen möchte, könnte zunächst einen der hochgelegenen Aussichtspunkte ansteuern. Dank seiner Topographie bietet San Francisco gleich mehrere schöne Möglichkeiten:

- Der ***Coit Tower*** auf dem Telegraph Hill ist der beste Aussichtspunkt für den Blick auf die City und die Bucht; ➤ Seite 313.
- Sehr populär ist auch der **Alamo Square**, ein begrünter Platz zwischen Innenstadt und *Golden Gate Park* (ab Van Ness Ave auf der Hayes Street acht Blöcke westlich, sofern man aus Downtown kommt). Den Vordergrund bilden dort hübsch bemalte viktorianische Häuser, die ***Painted Ladies***, dahinter erheben sich die *Skyscraper* der Stadt; ➤ Foto/Details Seite 326.
- Die **Twin Peaks** sind am schnellsten mit dem Auto zu erreichen. Bei klarem Wetter genießt man von dort oben einen weiten Blick über die City und Teile der Bucht; ➤ Seite 325.
- Letzteres gilt ähnlich auch für den kleinen ***Grand View Park***, der kaum von Touristen besucht wird. Er liegt südlich des *Golden Gate Park* an der Noriega Street/14th Ave (Buslinie 66).

An nebelfreien Sommertagen wäre auch die ***Golden Gate Bridge*** ein toller erster Anlaufpunkt:

- Von der Uferpromenade des ***Crissy Field***, vom ***Fort Point*** oder der ***Marshall's Beach*** ist der Blick von unten auf die Brücke am »Goldenen Tor« immer eindrucksvoll; ➤ Seite 318ff.
- Am jenseitigen Ufer warten eine groß ausgebaute Terrasse sowie etliche Aussichtspunkte entlang der **Conzelman Road** mit weitem Blick über die Bay und auf die *Skyline* (➤ Seite 320+328).

2.1.3 Unterkunft

Preisniveau

Die Angaben beziehen sich auf Sommer- und Herbstsaison; im Winter und Frühjahr ist es billiger

In San Francisco, einem der teuersten Hotelpflaster weltweit, ballen sich Unterkünfte aller Preisklassen in der **Innenstadt** westlich und nördlich des Union Square und entlang der #101 (Lombard und Van Ness Street). Hotels zu Höchstpreisen findet man insbesondere im Bereich *Fisherman's Wharf* sowie an der Market Street. Selbst die Häuser der Mittelklasse (*Best Western*, *Holiday Inn* usw.) kostet dort schnell $250 und mehr. Der durchschnittliche Zimmerpreis in der Stadt liegt bei **über $300/Nacht**.

Während die billigeren Hotels in Downtown nahezu ausschließlich in Straßen stehen, die man spätestens nach Einbruch der Dunkelheit besser meiden oder zumindest nicht mehr allein aufsuchen sollte, sind Van Ness, Lombard und Nebenstraßen relativ unproblematisch. Sie liegen außerdem verkehrsgünstig und verfügen über viel Gastronomie im Umfeld. Akzeptable Unterkünfte der unteren Mittelklasse fordern dort zur Hochsaison aber auch oft weit über $150 pro Nacht ohne überdurchschnittliche Qualitäten aufzuweisen. Hinzu kommen dann in der Innenstadt noch meist **Parkplatzkosten** sowie 14% Steuern.

Große Bettenkapazitäten existieren rings um den **Flughafen** vor allem am Airport Boulevard, gut 20 mi südlich des Zentrums, und südlich davon bis hinunter nach San Mateo.

Vorbuchung

Trotz der über 200 H/Motels und 33.000 Zimmer kommt es während der Sommermonate immer wieder zu Engpässen. Für **Freitag- oder Samstagabend** sollte grundsätzlich **reservieren**, wer in der Stadt und nicht irgendwo weit außerhalb logieren möchte. An Wochenenden mit hoher Nachfrage ist rund um das Zentrum auch noch die »allerletzte« Absteige hochpreisig ausgebucht. Zugleich herrscht mitunter im Flughafenbereich in guten Hotels – trotz günstiger Tarife oder sogar niedrigerer ***Weekend Specials*** – Leere.

Rund um den International Airport (SFO) sind die Tarife fürs Doppelzimmer meist deutlich niedriger als in der Stadt

Wer seine Reise in San Francisco startet und/oder abschließt, wird – gleichgültig, ob Wochenende oder wochentags – ohnehin oft die ersten und/oder letzten Nächte vorbuchen wollen.

Erste/letzte Nacht: Airport oder in der City?

Bei Ankunft des Transatlantikfluges **bis zum frühen Nachmittag** ist ein City-Hotel den Häusern im Flughafenbereich vorzuziehen, selbst wenn dafür Taxikosten oder Zug-/Busfahrten anfallen (zu Fuß oder per *AirTrain* zur U-/S-Bahn-Station *BART*, ca. 30 min; www.bart.gov/guide/airport/inbound_sfo). *Vans* nach Downtown kosten ab $17; u.a. www.gosfovan.com. Alternativ fährt ***Uber*** (in der Option »Pool«) ab $30 bis zum Union Square. Abholpunkt ist immer auf der oberen Ebene, in den Terminals 1-3 die 2. Etage, am T4 die 3. Etage; www.uber.com/de/airports/sfo. Im Zentrum kann man sich gut die restlichen Stunden vertreiben und hat es leichter mit der Zeitumstellung. Auch für die **letzte Nacht** ist man dort gut aufgehoben, sofern der Flug nicht früh am Morgen geht.

Wer erst **am späten Nachmittag** aus Europa eintrifft (die »innere Uhr« steht dann auf 2 Uhr morgens), möchte sich oft keinen weiteren Stress unterziehen und schon gar nicht werktags zur *Rush Hour* im Stau stehen. Teurere Airport-Hotels holen ihre Gäste per gratis Shuttlebus ab (für den Fahrer $1 *Tip* pro Gepäckstück!).

Hotels Airport-Bereich

Die **Hotels in Flughafennähe** liegen durchweg isoliert und bieten kaum mehr als sich selbst. Zu Fuß gelangt man von dort fast nirgendwohin. Vergleichsweise »preiswert« (ab ca. $140) kommt man in den einfachen Häusern der Ketten *Super 8* oder *Travelodge* unter. Ein für San Francisco noch akzeptables Preis-Leistungs-Verhältnis haben *Holiday Inn Express*, *La Quinta* oder *Best Western* mit Sommertarifen zwischen $200-$250.

Empfehlenswert sind außerdem:

- ***Millwood »Boutique« Inn***, sehr schönes Motel gleich westlich des Flughafens; $125-$350, *Weekend* ab $120; 1375 El Camino Real, Millbrae; ✆ 1-800-345-1375, www.millwoodinn.com
- ***Vagabond Inn Airport Bayfront***, viele Zimmer mit Balkon an der Bay ab ca. $150; 1640 Old Bayshore Hwy, Burlingame; ✆ 1-800-522-1555, www.vagabondinn.com.

Eine Gesamtübersicht für die Flughafenumgebung liefert der *Airport Hotel Guide*: www.airporthotelguide.com/san-francisco.

Pacifica

Einen guten **Kompromiss** zwischen Entfernung (Flughafen 10 mi/ 15 Autominuten bzw. City rund 16 mi/25 min), Niveau und Preisgestaltung bietet in Pacifica direkt am Ozeanstrand das

- ***Best Western Lighthouse***, 105 Rockaway Beach Ave, große DZ ab $230; ✆ (650) 355-6300, www.bestwesternlighthouse.com.

Mittelklasse in der City

Einigermaßen zentral schläft man im:

- ***Nob Hill Motor Inn***, 1630 Pacific Ave, im Sommer ab ca. $240; ✆ 1-800-343-6900, www.nobhillmotorinn.com
- ***Beck's Motor Lodge***, 2222 Market Street im Bereich Castro Mission unterhalb der Twin Peaks, Zimmer ab ca. $200; ✆ (415) 621-8212, www.becksmotorlodge.com.

Ein guter Tipp in der – in puncto Sicherheit – weitgehend unproblematisch eingestuften Lombard Street (Hwy #101) sind:

- ***Town House Motel***, #1690, schlichte Zimmer **unter $200 (!)** (inklusive Parkplatz) in Gehdistanz zur *Fisherman's Wharf*; © 1-800-255-1516, www.sftownhousemotel.com
- ***Coventry Motor Inn***, #1901; Tarife ab ca. $250 (inkl. Parken); © (415) 567-1200, www.coventrymotorinn.com.

In der Nähe des Union Square muss man tief ins Portemonnaie greifen, die Kosten fürs Zimmer beginnen bei ca. $250:

- ***King George***, 334 Mason Street; www.kinggeorge.com
- ***Holiday Inn Express***, 235 O'Farrell St, www.ihg.com
- ***Chancellor Hotel***, 433 Powell St; www.chancellorhotel.com.

Oberklasse in der City

Die Grenzen zwischen gehobener Mittel- und Oberklasse sind fließend, preislich wie auch qualitativ. Nicht selten werden Tarife jenseits der **$400/Nacht** verlangt. Gelegentlich findet man günstigere Zimmer bei Fixbuchung (*non refundable rate*).

Sehr gute Häuser sind u.a.:

- ***Renaissance Parc Fifty Five***, 55 Cyril Magnin St; © (415) 392-8000, www.parc55hotel.com
- ***Vertigo Hotel***, 940 Sutter Street; das Zimmer aus dem Hitchcock-Klassiker hat die #401; © 1-888-444-4605, www.haiyi-hotels.com/hotelvertigosf
- ***Marriott Marquis***, 780 Mission St, mit toller *View Lounge* in der obersten Etage; www.marriott.com.

Wer sich direkt am Union Square echte Nostalgie gönnen möchte, bucht – nach Preisvergleichen im Internet (plus *tax*!) für viele Termine am besten über hiesige Veranstalter – die Hotels:

- ***Westin St. Francis*** (www.westinstfrancis.com) aus 1904, das von außen einem unscheinbaren graubraunen Klotz gleicht, im Inneren aber eher wie ein Palast wirkt
- ***Kimpton Sir Francis Drake*** (www.sirfrancisdrake.com) von 1928 mit einem versteckten »Prohibitions«-Raum in einem Zwischengeschoss, in den man nur unter Überlistung der regulären Aufzugssteuerung gelangt. Bei Besichtigungsinteresse an der Rezeption nachfragen.

Luxustipp

Im höherklassigen Segment sind die Zimmer des ***Hyatt Regency*** in den oberen Stockwerken eine tolle Sache (im Sommer häufig über $400, aber an einzelnen Tagen auch ab $200 zu haben). Dieses Spitzenhotel mit Riesenatrium liegt ein wenig abseits an der Endstation der *Cable Car*, aber dafür gleich neben der *Embarcadero Shopping Mall* mit vielen Restaurants. Und zum *Ferry Building* (mit *Marketplace* voller Shops und *Eateries*) sind es auch nur ein paar Schritte über die Herman Plaza und die Embarcadero Street; © (415) 788-1234 bzw. https://sanfrancisco.regency.hyatt.com.

Absolut unübertroffen ist die Aussicht auf Downtown und die Bay von den Suiten im ***Loews Regency*** aus, sie kosten allerdings auch entsprechend (ab $350), 222 Sansome Street; © 1-844-271-6289, www.loewshotels.com/regency-san-francisco.

Hostels

Wirklich günstig kommt man in San Francisco nur in Hostels unter:

- ***Fisherman's Wharf Hostel (HI)***, beste Lage im *Fort Mason Park* unweit der *Wharf*, 160 Betten, schon älter, aber beliebt, ab $40, DZ ab $110; © (415) 771-7277, www.sfhostels.org
- ***Downtown Hostel (HI)***, 312 Mason Street/Union Square, Betten ab $35; DZ ab $94; © (415) 788-5604, www.sfhostels.org
- ***City Center (HI)***, 685 Ellis St. im Stadtzentrum; Betten ab $33, DZ ab $90; © (415) 474-5721, www.sfhostels.org
- ***Pacific Tradewinds***, 680 Sacramento Street, $35-$45/Bett, © (415) 433-7970, www.san-francisco-hostel.com
- ***Orange Village Hostel***, 411 O'Farrell St, zentral, Bett ab $42, DZ ab $126; © (415) 409-4000, www.orangevillagehostel.com
- ***Green Tortoise Hostel***, 494 Broadway, alternativ, Betten ab ca. $35; DZ $90; © 1-800-8678647, www.greentortoisesf.com
- ***Amsterdam Hostel***, 749 Taylor Street, zentrale Lage, ab $25 pro Person, DZ ab $95; © (415) 673-3277, www.hostelsf.com
- ***USA Hostels San Francisco***, 711 Post St, Betten ab $46, DZ ab $144; © 1-877- 483-2950, www.usahostels.com.

Nördlich der *Golden Gate Bridge* steht noch das:

- ***HI Marin Headlands Hostel*** hoch über dem Pazifik; Betten ab $33, DZ ab $100; © (415) 331-2777, www.norcalhostels.org/marin.

Sehr schöne Zimmer findet man jenseits der Bay im ruhigen und edlen Vorort **Sausalito** z.B. im ***Gables Inn*** (www.gablesinnsausalito.com) oder im ***Hotel Sausalito*** (www.hotelsausalito.com). Beide sind aber ähnlich kostspielig wie die Unterkünfte südlich der *Golden Gate Bridge*.

Preiswerter und auch noch einigermaßen citynah schläft man dort in den Nachbarorten **Mill Valley** (*Travelodge* auch im Hochsommer schon ab $140) oder **Corte Madera** (*Americas Best Value Inn* ab $150).

Cable Car an der Hyde Street mit Blick hinunter auf die San Francisco Bay und die Gefängnisinsel Alcatraz

2.1.4 Camping

Die privaten Campingplätze in akzeptabler Nähe zur Innenstadt sind in der »City of the Bay« recht kostspielig:

- Der beste ist der ***Candlestick RV Park & Campground***, 650 Gilman Ave südlich des Hunters Point im Südosten (halbe Distanz zum Airport auf #101, Abfahrt 429 C; *free Wifi*; Shuttlebus in die City (Chinatown); ✆ 1-800-888-2267; ab $100 pro Nacht, ein teurer Spaß; www.sanfranciscorvpark.com.
- Etwa so weit wie der Flughafen von Downtown entfernt liegen der ***Treasure Island RV Park*** (1700 El Camino Real; I-280 *Exit* 46; relativ gute Anbindung an öffentliche Verkehrsmittel; ✆ (650) 994-3266; www.treasureislandrvpark.com) und das ***San Francisco RV Resort*** unmittelbar am Ozean in Pacifica (700 Palmetto Ave; Hwy #1 *Exit* 506; *free Wifi*; ✆ 1-877-570-2267; www.sanfranciscorvresort.com); beide ab ca. $80 und Ersterer nur für RVs.

Wer im Zelt schläft und die Nacht lieber in schönerer Umgebung als auf einem asphaltierten Platz verbringen möchte, findet nördlich der Bay mehrere Möglichkeiten:

- ***China Camp State Park*** an der San Pablo Bay ca. 25 mi; $35
- ***Mount Tamalpais SP*** in der Nähe *Muir Woods Nat'l Monument* **an sich nur für Zelte** ($25). **RVs** dürfen über Nacht auf dem Parkplatz stehen (18-9 Uhr, »*Enroute Camping*«; ebenfalls $25).
- ***Samuel Taylor State Park*** abseits der Straße #1 unweit der *Point Reyes Nat'l Seashore*. Ein schöner Platz für Zelte und Campmobile, aber bereits ziemlich cityfern; $35.
- ***Marin Headlands*** in der *Nat'l Recreation Area* westlich oberhalb des *Golden Gate*. Nur eine Handvoll Plätzchen für Zelter in toller Lage (*Kirby Cove* $25; *Bicentennial* frei). Reservierung nötig unter ✆ (415) 331-1540 oder www.recreation.gov.
- ***Angel Island State Park***, Miniplätze für Zelte auf der Insel bei Tiburon; $30; Reservierung nötig www.parks.ca.gov/?page_id=468. Fähre ab Tiburon $15 (bar!), ab *Pier 41* $19,50; jeweils retour.
- Für Pkw-Fahrer/Zelt und *Vans* (**RVs nus bis 20 ft**) hat der ***Mount Diablo State Park*** bei Danville; Anfahrt (➤ Karte Seite 368) über I-680, dann ca. 12 mi Serpentinen zwei tolle Plätze über den Wolken oder bei klarer Sicht Weitblick über Oakland und die Bucht. Duschen, keine *hook-up*; $30; www.parks.ca.gov/?page_id=517.
- Stadtnäher liegt der ***Anthony Chabot Regional Park*** südöstlich von San Leandro. Dessen Campingplatz im Eukalyptuswald ist nur »rückwärtig« über die kurvige **Redwood Road** zu erreichen: ab Castro Valley (I-580) oder ab #13 nördlich von San Leandro; Zelte $25, Reservierung angeraten bei *hook-up*-Bedarf ($35): ✆ 1-888-327-2757 bzw. www.ebparks.org/parks/anthony_chabot.

Speziell für die **letzte Nacht vor der Rückgabe eines Wohnmobils** bietet der *Anthony Chabot Park* eine landschaftliche schöne stationsnahe Lösung für Kunden der *Rental Companies*, die auf der Ostseite der Bay (Oakland, San Leandro, Hayward) residieren.

Eine der zahlreichen Imbissbuden im Hafenviertel Fisherman's Wharf, unweit des Hard Rock Café gleich eingangs des Pier 39

2.1.5 Restaurants und Kneipen

San Francisco quillt über von Restaurants jedweder Provenienz. Neben kulinarischen Einflüssen aus Europa, Amerika und Asien ist dort die pazifische Küche angesagt, eine Mischform, die besonders in hochpreisigen Gourmetrestaurants zelebriert wird. Aber auch für weniger Geld gibt es durchaus Essbares auf den Teller.

USA Grill

Amerikanische Klassiker zuerst: Der ***Tadich Grill***, 240 California Street, rühmt sich, das älteste Restaurant der Stadt zu sein; www.tadichgrill.com. Und ***John's Grill*** in der 63 Ellis Street ist ganz ähnlich mit nostalgischem Flair; www.johnsgrill.com.

Fisch & mehr

Seafood liegt in der *Bay Area* dermaßen nahe, dass man es in fast jedem Restaurant in irgendeiner Form bekommen kann. Im *Wharf*-Bereich sticht wegen der Aussicht über Bucht und *Golden Gate* am frühen Abend vor Sonnenuntergang das ***Chart House*** am ***Pier 39*** hervor. Einfacher und etwas günstiger speist man im ***Bubba Gump*** (auch am Ende dieses Piers). Ebenso großer Beliebtheit erfreut sich dort das ***Hard Rock Café***; www.pier39.com.

Auch am ***Ghirardelli Square*** (900 North Point Street) dominieren Meeresbewohner die Karten der Restaurants: dort ist zu empfehlen ***McCormick's & Kuleto's***; www.mccormickandschmicks.com.

Ganz grandios liegt das ***Sutro Seafood Restaurant*** im ***Cliff House*** über der Pazifikküste; ✆ (415) 386-3330, www.cliffhouse.com.

Chinatown

In jedem zweiten Gebäude dieses kleinen Kontinents scheint man Touristen und Einheimische zu bekochen, doch das nicht immer in gleichbleibend hoher Qualität. Die seit eh und je empfehlenswerten Restaurants liegen nicht direkt im Trubel rund um die Grant Street, sondern eher am Rande des Viertels, so etwa ***Brandy Ho's*** an der 217 Columbus Ave (mit glutamatfreier Küche) oder das Stammhaus von ***Henry's Hunan*** (1398 Grant Avenue).

Allerhand zu entdecken gibt es auch im großen ***China Live***-Komplex mit gutem *Market Restaurant*, *Oolong Café* und *Bar Central*; 644 Broadway, www.chinalivesf.com.

North Beach

Für den Cappuccino am Vormittag oder den Espresso nach dem *Dinner* kann man gleich in dieser Ecke bleiben: Das angrenzende **North Beach** ist das, was »Little Italy« für New York ist, mit Cafés in denen man zu den Klängen einer Opernarie leicht die Zeit vergessen kann. Die meisten von ihnen warten in kurzer Distanz zueinander entlang der **Columbus Ave**, darunter das ***Caffe Greco*** (#423), ***Tosca Cafe*** (#242) oder ***Vesuvio Cafe*** (#255). In einigen haben sich schon Anhänger der *Beat Generation* der 1950er-Jahre getroffen, außerdem im ***Caffe Trieste***, dem vielleicht originellsten von allen mit Live-Musik; 601 Vallejo St; http://coffee.caffetrieste.com.

Wer auch gleich zum Essen an der Columbus Ave bleiben möchte, findet dort recht appetitanregende Speisekarten. Unweit der *Transamerica Pyramid* liegen im Häuserblock des grünbeturmten *Sentinel Building* nicht nur die *Zoetrope*-Filmstudios des Regisseurs Francis Ford Coppola, sondern auch das ***Café Zoetrope*** mit italienischer Küche, 916 Kearny Street; www.cafecoppola.com.

Definitiv vor Vampiren sicher ist man in ***The Stinking Rose***, 325 Columbus Ave; dort verarbeitet man von der Vor- bis zur Nachspeise jede Menge Knoblauch; www.thestinkingrose.com.

Financial District

Vielfältige Snacks zu zivilen Preisen gibt es in den Lokalen des ***Embarcadero Center*** zur Mittagszeit. Dort befindet sich auch das japanische Restaurant ***Sushi Kinta*** mit – was sonst? – *Sushi*-Spezialitäten; www.sushikintasf.com. Nebenan im ***Hyatt Regency*** sitzt man in der **Cafeteria in der Halle** ausgezeichnet, zahlt aber dafür ein paar Dollar extra für Cappuccino & Co.

Mission District

Große kalorienreiche Portionen werden in den überwiegend recht schlichten, aber preiswerten *Taquerias* an der Mission Street aufgetischt, z.B. in der ***Taqueria Cancún*** (#2288), ***Taqueria San Jose*** (#2830) oder ***La Taqueria*** (#2889; Favorit und fast immer voll).

Max's

Ein genereller Tipp bezieht sich auf die ***Max's Restaurants*** rund um die San Francisco Bay; www.maxsworld.com. In der Innenstadt wartet an der 601 Van Ness Ave das ***Max's Opera Café*** mit singenden Kellnern, guter Küche und moderaten Preisen auf Gäste.

Deutsche Küche

Traditionelle bayerische Gerichte und deutsches Bier serviert die ***Suppenküche*** in der 525 Laguna Street zwischen *Civic Center* und Alamo Square; © (415) 252-9289, www.suppenkuche.com.

Der Drink am Abend

Im ***Starlight Room*** im obersten Stockwerk des Luxus-Hotels ***Sir Francis Drake*** (450 Powell St/Union Square) gibt's zum teuren Drink eine tolle Aussicht gratis dazu; www.starlightroomsf.com.

Zum Abschluss eines langen Besichtigungstages eignet sich – vor allem wegen seiner diversen Biersorten – die populäre ***Thirsty Bear Brewing Company*** unweit des *MoMa* in South of Market, 661 Howard St; © (415) 974-0905, www.thirstybear.com.

Brauerei

Durch die ***Anchor Brewery*** im Stadtteil Potreto Hill werden 1,5-Std-Touren mit anschließender Bierverkostung angeboten; $22, tägl. 11.30+13.30 Uhr; www.anchorbrewing.com/brewery/tours.

2.1.6 Information und Transport

Besucherzentren

Eine erste Anlaufstelle befindet sich gleich im **Ankunftsbereich des *Int'l Airport***, die zentrale ***Visitor Info*** im Kongresszentrum ***Moscone Center*** (749 Howard St; unweit der Station Powell/Market St).

Hilfreich ist das kostenlose, monatliche Magazin »***Where***« mit Karten und *Up-to-date*-Informationen zu allem Sehenswerten, Restaurant-/Kneipenempfehlungen für alle Stadtteile und Veranstaltungskalender. Weitere Infohefte wie ***San Francisco Chaperon*** (auch auf Deutsch erhältlich; www.chaperon.com) und ***Bay City Guide*** (www.baycityguide.com) sind ebenfalls informativ, haben Stadtpläne und dazu *Discount Coupons* für Geschäfte und Restaurants. In der Besucherinformation im *Moscone Center* kann man auch **Transport-** und ***CityPASS*** kaufen, ➤ Kasten Seite 307.

Internetinfo

Zur aktuellen Vorabinfo in Ergänzung dieses Buches eignet sich in erster Linie die offizielle Tourismusseite, wo man u.a. auch die neueste Ausgabe des stadteigenen Info-Magazins durchblättern kann www.sftravel.com/article/visitors-guide. Gute Portale auf Deutsch sind zudem www.sanfrancisco4you.com und www.sfjourney.com.

Erkundung am besten per pedes

San Francisco besitzt eine in den USA nur von wenigen Citys geteilte Sonderstellung: Das Zentrum einschließlich *Pier 39* etc. lässt sich **besser zu Fuß, mit öffentlichen Verkehrsmitteln oder mit *Uber/Lyft*** erkunden als mit dem eigenen Fahrzeug. Einerseits liegt das an der Überschaubarkeit der Innenstadt, andererseits an der Verkehrsdichte und dem Parkplatzmangel, was Stress bereitet und das Auto leicht zum Klotz am Bein werden lässt. Außerdem gibt es für längere Distanzen Busse und vor allem ***Cable Cars***, deren Benutzung ohnehin zum touristischen Pflichtpensum gehört.

Parken

Wer mit dem Fahrzeug anreist, sollte in Anbetracht der in vielen Straßen kolossalen Steigungen bzw. Gefälle (bis über 30%!) bei gleichzeitigem *Stop-and-go* und der dort katastrophalen Parksituation in das von Van Ness Avenue, Market St und Wasser begrenzte Dreieck lieber gar nicht hineinfahren, erst recht nicht mit **RVs**. Diese stellt man am besten **kostenlos beim *Marina Green Park***

Die nostalgischen Street Cars (1948) der F-Line verkehren zwischen Fisherman's Wharf, dem Embarcadero, Market Street und dem Castro District

westlich vom *Fort Mason* ab (➤ Seite 318; von dort knapp 30 min zu Fuß bis *Fisherman's Wharf*). Mit Pkw kommt man zwar in näheren Parkhäusern unter, wird aber immer ordentlich zur Kasse gebeten.

Parken am Hang

Beim Abstellen an einer der vielen abschüssigen Straßen ist man verpflichtet, zusätzlich zum Anziehen der **Handbremse** die **Vorderräder** so zum Kantstein hin **einzuschlagen**, dass ein Wegrollen (*runaway*) des Wagens unmöglich wird. Wer das vergisst, bekommt ein *ticket*, genau wie bei Parkzeitverstößen. Dasselbe oder kostenpflichtiges Abschleppen (*tow away*) droht auch, wer die auf Schildern ausgewiesenen Zeiten der Straßenreinigung nicht beachtet.

Wertsachen

Autoeinbrüche sind in San Francisco an der Tagesordnung. Wertsachen, Taschen usw. sollten niemals sichtbar im Auto liegen bleiben, das gilt ganz besonders auch auf den Parkplätzen jenseits der Bay an der Conzelman Road (➤ Seite 328).

Öffentlicher Transport/ BART

Mit den Zügen von ***BART*** (*Bay Area Rapid Transit*) gelangt man von zentralen Stationen (z.B. Powell/Market St oder *Embarcadero*) nach Oakland, Berkeley sowie in den Süden der San Francisco-Halbinsel; www.bart.org. Nur rund 30 min dauert die Fahrt vom *International Airport* ins Stadtzentrum (Richtung »Antioch« ab der *BART*-Station des kostenlosen *AirTrain*) und sie ist ungleich günstiger als mit dem Taxi.

Streetcars

Nostalgische Straßenbahnen (***F-Market & Wharves Street Car Line***, Ticket $2,75) verkehren von der *Fisherman's Wharf* entlang der Bay (*Embarcadero*) bis zum *Ferry Building* und dann via Stewart St auf die Market Street und auf dieser hinunter bis zu den Stadtteilen Castro/Mission. Die ***Embarcadero Street Car Line*** führt weiter nach Süden bis zum *AT&T Park*; www.streetcar.org.

Cable Cars

Außer der *Streetcar* wird das System des öffentlichen Nahverkehrs von ***MTA*** (*Municipal Transportation Agency*) unterhalten. Wer mehr als nur eine kurze Fahrt mit einer ***Cable Car*** im Auge hat, sollte sich die ***San Francisco Street & Transit Map*** besorgen, die alle Systeme detailliert beschreibt, sowie einen **Tagespass** für ***MUNI***: $24 (3- und 7-*Day Visitor Pass* $36/$47). Die Tagespässe schließen die Benutzung aller ***MUNI***-Busrouten, der ***Street Cars*** und der ***Cable Cars*** mit ein. Für die einfache Fahrt in den Bussen zahlt man **$3**, in den *Cable Cars* sogar **$8** (nur vor 7 Uhr und nach 21 Uhr $4); www.sfmta.com/getting-around/transit/fares-passes.

Tipp: Tagespässe mit *ClipperCard* (Plastikkarte einmalig $3 mit aufladbarem Guthaben erhältlich u.a. in Supermärkten, *BART*-Stationen) oder ***MuniMobile*-App kosten nur $13.**

Wer sich zu weit außerhalb einquartiert und dort mangels Alternative in die Busse von ***samTrans*** (z.B. ab dem Airport-Bereich) steigt, kann die Pässe von *MTA*/*Muni* nicht nutzen und zahlt extra.

Sightseeing per Bus

Das Angebot an Bustouren für Touristen ist hier enorm, seien es konventionelle Stadtrundfahrten auf kleinem oder großem Radius ohne und mit Abstechern nach Sausalito, Tiburon und zu den *Redwood*-Beständen der *Muir Woods* oder inklusive *Alcatraz*-Trip.

CityPASS San Francisco

Erwägenswert für einen längeren San Francisco-Besuch ist der **CityPASS für $94**, Kinder 5-11 Jahre $74 (http://de.citypass.com/san-francisco). Er beinhaltet **drei Tage unbegrenzten Transport** mit der *Cable Car* und dem *MTA/MUNI*-System, hinzu kommt noch der Eintritt in die *California Academy of Science*, in das *Aquarium of the Bay* sowie ins *Exploratorium* oder *San Francisco Museum of Modern Art*. Auch eine *Bay Cruise* ist dabei.

Hop-on-hop-off-Touren

Auch in San Francisco keine schlechte Idee sind Stadtrundfahrten mit – im Oberdeck *open-air* – **Doppeldecker-Bussen**, die auf einer vorgegebenen Route in kurzen Intervallen alle wesentlichen Sehenswürdigkeiten abfahren und dabei beliebige Fahrtunterbrechungen (***hop-on-hop-off***) zulassen:

- Bei ***Big Bus Tours*** werden 24- und 48-Std-Tickets für eine recht weite Runde inkl. *Golden Gate*-Aussichtspunkt und *Golden Gate Park* angeboten; $55 bzw. $75, Kinder $42 bzw. $60. Im Internet meist 10%-Rabatt: www.bigbustours.com/en/san-francisco/.
- Auch ***City-Sightseeing*** offeriert 1- und 2-Tageskarten für die *Hop-on-hop-off Downtown Loop* ($55 bzw. $74, Kinder $42/$59) sowie Touren inkl. Sausalito oder Nachttouren (ab $64/$51). Online-günstiger: www.city-sightseeing.us/all-san-francisco-tours.html.

Filmtour

Die ***San Francisco Movie Tour*** führt zu berühmten Drehorten in der Stadt, wie etwa dem »Mrs. Doubtfire« House oder der Stelle, wo einst James Stewart in Hitchcock's »Vertigo« (1958) Kim Novak des Leben rettete; 3 Std, $49/$35; www.sanfranciscomovietours.com.

Bootstouren

Näheres zu den Bootsausflügen, Fährverbindungen in der San Francisco Bay ab ***Fisherman's Wharf*** ➤ Seite 314.

Offener »Hop on Hop off« Sightseeing-Bus am populären Viewpoint jenseits der Golden Gate Bridge

Zuerst zur Golden Gate Bridge

Als Sehenswürdigkeit Nr. 1 in San Francisco gilt zu Recht die ***Golden Gate Bridge***. Wer nur wenig Zeit hat, sollte sich – gleich zu welcher Jahreszeit – als erstes auf den Weg zur Brücke machen, wenn die Wetterverhältnisse zunächst gut sind. Wenn nicht, muss man die Chance zur Besichtigung bei nächster Gelegenheit, d.h., bei klarer Sicht, sofort nutzen. Denn oft legt sich schnell wieder Nebel über das »Goldene Tor« und bleibt gleich mehrere Tage hängen. Weitere Details ➤ Seite 295 bzw. Seite 319.

2.1.7 Stadtbesichtigung

Citybereich

Downtown

Die **Ecke Market/Powell Street** ist ein guter **Ausgangspunkt** zum Kennenlernen der Stadt. Die diagonal durch die City verlaufende breite **Market Street** trennte früher Downtown von den südlichen, einst heruntergekommenen **South of Market**-Straßenzügen (**SoMa**).

South of Market

In den 1990er-Jahren begann die Sanierung dieses Bereichs. Architektonische Schmuckstücke der Hochhaus-Postmoderne verdrängten dort die Slums, auf die heute nichts mehr hinweist.

Parken

Parkmöglichkeiten bieten sich nördlich und südlich der Market Street faktisch nur in **Parkhäusern** (keine RVs und auch für übergroße Pkws können bereits erhöhte Gebühr anfallen!). Einen hilfreichen Überblick gibt's unter www.spothero.com.

SFMOMA

Das ***Museum of Modern Art*** an der 151 3rd St in SoMa birgt nach mehrjähriger Renovierung eine absolut einzigartige Sammlung moderner und zeitgenössischer Kunst. Der Schwerpunkt liegt auf amerikanischen Künstlern, aber auch deutsche sind dort gut vertreten; geöffnet im Sommer täglich 10-18 Uhr und Do bis 21 Uhr, die übrige Zeit des Jahres mittwochs geschlossen; Eintritt $25, Kinder und Jugendliche unter 18 frei; www.sfmoma.org.

Beachtung hinter dem *SFMOMA* verdient das ***Pacific Telephone*** *Art-Deco*-Hochhaus aus dem Jahr 1925 mit beeindruckender Lobby und einer 4 m hohen Adler-Statuen auf der Turmspitze; 140 New Montgomery Street.

Union Square

An der Einmündung der Powell in die Market Street befindet sich eine der **Wende- bzw. Endstationen der *Cable Cars***, die ihre – meist in langen Schlangen geduldig wartenden – Passagiere zur *Fisherman's Wharf* befördern. Auf der **Powell Street**, wo sich ein *Shop* an den anderen reiht, erreicht man nach ca. 300 m den **Union Square**, eine große offene mit ein paar Palmen dekorierte, oft bunt belebte Plaza und Mittelpunkt von Downtown San Francisco mit Filialen der größten Kaufhausketten im Umfeld (*Saks Fifth Avenue, Macy's, Neiman Marcus*) und diversen Hotels drumherum. Das ***Westin St. Francis*** von 1904 wirkt zwar von außen klobig, aber im Inneren ist es ausgesprochen prunkvoll.

Chinatown

Nur wenige Blocks weiter nördlich liegt San Franciscos berühmte **Chinatown** etwa zwischen Bush Street und Broadway sowie Stockton und Kearney Street, www.sanfranciscochinatown.com.

Am besten steuert man die Chinatown über die Grant Street an, auf der man sein Ziel durch ein buntes chinesisches Tor, das ***Dragon Gate*** betritt. Zwar ist die Chinatown mehr auf das Touristengeschäft eingestellt als vielen gefallen wird und immer fürchterlich zugeparkt und verstopft. Dennoch ist sie sehenswert. Dort wird nicht nur chinesisches Amerika gespielt, sondern real gelebt. Einen Bummel vorbei an den farbenprächtigen Auslagen der 'zig Shops mit sagenhaftem Angebotssammelsurium und an zahllosen Restaurants voll von exotischen Wohlgerüchen muss man unbedingt machen und auch 'mal einen Blick auf die Fassaden oberhalb der Geschäftsebene werfen.

In der Chinatown

Ein Pflichtstopp für manchen Besucher ist die Geburtsstätte der **Glückskekse**, die man aus jedem China-Restaurant kennt: In der ***Golden Gate Fortune Cookie Factory*** (56 Ross Alley) kann man sie nicht nur erwerben, sondern auch gleich sehen, wie die Glücksbotschaften ins Gebäck kommen.

Shoppen ist in Chinatown auf jeden Fall drei Mal so spannend wie an der *Fisherman's Wharf*. Näheres zu den Restaurants in diesen Stadtviertel steht auf ➤ Seite 304.

Wer dem Kulturphänomen »China in Amerika« weiter auf den Grund gehen möchte, sollte Nebenstraßen wie Waverly Place mit dem ***Tin How Temple*** (#125) besuchen oder im ***Chinese Culture Center*** vorbeischauen (750 Kearny St; www.cccsf.us), wo es Ausstellungen, geführte *Chinatown Walks* und allerhand Informationsmaterial gibt; Di-Sa 10-16 Uhr, kein Eintritt, aber Spende.

Wer nach einem Bummel durch die Chinatown Entspannung sucht, findet im ***Café de la Presse***, 352 Grant Ave schräg gegenüber des *Dragongate*, auch deutsche Zeitungen und Magazine, mit Glück sogar neuesten Datums; www.cafedelapresse.com.

Cable Car Museum

Für viele sicher auch interessant könnte die Besichtigung des ***Cable Car Barn*** an der Ecke Mason/Washington Street (westlich von Chinatown) sein. Dort gibt es eine Besuchergalerie und das ***Cable Car Museum*** im Stockwerk darüber, in dem Historie und Technik der Bahn eindrucksvoll präsentiert werden. Die Anlage stammt im Prinzip noch aus dem 19. Jahrhundert und demonstriert die – wenn auch mittlerweile modernisierte – Funktionalität von Großmechanik der industriellen Frühzeit. Täglich 10-17/18 Uhr; kein Eintritt, aber Spende; www.cablecarmuseum.org.

Financial District

Unweit östlich der Chinatown beginnt die ***Wall Street of the West*** (offiziell: Financial District), das Finanz- und Bankenviertel mit einer verdichteten »Wolkenkratzer«-Bebauung im Dreieck zwischen Washington, Kearney und Market Street. Am nördlichen Rand dieses Bereichs steht unübersehbar in – 1989 bewiesener – erdbebensicherer Eleganz die ***Transamerica Pyramid*** von 1972 (600 Montgomery Street/Ecke Washington Street). Im Erdgeschoss ersetzt ein **virtuelles *Observation Deck*** die einst mögliche Auffahrt; www.pyramidcenter.com. Etwas ausruhen kann man sich dort unter *Redwood*-Bäumen, die eigens aus Santa Cruz herbeigeschafft wurden.

Alt und neu: Columbus Tower alias Sentinel Building und TA Pyramid

Mit ihren 260 m Höhe ragte die *TA Pyramid* früher als auffälliges Wahrzeichen einsam aus Downtown heraus, heute wird sie etwas von massigen Nachbarn bedrängt, u.a. von dem 2017 fertiggestellte ***Salesforce Tower*** (326 m) nur wenig südlich an der 415 Mission St. Der Zugang zur 61. Etage muss lange im Voraus reserviert werden: https://salesforcetowertours.com. Die Einweihung des ***Oceanwide Center*** (277 m) an der 1st Street Hausnummer 50 ist für 2021 vorgesehen.

Embarcadero

Zwei Blocks weiter östlich stößt man auf das ***Embarcadero Center***, einen enormen Büro-Laden-Restaurant-Komplex am Ostrand der City mit versetzten Ebenen, Terrassen, Grünanlagen, Wasserspielen und viel **Kunst am Bau**; www.embarcaderocenter.com.

Fähren und Marketplace

Das *Center* erstreckt sich bis zur Justin Herman Plaza gegenüber dem ***Ferry Building*** mit ***Marketplace*** (Cafés, *Eateries* und *Food Shops*; www.ferrybuildingmarketplace.com) und regelmäßige Fährverbindung nach Sausalito und Larkspur im Norden der Bucht. Insbesondere zur werktäglichen Mittagspausenzeit, wenn sich Gänge und Miniparks des *Embarcadero Center* und auch das *Ferry Building* füllen, lohnt sich der Besuch.

Bei gutem Wetter finden auf der Justin Herman Plaza vor der (einst) als avantgardistisch geltenden ***Vaillancourt Fountain*** häufig Konzerte und allerhand Vorführungen statt.

Rincon Park

Ein kurzer Abstecher (400 m) vom *Ferry Building* am Ufer der Bay entlang in Richtung Südwesten (Fußgängerpromenade) führt zum kleinen ***Rincon Park*** fast schon unterhalb der enormen doppelstöckigen ***San Francisco-Oakland Bridge*** (Gesamtlänge 8.300 m).

San Francisco Oakland Bay Bridge

In mancher Hinsicht ist diese Brücke technisch noch spektakulärer, aber fürs Auge des Betrachters weniger attraktiv als die zur selben Zeit errichtete und sechs Monate später eröffnete ***Golden Gate Bridge***. Sie besteht aus mehreren unterschiedlich konstruierten Brückenelementen mit langen Auffahrten auf beiden Seiten und wird mitten in der Bucht auf *Yerba Buena Island* durch einen Tunnel unterbrochen. Beide Decks haben je fünf Fahrspuren; die unteren laufen Richtung Oakland, die oberen von Oakland nach San Francisco. Mehr Details zur Brücke ➤ Seite 366.

Cupid's Span

Im *Rincon Park* installierte man 2002 die überdimensionale Pfeil-und-Bogen-Skulptur ***Cupid's Span***, ein Kunstwerk von Claes Oldenburg und Coosje v. Bruggen. Sie macht sich besonders gut im Vordergrund von Fotos der Brücke oder der San Francisco-Hochhauszeile an und hinter der The Embarcadero-Straße; http://oldenburgvanbruggen.com/largescaleprojects/cupidsspan.htm.

Hyatt Hotel

In der äußeren Ecke der Herman Plaza an der Market Street beeindruckt das in dieser Umgebung äußerlich gar nicht so besonders auffällige ***Hyatt Regency Hotel*** durch sein »Innenleben«, ein achtzehn Stockwerk hohes Atrium. In der Cafeteria sitzt man ausgesprochen angenehm (bei gehobenen Preisen).

Parken/ Transport

Im ***Embarcadero Park Deck*** kann man für Einkauf oder Restaurantbesuch im *Center* preiswerter parken als anderswo. Da die ***Cable Car*** (*Washington Street Line)* am *Embarcadero Center* endet/beginnt, gelangt man von dort ggf. auch ohne lange Fußmärsche rasch in die zentrale City. Im Gegensatz zur *Powell Street Line* bilden sich dort eher selten Warteschlangen.

Exploratorium

Pier 15, etwas weiter nördlich, beherbergt das ***Exploratorium***, ein Wissenschaftsmuseum der experimentellen Art im Stil der sog. *Science Center*. Es richtet sich in erster Linie an Kinder, deren Neugier, Kreativität und Lernfreude geweckt werden soll; im Sommer Sa-Do 10-17 Uhr; Do+Fr bis 22 Uhr; $30, Kinder $20-$25; www.exploratorium.edu.

Kunstwerk Cupid's Span im Rincon Park

Coit Tower auf dem Telegraph Hill

Telegraph Hill: Auffahrt

Gute 20 min (rund 1,5 km) läuft man vom *Embarcadero Center* bis zum *Coit Tower* auf dem 100 m hohen ***Telegraph Hill***. Per Auto ist er am besten über die Grant Ave/Lombard Street und den Telegraph Hill Blvd zu erreichen, man sieht sich aber am Ziel meist erheblichen Parkproblemen gegenüber.

Coit Tower

Beim *Coit Tower* (68 m) handelt es sich um ein bereits 1934 dank einer wohlhabenden Spenderin namens Lily Hitchcock Coit, erbautes ***Memorial*** für die örtliche Feuerwehr, dessen Inneres durch Wandmalereien (*Murals*) mit – teilweise sozialkritischen – Szenen aus dem Arbeitsleben der 1930er-Jahre geschmückt ist. Vom sehr gut besuchten (oft Warteschlangen!) Turm überblickt man Downtown sowie weite Teile der Bucht bis hinüber zur *Golden Gate Bridge* (im Sommer täglich 10-18 Uhr, im Winter kürzer; Eintritt $9, Kinder $2-$6). Die Aussicht vom *Coit Tower* erlaubt nebenbei eine gute Vororientierung für alle, die den ***Scenic Drive*** abfahren wollen, ➢ umseitig.

Zu Fuß vom Telegraph Hill zum Levi's Plaza Park

Der **Abstieg** vom Hügel nach Südosten führt über steile, ein bisschen verwunschene Treppen. Oder man wählt die Filbert Street zur hübschen **Park Levi's Plaza** und The Embarcadero, eventuell auch die Montgomery Street nach Norden, dann die ***Greenwich Steps***. Auf der Sansome oder Battery Street ist es von dort nicht mehr weit zu Uferstraße The Embarcadero und *Fisherman's Wharf*.

North Beach

North Beach ist das italienische Viertel von San Francisco in etwa südwestlich des Telegraph Hill (Kearny Street) bis zur Powell Street. Im Gegensatz zur südlich des Broadway angrenzenden Chinatown hat North Beach die Atmosphäre einer echten, hektikfreien *Neighborhood*. Magistrale des Viertels ist die **Columbus Ave** mit einer Vielzahl von Cafés und Restaurants (➢ Seite 304). Eine Institution von North Beach ist der Buchladen ***City Lights Booksellers*** des *Beat-Generation*-Poeten Lawrence Ferlinghetti (261 Columbus Ave, täglich 10-24 Uhr, www.citylights.com), bis heute nicht wegzudenken aus der literarischen Szene San Franciscos. Zum Lesen setzt sich bei gutem Wetter mancher ins Grün des nahen ***Washington Square Park*** (Columbus/Ecke Union und Filbert Street), der von der ***Saints Peter & Paul Church*** überragt wird.

Auf dem 49-Mile Scenic Drive durch die Stadt

49-mile-Drive

Die im Folgenden gewählte Reihenfolge der Beschreibung weiterer Sehenswürdigkeiten entspricht ab der *Fisherman's Wharf* dem Verlauf des ***49-Mile Scenic Drive***. Man kann ihn zur Not bei nur kurzen Stopps an den wichtigsten Anlaufpunkten innerhalb eines Tages bewältigen. Bei etwas ausgiebigerem Verweilen bei den Zwischenzielen (Museen!) benötigt man leicht 2-3 volle Tage.

Beim Besucherzentrum liegt eine ***Visitors Map*** aus, die den *Scenic Drive* genauer abbildet. Die bereits 1938 ausgewiesene Route hat sich jedoch im Lauf der Jahrzehnte mehrfach im Detail geändert, und die ehemals narrensichere Ausschilderung (weißes Schild mit Seemöwe) existiert bei weitem nicht mehr an allen wichtigen Kreuzungen; Details und *Google Maps*-Karte z.B. unter http://media.sanfrancisco.travel/article/49-mile-scenic-drive.

Karte zum Download

Auf dem Portal www.sanfrancisco4you.com/sehenswuerdigkeiten-san-francisco/willys-49-mile-scenic-drive.html findet man eine gute Wegbeschreibung in deutscher Sprache sowie eine Tour-Erweiterung auf insgesamt 66 Meilen mitsamt Link zum Download für das Navi.

Fisherman's Wharf

Erstes Ziel oder ein geeigneter Startpunkt ist das Hafenviertel von San Francisco ***Fisherman's Wharf*** (800 m Fußgängerdistanz vom *Coit Tower*). Es erstreckt sich beidseitig der Jefferson Street zwischen dem *Fort Mason Park* im Westen und dem *Pier 39* im Osten. Der ehemalige Fischereihafen der Stadt avancierte zum Besuchermagneten Nr. 1 und ist heute eine komplett kommerzialisierte »**Touristenfalle**«. Die Fischerboote und Werften sind lange verschwunden; an ihrer Stelle liegen Privatyachten und Charterboote fürs Hochseeangeln an den Stegen. An Land beherrschen zahllose Souvenirläden, Boutiquen, Bars und *Seafood*-Restaurants, dahinter Hotels und Parkplätze/-häuser das Bild.

Die Seelöwen auf ihren Pontons am Pier 39 sind beliebte »Sea Lebrities«

Bootstrips

Auf Passagiere wartet die »***Blue & Gold*« Schiffsflotte**« mit Bay-Trips, rasanten Fahrten im *RocketBoat* und Linienverkehr nach Tiburon und Angel Island; www.blueandgoldfleet.com. Ob eine der **Bay-Rundfahrten** mit oder ohne Unterdurchfahrt der *Golden Gate Bridge* interessant erscheint, hängt sicher von der subjektiven Bewertung solcher Bootstouren ab.

Alcatraz

Auf jeden Fall empfehlenswert ist die **Tour nach *Alcatraz***: Die Boote hinüber zu dieser berüchtigten, heute **unter Nationalparkverwaltung** (www.nps.gov/alca) stehenden Zuchthausinsel verkehren **ab *Pier 33*** im 30-min-Takt 8.45-15.15 Uhr; letzte Rückfahrt um 18.30 Uhr. Tickets $40/$24, Familien $120. Geführte »*Night Tours*« finden am späten Nachmittag statt $47/$28. **Die Trips sind im Sommer in der Regel lange im Voraus ausgebucht**. Reservierung bis zu 90 Tage vorher: www.alcatrazcruises.com.

Am ***Pier 39*** (Ostende der *Wharf*) steht auf den oberen Arkaden ein ***California Welcome Center*** mit jeder Menge Infomaterial und Broschüren zum Reiseziel »Kalifornien«.

Dreimaster Balclutha im Martime Museum am Hyde Street Pier

Pier 39
www.pier39.com

Als Publikumsattraktion gelten dort u.a.:

- das ***Hard Rock Café*** eingangs des Piers
- das ***Aquarium of the Bay*** gleich nebenan, wo man in transparenten Röhren die Unterwasserwelt aus der Taucherperspektive erlebt; geöffnet im Sommer 9-20 Uhr; Eintritt $27, Kinder $17; www.aquariumofthebay.org
- das Simulationstheater ***7D Experience*** mit virtuellen Achterbahn-Fahrten und 3D-Abenteuern, an denen man mit Laserpistolen aktiv teilnehmen kann; $15; www.7dexperience.com
- ***The Flyer***, bei dem neueste 3D-Technologie einen kurzen Flug über die Stadt und die Bay täuschend echt wirken lassen; 10-20 Uhr; $25/$16; www.theflyer-sanfrancisco.com.

Für reichlich Unterhaltung sorgen bei gutem Wetter vielerlei ***Open-air*-Darbietungen** (Artisten, Zauberer u.v.m.) sowie die **Seelöwenkolonie** auf Schwimmpontons an der Westseite des *Pier 39*. Im Winter versammeln sich am *K-Dock* gelegentlich bis zu 900 Tiere!

Den *Wharf*-Bereich sollte man vorzugsweise nachmittags oder in den frühen Abendstunden erkunden, wenn auf den Straßen und Plätzen mehr »los« ist. Und kurz vor Sonnenuntergang sitzt man im ***Chart House*** oder ***Bubba Gump*** – zwei Restaurants am äußersten Ende des *Pier 39* unmittelbar über dem Wasser – goldrichtig.

Shopping

Mitbringsel und Originelles aus aller Welt gibt es vielfältiger und preiswerter als in den *Shops* in der Beach Street und am *Pier 39* im ***Cost Plus World Market*** nahe der *Wharf* in der 2552 Taylor Street/Ecke North Point Street; http://worldmarketcorp.com.

Ghirardelli

Unterhaltung durch Pantomimen, Musikgruppen und Puppentheater zum Nulltarif findet man auch am **Ghirardelli Square**, wo rund um eine frühere Schokoladenfabrik ein lebendiges Laden- und Restaurantzentrum entstand; www.ghirardellisq.com.

Hyde Street/ Municipal Pier

Dem Ghirardelli Square gegenüber befindet sich das wie ein Dampfer gestaltete ***Aquatic Park Bathhouse***, ein ehemaliges Badehaus, in dem derzeit lediglich einige Schiffsmodelle, Gemälde und

Dioramen untergebracht wurden. Sehenswerter sind im ***San Francisco Nat'l Historical Park*** die nostalgischen Originale draußen am ***Hyde Street Pier***, der zusammen mit dem halbrunden ***Municipal Pier*** ein ruhiges Wasserbecken bildet. Grünflächen und ein schmaler **Badestrand** säumen das hier meist ruhige Ufer. Am Kai des Piers liegen der **Dreimaster *Balclutha*** von 1895, die alte **Fähre *Eureka***, der Raddampfer ***Eppleton Hall*** und weitere Schiffe. Mehr Infos zum *Historical Park* unter www.nps.gov/safr oder im Besucherzentrum (Ecke Hyde/Jefferson St); $10 oder *Interagency Pass*.

Pier 45

Nicht zum Park gehört das vielleicht sehenswerteste Schiff an der *Wharf*, das **Pazifik-U-Boot *USS Pampanito***. Es liegt ein wenig weiter östlich vertäut am ***Pier 45***; ab 9 Uhr, Schlusszeiten variieren; $20, Kinder (6-12) $10; https://maritime.org/uss-pampanito.

Schiffsfans können am ***Pier 45*** außerdem die ***Jeremiah O'Brien***, das letzte Exemplar eines *Liberty*-Frachters aus dem Zweiten Weltkrieg, besichtigen; 9-16 Uhr; $20/$10-$12; www.ssjeremiahobrien.org.

Madame Tussauds/ Dungeon

Unweit des *Pier 45* befindet sich zudem an der 145 Jefferson St eine Niederlassung von ***Madame Tussauds***, die das einstige *Wax Museum* von *Pier 39* verdrängte; im Sommer 10-20 Uhr; $28. Im Web gibt's ca. 20% Rabatt: www.madametussauds.com/san-francisco.

Unter gleicher Adresse residiert auch ***San Francisco Dungeon*** mit schaurigen Shows; Kombi-Online-Tickets mit dem Wachsmuseum für nur geringen Aufpreis: www.thedungeons.com

Parken

Parken im Bereich der *Wharf* ist ein recht teures Unterfangen (Tipp für RVs ➤ Seite 305). Einigermaßen gute Chancen auf preiswerte Parkuhren (max. 2 Std) hat man am nördlichen Ende der Van Ness Ave vor dem *Municipal Pier*. Beim *Cost Plus World Market* kann 2 Std gebührenfrei parken, wer für mind. $10 einkauft. Übersicht mit Preisen: http://en.parkopedia.com.

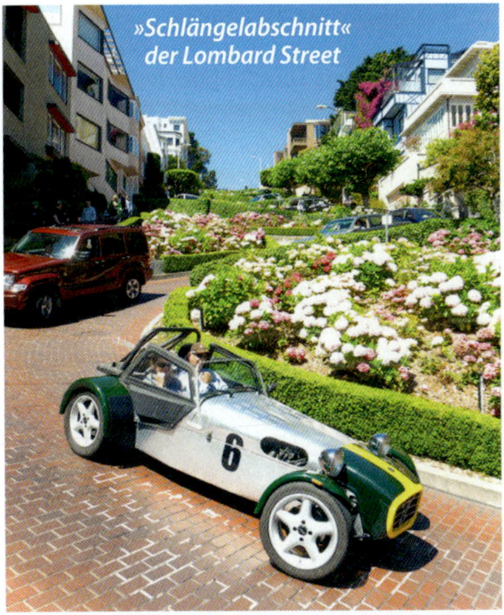
»Schlängelabschnitt« der Lombard Street

Lombard St

Auf der Strecke *Powell-Hyde* kreuzt die *Cable Car* nach fünf Blocks die Lombard Street, deren Abschnitt östlich der Hyde Street man den schönen Namen ***Crookedest Road of the World*** verliehen hat. In engen Serpentinen, die nur von Personenwagen und kleineren *Vans* nachvollzogen werden können, geht es – durch Blumenbeete und vorbei an gepflegten Anwesen der lokalen Oberschicht – steil hinunter zur **Leavenworth Street**. Vom oberen Punkt an der **Hyde Street** genießt man einen schönen Blick über Lombard Street und den Telegraph Hill auf die San Francisco Bay.

Die Rotunde des Palace of Fine Arts ist ein beliebter Platz für Hochzeiten

Marina Boulevard/ Fort Mason Center

Von der *Fisherman's Wharf* führt der ***Scenic Drive*** durch schöne Wohnviertel voller verschnörkelter viktorianischer Holzhäuser zunächst in Richtung *Golden Gate Bridge*. Zwischen Marina Blvd und Van Ness Ave liegt das mit dem *Maritime Nat'l Historical Park* über einen Fußweg verbundene Gelände des *Fort Mason*. Im 2. Weltkrieg diente dieser Bereich als Einschiffungsstation der Kampftruppen für den Pazifik. Dort befindet sich heute in beneidenswerter erhöhter Lage eine der Jugendherbergen San Franciscos. Die Gebäude an den Piers wurden als ***Fort Mason Center*** zu einem Kunst- und Kulturzentrum mit Galerien, Werkstätten, experimentellen Bühnen, kleinen Museen und Restaurants umfunktioniert. Auf der Bay-Seite des Marina Blvd dümpeln im *East* und *West Harbor* – getrennt durch den Park *Marina Green* – Hunderte von Yachten.

Palace of Fine Arts

Weiter dem *Scenic Drive* folgend erreicht man über die Baker Street den bombastischen ***Palace of Fine Arts***. Es handelt sich dabei um ein auf die Weltausstellung von 1915 zurückgehendes Gebäude, das einem griechisch-byzantinischen Tempel ähnelt.

Crissy Field

Das ***Crissy Field***, ein ausgedehntes Ufergelände zwischen San Francisco Bay und Doyle Drive (der ab Ende des Marina Blvd wieder autobahnmäßig ausgebauten Straße #101) ist Teil der *Golden Gaten Nat'l Recreation Area*. Dort verläuft die **Golden Gate Promenade**, nachdem sie das *Fort Mason Center* und die Yachthäfen passiert hat, gute 3 km am Wasser entlang bis zum *Fort Point* unter dem Südende der *Golden Gate Bridge*. Wer sich diesen Weg vornimmt, behält die Brücke (oder oft auch den Nebel) jederzeit fest im Blick. Dafür und für weiterführende Touren per Bike findet man **Leihfahrräder** bei *Blazing Saddles* auf dem *Pier 41* oder an der 465 Jefferson St sowie im *Marina District*, z.B. *New Holiday Adventure*, 1937 Lombard Street (#101).

Fast am Ende des *Crissy Field* steht ein kleines ***Info Center*** mit Café (***Warming Hut***). Ideal für die Pause zwischendurch oder auch zum Ansteuern per Auto (Parkplätze vorhanden). Ab Marina Blvd geht es dazu geradeaus weiter auf die Mason Street (nicht links ab in Richtung #101) und dann Marine Drive. Von der Mason Street erreicht man über die Long Ave und den Marine Drive auch die ***Fort Point National Historic Site***, ➤ unten.

El Presidio

Der ***Scenic Drive*** (Lombard Street folgen, wenn die #101 nach Norden abknickt) führt weiter durch das parkartige Gelände ***El Presidio***, das schon von den Spaniern als Militärstützpunkt genutzt wurde und später der 6. US-Armee als Hauptquartier diente. Man gelangt von der Lombard St automatisch auf den Presidio Blvd und dann geradeaus weiter auf den **Lincoln Blvd**. Der Letterman Drive führt zu dem Brunnen mit ***Yoda***-Statue bei der *Lucasfilm Lobby*, einem populären *Selfie Point* und mündet anschließend ebenfalls in den Lincoln Blvd, auf dem man am Südende des einstigen Paradenplatzes das *Presidio*-Besucherzentrum passiert.

Walt Disney Museum

Wenig bekannt ist das ***Walt Disney Family Museum*** gleich hinter dem *Visitor Center*. Es widmet sich – in teils recht unterhaltsamer Weise – den Pionierleistung Walt Disneys; 104 Montgomery St; Mi-Mo 10-18 Uhr, Eintritt $25/$15; www.waltdisney.org.

Fort Point

Den Abstecher Long Ave vom Lincoln Blvd (nach Unterfahren der #101) zur alten Befestigungsanlage ***Fort Point*** unterhalb der Auffahrt zur *Golden Gate Bridge* kann man leicht übersehen. Beeindruckend sind dort neben den waghalsigen Surfern in der Bay und der ungewöhnlichen Perspektive auf die gewaltige Brückenkonstruktion auch das Innere der heute als ***National Historic Site*** (Teil der *Golden Gate NRA*) ausgewiesenen Befestigung, die niemals Kampfhandlungen sah; geöffnet im Sommer meist Do-Di 10-17 Uhr, sonst nur Fr-So; Eintritt frei; www.nps.gov/fopo.

Anfahrt Golden Gate Bridge

Zurück auf dem Lincoln Blvd muss man bei Ziel *Golden Gate Bridge* wieder aufpassen und vor der nochmaligen Unterführung unter die #101 nach rechts abbiegen hinauf zur Brücke. Für alle, die die Brücke zu Fuß in Angriff nehmen möchten, befindet sich bei der ehemaligen *Toll Plaza* ein Parkplatz.

Wer dem *Scenic Drive* in Richtung Süden folgen will, bleibt weiter auf dem Lincoln Blvd und unterquert die #101, ➤ umseitig.

Über die Brücke

Die Fahrt über die *Golden Gate Bridge* in Richtung Norden ist kostenlos, bei der Rückkehr sind **$7,75 *toll*** fällig. Die Maut wird ausschließlich elektronisch erhoben. D.h., wer keinen **Transponder** im Auto hat, z.B. bei Anmietung in anderen US-Bundesstaaten, muss selbst für die Zahlung sorgen, bis zu 30 Tage vorher oder max. 48 Stunden nach der Überquerung: »*One-Time Payment*« per Telefon ✆ 1-877-BAY-TOLL oder unter www.bayareafastrak.org. Wer seine Schulden nicht rechtzeitig begleicht, bekommt von den *Rental Companies* die Rechnung weitergereicht samt zusätzlicher *Handling Fee*. Alle Details zum Prozedere kann man auf dem Portal www.goldengate.org/tolls nachlesen.

Die mautfreie **Brückenüberquerung** mit dem ***Bike*** (Verleih ➤ links) oder **zu Fuß** (nur bei Tageslicht erlaubt!) sei allen ans Herz gelegt, die eine Extrastunde dafür erübrigen können. Vor der Zulassung als Passant/Biker steht ein ***Security Check***.

Conzelman Road

Der bei guter Sicht immer äußerst betriebsame ***Vista Point*** (mit *Fast Food Service* und Toiletten) auf der Nordseite der Brücke (ausgeschilderte Abfahrt) bietet bereits einen großartigen Blick auf die City. Fürs »**Spitzenfoto**« verlässt man gleich hinter der Aussichtsterrasse erneut die Autobahn (*Exit* 442) und unterquert sie, dann sofort wieder nach links (zuerst Richtung *101 South*, danach aber bergauf zu den *Marin Headlands* sonst geht es zurück auf die Brücke!). Von mehreren Halteplätzen entlang der **Conzelman Road** fällt der Blick bei gutem Wetter durch und über das rote Wunderwerk auf die *Skyline* von San Francisco (➤ Foto unten). Der perfekte Platz um einen Sightseeing-Tag ausklingen zu lassen!

Abstecher zur Nordseite der Bay

Auf dieser Seite der Bay liegen mit **Sausalito**, **Tiburon** und ***Angel Island*** hübsche Ziele für einen etwas längeren Aufenthalt in San Francisco. Bei ausreichend Zeit sind auch die beeindruckenden *Redwood*-Bestände des ***Muir Woods National Monument***, ***Mount Tamalpais***, ***Stinson Beach***, das »Aussteigerdorf« **Bolinas** und die ***Point Reyes Nat'l Seashore*** einen Abstecher wert, ➤ Seiten 328f.

Napa Valley/ Vallejo

Weitere Ausflüge im Bereich nördlich der Bucht ließen sich ins **Napa Valley** unternehmen, dem kalifornischen Weinanbauzentrum (➤ Seiten 684ff), oder nach Vallejo zum ***Six Flags Discovery Kingdom***, einem *Rollercoaster*-Park (für Jung und Alt) ergänzt durch einen Zoo mit Großkatzengehege, Pinguinkolonie Delfinbegegnungen u.v.m.; Eintritt vor Ort $71, online schon ab $46; Parken kostet extra; www. sixflags.com. Am bequemsten gelangt man dorthin mit der Fähre ab dem *Ferry Building* oder *Pier 41*.

Weiter auf dem Scenic Drive

In San Francisco geht es weiter auf dem *Scenic Drive*: auf dem Lincoln Blvd und dem Camino del Mar durch beste Wohnlagen oberhalb der Pazifikküste bis zum *Palace of the Legion of Honor*.

Blick auf die Golden Gate Bridge von der Conzelman Road vor Sonnenaufgang

Coastal Trail/ Golden Gate Strände

Parallel zur Straße verläuft der sog. ***Coastal Trail*** vorerst parallel zum Boulevard, dann bis zum *Cliff House* im Bereich *Land's End* hoch über dem Meer durch freies Gelände und weiter an Stränden und dem Great Highway entlang bis zu den Absprungdünen für Drachenflieger beim *Fort Funston*.

Baker/ Marshall's Beach

Der Lincoln Boulevard passiert zunächst den Zugang zu zwei beliebten Stränden, die über einen steilen Pfad zugängliche ***Marshall's Beach*** direkt zu Füßen der *Golden Gate Bridge* (➤ Foto Seite 295) und gleich darauf die langgestreckte ***Baker Beach***. Der auch im Hochsommer hier nur durchschnittlich 14°C kalte Pazifik lockt vor allem Sonnenhungrige und Fotografen an – ohne Nebel toller Blick auf die *Golden Gate Bridge* im Nachmittagslicht! Am Nordende der ***Baker Beach*** tummeln sich oft jede Menge Nudisten.

Parkmöglichkeit für die *Marshall's Beach* befinden sich an der Ecke Lincoln Blvd/Storey Ave oder beim Langdon Court. Für den Besuch der *Baker Beach* fährt man zum eigens dafür vorgesehenen Parkplatz etwas weiter südlich am Lincoln Blvd.

Kunstmuseum

Im ***Lincoln Park***, durch den sich die Route nach links wendet, liegt der ***California Palace of the Legion of Honor***. Der Palast ist dem gleichnamigen Pariser Vorbild nachempfunden und wurde 1924 zu Ehren der im 1. Weltkrieg gefallenen Kalifornier errichtet. Er beherbergt heute ein sehenswertes Kunstmuseum, das überwiegend europäische Werke ab dem Spätmittelalter zeigt, darunter Werke von Rubens, Rembrandt und Picasso. Stark vertreten sind Impressionisten wie Manet und Renoir. Beachtlich ist außerdem die große Zahl der Rodin-Skulpturen, schon im Vorhof erwartet sein »Denker« die Besucher. Das Museum hat Di-So 9.30-17.15 Uhr geöffnet; www.famsf.org. Der Eintritt ($15, Kinder frei) gilt am gleichen Tag auch fürs *de Young*, ➤ Seite 323. Salate und Bio-Kost serviert das **Café** des Museums.

Von der hochgelegenen Uferpromenade sieht man – dieses Mal pittoresk von oben – die Einfahrt in die San Francisco Bay mit der *Golden Gate Bridge*. Am hinteren Ende des Parkplatzes befindet sich ein kleines, aber sehr berührendes **Holocaust-Mahnmal**.

Cliff House

Nach dem »Palast der Ehrenlegion« erreicht man über den Geary Boulevard und die Point Lobos Avenue das hoch über dem Meer am Nordende der fast endlos langen Ocean Beach errichtete ***Cliff House*** mit dem ***Sutro's Seafood Restaurant & Bistro***. Beide sind nicht ganz billig, aber sehr empfehlenswert bezüglich Ambiente, Aussicht, Service und Qualität. Um dort sicher einen Tisch zu bekommen, lieber vorher reservieren unter © (415) 386-3330 bzw. www.cliffhouse.com.

Seal Rocks

Der Küste vorgelagert beim *Cliff House* sind die ***Seal Rocks***. Die Seehundfelsen wurde nach dem *Loma-Prieta*-Erdbeben von 1989 verlassen, die Tiere halten sich seither meist lieber beim *Pier 39* in der auch vor Fressfeinden (Orcas) besser geschützten Bay auf.

Die Stadt auf den 42 Hügeln

Die »Straßen von San Francisco« erlangten Weltruhm in den 1970er-Jahren durch die gleichnamige US-Krimiserie mit Michael Douglas und Karl Malden. Sie begeistern aber auch heute noch das Publikum. Besucher rattern die steilen Hügeln in den *Cable Cars* rauf und runter, meistern im Auto die Serpentinen der Lombard Street (➤ Seite 317) oder erklimmen zu Fuß die Höhen über **bunte Mosaiktreppen**. Besonders auffällig sind an der **16th Ave** südlich des *Golden Gate Parks* z.B. die ***Hidden Garden Stairway*** mit farbenfrohen Blumenmotiven (Ecke Kirkham St) und die ***16th Ave Tiled Steps*** (➤ Foto rechts; Ecke Moraga St, unmittelbar westlich des *Grandview Park*) oder nördlich des *Golden Gate Park* am westlichen Ende der California St die ***Lincoln Park Steps*** (unweit *Legion of Honor*, ➤ umseitig).

Zoo

Weiter führt der Rundkurs hinunter auf den Great Highway, der schnurgerade am breiten Strand der Ocean Beach entlang läuft und das Westende des *Golden Gate Park* passiert. Am Südende des Strandes befindet sich der ***San Francisco Zoo*** mit u.a. einem erstklassigen Primatengehege (Gorillas und Orang-Utans), Koalas und Pinguinen; geöffnet 10-17 Uhr; $22/$16; www.sfzoo.org.

Drachenflieger

Südlichster Anlaufpunkt des *Scenic Drive* ist das zur *Golden Gate Recreation Area* gehörende Gelände des einstigen ***Fort Funston*** mit Steilhängen über dem Ozeanstrand, die **Drachenfliegern** als Absprung- und Übungsgelände dienen. Vor und über einer Beobachtungsplattform demonstrieren *Hangglider*-Piloten dem staunenden Publikum gelegentlich aus nächster Nähe, was sich mit den bunten Fluggeräten so alles anstellen lässt. Betrieb herrscht beim *Fort Funston* eher am späten Nachmittag und an Wochenenden, so das Wetter mitspielt. Denn über diesem Teil der Stadt hängt – wie bereits zuvor bemerkt – oft Nebel, selbst wenn jenseits der Hügel von Haight-Ashbury und Diamond Heights die Sonne scheint.

Golden Gate Park

Der rund 5 km lange, aber nur 800 m breite *Golden Gate Park* gilt als eine der ganz besonderen Sehenswürdigkeiten San Franciscos; https://goldengatepark.com. Tatsächlich besitzt der Park durchaus hübsche Ecken, aber das hindurchführende, stark befahrene Straßennetz stört erheblich. Nur wenn **sonn- und feiertags** der Verkehr weitgehend unterbunden wird, zeigt der Park Flair. Eine ähnlich »bunte« Mischung seiner Besucher und ihrer Aktivitäten findet sich dann allenfalls noch in New Yorks *Central Park*.

Bikes mieten

Besonders an solchen Tagen lohnt sich der Besuch, idealerweise mit **Mietfahrrad**, z.B. von *San Francisco Bicycle Rentals* an der 1816 Haight St im Osten des Parks oder *Golden Gate Park Bike & Skate* an der 3038 Fulton Street; ab ca. $25/Tag.

Westteil des Parks

Im **Westteil** befindet sich sogar ein **Büffelgehege** (*Bison Paddock*), aber für donnerndes Herumgaloppieren haben die zottigen Viecher zu wenig Platz. Die beiden **Windmühlen** in der Nordwestecke sind (für die meisten Europäer) eher weniger sehenswert. Von dort trennen einem aber keine 200 m vom ***Beach Chalet***, einem beliebten, wiewohl nicht ganz billigen Restaurant mit *Seafood*, Steaks, Burgers und tollem Blick auf den Pazifik. Gleich mehrere Bierarten werden dort gebraut; 1000 Great Hwy; www.beachchalet.com.

Gewächshaus

Anziehungspunkt im Osten des Parks ist das ***Conservatory of Flowers***. Das nostalgische Gewächshaus am 100 John F. Kennedy Drive hat geöffnet Di-So 10-18 Uhr. Der Eintritt kostet $9, Kinder zahlen $3-$6; www.conservatoryofflowers.org.

de Young Museum

Schon architektonisch ist der riesige, 2007 eingeweihte Neubau des ***de Young Museum of Fine Arts*** außen wie innen sehenswert. In erster Linie beeindrucken die Ausstellungen zur – im Wesentlichen amerikanischen – Kunst des 20. Jahrhunderts, aber auch die Abteilungen zur *Native Art* der Amerikas und anderer Erdteile überzeugen. Geöffnet Di-So, 9.30-17.15 Uhr, Fr bis 20.45 Uhr, $15; Kinder unter 17 Jahre frei; https://deyoung.famsf.org.

Tipp: Die Eintrittskarte gilt am selben Tag auch für das Museum im *Palace of the Legion of Honor*; ➤ Seite 321. Nach dem Kunstgenuss wartet die große **Cafeteria** – an Gutwettertagen die Terrasse am angrenzenden **Skulpturenpark**.

Terrasse der Cafeteria vorm avantgardistisch gestalteten de Young Museum

Aquarium und Science Museum

Der noch relativ neue, scheinbar einstöckige Bau der ***California Academy of Sciences*** mit ***Steinhart Aquarium, Rain Forest*** und ***Planetarium*** (vis-à-vis dem *de Young Museum*) beeindruckt zwar architektonisch, die Präsentation des Zentralthemas »Umweltschutz« ist dagegen weniger gelungen. Der an sich gut gemachte »Regenwald« enttäuscht wegen der räumlichen Enge. Das Aquarium im Untergeschoss gehört nicht zur amerikanischen Spitzenklasse und kann mit Monterey oder Long Beach nicht mithalten,

Academy of Sciences

➤ Seiten 345 bzw. 230. Geöffnet Mo-Sa 9.30-17 Uhr, So ab 11 Uhr. Der Eintritt ($36, Kinder $26-$31) liegt zwar im US-üblichen Rahmen, ist aber für das hier Gebotene hoch. Geöffnet Mo-Sa 9.30-17 Uhr, So ab 11 Uhr; www.calacademy.org.

Teehaus

Im hübschen ***Japanese Tea Garden*** mit einem echten japanischen Teehaus kann man nach den touristischen Anstrengungen des Tages gut pausieren; im Sommer täglich 9-18, sonst bis 16.45 Uhr; $9, Kinder $3-$4; www.japaneseteagardensf.com.

Boot mieten

Am **Stow Lake**, nur wenig westlich davon, warten Mietboote. Mit ihnen lässt sich der Strawberry Hill (mit künstlichem Wasserfall) umrunden. Dort befindet sich auch die Bikevermietung, ➤ Seite 322.

Konzerte

Von April bis Oktober spielt seit 1882 die ***Golden Gate Park Band*** jeden Sonntag um 13 Uhr ein Potpourri aus populärer Klassik, Märschen, Broadway, Swing und mehr im sog. ***Bandshell*** des ***Spreckels Temple*** am *Music Concourse* zwischen *de Young Museum* und der *Academy of Science*. Manches Bandmitglied sieht dabei so aus, als sei es von Anfang an mit von der Partie gewesen. Ein Erlebnis, das sich Sonntagsbesucher nicht entgehen lassen sollten.

Haight-Ashbury

Unmittelbar **östlich des *Golden Gate Park*** unterhalb der schmalen Parkverlängerung ***Panhandle*** liegt der in Hippie-Zeiten (ab Mitte der 1960er-Jahre) als Hochburg der Bewegung berühmt gewordene, zugleich aber verschriene Stadtteil **Haight-Ashbury**.

Flower Power

Junge Menschen kamen mit Blumen im Haar von überall hierher, ganz wie es *Scott McKenzie* in seinem Song »*If you're going to San Francisco*« besungen hat. In den 1970er-Jahren wurde der Traum von der Leichtigkeit des Lebens nach und nach zum Drogenalptraum, aber inzwischen ist alles wieder »normaler« und damit letztlich auch amerikanisch kommerzieller geworden.

Viel blieb also nicht von der *Flower Power*, doch Reste der alten Blüte findet man noch im Bereich Haight/Ashbury Street in einer Reihe witziger Läden für psychedelische Souvenirs und **Cafés** mit Kaffeespezialitäten und gesunden Säften.

Eine Institution ist der große Plattenladen ***Amoeba Music*** in der 1855 Haight Street; täglich 11-20 Uhr; www.amoeba.com.

Twin Peaks

Der ***Scenic Drive*** führt vom *Golden Gate Park* auf etwas verschlungenen Wegen (Twin Peaks Blvd) zu den 300 m hohen **Twin Peaks**, eine gute Meile südlich des Parks bzw. von Haight-Ashbury. Die Aussicht von dieser höchsten Erhebung San Franciscos ist großartig. Auch wer nicht direkt den *Scenic Drive* abfährt, sollte den von der City relativ kurzen Abstecher dorthin unbedingt machen. Nicht empfehlenswert ist die Auffahrt indessen ab einbrechender Dunkelheit, auch wenn dann vielleicht ein Nachfoto von der beleuchteten Stadt lockt.

Mission District

Auf dem Weg von dort zurück in Richtung City (am besten zunächst über die Market Street) liegt die Wiege San Franciscos fast am Wege, die ***Mission Dolores*** (auch *Mission San Francisco de Asis*) an der Ecke 16th/Dolores Street, ein eher schlichter Bau aus dem Jahre 1776. Zwei Blocks weiter südlich findet sich der hübsche ***Mission Dolores Park*** mit einem guten Blick auf Downtown (am besten von der Ecke Church St/20th Street aus).

Murals

Im **Mission District** (wie auch im benachbarten Haight-Ashbury) findet sich eine schier endlos erscheinende Fülle spektakulärer ***Murals*** (großflächig bemalte Hauswände) mit tollen Motiven in der ***Clarion Alley*** zwischen Mission und Valencia St sowie 17th/18th St oder in der ***Balmy Alley*** zwischen 24th/25th St und Folsom/Harrison St wie auch in der 24th St/Ecke Florida Street. Sehr beeindruckend ist z.B. die Gestaltung des ***Women's Building*** (3543 18th St) oder das *Golden Dreams of the Mission Mural* an der Ecke 24th St/South Van Ness Ave. Infos vor Ort im ***Precita Eyes Visitor Center*** in der 2981 24th St; www.precitaeyes.org.

»Schmelztiegel«

Eine kleine Kuriosität befindet sich an der 3134 22nd Street. Dort wurde eine hübsche evangelische Kirche in den buddhistischen ***Hua Zang Si Temple*** umgewandelt. Hinter den Bleiglasfenstern und neben den alten Orgelpfeifen sitzen seit 2004 buddhistische Nonnen und eine übergroße Buddhastatue; www.huazangsi.org.

In Haight-Ashbury seit »ewig« ein beliebtes Fotomotiv: die aus dem Fenster hängenden Beine über der Piedmont Boutique (Haight St #1452)

»Painted Ladies« am Alamo Square

Castro District

Entlang der **Castro Street** schlägt das Herz der *»Lesbian, Gay, Bisexual & Transgender«-Community*, kurz *LGBT*. Die Ecke Market/Castro Street wurde nach dem ersten offen schwulen Lokalpolitiker San Franciscos, der 1978 zusammen mit Bürgermeister George Richard Moscone in der *City Hall* erschossen worden war, in **Harvey Milk Plaza** umbenannt. Sehens- und erlebenswert ist das ***Castro Theater***, ein Kino mit Orgel, in dem regelmäßig Filmklassiker und Avantgarde in Originalsprache (gelegentlich sogar auf Deutsch) auf die Leinwand kommen; 429 Castro Street; www.castrotheatre.com.

Abkürzung Scenic Drive/ Abschluss

Die Weiterführung des offiziellen *Scenic Drive* über die Dolores Street nach Süden und zurück über die I-280 nach Downtown leuchtet nicht ein. Von der *Mission Dolores* bzw. aus dem Bereich Castro nimmt man am besten die Dolores bzw. van Ness Ave nach Norden und schließt den Kreis der Rundfahrt über die Market Street in der Innenstadt ab. In Frage kommen aber auch noch weitere Anlaufpunkte westlich vom Zentrum, so ab Haight-Ashbury bzw. direkt ab *Golden Gate Park* der **Alamo Square** mit seinen *Painted Ladies*, **Japantown** und ***Cathedral of Saint Mary of the Assumption***.

Painted Ladies

Egal, auf welcher Straße man zwischen *Golden Gate Park* und Downtown unterwegs ist, zum hochgelegenen **Alamo Square** mit seinen bunt angemalten »Damen« geht es am besten über die Steiner Street. Die hübsch exponierte viktorianische Häuserzeile ist dabei nicht zu verfehlen. Ihr Spitzname wurde dem späten 19. Jahrhundert entlehnt und ist nicht gerade schmeichelhaft. Als »Painted Ladies« bezeichnete man damals die Damen aus dem Rotlichtmileu, die auffälliger geschmickt waren als jene aus der feinen Gesellschaft.

Japantown

Zwei Blocks westlich des Alamo Square verläuft die breite Webster Street. Gut eine halbe Meile nördlich erreicht man auf ihr ***Japantown*** (zwischen Geary Blvd und Post bis Fillmore bzw. Laguna St). Der Bereich besteht im Wesentlichen aus einem ***Shopping Center*** mit einigen reizvollen architektonischen Akzenten, darunter die auffällige ***Peace Pagoda*** und die »Rainbow Stairs« im Kleidergeschäft *Uniqlo*. Diese in Regenbogenfarben leuchtenden LED-Stufen sind ein recht beliebter Hintergrund für *Selfies*. Rund um die Friedenspagode finden an Sommerwochenenden folkloristische Veranstaltungen statt; www.sfjapantown.org.

Cathedral of Saint Mary

Von Japantown sind es bis zum modernen Marmorbau der ***St. Mary's Cathedral*** auf dem Geary Blvd je nach Ausgangspunkt nur zwei bis vier Blocks nach Osten; Navi-Adresse: 1111 Gough Street. Diese Kathedrale kann Mo-Sa 10-12 Uhr und So nach der Messe besichtigt werden (Spende); www.stmarycathedralsf.org.

Holy Virgin Cathedral

Wer sich für Kirchenarchitektur interessiert, wird auch die ***Holy Virgin Cathedral***, eine russisch-orthodoxe Basilica, eindrucksvoll finden, ebenfalls am Geary Blvd, aber weiter westlich (#6210). Leider ist das beachtliche Innere des Baus nur bei Teilnahme am Gottesdienst zugänglich; Zeiten unter http://sfsobor.com.

Civic Center

Auf der Market Street passiert man unmittelbar östlich der Van Ness Ave das ***Civic Center***. Dort gruppieren sich die ***City Hall*** mit Säulenportal und einer dem Petersdom nachempfundenen Kuppel sowie Verwaltungsgebäude und Kulturtempel um eine zentrale, parkartige Plaza. Neben dem Rathaus verdienen außerdem das ***War Memorial Opera House*** und die Architektur der ***Symphony Hall*** Interesse – beide liegen unverfehlbar an der Van Ness Ave (#101).

Östlich der *City Hall*, getrennt durch die Civic Center Plaza, befindet sich das ***Asian Art Museum*** in der 200 Larkin Street. Es verfügt über eine außergewöhnlich große Sammlung asiatischer Kunstgegenstände, von denen aber immer nur ein Teil in der Ausstellung zu sehen ist. Geöffnet Di-So 10-17 Uhr, Do bis 21 Uhr (Februar-September); \$15/\$10, unter 12 frei; www.asianart.org. Zusätzlich werden immer wieder bedeutende Sonderausstellungen gezeigt (kosten noch \$10 extra).

City Hall mit Petersdomkuppel

Während der letzten Jahre ist die **Conzelman Road** gelegentlich als Einbahn (ostwärts) ausgewiesen. Dann gelangt man zu den Viewpoints über die Bunker Road (»Tunnel Route« ab der Ausfahrt Alexander Avenue)

2.1.8 Ziele nördlich der Golden Gate Bridge

Viewpoints an der Conzelman Road

In den ***Marin Headlands*** jenseits der *Golden Gate Bridge* befindet sich etliche lohnenswerte Aussichtpunkte auf die Brücke und Stadt. Nach dem ersten ***Vista Point*** am Nordende der Brücke rechter Hand der #101 (ausgeschildert) gelangt man zur Zufahrt zur **Conzelman Road** mit einer ganzen Reihe toller Ausblicke (➢ Foto Seite 320). Von San Francisco kommend geht es beim *Exit* 442 (Alexander Ave) zunächst nach links unter der Autobahn hindurch und dann – unmittelbar vor der Autobahnauffahrt #101 *South* – rechts den Hügel hinauf (Schild »*Marin Headlands/Hostel*«); bei Anfahrt von Norden ebenso erst nach links und dann rechts. Weiter oben an der Conzelman Road passiert man alte Batteriestellungen (Einbahnstraße) und gelangt schließlich zum ***Bird Island Overlook*** sowie zum ***Point Bonita Lighthouse*** in exponierter Lage hoch über dem Pazifik (zugänglich meist nur So+Mo 12.30-15.30 Uhr; aktuelle Zeiten: www.nps.gov/goga/pobo.htm).

Weiter geht es auf der Field und Bunker Road vorbei an *Nike*-Flugabwehrraketen aus dem Kalten Krieg. Die Abschussrampe SF-88 kann besichtigt werden; Sa 12.30-15.30 Uhr, www.nps.gov/goga/nike-missile-site.htm). Kurz hinter dem in einer alten Militärkapelle untergebrachten ***Marin Headlands Visitor Center*** führt die Stichstraße Mitchell Road am Nordufer der *Rodeo Lagoon* entlang bis zum Parkplatz der ***Rodeo Beach*** beim *Fort Cronkhite*.

Als preiswerte Ausgangspunkte im Grünen für San Francisco Besuche bieten sich auf den *Headlands* der *Campground Bicentennial* (nur Zelte) oder das ***Marin Headlands Hostel*** an; Betten ab $33, DZ ab $100; © (415) 331-2777, www.norcalhostels.org/marin.

Sausalito

Hinter einem langen Tunnel stößt man bei Rückkehr von diesem Abstecher wieder auf die Alexander Ave. Sie führt in Richtung Nordosten nach Sausalito hinein, einem Vorort für Besserverdienende, der mit der größten **Yachthafenkonzentration** in der *Bay Area* gesegnet ist. Die Durchgangsstraße Bridgeway, an der sich eine an **Yachtsport-** und ***Aprés Sail***-Bedürfnissen orientierte Infrastruktur drängt, verläuft gleich hinter den Marinas.

Hausboote

Eine Sausalito-Besonderheit ist die am Nordende des Ortes verankerte **Armada von Hausbooten**. Ordnungsgemäß vertäut an endlosen Stegen dümpeln dort neben vielen simplen Schwimmhäusern eigens fürs Wasser konzipierte Luxusvillen und auf Flöße oder alte Schuten gesetzte Fantasiekonstruktionen. Genial ist das, was zum Teil am *Main, Liberty* und *Isaaquah Dock* an der Gate 5 Road liegt. Der wacklige, alternative *Gate 5 Cooperative Pier* mittendrin trägt nicht ohne Grund die Aufschrift *»Enter at your own risk«*. An Wochenenden werden 3-stündige Rundgänge angeboten; $50/Person; www.sausalitowoodenboattour.com.

Bay Model

Für technisch Interessierte lohnt der Besuch des ***Bay Modell*** der *U.S. Army*, 2100 Bridgeway Blvd, Zufahrt ausgeschildert. Die Bucht von San Francisco mit allen Nebenarmen und Zuflüssen wurde in einer riesigen Halle maßstabsgerecht nachgebildet, um den Effekt von Ebbe und Flut zu simulieren. Ein 24-Std.-Rhythmus wird dort in 14 min mit 500.000 Litern Wasser nachvollzogen. *Visitor Center* im Sommer Di-Fr 9-16 Uhr, Sa 10-17 Uhr; Eintritt. frei. Ob und wann im Modell Wasser fließt, erfährt man unter © (415) 332-3871 bzw. www.spn.usace.army.mil/Missions/Recreation/Bay-Model-Visitor-Center/.

Tiburon

Noch einige Meilen weiter nördlich liegt der **Nobelvorort Tiburon**; Abfahrt *Exit* 447 von der #101, dann Tiburon Blvd (= Straße #131). Rund 5 mi sind es bis zum kleinen Zentrum mit Fußgängerzonen an der Bucht Belvedere Cove. Am Yachthafen warten hübsche **Restaurantterrassen**. Dort legt auch die Fähre nach San Francisco und zur gegenüberliegenden ***State Park Angel Island*** ab, in dem man mit Weitblick auf San Francisco wandern, joggen und biken (Fahrradverleih vor Ort) und sogar campen kann, ➤ Seite 302.

Die **Angel Island-Fähre** kostet $15 (Kinder $5-$13; nur Barzahlung!) retour inkl. Eintritt in den *State Park*, ab *Pier 41* oder *Ferry Building* $19,50 bzw. Kinder (5-11) $11. Sie ersetzt glatt eine Bay-Rundfahrt. Bei knapper Zeit sollte man einen Abstecher bis Tiburon nicht unbedingt ins Auge fassen, da reicht auch Sausalito.

Über 200 farbenfrohe, hübsch herausgeputze oder recht alternative »Wohnboote« liegen fest verankert an den Stegen von Sausalito.

Über das Muir Woods NM und Point Reyes bis Bodega Bay

Muir Woods

Eintritt $15/Person oder Jahrespass

Die Küstenstraße #1 nach Norden separiert sich oberhalb von Sausalito bei Marin City wieder vom *Freeway* #101. Auf ihm verlässt man die Autobahn und biegt nach ein paar Meilen auf den Panoramic Highway ab und folgt der Ausschilderung zum ***Muir Woods Nat'l Monument***, das einen kleinen ***Redwood*-Bestand** schützt. Ausgehend vom *Visitor Center* haben Besucher die Wahl zwischen einem 0,5-, 1- oder 1,5-stündigen Rundweg.

Wer die eindrucksvolleren Küstenmammutbaum-Haine in Nordkalifornien (➤ Seite 677 bzw. 683) oder weiter südlich (➤ z.B. Seite 338) noch auf dem Programm hat, für den ist *Muir Woods* keine Pflicht, zumal sich die Anfahrt meist nicht spontan realisieren lässt. Der **Parkplatz** vor Ort ($8 mit unflexibler, im Voraus ausgewählter Ankunftszeit) oder die Sitze im **Shuttlebus** ($3, unter 15 Jahre frei) **müssen reserviert werden**. Die Busse starten an zwei unterschiedlichen Orten in Sausalito (u.a. unweit der SF-Fähranlegestelle *»Bay & Bridgeway«*) sowie vom *Pohono Street Park & Ride* in Mill Valley. Alle Details dazu unter www.nps.gov/muwo bzw. auf dem Buchungsportal https://gomuirwoods.com.

Blick vom Mount Tamalpais über die in der Bucht liegenden Nebelschwaden auf den Mount Sutro (277 m) mit einem 300 m hohen TV/Radio-Sendemast in Nachbarschaft zu San Franciscos Twin Peaks, ➤ Seite 325

Mount Tamalpais

Von *Muir Woods* geht es (zurück auf dem Panoramic Hwy) in nordwestlicher Richtung zum ***Mount Tamalpais SP*** und von dort ggf. weiter auf der Pan Toll Road und dem Ridgecrest Blvd bis zum knapp 800 m hohen Gipfel des Mount Tamalpais mit einer **grandiosen Aussicht** auf die *Bay Area* und das in der Ferne liegende San Francisco. Am ***Pantoll Campground*** in der Nähe der *Ranger Station* sind nur Zelte erlaubt (*first-come, first-served sites*; keine Duschen; $25), auf dem Parkplatz dürfen aber auch RVs über Nacht stehen.

Panoramic Highway

Mit oder ohne Stopp an den *Redwoods* oder Fahrt auf den Mount Tamalpais ist bei Weiterfahrt in Richtung Stinson Beach der **Panoramic Highway** die beste Route. Für den Rückweg wählt man dann die in diesem Sektor und dieser Fahrtrichtung spektakuläre Straße #1 (Shoreline Hwy). Von den Serpentinen hoch über dem Pazifik fällt der Blick auf die ***Skyline*** von San Francisco.

Stinson Beach

Stinson Beach mit allen Einrichtungen fürs Badeleben gilt als **der Strand** von San Francisco. An Schönwetter-Wochenenden baden dort Tausende in der Sonne und Abgehärtete sogar im Wasser. Besonders beliebt ist *Stinson Beach* in der Homosexuellenszene.

Bolinas

Wenige Meilen weiter nördlich am Südrand der *Point Reyes Nat'l Seashore* liegt **Bolinas**, ein bis heute als solches noch erkennbares Dorf der **Alternativkultur** aus der Zeit der *Flower Power*-Bewegung (ca. 1 mi von der #1, jeder Hinweis an der Zufahrt Oleme-Bolinas Road ab dem nördlichen Ende der Lagune hinter Stinson Beach fehlt). Das hübsche Dorf zwischen Wald, Hügeln und Meer wird nach wie vor von Leuten bewohnt, die ein Leben etwas **außerhalb des *American Way of Life*** bevorzugen. Westlich des Ortes befindet sich im ***Agate Beach County Park*** der **beste Strand** weit und breit.

San-Andreas-Verwerfung

Von **Olema**, auf dem Shoreline Hwy #1 gut 15 mi nördlich der *Stinson Beach*, sind es noch 2 mi zum ***Bear Valley Visitor Center*** mit einem Informationsprogramm zu Flora und Fauna der ***Point Reyes Nat'l Seashore*** und zur **Erdbebenproblematik** der Region, verursacht durch die Nähe der San-Andreas-Verwerfung (➤ Seite 335). Ein kurzer Lehrpfad führt von dort zur Bruchlinie des Bebens von 1906.

Point Reyes National Seashore

kein Eintritt

Die *National Seashore* ist ein beliebtes Naherholungsgebiet für den Großraum San Francisco und schützt interessante einsame Steilküstenabschnitte, die sich größtenteils nur auf längeren Wanderungen erschließen. Wer nur wenig Zeit hat, für den ist ***Point Reyes*** nicht der richtige Platz! Allein für die (eher eintönige) Fahrt vom Besucherzentrum zum ***Lighthouse*** (nur Do-Mo 10-16.30 Uhr) am Ende des Sir Francis Drake Blvd braucht man schon eine gute 3/4 Stunde *one-way*. Besuchern mit mehr Zeit steht ein Wanderwegenetz von knapp 250 km zur Verfügung. Eine empfehlenswerte Route startet am Parkplatz der ***Limantour Beach***. Von dort sind es ca. 3 km in südöstliche Richtung bis zur ***Sculptured Beach***, die mit einigen Felsbögen und stark erodiertem Gestein aufwartet, aber nur bei Niedrigwasser begehbar ist (alternativer Zugang u.a. über einen *Trail*, der beim Hostel beginnt, ➤ unten). Karten im Besucherzentrum oder im Internet unter www.nps.gov/pore.

Unterkunft

Im Naturschutzgebiet gibt es nur ***Walk-in***-Zeltplätzer. Gute Alternativen sind der ***Samuel Taylor State Park***, einige Meilen landeinwärts von Olema auf dem Sir Francis Drake Blvd ($35; ✆ (415) 488-9897), sowie der ***Olema Campground*** am Hwy #1 (Zelte $44-$49, RVs $53-$63; ✆ 1-800-655-2267; www.olemacampground.net).

Ein **Hostel** befindet sich an der Limantour Road; Betten ab $35, DZ ab $105; ✆ (415) 663-8811. Weitere Unterkünfte stehen in **Olema**, darunter einige B&Bs und das komfortable ***Olema House***; ab ca. $275 inkl. Frühstück; ✆ (415) 663-9000, www.olemahouse.com.

Point Reyes, Blick vom Chimney Rock

Highway #1
bei Big Sur

2.2 Startroute #1: Von San Francisco auf dem California Coast Highway nach Los Angeles

Zeitplanung

Viele Reisende wählen San Francisco als Ausgangspunkt für eine Fahrt auf dem berühmten *Coastal Highway* #1 nach Los Angeles (Distanz auf der #101: ca. 400 mi). Zur optimalen Etappenplanung spielt die dafür verfügbare Zeit eine ganz wesentliche Rolle. Bei knapper Vorgabe reichen **zur Not zwei Tage**. In diesem Fall sollte man auf eine Fahrt über Santa Cruz sowie Abstecher und Zwischenstopps wie im nächsten Abschnitt beschrieben verzichten, auf schnellstem Weg (I-280/#101/#156/#1) Monterey ansteuern und **möglichst viel Reisezeit für das mit Abstand beste Teilstück im Gesamtverlauf der #1 von Carmel bis San Simeon** bemessen.

Kurze Stopps in Monterey, in dessen Vorort Pacific Grove (ggf. mit dem *17-Mile-Drive*) und im nahen Carmel, im *Point Lobos State Park*, in Big Sur und bei Interesse auch noch am *Hearst Castle* lassen sich dabei ganz gut »einbauen«, wenn für den Rest nicht viel mehr als die reine Fahrzeit kalkuliert wird.

Drei Tage besser als zwei

Wer zusätzlich **Santa Cruz** und **Santa Barbara**, vielleicht **Pismo Beach** und noch einiges mehr besuchen möchte, braucht mindestens **3 Tage**. Erst bei einer Reisezeit *von* **4 Tagen** sind auch Strandpausen, kleine Wanderungen (z.B. im *Point Lobos Park*, in/bei Big Sur, in *La Purisima*, in den Dünen von Pismo Beach) und Besuche von Museen möglich (u.a. in den alten spanischen Missionen, in Monterey und Santa Barbara). Auch ein Abstecher zum ***Pinnacles National Park*** könnte dann eventuell eingeplant werden.

2.2.1 Von San Francisco zur Monterey Bay

Alternative Routen

Für die Route von San Francisco nach Santa Cruz stellt sich ganz generell die Frage, ob man der Küstenstraße #1, der Kombination I-280 mit Straßen #35 (ggf. + #92) und #9 folgen oder den schnelleren *Freeways* #101 bzw. I-280 den Vorzug geben sollte.

San Francisco Bay Area
N
0 5 km
Santa Rosa
Sonoma
Napa
Sacramento
Six Flags
Novato
Vallejo
Grizzly Bay
Suisun Bay
Pittsburg
Martinez
Pinole
San Pablo
Plesant Hill
Concord
San Rafael
Richmond
Wildcat Rec. Park
Briones Regional Park
Mill Valley
Tilden Rec. Park
Mt. Diablo
Muir Woods NM
Berkeley University
Tiburon
Angel Island SP
Berkeley
Mt. Diablo SP
Muir Beach
Sausalito
Yerba Buena Island
Redwood Regional Park
Golden Gate NRA
Lake Merritt
Jack London Square
Oakland
San Francisco
Golden Gate Park
Anthony Chabot Park
South San Francisco
Castro Valley
Candlestick Park
Yosemite Park
Daly City
Pleasanton
San Francisco Bay
Hayward
SFO RV
International Airport
Union City
Pacifica
San Mateo Hayward Bridge
Burlingame
Montara State Beach
San Mateo
Fremont
Montara
Santa Cruz Mountains
Facebook
Redwood City
Menlo Park
Intel Museum
Half Moon Bay State Beach
Palo Alto
Google
Great America
Great Mall
Half Moon Bay
Stanford University
Hewlett Packard
Los Altos
Sunnyvale
Los Angeles
Skyline Blvd.
Santa Clara Mission
San José
Los Trancos Open Space
Page Mill Rd.
Hidden Villa
La Honda
Cupertino
Apple
Mystery House
Bean Hollow State Beach
Pigeon Point
Butano SP
Redwoods SP
Portola SP
Santa Cruz
2

Straße #1

Die **#1** erfordert **mehr Fahrtstunden**, ist aber südlich von Pacifica vergleichsweise verkehrsarm und bietet – obwohl im Verlauf nicht durchgängig landschaftlich attraktiv – einige hübsche Abschnitte. Eine Reihe von *State Beaches* ermöglicht den Zugang zu Stränden unter Steilufern und in felsigen Buchten entlang dieser recht rauhen Küste. Mit unfreundlicher **Witterung** ist hier immer zu rechnen. Erst südlich von Santa Barbara bessern sich die Aussichten auf überwiegend sonniges Wetter.

Half Moon Bay

Camping bietet von den *State Beaches* am Wege nur ***Half Moon Bay*** oberhalb des gleichnamigen, zersiedelten Ferienortes. Die Anlage gehört nicht zur ersten Kategorie, liegt aber unmittelbar am Steilufer über einem endlosen Strand. Das kostet $35-$65.

Butano SP

Oft außerhalb der Nebelschwaden in Küstennähe befindet sich indessen der einfache Campingplatz des ***Butano State Park*** mitten in *Redwoods*. Er liegt einige Meilen landeinwärts auf der Cloverdale (ab Pescadero) oder Gazos Creek Road; Einheitstarif $35.

Pigeon Point/ Año Nuevo State Reserve

Ca. 10 mi südlich des ***Pigeon Point Lighthouse*** auf Höhe des *Butano SP* passiert die #1 die ***Año Nuevo State Reserve***, ein Schutzgebiet für **See-Elefanten**. Man sieht die Tiere dort das ganze Jahr über, aber nur in der Paarungszeit (Dez-Ende März) bekommt man auch die riesigen Bullen zu Gesicht, dann ausschließlich auf von Rangern geführten Wanderungen zu den Stränden ($11/Teilnehmer; im Voraus reservieren unter ✆ 1-800-444-4445 bzw. https://anonuevo.reserveamerica.com). Das Besucherzentrum am südlichen Ende des Gebiets (nahe Hwy #1) ist nicht zu verfehlen.

Männlicher Sea Elephant

Erdbebenregion San Francisco www.sfgate.com/earthquakes

Das letzte schwere Beben in der Region von San Francisco ereignete sich im Oktober 1989. Es dauerte nur 15 Sekunden und erreichte eine Stärke von ca. 7 auf der Richter Skala. Dramatische Schäden wie die Einstürze der oberen Fahrbahn der *SF-Oakland Bay Bridge* und des Obergeschosses der I-880 auf mehreren hundert Metern Länge waren aber eher punktueller Natur. Das Funktionieren der seit Jahren praktizierten Bebenvorsorge wie z.B. der Flexibilisierung von Hochhauskonstruktionen, Gas- und Wasserleitungen wurde damit durchaus eindrucksvoll unter Beweis gestellt.

Ob jedoch die bislang realisierten und zusätzliche, aus jüngeren Erfahrungen in und bei Los Angeles abgeleitete Maßnahmen ausreichen werden, um auch in Zukunft Katastrophen zu verhindern, weiß niemand. Mit stärkeren Beben sei zu rechnen, behaupten die Seismologen, die das 1989er-Ereignis und das Epizentrum zwischen Santa Cruz und San Francisco damals einigermaßen korrekt vorhergesagt hatten. Die geologische Spannung in der **San-Andreas-Verwerfung**, der die »Nahtstelle« zwischen den tektonischen Platten des Pazifik und des nordamerikanischen Kontinents markiert, verminderte sich zwar durch die Erdverschiebung von 1989 um ca. 1-2 m innerhalb einer 50-km-Zone, erhöhte sich jedoch in der Nähe San Franciscos und in Südkalifornien weiter. Denn bedingt durch den plötzlichen Abbau des aufgestauten Drucks, der seinerseits auf der Blockade einer gegenläufigen Bewegung der beiden Erdkrustenplatten von 5-6 cm pro Jahr beruht, kommt es anderswo zu verstärkter Spannung, die sich eines Tages entladen muss.

Beim schweren Erdbeben von 1906 (geschätzte 8,3 auf der damals noch nicht existierenden Richter-Skala), das eine erhebliche Zerstörung San Franciscos zur Folge hatte, wurden auf einer Zone von 450 km Länge Verschiebungen bis zu 6 m (!) gemessen. Damit war eine nahezu vollständige Entlastung des tektonischen Drucks eingetreten, und es dauerte mehrere Dekaden, bis sich eine neue Spannung nennenswerter Stärke entwickelte. Seit Ende der 1970er-Jahre wird Kalifornien nun wieder von Beben heimgesucht, zunächst in einer noch relativ harmlosen Größenordnung um den Wert 5, aber nach 1989 gab es weitere Beben über der Stärke 6.

Da auch dem 1906-Ereignis zahlreiche Beben mittlerer Stärke vorausgingen und die Grundmuster des Ablaufs seismologischer Ereignisse erfahrungsgemäß Parallelen zeigen, leben Kalifornier mit der Gewissheit, dass der ***»Big Bang«*** oder ***»The Big One«*** nicht mehr allzu fern ist. Das befürchtete Starkbeben zwischen 7,5 und 8,5 kann zwar theoretisch schon morgen eintreten, aber durchaus erst in dreißig Jahren oder später. So wenig der Zeitpunkt vorherbestimmbar ist, lässt sich das künftige Epizentrum im Vorwege lokalisieren. Seismologen tippen auf Bereiche nördlich und südöstlich von Los Angeles, aber auch auf die Region »San Francisco Bay«.

San Andreas Verwerfung

Von den beiden Autobahnen auf der Ostseite der San Francisco Halbinsel verläuft die **I-280 südlich San Bruno** abseits der Ballungsräume. Sie führt entlang der Stauseen *San Andreas* und *Crystal Springs,* die mitten in der San-Andreas-Verwerfung angelegt wurden, der Erdspalte zwischen den für die Erdbebengefährdung der Region verantwortlichen tektonischen Platten. Verlässt man die I-280 auf der Höhe von Palo Alto auf der Page Mill Road (*Exit* 20), gelangt man nach kurvenreichen 7 mi in südliche Richtung zur ***Los Trancos Open Space Preserve*** mit dem *San Andreas Fault (Self-Guided) Trail.* Dieser 2,5 km lange Pfad entlang der Bruchlinie des Bebens von 1906 mit Erläuterungen vermittelt einen kleinen Eindruck von den seinerzeit aufgetretenen Erdverschiebungen; www.openspace.org/preserves/los-trancos.

Ab Exit 20 nach Stanford

Folgt man der Page Mill Road nach Norden, passiert man nach einer Meile die südliche Zufahrt zur ***Stanford University*** (Junipero Serra Blvd), ➤ folgende Seite und Foto Seite 814.

Straßen #35 und #9

Eine Weiterfahrt nach **Santa Cruz** über die Straßen #35 und #9 über den *Henry Cowell Redwoods SP* ist zwar zeitraubend, aber wegen der reizvollen Streckenführung erwägenswert, ➤ Seite 338.

Schönste Route bis Santa Cruz

Tatsächlich ist dies bis Santa Cruz die schönste Route von San Francisco in Richtung Süden (nach Autorenmeinung besser als die Küstenstraße #1). Die I-280 hat ein geringeres Verkehrsaufkommen als die #101 durchs *Silicon Valley*, und die #9 ist dünn befahren.

Stanford University

Die zweite Uni an der Bucht von San Francisco, die internationales Ansehen genießt, ist die (private) ***Stanford University***. Deren riesiger Campus befindet sich eine Meile außerhalb von Palo Alto, ein eigenes ***Visitor Center*** an der 295 Galvez St/Ecke Campus Dr East unweit des zentralen Platzes *The Oval*. Führungen tägl. 11.30 und 15.30 Uhr (70 min, gratis); http://visit.stanford.edu/plan.

Die einzelnen **Fakultäten** liegen weit verstreut. Sehenswert ist die zentrale *Plaza* mit basilikaähnlicher Kirche und einigen Gebäuden in pittoreskem mexikanischen Stil. Unübersehbar ragt der ***Hoover Tower*** in den Himmel (täglich 10-16 Uhr, $4/$3).

Kunstcenter

Auf jeden Fall lohnt sich ein Blick ins (eintrittsfreie) ***Cantor Center Arts Center***. Eine Kollektion von Kunstwerken aller Kulturen ist zu bewundern, außerdem ein ***Sculpture Garden*** mit *Rodin*-Plastiken; 328 Lomita Dr, Mi-Mo 11-17 Uhr, Do bis 20 Uhr, Mitte August bis *Labor Day* geschlossen; http://museum.stanford.edu.

Silicon Valley www.siliconbeat.com www.siliconvalley.com

Unter dem Begriff ***Silicon Valley*** wurde der südliche Teil der *San Francisco Bay* rund um die Vororte San Mateo und San José bekannt, wo in den 1970er-Jahren erstmals die Herstellung von Mikroschaltkreisen auf Siliziumplättchen gelang. Heute ist das »*Cybervalley*« einer der bedeutendesten **IT- und High-Tech-Standorte** weltweit, in dem das »Who's Who« der Branche vertreten ist – von *Apple*, *Google*, *ebay* bis hin zu *Instagram* oder *Facebook*.

Die Garage in **Palo Alto** (367 Addison Ave), in der die beiden *Stanford*-Absolventen Hewlett und Packard ihre ersten Computer zusammenschraubten, ist mittlerweile ein ***National Historic Landmark***. Die Firma *HP* residiert noch immer in Sichtweite von *Stanford* an der 3000 Hanover Street/Page Mill Road.

Auch ***Facebook*** hat seinen Ursprung auf dem *Stanford Campus*, zog aber 2011 nach *Menlo Park* (*Exit* 404B von der #101). Vom neuen *Facebook*-Standort sind es auf der #101 nur ein paar Meilen bis zum ***Google Headquarters*** in Mountain View. Diese Firma belegt einen tollen futuristisch gestalteten Gebäudekomplex (zugepflastert mit Solarmodulen) am Amphitheater Pkwy, Ausfahrt 400B.

Speziell an der Computer- und Chipentwicklung Interessierte erreichen ab *Exit* 392 noch das ***Intel Museum*** am 2200 Mission College Blvd. Der Eintritt ist frei; geöffnet Mo-Fr 9-18 Uhr sowie Sa 10-17 Uhr.

Das ***Apple***-Hauptquartier liegt beim *Exit* 11/I-280 an der 1 Infinite Loop. Interessanter ist aber zwei Abfahrten weiter (*Exit* Stevens Creek Blvd) der Besuch des bombastischen neuen ***Apple Campus*** mit tollem ***Visitor Center*** & ***Store*** an der 10600 N Tantau Ave in Cupertino; Mo-Fr 9-19 Uhr, Sa 10-19 Uhr, So 11-18 Uhr.

Im ***NASA Ames Exploration Center*** am Mofett Blvd (*Exit* 398 von der #101) warten neben Vorführungen auf Großleinwand, allerlei Objekte aus der Frühzeit der Raumfahrt, u.a. **Mondgestein**, das von der Apollo-15-Mission mitgebracht wurde. Zeitbedarf für Besuch und *self-guided tour* etwa 60 min; Mo-Fr 10-18 Uhr, gelegentlich auch Sa+So 12-16 Uhr; Eintritt frei; www.nasa.gov/ames/visit.

Rund 5 mi weiter östlich an der #101 befindet sich der Vergnügungspark ***California's Great America*** mit den üblichen *Roller Coaster Rides*, Schlauchboottouren und vielen Shows von Delphinspringen bis Bühnenglamour; $67, oft billiger im Web: www.cagreatamerica.com). Im Sommer geöffnet 10-22 Uhr, sonst kürzer/geschlossen. Der Eintritt in den ***Boomerang Bay Waterpark*** ist im Ticketpreis eingeschlossen.

Ein weiterer Wasserrutschenpark, ***Raging Waters***, befindet sich bei der Abfahrt 383; $30/$40; www.rwsplash.com.

San José

1777 gegründet, war San José die erste Hauptstadt des alten Kalifornien und ist heute mit über 900.000 Einwohnern größer als San Francisco. Touristisch gesehen hat die Stadt weniger zu bieten.

Eine originelle Attraktion ist dort aber das ***Winchester Mystery House*** am 525 South Winchester Blvd nahe der *Freeway*-Kreuzung #280/#880. Die Witwe des Erfinders des Winchester-Gewehrs verbaute in diesem Haus ein Vermögen im Glauben, durch unaufhörliches Anbauen Unsterblichkeit zu erlangen. Bevor sich dies als Irrtum herausstellte, waren in 160 Räumen 10.000 Fenster, 2.000 Türen, 40 Treppen und 47 Kamine eingesetzt. Originell, aber Eintritt $39, 6-12 Jahre $20 inkl. ***Winchester Historic Firearms & Antique Products Museum***. Geöffnet 9-19 Uhr von Juni bis zum *Labor Day*, sonst kürzer; www.winchestermysteryhouse.com.

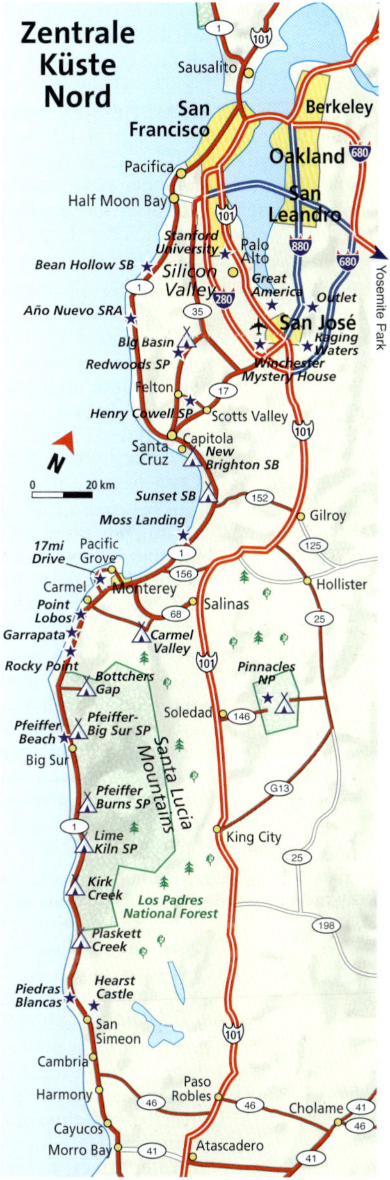

Outlet Mall

Beachtlich ist im Norden von San José im Vorort **Milpitas** die ***Great Mall of the Bay Area***, eine riesiges ***Outlet Mall*** am 447 Great Mall Drive nahe des *Exit* 8 der **I-880**; nicht ausgeschildert.

> Den besten und interessantesten, wenngleich zeitaufwendigsten Weg von San Francisco nach Santa Cruz bietet die **Kombination I-280/Straßen #35/#9**. Der ***Skyline Boulevard* #35** führt kurvenreich durchs Gebirge zwischen I-280 und der Küste und passiert den oben erwähnten *Los Trancos Park* (Page Mill Road) und die Zufahrten zu den ***State Parks Portola*** und ***Castle Rock*** (keine Zufahrt an der #9, nur #35 südlich der Kreuzung).

Fwy #17 an die Küste

Die Verlängerung der I-880 ist der ***Freeway* #17**, der San José auf schnellstem Wege mit Santa Cruz an der Küste verbindet. Ein Abstecher entlang der Strecke führt ab **Scotts Valley** (*Exit* #3) nach Felton, wo die nostalgische ***Roaring Camp Railroad*** mit ihren offenen Wagons mehrmals täglich über Holzbrücken durch den ***Redwood Forest*** dampft. **Ein toller Ausflug mit Kindern!** Dauer: 75 min retour; Tickets $32, Kinder zahlen $23, hinzu kommen noch Parkgebühren. Ein Dieselzug verkehrt zusätzlich nach ***Santa Cruz*** (*Beach Train*, 3 Std retour); www.roaringcamp.com.

Redwood Canopy Tours

Gleich nebenan in Mount Hermon hat man im *Redwood Forest* Plattformen in bis zu 45 m Höhe angelegt und mit Hochseilen (*Zip Lines*) und Hängebrücken (*Skybridges*) verbunden. Der Spaß zwischen den Baumriesen kostet $95-$99/Person (Mindesalter 10 Jahre und Größe ab 1,30 m, Gewicht 34-113 kg); Adresse fürs Navi: 17 Conference Drive, Felton; www.mounthermonadventures.com.

Henry Cowell State Park

Von Felton gelangt man auf der Straße #9 durch die dem Kahlschlag entgangenen ***Redwoods*** im ***Henry Cowell State Park*** auf direkter Route nach Santa Cruz. Dieser Park ist nicht ganz so attraktiv wie die *Big Basin Redwoods* weiter im Norden (auch der *Campground* nicht), bietet aber im Hauptareal beidseitig der #9 einige schöne *Trails* durch die Mammutbäume. Die ***Fall Creek Unit*** westlich von Felton (Empire Road) mit dem gleichnamigen ***Trail*** am *Fall Creek* entlang gilt als Geheimtipp (ca. 10 km retour auf teilweise gleichem Weg); www.parks.ca.gov/?page_id=546.

Big Basin Redwoods State Park

Einen schönen, noch relativ großen ***Redwood Forest*** schützt der ***Big Basin Redwoods SP*** (www.parks.ca.gov/?page_id=540) mit vier populären ***Campgrounds*** ($35) und schönen Wanderwegen. Der Park liegt etwas abseits, man erreicht ihn ab Felton über die **Straße #236** (Abzweig von der #9 ca. 9 mi nördlich des Ortes), die sich im höher gelegenen Bereich malerisch durch Eukalyptuswald schlängelt (7 mi *one-way* und **nicht für RVs über 22 Fuß Länge geeignet**).

Santa Cruz

Santa Cruz steht als Ferien- und Studienort bei amerikanischen Teenagern und Studenten hoch im Kurs. Denn neben Stränden, tollen Surfrevieren und ***High Life*** hat die Stadt einen **Campus** der ***University of California*** in hübscher Hügellandschaft. Die ***Tourist Information*** befindet sich östlich des San Lorenzo River an der 303 Water Street, © 1-800-833-3494, www.santacruzca.org.

Santa Cruz Boardwalk

Bekanntester Anziehungspunkt von Santa Cruz ist die unverfehlbar am zentralen Strand gelegene Dauerkirmes, der ***Santa Cruz Beach Boardwalk*** mit Eintritt für die einzelnen *Rides,* aber sonst freiem Zugang. Sieht man ab von der nostalgischen ***Giant Dipper*** **Achterbahn** aus dem Jahre 1924 sowie den bunten ***Sky Glider*** Gondeln, mit denen man parallel zum Strand und *Boardwalk* über die Massen hinweg schwebt, gibt es nichts Sensationelles. Aber das dort (täglich Juni bis *Labor Day,* sonst nur am Wochenende) bunte Leben und die **Kombination mit Strand und Meer** sorgten für Santa Cruz' Ruf als Prototyp einer Stadt des kalifornischen *Easy Going*; www.beachboardwalk.com.

Downtown

Downtown mit seinen Straßencafés, Bistros und Buchläden nur wenige Häuserblocks weiter im Norden am westlichen Ufer des San Lorenzo River zeigt sich hip und aufgeräumt.

Unterkunft

In Santa Cruz ballen sich M/Hotels im zentralen Bereich unweit des ***Boardwalk***, speziell aber an der **Riverside Ave** ein paar hundert Meter vom Strand entfernt. Neben lokalen Häusern und auch **B&Bs** stößt man dort auf die bekannten Namen der Kettenhotellerie. Sehr viele **Unterkünfte**, speziell wiederum der Ketten, stehen auch an der **Ocean Street**, einer Verlängerung der #17. Wer auf dieser Route von Norden nach Santa Cruz hineinfährt, landet dort automatisch. Das gilt ähnlich für die #1. Vor der Kreuzung mit der #17 biegt man einfach rechts ab (nach Süden) in die Ocean Street und kann dann die Motels und *Inns* nicht übersehen.

Außer in der Jugendherberge (***HI Santa Cruz Hostel***, 321 Main St, nur 3 Blocks vom Strand entfernt; \$49/Bett; \$119/DZ, © (831) 423-8304, www.hi-santacruz.org) sind meist sehr hohe Sommertarife üblich (jenseits der \$200/Nacht).

Essen & Trinken

Lunch, Dinner oder auch nur einen *Drink* mit Seeblick – in Santa Cruz gibt's dafür reichlich Alternativen. Empfehlenswert sind z.B. ***Ideal Bar & Grill*** eingangs der *Municipal Wharf* sowie die ***Seabright Brewery*** in der 519 Seabright Ave.

An Wochenenden und Feiertagen geht es im Sommer am Strand von Santa Cruz hinter dem Boardwalk hoch her

West Cliff Drive

Westlich des *Boardwalk* sind die Strände entlang des ***West Cliff Drive*** populär. Selbst bei ruhigem Wetter läuft hier eine erstaunlich hohe Dünung aus den Weiten des Pazifiks ein, die sich zwischen Strand und Steilküste bricht. Am ***Lighthouse Point*** zeigen Surfer atemberaubende Brettbeherrschung, wenn sie knapp an den Klippen vorbeischießen. Immerzu röhrende **Seelöwen** bevölkern die vorgelagerten Felsen.

Natural Bridges/ Monarchfalter

Besonders schön zum Sonnenuntergang ist es bei der letzten noch nicht zusammengebrochenen Felsbrücke an der ***Natural Bridges State Beach***; *day-use* $10. Man befindet sich dort immer in garantiert zahlreicher Gesellschaft. Wer in der kühleren Jahreszeit unterwegs ist, sollte auch in die ***Monarch Butterfly Preserve*** gleich neben dem Parkplatz schauen, in der jedes Jahr einige Tausend Monarchfalter überwintern; *Ranger Talks* Sa+So 11+14 Uhr von Mitte Oktober bis Mitte Januar; ➤ auch Seite 346 oder 356.

Die letzte noch verbliebene Felsbrücke an der Natural Bridges Beach

Küstenvororte

In den südöstlichen Vororten lösen **Strände** und **Marinas** hinter Wohlstand signalisierenden Sommerhaussiedlungen einander ab. Zufahrt über Portola Drive und den East Cliff Boulevard.

Capitola

Mehr schon ein eigenständiges Ziel als Vorort von Santa Cruz ist Capitola, ein vor allem bei jungen Leuten beliebtes Städtchen am Meer mit Yachthäfen, Kneipen und allerhand *Nightlife*. Dort tummeln sich vor allem Einheimische und Ausflügler aus der Umgebung. Ein hübsches Fotomotiv sind die farbenfrohen *Beach Houses* am Strand samt dem ***Venetian Hotel*** (www.capitolavenetian.com) gleich östlich des Piers mit Gastronomie am Ende. Capitola erreicht man über die Küstenboulevards oder auf der Straße #1.

Camping

Zwischen Santa Cruz und Monterey führt die überwiegend als *Freeway* ausgebaute #1 (*Cabrillo Highway*) durch flache Obstanbaugebiete abseits der Küste. Wie auch weiter nördlich sind Strand und Dünen in erster Linie über *State Beach*es zugänglich. Die Campingempfehlungen in diesem Bereich lauten ***New Brighton***, ist der voll besetzt dann ***Sunset State Beach***; beide $40-$50.

Venetian Hotel am Strand von Capitola; im Hintergrund die Seebrücke Capitola Wharf

Moss Landing

Auf etwa halber Strecke zwischen Santa Cruz und Monterey streiten sich am langen Pier direkt nördlich der Brücke über den ***Elkhorn Slough*** Hunderte von Seelöwen lauthals um ein Plätzchen. Idyllisch ist die Gegend rund um die im Wesentlichen aus Bootsmarinas bestehende Siedlung **Moss Landing** wegen des Kraftwerks auf der Südseite des *Slough* nicht, dafür hat man dort unweit der Durchgangsstraße Gelegenheit, auch **Seeotter** sowie Wasservögel aus nächster Nähe zu beobachten. Im Hafen kann man außerdem Bootstouren (*Safari Tours*) auf dem *Slough* durch das *Elkhorn* Naturschutzgebiet buchen; www.elkhornslough.com.

Wer hier übernachten möchte, findet mit dem ***Captain's Inn at Moss Landing*** ein sehr schönes, aber nur in der Nebensaison bezahlbares B&B-Quartier (dann ab $160); www.captainsinn.com.

RV-Camper können den ***KOA-Platz*** am Hafen nicht verfehlen.

Die Bootstouren zum Elkhorn Slough passieren auch den immer mit Seelöwen vollgepackten Steg in Moss Landing

Exkurs: Zum Pinnacles National Park www.nps.gov/pinn

Ostseite

Eintritt $25/Auto oder Jahrespass

Ein Abstecher für Leute mit einem Tag **Extrazeit** könnte dem ***Pinnacles National Park*** gelten; www.nps.gov/pinn. Ab Watsonville geht es auf den Straßen #129/#156 nach **Hollister** und auf der #25 zur Osteinfahrt des Parks (ca. 75 mi). Die #146 führt zum ***Visitor Center*** und zu Ausgangspunkten mehrerer *Trails*. Zu den ***Pinnacles***, den namensgebenden schroffen Felszacken, sind es von der *Bear Gulch* rund 4 km. Vorrangiges Besuchsmotiv ist auch der raue Pfad durch die ***Bear Gulch Caves*** zum einige hundert Meter höheren *Bear Gulch Reservoir.*

Zwischen Höhlen bildenden Felsen geht es streckenweise steil bergauf (feste Schuhe und Taschenlampen erforderlich). Wem die Kraxelei durch den Tunnel zuviel war, kann auf dem Rückweg den ***Rim Trail*** nehmen. Mit guter Kondition lässt sich ab dem *Reservoir* der Weg fortsetzen zu den ***High Peaks*** (dann 10 km).

Zur Erholung von der Anstrengung wartet auf der Ostseite des Parks ein **kühler Pool** im ***Pinnacles Campground*** (sanitär komfortabel, sonst rustikal, © 1-877-444-6777; www.recreation.gov).

Westseite

Die Zufahrt zum **Westteil** erfolgt von der #101/**Soledad** ebenfalls auf der (durch den Park unterbrochenen) #146. Man kann auch von dort zu den ***High Peaks*** hinaufsteigen (7 km retour). Für weniger Ambitionierte führt ein 4 km langer Rundparcour durch die sog. ***»Balconies«*** mit Kurzkletterei durch eine dunkle feuchte Höhle (nur mit Taschenlampe + Trittsicherheit). Die Anfahrt bis zum Parkeingang (*Chaparral Ranger Station*) ist kurvenreich und teilweise eng (langsam mit großen RVs).

Weiterfahrt auf der #1 weiter südlich

Wer nicht bei Monterey/Carmel zurück an die Küste will, fährt nach dem Besuch der *Pinnacles* auf der #101 weiter und könnte erstmalig auf der Verbindungsstraße #46 (südlich Paso Robles) auf die #1 zurückkehren und mit einem kurzen »Schlenker« ***Hearst Castle*** mitnehmen, ➢ Seite 352.

Nach Las Vegas

Bei anderen Reiseplänen – etwa in Richtung Las Vegas – unter Auslassung von L.A./Südkalifornien würde man **ab Paso Robles** auf der #46/#99 **nach Bakersfield** fahren und von dort auf dem *Freeway* #58 weiter nach Barstow an der I-15, ➢ Seite 292.

Zurück zur #1

Bei Rückkehr zur #1 **via Salinas** geht es von dort auf der #68 nach Monterey. Landschaftlich weit attraktiver, aber etwas mühsam sind die Nebenstraßen **#G17/#G16** nach Carmel.

Salinas

In **Salinas** wurde **John Steinbeck** geboren (➢ *Cannery Row*, Seite 345). Teile seines Romans »Jenseits von Eden« mit *James Dean* hat man in und um Salinas verfilmt. Sein **Geburtshaus** steht in der 132 W Central Street zwei Blocks entfernt vom interessant gemachten ***John Steinbeck Center***. Täglich 10-17 Uhr; $13, Kinder 6-17 Jahre $7; www.steinbeck.org.

Equus

Ein anderer bekannter Bürger von Salinas ist **Monty Roberts**, der Erfinder der Pferdesprache *Equus*, www.montyroberts.com.

John Steinbeck Plaza mit Skulptur zu Ehren des größten Sohnes der Stadt

2.2.2 Die besten 100 Meilen der Highway #1: Von Monterey nach San Simeon

Monterey und Pacific Grove

Anfahrt und Info

Vom ***Freeway* #1**, bei Monterey zugleich **Stadtumgehung,** gelangt man von Norden am besten über die Del Monte Ave (*Exit* 402B) oder die Fremont St (*Exit* 401A), von Süden auf der Munras Ave (*Exit* 399B) nach ***Downtown Monterey***. Vor dem zentralen Stadtbereich passiert die Fremont Street den Camino El Estero an dem sich auf der Höhe Franklin St eine große ***Visitor Information*** befindet (#401; © 1-888-221-1010). Dort erhältlich ist der sehr brauchbare ***Explore Monterey County Guide***; online zum Blättern am Monitor unter www.seemonterey.com/resources/visitors-guide.

Gratis Shuttle

Der kostenlose ***MST Trolley*** verkehrt im Sommer 10-19/20 Uhr zw. Downtown Monterey, *Fisherman's Wharf* und Aquarium; https://monterey.org/Services/Parking/Ride-the-FREE-Trolley-Shuttle.

Unterkunft

Das Preisniveau in Montereys drei **Übernachtungsbereichen** ist an Werktagen moderat, Sa+So sowie in den Ferien recht hoch:

- Eine auffällig gepflegte H/Motellerie erstreckt sich entlang der **Munras Avenue**, einer der Haupteinfahrten in die Stadt. Kaum ein Name der mittleren Kettenkategorie fehlt dort. Werktags kommt man oft mit *Discount Coupons* recht günstig unter (➤ Seite 157). Eine weitere Hotelballung befindet sich an der **Fremont Street** (Ausfahrt 401 A vom Hwy #1).
- Im Bereich ***Cannery Row*** ist man im Herzen des touristischen Lebens und zahlt für die dort überwiegend zur gehobenen Kategorie gehörenden Hotels heftige Tarife.
- An der **Lighthouse Avenue**, der sehr schönen Hauptstraße durch Pacific Grove, stehen weitere **kleinere *Inns*** und ***Lodges***.

Die einfache Alternative ist das ***HI Monterey Hostel*** vier Blocks von Uferpromenade und Aquarium entfernt, 778 Hawthorne St; ab $28/Bett und $69/DZ; © (831) 649-0375, www.montereyhostel.org.

Hinweis Übernachtung

Südlich von Monterey wird das Übernachten (von Carmel bis St. Simeon) teuer, auch deshalb, weil bis Cambria die Gelegenheiten dünn gesät sind. Auf diesen ca. 100 mi kommt man ohne Reservierung an Wochenenden und zur Ferienzeit eher nicht unter!

Camping

Stadtnah campt man im ***Veterans Memorial Park Campground***; Ausfahrt 399 A von der #1, Holman Highway nach Westen und nach ca. 1 mi rechts auf den Skyline Forest Drive, dann links Skyline Drive bis zum Ende; aus der City Jefferson Street nach Norden und dann weiter auf dem Veterans Drive). Schöner bewaldeter Platz unweit von Zentrum und *Cannery Row*, aber RVs nur bis 21 Fuß; © (831) 646-3865. Duschen, kein *hook-up*; $30.

Interessant für größere Campmobile sind wegen ihrer noch relativ zentralen Lage die Stellplätze (*hook-up*) beim ***Red Roof Inn*** an der 2227 Fremont St; © (831) 372-7586; Busverbindung zum Aquarium.

Essen und Trinken

Im Bereich ***Cannery Row*** ballen sich Restaurants, darunter auch die Filiale der *Seafood*-Kette ***Bubba Gump Shrimp Co.*** in der 720 Cannery Row, eine Kombination von *Fast Food* und »richtigem« Restaurant. Wer am Wasser sitzen möchte, findet weitere *Eateries* auf Montereys Pier ***Fisherman's Wharf***. Ganz originell ist das ***Lallapalooza*** in Downtown in der 474 Alvarado Street, eine Bier- und Cocktailbar mit Steak und *Seafood*.

Geschichte

Das heute knapp 30.000 Einwohner zählende Monterey blickt auf eine für amerikanische Verhältnisse lange Geschichte zurück. Gegründet **1770 als Missionsstation** wurde sie bereits **1775 Hauptstadt** des spanischen, ab 1821 mexikanischen Kaliforniens und blieb es auch noch nach seiner Eroberung durch die Amerikaner 1846, bis 1854 Sacramento Kapitale des neuen US-Staates im Westen wurde. Die aus jener Zeit erhaltenen bzw. restaurierten Gebäude samt einiger frühamerikanischer Bauwerke wurden insgesamt zum ***Monterey State Historic Park*** erklärt und durch den ***Path of History*** (ca. 3 km) symbolisch miteinander verbunden.

Path of History

Ein in der ***Visitor Information*** gratis ausgegebenes **Faltblatt** (online unter www.parks.ca.gov/?page_id=575) erläutert den Verlauf dieses historischen Pfades und die Bedeutung der Gebäude im einzelnen, von denen eine Reihe musealen Charakter besitzt. Für einen europäischen Besucher ist der *Path of History* nur punktuell interessant; zu nennen sind in erster Linie die hübsche ***Custom House Plaza*** und vor allem die ***Royal Presidio Chapel*** (rekonstruierte erste Missionsstation) östlich des Zentrums an der Church Street.

Fisherman's Wharf, Beaches und Coastal Trail

Wie San Francisco besitzt auch Monterey eine ***Fisherman's Wharf***. Sie besteht hier indessen nur aus einem einzigen Pier mit Frischfisch-Verkauf, *Fast-Food*-Ständen sowie ein paar *Giftshops* und Restaurants. Östlich der ***Municipal Wharf*** (Verlängerung der Figueroa Street) erstrecken sich schöne lange **Strände** mit dahinter liegenden Parks. Sehr beliebt ist der ***Coastal Trail***, ein Jogging- und *Bike*-Weg, der vom *Lovers Point Park* in Pacific Grove bis über die *Monterey State Beach* hinaus ufernah um die Bucht verläuft.

Cannery Row

Der wichtigste Anziehungspunkt Montereys liegt eine gute Meile nordwestlich Downtown und der *Wharf* im ***Cannery Row*** genannten Bereich (gleichzeitig Straßenname): Vom Del Monte Blvd/Ecke Washington Street halbrechts durch den Tunnel und weiter auf der Lighthouse Ave. Die ehemaligen *Canneries* (=Fischfabriken) zwischen David und Hoffman Avenue, die einst **John Steinbeck** zum Titel seines weltbekannten Romans ***Cannery Row*** (»Straße der Ölsardinen«) inspirierten, wurden fürs touristische Shopping umfunktioniert und schick restauriert, soweit sie nicht Parkplätzen weichen mussten. Das Wachsfigurenkabinett (***Steinbeck's Wax Museum***) an der 700 Cannery Row illustriert effektvoll das Leben in dem Umfeld, das der Autor beschrieb.

Die alten Gebäude der Fischkonservenfabrik beherbergen heute jede Menge Shops für T-Shirts und Souvenirs sowie Fast Food- und Fisch Restaurants

Aquarium

Trotz der hübschen Lage am Wasser wäre die »**neue**« ***Cannery Row*** kaum einen längeren Zwischenstopp wert, beherbergte sie nicht das ***Monterey Bay Aquarium*** an ihrem Nordende, eines der besten seiner Art in Nordamerika. Sowohl die Vielzahl der dort zu sehenden Meerestierarten als auch die Imitation ihrer Lebensräume bieten gelungenen Anschauungsunterricht zur Fauna der kalifornischen Pazifikküste. Geöffnet täglich 10-18/17 Uhr. Im Sommer und an Wochenenden herrscht großer Andrang, zeitiges Kommen oder späte Ankunft (nach 15 Uhr) hilft, den Hauptbetrieb zu vermeiden. Etwa 2-3 Std. benötigt man für eine gründliche Besichtigung; Eintritt heftig: $50, Kinder $30-$40; www.montereybayaquarium.org.

Pacific Grove

Unverzichtbar in Monterey ist eine Rundfahrt im Stadtteil **Pacific Grove** an der pittoresken Küste entlang (Ocean View Blvd & Sunset Dr). Auch ein Fußweg für Spaziergänger wartet. Besonders schön ist der Bereich rund um die ***Asilomar Beach***, wo sich **Seehunde und -löwen** auf den zahlreichen vorgelagerten Felsen tummeln.

PG Museum

Ein kurzer Halt könnte dem ***Pacific Grove Museum of Natural History*** gelten (165 Forest Ave, Di-So 10-17 Uhr, $9; www.pgmuseum.org) mit zahlreichen ausgestopften Vögeln der Region und besonderem Gewicht auf den ***Monarch*-Schmetterlingen**, die sich

Pacific Grove für ihren jährlichen Winterschlaf von Ende Oktober/Anfang November bis März ausgesucht haben. Ab 55°F (13°C) werden sie aktiv. Wer an einem sonnigen Tag zur richtigen Zeit dort ist, erlebt ein bemerkenswertes Naturschauspiel.

Die **Schmetterlingsbäume** sind auf der Karte der **Touristeninformation** (584 Central Ave; www.pacificgrove.org) eingezeichnet. Geballt findet man sie im ***Monarch Grove Sanctuary*** an der 250 Ridge Road (Zufahrt ab Lighthouse Ave). *Volunteers* geben dort Auskunft und zeigen durch ihre Ferngläser orangefarbene Schmetterlingsansammlungen (*cluster*) in den Bäumen.

Point Pinos

In der äußersten Nordecke von Monterey steht das ***Point Pinos Lighthouse*** am Rand des *Pacific Grove Golf Course* (einfach dem Ocean View Blvd/Sunset Dr folgen). Der Leuchtturm ist der älteste der ganzen Westküste (1855) und beherbergt ein kleines **Museum**. Etwas für Fans maritimer Objekte; Do-Mo 13-16 Uhr; $4/$2.

Seventeen-Mile-Drive

Auf dem **Sunset Drive** passiert man, wieder landeinwärts, das ***Lighthouse*** oder ***Pacific Grove Gate***, eine der Zufahrten zum sog. ***17-Mile-Drive***, einer vielbeworbene **Touristenattraktion** und Programmpunkt aller über Monterey gehenden Busreisen. Die Straße läuft größtenteils am Ufer des Pazifik entlang und führt durch den Privatbesitz der millionenschweren *Del Monte Forest Community*, die für die Besichtigung ihres Areals **$10,50 pro Auto** kassiert.

Die enormen Anwesen der Reichen und Prominenten liegen fast ausnahmslos hinter hügeligem Gelände, Wald und Hecken verborgen. Strände und Buchten bieten (an sonnigen Tagen) einiges fürs Auge, aber die eintrittsfreie Umgebung in Pacific Grove und Carmel kann durchaus konkurrieren. Seehunde und -löwen tummeln sich hier wie dort, aber beim ***Seal Rock*** in besonders großer Zahl. Und die berühmte ***Lone Cypress*** auf einem vorgelagerten Felsen ist ein »Muss« für jede Kamera.

Wer in dieser Gegend allerdings noch mehr Natur sehen und auch etwas wandern möchte, ist für dasselbe Geld in der ***Point Lobos Reserve*** (➤ Seite 349) sicher noch besser aufgehoben!

Die »Lone Cypress« am 17-Mile-Drive zwischen Pacific Grove und Carmel-by-the-Sea

Carmel-by-the-Sea und Point Lobos

Anfahrt Carmel

Wer dem ***17-Mile-Drive*** in Nord-Süd-Richtung folgt, gelangt am Südostende der Halbinsel an das ***Carmel Gate*** und befindet sich sogleich mitten im Städtchen. Lässt man die teure Rundstrecke aus, kommt man über den Sunset Drive zur Straße #68 (zunächst Forest Ave, dann Holman Highway) und von ihr automatisch auf den **Hwy #1** und wenig weiter südlich nach Carmel.

Kennzeichnung

Carmel ist der mit Abstand hübscheste (und teuerste) Ort der ganzen Westküste. Er gilt als Künstlerkolonie und besaß mit dem Filmschauspieler ***Clint Eastwood*** für einige Jahre einen äußerst »publicity« wirksamen Bürgermeister. Seither warten noch mehr teure Galerien, Modeboutiquen und Restaurants auf zahlungskräftige Besucher Das Leben und Treiben spielt sich überwiegend in der (auf den Strand zulaufenden) **Ocean Ave** und Umgebung ab.

Carmel Beach gehört zu den schönsten Stränden der USA

Tourist Info

Die ***Visitor Info*** befindet sich an der Carmel Plaza (Ocean Ave zwischen Junipero und Mission Street). Die Karte für eine *Walking Tour* durch die Ortschaft ist im dort ausliegenden *Guide to Carmel* abgebildet; auch im Web unter www.carmelchamber.org.

Unterkunft

Carmel bietet viele attraktive, aber sagenhaft hochpreisige **Quartiere zwischen Villen und *Beach*** als individuelle und feine Alternative zu den Kettenmotels von Monterey. Selbst das *Comfort Inn* kostet in Carmel an der Ocean Ave schon mal $300. Ein relativ gutes Preis-Leistungs-Verhältnis haben ***Carmel Bay View Inn*** (Junipero St), ***Sandpiper Inn*** (2408 Bay View Ave) und ***Sea View Inn*** (Camino Real; alle mit Sommertarifen meist um die $200.

Ebenfalls gut bestückt ist Carmel mit besseren **Restaurants** samt schönen ***Open-air*-Terrassen**, so z.B. das ***Mediterranean*** an der Ocean Ave zwischen Lincoln und Monte Verde St oder im sehr gehobenen ***Mission Ranch Restaurant*** an der Dolores Street.

Camping

In unmittelbarer Nähe des Ortes kann man nicht campen, aber ca. 6 mi östlich im Carmel Valley (Zufahrt über die Carmel Valley Rd bzw. #G16) warten zwei gute und extrem teure *Campgrounds* (im Hochsommer über $100, sonst ab $80/Nacht): die hochgelegene ***Saddle Mountain Ranch*** (27625 Schulte Rd; auch *Glamping Luxury Tents* für $125; © (831) 624-1617, www.carmelcamping.com) und den ***Carmel by the River RV Park*** (27680 Schulte Rd; © (831) 624-9329, www.carmelrv.com.

Ortsbild

Der überwiegende Teil des Ortes besteht aus beneidenswert gelegenen und gestalteten Privathäusern inmitten einer von Kiefern und Zypressen bewachsenen, leicht hügeligen Landschaft. Die weißen **Strände** entlang der ***Scenic Road*** gehören zu den schönsten der USA. Am Südende dieser Straße stößt man auf die wunderbare ***Carmel River State Beach*** mit Vogelschutzgebiet und Süßwasserlagune, die nur durch einen **Dünenstreifen** vom Ozean getrennt ist. Mit ein wenig Glück sieht man dort possierliche **Seeottern** unweit des Strandes in den Wellen spielen. Vor Jahren schienen sie fast ausgerottet, heute sind sie oft wieder zahlreich vorhanden.

Carmel Mission

An der 3080 Rio Road steht eine der attraktivsten der 21 spanischen Missionsstationen in Kalifornien, die 1770 erbaute ***Mission San Carlos Borromeo del Rio Carmelo***. In ihr liegt der Gründervater der Missionen begraben, der Franziskanermönch Junipero Serra. Zu besichtigen sind Kirche, Innenhof und Gärten und ein kleines Museum; Mo-Sa 9.30-17 Uhr; Eintritt $9,50, Kinder $5; www.carmelmission.org.

Mission San Carlos Borromeo del Rio Carmelo

Point Lobos State Reserve

Etwa 4 mi südlich von Carmel liegt an der Straße #1 die Einfahrt in die ***Point Lobos Reserve***, ein äußerst populärer Naturschutzpark mit zerklüfteter Küste, vorgelagerten Inselchen, Buchten und kleinen sandigen Einsprengseln ($10/Auto). Wochenenden sollte man dort meiden oder sehr früh anreisen (die Schranken öffnen tägl. um 8 Uhr), denn die Parkplatzkapazitäten sind recht begrenzt. Wer sein Fahrzeug nur noch entlang der #1 abstellen kann, muss weit laufen!

Zahlreiche ***Nature Trails*** starten entlang der 1,7 mi langen Parkstraße. Sie durchziehen die felsige *Point Lobos* Halbinsel und verlaufen meist hoch über dem Ozean. Mit etwas Glück lassen sich während der Wanderung Seehunde, Seelöwen, zahlreiche Vogelarten sowie Wale beobachten. An der ***Weston Beach*** warten bei Niedrigwasser außerdem schöne Gezeitenbecken.

Das Minimalprogramm im Park sollte der Besuch der Info-Station beim *Sea Lion Point* Parkplatz sowie ein Spaziergang auf dem dort startenden ***Sand Hill/Sea Lion Point Loop Trail*** sein (ca. 45 min). Ebenfalls zu empfehlen ist der kurze Aufstieg zum ***Cannery Point*** auf der Nordseite der Halbinsel. In der *Whalers Cove* unterhalb dieses Aussichtspunktes tummeln sich neben Scuba-Tauchern manchmal auch Seeotter. Der ***Bird Island Trail*** führt ausgehend vom Ende der Parkstraße zu einem besonders schönen Küstenabschnitt sowie zum *Pelican Point* mit gutem Blick auf die meist mit Kormoranen vollbesetzte »Vogelinsel« (1,3 km retour).

Eine Übersichtskarte mit allen Wanderwegen findet sich auf der offiziellen Webseite des Parks www.pointlobos.org/plan-your-visit/maps. Campen kann man in *Point Lobos* nicht.

Straße #1 ab Carmel/Point Lobos

Garrapata State Park

Nur 3 Meilen südlich des Wanderparadieses *Point Lobos* präsentiert sich die grandiose Steilküste entlang der #1 schon durchs Autofenster. Besonders beeindruckend sind die felsigen Abschnitte rund um den ***Soberanes Point*** im ***Garrapata State Park*** (Parkplätze #8-11). Von Januar bis Mai lohnt sich auch ein kurzer Stopp beim *Parking Turnout* #18, wo es durch eine Senke mit prächtigen Calla-Lilien zum Strand hinunter geht; www.parks.ca.gov/?page_id=579.

Camping

Wegen Sturm- und Waldbrandschäden zw. Carmel und dem Julia Pfeiffer Burns SP sind voraussichtlich auch 2020 noch einige Trails und Campgrounds gesperrt!

Bei *Garrapata* gibt es keine Campmöglichkeiten. Die findet man dafür in großartiger Lage hoch in den Bergen des *Los Padres National Forest* im **Einfach-*Campground Bottchers Gap***, etwa 8 mi von der #1 entfernt; Zufahrt über die kurvenreiche, teilweise sehr steile *Palo Colorado Road* rund 13 mi südlich von *Point Lobos*. Die schattigen Plätzchen für Zelte liegen abseits im Wald ($15), der Parkraum für Wohnmobile ist begrenzt (nur für 3-4 *Van Camper*); *first-come, first-served*.

Der *Walk-in Campground* des ***Andrew Molera SP*** etwas weiter im Süden war Anfang 2020 noch geschlossen, dafür bietet der Park einen Strandzugang (1,6 km *one-way*; beliebt bei Surfern).

Campmobilfahrer können am *Trailhead*-Parkplatz zur Not die Nacht überbrücken, falls im Sommer – wie häufig – alle anderen Plätze der Region belegt sein sollten. Auch im ***Pfeiffer Big Sur State Park*** dürfen **RVs** über Nacht den Parkplatz nutzen.

Hwy #1

Ab *Point Lobos* befindet man sich definitiv **auf dem schönsten und einsamsten Abschnitt des Hwy #1**, der erst 1937 nach 16 Jahren Arbeit (überwiegend durch Strafgefangene) fertiggestellt wurde. **Bis San Simeon** gibt es **keine echte Ortschaft** mehr (nur drei teure Tankstellen). Die »Orte« in der Karte beziehen sich auf Mini-Siedlungen mit teilweise nur *Lodge* und *Coffee Shop*. Großartige Ausblicke auf Buchten und Steilküste sind garantiert.

Bucht mit Wasserfall im Julia Pfeiffer Burns State Park

Keine 9 Meilen südlich von *Point Lobos* steht etwas abseits der #1 hoch über dem Pazifik das ***Rocky Point Restaurant*** mit herrlicher *Open-air*-Terrasse und verglastem Gastraum. Ähnlich teuer wie das *Nepenthe* weiter südlich; www.rockypointrestaurant.com.

Bixby Bridge

Von dort erblickt man schon die eindrucksvollste der 32 Brücken zwischen Carmel und San Simeon, die 3 mi weiter in ca. 75 m Höhe über dem Pazifik den *Bixby Creek Canyon* überspannt.

Big Sur

Dies ist ***Big Sur Country***, das dank Henry Millers Buch »Big Sur oder die Orangen des Hieronymus Bosch« weltweit Bekanntheit erlangte. Auch **Big Sur** ist kein »echter«, von der Straße erkennbarer Ort. Ein paar halb versteckte ***Lodges***, zwei private ***Campgrounds*** (gut ist der *Big Sur Campground* \$60-\$85, auch *Cabins* \$130-\$175, © (831) 667-2322, www.bigsurcamp.com), der ***State Park***, das legendäre ***Nepenthe Restaurant*** (mit Bistro für *Lunch* und Nachmittagskaffee) und gegenüber die ***Hawthorne Gallery*** mit tollen Skulpturen sind die einzigen sichtbaren Eckpunkte einer Ansammlung verstreuter Anwesen in den Bergen und an der Zufahrt hinunter zur ***Pfeiffer Beach***.

Pfeiffer State Park & Beach

Der ***Pfeiffer Big Sur State Park*** (guter, sehr großer Campingplatz, \$35-\$50; www.parks.ca.gov/?page_id=570, oft voll) liegt landeinwärts am Big Sur River (ohne Strandzugang). ***Trails*** führen zum pittoresken *Big Sur Canyon* mit Wasserfällen (1 km, ca. 100 Höhenmeter) und kleinen Badepools. Außerdem besitzt Big Sur mit der ***Pfeiffer Beach* eine der schönsten Sandbuchten** zwischen Carmel und San Diego. Zufahrt über **Sycamore Canyon Road**, die ca. 200 m nördlich der Brücke über den *Pfeiffer Canyon* ohne weitere Kennzeichnung von der #1 abzweigt (eng und mit RVs nicht möglich!). Vom Parkplatz sind es nur noch 200 m zu Fuß bis zum malerischen, von Felsen eingerahmten Strand. Leider erreicht die Wassertemperatur selbst im Hochsommer dort maximal 16°C.

Ein tolles Naturschauspiel erleben Besucher, die dort im Spätherbst oder Winter zum Sonnenuntergang eintreffen. Zu der Jahreszeit fällt das letzte Licht direkt durch den auch sonst beeindruckenden ***Pfeiffer Beach Arch*** und bildet einen kräftigen orangefarbenen *Beam*.

Keine Quartiere

Im weiteren Verlauf des Hwy #1 locken immer wieder neue Ausblicke und Fotomotive zum Anhalten. Spontane Entschlüsse zum Verweilen über Nacht fallen südlich von Big Sur aber schwer. Quartiere gibt es keine und Camper finden zwar in den ***State Parks Julia Pfeiffer Burns*** und ***Limekiln*** (\$30-\$35) sowie in den ***Nat'l Forest Campgrounds Kirk Creek*** und ***Plaskett Creek*** (\$35, ca. 35 mi bzw. 30 mi nördlich von San Simeon) sehr schöne Stellplätze, aber deren attraktive Lage sorgt den Sommer über für meist komplette Belegung. Alle können reserviert werden, ➤ Seite 169.

Julia Pfeiffer Burns SP

Unterwegs lohnt auch ohne Campabsicht der Abstecher in den ***Julia Pfeiffer Burns SP***. Der etwa 500 m lange *Waterfall Trail* läuft durch einen Tunnel unter der #1 hindurch bis zu einem Aussichtspunkt hoch über dem Pazifik. Tief unten befindet sich ein Strand, auf den sich der *McWay* Wasserfall ergießt; Parken kostet \$10.

Piedras Blancas Reserve

Ca. 5 mi nördlich des *Hearst Castle Visitor Center* passiert man die Zufahrt zur ***Piedras Blancas Light Station*** (www.piedrasblancas.gov) und das zum *San Simeon State Park* gehörende **Naturschutzgebiet *Piedras Blancas***. Wie auch in der weiter oben beschriebenen *Año Nuevo State Reserve* (➤ Seite 334) dürfen sich dort neben Seelöwen und Vögeln auch **Nördliche See-Elefanten** weitgehend ungestört fühlen. Bereits vom Parkplatz direkt am Hwy #1 sieht man die Tiere, ein kurzer Weg mit Erläuterungstafeln führt zu Beobachtungspositionen. Die mächtigen Bullen **mit ihrer rüsselartig vergrößerten Nase** (➤ Foto Seite 334) halten sich dort allerdings nur von Dezember bis März auf!

Weibliche See-Elefanten haben eine große Ähnlichkeit mit Seehunden. Anders als die Seelöwen haben diese beiden Robbenarten keine sichtbaren Ohrmuscheln

Oft trifft man in der *Piedras Blancas State Marine Reserve* auch auf Mitglieder der Organisation »*Friends of the Elephant Seal*« (www.elephantseal.org), die wissbegierige Besucher gerne über den Lebensrhythmus der See-Elefanten informieren, aber auch Störungen von den Robbenkolonien fern zu halten versuchen.

San Simeon und Cambria

Hearst Castle

Bei San Simeon ließ sich der Pressezar **Randolph Hearst** ab 1919 in 28-jähriger Bauzeit das Schloss seiner Träume errichten. Das enorme Bauwerk ist ein Verschnitt aus architektonischer Phantasie und Nachbau europäischer Vorbilder. Teilelemente des Komplexes sind sogar echt; sie wurden eigens aus der Alten Welt herübergeschafft. *Hearst Castle* gehört heute als öffentliches ***Hearst San Simeon State Historical Monument*** dem Staat Kalifornien.

Besuchsdetails/ Touren

Ein **Kurzbesuch** des Schlosses ist nicht möglich, denn man kommt auf sich gestellt nur bis zum ***Visitor Center*** in respektvoller Entfernung. Es ist März-September täglich 8-18 Uhr und im Winter 9-17 Uhr, Sa+So bis 15 Uhr geöffnet; www.hearstcastle.org. Von dort aus starten unterschiedliche **Führungen durch Teilbereiche des Palastes** (**$25** pro Person, Kinder bis 5-12 Jahre $12 inkl. Transport per Shuttlebus. Wer mehr sehen möchte, kann dies nur über die Buchung einer weiteren Tour. Entstehungsgeschichte, Paläste, Prunk und Park machen *Hearst Castle* zwar attraktiv, für Europäer – die den Originalen näher sind – stellt sich aber die Frage, ob eine partielle Besichtigung des Schlosses das Eintrittsgeld und ggf. längere Wartezeiten lohnen.

Touren Hearst Castle

Erste Tour 9 Uhr, letzte reguläre Tour meist spätestens **um 16 Uhr**. Danach finden **Abendtouren** statt ($36/$18). An Wochentagen gibt es bisweilen auch ohne langes Warten noch freie Plätze. Samstag und Sonntag sollte man unbedingt reservieren unter © 1-800-444-4445 bzw. https://reservecalifornia.com.

Die **ausgezeichnete (eintrittsfreie) Ausstellung im *Visitor Center*** mit Fotos vom Innenleben des Schlosses vermittelt bereits einen guten Eindruck und mag vielen genügen – ev. gemeinsam mit dem 40-minütigen Film ***»Hearst Castle, Building a Dream«*** im *National Geographic Theatre*, der 8.15-17.15 Uhr läuft. Tickets erhält man vor Ort; für Tour-Bucher ist der Film inklusive.

Unterkunft Cambria

Im **Bereich San Simeon/Cambria** warten zahlreiche ***Lodges*** und **Motels** auf Kundschaft, darunter auch unabhängige Häuser, z.B.

- ***Silver Surf Motel***, 9390 Castillo Dr in San Simeon, im Juli/Aug sehr teuer (ca. $400), sonst aber gutes Preis-Leistungs-Verhältnis und schon ab $70; © 1-800-621-3999, www.silversurfmotel.com
- ***Creekside Inn***, 2618 Main St in Cambria, im Sommer ab $140, © (805) 927-4021, www.creeksidecambria.com
- ***Cambria Palms Motel***, 2662 Main Street in Cambria, ansprechende Anlage, kleine Räume, in der Hochsaison ab $125; © 1-866-489-4485, www.cambriapalmsmotel.com.

Die meist etwas preiswerteren Häuser der Ketten ***Days Inn*** und ***Motel 6*** sind östlich des Hwy #1 nur 4 mi südlich des *Hearst Castle Visitor Center* nicht zu übersehen.

Unterkunft Cayucos

15 mi südlich von Cambria lädt auch noch das hübsche **Cayucos** mit vielen Quartieren und schönem Strand (*State Beach*) zum Stopover ein; www.cayucosbythesea.com.

Ein guter *Campground* mit 115 Plätzen befindet sich im ***Hearst San Simeon State Park***, den man in den Sommermonaten aber unbedingt reservieren sollte: www.parks.ca.gov/?page_id=590.

Neptune Pool im Hearst Castle

2.2.3 Noch 200 Meilen nach Los Angeles

Morro Bay

Ungefähr ab Morro Bay, das vor der Küste mit dem imposanten ***Morro Rock*** (176 m) ein weithin sichtbares Wahrzeichen besitzt, beginnt »**Southern California**«. Von Norden kommend passiert man schon weit vor der Stadt die ***Morro Strand State Beach*** mit breiten Stränden und **Campingplatz** ($35, mit *hook-up* $50).

Morro Bay

Morro Bay ist eine gute Station für einen Zwischenstopp und auch für eine Übernachtung. Vom Cabrillo Hwy #1 fährt man über die Main Street auf den Harbor Blvd und ist dann rasch am – für amerikanische Verhältnisse – malerischen kleinen Hafen mit einer ganzen Reihe von **Fischrestaurants**, und *Fast Food Eateries* teilweise mit Terrassen über dem Wasser. Die »Idylle« wird etwas getrübt durch ein paar hohe Schlote am Nordende der Bucht.

Im Zentrum ist – so scheint es – praktisch jedes zweite Haus ein Motel, *Motor Inn*, Restaurant oder Souvenirladen. Einen Kurzbesuch lohnt dort z.B. ***The Shell Shop*** (590 Embarcadero) mit einer unglaublichen Auswahl an Muscheln.

Unterkunft

Zu den guten und zentral gelegenen Quartieren zählen u.a. das

- ***Comfort Inn*** an der 590 Morro Ave; sehr gepflegt und mit Parkgarage unter den Hotelräumen; DZ ab ca. $140; ✆ (805) 772-4483, www.comfortinnmorrobay.com
- ***Pleasant Inn*** an der 235 Harbor Street; Zimmer ab ca. $140; ✆ (805) 772-8521, www.pleasantinnmotel.com
- ***Ascot Inn at the Rock*** am 260 Morro Bay Blvd; mit toller Dachterasse und gemütlichen DZs mit Kamin; ab ca. $190; ✆ (805) 772-4437, www.innattherock.com.

Wunderbar am Wasser, ca. 1,5 km südlich des Ortes, liegt das

- ***The Inn at Morro Bay***, 60 State Park Road, schöne DZ ab ca. $130, ✆ (805) 772-5651; www.innatmorrobay.com.

Blick von den Restaurants an der Hafenpromenade auf den Morro Rock

Camping

Der ***Morro Bay State Park*** mit weit über 100 Stellplätzen liegt im Wald abseits der Küste; Reservierung der *hook-up*-Plätze empfohlen: www.parks.ca.gov/?page_id=594. Landschaftlich attraktiver und ruhiger ist der 12 mi entfernte, einfache *Montaña de Oro State Park Campground* ➤ unten. Wenn an der Küste alles voll sein sollte, gibt es außerdem noch den ***NF Campground Cerro Alto*** 6 mi landeinwärts an der Straße #41.

Gut für einen **Strandspaziergang** eignet sich die ***Morro Rock Beach***. Vom Zentrum geht es parallel zum Ufer zunächst auf der Front Street, dann Embarcadero und Coleman Drive bis zum Strand-Parkplatz und Straßenende unterhalb des *Morro Rock*.

Montaña de Oro

Noch schönere Küstenwanderwege warten südlich der Morro Bay im ***Montaña de Oro State Park***. Vom Vorort Los Osos (Hwy #1 *Exit* 277) folgt man der Stichstraße Los Osos Valley Road, die in die Pedro Valley Road übergeht und ohne Eintritt in den Park hineinführt (www.parks.ca.gov/?page_id=592). Besucherzentrum und ***Campground*** befinden sich an der schönen Strandbucht bei der ***Spooner's Cove*** (knapp 50 Stellplätze; weder Duschen noch *dump station*; RVs nur bis 27 Fuß; $25-$30).

Der 6,5 km lange Rundwanderweg ***Bluff Trail*** beginnt gleich südlich davon und verläuft relativ eben entlang der stark zerklüfteten Küste. Besonders lohnenswert ist der Abstecher zur ***Grotto Cove***, die man jedoch schneller vom *Coon Creek* Parkplatz aus – am südlichen Ende des *State Park* – erreicht.

Point Buchon

Dort startet auch der ***Point Buchon Trail*** durch die Sicherheitstore der *Pacific Gas & Electric Company* zu den sagenhaften ***California Poppy***-Wiesen. Nur 275 Leute/Tag! Das Limit wird zur Blütezeit im April und an Feiertagen oft voll ausgeschöpft (frühe Ankunft empfohlen); www.pge.com/en_US/residential/in-your-community/local-environment/diablo-canyon-trails/point-buchon-trail.page.

Von Morro Bay nach Santa Barbara

San Luis Obispo

Hinter Morro Bay verlässt die #1 die Küste und vereinigt sich in San Luis Obispo für ein kurzes Stück gemeinsamen Verlaufs wieder mit dem ***Freeway* #101**. Als wichtigste Sehenswürdigkeit dieses insgesamt ansehnlichen Städtchens gilt die für die Stadt namensgebende **Missionsstation** im zentralen Bereich (728 Monterey Street). Der Besuch ist kein touristisches »Muss«. Dasselbe gilt für die ***Bubblegum Alley*** in Downtown, eine enge Gasse deren Wände mit Kaugummis zugekleistert wurden. Sie liegt gleich neben dem *Blast 825 Taproom,* wo man diverse Biersorten verkosten kann und dabei nur die Menge zahlt, die man selber gezapft hat (733 Higuera St).

Madonna Inn

Mindestens einen kurzen Blick werfen sollten San Luis Obispo passierende Reisende in das famose ***Madonna Inn*** an der gleichnamigen Road (unmittelbar westlich der Brücke über die #101), in dem jedes der 110 Zimmer »thematisch« unterschiedlich hergerichtet ist. Rund $300/Nacht zahlt man für **Dschungel** und **Ritterkemenate** oder die **Steinzeithöhle** für »zwei Primaten«. Fotos z.B. vom *Caveman*-Raum mit steinernen Badezimmer auf der Webseite des Hotels: www.madonnainn.com/viewrooms.

Gelegentlich werden *Specials* und *Packages* angeboten, in erster Linie So-Do; Reservierung im Netz oder unter © 1-800-543-9666. Tipp: Für Nicht-Hotelgäste gibt die ziemlich ungewöhnliche **Herrentoilette** im Untergeschoss einen kleinen Vorgeschmack auf die Zimmer.

Hostel

In San Luis Obispo ist das ***HI Hostel*** am 1617 Santa Rosa Highway (Straße #1) in einer alten Villa untergebracht; Betten $32-$37, DZ ab $65; © (805) 544-4678, www.hostelobispo.com.

Pismo Beach/ Oceano

Bei Pismo Beach trennt sich nach ca. 12 mi gemeinsamen Verlaufs die Straße #1 wieder von der Autobahn #101. Pismo Beach, Grover Beach und Oceano sind ineinander übergehende eher schlichte Seebäder mit hoher Motel- und Campingkapazität. Südlich von Oceano liegt das ausgedehnteste **Küstendünengebiet** Kaliforniens.

Monarchs

Monarchfalter lassen sich nicht nur in Pacific Grove (➢ Seite 346) bewundern, sondern von November bis Februar um die Mittagszeit auch in einem Eukalyptushain am südlichen Ende des ***North Beach Campground*** am Pismo Strand. Interessant sind die zu dieser Jahreszeit täglich dort stattfindenden *Monarch Talks* (jeweils um 11 und 14 Uhr). Parkmöglichkeiten findet man beidseitig am Hwy #1; www.monarchbutterfly.org.

Shopping

Für das kleine Shopping-Vergnügen zwischendurch eignen sich in Autobahnnähe (*Exit* 190A der #101) die ***Pismo Beach Premium Outlets*** mit zwei Dutzend Shops, u.a. *Nike, Levi's* und *Tommy Hilfiger*.

Oceano Dunes SRA/ Beach

Neben Komfortcamping entlang der #1 und bei der *State Beach* gibt es in der ***Oceano Dunes State Vehicular Recreation Area*** südlich des Ortes auch offiziell erlaubtes **Camping direkt am Strand** (keine Infrastruktur außer Chemietoiletten; © 1-800-444-7275; Reservierung bis zu 6 Monaten im Voraus möglich: www.reservecalifornia.com). Von der Einfahrt am Ende der Pier Ave bis zum Campbereich sind es am Strand etwa 0,7 mi. Vorsicht: Der lockere Sand ist mit Fahrzeugen ohne 4WD problematisch und die Abschleppkosten sind teuer!

Motels

Wer mangels Zelt/RV in einem richtigen Bett schlafen möchte, findet im Bereich Pismo/Grover Beach und Oceano zahlreiche Unterkünfte, u.a. das ***Sea Gypsy Motel*** (1020 Cypress St) oder das preiswertere ***Motel 6*** (250 Main Street).

Off Road Vergnügen

Nur ein Teil der Dünen ist *All Terrain/Off-road Vehicles* freigegeben (südlich der Campingzone). In Strandnähe an der Grand oder Pier Ave findet man mehrere **ATV/ORV-Verleiher**, z.B. ***Arnie's ATV***, 311 Pier Ave; ab $60 für 2 Std; www.pismoatvrentals.com.

Wer sich nicht selbst ans Steuer setzen, aber dennoch durch die Dünen brausen möchte, bucht für $55 ($52 *cash*) eine Stunde Strand- und Dünenspaß im Superjeep *Hummer*; Abfahrt an der 1300 Railroad Street; www.pacificadventuretours.com.

Aber auch **ohne ATV** ist der Besuch eine schöne Sache. In den geschützten Bereichen hinter der Campzone kann man ungestört herumwandern; von den Höhen hat man herrliche Ausblicke.

Weiter auf der #1

Von Oceano könnte man der schnelleren #101 folgen oder auf der #1 bleiben, die am Ostrand der *Vandenberg Air Force Base* durch eine (ebenfalls) wenig aufregende Landschaft führt.

Mission La Purisima

Am Wege liegt aber im Tal des Santa Ynez River eine weitere, Missionsstation (***Mission La Purisima***), ein großer (restaurierter) ***State Historic Park*** mit authentisch wie um 1820 eingerichteten Gebäuden und Garten; täglich 9-17 Uhr; Eintritt $6/Auto; interessant, aber kein Muss; www.lapurisimamission.org.

Camping

Die Jalama Road zweigt südlich **Lompoc** von der #1 ab und führt zur ***Jalama Beach*** mit prima **Camping** im *County Park* am Ozean; Zelte$25-$30, *full hook-up* $45-$50; Reservierungen nur online: www.countyofsb.org/parks/jalamacamping.sbc. *Full hook-ups* für RVs finden sich auch im ***River Park*** der Ortschaft Lompoc.

Weiterfahrt

Bei Gaviota stößt der Hwy #1 wiederum auf die vierspurig ausgebaute #101 und bildet bis Ventura mit ihr zusammen eine **stark befahrene Küstenroute**. Eine **Eisenbahnlinie** verläuft ab Gaviota zwischen der Straße und Meer. Die Pazifikküste ist in dem Bereich nur noch über diverse ***State Beaches*** zugänglich, von denen sich als Campingplatz in Strandlage ***Refugio*** oder ***El Capitán***, 20 mi vor Santa Barbara, anbieten. Die Plätze in erster Reihe kosten in der Sommersaison dort $55, sont $45. Keine *dump station* vorhanden und beide relativ straßen- und schienennah.

Fachwerkhäuser, Windmühle und Pferdekutschen in Solvang

Solvang: Dänemark in Kalifornien

Eine **Alternative zur Küstenroute** nach Santa Barbara ist ab Lompoc/*La Purissima* die **Straße #246** über **Solvang** und dann die **#154**. Mit Solvang, nur wenige Meilen westlich der #101, existiert mitten in Kalifornien **ein Städtchen** fast wie aus Dänemark importiert; www.solvangusa.com. Der Ort entstand erst Anfang des vorigen Jahrhunderts als Gründung dänischer Einwanderer.

Zwar ist kaum zu erkennen, welche Gebäude noch Originale und welche Nachbauten sind, aber es gibt in den USA kaum ein anderes »ethnisches« Städtchen, das dem europäischen Vorbild – zumindest im Kernbereich abseits der Hauptstraße – so nahe kommt. Klar, dass es dort in den *Giftshops* von »dänischen« Waren nur so wimmelt, und die Restaurants ***Danish Food*** auftischen. Einen kurzen Zwischenstopp für eine Stunde samt Bummel ist das »kalifornische Dänemark« allemal wert.

Straße #154

Die #154 führt durch die Santa Ynez-Berge am ***Cachuma Reservoir*** vorbei (*Santa Barbara County Park:* Hunderte von *tent* und *full hook-up sites* sowie Badestrände mit Bootsverleih) und kurvenreich durch den *Los Padres Nat'l Forest* nach Santa Barbara. Südöstlich des Sees, noch in der Höhe, passiert man die ***Paradise Road*** (*Forest Road* 5N18), an der drei gute ***NF-Campgrounds*** der Einfachklasse liegen (ca. 3-5 mi ab der #154); am besten ist der Platz ***Fremont*** ganz unten mit Zugang zum Fluss.

Santa Barbara

Kennzeichnung

Würde Santa Barbara (über 90.000 Einwohner) nicht so makellos aussehen, könnte man es fast für eine mexikanische Stadt halten. Nicht nur alle historischen Gebäude im Zentrum präsentieren sich mit roten Ziegeldächern, weiß getünchten Fassaden, dazwischen üppige Vegetation, Blumenpracht und Palmen, sondern der Stil setzt sich großflächig bis in zentrumsferne Wohn- und Geschäftsviertel fort, die sich hügelan in Richtung Santa Ynez Mountains ziehen. Santa Barbara ist mit Abstand Kaliforniens **schönste Stadt** mittlerer Größe.

Soviel Flair wie die Altstadt von Santa Barbara haben nur wenige Cities in den USA

Selbst der überaus verkehrsbelastete ***Freeway* #101**, hier zugleich die #1, der die Altstadt von der ***Harborfront*** mit den zentralen Stränden trennt, ist im City-Bereich derart begrünt, dass man seine Existenz von außen kaum wahrnimmt.

Jenseits der Uferallee Cabrillo Boulevard liegt die ***East Beach*** getrennt von der ***West Beach*** durch die ***Stearns Wharf***, ein langer ***Fishing Pier*** mit Restaurants (empfehlenswert: ***The Shellfish Company***). Eine enorme Yachtmarina begrenzt die ***Harborfront*** nach Norden. Dahinter erstreckt sich die lange ***Leadbetter Beach***. Der Cabrillo Boulevard wird dort zum **Shoreline Drive**.

Maritimes Museum

Gleich hinter der Marina führt der **Harbor Way** auch zu den Serviceeinrichtungen des Yachthafens. HausNr. #119 birgt das populäre ***Seafood*-Restaurant *Brophy Bros*** und #113 das ***Maritime Museum***, ein nostalgischer weißer Bau direkt am Wasser mit Schiffsmodellen und allem, was mit dem Meer, speziell dem Pazifik zu tun hat; So-Fr 10-17 Uhr und Sa 9-15 Uhr; $8/$5; www.sbmm.org.

Channel Island NP

Im gleichen Gebäudekomplex ist im 4. Stock das ***Outdoors Visitor Center*** des *Channel Islands National Park* untergebracht (täglich 11-17 Uhr; www.nps.gov/chis), ein zweites *NP*-Besucherzentrum steht in Ventura, ➢ Seite 364. Die Boote von *Truth Aquatics* zu den Inseln des Nationalparks und zu Tauchtrips in ihren Gewässern legen am Cabrillo Blvd ab (bzw.von Ventura).

Information

Das offizielle ***Santa Barbara Visitor Center*** befindet sich an der 1 Garden Street/Ecke Cabrillo Blvd gegenüber dem *Chase Palm Park*; geöffnet im Sommer Mo-Sa 9-17 Uhr und So erst ab 10 Uhr; www.santabarbaraca.com.

Sightseeing

Wer Santa Barbara im Schnellgang kennenlernen möchte, kann eine Tour mit dem ***Land Shark*** buchen. Das Amphibienfahrzeug legt um 12/14/16 Uhr an der ***Stearns Wharf*** zum 90-minütigen **Land- und Wassertrip** ab; $30, Kinder $20; www.out2seeSB.com.

Hotellerie/ Gastronomie

Santa Barbara verfügt über **erhebliche M/Hotelkapazitäten** und – in der Altstadt – eine Dichte an **Restaurants und Bistros mit Open-air-Terrassen**, wie man es sonst in den USA kaum kennt. Das Preisniveau der Hotellerie ist – besonders an Wochenenden – relativ hoch. Die meisten **Häuser** (vor allem der großen Mittelklasse-Ketten, von denen einige auch *Discount Coupons* akzeptieren) passiert man unübersehbar entlang der **State Street West** (Abfahrt 101 B von der #101 nordwestlich von Downtown).

Viele Quartiere befinden sich auch an der **State St** im Bereich der Altstadt und unweit der ***Harborfront*** (West Cabrillo zwischen State und Castillo sowie East Cabrillo, Corona und Orilla de Mar).

Ein sehr ordentliches ***Ramada Limited*** wartet westlich von Santa Barbara auf Gäste (4770 Calle Real, Ausfahrt 103 der #101). Alle Zimmer mit Balkon/Terrasse, viele mit Blick auf den begrünten Teichgarten, großer Pool; Sommertarife ab ca. $160 (als *14 Day Advance Purchase*); © (805) 319-4314, www.sbramada.com.

Camping

Direkt in/bei Santa Barbara gibt es keine vernünftigen Campingmöglichkeiten; am besten steht man bei den Stränden der Umgebung z.B. am *El Capitan State Beach Campground* mit direktem Strandzugang ($30-$40; keine *dump station* vorhanden). Nicht fern sind die oben bereits genannten Plätze des *Forest Service* an der Straße #154 in Richtung Solvang (➤ Seite 358).

Scenic Drive/ Downtown

Für eine **Besichtigung von Santa Barbara** macht es Sinn, den ausgeschilderten ***Scenic Drive*** zu wählen. Von Nordwesten folgt man (ab dem *Exit* 99 von dem Hwy #101) am besten der Mission Street bis zur **State Street** und fährt auf ihr rasch in die Innenstadt. Wer aus Richtung Los Angeles kommt, sollte zunächst vom ***Exit* State Street** ins Zentrum fahren und sich damit automatisch auf dem *Scenic Drive* befinden. Zwischen **State** und **Santa Barbara Street** liegen im Bereich zwischen **Anapamu** und **Ortega Streets** alle sehenswerten Bauwerke der Altstadt.

Altstadt

Abgesehen vom Sightseeing ist in Santa Barbara auch etwas Bummeln und Ausspannen in einem der vielen **Straßencafés** angesagt. Und wer Lust zum Einkaufen hat, der ist z.B. in der attraktiven ***Shopping Mall Paseo Nuevo*** am 651 Paseo Nuevo/Ecke State St bestens aufgehoben; www.paseonuevoshopping.com.

Vom Clock Tower des Courthouse genießt man einen herrlichen Blick über Santa Barbara

Parken

Da das Parken in der Altstadt von Santa Barbara oftmals problematisch ist, stellt man das Fahrzeug am einfachsten in den Parkebenen unter dem Shoppingparadies ***Mall Paseo Nuevo*** ab; Einfahrt von der Chapala Street aus (westlich parallel zur State Street) zwischen den Straßen Ortega und Canon Perdido.

Besichtigung

Als touristisches Minimalprogramm sollte man sich das historische ***Presidio of Santa Barbara*** vornehmen (ein Block an der Ecke Cañon Perdido und Santa Barbara Street), das auf den ersten militärischen Außenposten von 1782 zurückgeht, und das ***County Courthouse*** (1100 Anacapa Street). Dort geht es nach Besichtigung der Außen- und Innenarchitektur (tolle bunte spanische Fliesen und Wandmalereien) mitsamt *Sunken Gardens* per Lift in den 25 m hohen ***Clock Tower*** (Eintritt frei) mit Aussicht über Stadt und Meer.

Ein ***Historical Museum*** für intensiver Interessierte befindet sich in der De la Guerra/Santa Barbara Street einen Block südöstlich des *Presidio* (Di-Sa 10-17, So ab 12 Uhr, Eintritt »Spende«).

Mission Santa Barbara

Das kulturhistorische Bonbon Santa Barbaras ist die *Mission* am Ende der Los Olivos/Laguna Street. Wegen ihrer erhöhten Position mit früher vorhandenem Weitblick (heute zugewachsen) und der grandiosen Gesamtanlage wurde sie zu Recht als die *Queen of the Missions* bezeichnet. Die *Mission Santa Barbara* wurde erst 1786 ein paar Jahre später errichtet als einige ihrer »Nachbarn«

Mission Santa Barbara hoch über der Stadt

und 1820 vollendet. Eintritt $9/$4 (täglich 9-16.15 Uhr), mit geführter Tour $13/$8 (meist Mo-Fr um 11 Uhr; Dauer: 60 Minuten); www.santabarbaramission.org.

Botanischer Garten

Wer Zeit und Freude an botanischen Gärten hat, findet 3 km weiter an der Mission Canyon Road den ***Santa Barbara Botanic Garden*** mit typisch kalifornischer Flora. Ein ca. 9 km langer Pfad windet sich dort durch das hügelige Gelände. Geöffnet 9-17/18 Uhr Winter/Sommer; Eintritt $14, Kinder $8-$10; www.sbbg.org.

Fortsetzung Scenic Drive

Der *Scenic Drive* überquert weiter östlich die #101 (dort bei Anfahrt von LA die Rundfahrt beginnen) und passiert auf palmenbestandenen Alleen **Prachtvillen**, **Strände** und **Yachthäfen**. Am Cabrillo Blvd am Hafen ist die ***Visitor Information*** (➤ Seite 360) nicht zu übersehen. Weiter geht es durch bemerkenswerte Wohngebiete, bevor man auf dem ***Cliff Drive*** den einzigen öffentlichen Zugang zum Strand unterhalb der Steilküste zwischen Goleta und *Santa Barbara Harbor* erreicht:

Arroyo Burro Beach

Die ***Arroyo Burro Beach*** hat den attraktivsten Strand im Großraum Santa Barbara. Dort gibt es sogar ein **Strandrestaurant** mit Niveau und einer windgeschützten Terrasse. Ideal auch für ein spätes Frühstück, viel besser als jede Motelabspeisung oder *Fast Food*: www.boathousesb.com.

Arroyo Burro Beach, rechts das Boathouse Restaurant

Nach LA auf der #1 über Malibu

Surfen und Strände

Spätestens ab Santa Barbara wird klar, dass ***Surfing*** in Südkalifornien **Volkssport #1** ist. Was bis hinunter nach San Diego zahllose Könner auf ihren Brettern zeigen, fasziniert immer wieder. Aber viele Strände auf der verbleibenden Strecke bis LA sind für Nicht-Surfer nicht sonderlich einladend. Nur die ***State Beaches*** *Carpinteria, Emma Wood* und *Point Dume* sowie *Zuma Beach (Regional Park)* sind generell zu empfehlen. **Parken** kostet überall ca. $10. Die #1 entspricht südöstlich von Santa Barbara erneut für ein Stück dem *Freeway* #101 und kann rasch durchfahren werden.

Verlauf #1 bis LA

Bei **Carpinteria** laden die gleichnamige *State Beach* (www.parks.ca.gov/?page_id=599) und nur wenig weiter südlich die ***Emma Wood State Beach*** zum Campen ein. In *Emma Wood* liegen Stellplätze (nur RVs) unmittelbar am Strand, zwischen Mitte Mai und *Labor Day* müssen sie reserviert werden, die übrige Zeit gilt *first-come, first-served*; $30-$40; www.parks.ca.gov/?page_id=604. Beide *Campgrounds* liegen straßen-/schienennah und sind laut.

Erst hinter Ventura separiert sich der Hwy #1 bei Oxnard weit landeinwärts von der #101. Nach wie vor bleibt aber auch sie weitgehend autobahnähnlich ausgebaut und trifft erst im Bereich *Point Mugu* wieder auf die Küste. Ab dort folgt sie ihr eng bis Santa Monica (bereits in Los Angeles).

Küstenstraße Ventura/ Oxnard

Eine mögliche **Alternative zur #1/#101** im Bereich Ventura/Oxnard ist der **Harbor Blvd** (Straße #34), den man über *Exit* 68 ansteuert. Er verläuft küstennah und ist Zubringer zum ***Ventura Harbor*** mit dem Hauptbesucherzentrum des ***Channel Islands National Park*** (ein zweites befindet sich in Santa Barbara, ➤ Seite 360). Weiter geht es im Bereich *Oxnard City Beach* über den West Channel Islands Blvd (#34), der über den *Oxnard Harbor* mit einer sagenhaften Flotte von Yachten und zurück zur #1 führt.

Channel Islands National Park

Auch wer das Naturschutzgebiet, der nahe vor der Küste liegenden – bis auf *Ranger* – unbewohnten ***Channel Islands*** nicht besuchen will, könnte den Abstecher durch den *Ventura Harbor* bis zum ***Visitor Center*** des Nationalparks Ende des Spinnacker Drive erwägen; www.nps.gov/chis.

An dieser Mole und im Hafen von Oxnard legen die Boote zu den Inseln ab; www.islandpackers.com. Man darf im Nationalpark auch **zelten** ($15). Die Überfahrtskosten sind inselabhängig und starten bei $79 pro Person. Von der gleichen Reederei werden im Sommer Tagestrips zur **Walbeobachtung** für $68 (Kinder 3-12 Jahre $55) angeboten, im Winter 3-Stunden Trips für $38/$28.

Open-air-Terrassen des ***Ventura Harbor Village*** eingangs der Mole laden zu einer Pause ein. An der Einfahrt in den Hafen stehen ein ***Holiday Inn Express*** und ***Four Points by Sheraton***. Preiswerter nächtigt man im ***Vagabond Inn*** oder ***Motel 6***, beide an der #101.

Arch Rock vor Anacapa Island, eine der acht größeren Inseln des Channel Islands National Park vor der Küste bei Ventura und bedeutender Brutplatz für Seevögel; unweit des Leuchtturms befinden sich ein kleines Besucherzentrum und ein primitiver Zeltplatz

Nach LA über Ojai und die Autobahn #101

Ojai/Lake Casitas

Ein Abstecher könnte dem Hinterland der **Sierra Madre** im Bereich des spanisch/mexikanisch »angehauchten« Städtchens Ojai gelten (Straße #150 ab Carpinteria oder Ojai Hwy/Straße #33 ab Ventura). In der Umgebung des Ortes warten Wanderwege, klare Bäche und versteckte **Wasserfälle**. Im zentralen Bereich gibt es ein paar ganz originelle Shops, *Eateries* und den schönen ***Libbey Park*** mit Kinderspielplatz. Quartiere sind teuer, denn Ojai ist bei Wochenendausflüglern aus dem nahen Los Angeles beliebt. Die meisten liegen unübersehbar an der Hauptstraße Ojai Ave (#150).

Am Nordufer des von der anhaltenden Dürre stark betroffenen Stausees **Lake Casitas** erstreckt sich ein großes **Camping- und Freizeitareal**; mit *full hook-up* ab $50, ohne ab $30; www.lakecasitas.info. Schwimmen darf man im See nicht (dient zur Trinkwasserversorgung), sondern nur im Planschpark ***Casitas Water Adventure*** ($14).

Ca. 8 mi nördlich von Ojai an der #33 Richtung Bakersfield liegt der ***NF Campground Wheeler Gorge*** ($25 in bar bei *first-come, first-served*, der Großteil der Plätze ist aber reservierbar, ➤ Seite 169). Er ist zugleich Ausgangspunkt für einen ***Nature Trail*** mit Erläuterungen zu Flora und Fauna der Gebirgsregion Sierra Madre.

Von Ojai zurück zur #101

Von Ojai zurück auf die #101 kann man ohne wesentlichen Umweg gut über das nächste Zwischenziel fahren. Am Ostende der #150 geht es ab **Santa Paula** auf der #126 noch ca. 10 mi weiter nach Osten bis **Fillmore** und auf der **Straße #23** über **Moorpark** zur ***Ronald Reagan Library*** (ausgeschildert).

Ronald Reagan Library

Hinter Ventura verlässt die #101 die Küste. Dieser Route bzw. der vorstehend ab Ojai beschriebenen Route muss folgen, wer sich die ***Ronald Reagan Library*** ansehen möchte, ein sog. ***Presidential Center*** (➤ Seite 236) mit einer ***Lincoln*-Ausstellung** und einem Stück Berliner Mauer im Außenbereich. Erinnern Sie sich an den Reagan-Satz: »*Mr. Gorbatchow, tear this wall down* ...«?

Eine riesige Halle birgt die ***Air Force One***, die 1973-2001 insgesamt acht Präsidenten auf weltweiten Missionen diente, den Helikopter ***Marine One*** sowie einen ganzen Korso aus gepanzerten Limousinen und sonstigen Begleitfahrzeugen. Wer nach der Besichtigung Stärkung braucht, setzt sich an die Bar des eigens aus Irland im Original herbeigeschafften ***Ronald Reagan Pub***.

Nebenbei hat man vom Gelände einen wunderbaren **Weitblick** auf die Berge der Sierra Madre und bis zum Ozean samt den *Channel Islands* vor der Küste. Navi-Adresse: 40 Presidential Dr, Simi Valley; Zufahrt ab der #101 über die #23 North, dann Madera Rd. Tägl. 10-17 Uhr; $29/$16-$22. RVs müssen am Presidential Dr parken, der Besucherzentrum-Platz ist zu eng; www.reaganfoundation.org.

#101 nach LA

Mit **Thousands Oaks** erreicht man bereits eine wohlhabende Vorstadt von Los Angeles. Ab dort nimmt die Verkehrsdichte sprunghaft zu. Man sollte nicht versuchen, sich nach 14/15 Uhr auf der #101 nach LA »durchzukämpfen«. Nachmittags ist die #1 auch verkehrstechnisch die bessere Alternative.

2.3 Startroute #2: Von San Francisco über Oakland/ Berkeley und Sacramento zum Lake Tahoe/Reno

Zur Route

Diese Startroute bezieht sich zunächst auf den kurzen Trip zum Lake Tahoe mit einer eventuellen Erweiterung bis zum Nevada-Spielerparadies Nr. 2, Reno. Sie ist aber ebenso als **Einstieg für weiterführende Reisepläne in Richtung Salt Lake City/*Yellowstone National Park*** oder **zu den Vulkan-Parks** im Kaskadengebirge (Nordkalifornien, Oregon und Washington State) gedacht. Nach den Zwischenzielen Lake Tahoe/ Reno kann man sich auch ohne weiteres nach Süden wenden und ab *Yosemite Park* den Anschluss an die im folgenden Kapitel beschriebene Startroute #3 suchen, ➤ Seite 384. Die Startroute #2 ist auch eine Alternative für alle, die den *Yosemite Nat'l Park* schon kennen oder ihn erst später bzw. auf der Rückreise besuchen wollen.

Der erste Teil der Route behandelt die **Nachbarstädte Oakland** und **Berkeley**, die von San Francisco auch mit den Zügen des *BART*-Systems (➤ Seite 306) zu erreichen sind.

Oakland mit Berkeley

Bay Bridge

Nach Oakland geht es über die doppelstöckige ***Bay Bridge***. Genaugenommen handelt es sich hier nicht um eine einzige Brücke, sondern um zwei hintereinander geschaltete Hängebrücken zwischen San Francisco und Yerba Buena Island (3,2 km) und östlich der Insel um 19 sog. Fachwerkbrücken in dichter Folge (3,1 km). Das Teilstück über Land auf ***Yerba Buena Island*** führt durch einen 165 m langen Tunnel. Eine Unterbrechung der Fahrt dort (Abfahrt *Treasure Island*) wird mit **schönem Blick zurück auf die City** belohnt. Die *Toll Plazas* stehen hier auf der Oakland-Seite. Wer aus San Francisco kommt, zahlt daher zunächst nichts; http://baybridgeinfo.org.

Oakland

Oakland, eine der wichtigsten Hafenstädte der US-Pazifikküste, hat im Gegensatz zum Nachbarn auf der Westseite der Bay touristisch nur wenig zu bieten und seit Jahrzehnten mit massiver Arbeitslosigkeit und Gewaltkriminalität zu kämpfen. **Tagsüber** muss man in ***Downtown*** zwar nicht mehr Vorsicht als in anderen Städten vergleichbarer Größe walten lassen, aber nach Einbruch der Dunkelheit sollte man Oaklands Straßen zu Fuß besser meiden.

Die offizielle **Touristeninformation** befindet sich im zentralen Bereich an der 481 Water Street; im Sommer Mo-Fr 9-17 Uhr, Sa+So 10-17 Uhr; © (510) 839-9000, www.visitoakland.com.

Merritt Lake

Nichts von den Schattenseiten der Stadt bemerkt man im ausgedehnten Park rund um den **Merrit Lake** in Stadtzentrumsnähe, einem einst tidenabhängigen Salzwassersee, der von den Auswirkungen der Gezeiten abgeschottet wurde. Einige Blocks entfernt in der 1000 Oak St befindet sich das ***Oakland Museum of California*** mit gut aufbereiteter Präsentation vieler Aspekte des Lebens in Kalifornien von den Anfängen bis heute; Mi+Do 11-17, Fr 10-21 Uhr, Sa+So 10-18 Uhr; Eintritt $16/$7, www.museumca.org.

Jack London Square

Da der Schriftsteller Jack London (Der Seewolf, Ruf der Wildnis u.a.) Kindheit, Jugend und einen Teil der späteren Jahre seines nur 40-jährigen Lebens in Oakland verbrachte, wird dieser Umstand kräftig vermarktet. ***Jack London Square & Village*** im Hafenbereich mit den Hauptachsen Embarcadero und Water Street zwischen Webster und Clay bis zur Wasserlinie) bieten *Shops*, Restaurants und an Wochenenden im Sommer *Open-air*-Programm. Das einzig Originelle am *Square* ist genaugenommen nur der urige ***First and Last Chance Saloon*** (48 Webster St/Ecke Water Street). Dort habe seinerzeit auch der Meister seinen Whisky gekippt, heißt es.

USS Potomac

An Oaklands große Schiffbauvergangenheit erinnert die 50 m lange »Büroyacht« ***USS Potomac***, die Präsident Franklin Delano Roosevelt als **»schwimmendes Weißes Haus«** nutzte. Dieser beachtliche Nostalgiedampfer liegt am Ende der Clay Street und kann nicht nur besichtigt werden, sondern sticht auch für kurze Rundfahrten auf der San Francisco Bay in See; *Dockside*-Touren meist Mi+Fr+So 11-14.30 Uhr; $10, Kinder bis 12 frei; www.usspotomac.org.

Berkeley

www.visitberkeley.com

Nördlich von Oakland liegt **Berkeley**, Sitz einer der renommiertesten Universitäten der USA. Anfahrt am besten über die I-80, *Exit* University Ave, oder noch besser mit den Zügen des *BART*-Systems bis ***Downtown Berkeley***, denn Parkplätze sind in Berkeley Mangelware. Dort ist man mitten im quirligen Zentrum des von den Bedürfnissen der Studenten geprägten *Business* und der Gastronomie gleich östlich des Universitätsgeländes.

Die **Touristeninformation** befindet sich in der 2030 Addison Street (südliche Parallele zur University Ave, einen halben Block westlich Shattuck Ave), © (510) 549-7040.

Berkeley Campus

Die staatliche ***University of California*** mit über 40.000 Studenten besitzt einen Campus, über den europäische Besucher nur staunen können. Wer sich dafür interessiert, steuert zunächst das *Visitor Center* am *Memorial Stadium* an.

Sather Tower auf dem Campus der University of California mit Downtown San Francisco im Hintergrund

Mit **Lageplan** in der Hand fällt ein gezielter **Campus-Rundgang** nicht schwer. Beim *Info Center* (2227 Piedmont Ave) starten kostenlose, geführte Besichtigungen (90 min); Anmeldung erforderlich: http://visit.berkeley.edu/category/campus-tours. Hilfreich für alle die auf eigene Faust unterwegs sein wollen, ist die Karte samt Infos zu einzelnen Anlaufpunkten (auf der Webseite ➤ »*Self-guided tours*«).

Campanile

Ob mit oder ohne Tour, nicht auslassen sollte man den Blick vom 94 m hohen ***Sather Tower*** (*Campanile*) über Universitätsgelände, Berkeley und die San Francisco Bay. Auffahrt Mo-Fr 10-15.45 Uhr; Sa bis 16.45 Uhr, So 10-13.30 und 15-16.45 Uhr; Eintritt $3.

Kunstmuseum

Von den verschiedenen Museen der Universität sticht das ***Berkeley Art Museum*** (*BAM*) hervor mit überwiegend asiatischer und amerikanischer Gegenwartskunst (einschließlich 20. Jahrhundert); 2155 Center Street; geöffnet Mi-So 11-17 Uhr, Fr+Sa bis 21 Uhr; Eintritt $13; www.bampfa.berkeley.edu.

Botanischer Garten

Auch ohne ausgeprägtes Interesse an botanischen Gärten lohnt sich der ***UC Botanical Garden*** im *Strawberry Canyon* (tägl. 9-17 Uhr; $12; Anfahrt Mo-Fr von der *BART*-Station in *Downtown* Berkeley auch per Shuttle; http://botanicalgarden.berkeley.edu.

Zahlreiche kulturelle Veranstaltungen auf dem Campus wie im Umfeld und eine gute **Kneipenszene** sind für manchen sicher ein zusätzlicher Anreiz für den Abstecher nach Berkeley. In den Sommerferien (Juni bis Ende August) ist weniger los, dann kommt man ggf. auch preiswert unter in den ***University Residences*** (bei Bedarf im Besucherzentrum danach fragen).

Nach Sacramento

Vallejo

Nach ca. 20 mi passiert man die Stadt **Vallejo** mit dem Vergnügungspark ***Six Flags Discovery Kingdom***. Zahlreiche Achterbahnen sorgen für den garantierten Adrenalinkick, es gibt aber auch jede Menge *Rides* für die kleinere Gäste sowie einen Zoo mit Großkatzengehege, Pinguinkolonie, Delfinbegegnungen u.v.m.; im Sommer 10.30-20 Uhr, sonst kürzer; Eintritt vor Ort $71, online ab $46. Anfahrt über *Exit* 33, dann kurz auf der #37 nach Westen oder von San Francisco per Fähre ab dem *Ferry Building* oder *Pier 41*; www.sixflags.com.

Sacramento

Im Gegensatz zu manch anderem US-Staat, wo die Regierung ebenfalls nicht in den wirtschaftlich bestimmenden Metropolen residiert, ist Kaliforniens ***Capital City*** kein farbloses Städtchen am Rande des Geschehens. Von ihren Anfängen unter dem Schweizer *Johann August Sutter*, der 1838 am Sacramento und American River sein *Neu-Helvetien* gegründet hatte, entwickelte sie sich zu einer respektablen Großstadt mit 500.000 Einwohnern (Großraum über 2 Mio.) und einem ungewöhnlich attraktiven Stadtbild.

Old Town

Die **Orientierung** ist im schachbrettartig angelegten Zentrum mit breiten, palmengesäumten Einbahnstraßen **einfach**, gleich aus welcher Richtung man in die von Autobahnen förmlich eingekreiste Innenstadt hineinfährt. Von der I-80 kommend passiert man automatisch die Zufahrt zur ***Old Town Sacramento*** zwischen Sacramento River und I-5; www.oldsacramento.com.

Die teils restaurierte, teils nach historischen Plänen neu errichtete Altstadt ist ein ***State Historic Park*** und bietet das aus Filmen bekannte Bild einer (größeren) alten ***Western Town***. Die vor **Saloons** und ***Boardwalks*** geparkten Autos, reichlich Plastikobjekte und *Fast Food* in den altmodisch dekorierten Shops und Touristen passen aber nicht so recht zum nostalgischen Gesamtbild.

*Darsteller während der 4-tägigen **Waterfront Days** Feierlichkeiten, die alljährlich in Old Town Sacramento meist am Memorial Weekend Ende Mai stattfinden*

Doch gibt es nirgendwo sonst eine derart stimmige und über mehrere Blocks gehende »originale« Westernstadt dieser Art. Zudem ist ***Old Sacramento*** kein Museum mit begrenzter Besichtigungszeit, sondern ein Stadtteil, wo Kneipen, *Eateries* und das ***Eagle Theatre*** auch bis spät in die Nacht geöffnet bleiben und von Einheimischen besucht werden.

Besonders originell ist dort u.a der ***Fanny Ann Saloon*** mit allerlei geborgenen Relikten aus einem abgebrannten Dampfer, darunter eine Kanone aus Bürgerkriegszeiten; 1023 2nd Street; täglich ab 11.30 Uhr, Do-Sa bis 2 Uhr morgens; www.fannyannsaloon.com.

Eisenbahnmuseum

Auch der Bahnhof von Sacramento und das ***Railroad Museum*** mit Dampfloks und alten Waggons auf den Gleisen bilden einen sehenswerten Gesamtkomplex; täglich 10-17 Uhr; Eintritt $12/$6,; www.californiarailroad.museum. Klar, dass von dort auch eine Rundfahrt durch den »Wilden Westen« startet (an Wochenenden nur April-September; Dauer 45 min; Tickets $12, Kinder $6).

Info

Eine ***Visitor Information*** findet man in *Old Town* an der 1002 2nd Street; www.visitsacramento.com.

Kunstmuseum

Von den Parkplätzen südlich der *Old Town* sind es nur ein paar Schritte zum ***Crocker Art Museum*** an der Ecke 3rd/O Street, das in einer alten Villa mit sehenswerter Innenarchitektur untergebracht ist. Das Hauptgewicht der Ausstellungen liegt auf – überwiegend beachtlichen – kalifornischen Kunstwerken des 19. Jahrhunderts, aber auch europäische Meister sind gut vertreten. Geöffnet Di-So 10-17, Do bis 21 Uhr; $12/$6; www.crockerartmuseum.org.

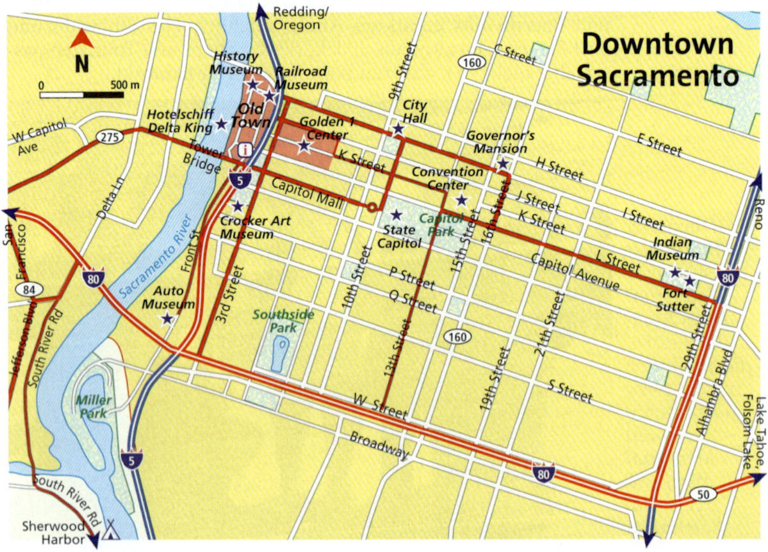

California State Capitol, wo »Arnie« Schwarzenegger zwei Amtszeiten regierte (bis Anfang 2011)

Capitol Park

Höchst beeindruckend ist das ***State Capitol Building***, eines der schönsten Gebäude seiner Art in den USA. Auf der prächtigen ***Capitol Mall*** fährt man direkt auf diesen Sitz der kalifornischen Staatsregierung zu, die über zwei Legislaturperioden bis 2011 von Arnold Schwarzenegger (»*Arnie*«) geführt wurde. Der Bau liegt in einem schön angelegten Park voller subtropischer Vegetation zwischen L und N Street und reicht bis zur 15th Street. Man kann auch sein Innenleben besichtigen. Ein eigenes ***Information Center*** kümmert sich um Besucher und hat auch Kartenmaterial; täglich 9-16 Uhr; Führungen stündlich.

Downtown

Gleich nördlich des *Capitol Park* liegt das Geschäftszentrum der Stadt mit einigen gut erhaltenen bzw. restaurierten Bauwerken aus dem 19. Jahrhundert, darunter ***Governor's Mansion*** an der H Street/Ecke 16th Street. In dem Prunkbau residiert seit 2015 wieder der Gouverneur von Kalifornien, zuvor war er jahrzehntelang als *State Historic Park* zu besichtigen.

Verbindung Old Town/ Downtown

Die **J Street** entspricht ab der *Old Town* der direkten und besten Strecke in und durch *Downtown* Sacramento. Auf ihr passiert man zunächst das 2016 neu eröffnete ***Golden One Center*** mit Basketballhalle für die *Sacramento Kings*. Zwischen 9th und 10th St stehen an der I Street jenseits des **Plaza Park** das alte Rathaus und dahinter die neue ***Sacramento City Hall***.

Fort Sutter

Erwähnung verdient in Sacramento das pittoreske ***Fort Sutter***, eine weiß getünchte Adobefestung an der Ecke L/27th Street, ebenfalls ein ***State Historic Park***; 10-17 Uhr; Eintritt $5, Kinder 6-17 Jahre $3; www.parks.ca.gov/?page_id=485. Dieser umfasst neben dem nach altem Vorbild wieder aufgebauten Fort des einstigen Sacramento-Gründers *Sutter* ein kleines und nur mäßig interessantes **Indianermuseum** gleich nebenan.

Unterkunft

Wer in Sacramento übernachten möchte, findet eine Ballung von Häusern der unteren Mittelklasse an der **West Capitol Ave** westlich des Sacramento River im Kreuzungsbereich mit Straße #84. (parallel zur I-80). Eine ganze Reihe **H/Motels** von einfach bis gehoben steht im Bereich der **I-5 Nord/#99**, *Exit* Richards Blvd rechts, dann nach links Bercut Drive, oder von der Abfahrt links unter dem *Freeway* hindurch zur Jibboom Street.

Camping

- **Motorhome-Fahrer** können in Sacramento im ***CalExpo RV Park*** unterkommen: 1600 Exposition Blvd, *Exit* 9A von der I-80 *Business* nordöstlich *Downtown*, reiner Asphaltplatz mit *full hookup* $45; © 1-877-225-3976, www.calexpo.com
- Südlich der City am westlichen Flussufer liegt der schlichte ***Sherwood Harbor Marina RV Park***, 3505 South River Rd, I-80 Abfahrt »Jefferson Blvd«; einige gute Grasplätze unter Bäumen; © (916) 371-3471, www.sherwoodharbor.com.
- Der ***Folsom Lake State Recreation Area***, 20 mi östlich von Sacramento, hat drei Campareale, aber nur der wasserferne Platz ***Beal's Point*** ist leicht zu erreichen: *Exit* Folsom Blvd/#50, dann 6 mi geradeaus auf die Folsom Auburn Road, von ihr Beals Point Road nach rechts; ab ca. $40; www.parks.ca.gov/?page_id=500.

American River

Der Folsom Lake hat seinen Namen vom Städtchen Folsom, das sich 2,5 mi unterhalb des ***Folsom Dam*** am Ufer des American River bzw. Ostende des **Lake Natoma** ausbreitet, einem weiteren Stausee des Flusses. Danach bis zu seiner Mündung in den Sacramento River ist er ein beliebtes Freizeit- und Badegewässer.

Folsom

Folsom entstand wie fast alle Siedlungen der Region während des Goldrausches. An den Ufern des American River wurde fleißig Gold gewaschen. In der »historischen« Hauptstraße Sutter Street pflegt man sorgfältig die Fassaden von anno dazumal, die heute vor allem Souvenirshops und *Eateries* beherbergen. Beim *Exit* 23 von der #50 sorgen außerdem rund 80 Shops in den ***Premium Outlets*** fürs garantierte Schnäppchen.

Das Delta King Riverboat in Sacramento dient als Restaurant und nostalgisches Hotel; DZ an Bord ab ca. $155 (AAA); www.deltaking.com

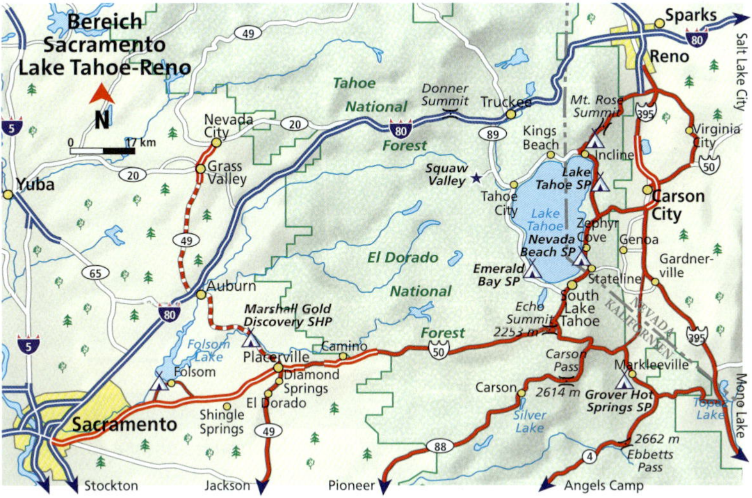

Weiter zum Lake Tahoe

Straße #50

Von Sacramento zum Lake Tahoe gelangt man am schnellsten auf dem ***El Dorado Freeway* #50**, der bis weit in die Berge hinein als kreuzungsfreie Autobahn, und danach fast durchgehend vierspurig ausgebaut durch die Sierra Nevada an den Lake Tahoe mit dem kalifornischen Grenzort South Lake Tahoe führt.

Placerville

Unterwegs passiert man 40 mi östlich von Sacramento das quirlige Goldrauschstädtchen **Placerville**, das es 1848-1850 zu Berühmtheit brachte (➤ Seite 386) und danach noch weniger bekannte Orte. Wer die weitgehend durch Waldlandschaft führende Autobahn nicht verlässt, wird von den Ortschaften kaum etwas mitbekommen. Die Abfahrt hinein nach Placerville (10.000 Einwohner) sollte man aber nicht auslassen. Die Fassaden, Läden und Dekoration entlang der auf nostalgisch getrimmten Hauptstraße bieten schöne Fotomotive. Der Ort trug zeitweilig den Namen »*Hangtown*«, nachdem dort ein paar Bösewichter ohne Gerichtsverfahren von der Menge aufgeknüpft worden waren.

Marshall Gold State Park

Ab Placerville bietet sich ein Abstecher zum ***Marshall Gold Discovery State Historic Park*** an (10 mi nördlich auf der #49). Der Park, dessen Gelände das historische **Coloma** samt Flussufer umfasst, ist den ersten Goldfunden von 1848 am American River gewidmet, die ein Jahr später zum Kalifornischen Goldrausch führten ($8/Auto).

Shop und antikes Auto in Placerville – viel mehr als ein paar hübsche Fotomotive und orginelle Läden bieten die meisten Orte dieser Region nicht

Exkurs: Vom Yosemite Park/Mono Lake zum Lake Tahoe

Straße #395

Wer sich nach Besuch des *Yosemite Park* nach Nordwesten wendet, tut dies alternativlos auf der Straße #395. Die ca. 50 mi ab der Bodie Road (#270) über den ***Devil's Gate Pass*** und weiter durch das **Tal des Walker River** bis zum Topaz Lake/ Nevada gehören dafür zu den schönsten Abschnitten dieser Straße in Kalifornien. Danach verflacht indessen ihr Verlauf. Am Nordufer des warmen **Topaz Lake** (erstes Kasino! + Hotel) liegt ein guter ***County Campground*** direkt am See.

Straße #89

Für einen Abstecher zum Lake Tahoe verlässt man die #395 am besten über die Straße #89 (knapp südlich des Topaz Lake), auf der es rasch wieder hinauf in die Höhen der Sierra Nevada geht.

Grover Hot Springs

Vom etwas alternativen Dorf **Markleeville** (www. alpinecounty. com) sind es nur wenige Meilen auf einer Stichstraße zu den beliebten ***Grover Hot Springs***, einem *State Park* mit einem attraktiv zwischen Felsen gelegenen ***Campground*** ($35, im Sommer Reservierung nötig, ➤ Seite 169). Der **Freiluft-Heißwasserpool** ist immer gut besucht (im Sommer meist täglich bis 19 Uhr; $10/$5; www.parks.ca.gov/?page id= 508).

Kommt man im *State Park* nicht unter, gibt es um Markleeville Ausweichmöglichkeiten. Neben dem kleinen ***NF Campground Markleeville Creek*** südöstlich des Ortes ist vor allem der ***BLM-Platz Indian Creek*** (mit Duschen) am gleichnamigen Reservoir nördlich von Markleeville empfehlenswert: nach kurzer Fahrt auf der #89 folge man der Airport Road.

Bis South Lake Tahoe sind es von Markleeville noch 33 Meilen.

Im *Visitor Center* im unverfehlbaren ***Gold Discovery Museum*** erfährt man alles zum Thema »Goldrausch«. Von dort sind die interessanten Punkte im Dorf entlang der Main Street und am Fluss (der Fundort und eine Rekonstruktion von ***Sutter's Mill***) leicht zu Fuß zu erreichen. Auf der Monument Road #153 (Schotter) etwas südlich des Ortes geht es zur **Statue** des berühmten ***James Marshall*** in erhöhter Position über dem Flusstal.

Goldwaschen

Mit der Waschpfanne in der Hand und gebeugtem Rücken darf man bei Coloma am Ufer des Flusses auch ohne eigenen *Claim* sein Glück versuchen. Am Nordufer ist ein Streifen fürs ***Recreational Gold Panning*** der Besucher des *State Park* reserviert. Bei einem noch immer hohen Goldpreis von ca. $1.200 pro Feinunze (31,1 g) lässt sich selbst im mühsamen Handbetrieb mit Glück noch ein akzeptabler Stundenlohn realisieren, steuerfrei und ganz legal.

Alternative Route von Oakland zum Lake Tahoe

Wer auf den Besuch von Sacramento verzichtet, spart bei Start in Oakland/Berkeley auf den ***Freeways*** **#24/I-680/#4** über Concord/Antioch nach Stockton und von dort auf der **Straße #88** oder der **Kombination #26/#88** bis South Lake Tahoe ein paar Meilen. Gleichzeitig ist das die – gegenüber der Straße #50 – schönere und weniger verkehrs-, wiewohl kurvenreiche Strecke über den ***Carson Pass*** (2.614 m) und dann – auf einem kurzen Stück auf der **Straße #89** – über den ***Luther Pass*** (2.360 m) durch die Sierra Nevada.

Jackson/ Sutter Creek

Diese Route führt durch **Jackson**, eine alte *Gold Rush Town* ohne besondere Sehenswürdigkeiten (bis auf das historische ***National Hotel*** mit ***Stanley's Steakhouse***; http://nationalhoteljackson.com). Sie passiert mit **Sutter Creek** (ab Jackson ca. 3 mi) den vielleicht **attraktivsten Goldrauschort des *49er's Highway*** mit B&Bs, guten Restaurants und beneidenswerten Wohnlagen.

Gleich nördlich von Jackson ist an Wochenenden und feiertags die ***Kennedy Gold Mine*** (nur oberirdisch) zu besichtigen; Eintritt frei, Touren $12, Kinder bis 12 Jahre $6; www.kennedygoldmine.com.

Historisches National Hotel im Zentrum von Jackson

Lake Tahoe, sein glasklares Wasser ist zum Baden meist zu kalt, aber für Kajaker ein Traum

Rund um den Lake Tahoe

Der See

Der in 1.900 m Höhe liegende Lake Tahoe bedeckt eine Fläche von 520 km^2 und ist stellenweise **500 m tief**. Ringsum überragen die Berge der Sierra Nevada den See um bis zu 1.200 m. Rund 2/3 des Lake Tahoe gehören zu Kalifornien, ein Drittel zu Nevada. Aber gleich, in welchem Staat man sich gerade befindet, die **Ufer** des für ein längeres Bad meist zu kalten Sees sind – soweit nicht als *State Parks* oder öffentliche Ortsstrände dem Tourismus erschlossen – in Privatbesitz oder wegen steil abfallender Hänge schlecht oder gar nicht zugänglich.

Die besten **Strände** (meist mit Parkgebühr für den *day-use*) findet man im Südwesten des Sees rund um die kalifornische ***Emerald Bay*** und im Nordosten ca. 4 mi südlich der **Incline Village** in dem *Lake Tahoe Nevada State Park* mit der ***Sand Harbor Beach***.

»Nudes may be present«

In dieser Ecke gibt es auch eine Reihe von *clothing optional beaches*, wo FKK ganz offiziell erlaubt ist, darunter – ca. 8 mi südlich von Incline Village – die ***Secret Cove*** und die ***Secret Harbor Creek Beach*** (Zugang nur zu Fuß, 1 km bzw. 3 km ab dem Parkplatz *Chimney Beach*). Nur 300 m weiter den Uferpfad entlang warten dann noch die weniger überlaufenen Strände ***North*** und ***South Whale*** auf wanderwillige Sonnenanbeter.

Rundstraße

Von der überwiegend hoch gelegenen Rundstraße (72 mi) bietet insbesondere das Ostufer viele grandiose Ausblicke. Ausgesprochen malerisch ist der Lake Tahoe mit seinem kristallklaren, türkisgrünen Wasser und den sandigen, von abgerundeten Felsen gesäumten Buchten im Bereich zwischen *Sand Harbor* und *Whale Beach*.

Aktivitäten

Wassersport wird am Lake Tahoe groß geschrieben. In **Tahoe City** am Nordwestufer erfreut sich das ***Inner Tubing*** im Autoreifen oder Schlauchboot im Truckee River großer Beliebtheit; Verleih der Reifen/Boote im Ort, Transport zum Ausgangspunkt in der Mietgebühr enthalten. Wer nicht selbst aktiv surft, segelt oder Wasserski läuft, kann auf Ausflugsbooten den See genießen.

Ein ***Paddle Wheeler***, wie man ihn früher auf flachen Flussgewässern einsetzte, schippert ab der *Zephyr Cove Marina* (Ostufer) über den See; www.zephyrcove.com/cruises/daytime-scenic-cruises.

Westlich/nördlich des Sees liegen bekannte **Skigebiete** wie **Squaw Valley**, dem Austragungsort der olympischen Winterspiele von 1960.

South Lake Tahoe

Der Ort **South Lake Tahoe** auf der kalifornischen Seite empfängt die Besucher mit einer kompletten touristischen Infrastruktur. **Zahllose H/Motels** säumen die #50 über Meilen und dominieren den zentralen Bereich in Grenznähe. Das gilt auch für die Filialen der bekannten *Fast Food*-Ketten wie für zahlreiche unabhängige Restaurants; www.tahoesouth.com, www.southlaketahoe.com.

Stateline/ Nevada

Das wichtigste Ziel vor allem von Wochenendausflüglern liegt jedoch jenseits der Staatsgrenze. Schon gleich in **Stateline** warten **Spielkasinos** und Hochzeitskapellen für Eheschließungen im Schnellverfahren. Neben Las Vegas, Laughlin am unteren Colorado River und Reno ist der Lake Tahoe Bereich – mit Schwerpunkten in Stateline und Crystal Bay/Incline Village – **Nevadas viertgrößte Glücksspiel-Hochburg**; ➤ www.visitrenotahoe.com.

Unterkunft

Im **Hochsommer** und an **Wochenenden** ist der Lake Tahoe teuer und nicht nur von Glücksspielern gut besucht. An touristischen Brennpunkten wie South Lake Tahoe, Kings Beach oder Incline Village findet trotzdem fast immer noch ein Motelzimmer, wer nicht erst am späten Nachmittag zu suchen beginnt. Während der Woche stehen außerhalb der Saison große Kapazitäten leer. Die Übernachtung ist dann sogar in guten Häusern preiswert, oft auch ein *Discount Coupon* einsetzbar, ➤ Seite 157.

Im **Nevada-Bereich** kommt hinzu, dass die **Kasinohotels** ihre **Preise So-Do** bewusst niedrig halten, um Spielkundschaft ins Haus zu ziehen. Dann bieten sie ein weit besseres Preis-Leistung-Verhältnis als viele einfache Motels in South Lake Tahoe.

Camping

Die Campmöglichkeiten auf der Ostseite des Sees sind begrenzt; nur ***Nevada Beach*** (1,5 mi oberhalb Stateline) und der Privatplatz ***Zephyr Cove*** (4 mi nördlich Stateline) bieten **Camping am See**. Am West- und Nordufer existiert dagegen eine Reihe guter *Campgrounds*, vor allem in den ***State Parks*** wie der im ***Emerald Bay SP*** nordwestlich von South Lake Tahoe.

»Mississippi«-Dampfer als Ausflugsboot auf dem Lake Tahoe

Vom Lake Tahoe nach Carson City und Reno

Nach Reno

Der **direkte Weg** von Incline Village nach Reno, die Straße #431, führt über den ***Mount Rose Pass*** (dort herrlich gelegener ***Forest Campground***) von 2.700 m hinunter auf 1.350 m Höhe.

Die **interessantere Route** nach Reno ist allerdings die Straße #50 in Verbindung mit der #341 über Carson und Virginia City. Den Umweg über die alte Silberstadt sollte man möglichst einplanen.

Wer direkt von Süden kommt (#395), passiert südlich von Carson City die Straße #206 nach **Genoa** (4 mi), einem historischen 900-Seelen-Nest mit eigenwilliger Aussprache »tschuh-NOU-uh« und dem ***Genoa Saloon***, die älteste Bar in Nevada.

Zum Baden, Wellness und Bleiben lädt dort das ***David Walley's Resort*** mit ***Hot Springs*** und ***Spa*** ein; DZ im Sommer ab $190, © (775) 782-8155; www.davidwalleys-resort.com.

Carson City

Die Hauptstadt Nevadas (55.000 Einwohner) ist trotz historischer Gebäude kein »touristisches Muss«, außer man möchte von dort mit der ***Virginia & Truckee Railroad*** nach Virginia City weiterfahren. Der 6,5-Std-Rundtrip mit der nostalgischen Bahn startet beim *Eastgate Depot*, 6 mi östlich von *Downtown* an der #50; Mai-Okt nur Sa+So, im Juli+August auch Fr; Tickets $55/ $35, 3 Std Aufenthalt in Viginia City; Reservierung erforderlich: www.virginiatruckee.com/maps-directions/carson-train-route.

Wer Carson City passiert, könnte zudem einen Stopp beim ***Nevada State Museum*** ins Auge fassen, das u.a. die Geschichte Nevadas und den Gold- und Silberbergbau thematisiert; 600 N Carson St; Di-So 8.30-16.30 Uhr, $8, Kinder bis 17 frei; http://nvculture.org /nevadastatemuseumcarsoncity. Nebenan steht das *Visitor Center* der Stadt (9-17 Uhr; www.visitcarsoncity.com) und schräg gegenüber im ***Carson Nugget Casino*** liegen hinter Panzerglasscheiben in Nevada gefundene große **Original-Goldnuggets**.

Museumslok in Carson City

Das ***Nevada State Railroad Museum***, gute 2 mi weiter südlich an derselben Straße, hat eine schöne alte Wildwest-Lok im Freigelände, die zu wechselnden Zeiten über einen Rundkurs dampft; 2180 South Carson Street; Eintritt $6, Kinder unter 17 J. frei; www.nsrm-friends.org.

Carson City eignet sich gut für Zwischenübernachtungen. Zahlreiche **H/Motels** mit moderaten Tarifen reihen sich **entlang der gesamten #395 *Business*** durch die Stadt. Speziell etwas nördlich des Zentralbereichs gibt es die preiswerteren Angebote in der unteren Mittelklasse.

In Richtung Virginia City geht es zunächst auf der #50 einige Meilen nach Osten und dann auf der #341 hinauf in die Berge. Nach kurzer Strecke teilt sich die Straße: hier unbedingt den steileren westlichen Ast über **Gold Hill** fahren (selbst für die meisten RVs kein Problem).

Gold Hill

Der Ort besteht im Wesentlichen aus einer Station der *Virginia & Truckee Railroad* (Abfahrt nach Virginia City mehrmals täglich; Dauer 35 min; $14/$7) und dem nostalgischen ***Gold Hill Hotel*** mit einem absolut urigen **Saloon**; 1540 Main St; www.goldhillhotel.net.

Virginia City

Virginia City war in den 1870er-Jahren die größte Stadt zwischen Chicago und San Francisco. Die ***Comstock Lode***, eine der ertragreichsten je gefundenen Gold- und Silberadern, hatte für das Entstehen dieser *Boomtown* gesorgt. Die Fassaden der im Gegensatz etwa zu *Bodie* (➤ Seite 400) nie ganz vergessenen Stadt entsprechen in der Hauptstraße weitgehend dem damaligen Aussehen. Absolut authentisch wirkt auch das Innenleben einiger **Saloons**. Das *Visitor Center* steht an der 86 South C St; www.visitvirginiacitynv.com.

Von den großen Jahren Virginia Citys, in denen **Mark Twain** hier für die erste Zeitung Nevadas schrieb, künden mehrere kleine Museen und historische Gebäude entlang der #341 durch den Ort.

Shops

Originell sortiert sind einige der Läden. Kaum sonstwo gibt es ausgefallenere Souvenirs und Mitbringsel. Auch wer ein komplettes ***Cowboy-Outfit*** sucht, ist hier richtig. Gut ausgestattet mit Kostümen, Kulissen und Wildwest-Zubehör sind ebenfalls die ***Old Tyme Foto Shops***. Wer gern für ein Nostalgiefoto (➤ Seite 43) in die Rolle eines *Sheriff*, *Outlaw* oder *Can-Can Girl* schlüpft, sollte das hier realisieren: so vielseitig und authentisch gibt's das selten!

Gold- und Silbermine

Den Kehrseiten der guten, alten Zeit kann man hautnah bei einer Führung durch die engen Stollen der ***Chollar Mine*** unter dem Ort in der F Street auf die Spur kommen. Die 30-minütige ***Underground Tour*** kostet $15 und für Kinder 65-12 Jahre $10 (in bar!); nur April-Oktober; www.chollarminetours.com.

Übernachten

Leider nimmt der **Tourismus** an manchen Tagen etwas überhand, und auch auf die **Spielautomaten** mag man nicht verzichten. Da aber Virginia City inkl. einiger »witziger« B&Bs auf eine maximale Übernachtungskapazität von nur rund 300 Betten kommt, die obendrein selten alle belegt sind, wird es ab spätem Nachmittag wieder ruhig. Abends ist kaum noch etwas los. Dann sind Einheimische und die wenigen Gäste in den Kneipen unter sich. Wem dieser Aspekt gefällt, sollte versuchen, im historischen ***Silver Queen Hotel*** unterzukommen mit eigenem Saloon im Haus und sehr schlichten Zimmern für $55-$135; 28 North C Street; ✆ (775) 847-0440, www.silverqueenhotel.net.

Der ***Virginia City RV Park*** befindet sich unterhalb der Hauptstraße (F Street) beim öffentlichen Pool und Spielplatz (gegenüber). Zwar ist der Komplex etwas eng, hat aber einige schöne Stellplätze mit Weitblick; *full hook-up*, *tent sites* und *cabins*; Reservierung unter ✆ (775) 847-0999 oder www.vcrvparknv.com.

Nach Reno

Die bis Reno laufende **Straße #341** verwöhnt im Abstieg von der Höhe Virginia Citys mit Aussichtspunkten für den weiten Blick über das Reno-Carson Valley und hinüber zur Sierra Nevada.

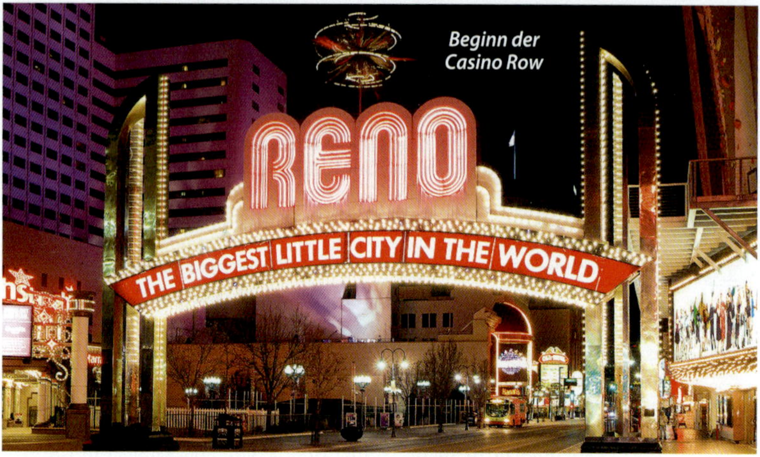

Reno

Lage

Las Vegas' kleine Schwester **Reno**, die ***Biggest Little City in the World***, ist eine respektable Großstadt, die es zusammen mit dem Nachbarn **Sparks** auf gut 425.000 Einwohner bringt und sich über rund 130 km^2 Wüste erstreckt. Die Stadt liegt 15 mi östlich der kalifornischen Grenze und 30 mi nördlich der Haupt-stadt Carson City am Rande der Wüste von Nevada auf einer Höhe von 1.250 m. Zum Lake Tahoe sind es nur 40 mi. Aus dem See entspringt der Truckee River, ohne dessen Wasser Reno nicht lebensfähig wäre.

Klima

Wegen der bis zu 3.000 m hohen Berge im Westen bilden Bewölkung und Niederschläge in Reno eher die Ausnahme. Sonnenschein überwiegt, wobei die Temperaturen dank der Höhenlage selbst im Hochsommer selten über 30°C steigen. Aber auch größere Hitze bleibt bei der normalerweise geringen Luftfeuchte erträglich, zumal es abends schnell abkühlt. **Mai, Juni** und **September sind die besten Besuchszeiten**.

Kennzeichnung

Reno stand nach seiner Gründung 1868 lange im Schatten der *Boomtown* Virginia City (➤ Seite 379), bevor es sich nach der Jahrhundertwende eigenständig entwickelte. Aber erst mit der Zulassung des Glücksspiels in Nevada während der 1930er-Jahre begann der Aufstieg von Reno/Lake Tahoe zur zweitgrößten Kasinoballung des Staates. Im Gegensatz zu Las Vegas sind Glücksspiel und damit zusammenhängendes *Business* nicht die dominierenden Faktoren der lokalen Wirtschaft, auch wenn dies im grellbunten *Downtown* und entlang der Hauptzufahrtstraße Virginia Street mit ihrer touristischen Infrastruktur auf den ersten Blick so aussieht. Außerdem geriet Reno schon in den 1990er-Jahren gegenüber Las Vegas arg ins Hintertreffen, denn mit den Superlativen dort konnte man nie mithalten.

Information

Das ***Reno Tahoe Visitor Center*** in der 135 North Sierra Street hat Info- und Werbematerial in Hülle und Fülle und täglich 10-16 Uhr geöffnet; ✆ 1-800-367-7366, www.visitrenotahoe.com. Parkmöglichkeit in der Garage Ecke First/Sierra Street.

Unterkunft

In der Spielerstadt Reno ist es generell nicht schwierig, eine günstige Unterkunft zu finden. Geballt entlang der **South Virginia St** südlich der großen Kasinohotels konkurrieren Motels aller Kategorien um die Gäste. Man braucht die Straße nur einmal 'rauf und 'runter zu fahren. So-Do wirbt man gerne mit günstigen Sondertarifen, an Wochenenden wird es etwas teurer.

Folgende Kasinos bieten bei fehlender Auslastung oft besonders niedrige Tarife für große, gut ausgestattete Räume (+ *tax* 12%):

- ***Circus Circus***, 500 N Sierra St, traditionell eines der preiswertesten Hotels bei einem relativ niedrigeren Standard der Zimmer und Gäste, ab $50; ✆ 1-800-648-5010, www.circusreno.com
- ***Harrah's***, 219 North Center Street, ab ca. $55; ✆ (775) 786-3232; www.caesars.com/harrahs-reno
- ***Grand Sierra Resort***, 2500 East 2nd Street östlich des *Freeway* #395, mit 2.000 Zimmern das größte Kasino, ab $80; ✆ 1-800-501-2651, www.grandsierraresort.com
- ***Atlantis Casino Resort Spa***, 3800 S Virginia St, großer Kasinopalast beim Kongresszentrum noch einmal eine halbe Meile südlicher unweit der I-580; eines der besseren Häuser in Reno, ab ca. $80; ✆ 1-800-723-6500, www.atlantiscasino.com.

Camping

Kommerzielle **Campingplätze** der Komfortklasse gibt es gleich ein ganzes Dutzend. Ein **Gratis-Shuttlebus** zur Innenstadt gehört bei den cityferneren Plätzen meist zum Gäste-Service:

Der größte von allen befindet sich am Gelände des riesigen ***Grand Sierra Resort***, 2500 East 2nd St, mit *hook-up* ab $31, keine Zelte; ✆ 1-800-258-7366, www.grandsierraresort.com/reno-rv-park.

Der ***Davis Creek County Park***, ca. 18 mi südlich von Reno (#395), hat einen guten *Campground* im lichten Wald am Fuße der Sierra Nevada ($25). Noch etwas südlicher liegt der schattige ***Washoe Lake State Park*** ($15). Beide ohne *hook-up* und Vergabe der Plätze überwiegend auf *first-come, first-served*-Basis.

In Sparks, nur wenig abseits der I-80, befindet sich der relativ Reno nahe ***Sparks Marina RV Park*** am Lincoln Way zwischen dem künstlichen See *Sparks Marina* und einer *Outlet Mall* (➤ umseitig). Komfortabler Riesenplatz vor allem für Groß-RVs; $37-$42; ✆ 1-866-772-7574, www.sparksmarinarvpark.com.

Casino Row

Auch wer mit dem Glücksspiel wenig im Sinn und es eher auf Ziele in der Umgebung abgesehen hat, sollte auf einen Kurzbesuch der bunten Spielhöllen nicht verzichten. Am intensivsten wird man in der ***Casino Row*** bedient, einem ca. 400 m langen Teilstück der **Virginia Street**, aber auch in der parallelen **Sierra Street** und einigen Nebenstraßen. Dort befinden sich – bis auf die unter den Hotels gelisteten Großkomplexe *Grand Sierra* und

Atlantis – alle wichtigen Kasinos der Stadt. Mögen die glitzernden Lichtreklamen draußen auch Unterschiede suggerieren, von innen wirken die riesigen Säle mit ihren *Slot Machines*, *Roulette-* und *Black Jack*-Tischen alle gleich. Ansehenswert sind:

Ansehenswerte Kasinos

- das ***Grand Sierra***, 2500 East 2nd Street (unweit #395/#580) wegen der enormen Dimensionen
- das ***Silver Legacy***, 407 North Virginia Street (Ecke 5th Street), das aufwendigste der Reno-Kasinos und mit eine **Goldminenanlage** unter dem Kuppeldach ausgestattet; in dem Haus finden auch ***Shows*** statt; www.silverlegacyreno.com
- das ***Circus Circus***, gleich gegenüber und mit einer Fußgängerbrücke verbunden, bietet **artistische Vorführungen** unter einer Zirkuskuppel; www.circusreno.com
- das ***Eldorado Casino***, 345 North Virginia St (Ecke 4th Street), wegen seiner ***Micro Brewery*** mit diversen Biersorten (***The Brew Brothers***); www.eldoradoreno.com.

Heiraten

Kurzentschlossen heiraten kann man nicht nur in Las Vegas, auch in Reno stehen kitschig-originelle **Hochzeitskapellen** für die Nevada-Schnellehe (➤ Seite 430) bereit; die meisten von ihnen unübersehbar an der South Virginia Street.

Auto Museum

Das Automuseum an der Ecke Mill/Lake Street beherbergt eine phänomenale **Ausstellung historischer Fahrzeuge**. Die Vehikel aus aller Welt unter starker Betonung amerikanischer Modelle, die überwiegend so aussehen, als hätten sie soeben die Fabrik verlassen, wurden epochenweise geordnet und teilweise in ein der Zeit entsprechendes Ambiente gestellt. Auch für die Edel-Karossen der *Hollywood*-Stars wurde hier Platz geschaffen, darunter ein *Cadillac* von Elvis Presley sowie ein *Mercury Coupe* von James Dean. Zeitbedarf mit Multimedia-Show 2-3 Stunden. Eintritt $12, Kinder 6-18 Jahre $6; geöffnet Mo-Sa 9.30-17.30 Uhr sowie So 10-16 Uhr; www.automuseum.org. Ein absolutes »Muss« für Auto-Fans!

Events

Passend dazu findet in Reno Anfang August eine **Riesen-Autoshow** statt; www.hotaugustnights.net. Anfang September begeistert ein 3-tägiger ***Balloon Race*** (www.renoballoon.com) die Besucher und nur eine Woche später der ***Reno Air Race*** (www.airrace.org).

Weitere Attraktionen

Reno verfügt außerdem noch über *Shopping Malls*; am größten sind die ***Meadowood Mall*** am 5000 Meadowood Mall Circle (unweit der Kreuzung I-580/#659) und die ***Outlet Mall*** (*Exit* 20/ I-80 bei Sparks). Auffällig auch die zahlreichen Parks: Schön gestaltet ist z.B. der Uferbereich des Truckee River im Zentrum (***Wingfield Park***) und im *Rancho San Rafael Park* (1595 North Sierra Street) wartet noch das ***Wilbur D. May Museum*** mit ***Arboretum***.

Bei Hitze ist mit Kindern der Planschpark ***Wild Island*** an der I-80 im Osten von Sparks ein guter Tipp; Öffnungszeiten variieren; Eintritt $32, Kinder bis 1,20 m $29; www.wildisland.com.

Pyramid Lake

Ebenfalls in Frage kommt dann ein Abstecher zum 30 Meilen von Reno entfernten, ungewöhnlichen **Pyramid Lake** (490 km²) in der

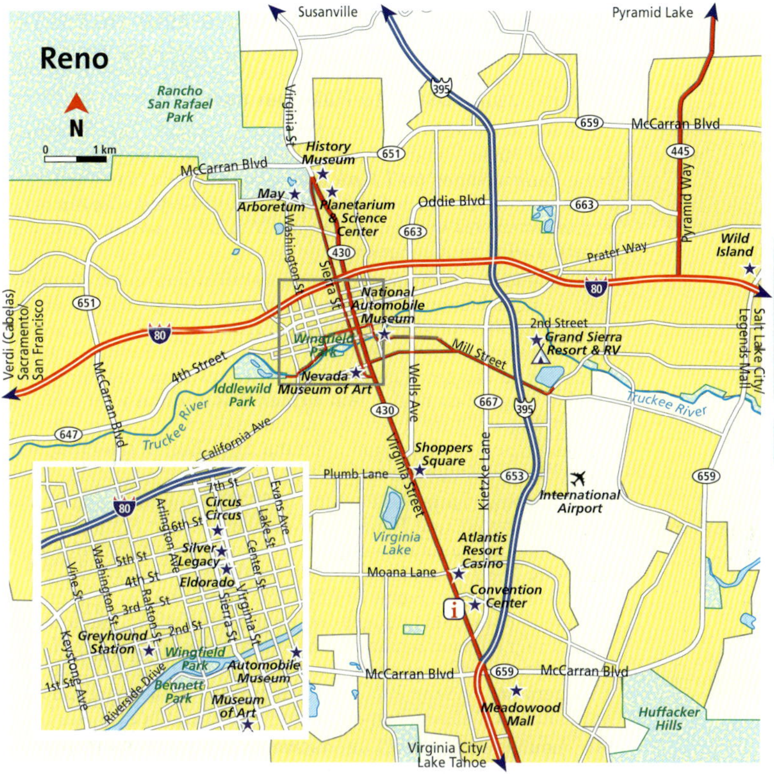

gleichnamigen Reservation der Paiute-Indianer, auch wenn der Wasserstand zuletzt arg gesunken ist. Es handelt sich um die Überreste eines einst 20.000 km^2 umfassenden prähistorischen Gewässers, das langsam verdunstete und Tuffsteinformationen hinterließ, u.a. die namensgebende »Pyramide« am Ostufer.

Schwimmen (bis Oktober warmes Wasser!) und auch **campen** darf man direkt am Seeufer. Man benötigt dafür ein ***Permit*** ($10 *day-use*, $15 *camping*), erhältlich in der *Ranger Station* in Sutcliffe am Westufer sowie am Südende des Sees in Nixon oder im Web unter https://pyramidlake.us/permits. In **Sutcliffe** existiert gleich hinter dem Strand noch der ***Marina RV Park***; $40 mit *hook-up*.

Weiterfahrt

Wer **von Reno nach Salt Lake City bzw. zum *Yellowstone Nat'l Park*** weiterfahren möchte, findet den Anschluss im **Kapitel 7**. Die **Kaskaden Park-Route** nach Norden ist im **Kapitel 6.4** beschrieben.

Das **Folgekapitel** behandelt ab ➢ Seite 403 den Verlauf der **Straße #395 vom Mono Lake nach Süden**.

2.4 Startroute #3: Von San Francisco zum Yosemite Park und weiter nach Death Valley/Las Vegas

2.4.1 Anfahrt zum Yosemite National Park

Zeitplanung

Viele Reisende zieht es ab San Francisco zunächst zum ***Yosemite National Park***. Von dort lässt sich die Fahrt sowohl gut in Richtung ***Yellowstone Nat'l Park*** oder direkt zu den Nationalparks in Süd-Utah oder nach **Las Vegas** und zum ***Grand Canyon*** fortsetzen. Letzteres wird gerne mit der Möglichkeit verbunden, das ***Death Valley*** zu durchqueren.

In beiden Fällen sollte man nicht zu zielorientiert reisen, denn die hier beschriebenen Routen haben neben den populären *Highlights* viele hervorragende, teilweise kaum bekannte und wenig frequentierte »kleinere« Attraktionen zu bieten. Es wäre schade, wenn bei zu knapper Planung für Zwischenstopps und kurze Abstecher keine Zeit bliebe. **Auf keinen Fall optimal wäre** z.B., an einem Tag bis zum *Yosemite* durchzufahren und dann für die Strecke *Yosemite*–Las Vegas auch nur zwei Tage vorzusehen, wie es leider viele Rundfahrer machen.

Start in San Francisco

Zum *Yosemite National Park* (ca. 170-200 mi ab San Francisco je nach Startpunkt und Route) geht es über die *San Francisco Bay Bridge* und ab Oakland (➤ Seite 366) am besten auf der ***Interstate* #580** (die I-880 ist oft extrem stark befahren). Die ebenfalls mögliche Kombination *Freeway* #24/I-680 (dann erst bei Dublin auf die I-580), kommt bei einigen Umwegmeilen dann in Frage, wenn kurz hinter oder vor San Francisco gecampt werden soll: der ***Mount Diablo State Park*** verfügt über einen umwerfend schön gelegenen ***Campground*** (➤ Seite 302), der den Abstecher bei ausreichend Zeit durchaus auch ohne Camping lohnt (Weitblick über die *Bay*).

Ab Manteca stehen zwei unterschiedliche Routen zur Auswahl: über die #120 und Groveland zur Nordwesteinfahrt in den Yosemite oder über die #99/#140 und Mariposa zur Westeinfahrt.

Ca. 8 mi nordwestlich von Merced liegt östlich der #99 (Exit Buhach Road) das ***Castle Air Museum*** *mit einer Reihe von sehenswerten alten Militärmaschinen; www.castleairmuseum.org*

Zum Nordwesteingang auf der #120 über Groveland

Schönste Route

Die **Straße #120, kürzeste und schönste *Yosemite*-Zufahrt**, erreicht man rund 70 mi östlich von San Francisco. Sieht man ab von der Überquerung der mit fast **5.000 Windgeneratoren** bepflasterten Hügelkette östlich Castro Valley (noch auf der I-580), ist der Straßenverlauf aber vor dem Aufstieg in die Höhe der Sierra Nevada (östlich von Chinese Camp) eher langweilig. Erwähnenswert sind nur die vielen (Straßen-)Verkaufsstände für ***Fresh Farm Produce*** (Obst und Gemüse) zu Erntezeiten.

Camping unterwegs

Wer noch vor Erreichen des *Yosemite* bzw. (bei später Abfahrt) unweit San Francisco campen möchte, findet im ***Caswell Memorial State Park*** bei Modesto abseits der #99/#120 am Stanislaus River (Baden) schattige Stellplätzchen in dichter Ufervegetation.

Abkühlung an heißen Tagen verspricht der **Tulloch Lake**. Empfehlenswerter ***Campground* am See**; ✆ 1-800-894-2267, *hook-ups*, www.laketullochcampground.com. Zufahrt über Tulloch Road, Abzweig von der #108/#120 zwischen Knights Ferry und Keystone.

Groveland

Einzig nennenswerter Ort in der Nähe des *Yosemite* auf dieser Route ist **Groveland**. Dort kann man ggf. noch Vorräte aufstocken und/oder Restaurant/Kneipe zu halbwegs normalen Preisen besuchen (»urig« ist der ***Iron Door Saloon & Grill***, ➤ Foto Seite 178). Für eine letzte Übernachtung vor dem Park eignen sich z.B.

- ***Groveland Hotel Inn*** mit nostalgischen Zimmern (im Sommer ab ca. $200, ✆ (209) 962-4000, www.groveland.com)
- ***Yosemite Pines*** ca. 2,5 mi östlich der Stadt an der #120; Zelte $20-$48, RVs $28-$71; für Familien auch *Cabins*, Jurten und *Glamping* im Planwagen oder *Airstream*; www.yosemitepinesrv.com
- ***Pine Mountain Lake Campground*** (ca. 2 mi auf Ferretti Road ab #120/Ecke Supermarkt – liegt aber nicht am See). Zelt $27, *hook-up* $39; ✆ (209) 962-8615, www.pinemountainlake.com.

Als **Standquartier** für einen längeren Parkbesuch ist **Groveland** weniger geeignet; dazu ist die Entfernung zum *Yosemite Valley* auf kurvenreicher Strecke dann doch zu groß (ca. 55 mi). Die **Anfahrt ist ab Mariposa kürzer** (ca. 42 mi) und wegen nur geringer Steigung im Flusstal des Merced River auch rascher zu bewältigen.

Übernachten an der #120

Von den Plätzen im ***Stanislaus National Forest*** vor Erreichen des Parks auf der #120 ist ***Lost Claim*** der beste (14 mi östlich von Groveland an der #120, $19). Einige Meilen abseits der #120 wartet auch noch der Platz ***Diamond »O«*** an der Evergreen Road ($24, nur für Campmobile bis max. 25 Fuß). Voll belegte *Campgrounds* im Vorfeld des *Yosemite* signalisieren bereits Probleme im Park selbst. Wer noch ein freies Plätzchen findet, sollte es ggf. sichern.

Big Oak Flat Road

Über den Nordwesteingang – dort eine sog. ***Information Station***, an der man auch den Eintritt bezahlt bzw. einen Jahrespass kaufen kann, ➤ Seite 30 – fährt man in den Park ein. Die ***Big Oak Flat Road*** von dort zum *Yosemite Valley* ist ab dem Straßendreieck Crane Flat **eine der spektakulärsten Straßen des Parks**.

Der 49er's Highway

Von Oakhurst/Mariposa schlängelt sich die #49 durch die Ausläufer der Sierra Nevada bis zur Straße #89 nördlich von Lake Tahoe. Sie verbindet einen Großteil der einst während des ***California Gold Rush*** berühmten und berüchtigten Städte wie **Sonora, Angels Camp, Jackson, Placerville**, **Nevada City** u.a. Der Bezug dieser Strecke zu den **49ers, den Goldsuchern von 1849**, wird extrem ausgeschlachtet. Wer die lokalen und regionalen Werbebroschüren liest, aber auch »objektive« Reiseliteratur, gewinnt den Eindruck, es handle sich bei der Straße #49 um eine Art touristischer Superroute, die zu versäumen überaus bedauerlich wäre. Das ist in Wahrheit nur begrenzt der Fall. Trotz zweifellos hübscher Teilstücke ist ihr Verlauf von Oakhurst bis Nevada City im Sierra Nevada-Maßstab über weite Strecken eher durchschnittlich und häufig recht stark befahren.

In den Ortschaften am Wege gibt es eine Reihe kleiner historischer Museen und manches mehr oder weniger sehenswerte Relikt aus der Goldrauschzeit, z.B. den ***Marshall Gold Discovery State Park*** nördlich von **Placerville** (➤ auch Seite 373). Letztere, **Sonora** und **Nevada City** verfügen obendrein über ganz pittoreske Straßenzeilen. In ihnen warten überwiegend *Eateries* und *Giftshops*.

Der beste Abschnitt der #49 von Nevada City zur #89 (Sattley) am einst (goldstaub-) ergiebigen **Yuba River** entlang (schöne ***NF Campgrounds***!) verlässt bald das Vorgebirge und führt über die Sierra wie – weiter südlich – die oben empfohlenen Straßen #88 und #4. **Fazit**: Um die #49 durchgehend positiv zu bewerten, braucht man viel Interesse und Begeisterung für Kaliforniens Goldrausch.

EXKURS: Vom Yosemite Park durchs Goldrauschgebiet

Besucher des *Yosemite*, deren weitere Reise im Richtung Norden gehen soll, können den Park statt über den ***Tioga Pass*** über die westliche Einfahrt ***Big Oak Flat*** (ggf. auch über Mariposa) verlassen. Zur besseren Orientierung in diesem Gebiet sollte man sich eine **genaue Karte** zulegen, so noch nicht geschehen.

Gold Rush Country

Bei Zielrichtung Lake Tahoe/Reno wäre diese (**westliche**) **Alternativroute** besonders von solchen Reisenden zu erwägen, die eine Fahrt durch das kalifornische 49er-Goldrauschgebiet mit vielen historischen Relikten, Tropfsteinhöhlen und *Backroads* wirklich reizt. Leider nervt in diesem Gebiet starker Verkehr.

Columbia Historic Park

Eine hübsche, wiewohl zeitraubendere Route durch diese Region führt nach der Ausfahrt aus dem *Yosemite* über **Sonora** (Straßen #120/#108/#49) zunächst zum ***Columbia State Historic Park***.

Columbia war in den Jahren 1850-1870 eine der wichtigsten Goldminenstädte Kaliforniens. Ihr damaliger Zustand wurde wiederhergestellt und als relativ authentisch wirkendes ***Living Museum*** der Öffentlichkeit zugänglich gemacht. Einzelne Gebäude und das Museum sind nur 10-17 Uhr geöffnet, der Komplex als solcher aber nie geschlossen, da auch Shops, Cafés und *Saloons* integriert wurden. Die Nostalgiehotels ***Columbia City*** und ***Fallon*** beherbergen in ihren historischen Gemäuern nach wie vor Gäste, wiewohl zu modernen Tarifen (© 1-800-444-7275; www.parks.ca.gov/?page_id=552), und das ***Fallon House Theater*** präsentiert im Sommer humorige Melodramen.

Höhlen

Von Columbia sind es unter Umgehung der #49 über die Direktverbindung nach Vallecito nur wenige Meilen bis Murphys. Am Wege passiert man die enorm hohe Tropfsteinhöhle ***Moaning Cavern*** (im Sommer 9-18 Uhr, sonst 10-16 Uhr; 45-min-Tour $20/$15; *Expedition Tour* mit Kletterseil $95) mitsamt oberirdischem **Abenteuerpark** (*Ziplines*); www.moaningcaverns.com.

Viele kleine Räume kennzeichnen die ***Mercer Caverns*** in Murphys (9-17 Uhr im Sommer, sonst 10-16.30 Uhr, $17/$9,50. Die Zufahrt führt durch das kleine Zentrum von Murphys etwas abseits der #4. Auch ohne Absicht, die Höhle zu besuchen, sollte man dort einen kurzen Zwischenstopp einplanen.

Murphys

Murphys ist neben Sutter Creek das **hübscheste Städtchen der Sierra Nevada**. Das historische ***Murphys Hotel*** mit echten Einschusslöchern alter Pistolenduelle und einem **Wildwest-Saloon** von 1856 bietet seinen Gästen neben richtig nostalgischen, inzwischen auch modernere Zimmer an; www.murphyshotel.com.

Back Roads

Die kurvenreichen Landstraßen, typische *Backroads* nach Pioneer über Sheep Ranch/Rail Road Flat kosten viel Fahrzeit und lohnen nur, wenn man in Richtung Osten die Straße #88 über den ***Carson Pass*** der ebenfalls schönen #4 vorziehen möchte.

Straße #4/ Sequoias

Auf der #4 passiert man den ***Calaveras Big Trees State Park*** mit mächtigen *Sequoias* im ***Big Trees Grove***, der durchaus mit dem *Mariposa Grove* des *Yosemite* mithalten kann. Ein Ablaufen des ***Loop Trail*** (etwa 45 min) durch diesen Bestand ist die Fahrtunterbrechung auch wert, wenn man die Mammutbäume bereits in den Nationalparks bewundert hat. Der **Campingplatz** des Parks liegt schattig teilweise unter *Sequoias*. Im Folgenden zeigt sich der Verlauf der #4 von seiner besten Seite. **Mit dem Erreichen der #89 stößt man auf die im Kasten ➤ Seite 374 beschriebene Route.**

Beurteilung der Route

Eine **Fahrt über das Goldrauschgebiet** besitzt den **Nachteil**, dass man entweder die *Tioga Road* im *Yosemite Park* auslässt oder sie doppelt fährt und gleichzeitig auf den Besuch des Mono Lake und ggf. der *Ghost Town Bodie* verzichten müsste. Für die meisten Touristen ist bei Fahrtrichtung Norden daher die Kombination **Tioga Road/#395 die bessere Alternative**.

Zur Westeinfahrt auf der Straße #140 über Mariposa

Schnellste Route

Trotz gut 20 Mehrmeilen erreicht man das *Yosemite Valley* **am schnellsten** auf der **I-99** über Modesto/Merced und dann auf der gut ausgebauten **#140 über Mariposa**, dem westlichen Haupteinfallstor zum Nationalpark (ab San Francisco dorthin ca. 160 mi, bis ins *Yosemite Valley* weitere ca. 42 mi).

Mariposa

Einfallstor zum Yosemite NP

Das Städtchen **Mariposa** ist mit seinen zahlreichen H/Motels, *Lodges* und Restaurants voll auf den *Yosemite*-Tourismus ausgerichtet. Sein Besucherzentrum mit aktuellen Details auch für die Umgebung und den Nationalpark steht am nordöstlichen Ortsausgang (Richtung *Yosemite*). Wie so viele Siedlungen entlang des *49er's Hwy* geht auch Mariposa auf den Goldrausch von 1849 zurück. Er ist Themenschwerpunkt des ***California State Mining & Mineral Museum*** an der #49 eine gute Meile südlich des Zentrums. In seiner Nachbarschaft befindet sich die ***Prospectors Brewing Company*** mit schlichter Kneipe und erstaunlichen Biersorten.

Zwischen Ende Mai und Ende September ist in Mariposa immer alles knackvoll und eine möglichst langfristige Reservierung angezeigt. Außer im *Mariposa Hotel Inn* und der *Mariposa Lodge* (beide an der Main Street) kommt man im Sommer nur schwer für weniger als $180 unter. Kettenmotels wie das *Best Western Plus* und *Quality Inn* verlangen dann gerne $220 und mehr.

B&B

In Anbetracht dieser Preise für Durchschnittsquartiere sind B&B-Angebote eine bedenkenswerte Option (www.yosemitebnbs.com), z.B. das nostalgische ***Poppy Hill B&B*** ein paar Meilen nördlich der Stadt für $150-$160; © 1-800-587-6779, www.poppyhill.com.

Hostel

Im ***Yosemite Bug Rustic Mountain Resort***, ca. 10 mi nördlich des Ortes an der #140, gibt es auch **Hostel-Betten** (im 6-Bettzimmer ab $38), außerdem *Tent Cabins* für 2 Personen ab $70 und normale DZ ab ca. $125; © 1-866-826-7108, www.yosemitebug.com.

Camping

Ein Massenplatz für Zelte & RVs befindet sich auf dem Gelände des ***Mariposa Fairground*** eine gute Meile südlich des Ortes an der #49. Keine Reservierung; Tarife ab $30 (Zelt) und $40 (RV).

Wunderbare kleine ***Campgrounds*** hat der *Forest Service* am Merced River bei Mariposa eingerichtet. Gleich drei liegen 14-17 mi nördlich der Stadt: ***Mc Cabe Flat***, ***Railroad Flat*** und ***Willow Placer*** (alle hintereinander) mit zusammen ca. 30 Stellplätzen überwiegend für Zelte, aber auch einige für RVs. Anfahrt ab **Briceburg** (12 mi), dort geht's nach links über die Brücke und dann noch ein bisschen weiter; $10; nicht reservierbar, kein Trinkwasser.

Unweit von El Portal finden **Zeltcamper** zwei Miniplätze ebenfalls im ***Sierra National Forest*** am Nordufer des Merced River, nämlich ***Dry Gulch*** und ***Dirt Flat***. Zufahrt über Foresta und Incline Road parallel zur #140 zurück nach Westen, ca. 1,5 mi bzw. 2,5 mi; jeweils $26; Reservierung möglich, ➤ Seite 169.

Yosemite Ziplines

Etwa 1 Meile südlich des Ortes an der #140 lockt die ***Adventure Ranch*** mit fünf unterschiedlichen ***Ziplines***.

2.4.2 Yosemite National Park www.nps.gov/yose, www.yosemite.com

Kennzeichnung und Information

Eintritt $35/Auto $20/Person oder Interagency Jahrespass

Der über 3000 km² großen ***Yosemite*** (**sprich *Jo-sé-mi-ti***) ist einer der attraktivsten und gleichzeitig vielseitigsten Landschaftsparks Nordamerikas. Sein populärster Teilbereich ist das malerische, tief in das Granit der Sierra Nevada eingeschnittene ***Yosemite Valley***. An manchen **Sommerwochenenden** kommt es dank der Nähe des Parks zu San Francisco und Los Angeles häufig zu einem derartigen Andrang, dass die Einfahrt ins Tal im Laufe des Vormittags bis zum frühen Abend gesperrt wird (nicht aber in bzw. durch den Park insgesamt). Die Radiostationen der Umgebung informieren an solchen Tagen laufend.

Yosemite Valley

Trotz durchdachter Organisation bei der **Besucherbewältigung** entsteht aber auch schon an »normalen« Sommertagen häufig der Eindruck, dass das Tal mehr Verkehr und Besucher ertragen muss, als es eigentlich verkraften kann.

Parken

Weder das (Einbahn-)Straßensystem noch die Versorgungseinrichtungen im ***Curry Village*** und ***Yosemite Village*** sind der Situation jederzeit voll gewachsen. An welchem Tag auch immer man den *Yosemite* ansteuert, die Fahrt ins *Valley* hinein sollte man daher am unverfehlbaren **Zentralparkplatz** südlich der *Yosemite Village* oder am Parkplatz des *Curry Village* beenden. Die Parksituation direkt im *Yosemite Village* Bereich (***Visitor Center***/Supermarkt) ist oft katastrophal. Für Leute, die nicht gut zu Fuß sind, verkehrt im Sommer kontinuierlich ein **Bus zwischen Zentralparkplatz und Besucherzentrum** (ca. 500 m).

Shuttle Busse

Von den Parkplätzen geht es ganzjährig per ***Valley Shuttle*** (gratis) auf einem Rundkurs zu allen wichtigen Punkten im östlichsten Teil des Tals. Die **Frequenz** (10-20 min) der 7-22 Uhr verkehrenden Busse wird dem Besucheraufkommen angepasst; Karte unter www.nps.gov/yose/planyourvisit/publictransportation.htm.

Blick vom Glacier Point über die Sierra Nevada und auf den Half Dome

Shuttlebusse

Hinauf zum ***Glacier Point*** gelangt man ab der *Bagder Pass Ski Area* 10-16.30 Uhr nur **per Bus**, sobald die Kapazitäten am Aussichtspunkt erschöpft sind. Wer zum ***Mariposa Grove of Giant Sequoias*** möchte, muss von Mai bis Oktober von 8 bis 20 Uhr und sonst 8-17 Uhr immer den dorthin verkehrenden Pflicht-Shuttle ab der ***Welcome Plaza*** bei der Südeinfahrt nehmen.

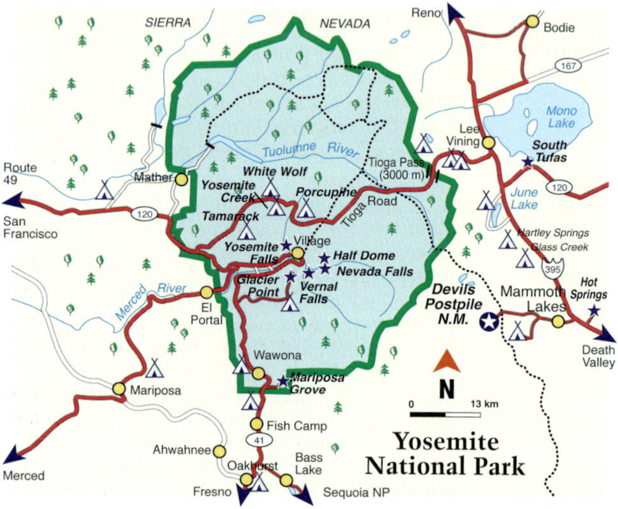

Beurteilung

Auch wenn einige der einführenden Hinweise etwas abschreckend wirken: Die Eindruckskraft der schroffen Felswände – vor allem das Granitmassiv des **El Capitán** – und der Wasserfälle leidet unter den Millionen von Besuchern nicht. Wichtig ist, auf die eventuell im *Yosemite* auftauchenden Probleme vorbereitet und nicht sofort enttäuscht zu sein, sollte eine hohe Erwartung nicht sogleich Bestätigung finden. Machen sich an Tagen mit geringerem Andrang die skizzierten negativen Aspekte nicht bemerkbar oder sind weniger dramatisch, um so besser.

Information

An jeder Parkeinfahrt bekommen Besucher nicht nur die übliche **Nationalpark-Karte**, sondern auch den zeitungsähnlich aufgemachten ***Yosemite Guide***. Die Zeitung enthält alle generellen Informationen zu Verkehrsregelungen, Transport, Unterkünften, Versorgungseinrichtungen und erscheint in der Regel alle 6-8 Wochen mit aktualisierten Details zu Aktivitäten und täglich laufenden Programmen wie Führungen oder Vorträgen, außerdem mit detaillierten **Karten** der verschiedenen Parkbereiche. Im *Yosemite* gibt es zudem relativ viel **Material in deutscher Sprache**, vorrätig in den ***Visitor Centers*** und den Einfahrten ***Big Oak Flat*** (Straße #120 Westseite), ***Arch Rock*** (#140), ***Tioga*** (#120 Ostseite) und ***Wawona*** (#41).

Camping im Yosemite

Camping-kapazitäten

Die Popularität des *Yosemite* bezieht sich auch besonders auf das Campen: Von Juni bis Ende September darf man auf freie Plätze in den *Campgrounds* im Tal ohne Reservierung nicht hoffen. Nur Zeltcamper haben die Chance bei früher Ankunft am Vormittag im ***Walk-in-Camp 4*** (*first-come, first-served*) unterzukommen; oft ist der Platz aber schon um 8.30 Uhr morgens voll belegt.

Reservierung

Die Reservierung der Plätze ist bis 5 Monate im Voraus möglich unter © **1-877-444-6777** bzw. www.recreation.gov. Genaue Erläuterungen unter: www.nps.gov/yose/planyourvisit/campground.htm. Ein Kurzfrist-***Reservation Counter*** befindet sich vor Ort im ***Curry Village*** und an der *Tioga Road* für ***Tuolumne Meadows***. Dort besteht eine kleine Chance, Plätze aus kurzfristigen Absagen und *No-Shows* zu ergattern, für 50% der *Tuolumne Meadows*-Kapazität ist sogar eine *same-day-reservation* vorgesehen, die aber oft nur bei Ankunft morgens vor 9 Uhr klappt.

Wer unbedingt im Haupttal unterkommen möchte, muss wissen, dass die Plätze dort (***North Pines***, ***Lower*** und ***Upper Pines***) durch Übernutzung ziemlich geschädigte **Massen-*Campgrounds*** sind. Das gilt auch für das sog. ***Housekeeping Camp*** mit ***Tent Cabins***, deren Zustand nicht immer erfreulich ist.

Ebenfalls reservieren lassen sich ***Hogdon Meadow*** am Westeingang (Big Oak Flat), ***Crane Flat*** an der Abzweigung der *Tioga Road*, ***Tuolumne Meadows*** auf dem *Tioga Plateau* und ***Wawona*** an der Straße #41 unweit der Südeinfahrt in den Park.

Glacier Point und Tioga Road

Viel reizvoller sind die in Reihenfolge der Ankunft – *first-come-first-served* – vergebenen Plätze an der *Glacier Point Road* (***Bridalveil Creek***) und im Bereich der *Tioga Road* (***White Wolfe!, Tamarack Flat*** sowie ***Yosemite*** und ***Porcupine Creek***), wobei *Tamarack* und *Yosemite* sich nicht für RVs eignen. Diese Plätze stehen wegen ihrer Höhenlage nur Anfang Juni bis ca. Ende September zur Verfügung.

Food Locker

Zu allen Stellplätzen im Park gehören große, **bärensichere *Food Locker***, in die Lebensmittel und anderes, was durch Geruch Bären anlockt, eingeschlossen werden müssen.

Zeltcamper sollten außerdem daran denken, dass in höheren Parkarealen die Sommernächte oftmals **frostig** sein können.

Ausweichen bei vollen Camping-plätzen

Ausweichmöglichkeiten westlich des Parks an der #120 (➤ Seite 385) oder #140 (➤ Seite 388), südliche Alternativen finden sich auf ➤ Seite 290f. Östlich des Parks, insbesondere zwischen *Tioga Pass* und *Mono Lake* (Straße #120) gibt es mehrere am Wildwasser gelegene ***National Forest*** und ***Regional Campgrounds***. Mit Glück kommt man mit einem Campmobil auf dem Platz ***Lower Lee Vining*** selbst am Abend noch auf einem Vorplatz unter, auch wenn alle Stellplätze »eigentlich« belegt sind.

Quartiere im Yosemite und im Umfeld (samt Transport)

Unterkünfte im Park

Sämtliche Unterkünfte im Yosemite wurden im Sommer 2019 erneut umbenannt

Für alle Arten von Unterkünften von der einfachsten ***Tent Cabin*** im *Housekeeping Camp* über die ***Lodges*** in Wawona und an der Tioga Road bis hin zur Luxussuite im ***Ahwahnee Hotel*** sind die *Yosemite Concession Services* zuständig mit einer sehr guten **Übersicht der Quartiere** unter www.travelyosemite.com, © **1-888-413-8869** (*Lodging*), © **1-877-444-6777** (*Camping*).

Die Übernachtungskosten liegen von Mai bis Oktober auf sehr hohem Niveau. Selbst in den teils unbeheizten, fest aufgebauten 2-Mann-Zeltkabinen zahlt man schon $140 pro Nacht, im ***Ahwahnee Hotel***, einem toll gelegenen und – zugegeben – schönen Haus (➤ Foto unten), gibt es kein Zimmer unter $500/Nacht.

Quartiere außerhalb

Die nächsten Orte **außerhalb des Parks** mit Motelkapazität sind die Orte **Groveland** und **Mariposa** (➤ Seite 385 und 388). Für **Fish Camp**, keine 2 mi vom Südeingang entfernt, und **Oakhurst** noch 12 mi weiter südlich finden sich Quartierhinweise auf den ➤ Seiten 290/291. **Lee Vining**, fernab am Ufer des Mono Lake, besitzt nur eine Handvoll ebenfalls teurer Motels an der stark befahrenen Straße #395 durch den Ort.

Zubringer

YARTS (***Y****osemite* ***A****rea* ***R****egional* ***T****ransport*) betreibt einen Busservice ab **Merced** ($16 *one-way*/$32 Rundtrip), **Fresno** ($15/$30) und Mammoth Lakes über Lee Vining/*Tioga Pass* ($22/$44) ins *Yosemite Valley*; Fahrpläne als PDF unter www.yarts.com.

Merced erreicht man mit ***AMTRAK***-Zügen und per ***Greyhound*** von Los Angeles, Sacramento und San Francisco/Oakland mehrmals täglich, aber nur teilweise mit direktem Anschluss an die Busse in den *Yosemite National Park*.

Ahwahnee Hotel

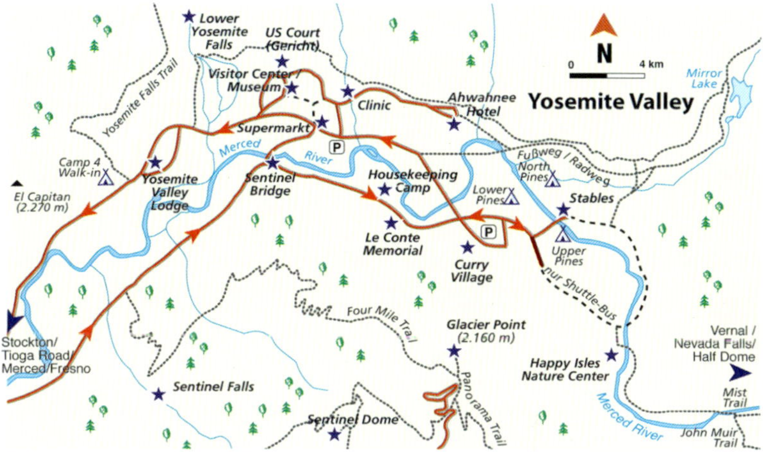

Parkbereiche und Aktivitäten

Sequoias im Mariposa Grove

Unweit der Südeinfahrt in den Nationalpark befindet sich die ***Mariposa Grove Welcome Plaza*** mit großem Parkplatz. Von dort verkehrt der Pflicht-Shuttle entlang der 3 mi langen, für den Privatverkehr gesperrten Stichstraße zu einem Hain mit bis zu 1.800 Jahre alten Riesenmammutbäumen; alle 10 min von Mai bis Oktober von 8 bis 20 Uhr und sonst 8-17 Uhr. Zu der berühmten *Grizzly Giant Sequoia*, dem im unteren Bereich gespaltenen *Clothespin Tree* oder dem *Bachelor Tree* mit seinen drei »Grazien« geht es dann von der Endstation des Busses zu Fuß weiter. Der *Grizzly Giant Loop Trail* (3,2 km, ca. 90 min) vermittelt bereits einen sehr guten Eindruck von dem ***Mariposa Grove***. Es empfiehlt sich eine frühe Ankunft, der Parkplatz füllt sich meist am späteren Vormittag.

Bewertung

Die Besichtigung der Riesenmammutbäume im ***Sequoia Kings Canyon Nat'l Park*** (➢ Seite 284ff) oder im ***State Park Calaveras Big Trees*** (➢ Seite 387) ist in jeder Beziehung weniger aufwendig, aber wenn diese beiden Parks nicht auf der geplanten Reiseroute liegen, sollte man sich Zeit nehmen für den Ausflug in den *Mariposa Grove*. ***Tuolumne Grove***, der zweite, schneller zugängliche Hain im Yosemite Nationalpark bei *Crane Flat* an der #120, ist nicht so beeindruckend wie *Mariposa*.

Glacier Point

Auf kurvenreicher Strecke erreicht man mehrere Meilen vor dem *Yosemite Valley* die ***Glacier Point Road*** (Stichstraße, ca. 25 mi; bei belegten Parkplätzen verkehrt dort ein Shuttlebus ➢ Seite 390). Hoch über dem Tal – die Felswand fällt 1.000 m steil ab – hat man vom *Glacier Point* einen sagenhaften Blick auf Wasserfälle und Granitmassive der Sierra Nevada, insbesondere auch hinüber zur »halbierten« Felskuppel des **Half Dome**; ➢ Foto Seite 389.

Am schönsten ist es am *Glacier Point* früh vormittags, bevor die Busse kommen (idealer **Frühstücks-/Picknickpunkt**: das Gelände vorm ersten bzw. unteren Parkplatz) oder am späten Nachmittag/frühen Abend, wenn sich ein manchmal herrliches Alpenglühen über die Sierra senkt. Interessant ist dann auch der im Sommer dort fast täglich stattfindende ***Sunset Ranger Talk***.

Ein hübscher, nicht allzu anstrengender ***Trail*** (ca. 1,5 km) führt zum **Sentinel Dome**, einem Gipfel etwa 300 m über dem *Glacier Point*. Bei guter Kondition benötigt man dafür eine Stunde retour. Grandiose Ausblicke bietet der ***Panorama Trail***, Details ➤ Seite 397.

Fotospots

Zurück auf der Zufahrtsstraße ins *Yosemite Valley* sollte man im *Wawona Tunnel* aufpassen, um unmittelbar dahinter den Aussichtspunkt ***Tunnel View*** nicht zu versäumen. Ein weiteres beliebtes Postkartenmotiv präsentiert sich vom ***Valley View***, wo sich der El Capitán malerisch im Merced River spiegelt; an der Ausfahrt vom *Valley* nordwestlich der *Bridalveil Falls*; ➤ Foto rechts.

Yosemite Valley

Im Gegensatz zu vielen anderen Nationalparks macht es im *Yosemite* rein verkehrstechnisch keinen besonderen Sinn, nach der Einfahrt zuerst das **Besucherzentrum weit** hinten im ***Yosemite Valley*** anzusteuern. Es liegt ungünstig und hat Parkprobleme. Bei klaren Wander- und anderen Plänen im Südosten des Tals, kann man es ggf. besser erst bei der Ausfahrt ansteuern (geöffnet 8-18 Uhr).

Museum

Einen Besuch des benachbarten **Museums** sollte man unbedingt einplanen. Die Ausstellungen zur Entstehung der Sierra Nevada und des *Yosemite Valley*, zu Geschichte, Flora und Fauna des Parks sind sehenswert. Hinter dem Museum befinden sich ein ***Cultural Exhibit*** und das rekonstruierte ***Ahwahnee Indian Village*** der Miwok-Paiute; beide enttäuschen.

Trails

Im Tal gibt es eine ganze Reihe nicht anstrengender Spazierwege am Merced River und in der Umgebung des *Yosemite Village*. Ein schöner Weg dieser Art führt von den *Stables* zum langsam austrocknenden **Mirror Lake** unterhalb des Half Dome. Kurze Fußpfade, etwas westlich des zentralen Hauptbetriebs, verlaufen von der Talstraße zu den ***Lower Yosemite*** (Ausgangspunkt mit dem Shuttlebus erreichbar) und den ***Bridalveil Falls***. Beide Wasserfälle führen im Spätsommer nur sehr wenig Wasser und fallen bisweilen auch ganz trocken.

Aktivitäten

Sehr gut lässt sich das *Yosemite Valley* auch per **Fahrrad** erkunden. Die Miete beträgt $34 pro Tag, Verleihstationen befinden sich im *Curry Village* sowie bei der *Yosemite Valley Lodge*.

An heißen Tagen paddelt es sich herrlich im **Schlauchboot** den Merced River mit der Strömung über viel Mäander langsam flussabwärts; Vermietung ebenfalls im *Curry Village*.

Außer auf Schusters Rappen kann man bestimmte *Trails* auch hoch zu Ross angehen. Angeboten werden ausgehend von den ***Wawona Stables*** u.a. 2-Stunden-Trips für $67/Person. Manchmal kommt man kurzfristig noch unter, aber eine Reservierung ist angeraten: ✆ (209) 375-6502 bzw. www.travelyosemite.com.

Den »Valley View« am Northside Drive (one-way) steuert man am besten bei der Ausfahrt aus dem Tal an

Karten/ Permits

Zum Befahren der Straßen und Ablaufen der populäreren *Trails* genügt im Allgemeinen das bei der Einfahrt erhaltene Kartenmaterial. Genaue **Wanderkarten** sind im ***Visitor Center*** des *Yosemite Village* erhältlich. Dort gibt es auch die obligatorischen ***Wilderness Permit*** für alle, die mit Zelt im *Backcountry* übernachten möchten. Die Bewilligungen werden nur in einer begrenzten Zahl pro Tag ausgegeben und können bis zu 24 Wochen vorher per Fax reserviert werden: www.nps.gov/yose/planyourvisit/wpres.htm.

Tioga Road

Die *Tioga Road* führt über das 2.500 m hoch liegende **Plateau der Sierra Nevada**, deren faszinierende Landschaft alljährlich zahlreiche *Backcountry*-Wanderer anzieht. Während die Straße im Aufstieg durch dichten Wald führt, bietet sie nach Erreichen der Höhe **fantastische Ausblicke**, wenn sie die für dieses Gebirge typischen, glattflächigen Felslandschaften voller rundgeschliffener Granitbrocken durchquert (vor allem im Bereich ***Olmsted Point***). Dort können sich alle Kletterbegeisterte und Kinder auch ohne Sicherungsseile und Gerät gefahrlos austoben.

Weiter östlich erstrecken sich die ***Tuolumne Meadows***, eine wildreiche Wiesen- und Waldhochebene. Im Sommer verkehrt dorthin sowie zum malerischen **Tenaya Lake** halbstündlich ein **Gratis-Shuttle** ab *Olmsted Point*. Zusätzlich gibt es einen kostenpflichtigen ***Hikers Bus***, der vom *Yosemite Valley* aus startet.

Schneegefahr ab Oktober bis Mai/Juni

Bei **Überquerungen der Sierra Nevada** muss beachtet werden, dass ein Teil der Straßen einschließlich der ***Tioga Road*** von spätestens November (bisweilen schon Ende Oktober!) bis mindestens Anfang/Mitte Mai wegen Schnee **gesperrt** ist. Aktuelle Straßenzustände im Park unter © (209) 372-0200 sowie im Netz: www.nps.gov/yose/planyourvisit/conditions.htm.

Offengehalten werden – soweit möglich – die Straßen **#88** und **#50**, natürlich auch die **I-80** von Sacramento nach Reno. Schneeketten sind dabei selbst auf der *Interstate* oft vorgeschrieben (problematisch bei Mietfahrzeugen ➢ Seite 102).

Wetter und Straßenzustand unter www.dot.ca.gov bzw. © 1-800-427-7623

Vernal Falls im späten Frühjahr

Wanderempfehlungen

Wanderwege ab und ins Yosemite Valley

Drei konditionell etwas **anspruchsvollere *Trails*** mitten hinein in die Traumlandschaft der Sierra Nevada seien hier wärmstens empfohlen. Sie sind von unterschiedlicher Dauer und Schwierigkeit, aber alle innerhalb eines Tages zu schaffen, die erste Wanderung zu den *Vernal* oder/und *Nevada Falls* auch gut an einem Vor- oder Nachmittag. Die beiden ersten Vorschläge beginnen am ***Happy Isles Nature Center***. Alle drei enden dort:

Vernal/ Nevada Falls

Den Aufstieg bis zu den ***Nevada Falls***, mindestens jedoch bis zu den ***Vernal Falls*** sollte man sich auf keinen Fall entgehen lassen, auch wenn bis zur Brücke über den Merced River (ca. 1,5 km) an bestimmten Tagen ganze Heerscharen unterwegs zu sein scheinen. Oberhalb der Brücke (Aussichtspunkt auf die *Vernal Falls*) wird der Strom der Wanderer schon dünner. Mit Ziel *Nevada Falls* kann man statt dem ***Vernal Falls Mist Trail*** besser dem normalerweise weniger frequentierten, weiter oben verlaufenden ***John Muir Trail*** folgen. Zurück geht es dann am *Merced River* entlang über die *Vernal Falls*. **Zeitbedarf:** *Vernal Falls* ca. 3 Stunden und *Nevada Falls* ca. 4,5 Stunden.

Eine mit dem ***Emerald Pool*** oberhalb der *Vernal Falls* verbundene Besonderheit ist eine dahinter ansteigende Felsfläche, über die sich das Wasser in breitem Strom ergießt. Leider wurde dort das Rutschen untersagt. Wer sich weiter oben hinter den *Nevada Falls* abkühlen möchte, darf dort auf keinen Fall sein Badezeug vergessen haben!

Weiter zum Half Dome

Ein Fußmarsch für die wirklich erstklassige Kondition ist der **Aufstieg zum Half Dome**, den alles überragenden Monolithen der südwestlichen Parkregion. Der Weg ist zunächst identisch mit dem *Nevada Falls Trail* (ca. 5 km) und erreicht nach weiteren 8 km die gerundete Rückseite der Felskuppel, die sich über einen (nur im Sommer) mit Stahlseilen gesicherten, anstrengenden Aufstieg erklimmen lässt. Bisweilen trifft man auch auf Kletterer, die den

»Kabelroute« auf den Half Dome

Half Dome an dessen Stirnseite bezwungen haben. Diese Wand ist nach dem *El Capitan* die Herausforderung für die Kletterelite.

Die ***Permits*** ($10) für die ***Cable Route*** sind begehrt. Für den Zeitraum Ende Mai bis Anfang Okt. wird der Großteil bereits Anfang April **verlost**. Teilnahme im März unter www.recreation.gov ($6) oder unter ✆ 1-877-444-6777. Der kleinere Rest, etwa 50 *day hiking permits*, wird jeweils zwei Tage im Voraus vor Ort ebenfalls verlost; www.nps.gov/yose/planyourvisit/hdpermits.htm..

Zeitbedarf: kaum unter 10 Stunden. Zwischen *Nevada Falls* und dem Halbdom befindet sich in der bewaldeten Hochebene ein ***Zeltplatz*** für alle, die es ruhiger angehen möchten (zusätzliches *Permit* nötig, ➤ Seite 395). Übernachtungsgepäck erschwert andererseits den Aufstieg bis zum *Campground*.

Wanderwege Glacier Point

Eine spannende und abwechslungsreiche Tageswanderung beginnt am ***Glacier Point*** (➤ Seite 393). Der ***Panorama Trail*** führt mit tollem Blick auf die Sierra und ins Tal vorbei an mehreren Wasserfällen hinunter zum *Mist Trail* bzw. zur *Curry Village*. Nach rund 4 km kommt man zu den *Illilouette Falls* und gleich im Anschluss zu einem kurzen Anstieg (ca. 250 Höhenmeter). Nachdem der *Panorama Trail* in den *John Muir Trail* einmündet, eröffnet sich ein Postkartenmotiv mit den markanten Bergkuppen des **Half Dome** und **Liberty Cap** oberhalb der ***Nevada Falls***. Auf einer Brücke wird der Merced River direkt oberhalb der Wasserfälle überquert und von dort geht es dann steil hinunter zu den *Vernal Falls* und ins *Yosemite Valley*. Eine gute Übersicht mit topografischer Karte findet man im Web unter: www.yosemitehikes.com/glacier-point-road/panorama-trail/panorama-trail.htm.

Zeitbedarf: Für die 13,5 km *one-way* und den Höhenunterschied von 850 m werden mind. 5-7 Std benötigt. Start am besten bei der *Yosemite Lodge* mit dem *Glacier Point Shuttle Bus*; Reservierung unter www.travelyosemite.com/things-to-do/guided-bus-tours.

Weitere beliebte *Trails* sind der Abstieg vom ***Glacier Point*** direkt ins Tal über den ***Four Mile Trail*** (ca. 2 Stunden) und der Aufstieg zu den ***Upper Yosemite Falls*** (ca. 4-5 Stunden; *Trailhead* beim *Camp 4* an der Ausfahrtstraße aus dem Tal heraus). Beide sollte man aber erst in zweiter Linie in Betracht ziehen.

Schwarzbär im Hinterland des Yosemite Nationalparks

Achtung Bären!! Im Yosemite Nationalpark kommt es relativ häufig zu Begegnungen mit Schwarzbären. Hauptgrund sind Essensdüfte aus den Rucksäcken der Wanderer. Geruchs- und bärensichere ***Bear Canister*** kann man sich für $5 pro Woche ausleihen, muss aber $95 Pfand hinterlegen. Für *Backpacker*, die im Hinterland übernachten, sind diese 10-Liter-Container obligatorisch.

Wanderwege ab Tioga Road

Vom *Porcupine Trailhead*, ca. 1,2 mi östlich des gleichnamigen Zeltplatzes, führt ein längerer Wanderweg in Richtung **North Dome** mit schönem Blick auf Half Dome und das *Yosemite Valley* (rund 14 km retour; 180 Höhenmeter). Ein kurzer Seitenpfad schafft Zugang zu einem außergewöhnlichen Felsbogen, dem ***Indian Rock***.

Die *Tuolumne Meadows* sind bester Ausgangspunkt für die tolle Wanderung zum ***Grand Canyon of the Tuolumne River*** mit den ungewöhnlichen ***Waterwheel Falls***. Die Schlucht erreicht man auf einem Teilstück des berühmten ***Pacific Crest Trail*** (von Mexiko nach Kanada) bis zum **Zeltplatz *Glen Aulin*** (10 km), von dem es weiter am Fluss entlang geht bis zu den – besonders im Juni/Juli – gischtsprühenden Wasserfällen (+ 5 km). Leute mit guter Kondition können das an einem Tag durchziehen (mindestens 10 Stunden), da die Steigungen auf diesem *Trail* keine wesentliche Rolle spielen.

Für mehrtägige Wanderungen ist ein Permit nötig, ➤ Seite 395

Nach Süden geht es von *Tuolumne Meadows* zu den malerischen ***Cathedral Lakes***. Für den 13 km langen Rundweg zum *Upper* und *Lower Lake* benötigt man gut 4 Stunden (300 m Höhendifferenz).

Eine praktische **Übersicht aller Wanderwege** im Yosemite Nationalpark mitsamt Beschreibung gibt es unter www.yosemitehikes.com.

Über den Tioga Pass

Ein besonderer Reiz der ***Yosemite*-Ostausfahrt** über den 3.000 m hoch gelegenen *Tioga Pass* liegt im raschen Abstieg aus der Vegetation und den gemäßigten Temperaturen der Sierra in die Trockenheit und Hitze des 1.000 m tieferen ***Mono Basin***. An dieser Strecke befinden sich einige schöne ***NF Campgrounds***, u.a. unmittelbar am Tioga und Ellery Lake.

2.4.3 Vom Yosemite zum Death Valley National Park

Rund um den Mono Lake

Lee Vining

Die kleine Ortschaft Lee Vining am Ufer des **Mono Lake** verfügt über eine Handvoll eher einfacherer Unterkünfte, die aber aufgrund der Nähe zum *Yosemite* zur Hochsaison nicht unbedingt preiswert sind. O.k. ist z.B. das ***Murphy's Motel*** an der #395; DZ in der Saison ab $130, © 1-800-334-6316, www.murpheysyosemite.com.

Stellplätze für Zelte ($28) und *full hook-up* (ab $38) für Wohnmobile werden im ***Mono Vista RV Park*** angeboten; 57 Beavers Lane, © (760) 647-6401, www.monovistarvpark.net. Rund um den See darf man auch gratis stehen, sollte aber die *Boondocking*-Regeln beachten: www.fs.usda.gov/Internet/FSE_DOCUMENTS/stelprdb5247500.pdf.

Die **Tankstellen in Lee Vining zählen traditionell zu den teuersten der gesamten USA**. Wenn das Benzin noch nicht zur Neige geht, spart man im 60 mi entfernten Bishop auf der Weiterfahrt oft über $1/Gallone! Dafür hat die Tankstelle an der #120 kurz vor der Einmündung in die #395 ein überraschend großes Restaurant mit Selbstbedienung und toller Aussichtsterrasse (***Whoa Nellie Deli***).

Karten und Infomaterial über die Mono Lake Region liegen im ***NF Scenic Area Visitor Center*** (im Sommer 9-17 Uhr) am Nordende von Lee Vining aus sowie im ***Mono Lake Committee Info Center*** an der Straße #395 in der Ortsmitte (im Sommer 8-21 Uhr).

Mono Lake

Eintritt $3/Person oder Interagency Jahrespass

Der Mono Lake, ein 150 km² großer **Kratersee**, steht seit vielen Dekaden im Mittelpunkt heftiger Kontroversen. Sein Wasserspiegel fiel von 1941-82 drastisch durch exzessive Wasserableitung für Los Angeles, während sich sein Salzgehalt verdoppelte. Die Schaffung einer ***State Natural Reserve*** führte zu einem besseren Schutz des wichtigen Vogelhabitats und einem Anstieg des Wasserpegels. Seit 2013 hat er sich aber kaum mehr verändert und liegt heute etwa 1,5 m über dem historischen Tief von 1982.

Die Fakten klingen ernüchternd, tatsächlich erwartet den Besucher aber – aufgrund des tieferen Wasserstands – am Südufer des Sees ein grandioses Naturszenario: zahllose freigelegte **Tuffsteinsäulen** (*Tufas*) vor der eindrucksvollen Bergkulisse der bis ins späte Frühjahr schneebedeckten Sierra Nevada.

South Tufa Area am Mono Lake

Diese hellen Kalziumkarbonatgebilde entstanden einst auf dem Grund des Sees durch Ablagerungen der hochdrängenden Quellflüsse. Zufahrt zur ***South Tufa Area*** rund 5 Meilen südlich von Lee Vining über die #120 in Richtung Benton. Während der Sommermonate stehen dort geführte Touren sowie Kanu- oder Kajakausflüge auf dem Programm; www.monolake.org/visit/programs.

Unbeschreiblich filigran sind die kleinen, grauen ***Sand Tufa***-Skulpturen, die man etwas weiter östlich in der Umgebung der *Navy Beach* zu Gesicht bekommt und ausgehend von den *South Tufas* zu Fuß oder über eine recht sandige 4WD-Piste erreicht.

Wer den *Bodie*-Ausflug ins Auge fasst, könnte am Wege dorthin noch die *Slot-Canyon*-ähnlichen ***Black Point Fissures*** im Norden des Sees an der #167 erkunden (ca. 1,5 km *one-way*).

Bodie State Park

Von dort sind es noch insgesamt 15 Meilen, zunächst 6 mi auf der asphaltierten #167 und dann ca. 9 mi nach Norden auf einer arg rauen *Cottonwood Canyon Dirt Road* zur ***Ghost Town Bodie***, einem ***State Historic Park*** im kargen *High Desert Country* im Grenzgebiet zu Nevada.

Diese einstige *Boomtown* entstand aus einem Goldrausch in den 70er-Jahren des 19. Jahrhunderts, verlor aber nach und nach seine Bevölkerung von über 10.000 und wurde in den 1930er-Jahren ganz verlassen. Dank geringer Luftfeuchtigkeit blieben viele Gebäude und Gerätschaften gut erhalten. Seit 1962 wird Bodie im vorgefundenen Zustand konserviert und ist eine Art Mittelding zwischen »echter« **Geisterstadt** und einem ***Living Museum***. Die Ausdehnung des Ortes und die Vielzahl der noch vorhandenen Relikte geben Bodie eine **Sonderstellung unter den *Ghost Towns***. Geöffnet 9-18 Uhr von Mitte März bis Ende Oktober, sonst kürzer, sofern nicht eingeschneit; Eintritt $8, Kinder $5.

Mit RVs und Pkws empfiehlt sich die **Zufahrt über die Straßen #395/#270** von Westen, diese ist mit Ausnahme der letzten drei Meilen asphaltiert; www.parks.ca.gov/?page_id=509.

EXKURS: Vom Yosemite Park nach Salt Lake City/Yellowstone oder direkt zu den Nationalparks im Süden Utahs

Routen von SFO/ LA in den zentralen Nordwesten

Als Ausgangspunkt der Routen durch den zentralen Nordwesten wurde Salt Lake City gewählt, ➤ Kapitel 7. Die Stadt besitzt vor allem für Besucher des ***Yellowstone Nat'l Park*** und umliegender Gebiete eine geographische Schlüsselposition. Wer seine Reise in Kalifornien startet, muss auf dem Weg nach Wyoming fast zwangsläufig die Hauptstadt der Mormonen passieren. **Ab San Francisco** stehen in Richtung Nordwesten der *Yosemite Park* und die Überquerung der *Sierra Nevada* am Programm, dasselbe gilt bei Reisebeginn in Los Angeles. Zwar führt die Interstate #15 schnurstracks über Las Vegas nach Salt Lake City (ca. 680 mi), aber der idealen Reiseroute entspricht sie sicher nicht. **Ab Los Angeles** verliefe eine touristisch sinnvolle Route zum *Yellowstone* auf dem Hin- oder Rückweg über *Sequoia/Kings Canyon/Yosemite Parks* oder zunächst am Ostrand der Sierra entlang mit Durchquerung Nevadas wie folgt:

Durch Nevada

Lässt man die bis auf Teilstücke nichtssagende ***Interstate* #80** von San Francisco über Sacramento/Reno nach Salt Lake City außer Acht, bleiben zwei Routen als Alternativen, die sich in Ely/Ostnevada noch vor Erreichen des ***Great Basin Nat'l Park*** wieder vereinigen: die **Straßen #6** und **#50** (letztere gilt als die »***Loneliest Road in America***«, aber die #6 steht dem nicht nach).

Straße #6

- Wählt man **vom *Yosemite*** den direkten Weg ohne Abstecher über Lake Tahoe/Virginia City/Reno, geht es südlich des ***Mono Lake*** zunächst weiter auf der achterbahnähnlich geführten **#120**, die bei Benton auf die **#6** trifft. Über **Tonopah**, eine alte Minenstadt im Niedergang mit wenig Reiz, führt sie durch trockene Halbwüsten und über Höhenzüge und erreicht nach 290 mi (ab der #395) mit **Ely** die einzige nennenswerte Ortschaft (4.200 Einwohner) zwischen Carson City und Provo/ Utah. Tankstellen sind in dieser Gegend dünn gesät bzw. gar nicht vorhanden; unbedingt in Tonopah volltanken!

Zum Zion Nat'l Park

Diese Route eignet sich auch für eine **direkte Fahrt zu den Nationalparks in Südwest-Utah** (***Zion***, ***Bryce Canyon etc.***) **unter Umgehung von Las Vegas**: Ab Warm Springs geht es – statt weiter in Richtung Ely – auf der Straße #375 nach Süden und dann **auf der #93 über Panaca zur #319** (#56 in Utah).

Die #375 trägt die schöne Bezeichnung ***Extraterrestrial Highway***, da diese Gegend in unmittelbarer Nachbarschaft zum sagenumwobenen Militär-Sperrgebiet ***Area 51*** ein beliebter Landeplatz der Außerirdischen sein soll (➤ auch Roswell, Kap. 4.4.5, Seite 564). Das sehr einfache ***Little A'Le'Inn*** in Rachel (www.rachel-nevada.com) verfügt über einen UFO-Parkplatz, heißt aber auch »*Earthlings*« willkommen, ebenso **RV- und Zeltcamper** (DZ $60, *full hook-up* $20; www.littlealeinn.com).

Campen und ORV-Rasen am Sand Mountain bei Fallon/ Nevada (Straße #50)

Am Wege bei Panaca liegt der ***Cathedral Gorge SP*** mit kuriosen Bentonitformationen und tollen slotcanyonartigen Passagen sowie komfortablen, *first-come, first-served sites*.

Straße #50

- Eine noch ergiebigere, aber **zeitaufwändigere Alternative** in **Richtung *Yellowstone*** wäre, sich ab dem *Yosemite Park* zunächst nach Norden zu wenden (➢ Seiten 374 und 378) und erst ab Carson City bzw. Reno auf der **Straße #50** Nevada zu durchqueren (bis Ely ca. 320 Meilen). An dieser Strecke liegt ca. 30 mi östlich von Fallon der ***Sand Mountain***. Die riesige Sanddüne lockt an Wochenenden ORV-Fans (➢ Seite 36) in Scharen an. Eingangs des Geländes darf man gegen Gebühr campen (aber weder Schatten noch Wasser).

Great Basin National Park

www.nps.gov/grba

Der ***Great Basin National Park*** entstand als Zusammenfassung der *Wheeler Peak Scenic Area* und des *Lehman Caves Nat'l Monument*. Abgesehen von der Tropfsteinhöhle, die nach ihrem deutschstämmigen Entdecker benannt wurde, ist der **einzige Nationalpark Nevadas** berühmt für die bis zu 4.844 Jahre alten Grannenkiefern (*Bristlecone Pines*) auf den Hängen rund um den 3.982 m hohen *Wheeler Peak*. Aufgrund der Höhe herrschen schon am ***Visitor Center*** weit niedrigere Temperaturen als auf der Anfahrt. Man kann an den 90-/60-minütigen ***Lehman Cave*** Touren teilnehmen (im Sommer mehrfach täglich bis 15/16 Uhr; $11/$6) und dem ***Wheeler Peak Scenic Drive*** bis zu einer Höhe von über 3.000 m folgen und von dort in alpine Einsamkeit hineinwandern. Von den *Campgrounds* entlang dieser Straße ist vor allem der idyllisch gelegene Platz am ***Upper Lehmann Creek*** beidseitig des Baches empfehlenswert.

Little Sahara

In Utah verflacht auf den verbleibenden 200 mi bis Provo der Verlauf der Straße. Eintönigkeit bestimmt das Bild. Etwa 50 mi südwestlich von Provo passiert man die Zufahrt zur ***Little Sahara Recreation Area*** (ca. 8 mi), ein großes Dünen-**Eldorado für ORVs**. Jung und alt dürfen in der kleinen Sahara mit ihren Vehikeln nach Herzenslust durch die Sandhügel karriolen.

Auf den drei ***Campgrounds*** am Rand der Dünen (am besten ist *White Sands*) besetzen vor allem vehikelbewaffnete Besucher die Stellplätze. Von früh bis spät knattern die Motoren.

Provo

Die Mormonen-Großstadt Provo (115.000 Einwohner) am ***Utah Lake*** präsentiert sich mit einem gepflegteren Stadtbild als von Städten ähnlicher Größe sonst gewohnt. Die **Wasserqualität des Sees** war wegen Einleitung industrieller Abwässer schon nicht badefreundlich, als noch bessere Strände existierten. Sie wurden durch einen Anstieg des Wasserstandes in den 1980er-Jahren verdorben und sind bis heute nicht so ganz toll. Der ***State Park*** **Campingplatz** am See ist aber ganz in Ordnung.

Mit Provo/Erreichen der Straße #189 wird der **»Kontakt«** zur **Route durch den Nordwesten** hergestellt, ➤ Kapitel 7, Seite 709.

Straße #395 von Lee Vining bis Lone Pine

Zur Route

Die überwiegend sehr gut (4-spurig) ausgebaute Straße #395 nutzen viele Touristen als rasche Verbindungsstrecke zwischen dem *Yosemite* und *Death Valley Park*. Und tatsächlich sind die **220 mi von Lee Vining bis zur Oase *Furnace Creek*** mitten im *Death Valley* ja auch locker an einem Tag zu schaffen. Wer das macht, fährt indessen an vielem vorbei. Ein 3-Tage-Trip lässt sich auf diesem Abschnitt abwechslungsreich gestalten; 2 Tage wären o.k.

Skigebiete

Ein Blick auf die Karte zeigt, dass nur wenig südlich von Lee Vining zwei Skigebiete liegen, **June** und **Mammoth Lakes**; beide sind gleichzeitig Sommerferienorte. Ein Hineinfahren nach June Lake lohnt weniger, es sei denn zum Übernachten oder Campen. Wer mehr Wert auf Lage und geringe Kosten legt als auf Komfort, sollte als **Campmobilist** noch ein bisschen weiter fahren:

Glasbasalt

Etwa 2-3 mi südlich der Abzweigung nach June Lake (Straße #158, südliche Einfahrt) führt eine *Gravel Road* (Hinweisschild an der Straße) zu einem gewaltigen *Lava Flow*, dem ***Obsidian Dome***. Die dort 20 m hohen Lavaströme – teilweise aus Glasbasalt – sind sehenswert. Man kann sie leicht besteigen. Die Anfahrt von der #395 beträgt ca. 3 mi, aber lieber nur mit SUV weiter, wenn die ca. letzte Meile eng und rau wird (definitiv nicht mit RV).

Gratis Camping unter Sequoias

Ganz in der Nähe des *Obsidian Dome* liegt der ***NF Campground Hartley Springs*** (*Forest Road* 2S48 nach Norden), ein »unorganisierter«, weitläufiger *Platz* unter noch jungen ***Sequoias***. Schwere ***Picnic Tables*** in großen Abständen definieren Stellplätze. Plumpsklos sind der einzige Komfort. Platz ist dort immer, die **Übernachtung gratis**. Ebenfalls gratis steht man im **Campareal *Glass Creek*** nur ein paar Meilen weiter südlich auf der #395, von ihr ca. 500 m nach Westen auf der ***Glass Creek Road*** (Abzweigung im Autobahnbereich der #395 gegenüber der Straßenmeisterei, kein Hinweisschild). Auch am Glass Creek stehen RVs ungeordnet im kargen Waldareal (kaum Tische) und sparen die Campgebühren im Umfeld (wie z.B. auf den Plätzen im Bereich Mammoth Lakes).

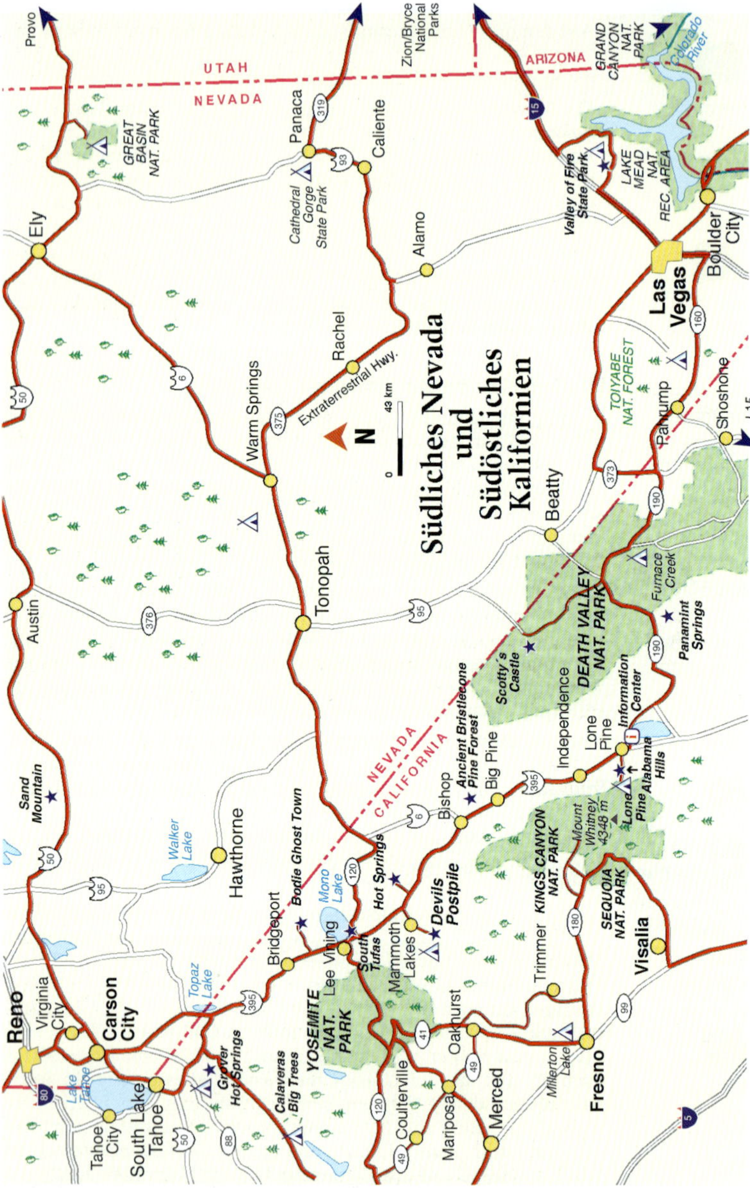
Südliches Nevada und Südöstliches Kalifornien
N
0
43 km
UTAH
NEVADA
ARIZONA
CALIFORNIA
Provo
Zion/Bryce National Parks
GRAND CANYON NAT. PARK
Colorado River
GREAT BASIN NAT. PARK
Ely
Panaca
Caliente
Cathedral Gorge State Park
Alamo
Rachel
Extraterrestrial Hwy.
Warm Springs
Tonopah
Austin
Sand Mountain
Hawthorne
Walker Lake
Reno
Virginia City
Carson City
Lake Tahoe
Tahoe City
South Lake Tahoe
Topaz Lake
Grover Hot Springs
Calaveras Big Trees
Bridgeport
Bodie Ghost Town
Mono Lake
Lee Vining
South Tufas
YOSEMITE NAT. PARK
Mammoth Lakes
Devils Postpile
Hot Springs
Coulterville
Mariposa
Merced
Oakhurst
Fresno
Millerton Lake
Trimmer
KINGS CANYON NAT. PARK
SEQUOIA NAT. PARK
Visalia
Mount Whitney 4348 m
Lone Pine
Alabama Hills
Information Center
Independence
Big Pine
Bishop
Ancient Bristlecone Pine Forest
Scotty's Castle
DEATH VALLEY NAT. PARK
Panamint Springs
Furnace Creek
Beatty
Pahrump
Shoshone
I-15
TOIYABE NAT. FOREST
Las Vegas
Boulder City
Valley of Fire State Park
LAKE MEAD NAT. REC. AREA
15
5
80
50
95
6
375
376
319
93
373
190
160
395
120
180
99
41
49
88

Mammoth Lakes

Nur wenig weiter südlich zweigt die #203 nach **Mammoth Lakes** ab, ein weiträumig angelegtes populäres Skiresort, das – anders als June Lake – auch im Sommer einiges zu bieten hat. Neben einer große Restaurantauswahl gibt es eine sehr dichte **M/Hotelinfrastruktur**, die abseits der Skisaison nicht immer voll ausgelastet ist und dann hinsichtlich Preis-Leistungs-Verhältnis überzeugt (gute Mittelklasse ab $100). Auch zwei Jugendherbegen stehen in Mammoth: das ***Davison Street Guest House*** (19 Davison Road; Betten ab $40, DZ ab $110; © (858) 755-8648 www.mammoth-guest.com) und das ***Moderne Hostel*** an der 3905 Main St (im Mehrbettraum ab $48, DZ ab ca. $100; gehört zum *Holiday Haus Motel*-Komplex; © (760) 934-2414; https://holidayhausmotelandhostel.com).

Info

Das ***Mammoth Visitor Center*** (gleichzeitig ***NF-Ranger Station***) liegt kurz vor dem östlichen Ortseingang an der #203 – eine gute Anlaufstelle bei Unterkunfts- sowie Campingfragen, aber auch für **Straßen- sowie Wanderkarten**; www.visitmammoth.com.

Bergseen

Der Sommerclou von Mammoth Lakes besteht in den hoch über dem Ort auf mehreren Ebenen angeordneten Seen. Als Zufahrt dient die **Lake Mary Road** (Verlängerung der Main St/#203). Von ihr zweigt die **Twin Lakes Road** ab, die weiter oben wieder auf die Lake Mary Road zurückführt. Sowohl die Twin Lakes, die über Mammoth Creek und *Twin Falls* von den höher gelegenen Seen gespeist werden, wie auch die obere Seenplatte sind den Abstecher wert. Schwimmen ist in keinem der (ohnehin meist kalten) Gewässer erlaubt. Am **Lake Mary**, dem größten von allen, kann man aber Boote leihen. Zum Übernachten bieten sich diverse *NF*-Campingplätze an den Uferbereichen an sowie die rustikale ***Tamarisk Lodge*** bei den Twin Lakes; www.tamaracklodge.com.

Am Ende der Lake Mary Road liegt der (fast ausgetrocknete) **Horseshoe Lake**, dessen Ufer von gespenstisch wirkenden Baumskeletten gesäumt wird. Sie sind Opfer anhaltender vulkanischer Aktivität mit CO_2-Emissionen durch den porösen Boden. Etliche *Trails* führen von dort ins Hinterland. Die Karten dazu besorgt man sich am besten vorab in der *Ranger Station*.

Lake George ist der höchstgelegene, mit dem Auto erreichbare Bergsee bei Mammoth Lakes; im Hintergrund der Felsmonolith Crystal Crag

Mammoth Mountain Seilbahn

Am höchsten Punkt der zum Hauptskigebiet führenden **Minaret Road** befindet sich die Talstation der Seilbahn auf den ortsnamengebenden Gipfel. Die Gondeln überwinden 600 Höhenmeter und enden auf 3.360 m ($29/$24). Wer sich für das Kombiticket »Auffahrt und Einfachlunch oben im *Sierra Cafe*« entscheidet, bezahlt meist nur wenig mehr; www.mammothmountain.com.

Mammoth Mountain Trails & Bike Park

Von oben zurück führt ein **Wanderweg** mit Verzweigungen auf halber Höhe. Der absolute Clou ist jedoch der ***Bike Park***, das neben Moab/Utah zweite **Bikerparadies** des US-Westens, hier aber nicht über nackten Fels, sondern auf angelegten Pisten durch karge Gipfelvegetation und Bergwald. Der Mammoth Mountain wurde überzogen mit einem Netz von *Bike Tracks* (mittlerweile 80 mi Länge), die es teilweise dank eingebauter Schikanen in sich haben. Aber auch einfachere Wege für Anfänger sind vorhanden. Wen das interessiert, der sollte sich mal die eindrucksvolle Karte des *Bike Park* anschauen: www.mammothmountain.com/summer/bike-park-overview/bike-park/mammoth-bike-park.

Rent-a-Bike

Bike Pass

Sowohl in *Bike Shops* im Ort Mammoth Lakes als auch an der Talstation der *Gondolas* (***Adventure Center***) lässt sich die Ausrüstung für den Bikespaß mieten. Außerdem benötigt man einen ***Trail Access Pass*** ($17/Tag) für die Nutzung der Abfahrten und auch die Auffahrt will bezahlt sein. Es gibt aber auch *free ride*-Wege.

Devils Postpile NM
www.nps.gov/depo

Die Fortführung der Minaret Road führt steil hinab zum ***Devils Postpile National Monument***. Sie ist von etwa Mitte Juni bis *Labor Day* für den allgemeinen Verkehr gesperrt. Ein **Shuttlebus** ($8, Kinder 3-15 $4) befördert die Besucher ins Tal zu den Ausgangspunkten der Wege zum *Devils Postpile* und den *Rainbow Falls*.

Ausgenommen von der Shuttle-Pflicht sind Camper sowie alle, die die Strecke zwischen 19 Uhr und 7 Uhr morgens befahren. Ohne *Interagency Pass* (➤ Seite 30) müssen die $10 *Transportation Fee*/Fahrzeug immer bezahlt werden. Eine Reservierung für einen der schönen ***NF/NM-Campgrounds*** im Tal ($20) gibt es auf

Basaltsäulen im Devils Postpile Nat'l Monument

der Basis *first-come, first-served* in der *Ranger Station* wie auch an der Kontrollstation hinter dem Seilbahn-Parkplatz.

Säulenbasalt

Der ***Devils Postpile*** ist ein pittoresker geologischer Aufschluss aus Säulenbasalt, ➤ Foto links. Oberhalb der Säulen läuft man über deren Enden, die – wie auf einem gefliesten Boden – Flächen regelmäßig geformter Sechsecke bilden. Der Fußweg vom Bushaltepunkt zum *Postpile* beträgt nur ca. 600 m, so dass man für den Besuch inklusive Ersteigung der Anhöhe maximal eine Stunde benötigt. Mitten durch das Nationalmonument führen auf hier identischer Trasse der *John Muir* und *Pacific Crest Trail*.

Rainbow Falls

Der weiter zu den ***Rainbow Falls*** führende *Trail* (ca. plus 6 km retour) lohnt nur bedingt. Die Fälle sind nicht sensationell, aber der Weg ist hübsch und kann bei Start am *Rainbow Falls Trailhead* auf 2 km *one-way* verkürzt werden. Der *Shuttle Bus* verkehrt vom Stopp am Eingang des NM noch weiter bis dort bzw. bis *Reds Meadow Resort*. Am Wege passiert er den ***Campground Reds Meadow*** mit von heißen Quellen gespeisten Duschen.

Hot Creek Geologic Site

Zurück auf der #395 passiert man südlich von Mammoth Lakes den Wegweiser zur ***Hot Creek Site***. Früher konnte man dort baden, heute gibt es in dem kleinen Geothermalgebiet einige Pools und jede Menge Fumarolen am Flussufer zu sehen, aber nur aus der Ferne.

Hot Tubs

Beliebt zu jeder Jahreszeit sind in der Gegend südlich von Mammoth Lakes sogenannte ***Hot Tubs***, von heißem Quellwasser gespeiste, teils künstlich geschaffene oder natürliche kleine Pools, in denen mehrere Personen gleichzeitig Platz nehmen können. Beschreibung und Anfahrt zu einigen der bekanntesten von ihnen unter www.mammothweb.com/recreation/hottubbing.cfm.

Bishop

Zentralort des Owens River Valley östlich der Sierra Nevada ist **Bishop**, ein Städtchen von nicht einmal 4.000 Einwohnern. Sieht man ab von ***Erick Schat's Bakery*** (neben dem *Creekside Inn*) mit guten, aber recht teuren Kuchen- und Brotspezialitäten (weitere Filiale in Mammoth Lakes) und einigen großen Fassadengemälden (***Murals***) im Zentralbereich, gibt es im zentralen Bereich keine nennenswerten Sehenswürdigkeiten; www.bishopvisitor.com.

Unterkunft

Bishop bietet durchreisenden Touristen die weit und breit einzige komplette **Versorgungsinfrastruktur** (Supermarkt, *Fast Food*, Banken etc.). Die **Motels** in Bishop gehören überwiegend zu den großen Ketten und liegen an der Straße #395 durch den Ort. Die untere Mittelklasse kostet um $140 (***Vagabond Inn***, ***Best Western***).

Wer $50-$60 mehr ausgeben mag, bucht in Bishop das ***Creekside Inn*** und kommt damit zwei Klassen besser unter. Besonders gilt das für die Zimmer mit Blick auf den durch das Gelände fließenden Bach samt Grünanlage (Zimmer mit Balkon/Terrasse explizit buchbar); © (760) 872-3044, www.bishopcreeksideinn.com.

Eisenbahnmuseum

Ca. 5 mi nordöstlich der Stadt stehen im ***Laws Railroad Museum*** auf einem alten stillgelegten Schienenstrang noch eine Dampflok mit ein paar Waggons plus Triebwagen und drumherum eine kleine *Old West Town*; Silver Canyon Rd ab der #6; www.lawsmuseum.org.

Red Rock Canyon

Eine rote Felslandschaft würde man kaum in den **White Mountains** erwarten. Und doch verbirgt sich im *Volcanic Tableland* bei Bishop ein ***Red Rock Canyon***, der mit zahllosen Felslöchern und -bögen entfernt an das *Valley of Fire* (➤ Seite 446) erinnert; Anfahrt ab der Straße #6 ca. 19 mi nördlich von Bishop über die ***Chidago Canyon Road***, die nach 6 mi durch die rote Schlucht führt (etwas abenteuerlich, aber im Normalfall sogar Pkw-tauglich).

Ancient Bristlecone Pine Forest

Ein rund **4.750 Jahre alter »*Methuselah*«** und weitere uralte, knorrige Grannenkiefern stehen im ***Ancient Bristlecone Pine Forest*** auf über 3.000 m Höhe. Die Zufahrt erfolgt über die Straße #168 (Abzweig von der #395 in Richtung Osten nördlich von Big Pine) und nach 13 mi links weiter auf der *White Mountain Road*. Nach kurvenreichen 10 Meilen ist das **Besucherzentrum** erreicht. Dort starten auch ***Self-Guided Nature Trails*** durch den ***Schulman Grove***. Zusätzliche 12 mi und 400 Höhenmeter sind es dann noch auf holpriger Schotterpiste bis zum ***Patriarch Grove***. Aufgrund der Höhenlage ist der Besuch dieses Naturschutzgebiets meist nur Mitte Mai-Nov möglich; $6/Auto, aktuelle Straßeninfos: © (760) 8773-2500 bzw. www.fs.usda.gov/recarea/inyo/recarea/?recid=20272.

Etwa 5 mi unterhalb des Besucherzentrums passiert man den *NF*-Einfachcampground ***Grandview*** ($5) mit einem – dank weiträumig abwesender »Lichtverseuchung« – sagenhaften Sternenhimmel. Er befindet sich auf 2.600 m und ist im Sommer oft nachts eisig kalt!

Independence

In der Kreishauptstadt Independence, 40 mi südlich von Bishop, steht das historische ***Winnedumah B&B Hotel*** in dem einst Filmstars abstiegen, die in den nahen Alabama Hills Western drehten; ab ca. $125; © (760) 878-2040, www.winnedumah.com.

Manzanar NHS

Etwa auf halbem Weg zwischen Independence und Lone Pine liegt westlich der #395 der erst im neuen Jahrtausend, also rund 60 Jahre nach dem 2. Weltkrieg errichtete ***National Historic Site Manzanar***. Es handelte sich um ein riesiges **Internierungslager** (*War Relocation Center*) für japanischstämmige Amerikaner, das nach dem Angriff auf Pearl Harbor im damals fast menschenleeren *Owens Valley* im Oktober 1942 aufgebaut und erst nach der Kapitulation Japans geschlossen wurde. Auf einer 3-mi-Rundfahrt mit Erläuterungspunkten kann man zwar die frühere Ausdehnung erfassen, gleichwohl gibt es nicht ganz viel zu sehen.

Schönheiten sind sie nicht gerade, die Grannenkiefern in den White Mountains wirken teilweise wie abgestorben; aufgrund ihres sagenhaften Alters sind sie aber eine botanische Sehenswürdigkeit

Mobius Arch im Morgenlicht

Die Felsbögen der Alabama Hills

Wind, Wasser und Eis leisteten in den Alabama Hills ganze Arbeit. Eine Vielzahl an Granitbrocken wurde auf beeindruckende Art und Weise aufgesprengt oder ausgehöhlt. Über 300 natürliche Felsbögen und -öffnungen sollen es sein, die meisten kaum einen Meter breit, andere mit durchaus beachtlichen Spannweiten. Nicht selten befinden sie sich ganz in der Nähe der Fahrwege durch das Gebiet und dennoch gut verborgen im steinernen Labyrinth.

Die Mehrzahl der Felsbögen liegt entlang der unbefestigten, bei Trockenheit auch PKW-tauglichen ***Movie Road***, die etwa 2,5 mi westlich von Lone Pine von der ***Whitney Portal Road*** abzweigt. Auf ihr erreicht man nach nur 1,5 mi den Parkplatz zum ***Mobius Arch***. Der 1,1 km lange, gut ausgebaute Rundweg passiert im Uhrzeigersinn zunächst den kleinen ***Lathe Arch*** (36°36'48"N, 118°07'33"W; etwas versteckt rechter Hand bei der Kurve unmittelbar vor dem *Mobius Arch*) und im Anschluss dann noch den treffend benannten ***Heart Arch***. Weiter nördlich an der *Movie Road* befinden sich noch u.a. das ***Eye of Alabama***, der ***Boot Arch*** sowie der gut hinter Felsen verborgene ***Cyclop's Skull Arch***, ein toller, knapp 7 m hoher Gesteinsbrocken mit gleich vier Öffnungen (36°37'48''N, 118°08'07''W).

Ein besonders schönes Exemplar ist auch der ***Whitney Portal Arch***, der sich mit einem ca. 2 m breiten »Fenster« wie eine falsche Häuserfassade aus der Umgebung erhebt und die Sierra Nevada umrahmt. Der Parkplatz für die kurze, nicht ausgeschilderte Wanderung dorthin (ca. 2 km retour) befindet sich rechter Hand der *Whitney Portal Road*, 5,3 mi von der #395 entfernt. Ohne GPS-Gerät ist dieser Felsbogen indessen nur schwer zu finden (36°36'08''N, 118°09'21''W).

Weiterführende Informationen zu den hier genannten Felsbögen im Internet unter www.isaczermak.com/california-alabama-hills-arches.html

Die einstige Lagerschule beherbergt ein ***Visitor Center*** mit einer ausführlichen Dokumentation samt zahlreicher Fotos bekannter Fotografen (u.a. von Ansel Adams). Ein 20-min-Film zeigt Hintergründe und Lagerleben in *Manzanar*, das aus über 500 in Reih' und Glied gebauten Baracken, Stacheldrahtzäunen und Wachttürmen bestand. Geöffnet täglich, *Visitor Center* 9-17.30/16.30 Uhr im Sommer/Winter, Eintritt frei; www.nps.gov/manz.

Lone Pine

Lone Pine spielt eine wichtige Rolle für den Mount Whitney und Alabama Hills-Tourismus. Dafür ist der Ort ziemlich überschaubar geblieben und die Versorgungsinfrastruktur dort eher dürftig.

Übernachter finden mit dem ***Best Western Plus*** (ca. $135 im Sommer) etwas südlich des Ortes ein gutes Haus der Mittelklasse. Direkt im Zentrum stehen noch ein paar Einfach-Motels und das ***Dow Villa Motel*** (gut ausgestattete Zimmer ab ca. $125) mit dem schon etwas älteren ***Historic Dow Hotel*** gleich nebenan (ohne Bad $93, sonst $89); www.dowvillamotel.com. Die preiswertesten Betten bietet das ***Whitney Portal Hostel***; $38 im Schlafsaal; Doppelzimmer kosten $130; www.mountwhitneyportal.com.

Ein ungepflegt wirkender **Campingplatz** ($14, Wasser, aber weder Duschen noch *hook-ups*) befindet am **Diaz Lake** 3 mi südlich des Ortes an der #395. Eine gute Meile weiter ist es zum ***Boulder Creek Resort*** mit Pool und den üblichen RV-Anschlüssen zu $46, Zelte $40; © (760) 876-4243, www.bouldercreekrvresort.com.

Alabama Hills

Keinesfalls auslassen sollte man von Lone Pine den Abstecher zu den **Alabama Hills**, abgerundete Felsen in tausenderlei Formen und Zusammensetzungen zu Füßen der bis ins späte Frühjahr schneebedeckten Zacken der Sierra Nevada. Die asphaltierte ***Whitney Portal Road*** führt ausgehend vom Ortszentrum zunächst vorbei am überdimensionalen ***Face Rock*** (rechter Hand der Straße und je nach Bemalung ein lustiges Fotomotiv) und weiter bis zum Abzweig der ***Movie Road***. Es genügt, diese ziemlich holprige Schotterstraße 2-3 mi hineinzufahren. Man entdeckt automatisch sensationelle Gesteinsformationen, die Suche nach den Felsbögen kann – mit Ausnahme des *Mobius Arch* – etwas länger dauern (➤ Exkurs umseitig).

Die Alabama Hills sind ein **Geheimtipp** abseits der großen Touristenpfade und ein wunderbarer **Abenteuerplatz für Groß und Klein**. Das **Klettern** in den Felsen ist bei ihrer extrem rauen Struktur leicht, aber ggf. auch ein hautabschürfendes Unterfangen, daher Vorsicht.

Granit-Felskulisse an der Movie Road durch die Alabama Hills

Die grandiose Landschaft diente *Hollywood* immer wieder als Kulisse und war Drehort zahlloser Western und Fernsehproduktionen. Auch in aktuellen *Blockbustern* wie *Django Unchained*, *Transformers 2* oder *Iron Man* wird man sie wiedererkennen. Eine spezielle ***Movie Map*** und alles, was man über die in den Alabama Hills gedrehten Filme wissen möchte, liegt im Büro der ***Chamber of Commerce*** aus (120 South Main Street; Mo-Fr 8.30-16.30 Uhr; auch online als PDF-Broschüre unter https://lonepinechamber.org/sightseeing-in-the-lone-pine-area/self-guided-tours/.

Film Museum

Ein ***Museum of Western Film History*** mit *Wild West Movie Theater* ist ebenfalls vorhanden (am Südende des Ortes). Es hält mit alten Kinoplakaten, jeder Menge Fotos der Celluloid-Cowboys und Filmutensilien die Erinnerung an alte Zeiten wach; geöffnet Mo-Sa 10-17 Uhr; So bis 16 Uhr, im Sommer auch länger; Eintritt $5 Spende; www.museumofwesternfilmhistory.org.

Mount Whitney

Von Lone Pine aus kann man sich auf der *Whitney Portal Road* bis auf wenige Meilen dem 4.421 m hohen **Mount Whitney** nähern, dem höchsten Gipfel der USA (ohne Alaska). Die ca. 13 mi von Lone Pine bis zum Ausgangspunkt des Gipfelpfades sind auf der bis ganz oben asphaltierten Portal Road in 30 min bewältigt.

Whitney Portal

Am Ende befinden sich der im Sommer meist voll besetzte ***Whitney Portal Campground*** und eine herrliche ***Picnic Area*** am obersten Parkplatz (ganz durchfahren bis zum Straßenende). Ein rauer, schöner ***Trail*** am Wildbach entlang verbindet beides (ca. 20 min). An gut besuchten Tagen gibt es Parkprobleme. Speziell Sommerwochenenden sind weniger geeignet für den Abstecher.

Wer in dieser Gegend campen möchte, aber oben nicht unterkommt, ist mit den ***Lone Pine*** (traumhafte Lage) und ***Turtle Creek Campgrounds*** am Fuße der Sierra sogar besser bedient.

Gipfeltrail

Der Gipfel des **Mount Whitney** ist vom Startpunkt etwa 18 km entfernt und als Tagesmarsch auf extrem gerölligen und steilen Pfaden retour nicht zu schaffen. En Route liegen einige *Camps*. Für den Gipfelsturm benötigt man ein ***Permit*** von der ***NF-Ranger Station*** in Lone Pine (gegenüber dem *Museum of Film History*). Ohne *Permit* darf aber immerhin noch eine Teilstrecke im unteren Bereich ohne Übernachtung abgelaufen werden.

Eine echte Alternative ist der 4-mi-*Trail* vom Zeltplatz *Lone Pine* hinauf zum *Mount Whitney Trailhead* bzw. als Light-Version von dort hinunter für alle, die einen *one-way*-Transport haben.

Nach Las Vegas

Die mit Abstand schönste Strecke von Lone Pine nach Las Vegas verläuft durch das *Death Valley* (Straßen #136/#190). Im Sommer allerdings durch die Backofenhitze des *Death Valley* zu fahren, ist sicher nicht jedermanns Sache und mit vielen gemieteten Campmobilen sogar unzulässig. In beiden Fällen bleibt nichts anderes übrig, als den Nationalpark über Ridgecrest zu umgehen und Barstow an der I-15 (➤ Seite 292) anzupeilen. Diese 180-mi-Strecke ist eintönig und bietet keine Abwechslung.

Sonnenaufgang am Zabriskie Point

2.4.4 Death Valley National Park www.nps.gov/deva

Anfahrt von Westen

Eintritt $30/Auto $15/Person oder Interagency Jahrespass

Wer von Westen ins *Death Valley* kommt, durchquert auf den **Straßen #136** und **#190** eine scheinbar endlose Einsamkeit und mehrere Höhenzüge (über 1.500 m auf und ab) voll sagenhafter Formationen im Blickfeld. Es sind die bis zu 3.368 m hohen Panamint Mts im Westen und die gewaltige Amargosa Range im Osten, die Niederschläge fern halten und das »**Tal des Todes**« zu einem der trockensten Gebiete der Erde machen. Der Sommer ist dort glühend heiß: Von Juni bis August klettert das Thermometer täglich (!) über die 43°C-Marke und bisweilen sogar über 50°C. Selbst nachts kühlt die Luft dann kaum ab. Der Allzeit-Rekord im *Death Valley* liegt bei 56,7°C. Annehmbare bzw. angenehmere Temperaturen herrschen indessen von Oktober bis April. Der Winter ist die beste Reisezeit.

Durchfahrt

Die meisten Camper-Verleiher untersagen wegen der Hitze und der endlosen Steigungen bei der Ausfahrt über die #190 in beide Richtungen von Mai bis Sept. Fahrten ins *Death Valley*. Ob nun im RV oder Pkw, vor einer Fahrt durch dieses Tal im Sommer sollte man **Kühlwasser, Ölstand sowie Sitz des Keilriemens checken**. Im Fall einer Panne bei großer Hitze darf man nicht versuchen, zu Fuß Hilfe zu holen, sondern sollte am Auto warten. Eine gute Idee sind **reichliche Vorräte an Trinkbarem** und ein **voller Tank**.

Information

Das ***Visitor Center*** in der **Oase *Furnace Creek*** (60 m unter NN) informiert über die geologischen Ursprünge des Tals und den Artenreichtum von Flora und Fauna in scheinbarer Leere; täglich 8-17, im Sommer 9-18 Uhr. Aktuelle Infos (u.a. zum Straßenzustand) auch online: www.facebook.com/DeathValleyRoadConditions.

Tipp: Vor dem Besuch noch volltanken! Die Preisunterschiede im *Death Valley* sind groß. In **Panamint Springs** zahlt man mitunter **mehr als das Doppelte** wie östlich des Parks in den Orten Pahrump, Amargosa Valley oder Beatty. Die zwei anderen Tankstellen im Nationalpark liegen preislich im Mittelfeld, wobei die in Stovepipe Wells meist um etliches günstiger ist als jene bei der Oase *Furnace Creek*.

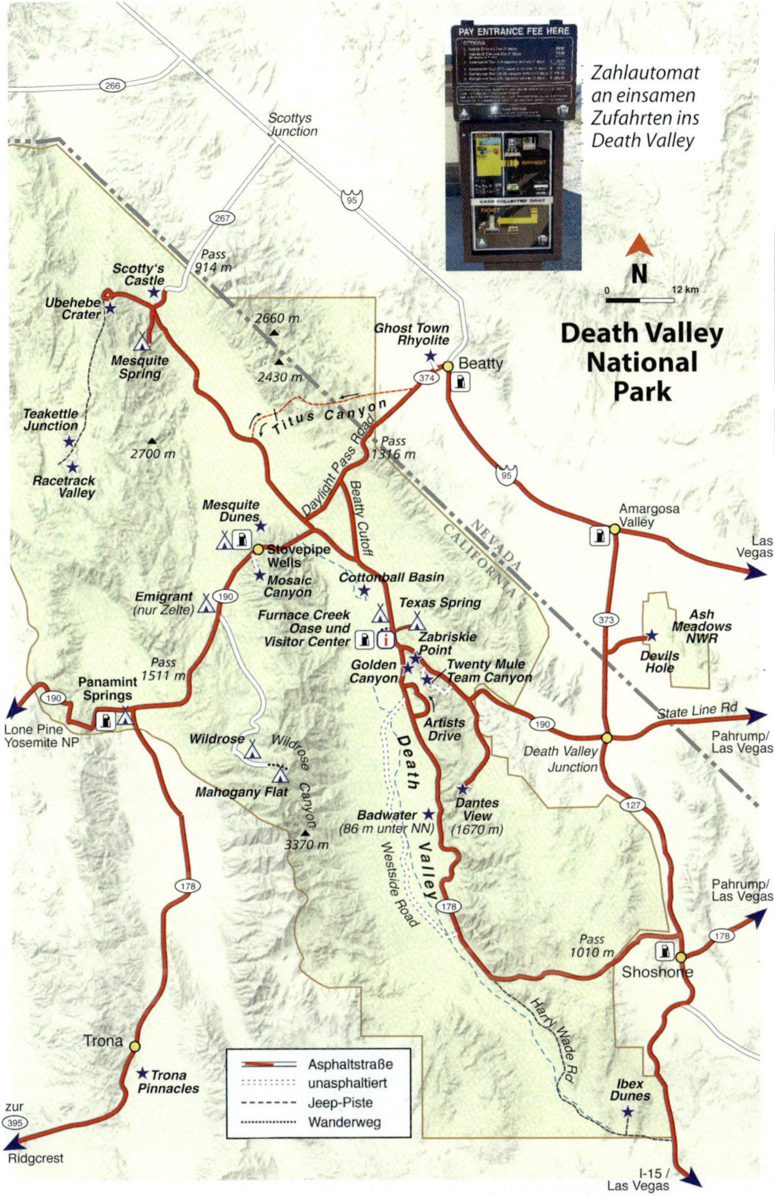
PAY ENTRANCE FEE HERE
Zahlautomat an einsamen Zufahrten ins Death Valley
N
0 12 km
Death Valley National Park
Scottys Junction
Pass 914 m
Scotty's Castle
Ubehebe Crater
Mesquite Spring
Teakettle Junction
Racetrack Valley
2660 m
2430 m
2700 m
Ghost Town Rhyolite
Beatty
Titus Canyon
Daylight Pass Road
Pass 1316 m
Beatty Cutoff
NEVADA
CALIFORNIA
Amargosa Valley
Las Vegas
Mesquite Dunes
Stovepipe Wells
Mosaic Canyon
Cottonball Basin
Emigrant (nur Zelte)
Texas Spring
Furnace Creek Oase und Visitor Center
Zabriskie Point
Golden Canyon
Twenty Mule Team Canyon
Ash Meadows NWR
Devils Hole
Pass 1511 m
Panamint Springs
Lone Pine Yosemite NP
Artists Drive
State Line Rd
Pahrump/ Las Vegas
Wildrose
Wildrose Canyon
Death Valley Junction
Mahogany Flat
Death Valley
Dantes View (1670 m)
Badwater (86 m unter NN)
3370 m
Westside Road
Pahrump/ Las Vegas
Pass 1010 m
Shoshone
Harry Wade Rd
Trona
Trona Pinnacles
Ibex Dunes
zur 395
Ridgcrest
I-15 / Las Vegas
Asphaltstraße
unasphaltiert
Jeep-Piste
Wanderweg
266
267
95
374
190
373
127
178

Unterkunft & Camping

Oasis at Furnace Creek

Die kommerziell betriebene ***Ranch at Death Valley*** (früher *Furnace Creek Resort*) unmittelbar südlich des Besucherzentrums verfügt über schöne geräumige Zimmer mit Terrasse/Balkon und Tarifen ab \$220 zzgl. knapp 20% (*tax + resort fee*). Vorzugsweise in den Blocks 4, 5 und 6 reservieren! In der Palmenoase befinden sich außerdem ein Restaurant mit *All-you-can-eat*-Buffet und urigem *Saloon*, ein *General Store*, die aus heißen Quellen gespeiste **Poolanlage**, ein Golfplatz sowie der kleine ***Fiddler's Campground*** mit schattigen Plätzen für Zelte und anschlusslosen, staubigen *RV sites* (\$18).

Ebenfalls zum Komplex gehört das luxuriöse ***Inn at Death Valley*** das erhöht am Straßendreieck #190/#178 liegt und Zimmer ab \$300 sowie *Casitas* (kleine Häuser ohne Küche) ab \$370 bietet.

Reservierungen für diese Unterkünfte und Campingplätze unter www.oasisatdeathvalley.com. **Tipp:** Leute über 50 Jahre erhalten bereits bis zu **30% Seniorenrabatt**; ggf. telefonisch unter © 1-800-236-7916 buchen, sollte es online mit dem *Promo Code* nicht klappen (z.B. *SENIOR10* für eine Nacht, *SENIOR30* für drei Nächte).

NPS-Campground

Gleich nördlich des Besucherzentrums befindet sich der ganzjährig geöffnete ***Campground Furnace Creek*** des *National Park Service* mit 136 Stellplätzen für Zelte und RVs (alle \$22). Ein Teil der Anlage ist eben betoniert mit Strom- und Wasseranschluss (+\$14). Die schattigen Plätze unter Bäumen sind Zeltcampern vorbehalten. Duschen darf man beim Pool der *Ranch* (kostenpflichtig).

Fast 400 RVs und Zelte kommen **von Mitte Okt. bis Ende April** zusätzlich auf den schattenlosen ***Campgrounds Texas Springs*** und ***Sunset*** östlich der #190 unter (Wasser/WC, keine Duschen, \$14-\$16).

Stovepipe Wells

Preiswerter als in der Oase übernachtet man im ***Stovepipe Wells Motel*** (ab \$145). **RV-Camper** (\$40 mit *hook-up*) stehen dort auf einer Schotterfläche; © (760) 786-2387, www.deathvalleyhotels.com.

Ein großer **Einfachplatz** des *National Park Service* öffnet auch in Stovepipe Wells von Oktober bis April seine ca. 200 Stellplätze auf *first-come, first-served*-Basis; \$14. Gegen Gebühr dürfen Camper den Pool und die Duschen des Hotels nutzen.

Unmittelbar hinter Stovepipe Wells breiten sich die Mesquite Flat Dunes aus.

Etwas Schatten ist Gold wert aber leider eher Mangelware im Death Valley, nicht so auf dem Fiddler's Campground in der Furnace Creek Oase

Unterkunft/ Camping in höheren Lagen

Bei weitem nicht so heiß wie im zentralen Teil ist es in 600 m Höhe in **Panamint Springs** zwischen zwei Passhöhen, die von der Straße #190 im Westteil des Parks zu überqueren sind. Dort gibt es **Einfachmotel/-restaurant**, ***Campground*** und **Tankstelle**. Zimmer ab $90, RV-Camping mit *full hook-up* $40, Zelte $10 und *tent cabins* ab $35; © (775) 482-7680; www.panamintsprings.com.

In dieser Ecke des Parks kann man ganzjährig gratis **campen**, und zwar direkt an der #190 bei ***Emigrant Junction*** (nur Zelte) bzw. auf den Plätzchen im Bereich ***Wildrose Canyon*** an der Emigrant Canyon Road; primitiv, aber Wasser vorhanden. Vor allem während der heißen Monate (Mai-September) schläft man dort im Zelt wesentlich besser als im auch nachts oft noch 30°C-40°C heißen Tal!

Ebenfalls kostenlos sind die Einfach-***Campgrounds Thorndike*** und ***Mahogany Flat*** in einem Wacholderbaumwäldchen hoch oben in den Bergen auf 2.500 m, ca. 30 mi von der #190 entfernt. Die letzten 2 Meilen hinter den ***Charcoal Kilns*** (10 gut erhaltene, bienenkorbförmige Brennöfen, die im späten 19. Jahrhundert für kurze Zeit zur Herstellung von Holzkohle dienten) sind meist nur mit 4WD-Fahrzeugen zu bewältigen. Vom *Mahogany Flat*-Zeltplatz geht es zu Fuß weiter auf den **Telescope Peak**, der höchsten Erhebung des Parks (anstrengend, 1.000 Höhenmeter, 24 km retour).

Unterkunft/ Camping außerhalb

Für Motelübernachter, die den Tarifen in der Oase und in Stovepipe Wells entkommen wollen oder dort keinen Platz mehr finden, gibt es im Umfeld einige Optionen. Vor allem der Ort **Beatty** in Nevada an der Straße #374 punktet mit einer kurzen Anfahrt in den Nationalpark (***Motel 6*** oder ***El Portal Motel***, beide ca. $70).

Das ***Longstreet Casino*** mit Pool, Bar & Restaurant steht zwischen Death Valley Junction und Amargosa Valley an der CA/NV-Grenze (Straße #373); recht schlichte Zimmer ab $80 und **RV-Plätze** für $30 mit *hook-up*; © (775) 372-1777; www.longstreetcasino.com.

Sehenswürdigkeiten im Death Valley

Mesquite Sanddünen

Wer von Lone Pine anreist, folgt der Hauptstraße #190 hinunter in das Tal und erreicht zunächst **Stovepipe Wells**, das nur aus Hotel, *General Store*, *Saloon* und Tankstelle besteht. Von dort bis zum Abzweig der Scotty's Castle Road erstrecken sich die bis zu 30 m hohen, weithin sichtbaren gelben ***Mesquite Flat Dunes***. Der beste/kürzeste Zugang ist vom großen Parkplatz an der Straße #190.

Ostabschnitt der #190

Es folgt einer der reizvollsten Bereiche des »Todestals«, der **Ostabschnitt der #190**. Vor allem der phänomenale Aussichtspunkt ***Zabriskie Point*** mit Blick auf die geschwungenen, farbigen Lehmhügel und die Panamint-Berge im Hintergrund ist ein absolutes »Muss«. Schon zum **Sonnenaufgang** herrscht dort großer Andrang; ➤ Foto Seite 412. Kurz dahinter beginnt die raue Einbahn-Lehmpiste durch den braun- und beigefarbenen ***Twenty Mule Team Canyon*** (2,7 mi; nur bei Trockenheit und nicht für RVs). Wer über Extrazeit verfügt, wird auch den Ausflug zu ***Dante's View*** nicht bereuen, einem *Overlook* auf 1.669 m mit Blick hinunter ins Tal; 26 mi retour ab der #190; RVs nur bis 25 Fuß.

Straße #178 bis Badwater

Von der Oase *Furnace Creek* mit der größten Versorgungsinfraktuktur innerhalb der Nationalparkgrenzen führt die **#178** nach Süden. Entlang dieser Strecke sollte man einen kurzen Abstecher zu Fuß in den ***Golden Canyon*** nicht auslassen, ebenso wenig den tollen Auto-Rundparcours ***Artist Drive*** durch besonders farbenprächtige *Badlands* (RVs auch dort nur bis 25 Fuß).

Sehr beeindruckend am frühen Morgen oder späteren Nachmittag sind noch etwas weiter im Süden die Salzflächen bei ***Badwater***, dem mit 86 m unter dem Meeresspiegel tiefsten Punkt des nordamerikanischen Festlands. Wer vom Parkplatz an der #178 (18 mi südlich von *Furnace Creek*) dem meist gut sichtbaren ausgetretenen Pfad in Richtung Talmitte folgt, steht nach 15-20 min auf einer Salzfläche, die sich bis zum Horizont zu erstrecken scheint. Ihr Aussehen kann variieren, sie ist aber nicht immer so strahlend weiß und regelmäßig auskristallisiert wie auf dem Foto unten.

Salzfläche bei Badwater

Im Norden des Parks

Die größte Attraktion im nördlichen *Death Valley* ist ***Scotty's Castle***, ein schlossartiges Anwesen im mexikanischen Stil mitsamt Oase und glasklarem Quellbach, bzw. »war«, denn sintflutartige Niederschläge und Überschwemmungen im Jahr 2015 fügten dem Anwesen derart große Schäden zu, dass es voraussichtlich **erst wieder 2020** für Besucher zugänglich sein wird. Auch die nordöstliche Parkzufahrt (Straße #267) wurde wurde weggespült und ist seither gesperrt. D.h., derzeit lohnt sich der Ausflug in den Norden des Parks auf der kurvenreichen ***Scotty's Castle Road*** nur für Leute, die den *Ubehebe Crater* (kein absolutes Muss!) oder mit einem 4WD-Fahrzeug das *Racetrack Valley* besuchen möchten, in dem bis zu 320 kg schwere Felsbrocken »herumwandern« und mysteriöse Spuren hinterlassen (»reifenfressende« 27 Meilen *one-way*).

Ubehebe Crater

Nur 5 mi westlich des Straßendreiecks *Grapevine* liegt der ***Ubehebe Crater***, der explosionsartig entstand, als dort glühendes Magma mit dem Grundwasser in Kontakt trat. Das »Loch« ist bis zu 230 m tief und weist einen Durchmesser von fast 1 km auf. Ob es erst vor 800 oder gar vor 7.000 Jahren entstand, wird kontrovers diskutiert. Ein **Pfad** umrundet den Krater, ein zweiter führt tief hinein.

Beatty/ Rhyolite

Hinter dem *Daylight Pass* an der Zufahrtstraße #374 liegt unweit östlich der Parkgrenze die kleine Ortschaft **Beatty** (mit Unterkünften und dem urigen *Sourdough Saloon*) und davor die *Ghost Town* ***Rhyolite*** (1,5 mi Abstecher), von der außer ein paar alten verfallenen Strukturen aus Goldrauschzeiten nicht viel übrig blieb. Besiedelt wird sie heute von zahlreichen weißen »Acrylgeistern«, den modernen Skulpturen eines belgischen Künstlers.

Titus Canyon

Rund 6 mi westlich von Beatty beginnt die ***Titus Canyon Road***, die als Einbahn-4WD-Piste 26 mi lang durch fantastische Felslandschaften und hoch aufragende, bis zu 6 m enge Schluchten führt.

Frühmorgens glühen die Wände des Titus Canyon im indirekten Licht

Tipp: Wer mit dem Wohnmobil oder Pkw unterwegs ist, kann sich die spannendsten Engstellen (➢ Foto links) auch zu Fuß anschauen, ca. 1,5 km ab dem Parkplatz am Westende des Canyons unweit der *Scotty's Castle Road*, 2,5-mi-Zufahrt auf Schotter etwa 15 mi nördlich der #190.

Nach Las Vegas über Pahrump

Las Vegas ist von *Furnace Creek* auf der Straße #190 über Pahrump, der schnellsten Route, ca. 120 mi entfernt. Dieser Ort auf etwa halber Strecke ist das größte »Einfallstor« zum Park mit kompletter Infrastrukur (Motels, Supermärkte, Kasinos).

Wer den südlichen Teil des Parks mit dem tiefsten Punkt durchfahren möchte, hat allein bis Baker (über Shoshone) 130 mi vor sich. Von dort nach Las Vegas sind es weitere 90 Meilen.

Der abends golden leuchtende Eiffelturm am Las Vegas Strip mit Aussichtsplattform (ganz oben) und feinem Restaurant auf der unteren Etage. Die Perspektive täuscht, der High Roller im Hintergrund ist sogar noch ein paar Meter höher

3. LAS VEGAS UND UMGEBUNG

3.1 Las Vegas

Kennzeichnung

Las Vegas im Südostzipfel von Nevada liegt in einer vegetationsarmen, flachen **Wüstenlandschaft** 600 m über NN. Im Osten der Stadt erstreckt sich der durch den Colorado River gebildete Stausee Lake Mead, im Westen erheben sich Gebirgsformationen bis 3.600 m Höhe, in denen im Winter sogar Ski gelaufen wird. Auch wer keine besondere Lust verspürt, einarmige Banditen zu füttern, bei Black Jack oder Roulette auf den großen Dollarsegen zu hoffen oder sich ins pralle Nachtleben voller Shows und *Nightclubs* zu stürzen, sollte mindestens ein bis zwei volle Tage für Las Vegas einplanen. Denn einen Besuch wert ist die Stadt in der Wüste allemal, ganz gleich wie am Ende das eigene Urteil ausfällt.

3.1.1 Geschichte, Klima und Orientierung

Geschichte

Las Vegas, entstanden um eine Oase an einem der *Immigration Trails* von Osten nach Kalifornien, war bis Beginn der 1930er-Jahre nur ein kleines Mormonenstädtchen mit Bahnstation an der Strecke Los Angeles–Salt Lake City. Als im Jahr **1931** in Nevada die **Aufhebung des** sonst landesweit geltenden **Glücksspielverbots** beschlossen wurde, begannen zufällig auch die Arbeiten für den Bau des ***Hoover Dam***. Scharen von Arbeitskräften strömten in die Las Vegas-Region und kamen gerade recht, um an den Segnungen der liberalisierten Gesetzgebung zu partizipieren. Kein Wunder, dass dort die Kasinos besonders schnell aus dem Wüstensand wuchsen und – einmal vorhanden – mehr Spieler anzogen als jede andere Stadt. Die Fertigstellung der *Hoover*-Kraftwerke sorgte zudem für preiswerten elektrischen Strom, Voraussetzung für den Betrieb der rund um die Uhr laufenden Klimaanlagen und für die üppige Beleuchtung der Kasinofassaden und Spielsäle.

Las Vegas hat heute knapp 650.000 Einwohner. Hinzu kommt eine Million in Vororten in scheinbar endloser Ausdehnung rund um die City. Zusammen mit den beiden mit Vegas verbundenen Städten Henderson, North Las Vegas und dem kleineren Boulder City leben im Großraum (*Clark County*) fast 2,5 Mio. Menschen.

Besucherzahlen

Von Downtown breiteten sich die Kasinopaläste ab den 1980er-Jahren nach Süden entlang des *Strip* aus mit immer größeren Hoteltrakten, Show- und Amusementkomplexen der Superlative. Und der Boom stoppte auch nicht, als nach Dekaden der ununterbrochenen Expansion die globale Wirtschaftskrise 2008-10 erstmalig nach dem 2. Weltkrieg für einen Besucher-Rückgang sorgte. Hatte man 2007 schon über 39 Mio. Gäste gezählt, fiel in den Folgejahren die Besucherzahl spürbar zurück und kletterte erst 2012 wieder auf dieses Niveau. Seit 2015 verharrt sie nun stabil jenseits der 42-Mio.-Marke. Die Auslastung der Zimmer und Suiten ist an Wochenenden enorm (94,5%) und auch So-Do beachtlich (85,5%), was sich in den stark gestiegenen Übernachtungspreisen niederschlägt: durchschnittlich $140 am *Strip* und $70 in Downtown.

Orientierung

Durch Las Vegas verläuft in Nord-Süd-Richtung die – im Stadtbereich extrem belastete – *Interstate* #15. Die nördlich des Zentrums von der I-15 abzweigende Autobahn I-515/#95 in Richtung Boulder City und Lake Mead bildet mit dem ***Las Vegas Beltway*** (I-215) eine großräumige Umgehungsstraße. Die I-215 beginnt in Henderson südöstlich von Las Vegas (*Exit* 61A, I-515), überquert unterhalb des Airports den Las Vegas Blvd samt I-15 und stößt nach rund 8 mi im Norden des Zentrums wieder auf die I-15.

Zentrum und »Strip«

Innerhalb des durch die I-15, I-515 und unten von der Tropicana Ave und Flughafen begrenzten Dreiecks befindet sich der Kernbereich von Las Vegas mit dem **alten Zentrum** um die Fremont Street und dem Las Vegas Boulevard bzw. dem ***Strip***. Er verläuft **parallel zur I-15** und ist nicht zu verfehlen, speziell nicht bei Nacht dank gleißender Helligkeit im zentralen Bereich.

Die Kasinos an der ca. 300 m langen Überdachung der Fremont Street sind zwar mit ihrer lückenlosen Ballung von Leuchtreklamen und den ***Lasershows*** am **Kunsthimmel** abends durchaus sehenswert, aber die jedes Jahr weiter ausufernde **Action** konzentriert sich mehr und mehr auf den ***Strip***. Dort stehen alle der erst in der letzten drei Dekaden errichteten oder erweiterten Superpaläste mit integrierten *Amusement*, Showbühnen und *Open-air*-Attraktionen. Der »entscheidende« Abschnitt zwischen **Sahara** und **Tropicana Avenue** (*Circus Circus* bis zum *Luxor*) lässt sich gut – außer bei großer Hitze – **zu Fuß** ablaufen (rund 3 km).

Klima

Im Sommer wird es in Las Vegas häufig extrem heiß. Temperaturen über 40°C sind zwischen Juni und Mitte September auf der Tagesordnung. Wegen der geringen Luftfeuchte lassen sie sich dennoch noch einigermaßen aushalten. Abends bleibt es wegen der aufgeheizten Asphalt-/Betonflächen und auch aufgrund der Abluft aus

Heiß begehrt bei Touristen, das (nicht kostenfreie) Souvenir-Foto mit »echten« Las Vegas Showgirls

unzähligen Klimaanlagen in Las Vegas erheblich wärmer als außerhalb. Frühjahr (April/Mai) und Herbst (Mitte Sept-Mitte Nov) sind klimatisch am angenehmsten. In den kühleren Monaten Okt-März herrscht am meisten Betrieb. Absolute Hochsaison sind die Weihnachtstage bis Neujahr und Ostern. Da die Wüste in Nevada im Durchschnitt gerade mal 10 cm Niederschlag jährlich bekommt, stehen an windigen Tagen mitunter riesige Sandwolken über der Stadt.

Eine sich immer schärfer abzeichnende Wasserknappheit (➤ Seite 445) und Engpässe bei der Stromversorgung schweben seit vielen Jahren wie ein Damoklesschwert über *»Sin City«*.

Kriminalität

Gewaltkriminalität ist in Las Vegas im Gegensatz zu manch anderer US-City kein Problem, zumindest nicht für Touristen. Überfälle, Mord und Totschlag würden die Millionen fernhalten, ohne die die Stadt nicht existieren kann. Es ist dennoch keine schlechte Idee, die Brief-/Handtasche gut im Auge zu behalten und schäbig wirkende Viertel wie z.B. den **Bereich zwischen *Stratosphere Tower* und Fremont Street** bei Dunkelheit zu Fuß zu meiden. Weiter südlich dagegen – etwa ab dem Kasinohotel *Circus Circus* – fühlt man sich selbst nachts sicher.

Eine Ausnahme stellt das Massaker vom Oktober 2017 dar, bei dem ein Amokläufer aus dem 32. Stock des *Mandalay Bay* die Gäste eines Festivals auf der anderen Seite des *Strip* mit Dauerfeuer belegte. 59 Menschen starben und über 500 wurden dabei verletzt. Trotzdem hieß es nur wenige Meilen davon entfernt im ***Battlefield Vegas*** kurz später wieder »*Business as usual*«. Gäste dürfen auf diesem »Schlachtfeld« mit allerlei vollautomatischen und bereits in Kriegen eingesetzten Waffen herumballern – sogar Kinder ab 10 Jahren ist das erlaubt, wiewohl nicht mit dem gesamten Arsenal; 2771 Industrial Road; www.battlefieldvegas.com.

3.1.2 Information & Besuchsplanung

Vorüberlegungen

In Las Vegas kommt leicht ohne Vorinformation aus, wer sich einfach am *Strip* »treiben« lässt. Aber mehr vom Besuch hat man mit einer **Karte in der Tasche**, in der alle **Kasinokomplexe** aktuell verzeichnet sind, und einer Vorstellung davon, was einen wo erwartet. Nur so kann man bei ja meist begrenzter Zeit das Beste aus seinem Aufenthalt machen. Ohnedem besteht die Gefahr, bei weniger spannenden Attraktionen Stunden zu »vertändeln«, die später fehlen. Hilfreich für eine gute Vorinformation und grobe Besuchsplanung mit Prioritäten, was man unbedingt sehen/machen möchte, ist – neben diesem Buch – das *World Wide Web*.

Internetportale

Gerade für Las Vegas gibt es **jede Menge Internet-Portale**, darunter auch **deutschsprachige Webseiten**. Sehr gut zur Information über fast alles und jedes wie auch zur Buchung (Shows, Hotels, Flüge und mehr) geeignet sind z.B.: www.vegas-online.de, www.vegas4you.de oder www.lasvegas-city.de.

Nützlich ist auch die offizielle Seite der ***Las Vegas Convention & Visitors Authority*** www.lvcva.com samt ihrer etwas »abgespeckten« deutschsprachigen Version www.visitlasvegas.de.

Mit diversen Schnäppchen lockt www.vegas.com/deals/.

Shows vorab online buchen

Insbesondere, wer die eine oder andere Show besuchen möchte, sollte sich im Vorfeld zu Hause im Internet orientieren und ggf. zeitig online oder übers Reisebüro buchen. Für die besten Shows gibt es kurzfristig vor Ort oft keine Tickets mehr, und selbst wenn, dann bedeutet die Beschaffung häufig Stress: der Favorit ist ausverkauft, die Alternative vielleicht zu teuer oder unpassend mit den Zeiten, man muss anstehen, telefonieren u.a.m. Näheres zu Showtickets und deren Besorgung erst vor Ort ➤ Seite 431.

Info Center

Aktuelle Infos zur Stadt und allen angesagten Events erhält man in den offiziellen Besucherzentren **am Flughafen** sowie **beim *Convention Center***: *Las Vegas Visitor Center*, 3150 South Paradise Road, knapp 2 km hinter dem *Wynn Casino*; geöffnet nur wochentags 8-17 Uhr; ✆ 1-877-847-4858. Wer von Süden per Auto auf dem Las Vegas Blvd in die Stadt fährt, passiert weitere »*Tourist Informations*«, in Wahrheit aber Souvenirshops und Hotel-/Ticketagenturen mit vielen Werbebroschüren.

Neben einem **Las Vegas-Stadtplan** sollte man sich mindestens eines der verschiedenen Info-Magazine

Las Vegas Magazine (www.lasvegasmagazine.com),
24/7 Magazine (www.247vegas.com) oder
What's on in Las Vegas (www.whats-on.com)

besorgen, die alle aktuellen Konzerte, Events und Programme listen und meistens eine Karte vom *Strip* und mehr beinhalten. Die kostenlosen Hefte liegen in den Foyers vieler Hotels aus sowie in *Shopping Malls*, bei den Autovermietern und mitunter auch bei *Fast Food Places* wie *McDonald's* oder *Burger King*.

3.1.3 Transport in Las Vegas

Parken am Las Vegas Strip

Praktisch jedes Kasinohotel am Las Vegas Boulevard verfügt über ein **großes Parkhaus** für die eigenen Gäste und Besucher. *Self-Parking* ist allerdings seit 2016 bei den meisten *Strip*-Kasinos nicht mehr kostenfrei (➤ Kasten umseitig), beim *Valet Parking* durchs Personal werden $2-$3 *Tip* fällig bei der Abgabe und neuerlichen Übernahme. Mit **RVs** größer als *Van Camper* wird der dichte Verkehr am *Strip* zum Stress. Zudem bringt jedes Wohnmobil zusätzliche »Lauferei« mit sich. Denn ein Abstellen in den stripnahen Parkhäusern ist nicht möglich, da die Plätze für ***Oversized Vehicles*** überwiegend weit abeits liegen.

Ab McCarran International Airport

Von beiden Flughafenterminals starten die ***Strip Hotel Shuttles*** und auf der Ebene 0 des *Terminal* 1 der ***Westcliff Airport Express*** (***WAX***) nach Downtown (stündlich; nur eine Haltestelle am *Strip* an der Ecke *Tropicana/MGM*) sowie alle 20 min die **Busse #108** bzw. **#109** zum ***South Strip Transfer Terminal*** mit Anschluss an den *Strip & Downtown Express*; ➤ weiter unten. Ab *Terminal* 3 fährt auch der ***Centennial Express*** in Richtung Downtown.

Weniger umständlich und schon zu zweit nicht viel teurer sind **Taxis**: zum südlichen Ende des *Strip* (*Excalibur*) $19, in den zentralen Bereich (*Bellagio/Bally's*) $23, zum *Stratosphere Tower* $27 und nach Downtown ab $30 plus 15% *Tip*.

Öffentlicher Nahverkehr

Die den ***Strip*** 'rauf und 'runter fahrenden **Busse** (***Deuce*** alle 15-20 min rund um die Uhr und ***Strip & Downtown Express SDX*** mit weniger Haltestellen am *Strip* alle 15 min 9-24 Uhr) bieten **keine Tickets für Einzelfahrten**, sondern nur ***All Access*-Pässe** für 2 Std (**$6**), 24 Stunden (**$8**), 3 Tage (**$20**) sowie 30 Tage (**$65**).

Monorail

Eine **Monorail** verkehrt im Osten des *Strip* ab ***MGM Grand*** bis hinauf zur **Sahara Ave** (unweit ***Stratosphere Tower***), allerdings in teils beachtlichem Abstand zu den Kasinos; alle 4-9 min Fr-So 7-3 Uhr, Di-Do bis 2 Uhr, Mo bis Mitternacht; Einzelfahrt $5, Tagespass $12.

Gratis Trams

Drei weitere separate Hochbahnen verbinden **gratis** *Excalibur-Luxor-Mandalay Bay*, *Mirage* und *Treasure Island* sowie das *Bellagio* via *City Center* mit dem *Monte Carlo*.

Monorail

3.1.4 Unterkunft und Camping

Las Vegas verfügt über fast 150.000 Hotelzimmer, aber wenn sich zu den üblichen Besucherscharen auch noch 20.000 Kongressteilnehmer dazugesellen, wird selbst diese Kapazität schon mal knapp.

Fr-Sa

Generell sind Zimmer **Freitag- und Samstagnacht erheblich teurer** als von Sonntag bis Donnerstag und in den populäreren Resorts nicht selten ausgebucht. Das gilt speziell auch für Feiertage wie Weihnachten und Neujahr oder bei Großkongressen (*CES* im Januar usw.). Die **Kasinos** sind zwar daran interessiert, Spieler über ihr Hotel ins Haus zu locken. Das bringt aber in den attraktiveren Palästen auch wochentags nicht zwangsläufig Niedrigstpreise für Übernachtungen mit sich. Im ***Wynn*** oder ***Bellagio*** sind Tarife um die $150 schon ein »Schnäppchen«. Billige Betten (ab $50) gibt's Fr-So heute nur noch abseits des *Strip* in weniger bekannten Häusern (speziell im Bereich Downtown/Fremont Street).

Neuere Kasinoresorts sind oft auch So-Do nicht billig

So-Do

In den Kasinos der Mittelklasse, wenn sie nicht gerade im zentralen Bereich des *Strip* liegen, kann man von **Sonntag bis Donnerstag** jedoch nach wie vor sehr günstig unterkommen, speziell bei nicht stornierbarer Internetbuchung. Kurzfristig sinken die Preise bisweilen noch zusätzlich, wenn die Auslastung gering ist. Selbst komfortable große Räume wie z.B. im ***Luxor***, ***Excalibur*** oder ***New York New York*** sind dann *last minute* für nur $30-$50 zu haben (zuzüglich **ca. 13%** ***Tax*** und ***Resort Fee***, ➤ Kasten unten).

Resort Fees und Parkplatzgebühren

Seit einigen Jahren erheben die Unterkünfte in Las Vegas zusätzlich zum Zimmertarif eine ***Resort Fee*** **($15-$45 pro Tag)**, die der Finanzierung von zusätzlichen Serviceleistungen wie *Wifi*, Tageszeitung, *Fitness Center/Spa*, Flughafen-Shuttle, »Gratis«-Telefonaten etc. dienen soll. Unterkünfte ohne diese Gebühr sind rar geworden: www.lasvegasjaunt.com/resort-fees; alle Angaben ohne *tax* (ca. 13%). Selbst manche einfache Kettenhotels verlangen in Las Vegas *Resort Fee*.

In Wahrheit haben die Eigentümer damit nur eine weitere (versteckte) Einnahmequelle für sich aufgetan. Dasselbe gilt für die **Parkplatzgebühren**, die nach und nach von fast allen Häusern eingeführt wurden. Sie gelten bei den meisten Resorts auch für Hotelgäste und schlagen mit bis zu $20 pro Tag zu Buche. Für das *Valet Parking* durchs Hotelpersonal muss man noch tiefer in die Tasche greifen. Immerhin sind Parkzeiten unter einer Stunde meist gebührenfrei.

Tipp: Am **zentralen *Strip*** gibt es nur wenige **Kasinohotels**, bei denen man noch **kostenlos parken** kann, so Anfang 2020 im *Tropicana*, *Planet Hollywood*, *Treasure Island*, *Venetian* & *Palazzo* sowie – etwas weiter nördlich – in den Komplexen *Circus Circus*, *SLS* und *Stratosphere Tower*. Ihr Fahrzeug gebührenfrei abstellen dürfen auch Kunden der **Einkaufszentren** *Fashion Show Mall*, *Shops at Crystals*, *Miracle Mile Shops* und *Shoppes at Mandalay Place*.

Weitere Infos: www.lasvegasadvisor.com/parking-fees. Unter https://en.parkopedia.com/parking/las_vegas kann man sich außerdem einen Überblick über die Parkplätze am *Strip* (inkl. Kosten) verschaffen.

Blick auf die Kasinohotels aus dem Riesenrad »High Roller«

Preiswerte, stripnahe Unterkünfte

- Nur einen Häuserblock hinter dem *Bally's* bzw. *Paris* befindet sich an der 4178 Koval Lane das ***Ellis Island Casino***, das zur *Super 8*-Kette gehört und wo man manchmal auch an Wochenenden noch akzeptabel und preiswerter unterkommen kann (ggf. mit *Discount Coupon*, ➤ Seite 157). Eine hauseigene **Minibrauerei** mit gutem Restaurant (*Steak Specials* ab $7,99) ist ebenfalls vorhanden; ✆ (702) 794-0888, www.ellisislandcasino.com.

Zahlreiche weitere Hotels ohne Kasino liegen preislich innerhalb ihres auch anderswo üblichen Rahmens, passen aber die Effektivpreise der jeweiligen Buchungssituation »flexibel« an. **Preiswerte Motels der Einfachkategorie** stehen am Südende des *Strip* und zwischen der Sahara Ave und Downtown.

Wichtig: Sofern diese nicht zu den bekannten Ketten gehören (*Americas Best Value, Motel 6* etc.) sollte man sie nur **nach Inaugenscheinnahme der Zimmer** buchen!

Jugendherbergen

- Östlich von Downtown wurde das ***Las Vegas Hostel*** in einem ehemaligen Motel untergebracht. Betten kosten saison-/tagesabhängig ab $15, Doppelzimmer mit eigenem Bad ab $50; mit Pool, Klimaanlagen, *Wifi* etc., aber in nicht besonders guter Lage; 1322 Fremont St; ✆ (702) 385-1150, www.lasvegashostel.net.
- Etwa 1 mi weiter südlich und unweit des *Art District* steht das ***SinCity Hostel***; gutes Leser-*Feedback*; Betten ab $13; 1208 South Las Vegas Blvd; ✆ (702) 868-0222, www.sincityhostel.com.
- Noch ein wenig weiter unten am 1236 Las Vegas Blvd in unübersehbarer Nachbarschaft zum *Stratosphere Tower* wartet noch das ***Hostel Cat*** auf Gäste und verlangt ab $19/Person im Mehrbettzimmer und ab $40 fürs EZ/DZ; an Wochenenden steigen die Tarife entsprechend; ✆ (702) 380-6902, www.hostelcat.com.

Camping in Las Vegas

Las Vegas hat eine ganze Reihe komfortabler Campingplätze, überwiegend reine *RV Parks* und nur einer davon am *Strip*.

Der ***Circus Circus RV Park*** ist der **optimaler *Campground*** für den ***Strip*-Besuch**, vor allem spät abends! Denn dann verkehren – wenn überhaupt – zu weiter weg liegenden Campingplätzen nur noch sporadisch Shuttle-Busse, so dass man wahrscheinlich nur mit dem Taxi zurück zum Wohnmobil kommt.

Die Einfahrt erfolgt ab dem Las Vegas Blvd, dann Circus Circus Drive oder Industrial Rd. Der *RV Park* besteht aus einer riesigen Asphaltfläche mit eng beinander liegenden Stellplätzen, einer der besten ist die **#52** (relativ groß, kleine Rasenfläche in Einfahrtnähe; vorab Karte anschauen: »*RV Park Map*« auf der Webseite anklicken). Duschen, WCs und Waschvorrichtungen sowie saisonales Schwimmbecken und Whirlpool; *full hook-up* So-Do $31-$36, Fr+Sa $46-$53; Reservierung unter ✆ 1-800-444-2472 bzw. www.circuscircus.com/las_vegas_hotel/rv_park.aspx.

Folgende Plätze befinden sich am bzw. unweit des Boulder Hwy:

- ***KOA at Sam's Town***, 5225 Boulder Hwy, günstige RV-Tarife ab $30 für *full hook-up*; ✆ 1-800-562-7270, www.koa.com.
- ***Arizona Charlie's Hotel & RV Park*** mit Platz für gut 200 Wohnmobile am 4575 Boulder Hwy (I-515/#95/#93, Abfahrt 70); *full hook-up* kosten $32-$36 und einfache DZ ab ca. $65; ✆ 1-800-362-4040; www.arizonacharliesboulder.com/RV-Park
- ***Las Vegas RV Resort***, 3890 South Nellis Blvd; *full hook-up* ab $32; große, gute Anlage, aber Kinder sind dort nicht erlaubt (*adults only!*); ✆ 1-866-846-5432, www.lasvegasrvresort.com.

Das riesige ***Oasis RV Resort*** mit allen Schikanen samt Golfplatz und palmengesäumtem Pool liegt südlich des *Strip* an der 2711 West Windmill Lane (*Exit* 33 von der I-15); So-Do ab $47, sonst $52-$62; ✆ 1-800-566-4707, www.oasislasvegasrvresort.com.

Red Rocks

Etwa 20 mi vom *Strip* entfernt unterhält das *BLM* einen ***Campground*** in der ***Red Rock Canyon Nat'l Conservation Area***, ➤ Seite 443. Wegen der höheren offenen Lage ist es dort abends kühler als in der Stadt, aber im Sommer trotzdem zu heiß und dann meistens von Juni bis September geschlossen. Die Zelt- und RV-Plätze ($15) können reserviert werden; Toiletten, aber keine Duschen; www.redrockcanyonlv.org/camping-at-red-rock-canyon.

Camping am Lake Mead

Ebenfalls ruhig und ohne *hook-up* campt man ab $10 am **Lake Mead** (➤ Seite 445) auf dem ***Boulder Beach Campground***, ca. 6 mi östlich von Boulder City in Seenähe zwischen viel Grün; www.riverlakes.com/boulder_beach_campground.htm.

Wem das Übernachten dort (vor allem bei Hitze) zu unkomfortabel ist, findet im nahen ***Lake Mead RV Village*** einen bequemeren Platz mit Wasser- und Stromanschluss; 268 Lakeshore Dr (zweigt beim ***Visitor Center*** der *Lake Mead National Recreation Area* von der Straße #93 ab), $34-$50 mit *hook-up*; ✆ (702) 293-2540, www.lakemeadrvvillage.com/boulder-beach.

Weiter nördlich existiert an der *Las Vegas Bay* noch ein Platz nur für Zelte, Zufahrt auch über den Lake Mead Pkwy/Straße #564.

Black Jack Table mit Showgirl

3.1.5 Kasinos und was dazu gehört

In den Kasinos

Glücksspiel, Show und *Entertainment* dominieren die Stadt. Einmal **im Inneren der Kasinos** wird man feststellen, dass sich die riesigen Spielsäle im Prinzip kaum voneinander unterscheiden, nur die Deko passt sich dem jeweiligen »Thema« an (Paris usw.).

Es überwiegen ***Slot Machines*** (»einarmige Banditen«), außerdem werden ***Poker***, ***Blackjack*** (17 und 4), ***Baccarat*** und ***Roulette*** gespielt. Für die meisten undurchschaubar ist das Würfelspiel ***Craps*** an langen Tischen mit einer Mannschaft von gleich **4 Croupiers**. Nur die Anordnung der Stuhlreihen für ***Keno*** – eine Art Lotto mit laufenden Ziehungen und schlechten Chancen – und ***Bingo*** differiert. Kurz, es ist letztlich egal, wo man spielt oder anderen über die Schulter schaut. Spielen darf in Kasinos übrigens erst, wer das **21. Lebensjahr vollendet** hat!

> Kinder/Jugendliche unter 21 dürfen nicht zu den Spielautomaten/-tischen

Manche Kasinos locken Besucher mit Gutscheinen für kostenlose Spielchips, Bier oder Cocktails für $1 und manches mehr in ihre Häuser. Preiswerte Mahlzeiten oder *free drinks* bekommt man aber oft auch ohne *Coupons*, und der mitunter gebotene Gratisgriff an spezielle *Slots* für *Coupon*-Inhaber lohnt selten das Anstehen.

Das leibliche Wohl

Ob es nun ein *Steak Special* (➤ Seite 425) oder gesunde Kost von der *Salad Bar* sein soll, in Las Vegas ist das Sattwerden eines der geringsten Probleme. Werbehefte, Leuchtreklamen und Handzettel weisen den Weg. Zahl- und variantenreich sind die ***Cafeterias*** und sog. ***Food Courts*** in Spielkasinos und Shopping-Arkaden; von *McDonald's* bis zu schicken Bistros ist dort alles vertreten.

All-you-can-eat Buffets

Viele Kasinohotels werben außerdem mit überbordenden ***All-you-can-eat*** *Breakfast-*, *Lunch-*, *Dinner-* oder *Brunch*-Buffets. Relativ preiswert sind sie u.a. im ***Excalibur*** oder ***Golden Nugget*** (abends $25-$30), eine gehobenere Qualität darf man sich im ***Cosmopolitan, Wynn, Bellagio*** oder ***Aria*** erwarten (dort ca. $40-$50).

Neben dem Bacchanal im Caesars Palace und dem Buffet at Bellagio zählt das Wicked Spoon im Cosmopolitan zu den populärsten All-you-can-eat-Buffets der Stadt

Exzellent ist das ***Seafood Buffet*** im ***Rio*** an der Flamingo Rd abseits des *Strip* nahe I-15. Und im ***Flamingo Hilton*** mit hübschem *Paradise Garden* gibt's *unlimited* (!) *drinks* zum *Brunch* (ca. $25).

Eine gute Gesamtübersicht (mit Öffnungszeiten und aktuellen Bewertungen) der beliebtesten Las Vegas Buffets liefert das deutschsprachige Portal www.vegas-online.de/buffets.htm.

Die Preise können stark variieren, an Wochenenden besonders zu Ferien- oder Messezeiten schnellen sie schon mal gewaltig in die Höhe. Dann zahlt man z.B. im (*Caesars*) *Bacchanal Buffet* mitunter über $70/Person (exkl. Steuern) und für dieses kostspielige Vergnügen muss man auch noch stundenlang auf den Einlass warten, denn ab 18/19 Uhr bilden sich gerne lange Schlangen vor den Buffets.

Tipp der Autoren

In einigen Häusern wird keine Pause zwischen Mittags- und Abendbuffet eingelegt und auch das Angebot unterscheidet sich oftmals kaum. Wer also hinsichtlich Essenszeiten flexibel ist, kommt dort kurz vorm *Lunch*-Ende noch 'rein und spart auf diese Weise Geld und Warterei. Beim ***Caesars Bacchanal-Buffet*** zahlt man wochentags so $15 weniger pro Person. Es ist eines der teuersten Buffets der Stadt und das Angebot entsprechend – von Meeresfrüchten (Austern, Krabben etc.), feinem Sushi bis hin zum *Wagyu*-Rind-Burger.

Restaurants

Angesichts mancher Buffetpreise ist man in einigen guten (und teuren) Kasino-Restaurants keinesfalls schlechter aufgehoben. Sie überzeugen mit oft origineller Ausstattung, vor allem in den Resorts der neuen Generation wie ***CityCenter***, ***Cosmopolitan***, ***Wynn***, ***Venetian***, ***Bellagio*** oder ***Paris***. Attraktiv ist immer noch ***Caesar's Palace*** und auf dem ***Stratosphere Tower*** gibt es in 250 m Höhe das ***Top-of-the-World-Restaurant***. Für Veganer geht nicht über das ***All Vegan Truth & Tonic*** im *Venetian*-Kasinohotel.

In den auf ➤ Seite 422 genannten Info-Magazinen findet man jede Menge Werbung auch für Restaurants außerhalb der Spielkasinos. Originell sind u.a. das **Hofbrauhaus** (*It's Oktoberfest every day*) an der 4510 Paradise Rd/Ecke Harmon Ave und das verrückte ***Dinner***

»You must be playing!« – Gratis-Drinks in den Kasinos

Für (erkennbar aktive) Spieler gingen früher in den *Strip*-Kasinos die **Getränke grundsätzlich auf Kosten des Hauses**. Heute ist das vielerorts nicht mehr so. Nur wenn es sich lohnt, den Gast bei Laune zu halten, gibt es etwas umsonst. Auf einem Leuchtpult im »Hinterkämmerchen« bekommen die Service-Kräfte angezeigt, welcher Spielautomat gut »gefüttert« wird. Dort schauen sie dann auch regelmäßig vorbei und natürlich überall, wo das Trinkgeld üppig ist (**$2 *Tip* pro *free drink*** wird so in etwa erwartet!). Anders an den Spieltischen, dort zählen die »gratis« Getränke nach wie vor zum guten Ton, ordentlich *Tip* kosten sie aber allemal.

in the Sky an der 2800 W Sahara Ave (eine Restaurantplattform wird am Krankabel in 250 m Höhe geliftet). Dort genießt man *Open-air* für 25 min *Drinks & Dinner*; www.dinnerintheskylv.com.

Bars & Nightclubs

An den Kasino-Bars kann man sich seinen Drink bestellen und bezahlen oder als aktiver Spieler darauf warten, dass der Drink auf Kosten des Hauses kredenzt wird (➤ Kasten oben).

Zu jedem besseren Kasinopalast gehört auch zumindest ein Nachtclub, wo es erst spät abends richtig abgeht. Derzeit besonders angesagt sind u.a.:

- ***Hakkasan*** im *MGM*, www.hakkasannightclub.com
- ***Marquee*** im *Cosmopolitan*, www.marqueelasvegas.com
- ***Drai's*** im *The Cromwell*, www.draisgroup.com/las-vegas
- ***1 OAK*** im *Mirage*, www.1oaklasvegas.com
- ***Jewel*** im *Aria*, www.jewelnightclub.coml
- ***Omnia*** im *Caesars*, www.omniaclubs.com/las-vegas
- ***Light*** im *Mandalay Bay*, www.thelightvegas.com.

Die weltberühmte »Blue Man Group« tritt mit ihrem Programm allabendlich im Luxor Casino auf; im Foto indessen ihr »Auftritt« im Madame Tussauds Wachsfigurenkabinett (beim The Venetian)

3

Heiraten in Nevada

Das Gesetz verlangt, dass beide Partner mindestens 18 Jahre alt sind und dies durch eine ***Identification***, also bei USA-Besuchern den Reisepass, unter Beweis stellen müssen. Dann steht der umgehenden Ausfertigung einer ***Nevada Marriage License*** für $77 nichts entgegen. Sie ist täglich 8-24 Uhr erhältlich im ***Clark County Marriage Bureau***, 201 Clark Ave, © (702) 4671-0600; Info: www.clarkcountynv.gov/clerk/services/Pages/how-to-get-a-marriage-license.aspx. Man kann die Bewilligung auch vorab online beantragen unter http://mlic.vegas. Beide Partner müssen aber – immerhin – noch persönlich im *Marriage Bureau* erscheinen und unterschreiben. Mit der »Heiratslizenz« geht man zu einer beliebigen ***Wedding Chapel*** (etliche sind sogar in Kasinos integriert), wo der Bund fürs Leben je nach Ausstattung ab $90 (***Drive-Thru***, sonst teurer) plus Spende für den *Reverend*, den Pfarrer, besiegelt wird. Selbst Trauzeugen werden bei Bedarf mitgeliefert. Die meisten *Chapels* in Vegas sind »rosarot & weiß«. Anders die ***Little Church of the West*** am südlichen Ende des *Strip*, sie wurde 1942 aus kalifornischem *Redwood*-Holz errichtet (www.littlechurchlv.com).

Wer die Gültigkeit der Eheschließung zu Hause anerkannt wissen möchte, muss sich zunächst eine beglaubigte Kopie des registrierten Trauscheins (***Certified Copy of Marriage Certification***) im *Clark County Recorder's Office* besorgen. Dieses Dokument schicken Deutsche und Österreicher an den *Nevada Secretary of State* in Carson City und erhalten nach ein paar Wochen eine Beglaubigung der rechtmäßigen Heirat, die sog. ***Apostille***. Schweizer wenden sich hierfür an das Konsulat in San Francisco. Es gibt auch einige *Chapels*, die – gegen Gebühr – alle Formalitäten für das Brautpaar erledigen. Am besten vorher fragen!

Viele Standesämter in Deutschland und Österreich verlangen zusätzlich eine (wiederum) beglaubigte Übersetzung von Heiratsurkunde und *Apostille* durch einen vereidigten Dolmetscher. Im Internet findet man alle Details auch in deutscher Sprache auf vielen Websites: einfach »*Las Vegas Wedding*«, »*Las Vegas Marriage License*« googlen. *Up-to-date* wird man auf Deutsch u.a. informiert unter: http://blog.synnatschke.de/usa/heiraten-in-las-vegas.

Wer sich Bürokratie und eigene Organisation ersparen möchte, bucht das Las Vegas-Hochzeitspaket bei deutschen Profis: www.heirateninlasvegas.com. Man kann sich dort auch in freier Natur z.B. im ***Valley of Fire*** (➤ Seite 446) oder bei der ***Bonnie Springs Ranch*** im *Western Outfit* (➤ Seite 443) das Ja-Wort geben.

Angeblich werden alljährlich an die 120.000 Paare aus aller Welt in Las Vegas getraut. Weitere bevorzugte Standorte kommerzieller Hochzeitskapellen im US-Westen sind **Reno** und die Nevada-Orte am **Lake Tahoe**.

Hier eine Drive-thru-Chapel am oberen Strip, wo die Paare noch nicht einmal aussteigen müssen, um den Bund fürs Leben zu schließen

Show-abschluss des Cirque du Soleil

Day Clubs

In den letzten Jahren haben sich zudem ***Day Clubs*** etabliert. Was man sonst nur aus Nachtclubs kannte, findet nun schon tagsüber rund um die Hotelpools statt. Solche Poolpartys werden oft durch *Celebrities* wie die *Kardashians, Rihanna, Jay-Z* u.a.m. gehostet. Zu den besten zählen ***Ditch Fridays*** & ***Ditch Saturdays*** im *Palms Casino*, ***Daylight Beach Club*** im *Mandalay Bay*, ***Tao Beach*** im *Venetian*, ***Wet Republic*** im *MGM Grand* und ***Encore Beach Club*** im *Encore at Wynn*; alle geöffnet meist Do/Fr-So.

Las Vegas Shows & Nachtleben

Für **bekannte Shows** wie David Copperfield & Nachfolger, *Cirque du Soleil*-Produktionen (*»Michael Jackson ONE«* und diverse andere), Jennifer Lopez oder die *Blue Man Group* muss man meist tief in die Tasche greifen und lange im Voraus buchen – im Internet, beim Reiseveranstalter oder auf ***Tix4Tonight*** hoffen, ➤ unten.

Vorstellungen ohne Reputation und illustre Namen kosten ab $25 als ***Cocktail Show*** (später Nachmittag) oder ***Late Night Performance*** (Beginn ab 22 Uhr). Hauptshows um 19/21 Uhr sind teurer. ***Dinner Shows*** gibt es kaum noch mit Ausnahme des ***Tournament of Kings*** im *Excalibur* (➤ Seite 438). Die Platzanweiser erwarten ein ebenso königliches Trinkgeld: ab *$5 »per Party«*!

Vor Ort gibt es Showtickets zu – manchmal bis über 50% – herabgesetzten Preisen täglich ab 10 Uhr bei ***Tix4Tonight*** (© 1-877-849-4868; www.tix4tonight.com) mit etlichen Standorten am *Strip* und in Downtown, u.a. in der *Fashion Show Mall* und vor dem *Planet Hollywood Casino*. Für *Special Deals* und aktuelle Sonderangebote lohnt sich ein Blick auf das Portal www.vegas.com/deals.

Überraschend für eine Stadt wie Las Vegas ist das Schattendasein »härterer« Abendunterhaltung am *Strip*. Zwar gaukeln Werbung und gratis allerorten ausliegende einschlägige Magazine ein erotisch aufregendes **Nachtleben** vor, aber nur eine Handvoll sog. ***Gentlemen's Clubs*** existiert in der engeren Umgebung des »sauberen« *Strip*, wo in den spätabendlichen Shows der Kasinos »schlimmstenfalls« auf einigen Bühnen oben ohne oder in hautfarbenen Trikots getanzt wird. Die meisten *Gentlemen's Clubs* liegen an der Industrial Road zwischen *Strip* und I-15, davon sind etwa 2/3 *topless* und nur 1/3 auch *bottomless*.

3.1.6 Am Las Vegas Strip

Der **spannende Bereich** des heute ansehnlich von Palmen gesäumten 6-8-spurigen **Las Vegas Blvd** zwischen dem *Wynn Resort* im Norden und dem *Mandalay Bay* im Süden ist gute **3 km lang**. Abgesehen vom *Circus Circus* und *SLS Casino*, die so etwas wie eine nördliche Vorhut der Glitzermeilen bilden, steht auch der *Stratosphere Tower* 1,5 km vom eigentlichen *Strip*-Beginn entfernt und ist am besten per Auto, Bus oder Taxi/*Uber*/*Lyft* zu erreichen.

Stratosphere Tower

www.stratospherehotel.com

Das Aussichtsdeck des 350 m hohen ***Stratosphere Tower*** bietet einen weiten Blick über die Stadt und die umliegende Wüstenlandschaft (toll zum **Sonnenuntergang**!). Die freie Sicht auf den südlichen Teil des *Strips* wird allerdings seit Jahren durch neuere Hochhäuser verdeckt und Stative sind nicht erlaubt. Die Auffahrt zum sog. ***SkyPod*** kostet Mo-Do 10-1 Uhr $20 und Fr-So 10-2 Uhr $25.

Wer den ganz besonderen Kick sucht, der baumelt oben im ***Insanity***, einer Art Karussell mit Schwenkarmen, weit über den Rand der Plattform hinaus. Mit dem ***Big Shot*** kann man sich 45 m höher katapultieren lassen und für Sekunden den freien Fall erleben. Und wer bis dahin nicht ausreichend *Thrills* (Schrecken) erfahren hat, bucht vielleicht anschließend noch ***X-Scream***, in dem die Passagiere schräg abwärts über die Balustrade kurz in die Tiefe rasen. Sofern man kein Kombiticket inkl. Turmauffahrt hat, kostet jeder dieser *Thrill Rides* extra. Die Waghalsigsten toppen ihr *Stratosphere*-Erlebnis mit einem *Bungee*-Sprung in die Tiefe (***Skyjump*** für $120).

Wynn/Encore

www.wynnlasvegas.com

Der Kasinokomplex ***Wynn & Encore*** setzte bei seiner Fertigstellung 2005 neue Maßstäbe: Er war mit $2,7 Mrd. Baukosten seinerzeit das teuerste Hotel der Welt. Luxus wohin man blickt, selbst ein $50 Mio-Gemälde von Pablo Picasso hing einst in der Lobby. Eine geschwungene Rolltreppe führt zur ***Parasol Down Bar*** mit Blick auf einen Wandwasserfall und den ***Lake of Dreams***, über den abends eine spektakuläre Lasershow projiziert wird. Eine Runde Golf spielen kann man dort auch als Nicht-Gast – mit Reservierung und dem nötigen Kleingeld, versteht sich.

Eine Fußgängerbrücke verbindet diese Resorts der Luxus-Superlative mit der ***Fashion Show Mall*** auf der anderen Seite des *Strip*.

Stratosphere X-Scream lässt die Passagiere in 270 m Höhe an einem Ausleger über den Rand der Plattform rollen und nach unten und oben schwenken

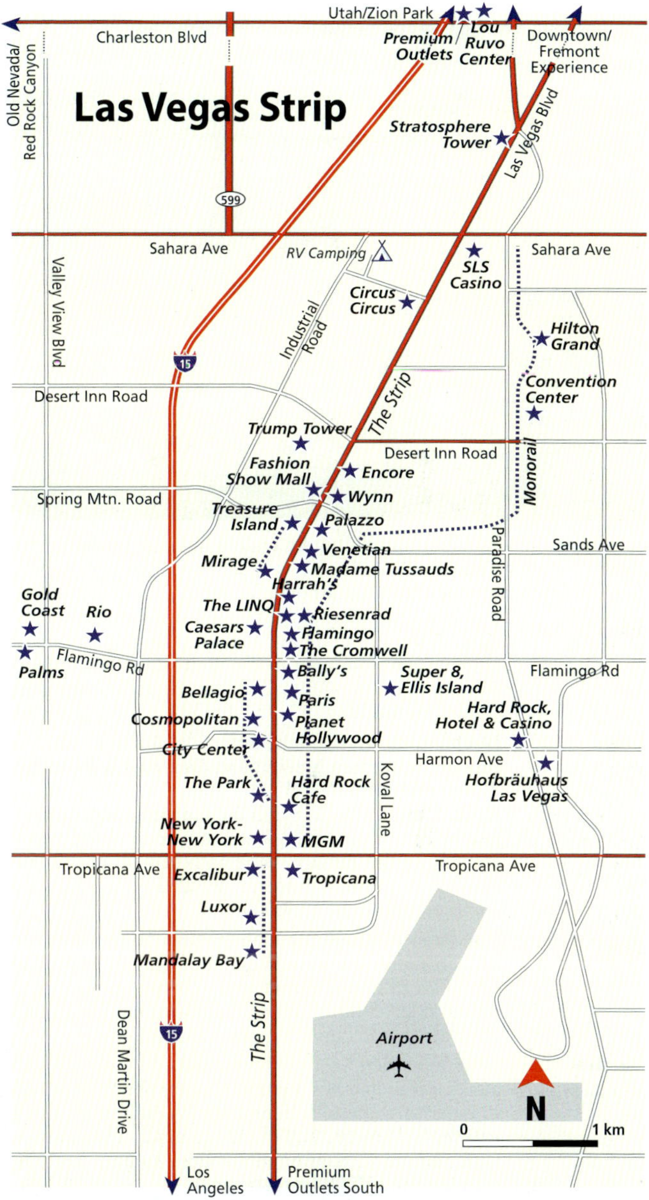
Las Vegas Strip
Utah/Zion Park
Charleston Blvd
Old Nevada/ Red Rock Canyon
Premium Outlets
Lou Ruvo Center
Downtown/ Fremont Experience
599
Stratosphere Tower
Las Vegas Blvd
Sahara Ave
RV Camping
SLS Casino
Sahara Ave
Valley View Blvd
Industrial Road
Circus Circus
15
Hilton Grand
Convention Center
Desert Inn Road
The Strip
Trump Tower
Desert Inn Road
Fashion Show Mall
Encore
Monorail
Spring Mtn. Road
Wynn
Treasure Island
Palazzo
Paradise Road
Sands Ave
Mirage
Venetian
Madame Tussauds
Harrah's
Gold Coast
Rio
The LINQ
Riesenrad
Caesars Palace
Flamingo
The Cromwell
Palms
Flamingo Rd
Bally's
Super 8, Ellis Island
Flamingo Rd
Bellagio
Paris
Hard Rock, Hotel & Casino
Cosmopolitan
Planet Hollywood
City Center
Harmon Ave
The Park
Hard Rock Cafe
Koval Lane
Hofbräuhaus Las Vegas
New York-New York
MGM
Tropicana Ave
Excalibur
Tropicana
Tropicana Ave
Luxor
Mandalay Bay
Dean Martin Drive
15
The Strip
Airport
N
0
1 km
Los Angeles
Premium Outlets South

Gondoliere in der Wüstenstadt, ihr Gesang ist nicht so betörend wie im Original-Venedig, aber die Kulisse in Las Vegas kann sich sehen lassen

Treasure Island
www.treasureisland.com

20 Jahre lang zählte die täglich inszenierte»Seeschlacht« vor dem ***Treasure Island***, einer »Schatzinsel« im karibischen Stil, zu den beliebtesten Gratisshows der Stadt. Die Piratenschiffe in der hoteleigenen *Buccaneer Bay* am *Strip* bleiben vorerst als Nostalgierelikte erhalten. Neue Großattraktion ist nun die Ausstellung ***Marvel Avengers***, wo man in die Welt der Comic-Superhelden (*Captain America*, *Iron Man*, *Hulk* etc.) des gleichnamigen *Blockbusters* eintaucht; $34, Kinder 4-11 Jahre $24; www.stationattraction.com.

Mirage
www.mirage.com

Nachbar von *Treasure Island* ist das ***Mirage***, ehemalige Showheimat des deutschen Magierpaars ***Siegfried & Roy*** und ihrer weißen Tiger. Seit dem Unfall 2003 gibt es die Show nicht mehr, man kann dort nur noch durch die parkartig begrünten und blumenprächtigen Fluchten des Kasinos (*Tropical Rainforest*) bummeln. Für den besten Bereich, dem nach den Magiern benannten *Secret Garden & Dolphin Habitat,* werden satte $22 Eintritt verlangt; geöffnet täglich 10-17.30 Uhr.

Vor dem riesigen Komplex bricht ein **Minivulkan** rotglühend aus, täglich meist 20, 21 und 22 Uhr (gratis). Meterhohe Flammen schießen in den Himmel und »flüssige Lava« ergießt sich zum donnernden Sound aus 60 Lautsprechern in den umgebenden ebenfalls pyrotechnisch aufbereiteten See.

Venetian
www.venetian.com

Gegenüber den Kasinos *Treasure Island/Mirage* gleiten Gondeln auf den Kanälen des ***Venetian*** unter der Rialto-Brücke hindurch in einen stilechten italienischen Palast hinein. Auch der ***Campanile*** fehlt da nicht, und die Shops sind – ebenso wie in Venedig – vom Feinsten. Zusammen mit dem *Palazzo* kommt dieser Komplex auf über 7.000 Hotelzimmer.

Neu in Las Vegas ab 2020/2021: Im Bau befindet sich das ***Allegiant Stadium*** (65.000 Sitze), eine Konzert- und *Nat'l Football League*-Megaarena westlich des *Mandalay Bay*, sowie die ***MSG Sphere*** mit 150 m Durchmesser östlich des *Venetian*. Im Inneren dieser Kugel soll ein Multimedia-Raum der Superlative für 18.000 Besucher entstehen und von außen wird sie nachts wie unser Heimatplanet aus dem Weltraum leuchten – ein neues Highlight für die Skyline!

Madame Tussauds

www.madametussauds.com/lasvegas

Beim *Venetian* steht auch ***Madame Tussauds***, ein alles andere als langweiliges Wachsfigurenkabinett. Im interaktiven ***Marvel 4D Theater*** bewahren die Comic-Superhelden Las Vegas vor der Zerstörung – Spezialeffekte, Wasser und Wind inklusive. Sieben Themenwelten widmen sich der Prominenz aus Film, TV, Musik, Sport und Politik. Beliebte Motive für Souvenirfotos sind die auf ihrem »*Wrecking Ball*« sitzende Sängerin **Miley Cyrus**, die in Abendgarderobe gekleideten und nur noch dort dicht nebeneinander stehenden *Hollywood*-Stars **Angelina Jolie & Brad Pitt** und die im funkelnden Goldkleid ihr Mikrofon in die Höhe streckende Las Vegas-Ikone **Céline Dion**. Ein neuerer Zu»wachs« ist R&B- und Pop-Sängerin **Beyoncé** – man bleibt in Vegas stets am Puls der Zeit! Täglich 10-21 Uhr; Eintritt $30/$20, ordentlich Rabatt mit *Coupon* oder online: www.madametussauds.com/lasvegas.

Caesars Palace

www.caesars.com

Obschon in die Jahre gekommen, kann der römischen Palästen nachempfundene Bau von ***Caesars*** von 1966 immer noch innen wie außen mit neueren Attraktionen mithalten. Insbesondere die hauseigenen auf 90.000 m^2 erweiterten ***Forum Shops*** mit 150 Edel-Geschäften und Restaurants erfreuen sich großer Beliebtheit. Ein echtes Highlight unter den Vegas-Shows ist ***Absinthe*** im ***»Spiegeltent«*** (»Zirkus«-*Comedy* ab $107; erst ab 18 Jahre); https://spiegelworld.com/.

Zu den schönsten Badelandschaften der Stadt zählt zweifelsohne die luxuriöse, 20.000 m^2 große ***Garden of the Gods Pool Oasis***. Der *Venus Pool Club* erlaubt sogar »europäisches« *topless bathing* (täglich 8-20 Uhr; gegen Gebühr auch für Nicht-Hotelgäste). Erholung und Wellness pur sind nebenan im ***Qua Baths & Spa*** in der 2. Etage des *Augustus-Tower* angesagt.

Gleich gegenüber befindet sich die ebenfalls zur *Caesars*-Gruppe gehörenden Shopping- und Vergnügungsmeile ***The LINQ*** mit einer verwegenen ***Zipline*** 38 m oberhalb der Promenade ($30-$40). Im Hintergrund dreht das (derzeit) höchste Riesenrad der Welt seine Runden. Der Blick aus den verglasten, kugelförmigen »Gondeln« des ***Las Vegas High Roller*** (168 m) ist nicht ganz billig: Tickets tagsüber $25, abends $37; online billiger.

Bellagio
www.bellagio.com

Südlich der Flamingo Road steht das ***Bellagio*** mit einer geräuscharmeren Variante der Spielsäle und einem großen See direkt am *Strip*, wo zu meist klassischen Klängen alle 15-30 min bis Mitternacht anmutige Fontänen abwechslend 'zig Meter in die Höhe tanzen. Wer im (gehobeneren) *Bellagio* absteigt, sollte sich einen *Premier Fountain View Room* gönnen. Grandios ist auch der Blick auf das »Wasserballett« abends vom Eiffelturm des *Paris* (➤ unten). Eine Fontäne der etwas anderen Art lockt Besucher in die ***Jean Philippe Patisserie*** im ***Spa Tower***: ein 8 m hoher Schokoladenbrunnen, bei dem fast zwei Tonnen flüssige Schokolade kaskadenartig herabfließen. Beliebte Fotomotive sind außerdem die bunte »***Fiori di Como***« *Chihuly*-Glasdecke bei der Lobby sowie der Wintergarten ***Bellagio Conservatory & Botanical Gardens***, der vor Blütenpracht schier überquillt (Eintritt frei).

Bally's
www.caesars.com/ballys-las-vegas

Südlich des *Lifestyle*-Hotels ***The Cromwell*** breiten sich vor dem ***Bally's Casino*** die ***Grand Bazaar Shops*** aus mit wellenförmigen Dächern voller bunter Mosaike und über 120 Shops, Restaurants und Bars. Prachtstück ist der *Swarovski Crystal Starburst*, ein Turm über dem gleichnamigen *Shop* mit greller, allabendlicher *Sound- & Lightshow*. Für weniger empfindliche Gemüter gibt es im *Bally's* noch plastinierte Leichen als ***Real Bodies*** zu sehen ($30/$20).

Paris
www.parislasvegas.com

Gleich nebenan ragt beim ***Paris*** der **Eiffelturm** empor, zwar nur in einer 50%-Version, aber dennoch ziemlich eindrucksvoll. Vom **Aussichtsdeck** ($16, abends $22; mit *Coupon* billiger) oder vom etwas weiter unten angesiedelten **Gourmet-Restaurant** genießt man einen herrlichen Blick auf den *Strip* und die tanzenden *Bellagio*-Fontänen. Es ist einer der besten Plätze um den **Sonnenuntergang** zu erleben (und obendrein preiswerter als der *High Roller*, ➤ umseitig). Ansonsten bietet die »französische Hauptstadt« allerlei Cafés, ein verspielt eingerichtetes *All-you-can-eat*-Buffet und die ***Napoleon's Longue*** mit den sich an zwei Pianos »duellierenden« Sängern.

Planet Hollywood (PH)
www.planethollywoodresort.com

Unmittelbar südlich des *Paris* steht das ***Planet Hollywood Casino*** mitsamt trendigen ***Miracle Mile Shops***, wo man im hinteren Bereich noch Teile des ehemaligen *Aladdin*-Themenhotels erkennt. Rund 170 Läden und Restaurants warten dort auf Kundschaft.

Das komplett verglaste City Center bei Nacht

Live on Stage – die Showgrößen aus dem Rock- und Pop-Business

Kasinoresorts verpflichten immer wieder Stars zu einer längeren sog. ***Residency***, bei denen sie dann mehrfach im Monat mit hauseigener Show auf der Bühne stehen. So »residierte« bereits Elton John 13 Jahre lang und Céline Dion 8 Jahre lang im *Caesars Palace*. 2020 treten dort Sting und Keith Urban auf und Kelly Clarkson ab April im *Planet Hollywood*. Derzeit rockt außerdem Lady Gaga die Bühne des *Park MGM Theater* und Gwen Stefani des *Zappos Theater* im *Planet Hollywood*; beide noch bis mindestens Mai 2020. Überblick aller Shows und aktuelle Zeiten unter: www.vegas.com/shows.

CityCenter
www.citycenter.com

Architektonisch komplett aus dem bisher gewohnten Rahmen fällt der noch relativ neue, ab 2009 errichtete **Hotel- und Kasinokomplex *CityCenter*** mit der Edel-*Mall* ***The Crystals***. Weg von der verspielten *Disneyland*-Architektur mit erschwinglichen Zimmerpreisen hin zu modernen Glaspalästen mit Luxus-Suiten für die dicke Brieftasche ist ein Trend, der sich bereits seit der Jahrtausendwende abzeichnete und sich nach der zwischenzeitlichen Krise, die auch Las Vegas erfasste (➤ Seite 419), fortzusetzen scheint. Energieeffizienz und Recycling werden hier großgeschrieben, das Gebäudeensemble gehört zu den »grünsten« weltweit.

Aria Hotel
www.aria.com

Allgegenwärtig im modernen *CityCenter*-Hochhauskomplex ist die **Kunst im öffentlichen Raum**, allen voran im 61-stöckigen ***Aria***. Dort begrüßt der Colorado als überdimensionale Skulptur ***Silver River*** hinter der Rezeption die neuen Hotelgäste.

Cosmopolitan
www.cosmopolitan.com

Nebenan lockt das ***Cosmopolitan Casino*** von 2010 mit der spektakulären, 3-stöckigen ***Chandelier Bar*** und einem nicht minder beeindruckenden, verspiegelten ***Lobby*-Bereich** mit ständig wechselnden, toll inszenierten beweglichen Bilden. Spät am Abend drängen sich kurzberockte *Girls* in *High Heels* vor dem angesagten Nachtclub *Marquee*. Passend dazu steht am Kasinoeingang ein überdimensionaler ***High Heel*** – neben der *Lobby* das beliebteste Fotomotiv dieses Hotels.

High Heel im Cosmopolitan

Sehr schön ist auch die freie (!) Sicht auf den *Strip* und die *Bellagio*-Show von den Zimmern an der **Nordseite des Ost-Turms**. Wo anderorts in Vegas den Gast nur eine von oben bis unten geschlossene Fensterfront erwartet, darf man im *Cosmopolitan* in luftiger Höhe auf einen eigenen Balkon hinaus und im gemütlichen Liegesofa relaxen. Besonders toll nach Sonnenuntergang, sofern man den Abend nicht im »***Rose. Rabbit. Lie.***« ausklingen lässt, dem *Social Club* des *Cosmopolitan* mit innovativer *Nocturne-Show*.

Park MGM

www.parkmgm.com

Das ehemalige *Monte Carlo Casino* wurde generalüberholt; seit dem Frühjahr 2018 gehören 2.700 Zimmer zum neuen ***Park MGM*** und knapp 300 zu einem zweiten Kasinohotel (***NoMad***). Das Herzstück der Luxus-Anlagen ist die acht Hektar große, **grüne Parkanlage** mit nachts toll beleuchteten Kunstinstallationen und einem ***Beerhaus*** mit über 20 Biersorten *on tap* (vom Fass), darunter auch *craft beer* von kleineren lokalen Brauereien.

Die ***T-Mobile Arena*** mit 20.000 Sitzplätzen am westlichen Ende des Parks dient als Austragungsort von Sport-Events (Boxkämpfen, etc.), Misswahlen sowie Rock-, Pop- und Country-Konzerten.

14 Jahre war Super-Magier Lance Burton das Aushängeschild des Kasinos. Heute sorgen im neu renovierten ***Park Theater*** Musikgrößen wie Lady Gaga, Cher oder Bruno Mars regelmäßig für Unterhaltung; www.theparkvegas.com/en/entertainment.html.

New York New York

www.newyorknewyork.com

Der Komplex ***New York New York*** auf der südlichen Seite von *The Park* (Ecke Tropicana Ave) wird von einer schon älteren, ruckeligen **Achterbahn** umrundet. Eine 75%-Replika der **Freiheitsstatue** und eine 100 m lange ***Brooklyn Bridge*** sind die Zutaten zur *Skyscraper*-Kulisse. Die Gäste übernachten im *Empire State Building* und anderen bekannten Hochhäusern oder feiern bis in die frühen Morgenstunden auf der Parterre-Ebene im *Coyote Ugly Saloon* oder einer der vielen anderen Kneipen.

Excalibur

Noch weniger als das *Treasure Island* verheimlicht das burgartige ***Excalibur*** die Anleihen bei *Disneyland.* Beim dort abends stattfindenden ***Tournament of Kings*** sind in erster Linie die reiterischen Leistungen erwähnenswert, das mittelalterliche Speisen ist eher Nebensache; $45, **mit 3-gängigem *Dinner*** $56; Reservierung unter © (702) 597-7600 bzw. www.excalibur.com.

New York, New York mit Achterbahn rund um den Komplex

Hinter dem schwarzen Glas der Pyramide verbergen sich die schrägen Zimmer des Luxor Hotels ganz im Süden des Las Vegas Strip

MGM

Diagonal gegenüber dem *Excalibur* sitzt der ***MGM*-Goldlöwe** vor einem Palast enormen Ausmaßes; www.mgmgrand.com. Publikumsmagneten sind die ***Wet Republic***, eine »Ultrapool«-Badelandschaft mit Partystimmung (Zutritt ab 21 Jahren, auch für Nicht-Hotelgäste), der **Mega-Nachtclub *Hakkasan*** mit einer Kapazität für fast 4.000 Gäste sowie die Show ***»CSI: The Experience«***, die auf der auch bei uns laufenden TV-Serie *CSI* basiert. Besucher übernehmen darin die Rolle eines Ermittlers, der unter Einsatz professioneller Methoden eins von drei Verbrechen lösen muss. Bei Erfolg erhalten sie am Ende ein *CSI Diploma*. Täglich 9-21 Uhr; Dauer: 60-90 min; $28, Kinder erst ab 12 empfohlen.

Neben der ***Cirque du Soleil*-Show *»KA«*** sind im *MGM* speziell die bei uns kaum bekannten Performance-Künstler ***Jabbawockeez*** sehenswert. Markenzeichen sind weiße Handschuhe und Masken. Keine andere Combo lässt Bewegung und Musik, *Breakdance* und *Hip Hop* besser miteinander harmonieren; Do-Di 19+21.30 Uhr.

3

Tropicana

Über eine Fußgängerbrücke gelangt man vom *MGM* zum ***Tropicana***, ein *DoubleTree by Hilton*; www.troplv.com. Dort hat sich dank kostspieliger Auffrischung viel getan: Es entstand die große schicke Poollandschaft ***Havana Room & Beach (Day) Club***.

Luxor
www.luxor.com

Die 110 m hohe Pyramide von ***Luxor*** mit der ***Sphinx*** am Eingang und nächtlichem Laserstrahl aus der Spitze heraus ist nach wie vor eines der eindrucksvollsten Bauwerke am *Strip* und ein prima Fotomotiv obendrein. Hinter der verspiegelten Fassade verbergen sich die »schiefen« Hotelzimmer und *Inclinators* (schräg fahrende Aufzüge). Der ***Luxor Sky Beam*** ist so stark, dass er selbst von Piloten, die über der 400 km entfernten Metropole von Los Angeles kreisen, noch wahrgenommen wird.

Ähnlich wie im *Bally's* (➤ Seite 436) zeigt das *Luxor*-Kasinohotel in der Ausstellung ***Bodies*** allerlei mittels Plastination »haltbar« gemachte Leichen. Die in Deutschland unter dem Namen »Körperwelten« bekannt gewordene Art der Präsentation des Künstlers *Gunter von Hagen* ist für manche faszinierend, für andere eher ein Gruselkabinett. Geöffnet täglich 10-22 Uhr; $32/$24.

Fast & Furious – Supersportwagen in Las Vegas

Neben der *NASCAR*-Rennstrecke ***Motor Speedway*** verfügt Las Vegas noch über zwei weitere Parcours, auf denen man selber den Motor eines *Lamborghini*, *McLaren* etc. auf Höchsttouren bringen darf (www.speedvegas.com bzw. www.exoticsracing.com). ***Exotic Driving*** hat den passenden Sportwagen für einen stilvollen Lake Mead-Ausflug (www.exoticdrivingexperiences.com) und ***Shelby America*** südlich des *Mandalay Bay* ein tolles Museum; www.shelbyamerican.com.

Auch *Showacts* dürfen im *Luxor* nicht fehlen: Die weltberühmte ***Blue Man Group*** mit ihren unverkennbaren blauen Masken tritt allabendlich im eigens für diese Performance-Künstler geschaffenen *Blue Man Theater* auf. Ebenfalls ansehenswert und fast schon eine Institution des Hauses sind die *Burlesque*-Shows der ***Fantasy Girls***.

Wer am südlichen Ende des *Strips* Hunger verspürt: Beim Zugang zu *The Shoppes at Mandalay Bay* bietet ***Rice & Company*** chinesische und japanische Spezialitäten. Überhaupt ist die **Gastronomie-Szene** des *Mandalay Bay Casino* etwas besser als anderswo.

Mandalay Bay/Delano
www.mandalaybay.com

Das noble Resort ist mit dem *Luxor* und dem *Excalibur* per Gratis-Hochbahn verbunden und präsentiert eine Strand-/Badelandschaft in tropischer Umgebung mit *Open-air*-Kasino und Oben-ohne-Bereich. Hinter den Spielsälen vesteckt sich das ***Shark Reef***, ein beachtliches **Aquarium** ($25/$19). Über einen Verbindungsgang gelangt man ins trendige ***Delano*** mit luxuriösen Suiten & Penthäusern und jeder Menge ansprechender Kunstinstallationen.

Das berühmte »***Welcome to Fabulous Las Vegas***«**-Schild** (➤ Foto Seite 419) steht südlich des *Mandalay Bay* am Mittelstreifen und übt eine magische Anziehungskraft auf *Selfie*-Touristen aus aller Welt aus. Es herrscht meist großer Andrang mit Warteschlangen!

Gleich nebenan hat der Motorradhersteller ***Harley Davidson*** eine große Handelsvertretung mit Verkauf, Verleih und Präsentationsflächen für die Motorräder, Kleidung und Accessoires der legendären Marke.

Weitere Kasinos am Strip

Die Vorzüge **anderer Kasinos** verblassen im Licht all dieser Attraktionen. Von ihnen ist nur noch das ***Circus Circus*** (www.circuscircus.com) mit dem ***Adventuredome***, einem *Indoor*-Jahrmarkt unter einer rot-violett glänzenden Riesenkuppel erwähnenswert. Tagespass für Achterbahnen, Karussells, 4D-Theater usw. $34, Kinder unter 1,22 m $20.

Elvis lebt! Zumindest in Form zahlloser Doppelgänger, die am Strip um Aufmerksamkeit und ein paar Dollar buhlen

Abends in Downtown Las Vegas: das Golden Nugget Kasinohotel (von 1946) und die Fremont Street »Light & Sound« Show gleich nebenan bzw. oben drüber

3.1.7 Fremont Street, weitere Kasinos und Shopping

Fremont Street Experience

Die Kasinos in **Downtown** (vor allem in der Fußgängerzone der Fremont Street) sind durchweg weniger spektakulär als jene am *Strip*, liegen aber dicht an dicht und bieten im abendlichen Lichterglanz prima Fotomotive. Bei Dunkelheit werden dort jeweils zur vollen Stunde tolle ***Light & Sound Shows*** unter die ganze Dachlänge von ca. 300 m projiziert. Dieses Spektakel existiert schon seit langem und wird kontinuierlich technisch »aufgerüstet«, um Besucher auch nach Downtown zu locken, weg von der übermächtigen *Strip*-Konkurrenz; www.vegasexperience.com.

SlotZilla Zipline

Das gleiche Ziel verfolgt ***SlotZilla*** mit einer normalen *Zipline* ($25) und einer *Zoomline* für Mutige ($45). Diese starten auf der oberen Etage des »weltgrößten Spielautomaten« in 35 m Höhe mit einer Antriebsgeschwindigkeit von ca. 60 km/h und »fliegen« dann ausgestreckt wie *Superman* unterhalb des beleuchteten *Canopy* der Fremont Street; www.vegasexperience.com/slotzilla-zip-line/.

Container Park

Die Verlängerung der Fremont St führt 150 m östlich des *Strips* zum ***Downtown Container Park*** mit Geschäften (u.a. Kunsthandwerk), Bars und Cafés in übereinandergestapelten Containern, die sonst bei Baustellen oder Umzügen Einsatz finden.

Arts District

Zwischen Downtown und *Stratosphere Tower* erstreckt sich beidseitig des West Charlston Blvd der ***Arts District***, ein buntes Künstlerviertel mit auffällig bemalten Hausfassaden und alternativen Läden. Dort findet Ende September das mehrtägige Kunst- und Musik-Event »***Live is Beautiful***« mit großem Staraufgebot statt.

An der 1027 S Main Street beleuchtet ein ***Burlesque-Museum*** die Historie dieser speziellen Form erotischer Shows mit ihrem nur angedeuteten Striptease; geöffnet Di-Sa 10-18 Uhr, So 12-16 Uhr; Eintritt $15/$10; www.burlesquehall.com.

Mob Museum

Im ***Mob Museum*** in der 300 Stewart Ave (zwei Blocks nördlich der Fremont St) wird die Geschichte der Mafia anhand multimedialer Präsentationen und zahlreicher Artefakte lebendig. Große Gangsterbosse wie Bugsy Siegel oder Al Capone stehen ebenso wie ihre Gegenspieler – sonst weniger gewürdigte Strafverfolger wie Edgar Hoover und Joe Pistone – im Rampenlicht. Täglich 9-21 Uhr im Sommer, sonst kürzer; Eintritt $27; www.themobmuseum.org.

La Concha Visitor Center des Neon Boneyard Park

Friedhof der Neonlichter

Über 150 ausgedienten Reklametafeln und Hotelbeleuchtungen wird im ***Boneyard Park*** im Norden der Stadt die letzte Ehre erwiesen; Tickets $30/Person, abends werden auch Führungen angeboten (1/2 Std $24 mit beleuchteten Schildern). Große Rucksäcke und Stative sind dort nicht erlaubt; 770 Las Vegas Blvd North/Ecke Mc Williams Ave; aktuelle Zeiten und nähere Infos unter www.neonmuseum.org.

Kasinos abseits des Strip

Speziell von der I-15 erkennt man gut, dass weitere Kasinos auch abseits des *Strip* stehen, darunter das ***The Orleans*** mit einem ***French Quarter*** an der Tropicana Ave und das ***Rio Hotel*** an der Flamingo Road unweit der *Interstate* mit ***Voodoo Zipline*** zwischen den beiden Hoteltürmen. Toll ist dort auch die ***Voodoo Lounge*** im 51. Stock mit grandiosem Weitblick (*Admission Fee*; Auffahrt mit gläsernem Außenaufzug); www.caesars.com/rio-las-vegas.

The Palms

Das ***Palms Casino*** liegt knapp 2 mi westlich des *Strip* an der 4321 Flamingo Road und gehört zu den wenigen Resorts, die trotz ihrer weniger zentralen Lage bei VIPs, Touristen und Einheimischen gleichermaßen populär sind. Dort begann der »Nachtclub-Trend«. Der ***Apex Social Club*** im 55. Stock erlaubt einen atemberaubenden 360°-Panoramablick auf die *City Skyline*. Im ***Vetri Cucina*** in der 56. Etage wird dazu noch ein Gourmet-*Dinner* serviert.

Shopping Malls

Direkt am *Strip* liegt – in Ergänzung der zahlreichen Einkaufspassagen in den Kasinos – die enorme ***Fashion Show Mall*** mit 250 Läden; 3200 South Las Vegas Blvd; www.thefashionshow.com. Etwas ganz Besonderes sind die ***Forum Shops*** im *Caesars Palace* mit künstlichem Himmel und knapp 150 Geschäften sowie ***The Shops at Crystals*** im *CityCenter* mit über 50 Edel-Läden; www.crystalsatcitycenter.com. Immer angesagt sind auch die trendigen ***Miracle Mile Shops*** des Kasinohotels *Planet Hollywood*.

Outlet Malls

Eine gute Meile südlich der letzten Resorts am Las Vegas Blvd stehen die ***Premium Outlets South*** mit rund 140 Shops. Noch größer sind die ***Las Vegas Premium Outlets North*** nördlich des *Strip* am 875 South Grand Central Pkwy; Zufahrt ab der I-15 auf den Charleston Blvd, dann Grand Central Pkwy. Beide findet man im Internet unter www.simon.com/mall. In der *North Mall* fallen Parkgebühren an (sonst eher unüblich bei *Outlets*).

3.2 Ziele in der Umgebung

Auch das Umfeld von Las Vegas hat einiges zu bieten:

Wasserplanschparks und Red Rock Canyon

Wasserparks

Für Abkühlung an heißen Tagen sorgen zwei citynahe Planschparks: ***Wet'n' Wild*** im südwestlichen Vorort Spring Valley (7055 South Fort Apache Rd nahe I-215/Sunset Road; https://wetnwildlasvegas.com) und ***Cowabunga Bay*** in Henderson (900 Galleria Drive, unweit der I-515/I-11; www.cowabungabayvegas.com).

Red Rock Canyon Nat'l Conservation Area

www.redrockcanyonlv.org

Den ***Red Rock Canyon***, 20 mi westlich von Las Vegas, erreicht man über #159 (Charleston Blvd) oder von Süden über die #160, auf der man zunächst *Bonnie Springs* passiert. Ein 13 mi langer ***Scenic Loop Drive*** führt ab der #159 als Einbahn vorbei an hohen Sandsteinklippen und den weiß-dunkelrot geschichteten ***Calico Hills***; im Sommer 6-20 Uhr geöffnet; *day-use* $15/Fahrzeug bzw. freie Einfahrt mit *Interagency*-Jahrespass. Eine Wildwest-Kulisse wie aus dem Film in unmittelbarer Großstadtnähe! Wer aber ohnehin das *Valley of Fire* (➤ Seite 446) auf dem Programm hat, für den ist der *Red Rock Canyon* kein absolutes »*Must See*«.

Ein ***Visitor Center*** (täglich 8-16.30 Uhr) am Straßenbeginn informiert über das Naturschutzgebiet. Kühle, schattige Schluchten mit vereinzelten Wasserläufen laden zum Wandern ein (auf dem *Icebox Canyon Trail* gelangt man z.B. nach ca. 1,5 km zu einigen nur im Frühjahr schön fließenden Wasserfällen). Auch Kletterfelsen und *Mountain Bike Trails* sorgen für eine rege Frequentierung.

Östlich des *Visitor Center* befindet sich im hügeligen, aber baumlosen Gelände ein einfacher **Campingplatz**; Zufahrt ausgeschildert, ca. 1,3 mi; Zelt/RVs $15; Juni-August meist geschlossen; ➤ Seite 426.

Bonnie Springs

Wer der #159 einige Meilen weiter folgt, gelangt zur ***Bonnie Springs Ranch*** in schöner Lage. Die künstliche *Western Town Old Nevada* besteht aus Restaurant, Saloon, Pferdestall und Motel – ein Ziel in erster Linie für Wildwest-Fans oder mit Kindern; Eintritt inkl. Streichelzoo $10/$7. Der geführte Ausritt in die Umgebung kostet $60 pro Stunde; www.bonniesprings.com.

Blühende Joshua Trees auf der Hochfläche vor den Wänden des Red Rock Canyon

Zum Death Valley National Park

Die Straße #160 nach **Pahrump** ist die Hauptroute von Las Vegas zum *Death Valley Nat'l Park*, ➤ Seite 412ff. Bei Anfahrt direkt aus der Stadt heraus orientiert man sich am besten an der I-15 in Richtung LA (oder aber am Las Vegas Blvd South) und nimmt den *Exit* 33 (Blue Diamond Road/Straße #160). Wer zuerst *Scotty's Castle* besuchen möchte, gelangt schneller auf der #95 über **Beatty** (➤ Seite 417) dorthin, einem Nest mit einer Handvoll **Quartiere**, einem komfortablen ***RV Park***, dem originellen *Sourdough Saloon* und der – bis auf einige Kunstwerke und Skulpturen – weniger spannenden ***Ghost Town Rhyolite*** in der Nähe (➤ Seite 417, ca. 2,5 mi abseits der #374 in Richtung *Death Valley National Park*).

Hoover Dam und Lake Mead Nat'l Recreation Area

Der bereits 1936 fertiggestellte, 223 m hohe ***Hoover Dam***, der den Colorado zum Lake Mead aufstaut, ist die #1-Touristenattraktion außerhalb der Stadt. Er liegt an der **I-11/#93** rund 30 mi von Las Vegas entfernt bzw. 8 mi östlich von **Boulder City**, der einzigen Stadt in Nevada mit Glücksspielverbot. Die Zufahrt zum Damm über die #172 (*Hoover Dam Access Rd*) wird durch ***Security Checks*** mit ggf. längeren Wartezeiten unterbrochen. Wegen seiner Bedeutung für die Stromversorgung von Las Vegas gilt er als ein durch Anschläge potenziell gefährdetes Objekt.

Brücke Hoover Dam Bypass

Eine halbe Meile hinter der Kontrolle passiert man den Parkplatz für die erst 2010 fertiggestellte ***Mike O'Callaghan-Pat Tillman Memorial Bridge***. Von dort führt ein Serpentinenweg zur Fußgänger-Sonderspur der Brücke, die den besten Blick auf den *Hoover Dam* und Lake Mead gewährt. Vor allem die Einbettung des Staudamms zwischen steil aufragenden Canyonwänden macht ihn zur viel fotografierten Sehenswürdigkeit; ➤ Foto rechts. Der für den Bau notwendige Beton hätte für eine Straße von San Francisco bis nach New York gereicht.

Parken

Von dem Parkplatz des *Memorial Bridge Walkway* sind es noch ca. 800 m bergab bis zum **Parkhaus** des Besucherzentrums auf der Nevada-Seite. Es ist kostenpflichtig ($10) und nur für Pkws/SUVs geeignet. Wohnmobile lässt man daher am besten gleich beim Brücken-Parkplatz stehen, oder stellt sie auf der Arizona-Seite ab (dort auf mehreren Ebenen möglich und teilweise auch gratis).

Besichtigung Hoover Dam

Im ***Visitor Center*** ($10) erfährt man alles von der Planung des Damms über den Bau bis zur Situation heute; geöffnet 9-17/18 Uhr. Die hochinteressanten **30-min-Führungen** durch die Katakomben von Staumauer und Kraftwerk finden kontinuierlich statt; 9-15.45 Uhr; $15/$12. Auch ohne eine Teilnahme an diesen *Power Plant Tours* lohnt der Besuch; www.usbr.gov/lc/hooverdam.

Lake Mead NRA

Eintritt $25/Auto $15/Person oder Interagency Jahrespass

Der vom *Hoover Dam* aufgestaute, 185 km lange See ist das »Wasserreservoir« von Las Vegas und bietet als ***Lake Mead National Recreation Area*** ein riesiges Bade- und Freizeitrevier mitten im heißen Wüstenklima. Oder sollte man sagen »bot«? Denn während der letzten Dekaden sank der Wasserstand dermaßen, dass frühere Marinas komplett trockengelegt wurden und ganze Seearme nicht mehr existieren. Ein Schwimmen an den Stränden ist deshalb weitgehend vorbei; www.nps.gov/lake.

Die **Stromerzeugung** am *Hoover Dam* ist nur möglich bis zu einem Pegelstand des Sees von minimal 1050 Fuß über NN. Bereits ab 1075 Fuß treten automatisch **drastische Wassersparmaßnahmen** in Nevada und Arizona in Kraft. Wegen der anhaltenden Dürre näherte sich der Wasserstand in den letzten Jahren mehrfach diesem Tiefstwert – eine beunruhigende Situation, hängen doch vom Wasser des Sees heute rund 30 Mio. Menschen ab.

Northshore Road

Zwischen dem *NRA-Visitor Center* (an der #93 ca. 4 mi östlich von Boulder City; im Sommer bis 18 Uhr, sonst 16.30 Uhr) und Overton am Nordende des Sees verläuft zunächst die *Lakeshore*, dann die ***Northshore Road*** (#167) durch eine ausgedörrte Landschaft. Felsformationen und -farben wechseln mit jeder Meile und vermitteln – vor allem im Licht der Abendsonne – einen kleinen Vorgeschmack auf das, was einem später im *Valley of Fire* (➤ umseitig) erwartet.

Zwei schöne Stopps am Weg zum »Feuertal« sind der ***Northshore Summit*** (500 m kurzer Aufstieg ab dem Parkplatz an der #167 zur Anhöhe mit Rundumblick) und die *Redstone Picnic Area*.

Dank der niedrigen Wasserstände entfernten sich etliche Marinas weit vom Wasser. Einige *Campgrounds* existieren aber noch, so bei der ***Boulder Beach*** (➤ Seite 426) sowie weiter nördlich in der *NRA* bei der ***Callville*** und ***Echo Bay***; Zufahrt jeweils 5-6 mi ab der #167; $20, mit *full-hook-up* $30.

Hoover Dam bei bereits sichtlich reduziertem Wasserstand. Foto aufgenommen von der neuen Brücke aus

Valley of Fire State Park

Die *Northshore Road* führt hinter der *Echo Bay* weiter nach Norden bis zur Ostzufahrt in das sagenhafte ***Valley of Fire***. Deutlich schneller erreicht man diesen *State Park* von Las Vegas aber über die I-15 (vom *Exit* 75 sind es auf der #169 nur noch 11 mi bis zum westlichen Parkeingang). Das Gebiet ist eine Sehenswürdigkeit, für die allein sich schon die Anfahrt von Las Vegas lohnt (ca. 55 mi; Dauer mindestens 1 Stunde). Wer ohnehin auf der I-15 oder der *Northshore Road* unterwegs ist, sollte den kurzen Abstecher ins »Feuertal« auf keinen Fall auslassen; **$10**/Fahrzeug und Tag; http://parks.nv.gov/parks/valley-of-fire-state-park.

Die Straße zwischen den zwei Parkeingängen verläuft in kurvenreichem Auf und Ab vorbei an stark verwitterten Gesteinsformationen, die im Licht der auf- oder untergehenden Sonne feuerrot glühen, aber auch tagsüber ausgesprochen pittoresk sind. Der Parkplatz unmittelbar bei der Osteinfahrt ist zugleich Ausgangspunkt für den kurzen Abstecher zum ***Elephant Rock Arch*** (ca. 200 m). Die Anzahl an Felsbögen – mit einer Öffnung größer als 1,5 m – ist unglaublich, im gesamten *State Park* sollen es knapp 450 sein. Nur wenige Meilen westlich des »Elefanten« informiert das Besucherzentrum des Parks über die Geologie und (präkolumbische) Besiedelung des »Feuertals«; täglich geöffnet 8.30-16.30 Uhr.

Scenic Drive und White Domes Area

Noch beeindruckender als die feuerroten, stark verwitterten Felsformationen entlang der Hauptstraße und bei den *Campgrounds* ist die Fahrt entlang des ***Scenic Drive***. Er beginnt am Besucherzentrum und führt durch eine extrem farbenprächtige Region.

Unübertroffen in seiner Farbenpracht, der Scenic Drive im Valley of Fire

Besucher auf der »Fire Wave« im sanften Abendlicht

Gleich der erste Aussichtspunkt wurde treffend benannt: ***Rainbow Vista***. Aber es kommt noch bunter – auf den nächsten Meilen sind fast alle Farbtöne von weiß über rosarot-orange bis dunkelrot-violett vertreten. Lohnenswert sind ab *Rainbow Vista* kurze Spaziergänge querfeldein sowie der ***White Domes Loop Trail*** (etwa 2 km). Die ***»Fire Wave«***, eine durch die Autoren benannte und bekannt gemachte Sandsteinwelle (➤ Foto unten), erreicht man ab dem vorletzten Parkplatz (#3) des *Scenic Drive*; ca. 2 km retour.

Vom gleichen Parkplatz geht es auch zum farbenfrohen ***Crazy Hill***. Er ist jedoch (noch) nicht offiziell ausgeschildert und somit nicht leicht zu finden. Hier überquert man nicht die Straße, sondern folgt einem sandigen Trampelpfad leicht bergab ca. 300 m nach Süden und wendet sich dann nach links (GPS-Koordinate: 36°29′07″N, 114°31′47″W). Das gesamte Umfeld ist sehr bunt, der Hügel sticht mit seinen Farbmustern aber ganz besonders hervor.

Camping

Die brillant zwischen Felsen plazierten ***SP-Campgrounds*** beim *Arch* und *Atlalt Rock* (dieser mit solarbeheizten Duschen) gehören zu den **nachdrücklichsten Campingempfehlungen** dieses Buches. Beide Plätze sind sehr populär, können nicht reserviert werden und füllen sich oft früh; $20, *hook-up* $30. Wer dort nicht mehr unterkommt, fährt weiter in Richtung **Overton**. Etwa 6 mi vor dem Ort erstrecken sich die ***Poverty Flats*** beidseitig der #169, wo Campmobile gratis über Nacht stehen dürfen. *»Boondocking«* ist auch am südlichen Ortseingang von Overton auf einem ziemlich vernachlässigten Platz der ***Wildlife Area*** möglich sowie beim ***Stewarts Point*** (ab Einmündung der #169 in die *Northshore Road* etwas über 4 mi nach Süden, dann noch 2 mi in Richtung Lake Mead).

Die nächstgelegenen Unterkünfte, *Eateries* und Läden findet man in **Overton**. Empfehlenswert ist dort nur das ***North Shore Inn*** am 520 North Moapa Valley Blvd; DZ ab ca. $100; ✆ (702) 397-6000; www.northshoreinnatlakemead.com. Für Leser dieses Buches gibt es 10%-Rabatt: bei der Online-Buchung Code *»SVOF«* in den Kommentaren einfügen oder vor Ort mit dem *Coupon* unter www.synnatschke.de/vof/fire.htm.

Das kleine ***Lost City Museum*** im Süden der Ortschaft zeigt Hinterlassenschaften der auch in dieser Gegend einst beheimateten Pueblo-Indianer; Eintritt $5; Do-So 8.30-16.30 Uhr.

3

4. RUNDREISEN DURCH DEN SÜDWESTEN

Konzeption

Im folgenden sind **zwei grundsätzlich unabhängige Routen** durch den Süden von Utah und den Südwesten von Colorado und durch die Staaten Arizona und New Mexico beschrieben. Sie weisen mit dem Streckenabschnitt Grand Canyon–Las Vegas und umgekehrt einen kurzen gemeinsamen Verlauf auf, eine **Nahtstelle** sozusagen, und lassen sich darüber – wie auch über eine Reihe von Fast-Berührpunkten (*Canyon de Chelly/Monument Valley; Chaco Canyon*/Durango/*Mesa Verde; Taos Pueblo/Great Sand Dunes*) – leicht miteinander verknüpfen. Ein Beispiel dafür liefert der Routenvorschlag #2, ➤ **Kapitel 8**. Grund für die Zweiteilung im geographisch gar nicht außergewöhnlich groß erscheinenden Reisebereich dieses Kapitels (➤ vordere Umschlagklappe) ist die **hohe Dichte der Sehenswürdigkeiten im Südwesten**.

4.1 Zu den Routen

Startpunkte:

- Für **Route 4.2** Las Vegas oder Los Angeles; ggf. kommt in Verbindung mit der **Erweiterung 4.3** auch Denver in Frage.
- für **Route 4.4** ebenfalls Las Vegas, jedoch ebensogut Phoenix, Tucson oder Albuquerque. Wie im Fall der **Route 4.2** könnte man auch in Los Angeles oder San Diego beginnen.

Gesamtstrecken:

- Ab Las Vegas ohne Anfahrt von der Westküste (zusätzliche 600 mi von Los Angeles hin und zurück) ergeben sich rein rechnerisch für die **Route 4.2** in ihrer kürzesten Form ohne Umwege und Abstecher 1.500-1.800 mi. Realistisch erscheinen **2.000-2.200 mi**. Die **Erweiterung 4.3** ab Grand Junction über Denver und die *Great Sand Dunes* nach Durango kostet mindestens 800 weitere Meilen, über den *Black Canyon of the Gunnison* noch einmal plus 200 mi.
- Unter Einschluss des *Grand Canyon* läuft die **Route 4.4 ab Phoenix, Tucson** oder **Albuquerque** über rechnerische 1.800-2.300 mi, jedoch realistische 2.200-2.600 mi. Dabei wurden reizvolle Umwege w.z.B. über *El Morro Rock,* oder *Carlsbad Caverns* u.a. nicht gezählt. Bei **Start in Las Vegas** ergeben sich **plus 400 mi**, bei **Start in Los Angeles noch einmal zusätzliche 750 mi** gegenüber dem Start in Phoenix (Rückfahrt über das *Joshua Tree National Park*).

Zeitbedarf:

- Trotz der scheinbar geringen Meilenzahl für die **Basisroute unter 4.2** sollte man in Anbetracht der vielen Nationalparks und -monumente nicht unter drei Wochen kalkulieren, zumal mindestens 2 Tage für Las Vegas und die Umgebung benötigt werden (speziell *Hoover Dam* und *Valley of Fire*; ggf. liegt auch noch ein Abstecher zum *Death Valley* an). Bei Beginn in Los Angeles und kleinen »Schlenkern« oder Zwischenaufenthalten (etwa am Lake Powell, für die *Hot Springs* von Ouray o.ä.) lassen sich spielend vier Wochen allein für die unter **4.2** beschriebenen Ziele »verbrauchen«. Auf jeden Fall 4 Wochen sind notwendig unter Einschluss der **Erweiterung 4.3** (*Cripple Creek* und *Great Sand Dunes*, siehe dort).

- Für die volle **Route 4.4** ab/bis Las Vegas benötigt man leicht drei Wochen (einschließlich *Carlsbad Caverns*, aber ohne weitere Abstecher wie etwa *Canyon de Chelly, Big Bend NP, Gila Cliffs*). Eine schöne Tour für vier Wochen ergibt diese Route, wenn man sie in Los Angeles beginnt und einige der möglichen Erweiterungen einbaut.

Reisezeit:

- Für die **Route 4.2** Ende Mai bis Ende September. Im Juli/August steigen die Temperaturen in den tiefer gelegenen Gebieten schon mal auf über 30°C, sind aber bei der vorherrschenden Trockenheit erträglich. Bis in den Juni hinein und ab September muss man mit sehr kühlen Nächten in den Hochlagen (*Grand Canyon, Bryce, Arches, Mesa Verde*) rechnen, ebenso während – normalerweise recht kurzer – Schlechtwetterperioden. Spätestens ab Oktober wird es ohnehin nachts lausekalt und bei bedecktem Wetter auch tagsüber ungemütlich (außer Las Vegas und Umfeld). Außerdem sind dann und vor Mitte Mai Schneefälle keine Seltenheit. Optimal wäre ein Reisebeginn Mitte Juni oder Mitte-Ende August; bei Start im Mai/ Anfang Juni besser gegen die hier gewählte »Fahrtrichtung«.

  Die **Erweiterung 4.3** ist eine **Sommerroute.** Bis auf den Bereich der *Great Sand Dunes* sind die Wetterbedingungen selbst im Juli/August mitunter recht wechselhaft.

- Für den nördlichen Abschnitt der **Route 4.4** gilt dasselbe wie unter **4.2**. Für den südlichen Teil kann die Fahrt auch noch im Oktober oder schon im April/Mai (Blütezeit in der Wüste) stattfinden. Auf keinen Fall sollte man sich den Süden von Arizona und New Mexico im Hochsommer vornehmen. Optimal sind also Mai/Juni (dann möglichst gegen die hier gewählte »Fahrtrichtung«) und September/Oktober; Starttermin vorzugsweise im jeweils erstgenannten Monat. Die Erweiterung zu den *Carlsbad Caverns* und ggf. zum *Big Bend NP* lässt sich sowohl im April/Mai als auch noch im Oktober machen. Bei Reiseplänen spät im Jahr muss bedacht werden, dass es früh dämmert (Ende Oktober in Süd-Arizona/New Mexico ca. 17.30 Uhr).

Big Citys:

- **Route 4.2:** keine; **Erweiterung 4.3**: Denver
- **Route 4.4:** Phoenix

Großstädte:

- **Route 4.2:** Las Vegas; **Erweiterung 4.3:** keine
- **Route 4.4:** (Las Vegas), Albuquerque, El Paso, Tucson

Mittelgroße Städte:

- **Route 4.2:** Grand Junction; **Erweiterung 4.3:** keine
- **Route 4.4:** Flagstaff, Santa Fe, Las Cruces

Nationalparks:

- **Route 4.2:** Zion, Bryce Canyon, Capitol Reef, Canyonlands, Arches, Mesa Verde, Grand Canyon
- **Erweiterung 4.3:** keine
- **Route 4.4:** Grand Canyon, Petrified Forest, Carlsbad Caverns, Guadalupe Mountains, Big Bend/Texas, Saguaro

Nationalmonumente und Recreation Areas:

- **Route 4.2:** Cedar Breaks, Grand Staircase-Escalante, Glen Canyon, Natural Bridges, Colorado, Black Canyon of the Gunnison, (Monument Valley), Navajo
- **Erweiterung 4.3:** Great Sand Dunes (Florissant Fossil Beds)
- **Route 4.4:** Wupatki, Sunset Crater, Walnut Canyon, Canyon de Chelly, El Morro, El Malpais, Chaco Culture, Bandelier, (Taos Pueblo), Pecos, Quarai/Gran Quivira, White Sands, Gila Cliffs, Chiricahua, Organ Pipe Cactus, Montezuma Castle, Tuzigoot

Routenverläufe:

- Die **Route 4.2** entspricht der klassischen Route durch die Landschaftsparks von Utah unter Einschluss des *Mesa Verde Park* in Colorado, des *Monument Valley* und des *Grand Canyon*. Die Verbindungsstraßen führen streckenweise durch großartige Landschaften, z.B. zwischen *Zion, Bryce Canyon, Grand Staircase-Escalante* und *Capitol Reef* und in den San Juan Mountains in Colorado, aber auch durch öde Halbwüsten. Abwechslung bietet der Lake Powell mit badefreundlich warmem Wasser bis Ende September. Die eindrucksvollen Klippendörfer im *Mesa Verde Park* und im *Navajo National Monument* legen Zeugnis ab von der untergegangenen Kultur der Anasazi-Indianer. Städte nennenswerter Größe werden nicht berührt, jedoch mit Silverton und Durango Touristenorte mit einem Touch Wildwest-Atmosphäre. Die vorgeschlagene **Erweiterung 4.3** durch die Colorado Rocky Mountains bezieht die *Big City* Denver und Relikte der Goldrauschzeit in den Reiseverlauf ein. Die *Great Sand Dunes* sind der Höhepunkt dieses Umwegs.
- Auf der **Route 4.4** liegt neben den Nationalparks *Grand Canyon, Petrified Forest, Carlsbad Caverns, Guadalupe Mountains* und *Saguaro* eine Vielzahl von Nationalmonumenten mit unterschiedlichsten landschaftlichen wie kulturellen (Pueblo-Indianer, Klippendörfer) Sehenswürdigkeiten.

Im Gegensatz zur **Route 4.2** fehlen städtische Attraktionen hier nicht: Santa Fe, Albuquerque, Phoenix und Tucson bieten amerikanisches *City-Life* mit mexikanisch angehauchter Südwest-Prägung. Wüstenerfahrungen besonderer Art macht man im *White Sands* Gebiet und – ganz anders – in den Kakteen-Parks *Saguaro* und *Organ Pipe*. Mit Tombstone und Old Tucson kommt auch der Wilde Westen nicht zu kurz. Die Atom-Museen in Los Alamos und Albuquerque sowie die Flugzeug- und Raketen-Museen zwischen Las Cruces und Alamogordo sowie in bzw. bei Tucson setzen zu Landschaftserlebnis und Südwestkultur sehenswerte nüchtern-technische Kontrapunkte.

Insgesamt ist die **Route 4.4** noch abwechslungsreicher als **Route 4.2**, auch wenn auf der die absolut sensationellsten Landschaftsparks von *Zion* bis *Arches* liegen. Die hier wirklich pausenlose **Abfolge von Felsformationen** aller Art bewirkt aber unterwegs bei vielen Reisenden einen gewissen **Ermüdungseffekt**.

Straßenkarten

Die **ideale Karte** für die **Route 4.2** mit **Erweiterung 4.3** und ebenso den Nordarm der **Route 4.4** ist die staatsübergreifende ***Indian Country Guide Map*** des ***AAA***, die u.a. auch an Tankstellen für $5 zu haben ist. Auf ihr sind praktisch **alle öffentlichen Campingplätze** im Bereich des Colorado Plateaus genau eingetragen. Auf der Rückseite findet man Kurzhinweise zu den wichtigen Sehenwürdigkeiten, Adressen und Telefonnummern von Veranstaltern von Wildnis-Trips und Informationen zu den Indianerstämmen der Region mitsamt Fest- und Veranstaltungskalender.

Fast noch besser sind die ***Topographic Recreational Maps*** von *GTR Mapping*, in denen noch mehr Attraktionen, *Campgrounds* und Pisten durchs Hinterland eingezeichnet sind (kosten $5 pro US-Bundesstaat; www.gtrmapping.com). Auf deren Rückseite steht eine Liste mit den in Parks oder Nationalforsten vorhandenen Einrichtungen wie Picknick- und Campingplätzen. Selbst Badestrände sind dort verzeichnet.

Twin Rocks mit Cafeteria in Bluff/Utah

4.2 Durch die Nationalparks im Süden von Utah, Südwest-Colorado und Nord-Arizona

Die Nationalparks auf dieser Route liegen alle im Bereich des Colorado Plateaus (➤ Seite 16), das weite Gebiete im Osten von Utah, im westlichen Colorado und Nord-Arizona umfasst. **Ausgangspunkt ist Las Vegas**. Bei Anfahrt von **LA** oder **San Francisco** ➤ zunächst die jeweiligen Startrouten von dort nach Las Vegas.

4.2.1 Von Las Vegas zum Zion und Bryce Canyon

Auf der I-15 nach Utah

Mögliche Abweichung

Zwischen Las Vegas und dem Südwesten Utahs ist die ***Interstate* #15** für die meisten alternativlos. Sie führt in Nevada eintönig durch die Wüste und bietet als einzig nennenswerte Abwechslung den Umweg über das großartige ***Valley of Fire***, ggf. mit Abstecher an den arg reduzierten **Lake Mead**, ➤ vorstehendes Kapitel.

Mesquite

In **Mesquite** vor der Grenze zu Arizona locken noch einmal **Kasinos** und eine komplette touristische Infrastruktur, bevor es bald ins lasterfreie Utah geht. Es lohnt sich, hier ggf. die **Alkoholvorräte** aufzustocken, spätestens aber im nahen Littlefield/Arizona. Man kann in den Kasinos von Mesquite auch gut und günstig übernachten, an den »richtigen« Tagen sogar ab $30. Am besten vor Ankunft unter www.mesquitegaming.com nach guten »*Deals*« Ausschau halten. Beim ***CasaBlanca Resort*** **&** ***Casino*** (*Exit* 120 von der I-15) gibt es zudem einen günstigen RV-Platz mit *full hook-up* ($25); © 1-877-438-2929, www.casablancaresort.com.

Arizona Strip

Noch im kurzen Verlauf der I-15 durch Arizonas Nordwestecke, dem sog. ***Arizona Strip***, beginnt der Anstieg aus der Wüstenebene auf eine Höhe von rund 800 m über NN (St. George). Auf den letzten Meilen durch Arizona windet sich die Autobahn meilenweit eindrucksvoll durch den ***Virgin River Canyon***. Mittendrin liegt die gleichnamige *Recreation Area* mit (recht lautem) ***Campground*** hoch über dem Flussufer; $8, *first-come, first-served*. Von dort sind es noch ca. 15 mi bis St. George in Utah.

Unterwegs auf den versteinerten Sanddünen des Snow Canyon State Park

St. George

St. George ist auf dieser Route die einzige Stadt (85.000 Einwohner) vor Grand Junction in Colorado. Die nächsten 500 mi bis Moab (*Arches NP*) trifft man nur noch auf dörfliche Strukturen, sieht man vom ca. 17 mi entfernten Hurricane und teuren Springdale beim *Zion NP* ab. In St. George sowie Hurricane ist die **M/Hoteldichte** groß, mit erfreulichen Folgen für das Preisniveau. Man kommt dort auch im Sommer noch um $60-$70 unter und die Mittelklasse (*Comfort Inn, Best Western* etc.) ist ab ca. $80 zu haben, zumindest So-Do; www.stgeorgechamber.com/activities/lodging.

Das Gros der Quartiere befindet sich gleich westlich der I-15 an der #18 und #34 (Ausfahrten 6 und 8) im Umfeld von Restaurants und *Fast Food Places*. Direkt beim *Exit* 8 steht zudem das kleine ***Outlet The Shoppes at Zion*** (u.a. mit *Levi's Factory Store*).

Dinosaurier Museum

Den eindrucksvollen Dinosaurierspurenfunden auf der *Johnson Farm* widmet sich die ***Dinosaur Discovery Site***. Dort brachen im Jahr 2000 beim Umpflügen zwei Steinplatten auseinander und legten nicht nur die Abdrücke der Saurier frei sondern auch deren Gegenstücke, »dreidimensionale Füße« teils mitsamt Krallen; 2180 East Riverside Dr; täglich 10-18 Uhr; $8; www.dinosite.org.

Snow Canyon

Für einen kurzen Ausflug in die Natur empfiehlt sich der ***Snow Canyon State Park*** (Eintritt $10/Fahrzeug). Er liegt nördlich von St. George an der #18 in den Ausläufern der Pine Valley Mountains. Schwarze Lavafelder kontrastieren dort mit farbenfrohem Sandstein. Sehenswert ist u.a. der *Petrified Dunes Trail*. Dem Besucher stehen neben Wanderwegen noch Picknick- und Campingplätze zur Verfügung (mit *full hook-up* $25, ohne $20). Ausritte durch die herrliche Landschaft – auch für »*first timers*« – ergänzen das Angebot; Reservierung erforderlich: www.snowcanyontrailrides.com.

Ist die Zeit zu knapp für eine Wanderung, sollte man zumindest den Aussichtspunkt an der #18 ansteuern (gratis) und den herrlichen Blick auf die farbigen Felsen des Parks aus der Vogelperspektive genießen; Zufahrt 500 m auf *Gravel*, ca. 10,5 mi ab *Exit* 6 der I-15 bzw. nur noch 1 mi von der nördlichen Parkzufahrt entfernt.

Baden & Campen

Jeweils an einem Stausee liegen die ***State Parks Gunlock*** (ca. 15 mi nordwestlich von St. George, über die #91 und den Gunlock Drive) sowie der ***Quail Creek State Park*** (nördlich der #9, *Exit* 16 ab I-15), beide mit Möglichkeit zum Schwimmen und Campen (*day-use* $10 bzw. $15). Mit seinem glasklaren und angenehm temperierten Wasser in toller *Red Rock*-Kulisse wirkt das ***Sand Hollow Reservoir*** im gleichnamigen *State Park* fast wie eine Miniatur-Ausgabe des Lake Powell. Abzweig von der #9 nur 2 mi östlich der *Quail Creek SP*-Zufahrt. Eintritt: $15/Auto; $38 für *full hook-up*-Plätze oder $25 in der *Primitive Area*. Boote und ATVs (für das angrenzende *Sand Mountain ORV*-Gebiet) können bei *Beach Rentals* im Süden des Sees angemietet werden.

Red Cliffs

Ein besonders hübsch gelegener und angelegter kleiner **Campingplatz** befindet sich in der ***Red Cliffs Recreation Area*** einige Meilen nördlich des *Quail Creek Reservoir*. Man folgt zunächst der Straße am See entlang (#5300 W) und stößt 2 mi oberhalb der Zufahrt zum *State Park* auf den *Old Hwy* #91 bei Harrisburg. Beim *KOA Camping* biegt man links ab zur Unterführung der I-15, die entgegen dem Eindruck für bis 12 Fuß hohe RVs passt. Von der I-15 direkt dorthin geht es ab *Exit* 22. Der Platz liegt beidseitig des Quail Creek zwischen Felsen und Grün; $15; *first-come, first-served.*

Folgt man dem ***Water Canyon Trail*** ab dem oberem Ende des *Campgrounds*, ist man bald von steil aufragenden, dunkelroten Sandsteinwänden umgeben. Die Kaskaden und Pools – sofern nicht ausgetrocknet – sorgen im Sommer für Abkühlung und sind daher ziemlich populär (*day-use fee* $5).

Anfahrt zum Zion Park

Hurricane

Zum ***Zion Canyon***, der wichtigsten Sektion des *Zion National Park*, führt die Straße #9 über Hurricane, wo es zahlreiche preisgünstige Unterkünfte gibt. Von dort sind es noch 25 mi auf hübscher Strecke am Virgin River entlang. Eine andere Route vermeidet die Ortsdurchfahrt in Hurricane und läuft nur durch schöne Landschaft: I-15 *Exit* 27 auf Straße #17 (La Verkin) und dann #9.

Bereits weit vor Springdale mit einer voll auf den *Zion*-Tourismus eingestellten Infrastruktur fallen **B&B-Angebote** in *Ranches* und kleinen *Inns* ins Auge; https://www.zionpark.com/lodging.

Ghost Town

In **Rockville** zweigt – nur durch ein winziges Schild gekennzeichnet – eine Straße zurück in Richtung Westen nach ***Grafton*** ab, eine der meistfotografierten ***Ghost Towns*** des Südwestens mit nur wenigen Gebäuden vor prächtiger Bergkulisse. Grafton wurde einst von Mormonen errichtet und war später Drehort des Western-Klassikers »*Butch Cassidy and Sundance Kid*« mit Robert Redford und Paul Newman. Zwei Meilen sind asphaltiert, weitere 2 mi eine erträgliche Schotterstraße durch das hübsche Tal des Virgin River; www.graftonheritage.org. Ein alter staubiger Friedhof liegt am Wege, ebenso am Bach eine Möglichkeit zum kostenlosen ***Dispersed Camping***, ➤ Seite 166.

Springdale

Das langgestreckte Springdale ist eines der angenehmsten »Einfallstore« zu einem Nationalpark im US-Südwesten. Dank gemütlicher Cafés, Restaurants und Musikkneipen sowie zahlreicher Kunstgalerien und origineller Shops entlang der grünen Zufahrt kann man dort auch nach dem Parkbesuch am Abend noch etwas unternehmen und sogar problemlos zu Fuß unterwegs sein. Von Juni bis September sowie zum Höhepunkt der Laubverfärbung im *Zion Canyon* Ende Oktober/Anfang November ist in Springdale mehr los, als die Größe des Ortes vermuten lässt.

Das ***Kings Landing Bistro*** punktet mit sehr gutem Essen und einer traumhaften Aussicht im Außenbereich. Sehr beliebt ist auch ***Oscars's Café*** (mexikanisch-amerikanische Küche und diverse Zapfbiere). Beide liegen an der in den Nationalpark führenden Straße #9 (Zion Park Blvd #1515 bzw. #948).

Parken

Parken ist im Ort – außer für Hotelgäste – tagsüber etwas problematisch und nur an ausgewiesenen Stellen erlaubt (Pkws $12-$20/Tag). Wohnmobile darf man nur am Lion Blvd abstellen und zahlt dafür dann $24/Tag. Falschparken kostet $125. Alle Details unter www.springdaletown.com/414/Parking-In-Springdale.

Quartiere

Springdale bietet viele attraktive Quartiere in allen Preisklassen. An der nördlichen Ortsausfahrt, schon nahe des Parkeingangs, liegt das ***Quality Inn*** (ab $200). Es zählt zu den preiswerteren Hotels, ebenso wie die ***Driftwood Lodge***; ab $170, ✆ (435) 772-3262, www.driftwoodlodge.net. Sehr schöne Zimmer ab $210 bietet das ***Flanigan's Inn***; ✆ 1-800-765-7787, www.flanigans.com. Das ***Bumbleberry Inn*** (Zimmer mit Frühstück ab $170 zur Hauptsaison, ✆ 1-800-828-1534, www.bumbleberry.com) und das ***Desert Pearl Inn*** (ab $280, ✆ 1-888-828-0898, www.desertpearl.com) machen ebenfalls einen guten Eindruck. Die Tarifangaben gelten für April-Okt mit starken Ausschlägen nach oben Fr-So und an Feiertagen.

Praktisch ist ab den Unterkünfte in Springdale, der im Ort an mehreren Stellen anhaltende **kostenlose Park-Zubringer** (➤ umseitig).

Zion Lodge

Für stilvolles Übernachten **im Nationalpark** empfiehlt sich die ***Zion Lodge*** im Blockhaus-Look. Die Zimmer ($227) und *Cabins* ($217) sind preiswerter als die meisten Quartiere in Springdale, man muss sie daher sehr (!) lange im Voraus buchen: ✆ 1-888-297-2757 bzw. www.zionlodge.com.

Camping

Erste Wahl für Camper sind die gleich nördlich des Ortes gelegenen Nationalparkplätze ***Watchman*** (Zelte $20, *hook-up* $30) und ***South*** ($20; keine *hook-up*) – beide sind reservierbar und von April bis Oktober immer vollbesetzt; www.recreation.gov.

Im sanitär akzeptablen, aber engen ***Zion Canyon Campground*** beim *Quality Inn* gibt es Ausweich-Zeltplätze ($44). RVs stehen dort für $54/Nacht; ✆ (435) 772-3237, www.zioncamp.com.

Campmobile sind besser auf dem Komfortplatz ***Zion River Resort*** rund 10 mi südwestlich des Ortes aufgehoben; im Sommer ab $60, sonst ab $37; ✆ 1-888-822-8594, www.zionriverresort.com.

Aufstieg zum Observation Point mit Blick hinunter in den Zion Canyon und auf die »Felsenburg« Angels Landing

Zion National Park www.nps.gov/zion

Eintritt $35/Auto $20/Person oder Interagency Jahrespass

Gleich hinter der **Einfahrt** in den Nationalpark liegt rechter Hand ein großzügiges Besucherzentrum. Alle, die in den zentralen Teil des Parks (***Zion Canyon***) möchten, müssen **von Mitte Februar bis Ende November** dort in den kostenlosen Shuttle umsteigen. Die Alternative ist das Radfahren (Verleih in Springdale ab $40/Tag).

Die Parkflächen beim *Visitor Center* sind zwar groß, füllen sich dennoch rasch. Eine möglichst **frühe Anreise** (vor 9 Uhr!) wird empfohlen. Wer in Springdale logiert, kann im Ort an neun ausgewiesenen Haltestellen den Park-Zubringer nehmen (ebenfalls gratis), um zum *Zion Canyon Shuttle* zu gelangen. Beide Busse verkehren von früh morgens bis abends in kurzen Abständen (ca. alle 7 min).

Zion Canyon

Der ***Zion Canyon Shuttle*** hat 9 Stopps und benötigt für die Strecke im Park rund 40 min. Erster Haltepunkt ist das ehemalige Besucherzentrum, heute ein mäßig spannendes *Human History Museum*. Kurz dahinter biegt der Bus auf den ***Scenic Drive*** ab, der parallel zum Virgin River in das immer enger werdende, üppig grüne Flusstal führt. Beidseitig beeindrucken gewaltige, hoch aufstrebende Felswände in allen Rot- und Brauntönen. Am ersten oder auch einzigen Tag des Besuchs im *Zion* fährt man am besten zunächst bis zum Ende des 7 mi langen *Scenic Drive* und entscheidet währenddessen wetter-, informations- und beobachtungsabhängig, wo man den Rücktrip ggf. unterbrechen möchte. Wer relativ früh hin/retour fährt, vermeidet eher längere Wartezeiten an den Haltestellen.

Shuttlebusse am Ende des Scenic Drive

Am Straßenende beginnt der ***Riverside Walk***. Der befestigte Teil des Weges endet nach etwa 1,5 km, wo zwischen Felsen und North Fork of the Virgin River kein Raum mehr bleibt. Bei niedrigem Wasserstand kann man den Fluss leicht überqueren und noch ein Stück in die enge Schlucht hinein schauen.

Der schönste Teil der ***Zion Narrows*** liegt noch eine gute Meile entfernt. Dorthin gelangt man durch mühsames Waten. Der Lohn sind bis zu **600 m hohe Sandsteinwände**, deren Abstand stellenweise auf nur wenige Meter zusammenschrumpft (mind. 45 min dorthin). Eine tolle Sache für Leute mit

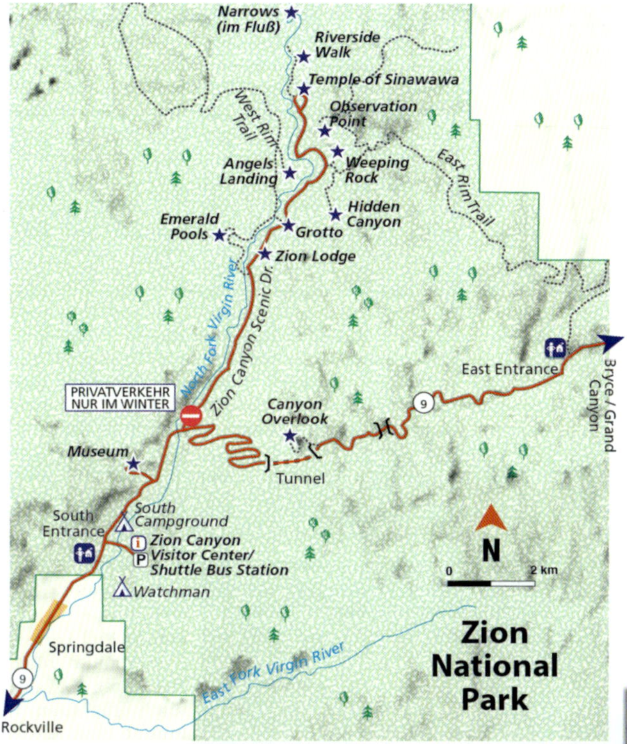

Wegen Felssturz sind immer wieder Straßen oder Wanderwege gesperrt, am besten vorab auf die Webseite des Parks schauen!

guter Kondition und Balance im fließenden Wasser. Voraussetzung ist gutes Wetter rundum! Regen in der Umgebung lässt den Wasserstand steigen und **stärkere Schauer machen aus dem Flüsschen in kürzester Zeit ein reißendes Gewässer**. Schmelzwasser bis in den Mai hinein sorgt ebenso für höheren Wasserstand und macht die Tour zum eisigen Unterfangen. Neoprenausrüstung und Wanderstöcke (*trekking poles*) kann man sich in Springdale tageweise leihen, z.B. bei *Zion Adventures* (www.zionadventures.com).

Weitere Trails

Zwei weitere Herausforderungen für sportliche Wanderer sind der Aufstieg zum ***Angels Landing,*** 450 m über der *Grotto Picnic Area,* oder zum ***Observation Point*** gegenüber und noch einmal 200 m höher (*East Rim Trail* durch den *Echo Canyon),* beide mit sagenhaftem Blick in die Schlucht hinein und auf die *Zion*-Berge (➤ Foto Seite 455). Bei 8 km bzw. 12 km Gesamtstrecke beträgt der minimale Zeitbedarf 3 bzw. 4,5 Stunden. Weniger anstrengende, aber gleichwohl schöne Wanderungen führen hinauf zu den ***Emerald Pools*** (60 min) oder am ***Weeping Rock*** vorbei (20 min retour) zum ***Hidden Canyon*** (5 km retour, 280 Höhenmeter, ca. 3-4 Std).

Wer jeweils die ***One-way*-Problematik** lösen kann, findet mit dem ***East Entrance Trail*** durch die felsige Höhenlage zum *Observation Point* und dann den *Echo Canyon* hinunter ins Tal oder mit dem ***West Rim Trail*** auf der gegenüberliegenden Canyonseite zwei tolle Ganztageswanderungen. *Shuttle Service* bietet u.a. die *Zion Adventure Company*; www.zionadventures.com.

Ein Klassiker zum Sonnenuntergang ist im Zion Nationalpark der Blick auf den ***Watchman***. Allen voran Ende Oktober/Anfang November versammeln sich allabendlich ganze Scharen von Fotografen auf der Brücke unmittelbar beim Abzweig des *Scenic Drive*, um den Berg im letzten Licht des Tages einzufangen.

Ostausfahrt

Achtung Restriktion: Fahrzeuge über 2,40 m Breite (7 Fuß 10 Inches) einschließlich Spiegel und/oder über 3,40 m Höhe (11 Fuß 4 Inches) können den Tunnel auf der Ostausfahrt nur 8-20 Uhr im Konvoi passieren. Praktisch bedeutet dies für alle ***Full-size Motorhomes*** ggf. Wartezeit vorm Tunnel und **$15 Gebühren**. Die müssen übrigens schon an der Einfahrt in den Park entrichtet werden und gelten innerhalb von 7 Tagen auch für eine Rückfahrt.

Östlich des kilometerlangen Tunnels des *Zion-Mt.Carmel Highway* beginnt ein kurzer *Trail* (1,5 km retour) zum ***Zion Canyon Overlook*** mit fantastischem Blick übers Tal, allerdings bestehen dort nur sehr begrenzt Parkmöglichkeiten.

Ostareal des Zion

Im weiteren Verlauf führt die Straße mitten durch die **Wunderwelt der Farben und Formationen** des *Zion*-Hinterlandes. Man sollte unbedingt ein wenig Extrazeit für diesen Bereich einplanen. Die besten **Fotomotive** – mit Ausnahme der schachbrettartig gemusterten ***Checkerboard Mesa*** (➤ Foto links) – liegen ein paar Schritte abseits der Straße. Auch andere US-Nationalparks sind sensationell, aber auf eine derart facettenreiche Felslandschaft stößt man so schnell nicht wieder. Das Problem auf dieser Strecke sind die kaum vorhandenen Möglichkeiten, das Auto abzustellen. Problematisch auf dieser Strecke sind wiederum die Parkbuchten – meist nur weniger und selten für größere Fahrzeuge (Wohnmobile) geeignet.

Eigenartig strukturierte Felsflächen, wie man sie nur auf der Höhe des Zion Park und ähnlich im Grand Staircase NM findet

Abstecher vom Zion Canyon

Kolob Terrace

Neben dem *Zion Canyon* existieren im Westen des Nationalparks noch zwei weitere Parkzugänge. Den ersten erreicht man über die ***Kolob Terrace Road***, die in Virgin von der #9 abzweigt (14 mi westlich von Springdale). Die Straße dient vor allem als Ausgangspunkt zahlreicher längerer Wanderwege. Am populärsten (vor allem unter *Canyoneers* und Fotografen) ist der abenteuerliche *Trail* zur tunnelartigen Röhre ***Subway*** (14,5 km ab dem *Left Fork of the North Creek Trailhead*, mind. 6-7 Std!). Maximal 80 Personen werden pro Tag für die Tour zugelassen und die Bewilligungen (*Permits*) dafür verlost: online 3 Monate im Voraus sowie bei einer *Last Minute*-Ziehung 2-7 Tage vor der geplanten Wanderung: www.nps.gov/zion/planyourvisit/subwaypermits.htm.

Kolob Canyons

Leichter mit dem Auto erreichbar sind die ***Kolob Canyons***. Die Stichstraße (ca. 5 mi) beginnt beim *Exit* 40 der I-15 und windet sich hinauf bis zum *Viewpoint* mit Weitblick auf die mächtigen Massive. Am Weg passiert man den Parkplatz am *Lee Pass*, von dort sind es bis zum ***Kolob Arch*** 11 km auf abschüssigem Weg (210 m HM, 6-8 Std). Er zählt wie auch der *Landscape Arch* im Arches Nationalpark (➤ Seite 487) zu den weltgrößten seiner Art.

Kanarra Creek

Wer schon bis zu den *Kolob Canyons* gefahren ist und Lust auf weitere Abenteuer verspürt, kann ab *Exit* 42 in die kleine Ortschaft Kanarraville mit dem gleichnamigen Bach fahren. Der Ausschilderung »*Kanarra Falls*« folgend, erreicht man über die 100 North St und nach 2 km zu Fuß eine Schlucht mit herrlichen, braunroten Sandsteinwänden und zwei idyllischen Wasserfällen. *Canyoneering*-Ausrüstung ist dafür nicht notwendig, aber man wird ganz schön nass! Nur 150 Leute/Tag erlaubt, daher unbedingt vorab das Permit ($12/Person) sichern: www.kanarraville.org/kanarra-creek.

Cedar Breaks NM

Eintritt $7/Person oder Interagency Jahrespass

Von Kanaraville oder den *Kolob Canyons* wird Richtung *Bryce Canyon* eher nicht wieder zurück über die Straße #9 wollen. Eine Weiterfahrt auf der I-15 und ab Cedar City auf der #14 samt Besuch des ***Cedar Breaks NM*** (nördlich des *Zion*) wäre dann zu erwägen. Größere Umwege sollte man dafür nicht in Kauf nehmen. Der *Scenic Drive* (#148) durch den Park ist nur von Ende Mai bis zu den ersten heftigen Schneefällen (meist Mitte November) geöffnet. Die *Cedar Breaks*-Attraktion sind **erodierte, rote Sandsteinformationen**, wie sie ähnlich, aber vielfältiger im *Bryce Canyon* vorkommen, www.nps.gov/cebr. Immerhin führen die #14 von Cedar City nach Long Valley Jct wie auch die Verbindung *Cedar Breaks*–Panguitch durch schöne Gebirgs- und Waldlandschaft vorbei an mehreren *NF Campgrounds* (#143 über einen fast 3.000 m hohen Pass).

Vom Zion zum Grand Canyon oder Bryce Canyon National Park

Coral Sand Pink Dunes

Ein **Abstecher** nach Verlassen des *Zion* könnte dem ***State Park Coral Pink Sand Dunes*** gelten. Die 12-mi-Zufahrt zweigt südlich von **Mount Carmel Junction** (mit Tankstellen, Souvenirshops, Motels und B&B) von der #89 ab. Der Park mit seinen tollen rötlichen Sanddünen ist ein **Eldorado der ORV-Fans** (➤ Seite 36).

In den Sommermonaten und an Wochenenden platzt der **Campingplatz** ($20) daher immer aus allen Nähten; *day-use* $8/Auto. Etwas abseits der *Gravel Road* nach Kanab zwischen *State Park* und der #89 liegt der einfache *BLM-Campground* ***Ponderosa Grove***.

Zum Grand Canyon

Interessante Ziele südlich der Ortschaft **Kanab** (➢ Seite 514) sind der entlegene ***Toroweap Point*** am ***Grand Canyon*** (über die #89/ #389) sowie das ***North Rim*** der »großen Schlucht« (ab Kanab über die #89A in Richtung Südosten; Anschluss ab ➢ Seite 515).

Zum Bryce Canyon

Sofern man weder den Besuch der Sanddünen noch den Nordrand des *Grand Canyon* auf dem Programm hat, biegt man 12 mi hinter der *Zion*-Ostausfahrt auf die Straße #89 ab und folgt ihr nach Osten/Nordosten in Richtung *Bryce Canyon*. Von Mount Carmel Junction sind es 43 mi bis zum Abzweig der #12. Die Strecke ist hübsch, wenngleich nicht sensationell. Unterwegs passiert man eine Reihe von Übernachtungsmöglichkeiten (u.a. das preiswerte ***Historic Smith Hotel B&B*** in Glendale) und den ***Bryce Zion Campground*** mit Pool, ca. 5 mi nördlich von Glendale (*full hook-up* $38, Zelte $30; © (435) 648-2490, www.brycezioncampground.net). Motels sind erst in **Panguitch** (unabhängige Häuser ab $60 im Sommer!) bzw. an der #12 in Nationalparknähe wieder zahlreich.

Red Canyon

Nach dem Abzweig auf den ***Scenic Drive* #12** (Begleitbroschüre unter https://scenicbyway12.com) geht es zunächst durch den ***Red Canyon***, der einen tollen Vorgeschmack auf die Sandsteinwunderwelten des *Bryce Canyon* liefert. Noch bevor man zwei schön in den Fels geschlagenen Tunnel durchfährt, gelangt man zum Besucherzentrum mit Infos und Karten zum gut ausgebauten Reit- und Wanderwegenetz. Dort startet der ***Pink Ledges Trail*** durch das rote Felsnadel-Labyrinths (1,5 km Rundweg, 45 HM). Empfehlenswert ist auch der ***Arches Trail***, der an 15 Felsbögen vorbeiführt; 1 km-*Loop* (55 HM) ausgehend vom *Lower Losee Trailhead* an der meist gut gewarteten *Castro Canyon (Gravel) Road*, Abzweig von der #12 rund 1,5 mi westlich des Besucherzentrums.

Auf der Weiterfahrt in Richtung *Bryce Canyon* passiert man noch einen *NF-Campground* ($18; *first-come, first-served*) sowie den ***Tunnel Trail***, der bei der kleinen Parkbucht vor dem ersten Tunnel beginnt und einen hübschen Blick von oben auf den Straßenverlauf und die zwei Tunnel bietet (1,3 km, 70 HM; Foto ➢ Seite 198).

Anfahrt Bryce Canyon

Nach Durchquerung des *Red Canyon* findet man sich bald in der flachen Prärie eines Hochplateaus wieder. Der *Bryce NP* kündigt sich durch eine immer dichter werdende touristische Infrastruktur an. Die #63 ist Zubringer und Stichstraße in den Nationalpark hinein. **Zentraler Anlaufpunkt** vor den Toren des Parks ist ***Ruby's Inn & Campground*** mit großen Parkplätzen (Details ➢ Seite 465).

Nationalpark Shuttle

Der dort startende ***Bryce Shuttle*** ist im Parkeintritt inbegriffen und für Urlauber mit RVs ab 25 Fuß Länge im Sommer meist »Pflicht«, da man damit an den schönsten Aussichtspunkten/*Trailheads* dann **nicht parken darf**. Auch sonst ist es keine schlechte Idee, den *Shuttle* -Bus zu nehmen, denn bereits an mäßig gut besuchten Tagen reicht die Parkplatzkapazität im Nationalpark vorn und hinten nicht.

Bryce Canyon National Park www.nps.gov/brca

Eintritt $35/Auto $20/Person oder Interagency Jahrespass

Nach der Einfahrt erreicht man bald das große ***Visitor Center*** im Rustikalstil. Dort gibt's den informativen Einstieg in Natur und Geschichte des Nationalparks mit allerlei Exponaten und einem Filmprogramm. Wer möchte, dann sich dort die Park-Broschüren in deutscher Sprache besorgen.

Zu Recht gilt der *Bryce Canyon National Park* **neben dem *Grand Canyon*** als **der spektakulärste Naturpark** des Südwestens. Die Bezeichnung »Canyon« erzeugt indessen leicht falsche Vorstellungen. Es handelt sich keineswegs um eine Schlucht im üblichen Wortsinn. Der Begriff bezieht sich hier vielmehr auf die östliche Abbruchkante des ***Paunsaugunt Plateau***, unter der auf einer Länge von etwa 40 km eine Ansammlung höchst bizarrer Säulen, Türmchen und Zinnen entstanden ist. Die Erosionskräfte – Wind, Regen und Eis – modellierten sie im Laufe vieler Jahrtausende aus dem rot-gelb-rostbraunen Sandstein.

Bryce Amphitheater

Von der ***Whiteman Bench Road***, einer kurvigen 17-mi-Stichstraße bis zum Südrand des Plateaus auf knapp 2.800 m Höhe, zweigen kurze Zufahrten zu den *Viewpoints* und Ausgangspunkten für Wanderungen in die Tiefe ab. Das attraktivste, dicht mit sog. ***Hoodoos*** (Felssäulen/Erdpyramiden) »bevölkerte« Parkareal ist das ***Bryce Amphitheater*** gleich östlich der Nationalpark-*Lodge*. Auf keinen Fall auslassen sollte man dort den Bereich zwischen *Sunset* und *Sunrise Point* sowie das spektakuläre Panorama vom ***Bryce Point*** gut 4 Meilen südlich des Besucherzentrums. Besonders bei tiefstehender Sonne am frühen Morgen bietet sich ein faszinierendes, mit den Lichtverhältnissen wechselndes Farbspiel. Zum Sonnenuntergang liegt das gesamte, nach Osten ausgerichtete Amphitheater bereits im Schatten.

Sunset Point im Bryce Canyon

Wanderwege

Das ***Bryce*-Kurzprogramm** (etwa 1 Stunde) besteht aus einem Spaziergang am ***Rim Trail*** zwischen ***Sunrise, Sunset*** und ***Inspiration Point***. Zu einem richtig großen Erlebnis wird der Besuch aber erst auf einer Wanderung mitten hinein in die geologische Wunderwelt. Der kürzeste, ziemlich steile Pfad hinunter in das Felslabyrinth ist der ***Navajo Loop Trail*** ab *Sunset Point*; 2,2 km, 167 HM.

Wer sich mehr als die dafür nötige Stunde Zeit lassen mag, der sollte auch den ***Queen Gardens Trail*** (2,9 km) ablaufen oder die beiden Wege noch mit dem fantastischen ***Peek-A-Boo Loop Trail*** (8,8 km) zu einer ausgedehnten Halbtageswanderung kombinieren. Hier geht es zunächst durch die ***Wall Street*** mit dem vielfotografierten Baum im engen *Canyon*. An der Kreuzung mit dem *Peek-A-Boo Loop Trail* wählt man am besten den oberen, dem Plateau zugewandten Abschnitt des Pfades und kann dann unterhalb des *Bryce Point* entscheiden, ob man auf das Plateau aufsteigt und den ***Rim Trail*** zurück zum *Sunset Point* geht (Gesamtdistanz ca. 10 km; rund 4 Stunden) oder noch länger zwischen den Sandstein-Skulturen verweilen möchte und dem Rundweg zurück zum *Queen Gardens* oder *Navajo Trail* folgt.

Noch ein wenig länger dauert der ebenfalls schöne ***Fairyland Trail*** durch wieder andersartige Formationen vom gleichnamigen zum *Sunrise Point* – mit Rückweg an der Abbruchkante (*rim*) entlang insgesamt ca. 13 km; 5-6 Stunden.

Von der Ortschaft **Tropic** weiter östlich an der Straße #12 besteht zudem die Möglichkeit, in das *Bryce Amphitheater* »von unten« hineinzuwandern. Man folge (vom Nationalpark kommend) gleich der ersten Straße rechts durch das Dorf an der Schule vorbei (*Bryce Way*). Vom *Trailhead* am Straßenende bis zum *Sunset Point* sind es gut 4 km.

Die »Wall of Windows« am Peek-A-Boo Loop Trail

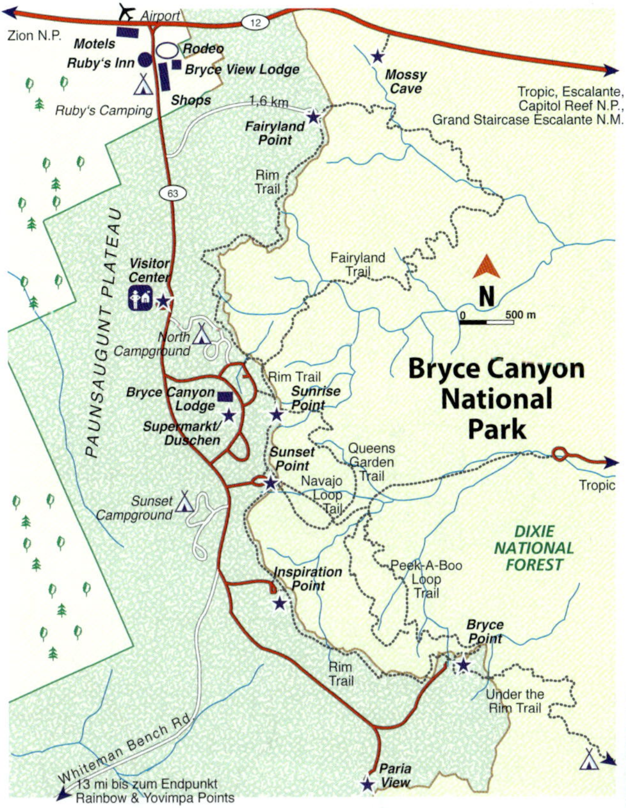

Ebenfalls am Weg nach Tropic, aber noch innerhalb der Parkgrenzen startet der schöne, einfache ***Mossy Cave Trail*** zu einer niedrigen, moosbewachsenen Grotte, einem kleinen Wasserfall und zahlreichen Steinbögen; 700 m *one-way* entlang eines Bachlaufs.

Eine besondere Erfahrung macht, wer am Fuß der erodierten Felsen übernachtet (*Permit* erforderlich). In bequemen Abständen existieren mehrere *Campsites* am ***Under-the-Rim-Trail*** zwischen *Sunset Point* und *Rainbow Point* am Straßenende.

Reitausflug

Ausgehend vom *Sunrise Point* und entlang des *Peek-A-Boo Loop Trail* werden 2-stündige oder halbtägige **Reittouren** angeboten (ab $65/Person; © (435) 679-8665, www.canyonrides.com).

Ranger-aktivitäten

Sehr beliebt sind auch die den Sommer über von den Park-Rangern geführten ***Full Moon Hikes*** und die ***Astronomy Nights***; www.nps.gov/brca/planyourvisit/astronomyprograms.htm.

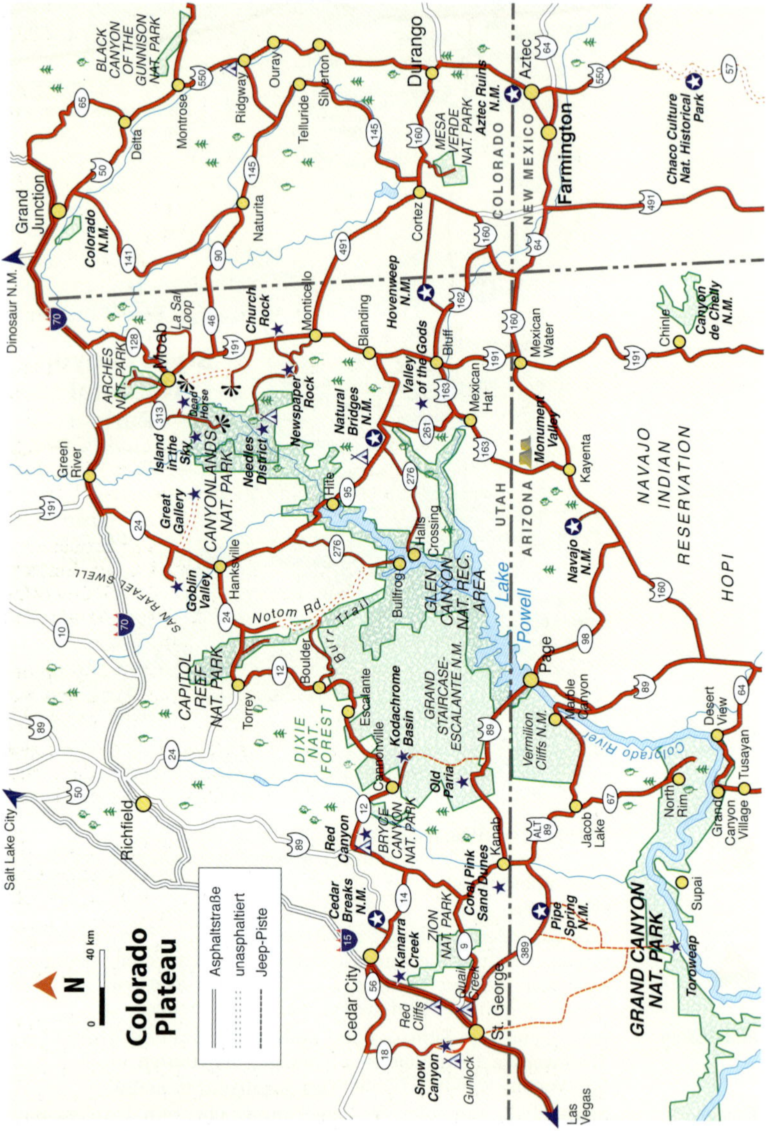

Wegen der hohen Informationsdichte wurde hier z.T. auf die Darstellung von Campingplätzen verzichtet; siehe Hinweise im Text und Karte ➤ Seite 469

Unterkunft im Park

Die ***Bryce Canyon Lodge*** im Park besitzt außer der Lage keine besonderen Vorzüge; im Sommer DZ ab $223 und *Cabins* ab $231, ✆ 1-877-386-4383, www.brycecanyonforever.com.

Die beiden Campingplätze sind guter Nationalparkdurchschnitt und bieten wenig Komfort. Wegen der Höhe (2.400 m) ist es dort **nachts ziemlich kalt** (Mitte Sept-Juni Nachtfröste!). Zelter schlafen gemütlicher weiter östlich im *Kodachome Basin* (➤ Seite 466). Einige RV-Plätze können meist reserviert werden ➤ Seite 168, der Rest ist *first-come, first-served*; Zelte $20, RVs $30 ohne *hook-up*.

Quartiere außerhalb des Parks

- ***Ruby's Inn*** (***Best Western Plus***) ist ein Riesenbesucherkomplex vor der Parkeinfahrt; im Sommer ca. $180, sonst schon ab $80 für Mittelklasse-Standard; ✆ 1-866-866-6616, www.rubysinn.com.
- ***Best Western Bryce Canyon Grand Hotel***; ab $230 im Sommer, sonst ab $100; ✆ 1-866-866-6634, www.brycecanyongrand.com.
- Die ansehnliche ***Bryce View Lodge*** hat ordentliche DZ für $80, im Sommer $120; ✆ 1-888-279-2304, www.bryceviewlodge.com.
- Eine ganze Reihe von **Motels** findet man an der Straße #12 westlich des *Bryce Canyon,* in größerer Zahl in **Panguitch**. Günstige, einfache Häuser direkt am Hwy #89, u.a. das ***Blue Pine Motel*** mit guten Zimmern und tollem Preis-Leistungs-Verhältnis; im Sommer ca. $80; ✆ 1-800-299-6115, www.bluepinemotel.com.
- Neben einer Handvoll Motels und *Inns* gibt es in **Tropic** auch viele *Bed & Breakfast Places*, Ausschilderung im Ort. Empfehlenswert sind z.B. das ***Bullberry Inn*** (ab $135, ✆ (435) 669-6405, http://bullberryinn.com/index.html) und das ***Bryce Trails B&B*** (ab ca. $155, ✆ (435) 679-8200, www.brycetrails.com).
- In Tropic befinden sich die hübschen ***Bryce Canyon Log Cabins*** mit Mikrowelle, Kaffeemaschine und Kühlschrank; im Sommer $139-$159; ✆ (435) 679-8800, www.brycecanyonlogcabins.com.
- In **Cannonville** warten das ***Grand Staircase Inn*** an der #12 (ab $99; ✆ (435) 679-8400, www.grandstaircaseinn.com) sowie ruhige, gute *Cabins* für $145 am 75 North Red Rock Drive bei ***Bryce Canyon Villas***; ✆ (435) 679-8106, www.brycecanyonvillas.com.

Infrastruktur beim Bryce

Der erwähnte ***Ruby's*-Komplex** ist auf fast alle Bedürfnisse der Nationalparkbesucher vom Tanken und der Autoreparatur über den Waschsalon bis zum abendlichen *Entertainment* eingestellt. Klar, dass dort ein **Campingplatz** nicht fehlen darf, der zwar riesengroß, aber komfortabel und gut organisiert ist. Wer will, kann auch im indianischen ***Teepee*** schlafen. **Reservierung** ist angezeigt: ✆ 1-866-878-9373 oder www.brycecanyoncampgrounds.com.

Zur Infrastruktur gehören außerdem einige Souvenirläden, darunter ein gut sortierter ***Rock Shop***, sowie Restaurants – ganz o.k. sind das ***Steakhouse*** und das *all-you-can-eat* ***Cowboy's Buffet*** (nachmittags preiswerter und weniger los). Während des Sommers findet abends oft ein **Rodeo** statt. Große Leistungen darf man dort aber nicht erwarten. Dem Massenkomplex entgeht, wer ein paar Meilen weiter bis **Tropic** fährt. Dort warten mehrere kleine Restaurants auf Gäste.

4

4.2.2 Vom Bryce über den Capitol Reef NP nach Moab

Auf der Straße #12 weiter in Richtung Osten

Scenic Byway

Der ***Scenic Byway*** **#12** weiter in Richtung *Capitol Reef National Park* durch das *Grand Staircase-Escalante National Monument* und den hochgelegenen *Dixie National Forest* zählt zu den landschaftlich eindrucksvollsten Strecken im südlichen Utah und **kann gar nicht genug empfohlen werden**. Die Straße ist zwar sehr gut ausgebaut, dennoch weniger befahren als andere touristische Hauptrouten im Südwesten. Einen übersichtlichen ***Route Guide*** gibt es unter www.scenicbyway12.com.

Abstecher zum Kodachrome Basin und Grosvenor Arch

Kodachrome Basin

Über den asphaltierte nördlichen Abschnitt der *Cottonwood Canyon Road* (#400) erreicht man ausgehend von der Ortschaft **Cannonville** (12 mi südöstlich des *Bryce Canyon* an der #12) nach nur 7 mi den ***Kodachrome Basin State Park*** mit seiner rätselhaften Ansammlung von freistehenden, hellen Felsnadeln, den sog. »***sand pipes***«; Eintritt: $8/Fahrzeug. Mehrere kurze Wanderwege erschließen die Bilderbuchlandschaft, besonders empfehlenswert sind die Aussicht vom *Eagle View Trail,* der 2,7 km lange *Grand Parade Trail* sowie der *Panorama Trail* zu *Fred Flintstone* und der *Ballerina Spire* – auch ein tolles Revier für **Mountainbiker** und **Reiter**.

Der Park verfügt zudem über einen großartigen zwischen roten Felsen eingebetteten Campingplatz; $20/$30 ohne/mit *full hook-up, Bunkhouse* $105; www.stateparks.utah.gov/parks/kodachrome. **Tipp für Zelter:** Das *Basin* liegt bereits 500 Höhenmeter tiefer, dort ist es nachts wesentlich wärmer als im *Bryce Canyon*!

Grosvenor Arch

Die bis *Kodachrome* asphaltierte Straße führt als breite, meist gut gewartete *Gravel Road* 12 mi weiter zum majestätischen ***Grosvenor Arch***, einem Doppelbogen aus hellgelbem Sandstein, der sich am frühen Nachmittag von seiner schönsten Seite zeigt. Drei Gratis-Einfachstcampplätze warten vor Ort auf Abenteurer. Achtung: nach Ende der Asphaltierung kreuzt ein Bach die Straße, führt er Wasser, kann die Zufahrt gefährlich bzw. unmöglich sein.

Freistehende Felsnadeln aus hellerem Gestein, sog. »sand pipes«, kennzeichnen den Kodachrome Basin State Park

Die abenteuerliche »Cottonwood Canyon Road«

Interessant ist diese Route mitten durch das landschaftlich ausgesprochen reizvolle *Grand Staircase-Escalante NM* (➤ Seite 469) für **SUV-Fahrer** vor allem dann, wenn die weiteren Reisepläne nicht der im **Kapitel 4.2.2** verfolgten Strecke entsprechen. Bei Einbeziehung des *Bryce Canyon* in eine südlicher verlaufende Rundfahrt, z.B. in Kombination mit der **Route 4.4**, lässt sich – ohne *Cottonwood Canyon Road* – eine Rückfahrt auf weitgehend gleicher Route (Straße #89) nicht vermeiden. Zeitersparnis bringt sie als »Abkürzung« zwischen dem *Bryce Canyon* und Page am Lake Powell keine. Für die **46 Meilen von Cannonville bis zur #89** benötigt man mit einem möglichst hoch liegenden Fahrzeug je nach Straßenzustand **gut 2 Stunden**. Entlang der Strecke liegen neben dem *Grosvenor Arch* noch zahlreiche *Trailheads* für kurze Abstecher u.a. zu den *Cottonwood Narrows* gleich neben der Straße oder für längere Streifzüge durchs Hinterland. Trittfeste Wanderer werden von der Farbenpracht des mächtigen ***Yellow Rock*** überwältigt sein (➤ Foto umseitig), den man – ausgehend vom *Lower Hackberry Canyon* Parkplatz – über einen sehr (!) steilen Geröllhang erreicht (ca. 32 mi südlich der #12; nur mit Wegbeschreibung, Karte und guter Orientierung zu finden: www.synnatschke.de/ccr/yellow-rock.php).

Selbst Reisenden, die nicht länger aus dem Auto aussteigen möchten, wird an der *Cottonwood Canyon Road* allerhand geboten. Besonders beeindruckend sind die **bunten Lehmhügel** beiderseits der Straße im ***Candyland***-Bereich sowie die hahnenkammähnliche Erdkrustenfalte ***Cockscomb Ridge***, die im gesamten mittleren Abschnitt parallel zur Piste verläuft.

Voraussetzung für die Tour: Großräumige Schönwetterlage und aktuelle Infos über den Straßenzustand! Die *Cottonwood Canyon Road* ist immer wieder selbst mit Vierradantrieb kaum oder gar nicht machbar. Schon kurze Regenschauer verwandeln sie in eine absolute »Lehmfalle«, deshalb am besten **unmittelbar vor Fahrtantritt die Ranger** im Besucherzentrum in **Cannonville** oder von der #89 kommend in Kanab, Big Water oder in der *Paria Contact Station* fragen.

Die *Cottonwood Canyon Road* ist auch frisch planiert nur etwas für Abenteuerlustige, die sich 'mal richtig abseits der (Haupt-)Straßen begeben möchten. Um Risiken zu vermeiden und nicht gegen die Vertragsbedingungen des Autovermieters zu verstoßen, kann man für solche Ausflüge in Escalante (➤ Seite 471), Kanab (➤ Seite 515) oder Page (➤ Seite 507) **tageweise ein 4WD-Fahrzeug** mieten (ab ca. $250/Tag inkl. Versicherungen; alle wichtigen Details dazu ➤ Seite 103).

Zur Beschreibung der Straße #89 in Richtung Page (➤ Seite 507) oder zum *Grand Canyon*-Nordrand geht es weiter auf den ➤ Seiten 512f.

4

Der nicht nur gelbe Yellow Rock unweit der Cottonwood Canyon Rd im GSENM

Auf der Straße #12 weiter nach Escalante

Escalante

Ohne Abstecher entlang der *Cottonwood Canyon Rd* gelangt man von Cannonville nach knapp 40 min ins einst verschlafene Nest Escalante, das von der Gründung des ***Grand Staircase-Escalante Nat'l Monument*** stark profitiert hat. Die Infrastruktur ist noch überschaubar geblieben, aber für längere Ausflüge in das Schutzgebiet ist der Ort ein ideales »Basislager«. Im Besucherzentrum gleich an der westlichen Einfahrt kann man sich sämtliche Infos und Unterlagen für einen Besuch des ***GSENM*** (➤ Kasten rechts und Seite 470) besorgen; geöffnet im Sommer täglich 8-17.30 Uhr.

Petrified Forest SP

Versteinerte Baumstämme stehen im Mittelpunkt des ***Escalante Petrified Forest State Park*** im Westen der Ortschaft. Mit dem gleichnamigen Nationalpark in Arizona kann er sich nicht messen, einige Hölzer am ***Trail of Sleeping Rainbow*** sind aber auch richtig bunt (Eintritt $8; www.stateparks.utah.gov/parks/escalante). Der Park verfügt außerdem über einen sehr gut am kleinen ***Wide Hollow Reservoir*** angelegten und mit allem Komfort ausgestatteten *campsites* ($28/$20 mit/ohne *hook-up*). Wenn der Wasserstand es zulässt, kann man im Stausee schwimmen oder Kanu fahren.

Unterkunft

Einfach und relativ preiswert (ab $85) ist in Escalante z.B. das ***Circle D Motel*** mit angeschlossenem **Restaurant**. In jedem Zimmer gibt es dort ein Sortiment mit Wanderführern und Bildbänden zum *GSENM*. Der Code »*sy-blog*« bringt 10%-Rabatt (ggf. per E-Mail nachfragen!); ✆ (435) 826-4297; www.escalantecircledmotel.com.

Ein gut geführtes B&B liegt am Südende des Ortes, das ***Rainbow Country***; ab $89-$114, ✆ (435) 826-4567, www.bnbescalante.com.

Die ***Escalante Outfitters*** bieten Unterkünfte in rustikalen Blockhäusern sowie Platz für Zelte und eine gute »*Esca Latte*« im angeschlossenen Café (gratis *Wifi*); www.escalanteoutfitters.com.

Grand Staircase-Escalante National Monument (kein Eintritt)

Zwischen dem Bryce Canyon und Capitol Reef Nationalpark und der *Glen Canyon Nat'l Recreation Area* rund um den Lake Powell erstreckt sich eine der landschaftlich vielfältigsten und attraktivsten Regionen des US-Südwestens, in der man alles findet, was Naturliebhaber, Wanderer und Fotografen begeistert – von mystisch engen *Slot Canyons*, natürlichen Steinbögen, einzigartigen *Hoodoo*-Wunderwelten, farbenfrohen *Badlands* bis hin zu grünen *Canyons* und idyllischen Wasserfällen. Das einst 7.700 km^2 große ***Grand Staircase-Escalante NM*** (kurz *GSENM*) wurde 2017 von Präsident Trump um fast die Hälfte geschrumpft. Von der angedachten Ausbeutung des Gebiets (u.a. Förderung fossiler Brennstoffe) ist vor Ort (noch) nicht viel zu sehen. Und dank spärlicher Infrastruktur und teils recht abenteuerlicher Zufahrtsstraßen, die nach Regengüssen selbst mit 4WD-Fahrzeugen unpassierbar werden, bewegt man sich innerhalb des *GSENM* stellenweise auch heute noch durch »echte Wildnis«.

Tief ins Schutzgebiet hinein führen SUV-Pisten: von der Straße #89 im Süden ab Big Water die raue ***Smoky Mountain Road***, von der #12 im Norden die 57 mi lange ***Hole-in-the-Rock Road*** sowie ab Cannonville die ***Skutumpah Road*** und die ***Cottonwood Canyon Road***. Ranger in den Besucherzentren in **Kanab**, **Escalante**, **Cannonville** und **Big Water** geben Auskunft über die wichtigsten Sehenswürdigkeiten und haben Infos zu den aktuellen Straßenzuständen. Offizielle Webseite mit interaktiver Karte und Broschüren: www.blm.gov/programs/national-conservation-lands/utah/grand-staircase-escalante-national-monument.

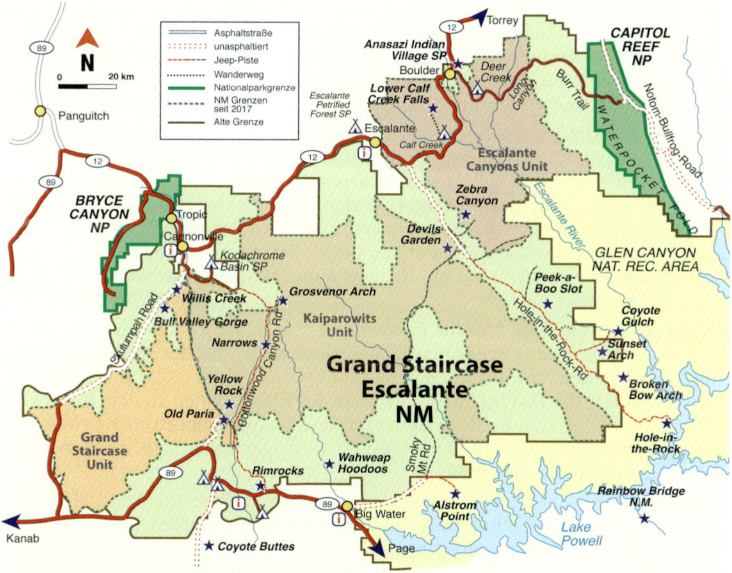

4

Die Escalante Canyons

Steffen Synnatschke

In den Canyons im und in der Umgebung des *Grand Staircase-Escalante Nat'l Monument* (***GSENM***) hat die Erosion wahre Wunder vollbracht und tiefe Schluchten in den farbigen Sandstein »gefräst«. Nur wenige unbefestigte Pisten führen durch das Gebiet zu den Ausgangspunkten für Wanderungen. Die bekannteste ist die ***Hole-in-the-Rock Road***, die ca. 5 mi südöstlich von Escalante von der Hauptstraße #12 abzweigt. Ihr Zustand schwankt mit den Jahreszeiten und Wetterbedingungen von perfekt befahr- bis unpassierbar. Die Ranger im Besucherzentrum in Escalante geben Auskunft über die jeweils aktuelle Situation und helfen mit Infomaterial zu den vor Ort meist nicht (!) ausgeschilderten Wanderwegen.

Spooky Gulch

Sehenswürdigkeiten entlang der Route sind u.a. der gestreifte ***Zebra Canyon***, der röhrenartige ***Tunnel Slot*** und der farbenprächtige ***Big Horn Canyon*** (*Trailhead* nach ca. 8 mi; nicht ausgeschildert!) und die beeindruckende Sandsteinkuppel ***Golden Cathedral*** im *Neon Canyon* (Abzweig »Egypt« nach rund 16 mi). Die herrlichen Felsbögen im ***Peek-a-Boo*** und die extra enge ***Spooky Gulch*** erreicht man über eine in Richtung »***Dry Fork***« ausgeschilderte Stichstraße 26 mi südlich der #12. Nur für erfahrene *Canyon Hiker* zu empfehlen ist der benachbarte ***Brimstone***. Dort schmiegen sich hohe Felswände beängstigend eng aneinander; selbst mittags herrscht schummrige Dämmerlicht.

Weitere ***Highlights***, die noch südlicher an der *Hole-in-the-Rock Road* liegen, bleiben wegen des schlechten Straßenzustands nur Allradfahrzeugen oder organisierten Touren vorbehalten. Es warten zahlreiche faszinierende *Canyons*, darunter auch die berühmte ***Coyote Gulch***, die oftmals als »schönste Schlucht der Welt« bezeichnet wird (Abzweig »*Fortymile Ridge*« nach 37 mi). Es handelt sich dabei um eine Kombination aus bis zu 200 m hohen Felswänden, üppig grüner Vegetation, Wasserfällen, Felsbögen und riesigen Überhängen samt indianischer Felszeichnungen.

Auch der angrenzende ***Stevens Canyon*** mit seinen Sandsteinwänden und Felsbögen geizt nicht mit Schönheit. Sehenswert ist weiter der gewaltige ***Broken Bow Arch*** in der *Willow Gulch* (Abzweig »*Sooner Wash*« 42,5 Meilen südlich der #12) sowie die ***Davis Gulch***. Die Liste der Attraktionen an der *Hole-in-the-Rock Road* ließe sich beliebig fortsetzen und würde dennoch nicht vollständig sein, zu viele unentdeckte Naturwunder verbergen sich auch heute noch im kaum erforschten Hinterland.

Informationen über die Canyons entlang der *Hole-in-the-Rock Road* mit ausführlicher Wegbeschreibung und topografischen Karten finden sich auf Deutsch unter www.synnatschke.de.

TIPP

Im **Supermarkt** an der Hauptstraße in Escalante sollte man unbedingt noch **Lebensmittel bunkern**; auf der Weiterfahrt gibt's an der #12/#24 keine vergleichbaren Möglichkeiten mehr zum Einkauf!

Hole-in-the-Rock-Road

Östlich von Escalante zweigt die ***Hole-in-the-Rock Road*** in Richtung Lake Powell ab. Die Piste ist meist gut in Schuss bis zur ***Devil's Garden Outstanding Area*** mit ungewöhnlichen **Felsskulpturen** und ein paar Picknicktischen (ca. 13 mi von der #12 entfernt). Für weiter südlich gelegene Attraktionen (➤ Kasten links) benötigt man ein 4WD-Fahrzeug, das sich bei ***High Adventure Tours*** mieten lässt. Alternativ kann man einen ***Shuttle-Service*** buchen oder sich einer **geführten 4WD-Exkursion** anschließen; ✆ (435) 503-9263, www.highadventurerentals.com.

Auf der Straße #12 von Escalante nach Torrey

Zwischen **Escalante** und **Torrey** verläuft die #12 abwechslungsreich durch **Felslandschaften** und Hochwald mit z.T. sagenhafter Straßenführung, etwa auf dem schmalen Kamm einer geologischen Auffaltung, dem sog. ***Hogback***, südlich von Boulder. Der nördliche Abschnitt bietet von der Höhe der Boulder Mountains erste Ausblicke auf die fernen Massive des *Capitol Reef National Park*.

Aber Achtung: **Ab Ende Okt/bis Mai** kann die Strecke über die fast 3.000 m hohen Pässe der Boulder Mts **gesperrt oder ohne Schneeketten schon/noch unpassierbar** sein; www.fs.usda.gov/dixie.

Lower Calf Creek Falls

Einen Stopp könnte man beim ***Kiva Koffeehouse*** 14 mi östlich von Escalante einlegen (April-Okt 8.30-16.30 Uhr außer Di; gutes Essen, herrliche Aussichtsterrasse). Originell sind auch die beiden DZ ($200) mit Kamin im angeschlossenen ***Cottage***; www.kivakoffeehouse.com.

Calf Creek Campground & Falls

Kurz darauf, nach Querung des Escalante River, passiert die #12 die ***Calf Creek Recreation Area*** mit traumhaften *first-come, first-served sites* (RVs nur bis 22 Fuß; $15). Ein 5 km langer *Trail* führt dort zu den pittoresken, ca. 40 m hohen ***Lower Calf Creek Falls*** (mit Badepool).

Burr Trail

Boulder (mit *Lodge*) ist eine Mini-Siedlung am Wege, die an der Entwicklung des ***GSENM*** weniger partizipieren konnte. Dort zweigt aber der ***Burr Trail*** in Richtung *Capitol Reef NP* ab. Nach nur 10 mi windet sich dieser *Scenic Backway* durch den **grandiosen *Long Canyon*** und bleibt bis zur Parkeinfahrt geteert.

4

Mit einem Wohnmobil sollte man spätestens vor den darauffolgenden engen Serpentinen wenden. Die 30 mi zurück durch den *Canyon* machen dank anderer Perspektiven neue Freude! Ca. 7 mi östlich von Boulder liegt der schöne ***NF-Campground Deer Creek***.

Burr Trail Notom-Bullfrog Road Loop

Bei gutem Wetter ist die Kombination aus ***Burr Trail*** und ***Notom-Bullfrog Road*** durch das Hinterland des Capitol Reef Nationalparks für Pkws mit guter Bodenfreiheit, SUVs und Vans eine Alternative zur Straße #12 (Gesamtdistanz: ca. 70 mi). Die herrlich einsame Piste überwindet mit zahlreichen *Switchbacks* knapp 250 Höhenmeter auf einer Strecke von nur 800 m, führt dann unten nordwärts entlang der grandiosen Felsauffaltungen der ***Waterpocket Fold*** und stößt östlich des Parks auf die #24. Die letzten 10 Meilen vor der Einmündung sind wieder asphaltiert.

Hinter den Abstiegsserpentinen nach rechts geht es zur *Bullfrog Marina* des Lake Powell. Von den 36 Meilen dieses *Burr Trail*-Abschnitts sind neuerdings 31 mi geteert.

Anasazi Village

Im kleinen ***Anasazi State Park Museum*** nördlich von Boulder sind Relikte eines vorkolumbischen Indianerdorfes zu besichtigen. Es wird das Leben der Anasazi-Indianer vor 800 Jahren gut veranschaulicht, dennoch kein Vergleich zu *Mesa Verde* oder dem *Chaco Canyon*; geöffnet April-Okt täglich 8-18 Uhr, sonst bis 16 Uhr; Eintritt $5, Familien $10; www.stateparks.utah.gov/parks/anasazi.

Straße #12 bis Torrey

Weiter geht es auf der phänomenalen #12 durch eine nun ganz andere Landschaft als im Escalante Bereich. Die Straße klettert durch den ***Dixie National Forest*** auf **3.000 m Höhe** und bietet tolle Ausblicke auf die fernen Formationen der ***Waterpocket Fold***, Teil des *Capitol Reef NP*. Mehrere ***NF-Campgrounds*** säumen die Abfahrt: *Pleasant, Oak Creek* (RVs nur bis 20 ft) und *Single Tree* (sehr gute Plätze mit freier Sicht). Wer mehr Komfort braucht, findet 1 mi westlich von Torrey den ***Thousand Lakes RV Park***; *full hook-up* $40, Zelte ($20), *Cabins* (ab $39) und Pool. Dort hat man auch die **Möglichkeit SUVs mit 4WD anzumieten**; © 1-800-355-8995; www.thousandlakesrvpark.com.

Um den Kreuzungsbereich der Straßen #12 und #24 stehen neben Tankstelle und ***Visitor Center*** einige **Motels**, u.a. ein *Days Inn*.

Chimney Rock an der Hauptstraße #24 durch den Capitol Reef NP

Torrey

Torrey, nur eine Meile weiter westlich, ist ein »Kaff« mit der Sommerfunktion eines Eingangstors zum Nationalpark. Dort stehen eine Handvoll Motels, ein paar Campingplätzen und Restaurants. Erstaunlich gut für diese Gegend, wiewohl etwas teurer, sind die Speisen im ***Cafe Diablo*** (599 West Main Street). Das ***Rim Rock Restaurant*** überzeugt mit einer herrlichen Aussicht. Zu den preiswerteren Quartieren in Torrey zählen:

- ***Austin's Chuckwagon Motel***, ältere DZ ab $77, neuere *Cabins* für $183; © (435) 425-3335, www.austinschuckwagonmotel.com
- ***Motel Torrey*** mit schlichten Zimmern für ca. $100; © (435) 425-3800, www.moteltorrey.com.

Die ***Lodge at Red River Ranch***, eine tolle Blockhausvilla ein wenig abseits der #24 ca. 4 mi westlich von Torrey, bietet stilvolle Räume mit felsgemauertem Kamin im Sommer ab $205; © 1-800-205-6343, www.redriverranch.com.

Bicknell

Und wer ein paar Meilen mehr nach Westen fährt, findet mit dem ***Aquarius Inn*** in **Bicknell**, einem ebenfalls kaum erwähnenswerten Ort, eine ordentliche und günstige Unterkunft mit *Wintergarden Pool*; ab ca. $65; © 1-800-833-5379, www.aquariusinn.com.

Capitol Reef National Park www.nps.gov/care

Eintritt (nur für den Scenic Drive) **$20/Auto oder Jahrespass**

Die Einfahrt in den ***Park*** von Westen, vorbei an Felswänden und -formationen, ist besonders in der Abendsonne grandios. Unmittelbar an der Straße #12 steht eingangs des ***Fremont River Valley*** mit ausgedehnten Obstgärten das **Besucherzentrum** des Parks. Ein Problem des oasenähnlichen Tals (**Obst** Juni-Okt zum Selberpflücken umsonst bei Verzehr oder preiswert zum Mitnehmen an einer *Self-Pay Station*!) sind bis etwa Mitte Juli ziemlich lästige Fliegen.

Der grüne ***Fruita Campground*** mit dichtem schattenspendenden Baumbestand liegt im Nationalpark ca. 1 mi vom *Visitor Center* entfernt unmittelbar am Fremont River; Plätze $20, von März bis Oktober reservierbar, sonst auf *first-come, first-served*-Basis.

Unterkunft

Innerhalb des Nationalpark existieren keine Quartiere, die nächsten befinden sich aber nur ca. 1 mi westlich davon in erhöhter Lage und mit traumhafter Kulisse: das ***Rim Rock Inn*** (Räume ab $94, Cafeteria und **Restaurant** mit Alkohollizenz; © 1-888-447-4676, www.therimrock.net) sowie gegenüber das ***Capitol Reef Resort*** mit schönen Zimmern, *Cabins* sowie Übernachtungsmöglichkeiten mit **Lagerfeuerromantik** im *Teepee* oder Planwagen (ab ca. $150; © (435) 425-3761, http://capitolreefresort.com). Zusätzliche Unterkünfte – wie bereits beschrieben – am Straßendreieck #12/ #24, in Torrey, Bicknell sowie ein gutes ***Rodeway Inn*** in Caineville, 19 mi östlich des Besucherzentrums (Zimmer ab $100).

Scenic Drive

Für das Abfahren des ***Scenic Drive*** (10 mi) am Westrand des *Capitol Reef* ab dem ***Visitor Center*** benötigt man mind. 1 Stunde. Auf halber Strecke geht es links ab zum ***Grand Wash***, vom Ende des Asphalts auf rauem Schotter weitere 3 mi in die ***Capitol Gorge*** hinein.

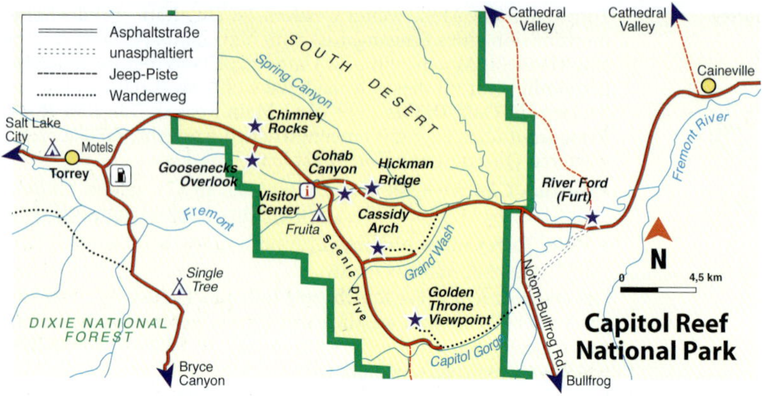

Eine sehr empfehlenswerte ebene Kurzwanderung läuft von dort durch den sich auf wenige Meter verengenden ***Capitol Gorge Canyon***. Nur 1 km vom *Trailhead* entfernt erreicht man Felsflächen mit regenwassergefüllten Auswaschungen. Sie waren namensgebend für das Faltengebirge ***Waterpocket Fold***, das sich bis zum Lake Powell erstreckt. Am selben Parkplatz beginnt auch noch der Weg zum Felsmonolithen ***Golden Throne*** (6 km retour; 250 HM).

Ähnlich lang und anstrengend, aber noch reizvoller ist die **Wanderung** vom *Grand Wash*-Parkplatz hinauf zum ***Cassidy Arch***, benannt nach dem berüchtigten Bankräuber *Butch Cassidy*, der sich dort einst versteckt gehalten haben soll.

Wanderwege ab der #24

Zu den populären Zielen des Parks zählt die ***Hickman Natural Bridge***, ein 40 m langer Felsbogen. Der *Trailhead* für diese kurzweilig Wanderung (3 km retour) befindet sich an der #24 ca. 2 mi östlich des Besucherzentrums. Dort beginnt auch der ***Rim Overlook Trail*** (6,5 km hin und retour) mit fantastischen Panoramablicken und tollen Fotomotiven, darunter die dreieckige helle Bergformation ***Pectol's Pyramide*** mit schwarzen Lavabrocken im Vordergrund (Hinweisschild im ersten Teilabschnitt des Weges).

Cathedral Valley

Um die Schönheit des ***Cathedral Valley*** im Norden des Parks zu entdecken, benötigt man keine Wanderschuhe, aber dafür ein **Allrad-Vehikel** (tageweise Anmietung beim *Thousand Lakes RV Park* bei Torrey möglich, ➤ Seite 472), eine große Portion Abenteuerlust und gutes Wetter. Aktuelle Infos dazu im *Visitor Center*! Bei niedrigem Wasserstand startet man die 65 mi lange unbefestigte *Loop Road* mit einer Furt (*River Ford*) an der *Hartnet Rd*; Abzweig 12 mi östlich des Besucherzentrums. Führt der Fremont River viel Wasser, ist die Rundfahrt nicht möglich. Besonders reizvoll sind an dieser Strecke gleich zu Beginn die farbintensiven ***Bentonite Hills*** (unpassierbar bei Nässe!) und später die Sandsteinmonolithe im abgeschiedenen ***Upper Cathedral Valley***, das man alternativ auch von Caineville ohne Furt über die raue ***Caineville Wash Road*** erreicht.

Vom Capitol Reef zum Arches National Park

An der #24 nach Hanksville

Der **Charakter der Strecke** bis Hanksville ist ganz anders als bisher gewohnt. Nach Verlassen des im Nationalpark relativ engen Fremont River Canyon führt die #24 zwar nach wie vor am Fluss entlang, aber bald durch eine eigenartige Szenerie aus grauschwarzen Lehmhügeln und Tongestein. Diese sog. ***Morrison*-Formation** birgt neben Uranerz häufig auch Dino-Knochen und andere Fossilien. Die *BLM Office* in Hanksville (380 South 100 West; Mo-Fr 8-16.30 Uhr) hat Infos und Karten zu den diversen Zielen in dieser Gegend, darunter der ***Moonscape Overlook*** aka ***Sykline View*** mit atemberaubendem Panorama – Mondlandschaft so weit das Auge reicht! Die Zufahrt ab der #24 erfolgt östlich der zwei markanten Caineville Mesas: zuerst auf der ungeteerten #6650 East 6,1 mi nach Norden (mit der Factory Butte schön im Blickfeld) und dann die *Skyline View Road* (#0913) 2,7 mi nach Osten. Am besten mit Allrad-Vehikel, bei Trockenheit sind die Pisten aber meist auch Pkw-tauglich. Besonders stimmungsvoll zum Sonnenaufgang!

Hanksville

Hanksville am Straßendreieck #24/#95 ist die einzig nennenswerte Siedlung zwischen *Capitol Reef NP*, Blanding und Green River und wirkt etwas heruntergekommen. Immerhin gibt es dort Tankstellen, einen Mini-Shop und mit dem ***Whispering Sands Motel*** ein ganz akzeptables Haus (DZ ab $79; ✆ (435) 452-3238, www.whisperingsandsmotel.com). ***Duke's Slickrock Grill & Campground*** bietet gutes Essen sowie Plätze mit *full hook-up* ($35) und für Zelte ($15); ✆ (435) 542-3235, www.dukesslickrock.com.

Nordroute über Goblin Valley und Green River

Die schnelle Route

Entscheidet man sich für die **schnelle Route** vom ***Capitol Reef*** zum ***Arches NP***, geht es auf der #24 nach Norden zur I-70. Die Strecke selbst bietet kaum landschaftliche Reize und kann, wenn es sein muss, in unter 3 Std bewältigt werden (ca. 110 mi). Erst auf den letzten 10 mi vor dem *Arches NP* wird es wieder interessant.

Goblin Valley

Aber auch wenn man sich ab Hanksville für die Südroute (➢ Seite 477) entscheidet, der Abstecher zum ***Goblin Valley*** am Fuße des *San Rafael Reef* lohnt sich (30 mi nördlich Hanksville; 12 mi *one-way* ab der #24). Das Tal erhielt seinen Namen wegen seiner drolligen steinernen »Kobolde«.

Der »Fantasy«-Garten aus rotgelben Sandstein-Kobolden des Goblin Valley bietet nicht nur tolle Fotomotive, sondern bereitet vor allem auch Kindern jede Menge Spaß

4

Das beste Fotolicht herrscht dort nachmittags, früh morgens liegen die Sandsteinskulpturen noch im Schatten des hohen *Rims*; $15/Auto. Der *State Park* ist außerdem eine **reizvolle Übernachtungsoption** für Camper ($30; Jurten $100; Duschen vorhanden; http://stateparks.utah.gov/parks/goblin-valley). In der Umgebung des **Temple Mt** außerhalb des Parks ist *Boondocking* gestattet.

Little Wild Horse Canyon

Einmal hier, sollte man sich auch den ***Little Wild Horse Canyon*** vornehmen – mit schönen slotähnlichen Passagen und stark verwitterten Wänden, die den Gedanken an »Schweizer Käse« nahelegen; Abzweig nach rechts 1 mi vor Erreichen des *Goblin Valley* und ca. 5,5 mi weiter auf asphaltierter Straße (#1013).

Horseshoe Canyon im Canyonlands NP

Allen, die sich für indianische Felsmalereien (*Pictographs*) interessieren, sei die Wanderung in den ***Horseshoe Canyon*** ans Herz gelegt. Die 60 m lange, mehrere tausend Jahre alte »***Great Gallery***« mit ihren rätselhaften Geistergestalten in malerischer Umgebung entschädigt für die Anstrengung (11 km retour) und für die holprige Anfahrt. Den *Trailhead* erreicht man bei Trockenheit in der Regel auch mit Pkw über einen Abzweig von der #24 in Richtung Osten rund 19 mi nördlich von Hanksville (etwas südlich der Straße zum Goblin Valley). Nach etwa 25 mi links abbiegen, dann nochmals 7 mi. Karte und alle Details zur Wanderung unter www.nps.gov/cany/planyourvisit/upload/HorseshoeCanyon.pdf.

Die vor Tausenden von Jahren eröffnete »Great Gallery« auf dem Gebiet des heutigen Canyonlands NP gehört zu den eindrucksvollsten Beispielen von Rock Art im Südwesten

Green River

Nach der Durchquerung des ariden *San Rafael Swell*-Gebiets bietet **Green River** an der I-70 ein wenig Abwechslung. Der grüne, gepflegte Campingplatz im ***Green River State Park*** (mit *hook-up* $38, *Cabins* $75) liegt am Fluss und ist selten voll besetzt.

Nach Moab

Nach kurzer Fahrt auf der I-70 (ca. 18 mi ab Green River) in Richtung Osten nimmt man ab Crescent Junction die #191 nach Süden. Bis zur Einfahrt in den ***Arches Park*** sind es von dort noch etwa 25 mi. Gute 6 mi vor Erreichen des Nationalparks passiert man auf dieser Route die Zufahrt zum ***Island in the Sky District*** der *Canyonlands* und zum ***Dead Horse Point State Park***, Details ➤ Seite 491f.

Von Hanksville zum Arches Park über den Lake Powell

Erheblich spannender als die Route über Green River ist eine Fahrt auf der **Straße #95 East** über den Colorado an den *Natural Bridges* vorbei zum *Arches Park* (rund 100 Mehrmeilen und zusätzliche Stopps am Wege; **Tankstelle** in Hite und danach erst in Blanding). Auf den ersten 20 Meilen führt die #95 zunächst ebenfalls durch eher langweiliges Terrain, doch das Panorama der Henry Mountains im Westen bietet schon bald Entschädigung.

Straße #95

Höhepunkt der Fahrt auf der #95 von Hanksville nach Osten sind die letzten ca. 15 Meilen bis zur *Colorado River Bridge,* auf denen sich die – breit ausgebaute – Straße durch Felsmassive windet und schließlich hoch über dem Lake Powell bzw. den Resten des Sees, der sich dort weit zurückgezogen hat, fantastische Blicke über den Colorado River und weite Felslandschaften freigibt.

Colorado River bei Hite

An den mittlerweile breiten Ufern des Colorado River bzw. in den trockengefallenen Seearmen darf man **gebührenfrei in der Landschaft über Nacht stehen** (*Boondocking*). Die Zufahrt ist auf beiden Seiten kein Problem. Viele Fahrspuren weisen den Weg. Auch Campmobile können zumindest am Ostufer an einigen Stellen gefahrlos bis in Wassernähe fahren. Bei der ehemaligen ***Marina Hite*** am Nordende des Sees herrschte einst richtig Betrieb und bis vor kurzem hielten ein kleines *Infocenter* mitsamt Tankstelle sowie ein von *Aramark* betriebener *RV Park* noch die Stellung. 2019 wechselte dort aber der Betreiber und die Zukunft ist ungewiss.

Straße #95 ab Hite

Die Weiterfahrt – wiederum – an hochaufragenden Wänden zur Rechten mit Blick über eine weite Landschaft mit dem tief eingeschnittenen ***White River Canyon*** zur Linken bleibt bis *Fry Canyon* aufregend. Noch schöner fährt sich diese Route indessen in Gegenrichtung auf den Colorado River zu. Etwa 40 mi sind es von Hite bis zur Zufahrt zum *Natural Bridges Monument*.

Umweg ab der #95 über Bullfrog/Hall's Crossing

Ein Umweg über **Bullfrog/Halls Crossing** ist weniger zu empfehlen, außer man möchte dort ein Hausboot mieten (*Aramark Services*, ➤ Seite 510 für Details). Weder Straßenverlauf der #276 noch der Lake Powell der Bullfrog-Region können mit der #95 samt Brücke über den Colorado River bis *Natural Bridges* »mithalten«. Die **Fähre** zwischen *Bullfrog Marina* und *Hall's Crossing* verkehrt 3-4 x täglich von Mitte Mai bis September, aber unbedingt vorher anrufen, da sie gelegentlich ausfällt; ✆ (435) 893-4747, www.udot.utah.gov/go/ferry. Die Überfahrt kostet $25 für das Auto inklusive Insassen. Am Weg laden die 12 Plätze des schattigen, einfachen ***BLM-Campground Starr Springs*** zum Rasten ein; 4 mi westlich der #276. Dank klarer Quellen entstand dort mitten in der Trockenheit ein kleines Eichenwäldchen als grüne Insel.

Sinn macht die Route über Bullfrog am ehesten, wenn eine (Rück-)Fahrt in nordwestliche Richtung über den ***Burr Trail*** erwogen wird, ➤ Seite 471f.

Natural Bridges NM

Eintritt $20/Fahrzeug oder Interagency Jahrespass

Im Mittelpunkt des ***Natural Bridges National Monument*** auf halbem Wege nach Blanding stehen drei eindrucksvolle **natürliche Felsbrücken** über den ***White & Armstrong River Canyon***. Sie entstanden im Gegensatz zu den *Arches* durch Unterspülung von Felsbarrieren und stetige, überwiegend vom Wasser verursachte Erosion. Kurze *Trails* (bis zu einer Stunde) führen von den Parkplätzen an der ***Loop Road*** (beginnt am ***Visitor Center***, guter Film zur Einstimmung) zu den gelbbraunen ***Bridges Sipapu***, ***Kachina*** und ***Owachomo***. Ein etwas anspruchsvollerer Wanderweg im Flussbett verbindet die »Brücken«; unterwegs sieht man allerhand indianische Ruinen und Felszeichnungen (insgesamt 14 km ***Loop Trail***; ca. 4-5 Stunden); www.nps.gov/nabr.

Mindestens eine Wanderung sollte man hier machen, nicht zuletzt weil die gewaltigen Naturbrücken von unten weitaus beeindruckender wirken als von den Aussichtspunkten. Sehr reizvoll sind die ***Owachomo Bridge*** (inkl. Fotopausen ca. 30 min ab Parkplatz; 600 m retour; 55 Höhenmeter) und die doppelt so hohe ***Sipapu Bridge*** (ca. 45 min; 2 km retour; 100 HM).

Der schön angelegte ***Campground*** ($10) mit leider nur 13 Plätzen füllt sich rasch (keine Fahrzeuge über 26 ft; *first-come, first-served*). Die ***Overflow Area*** für abgewiesene Camper außerhalb der Parkgrenzen unweit der Kreuzung #261/#95 ist nur eine geschotterte Fläche und keine echte Alternative. Besser steht man, wenn es nicht anders geht, im Hinterland; Abzweig von Zufahrt #275 beim Schild *San Juan County/Deer Flat*, ca. 1 mi nach Norden.

Straße #261 zum Monument Valley

Vom *Natural Bridges Monument* führt die Straße #261 direkt zum ***Monument Valley***, das auf dieser Route erst später angesteuert wird (➢ Seite 504). Der relativ steile Serpentinenabschnitt (»***Moki Dugway***«) zwischen der Hochfläche der *Cedar Mesa* und dem *Valley of the Gods* hat auf ca. 1,5 mi nur Schotterbelag.

Owachomo ist die kleinste Naturbrücke des Parks (32 m hoch) und dennoch ganz schön imposant

Der Abstieg Moki Dugway hinunter ins Valley of the Gods ist geschottert und ungesichert (keine Leitplanken). Unten angekommen geht es auf Asphalt weiter

Campmobilfahrer werden vor dieser Ab-/Auffahrt gewarnt. Tatsächlich ist der *Dugway* bei vorsichtiger Fahrweise nur problematisch für große Fahrzeuge über 25 Fuß und bei Nässe/nach Regen; vorher erkundigen! Sowohl vom ***Muley Point*** (unausgeschilderter Abstecher unmittelbar oberhalb der Serpentinen, ca. 10 mi gute *dirt road* retour) als auch beim Abstieg in das ***Valley of the Gods*** (➤ Seite 503) öffnen sich grandiose Aussichten.

Gleich eingangs der Staubpiste durch das *Valley of the Gods* liegt in der Einsamkeit am Rande der monumentalen Landschaft eine ***Bed & Breakfast Ranch***, die dafür etwas teurer ist als üblich, ➤ Seite 503. Kurz vor Erreichen der Hauptstraße #163 passiert man die Berg- und Talzufahrt (3 mi) zum ***Goosenecks State Park***.

Straße #95 bis Blanding

Der ***Bicentennial Highway* #95** zwischen *Natural Bridges* und der #191 beeindruckt vor allem im Bereich des Höhenzuges der *Comb Ridge*. Unmittelbar vor Erreichen der Höhe überquert die Straße den ***Comb Wash***, an dessen Ufern beidseitig des oft trockenen Baches gut gecampt werden kann und darf.

Gleich östlich davon passiert die Straße die ***Butler Wash Ruins***. Ein hübscher, wenig frequentierter *Trail* (ca. 1,5 km retour) führt zu den indianischen *Cliff Dwellings* (➤ Exkurs umseitig).

Blanding/ Monticello

Auch die #191 führt in nördliche Richtung wieder streckenweise durch schöne Landschaft. Die einzigen Orte am Wege, **Blanding** und **Monticello**, sind ohne besonderen Reiz, besitzen aber wieder **Supermärkte** und diverse **Motels**. Die Übernachtung in beiden Orten ist deutlich preiswerter als in Moab; das gilt besonders außerhalb der Kernsaison (Juni bis *Labor Day*).

Edge of Cedars SP

Während auch dann in Moab noch einiger Betrieb herrscht, ist in der »Nachbarschaft« noch nichts bzw. nichts mehr los. Im ***Edge of the Cedars State Park***, etwas außerhalb von **Blanding**, gibt es einige restaurierte präkolumbische Ruinen, eine eher nachgeordnete kleine Sehenswürdigkeit für speziell Interessierte.

Gratis übernachtet man am Nordufer des **Recapture Lake**, 4 mi nördlich von Blanding. Der **NF-Platz *Devil's Canyon***, rund 10 mi weiter, kostet $10, ist aber gut angelegt und reservierbar.

Bears Ears National Monument

Fast die gesamte Region zwischen Bluff, *Glen Canyon National Recreation Area, Natural Bridges NM* und *Canyonlands National Park* wurde 2016 von Präsident Obama zum ***Bears Ears Nat'l Monument*** deklariert. Kein Jahr später hatte sein Nachfolger das Schutzgebiet bereits um 85% reduziert. Zu den nicht »denkmalwürdigen« Orten zählten u.a. das *Valley of the Gods* (➤ Seite 503), der *Moki Dugway* (➤ Seite 478) oder Aussichtspunkte wie der *Needles Overlook* (➤ Seite 482). Auch großen Bereichen der ***Cedar Mesa/Grand Gulch Area*** wurde der Schutz wieder entzogen. Dabei verbergen sich dort in den Klippen besonders viele, teils noch unerforschte Relikte der Ureinwohner. Obwohl nicht ansatzweise so hochentwickelt wie die Mayas oder Azteken weiter südlich, verstanden es die Anasazi dennoch meisterhaft, ihre kleinen *Cliff Dwellings* eng an Felsvorsprünge zu schmiegen und die Wände mit Felszeichnungen zu schmücken. Wer sich für ihre Kultur interessiert und gerne auf »Schatzsuche« geht, wird rund um die #95 westlich von Blanding sowie beidseitig der #261 eine perfekte »Spielwiese« vorfinden und von diesem abgeschiedenen, weitläufigen Wandergebiet fernab der populären großen Nationalparks begeistert sein.

Leicht zu erreichen ist der *Overlook* der ***Butler Wash Indian Ruins*** (ca. 1,5 km retour; ausgeschildert an der #95 östlich der *Comb Ridge* ca. 14 mi vor Blanding) sowie das ***House on Fire*** im *Mule Canyon* (*Trailhead* an der geschotterten #263, 0,3 mi von der #95 entfernt, ca. 23 mi westlich von Blanding beim *Mile Marker* 102,3). Etwas schwerer zu finden, aber ausgesprochen pittoresk sind die ***Fallen Roof Ruins*** im *Road Canyon* (Zufahrt über die unbefestigte *Cigarette Springs Road* ausgehend von der #261). Dort sowie an den vielen Parkplätzen der *Cedar Mesa Area* stehen *Self-pay*-Stationen ($2/Person *day-use fee*).

Nähere Infos in der ***Kane Gulch Ranger Station*** an der #261 bzw. im ***BLM Monticello Field Office*** an der #191 sowie online unter www.blm.gov (nach »Cedar Mesa« suchen) und auf Deutsch unter www.synnatschke.de/cmr/cmr.html.

In **Monticello** stößt man auf ein großes ***Visitor Center*** mit vielen Unterlagen und Information zum Südosten Utahs.

Von den Motels in Monticello ist u.a. das ***Inn at the Canyons*** an der 533 N Main Street (#191) recht gut geführt; ab ca. $130; © (435) 587-2458, www.monticellocanyonlandsinn.com.

Wanderweg durch den Needles District des Canyonlands National Park

Abstecher in den Needles District der Canyonlands Nat'l Park

Abkürzung ab Monticello

Wer die sehr empfehlenswerte Absicht hat, den ***Needles District*** der ***Canyonlands*** zu besuchen, sollte ab **Monticello** die bestens ausgebaute ***Harts Draw Road*** **#101** nehmen (heißt ab Monticello erst Spring Creek Road und läuft ohne Ausschilderung ab *Visitor Center* nach Westen), die kurz vor dem *Newspaper Rock* auf die Stichstraße #211 stößt (16 mi). Diese Route auf die Höhe der Abajo Mountains an Monticello Lake und ***NF-Campgrounds*** vorbei und wieder bergab ist reizvoller und kürzer als die #191 und die #211 in voller Länge (ab dem unübersehbaren ***Church Rock***).

Der ***Newspaper Rock*** ist eine Felswand voller **indianischer Petroglyphen** (➤ Seite 49), den interessantesten über Straßen erreichbaren ihrer Art. Für sich ist der »Zeitungsfelsen« kein Ziel für einen Abstecher, aber auf dem Weg in den Nationalpark ein guter Grund für einen Zwischenstopp. Bis zum Endpunkt der wunderschön landschaftlich eingebetteten Straße in den *Canyonlands* sind es von dort noch 32 mi. Am Wege passiert man beliebte Kletterfelsen, an denen kräftig der Aufstieg trainiert wird (➤ links).

Canyonlands Needles

Eintritt $30/Auto $15/Person oder Jahrespass

Kurz hinter der Einfahrt in den *Needles District* des Nationalparks liegt das ***Visitor Center***. Sofern man noch nicht an der Einfahrt gezahlt hat, ist hier der Eintritt fällig. Außerdem gibt's Karten und Beratung bezüglich der Wanderwege. **Mit Anfahrt und nur einer (kurzen) Wanderung muss man für den Abstecher zum *Needles District* mindestens einen vollen Tag einplanen**.

Der um eine langgestreckte Felskuppe herum angelegte ***Squaw Flat Campground*** ($20, *first-come, first-served*) ist ein **Campingplatz der Extraklasse**. Wer daher nicht früh am Morgen kommt, hat von Mai bis Oktober kaum Aussicht auf einen Stellplatz.

Wanderwege

Mehrere ***Trails*** und nur für 4WD-Fahrzeuge zugelassene raue Pisten in die *Canyonlands* nehmen bei *Squaw Flat* sowie an der **Elephant Hill Road** ihren Ausgang. Empfehlenswert sind vor allem die zwar langen, aber abwechslungsreichen Wanderungen mitten in das Felsnadel-Amphitheater hinein zum **sensationellen *Chesler Park*** und dem engen ***Joint Trail*** (18 km, *Chesler Park Loop*) und zum ***Druid Arch*** (ebenfalls 18 km Rundweg); beide mit *Backcountry Campgrounds*: www.nps.gov/cany.

Ausweich-camping

Der **Campingplatz *Needles Outpost*** (mit Sanitärcontainer samt Duschen und Minishop) vor den Grenzen des Parks bietet ein gutes Ausweichquartier auf einem flachen Gelände vor rotem Fels. Zwar sind die Stellplätze dort recht simpel angelegt, aber man blickt dafür auf die ferne Silhouette der Felsnadeln und kann den Sonnenuntergang genießen. Das bietet *Squaw Flat* nicht! Zelte und RVs nur ohne *hook-up* $21; Reservierung unter © 435) 459-0777 oder online: www.needlesoutpost.com.

Needles Overlook

Wenn die Zeit für Fahrt und Aufenthalt im *Needles District* nicht reicht, sollte man sich wenigstens den Abstecher zum fantastischen Aussichtspunkt ***Needles Overlook*** gönnen (ca. 22 mi auf weitgehend ebener, am Ende etwas kurviger Strecke, die nördlich der #211 von der #191 abzweigt). Wunderbar in die Landschaft eingepasst ist (am Wege) der ***BLM-Campground Wind Whistle***, ca. 5 mi von der #191 entfernt.

Vom Parkplatz am Straßenende läuft ein ***Rim Trail*** gut gesichert an der Abbruchkante des Hochplateaus entlang. Man schaut von ihm über eine sagenhafte Felslandschaft und hinüber zum *Grandview Point* des *Island in the Sky* der *Canyonlands* (➤ Seite 491). Gäbe es einen Preis für den **bestplatzierten Picknicktisch** der USA, der auf dem ➤ Foto unten käme sicher in die engere Wahl. Er befindet sich nur ca. 30 m vom Parkplatz entfernt.

Eine Fahrt zum ***Anticline Overlook*** weiter im Norden »gegenüber« dem *Dead Horse State Park* lohnt in Anbetracht der weiten Strecke und der *Gravel Road* nur bei viel Zeit.

Straße #191 nach Moab

Vom *Church Rock* am Straßendreieck #191/#211 sind es noch ca. 40 schnelle Meilen bis Moab durch streckenweise wieder attraktive Felslandschaften. Kurz anhalten kann man ca. 25 mi südlich von Moab beim ***Wilson Arch*** rechter Hand der Straße und einige Meilen später beim ***Hole N' the Rock***-Komplex. Dort hat ein Ehepaar in 12-jähriger Handarbeit eine riesige Wohnhöhle aus dem Fels herausgeschlagen und mit allen Schikanen gemütlich-kitschig eingerichtet ($6,50 Kinder unter 5 Jahre frei). Souvenir- und Keramikshop, kleiner Zoo und allerhand Drumherum bemühen sich dort um die Aufmerksamkeit der vorbeifahrenden Touristen

Nur 100 m weiter lädt ein schattig grüner Rastplatz (***Kane Spring***) hinter der roten Felswand ganz unkommerziell zur Pause ein.

Schon weit vor der Ortseinfahrt von Moab passiert man beidseitig der Straße mehrere *RV Parks*, darunter ein teurer **KOA-Platz** mit makellosen Sanitäranlagen und *Wifi*, ➤ folgendes Kapitel.

Picknicktisch in traumhafter Position am Needles Overlook

Nirgendwo sonst gibt es derart viele Anbieter für Jeeptouren und Vermieter von Moto Cross-Bikes über Quads bis zum 4WD Hummer wie in Moab

4.2.3 Moab, Arches National Park und Islands in the Sky-District der Canyonlands

Moab www.discovermoab.com

Das kleine **Moab** (nur 5.300 Einwohner und dennoch die größte Siedlung im Südosten Utahs) fungiert als Besucherzentrale inmitten eines *Red Rock*-Wunderlands und besitzt für seine Größe eine **erstaunliche touristische Infrastruktur**. In der Umgebung von Moab lassen sich alle erdenklichen Exkursionen per Flugzeug, Helikopter, Ballon, Schlauchboot, Kanu und Pferd realisieren. Populär sind vor allem **SUV-Touren** in die *Canyonlands* (auch auf eigene Faust mit vor Ort gemieteten **Spezial-Jeeps**) sowie ***River Rafting Trips*** auf dem Colorado. Die meisten einschlägig tätigen Firmen residieren unübersehbar an der Main Street (#191) durch den Ort.

Information

Im ***Visitor Center*** an der 25 E Center St/Ecke Main St (zurückgesetzt gleich neben dem *Eddie McStiff's Brew Pub*) liegen jede Menge Broschüren aus – neben Unterkunft- und Campinglisten auch eine Übersicht mit den Anbietern (*Tours & Recreation, Services & Rentals*) sowie allerlei *Coupons* dazu; geöffnet Mo-Fr 8-17 Uhr.

Den ***Discover Moab Travel Guide*** kann man vorab schon online durchblättern (www.discovermoab.com/free-travel-guide) ebenso wie den ergänzenden ***Outdoor Adventure Guide***, etwas versteckt auf demselben Portal unter www.discovermoab.com/moag.

Bike Trails

Moab nennt sich zu Recht **Hauptstadt des *Mountain Biking***. U.a. führt oberhalb der Stadt der tolle, aber schwierige ***Slickrock Trail*** (10 mi; 2-3 Stunden; Gebühr $5/Tag) durch die wilde Landschaft. Eine weiße Linie über nacktem Fels zeigt, wo's langgeht. Der Startpunkt liegt beim Parkplatz an der *Sand Flats Road*, ➤ Camping, Seite 485. Üben darf man auf einer ***Practice Loop*** (2,3 mi). ***Bike Rental***, Anfängerkurse und geführte Touren – alles ist zu haben; www.discovermoab.com/mountainbiking.

Sehr schön angelegt ist auch die ***Bike Road*** parallel zum *Upper Colorado Scenic Byway* (➤ Seite 493) immer dem Fluss entlang und mit vielen Camping- und Picknickplätzen am Weg.

Events

In der Stadt ist viel und immer was los, sehr reizvoll z.B. das ***Moab Music Festival*** Ende August/Anfang September, teilweise *open air* vor grandioser Kulisse; www.moabmusicfest.org.

Unterkunft

Moab verfügt über Dutzende von H/Motels, B&Bs, *Inns* und *Ranches*. Die Mehrzahl der Quartiere ist unabhängig, aber auch die ganze Palette an Kettenmotels ist vertreten (*Motel 6, Super 8, Holiday Inn, Ramada, Best Western, Comfort Suites, Days Inn* u.v.m. Eine gute Übersicht mit sämtlichen Übernachtungsmöglichkeiten liefert die Webseite des Stadt www.discovermoab.com unter dem Menüpunkt »*Lodging & Camping*«.

Reservieren

In Moab sollte man unbedigt im Voraus reservieren, speziell zur dortigen **Hauptsaison April bis Juni** und **September und Oktober**. Die Unterkünfte sind dann meist rappelvoll. In den Monaten Juli und August ist hitzebedingt etwas weniger los. Die Zimmerpreise in Moab liegen höher als sonst in der Region üblich. Sie sinken aber in Zeiten geringerer Auslastung auf ein erstaunlich moderates Niveau ($40-$80) für die Mittelklasse. Empfehlenswert sind u.a. folgende Häuser (mit Angabe der Hochsaisontarife):

- ***Adventure Inn Moab***, 512 Main St, schlichte, saubere Zimmer für ca. $140; © 1-866-662-2466, www.adventureinnmoab.com
- ***Inca Inn***, 570 North Main Street, ebenfalls ein gutes unabhängiges Haus, DZ ca. $150; © (435) 259-7261, www.incainn.com
- ***Hotel Moab Downtown***, 182 South Main St, zentral gelegen, ab ca. $100; © (435) 259-7141, www.hotelmoabdowntown.com
- ***Super 8 Motel***, 889 North Main St, ganz akzeptables Kettenmotel am nördlichen Ortsende (#191); ca. $160; © (435) 259-8868
- ***Aarchway Inn***, gehobene Mittelklasse noch eine Spur näher am Arches Nationalpark; über $200 (in den Wintermonaten aber ca. $80!); © 1-800-341-9359, www.aarchwayinn.com

Die Jugendherberge ***Lazy Lizard*** steht südlich des Ortes an der 1213 South #191; Betten im Schlafsaal nur $12-$13; EZ/DZ ab $35; *Cabins* ab $45; © (435) 259-6057, www.lazylizardhostel.com.

Camping

Am allerschönsten übernachtet man umgeben von *Red Rocks* im ***Arches Nat'l Park***, in den ***Sand Flats*** oder im ***Deadhorse Point SP***. Deren Kapazität beschränkt sich allerdings auf rund 200 Plätze, so dass die Mehrheit der Zelte und RVs auf einem der kommerziell betriebenen *Campgrounds* unterkommen muss. Im ganzen US-Westen, wenn nicht in den Vereinigten Staaten, gibt es keinen zweiten Ort mit einer solchen Ballung an Campingplätzen.

Eine **Reservierung** spätestens einen Tag oder zwei vor Ankunft ist dennoch zur Hochsaison sehr angeraten! Eine komplette Übersicht zeigt www.discovermoab.com/campgrounds.

Kommerzielle Plätze

- Nur ein *Campground* liegt mitten im Ort, das etwas enge, aber parkartig grüne und passable ***Canyonlands RV Resort*** mit dem unschätzbaren Vorteil, dass Kneipen und Supermarkt in Fußgängerdistanz liegen; 555 South Main St; Zelte ab $37, *hook-up* ab $50; nur März-Okt; © 1-877-415-3991, www.sunrvresorts.com.

Unter den ganzen Plätzen gibt es auch einige weniger erfreuliche, die folgenden sind o.k., *Wifi* ist überall selbstverständlich:

- Zwischen Moab und *Arches NP* bei der Brücke über den Colorado River befindet sich der ***Moab Valley Campground***; sehr komfortabel und angenehm, aber aufgrund der Nähe zur #191 recht laut; Zelte $41 (mit Sonnenschutz $46), *hook-up* ab $71, *Cabins* ab $121 oder *Glamping* im *Airsteam Vintage Trailer* für ca. $130; ganzjährig geöffnet; ✆ 1-877-418-8535, www.sunrvresorts.com.
- Das ***Portal RV Resort*** liegt eine knappe Meile südlicher an der #191, aber zurückgesetzt von der Straße und ruhiger; *hook-up sites* $52-$59; ✆ (435) 259-6108, www.portalrvresort.com.
- ***Moab KOA*** leistet sich trotz der ungünstigen Lage 3 mi südlich vom Zentrum ähnlich hohe Tarife wie die Konkurrenz; relativ ruhig und sanitär bestens; 3225 South #191; ✆ 1-800-562-0372.

BLM Campsites am Colorado

Ausweichmöglichkeit und eine billige Alternative sind die einfachen ***BLM-Campgrounds*** am Colorado River nördlich und westlich von Moab (*first-come, first served*; kein Wasser; alle $20 in bar!):

- In der schönen ***Colorado Riverway Recreation Area*** an der #128 befinden sich über 100 *campsites*; Info-Stand am ersten Campingplatz *Goose Island*, 1,5 mi von der #191 bzw. 4 mi vom Zentrum.
- An der Straße #279 in Richtung Westen bzw. *Potash* liegen u.a. ***Gold Bar*** (beim Ausgangspunkt für den *Corona Arch Trail*, ca. 14 mi von Moab entfernt) sowie ***Jaycee Park*** und ***Williams Bottom*** (beide etwas ortsnäher, ca. 4 mi bzw. 6 mi ab der #191).
- Wenn alles andere belegt ist, kommt man ggf. noch auf einem der vier *Campgrounds* am gegenüberliegenden Ufer an der *Kane Creek Rd* unter; Abzweig von der #191 südlich des Zentrums.

Übersicht unter www.discovermoab.com/blm-campgrounds.

Sand Flats Camping

In den ausgedehnten ***Sand Flats*** beim ***Slickrock Bike Trail*** wurden über 120 Stellplätze in der schönen Fels- und Dünenlandschaft markiert; $15, alle auf *first-come, first-served*-Basis und ohne Wasser, nur Chemietoiletten; www.sandflats.org. Auffahrt aus dem Zentrum: beliebige Querstraße in Richtung Osten, dann 400 East Street nach Süden und weiter über Millcreek Drive; ca. 3,5 mi.

Unterwegs in der Felslandschaft des Slickrock Bike Trail

Blick durch das »nördliche Fenster« auf den Turret Arch, beide in der Windows Section des Arches Nat'l Park

An Wochenenden und in Ferienzeiten wird die *Sand Flats Recreation Area* von **Mountainbikern** und **4WD-Enthusiasten** bevölkert, die dort Spezialparcours wie *Hells Revenge* und *Porcupine* in Angriff nehmen. Dann kommt man dort – wenn überhaupt – bestenfalls noch am ganz früh Vormittag unter.

Kreuzung #191/#313

Praktisch für den Besuch des Canyonlands Nationalparks ist das ***Archview RV Resort*** unmittelbar nördlich des Abzweigs der #313, ca. 15 min von Downtown Moab entfernt; RV-Plätze mit *hookup* $56-$88, Zelte $40, kleine *Cabins* ab ca. $120; große Anlage mit Pool; © 1-877-396-3630, www.sunrvresorts.com.

Restaurants & Kneipen

Dank der vielen Gäste kommt in der Stadt das leibliche Wohl nicht zu kurz. *Fast Food Places* und Restaurants sind zahlreich:

- Ein Haus mit Qualität und Aussicht, aber nicht ganz günstig ist ***Sunset Grill*** am Nordende von Moab hoch über der Hauptstraße; 900 North Main St, steile Auffahrt; © (435) 259-6682.
- Populär und meist rappelvoll sind die ***Moab Microbrewery*** mit Bistro an der 686 S Main Street (www.themoabbrewery.com) und ***Eddie McStiff's Brew Pub*** im Zentrum neben der *Visitor Information*; (www.eddiemcstiffs.com). Beide haben gleich mehrere in Moab gebraute Biersorten zur Auswahl.
- Auch beliebt sind an der 352 North Main Street das ***Eklecticafe*** (große Auswahl an vegetarischen und veganen Gerichten) sowie abseits der Hauptstraße das hübsche ***Desert Bistro*** (hervorragende Küche und gemütliches Ambiente, etwas gehobener; 36 South 100 West; www.desertbistro.com).
- Ähnlich wie in Page (➤ Seite 507) gibt es auch in Moab eine ***Fiesta Mexicana*** mit gemütlichen Sitzecken, guten Margaritas und den üblichen lateinamerikanischen Spezialitäten; 202 S Main St.

Versorgung

Selbstversorger finden im zentral an der Main Street gelegenen ***City Market*** ein Lebensmittel-Vollsortiment, Drogerieartikel und Arzneimitteln (*Pharmacy*). Mit *City Market*-Kundenkarte (➤ Seite 171) gibt's bei der dazugehörigen Tankstelle Rabatt.

Arches National Park www.nps.gov/arch

Eintritt $30/Auto $15/Person oder Interagency Jahrespass

Von Moab zur Einfahrt in den ***Arches National Park*** sind es 3 mi. Dieser Park bietet mit seinen – durch Erosion in Wind und Wetter entstandenen – Felsbögen selbst in dieser an Naturwundern so reichen Region ein wiederum anderes und ganz besonderes Landschaftserlebnis. Die Details der *Arches*-Entstehung werden im ***Visitor Center*** gleich hinter der Einfahrt anschaulich erläutert; auch deutsch-sprachiges Material ist verfügbar. Ein kurzes ***Park Orientation Video*** stimmt halbstündlich auf den Besuch ein.

In das Parkgelände hinein führt eine Stichstraße (ca. 20 mi), an der sich ***Viewpoints*** und **Startpunkte für *Trails*** zu den abgelegeneren *Arches* befinden. Ein Teil der Bögen und andere Felsmonumente liegen zwar an oder in der Nähe der Straße, die spektakulären Exemplare erfordern aber kurze oder längere Fußmärsche.

Windows Section

Am leichtesten zugänglich sind die Felsbögen der ***Windows Section***, die alle relativ nah am abschließenden *Loop* einer nach 9 mi von der Hauptstraße abzweigenden Zufahrt stehen (2,5 mi). Kurze Pfade führen zu den Felsbögen. Am spektakulärsten sind dort der ***Double Arch*** und die beiden ***Windows*** (***South*** und ***North***).

Delicate Arch

Obwohl der übliche Anmarschweg zunächst beschwerlich scheint und ein mit dem Auto erreichbarer Aussichtspunkt existiert (von dort nur ca. 20 min zu Fuß), gehört der ***Trail* zum *Delicate Arch* ab Startpunkt *Wolfe Ranch*** (etwa 2 mi östlich der Hauptstraße, Pfad ca. 5 km hin und zurück) zusammen mit dem *Devils Garden Trail* zum **Pflichtprogramm**. Nichts geht über den sich urplötzlich öffnenden Blick auf den schönsten aller *Arches* über einer trichterartig ausgewaschenen Felsfläche vor dem Hintergrund der Manti La Sal Mountains (bis im Frühling noch schneebedeckt). Ein wirklich atemberaubendes Farbspiel belohnt bei klarem Himmel späte Wanderer und Fotografen, die geduldig auf den Sonnenuntergang warten.

Nachmittags beim Delicate Arch

Fiery Furnace

Wenige hundert Meter abseits/unterhalb der Straße ballen sich im *Fiery Furnace*-Gebiet gewaltige **Felsblöcke und -türme** und bilden eine Art **Irrgarten**. Ein angelegter *Trail* hinunter existiert nicht; der Zugang erfolgt über Trampelpfade. Wer nicht aufpasst, verliert bei einer Kletterpartie zwischen den bizarren Formationen und Felsspalten leicht die Orientierung. Runter darf man daher nur mit ***Permit*** vom *Visitor Center* ($6), wo man zunächst über die Gefahren des Felslabyrinths belehrt wird. Man kann sich von März bis September auch geführten 3-stündigen Touren anschließen; Tickets $16/$8 6 Monate im Voraus unter www.recreation.gov oder bis zu 7 Tage vor der Tour im *Visitor Center*.

Sand Dune Arch

Gut 2 mi weiter nördlich weist nur ein Parkplatz auf die Existenz des ***Sand Dune Arch*** hin. Dieser etwas kleinere Bogen versteckt sich zwischen Felswänden knapp 300 m von der Straße entfernt. Hier ist nicht der *Arch*, sondern der Weg dorthin das Ziel. Man kann dort streckenweise gut barfuß durch den Sand stapfen und sich durch enge Felspassagen zwängen. Tolle Kurzwanderung auch und gerade mit kleinen Kindern; retour 30 min maximal.

Devils Garden

Die Straße endet am *Trailhead* für den ***Devils Garden***, das Gebiet mit den meisten Felsbögen. Jeder einzelne von ihnen und auch der Weg als solcher, der ab dem ***Landscape Arch*** (ca. 1,5 km) zu einem rauhen, aber reizvollen Geländepfad wird, sind die Mühe des Anmarsches wert. Man sollte sich dafür mindestens 3-4 Stunden Zeit nehmen (viel fürs Fotografieren!) und auch das letzte Wegstück bis zum ***Double-O-Arch*** (rund 3 km) auf keinen Fall auslassen. Die Strecke ist nicht ganz ohne und setzt Kondition und Trittsicherheit voraus, das gilt speziell für den alternativen Rückweg auf dem ***Primitive Trail*** über den ***Private Arch***. Das letzte Stück bis zum ***Dark Angel Arch*** muss nicht sein.

Hinweis: Der *Trail* bietet keinen Schutz vor der nicht nur im Sommer stark sengenden Sonne. Man benötigt unbedingt eine gute **Kopfbedeckung** und einen ordentlichen **Getränkevorrat**.

Umkehrpunkt der Wanderung durch den »Teufelsgarten«: der gigantische Double-O-Arch (die zweite Öffnung befindet sich links unterhalb des viel größeren)

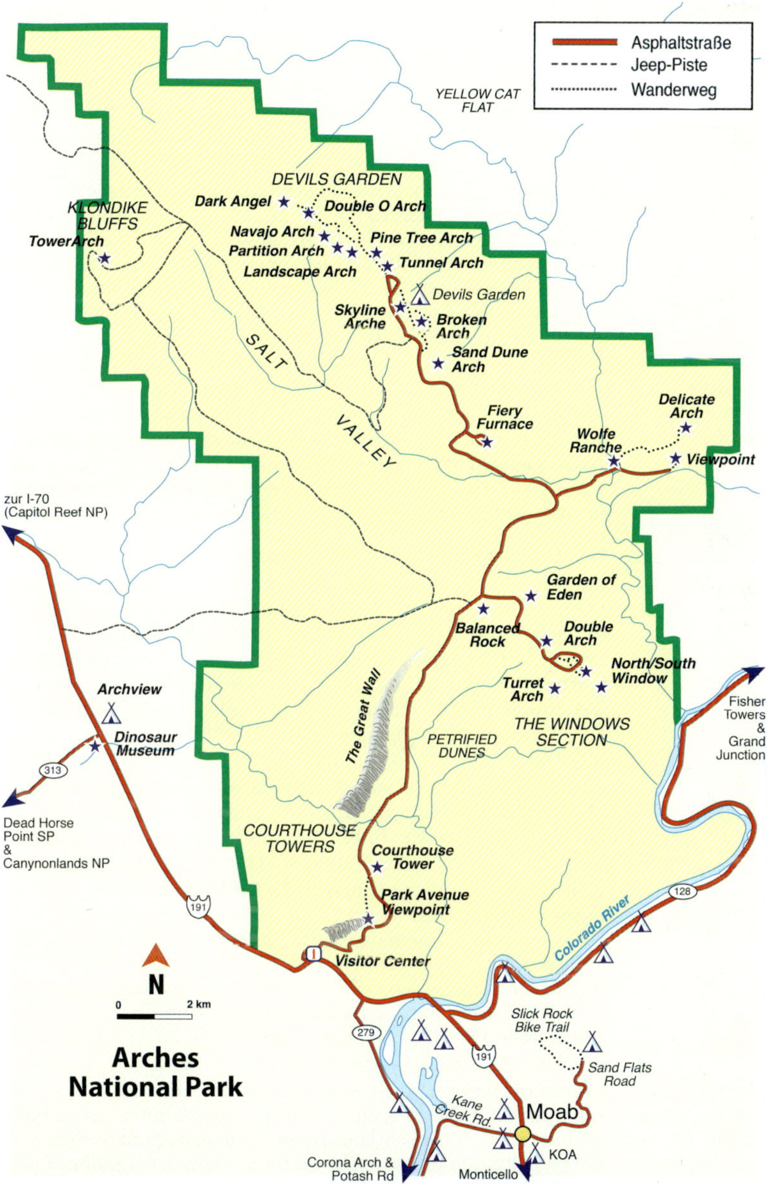

Arches National Park

4

Camping im Arches NP

Der ***Devils Garden Campground*** ($25) ist einer der schönsten und beliebtesten im US-Südwesten; langfristige Reservierung nötig: www.recreation.gov. Wer dort nicht mehr unterkommt, muss auf die Campingplätze der Umgebung ausweichen, ➤ Seite 485.

Im hinteren Bereich des *Campgrounds* beginnt ein **60 min-*Trail*** zum ***Broken Arch***. Dieser Weg ist abwechslungsreicher als der auch mögliche Zugang vom *Sand Dune Arch*-Parkplatz aus.

Besuchsplanung/ Tag 1

Der **optimale Tag** im *Arches Park* beginnt **für Camper** früh am Morgen mit der Sicherung eines Platzes im *Devils Garden Campground*. Danach ist Zeit für die ***Arches*** in diesem Umfeld. **Nichtcamper** sollten ebenfalls dort beginnen. Am Nachmittag könnte man sich dann noch den Felsgarten ***Fiery Furnace*** vornehmen. Den späten Nachmittag bis zum Sonnenuntergang sollte man unbedingt für den ***Delicate Arch*** reservieren. Vielleicht gibt's abends einen ***Ranger*-Vortrag** am Lagerfeuer vorm ***Skyline Arch***.

Besuchsplanung/ Tag 2

Bei der **Rückfahrt am nächsten Tag** stoppt bzw. fährt man an/zu den bislang noch nicht in Augenschein genommenen Sehenswürdigkeiten, etwa in der ***Windows Section*** und im Bereich ***Courthouse Towers*** unweit der Einfahrt. In eineinhalb Tagen lassen sich so alle wichtigen Ziele im *Arches* »abhaken« – sofern die Zeit knapp ist, sei hinzugefügt. Viel besser wäre gerade hier ein wenig mehr Muße.

Weitere Ausflüge ins Red Rock County

Badespaß

Von Mai bis September ist es in Moab oft drückend heiß und eine kühle Erfrischung meist willkommen. Über East Center Street, 400 East Street, Mill Creek Drive und Powerhouse Lane erreicht man den ***Mill Creek Trailhead*** und die ersten Badestellen. Zum herrlichen **Wasserfall mit Pool** sind es zu Fuß keine 30 min und weiter hinten im *Left* alias *North Fork* gibt es noch mehr schöne Kaskaden und Bademöglichkeiten.

Rund 8 mi südlich der Stadt führt ab der #191 die Kens Lake Road (in etwa bei Meile 118) zum **Ken's Lake** mit einfachem *first-come, first-served BLM-Campground* ($15) und den in toller *Red Rock*-Kulisse plätschernden ***Faux Falls***; am besten Beschreibung und Karte mitnehmen: www.climb-utah.com/Moab/faux.htm.

La Sal Loop Road

Beim Ken's Lake beginnt auch die ***La Sal Mountain Loop***, die sich in der Folge durch die **Manti La Sal**-Berge nach Castleton und vorbei an den Felswundern im ***Castle Valley*** schlängelt (dort wurden Teile des John Wayne-Western *»Rio Grande«* gedreht), um schließlich an der #128 auf den Colorado River zu stoßen und nach Moab zurückzuführen. Für die 60 Meilen lange Rundtour sollte man mindestens 3 Stunden einplanen. Am Weg in 2.700 m Höhe liegt der *Warner Lake NF Campground*.

Potash Road

Bei einem längeren Moab-Aufenthalt könnte man auch noch eine Fahrt auf der #279 erwägen. Sie führt pittoresk unter steilen Felswänden am Colorado entlang, passiert Aussichtspunkte, Einstiege für 4WD-Routen und erreicht nach ca. 10 mi den ***Trailhead*** (am

Gold Bar Campground) für eine mäßig anstrengende Wanderung zu den ***Arches Corona*** (beachtlich!) und ***Bow Tie***, die 2,5 km von der Straße entfernt liegen (Zeitaufwand: 1,5-2 Std. retour).

Dinosaurier Museum

Unübersehbar am Abzweig zum *Island in the Sky District* des Canyonlands Nationalparks steht das relativ neue ***Moab Giants Museum*** mit 3D-Kino, großem *Outdoor Dino-Park* und Kinderspielplatz (mit Pseudoknochen im Sand zum Ausgraben); $22/$16; www.moabgiants.com. Die zahlreichen Dino-**Fußspuren**, die man rund um Moab in freier Natur bestaunen kann (z.B. an der *Copper Ridge*), sind für viele jedoch eindrucksvoller als jene im Museum; sehr gute Infos dazu unter www.discovermoab.com/moag.

Island in the Sky des Canyonlands Park www.nps.gov/cany

Einen halben Tag benötigt man mindestens für den Abstecher zum ***Island in the Sky District***, einem Hochplateau zwischen Green und Colorado River im ***Canyonlands National Park***. Vom Eingang des *Arches NP* bis zur Zufahrtstraße #313 sind es ca. 8 mi.

Die #313 führt zunächst durch den *Sevenmile Canyon*, passiert nach ca. 11 mi den ***BLM Horsethief Campground*** ($15) und erreicht nach 14 mi den Abzweig zum ***Dead Horse Point State Park*** (weitere 8 mi, *day-use fee* $10) am Rand der Mesa mehrere hundert Meter über dem Bett des Colorado River.

Dead Horse Point SP

Zwischen **Besucherzentrum** und Abbruchkante wurde ein leicht zu laufender ***Nature Trail*** mit Aussichtspunkten angelegt. Es lohnt sich auch, dem Pfad an der Schlucht entlang nach Süden zu folgen; er läuft ca. 300 m weiter an einem Parkplatz vorbei und stößt einen guten Kilometer weiter südlich auf die Straße zum ***Overlook***.

Vom Straßenendpunkt (ab *Visitor Info* dorthin sind es ca. 1,5 mi) führen befestigte Wege an den Rand des ***Meander Canyon*** des

Blick vom Dead Horse Point auf einen Mäander des Colorado River

Colorado mit tollem Blick hinunter auf den Fluss und die felsige Umgebung. Ein wunderschön gelegener **Picknickplatz** bietet sich für eine Rast an; www.utah.com/stateparks/dead_horse.htm.

Der ***Campground*** gehört zur Extraklasse! Die Plätze mit *hook-up* ($40) und Jurten ($140) müssen unbedingt langfristig im Voraus reserviert werden: © 1-800-322-3770 bzw. www.reserveamerica.com; für Zelte gibt's auch *Walk-in* ($35).

Canyonlands NP

Eintritt $30/Auto oder Jahrespass

Bei Weiterfahrt auf der #313 erreicht man bald das ***Visitor Center*** des *Canyonlands Island in the Sky District*. Dort muss ggf. Eintritt entrichtet werden, wenn kein Jahrespass oder kein Ticket vom Besuch des ***Needles District*** in den letzten Tagen vorliegt. Vor Erreichen der Nord-Süd-Verbindung (➢ Karte) empfiehlt sich ein kurzer Stopp beim von der Straße aus nicht sichtbaren ***Mesa Arch*** (800 m Fußweg retour). Am schönsten wirkt der Bogen zum Sonnenaufgang, wenn seine Unterseite rot glüht; Foto ➢ Seite 194/195.

Von den Aussichtspunkten der »Himmelsinsel« überblickt man eine unglaublich weitläufige, zerklüftete Canyonlandschaft. Vom ***Green River Overlook*** lässt sich tief unten der gleichnamige Fluss erkennen und vom ebenso beeindruckenden ***Grand View Point Overlook*** schaut man in Richtung **Colorado River**. Dort den kurzen **Pfad** auf eine vorgelagerte Felsnase auf keinen Fall auslassen!

Die Stichstraße in nördliche Richtung mit dem abschließenden Aufstieg zum ***Upheaval Dome*** ist die zusätzlichen 30 min retour und kleine Anstrengung ebenfalls wert.

Der kleine, einfache ***Willow Flat Campground*** liegt wunderschön, bietet überdachte Picknicktische und ist oft schon früh am Tage voll belegt ($15, auf *first-come, first-served*).

Unaweep-Tabeguache Scenic & Historic Byway (#141/#145)

Wer die *Fisher Towers* an der #128 (➤ unten) bereits als Tagesausflug ab Moab »abgehakt« hat, könnte in Richtung Colorado auch einer nur wenig befahrenen, aber nicht minder interessanten *Backroad* folgen. Rund 20 mi südlich der Stadt zweigt die #46 ab, die in Colorado zur #90 wird und 55 mi später in den *Unaweep-Tabeguache Scenic Byway* (www.utbyway.com) einmündet. Sein südlicher Abschnitt (#145) führt nach Telluride in den San Juan Mountains, das nördliche Teilstück (#141) folgt zwischen hoch aufragenden Steilwänden den **zahllosen Mäandern des Dolores River** bis zur #50 bei **Grand Junction**. Am Weg liegt das Nest **Gateway** mit noblem Pferderanch-Resort, Restaurant, *General Store*, Tankstelle, *Rafting*-Anbietern und kleinem, sehr schönem Automuseum.

4.2.4 Vom Arches zum Mesa Verde National Park

Von Moab nach Grand Junction

Upper Colorado River Scenic Byway

Die Straße #128 am Fluss entlang in Richtung I-70/Grand Junction ist zu Recht als ***Scenic Byway*** ausgewiesen: eine wahrhaft angemessene Route zum Abschluss der Fahrt durch die Utah-Nationalparks! Etwa auf halber Strecke passiert sie die zum ***Castle Valley*** (➤ Seite 491) gehörenden sehenswerten ***Fisher Towers***. Eine kurze *Gravel Road* führt zum 3,5 km langen *Trail* unterhalb der steil aufragenden, dunkelroten Felstürme.

Ca. 15 mi nach Überquerung des Flusses stößt man auf die I-70. Nach Grand Junction sind es nun noch 50 mi.

Colorado National Monument

Eintritt $25/Auto oder Jahrespass

Südwestlich der Stadt liegt das ***Colorado National Monument***, eine weitere Canyonlandschaft mit steilen Felswänden und pittoresken Monolithen. Über die Straße #340 (ab Fruita) erreicht man den ***Rim Rock Drive***, an dem auch das *Visitor Center* und ein hübsch angelegter **Einfach-*Campground*** zu finden sind. Der kleine Umweg (etwa plus 30 mi gegenüber der *Interstate)* lohnt sich allemal, auch wenn man nach dem Erlebnis der Utah-Parks nicht mehr »umgeworfen« wird; www.nps.gov/colm.

Red Rocks im Colorado NM

Grand Junction

Grand Junction, die größte Stadt Colorados westlich der *Rockies*, besitzt für Reisen, die *Yellowstone* und Utah-Parks verbinden, eine **geographische Schlüsselposition**. Denn über die Straße #139 und das *Dinosaur NM* lassen sich diese und die Rundstrecke durch Wyoming ideal miteinander verknüpfen. An Quartieren (geballt rund um die Abfahrt 31/I-70) mangelt es nicht, darunter eine gute *Econo Lodge* (751 Horizon Dr) sowie das *Historic Melrose Hotel* in Downtown (337 Colorado Ave, © (970) 242-9636, www.historicmelrosehotel.com; beide preislich moderat $50-$70.

Anlaufpunkte

Die Stadt als solche ist eher gesichtslos. Allenfalls die verkehrsberuhigte, hübsch begrünte Hauptgeschäftsstraße (Main Street) verdient Aufmerksamkeit. Einen Besuch abstatten könnte man dem ***Museum of Western Colorado*** mit Ausstellungen zu Geschichte und Geologie der Region sowie zur **Indianerkultur** im Bereich des Colorado Plateau; 462 Ute Ave (unweit der Main St); im Sommer Mo-Sa 9-17 Uhr, So 12-16 Uhr, sonst Mo-Sa 10-16 Uhr; $7/$4; www.museumofwesternco.com. Vom 26 m hohen ***Sterling Tower*** beim Museum überschaut man Stadt und Umgebung.

Im Nachbarort **Fruita** befindet sich das kleine, mit Kindern besuchenswerte ***Dinosaur Journey Museum*** (interaktive Exponate, Roboter-Dinos und Bereich zum selber nach Knochen »Buddeln«); 550 Jurassic Court; $9/$5; Mai-Sept tägl. 9-17 Uhr, sonst kürzer.

Von Grand Junction nach Durango

Grand Mesa

Das in Richtung Durango nächste südliche Ziel ist der *Black Canyon of the Gunnison*, wobei der schnelle direkte Weg am Gunnison River entlang (42 mi bis Delta) bei ausreichend Zeit durch eine schöne Fahrt über die ***Grand Mesa*** (Straße #65, ca. 95 mi bis Delta) ersetzt werden kann. Nach einer längeren Reise durch Halbwüsten bieten die grünen Wälder und Seen der Hochlage schöne Abwechslung, dazu viele ***NF Campgrounds***.

Ein ***Visitor Center*** des *Forest Service* (Karten für Wanderungen und Lage der *Campgrounds*) befindet sich in **Edward Lake**.

Blick in den Black Canyon of the Gunnison

Black Canyon of the Gunnison

Eintritt $20/Auto oder Jahrespass

Nach steiler Fahrt von **Montrose** auf die 2.500 m hohe ***Vernal Mesa*** (ca. 15 mi) öffnet sich überraschend der ***Black Canyon***, benannt nach seinem überwiegend dunklen bis schwarzen Gestein. Der ***Black Canyon of the Gunnison National Park*** schützt die verbliebenen 20 km einer einst über 80 km langen Schlucht, die der Südarm des **Gunnison River** durch die Hochebene geschnitten hat; www.nps.gov/blca.

Der längere östliche Teil verschwand unter einigen hintereinandergeschalteten Reservoirs. Diese Seen erfreuen sich zwar bei Anglern und Wassersportlern großer Beliebtheit, sind aber nicht wirklich reizvoll. Damit Flora und Fauna der verbliebenen Canyonlandschaft möglichst wenig gestört werden, existiert kein (offizieller) Pfad hinunter zum Fluss. Allerdings gelangt man per Auto auf der serpentinenreichen ***East Portal Road*** in die Tiefe (Versorgungszufahrt zum Damm am Ostende der Schlucht und auch zum ***East Portal Campground*** in schöner Lage).

Außer für Kraxelfreudige, die sich vor einem Abstieg in den Canyon im ***Visitor Center*** anmelden und instruieren lassen müssen (*Wilderness Permit* obligatorisch), bleibt den Besuchern des Südrandes nur das Abfahren der ***Rim Road*** zu den diversen Aussichtspunkten und ggf. Camping auf dem ***South Rim Campground*** ($16-$22). Der Blick über die Felslandschaft der bis zu 700 m tiefen Schlucht ist überall beeindruckend. Ein kurzer ***Trail*** (ca. 1 km) führt vom Straßenende zum Aussichtspunkt *Warner Point*.

Montrose

In Montrose an der Straßenkreuzung #50/#550 findet man in der Regel die preiswertesten Unterkünfte weit und breit, auch **Kettenmotels**; u.a. gibt es dort ein gutes ***Super 8***. Das kleine Städtchen ist daher auch erwägenswerter Ausgangspunkt für ausgedehntere Herbstlaub-Touren, ➤ Exkurs Seite 497.

Weiter geht es auf der #550 in Richtung Süden vorbei an **Ridgway** und einem schön am gleichnamigen Reservoir gelegenen ***State Park Campground*** ($32 mit *hook-up*; auch Jurten vorhanden).

Ouray

In einem Talkessel der **San Juan Mountains**, eines westlichen hochalpinen Ablegers der *Rockies*, liegt mit **Ouray** eines der hübschesten Gebirgsstädtchen der USA (www.ouraycolorado.com). Außer für die attraktive Lage zwischen Gipfeln und Steilwänden ist die einstige ***Mining Town*** bekannt für ***Mineral Hot Springs***. An der #550 eingangs des Ortes kann man den großen öffentlichen ***Pool*** nicht verfehlen ($12, Kinder 4-12 $8, Becken mit verschiedenen Warmbereichen, im Sommer bis 22 Uhr, sonst 21 Uhr).

Die Gäste einiger Hotels tauchen in die von eigenen Quellen gespeisten Exklusivpools, z.B. in der ***Twin Peaks Lodge*** (✆ 1-800-207-2700) oder ***Box Canyon Lodge & Hot Springs*** (✆ 1-800-327-5080; www.boxcanyonouray.com), beide im Sommer ab ca. $140.

Etwa 2 mi nördlich von Ouray (ausgeschildert) kann man in eine stillgelegte Mine einfahren (***Bachelor-Syracuse Gold & Silver Mine***); geöffnet Ende Mai-Anfang Sept. 9-16 Uhr; interessante, 50-minütige Touren $16/$8; www.bachelorsyracusemine.com.

Unbedingt einen Halt verdient der ***Ouray Box Canyon Falls Park*** am südlichen Ortsausgang, wo der *Canyon Creek*, ein Zufluss des Uncompahgre River, tosend durch eine enge Felsspalte bricht.

Oberhalb von Ouray befindet sich der wunderbar gelegene ***NF Campground Amphitheatre*** ($24; max. 26 Fuß; reservierbar). Von einer Aussichtsplattform überblickt man das *Ouray Valley*. Gut ist auch der ***KOA Ouray*** einige Meilen nördlich der Stadt.

Million Dollar Highway

Die im Abschnitt bis Silverton **überwältigende Straße** durch die Berge von Ouray nach Durango trägt den schönen Namen ***Million Dollar Highway***. Sie entstand Ende des 19. Jahrhunderts, als aus den Gold- bzw. Silberminen dieser Region unglaubliche Reichtümer gezogen wurden, und soll mit goldhaltigem Erzgeröll gepflastert gewesen sein. Die Spuren der einstigen Schürfarbeiten sind unübersehnbar: Neben einer letzten noch intakten Mine säumen zerfallendes Gerät und verlassene Schächte die Hänge oberhalb der #550.

Wenige Meilen vor (nördlich) Silverton zweigt die Zufahrt zum einsamen ***NF Campground Southmineral Creek*** ab (rund 5 mi, wegen der Höhe nachts sehr kalt;max. 26 Fuß). Die Campingplätze zwischen Silverton und Durango sind weniger einladend.

Silverton

Vom alten Silverton, der ehemaligen **Silberminenstadt** in einem 2.700 m hoch gelegenen, landschaftlich nicht besonders reizvollen Tal, existieren nur noch ein paar windschiefe Gebäude. Der heutige Ort besteht überwiegend aus restaurierten und falschen Fassaden im **Wildwest-Look**; www.silvertoncolorado.com. Die modernen *Shops* und Restaurants dahinter gelten im Wesentlichen den täglich mit der ***Durango-Silverton Railroad*** einfallenden Touristen. Neben Cumbres-Toltec (➢ Seite 523) ist sie die **beste historische Eisenbahn des US-Westens**. Der Ganztages-Trip (je 3,5 Stunden für eine Strecke) kostet ab $94 retour, Kinder $60; Mai bis Oktober. Reservierung empfehlenswert: ✆ 1-877-872-4607 oder online unter www.durangotrain.com.

Entlang des Million Dollar Highway sieht man immer wieder die Überreste alter Minen, die oft über kleinere Pisten zugänglich sind

Goldrausch in den Rocky Mountains zum »Fall Foliage Peak«

Wenn der Herbst Einzug hält, setzt im Süden Colorados auch heute noch Jahr für Jahr ein wahrer »Goldrausch« ein. Der moderne Goldgräber findet seinen »Schatz« allerdings mit Stativ, Kamera und Kabelauslöser (oder einfach nur mit dem Smartphone), und ist – im Gegensatz zu früher – so gut wie immer erfolgreich. Nicht das im Felsen verborgene Erz lockt, sondern das goldene, manchmal auch rötlich leuchtende **Laub der Espen**, einer amerikanischen Zitterpappel mit weißen birkenähnlichen Stämmen, zieht Fotografen aus aller Welt in seinen Bann. Der Herbstzauber in den *Rockies* steht seiner Konkurrenz im Osten der USA nicht sonderlich nach, zumal sich die bunten Blätter hier vor einer traumhaften 4.000 m hohen, schneebedeckten Bergkulisse präsentieren.

Das Naturspektakel beginnt meist Mitte September im nördlichen Bereich der Rocky Mountains bei den berühmten **Maroon Bells** bei **Aspen** und zieht dann weiter nach Süden über **Crested Butte** (***Kebler Pass Road***), **Ridgway** (***Owl Creek Pass Road***) und die **Schneffels Range** in den **San Juan Mountains** bis hin unter zum Wald am ***Million Dollar Hwy*** zwischen **Ouray** und **Silverton**, der sich meist erst Anfang Oktober »vergoldet«. Etliche der schönsten Herbstlaub-Straßen sind nicht asphaltiert und schlängeln sich abenteuerlich durch die Berge – dorthin geht's besser mit **4WD** (*Jeep Rentals* in Silverton oder Durango).

4WD Tours

Wer sich hier (oder in Durango) ein 4WD mietet, kann damit ab Silverton tolle **Touren** auf erhaltenen gebliebenen *Dirt* und *Gravel Roads* aus früherer Bergbauzeit **durch die raue Welt der San Juan Mountains** machen, dabei verlassene *Ghost Towns* aufspüren und verrottetes Gerät am Wege besichtigen. Populär sind zu Recht der ***Alpine Circle*** zwischen Silverton und Lake City und die ***Ophir Road***, die alte Direktverbindung nach Telluride. Ggf. benötigt man dort den internationalen Führerschein. Achten sollte man auch auf die Details der Versicherungsbedingungen (➤ Seite 103).

Silverton verfügt über etliche Motels, Inns und B&Bs, außerdem über das ***Blair Street Hostel***; $30/Bett, DZ an $70; ✆ (970) 387-5599.

Durango

Durango verdankt wie Ouray und Silverton seine Entstehung vor über hundert Jahren (1880) den Gold- und Silberfunden in den San Juan Mountains. Von der *Boomtown* entwickelte sich die heute um 18.000 Einwohner zählende Stadt zum kommerziellen Mittelpunkt der Südwestecke Colorados; www.durango.org.

Dank der Nostalgiebahn und vielfältiger Urlaubsangebote sommers wie winters ist Tourismus Durangos Einnahmequelle #1. Dem entspricht die Infrastruktur. Im Zentrum beeindruckt die ***Main Street*** mit einer kleinen Kneipen-, Restaurant- und Shoppingszene im Stil der Jahrhundertwende. Durango wirkt dort – wie auch in den Wohnstraßen östlich davon – ein bisschen wie Bilderbuchamerika aus einer anderen Zeit.

Eisenbahn

Am Südende der Main Street liegt der Bahnhof der ***Durango-Silverton Railroad***. Zeiten, Preise und Reservierung ➤ links. Die Passagiere der zurückkehrenden Züge sorgen ab spätem Nachmittag für Betrieb im Zentrum.

Strater Theatre

Das ***Henry Strater Theatre*** im gleichnamigen Hotel (➤ unten) dient ganzjährig als Bühne für Shows, Konzert und Schauspiel. Aktuelle Programminfo und Tickets gibt es unter www.henrystratertheatre.com bzw. ✆ (970) 375-7160.

Western Show

Bodenständiges *Entertainment* und ***Chuckwagon Supper*** bietet vom *Memorial* bis *Labor Day* die ***Bar D Show-Ranch***. Sie liegt ca. 8 mi nördlich von Durango; *Supper* pünktlich um 19.30 Uhr, $29-$43, Kinder 4-10 Jahre $14; www.bardchuckwagon.com.

Information

Unterlagen über Aktivitäten (u.a. ***River Rafting***) und *Events* in und um Durango gibt's im ***Visitor Center*** an der 802 Main Ave in Downtown; geöffnet täglich 9-18 Uhr; ✆ 1-800-525-8855.

Unterkunft

In Durango unterzukommen, ist selbst in der sommerlichen Hochsaison meist kein Problem, aber teurer als in der weiteren Umgebung. Zahlreiche H/Motels säumen die Ausfallstraßen, speziell die #550 in Richtung Norden.

Im nostalgischen ***Strater Hotel*** kostet die Nacht in Sommer und Herbst ab ca. $190; ✆ 1-800-247-4431, www.strater.com.

Fast alle bekannte Ketten sind hier mit Häusern vertreten. Es gibt auch diverse B&B-Quartiere, z.B. das ***Rochester Hotel***, 721 E 2nd Ave; ab 199; ✆ 1-800-664-1920, www.rochesterhotel.com.

Camping

Die Plätze rund um Durango verfügen über hohe Kapazitäten. Fürs Komfortcamping ist der ***Lightner Creek Campground*** empfehlenswert. Er liegt am Wildbach etwa 5 mi vom Zentrum entfernt: 3 mi westlich auf Straße #160, dann Lightner Creek Road 2 mi; Zelte $36, RVs ab $43; ✆ (970) 247-5406, www.camplightnercreek.com.

Der ***NF Campground Junction Creek*** befindet sich ca. 6 mi nördlich des Zentrums im *San Juan National Forest*. Die Zufahrt erfolgt von der #550 North: an der 25th Street steht ein Hinweisschild. Von dort über die Junction Creek Road noch rund 5 mi.

Mit Volldampf durch die Schluchten des Animas River an Bord der historischen Durango-Siverton Railroad

Mesa Verde National Park www.nps.gov/meve

Eintritt $30/Auto $15/Person oder Jahrespass

Zurück in der Ebene westlich der Rocky Mountains erreicht man ***Mesa Verde***, den kulturhistorisch bedeutsamsten Nationalpark der USA. Vom neuen ***Visitor Center*** an der Parkeinfahrt bis hinauf zum *Chapin Mesa Museum* auf einer dicht bewaldeten, grünen (spanisch: *verde*) Hochfläche (bis zu 600 m über der Umgebung), die dem Park zu seinem Namen verhalf, sind es ca. 20 mi.

Cliff Dwellings

In den Schluchten des Tafelbergs entdeckte man erst Ende des 19. Jahrhunderts die sog. ***Cliff Dwellings***, unter höhlenartigen Überhängen angelegte Steinbehausungen. Sie wurden von Stämmen der präkolumbischen ***Anasazi*** vor rund 800 Jahren errichtet, aber noch vor Entdeckung Amerikas aufgegeben. In allen Details erläutert wird die *Anasazi*-Kultur im ***Visitor Center*** sowie unter www.nps.gov/meve/historyculture/cliff_dwellings_home.htm.

Museum

Im ***Archeological Museum*** auf der ***Chapin Mesa*** vermittelt eine Ausstellung ein plastisches Bild von den Klippendörfern, ihrer Entstehung, Bauart der Häuser und Lebensweise ihrer Bewohner. Umfangreiche Funde an Tongeschirr, Waffen und Kleidung halfen beim Rekonstruieren der *Anasazi*-Kultur.

Besichtigung der Klippendörfer

Neben einigen größeren Pueblos existieren Überreste vieler kleinerer Anwesen in den Felswänden. Die **Besichtigung** des besonders gut konservierten Dorfes ***Spruce Tree House*** unterhalb des Museums war bis zu den Felsstürzen im Jahr 2015 individuell möglich. Seither wird an der Stabilisierung die Klippen gearbeitet, um den Besuchern möglichst rasch wieder den Zutritt zu erlauben.

Alle weiteren *Dwellings* liegen an zwei separaten Rundstrecken. Die attraktivere ist der östliche *Loop* an ***Cliff Palace*** und ***Balcony House*** vorbei. Für deren Besichtigung benötigt man je ein Tourticket ($5), das man im ***Visitor Center*** kauft. Für alle, die nur für eine Tour Zeit und/oder Lust haben: die ***Balcony-Tour*** ist besser!

Weitere Cliff Houses

Zur westlichen ***Wetherill Mesa***, die von der *Chapin Mesa* durch mehrere Canyons und die *Long Mesa* getrennt liegt, führt eine 12 mi lange Stichstraße (nur von Mai bis Ende Oktober geöffnet; nicht für Wohnmobile über 25 Fuß!). Größere Ruinen im *Wetherill*-Bereich sind das *Long* und *Kodak House* (*Hiking-/Biking*-Rundfahrt) sowie das *Step House* (*self-guided* Touren), aber insgesamt sind sie weniger sehenswert als die *Chapin Mesa Dwellings*.

Unterkunft

Direkt im Park steht nur die ***Mesa Verde Far View Lodge*** (im Sommer ab $150), © 1-800-449-2288, www.visitmesaverde.com.

Im ca. 10 mi von der Parkeinfahrt entfernten **Cortez** findet man eine voll auf den *Mesa Verde*-Tourismus eingestellte Infrastruktur mit zahlreichen Motels/Hotels an der Durchgangsstraße, ebenso im kleinen Ort **Mancos** östlich des Parks. Das Preisniveau ist niedriger als in Durango. Eine Übersicht und Details gibt es unter www.mesaverdecountry.com/eat-stay/lodging.

Der weitläufige (schlichte) ***Morefield Campground*** kurz hinter der Einfahrt in den Nationalpark noch unterhalb des Plateaus bietet sowohl einfaches Camping ($33) als auch Stellplätze mit *ful hook-up* ($45); *free Wifi*. Reservierung: © 1-800-449-2288 oder www.visitmesaverde.com. Rehe sind dort häufig und recht zahm.

Gute Ausweichplätze sind unweit der Zufahrtstraße in den Park an der #160 die beiden kommerziellen Areale des ***Mesa Verde RV Resort*** (© 1-800-776-7421, www.mesaverdervresort.com) und ***A&A Mesa Verde RV Park*** (© 1-844-565-3517; www.ancientcedarsmesaverde.com); beide $38-$45 für RVs, ca. $30 für Zelte.

Eine weitere Option wäre noch der ***Mancos State Park*** ca. 5 mi nördlich des gleichnamigen Ortes am *Jackson Gulch Reservoir*.

Cliff Palace im Abendlicht

Bootrampe am San Juan River, Start- und Endpunkt für Rivertrips, bei der Sand Island Recreation Area, ca. 1 mi südwestlich von Bluff; ➢ umseitig

Vom Mesa Verde zurück zum Arches Park

Anasazi Heritage

Wer sich für die *Anasazi* interessiert, könnte einen Abstecher auf der #145 zum ***Anasazi Heritage Center*** bei Dolores erwägen (etwa 10 mi nördlich Cortez). Dafür geht es kurz vor dem Ort links auf der #184 Richtung McPhee Reservoir. Das *Center* ist gleichzeitig Hauptquartier des ***Canyons of the Ancients Nat'l Monument***, das sich östlich der #491 erstreckt (➢ Seite 502); geöffnet März-Oktober täglich 9-17 Uhr $3; sonst nur 10-16 Uhr und kostenlos; www.blm.gov/visit/anasazi-heritage-center.

Hoch über dem Stausee liegen die ***NF Campgrounds McPhee*** und ***House Creek*** wenige Meilen von der #184 entfernt.

Route zum Arches Park

Dolores liegt im Übrigen en route für alle, die **Telluride** in ihren Reiseplan mit aufgenommen haben. Wer von hier aus zum *Arches Park* fahren möchte, sollte den Umweg über Telluride auch deshalb erwägen, weil die direkte Route über Monticello landschaftlich bis dorthin unergiebig ist. Aber es sind über Telluride 80-90 mi auf kurvenreichen Straßen mehr zu fahren.

Straße #145

Die **#145** in Verbindung mit den Straßen #90/#46 ist nicht nur eine reizvolle **Alternativstrecke zur #491** in Richtung *Arches Park*, sondern auch – in Verbindung mit der Straße #141 – zur beschriebenen Strecke Ouray–Durango–Mesa Verde.

Telluride

www.visit telluride.com

Die nur 2.300 Einwohner zählende Gemeinde **Telluride** (mit hübschem viktorianischen Stadtkern) ist an sich ein Skiresort, besitzt als Veranstalter diverser sommerlicher **Musik- und Filmfestivals** aber auch einen guten Ruf als touristischer Alternativort und zudem eine **kostenlose (!) Seilbahn**. Es gibt dort wunderbare ***Trails*** hinauf zu Wasserfällen und urigen, alten Minen in alpiner Umgebung.

Verbindung zur Route 4.4

Über Shiprock oder Aztec (beide bereits in New Mexico) und die Santa Fe Region kann die hier beschriebene Route von *Mesa Verde* bzw. Durango aus auch leicht mit der südlicher geführten Rundstrecke 4.4 von Las Vegas über den Grand Canyon Richtung Osten verbunden werden, ➢ Seite 524f und Klappenkarte vorne.

4.2.5 Über das Monument Valley, Lake Powell/Page und den Grand Canyon zurück nach Las Vegas

Von Cortez zum Monument Valley

Direkte Route

Die übliche Route von Cortez zum *Grand Canyon* führt auf der #160 über die einzige **4-Staaten-Ecke** der USA. Ein Bronzemonument markiert diesen Punkt, über dem man sich für $5 auf allen Vieren zugleich in Colorado, New Mexico, Arizona und Utah niederlassen kann. Bunte **Verkaufsstände** für Navajo-Kunstgegenstände sorgen für Farbtupfer im ansonsten öden Gelände.

Straßen #41/#162 nach Bluff

Zum ***Monument Valley*** müsste man auf der Weiterfahrt von Kayenta/Arizona ca. 25 mi auf der #163 nach Norden und wieder zurück fahren. Landschaftlich abwechslungsreicher ist die **Straße #162**, die in Colorado als **#41** ca. 8 mi vor den ***Four Corners*** von der Straße #160 abzweigt und über Bluff zur Straße #163 führt.

Wer ganz auf den Besuch der *Four Corners* (nicht sehr aufregend) verzichtet, kann schon beim *Airport Cortez* von der #160 in Richtung Cajon/Aneth abbiegen und auf der durchgehend asphaltierten County Road G/McElmo Canyon Road durch das abgeschiedene ***Canyons of the Ancients National Monumen***t fahren.

Hovenweep National Monument

Zum *Canyon of the Ancients* Komplex gehört auch das ***Hovenweep National Monument***. Das »verlassene Tal« *Hovenweep* im Grenzbereich zwischen Utah und Colorado, umfasst die Über–reste mehrerer präkolumbischer Siedlungen. Anders als im Fall der großen Klippendörfer von *Mesa Verde* stehen hier hauptsächlich kleinere, verfallene Gebäude und Türme in der weiten Landschaft. Das ***Visitor Center***, ein 2 km langer Rundweg und ein ***Campground*** befinden sich beim ***Little Ruin Canyon*** an der #10 in Richtung Pleasant View ca. 20 mi nördlich von Aneth; www.nps.gov/hove. Lohnenswerte Ziele sind dies nur für Besucher mit einem großen Interesse an der der Kultur der Ureinwohner.

Bluff

Ab Aneth geht es auf der #162 nach Bluff, einem Dorf mit Tankstellen, *General Store*, einem kleinen Freilichtmuseum (***Bluff Fort***, Eintritt frei) sowie einigen **B&Bs** und Motels, darunter die gute ***Recapture Lodge*** (Zimmer für $98; © (435) 672-2281, www.recapturelodge.com) und das gehobene ***Desert Rose Resort*** (ab ca. $170, © (435) 672-2303, www.desertroseinn.com).

Darüber hinaus gibt es in Bluff den guten ***Cadillac Ranch RV Park*** mitten im Ort (Zelte $23, *full hook-up* $33; www.cadillacranchrv.com) und 2 mi westlich an der #191, liegt die ***Sand Island Recreation Area*** mit einfachen *Campsites* am San Juan River; Zelte finden Platz in *Loop A*, RVs bei *Loop B* ($15). Das Hinweisschild an der unauffälligen Einfahrt ist leicht zu übersehen.

Unverfehlbar ins Blickfeld geraten auf der #191 im Osten von Bluff die Sandsteintürme ***Navajo Twins*** (Foto ➢ Seite 451). Direkt davor befindet sich eine Cafeteria. Deutlich gemütlicher geht's den Sommer über aber im ***Cottonwood Steakhouse*** im Ortszentrum zu. Abendlicher *Open-air*-Grill und tolles Ambiente!

Valley of the Gods

Etwa 15 mi südwestlich von Bluff zweigt von der #163 eine *Dirt Road* zum ***Valley of the Gods*** ab, einer Landschaft ähnlich dem Monument Valley. Sie diente vor Jahren u.a. dem **Film *Forrest Gump*** als Kulisse. Die 17-mi-Strecke führt in wildem Verlauf durch eine einsame, kaum weniger sensationelle Felslandschaft. Die z.T. sehr raue Piste ist allerdings nur bei Trockenheit und meist nur mit guter Bodenfreiheit befahrbar; am besten Straßenzustand vorher in Bluff erfragen. Nicht mit Wohnmobilen machbar!.

B&B

Die Runde durch das »Göttertal« endet an der #261 etwa 9 mi nordwestlich von Mexican Hat. Dort befindet sich auch das ***Valley of the Gods B&B*** in einem aus Felsen errichteten Alternativenergiehaus. Von den Terrassen des einzigen Gebäudes weit und breit genießt man ein tolles *Red Rock*-Panorama; EZ $145, DZ $175-$195; © (970) 749-1164; www.valleyofthegodsbandb.com.

Muley Point

Folgt man nach der Runde durch das *Valley of the Gods* der #261 nach rechts, so geht es über die Serpentinen des ***Moki Dugway*** (geschottert, oben setzt sich aber die Asphaltierung der #261 fort) hinauf zum Aussichtspunkt ***Muley Point***, ➤ Seite 478f + Foto).

Goosenecks

Nach links geht's auf der #261 in Richtung Mexican Hat. Kurz vor Erreichen der #163 befindet sich die Zufahrt zum ***Goosenecks State Park*** (7 mi retour). Vom ***Viewpoint*** schaut man auf die tief in den Fels eingeschnittenen Mäander des San Juan River; *day-use* $5, *first-come, first-served sites* $10; eine Chemietoilette ist der einzige Komfort dort; http://stateparks.utah.gov/parks/goosenecks.

Mexican Hat

Seinen Namen verdankt Mexican Hat einem auffälligen Sandsteingebilde, das an einen Sombrero erinnert (noch vor der Ortseinfahrt linker Hand der #163). Neben Tankstelle mit *Trading Post*, *RV Park* und Restaurants stehen dort die letzten einigermaßen preiswerten Quartiere (ab ca. $130 zur Hochsaison) vor dem *Monument Valley*:

- ***San Juan Inn*** mit passablem Restaurant an der Brücke über den Fluss, schlichten Zimmern mit Blick hinunter in die Schlucht und *Glamping*-Jurten; © 1-800-447-2022, www.sanjuaninn.net
- ***Hatrock Inn*** (© (435) 683-2221, www.hatrockinn.com) und ***Mexican Hat Lodge*** (© (435) 683-2222, www.mexicanhat.net) mit *open-air* »***Swinging Steaks***« (prima: *Ribeye*).

Bis **zum *Monument Valley*** sind es noch über 20 mi, doch die Vorfreude beginnt bereits kurz hinter Mexican Hat; Foto von der #163 ➤ Seite 197.

Die für den Ort Mexican Hat namensgebende Felsskulptur

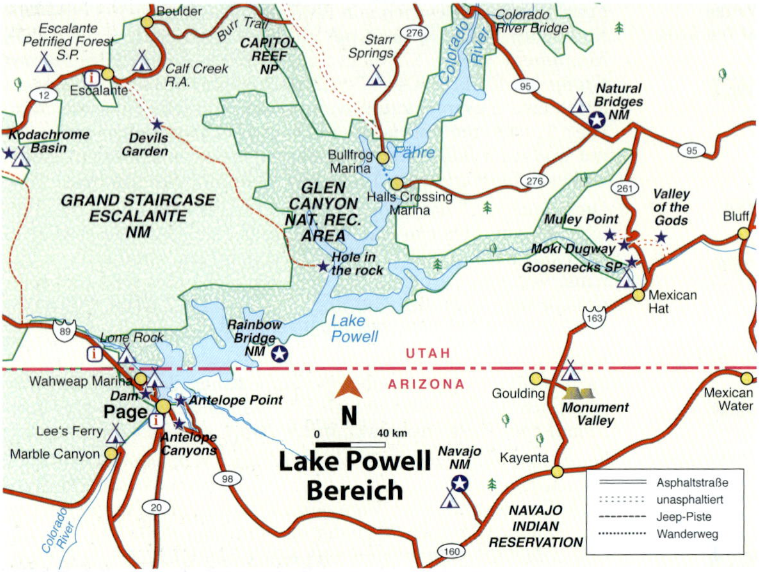

Monument Valley

Eintritt $20/Auto (1-4 Personen)

Das **Kerngebiet** der spektakulären Massive, als Überbleibsel einer vor Jahrtausenden zusammenhängenden Hochebene auch **»Zeugenberge«** genannt, liegt einige Meilen östlich der #163 bereits auf Arizona-Territorium. Am Ende der asphaltierten Zufahrtstraße (3 mi) rückt schon das Aushängeschild des Tals ins Blickfeld: die Silhouette der drei markanten **Monolithe *East Mitten, West Mitten*** und ***Merrick Butte*** (Aussprache: »*bjut*«). Der *Monument Valley Tribal Park* wird von den **Navajo**-Indianern verwaltet, der *Interagency Pass* gilt daher dort nicht. Der Eintritt wird direkt an der Zufahrt, in der Nebensaison manchmal auch im *Visitor Center* kassiert; April-September 6-20 Uhr, sonst 8-17 Uhr; https://navajonationparks.org/tribal-parks/monument-valley.

Direkt am Abzweig von der #163 steht ein *Welcome Center* mit einer kleinen Ausstellung zum Thema »***Navajo Code Talkers***«. Aufgrund ihrer komplexen Sprache wurden rund 300 Navajos während des 2. Weltkriegs als Codesprecher eingesetzt. Kein Dechiffrierspezialist konnte ihre Nachrichten knacken. Das große **Besucherzentrum** mit Cafeteria liegt an der Abruchkante der Ebene, unter der sich das *Valley* mit den Monumenten erstreckt.

17-mi-Road zu den Monumenten

Dort ist auch der Startpunkt für die staubige Fahrt hinunter zu den rostroten Monolithen und Felsnadeln. Die weitgehend unbefestigte 17 mi-Strecke ist bei Trockenheit selbst mir kleineren Campmobilen (Vans) machbar. Aber Achtung, es gibt üble Sandlöcher und mit Mietfahrzeugen, bei denen das Befahren von *Dirt*

Roads untersagt ist, darf man strenggenommen nicht hinunter. Man kann sich aber auch von Navajos in offenen *Pick-ups* durch ihr Tal kutschieren lassen; ab $75/Person für 1,5 Stunden .

Individuell oder geführt ins Valley?

Die wichtigsten, touristischen Punkte im Tal sind auf eigene Faust erreichbar, auch das beliebte Fotomotiv am ***John Ford Point***, an dem sich ein Reiter regelmäßig für Besucher perfekt vor den ***Mitten Buttes*** positioniert. Ganz nah ran an die aus Western bekannten Felsnadeln ***Totem Pole*** und ***Yei Bi Chei*** kommt man indessen nur im Rahmen von *Guided Tours*, die sich nicht auf den freigegebenen Teil der *Loop Road* beschränken. Auch der kurze Abstecher zum ***Teardrop Arch*** mit »Schlüsselloch-Blick« aufs *Monument Valley* (am besten nachmittags!) oder längere Fahrten durch das Hinterland, z.B. zur atemberaubenden ***Hunt's Mesa***, sind ebenfalls nur mit indianischer Begleitung möglich (Foto ➤ Seite 846).

So es sich einrichten lässt, bieten *Sunset/Sunrise Tours* und die individuelle Fahrt durch das Tal am späten Nachmittag oder frühen Morgen ideale Lichtverhältnisse.

Übernachten

Den besten Blick bietet »***The View***« neben dem Besucherzentrum, den lässt man sich auch gut bezahlen: alle Hotelzimmer mit Balkon in Richtung *Monument Valley* im Sommer ab $210; © (435) 727-5555, www.monumentvalleyview.com.

Die ***Gouldings Lodge*** befindet sich 2 mi westlich der #163 und verlangt dennoch im Sommer auch über $200 fürs DZ, sonst ab $77. Zum Hotelkomplex gehören ein kleines, ganz interessantes **Navajo-Museum** (eintrittsfrei) und ein Komfort-**Campingplatz** mit Pool, aber ohne freien Weitblick. Er liegt nicht schlecht zwischen roten Felswänden, nur ein paar Hundert Meter hinter der *Lodge*; *full hook-up* ab $55, Zelte $33, *Cabins* $143; Reservierung unter © (435) 727-3231 bzw. www.gouldings.com.

Wer so einen Sonnenaufgang wie auf dem Foto unten direkt aus dem Schlafsack/RV-Bett genießen möchte, steuert den ***The View Campground*** an; $40 ganz ohne Komfort; www.monumentvalleyview.com/campground. Für dasselbe Geld bietet der neue ***KOA*** an der #163 bereits Stellplätze mit *hook-up*; nur wenig nördlich des Abzweigs zum *Monument Valley* und mit hübschem Blick auf andere Tafelberge; Foto ➤ Seite 169. Beide überzeugen in erster Linie durch ihre Lage (schattenlose und relativ enge *campsites*!).

Die Mitten Buttes zum Sonnenaufgang

Kayenta

Der schlichte Navajo-Zentralort Kayenta bietet nur Versorgung (keine Alkoholika!) und teure Quartiere: *Hampton Inn* oder *Wetherill Inn*; Mai-Oktober meistens über $150.

Navajo National Monument

Eintritt frei

Obwohl ebenfalls mitten im Navajo-Reservat stehen die bestens erhaltenen Klippendörfer ***Betatakin, Keet Seel*** und ***Inscription House*** unter Nationalpark-Verwaltung. Sie bilden zusammen das ***Navajo National Monument*** und sind von der Straße #160 über den Zubringer #564 erreichbar, Eintritt frei; www.nps.gov/nava.

Die ***Navajo Dwellings***, weitere Relikte der ***Anasazi*-Kultur**, entsprechen in Anlage und Aussehen weitgehend den Gemeinwesen im *Mesa Verde Park*. Ein **Aussichtspunkt** für ***Betatakin*** liegt nur einen kurzen Fußweg hinter dem *Visitor Center*. **Geführte Wanderungen** hinunter (8 km retour; 3-5 Std.) starten in der Sommersaison täglich 8.15 und 10 Uhr, aber wetterabhängig; Info und Reservierung unter © (928) 672-2700.

Der Besuch des ***Inscription House*** ist nicht möglich. ***Keet Seel*** (27 km retour) kann nur mit *Permit* von Mai bis Sept. erreicht werden (erhältlich beim *Visitor Center*, maximal 20 Personen pro Tag; sehr anstrengender *Day Hike* oder zwei Tage mit *Overnight Camping*). Details im Internet: www.nps.gov/nava/planyourvisit/guidedtours.htm. **Keines der Dörfer darf betreten werden**.

Immerhin liegen die beiden Campingplätze sehr schön (indessen keine RVs über 25 Fuß); sie sind **gratis zu benutzen**.

Ein Mäander des Colorado River »Horseshoe Bend« (»Hufeisenkurve«), wenige Kilometer südlich des Lake Powell bei Page; Schlauchboote fahren ab dem Staudamm bis Lees Ferry bei Marble Canyon

Page, Drehscheibe für den Lake Powell

Über die Straße #98 erreicht man **Page**, die **touristische Drehscheibe für den Lake Powell.** Die Stadt entstand erst mit dem Bau des Staudamms Ende der 1950er-Jahre und erlebte mit der Entwicklung der *Glen Canyon National Recreation Area* zum größten Wassersport-Eldorado der USA einen rasanten Aufschwung. Der Stausee ist jedoch nur einer der Besuchermagneten, die Region rund um Page gleicht einem gigantischen Freilichtmuseum mit sagenhaften **Naturwundern aus Sandstein**, mit deren Besichtigung alleine sich eine komplette Reise füllen ließe. Allen voran Fotografen und leidenschaftliche Wanderer finden dort – im Frühling oder Herbst – ein perfektes Revier. Die Stadt an sich ist eher gesichtslos und besteht im Wesentlichen aus einer mehrspurigen Hauptstraße, an der sich Motels und Restaurants reihen.

Touren und Aktivitäten

In Page gibt es viele Firmen, die Exkursionen verschiedenster Art anbieten und Wassersportgeräte verleihen. Interessant sind vor allem **Kanu-/*Rafting*-Trips** auf dem Colorado River unterhalb des *Glen Canyon Dam* sowie **Touren zur *Rainbow Bridge***.

SUV Rental

Für ein- oder mehrtägige Ausflüge auf den zahlreichen *Dirt Roads* rund um Page hat ***Carl's Rentals*** die passenden **4WD-Fahrzeuge**; 680 Haul Rd; www.carlsadventurerentals.com. Unbedingt dabei auf die Versicherungen achten, ➤ Seite 103.

Besucherzentren

Alle Informationen zu Page und Umgebung erhält man im Besucherzentrum des ***Glen Canyon Dam*** an der #89 nordwestlich von Page sowie im ***Info Center*** des kleinen ***Wesley-Powell Museum*** an der Hauptstraße; https://visitpagelakepowell.com.

Übernachten

Die Zimmerpreise haben in den letzten Jahren stark angezogen, Preis/Leistung stehen in Page oft in keiner Relation mehr. In der Saison sind selbst einfache Zimmer unter $150 selten, außer im ***Motel 6*** oder an der *Street of Little Motels* (8th Ave). Für Familien sind die großen, schlichten Ferienwohnungen für 4-6 Personen eine bedenkenswerte Alternative, z.B. im ***Red Rock Motel***; $139-$169; 114 8th Ave; ✆ (928) 645-0062, www.redrockmotel.com.

Die Mittelklasse-Kettenmotels (*Travelodge, Best Western* u.v.m.) ballen sich vor allem unweit der #89 am North Lake Powell Blvd.

Tex-Mex Food und gute Margaritas werden etwas weiter stadteinwärts (125 S Lake Powell Blvd) in der ***Fiesta Mexicana*** serviert. Besonders zu empfehlen ist dort die *Flaming Fiesta* für zwei.

Für **Camper** liegen die Plätze am Lake Powell ideal, ➤ Seite 511.

TIPP: Auch wenn das Angebot an H/Motels in Page groß ist, so sind sie zur Saison (Mai-Oktober) häufig komplett ausgebucht. **Unbedingt reservieren!** Ausweichmöglichkeit gibt es erst in Big Water (➤ Seite 512) oder im 75 mi entfernten **Kanab** (➤ Seite 514). Wer einiges an der #89 unternehmen oder zur *Wave*-Lotterie (➤ Seite 513) möchte, für den könnte Kanab ohnehin die bessere Wahl sein. Die Quartiere sind dort keineswegs schlechter und sie haben – im Gegensatz zu Page – (noch) ein faires Preis-Leistungs-Verhältnis.

4

Antelope Canyon

Auf keinen Fall auslassen darf man an sonnigen (!) Tagen einen der beiden Abschnitte des ***Antelope Canyon***. Die Zugänge zum ***Lower*** (***Corkscrew***) und ***Upper Antelope Canyon*** liegen beidseitig der Straße #98, ca. 3 mi östlich der Stadt, unverfehlbar auch wegen der Kraftwerksschlote in der Nähe. Der Parkplatz zum *Upper Canyon* befindet sich unmittelbar südlich der #98, für den *Lower Canyon* folgt man der **Straße zum *Antelope Point*** (➤ Seite 510) nach Norden, dann gleich links.

Upper Antelope Canyon

Beide unter eintöniger Landschaft verborgenen **Schluchtabschnitte** sind umwerfend und die Verkörperung des Begriffs »***Slot Canyon***«. Kaum ein anderer kann es mit den Farben und Formen des *Antelopes* aufnehmen. Zur besonders teuren »*Prime Time*« (**11-13 Uhr**) bzw. **von Ende April bis September** gibt es im ***Upper Antelope*** jede Menge spektakulärer »***Beams***« zu bewundern (➤ Foto links), entsprechend ist dann auch das **Gedränge**. Im viel helleren ***Lower Antelope Canyon*** herrscht das beste Licht 9-11 Uhr und 13-15 Uhr.

Zugangsregelungen

Der Antelope Canyon befindet sich auf dem Stammesland der Navajo-Indianer. Aktuell zahlt man pro Person für das **Navajo-Tagespermit $8**, hinzu kommen **$40-$80 Eintritt für den *Lower Canyon*** (60-min-Tour durch die Schlucht in Begleitung eines *Guide*). Beim ***Upper Antelope*** kosten *Permit*, Transport vom Parkplatz und Führung ca. **$60** bzw. mittags zur **»*Prime Time*« $80**. Aufenthalt dort max. eine Stunde. Wer beide Schluchten an einem Tag besucht, spart $8/Person für das zweite *Navajo Permit*. Für die Mittagszeit April-Sept ist eine **Reservierung unumgänglich**. Stative sind in beiden Schluchten seit 2020 nicht erlaubt. *Photography Tours* werden aufgrund des Andrangs keine mehr angeboten.

Übersicht der Anbieter (mit teils unterschiedlichen Angeboten und Tarifen) unter www.navajonationparks.org/guided-tour-operators/antelope-canyon-tour-operators.

Horseshoe Bend

Rund 3 mi südlich von Page befindet sich an der #89 der ***Horseshoe Bend***, ein absolutes *Must See*! Vom Parkplatz ($10/Auto) sind es noch rund 1 km zu Fuß bis zur Abbruchkante oberhalb des Colorado River-Mäanders – früher ungesichert, seit 2018 mit einer Schutzmauer und Aussichtsplattform versehen.

Faszinierende Sandsteinschluchten rund um Page

Der *Antelope Canyon* (➢ links) ist an Schönheit kaum zu toppen, hinsichtlich Andrang leider ebenso. Wer sich dort kein Tourticket mehr sichern konnte, dem bietet die Umgebung von Page aber durchaus noch Alternativen. Das Navajo-Indianerreservat birgt zahlreiche fantastische Schluchten, davon wurden während der letzten Jahre einige weitere für die Öffentlichkeit zugänglich gemacht. Und sie haben sogar einen Vorteil: Dorthin werden Besucher meist nur in kleinen, überschaubaren Gruppen geführt, so dass man die Natur noch mit etwas mehr Ruhe genießen kann. In unmittelbarer Nachbarschaft zum *Antelope Canyon* liegen noch drei rote Schluchten, der *Rattlesnake, Owl* und *Mountain Sheep Canyon*. Die Besichtigung kann mit dem *Upper* zu einem mehrstündigen Ausflug kombiniert werden; Start an der Straße #98 weiter östlich bei Meile 302; Infos: www.navajoantelopecanyon.com.

Für Fotografen ist in erster Linie der ***Horseshoe Bend Slot Canyon*** interessant, eine tolle Seitenschlucht des *Water Holes Canyon* ($90 für 2,5 Std, www.horseshoebendtours.com), ggf. auch der ***Canyon X*** weiter östlich an der #98 kurz vor Meile 308 ($120 für 3 Stunden mit Stativ oder $40-$60 ohne; www.antelopecanyon-x.com). Neu hinzugekommen ist 2019 der ***Lucky Slot Canyon***: www.horseshoebendtours.com/lucky/.

Was man nicht vergessen sollte: Es gibt im Südwesten auch viele kostenlose, sehenswerte Schluchten (z.B. *Peek-a-Boo* und *Spooky Gulch*, ➢ Seite 470) oder solche, deren Besuch bei mehrköpfigen Familien kein tiefes Loch in die Urlaubskasse reißt. In diese Kategorie fällt die *Buckskin Gulch* in der Nähe von Page (nur $6 p.P.; ➢ Seite 513) oder der *Kanarra Creek* ($12 p.P.; ➢ Seite 459).

Für Aufnahmen mit der gesamten Flussschleife (➢ Foto Seite 506) ist ein Weitwinkelobjektiv nötig!

Bootstouren

Wer die tiefe Schlucht vom Wasser aus erleben will, kann Schlauchboottouren ab dem *Glen Canyon Dam* nach Lee's Ferry einschließlich Rücktransport per Bus buchen. Gemütliche *Float Trips* im Sommer 2x täglich 7 Uhr und 13 Uhr (4,5 Std, $93/$82), Ganztagestrip ab 9 Uhr $121/$110; www.riveradventures.com.

Glen Canyon National Recration Area (Lake Powell)

Mit Errichtung des ***Glen Canyon Dam*** wurde ab 1962 eine Canyonlandschaft gewaltigen Ausmaßes überflutet. Das zerklüftete Wüstengelände sorgte für einen 150 km langen See (Luftlinie) mit zahllosen Seitenarmen und Buchten (**3.000 km Uferlinie!**), der nur an wenigen Stellen per Auto zugänglich ist; asphaltiert in Bullfrog/Halls Crossing und bei Page (*Wahweap, Lone Rock* und *Antelope Point*, ➢ Karte Seite 504; www.nps.gov/glca).

Staudamm

Einmal in Page bzw. am *Lake Powell*, ist der Besuch des ***Hayden Visitor Center*** am Nordende des *Glen Canyon Dam* ein »Muss«. Dort werden Dammbau und das System der Colorado River Stauseen eindrucksvoll erläutert; geöffnet täglich 8-18 Uhr im Sommer, sonst bis 16/17 Uhr. Mehrere Touren täglich ($5), genaue Zeiten unter www.glencanyonnha.org/glen-canyon-dam-tours.

Den besten Blick auf die Staumauer hat man vom ***Glen Canyon Dam Overlook***. Zufahrt ab dem *Denny's Restaurant* (an der #89) über die Scenic View Road bis zum Parkplatz.

Wahweap Bereich

Wenig westlich des Damms zweigt von der Straße #89 die erste Zufahrt zum ***Wahweap* Bereich** der ***Glen Canyon Nat'l Recreation Area*** ab. Dort befindet sich ein Riesenkomplex mit Hotel, Restaurants, Shops und autobahnartig ausgebauten *Boat Ramps*, vor allem aber eine Hausboot-Marina.

Eintritt $30/Auto $15/Person oder Interagency Jahrespass

Sämtliche Aktivitäten kreisen dort um den Wassersport. Vom *Surfboard* bis zum Hausboot kann man beim Monopolisten ***Aramark Services*** alles anmieten, was schwimmt – wiewohl zu Tarifen, die sich gewaschen haben. Sieht man ab vom wackeligen Kajak für $50/Tag, kostet in der Saison das billigste »Schiff«, ein 19 Fuß *Power Boat*, $500/Tag plus Versicherung, Steuern und Sprit. Für das kleinste 6-Personen-Hausboot (46 Fuß) muss man im Sommer über rund $2.500 pro Woche hinblättern. Finanzkräftige mieten die schwimmende Villa mit Beiboot und allerlei *Water Toys* für über $15.000/Woche. Bootsreservierung und Auskünfte unter ✆ 1-888-896-3829 oder www.lakepowell.com.

Alternativer Zugang

Alternativen Zugang zum Wasser (mit Strand) bietet die großräumig ausgebaute ***Antelope Point Marina*** nördlich des gleichnamigen Canyon. Die Einfahrt kostet dort wie in Wahweap ohne *Interagency Pass* **$30/Auto**. Zufahrt an der Straße #98 ca. 5 mi östlich der Kreuzung mit der #89 (beim *Lower Antelope Canyon*).

Die Marinas ***Bullfrog*** und ***Halls Crossing*** (➢ Seite 476) stehen der in *Wahweap* kaum nach. Die Versorgungskosten sind dort aber noch höher. Die frühere *Marina* ***Hite*** am einstigen Nordende des Sees existiert nach Wasserstandsrückgang nicht mehr.

Baden & Boating

Bei fast immer strahlender Sonne bieten der Lake Powell und seine Ufer beste Voraussetzungen für aktiven Badeurlaub. Mit Ausnahme der *Lone Rock Beach* und der Strände an der *Wahweap Marina* oder am *Antelope Point*, ist der See hauptsächlich vom Wasser bzw. Boot aus zu genießen. Das klare Wasser ist ab Juni

Rainbow Bridge, ein National Monument in der Einsamkeit der Ufer des Lake Powell

Blick über den Lake Powell und die Wahweap Marina

badewarm über 20°C; im Sommer bis zu 27°C und im Oktober liegt die durchschnittliche Wassertemperatur immerhin auch noch bei 21°C. Selbst in der Hochsaison »verläuft« sich der Betrieb mit der Distanz von den Versorgungspunkten rasch. Jeder findet seinen ganz privaten Ankerplatz und Badestrand.

Rainbow Bridge

Lohnenswert sind auch Halbtagestouren mit dem Ausflugsboot zur 80 km von Wahweap entfernten Felsbrücke ***Rainbow Bridge*** (www.nps.gov/rabr). Abfahrt von April bis Oktober immer um 7.30 Uhr; $126, Kinder $79; Reservierungen unter ✆ 1-888-896-3829 bzw. online: www.lakepowell.com/things-to-do/boat-tours/rainbow-bridge-tour.

Resort

Direkt am See bei der *Wahweap Marina* befindet sich das ***Lake Powell Resort***. Die Vorzugslage spiegelt sich in den Preisen wider: Im Sommer gibt's das Doppelzimmer ab $230; buchbar unter ✆ 1-888-896-3829 bzw. www.lakepowell.com.

Camping

In **Wahweap** betreibt derselbe Anbieter einen sehr großen ***Campground*** mit mehreren Arealen und Komfortabstufungen. Viele Stellplätze haben Weitblick über den See und kosten mit *hook-up* $52; Zelte $30. Reservierung wie beim Resort ➤ oben.

Am Strand beim ***Lone Rock*** im Nordwesten der Bucht zahlt man $14 zusätzlich zum Eintritt. Dort gibt es neben weiträumig verteilten Chemietoiletten immerhin auch eine Sanistation mit kalten Duschen. Wen das nicht schreckt, campt auf Sand direkt am Wasser in prima Lage, sofern dort Platz ist, ➤ Foto Seite 170. Zufahrt von der #89 ca. 11 mi nordwestlich Page.

Übersicht aller Campingmöglichkeiten in der *Recreation Area* unter www.nps.gov/glca/planyourvisit/camping.htm.

Aussichtspunkt am Lake Powell

Leicht zu erreichen ist der ***Wahweap Overlook*** unweit der #89 am Hügel zwischen den beiden Zufahrten zur *Wahweap Marina*. Am Ende der kurzen Stichstraße befindet sich eine kleine überdachte *Picnic Area* mit tollem Rundum-Panoramablick auf die Marina und den Lake Powell, Foto ➤ oben.

4

Page Umgebung: Sehenswürdigkeiten an der #89 und #89A

Die landschaftlich schöne Rundstrecke über die #89 nach Kanab (74 mi) und die #89A wieder nach Page zurück (120 mi) bietet Ausgangspunkte für zahlreiche lohnenswerte Ausflüge in die *Glen Canyon National Recreation Area*, ins *Grand Staircase-Escalante* und *Vermilion Cliffs NM* sowie zum *Grand Canyon*.

Big Water

Jenseits des *Glen Canyon Dam* passiert die #89 die bereits beschriebene *Wahweap Marina* mitsamt *Overlook* (Foto ➤ Seite 511) und bald darauf die Staatsgrenze zu Utah. In Big Water, rund 15 mi von Page entfernt, steht neben einem sehr einfachen *Rodeway Inn* (ab ca. $110) auch ein größeres ***Visitor Center*** des ***Grand Staircase-Escalante NM*** – perfekt um sich mit Infomaterial einzudecken.

Alstrom Point

Auf der gegenüberliegenden Straßenseite geht es zur unbefestigten ***Smoky Mountain Rd*** (#300). Sie durchquert auf ihren ersten Meilen in der *Glen Canyon Nat'l Recreation Area* eine surreale *Badlands*-Landschaft und schafft (**mit SUV**!) Zugang zum entlegenen ***Alstrom Point***; Foto ➤ Seite 128. Zeitbedarf ab Big Water 1,5-2 Std *one-way*, 25 mi; schlecht ausgeschildert. Wegbeschreibung mit GPS-Track unter www.canyonmurmel.de/Alstrom%20Point.html.

Wahweap Hoodoos

Folgt man beim Abzweig von der #89 nach wenigen 100 m nicht der Ausschilderung zur *Glen Canyon NRA*, sondern der Straße weiter durch den Ort, kommt man über die ***Nipple Creek Road*** (#327) zum Ausgangspunkt für die Wanderung zu den geisterhaften ***Wahweap Hoodoos*** im gleichnamigen *Wash*. Vom Parkplatz, 3,8 mi von der #89 entfernt, sind es noch gut 7 km zu laufen bis zur nördlichsten und schönsten *Hoodoo*-Gruppierung – immer dem Flussbett folgend, am besten auf der linken Seite und mit Karte + Beschreibung in der Hand (erhältlich in den Besucherzentren oder unter www.synnatschke.de/wh/wh.html). Das optimale Fotolicht herrscht frühmorgens im Frühling/Sommer, da es die Sonne im Herbst/Winter kaum über die hohe Kante hinter den *Hoodoos* schafft.

Cottonwood Canyon Road

Rund 25 mi vom Staudamm entfernt, zweigt die bereits beschriebene (➤ Seite 467) unbefestigte ***Cottonwood Canyon Road*** durch das *Grand Staircase-Escalante NM* ab. Sie ist die meilenmäßig kürzeste Verbindung zwischen Page und dem *Bryce Canyon* und Ausgangspunkt zahlreicher, teils anspruchsvoller Wanderungen, darunter der spektakuläre ***Yellow Rock*** 14 mi nördlich der #89 (➤ Foto Seite 468).

Nicht auslassen sollte man den Abstecher zu den ***Paria Rimrocks***. Vom Parkplatz rechter Hand der #89 zw. den Meilen 19 und 20 geht es – dem ausgetretenen Trampelpfad folgend – 800 m in Richtung Norden bis zum ***Toadstool Hoodoo*** in farbenfroher Umgebung.

Der 5-6 m hohe Toadstool (an sich Bezeichnung einer Giftpilzart) gehört zu den größten »Steinpilzen« im Bereich der ***Rimrocks*** *und ist leicht von der Straße #89 zu erreichen*

Permits für Coyote Buttes und Paria Canyon/Vermilion Wilderness

Die *Coyote Buttes North* und *South* sind restriktive ***Permit Areas***. Nur 20 Personen pro Tag wird der Zutritt gewährt. Die Nachfrage für den Nordteil mit der »Wave« ist enorm, die *Permits* ($7) werden daher verlost: die Hälfte (10 Stück) vier Monate im Voraus online (www.blm.gov/programs/recreation/permits-and-passes/lotteries-and-permit-systems/arizona/coyote-buttes) und der Rest jeweils für den Folgetag im ***Grand Staircase-Escalante NM Visitor Center*** in **Kanab** (745 East Hwy 89; ➤ Seite 514). Zur **Hochsaison** (April-Juni sowie Sept/Okt) bemühen sich nicht selten jeden Morgen weit über 200 Interessenten um die zehn *Wave Permits* (um 8.30 Uhr *Daylight Saving Time*; Zeitverschiebung gegenüber Page!). Von Mitte Nov-Mitte März nur wochentags um 8.30 Uhr *Mountain Standard Time*; die *Permits* für So+Mo werden bereits am Fr vergeben.

Die Teilnahme an der **Internetlotterie** kostet $5 (mit Angabe von 3 Wunschterminen). Die Chancen stehen auch da nicht gut und liegen bei nur 1%. Das genaue, über die Jahre immer wieder modifizierte Prozedere findet man in allen Details und mit aktuellen Tipps & Tricks auf Deutsch im Internet unter: www.isaczermak.com/arizona-coyote-buttes-north-the-wave-permits.html.

Permits für **Wanderungen** durch den ***Paria Canyon*** sind unter www.blm.gov/programs/recreation/permits-and-passes/lotteries-and-permit-systems/arizona/paria-canyon drei Monate im Voraus zu beantragen; Kosten: $6 bzw. $5/Tag für mehrtägige Trekkingtouren; Limit ebenfalls nur 20 Personen/Tag.

Vermilion Cliffs NM

Weitere 2 mi westlich befindet sich auf der Südseite der Straße die ***Paria Contact Station*** (Mitte März-Mitte Nov 8-16.30 Uhr) unweit des ***Vermilion Cliffs NM***, das einige sensationelle Naturwunder birgt, die erst Anfang dieses Jahrtausends richtig bekannt wurden.

Coyote Buttes

Die Hauptattraktion sind die ***Coyote Buttes*** (Aussprache: »*bjuts*«), eine Ansammlung skurril geformter, runder Sandsteindome. Über ihre Oberfläche ziehen sich parallele Rillen aus gelblichem oder rötlichem Fels (➤ Foto Seite 515).

Paria Canyon

Die zweite Attraktion dieser Region sind der ***Paria Canyon*** und dessen Seitenarme. Die lange Schlucht mit ***Slot Canyon*** ähnlichen Passagen erstreckt sich vom südlichen Utah bis nach **Lee's Ferry**, wo der Paria River in den Colorado mündet. Eine länger im Voraus beantragte Bewillungung (➤ Exkurs oben) sowie 3-5 Tage Zeit erfordert die Durchquerung und sie kann vor allem im Sommer (erhöhtes Sturzfluten-Risiko!) lebensgefährlich werden.

Zufahrt und Trailheads

Nur ein paar Meilen westlich der *Paria Contact Station* zweigt die ***House Rock Valley Road*** von der #89 nach Süden ab. An dieser meist gut gewarteten, nach Regen aber selbst für SUVs mitunter unpassierbaren Piste liegt der ***Wire Pass Trailhead***. Von dort starten die Wanderung zur ***Wave*** in den *Coyote Buttes North* (5 km *one-way*; *Permit* erforderlich ➤ Kasten oben) sowie die für *Slot Canyon*-Fans interessante Tour zur ***Buckskin Gulch***. Das $6 *Day Hiking Permit* für diese Schlucht erhält man vor Ort; $1-Scheine nicht vergessen. Am *Wire Pass Trailhead* darf eines der beiden *Permits* hinter der Windschutzscheibe nicht fehlen!

Camping

Ca. 2 mi südöstlich der *Paria Contact Station* befindet sich der ***White House Campground*** ($10) mit einer Handvoll Stellplätzen auf *first-come-first-served*-Basis ohne Komfort, aber in herrlichem Umfeld. Östlich der kurzen Zufahrt liegt die ***Nautilus***, eine kuriose weiße Sandsteinwelle mit muschelartiger Öffnung (37°05'23''N, 111°53'09''W; 1,5 km retour; nicht ausgeschildert; Zugang über ein ausgetrocknetes Flussbett ca. 1,6 mi südlich der #89).

Beim ***Paria Outpost*** etwas weiter westlich an der #89 kann man kostenlos sein Zelt aufschlagen, den RV abstellen oder ein ***Teepee*** mieten; www.paria.com. In unmittelbarer Nachbarschaft liegt die ***Paria Canyon Guest Ranch*** am Paria River (#89, Meile 21), wo alle, die einen Ausritt planen, auch die RV-Plätze reservieren und nutzen dürfen; *hook-up* $32, *dry* $15; www.pariacampground.com.

Touren buchen

Ab der ***Paria Outpost*** offerieren Steve und Susan **4WD-Touren** zu den einzigartigen ***Coyote Buttes South***, die im Bereich rund um die *Cottonwood Teepees* dem berühmteren, nördlichen Schutzgebiet um nichts nachstehen. Ihr Besuch ist ebenfalls *Permit*-pflichtig. Kombiniert kann die Tagestour mit der benachbarten ***White Pocket*** werden, einem weiteren Sandsteinwunderland der Extraklasse (noch) ganz ohne Zutrittsbeschränkung. Die Ausflüge sind zwar recht teuer (ca. $175 pro Person; www.paria.com), aber mit ihrer Buchung umgeht man Probleme auf den üblen Tiefsandpisten oder die Miete teurer 4WD-Fahrzeuge mit Erlaubnis zu Fahrten in die *Paria-/Vermilion-Cliffs*-Region. ***Shuttle*-Dienste** für *Paria Canyon Backpacker* gibt es ebenfalls.

Picknickpause bei Old Paria

Noch einige Meilen weiter westlich beim Meilenstein 30,5 geht es auf einer guten, aber steilen *Dirt Road* (nicht bei Regen!) nach ***Old Paria***, einer leider abgebrannten früheren Movie Location, sowie zur ***Pareah Townsite***, den Überresten der ehemaligen Mormonensiedlung. Der 5-mi-Abstecher lohnt bei Picknickabsicht in malerischer Umgebung. Die extrem bunten Badlands sind besonders im Nachmittagslicht reizvoll für Kamera und Auge.

Kanab

Bis Kanab am Straßendreieck #89/#89A, einem Drehkreuz für Lake Powell-, *Grand Canyon*- und *Bryce*-Touristen, sind es noch 33 mi. Wer in den Kettenmotels (***HI Express***, ***Days Inn*** etc.) oder Unabhängigen (ab ca. $90) in der Saison abends noch *Vacancy*-Schilder entdeckt, sollte nicht weiterfahren. Die Kapazitäten in der Umgebung sind begrenzt, gleich in welche Richtung es weitergehen soll.

Zur »Wave« in den Coyote Buttes North sind es ausgehend vom Wire Pass Trailhead rund 5 km (oneway, kaum Schatten!); nur 20 Leute am Tag dürfen dieses Naturwunder besuchen, *➢ Seite 513*

Abends ist man in Kanab im ***Sego Restaurant*** oder im ***Rocking V Cafe*** bestens aufgehoben.

Neben dem *Wendy's Restaurant* an der #89 steht ein großes Besucherzentrum des ***Grand Staircase-Escalante Nat'l Monument***, in dem die tägliche Verlosung der begehrten *Wave-Permits* stattfindet (➢ Seite Kasten 513); geöffnet im Sommer täglich 8-16.30 Uhr.

SUV Rental

Bei ***Xpress Rent-A-Car*** können 4WD-Fahrzeuge tageweise gemietet werden; 1530 South Hwy #89A; www.xpressrentalcarofkanab.com.

Zu den Parks Zion und Bryce

Folgt man von Kanab der Straße #89 in nordwestliche Richtung, geht es entweder weiter zum ***Bryce Canyon Nat'l Park*** (➢ Seite 461) oder man schließt über die Straße #9 den Kreis zum Ausgangspunkt dieses Kapitels (***Zion National Park*** ➢ Seite 456).

Abstecher Toroweap Point im Grand Canyon NP
(nur für SUVs)

Südwärts ist auf der #89A nach wenigen Meilen Fredonia erreicht, wo die Straße #389 in Richtung Südwesten abzweigt. An ihr liegen zwei Zufahrtsstraßen zum entlegenen ***Toroweap Overlook***, der bereits Teil des *Grand Canyon National Park* ist und einen **atemberaubenden Blick** auf die Schlucht eröffnet. Während sich an den anderen Aussichtspunkten weiter östlich im Park breite, weitverzweigte Canyonpanoramen zeigen, fallen hier die *Supai Cliffs* fast 900 m senkrecht in die Tiefe zum rauschenden *Colorado River* ab. Der Ausflug ist allerdings aufgrund der langen »reifenfressenden« Piste SUV-Fahrern vorbehalten.

Zum Grand Canyon Nordrand

In Fredonia wendet sich die #89A nach Südosten, steigt kontinuierlich zum *Kaibab Plateau* an und führt durch herrlichen Hochwald nach **Jacob Lake**. Dort beginnt die Stichstraße #67 in Richtung ***Grand Canyon North Rim*** (90 mi retour; **meist von Mitte Okt. bis Mitte Mai gesperrt!**). Wer ohnehin den *South Rim* (➢Seite 529) auf dem Programm hat, für den ist der Abstecher zum Nordrand bei knapper Zeit zwar kein »Muss«, aber es wäre schade, ihn auszulassen. Man überblickt von dessen nördlichen Aussichtspunkten nicht nur andere Bereiche dieser unglaublichen Schlucht, sondern kann die Aussicht meist auch mit mehr Ruhe als vom viel stärker besuchten Südrand genießen.

Grand Canyon North Rim

Eintritt $35/Auto $20/Person oder Interagency Jahrespass

Die Straße #67 endet an der ***Grand Canyon Lodge***, von der man über einen schmalen Gratweg den ***Bright Angel Point*** erreicht. Im Blickfeld liegen dort die Weite der Schlucht, die ***Indian Gardens*** gegenüber und der ***Bright Angel Trail***. Die Fahrt bis zu den Straßenendpunkten ***Cape Royal/Angels Window*** lohnt unbedingt. Zu empfehlen ist zwischen diesen Punkten nur die kurze Wanderung (ca. 1,5 mi retour) zu den ***Cliff Springs***, *Trailhead* kurz vor *Cape Royal*. Unvergleichlich ist der Sonnenaufgang beim ***Point Imperial*** auf 2.700 m mit dem Mount Hayden im Vordergrund.

Gut zu erkennen ist vom Nordrand der ***North Kaibab Trail***. Ab der ***Phantom Ranch*** im Tal bis zum Nordrand misst er 23 km bei rund 1.700 m Höhendifferenz. Für Wanderer, die den *Grand Canyon* von Nord nach Süd oder umgekehrt bezwingen wollen, gibt es einen ***Rim-to-Rim Bus*** zur Rückbeförderung an den Ausgangspunkt: ***Trans-Canyon Shuttle***; www.trans-canyonshuttle.com.

Lodge

Die ***Grand Canyon Lodge*** mit atemberaubendem Panorama direkt an der Abbruchkante gehört zu den wenigen »unverzichtbaren« Nationalpark-Quartieren; Zimmer $141, rustikale *Cabins* für bis 3-6 Personen $155-$228; geöffnet von Mitte Mai bis Mitte Oktober; © 1-877-386-4383, www.grandcanyonforever.com. Auch Nicht-Hotelgäste können **Restaurant und Terrasse** des Hauses nutzen, die Sonne und den Canyon-Blick genießen. Der Tisch fürs *Dinner* muss dort unbedingt reserviert werden.

Die einzige Alternative ist die ***Kaibab Lodge***, 5 mi nördlich der Parkgrenze und 18 mi vom *Rim* entfernt, mit einem weiteren Speisesaal und Zimmern in einfachen Blockhäusern für $100-$150. Diese Anlage öffnet meist ebenfalls Mitte Mai und schließt bereits Mitte Oktober; © (928) 638-2389, www.kaibablodge.com.

»Steinpilz« und verlassenes Steinhaus an der #89A rund 8 mi südwestlich von Marble Canyon; noch hübschere Felsformationen findet man an der Zufahrt nach Lee's Ferry

Direkt an der Abbruchkante hoch über dem Grand Canyon thront die North Rim Lodge

Camping

Gleich hinter der *Kaibab Lodge* befindet sich der beste *Campground* im *North Rim*-Bereich: ***DeMotte*** im *National Forest* ($20). Der Campingplatz des **Nationalparks** liegt in Randnähe schattig unter Bäumen ($18-$25). Beide ohne *hook-ups*; Reservierung ➤ Seite 168. Ob die Plätze schon voll sind, erfährt man im *Visitor Center* in Jacob Lake. Der große ***Kaibab NF Campground*** bei Jacob Lake ist wenig einladend. Im Umfeld finden sich aber ggf. Gratisplätze im Wald, z.B. an der *Forest Rd* #220; www.fs.usda.gov/kaibab.

Vermilion Cliffs NM

Nach Verlassen der Waldzone verläuft die #89A entlang der Grenze des ***Vermilion Cliffs National Monument*** und passiert die *House Rock Valley Road*, an der weiter nördlich der ***Wire Pass Trailhead*** für die *Wave*-Wanderung (➤ Seite 513) liegt. Unterhalb steiler, dunkelroter (»*vermilion*«) Klippen stehen wenige Meilen vor Marble Canyon linker Hand der Straße kuriose **Steinpilze** und verfallene *Cliff Dwellers* (➤ Foto links) . Vor den Überresten dieser einstigen Behausungen bauen Navajo-Indianer während der Saison regelmäßig ihre **Schmuck-Verkaufsstände** auf.

Marble Canyon/ Lees Ferry

Unmittelbar hinter der Etappe **Marble Canyon** (nur Tankstelle, *Store* und Motels) geht es über eine kurze Stichstraße hinunter nach **Lee's Ferry**, einer grünen Oase am Ufer des *Colorado River* und Ausgangspunkt der ***Rafting Trips*** durch den *Grand Canyon*. Auf halber Strecke gibt's ein paar ***Balanced Rocks*** zu bewundern.

Der sanitär einfache ***Lee's Ferry Campground*** liegt grandios auf einer Anhöhe mit Blick auf die rauschenden Stromschnellen des Colorado; $20; www.nps.gov/glca/planyourvisit/lees-ferry.htm.

Zurück nach Page

Die **einzige Brücke** zwischen *Glen Canyon* und *Hoover Dam* führt über den dort nur etwa 50 m tiefen *Colorado Canyon* und weiter zur Kreuzung #89/#89A. Nach links sind es noch 25 mi zurück nach Page, dem Ausgangspunkt der hier beschriebenen »Schleife«.

Weiter zum Grand Canyon Südrand

In Richtung Flagstaff erreicht man nach 57 mi kurz hinter Cameron die Zufahrtstraße #64 zum Grand Canyon Südrand und somit den Anschluss an die im **Kapitel 4.4** behandelte Route. Die Beschreibung der Südseite des Nationalparks und die Anfahrt dorthin von (bzw. zurück nach) Las Vegas findet sich ab ➤ Seite 524.

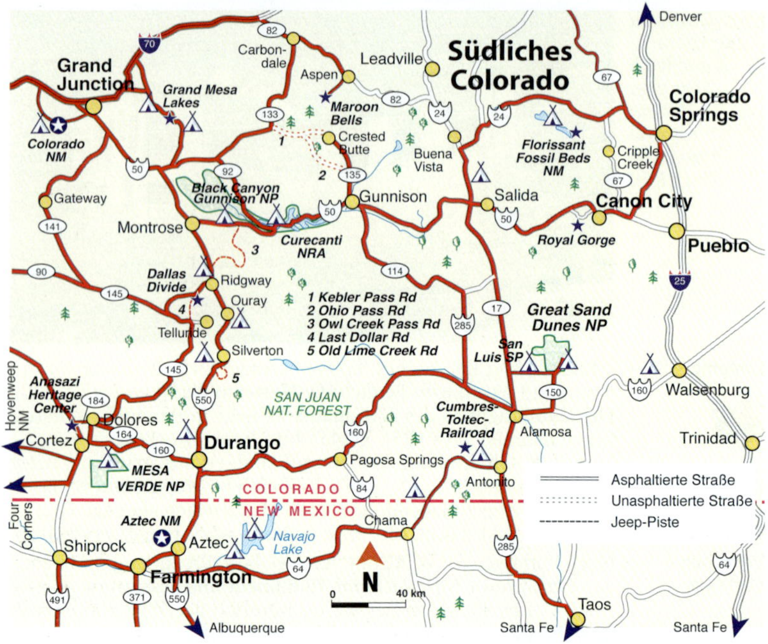

4.3 Erweiterungen der Route 4.2 in Colorado

Touristische Bewertung Colorados

Im Rahmen der in diesem Buch zusammengestellten Reiserouten ist Colorado insgesamt eher am Rande berücksichtigt. Die Routenauswahl und die hier zurückhaltende Bewertung des oft sehr positiv beschriebenen *Rocky Mountain NP* (➤ Seite 726) deuten aber bereits an, dass Colorado **sommertouristisch** – aus der Sicht der Autoren – für Europäer etwas weniger zu bieten hat als die Nachbarstaaten. Anders könnte die Bewertung aussehen, wenn man es auf die **4WD-Spuren** in alten Minengebieten durch die raue Einsamkeit der San Juan Mountains (bei Durango/Silverton), der *West Elk Wilderness* nördlich von Montrose/Gunnison oder auch anderswo abgesehen hat. Per Bike oder SUV hat Colorado eine ganze Menge zu bieten, ebenso für Eisenbahn-Fans, ➤ Exkurs Seite 521.

Lage der Attraktionen

Die herausragenden und auch im Rahmen der Routen dieses Buches entsprechend gewürdigten Ziele – ***Mesa Verde*** und das ***Dinosaur Monument*** – liegen weit entfernt voneinander außerhalb der Rocky Mountain-Region. Andere nennenswerte Sehenswürdigkeiten finden sich vergleichsweise verstreut und sind – vielleicht mit Ausnahme des ***Great Sand Dunes NP*** – bei weitem nicht so eindrucksvoll wie zum Beispiel die Nationalparks in Utah, für deren Besuch man gar nicht genug Zeit mitbringen kann.

Rocky Mountains

Colorado hat es trotzdem fertiggebracht, sich ein besonderes Image als Ferienland aufzubauen. Das liegt zum einem an der großen Popularität einer Reihe von **Wintersportorten** wie Aspen oder Vail sowie am herrlich golden leuchtenden **Herbstlaub** der Espenwälder in den *Rockies* Ende Sept/Anfang Okt (➤ Exkurs Seite 497). Auch die alten **Goldgräberstädtchen** versprühen reichlich Charme. Und wo kommt man schon in Europa so spielend leicht auf einen 4.000er-Gipfel? Und nicht zuletzt die **Fauna**, die in den Alpen kaum ihresgleichen findet. Das gilt ganz besonders für Schutzgebiete wie dem **Mount Evans** oder dem ***Rocky Mountain NP***, wo man selbst von der Straße aus gute Chancen hat Elche, Murmeltiere, Pfeifhasen, Schneeziegen, Dickhornschafe und sogar Schwarzbären zu Gesicht zu bekommen (➤ Seite 760f).

Fazit

Dennoch lautet die – zugegeben subjektive – Feststellung für Colorado: **Bei begrenzter Zeit** besteht **im Sommer** meist kein trifftiger Grund, dort mehr als *Mesa Verde*, das *Dinosaur NM* und die beschriebenen Hauptstrecken einzuplanen. **Südlich der *Interstate* #70 sehenswert** (nördlich der I-70 ➤ Seite 726) sind in erster Linie der ***Great Sand Dunes National Park*** und die Goldrauschregion um **Cripple Creek**. Außerdem – je nach individueller Bewertung – auch noch die Großstadt **Denver & Umgebung**.

Abstecher nach Denver

In die **Route 4.2** lässt sich **Denver ab Grand Junction** rein entfernungsmäßig (250 mi) relativ leicht einbeziehen. Für eine Ost-West-Durchquerung Colorados gibt es auch **landschaftlich keine bessere Strecke als die I-70**. Als Verbindung von Denver mit der – in den folgenden Absätzen beschriebenen – Rundstreckenerweiterung empfiehlt sich die sehr schöne Straßenkombination #285/#67 oder #77 durch den ***Pike Nat'l Forest***: Von der #285 kann man ab Pine Junction sowohl die ***Pine Valley Road*** nach **Deckers** nehmen (von dort #67) als auch etwas weiter südlich die #77 ab Jefferson nach Lake George. Speziell die Route im Tal des Toryall Creek verläuft durch eine herrliche Landschaft. In beiden Fällen geht es auf der #24 ein Stück nach Westen bzw. Osten und auf der weiterlaufenden #67 bis zu den Wildwest-Städtchen **Cripple Creek** und **Victor**.

Garden of the Gods bei Colorado Springs (➤ umseitig)

Colorado Springs

Die scheinbar schnellere Route von Denver nach Colorado Springs auf der I-25 und dann weiter auf der #24 bringt außer mehr Meilen nicht viel. Die Vorzüge (im Wesentlichen kommerzialisierte Attraktionen) von **Colorado Springs** werden in US-Werbebroschüren gern hochstilisiert und auch der ***Garden of the Gods*** vermittelt den von hier Anreisenden vor allem einen »kleinen Vorgeschmack« auf die Utah-Felsparks; ➢ Foto im Morgenlicht umseitig.

Umweg zu den Great Sand Dunes

Eine naheliegende **Erweiterung der Basisroute** durchs südwestliche Colorado führt vom ***Black Canyon of Gunnison*** (➢ Seite 495) in Richtung Osten, ab Poncha Springs über die Straßen #285 und #17 zum ***Great Sand Dunes Nat'l Park*** und von dort auf der **#160 durch die San Juan Mountains** nach Durango (mindestens plus ein Tag; an der Route viele *NF Campgrounds*). Der Verlauf der #160 entschädigt für das dadurch entgangene Erlebnis des *Million Dollar Highway* von Ouray nach Durango (➢ Seite 496).

Zur Cripple Creek-Region

Interessant und vom Streckenverlauf her abwechslungsreich wäre auch die **Erweiterung des *Sand Dunes*-Umweges** um einen Besuch in der Region des zur ***Historical Area*** erklärten Minenstädtchens **Cripple Creek**, wo heute **Spielkasinos** tonangebend sind: Die #50 überquert die Rocky Mountains/Sawatch Range bei Poncha Springs in fast 3.500 m Höhe. Auf der #285 geht es dann nach Norden und auf der #24 Richtung Colorado Springs. Wer so oder über die #77 anfährt, passiert das eher kleine ***Florissant Fossil Beds NM*** mit ein paar versteinerten Baumstümpfen entlang eines Naturlehrpfades ($10 p.P. oder Jahrespass; www.nps.gov/flfo). Von dort aus kann man einer direkten *Gravel Road* (*Mount Pisgah Scenic Drive*) nach Cripple Creek folgen; die asphaltierte #67 erreicht man 12 mi östlich von Florissant. Aus hübscher Waldlandschaft geht es auf ihr in eine von kahlen Bergkuppen umgebene Hochebene (3.000 m).

Cripple Creek

Die Stadt war im ausgehenden 19. Jh. fast 20 Jahre lang **Zentrum des Colorado-Goldrausches**. Trotz stark nachlassender Ausbeute des geförderten Erzes existierte Cripple Creek weiter und verfiel nicht zur *Ghost Town* wie einige Nachbarorte. Mit der **Zulassung des Glücksspiels** in Colorado erwachte die Stadt aus dem Dornröschenschlaf. *Slot Machines* stehen nun allerorten und die historischen Fassaden in der **Bennett Avenue** erhielten einen frischen Anstrich, neue entstanden zusätzlich; www.visitcripplecreek.com.

Zur Geschichte der Stadt ist das ***District Museum*** im alten Bahnhof aufschlussreich (im Sommer 10-17 Uhr; $8). Wer sehen möchte, woher das viele Gold kam, fährt für 45 min in die 300 m tiefe ***Mollie Kathleen Mine*** ein; Touren meist 9-17 Uhr von Mai-September; $25, Kinder (3-12 Jahre) $15; www.goldminetours.com.

Kneipen und Restaurants muss man in Cripple Creek nicht suchen, auch die Gästebetten sind zahlreich. Stilecht übernachtet man in den Nostalgiehäusern ***Bronco Billy's Hotel*** (151 E Bennett Ave; ✆ (719) 689-0353, www.broncobillyscasino.com) oder ***Cripple Creek Hospitality House*** (600 North B Street; ✆ (719) 689-2513, www.cchospitalityhouse.com); beide ab ca. $80 im Sommer.

Nostalgische Eisenbahnen im »Wilden Westen«

Hier schlägt das Herz der Eisenbahnfans höher: In Colorado dampfen und schnauben auch heute noch jede Menge Loks durch fantastische Canyonlandschaften. Kaum zu toppen sind die Ganztagestrips mit der ***Durango & Silverton Narrow Gauge Railroad*** (➤ Seite 496) und ***Cumbres-Toltec Scenic Railroad*** (➤ Seite 523), weniger touristisch ist die ***Rio Grande Railroad*** ab Alamosa (➤ Seite 523; www.coloradotrain.com). Kürzer und ohne Dampf, aber dennoch ein Erlebnis sind die Fahrten im offenen Waggon durch die enge ***Royal Gorge*** ab Cañon City (2 Std ab \$49/\$44; www.royalgorgeroute.com). Viel Spaß mit Kindern bereitet auch die bunte Schmalspurbahn, die zwischen **Cripple Creek** und dem nur 5 mi entfernten **Victor** verkehrt (45 min für \$15/\$10; www.cripplecreekrailroad.com).

Royal Gorge Railroad und Hängebrücke

Gerade mal 4,5 Meilen lang ist die von der ***Georgetown Loop Railroad*** zurückgelegte Strecke (\$29/\$21, 75 min; www.georgetownlooprr.com). Tolle Fotomotive bieten sich auch allen, die sich die Ankunft/Abfahrt des Zugs am *Devil's Gate Depot* anschauen; von der I-70 westlich von Denver *Exit* 228, dann rechts auf die Argentine St und kurz vor der Einfahrt ins *Historic Georgetown* wiederum rechts auf den Loop Dr, der unter der beeindruckenden Gerüstpfeilerbrücke an der Umkehrschleife hindurchführt (➤ Foto Seite 50).

Gute Übersicht und weitere Strecken mitsamt Videos im Web unter www.grandparkco.com/train-rides-in-colorado.

Phantom Creek Road

Von Cripple Creek geht es über Victor zur ***Phantom Creek Road***, die im ehemaligen Schienenbett der Erzbahn hinunter nach **Cañon City** führt (35 mi; www.canoncitycolorado.com). Diese Schotterstrecke ist zwar abschnittsweise eng und rau, aber von Pkw bis *Van Camper* bei Trockenheit ohne weiteres machbar. Ihr an hoch aufragende Felswände angelehnter Verlauf und alte Eisenbahntunnel entschädigen für die bisweilen beschwerliche Fahrt.

Canon City

Cañon City besitzt eine ansehnliche kleine ***Old Town*** (Main Street parallel zur #50) und trägt – dank gleich 12 Strafanstalten in der Umgebung – den Beinamen ***Prison Capital of Colorado***. Ein paar dieser teilweise riesigen Komplexe liegen im Blickfeld der #50, die älteste davon samt **Museum** in einem fortartigen Bau unverfehlbar am westlichen Ortsende; \$10/\$8; www.prisonmuseum.org.

Royal Gorge

Hauptattraktion von Cañon City ist allerdings die **bis zu 380 m tiefe Schlucht** des Arkansas River, die sich hautnah an Bord der *Royal Gorge Railroad* (➤ Exkurs oben) oder im Schlauchboot beim *Whitewater Rafting* erleben lässt. Man kann sie auch zu Fuß überqueren auf einer der **höchsten Hängebrücken der Welt** im ***Royal Gorge Bridge & Park*** (Eintritt: \$24/\$19); Abzweig von der

#50 etwa 10 mi westlich von Cañon City. Wer noch einige Dollar extra zahlt, darf in einer **Gondel** über der Schlucht gleiten oder im rasanten Tempo per ***Zipline***; www.royalgorgebridge.com.

Einen völlig kostenlosen Blick auf Schlucht und Brücke kann man von der *Picnic Area* nur 500 m östlich davon erhaschen; dafür muss man dort nur einen der Trampelpfade kurz in Richtung *Rim* folgen.

In *Royal Gorge*-Nähe sind an der #50 die ***River Rafting*-Angebote** nicht zu übersehen, ebenso die **Motels** und ***Campgrounds*** (am besten ist der beim *Echo Canyon*; www.echocanyoncampground.com).

Weiter über die #285/#17

Die schönste Route zu den *Great Sand Dunes* führt auf der #50 durch den malerischen ***Arkansas River Canyon*** weiter nach Westen bis Poncha Springs und von dort auf der #285 über den *Poncha Pass* (3.500 m) hinunter in eine trockene Ebene zwischen den Sangre de Cristo und Garita/San Juan Mountains. Auf der #17 sind es dann noch 36 mi bis zur Ostzufahrt zu den weithin sichtbaren ***Great Sand Dunes*** (CR #6), ca. 13 mi nördlich von Alamosa.

Tipp: Für eine tolle Fahrtunterbrechung empfiehlt sich die **Badeoase *Sand Dunes Swimming Pool*** an der #17 mit etlichen unterschiedlich temperierten, von heißen Quellen gespeisten Pools und einem *Greenhouse* (ab 21 Jahren) mit weiteren, ruhigeren Becken. Man kann dort auch gleich über Nacht bleiben: Zelte $20, *hookup* $30 und *Cabins* $70-$80; www.sanddunespool.com. Von der Poolanlage sind es aber noch gut 30 Meilen bis zum Nationalpark.

Great Sand Dunes NP

Eintritt $25/Auto $15/Person oder Jahrespass

Vor den Gipfeln der südlichen Rocky Mountains hat sich ein riesiges Dünenfeld von rund 80 km² Ausdehnung gebildet. Der Picknickplatz hinter dem Besucherzentrum befindet sich direkt an den Ausläufern des wüstenartigen Areals. Von dort lassen sich prima die bis zu 230 m hohen Sandberge erklimmen. Die abenteuerliche *Medano Pass Primitive Road*, eine 4WD-Sandpiste, erschließt die Randgebiete des Naturschutzgebiets; www.nps.gov/grsa.

Auf dem schattig am Hang angelegten ***Piñon Flats Campground*** genießt man von vielen Stellplätzen einen Panoramablick auf die Dünen ($20; unbedingt lange im Voraus reservieren). **Primitives Zeltcamping** ist weiter nördlich erlaubt; Zugang nur per pedes oder mit 4WD-Fahrzeugen. Ausweichmöglichkeit bietet zudem

Bereits aus der Distanz ist der Anblick der Great Sand Dunes faszinierend

der kommerzielle ***Campground Oasis*** (www.greatdunes.com) unweit des Parks oder die *San Luis Lake Wildlife Area* an der CR #6.

Alamosa

Die nächstgelegene Ortschaft **Alamosa** verfügt über zahlreiche Kettenmotels und eine gemütliche, sehr gute **Brauerei** (*San Luis Valley Brewing Company*). Von dort findet man über die bereits herausgehobene #160 (➤ Seite 520) durch die San Juan Mountains in Durango (➤ Seite 497) wieder Anschluss an die **Route 4.2**.

Eine schöne Möglichkeit, den Abstecher 4.3 weiter auszubauen, wäre eine Fahrt über Antonito, Chama und Aztec:

Cumbres Toltec Railroad

Antonito, ein Nest nahe der Grenze zu New Mexico, zeichnet sich durch nichts anderes aus als die Endstation der ***Cumbres-Toltec Scenic Railroad***. Sie ist die **urigste nostalgische Eisenbahn des US-Westens** neben der Durango-Silverton-Strecke. Die schwärzesten Ruß verqualmende Schmalspurbahn dampft Ende Mai-Mitte Okt. täglich im 15-mi-Zuckeltempo durch die *Toltec*-Schlucht und über die *Cumbres*-Passhöhe nach Chama. Auf halbem Weg in **Osier** begegnet ihr der Gegenzug (ab Chama): *Lunch*-Pause & Umsteigen der Passagiere, die zum Ausgangspunkt zurückkehren. Wer die ganze Strecke (100 km) gebucht hat, fährt per Bus zurück. Tickets je nach Buchungsklasse und Saison ab $100/$50; www.cumbrestoltec.com.

Nach Durango

Von **Chama** führt die Straße #84 nach Pagosa Springs und damit auf die Strecke nach Durango (Straße #160).

Aztec Ruins NM

Nur speziell Interessierte sollten ab Chama an einen Umweg über **Aztec** denken. Das gleichnamige *Nat'l Monument* liegt nur wenig nördlich der Stadt unweit der #550 und schützt Ruinen eines vorkolumbischen Pueblos, ähnlich denen im *Chaco Culture Historical Park* (➤ Seite 546). Im Mittelpunkt steht eine besonders **große, restaurierte *Kiva*** (➤ Foto Seite 555), ein für die Pueblo-Kultur typischer Zeremonienraum; Eintritt frei; www.nps.gov/azru.

Straße #550

Die Straße #550 von **Aztec nach Norden** läuft zwar hübsch am Animas River entlang, ist aber letztlich nichts Besonderes. Das gilt großenteils auch für deren **Fortsetzung nach Süden** in Richtung Albuquerque. Auf ihr erreicht man den Zubringer zum ***Chaco Culture Historic Park*** und den Abzweig Cuba der – teilweise unbefestigten – ***Scenic Road* #126** (keine RVs!), die in Kombination mit der Straße #4 über Los Alamos nach Taos und/oder Santa Fe führt. Bleibt man auf der #550, gelangt man auch noch ab **San Ysidro** direkt auf die landschaftlich attraktive Straße #4. Von San Ysidro sind es nur noch 43 mi bis Albuquerque (#550/I-25).

Umweg über Taos/ Verbindung zwischen den Routen

Statt von Antonito den Anschluss an die **Basisroute 4.2** rasch wieder herzustellen, könnte man auch an einen etwas weiter ausholenden **Schlenker nach Taos Pueblo und Santa Fe** denken. Über Los Alamos und das *Bandelier Nat'l Monument* (#4) ergäbe sich eine denkbare Route zurück nach Durango über Aztec auf der vorstehend beschriebenen #550 (dabei Straße #126 nicht für RVs).

Ebenso besteht hier die Möglichkeit zum **Übergang auf die Route 4.4 in Richtung Süden** (➤ Seite 545f) oder ab Albuquerque zurück nach Westen in Gegenrichtung zur **Routenbeschreibung 4.4**.

4.4 Durch Arizona und New Mexico

Diese besonders im **Frühsommer (Mai/Juni) oder Herbst ideale Rundstrecke** deckt einschließlich der vorgeschlagenen Abstecher alle wichtigen attraktiven Ziele und Landschaften beider Staaten ab, soweit sie nicht im vorstehenden Kapitel 4.2 (*Monument Valley, Navajo National Monument*, Page und Lake Powell-Region) bereits behandelt wurden. Als **Ausgangspunkt** kommen wie bei **Route 4.2** sowohl **LA** als auch **Las Vegas** in Frage, ➤ Seite 448. Man könnte ebenfalls in **Phoenix** starten.

4.4.1 Von Las Vegas zum Grand Canyon und nach Flagstaff

Über die Straße #93 nach Kingman

Straße #93

Die **kürzeste** und landschaftlich abwechslungsreichste Route von Las Vegas zum *Grand Canyon* führt zunächst auf der **Straße #93** über Boulder City, dann vorbei am gewaltigen *Hoover Dam* (➤ Seite 444) durch die **Eldorado Mountains** nach Kingman.

Grand Canyon Skywalk

An der #93 liegt die Zufahrt zum ***Grand Canyon Skywalk***. Der hufeisenförmige, weit über den Rand der Schlucht ragende Glasbogen (aus Deutschland) wurde nicht – wie man vielleicht annehmen könnte – im Nationalpark installiert, sondern am *Grand Canyon West* auf *Hualapai*-Indianer-Gebiet weitab bekannter Regionen. Wer 1.200 m Nichts zwischen sich und dem Boden des *Colorado River Canyon* sehen möchte (den Fluss selbst sieht man vom *Skywalk* nur in der Ferne), muss ca. 40 mi südlich des *Hoover Dam* die ***Pierce Ferry Road*** nach Nordosten nehmen. Nach 28 mi geht's rechts auf die ***Diamond Bar Road*** und weitere 21 mi durch ein Gebiet voller *Joshua Trees* bis zum Parkplatz beim *Grand Canyon West Airport*. Eintritt und Betreten des *Skywalk* kosten über $70 pro Person. **Fotoapparate, Handys** oder andere Gegenstände sind auf der Glasbrücke **nicht erlaubt**; www.grandcanyonwest.com.

Ab Las Vegas und sogar Tusayan (➤ Seite 528) werden Flüge und kombinierte Boots-/Helikopter- plus 4WD-Trips angeboten ($200-$400; z.B. unter www.grandcanyontourcompany.com).

Chloride

Für eine Fahrpause bietet sich rund 17 mi vor Kingman ein kurzen Abstecher nach **Chloride** an (Straße #125, 8 mi retour). Halb *Ghost Town*, halb alternativer Rückzugsort mit ruinierten Häusern, einer alten Tankstelle, originellem Café und kuriosen Skulpturen und »Kunstwerken«; manches davon ein gutes Fotomotiv!

Kingman

Mit 30.000 Einwohnern ist Kingman für Arizona-Verhältnisse eine der größeren Städte, bietet aber außer vielen preiswerten **Motels** touristisch relativ wenig. Wer noch Straßenkarte und Information braucht, fährt zunächst nicht auf die I-40, sondern folgt der #93 (Beale Street) in den Ort und biegt 1/3 mi östlich der I-40 auf die ***Historic Route 66*** nach rechts ab. Gleich zu Anfang steht das alte ***Powerhouse*** mit dem Besucherzentrum und einem ***Route 66 Museum*** (www.gokingman.org) und gegenüber der ***Route 66 Diner*** *Mr. D'z* im nostalgischen Look und noch ein ***Locomotive Park***.

Über die #95 und Oatman/Route 66 nach Kingman

Straße #95

Eine andere Möglichkeit ab Las Vegas wäre, zunächst den **Straßen #95 und #163** zu **Nevadas Spielerparadies Nr. 3 Laughlin** (nach Las Vegas, Reno und Lake Tahoe) am Colorado River unterhalb des dritten Colorado-Stausees Lake Mohave im Drei-Staaten-Eck Arizona/California/Nevada zu folgen. Von dort geht's auf der **Straße #68** oder über die ***Route 66*** und **Oatman** nach Kingman.

Nelson

Für Fans von *Ghost Towns* und »altem Gerümpel« wäre auch ein Besuch von **Nelson** an der #165 eine Überlegung wert (10 mi östlich der #95). Diese Siedlung im *El Dorado Canyon* dient heute immer wieder als Filmkulisse und war einst Schauplatz des größten Bergbau-Booms in der Geschichte Nevadas. Bis 1945 wurden dort Gold, Silber, Kupfer und Blei gewonnen. Die ***Historical Techatticup Mine*** kann nach Reservierung besucht werden; $15/$10; © (702) 291-0026, www.eldoradocanyonminetours.com.

Laughlin/ Lake Mohave

Laughlin (Aussprache: »*loff-lin*«) am Westufer des **Colorado River** besteht im Wesentlichen aus **Kasino-Hotelkomplexen** (Suiten mit Blick auf den Colorado So-Do ab $30!). **Bullhead City** am gegenüberliegenden Ufer hat billigere Tankstellen und kleine Motels. Für einen Besuch spricht im Frühjahr und Spätherbst **das warme Klima** im tiefer gelegenen *Colorado River Valley*. Wer eine Pause am Wasser einlegen will, kann dort direkt am Fluss in der *Big Bend of the Colorado State Recreation Area* campen bzw. am **Lake Mohave** (Eintritt: $20/Auto oder *Interagency* Jahrespass) unter Palmen in ***Katherine Landing*** oder weiter oben östlich von Searchlight auf dem ***Cottonwood Cove Campground***.

Weiter nach Kingman

Von Laughlin sind es auf direkter Route noch knapp 30 mi nach Kingman bzw. bis zur I-40. Ca. 25 mi mehr, aber mindestens eine volle Stunde Fahrzeit zusätzlich, kostet der **Umweg über Oatman**. Auf der #95 durch Bullhead City geht's weiter in südliche Richtung und vor Mohave Valley links ab nach Oatman.

Gastronomie und Antiquitäten in der »Ghost Town« Chloride

Oatman

Nach 9 mi trifft man auf die alte ***Route 66*** und erreicht kurz danach das **Wildwest-Dorf Oatman** inmitten der rauen Black Mountains, ein originelles Überbleibsel aus der Zeit ohne Autobahnen. Ein Hauch von Nostalgie weht durch die keine 300 m lange Main Street, auch wenn sich hinter jeder noch so modrig aussehenden Holzfassade ein Souvenirshop versteckt. Unbedingt einen Blick hineinwerfen sollte man in die Bar des ehemaligen ***Oatman Hotel***, deren Wände von oben bis unten mit $1-Scheinen »tapeziert« wurden. Nicht wegzudenken aus dem Ortsbild sind die wilden Esel (*burros*). Die Nachfahren der Goldgräber-Lasttiere stehen bettelnd mitten auf der Straße und schauen auch schon mal neugierig in Autos hinein. Für noch mehr »Stau« sorgen die täglich dort stattfindenden ***Shoot-Outs*** (kostenlos; immer 13.30 Uhr *Arizona Time*, manchmal zusätzlich noch um 15.30 Uhr); www.oatmangoldroad.org. Nach Kingman sind es von Oatman noch rund 25 mi auf kurvenreicher Strecke durch einsame Landschaft.

Von Kingman über die I-40 oder Route 66 zum Grand Canyon

I-40/ Route 66/ Hackberry

Die **I-40** zwischen Kingman und Williams führt streckenweise durch attraktive Felslandschaften, während die alte ***Route 66***, die in hohem Bogen nördlich parallel zur *Interstate* verläuft, nur wenig fürs Auge bietet. Östlich von Seligman vereinigt sie sich mit der I-40. Die Fahrt lohnt sich nur für Leute, die Freude an den (nicht ganz vielen) Relikten aus der autobahnlosen Zeit finden, etwa am ***Hackberry General Store*** (25 mi ab Kingman) einem Mix aus *Route 66*-Museum, *Visitor Center* und Nostalgieladen.

Havasupai Indian Reservation

Ein besonders reizvoller Abschnitt des *Grand Canyon* befindet sich westlich des Nationalparks in der ***Havasupai Indian Reservation*** mit wunderbaren **Wasserfällen** und **Badepools** in üppiger Vegetation. Von Kingman dorthin sind es gut 120 mi auf der #66 und der Stichstraße #18, die östlich von Peach Springs nach Norden abzweigt (keine *Services*). Die Zufahrt endet auf dem ***Hualapai Hilltop***, dem Ausgangspunkt für die Wanderung zum ca. 13 km entfernten ***Supai Indian Village***. Der Trip hinunter in den *Havasu Canyon* ist aber kostspielig und bedarf langfristiger Vorausplanung.

Die »Burros« von Oatman sind Nachfahren der einstigen Goldgräber-Lasttiere

Historic Route 66

Die einst von Chicago nach Los Angeles führende **transkontinentale Landstraße** hatte mit der Eröffnung von *Interstate*-Autobahnen, die teilweise über Hunderte von Meilen ihrer alten Trasse folgten (etwa von Flagstaff bis Albuquerque), ausgedient. Die restlichen, verbliebenen Abschnitte und Etappenorte mit ihrer auf den Fernverkehr ausgerichteten Infrastruktur verkamen. Die *Route 66* bzw. das, was davon übrig blieb, wird nichtsdestoweniger gerne verklärt. Generell gilt jedoch: Außer ein paar alten Schildern, etliche *Diner* im Stil der 1950er-Jahre sowie originell nostalgischen Saloons hier und dort kennzeichnet heute eher Verfall die alte Hauptstraße. Landschaftlich reizvoll sind die ca. **50 mi zwischen Topock an der I-40 und Kingman über Oatman**. Auch die Strecke von **Kingman nach Seligman** vermittelt noch einen gewissen Eindruck vom Verlauf der alten »*Mother Road*«. Ein Erlebnis für »Oldtimer«-Fans ist der alljährlich Anfang Mai stattfindende ***Route 66 Fun*** zwischen Seligman und Toprock; www.historic66az.com.

Havasu Falls

Day hikes sind nicht erlaubt, für die Wanderung muss eine **Reservierung** vorliegen, entweder für die ***Havasupai Lodge*** (meist am 1. Juni ab 8 Uhr für das gesamte Folgejahr reservierbar; nur per Telefon: ✆ (928) 448-2111) oder für den **Zeltplatz** (Vergabe unter www.havasupaireservations.com an einem Stichtag im Frühjahr; immer sehr schnell ausgebucht!).

Die Übernachtungskosten inkl. Eintritt in das Indianerreservat sind hoch: In den sehr einfachen Zimmern der *Lodge* zahlt man für eine Nacht ca. $660 für 2 Personen und auf dem Zeltplatz für drei Nächte (Mindestaufenthalt!) $300-$375 pro Person. Alle Details: www.theofficialhavasupaitribe.com/Havasupai-Lodge/havasupai-lodge.html. Auf dem Pferde-/Maultierrücken (Reservierung erforderlich!) oder im Helikopter (*first-come, first-served*) erspart man sich den anstrengenden Rückweg (800 Höhenemeter).

Grand Canyon Caverns

Weiter östlich an der *Route 66* werden Touren in die (heute trockenen) Tropfsteinhöhlen ***Grand Canyon Caverns*** angeboten: Die 25-min-Tour kostet $16, die 2,5-stündige »Wild Tour« $100. Neben der teureren *Cavern Suite* **in** der Höhle gibt es vor Ort auch noch normale (einfache) **Motelzimmer** mit *Eatery* und einen ***Campground***; ✆ (928) 422-3223, www.gccaverns.com.

Seligman

Das Originellste an der Strecke ist das nur noch 1 mi von der I-40 entfernte (Auffahrt 123) **Seligman** mit echten und reproduzierten Überbleibseln aus der guten alten Zeit.

4

Kultstatus hat in Seligman ***Angels Barbershop***. Der Frisör kümmerte sich nicht nur um die männliche Kundschaft, sondern setzte sich einst energisch für den Erhalt der ***Route 66*** als *»State Historic Route«* ein. Er war mitverantwortlich für die Wiederbelebung von Seligman, nachdem der Ort im Jahr 1978 durch die neue Autobahn I-40 ins Abseits geraten war. Ein paar Häuserecken weiter serviert eine deutsche Auswanderin im ***Westside Lilo's Cafe*** Schnitzel, Spätzle und vieles mehr.

Williams

Das kleine Williams fungiert als Grand Canyon-Touristenetappe. Das **Preisniveau** der Hotellerie ist dort stark auslastungsabhängig. Einfache Motels kosten im Sommer ab $80; die Mittelklasse ab $120. Die meisten Häuser liegen unverfehlbar aufgereiht an der *Route 66*. Die bekannten **Ketten** sind gut vertreten (*Super 8, Best Western, Motel 6* u.a.m.); www.experiencewilliams.com.

Neben *Route-66*-Relikten gibt es im Ort noch alte Loks im ***Williams Depot*** (*Grand Canyon Railway* zum Park, ➤ Seite 534) und an der #64 (I-40/*Exit* 165) den Wildtierpark ***Bearizona*** mit Autoparcours durch Bären- und Wolfsgehege sowie einem kleinen Zoo; tägl. 9-16 Uhr; $22/$11; www.bearizona.com. Ein Ziel mit Kindern!

Tusayan

Hotels im Park
➤ Seite 533

Vor den Toren des Nationalparks wartet an der #64 Tusayan, ein reines **Hotel- und Restaurantdorf**. Noch halbwegs preiserträglich ist dort die ***Red Feather Lodge***; ab $200; www.redfeatherlodge.com. Teurer, aber auch komfortabler sind u.a. das ***Best Western Squire Inn*** oder das ***Holiday Inn Express***. Wer in Tusayan unterkommen will, sollte **lange im Voraus reservieren**. Dasselbe gilt für alle Quartiere im *Grand Canyon Village* des Nationalparks.

Camping

Das ***Camper Village*** in Tusayan ist nicht attraktiv, dafür weitläufig und in Fußdistanz zu *Steakhouse* und *IMAX*; Zelte $33, RVs $56-$65; © (928) 638-2887; www.grandcanyoncampervillage.com.

Die beste Option außerhalb des Parks ist der ***NF Campground Ten-X*** ($10) eine gute Meile südlich von Tusayan; groß, gut angelegt im Wald, aber nur Minimalkomfort (Plumpsklo und eine Handvoll Wasserpumpen). Gratis Campen nahebei ist möglich (➤ Seite 166).

Der große ***NF Campground Kaibab Lake*** weiter südlich an der Zufahrt (#64) ist ebenfalls o.k, der See indessen oft nur noch ein Teich ($20-$40, keine *hook-up*). Weniger überzeugend sind die beiden *KOA*-Plätze bei Williams: *Circle Pines* beim I-40/*Exit* 167 (»lärmverseucht«) und *Journey* (unzureichende Sanitäranlagen).

Besucherzentrum/ IMAX-Kino

In Tusayan steht das ***National Geographic Visitor Center*** (geöffnet März-Oktober 8-22 Uhr, sonst 10-20 Uhr). Im angeschlossenem ***IMAX*-Kino** wird täglich ab 8.30 Uhr (November-Februar ab 9.30 Uhr) der tolle **Film *»Grand Canyon - The Hidden Secret«*** gespielt; Dauer 34 min; Tickets $14/$10; www.explorethecanyon.com.

Flüge

Vom Airport in Tusayan unmittelbar südlich des Ortes direkt an der Straße starten die **Hubschrauber** zu Flügen über den Canyon in kurzen Abständen (ab $215 für 30 min). ***Sightseeing* per Flugzeug** ist etwas billiger; © 1-888-635-7272 www.papillon.com.

»Ooh Aah Point« am South Kaibab Trail, ca. 1,5 km vom Grand Canyon South Rim entfernt

Grand Canyon National Park www.nps.gov/grca

Geschichte des Parks

Im *Grand Canyon* und beidseitig der Schlucht gibt es zahlreiche Spuren vorkolumbischer Indianer-Besiedelung. Aber als eine erste spanische Expedition im Jahr 1540 die Schlucht erreichte, war sie menschenleer. Weitere Gruppen folgten und berichteten enthusiastisch von dieser Schlucht. Unsterblichen Ruhm erwarb sich der einarmige *Major* ***John Wesley Powell***, als er es 1869 fertigbrachte, mit vier Booten und einer Handvoll Leuten den *Colorado River* zu bezwingen (➤ *IMAX*-Kino, Seite 528). 1876 erkannte ein *Fred Harvey* die touristische Attraktivität des *Grand Canyon* und errichtete 1882 das erste Hotel am *Grand View Point*. 1893 wurden der *Grand Canyon* und Umfeld zur *Forest Preserve*, **1908** zum ***National Monument*** erklärt. **1919** erfolgte die Aufwertung zum ***National Park***. Dessen Gebiet wurde 1975 auf die heutige Ausdehnung erweitert.

Situation im Park

Eintritt $35/Auto $20/Person oder Jahrespass

An jedem Parkeingang erhält man die ***Park Map*** und ***The Guide***, die aktuelle zeitungsartige Informationsschrift der Parkverwaltung mit allen aktuellen Veranstaltungen, Regelungen, Hinweisen für Wanderungen, Öffnungszeiten etc. (verkürzt auf Deutsch verfügbar). Noch vor dem ersten Aussichtspunkt am Rand der »Großen Schlucht« (toller ***Mather Point***) empfangen den Besucher die Parkplätze rund um das ***Grand Canyon Visitor Center***. Eine ***Cafeteria*** hilft bei der Bekämpfung erster Erschöpfungserscheinungen, und eine ***Bike Rental Station*** bietet die beste Transportalternative am *South Rim* für alle, die keine Lust auf Parkprobleme und/oder Wartezeiten auf übervolle Shuttlebusse (➤ umseitig) haben.

Visitor Center

In der vorbildlich konzipierten ***Information Plaza*** des ***Visitor Center*** werden Historie, Geologie und andere Phänomene nicht mehr in endlos wiederholten Dia- und Videoshows vorgestellt, sondern durch sich selbst erklärende eingängige Darstellungen, Karten und Fotos mit Texten im Großformat in der Außenanlage

4

wie auch im Servicegebäude. Auf typische Besucherfragen gibt es dort »prophylaktisch« Antwort. Hintergrund ist die Notwendigkeit der Bewältigung großer Besuchermassen (über 6 Mio/Jahr).

Busse ab Tusayan

Man versucht seit einigen Jahren den Autoverkehr in den Park durch gratis verkehrende **Shuttles** zwischen Tusayan und der *Information Plaza* zu reduzieren (**lila Route**, Dauer ca. 20 min; 8-21.30 Uhr März-September). Das Gros der Parkbesucher soll *Grand Canyon Village* und die *View Points* mit dem Bussystem des Parks ansteuern und den Rand des Canyons zu Fuß erkunden.

Shuttle Bussystem im Nat'l Park

Wer im Sommer **mit eigenem Fahrzeug** ins *Village* hineinfährt, muss mit Warteschlangen und Parkplatzproblemen rechnen. Die ***West Rim Road*** (zum Straßenendpunkt *Hermits Rest*) ist **März-Nov.** für den Individualverkehr komplett **gesperrt**. Die Parkplätze in Schluchtnähe westlich des Besucherzentrums sind sehr begrenzt. Wer dorthin möchte, kann am *Visitor Center* umsteigen in die

Aktuelle Info unter
www.nps.gov/grca/planyourvisit/gettingaround.htm

- ***Village Busse*** (**blaue Route**), die eine volle Runde durch das *Grand Canyon Village* drehen mit Umkehrpunkt ***Backcountry Information Center*** und Stopp u.a. am ***Hermits Rest Route Transfer*** (unweit des *Bright Angel Trailhead*)
- Die neun Haltestellen der ***Hermit Road Busse*** (**rote Route** ab *Route Transfer*) befinden sich teilweise unmittelbar an den Aussichtspunkten oder sind nur einen kurzen Fußweg davon entfernt. Dieser Service ermöglicht ein Ablaufen des ***Rim Trail*** von Aussichtspunkt zu Aussichtspunkt bis ***Hermits Rest*** und die **Rückfahrt per Bus**. Die Entfernung vom *Visitor Center/Mather Point* bis zum Straßenendpunkt beträgt etwa 13 km.
- Die ***Kaibab Trail Busse*** (**orange Route**) verkehren vom *Visitor Center* zum Ausgangspunkt des ***South Kaibab Trail*** mit Stopps an den Punkten *Yaki, Pipe Creek Vista, Mather* und *Yavapai.*
- Ein spezieller ***Hiker's Express*** fährt zusätzlich von der *Bright Angel Lodge* zum *South Kaibab Trailhead.*

Greenway Bike Trail

Ein Netz aus asphaltierten Wander- und Radwegen, der ***Greenway Trail***, erstreckt sich parallel zur *Hermit Road* sowie zwischen *Grand Canyon Village* und dem *Yaki Point*. **Biker** haben die Möglichkeit, ihr Gerät im Shuttlebus mit zurück zu nehmen; Miete: $40/Tag; www.bikegrandcanyon.com.

Marsch in die Tiefe

Allein mit den grandiosen Aussichten mögen sich viele nicht zufrieden geben. Der Abstieg zum von oben kaum erkennbaren Fluss ist schon hart, aber der Aufstieg gerät rasch zur Tortur. Im Sommer herrscht selbst bei moderaten Temperaturen am *South Rim* (2.100 m über NN beim *Village*) weiter unten eine erhebliche Hitze. Von Oktober bis Mai, wenn es oben recht kühl sein kann, sind die Temperaturen in der Schlucht indessen erträglich. Dann bezwingen Leute mit guter Kondition den Canyon sogar an einem Tag. Die *Ranger* raten aber zu jeder Jahreszeit dringend davon ab und weisen auf die Problematik von ***one-day hikes*** hin. Über 250 Leute müssen jedes Jahr gerettet und notversorgt werden.

Trails

Ab Südrand existieren **zwei Wege** in die Schlucht:

- Dem populären, weil etwas weniger steilen ***Bright Angel Trail*** mit drei **Wasserstellen** (*Resthouses)* ist im ersten Abschnitt das Blickfeld eingeschränkt,da er in einer Seitenschlucht beginnt. Auf diesem schmalpfadigen staubigen Teilstück stören oft die Muli-Trips bzw. die Gerüche und Pfützen, die die Mulis hinterlassen. Auf halber Höhe befinden sich die ***Indian Garden*** mit Wasserstelle und Zeltplatz (➤ nächste Seite). **Gesamtdistanz:** 15 km über 1.335 m Höhe. Abstieg machbar in 3-5 Stunden. Aufstieg je nach Kondition 5-8 Stunden.
- Auf dem steileren ***South Kaibab Trail*** gibt es keine Wasserstelle, dafür aber die Weite des Blicks von Anfang an. Die Distanz ist mit 11 km deutlich geringer, und Muli-Karawanen stören dort weniger. Der Abstieg ist bei guten Gelenken in 3 Stunden möglich, in 3,5-4 Stunden realistisch, der Aufstieg bei 13% durchschnittlicher Steigung aber eine arge Schinderei; Zeitbedarf ab 5 Stunden. Hier noch wichtiger: salzhaltige Verpflegung (Erdnüsse u.ä.) und **jede Menge Flüssiges mitnehmen**, Minimum eine Gallone (knapp 4 Liter) pro Person, besser mehr.

Man kann beide Wege zu einer Rundwanderung kombinieren. Hier wählt man am besten den *South Kaibab Trail* für den Abstieg und den *Bright Angel Trail* für den Aufstieg am Folgetag.

Übernachten im Canyon

Fürs Zelten – sei es in den *Indian Gardens* oder auf dem *Bright Angel Campground* ganz unten – wird ein ***Permit*** benötigt (Kosten: $10 pro Gruppe plus $8/Person). Darum muss man sich bereits **fünf Monate im Voraus** kümmern. Der Andrang ist sehr groß, und die glücklichen *Permit*-Gewinner werden neuerdings per Losverfahren ermittelt. Für Wanderungen im April z.B. muss das vollständg ausgefüllte Formblatt ***Backcountry Permit Request*** bereits zwischen 20.11 und 1.12 an © **001-928-638-2125 gefaxt** werden. Sämtliche Details zum Prozedere im Web unter: www.nps.gov/grca/planyourvisit/backcountry-permit.htm.

Wenige zusätzliche ***Last Minute Permits*** werden am Vortag im ***Backcountry Information Center*** vergeben (geöffnet 8-12 und 13-17 Uhr; unweit der *Maswik Lodge* im *Grand Canyon Village*).

Phantom Ranch

Ob man eine Nacht in der ***Phantom Ranch*** jenseits der Hängebrücke über den Colorado River verbringen darf oder nicht, entscheidet ebenfalls das Glück. Auch für diese Lotterie gibt es wieder einen mehrwöchigen Bewerbungszeitraum, allerdings liegt dieser 14 (!) Monate vor dem Wunschdatum. So wurden vom 1. bis 25. April 2019 bereits die Buchungen für Juni 2020 entgegen genommen. Alle aktuellen Infos dazu im Internet unter: www.grandcanyonlodges.com/lodging/phantom-ranch/.

Wer erfolgreich ist, zahlt in der *Phantom Ranch* im Schlafsaal $53 pro Bett oder $155 in der 2-Personen-*Cabin*. Hinzu kommen ggf. Verpflegungskosten (preisintensiv!) sowie Muli-Trips, die man erst bei einem garantierten Schlafplatz dazubuchen darf.

Rim to Rim

Wer den ***Hike*** **von Rand zu Rand** machen möchte (33 km auf dem *South + North Kaibab Trail*), kann den Rücktransport im ***Transcanyon Shuttle*** ($90 pro Person; Fahrzeit 4,5 Stunden) reservieren: © (928) 638-2820 bzw. www.trans-canyonshuttle.com.

Aussichtspunkt Mather Point

Muli-Trips in die tiefe Schlucht hinunter

Muli-Trips

Die Alternative zu Schusters Rappen sind **Muli-Trips**; Kosten: $143 pro Person; erforderliche Mindestgröße 1,44 m; zu reservieren unter ✆ 1-888-297-2757 bzw. www.grandcanyonlodges.com/plan/mule-rides/. Mit etwas Glück hilft auch die Warteliste am *Transportation Desk* in der *Bright Angel Lodge*, wo sich Interessenten täglich um 6 Uhr eintragen können.

Schlauchboot-Trips

Wildwasserfahrten mit Schlauchbooten sind ein unvergessliches Abenteuer. Die kurzen, 2-5-tägigen Touren führen nur durch den westlichen Teil des Nationalparks (Start bei Peach Springs), die längeren Touren durch die Hauptschlucht legen in Lee's Ferry bei Marble Canyon ab (➤ Seite 517). Die Menge an Interessenten überschreitet in beiden Fällen die von der Parkverwaltung jährlich zugelassene Teilnehmerzahl bei Weitem. Die *Rafting Trips* sind bis zu zwei Jahre im Voraus schon ausgebucht. Alle Infos dazu unter: www.nps.gov/grca/planyourvisit/whitewater-rafting.htm.

Unterkunft im Park

Wie bereits erwähnt, darf man im Bereich *Grand Canyon* ohne Reservierung zwischen Mai und Oktober nicht auf freie Kapazitäten hoffen. Sämtliche Unterkünfte im Park (*Grand Canyon Village*) können unter www.grandcanyonlodges.com gebucht werden (✆ 1-888-297-2757). Unmittelbar am Canyonrand liegen die ***Kachina*** und ***Thunderbird Lodge*** ($225-$243) sowie das ***El Tovar Hotel*** ($217-$538), alle sehr schön, aber für dicke Brieftaschen. Weniger exklusiv liegen die etwas einfacheren ***Bright Angel*** und ***Maswik Lodge***; die Zimmerpreise beginnen dort schon bei $85.

Camping

Der **Großcampingplatz *Mather*** ($18, keine *hook-ups*; ✆ 1-877-444-6777 bzw. www.recreation.gov) und das ***Trailer Village*** (*full hook-up* ab $49; ✆ 1-877-404-4611) beim *Grand Canyon Village* sind von Mai bis Ende September spätestens mittags voll belegt. Ohne Reservierung hat man nur bei Ankunft am Vormittag eine Chance, wenn überhaupt. Der ***Desert View Campground*** am Ostausgang operiert auf *first-come, first-served*-Basis ($12; keine *hook-ups*). **Weitere *Campgrounds*** ➤ unter Tusayan, Seite 528.

Busverbindung

Ohne Mietfahrzeug gelangt man mit dem *Greyhound Bus* oder *AMTRAK*-Zug nur bis Flagstaff. Dort steigt man am Bahnhof um in den ***Arizona Shuttle*** bis zum *South Rim*. Die einfache Fahrt kostet $34, mit Retourticket $68; www.arizonashuttle.com.

Grand Canyon Railway

Von Williams zum *Grand Canyon* verkehrt 1-2x täglich die ***Grand Canyon Railway***, zwar ohne landschaftliche Höhepunkte durch den *Coconino*-Nationalforst, aber dafür mit reichlich Unterhaltung (Musiker, Raubüberfall etc.); ab $65/$32; www.thetrain.com.

Zum Nordrand?

Vom *South Rim* eigens zum Nordrand (➢ Seite 516) sollte man nur dann fahren, wenn die Parks im südlichen Utah auf dem Programm stehen. Ist die Reiseplanung mehr nach Osten/Süden orientiert, erscheint der Umweg zu weit (4-5 Stunden Fahrt). Der fast 400 m höhere Nordrand bietet trotz einer gewissen Andersartigkeit im Prinzip nichts Neues. Bis April/Mai und nicht selten bereits im Oktober erfolgt wegen Schneefalls eine Sperrung der Zufahrt.

Ostausfahrt

Gleich, ob man sich auch noch für den Besuch der Nordseite entscheidet oder nicht, empfehlenswert ist immer ein Verlassen des *South Rim* über den Ostausgang. Am ***Desert View Drive*** passiert man weitere Aussichtspunkte , darunter ***Grandview Point***, ***Lipan Point*** sowie ***Desert View*** mit einem ***Watchtower***. Von dessen Aussichtsplattform und seinem Umfeld genießt man einen grandiosen Blick über den sich dort weit öffnenden Canyon.

Navajo Handicraft

An der **Straße #64** zwischen der *Grand Canyon*-Ostausfahrt und Cameron am der #89 passiert man viele Verkaufsstände für ***Indian Handicraft and Jewelry*** – in geballter Form am Aussichtspunkt über den Canyon des Little Colorado River. Die Preise liegen dort unter denen in Touristen-Shops für vergleichbare Ware.

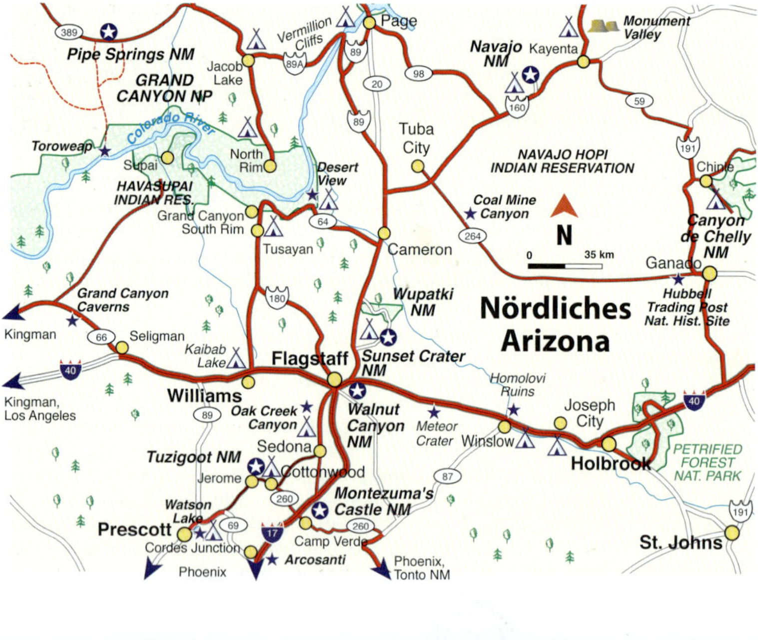

Wupatki und Sunset Crater National Monuments

Nach Flagstaff auf der #89

An der Strecke nach Flagstaff liegen etwas abseits der #89 die Nationalmonumente ***Wupatki*** und ***Sunset Crater***. Ihr Besuch ist in Verbindung mit dem Abfahren des *East Rim Drive* die rund 40 mi Umweg gegenüber der direkten Straße #180 wert. Ca. 30 mi nördlich Flagstaff passiert man die nördliche Zufahrt zu beiden. Zunächst führt die Straße durch das *Wupatki* Gelände und läuft dann am Rand der ***Painted Desert*** (übersetzt »Bunte Wüste«, eine pittoreske, von Felsformationen durchsetzte Ebene, deren Gesteinsfärbung mit den Lichtverhältnissen wechselt) in einem Bogen über das Gebiet des *Sunset Crater* zurück zur Hauptstraße.

Wupatki National Monument

Eintritt $25/Auto oder Jahrespass

Wupatki, www.nps.gov/wupa, besteht aus einer Reihe nur bedingt sehenswerter frühindianischer **Ruinen** (»bedingt« im Vergleich zu anderen Relikten ähnlicher Art im Südwesten w.z.B. *Chaco Canyon*), von denen das ***Tall House*** mit über 100 Räumen noch am eindrucksvollsten ist. Ein ***Visitor Center*** informiert über die Geschichte der Besiedelung und die Lebensumstände seiner Bewohner, die eng mit dem Ausbruch des benachbarten *Sunset* Vulkans im 11. Jahrhundert zusammenhängen.

Sunset Crater NM

Eintritt **➢ oben**

Das **Lavafeld** um den ***Sunset Crater*** bildet dank des pechschwarzen Gesteins einen faszinierenden Gegensatz zur Umgebung. Das Gelände ähnelt bei geringerer Ausdehnung dem beim *Cinder Cone* im *Lassen Volcanic NP*, ➢ Seite 689f. Auf einem kurzen **Lehrpfad** (*Lava Flow Trail)* gelangt man zu den interessantesten Punkten unterhalb des Kraters, der aus ökologischen Gründen nicht mehr bestiegen werden darf. Von **Besucherzentrum** und (schönem!) **Campingplatz** zwischen Wald und Lava sind es ca. 2 mi bis zur Straße #89 und weitere 15 mi nach Flagstaff; www.nps.gov/sucr.

Flagstaff

Kennzeichnung

Flagstaff, mit über 70.000 Einwohnern die größte Stadt zwischen Phoenix und Provo/Salt Lake City (1.000 km Straßendistanz), liegt am Südrand des Colorado Plateau und ist **Knotenpunkt des *Grand Canyon*-Tourismus**. Zahllose Motels, *Shopping Malls* und *Eateries* aller Art dominieren die Durchgangsstraßen. Das **Besucherzentrum** befindet sich in der ***Historic Downtown Train Station*** (*Route 66* gegenüber Leroux St; © 1-800-379-0065; übersichtlicher *Visitor Guide* als PDF unter www.flagstaffarizona.org).

Downtown

Der alte, restaurierte **Ortskern mit Kneipenszene** (zahlreiche gute Brauereien!) besteht aus nur sechs überschaubaren Blocks (Route 66/Birch Ave und Agassiz/Beaver Street) mit Zentrum rund um den **Heritage Square**; www.downtownflagstaff.org.

Lowell Observatory

Über die West Santa Fe Avenue (Geradeausverlängerung der Hauptverkehrsachse #89 vor dem scharfen 90°-Schwenk) erreicht man das ***Lowell Observatorium*** auf einer bewaldeten Anhöhe, das manchen interessieren mag. Es wurde durch die Entdeckung des Pluto im Jahr 1930 bekannt. Besucherzentrum im Sommer täglich 10-22 Uhr, So bis 17 Uhr; Führung $14/$8; www.lowell.edu.

Museum

Nur wenig nordwestlich von Flagstaff an der #180 durch die San Francisco Mountains, der meilenmäßig kürzesten und schönsten Zufahrt zum *Grand Canyon*, stehen der Blockhausbau und die Erweiterung *Easton Collection Center* des ***Museum of Northern Arizona*** am *Canyon* des *Flag River*; www.musnaz.org. Vor allem die Ausstellungen zu Archäologie, Geologie und Biologie der Region sind ausgezeichnet. Wechselnde Präsentationen zu **Kunst und Kultur der Navajo, Hopi** und **Zuni** ergänzen die permanente Kollektion. Geöffnet 10-17 Uhr, So ab 12 Uhr; Eintritt $12/$8, Kinder unter 10 frei. Beeindruckende, aber ziemlich kostspielige *Indian Handicraft* wird im großen **Museumsshop** angeboten.

Umgebung Flagstaff

Neben dem *Grand Canyon* und den vorstehend beschriebenen *Nat'l Monuments* warten nordwestlich von Flagstaff an der #180 noch weitere ungewöhnliche Ziele, u.a. die 1,5 km lange ***Lava River Cave***, in der es selbst im Hochsommer eiskalt bleibt, und der ***Red Mountain Volcano*** (http://pubs.usgs.gov/fs/2002/fs024-02/) mit einem aus seiner Ostflanke herauserodierten »Amphitheater« aus kegelförmigen Erdpyramiden; zu Fuß 4 km retour; ca. 25 mi von der Stadt entfernt. Infos Mo-Fr 8-16 Uhr in der ***Ranger Station***; 5075 North US Hwy #89 südlich des *KOA*; © (928)-526-0866.

Unterkunft: Zur generellen Situation

Die enorme Konkurrenz in Flagstaff sorgt oft für relativ moderate Moteltarife, sieht man ab von Hochsommer und langen Wochenenden. Die **meisten Unterkünfte** findet man **an der #89** (von Norden) und **East Lucky Lane/Butler Ave** zwischen Autobahn und #89. **Von der I-40** gelangt man dorthin über die ***Exits* 201** (nur zur #89) **und 198** (ebenfalls zur #89, East Lucky Lane und Butler Ave). Letztere ist Zubringer für die südliche ***Old Town*** von **Flagstaff** »unterhalb« der Hauptstraße und Eisenbahntrasse. Dort stößt man auf eine **Alternativszene**, **Hostels** und **Billigmotels**.

Wandbild/Mural zur Route 66-Historie der Stadt in Flagstaff (West Phoenix Ave)

Viele H/Motels stehen auch entlang der **South Milton Road** (***Exit* 195** von der I-40/Kreuzung mit der I-17) wie eingangs der *Historic Route* 66 Ostarm/I-40 BR. In der Nähe des *Exit* 195 sind speziell das ***Hilton Garden Inn*** und das ***Baymont Inn*** in ihrer jeweiligen Kategorie eine gute Wahl (im Umfeld reichlich *Eateries* aller Art).

Grundsätzlich sind in Flagstaff so ziemlich **alle bekannten Motelketten** – teilweise mehrfach – vertreten.

Downtown

Zimmer mit »*Old-West Flair*« (Sommer beide ab ca. $100) bieten zwei nostalgische **Hotels** der zentralen *Old Town*:

- ***Monte Vista***, 100 North San Francisco Street, © (928) 779-6971, www.hotelmontevista.com und
- ***Weatherford***, 23 North Leroux Street, © (928)-779-1919, www.weatherfordhotel.com.

Beide Hotels haben eine eigene Bar/Lounge, und ringsum ist auch abends in kurzer Fußdistanz noch was los.

Hostels

Jenseits der Bahntrasse, aber unweit der *Old Town Action* liegen

- ***Motel DuBeau Traveler's Inn & Hostel***, 19 West Phoenix Street; ab $25/Bett im Schlafsaal, DZ ab $53, mit eigenem Bad ab $79; © 1-800-398-7112, www.modubeau.com
- ***Grand Canyon Int'l Hostel***, 19 South San Francisco Street, Betten im Schlafsaal $25, Doppelzimmer mit Gemeinschaftsbad $52; © 1-888-442-2696, www.grandcanyonhostel.com.

Camping

Ein guter Campingplatz ist ***KOA*** an der #89, ca. 4 mi nördlich des Zentrums. Billiger und rustikaler ist der ***Fort Tuthill County Campground*** ($10 bzw. $20 mit *hook-up*) am südlichen Ende der Stadt an der #89A (I-17 *Exit* 337). Sollte es in Flagstaff noch oder schon zu kalt und ungemütlich sein, campt man weiter südlich im *Oak Creek Canyon* bei Sedona angenehmer; ➢ Seite 603.

Oak Creek Canyon

Ohnehin liegt es in Flagstaff – vor einer Weiterfahrt in eine andere Richtung – nahe, einen Extratag für den ***Oak Creek Canyon***, **Sedona** und Umgebung einzuplanen, ➢ Seite 603f.

4.4.2 Von Flagstaff nach Albuquerque über den Petrified Forest NP und das Canyon de Chelly NM

Die Route folgt bis Albuquerque der ***Interstate* #40**, die in Arizona eintönig verläuft, in New Mexico aber abwechslungsreich durch ungewöhnliche Fels- und Lavalandschaften führt.

Walnut Canyon

Eintritt $15/Person oder Jahrespass

Etwa 16 mi östlich von Flagstaff (*Exit* 204 von der I-40 südlich der Autobahn) liegt das ***Walnut Canyon Nat'l Monument***; geöffnet 9-17 Uhr. Vom *Visitor Center* führt der ***Island Trail*** hinunter in zwei tief eingeschnittene, bewaldete Schluchten und durch gut erhaltene ***Cliff Dwellings*** der präkolumbischen *Sinagua*-Indianer (1,5 km *Loop*; letzter Zugang um 16 Uhr). Für den Abstecher mit Besichtigung/Abstieg genügt eine Stunde; www.nps.gov/waca.

Meteor Crater

Der ***Meteor Crater*** markiert die Stelle, wo vor etwa 50.000 Jahren ein Meteor mit der Erde kollidierte. Zwar handelt es sich hier um den größten Meteoritenkrater der Welt, aber zu sehen gibt es nur ein großes »Loch« von 170 m Tiefe und 1,3 km Durchmesser. Der Umweg (etwa 6 mi ab I-40/*Exit* 233) und die $18/$9 Eintritt (inkl. ***Meteor Crater Museum*** mit ***Astronauts Wall of Fame*** samt Ausstellung zum Astronautentraining für die Mondlandung) lohnen sich in erster Linie für geologisch Interessierte (7/8-19 Uhr). Nebenan bietet der begrünter ***RV-Park*** einen geeigneten Zwischenstopp für Camper; $42; © 1-800-478-4002, www.meteorcrater.com.

Abseits des Autobahn-Lärms liegen die Parks ***Homolovi Ruins*** (Zufahrt über die Straße #87; $18, mit *hook-up* $30) und ***McHood*** (6 mi südlich von Winslow an der #99; gratis), ansonsten sind Campingplätze entlang der I-40 in Arizonas Osten eher dünn gesät.

Petrified Forest National Park

Eintritt $25/Auto $15/Person oder Interagency Jahrespass

Für den Besuch des landschaftlich insgesamt eher reizlosen, aber wegen seiner faszinierenden Versteinerungen weltweit einzigartigen ***Petrified Forest National Park*** ist es sinnvoll, schon in **Holbrook** die I-40 zu verlassen und über die Straße #180 anzufahren. Der Park umfasst einen Teil der *Painted Desert* und schützt die in seinem südlichen Areal vorhandenen Reste versteinerter Wälder aus dem Triaszeitalter (200 Mio Jahre vor unserer Zeit). Die Öffnungszeiten orientieren sich zum Schutz der Fossilien strikt an der Tageslänge (im Sommer 7-19/19.30/20 Uhr) und die Tore schließen pünktlich; aktuelle Infos in der Parkzeitung sowie online unter www.nps.gov/pefo/planyourvisit/hours.htm.

Das ***Rainbow Forest Museum*** beim Südeingang verfügt über eindrucksvolle Ausstellungsstücke aus polierten Abschnitten versteinerter Stämme. Ein **Lehrpfad** führt durch ein Feld mit ***Petrified Logs***. Entlang der Parkstraße und am Ende kurzer Zufahrten befinden sich viele Haltepunkte bei weiteren urzeitlichen wie präkolumbischen Relikten. Besonders lohnenswert sind die ***Long Logs*** (dort ein *Trail* 1 km retour oder 3 km bis zum ganz aus versteinertem Holz errichteten ***Agate House Pueblo***), der ***Jasper*** und ***Crystal Forest***, und die ***Blue Mesa*** (1,5 km langer, schöner *Trail* durch Versteinerungen und eigenartig blaugrüne Lehmhügel).

Badlands und Petrified Logs in der tagsüber frei zugänglichen Wilderness Area unweit des Crystal Forest

Die **Aussichtspunkte** im nördlichen Parkareal gewähren einen Weitblick über die *Badlands* der *Painted Desert* mit tageszeitabhängigen Farbnuancen. Speziell früh morgens und ab dem späten Nachmittag wartet dort eine für Auge und Kamera traumhaft bunte, weite Aussicht. Instruktiv ist der **Film** zur Entstehung der Versteinerungen im ***Visitor Center*** am Nordeingang.

Übernachten

Im Nationalpark existiert keine Campingplatz, geschweige denn eine andere Übernachtungsmöglichkeit (sieht man ab vom Zelten mit *Permit* im Hinterland). RVs können bei den bestens mit Souvenirs aus poliertem *Petrified Wood* sortierten Shops/Restaurant vor der Südeinfahrt **kostenlos** über Nacht parken.

Motelübernachter finden in **Holbrook** eine gute Auswahl relativ preiswerter Unterkünfte, darunter das originelle ***Wigwam Motel*** mit »Zeltzimmern« ab $70 (an der #180, *Exit* 285 von der I-40; ✆ (928)-524-3048, www.galerie-kokopelli.com/wigwam).

Zu Fahrten durch die Navajo-/ Hopi Reservate

Die unwirtlichen Prärien zwischen der I-40 und der Straße #160 im Nordosten Arizonas wurden den Indianern als Reservat zugewiesen. Das **Hopi-Reservat** mitten im **Navajo-Land** stellt dabei eine besondere Bosheit dar, denn beide Stämme lieben sich nicht eben. Beeindruckt von Fotos der alten Hopi-Dörfer in pittoresker Position auf schwer zugänglichen Tafelbergen (*First*, *Second* und *Third Mesa*) könnte man vielleicht Umwege dorthin erwägen (Straßen #77/#6, *Exit* 292 von der I-40 östlich von Holbrook oder über die #264 von Window Rock/Gallup nach Tuba City). Die Realität dieser Indianerdörfer ist eher ernüchternd und ähnlich wie im Fall ***Sky City***, ➤ Seite 544; www.hopiculturalcenter.com.

Zum Canyon de Chelly

Mitten im Navajo-Land befindet sich das ***Canyon de Chelly Nat'l Monument*** abseits der üblichen Reiserouten. Für den Besuch benötigt man als Abstecher einen vollen Extratag. Wer jedoch von hier zur **Route 4.2** (*Monument Valley* etc.) hinüberfahren möchte, kann den *Canyon de Chelly* gut ohne Umweg in seine individuelle Route einbauen. Die Anfahrt von Südwesten erfolgt am besten – ab Chambers an der I-40 – auf der Straße #191 über Ganado. Bis **Chinle**, der inoffiziellen Navajohauptstadt nah beim *Canyon de Chelly* sind es 80 mi auf öder Strecke. Die **Anfahrt aus Richtung *Monument Valley*** auf der #59 ist erheblich reizvoller, die beste Strecke die Kombination #64/#12 von bzw. nach Osten.

Hubbell Trading Post

Wer über Ganado anfährt, passiert ca. 1 mi westlich des Ortes die Zufahrt zum ***Hubbell Trading Post National Historic Site.*** Es handelt sich um den ältesten – noch wie anno 1878 betriebenen – Handelsposten auf Indianerland. Klar, dass es dort jede Menge indianische *Handicraft* zu bewundern und kaufen gibt. Nebenbei erläutern *Ranger* die historische Bedeutung des kleinen Komplexes und veranstalten Führungen ($5/Person). *Visitor Center* geöffnet im Sommer 8-18 Uhr, sonst 17 Uhr; www.nps.gov/hutr.

Canyon de Chelly National Monument

Eintritt frei

Der ***Canyon de Chelly*** (Aussprache: »*Tscheji*«) ist die südliche von zwei zusammenhängenden je 40 km langen und bis zu 300 m tiefen Haupteinschnitten in die flache Tafellandschaft. Der Charakter der Schluchten unterscheidet sich wegen ihres ebenen, grünen Grundes erheblich von anderen Canyons der Region.

Das ***Visitor Center*** des Nationalmonuments befindet sich unverfehlbar östlich des Ortskerns von Chinle (4.500 Einwohner). Dort gibt's Karte und die **Info-Zeitung »*Canyon Overlook*«**, außerdem eine gute, informative Ausstellung. Alle vorab gebuchten Touren beginnen am Besucherzentrum (geöffnet täglich 8-17 Uhr; www.nps.gov/cach).

*Eine Indianerlegende erzählt von der sog. »Spider Woman«. Sie bestrafte unartige Kinder am **Spider Rock**. Die weißen Streifen auf der Spitze des Felsens sind die Gebeine der dort oben gekochten und verspeisten »kleinen Häuptlinge«*

Das Minimalprogramm eines Besuchs ist das Abfahren der ***South Rim Road*** zu zahlreichen ***View Points*** über den *Canyon de Chelly* bis zum Ende des asphaltierten Abschnitts der Straße #7. Am *Spider Rock Overlook* geht's vom Parkplatz noch ein bisschen tiefer auf einem schönen **Kurztrail**.

Trails und Touren

Nur zur ***White House Ruin*** (ab *Trailhead* ca. 4 km retour, 180 Höhenmeter) gelangt man ohne Führer. Wer noch mehr Klippenhäuser frühindianischer Besiedelung oder Felszeichnungen sehen möchte, muss einen ortskundigen ***Navajo Guide*** als Begleitperson anheuern. Mit ihm/ihr darf man dann wandern gehen oder per **Jeep** noch tiefer in die Seitenschluchten eindringen. Perfekt zur Landschaft passen auch Ausflüge hoch zu Ross. In der Regel gibt es keine Engpässe. Empfehlenswert ist aber eine Ankunft und Buchung am Vorabend für Vorhaben am nächsten Tag. Liste mit allen Anbietern unter www.nps.gov/cach/canyon-tours.htm.

Canyon del Muerto

Der **Nordcanyon** wird als Todesschlucht bezeichnet, weil die Spanier Anfang des 19. Jahrhunderts dort Frauen und Kinder niedermetzelten, die sich in den Klippen unter der Kante versteckt hatten. Später brachen die *Yankees* den letzten Widerstand der in die Canyons geflohenen Navajos durch Aushungerung. Im Gegensatz zur *South Rim Road* ist die Zufahrt (Straße #64) zu den diversen *Viewpoints* am *Canyon del Muerto* recht zeitraubend. Ggf. verzichten könnte man auf den *Ledge Ruin Overlook*. Alle anderen sind sehenswert und mit kurzen Spaziergängen verbunden. Besonders reizvoll ist der ***Trail*** zum ***Antelope House Overlook***.

Übernachten

In Chinle gibt es nur drei Hotels – *Holiday Inn, Best Western* und die preiswertere *Thunderbird Lodge* mit Zimmern ab $100 zuzüglich 14% Steuern (6% *sales tax* + 8% *Navajo tax*).

Der ***Campground Cottonwood*** des *National Park Service* in der Nähe des *Visitor Center* gehört zwar nicht zu den ganz tollen Anlagen, ist aber schattig und **gratis**. Wasser wie auch eine *Dump Station* sind vorhanden – *first-come, first-served*. Sollte dieser voll sein, findet man Zelt- und Stellplätze ($11-$16) sowie *Hogans* für bis zu 3 Personen im ***Spider Rock Campground*** am Ende der *South Rim Road*; © (928) 781-2016, www.spiderrockcampground.com.

Bewertung/ Weiterfahrt Straße #12

Die Frage, ob sich der ggf. anfallende Umweg zum Besuch des *Canyon de Chelly* lohnt, ist schwer zu beantworten. Mit einer gehörigen Portion Interesse für indianische Kultur und Geschichte wird man begeistert sein, auch unter dem Aspekt schöner Fotomotive (bei sonnigem Wetter). Ganz reizvoll ist – nach der langweiligen #191 – eine Weiterfahrt nach Osten über die #64 und dann vor allem auf der #12 durch eine bewaldete Gebirgslandschaft. Sie führt am ***Wheatfields Lake*** vorbei (einfacher ***Campground*** nah am See) nach **Window Rock**, einer weiteren Siedlung der Navajos. Das namensgebende **Felsloch** mitten im Ort ist einen Zwischenstopp wert; www.explorenavajo.com. Anfang September findet dort der ***Navajo Nation Fair*** statt.

Gallup

Der alte Handelsposten Gallup, bereits in New Mexico, zieht heute seine wirtschaftliche Bedeutung aus der Lage am Rande der riesigen *Navajo* und unweit der kleinen *Zuni Reservation* südlich der Stadt. Sie ist **Versorgungszentrum der Indianer** (dort gibt es im Gegensatz zu den Stammesgebieten Alkohol) und Marktplatz für indianische Produkte. Als Ort hat Gallup keinen Reiz; www.gallupnm.gov. Daran ändert auch der Umstand nichts, dass die parallel zur *Interstate* verlaufende ***I-40 Business*** ein altes Teilstück der legendären ***Route 66*** ist (➤ Seite 527).

Immerhin findet man an ihr zahlreiche **Quartiere zu günstigen Tarifen**, darunter das berühmt-nostalgische ***El Rancho Hotel***, in dem einst die Western-Filmstars abstiegen. Unbedingt sollte auch mal in die Halle 'reingucken, wer nicht dort übernachten will! Zimmer ab $90; Reservierung unter © (505) 863-9311, www.elranchohotelgallup.com.

Ansonsten gibt's in Gallup vor allem eine ganze Reihe teurer *Shops* für ***Indian Handicraft***.

Nur 7 mi auf der #66 oder I-40 nach Osten sind es von Gallup zum ***Red Rock Park*** mit einem komfortablen **Campingplatz** vor roten Steinwänden und einer Felslandschaft, aus welcher der ***Church Rock*** herausragt; $22, © (505) 722-3839. In den Sommermonaten führen dort allabendlich Navajos ihre Stammestänze vor. Ein kleines Indianermuseum und Reitpferde ergänzen das touristische Angebot.

In der 2. Augustwoche versammeln sich die Indianer des Bereichs zum ***Inter-Tribal Indian Ceremonial Pow-Wow***. Zusätzlich zu den bei *Pow Wows* üblichen Tanzaufführungen und Rodeos gibt es einen *Indian Art Village* mit vielen Verkaufsständen; www.theceremonial.com. Weitere Infos und Termine ➤ Seite 49.

Abstecher

Wer sich einen langen Tag Zeit lässt, kann die verbleibende, an sich in 2-3 Std zurückzulegende Strecke nach Albuquerque (ca. 140 mi) abwechslungsreich gestalten. Um **alle drei folgende Abstecher** ab der I-40 »mitzunehmen«, wären ca. 100 Mehrmeilen zu fahren und insgesamt mind. 5-6 zusätzliche Std einzuplanen.

El Morro National Monument

Eintritt frei

Ein schöner **Umweg ab Gallup** führt über das historisch und landschaftlich bemerkenswerte ***El Morro NM*** (Straßen #602/#53, ca. 100 mi bis Grants statt 65 Meilen *Interstate*). Vom ***Morro Rock*** rieselndes Wasser füllt ein natürliches Becken unterhalb steiler Felswände; www.nps.gov/elmo. Bereits die präkolumbischen Indianer benutzten den Teich als **Wasserstelle** und schleppten das Nass hinauf zu ihren Dörfern auf dem Hochplateau (***Mesa Top Trail*** ca. 3 km, Ruinen sind dort noch vorhanden). Später kamen spanische Eroberer, Soldaten und viele Abenteurer, die an der nie versiegenden Quelle ihr Lager aufschlugen und Inschriften im weichen Sandstein hinterließen. Der Rundgang vom Besucherzentrum zu ***Pool*** und ***Inscription Rock*** dauert nicht mehr als ca. 30 min. Vom einfachen, aber schön gelegenen ***Campground*** des Nationalmonuments hat man einen herrlichen Weitblick.

El Malpais National Monument

Eintritt frei

Im weiteren Verlauf passiert die #53 die in Privatbesitz befindlichen ***Ice Caves*** ($12/$6 für Eishöhle und 150-HM-Aufstieg zum Kraterrand des ***Bandera Volcano***; ganzjährig geöffnet meist 9-18 Uhr; www.icecaves.com). Dort befindet sich das westliche Ende des ***Malpais Lava Flow***, Teil des ***El Malpais NM***. An der #53 steht nur ein kleines *Info Center* (geöffnet Sa+So Mitte Juni-Ende Sept), das große Besucherzentrum des Parks befindet sich in Grants an der I-40 unmittelbar südlich des *Exit* 85 (tägl. 8-17 Uhr); www.nps.gov/elma.

Grants

Nördlich dieser I-40-Ab-/Auffahrt ballen sich Unterkünfte und im Zentrum der Stadt wartet noch das interessante ***New Mexico Mining Museum*** mit einer realistisch nachgebauten **Uranmine**; 100 Iron Ave/Ecke Route 66; täglich 9-16 Uhr; www.grants.org.

Ein beliebtes Fotomotiv in Grants ist der Bogen des sog. ***Route 66 Neon Drive-Thru*** unter dem man mit dem Auto durchfahren kann; 600 W Santa Fe Avenue zwischen den *Exits* 81 und 85.

Die **beste Zufahrt** zum schwarzen ***Lava Flow* Areal** ist die Straße #117, an der sich auch eine ***Ranger Station*** befindet. Ca. 12 mi südlich der I-40 liegt der Felskomplex ***Sandstone Bluffs*** mit einer tollen Aussicht über den *Lava Flow*. Einige Meilen weiter südlich ist der ***La Ventana Natural Arch*** zu bewundern, ein großer Felsbogen vor einer höhlenartigen Öffnung im Gestein. Ein kurzer, steiler *Trail* führt unter den Naturbogen. Die ***Permits*** fürs ***Backcountry Camping*** gibt's in den Infostellen.

Acoma Pueblo, die Sky City

Ein weiterer Abstecher könnte dem ***Acoma Pueblo*** gelten, einem **Indianerdorf in Pueblo-Bauweise** (➢ Seite 560), das malerisch auf einem Plateaufelsen südöstlich Grants liegt – daher die Bezeichnung ***Sky City***. Von der I-40 gibt es eine westliche (*Exit* 96, Straße #38) und eine östliche **Zufahrt** (*Exit* 102, Straße #23/Indian Route #22); beide ca. 13 mi; www.acomaskycity.org.

Trotz des schwierigen Zugangs blieb Acoma Pueblo über Jahrhunderte (seit 1150) bis heute bewohnt. Die Spanier errichteten schon ab 1629 eine Mission mit Kirchengebäude dort. Eine Besichtigung ist nur unter (enger) indianischer Führung möglich. Vom ***Visitor Center*** (mit kleinem Museum) unterhalb des Plateaus geht es gruppenweise **per Bus auf die Mesa** ($23 pro Person; zusätzliches **Fotografier-*Permit* $13**). Die Frequenz der Touren ist nachfrageabhängig, täglich 8.30-15.30 Uhr; Infos: ✆ 1-800-747-0181. Lohnenswert sind vor allem die Landschaft der Umgebung und die außergewöhnliche Lage der Siedlung. Das Dorf selbst mit seinen ineinander verschachtelten Adobe-Häusern wirkt aus der Nähe weit weniger pittoresk, als es aus der Distanz den Anschein hat.

Kasino

Haupteinnahmequelle der Acoma-Indianer ist aber das stammeseigene **Spielkasino**, eine Art Riesenlagerhalle vollgepackt mit *Slot Machines* und Spieltischen beim *Exit* 102/I-40. Wer mag, darf dort im RV über Nacht parken, Spieler oder nicht; www.skycity.com.

Nach Albuquerque

Von **Grants nach Albuquerque** sind es auf direkter Route – alternativlos I-40 – noch 80 mi, keine 2 Stunden Fahrt mehr. Das **Kapitel Albuquerque** findet sich ab ➢ Seite 558.

Die Mondlandschaften im Nordwesten New Mexicos

Eine unwirkliche Kulisse aus dunkelroten, schwarzen und ockerfarbenen Lehmhügeln erstreckt sich zwischen dem *Chaco Canyon* und Farmington. Diese ***Badlands*** sind nicht nur Fundort zahlloser Fossilien (zu sehen u.a. in Albuquerque ➢ Seite 559), sondern ein ausgesprochen reizvolles Ziel für alle die etwas Abenteuer abseits des Mainstreams suchen. In den 1990er-Jahren verirrte sich noch kaum ein Tourist in diese Gegend, heutzutage sind es zwar ein paar mehr, aber die Weite und Leere dieser Wüstenlandschaft ist nach wie vor ergreifend. Und für alle, die gerne fotografieren, könnte die Szenerie kaum spannender sein. Farbenfrohe und fantasieanregende Gebilde allerorten! Der Großteil von ihnen verbirgt sich allerdings meist unterhalb von Abbruchkanten im Hinterland und ist von der Hauptverkehrsstraße #371 nicht sichtbar.

Kaum woanders im gesamten US-Westen ist die Dichte an *Hoodoos* und kleinen fragilen Felsskulpturen so groß wie in den ***Bisti Badlands***. Vom Parkplatz geht es im breiten, meist völlig trockenen Flussbett ostwärts, nach einer Weile dienen zwei schwarze Erhebungen am Horizont als Orientierungspunkt. Schon nach ca. 1 km erreicht man die ersten kleineren *Hoodoo*-Ansammlungen am Südrand des *Alamo Wash*. Je weiter man sich vom Auto entfernt, umso wunderlicher wird es, u.a. bei den »Cracked Eggs« (36°16'02"N, 108°13'26"W; ➢ Foto unten). In dieser wege- und schattenlosen Wildnis sollte man lieber nur mit Karte und GPS-Gerät unterwegs sein; Infos und weitere Koordinaten: www.synnatschke.de/bisti/bisti.html. Zufahrt über die #7297 (2 mi, ausgeschildert, aber nicht asphaltiert), die von der #371 rund 70 mi nördlich der I-40/*Exit* 53 nach Osten abzweigt. Ab Farmington bis dorthin sind es ca. 37 mi in Richtung Süden. Alternativ ausgehend vom *Chaco Canyon* über die Querverbindung #7500 ab der #550 (Höhe *Blanco Trading Post*); diese Piste ist allerdings etwas problematischer und bei Nässe nicht befahrbar. Sie führt vorbei am Parkplatz der mit den *Bistis* zusammenhängenden ***De-Na-Zin Wilderness***. Dort sind die Lehmhügel beige, noch einsamer, aber etwas weniger spektakulär.

Lohnenswert ist aber auch der Ausflug in die ***Ah-Shi-Sle-Pah Wilderness***. Dorthin sind es 18,3 mi auf der großteils ungeteerten #57 (Abzweig 4 mi südl. vom *Blanco Post* nach Westen). Die Abbruchkante mit olivgrünen *Badlands* und ockerfarbenen »Steinpilzen« ist von der #57 nach 1 km zu Fuß erreicht, ihr folgt man dann nach Westen für ca. 30 min bis zum Highlight der Region, die *Yellow Hoodoo Gang* (36°09'02''N, 107°55'53''W); Karte: www.synnatschke.de/assp/ah-shi-sle-pah.html. Anschluss an die #371 zu den *Bisti Badlands*: 2,8 mi nach Westen auf der #57, danach #7870/7875 nordwärts für 9,5 mi und die #7650 noch 7,7 mi nach Westen (besser mit SUV, unbefahrbar nach Regenfällen!).

Versteinerte »Biene« in den Bistis

4.4.3 Über Chaco Canyon, Taos und Santa Fe nach Albuquerque

Zur Route

Von vielen ins Auge gefasste **Ziele in New Mexiko** sind **Santa Fe** und das **Taos Pueblo**, rund 80 mi nördlich der Hauptstadt. Zur Fahrt nach Santa Fe über Albuquerque (auf der I-25 nur eine gute Stunde bzw. 60 mi) gäbe es an sich keine vernünftige Alternative, wenn da nicht mitten in der Einsamkeit des nordwestlichen New Mexico der ***Chaco Culture National Historical Park*** läge. Entschließt man sich zum Umweg dorthin, entfallen ggf. die empfohlenen Abstecher. Dafür gibt es faszinierende ***Anasazi* Relikte**, eine schöne ***Backroad*** und am Wege nach Santa Fe/Taos das *Bandelier Monument* sowie Los Alamos, die einst geheime Stadt in der Wildnis. **Ohne den *Chaco Culture*-Abstecher** wäre die umseitig erläuterte Strecke auch von Albuquerque aus zu »machen«: Über die **Straße #550** nach San Ysidro, dann auf der #4 weiter nach Los Alamos oder (nicht mit RV) über einem Ort namens Cuba durch wunderschöne einsame Landschaft, ➤ Seite 546.

Zum Chaco Canyon

Von der I-40 (Abfahrt Thoreau) geht es auf der **Straße #371 oder #605/#509** (im Fall eines Umwegs über Grants) zunächst durch karstige Hügel- und Gebirgslandschaft nach Norden, dann auf der #9 und der #57 weiter zum *Chaco Park*. **Die letzten 20 mi bis zum Park sind ungeteert** und bei Regen und nach Schlechtwetterperioden **ohne 4WD nicht passierbar**. Generell besser nicht mit RV. Die Straße vom/zum Park nach Osten (zur #550) ist z.T. asphaltiert und meist auch bei schlechter Witterung noch zu befahren.

Parkinfo
zum Straßen zustand unter
✆ (505) 786-7014

Blick hinunter auf den zitadellenförmigen Komplex des Pueblo Bonito im Chaco Canyon

Chaco Culture Nat'l Historical Park und weiter nach Los Alamos

Chaco Canyon

Eintritt $25/Auto $15/Person oder Interagency Jahrespass

Der ***Chaco Canyon***, einst kulturelle Hochburg der *Anasazi*, birgt heute die Ruinenstätten mehrerer Dörfer. Das früher bis zu fünfstöckige ***Pueblo Bonito*** umfasste an die 600 Räume, zwei große Plazas und Dutzende von *Kivas*. Unbedingt besuchen, am besten im Rahmen einer geführten *Ranger*-Tour! Ebenfalls schön sind die Ruinen *Chetro Ketl*, die gut erhaltene *Kiva* der *Casa Rinconada* sowie der Blick ins Tal (➢ Foto oben) vom Wanderweg hinauf zum *Pueblo Alto*. Das ***Visitor Center*** des Parks und das angeschlossene Museum informieren über die von 850 bis 1250 nach Chr. blühende und dann abrupt untergegangene *Anasazi*-Kultur; geöffnet täglich 8-17 Uhr, Nov-April bis 16 Uhr; www.nps.gov/chcu.

Der populäre, aber weitgehend schattenlose **Campingplatz** kann März-Okt reserviert werden; $15; www.recreation.gov. Sobald die Sonne über den Rand des Tales steigt, wird es dort im Sommer aber unerträglich heiß. Wer keinen Platz mehr findet, kommt bei der *Ruby (Working Cattle) Ranch* 16 mi südlich des Parks an der #57 unter ($5/Person ohne Wasser und Komfort). Andere **Unterkünfte** gibt es im oder in der Nähe des *Chaco Canyon* keine.

Weiterfahrt

Statt nach dem Besuch des *Chaco Canyon* die Fahrt auf der #550 in südöstliche Richtung fortzusetzen, könnte über Aztec auch der Anschluss zur **Route 4.2** hergestellt werden (nach Durango bzw. zum *Mesa Verde Park*, ➢ Seite 497f).

Durch den Santa Fe National Forest auf der Straße #126 ab Cuba

Eine oben schon erwähnte besondere Route führt nach Erreichen der Straße #550 (21 mi bis dorthin) zunächst nach Süden, verlässt sie aber nach ca. 48 mi in **Cuba** und folgt der **Straße #126** durch den *Santa Fe National Forest*. Aus der Wüstenumgebung geht es rasch auf über 2.000 m Höhe. In der Waldregion warten **Camp- und Picknickplätze** an glasklaren Bächen und Seen (*Clear Creek* und *Rio de las Vacas*). Etwa die Hälfte der ca. 40 mi ist nicht asphaltiert und streckenweise im Zustand eines besseren Waldweges. Er ist für Wohnmobile daher nicht geeignet.

Straße #4/ Sandoval County

Die Straße #4 bildet für alle, die sich die abkürzende, aber raue #126 in Richtung *Bandelier NM* nicht antun wollen oder können, eine eindrucksvolle (und ebenfalls zeitraubende) Alternativroute. Sie beginnt in San Ysidro, ca. 43 mi südlich von Cuba an der #550, und läuft über Jemez Springs zunächst nördlich, bevor sie sich nach Vereinigung mit der #126 (nach 16 mi) nach Osten wendet.

Im ***Walatowa Visitor Center*** in Jemez Pueblo gibt es Detailinformationen zur Region *Sandoval County* zwischen Rio Grande und der Straße #550; www.sandovalcounty.org. Erst ab dort beginnt mit (wieder einmal) ***Red Rocks*** die landschaftliche Attraktivität der Strecke am *Jemez River* entlang. Nach 10 mi passiert man die schlichten Ruinen der ***Jemez Historic Site*** und kurz darauf die kleine **Künstlerkolonie Jemez Springs** mit ein paar originellen Kneipen. Auf der nun ansteigenden Straße geht es vorbei am natürlich entstandenen ***Soda Dam***, der dort den Jemez River staut, und am imposanten ***Battleship Rock***.

Jemez River Falls

Bald nach der Straßenkehre in Richtung Südosten passiert man die Zufahrt (2/3 mi) zu den ***Jemez River Falls***. Vom Parkplatz führen zwei *Trails* (je ca. 800 m) zu den Fällen (mit Badestelle). Ein ***NF Campground*** liegt an der Zufahrt ($10). Ca. 2 mi nördlicher passiert man an der #4 den ***Campground Redondo***.

Valles Caldera Nat'l Preserve

Nach langem Abstieg führt die Straße durch eine weite grüne Hochfläche, den Boden eines vor über einer Mio. Jahren ausgebrochenen Vulkans. Mittendrin steht das von einer Präriehundsiedlung umgebene kleine *Visitor Center* der ***Valles Caldera Nat'l Preserve***; Eintritt $20/Auto oder *Interagency*-Jahrespass.

Bandelier Nat'l Monument und Los Alamos

Eintritt $25/Auto $15/Person oder Interagency Jahrespass

Lässt man Los Alamos zunächst links liegen, erreicht man bald die Einfahrt ins ***Bandelier National Monument*** mit der sehenswertesten Hinterlassenschaft vorkolumbischer Kulturen in der Region.

Die Straße führt von der Hochebene tief hinunter in das Tal des Rio de los Frijoles (Bohnenfluss). Dorthin geht es in der Hauptsaison von Mitte Mai bis Mitte Oktober 9-15 Uhr aber nur per **Shuttlebus** ab dem relativ neuen ***Visitor Center* in White Rock** (ca. 8 mi; www.nps.gov/band).

Hinter dem Besucherzentrum (kleines Museum; im Sommer bis 18 Uhr, sonst kürzer) beginnt der ***Frijoles Ruins Trail*** vorbei an Höhlenwohnungen, die mit Anlehnhäusern kombiniert wurden. Stufenpfade und hölzerne Leitern erlauben das Durchklettern der gut erhaltenen Quartiere in und an den Felswänden aus porösem Tuffstein. Ein Spaß auch für Kinder! Zwei Stunden sollte man schon mindestens einplanen – am besten nachmittags, wenn die Felswand in der Sonne liegt.

Oberhalb des Canyons liegt der schön angelegte ***Juniper Campground*** ($12, *first-come, first-served*, selten voll). Dort startet der ***Frey Trail*** hinunter zu den ***Cave Dwellings*** (2,5 km). Ein sporadischer Busservice sorgt für den Rücktransport.

Sogenanntes Anlehnhaus am Frijoles Ruins Trail im Bandelier National Monument

Los Alamos

Die künstliche Stadt Los Alamos, im 2. Weltkrieg eigens in der (damaligen) Abgeschiedenheit des *Pajarito Plateau* für das Forscher- und Militärteam zur **Entwicklung der Atombombe** geschaffen, liegt vom *Bandelier Monument* aus gesehen sozusagen um die Ecke (10 mi). Nach Abschluss des ***Manhattan Project*** blieb der ***Brain Trust*** erhalten, um weiter an wichtigen Projekten wie H-Bomben, Neutronenwaffen, *Cruise Missiles* und *Stealth* Bombern zu arbeiten. Die heutigen ***National Laboratories*** befassen sich auch mit zivilen *HighTech*-Projekten in Bereichen wie »Regenerative Energien«, »Medizin« etc.

Anfahrt / Info

Ab der #4 sind es auf der Straße #501 ca. 6 mi bis ins Zentrum von Los Alamos. Das Besucherzentrum der Stadt befindet sich am 109 Central Park Square; ✆ 1-800-444-0707, www.visitlosalamos.org.

Zwei Museen (beide Central Ave) sind touristische Hauptziele:

Historical Museum

In den engen Räumen des ***Historical Museum*** hinter dem *Fuller Lodge Art Center* finden sich vor allem Dokumente zur unglaublichen Geschichte vom Zustandekommen und Ablauf des ***Manhattan Project***, u.a. der originale Brief von Albert Einstein an Präsident Franklin D. Roosevelt, der den Anstoß zur Entwicklung der Atombombe gab. Geöffnet im Sommer Mo-Fr 9-17 Uhr; Sa+So 10-16; Eintritt $5; www.losalamoshistory.org.

Science Museum

Das ***Bradbury Science Museum*** überschneidet sich thematisch etwas mit dem historischen Museum, demonstriert aber zusätzlich jede Menge Technik, an deren Entwicklung die *National Laboratories* mitwirkten; www.lanl.gov/museum. Ein laufend gezeigter Film untermauert das Argument der Unausweichlichkeit und Berechtigung zu Produktion und Einsatz der Bomben (»*Little Boy*« und »*Fat Man*«) auf Hiroshima und Nagasaki. Di-Sa 10-17 Uhr, So-Mo ab 13 Uhr, freier Eintritt.

Neben einem ***Motel 6*** gibt es in Los Alamos nur ein paar Häuser der Mittelklasseketten (vor allem am Trinity Drive, ab $120).

Puye Cliff Dwellings

An der #30 in Richtung Taos liegt das ***Puye Cliff Welcome Center*** (*Valero*-Tankstelle). Die Höhlenwohnungen erinnern sehr an jene im *Bandelier NM* und können auf geführten 1-2-stündige Touren besichtigt werden (April-September 8-18 Uhr, sonst bis 16 Uhr). Die Tickets ($20-$35) dafür erhält man auch vor Ort im *Gift Shop* an der #5; www.puyecliffs.com.

Abstecher in das Rio Grande del Norte NM

Weiter geht es auf der #68 am Rio Grande entlang nach Taos. Ca. 17 mi vor Taos verlässt die Straße bei Pilar das Flusstal. Ab dort begleitet die #570 den Fluss durch das enger werdende pittoreske *Rio Grande Valley*, das in diesem Bereich 2013 zum ***Rio Grande del Norte Nat'l Monument*** erklärt wurde. Unmittelbar an der #68 befindet sich dessen ***Visitor Center*** (im Sommer 8.30-16.30, sonst 10-14 Uhr). Dort erhält man eine Karte des 5-mi-Verlaufs der #570 durch das *NM* mit Kennzeichnung der am Flussufer gelegenen **Campingplätze** der dazugehörenden ***Orilla Verde Recreation Area***. Teilweise mit Duschen, *Rio Bravo* und *Pilar* bieten sogar *hook-ups*.

Das ganz und gar aus Lehmziegeln (»Adobe«) errichtete Taos Pueblo zählt heute immer noch 150 Dauerbewohner

Taos mit Taos Pueblo und weitere Dörfer

Taos

Der Künstlerort Taos im totalen **Pueblo Adobe-Look** ist auf den ersten Blick sehr attraktiv. Speziell die hübsche ***Plaza***, **Bent Street** und **Kit Carson Road** wirken lebhaft und bunt. Über **50 Galerien** findet man allein im Umfeld des Zentrums, dazu viele *Shops*, speziell Mode- und Schmuckboutiquen, Kneipen, Cafés und Restaurants. Bei genauerem Hinsehen wird man rasch feststellen, dass sich auch Spreu unter den Weizen der Kunstschaffenden gemischt hat. Neben umwerfend guten (und teuren) Objekten ist das Mittelmaß nicht zu übersehen. Aber die Touristen merken es vielleicht nicht. Für **indianisches Kunsthandwerk** werden in Taos **Preise** verlangt, die weit über dem liegen, was man anderswo zahlt.

Im Sommer ist *Whitewater Rafting* am Rio Grande angesagt, im Winter suchen Skifahrer die Herausforderung auf den Pisten im *Taos Ski Valley*, einem der anspruchsvollsten Skigebiete der USA. Sofern man keiner dieser beiden Aktivitäten nachgeht, genügt ein kurzer Besuch, vielleicht verbunden mit einem Kaffee oder Snack – am besten draußen – z.B. auf der Terrasse des ***Bent Street Cafe*** in der 120 Bent Street.

Unterkünfte

Quartiere gibt es in Taos in großer Auswahl. *Super 8* oder *Days Inn* verlangen $80, in den attraktiveren Häuser im Pueblo-Look beginnen die Tarife bei $150/Nacht. Taos hat auch eine ganze Reihe guter B&B-Angebote. Wie originell und architektonisch beachtlich Quartiere in dieser Kleinstadt sein können, kann man sich im Web gut unter »*Stay*« bei www.taos.org oder unter »*Lodging*« bei www.beyondtaos.com/stay/taos ansehen.

Am preiswertesten ist das ***Snowmansion Hostel*** direkt an der #150 in Arroyo Seco (9 mi nördlich von Taos). Betten im Schlafsaal kosten dort $39, Familienräume ab $90. Es darf dort auch gezeltet werden; © (575) 776-8298, www.snowmansion.com.

Taos Pueblo

Das Taos Pueblo, nur 2 mi nördlich von Taos, hat seit seiner Aufnahme 1992 durch die *UNESCO* in die Liste des **Weltkulturerbes** eine erhebliche Aufwertung erfahren. Die mehrstöckigen, festungsartigen Gebäude mit stufenförmig übereinander konstruierten Wohntrakten (aus den Jahren zwischen 1.000 und 1.450) wirken dank intensiver Restaurierung vor der Kulisse der *Sangre de* Cristo Mountains pittoresker denn je. Vor allem leben dort heute mehr Indianer permanent als noch vor einigen Jahren. In die Wohnungen indessen dürfen Touristen nicht hinein.

Für die reine Dorfbesichtigung benötigt man max. 30 min, mehr nur bei langem Verweilen in den dezent untergebrachten Läden (*Indian Jewelry*, *Pottery* und *Bakery*). Die Gebäude außerhalb von sog. *Restricted Areas* dürfen fotografiert werden, Festivitäten oder *Tribal Members* hingegen nur mit Genehmigung ($). Eintritt: $16/Person, Kinder unter 10 Jahren frei; im Sommer Mo-Sa 8-16.30 Uhr, So ab 8.30 Uhr; www.taospueblo.com.

Verbindung zur Route 4.3

Wie unter 4.3 angemerkt, wäre **Taos** ein weiterer **möglicher Anknüpfpunkt zur Route 4.2 bzw. 4.3**. Rund 60 mi sind es bis Antonito in Colorado, der Endstation der *Cumbres-Toltec* Eisenbahn, 20 mi zum *Great Sand Dunes Nat'l Park*, ➤ Seite 522.

Zur Pueblo-Kultur

Blättert man in der **USA-Reiseliteratur**, so scheint die Pueblo-Kultur sakrosankt gegen jedwede objektivierende Beurteilung zu sein. Tatsächlich weisen alle **Pueblo-Gruppierungen** individuelle Besonderheiten auf, beeindrucken an Festtagen durch eigene Tanzrituale und Trachten und bringen immer wieder Künstler hervor, die handwerkliche Spezialitäten in bewundernswerter Form kultivieren (Schmuck, Lederartikel, Tongeschirr und anderes mehr).

Sehenswert sind die *Pueblos* (Dörfer) heutzutage dennoch nur bedingt. Die meisten von ihnen besitzen zwar einige konservierte oder restaurierte Adobebauten der überlieferten Art und alte Kirchen, bestehen jedoch überwiegend aus weniger attraktiven Anwesen mit Wellblechdach. Seien es nun ***San Ildefonso, Santa Clara, San Juan,*** das gelobte ***Picuris Pueblo*** (San Lorenzo) oder andere, man muss viel spezifisches Interesse mitbringen, um den Besuch als gewinnbringend zu empfinden. Die einzige echte (leider ziemlich kostspielige) **Ausnahme** bildet das **Taos Pueblo**. Besuchenswert sind außerdem das *Santuario de Chimayo* (➤ Foto rechts) sowie die Kirche in *Rancho de Taos*.

Die auch von innen sehenswerte, alte Adobekirche Santuario de Chimayo im gleichnamigen Dorf an der »High Road to Taos«

Nach Santa Fe

Für eine Fahrt von Taos nach Santa Fe (rund 70 mi auf der #68) muss in Anbetracht oft starken Verkehrs mit bis zu zwei Stunden Fahrzeit gerechnet werden. Nicht nur zur Vermeidung doppelter Fahrkilometer auf identischer Strecke könnte man für die (Rück) Fahrt nach Santa Fe ab Ranchos de Taos die Straßenkombination #518/#75/#76 (+ggf. #503)/#285/#84, die ***High Road to Taos***, einen *National Scenic Byway* wählen. Die attraktive, aber kurvenreiche und zeitraubende Strecke (3-4 Std) durch die *Foothills* der Sangre de Cristo Mountains berührt u.a. die ***Pueblos Picuris*** und ***Nambe*** sowie eine Reihe hübscher Adobekirchen; www.taos.org/plan-your-trip/high-road-taos-santa-fe.

Südlich Chimayo liegen zwei *BLM Campgrounds* am reizvoll eingebetteten ***Santa Cruz Lake*** (Zufahrt über die #503; Baden leider nicht gestattet) sowie Plätze mit *hook-ups* ($40 in bar) bei den ***Nambe Falls*** (Stichstraße ab #503, 3 mi östlich vor der Einmündung in die #285; $15/Auto; www.nambepueblo.org/nambe-falls-lake).

Santa Fe

Lage

Santa Fe, eine der – hinsichtlich der weißen Besiedelung – ältesten Städte der USA, liegt auf **2.000 m Höhe** und dehnt sich immer weiter in die Ausläufer des östlichen Hochgebirges aus, erstreckt sich aber vor allem im Tal des Santa Fe River, einem Nebenfluss des Rio Grande, und der sich anschließenden südlichen Ebene.

Stadtbild

Die ausgesprochen attraktive Kapitale New Mexicos mit rund 80.000 Einwohnern weist ein ganz **anderes Stadtbild** auf als sonst in den USA gewohnt. Der ein- bis dreistöckige, von der Pueblokultur inspirierte **Adobe-Baustil** überwiegt nicht nur im Zentrum der Altstadt, sondern dominiert fast die gesamte Architektur von der Familienvilla in allen Vororten über die öffentlichen Gebäude und Hotels bis zu den *Shopping Malls*. Die spanisch-mexikanische Epoche, obwohl nach fast 250-jähriger Dauer seit 1846 beendet, hat Santa Fe bis auf den heutigen Tag stärker geprägt, so scheint es, als der *American Way of Life* danach; http://santafe.org.

Kunstszene/ Canyon Road

Ganz sicher ihren Teil dazu beigetragen haben die vielen **Künstler**, die sich – angezogen vom ganzjährig sonnigen, angenehmen Höhenklima dieser Stadt – seit den 1920er-Jahren dort niederließen und Santa Fe zu einem der größten Kunst- und Designzentren der USA machten. Was man in den **Galerien** rund um die **Plaza**, in der **Canyon Road** und anderswo sieht, gibt es qualitativ und quantitativ in den USA kaum ein zweites Mal. Nicht von Pappe sind indessen die Preise für all die schönen Dinge aus Künstlerhand.

Information

Eine große **New Mexico+Santa Fe Besucherinformation** befindet sich am 491 Old Santa Fe Trail südlich des Zentrums und an der Südseite der **Santa Fe Plaza** eine weiteres *Visitor Center* (66 East San Francisco St; täglich 10-18 Uhr; www.santafe.org).

Gratis Shuttle

Da die engen Straßen im Zentrum immer vollgeparkt sind, stellt man sein Fahrzeug am besten auf einem der (gebührenpflichtigen) Parkplätze ab, z.B. in der *Railyard Garage* (503 Camino de la Familia) oder beim plazanahen *Convention Center* (119 S Federal Place). Beide werden von kleinen **kostenlosen *Pick-up*-Bussen** bedient, die im 10-min-Takt durch Downtown verkehren und über die *Transit Station* beim Besucherzentrum eine Verbindung zum ebenfalls kostenlosen ***Canyon Road/Museum Hill Shuttle*** schaffen; www.santafenm.gov/santa_fe_pickup_shuttle.

Plaza

Erster Anlaufpunkt in Santa Fe sollte die zentrale **Plaza** sein, um die sich die Mehrheit der Sehenswürdigkeiten gruppiert. Dank der Ausschilderung findet man leicht dorthin. In dem Bereich drängen sich Souvenir- und Modeboutiquen. Wunderschöne Textilien, Schmuck-, Leder- und Töpferwaren und andere kunsthandwerkliche Artikel reizen zum Kauf, sofern man nicht auf den Dollar schaut. Eine **Santa Fe-Besonderheit** sind vor allem die staatlich kontrollierten und konzessionierten **Verkaufsstände der Indianer unter den Arkaden des *Palace of the Governors*** an der Nordseite der Plaza. Dort kann man einigermaßen sicher sein, dass der angebotene Schmuck und auch alle anderen Produkte indianische Handarbeit sind und die Qualität bestimmten Vorgaben entspricht.

Nicht nur die Canyon Road mit ihren Galerien ist einen Bummel wert, auch entlang »normaler« Straßen in Santa Fe fasziniert die Adobe-Architektur immer wieder

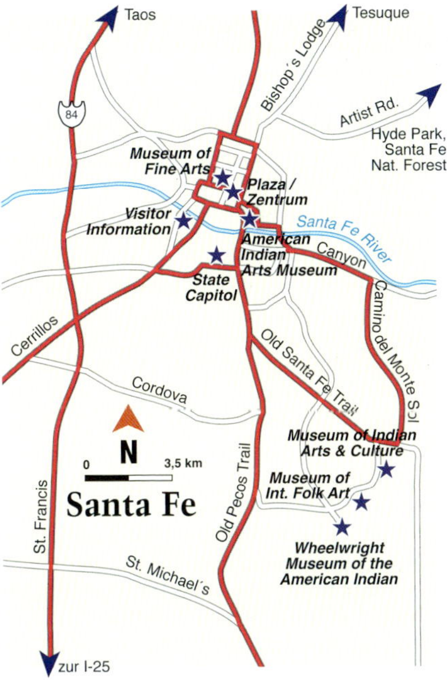

Ohne Shopping, Café- und Museumsbesuche lässt sich das zentrale Santa Fe in einer 1/2 Std »erlaufen«. Achten sollte man dabei auf:

- die ***St.Francis Cathedral***, das Innenleben des ***La Fonda Hotel***, das ***New Mexico History Museum*** und das ***New Mexico Museum of Arts*** (alle an oder nahe der Plaza)
- das ***Oldest House in the USA*** und die ***San Miguel Chapel*** (beide an der Ecke Old Santa Fe Trail/Vargas Street)
- und – mit mehr Zeit – die **Kunstgalerien** an der **Canyon Road**.

Das historische Museum beim ***Palace of the Governors*** ist ganz aufschlussreich, aber nicht herausragend. Das Kunstmuseum beeindruckt eher durch seine Architektur als durch die permanente Kollektion (***New Mexico Art***); die Qualität temporärer Ausstellungen wechselt naturgemäß. Manche größere Galerie im Umfeld kann da mithalten.

Museum Hill

Den Komplex ***Museum Hill*** (www.museumhill.org) im Südosten der Stadt erreicht man am leichtesten (ausgeschildert) über den ***Old Santa Fe Trail*** oder über die erwähnte **Canyon Road**, an der in üppiger Vegetation zahlreiche tolle **Kunstgalerien**, **Shops** und **Restaurants** zum Besuch einladen.

Apache Mt Spirit Dancer

Das auffälligste der Museen am »Hügel« ist das für ***Indian Arts & Culture***. Der gelungene Bau lenkt ein wenig von der Qualität der Ausstellung ab, die den Pueblokulturen gewidmet ist, aber höheren Ansprüchen nur bedingt gerecht wird; Eintritt $12; www.miaclab.org. Von der **Caféterrasse** genießt man dafür einen weiten Blick.

Im ***Museum of International Folk Art*** gleich gegenüber hat die Thematik nicht unmittelbar mit der Region zu tun, aber die Ausstellung steht auf hohem Niveau. Sehenswert ist u.a. die ***Girard Collection of Folk Art*** mit Szenen aus dem täglichen Leben in vielen (Entwicklungs-)Ländern. Auch für **Kinder** (frei) interessant; ab 17 Jahre $7; geöffnet im Sommer 10-17 Uhr; www.internationalfolkart.org.

Das ***Wheelwright Museum of the American Indian*** birgt eine kleine Ausstellung indianischer Korbmacher-, Töpfer- und Webkunst im (Erd-) Obergeschoss des Gebäudes, das einem indianischen *Hogan* nachempfunden wurde. Im Tiefgeschoss befindet sich ein

4

Trading Post mit museumsartigen Elementen, und Qualitätsprodukten und Literatur zum Thema »Indianer«; täglich 10-17 Uhr; Eintritt $8; www.wheelwright.org.

Das ***Museum of Spanish Colonial Art***, ebenfalls am *Hill*, gehört nicht zu den prioritären Anlaufpunkten eines Santa Fe-Besuchs.

Gastronomie

In Santa Fe warten an jeder Ecke *Eateries*. Wer an der verkehrsberuhigten **Plaza** oder an der **Canyon Road** nicht fündig wird oder dem geballten Tourismus aus dem Weg gehen möchte, begibt sich in den neu entstandenen ***Railyard*-Bereich** rund um ein altes Eisenbahn-Depot an der South Guadalupe Street nördlich der Ringstraße Paseo de Peralta. Außer der zentralen ***Second Street Brewery*** finden Fans scharfen Essens *Red* und *Green Chili*-Gerichte im ***Tomasita's***, 500 South Guadalupe Street; http://tomasitas.com. Und nur wenig weiter die Guadalupe hinauf ist eine ganze Reihe kleiner lokal beliebter Restaurants ohne Touris nicht zu verfehlen.

Ein **Tipp** weit weg von allem (= 3 mi südlich vom Zentrum) ist das ***Jambo Cafe*** an der 2010 Cerrillos Road, mit *African Carribean Fusion Cooking*; http://jambocafe.net.

Interessant zum Flanieren ist auch der ***Farmers Market*** am 1607 Paseo de Peralta; immer Sa 8-13 Uhr, Mai-Nov auch dienstags.

Unterkunft

Als Touristenhochburg verfügt Santa Fe über zahlreiche H/Motels. Die Übernachtungskosten liegen besonders im Innenbereich weit über dem sonst üblichen Niveau in New Mexico.

Auffällig ist die große Zahl besserer Hotels mit attraktiver Architektur außen wie innen (z.B. das ***Inn at Loretto***). Dafür muss man aber meist entsprechend tief ins Portemonnaie greifen. Ebenfalls zentral liegt das schon etwas ältere ***Garrett's Desert Inn*** mit einem passablen Preis-Leistungs-Verhältnis; ab ca. $115; 311 Old Santa Fe Trail; http://garrettsdesertinn.com.

Abseits des Zentrums findet man an der **Cerillos Road** (Straße #85 in Richtung Süden) Motels aller Preisklassen. Von dort verkehrt ein Bus alle 15 min zur Plaza (Tagesticket $2/Person, Kinder gratis).

Auch das ***International Hostel*** im Adobe-Look steht an der Cerrillos Road (#1412); Betten im Schlafraum $20, EZ $25, DZ $35, mit Bad $45; ✆ (505) 988-1153; www.hostelsantafe.org.

Camping

- **Wohnmobile** durften bislang auf dem – zwar unschönen, aber Plaza nahen – **Großparkplatz** an der Ecke Paseo de Peralta/East Alameda Street über Nacht stehen.
- Schattenplätze bietet ***Los Sueños de Santa Fe***; 3574 Cerrillos Rd, Zelte $36, RVs ab $44; ✆ (505) 473-1949; www.lossuenosrv.com.
- Ca. 10 mi südlich liegt der ***KOA Santa Fe Campground***, 934 Old Las Vegas Hwy (*Exit* 290 von der I-25); Zelt ab $29, *hook-up* ab $44; ✆ 1-800-562-1514; http://koa.com/campgrounds/santa-fe.

Über die kurvenreiche #475 gelangt man zu den Campingplätzen im *Santa Fe National Forest*. Im rustikalen ***Black Canyon Campground***, rund 8 mi nordöstlich von Downtown, lassen sich die Plätze reservieren (Zelte/RVs $10; kein Wasser), ebenso im angrenzenden ***Hyde SP*** (mit Wasser/Toiletten). Im Sommer ist es in der Höhe nachts kühl, im Frühjahr und im Herbst indessen lausekalt.

Kreisrunde Kiva und Ruine im Pecos Nat'l Historic Park

Abstecher Pecos NHP

Ein gern empfohlener Abstecher bezieht sich auf den ***Pecos National Historical Park***, rund 30 mi östlich von Santa Fe (**attraktive Strecke** überwiegend auf der I-25). Die Geschichte der ehemaligen Missionsstation *Pecos* ist zwar ganz interessant, es existieren aber nur noch die Ruinen einer Kirche und Reste umliegender Gebäude einschließlich einer rekonstruierten *Kiva*, einem unterirdischen Zeremonien- und Versammlungsraum der Pueblo-Indianer. Lohnenswert bei starkem Interesse an der indianischer Kultur und Fotografen könnte die *Kiva* im Abendlicht gefallen (➢ Foto oben); www.nps.gov/peco; kein Eintritt.

Tent Rocks im Kasha Katuwe NM – aber wieso Zelte? Eher eine Ansammlung versteinerter Raketensprengköpfe (Los Alamos ist ja nicht weit ...)

Von Santa Fe nach Albuquerque

Von Santa Fe nach Albuquerque sind es von Zentrum zu Zentrum nur ca. 63 mi, also eine gute Stunde Fahrt, wenn die I-25 frei ist.

Tent Rocks National Monument

Eintritt $5/Auto oder Jahrespass

Ein reizvoller Abstecher könnte dem ***Kasha-Katuwe Tent Rocks Nat'l Monument*** gelten, einem kleinen Areal mit eigenwilligen graubeigen »Felskegeln« vulkanischen Ursprungs; ab den *Exits* 264/259 über die #16/#22 bzw. nur #22 (ca. 12 mi bis zum Cochiti Lake-Damm, dort links 1,5 mi bis Cochiti Pueblo, dann 5 mi auf *Indian Route* #92). Der ***Cave Loop Trail*** führt vom Parkplatz durch tolle Formationen bis zu den ersten *Tent Rocks*; ca. 2 km, 30-40 min, am besten im Uhrzeigersinn wegen besserer Blickrichtung. Der ***Canyon Trail*** entspricht auf den ersten 800 m dem *Cave Loop Trail* (in Uhrzeigerrichtung) und führt weiter oben durch einen hellen ***Slot Canyon*** und nach ca. 2,5 km auf eine Anhöhe mit Blick auf das »Steinzelt«-Amphitheater; Zufahrt nur 8-16 Uhr, denn das *NM* schließt pünktlich um 17 Uhr; zur Hochsaison möglichst früh besuchen, da sich der Parkplatz rasch füllt, www.blm.gov/visit/kktr.

Achtung: Selbst wenn das Navi etwas anderes anzeigt, die Verbindungsstrecke zur Straße #4 ist gesperrt!

Coronado Historic Site

Nur 2 mi von der I-25 entfernt befindet sich am Westufer des Rio Grande bei Bernalillo (*Exit* 242 von der Autobahn auf die #550) der ***Coronado State Historic Site***. Nur einige Grundmauern und ***Kivas*** sind noch von einem Pueblo geblieben, das der Abenteurer *Coronado* auf der Suche nach den »sieben goldenen Städten Cibolas« 1540 als Standquartier genutzt haben soll. Ein kleines Museum informiert, Mi-Mo 8.30-17 Uhr; $5; www.nmmonuments.org.

An der Zufahrt liegt unweit der #550 und des Rio Grande der ***Coronado Campground***. Er eignet sich gut als **Basis für einen Albuquerque-Besuch**. Hübscher und ruhiger als auf dem Areal mit *hook-up* ($20-$30) campt man weiter hinten auf dem Gelände in Flussnähe ohne Anschlüsse ($14); © (505) 980-8256; www.townofbernalillo.org/departments/coronado_campground/index.php.

Von Santa Fe nach Albuquerque über den Turquoise Trail

Eine abwechslungsreiche, aber zeitraubende Alternative zur *Interstate* ist der ***Turquoise Trail*** (Straße #14 ab *Exit* 278A von der I-25). Dieser 54 mi lange *National Scenic Byway* führt durch alte Bergbausiedlungen und stößt östlich von Albuquerque bei Tijeras auf die I-40; Karte und Broschüre unter www.turquoisetrail.org.

Cerrillos

Ein erster Abstecher 15 mi südlich der I-25 führt nach **Cerrillos**, einem staubigen Nest mit Schotterstraßen und kuriosen Trödelläden, wo sich vom rostigen Hufeisen bis hin zur Klapperschlangenrassel alles erwerben lässt. Nur allzu treffend erscheint das Schild an einer Tür: »*Customers wanted – please apply within*«.

Madrid

Ganz anders **Madrid**, fast 20 Jahre lang eine echte *Ghost Town*, heute aber ein herausgeputzer, quirliger ***New-Age*-Künstlerort** mit einem guten Dutzend Galerien, ein paar B&Bs und einer recht urigen Kneipe, die ***Mine Shaft Tavern***.

Sandia Mountains

Knapp 23 mi weiter südlich zweigt die Sandia Crest Road (#536) von der #14 ab, wo man zunächst das ***Tinkertown Museum*** passiert mit den recht kuriosen »Basteleien« (*tinker*) aus Holz, die ein gewisser Ross Ward in 40 Jahren schuf (April-Oktober täglich 9-18 Uhr; $4/$1,50; ca. 1 mi entfernt von der #14). Einen Eindruck davon gibt's auch online unter www.tinkertown.com.

Zum Aussichtspunkt am ***Sandia Crest*** auf über 3.200 m Höhe sind es vom Museum noch 13 kurvenreiche Meilen. Vom Straßenende am Gebirgskamm der Sandia Mountains eröffnet sich ein **fantastischer Panoramablick auf Albuquerque** und das Tal des Rio Grande (besonders schön zum Sonnenuntergang!). Ein dichtes Netz an Mountainbike- und Wanderwegen durchzieht die Berggipfelregion. Ein Teilabschnitt des ***Sandia Crest Trail*** führt vom Parkplatz am Rand der Höhe entlang zur 3 km entfernten Bergstation der ***Sandia Peak Aerial Tramway***.

Nur wenig weiter südlich an der #14 steht das ***Cedar Crest Hostel***; 3,5 mi nördlich von der I-40, Auf-/Abfahrt 175; © (505) 281-4117.

Sandia Peak Seilbahn

Zur Talstation der ***Sandia Peak Aerial Tramway*** gelangt man alternativ über die I-40 und den Tramway Blvd (#556; *Exit* 167; im Osten von Albuquerque bzw. 5 mi westlich von Tijeras) oder ab der I-25/*Exit* 234 über die Tramway Road in Richtung Osten. Die Gondeln verkehren von Ende Mai bis Ende September täglich 9-21 Uhr, sonst bis 20 Uhr; $25/$15-$20; www.sandiapeak.com.

Sandia Canyon Road

Biegt man auf der Rückfahrt vom *Sandia Crest* nach rund 6 mi beim *La Madera Canyon Overlook* von der #536 nach links auf die **Straße #165 in Richtung Placitas** ab, so ist nach 16 mi auf diesem Weg die I-25 und zugleich die *Coronado Historic Site* erreicht (westlich der I-25; ➤ umseitig). Diese abschnittsweise steile und schlechte Route durch den ***Sandia Canyon*** (10 mi *Gravel*) ist bei Trockenheit mit normalen Autos meist kein Problem und – 'runter wie 'rauf – eine schöne **Alternative für Abenteuerlustige**. Für RVs größer als *Van Camper* ist die Strecke nicht geeignet!

4.4.4 Albuquerque

Mit Albuquerque erreicht man New Mexicos einzige echte Großstadt (rund 560.000 Einwohner). Nach einem Vizekönig Mexiko einst edel benannt, heißt sie heute »*Elbukörki*«. Nicht zuletzt dank der *Air Force*, die im Südosten der Stadt über eine große Basis verfügt, Uranfunden in der Nähe und eines Kernforschungszentrums ist die Stadt nach dem 2. Weltkrieg rasch gewachsen und hat sich im Tal des Rio Grande enorm ausgedehnt. Das Gros des Stadtgebietes befindet sich zwischen dem Fluss und den Sandia Mountains, einem Gebirgszug der südlichen *Rockies* mit Gipfeln von über 3.000 m Höhe. Mitten im heißen Wüstenklima bieten die Berge im Sommer mit moderaten Temperaturen und einer Vegetation, die man sonst in gemäßigten Breiten findet, Erholung von Hitze und Dürre und Dezember bis März beim Wintersport.

Information

Das **Informationsbüro** im Plaza-Bereich versorgt Besucher mit allerlei Karten und Material. Nützlich sind dort in erster Linie das Mazagin ***»Albuquerque«*** und der alljährlich neu aufgelegte ***New Mexico Adventure Guide*** mit Übersichten zu allen touristischen Attraktionen, einem aktuellen Veranstaltungskalender sowie einer Kurzbeschreibung der in New Mexico beheimateten Indianerstämme und ihrer Pueblos (beide auch online einsehbar unter www.visitalbuquerque.org bzw. www.newmexico.org).

Unterkunft

Die Tarife der H/Motels sind den Sommer über meist sehr moderat, während der *Balloon Fiesta* in der 1. Oktoberwoche steigen sie jedoch merklich (dann ist meist alles ausgebucht!).

Die Häuser der Mittelklasse-Ketten ballen sich im Umfeld der Ausfahrten 165, 166 und 167 der I-40 sowie 233 und 232 der I-25. Günstigere Motels findet man vor allem entlang der **Central Ave**, die von Ost nach West quer durch die Stadt verläuft. Ein gutes Preis-Leistungs-Verhältnis in Old Town Plaza-Nähe bietet dort z.B. die ***EconoLodge Old Town*** (2321 Central Ave; ab $70) und das ***Monterey Non-Smokers Motel*** (2402 Central Ave; ab $90).

Am **Yale Blvd** im Umfeld des **Flughafens** ballt sich die Mittelklasse mit guten Zimmern zu recht günstigen Tarifen, z.B. ***Super 8***; #2231, ✆ (505) 246-2255, ab $65. Auch das ***Ramada Inn*** (#2300) und ***Comfort Inn*** (#1801) sind dort empfehlenswert; beide ab ca. $85.

Die Komplettübersicht inklusive B&Bs findet man auf der offiziellen Webseite der Stadt: www.visitalbuquerque.org/places-to-stay/.

Hostel

In Albuquerque steht außerdem das ***Mother Road Hostel***, 1012 West Central Ave; $27/Bett, $45-$60/ DZ; www.motherroadhostel.com.

Camping

Diverse Campingplätze im Stadtbereich liegen an den lauten *Freeways* und sind kaum zu empfehlen. Die beste Ausnahme ist der ***KOA Albuquerque North/Bernalillo***, Ausfahrt 240 von der I-25, ca. 8 mi nördlich des Zentrums. Während ***Balloon Fiesta*** ideal!

Als Übernachtungsplatz für Albuquerque kommt, wie bereits erwähnt, auch der Platz bei der ***Coronado Historic Site*** in Frage, ca. 18 mi nördlich am Rio Grande unweit der I-25, ➤ Seite 556.

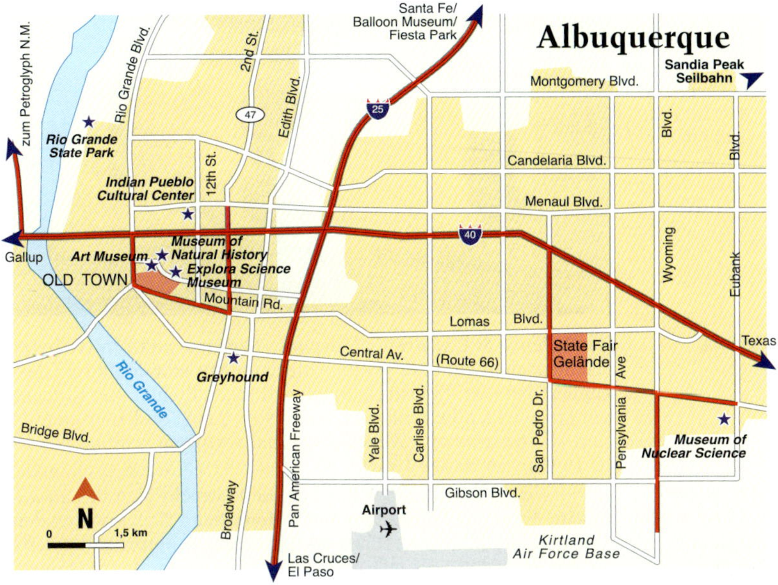

Old Town

Albuquerques spanisch/mexikanische Vergangenheit (das Jahr der Gründung war 1706) blieb noch halbwegs erhalten in der ***Old Town***, südlich der I-40/*Exit* Rio Grande Blvd. Die **Adobe-Architektur** und Laubengänge vor den restaurierten Gebäuden um die grüne Plaza herum können indessen nicht verbergen, dass es in *Old Town* in erster Linie um die Dollars der Touristen geht. **Indianische Handarbeit** kostet in den Läden von Albuquerque viel mehr als an den Ständen der Navajo, Hopi und Pueblo-Indianer in ihren Reservaten oder an der Plaza von Santa Fe. **Drei große Museen** gruppieren sich nordöstlich der *Old Town* – von ihr getrennt durch Parkplätze – an der Mountain Road NW rund um den *Tiguex Park*:

Naturkunde-Museum

Das ***New Mexico Museum of Natural History*** besitzt eine Reihe spannender Exponate mit dem Schwerpunkt Astronomie, Evolution und Dinosaurier (Funde aus der *Bisti Badlands*-Gegend, das Skelett eines *T-rex*, Präparation der Fossilien u.v.m.); täglich 9-17 Uhr; $8/$5; www.nmnaturalhistory.org. In dem Bau integriert sind das ***Planetarium*** mit ***Astronomy Center*** sowie ein ***DynaTheater***, das 3D-Filme auf riesiger Leinwand zeigt (ähnlich wie *IMAX*). Die Shows müssen aber extra bezahlt werden; Tickets $7/$5.

Museum of Art & History

Das ***Albuquerque Museum*** (➤ Foto Seite 48) an der *Tiguex Plaza* umgibt sich im Außenbereich mit abstraktenKunstwerken wie lebensecht gestalteten Bronzeskulpturen. Es ist thematisch zwischen Geschichte und Kunst angesiedelt und die Kollektion nicht schlecht, hält aber nicht ganz, was der bombastische Bau zu versprechen scheint; Di-So 9-17 Uhr; $4/$1; www.cabq.gov/museum.

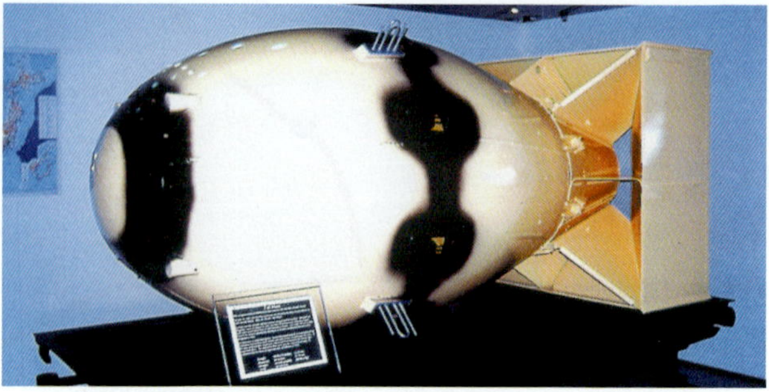

Fat Man, Replika in Originalgröße der Atombombe, die einst auf Nagasaki fiel, im Nuclear Science Museum

Explora

Das ***Science & Children's Museum »Explora«*** in unmittelbarer Nachbarschaft zum Naturkundemuseum mit großer bunter Glaskuppel über dem Eingangsbereich soll Jugendlichen und Kindern mit eingängigen Präsentationen und sog. *hands-on* Experimenten zum »Selbermachen« Wissenschaft nahebringen; geöffnet Mo-Sa 10-18 Uhr, So erst ab 12 Uhr; $8, Kinder $4-$5; www.explora.us.

Petroglyph Nat'l Monument

Parkplatz-Gebühr $1/Auto (Sa+So $2)

Jenseits, also westlich des Rio Grande erstreckt sich das ausgedehnte Areal des ***Petroglyph Nat'l Monument***, Anfahrt über den North Coors Blvd (*Exit* 155/I-40; von Westen kommend bereits vor der Stadt *Exit* 154 nehmen), dann der Ausschilderung folgen, die über den Unser Blvd zum ***Visitor Center*** führt (8-17 Uhr). Dort besorgt man sich erst einmal eine Karte; www.nps.gov/petr.

Auf dem ausgedehnten Areal sind zwar zahlreiche indianische Felsritzungen (*Petroglyphs*) zu sehen, aber der Besuch ist selbst für Interessierte nur bedingt lohnend, zumal es im Südwesten deutlich schönere *Rock Art Panels* gibt (z.B. *Great Gallery* oder *Newspaper Rock* bei den *Canyonlands*). Die größte Konzentration an Petroglyphen befindet sich hier auf dem kleinen Rundkurs bergauf am ***Boca Negra Canyon***, rund 1 mi nördlich des Besucherzentrums.

Indian Pueblo Cultural Center

Die Bewohner der **19 *Pueblos* von New Mexico** haben in der 12th Street nördlich der I-40 unweit der *Old Town* ein ***Indian Pueblo Cultural Center*** errichtet, für dessen Architektur das *Pueblo Bonito* im *Chaco Canyon* Pate stand. In diesem Kulturzentrum wird im Untergeschoss ausgesuchte, hochwertige **indianische Handwerkskunst** in aufschlussreichen Schaukästen präsentiert und in der oberen Etage auch verkauft (zu noch akzeptablen Preisen). Der Begriff »Pueblo« (=Dorf) wurden von den Spaniern geprägt. Anders als umherziehende Indianerstämme, wohnten Pueblo-Indianer dauerhaft in Siedlungen und errichteten solide, bis zu fünfstöckige Bauten aus Stein oder Adobeziegel (➤ Foto *Taos Pueblo*, Seite 549). Jedes dieser Dörfer zelebriert seine differenzierten Lebensweisen und künstlerischen Traditionen. Ein schönes Beispiel ist die jeweils sehr individuelle Töpferkunst, die sich in Farben, Formen und Mustern deutlich voneinander unterscheiden. Täglich geöffnet 9-17 Uhr; Eintritt $8,40/$5,40; www.indianpueblo.org.

Ein guter Tipp ist am Nordende des *Cultural Center* das ***Pueblo Harvest Restaurant***. Dort werden feine **Gerichte der amerikanischen Ureinwohner** serviert; Mo-Sa 8-20.30 Uhr, So nur bis 16 Uhr.

Atom Museum

Im ***National Museum of Nuclear Science & History*** (601 Eubank Blvd) sind Atom- und H-Bomben von den ersten bis zu verfeinerten Entwicklungen aus jüngerer Vergangenheit zu bewundern, außerdem einige Trägerflugzeuge wie -raketen in einem *Open-air*-Bereich. Etwas bedrückend ist die emotionsfreie Sachlichkeit der Ausstellung. Der Bezug zum ***Manhattan Project*** (➤ Seite 548) wird über einen laufend gezeigten Film deutlich. Wiewohl der erste Zweck der Atomenergie sich auf die Bombe bezog, gab es bekanntlich in der Folge zahlreiche zivile Anwendungen in Schifffahrt, Medizin etc. Deren »Segnungen« sind weitere Abteilungen gewidmet. Geöffnet täglich 9-17 Uhr, Eintritt $12, Kinder 6 bis 17 Jahre $10; www.nuclearmuseum.org.

State Fair

Sehr groß ist in Albuquerque die ***State Fair* im September** ab dem Wochenende nach *Labor Day* bis zum 3. Septemberwochenende. Auf den ***Fairgrounds*** (San Pedro Drive nördlich der *Airforce Base*) läuft in dieser Zeit ein Mischprogramm aus Jahrmarkt, Landwirtschaftsschau, Rodeo und *Entertainment*.

Balloon Fiesta

Das absolute ***Super Event*** indessen ist die ***Albuquerque Balloon Fiesta*** wenig später. **In der ersten vollen Oktoberwoche** wird die Stadt alljährlich für 9 Tage (Samstag bis Sonntag) Schauplatz des größten **Heißluftballontreffens** der Welt. Wer sich das Spektakel, d.h. die täglichen Starts von Hunderten von bunten und häufig kurios geformten Ballons ansehen möchte, muss früh aufstehen. Vorausgesetzt, dass das Wetter mitspielt, beginnen die Aktivitäten im Morgengrauen um 5.30 Uhr, die Brenner werden angeworfen (*Balloon Glow*), und ab 7 Uhr geht die ***Mass Ascension*** los, der Massenaufstieg.

»Special Shapes Rodeo« bei der Albuquerque Balloon Fiesta

Als einer der Höhepunkte gilt am Donnerstag- und Freitagmorgen das ***Special Shape Rodeo***, bei dem zeitgleich an die 100 verschiedene Spezialballons abheben. Bienen, Drachen, Schildkröten, Kühe, Saguaros, Vogelscheuchen und sogar Getränkedosen »bevölkern« dann den Himmel über Albuquerque. Programm und alle Details unter www.balloonfiesta.com.

Balloon Museum

Am Rande des ***Balloon Fiesta Park*** steht das ***International Balloon Museum*** (9201 Balloon Museum Drive, Zufahrt ab der I-25, *Exit* 233/Alameda Blvd, ca. 1 mi nach Westen). Wer es nicht zur *Balloon Fiesta* in Albuquerque schafft, kann sich dort ein Bild von den Freuden der Ballonfahrerei von den Anfängen bis heute machen und dazu alles über das große Fest erfahren; Di-So 9-17 Uhr; $6, Kinder 6 bis 17 Jahre $3; www.balloonmuseum.com.

Fiesta Park Camping

Zur *Balloon Fiesta* ist es ganz praktisch, wenn man seinen Camper dabei hat. Zusammen mit einigen tausend (!) anderen Campmobilen steht man gegen hohe Gebühren ($35) dichtgedrängt und ohne jeden Komfort auf weitläufigem Gelände am **Alameda Blvd** (*Exit* 233 von der I-25) rund um das Flugfeld (zwischen Alameda und Tramway Blvd) und kann gemütlich vom Campingstuhl aus nach oben über sich schauen. Wer zahlt, darf sogar mitaufsteigen.

Während der *Balloon Fiesta* um Albuquerque ohne Reservierung ein **Zimmer** zu finden, ist Glücksache. Wie bereits angemerkt, passt die Hotellerie die Preise flexibel der Nachfrage an, d.h., man zahlt leicht das Doppelte als sonst und mehr.

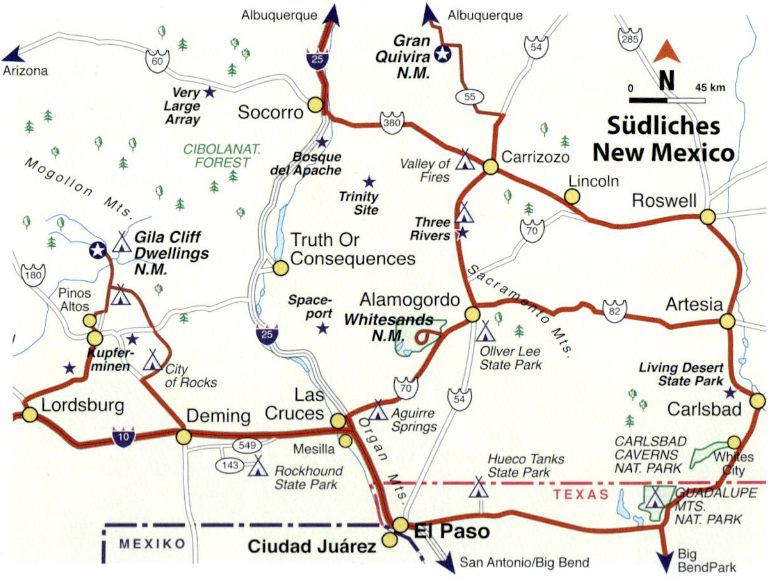

Very Large Array weit abgeschieden in den schier endlosen San Augustin Ebenen

4.4.5 Von Albuquerque zu den White Sands, den Carlsbad Caverns und Guadalupe Mountains National Parks

Nach Alamogordo und Carlsbad über die I-25/#380

I-25 und Straße #380

Die Entfernung von Albuquerque zum ***White Sands Nat'l Park*** südwestlich von Alamogordo entspricht einer guten Tagesetappe (230 mi). **Am schnellsten** geht es auf der **I-25** nach Süden und ab San Antonio auf der **#380** in östliche Richtung.

Very Large Array

Ein Abstecher entlang der Strecke könnte dem bedeutenden radioastronomischen Beobachtungszentrum ***Very Large Array*** gelten; ab **Socorro** (*Exit* 150) rund 50 mi *one-way*. Zu sehen gibt es 27 riesige Radioteleskope aus sicherer Entfernung, an eines darf man aber auch nahe heran (*self-guiding tour* ausgehend vom Besucherzentrum; täglich 8.30 Uhr bis zur Dunkelheit; $6, Kinder unter 18 frei). Anfahrt über die Straßen #60/#52 und VLA Access Road.

Bosque del Apache

Zwischen November und Februar ist das ***Bosque del Apache Nat'l Wildlife Refuge***, 8 mi südlich von Socorro, einen Besuch wert. Dann überwintern dort Abertausende von Gänsen und Kanadakranichen. Zufahrt über die Straße #1, Abzweig von der #380 ca. 0,5 mi östlich der I-25 (*Exit* 139).

Trinity Site

Weiter im Osten an der #380, befindet sich die 16-mi-Zufahrt zur ***Trinity Site***, die nur 2x jährlich (am ersten Sa im April und Okt) zugängliche Testgelände der **ersten, am 16. Juli 1945 gezündeten Atombombe**; www.wsmr.army.mil/Trinity/Pages/Home.aspx.

Spaceport America

Inmitten des Niemandslands östlich der I-25 zwischen Socorro und Las Cruces liegt der erste privat betriebene **Weltraumhafen *Spaceport America***, von dem ***Virgin Galactic*** Flüge ins Weltall anbieten möchte. Hier soll zukünftig jeder zum Astronauten werden können – zu »astronomischen« Preisen, versteht sich! Technische Probleme verzögern allerdings seit Jahren das kühne Vorhaben.

Als Besucher kann man das Gelände im Rahmen geführter Touren besichtigen, die beim ***Visitor Center*** in **Truth or Consequences** starten (301 South Foch St; I-25 Abfahrt 79; geöffnet täglich 8.30-16.30 Uhr). Dauer: ca. 4 Stunden; Tickets mindestens 24 Stunden im Voraus reserviert kosten $50/$30, vor Ort sind sie teurer ($60/$40); www.spaceportamericatour.com.

Valley of Fires

Kurz vor **Carrizozo** (mit einigen einfachen Unterkünften) wurde in einer Lavalandschaft ähnlich der des *El Malpais NM* (➤ Seite 543) der ***Valley of Fires Recreation Area*** ($3 oder *Interagency Pass*) eingerichtet: ***Trails*** laufen durch den ***Lavaflow*** und ein komfortabler ***Campground*** ($12 ohne Anschlüsse, $18 mit *hook-up*) liegt am Hang über der Lava und bietet eine tolle Weitsicht.

Nach Alamogordo/Carlsbad über die Salinas Pueblo Missions

I-40 und #337/#55/#54

Beschaulicher und auf den ersten Meilen bis zur Straße #55 auch abwechslungsreicher als die rasche *Interstate*-Verbindung ist die **Straßenkombination #337/#55** ab Tijeras an der I-40, etwa 15 mi östlich von Albuquerque.

Salinas Pueblo Missions NM

Eintritt frei

Auf ihr passiert man die Nationalmonumente ***Quarai*** und ***Gran Quivira Ruins at Salinas***, einstige Dörfer der *Anasazi* (wie *Chaco Canyon NHP*) und spätere Missionsstationen, www.nps.gov/sapu. Beide sind keine *must-see*-Ziele, aber durchaus einen Stopp wert. Vor allem *Gran Quivira* lohnt bei kulturhistorischem Interesse einern Umweg. Am Wege liegen im *Cibola National Forest* mehrere ***Campgrounds***, am straßennächsten (4 mi ab der #55) der ***Manzano Mountains State Park***. Eintönige Prärie kennzeichnet die Weiterfahrt nach Carrizozo auf den Straßen #55 und #54.

Straßen #380 und #285 über Roswell

Die ***Carlsbad Caverns***, der bislang einzige Nationalpark in New Mexico, liegen in der Südostecke des Bundesstaates. Dorthin gelangt man rascher über das von Außerirdischen gern heimgesuchte **Roswell** als über Alamogordo und die – dank des Verlaufs durch die Sacramento Mountains – sehr schöne Straße #82.

Bei einer Weiterfahrt von Carlsbad über den *Guadalupe Mountains National Park* und El Paso würde ein späterer Abstecher zum *White Sands Nat'l Monument* (z.B. von Las Cruces) einen Umweg von etwa 100 mi bedeuten. Auch ohne Weiterfahrt ab Carlsbad nach Süden müsste man die 36 mi zwischen Artesia und Carlsbad doppelt fahren und über die Straße #82 zu den weißen Dünen – beides nicht optimal.

Roswell

Für diese Varianten spricht nur, dass man in **Roswell** einige recht kuriose Motive für die Kamera findet (zahllose grüne Marsianer, auf Gebäuden gelandete »Untertassen«, Parkplätze für *Aliens* etc.). Und im ***UFO Museum*** an der 114 North Main Street kann man sich dann noch von der Stichhaltig- und Glaubwürdigkeit der in dieser Gegend geballt vorkommenden Berichte über **außerirdische Besuche** überzeugen; täglich 9-17 Uhr, Eintritt kostet $5, Kinder 5-15 Jahre zahlen $2; www.roswellufomuseum.com.

Quarai Ruins im Salinas Pueblo Missions NM

Außerirdische nach Landung in Roswell. Installation im UFO-Museum von Roswell nach Augenzeugenberichten

Die **#380 nach Roswell** verläuft auch durchs Gebirge, man kommt aber zügig voran, denn es geht nicht so hoch hinauf wie auf der #82 weiter südlich. Das in Werbebroschüren oft gelobte »Künstlerdorf« Lincoln am Wege hat seine besten Tage hinter sich und ist nicht sonderlich besuchenswert. Die Weiterfahrt von dort auf der #285 führt durch flache unattraktive Landschaft.

Optimale Route

Wer also nicht unbedingt nach Roswell möchte, sollte ab Carrizozo der hier favorisierten Route folgen: **Alamogordo-*White Sands*-Carlsbad-Guadalupe Mountains-El Paso**. Unter Auslassung von Carlsbad/El Paso kann man von den Sanddünen auch gleich auf der #70 zur I-10 nach Westen in Richtung Tucson weiterfahren.

Alamogordo und das White Sands National Park

Alamogordo

Einzige Sehenswürdigkeit von **Alamogordo**, einer weitläufigen Stadt am Fuß der Sacramento Mountains, die von der nahen *Holloman Air Force Base* lebt, ist das ***New Mexico Museum of Space History*** etwa 2 mi östlich der Durchgangsstraße #70/#82. Im auffälligen Hauptgebäude wird dem Besucher die Entwicklung der Raumfahrt mit Modellen, Originalstücken und zahllosen Fotos und Namen nahegebracht. Draußen stehen ein paar Raketen der Raumfahrtvorgeschichte und -frühzeit; Mi-Mo 10-17 Uhr, So ab 12 Uhr; $8, Kinder (4-12 Jahre) $6; www.nmspacemuseum.org.

Das benachbarte ***Dome Theater & Planetarium*** zeigt Weltraum- und *Space Shuttle*-Filme der *NASA*.

Die **Motels** der Region stehen fast ausnahmslos und unverfehlbar an der Hauptstraße durch Alamogordo und sind preiswert. Mitten im Ort liegt der ***White Sands KOA*** mit großem beheizten *Pool* (412 24th Street), *full hook-up* ab $33, Zelte $20,50; © 1-800-562-3452.

Cloudcroft

Angenehmer und vor allem im Sommer weit kühler übernachtet man in den *Resorts* und *Lodges* von **Cloudcroft in 2.640 m Höhe** (www.cloudcroft.com/lodging.htm). Im **Hostel** an der #82 am Weg dorthin zahlt man $19 pro Bett bzw. $37 fürs einfache Doppel- oder Familienzimmer; © (575) 682-0555 www.cloudcrofthostel.com.

Das 700-Seelen-Wildwestdörfchen in den Bergen 20 mi östlich von Alamogordo ist aber auch sonst einen kurzen Abstecher wert. In der urigen ***Western Bar*** wird abends oft Livemusik geboten.

Dog Canyon

Ein prima Campingplatz gehört zum ***Oliver Lee State Park***, 10 mi südlich von Alamogordo auf der #54, dann 4 mi auf der *Dog Canyon Road*; Zelte $10, *hook-up* $14, Duschen vorhanden. Ein Teil der Plätze wird auf *first-come, first-served*-Basis vergeben, der Rest ist reservierbar: © 1-877-664-7787, www.reserveamerica.com.

Der ***Dog Canyon Trail*** führt von dort hinauf in die Berge, eine anstrengende 16 km lange Tageswanderung, aber auch schon ein kürzerer Ausflug wird mit schönen Ausblicken belohnt.

White Sands National Park

Eintritt $25/Auto oder Jahrespass

Eine der ungewöhnlichsten Landschaften unter der Obhut des *National Park Service* liegt 14 mi südwestlich von Alamogordo umgeben vom riesigen ***White Sands*-Raketenversuchsgelände**. Das Naturschutzgebiet trägt denselben Namen und wurde Anfang 2020 zum **Nationalpark** aufgewertet. Sein Besucherzentrum liegt unverfehlbar an der Straße nach Las Cruces. Im kleinen Museum wird die Entstehung dieses schneeweißen Dünengebiets erklärt. Aus Gipsablagerungen entstandene Sandkristalle aus dem **Lake Lucero** am südwestlichen Rand des Parks sorgen kontinuierlich für Neubildungen, während die bestehenden, bis zu 15 m hohen Hügel mit dem Wind unablässig ihre Gestalt verändern und langsam in nordwestliche Richtung wandern; www.nps.gov/whsa.

Die Straße, die mitten hinein in das blendende Weiß führt, muss an windigen Tagen von **Schneepflügen** (!) freigehalten werden.

In den Gipsdünen

Am Ende erweitert sie sich zu großflächigen Parkplätzen mit geschützten Picknicktischen. Von dort kann man nach Belieben die Gipsdünenlandschaft erkunden. Weht es, sind die Spuren schnell verwischt. Bereits nach wenigen hundert Metern umfängt einen das Gefühl völliger Einsamkeit.

Am intensivsten erlebt man die *White Sands* **am frühen Morgen** (Einfahrt ab 7 Uhr möglich) und am **Spätnachmittag** bis zur Dunkelheit. An schönen Tagen lassen sich tolle Sonnenuntergangsfotos schießen. Die Straße wird bis 60 min nach Sonnenuntergang, im Sommer bis 21 Uhr (bei Vollmond länger) offengehalten.

Ein Erlebnis ist das meist Mitte September stattfindende ***White Sands Balloon Invitational*** mit zahlreichen farbenfrohen Heißluftballons und einige wenige *Special Shapes* (➤ Seite 562) auf und über den *White Sands*.

Immer ein interessantes Motiv liefern die Soaptree Yuccas im Randbereich des Gebietes im Zusammenspiel mit den weißen Dünen

Picknickplatz inmitten der schneeweißen Sanddünen

White Sands Missile Range Museum

Etwa 44 mi südwestlich von Alamogordo liegt die ***White Sands Missile Range***, das Raketenerprobungsgelände der US-Streitkräfte. Eine Stichstraße führt von der #70 nach Süden bis vors *Main Gate* des Militärkomplexes (4 mi). Gleich dahinter liegt ein Museum zu den hier erprobten und seit der Erbeutung der V-2 weltweit eingesetzten Raketen. Unübersehbar ist der ***Rocket Park*** (Sonnenauf- bis -untergang) schon auf der Anfahrt. Man kann nach akribischem Auto- und Personencheck bis dorthin fahren, aber besser parkt man vor dem *Main Gate*, erspart sich die Kontrollen und geht 200 m zu Fuß. Museum (Mo-Fr 8-16 Uhr; Sa 10-15 Uhr; Eintritt frei) und die Raketen draußen sind in dieser Art und Zusammenstellung einmalig. Eine Liste mit Details aller dort ausgestellten Raketen findet sich unter www.wsmr-history.org/missilepark.htm.

Aguirre Springs

Am Fuße der **Organ Mountains** mit herrlichem Weitblick über das *Tularosa Valley* liegt ***Aguirre Springs*** mit Picknickplatz für die Pause zwischendurch sowie der meist wasserlose ***Campground*** mit schönem Baumbestand ($7). ***Trails*** führen von dort in die schroffe Gebirgswelt. Tore schließen um 22 Uhr, im Winter früher. Von der #70 nach Las Cruces zweigt die Zufahrt gleich östlich der San Augustin-Passhöhe nach Süden ab (ca. 46 mi ab/bis Alamogordo).

Das ganze Arsenal historischer Offensiv- wie Abwehrraketen von der V-2 bis hin zur modernen Patriot steht auf dem Freigelände des Missile Range Museum

Zu den Carlsbad Caverns

Straße # 82

Von Alamogordo nach Carlsbad geht es auf der **Straße #82** in östliche Richtung. Gleich hinter der Stadt steigt sie hinauf in die **Sacramento Mountains**. Zwischen High Rolls und Mayhill läuft die Straße in ca. 2.600 m Höhe durch eine Gebirgsregion, in der im Winter Ski gelaufen wird (Cloudcroft; hübscher Umweg über die #130), und danach durch ein Hochtal, bevor sie wieder in trostlose Ebene hinunterführt. Für die ca. 150 mi nach Carlsbad benötigt man wegen der Gebirgsstrecke leicht 4 Stunden.

Living Desert

Knapp vor den Toren der Stadt passiert man die Zufahrt zum ***Living Desert Zoo & Gardens State Park***, einem botanischen Garten und kleinem Zoo mit dem Themenschwerpunkt »*Chihuahua Desert*«, einer Halbwüste, die sich über den fast gesamten Süden New Mexicos und bis hinunter zum *Big Bend NP* in Texas erstreckt. Im Sommer 8-17 Uhr, sonst ab 9; letzter Einlass um 15.30 Uhr. Gut ist die *Prairie Dog Town*; viele Tiergehege sind etwas eng. Die Anlage lässt sich nicht mit dem größeren und besseren *Arizona-Sonora Desert Museum* in Tucson vergleichen; ➤ Seite 588.

Carlsbad

Carlsbad hieß bis zum Ende des 19. Jh. schlicht **Eddy**. Als man aber eine (heute bedeutungslose) Mineralquelle entdeckte, die in ihrer Zusammensetzung der des weltberühmten tschechischen Kurortes entsprach, nahmen die Bürger dies zum Anlass, ihr Wüstendorf umzutaufen. Abgesehen von einer auf den Höhlentourismus zielenden dichten **Motel-** und ***Fast Food*-Konzentration** mit Filialen aller bekannten Ketten an der schier endlosen Durchgangsstraße in Richtung *Caverns* hat Carlsbad nicht sonderlich viel zu bieten.

Einziges Highlight ist (bei gutem Wetter) der langgestreckte ***Lake Park*** beidseitig des zum See aufgestauten Pecos River; Zufahrt zur ***Swimming Beach*** mit Kajak-/Stand-Up-Paddle-Verleih am besten über die Church Street ab der #285/Canal St. Ein 7 km langer ***Riverwalk*** läuft dem Fluss entlang, per »Fähre« gelangt man zum *Conference Center* am Ostufer (mit prima Kinderspielplatz!).

Abkühlung an heißen Tagen schaffen auch die natürlichen Pools der ***Sitting Bull Falls Recreation Area*** eine gute Autostunde westlich der Stadt; zuerst auf der #285 nach Norden, dann weiter über die #137/#409; *day use* $5 (Einfahrt nur bis 16 Uhr möglich!).

Zum Campen ist der ***Carlsbad RV Park*** die beste ortsnahe Alternative an der #180 in Richtung *Caverns*; Zelte $30, RVs ab $35-$43; ✆ (575) 885-6333, www.carlsbadrvpark.com. Reizvoller und billiger ($10) übernachtet man in Seenähe im ***Brantley Lake SP*** knapp 20 mi nördlich von Carlsbad; ausgeschildert ab der #285.

Whites City

Nach den auffälligen **Werbetafeln für Whites City** an der Zufahrt zu den *Carlsbad Caverns* (18 mi südlich von Carlsbad direkt an der Straße #62/#180) erwartet man ein Städtchen. Tatsächlich besteht Whites City nur aus ein paar Shops im *Western Look* und drei Motels, darunter ein ***Rodeway Inn***. Carlsbad hat die deutlich größere mehr Auswahl.

Hinter der Motel- und Geschäftszeile befindet sich ein akzeptabler nicht zu verfehlender ***Whites City RV Park & Campground*** (auch Zelte) mit *full hook-ups* und *free Wifi*; © (575) 785-2291. Dieser Platz liegt dem Nationalpark am nächsten.

Carlsbad Caverns Nat'l Park

Eintritt $15/Person oder Interagency Jahrespass

Kinder bis 15 Jahre frei

Zum ***Visitor Center*** der *Carlsbad Caverns*, den größten zugänglichen Höhlen der Erde, sind es von Whites City 7 mi. Das große ***Visitor Center*** informiert ausführlich über das unterirdische Naturwunder; www.nps.gov/cave.

Die Carlsbad Caverns dürfen erfreulicherweise **individuell** besichtigt werden. Dafür gibt es **zwei Alternativen**:

Die ***Natural Entrance Tour*** beginnt am Höhleneingang und bezieht sich zunächst auf den serpentinenreichen Abstieg durch tunnelartige, nur von der Fledermaushöhle unterbrochene, später zum *Main Corridor* mit bis zu 60 m Deckenhöhe erweiterte Bereiche (insgesamt ca. 2 km). 250 m unter der Erde liegen der ***King's Palace*** und **die *Queens Chamber***. Mit ihren filigranen Formationen sind sie die schönsten Räume der Höhle. Sie dürfen allerdings nur unter Ranger-Führung betreten werden. Buchung der ***King's Palace Tour*** ($8) im *Visitor Center* bzw. besser im Voraus unter © 1-877-444-6777 oder www.recreation.gov). Von dort ist es nicht weit zum *Big Room* mit *Snack Bar* und Fahrstuhl.

Die ***Big Room Tour*** (Einstieg und Verlassen der Höhle per Fahrstuhl) entspricht einem rund 2 km langen Rundweg ohne größere Niveauunterschiede durch die riesengroßen Haupträume der Höhle in etwa 220 m Tiefe.

Selbst wer es in Ruhe angehen lässt und alles intensiv bewundert, dürfte kaum mehr als eine volle Stunde für den Abstieg durch den natürlichen Eingang benötigen. Eine weitere Stunde für den *Big Room* wäre ebenfalls sehr gut bemessen.

Carlsbad Caverns mit Stalaktiten (oben) und Stalakmiten (unten)

4

Detailinfos

In kurzen Abständen sind »Erläuterungspunkte« eingerichtet. Dort kann man mit einem *Audio Guide* samt Kopfhörern ausführliche Einzelheiten abhören (kleine Leihgebühr). Das Wesentliche lässt sich aber ebensogut kleinen Schrifttafeln entnehmen.

Empfehlung/ Zeitbedarf

Wer den kleinen Fußmarsch bergab nicht scheut, sollte sich für den natürlichen Eingang entscheiden. Man muss jedoch auf eine **rechtzeitige Ankunft** achten. Im Sommer ist am Höhleneingang letzter Einlass um 15.30 Uhr, am Fahrstuhl hingegen um 17 Uhr. Vor *Memorial* und nach *Labor Day* gelten die Zeiten 14.30 Uhr und 15.30 Uhr. Öffnung ganzjährig um 8.30 Uhr.

Abstieg hinunter in die Carlsbad Caverns über den natürlichen Eingang durch die Bat Caves

Fledermäuse

Ein Erlebnis sind die **Fledermäuse**, die zu Zigtausenden in der ***Bat Cave*** leben, 50 m tief unter dem Eingang. Von Mitte/Ende April bis Oktober steigen sie bei Sonnenuntergang mit frenetischem Lärm auf (6000/min) und kehren erst im Morgengrauen zurück. Oberhalb der Höhlenöffnung wurde dafür eigens eine Zuschauertribüne eingerichtet, wo ab Ende Mai allabendlich *Ranger* das Phänomen erläutern. Auf das Schauspiel zu warten, lohnt sich.

Weitere Höhlen

Neben der Haupthöhle können auf **geführten Touren** auch noch Nebenhöhlen besucht werden. Attraktiv ist vor allem die ***Lower Cave*** mit *Pools*; Kinder erst ab 12 Jahren; 3 Stunden $20/$10. Auch die ***Slaughter Canyon Cave*** (ca. 24 mi südwestlich des Hauptbereichs am Ende der Straße #418) gilt als reizvolles ***Spelunking***-Revier. Mit Laternen steigen die Besucher (nach 1,5 km Fußweg bis zum Eingang) zu einer **2-Stunden-Tour** in die Höhle. Im Sommer meist täglich, sonst nur Sa+So; $15, Kinder $7,50. Für beide Touren Reservierung unter © 1-877-444-6777 oder im Internet unter www.recreation.gov.

4.4.6 Über die Guadalupe Mountains und El Paso nach Tucson

Guadalupe Mountains Nat'l Park

Eintritt $10/Person oder Jahrespass

Kinder bis 15 Jahre frei

Von Whites City sind es keine 40 mi zum ***Guadalupe Mountains National Park*** auf der Grenze zwischen New Mexico und Texas. Die breit ausgebaute Straße #62/#180 (en route eine *Texas Roadside Rest Area* mit freiem *Wifi*) führt durch die südlichen Ausläufer der Guadalupe Mountains nach El Paso. Lediglich **zwei Zufahrten** erschließen diesen kaum bekannten Landschaftspark.

- Die nördliche Stichstraße endet nach wenigen Meilen am Eingang zum ***McCittrick Canyon***, in den ein besonders im Frühjahr (frische Vegetation/Blütezeit) und im Oktober/November (Herbstlaubfärbung) reizvoller *Trail* hineinführt (ca. 4 km zum Umkehrpunkt *Pratt Cabin*, 5,5 km bis zur *Grotto Picnic Area*).
- Hauptzufahrt ist die Straße zum ***Visitor Center*** (www.nps.gov/gumo) und schön gelegenen ***Campground Pine Springs*** ($15). Der Parkplatz am Straßenende ist *Trailhead* für ***Wilderness Trails*** in die meist knochentrockenen Guadalupe Mountains.

Trails

Kurzwanderungen führen zu ***Manzanita Springs***, einer hochgelegenen Oase mit Weitblick (Ausgangspunkt *Frijole Ranch History Museum*, maximal 1 Stunde) und im *Pine Springs* Flussbett zum aufregenden ***Canyon*-Engpass *Devil's Hall*** (vom Parkplatz ca. 4 mi retour bzw. ab 2 Stunden, erweiterbar).

Eine anstrengende, aber lohnenswerte Wanderung führt auf ausgebautem Weg über 900 Höhenmeter auf den höchsten Berg von Texas, den **Guadalupe Peak** (2.667 m). Retour ca. 6 Stunden.

Hueco Tanks

Auf der (eintönigen) Weiterfahrt vom *Guadalupe NP* nach El Paso passiert man westlich der Hueco Mountains die Zufahrt (ca. 6 mi) zur ***Hueco Tanks State Historic Site***, einem Eldorado der ***Rockclimber***, mehr dazu unter www.huecotanks.com. Die in abflusslosen Felsauswaschungen entstandenen Wasserstellen waren einst für Indianer und Pioniere wichtige Etappenziele. Zum Schutz des Gebiets sowie der indianischen Felsritzungen (***Petroglyphs***) und bunten Felsmalereien (***Pictographs***) wurden vor einigen Jahren die Besucherzahlen begrenzt. Bei der Besichtigung benötigt man eine **Reservierung**: Für selbstgeführte Touren meldet man sich unter © (512) 389-8911 an und für geführte Touren unter © (915) 849-6684.

Der **wunderbar angelegte *Campground*** wäre bereits für sich allein ein Motiv für den Abstecher. Zum Eintritt ($7 p.P.) kommen noch $12 bzw. mit *hook-up* $16 hinzu; © (512) 389-8911 bzw. http://tpwd.texas.gov/state-parks/hueco-tanks/fees-facilities/campsites.

Ein Ausweichquartier bietet die ***Hueco Rock Ranch***, eine originelle Kombination aus Hostel (Betten+DZ), Kneipe und Basislager der *Rockclimber*; $34-$72; nur Nov-Anfang April, © (915) 856-7181; www.americanalpineclub.org/hueco-rock-ranch.

El Paso

Von den *Hueco Tanks* sind es nur rund 30 mi bis El Paso in der äußersten Westecke von Texas am Ufer des hier oft zum Rinnsal verkommenen Rio Grande. Die Stadt hat heute knapp 700.000, der Großraum auf amerikanischer Seite rund 1 Mio. Einwohner.

Ciudad Juarez/ Über die Grenze

Auf der anderen Seite des Flusses liegt **Ciudad Juarez**, mit über 1,3 Mio. Köpfen die größte mexikanische Stadt an der langen Grenze und ähnlich und problematisch wie Tijuana. Auch wenn Touristen durch die blutigen Bandenkriege der Drogenmafia nicht unmittelbar gefährdet zu sein scheinen, muss man sich den Besuch der auch für Kleinkriminalität berühmten Stadt nicht unbedingt antun. Wer dieses Abenteuer dennoch riskieren möchte – Hauptmotiv wären preiswerter Einkauf vor allem kunsthandwerklicher Artikel, Restaurant- und Barbesuch – stellt sein Auto am besten auf einem der **Parkplätze** zwischen Downtown und den Brücken über den Rio Grande ab. Die Entfernung ist zu Fuß kein Problem, aber bei Hitze fährt es sich angenehmer im **Taxi**. Der grüne ***Sun Metro Trolley*** fährt von Downtown bis zur Grenze.

Missionsstation Ysleta

Die Stadt El Paso als solche bietet nicht so ganz viel. Herausgehoben werden gern die alten Missionsstationen, aber nur die ***Ysleta Mission*** von 1681 (südöstlich von El Paso, am besten I-10, *Exit* 32/Zaragosa Road) lohnt ggf. einen Besuch. Sie gehört zur ***Tigua Indian Reservation Ysleta del Sur Pueblo***. Das rekonstruierte Adobe Pueblo der Tigua-Indianer beherbergt einen *Shop* mit Töpferware und Schmuck im formschönen Tigua-Design; geöffnet Mo-Fr 9-13 und 14-17 Uhr; http://ysletamission.org.

Fort Bliss

El Paso ist durch Western und als Standort eines Trainingscenters für die Luftwaffe der Bundeswehr bekannt. Der heutige *Army & Airforce* Stützpunkt ***Fort Bliss*** entstand 1848 aus einem vorgeschobenen Posten der US-Armee. Die rekonstruierten schlichten Gebäude des einstigen *Fort Bliss* der *Frontier*-Jahre sind mitten im Militärgelände zu besichtigen; Pleasanton Road/Sheridan Dr. Gleich nebenan befindet sich die ***Air Defense & Artillery Gallery*** mit einigen Raketen *open air*; Eintritt frei, aber Besucher benötigen einen *Visitors Pass*; www.bliss.army.mil.

City

Beim *Union Depot*-Besucherzentrum von El Paso an der 400 West San Antonio (I-10, Ausfahrt 19) gibt es Informationsmaterial und vor allem den Stadtplan, ohne Navi an Bord unabdingbar für das Abfahren des ***Scenic Drive*** (*Rim Road*) oberhalb (nördlich) der City. Das lohnt sich und ist sogar eines der *Highlights* der Stadt. Von mehreren **Aussichtspunkten** überblickt man fast ganz El Paso, den Rio Grande und Ciudad Juarez.

Unterkunft

An **H/Motels** herrscht in El Paso und Ciudad Juarez kein Mangel, wobei Häuser der bekannten amerikanischen Hotelketten beidseitig der Grenze vertreten sind. Die Tarife sind generell moderat, in Ciudad Juarez günstiger als in El Paso. Aber dafür sollte man die Grenze nicht unbedingt überschreiten.

Die **Campingplätze** in City-Nähe liegen alle nahe an der I-10 und sind daher sehr laut, teilweise heruntergekommen. Am besten campt man bei den *Hueco Tanks* (ca. 30 mi entfernt, ➤ vorstehende Seite). Auf der Strecke dorthin ist der ***Desert Oasis Park*** akzeptabel, Straße #62/180, 12705 Montana Ave, © (915) 855-3366.

Straße hinauf in den Chisos Mountains Basin im Big Bend Nat'l Park

Abstecher zum Big Bend National Park

Ein (mindestens) **3-Tage-Umweg** könnte von den *Guadalupe Mountains* (oder bereits ab Carlsbad über Pecos) zum ***Big Bend National Park*** führen, lohnenswert ab Mitte September und bis maximal Mitte Juni. Im Hochsommer ist das Gebiet zu heiß. Zum einsamen Nationalpark im »großen Bogen« (daher *Big Bend)* des Rio Grande sind es auf der landschaftlich **optimalen Straßenkombination #54/I-10/#118** über Fort Davis und Alpine bis zum ***Big Bend Visitor Center*** rund 280 mi.

Eine bei Hitze überaus angenehme Abwechslung am Wege bietet der ***Balmorhea State Park*** östlich der Davis Mountains mit seinem riesigen, von **glasklaren *Springs*** gespeisten **Pool** (im Sommer 8-19.30 Uhr; $7, Kinder bis 12 frei). Camping ($15, mit *hook-up* $20) und Motel (ab $75) ganzjährig, Reservierung unter © (512) 389-8900 oder https://tpwd.texas.gov/state-parks/balmorhea. Bei Fahrt über Pecos liegt der *State Park* am Weg, bei Anfahrt über Guadalupe Mountains/Van Horne sind mit dem Besuch ca. 15 mi Umweg verbunden.

In dem idyllischen Städtchen **Fort Davis** scheint die Zeit stehen geblieben zu sein. Die Reste des gleichnamigen Militärpostens (*Nat'l Historic Site*) sind einen Zwischenstopp wert; $10/Person oder *Interagency*-Pass; www.nps.gov/foda. Zentral an der #118 bietet das ***Limpia Hotel*** gute und nostalgische Zimmer ab ca. $125, © 1-800-662-5517; www.hotellimpia.com. Rund 4 mi weiter nördlich liegt außerdem der ***Davis Mountains State Park*** mit schönen **Campingarealen** und der historischen ***Indian Lodge*** mit Zimmern ab $105; © (512) 389-8982; www.tpwd.state.tx.us/spdest/findadest/parks/indian_lodge.

Auf der #118 geht es über **Alpine**, eine Universitätsstadt in der Einöde des westlichen Texas, zur Westeinfahrt des ***Big Bend NP***, einem der größten (3.200 km^2) und zugleich artenreichsten Nationalparks im US-Westen; $30/Auto; www.nps.gov/bibe. Ab der Durchgangsstraße erreicht man folgende Parkareale:

- ***Santa Elena Canyon***; ein hoher **Uferpfad** führt max. 500 m in die imposante Schlucht hinein (zunächst Querung des *Terlingua Creek*-Bettes). Die Zufahrt (*Ross Maxwell Scenic Drive*) läuft durch *Badlands* und einen *Tuff Canyon*.
- ***Chisos Mountains Basin***, einer Hochebene in dem bis 2.400 m hohen, zerklüfteten Gebirge; dort ist es deutlich kühler als unten in den Ebenen.

4

- ***Boquillas Canyon***, einer weiteren Schlucht des Rio Grande; wieder mit kurzem *Trail* (2 km retour). Von der *Rio Grande Road* führt eine üble, z.T. sehr enge Schotterstraße zu primitiv eingefassten heißen Quellen am Ufer des Flusses (nicht für größere Campmobile). Die ***Hot Springs*** sind auch über einen Trampelpfad ab ***Rio Grande Village*** zu erreichen (5 km *one-way*).
- ***Dagger Flat*** ist eine Senke im Norden des Parks mit einem riesigen Bestand an *Giant Dagger Yuccas*; der Abstecher über den *Dagger Flat Auto Trail* (Schotter) lohnt aber nur zur Blütezeit im März/April; vorher Straßenzustand klären.

Balanced Rock in den Grapevine Hills

- Ein felsbogenähnlicher ***Balanced Rock*** versteckt sich in den **Grapevine Hills** (*Trailhead* an der 8 mi langen, unbefestigten *Grapevine Hills Rd* 3 mi westlich Panther Junction; Wanderung: 3,5 km retour, 25 HM).

Außer der ***Chisos Mountain Lodge*** (ca. $150; © 1-877-386-4383; www.chisosmountainslodge.com), Mini-*Stores* und zwei Tankstellen gibt es im *Big Bend NP* keine Versorgungs-Infrastruktur. **Campen** kann man am Fluss im *Rio Grande Village* (mit *hook-up*), bei *Cottonwood* oder oben bei der *Lodge*; jeweils $14; Reservierungen nur für Monate November bis April/Mai möglich.

In Parknähe findet man in den zusammenhängenden Orten **Study Butte/Terlingua** eine Handvoll Motels (teils recht alt/spartanisch) und einfache Campplätze. Am besten sind die rustikalen *Cabins* in der ***Wildhorse Station***, © (432) 371-2526, oder etwas weiter weg im ***Terlingua Ranch Resort***, $98; RV-Plätze $24-$28; © (432) 371-3146, www.terlinguaranch.com.

Legendär ist der ***Saloon Starlight Theatre*** in Terlingua noch aus den Zeiten der Quecksilber-Förderung zu Beginn des 20. Jahrhunderts, als hier rund 2.000 Menschen lebten. Abends gibt's Live-Musik und Shows zum Essen; Tanzfläche ist auch vorhanden. Gleich nebenan bietet das ***Big Bend Holiday Hotel*** gute Zimmer ab $130; © (432) 203-6929, www.bigbendholidayhotel.com.

Auch das Nest **Lajitas**, noch gut 15 mi weiter an der #170, verfügt über Unterkünfte. Schön, aber recht teuer ist das ***Lajitas Golf Resort & Spa*** (ab ca. $150; © 1-877-LAJ-ITAS; www.lajitasgolfresort.com) im *Western Town Look* mit sehr schönem **Restaurant** (Terrasse) und dem ***Maverick Ranch RV-Park*** ($49-$54).

Ein guter Grund zum Verweilen in Lajitas wäre die Lage am Ufer des Rio Grande sowie die Buchung einer **Schlauchboot-Tour** durch den steilen *Santa Elena Canyon* in den *Big Bend NP* hinein, etwa bei ***Big Bend River Tours***, © 1-800-545-4240, Ganztagestour $135 für 2 Personen; www.bigbendrivertours.com.

Für die Weiterfahrt nach El Paso sollte man unbedingt den spektakulär in einem stetigen achterbahnähnlichen Auf und Ab geführten ***El Camino del Rio*** (Straße #170) wählen, der von Lajitas aus am Rio Grande entlang durch den ***Big Bend Ranch State Park*** führt ($5/Person; dort Möglichkeiten zum Reiten, Wandern und Biken). Am Wege liegt kurz vor dem halb-mexikanischen Grenzdorf Presidio das restaurierte ***Fort Leaton*** mit Picknickplatz, gut für eine Pause.

Nach Querung der Cuesta Del Burro Mountains landeinwärts »verflacht« die Strecke. Es folgen ab dem »Geheimtipp« für Kunstinteressierte **Marfa** (wegen der ***Chinati Foundation***; www.chinati.org) auf der Straße #90 und ab **Van Horne** (dort preiswerte Motels) auf der I-10 ca. 200 mi ohne nennenswerte Abwechslung. Rund 30 mi östlich von El Paso (*Exit* 49) liegt das ***Cattleman's Steakhouse***, eines der besten in ganz Texas, auf der ***Indian Cliffs Ranch*** mitten in einer Wildwest-Landschaft, ✆ (915) 544-3200. Wer im **Campmobil** vorfährt und in rustikaler Atmosphäre Steaks und *Budweiser* genießt, darf auf dem Parkplatz über Nacht stehen; www.cattlemanssteakhouse.com.

4.4.7 Von El Paso bzw. Alamogordo nach Tucson

Zur Route

Von El Paso geht es alternativlos auf der I-10 nach Westen. Wer die *White Sands* ausgelassen hat, kann dies von El Paso aus mit halbtägigem Zeitaufwand nachholen. Auf der Straße #54 gelangt man auf gerader Strecke durch ein wüstenartiges Gebiet rasch nach Alamogordo und von dort – nach Abstecher in die weißen Dünen – über die Organ Mountains nach Las Cruces, ➤ Seite 575.

Las Cruces/ Mesilla

In Las Cruces, einer nicht übermäßig sehenswerten weitläufigen **Universitätsstadt**, treffen die kurze direkte Strecke ab Alamogordo und die um den Schlenker Carlsbad/El Paso erweiterte Route wieder aufeinander. An Feiertagen lohnt der Umweg zum südlichen Las Cruces-Vorort **Mesilla** mit seinen in Adobebauten untergebrachten *Shops* und Restaurants. Dann beleben *Mariachi*-Musiker und mexikanische Tänzer die sonst eher mäßig attraktive Plaza (*Visitor Center* an der 2231 Avenida de Mesilla). I

In Las Cruces hat das ***Best Western Mission Inn*** ein sehr gutes Preis-Leistungs-Verhältnis; 1765 South Main St, ✆ 575-524-859.

Abstecher

Man sollte aber in diesem Bereich keine Zeit verlieren, die sich anderweitig besser einsetzen ließe, etwa für einen Abstecher zu den *Gila Cliffs*, nach Silver City oder auch nur zur *City of Rocks*.

Via Straße #152

Statt der hier verfolgten Route via I-10 könnte man nach Silver City/zu den *Gila Cliffs* unter Auslassung der *City of Rocks* auch die reizvollere Strecke I-25 North und ab *Exit* 63 die Straße #152 wählen, Teil des ***Geronimo Trail*** durch New Mexico. Sie steigt westlich vom niedlichen Städtchen Hillsboro serpentinenreich hoch in die **Mimbres Mountains** und folgt dann dem *Railroad Creek* durch eine malerische Canyonlandschaft. Bei San Lorenzo zweigt die #35 zu den Gila Cliffs ab. Bleibt man auf der #152, passiert man kurz vor Silvertom die ***Santa Rita Copper Mine***, die ein mehrere 100 m tiefes »Loch« in der Landschaft hinterlassen hat.

4

City of Rocks

Bleibt man auf der I-10, geht es ab Deming auf der Straße #180, dann #61, zum ***City of Rocks State Park*** (ca. 30 mi). Zwischen absonderlichen, wie hingeworfen wirkenden Felsblöcken in sonst ebener Landschaft wartet dort ein ganz besonderer ***Campground***. Sogar Duschen sind beim ***Visitor Center*** vorhanden, ebenso einige Stellplätze mit *hook-up* außerhalb der Felsen ($8-$18). Die liebevoll angelegten Stellplätze liegen unregelmäßig verstreut am Rand und inmitten der »Felsstadt«. Nicht nur Kinder haben dort ihren Spaß. Ein ähnlich gutes **Kletter- und Versteckparadies** gleich neben dem Zelt oder Campmobil gibt's nur noch im *Joshua Tree Nat'l Park* in Kalifornien.

Gila Cliffs

Achtung:
Straße #15 ist für RVs über 24 Fuß problematisch; Info in Ranger Station bei Mimbres

Von der *City of Rocks* weiter auf der #61 durch das hübsche Tal des Mimbres River, dann auf der #35/#15 zum ***Gila Cliff Dwellings National Monument***. Zwar sind es vom *State Park* dorthin nur 70 mi, wegen des serpentinenreichen Verlaufs der schmalen Gebirgsstraßen sollte man aber mit 2 Stunden reiner Fahrtzeit rechnen. Mit Besichtigung und Stopps erfordert der gesamte Umweg **einen vollen Extratag**, der sich lohnt.

Schon die Strecke durch den hochgelegenen, einsamen *Gila Nat'l Forest* ist großartig. Das Ziel besteht aus gut erhaltenen und restaurierten **Ruinen der Mogollon-Indianer** in mächtigen Felsüberhängen in einem malerisch bewachsenen Canyon. Der ***Trail*** hinauf und durch die *Cliff Dwellings* lässt sich leicht in ca. 1 Stunde bewältigen (Zugang 9-16 Uhr). **Geführte Touren** täglich um 11 Uhr. *Visitor Center* mit Ausstellung 8-16.30 Uhr. Eintritt ohne Jahrespass: $10/Person, unter 15 Jahre frei; www.nps.gov/gicl.

Zwei kleine ***NF Campgrounds*** befinden sich an der Zufahrt (*Grapevine & Lower Scorpion*). Eine schöne ***Wilderness Lodge*** liegt ca. 4 mi südlich der *Cliffs* an den ***Gila Hot Springs***, rustikale Zimmer mit Frühstück; © (575) 536-9749; www.gilahot.com.

Pinos Altos

Der Weg zurück zur I-10 über Silver City führt an Pinos Altos vorbei, einer früheren Minenstadt. Dort steht eine der urigsten Kneipen des Westens, der ***Buckhorn Saloon*** mit einem stimmungsvollem **Steak-Restaurant** (erst ab 15/16 Uhr geöffnet) als Teil eines alten Opernhauses; www.buckhornsaloonandoperahouse.com.

Camping in der City of Rocks

Silver City

Silver City ist eine alte ***Boomtown***, die das Versiegen seiner Silberadern dank großer Kupfervorkommen überlebte. Die Stadt selbst besitzt mit dem ***Big Ditch Park*** parallel zur historischen Hauptstraße eine geologisch interessante Sehenswürdigkeit: Wo um die Jahrhundertwende noch die *Main Street* verlief, befindet sich heute ein breiter 15 m tiefer Graben. Innerhalb kurzer Zeit sackte dieser Streifen einst nach starken Regenfällen und daraus resultierenden Fluten auf das jetzige Niveau ab.

Ansonsten zehrt Silver City vom zweifelhaften Ruhm, Heimat des berüchtigten Killers **Billy the Kid** zu sein (➤ Foto links), der zusammen mit seinem Verfolger, **Sheriff Pat Garrett**, unvergessen in die Wildwest-Geschichte einging; www.silvercity.org.

Nach Arizona

Auf der Straße #90 (bei Tyrone weitere Kupfermine im Übertageabbau) geht es **zurück zur I-10**. Über **Lordsburg**, letzte Etappe in New Mexico vor der Einfahrt bzw. Rückkehr nach Arizona gibt es nichts zu berichten, außer dass sich das Städtchen (abseits der I-10) durch **die niedrigsten Motelpreise der Region** auszeichnet.

Die ***Ghost Town Shakespeare***, einige Meilen südlich des Ortes, hat relativ wenig zu bieten und ist nur im Rahmen von (selten stattfindenden) geführten Touren zugänglich; Dauer: 1,5 Stunden; $4/Person; aktuelle Termine: www.shakespeareghostown.com.

Fort Bowie NHS

kein Eintritt

Rund 50 mi westlich von Lordsburg (*Exit* 362 von der I-10) verbindet eine **Schotterstraße nach Süden über den *Apache Pass*** das Nest Bowie mit der Straße #186. Auf dem Weg zum *Chiricahua National Monument* spart man auf dieser Abkürzung 35 mi. Die Strecke ist zwar staubig und streckenweise recht rau, aber bei Trockenheit unproblematisch. Im Passbereich befindet sich der Ausgangspunkt eines *Trails* zu den Resten des ***Fort Bowie*** (retour etwa 5 km), das hier vor über 100 Jahren als Außenposten gegen die Apachen fungierte, Eintritt frei; www.nps.gov/fobo.

Chiricahua National Monument

kein Eintritt

Von der Erosion durch Wind, Wasser und Eis skurril geformte, in vielen Fällen an Gegenstände und Lebewesen erinnernde **Felsskulpturen** sind die Attraktion des ***Chiricahua Park*** im *Coronado National Forest*. Nach der Fahrt über den *Apache Pass* und durch vegetationsarme Ebenen überrascht der dichte Baumbestand des Chiricahua Höhenzuges.

Eine Karte und weitere Informationen gibt's im ***Visitor Center*** unweit der Einfahrt in den Park. Auf dem ***Bonita Canyon Drive*** geht es zum 450 m höheren ***Massai Point***. Bereits entlang der Straße fallen seltsame Formationen ins Auge. Vom *Massai Point* und dem ***Nature Trail*** dort oben sieht man hinab auf unzählige der eigenartigen Chiricahua Felsen. Wanderungen hinein in das **Wunderland der Formen und Farben**, der Türme, Höhlen und Schaukelfelsen bieten ein großartiges Erlebnis, das man sich nicht entgehen lassen sollte; www.nps.gov/chir.

Für Besucher mit wenig Zeit eignet sich am besten der obere Abschnitt des ***Echo Canyon Trail*** bis ***Grotto*** mit Ausgangspunkt Parkplatz Echo Canyon an der Straße zum **Sugarloaf Mountain**.

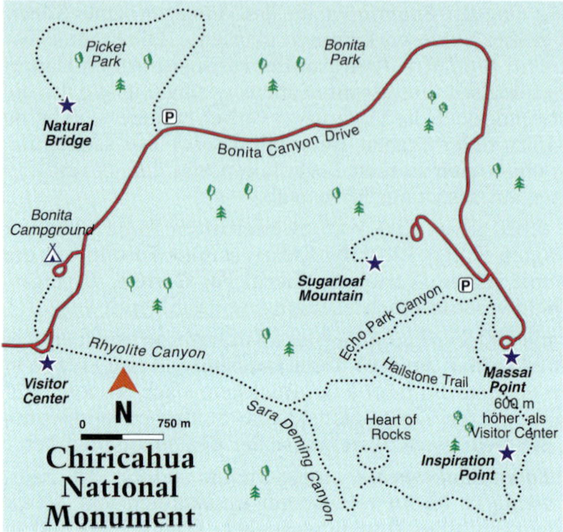

Zwei Stunden braucht man aber **mindestens**. Schon die ersten 2 km bieten **sagenhafte Eindrücke**. Mit ein bisschen mehr Zeit könnte man den *Echo Canyon* ganz ablaufen und über den ***Hailstone Trail*** zum *Echo Canyon* Parkplatz zurückkehren (ca. 6 km). **Ein voller Tag im *Chiricahua* wäre angemessener**. Mit Fotopausen benötigt man für eine optimale Rundwanderung durch *Echo Canyon, Sarah Deming Canyon* und *Totem Canyon* mit Abstecher zum ***Heart of Rocks***, dem **Höhepunkt** der *Chiricahua*-Skulpturen, leicht 6-7 Stunden (Beginn wie oben, ca. 14 km). Eine weniger anstrengende Möglichkeit wäre, morgens den **Shuttlebus** ab dem *Visitor Center* zu nehmen – Abfahrt 9 Uhr, keine Reservierung (Platz für 14 Leute) – durch die felsige Wunderwelt zu wandern und über den ***Rhyolite Trail*** abzusteigen.

Camping

Der Park verfügt über einen hübschen, aber relativ beengten ***Campground*** mit begrenzter Kapazität im *Bonita Canyon* ($20, RVs nur max. 29 Fuß; Reservierung unter www.recreation.gov). Auf der (leider) miserablen *Pinery Canyon Road* kann man aber in den ***National Forest*** ausweichen. Nach ca. 5 mi endet das private Land. Am ausgetrockneten Bachbett gibt es Plätzchen, wo sich »unorganisiert« übernachten lässt. Eine **Weiterfahrt bis Portal** unter Einsparung vieler Meilen auf dem Weg nach Westen ist möglich, aber wegen der üblen Schlaglochpiste selbst mit SUV nicht empfehlenswert.

»Steinpilze« im Chiricahua NM

Big Nose Kate's Saloon an der Allen Street in Tombstone, tolles Ambiente und oft Live-Musik

Weiter nach Tombstone

Vom *Chiricahua* sind es bis Tombstone nur 65 mi auf direkter Strecke, wobei die breite ***Gravel Road*** von Elfrida (Main Road) über die ***Ghost Town Gleeson*** und die Dragoon Mountains oft in miesem Zustand ist. Über McNeal auf Asphalt sind es +10 mi.

Bisbee

www.discoverbisbee.com

Rund 40 mi mehr fährt man über **Bisbee** (Quartier auf dem ***Shady Dell Campground*** in nostalgischen **Wohnwagen** der 1940er- und 1950er-Jahre **mit *Art Deco*-Einrichtung**; Straße #80 westlich des Ortes, ab $90; www.theshadydell.com). Bisbee lohnt wegen seiner schönen alten Fassaden und Lage einen Zwischenstopp. Die ***Queen Mine***, eine Kupfermine, bietet Unter-Tage-Touren (60-min; $13/$5,50; www.queenminetour.com). Die Einfahrt liegt an der #80 in unmittelbarer Nähe des Zentrums von Bisbee.

Tombstone

Dank **Wyatt Earp, Doc Holliday** und dem legendären ***Gunfight at O.K.Corral*** gegen den ***Clanton Clan***, der mehrfach verfilmt wurde, ist kaum eine andere (reale) *Old West Town* so bekannt wie das Städtchen mit dem Namen »Grabstein«. Die ***Town too tough to die*** ging nur deshalb nicht unter, weil ein kontinuierlicher Besucherstrom – vor allem seit der Ernennung zum ***National Historic Landmark*** – die Einnahmen fürs Überleben sicherte, nachdem die Silberadern, die Tombstone groß gemacht hatten, erschöpft waren.

Allen Street

Im Wesentlichen besteht Tombstone neben der Durchgangsstraße #80 aus seiner historischen, heute verkehrsbefreiten Hauptstraße ***Allen Street***, wo sich ***Saloons***, Restaurants und *Gift Shops* aneinanderreihen. Ein paar kleine Museen – u.a. das ***Bird Cage Theater*** im Originalzustand der wilden Jahre (dort spukt es!) und das ***Courthouse*** als ***State Historic Park*** (nicht sehr spannend) – fehlen ebenfalls nicht. **Besucherzentrum**: 395 E Allen Street Mo-Do 9-16 Uhr und Fr-Sa 9-17 Uhr; https://tombstoneweb.com.

Am berühmten ***O.K. Corral*** (9-17 Uhr) stehen die Helden von einst in Wachs und schussbereiter Position. Um 11, 12, 14 und 15.30 Uhr wird dort täglich das historische ***Shoot-out*** wiederbelebt (Dauer etwa 15 min). Die Multimedia-Show nebenan im ***Historama*** (10-16 Uhr) erläutert die Hintergründe des Feuergefechts und die Geschichte des Ortes; Kombiticket $10; www.ok-corral.com.

Voll auf Touristen zugeschnitten ist der ***Old Tombstone Western Theme Park*** mit reichlich Klamauk, Sightseeing-Tour im Trolley (30 min), Goldwaschen, *Cowboy Cooking* und *Comedy Gunfights*.

Die Opfer der einst so bleihaltigen Luft liegen eingangs des Ortes auf dem ***Boothill Graveyard***. Nach Neuanlage der Gräber ist der Friedhof nicht mehr so originell wie früher, aber die makabren Inschriften (u.a. *hanged by mistake*) blieben erhalten; $3.

Tombstone wirkt wegen seiner starken Kommerzialisierung nicht übermäßig authentisch. Aber am Abend sorgt an guten Tagen das pralle **Kneipenleben** für Freude, und fast alle der ***Saloons*** (zugleich Restaurants) sind ohne Frage echt Wildwest, am besten ***Big Nose Kate's***. Auch die **Shops** sind originell sortiert. Ende Mai finden zudem die ***Wyatt Earp Days*** statt und übers *Labor Day*-Wochenende das ***Rendezvous of the Gunfighters*** mit allerhand Cowboy- & Indianer-Programm und Rodeo.

Eine Handvoll preiswerter Quartiere gewähren Unterkunft, darunter die ***Landmark Lookout Lodge*** (ab $85, © (520) 457-2223; www.lookoutlodgeaz.com) oder diverse **B&Bs** wie das ***Bordello*** (ab $99; © (520) 457-2394, https://tombstonebordello.com).

Von den ***RV Parks*** liegt der komfortabelste (***Tombstone***) 1 mi nördlich der Stadt; ***Wells Fargo*** (© 1-800-269-8266) und ***Stampede*** (© 1-866-409-4778) im Zentrum sind enger, aber für abendliche Saloonzüge zu Fuß günstiger positioniert; Zelte $25, *full hook-up* ab ca. $35. Sehr schön campt man im *Kartchner Caverns SP* (➤ unten).

Routen von Tombstone nach Tucson

Kartchner Caverns SP

Von Tombstone in Richtung Tucson lohnen sich Abweichungen von der schnellsten Route (**#80/I-10**) kaum, außer bei einem Abstecher nach Mexiko oder dem Besuch der *Kartchner Caverns* nordwestlich von Tombstone an der **Straße #90** (Anfahrt über die #80/#82) . Die **beeindruckenden Tropfsteinformationen** im Inneren der Höhle darf man im Rahmen von geführten Touren bestaunen. Kinder unter 7 Jahren, Taschen, Rucksäcke, Kameras sowie Smartphones sind dort **nicht erlaubt**! Tickets $23/$13 + Eintritt $7/Fahrzeug.

Abstecher nach Mexiko

Die Straßen #80/#82 führen von Tombstone nach **Nogales**. Jenseits der Grenze wartet die Realität Lateinamerikas. Lederprodukte, Souvenirs, *Tequila* und Backwaren sind dort preiswert. Der Grenzübertritt zu Fuß macht keine Schwierigkeiten; Details dazu ➤ Seite 278.

Tumacácori Tubac Park

Von Nogales nach Tucson sind noch 70 mi auf der I-19, an der sich noch einige kurze Stopps anbieten: Beim *Exit* 29 befindet sich der ***Tumacácori Nat'l Historical Park*** mit den Ruinen einer einstigen Missionskirche (tägl. 9-17 Uhr; $7/Person oder *Interagency*-Pass).

San Xavier del Bac

Nicht auslassen sollte man 10 mi südlich von Tucson den Abstecher zur »Weißen Taube der Wüste«, eine – außen sowie innen – ausgesprochen hübsche Missionskirche aus dem 18. Jahrhundert. Täglich 7-17 Uhr; Zufahrt über *Exit* 92 der I-19 (1950 W San Xavier Road). Die Kirche kann auch bei anderer Route als kurzer Abstecher direkt von Tucson aus gut besucht werden.

Von Tombstone nach Tucson

Entscheidet man sich für den direkten Weg von Tombstone nach Tucson, verbleiben noch etwa 70 mi auf der #80 und der I-10. Etwa 20 mi vor Tucson führt ein Abstecher ab **Vail** (I-10, *Exit* 279) zur ***Colossal Cave*** und dem Ostteil des ***Saguaro National Park***.

Colossal Cave

Über die East Colossal Cave Road und dem Old Spanish Trail ist nach ca. 7 mi die Zufahrt zum ***Colossal Cave Regional Mountain Park*** erreicht, wo man auf einer 45-min-Tour einen Teil des riesigen Höhlensystem besuchen kann, das aber lange nicht so spannend wie die *Carlsbad Caverns* ist; 9-16 Uhr; $18, Kinder $9; www.colossalcave.com. Der Höhle benachbart ist die ***Posta Quemada Ranch***, wo man campen (*first-come, first-served*; $7,50; www.colossalcave.com/camp-picnic), Pferde mieten und an geführten Ausritten teilnehmen kann (.../stables).

Weiter zum Saguaro NP

Ohne den Abstecher zur Höhle, ist das **Ostareal des Saguaro Nationalparks** (3693 South Old Spanish Trail) schneller über die Houghton Road erreicht (I-10, *Exit* #275). Vom Tucsons Zentrum folgt man am besten dem Broadway Blvd nach Osten und biegt rechts auf die Freeman Road ab, die in den **Old Spanish Trail** übergeht.

Saguaro NP Ostteil
$25/Auto oder Jahrespass

Auch wenn der Name des 8 mi langen, asphaltierten Rundparcours im Ostteil (***Cactus Forest Drive***) suggeriert, dass man dort durch einen wahren »Saguaro-Wald« (Aussprache: »*sah-uah-roh*«) fährt, kann dieser mit jenem im Westareal des Nationalparks nicht ganz mithalten. Dafür finden *Backpacker* in der Wildnis im Hinterland des *Rincon Mountain District* ein **weitverzweigtes Netz**

an Wanderwegen mit etlichen ausgewiesenen Einfachstzeltplätzen. Den Sommer über ist es allerdings meist mörderisch heiß (*Backcountry Permit* erforderlich; $8). Der Park hat erst ab 7 Uhr und nur bis zum Sonnenuntergang geöffnet, das Besucherzentrum täglich 9-17 Uhr; www.nps.gov/sagu.

Zu den stattlichen, vielarmigen Saguaros (➤ Foto links) hat sich an der *Loop Road* bei der *Javelina Picnic Area* (überdacht und mit Grillplatz) ein ***Crested Saguaro*** (oder *Cristate Saguaro*) dazugesellt, eine seltene Laune der Natur mit einer fächerähnlichen Wuchsform. Wissenschaftler streiten noch, ob ihr genetische Mutationen, Umwelt- oder Frostschäden zugrunde liegen. Insgesamt nur rund 2.000 Exemplare soll es im Südwesten geben. Schöner und ebenfalls leicht zugänglich ist der *Crested* im *Organ Pipe Cactus NM*, ➤ Seite 592.

Titan Missile Museum www.titanmissilemuseum.org

Bei Green Valley (an der I-19 etwa 20 mi südlich von Tucson, *Exit #69*) steht das ***Titan Missile Museum***. Es handelt sich um das komplette reale Abschusssilo einer mit Atomsprengköpfen bestückten ***Titan-II*-Interkontinentalrakete**, das von 1963 bis 1984 rund um die Uhr einsatzbereit war. Eine 1-stündige Führung geht durch alle Details dieser technisch faszinierenden Anlage einschließlich der Kommandostelle, wo im Ernstfall der rote Knopf gedrückt worden wäre. Man muss dieses Gruselkabinett gesehen haben, um zu glauben, dass es sich nicht um eine Filmattrappe handelt, sondern wirklich existiert(e)! Tourbeginn von Mai bis Oktober täglich 10-14.45/15.45 Uhr; $10,50, Kinder 5-12 Jahre $7; Infos unter © (520) 625-7736 bzw. www.titanmissilemuseum.org.

Oben: *Betriebsbereite Anschlüsse mit Technikcrew auf der Service-Plattform*

Links*: Blick von oben auf die Interkontinentalrakete im Schacht samt Atomsprengkopf in der Spitze*

4.4.8 Tucson und Umgebung

Übersicht

Lage und Geschichte

Die zweitgrößte Stadt Arizonas liegt rund 100 mi südöstlich von Phoenix und 65 mi nördlich der mexikanischen Grenze auf etwa 700 m Höhe. Sie wird im Norden, Osten und Westen von Gebirgszügen eingerahmt. Die knapp 2.800 m hohen **Santa Catalina Mountains** bieten Abkühlung im Sommer und im Winter sogar Schnee. Das ***Mount Lemmon Ski Valley*** ist das südlichste Skigebiet der USA. Die mit den »Catalinas« verbundenen **Rincon Mountains** sind überwiegend unerschlossene Wildnis, zugänglich nur über Wanderpfade. Hinter den rauen, spärlich bewachsenen **Tucson Mountains** im Westen der Stadt wird das Landschaftsbild von mächtigen **Saguaro-Kakteen** geprägt.

Bis dato Verwaltungszentrale des ***Arizona Territory*** wurde Tucson mit der Proklamation des Gebiets zum 48. Bundesstaat 1912 Hauptstadt, verlor diese Funktion jedoch später an Phoenix und erhielt dafür die ***University of Arizona***. Dank milder Wintertemperaturen und trockener Wüstenluft gewann Tucson – ähnlich wie Phoenix – Popularität bei Pensionären und Überwinterern, obwohl die Stadt insgesamt nicht den Wohlstand etwa des nahen Scottsdale ausstrahlt. Aber Ausfall- und Geschäftsstraßen wirken (noch) großzügiger als die anderer amerikanischer Citys. Hinzu kommt die üppige Vegetation, die exotischen *Saguaros* und der unverkennbare mexikanische Einfluss auf die Architektur.

Orientierung

Tucson zählt heute etwa 530.000, der Großraum knapp über 1 Mio. Einwohner. Wegen dessen Ausdehnung entsteht der Eindruck einer weit größeren Stadt. Das Zentrum und der größere Teil Tucsons liegen östlich und nördlich der von Nordwesten im Bogen nach Südosten verlaufenden *Interstate* #10. Die Orientierung fällt leicht, da mit Ausnahme der in die Berge führenden Straßen die Stadt weitgehend schachbrettartig angelegt ist.

Den Aussichtspunkt am **Sentinel Peak** (oder auch **A Mountain**) erreicht man von der I-10 (*Exit* 258) über die Congress Street nach Westen und weiter auf der Sentinel Peak Road.

Information

Über dieselbe Ausfahrt, aber nach Osten (Congress St/E Broadway Blvd), geht es durch Downtown und weiter zum ***Tucson Visitors Bureau*** an der 811 N Euclid Ave; geöffnet Mo-Fr 9-17 Uhr, Sa+So bis 16 Uhr. Sehr hilfreich sind die Hefte »*Visit Tucson*« (in digitaler Form auch im Web: www.visittucson.org/about/visitors-guide) sowie »*Destination Downtown*« mit aktuellen Infos zu Restaurants, Veranstaltungen sowie Ausflugstipps etc.

Unterkünfte

An der I-10

reiswerte und auch bessere **H/Motels** befinden sich an sämtlichen Ausfallstraßen und entlang der *Interstates*, speziell an der **Westseite der I-10** zwischen Congress Street und Abzweigung der I-19, South Freeway Road/Starr Pass Blvd (*Exit* **259**) sowie an den Ausfahrten **256** (nördlich) und **264** (südöstlich des Zentrums).

4

Die Quartiere der Mittel- und Oberklasse mit schönen Pool- und Grünanlagen werben von Mai bis Oktober oftmals mit Zimmerpreisen ab $80/Nacht, erhöhen aber zur Hauptsaison – ab Dezember und vor allem von Weihnachten bis April/Mai – ihre Tarife gern um das Doppelte und mehr.

Am Airport

Der **Flughafenbereich** ist in Tucson kein schlechter Standort. Besonders an Wochenenden sind dort (außer Januar-April) die Chancen hoch, zu einem guten Preis-Leistungs-Verhältnis unterzukommen. Etwa $90/Zimmer zahlt man am South Tucson Blvd im:

- ***La Quinta***, #7001 South Tucson Blvd, © (520) 573-3333
- ***Country Inn & Suites by Carlson***, #6681, © 1-800-830-5222
- ***Best Western Plus***, #6801, © (520) 746-3932

Downtown

Empfehlenswerte Häuser in zentraler Lage sind u.a:

- ***University Inn***, 950 North Stone Ave; einfach, aber sauber, ab ca. $70; © (520) 791-7503, www.universityinntucson.com
- ***Best Western Royal Sun***, 1015 N Stone Ave/ Ecke Speedway; große Räume ab ca. $95 zum begrünten Innenhof oder Pool hin; Bar+Restaurant; © 1-800-545-8858, www.bwroyalsun.com
- ***Red Roof Inn***, 3704 E Irvington Road, *Exit* 264 B von der I-10, preiswerte, gute DZ ab ca. $60; © (520) 571-1400.

Wer 'mal keine Lust auf die üblichen Kettenmotels haben sollte, findet reichlich Nostalgie und historischen Charme im:

- ***Congress Hotel***, 311 Congress Street in Downtown; ab $89; © 1-800-722-8848, www.hotelcongress.com.

Und für alle, die sich etwas mehr Luxus gönnen möchten, ist dieses hübsche *Boutique Hotel* östlich von Downtown eine prima Wahl:

- ***Lodge on the Desert***, 306 North Alvernon Way; ab ca. $110; © 1-833-257-8800, www.lodgeonthedesert.com.

Camping

Tucson ist förmlich eingekreist von – teilweise riesigen – Komfort-Campingplätzen für große und größte *Motorhomes*. Ihr Schwerpunkt liegt auf hohem Platzkomfort, ansprechende Lage und landschaftlich reizvolle Einbettung sind zweitrangig. Mehr oder weniger voll belegt sind sie Nov-April und im Sommer z.T. geschlossen.

- Wenn **Komfortcamping**, dann ist der ***Lazydays KOA*** an der 5151 South Country Club Rd, südlich der I-10 (*Exit* 264B) schwer zu toppen; mit allen Schikanen einschließlich *Wifi* ab $43; © 1-800-562-8730, www.koa.com/campgrounds/tucson-lazydays.
- Eine gute Lage (unweit des *Saguaro NP West*) und großzügige Stellplätze mit *full hook-ups* und *Wifi* bietet der ***Diamond J RV Park***; 3451 South San Joaquin Road; RVs ab $35 (nur Barzahlung!); © (520) 883-6706; www.diamondjrvpark.com.
- Der ***Gilbert Ray Campground*** an der 8451 West McCain Loop zwischen *Old Tucson* und dem *Desert Museum* (Anfahrt via #86 West und Kinney Rd). Großzügige Plätze nur mit Stromanschluss;

keine Duschen; *first-come, first-served*; Zelte $10, RVs $20 (nur Barzahlung!), ✆ (520) 724-5000; http://webcms.pima.gov/cms/One.aspx?portalId=169&pageId=1327.

- In den **Catalina Mountains** nordöstlich der Stadt liegen entlang der Auffahrt zum Mount Lemmon ***NF Campgrounds*** ohne *hook-up*/Duschen. ***Molino Basin*** auf 1.300 m ist der erste und zugleich beste Platz; $10, geöffnet Nov. bis Anfang Mai; www.fs.usda.gov/recarea/coronado/recreation/recarea/?recid=25674&actid=24.

Shopping & Kneipen

4th Ave

Wer nicht über die Grenze fährt, wird in Tucson in vielen *Mexico Shops* mit allem bedient, was das Nachbarland bietet, wenngleich zu höheren Preisen. **Indianische Handarbeit** ist ebenfalls vielenorts erhältlich, u.a. in der **4th Ave** (zwischen Congress St und University Blvd), eine bunte Einkaufsstraße und **alternative Kneipenmeile** mit vielen Boutiquen, Buchläden sowie schrägen Kunstgalerien. Erreichbar mit den ***SunLink Tucson Streetcars***, die *Mercado* bzw. Downtown und den Campus der *University of Arizona* verbinden; Einzelticket $1,75, Tagespass $4,50; www.sunlinkstreetcar.com.

Eine Institution ist der Mexikaner ***El Charro Cafe*** an der 311 N Court Ave im *Historic Block* der Stadt (➤ Seite 587).

Als beliebter Treff konnte sich auch die ***Borderland Brewing Company*** in der 119 E Toole Avenue gut etablieren; mit frischgezapftem *Craft Beer* und *Live Music* in einem umgebauten ehemaligen Lagerhaus.

Shopping

Nördlich von Downtown steht das größte überdachten *Shopping Center* der Stadt, die bei Sommerhitze recht angenehme ***Tucson Mall***; 4500 North Oracle Road, www.tucsonmall.com.

Outlet Center

Wie in anderen größeren Citys im Westen der USA, darf auch in Tucson ein Einkaufsparadies mit »Fabrikverkaufspreisen« nicht fehlen. Die ***Premium Outlets*** befinden sich noch etwas weiter nördlich am 6401 Marana Center Blvd (*Exit* 244 von der I-10) mit *Shops* von *Nike, Adidas, Calvin Klein, Levi's, Disney* u.v.m.

Museen und weitere Sehenswürdigkeiten

Pima Air Museum

Das ***Pima Air & Space Museum*** (6000 East Valencia Road, *Exits* 267 oder 269 von der I-10; www.pimaair.org) verfügt über die vermutlich weltgrößte Flugzeugausstellung. In Hallen und einem riesigen Außengelände stehen weit über 200 gepflegte, hauptsächlich militärische Originalmaschinen aller Jahrgänge, Raketen (u.a. eine V-1) und Drohnen wie auch das Präsidentenflugzeug von *John F. Kennedy*. Ein **absolutes Muss** nicht nur für Flugzeugfans! Zeitbedarf 2-3 Stunden. Täglich 9-17 (letzter Einlass bereits um 15 Uhr!); Eintritt: $16,50, Kinder 5-12 Jahre $10.

4.000 ausrangierte Kampf-Flugzeuge

Im Osten von Tucson erstrecken sich außerdem immense Freiflächen der ***Davis-Monthan Air Force Base***, auf denen Tausende eingemotteter und ausgeschlachteter Flugzeuge vom Weltkrieg-II-Bomber bis zu Jets der 1980er-Jahre stehen.

Von den Straßen rund um die Basis hat man einen guten Blick auf einen Teil der Bestände (ausgehend vom *Exit* 270 von der I-10 am besten der South Kolb Rd nach Norden folgen, dann links auf die Escalante Rd abbiegen oder nach rechts auf die Irvington Road in Richtung *Old Spanish Trail* bzw. Ostareal des *Saguaro Nat'l Park*. Insgesamt sollen noch über 4.000 Flugveteranen in Tucsons Umgebung auf Verschrottung, Verkauf oder Wiedereinsatz warten. Vor Jahren standen dort sogar bis zu 20.000 Flugzeuge herum.

Dorthin offeriert die *Air Force* wochentags ***Boneyard Tours*** ab dem *Pima Air Museum* und mit scharfen *Security-* bzw. Reisepasskontrollen. Die Tickets ($20 pro Person) müssen **mindestens 16 Werktage vorher reserviert** werden: www.pimaair.org/tour-boneyard.

Titan Missile Museum

Ebenfalls organisatorisch verbunden mit dem *Pima Air Museum* ist das besuchenswerte und weltweit einmalige ***Titan Missile Museum*** bei Green Valley, ➤ Kasten Seite 582.

Ausrangierte Bomber soweit das Auge reicht in der Monthan Air Force Base

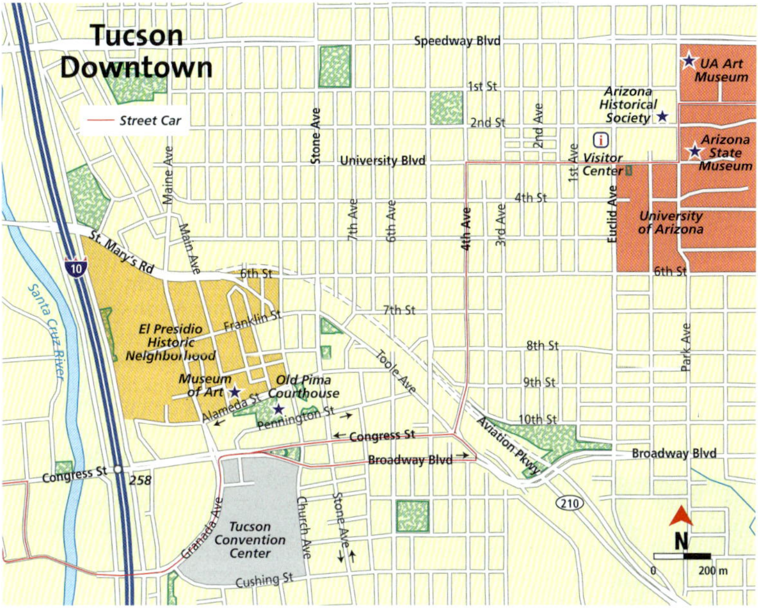

Historic Block

Der ***Historic Block*** in Downtown besteht aus dem ***El Presidio Park*** mit beeindruckendem ***Courthouse***, zahlreichen historischen Bauten und dem ***Tucson Museum of Art*** an der 140 N Main Ave. Die Kollektion umfasst *Southwestern* und *Modern American Art* mit sehr guten Einzelstücken, ist insgesamt aber Mittelmaß; geöffnet im Sommer Di-So 10-17 Uhr, Do bis 20 Uhr, So ab 12 Uhr, Eintritt $12, Jugendliche 13-17 Jahre $7; www.tucsonmuseumofart.org.

Weitere Museen

Besuchenswert wären auch noch folgende Museen:

- Das ***University of Arizona Museum of Art*** zeigt u.a. Werke von Rodin, Picasso und Henry Moore, plus Wechselausstellungen. Geöffnet Di-Fr 9-16 Uhr, Sa bis 17 Uhr, So 12-17 Uhr, während der Uni-Ferien oft geschlossen; Eintritt: $8; 1031 North Olive Road; www.artmuseum.arizona.edu.
- Das ***Arizona History Museum*** gehört zu den besseren Geschichtsmuseen einzelner US-Staaten. Das Hauptgewicht liegt dort auf Arizonas Bergbau und dem Leben in Tucson im späten 19. Jahrhundert; Mo-Fr 10-17 Uhr, Sa ab 11 Uhr; $10, Kinder $4-$5; 949 East 2nd St; www.arizonahistoricalsociety.org.
- Das ***Arizona State Museum*** gegenüber, thematisiert Ethnologie und Kultur der Ureinwohner des Südwestens; konservative Präsentation. Geöffnet Mo-Sa 10-17 Uhr; Eintritt $8, Kinder frei; 1013 E University Blvd; www.statemuseum.arizona.edu.

4

- Das ***Flandrau Science Center*** versucht Besuchern Technologie & Wissenschaft über interaktive Exponante näher zu bringen; täglich 9-17 Uhr, So ab 12, Fr+Sa bis 22 Uhr; $16/$12 inkl. Show im ***Planetarium***; 1601 E University Blvd; www.flandrau.org.
- Ganz der Kunst und dem Handwerk der *Native Americans* widmet sich das kleine ***Tucson Desert Art Museum*** im Osten der Stadt (7000 E Tanque Verde); geöffnet Mi-So 10-16 Uhr; Eintritt $10, Kinder $4-$8; www.tucsondart.org.

Events

Eine Sehenswürdigkeit für sich ist die alljährlich **Anfang Februar** in Tucson stattfindende ***Gem, Mineral & Fossil Show***, eine der weltgrößten Edelstein- und Mineralienmessen. Gleich im Anschluss wird die ***Fiesta de los Vaqueros*** ausgerichtet, ein 9-tägiges Rodeo-Festival, eines der größten seiner Art in den USA.

Arizona-Sonora Desert Museum

Weit außerhalb, rund 14 mi westlich der Stadt liegt das wunderbare ***Arizona-Sonora Desert Museum*** im *Tucson Mountain Park*. Der Begriff »Museum« trifft nach unserem Verständnis nicht ganz, was den Besucher erwartet. Tatsächlich handelt es sich um eine ausgesprochen gelungene Kombination aus großem Botanischen Garten und Kleintierzoo mit der Thematik **»Flora und Fauna der *Sonora*-Wüste«**. Dazu gibt es nirgends Besseres: Über 300 in der Wüste beheimatete Tierarten sind vorbildlich untergebracht zwischen zahlreichen Kakteen und rund 1.200 Pflanzenarten, die auch die wilden Tiere aus der Umgebung anlocken. So sieht man Kolibris und knallrote Kardinalvögel nicht nur im Voliere, sondern auch im Blumengarten, und auf den Saguaros sitzen jede Menge Gila-Spechte. **Alles im allem sehenswert**, im Sommer verstecken sich allerdings tagsüber viele Tiere vor der Hitze (und ebenso vor den Besuchern!).

Zeitbedarf mind. 2-4 Std; Eintritt: $22; Kinder 3-12 Jahre $9. Täglich geöffnet Ok-Feb 8.30-17 Uhr und März-Sept. 7.30-17 Uhr + Sa bis 22 Uhr mit Spezial-Programm; www.desertmuseum.org.

Adresse: 2021 North Kinney Road. Die kürzeste und schönste Zufahrt ist der verlängerte **Speedway Blvd** (von der I-10 *Exit* 257) über den ***Gates Pass***, der mit ausgebautem **Aussichtspunkt** (Parkplätze, Toiletten) und weitem Blick über die kakteenbestandene *Sonora*-Wüste in Richtung Westen aufwartet. Ein beliebtes Plätzchen unter Fotografen zum Sonnenuntergang! Die Strecke über den *Gates Pass* wird allerdings für Wohnmobile länger als 24 Fuß nicht empfohlen, Anfahrt dann besser via I-19 (*Exit* 99) und die Straße #86 + South Kinney Road.

International Wildlife Museum

Am Wege zum *Gates Pass* passiert man auch die burgartige Anlage des ***International Wildlife Museum*** mit einer großen Sammlung an ausgestopften Tieren aus aller Herren Länder; 4800 W Gates Pass Road; Mo-Fr 9-17 Uhr, Sa+So bis 18 Uhr; an Sommerwochenenden kürzer; $10/$5; www.thewildlifemuseum.org.

Old Tucson Studios

An der 201 South Kinney Rd (unweit der Straßenkreuzung mit der Gates Pass Road) liegen zudem die attraktiven ***Old Tucson Studios***. Dieser 1939 zunächst für den Filmklassiker »Arizona« errichtete Nachbau von Tucson der 1880er-Jahre diente auch später noch als

Old Tucson Studios

Western-Kulisse für diverse Kino- und Fernsehproduktionen, darunter auch »*Rio Bravo*« mit John Wayne. Nach einem Großbrand in den 1990er-Jahren wurden die Gebäude neu aufgebaut, so dass heute wieder *Railroad Station, Sheriff's Office, Saloon* und ein Galgen vor dem Panorama der Tucson Mountains stehen. Zum Zuschauen gibt es *Cowboy Stunt-Shows*, Bankraub und Rodeo, zum Mitmachen Postkutschenfahrten, Goldwaschen und Ausritte; \$20/\$11; Öffnungszeiten schwanken stark; im Sommer manchmal wochenlang geschlossen, aktuelle Infos: www.oldtucson.com.

Trail Dust Town

Aus den Überresten einer in den 1950er-Jahren nie fertiggestellten Filmkulisse entstand (weit im Stadtosten) die ***Trail Dust Town***, ein kommerzielles Mini-Western-Städtchen mit Shops und Kneipen, Karussell, *Opera House* und *Town Plaza* für die auch dort unvermeidlichen *Gunfights*; freier Zutritt 8-23 Uhr. *Steakhouse* und Saloon haben abends jeden Tag geöffnet, das *Pancake Haus* auch tagsüber Di-So, die Attraktionen meist nur Mi-So (an Wochenenden auch nachmittags). Die *Pistoleros* zücken ihre Waffen Mi-So 19-20 Uhr; 6541 Tanque Verde Road zwischen dem Ende der Pima und Grant Road; www.traildusttown.com.

Wildwest-Kulisse in der Trail Dust Town

Saguaro NP Westteil

Eintritt $25/Auto oder Jahrespass

Das Westareal des ***Saguaro National Park*** grenzt an den *Tucson Mountain Park*. Im Gegensatz zum Ostteil (➤ Seite 581) stehen hier die majestätischen Saguaros noch dicht an dicht. Ihr Hauptstamm kann bis zu 15 m hoch werden; die ersten Arme bilden sich erst nach etwa 70 Jahren aus. Ihre weißen, wachsartigen Blüten zeigen sie im **Mai/Juni**. Als gute Besuchszeit gelten auch März/April, wenn die Temperaturen etwas »wanderfreundlicher« sind.

An der North Kinney Road, nur 2,5 mi westlich des *Arizona-Sonora Desert Museum*, liegt das ***Red Hills Visitor Center*** (9-17 Uhr) und gleich nebenan 2 Naturlehrpfade; www.nps.gov/sagu.

Der an sich empfehlenswerte ***Bajada Loop Drive*** (6 mi Schotter, Startpunkt 1,5 mi weiter in Richtung Nordwesten), läuft zwar durch schöne Saguarobestände, ist aber sehr rau und staubig. Am besten gegen den Uhrzeigersinn abfahren, denn ein Teil ist als Einbahn geführt. Wer asphaltierte Routen nicht verlassen möchte, kann alternativ die ***McCain Loop Road*** außerhalb bzw. südlich des Nationalparks entlang fahren, mit vielen Saguaros beidseitig der Straße.

Sabino Canyon

Überaus populär und reizvoll ist im Nordosten der Stadt der ***Sabino Canyon***, eine für den Autoverkehr gesperrte Wüstenoase hoch oben in den Catalina Mountains mit plätschernden Bächen, saisonalen Wasserfällen und Badepools, die im Hochsommer gerne austrocknen; www.fs.usda.gov/recarea/coronado/recarea/?recid=80532. Ein Großparkplatz ($5 oder *Interagency*-Jahrespass) und eine ***Visitor Info*** (tägl. 8-16 Uhr) erwarten Besucher am Ende des frei befahrbaren Abschnitts der Sabino Canyon Rd (Zufahrt vom Zentrum über den Speedway/Broadway und dann Wilmot/East Tanque Verde Road). Von dort geht es dann zu Fuß, per Bike (nur vor 9 Uhr oder nach 17 Uhr) oder per *Tram* zu den Wandergebieten ***Sabino Canyon*** (45-min-Tour, ca. 8 mi zurück; $10/$5) oder ***Bear Canyon*** (30 min, ca. 4 mi; $6/$4). Die offenen »Busse« halten an Picknickplätzen, *Trailheads* und *Viewpoints*; man kann beliebig aus- und zusteigen. Vom Endpunkt im *Bear Canyon* sind es 4 km bis zum Schwimmbereich bei den ***Seven Falls***.

Catalina State Park

Das Gegenstück zum *Sabino Canyon* an der Nordwestseite der Gebirgskette ist der ***Catalina State Park*** (5-22 Uhr; $7/Fahrzeug). Dort warten einige dicht mit Saguaros bestückte **Wander- und Reitwege**, **Picknick**- und **Campingplätze** sowie **Badestellen**, sofern sie nicht ausgetrocknet sind (*Romero Pools* im gleichnamigen Canyon; 9 km retour). Schön zum Füßevertreten ist der Anfangsbereich des *Sutherland Trail* bis zum Abzweig der *Canyon Loop* (2,5 km retour). Anfahrt von Tucson über die #77 in Richtung Norden; Zelte $15, *hook-up* $30; www.azstateparks.com/catalina.

Telescope Alley auf dem Kitt Peak (➤ rechts)

4.4.9 Routen von Tucson nach Phoenix

Westliche Route über die I-10 oder das Organ Pipe Cactus NM

I-10 nach Phoenix

Für die Fahrt in Richtung Phoenix liegt die Benutzung der *Interstate* #10 als direkte Route nahe. Sehr pittoresk unter der gleichnamigen Höhe liegt der ***Picacho Peak State Park*** mit einem wiederum schönen Bestand an *Saguaros* und mehreren *Trails*, von denen man weit über das Land schaut; geöffnet Mitte September bis Mitte Mai, am schönsten Mitte März zum Höhepunkt der Wildblumenblüte; www.azstateparks.com/picacho.

Zu den ***Casa Grande Ruins***, den Resten einer mehrstöckigen Adobe-Bau der Hohokam-Indianer am Straßendreieck #87/#287 nördlich von Coolidge, geht es ab *Exit* 211. Sie wurden mit einer riesigen modernen Überdachung versehen – zwar ein *National Monument*, aber für die viele Touristen sicher nur bedingt spannend; $10 oder *Interagency Pass*; www.nps.gov/cagr.

Umweg über das Organ Pipe National Monument

Auf der I-10 benötigt man für die 115 mi von Tucson nach Phoenix nur gute zwei Stunden reine Fahrzeit. Die Streckenlänge erhöht sich um etwas mehr als das Doppelte bei mindestens verdreifachter reiner Fahrzeit, wählt man den Umweg über das ***Organ Pipe Cactus Nat'l Monument***, einen tollen Kakteenpark mit dem Vorzug der abgeschiedenen Lage. Sofern man einen Extratag erübrigen kann (möglichst mit Übernachtung auf dem in ein Kakteenfeld eingebetteten Campingplatz), sollte man diesen Abstecher in Erwägung ziehen. Bereits die Straße #86/#85 durch die Einsamkeit der *Tohono O'Odham Indian Reservation* ist ein Erlebnis für sich. Keine Tankstellen unterwegs, daher volltanken vor Fahrtantritt!

Kitt Peak Observatory

Am Wege passiert man die Zufahrt zum *Kitt Peak Observatory* mit einer Kollektion gewaltiger Teleskope (***Telescope Alley***). Wer die steile Strecke (24 mi retour) nicht scheut, findet oben ein ***Visitor Center*** mit Filmvorführung und darf die Anlagen auf einer Tour bestaunen: *self-guided* (9-15.45 Uhr; gratis) oder geführt (3x täglich 10, 11.30 + 13.30 Uhr; $13/$8). Ein schattiger **Picknickplatz** liegt an der Auffahrt; www.noao.edu/outreach/kpvc.

Organ Pipe Cactus NM

Eintritt $25/Auto oder Interagency Jahrespass

Das Verbreitungsgebiet des ***Organ Pipe Cactus*** (Orgelpfeifenkaktus) beschränkt sich in den USA vorrangig auf das gleichnamige ***National Monument*** (www.nps.gov/orpi). Dieses vielarmige, bis etwa 8 m hohe Kakteengewächs gedeiht sonst nur im Nordwesten Mexikos. Die Blüten im Mai/Juni sind weiß, nur nachts geöffnet und lange nicht so hübsch wie die der Saguaros, die hier auch nicht fehlen. Ausführliche Informationen zu Flora und Fauna des Parks gibt's im ***Visitor Center*** (8-17 Uhr) an der #85, 22 mi südlich des Mini-Ortes mit dem kuriosen Namen Why, entlang des ***Nature Trail*** (Lehrpfad 200 m) und am ***Desert View Loop*** (2 km).

Gleich gegenüber, auf der anderen Seite der #85, nimmt der streckenweise raue und wild geführte ***Ajo Mountain Drive*** seinen Ausgang und windet sich auf den folgenden 21 Meilen als Einbahn-Schotterstraße durch fantastisches Gelände – am besten am späteren Nachmittag. RVs nur bis 24 Fuß; es rüttelt gewaltig!

Vielarmiger Organ Pipe Cactus

Der ebenso ungeteerte, 37 mi lange ***Puerto Blanco Drive*** ist erst seit 2014 wieder durchgehend für Besucher geöffnet und erschließt den westlichen Teil des Parks – abschnittsweise als Einbahn, so dass man ihn vorzugsweise gegen den Uhrzeigersinn abfährt (gute Bodenfreiheit erforderlich!). Wenn die Zeit knapp ist, sollte man dem ***Ajo Mountain Drive*** **den Vorzug** geben!

Eine Kuriosität ist auch der stattliche ***Crested Saguaro***, der sich westlich der #85 bei Meile 74 befindet. Mehr zu diesen »merkwürdig« aussehenden *Saguaros* ➤ Seite 582.

Am schönsten übernachtet man im Park auf *first-come, first-served*-Basis zwischen den Kakteen auf dem ***Twin Peaks Campground*** ($20; keine *hook-ups*; 1,5 mi südlich des Besucherzentrums) oder noch ruhiger im nördlichen Bereich der *Ajo*-Bergkette beim ***Alamo Canyon*** ($12; primitiv; nur Zelte) am Ende einer holprigen, nicht weiter ausgeschilderten Zufahrt (3 mi ab #85, Meile 65,5; Parkkarte beim *Visitor Center* besorgen!). Dieser Abstecher und das Ablaufen des kurzen ***Trails*** durch den herrlichen Kakteen«wald« lohnen sich auch für Nichtcamper (➤ Foto Seite 22).

H/Moteltouristen kommen in **Ajo** unter, dem einzigen »Nest« weit und breit mit Tankstellen und Supermärkten. Am besten gefallen den Autoren dort die *Cabins* (einige mit *King-Size*-Betten) im ***La Siesta Motel & RV Park*** an der #85, rund 2 mi nördlich des Zentrums; © (602) 975-0106, www.ajolasiesta.com.

Von Tucson über den Apache Trail nach Phoenix (östliche Route)

Routenverlauf

Ein landschaftlich reizvollerer, vom Zeitbedarf her aber im Vergleich zur direkten Route auf der I-10 ebenfalls mehrfach so langer **östicher Umweg** entspräche der **Straßenkombination #77 #60/#188/#88** von Tucson über Oracle, Globe und den *Apache Trail* nach Phoenix. Er kommt indessen nur für Leute in Frage, die nicht mit dem Wohnmobil unterwegs sind. Denn der beste Abschnitt dieser Strecke entspricht ca. 22 Meilen abenteuerlich geführter Schotterstraße zwischen Roosevelt Reservoir und Canyon Lake. RV-Fahrer finden mit der parallel verlaufenden Straße #60 eine landschaftlich ebenfalls attraktive Route mit dem Vorzug besten Asphaltausbaus. Mehr zum ***Apache Trail*** auf ➤ Seite 600.

Biosphere 2

An der #77 passiert man vor Oracle die Zufahrt zur ***Biosphere 2***. Dort versuchten in den 1990er-Jahren ausgesuchte Teams in einem geschlossenen, mit der Umwelt nicht verbundenen ökologischen System zu leben. Nach zwei gescheiterten Anläufen übernahm die *Columbia University* (NY) die Betreuung des Projekts, aber ohne »Bionauten«. Tour-Tickets für eine 60-minütige Erkundung des künstlichen Ökosystems kosten $21/$14; täglich 9-15.45 Uhr; www.b2science.org. Lohnt nur bei großem Interesse!

4.4.10 Phoenix mit Scottsdale und Tempe

Kennzeichnung, Information, Unterkunft und Camping

Phoenix, die pulsierende Metropole in der Wüste mit rund 1,5 Mio. Einwohnern (Großraum über 4,5 Mio), verdankt ihre Prosperität den Stauseen in den Bergen nordwestlich und -östlich des ***Valley of the Sun***. Ein System von Kanälen sorgt für die Bewässerung des Tals, das ausgedehnte Obst- und Gemüseplantagen beherbergt. Auch an Wasser für die zahllosen *Pools* und üppig begrünten Gärten besteht scheinbar kein Mangel. Die Verbindung solcher Wasserreserven mit dem Wüstenklima und die attraktiven Freizeitmöglichkeiten der Region machen das Sonnental seit Jahren zur *Metropolitan Area* mit den höchsten Wachstumsraten der USA.

Klima

Bei Durchschnittstemperaturen um 20°C und »ewigem« Sonnenschein von November bis März ist die Expansion u.a. auch auf die Beliebtheit der Wüstenkapitale als **Winterresidenz** zurückzuführen. Wohlhabende Rentner und andere, die es sich leisten können, verbringen die kalte Jahreszeit gern in Arizona, was ihnen den Beinamen »*Snowbirds*« einbrachte. Aber selbst die **Sommerhitze** (mit nahezu täglich über 40°C!) lässt sich mit ***Air Condition*** oder am Schwimmbecken noch gut ertragen. Die **Energiekosten** dafür sind übers Jahr geringer als für die Heizung in vom Wetter weniger begünstigten Gebieten.

Information

Das ***Visitor Center*** befindet sich in Downtown an der 125 North 2nd St (beim *Convention Center*), Mo-Fr 8-17 Uhr. © 1-877-CALL-PHX. Die Info-Hefte »*Visit Phoenix*« und »*Phoenix Trail Guide*« kann man auch online unter www.visitphoenix.com einsehen.

Unterkünfte Phoenix/ Scottsdale

Wer Wochen oder Monate im Winter oder Frühjahr unter der warmen Sonne Arizonas verbringen kann, gehört nicht zu den Armen im Lande. Das Angebot an **Resorthotels** der Ober- bis Luxusklasse in Phoenix und vor allem Scottsdale ist daher enorm. Es gibt aber auch viele ordentliche H/Motels in mittlerer Preislage.

Saisonale Hoteltarife

Die hohe, auf die Winternachfrage ausgerichtete Kapazität führt zu günstigeren Hoteltarifen von Mai bis Mitte Oktober. Relativ preiswert kommt man dann im Bereich der Ausfallstraßen unter, z.B. an der **I-17 North/*Black Canyon Hwy***, ***Superstition Freeway*** und ***Apache Trail/Blvd*** in **Tempe** und **Mesa**. Auch die luxuriösen Hotelkomplexe etwa in der Scottsdale Road reduzieren in der Nebensaison ihre Preise oft um mehr als 50%.

East McDowell Road durch den Papago Park; im Hintergrund Downtown Phoenix

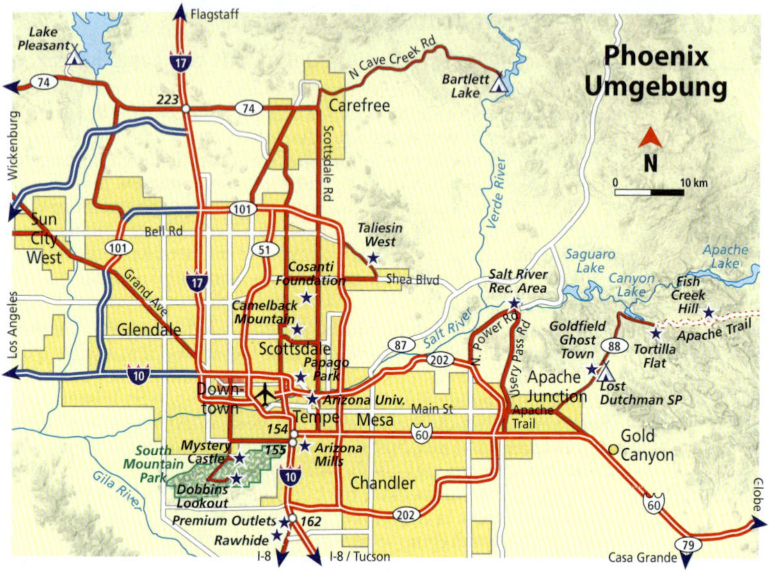

Airport

Im relativ zentral gelegenen **Airport-Bereich** sind die Tarife etwas saisonunabhängiger, aber auch dort gibt's von Mai bis Oktober gute Angebote, u.a. die üblichen *Weekend Specials*. Der Übergang von Airportnähe zum **zentralen Bereich** ist fließend. Viele billige (und einfache), aber auch Häuser der unteren Mittelklasse stehen an der **Van Buren Street** flughafen- **und** zentrumsnah, Mittelkasse- und bessere Quartiere an der 44th Street (Straße #153). Man braucht die Van Buren Street bzw. die #153 nur abzufahren. Ein gutes Preis-Leistungs-Verhältnis ab ca. $70 bietet dort z.B. die ***EconoLodge Airport***, 3037 East Van Buren St, östlich von Downtown. In der Nähe liegen ***Super 8*** und weitere Kettenmotels ab $65.

Wer sich etwas gönnen möchte, bucht das ***Marriott Tempe at The Buttes***, eine tolle Anlage mit Weitblick über Phoenix, versetzten Ebenen, *Pools* und Wasserfall; Sommer ab $150 (ohne Frühstück); 2000 Westcourt Way; 5 mi südlich des Airport (I-10, *Exit* 153.

Hostel

Das ***Phoenix Hostel*** steht im Nordosten von Downtown an der 1026 North 9th Street, Betten $30, EZ $45, DZ $65; Reservierung unter © (602) 254-9803 oder http://phxhostel.org.

Hotels in Scottsdale

In und um Scottsdale ist die Auswahl an ***Resort Hotels*** besonders groß. Eine Gefahr, von April bis November nicht unterzukommen, besteht dort im Allgemeinen nicht. In Scottsdale gibt es aber auch reguläre H/Motels ohne Poollandschaften etc. zu relativ normalen Preisen: Dazu zählt das ***Howard Johnson*** in *Old Town Scottsdale*, eine praktische Adresse und ganz o.k., ab $70; 7110 E Indian School Road; www.howardjohnsonscottsdale.com.

Unterkünfte Mesa, Apache Junction & Gold Canyon

An der East Main Street in **Mesa** (Zufahrt zum *Apache Trail*/#88) stehen die Quartiere ebenfalls dicht an dicht. In **Apache Junction** oder **Gold Canyon** an der Straße #60 zahlt man für die Lage einen entsprechenden Aufschlag. An **Winterwochenenden** kosten sogar Zimmer im ***Motel 6*** schnell über $140. Im Sommer wird es günstiger, dann sind selbst die besseren Zimmer im ***Best Western*** im Ort Gold Canyon (Superstition Hwy) für unter $100 zu haben.

Camping

RV-Komfortplätze ballen sich in Tempe/Mesa und sind vor allem entlang der Main Street, die in den *Apache Trail* übergeht, nicht zu verfehlen. Schöner, aber weiter vom Zentrum entfernt, campt man umgeben von Saguaros zu Füßen der schroffen Superstition Mountains im ***Lost Dutchman State Park*** (➢ Seite 600) oder noch weiter im Osten am Ufer des **Canyon Lake** (➢ Seite 601).

Tolle Plätze befinden sich auch an zwei weiteren **Stauseen** nördlich der Stadt (an Sommerwochenenden ist dort aber allerhand los!):

- Der gut angelegte ***Desert Tortoise Campground*** im ***Lake Pleasant Regional Park*** ist eine der beste Optionen im Großraum Phoenix, von Downtown ca. 45 min Fahrt. Man übernachtet an der Westseite des schönen Sees umgeben von hohen Saguaro-Kakteen und Wildeseln (RVs $22, mit *hook-up* $32 und Schatten $40; Zelte am Seeufer $15). Anfahrt über die I-17 North, *Exit* 223, und weiter durch Wüstenlandschaft auf der #74/Carefree Hwy; © (928) 501-1710; www.maricopacountyparks.net.
- Landschaftlich sogar noch reizvoller ist der ca. 1,5 Stunden von Downtown entfernt liegende **Bartlett Lake**. Am Ufer dieses Reservoirs kann man sein **Zelt** aufschlagen ($8) und in der *Rattlesnake Cove* ins Wasser springen. Zu erreichen von der Ringautobahn #101 rund um Phoenix/Scottsdale über *Exit* 28 zunächst auf die North Cave Creek Road und ihr bis über Carefree hinaus nach Osten folgen; dann rechts auf die Bartlett Dam Road (#205) und auf ihr ca. weitere 7 mi durch tolle ***Saguaro*-Wälder**; www.bartlettlake.com.

Anlaufpunkte und Sehenswürdigkeiten

Im Großraum Phoenix liegen die »echten« Sehenswürdigkeiten weit verstreut. Wegen der großen Entfernungen dürfte man für die in der Folge beschriebenen »Anlaufpunkte« kaum unter drei Tagen benötigen, möchte man sie alle gebührend wahrnehmen. Abgesehen von ausgeprägten Sonderinteressen, wären prioritäre Ziele der ***Desert Garden***, das ***Heard Museum***, ggf. noch das ***Art Museum*** und – als kommerzielles Kontrastprogramm mit Shops und Kneipen – die ***Old Town*** in Scottsdale. Außerdem locken im Osten der Stadt alte **Goldgräber-Städtchen** in grandioser Kakteenkulisse.

Wer nicht der Route über das *Organ Pipe Cactus NM* gefolgt ist, erreicht von Süden über die *Interstate* auf der I-10 zunächst Phoenix' Schwesterstädte **Tempe** und etwas nördlicher **Scottsdale**.

Tempe

Die Studenten der ***Arizona State University***, eine der größten Universitäten der USA, sorgen im Stadtzentrum von **Tempe** für reges

Hole-in-the-Rock Aussichtsfelsen im Papago Park

Treiben, entsprechend höher als anderswo im Großraum Phoenix ist dort auch die Dichte an **Kneipen und *Eateries*** mit hoher Terrassenkapazität (Mill Ave zwischen 3rd Street und University Dr).

Tempe Town Lake

Freizeitmittelpunkt von Tempe ist der zum **Tempe Town Lake** aufgestaute Salt River, eine kühle, nasse Oase, wo man zwar Kajaks oder Elektroboote mieten kann, aber nicht baden darf. Am westlichen Seeende (Staudamm) steht das innen wie außen architektonisch eindrucksvolle ***Tempe Center of Arts***, 700 West Rio Salado Pkwy. Vom **Tempe Butte**, auch **A-Mountain** genannt, genießt man einen Weitblick über See, Uni-Campus und Downtown.

Salt River Recreation

An sonnigen, heißen Tagen lädt die ***Salt River Recreation Area*** zwischen Saguaro Lake und Tempe zum ***Tubing*** ein (➤ Seite 38). Zufahrt über den *Red Mountain Freeway* #202, *Exit* 23A, dann Power Road/Bush Hwy knapp 8 mi in Richtung Nordosten. Den schönen, oft aber extrem frequentierten Saguaro Lake erreicht man schneller über die Straße #87; www.saltrivertubing.com.

Scottsdale

Scottsdale ist die exklusivste Adresse im ***Valley of the Sun***. Resorthotels sind dort zahlreich, die Alleen besonders grün und die Einkaufszentren pompös. Eine kleine **Altstadt im mexikanisch angehauchten Western-Look** (Kern zwischen North Scottsdale Road/North Brown Ave und 1st Street/1st Ave) und der ***5th Ave Arts District*** (verkehrsberuhigte Zone) oberhalb der Indian School Road und unterhalb des ***Arizona Canal*** markieren das Stadtzentrum.

Im City Park von Scottsdale

Originelle **Souvenirshops** sind dort zuhauf zu finden, dazu **Galerien**, jede Menge ***Eateries*** und **Kneipen**. Ganz hübsch und bei Hitze zur Abkühlung geeignet (Teiche und Wasserläufe für die Füße) ist der an die *Old Town* anschließende kleine ***City Park*** voller **Skulpturen** (Einstieg von der Brown Ave/Ende Main Street) mit einigen Gebäuden der Stadtverwaltung drumherum und vor allem einer Reihe guter Lokale (z.B. ***AZ88***) mit ***Open-air*-Terrassen**.

Shopping Mall

Die klimatisierte ***Fashion Square Mall*** liegt nur einen Steinwurf entfernt jenseits des *Arizona Canal* an der Scottsdale Road. Ein **Gratis-Trolley** verbindet die verschiedenen Bereiche in Downtown.

»Tierische« Attraktionen

Im Norden von Scottsdale befinden sich unweit der Abfahrt 43 von der Autobahn #101 gleich zwei Besuchermagnete: ein Regenwald der schier überquillt vor lauter Schmetterlingen (***Butterfly Wonderland***, $24/$16; www.butterflywonderland.com) sowie das ***OdySea Aquarium***, wo es neben Seepferdchen, Haie und Rochen noch jede Menge Pinguine mitten in der Wüste zu bewundern gibt ($38/$28; www.odyseaaquarium.com); auch Kombitickets für beide.

Papago Park

Zahlreich sind im Großraum Phoenix die Grünanlagen; eine der größten (6 km^2) ist der toll angelegte ***Papago Park*** im Süden von Scottsdale mit gemütlichen Spazierwegen rund um künstliche, von Palmen gesäumte Seen und vorbei an Picknickplätzen und schönen *Red Rocks*, u.a. dem **Hole-In-The-Rock**, einem beliebten Aussichtsfelsen mit Blick hinüber nach Downtown Phoenix.

Botanischer Garten/Zoo

Im nördlichen Bereich des *Papago Park* liegt der ***Desert Botanical Garden***, ein ausgezeichneter Wüstengarten voller Sukkulenten, den unbedingt besuchen sollte, wer das *Arizona-Sonora Desert Museum* bei Tucson verpasst (hat). Besonders empfehlenswert ist der Garten zur Zeit der Kakteenblüte im März/April. 1201 North Galvin Pkwy unmittelbar südlich der McDowell Road; im Sommer 7-20 Uhr, ansonsten ab 8 Uhr; Eintritt $25, Kinder $13; www.dbg.org.

Nur eine Meile weiter passiert man den großen ***Phoenix Zoo***. Zufahrtstraße ab N Galvin Pkwy oder E Van Buren; im Sommer 7-14/17 Uhr, Winter 9-16/17 Uhr; $25, Kinder $17; www.phoenixzoo.org.

Folgt man der **Van Buren Street** weiter nach Südosten, geht sie bald in die North Mill Ave Richtung Tempe über, ➢ Seite links.

Tovrea Castle

In Richtung Westen, an der 5025 E Van Buren St, steht das ***Tovrea Castle***, ein von Saguaros umgebenes Schlösschen, das sich wie eine Sandburg aus der Wüste erhebt und seit 2012 für die Öffentlichkeit zugänglich ist. Die Tickets für die 90-minütigen Touren muss man sich allerdings lange im Voraus besorgen; meist Fr-So von September bis Juni; Infos: www.tovreacastletours.com.

Downtown und State Capitol

Wenig später erreicht man das überschaubare **Zentrum von Phoenix** rund um die Central Ave/Washington Street. Eine Art **zweites Geschäftszentrum** gibt es entlang der Central Ave oberhalb der McDowell Road. In **Downtown Phoenix** stehen im Gegensatz zu anderen Citys dieser Größe nur relativ wenige Glas- und Betonpaläste wie das auffällige ***Convention Center*** und der Multifunktionsarena ***Talking Stick Resort Arena*** zwischen Jackson/Jefferson und 1st/3rd Street. Sehenswert ist auch die ***Wesley Bolin Memorial Plaza*** vor dem ***State Capitol*** mit allerhand Gedenktafeln und geschichtsträchtigen Installationen. Die Washington St führt direkt auf die Parkanlage zu, etwa 1 km westlich der Central Ave.

Museen

- In der Südostecke von Downtown steht in enger Nachbarschaft zum *Convention Center* das ***Arizona Science Museum*** mit vielen interaktiven, *hands-on*-Exponaten, einem angeschlossenen Planetarium und einer riesigen Kinoleinwand; 600 E Washington Street; täglich 10-17 Uhr; $18/$13; www.azscience.org.

Nördlich der I-10 befinden sich noch zwei erwähnenswerte Museen:

- ***Phoenix Art Museum***, 1625 Central Ave, ein riesiger Komplex mit einer beachtlichen Sammlung europäischer Meister des späten Mittelalters, einige Impressionisten und Werke von *Picasso*, ansonsten moderne Amerikaner; Mi-So 10-17 Uhr, Mi bis 21 Uhr, So ab 12 Uhr; $23, Kinder 6-17 Jahre $14; www.phxart.org.
- Das ***Heard Museum***, 2301 N Central Ave/Ecke Encanto Ave (einige Blocks nördlich des Kunstmuseums) beeindruckt durch seine mexikanisch inspirierte Architektur und durch eine gut präsentierte Ausstellung zu Leben und Kultur der Südwest-Indianer (*Pueblo/Navajo/Hopi/Apache*). Geöffnet Mo-Sa 9.30-17 Uhr, So ab 11; $18, Kinder 6-17 Jahre $7,50; https://heard.org.

Cosanti Foundation

Eine Ergänzung zu einer *Arcosanti*-Besichtigung (➤ Seite 602) wäre ein Besuch in der ***Cosanti Foundation*** nördlich von Scottsdale. Die Gebäude der Stiftung, eingebettet in einen grünen Garten an der 6433 Double Tree Ranch Rd, waren zum Zeitpunkt ihrer Errichtung durch Paolo Soleri in den 1950er-Jahren revolutionär, heute wirken sie etwas vernachlässigt, aber immer noch extravagant; geöffnet Mo-Sa 9-17, So ab 11 Uhr; https://arcosanti.org/visit/cosanti/.

Taliesin West

Von *Cosanti* ist es nicht mehr weit nach ***Taliesin West***, der Architekturschule von ***Frank Lloyd Wright*** am 12345 North Taliesin Drive. Der Weg lohnt sich für Architekturenthusiasten mit Vorkenntnissen. Führungen $26-$70, aktuelle Zeiten u.a.m. unter www.franklloydwright.org. Guter designorientierter Shop!

In der Cosanti Foundation gibt es (teure) Soleri Wind Bells und Broschüren zur Vision Arcosanti

Sun City West

Das **Kontrastprogramm** zur ideenreichen Architektur von *Wright* und *Soleri* wurde in Sun City verwirklicht, dem **Rentnerparadies** im Einheitslook nordwestlich von Phoenix an der Straße #60/#89. Klima, Makellosigkeit von Straßen und Gärten, gepflegte Golfplätze, glasklare *Pools*, perfekte medizinische Betreuung und Rentner-Hilfssheriffs scheinen der Realisierung des amerikanischen Traums vom Altenteil voll zu entsprechen. Dazu passend der Riesen-Superkomfort-Platz ***Sunflower Resort***; 16501 El Mirage Rd, © 1-888-940-8989, www.cal-am.com/resorts/sunflower/; ab $59.

Aussichtspunkte

Neben dem bereits erwähnten A-Mountain im Tempe oder dem nicht ganz so hohen *Hole-in-the-Rock* im *Papago Park* bieten vor allem die mit dem Auto leicht zu erreichenden Aussichtspunkte am **South Mountain** einen tollen Panoramablick über den Großraum Phoenix; ab Downtown der South Central Ave bis zum ***Dobbins Lookout*** folgen (ca. 13 mi). Nur wenig abseits der Zufahrt liegt das kuriose ***Mystery Castle*** (800 East Mineral Rd; Okt.-Mai Do-So 9-12 Uhr; $10; www.mymysterycastle.com).

Outlet Shopping

Markenware zu Fabrikpreisen wird in Phoenix an zwei Orten angeboten: im Süden in den ***Premium Outlets*** (Abfahrt 162/I-10) oder zentraler in den ***Arizona Mills*** (*Exit* 155, an der Einmündung der #60; eine der besten *Indoor Outlet Malls* im US-Südwesten).

Ausflüge in die Umgebung von Phoenix

Den Besuch der Sonora-Wüste östlich von Phoenix sollte man nicht auslassen und im März/April, bei (noch) angenehmen Wandertemperaturen, kann man dort sogar einige Tage verweilen. ***Saguaro*-Bestände**, die jenen im Nationalpark in Tucson in Nichts nachstehen, dazu noch eine herrlich **schroffe Bergkulisse**, **Wildwest-Städtchen** wie aus dem Bilderbuch und jede Menge Bademöglichkeiten.

Als Basislager wählt man am besten ein **H/Motel in Apache Junction oder Gold Canyon** oder von Anlage (Duschen) und Lage her großartigen ***Campground*** im ***Lost Dutchman State Park***.

Lost Dutchman State Park

Neben tollen Picknickplätzen mit Grill/Sonnenschutz und einem verzweigten Netz an Wanderwegen wartet im ***Lost Dutchman State Park*** ein bestens angelegter und gelegener *Campground* unterhalb der Superstition Mountains. Besonders schön ist es dort nachmittags und vor allem im März, wenn sich blühender Goldmohn und Lupinen zu den mächtigen *Saguaros* gesellen; *day-use* $7; Zelte $20; *hook-up* $30; www.azstateparks.com/Parks/lodu.

Goldfield Ghost Town

In unmittelbarer Nachbarschaft zum *State Park* wurde eine alte Goldgräbersiedlung wiederbelebt. Die ***Goldfield Ghost Town*** zeigt sich heute im perfekten Look der 1890er-Jahre mit *Steakhouse*, Saloon und einer authentischen **Goldmine**. Allein das viele »alte Gerümpel« und die verrosteten Autos vor der imposanten Kulisse der Superstition Mountains lohnen einen Kurzbesuch. Der Zutritt und das ***Shoot-out*** sind **frei**, der Minenbesuch und Aktivitäten wie Goldwaschen kosten jeweils ein paar Dollar; täglich 10-17 Uhr; Saloon 11-21 Uhr; www.goldfieldghosttown.com. Alles in allem originell und sehenswert!

Superstition Museum

Keine Meile weiter westlich an der #88 wartet eine weitere Wildwest-Kulisse. Es handelt sich dabei um das ***Superstition Museum*** mit ***Movie Ranch***, das neben Relikten aus Goldgräberzeiten noch allerhand Film-Memorabilia besitzt. Im »Apachenland« östlich von Phoenix wurde u.a. »*Charro*« mit Elvis Presley gedreht; $5, täglich 9-16 Uhr; www.superstitionmountainmuseum.org.

Tagesausflug

Noch spannender ist aber die Natur in dieser Umgebung, und wer nicht wandern möchte, kann sie hier auch ganz bequem durch das Autofenster genießen, am besten während eines **Tagesausflugs** ab Apache Junction über den gleichnamigen »*Trail*« (#88) nach Globe und im Süden der Superstition Mountains über die #60 wieder zurück – insgesamt 125 Meilen. Für einen kurzen Badestopp bietet sich gleich zu Beginn die *Acacia Picnic Area* am **Canyon Lake** an.

Der ***Apache Trail*** zählt zu den **landschaftlich reizvollsten Routen im Südwesten der USA** und ist für Pkws bei gutem Wetter noch machbar (wenngleich meist auf eigenes Risiko, ➢ »Mietverträge« Seite 102). Aufgrund seiner Beschaffenheit (21,5 mi unasphaltiert) und der teils wilden Streckenführung (sehr enge, einspurige Serpentinen zwischen Tortilla Flat und dem Apache Lake) sollte man dort auf keinen Fall mit **Wohnmobilen** entlang fahren. Für diese endet der Ausflug bereits in *Tortilla Flat* oder spätestens am *Fish Creek Hill Overlook* (19 Meilen östlich des *Lost Dutchman State Park*).

Wegen Waldbränden und Überschwemmungen im Sommer 2019 war der Apache Trail noch Anfang 2020 nur bis Tortilla Flat befahrbar

Die #88 folgt einem alten Indianerpfad durch schroffe Bergwelten, teils in schwindelerregender Höhe oberhalb grandioser Canyons und von Saguaros gesäumter Stauseen. Als »Highlight« könnte man die gesamte Strecke bezeichnen, und wenn doch etwas speziell hervorzuheben wäre, dann sind es der ***Fish Creek Hill*** (unbedingt aussteigen und den kurzen Weg bis zum *Overlook* vorlaufen!) sowie das »Mini-Nest« **Tortilla Flat**, das lediglich aus dem urigen *Superstition Saloon* (beliebter *Biker*-Treff) und dem einfachen ***Tortilla Campground*** besteht ($12, Mai-Ende Sept geschlossen).

Die engen Schotter-Serpentinen beginnen jenseits des *Fish Creek Overlook*, bereiten aber bei trockener Witterung SUVs und selbst Normal-Pkw außer der »Rüttelei« keine Probleme. Bald sieht man den herrlich in die Landschaft eingebetteten **Apache Lake** und erreicht viele Kurven später den ***Theodore Roosevelt Dam***. Dort mündet die #88 in die breit ausgebaute Asphaltstraße #188.

Camping am Apache Trail

Camper kommen gut im gepflegten *Lakeside Campground* am **Canyon Lake** unter (Zelte $30, *hook-up* $55; Badestrand nebenan in der *Acacia Picnic Area*). Weitere Möglichkeiten bieten der *NF Campground Burnt Corral* ($8) am östlichen Ende des **Apache Lake** sowie die Uferareale des **Theodore Roosevelt Lake** (*Boondocking*).

Tonto NM

Auf der #188 Richtung Osten passiert man nach ca. 3,5 mi die Auffahrt zum ***Tonto National Monument*** mit zwei kleinen *Cliff Dwellings* hoch oben in den Felswänden; Eintritt: $7/Person oder mit *Interagency Pass*; Besucherzentrum 8-17 Uhr. Im Gegensatz zum *Montezuma Castle* (➤ Seite 427) darf man die alten Gemäuer über Stiegen erkunden: die *Lower Ruin* sogar *self-guided* (8-16 Uhr, im Sommer nur bis 12 Uhr; 60-min-Rundtrip, rund 1,6 km), die *Upper Ruin* von November bis April im Rahmen von geführten Touren ($7/Person; ca. 4 Std. und 5 km retour, 180 HM; Reservierung ab Oktober möglich unter © (928) 467-2241; www.nps.gov/tont.

Scenic Road #60

Rund 25 mi weiter stößt die #188 bei **Globe**, einer alten Minenstadt, auf die #60. Nach Westen in Richtung Phoenix weist die Straße einige schöne Abschnitte mit tiefen Canyons und tollen Felsformationen auf und trägt bis Florence Junction zu Recht den Beinamen ***Gila-Pinal Scenic Road***.

Boyce Thompson Arboretum

Westlich von Superior lohnt ein Besuch des ***Boyce Thompson Arboretum***. Im ältesten und größten Botanischen Garten Arizonas gibt es eine unglaubliche Vielfalt an Sukkulenten, Sträuchern und Bäumen aus aller Welt zu bestaunen. Er steht dem *Desert Botanical Garden* bei Scottsdale kaum nach. Für eine komplette Rundwanderung durch das felsige Gelände sollte man nicht unter einer Stunde veranschlagen; Mai-September 6-15 Uhr, sonst 8-17 Uhr; Eintritt $15/$5; http://arboretum.ag.arizona.edu.

Ab Florence Junction folgt man weiter der #60, jetzt *Superstition Freeway*, zurück bis zur Straßenkreuzung #60/#88, dem Ausgangspunkt dieser abwechslungsreichen Tagestour.

Apache Trail, eine Abenteuerroute entlang der Stauseen des Tonto und Salt River

4.4.11 Von Phoenix zurück nach LA oder Las Vegas

Nach Los Angeles

Phoenix könnte durchaus **Start- oder Endpunkt** der in diesem Kapitel beschriebenen Rundstrecke sein. Eine **rasche Verbindung mit Los Angeles** besteht über die **I-10** (ca. 380 mi). Sie verläuft zwar eintönig, bietet aber in Tagesetappendistanz den eindrucksvollen ***Joshua Tree National Park*** als Zwischenziel, ➤ Seite 244f.

Routen nach Las Vegas

Die **schnellste Route** zwischen Phoenix und Las Vegas entspricht der nicht aufregenden, aber auch nicht unattraktiven Straßenkombination **#60** (bis Wickenburg), dann **#93** und **I-40** (nur 23 mi) bis Kingman und von dort wieder weiter auf der **#93** bis Las Vegas, (insgesamt ca. 300 mi). Die Route entspricht der zukünftigen ***Interstate* #11**, die Schilder am Straßenrand kündigen sie bereits an. Ein denkbarer **Umweg** über die Stauseen am unteren Colorado River über das Wildwest-Dörfchen **Oatman** (➤ Seite 526) zum **Lake Mohave** (➤ Seite 520) oder über **Lake Havasu City** (➤ Seite 252) eignet sich ggf. zum **Ausspannen nach Reisestress**.

Beste Alternative

Landschaftlich am reizvollsten ist die Fahrt **über Sedona zur I-40**, wo sich der Kreis einer Rundfahrt durch Arizona und New Mexico schließen würde. Dabei ist bei Ziel Las Vegas ggf. ein bereits bekanntes Teilstück der I-40 zum zweiten Mal zu fahren.

Arcosanti

Das schon erwähnte ***Arcosanti*** wurde bei Cordes Junction, 50 mi nördlich von Phoenix unweit der I-17, in ein tristes Wüstenumfeld hineinkonstruiert. Eine Schotterpiste (2 mi ab *Exit* 262) führt zur visionären **Wohnanlage *Soleris***. Die heutige Realität des Komplexes entspricht kaum dem Anspruch vom kollektiven ökologischen Wohnen der Zukunft. Aber der Idealismus der Bewohner hat anscheinend unter den Problemen des Alltags nicht gelitten. Das ***Visitor Center*** von *Arcosanti* ist 9-17 Uhr geöffnet; **Führungen** 10-16 Uhr stündlich; dafür »freiwillige« Spende $15. Man kann in *Arcosanti* sogar übernachten, EZ/ DZ mit Bad $40/ $50, ohne $30/$40; www.arcosanti.org.

Montezuma Castle NM

$10/Person oder Jahrespass (auch in Tuzigoot gültig)

Das ***Montezuma Castle National Monument*** liegt noch 30 mi weiter nördlich dicht an der *Interstate* (Ausfahrt 289; 8-18 Uhr im Sommer, sonst nur bis 17 Uhr; www.nps.gov/moca). Zu besichtigen gibt es dort nicht viel, denn das irrtümlich von den Spaniern als **Aztekenschloss** interpretierte Gebäude in den Felshängen am *Beaver Creek* kann nur aus der Ferne betrachtet werden. Ähnlich, aber zugänglich sind die Ruinen des *Tonto NM*, ➤ Seite 601.

Montezuma's Well mit Ruinen im Hang

Montezumas Well NM

Das nahegelegene ***Montezumas Well Nat'l Monument*** ist eine interessantere Alternative; ca. 4 mi ab *Exit* 293 über die #618/#119; Eintritt frei. Am Rand eines von unterirdischen Quellen gespeisten Karstlochs (Cenote) haben Ureinwohner ein paar kleine Ruinen errichtet. Vom Rundweg (ca. 1 km ab Parkplatz) führt ein schattiger Kurzabstecher zum Abfluss des Gewässers (Beaver Creek).

Sedona

Ab *Exit* 298 führt die #179 in die Kleinstadt **Sedona**, die aufgrund ihrer Nähe zu Phoenix im Sommer oft regelrecht von Wochenendbesuchern **»überflutet«** wird. Zu den gerade mal ca. 11.000 Dauerbewohnern gesellen sich jährlich über 3 Mio. Besucher.

Aber kein Wunder, denn das weitläufige Sedona liegt in einem der schönsten Talkessel des Südwestens, fantastisch eingebettet zwischen rostroten **Monolithen** und den Steilwänden des ***Lower Oak Creek Canyon***. Es gilt außerdem als Mecca der ***Vortex***- und ***New Age***-Anhänger. Die dort »austretende Erdenergie« soll Körper und Seele mit erstaunlichen Effekten durchdringen; alles dazu unter www.visitsedona.com/spiritual-wellness/what-is-a-vortex oder http://sedonasouladventures.com.

Unterkünfte

In Sedona überwiegen hochpreisige Quartiere: viele **Hotels**, toll gelegene ***Inns***, **Nobelresorts** und romantische **B&Bs** berechnen Wochenendtarife nicht unter $200/Nacht. Ein guter Tipp ist das ***Andante Inn*** an der #89A; gemütliche und relativ neue Zimmer mit Balkon ab ca. $150; www.andanteinn.com. Eine noch atemberaubendere Aussicht auf Stadt und *Red Rocks* eröffnet sich von der ***Sky Ranch Lodge*** (1105 Airport Rd; ab $160; www.skyranchlodge.com). An der Zufahrt liegt 0,5 mi südlich der #89A der Parkplatz zum kurzen Aufstieg auf die ***Airport Mesa***, zum Sonnenuntergang beliebt!

Am günstigsten kommt man an der Zufahrt (#179) im ausgedehnten **Big Park** unter (ehemals Village of the Oak Creek), z.B. im ***Views Inn***, (65 East Cortez Drive; © 1-866-733-6622; www.sedonaviewsinn.com) oder ***Desert Quail Inn*** (6626 Hwy #179; © 1-800-385-0927; www.desertquailinn.com), beide ab ca. $110.

Camping

Sehr schön liegen einige der ***Nat'l Forest Campgrounds*** an der #89A im *Oak Creek Canyon* nördlich von Sedona; teilweise nur für Zelte, bei ***Cave Springs*** und ***Pine Flat*** auch RVs (beide $22).

Über die N Page Springs Rd (Abzweig von der #89A 12 mi westlich der Stadt) und E Lolo Mai Rd geht es zum ***Lo-Lo-Mai Springs Campground*** mit vielen schattigen Plätzen ab $42 für Zelte direkt am Oak Creek und mit *hook-ups* für RVs; waldig-rustikales Ambiente ähnlich wie in *State Parks*. Reservierung nötig: www.lolomai.com.

Gastronomie/ Kunstgalerien

Dem Edeltourismus entspricht die dichte Infrastruktur: jede Menge attraktive Restaurants mit *Open-air*-Terrassen, Shops und Kunstgalerien. Alles miteinander verbindet das kleine »mexikanische Dörfchen« ***Arts & Crafts Village Tlaquepaque*** gleich südlich des **zentralen Straßendreiecks #89A/#179**; www.tlaq.com.

Chapel of Holy Cross

Auf einem Felsen am Ende der Chapel Rd thront die moderne ***Chapel of the Holy Cross*** mit riesigem Aussichtsfenster hinter dem Altar; Abzweig von der #179 rund 2,5 mi südlich von *Tlaquepaque*.

Aktivitäten

Das ***Red Rock Country*** rund um Sedona lockt mit vielerlei Möglichkeiten für *Outdoor*-Aktivitäten. Neben Ausflügen mit Jeep, MTB, Pferd oder sogar im Heißluftballon lockt vor allem ein ausgedehntes Netz an Wanderwegen viele Besucher an. Ausführliche Beschreibung aller ***Red Rock Trails (A-Z)*** unter www.fs.usda.gov/activity/coconino/recreation/hiking. Infos auch im ***Visitor Center***; 331 Forest Rd, bei der Kreuzung #89A/#179; www.visitsedona.com.

Der ***West Fork of the Oak Creek Trail*** führt ausgehend vom *Call of the Canyon*-Parkplatz ($10; an der #89A ca. 10 mi nördlich der Stadt) durch eine grüne, schattige Schlucht mit hoch aufragenden Felswänden und einer tunnelartigen Sandsteinröhre (5 km *one-way*). Extrem beliebt zum Höhepunkt der Laubfärbung Ende Oktober! Dasselbe gilt im Sommer für die Badepools und Naturrutschen im felsigen Bett des Oak Creek im ***Slide Rock State Park*** ($20-30/Auto) und für die tiefen Badeteiche am ***Grasshopper Point***; beide an der Straße #89A am Weg zum *Call of the Canyon*.

Am *Soldier Pass Trailhead* (2 km retour; Zufahrt ab der #89A ca. 1,5 mi westlich der Kreuzung #89A/#179) startet die Kurzwanderung zu den ***Seven Sacred Pools*** (bestes Fotolicht dort früh morgens, wenn auch die Chancen auf eine Parklücke am größten sind). Abends ist der Blick auf den markanten ***Coffeepot Rock*** von der Rückseite schöner, zum Beispiel vom Sugarloaf Mountain (ab *Teacup Trailhead* 3 km retour, 110 Höhenmeter).

Upper Red Rocks Loop

Nachmittags lohnt auch die ***Upper Red Rock Loop Road***, die von der der #89A ca. 4 mi westlich des #179-Straßendreiecks abzweigt und tolle Ausblicke auf den ***Cathedral Rock*** bietet. Der Ausschilderung *»Red Rock Crossing«* folgend geht es zur ***Crescent Moon Picnic Area*** (mit Flusszugang; $10/Auto). Wer gegen Ende nicht auf die Red Rock Crossing Road nach rechts abbiegt, sondern der Chavez Ranch Road für weitere 0,7 mi folgt, gelangt zum Ausgangspunkt des ***Secret Slickrock Trail***. Keine 10 min vom Parkplatz entfernt, befindet sich dort ein Felsplateau, wo sich nach Niederschlägen das Wahrzeichen der Stadt in kleinen Pools spiegelt.

Blick auf den »Coffee Pot« Felsen vom Sugarloaf Overlook in Sedona

Cathedral Rock von der Crescent Moon Picninc Area

Weiterfahrt nach Las Vegas

Nach Las Vegas sind es von Sedona auf kürzester Strecke (#89A/ I-40/#93) rund 270 mi. **Flagstaff** an der I-40, gut 800 m höher als Sedona, erreicht man nach 27 mi Serpentinenfahrt durch den – nur streckenweise so malerischen wie in vielen Veröffentlichungen beschriebenen – ***Oak Creek Canyon***. Von Flagstaff nach Las Vegas geht es wie eingangs dieses Kapitels in West-Ost-Richtung erläutert, ➤ Seiten 524ff.

Umweg über Prescott/ Cottonwood

Ein Plus von 50 Meilen und deutlich mehr Zeit erfordert die Weiterfahrt ab Sedona auf der **Straßenkombination #89A/#89/I-40/ #93**, dafür gibt es an dieser Strecke auch mehr zu sehen. Ca. 20 mi westlich von Sedona entfernt liegt **Cottonwood** mit preiswerteren Quartieren, dem ***Dead Horse Ranch State Park*** mit einem gutem Campingplatz sowie dem *Tuzigoot National Monument*:

Tuzigoot NM
$10/Person
(gültig auch im Castle)

Der Rundgang durch das kompakte ehemalige Dorf ***Tuzigoot*** ist zwar ergiebiger als im Fall *Montezuma Castle* (➤ Seite 602), lohnt aber ebenfalls nur bei großem Interesse; Besucherzentrum im Sommer 8-18 Uhr, sonst bis 17 Uhr; www.nps.gov/tuzi.

Jerome

Westlich von Cottonwood führt die #89A hinauf nach **Jerome** mit schönem weiten Blick zurück auf die Ebene. Die 1898 gegründete Kupfer-*Boomtown* verkam nach Aufgabe der Förderung zusehends, bis 1965 ein **Minenmuseum** eingerichtet und zum ***State Historic Park*** (Do-Mo 8.30-17 Uhr) deklariert wurde; www.azjerome.com.

Watson Lake

Weiter in Richtung Prescott wartet 3 mi südlich der Kreuzung #89A/#89 der ausgesprochen fotogene Stausee **Watson Lake**, der eine Landschaft gewaltiger Granitfelsen umspült, mit Picknicktischen und einfachem *Campground*. Baden ist nicht erlaubt.

Prescott

Noch aus den wilden Goldrauschzeiten stammen die urigen Bars und **Saloons** im Bereich der South Montezuma Street #100, besser bekannt als ***Whiskey Row***, im alten Stadtkern von **Prescott**, einer Stadt mit heute 40.000 Einwohnern; zahlreiche H/Motels .

Nach ca. 50 Meilen auf der #89 stößt man bei Seligman auf die I-40.

5. SEATTLE MIT STARTROUTEN

5.1 Seattle

5.1.1 Geschichte, Klima und Geographie

Die **Ursprünge** des heutigen Seattle liegen nur knapp hundertdreißig Jahre zurück: 1889 brannte die damals 30 Jahre junge 20.000-Seelen Stadt bis auf die Grundmauern nieder und wurde beim Wiederaufbau um rund 10 m »geliftet« (➤ *Underground Tours,* Seite 617). Die große Stunde Seattles schlug im letzten Jahrzehnt des 19. Jahrhunderts: Die Fertigstellung (1893) des nördlichsten transkontinentalen Schienenstrangs durch die USA kam gerade recht, um die Hafenstadt an der Elliott Bay ab 1896 für ungezählte Abenteurer zum Hauptausgangspunkt der Reise in die Goldrauschgebiete am Klondike River und in Alaska zu machen und gleichzeitig in die weitere Versorgung des hohen Nordens einzusteigen. Der Schiffbau florierte, Seattle wurde zur maritimen Drehscheibe für den nördlichen Pazifik und später **Luftkreuz** der Region. Der größte Teil der dort startenden und landenden Flugzeuge wird in der Stadt selbst und im nahen Everett gebaut.

Space Needle, Seattles Wahrzeichen #1

Boeing ist bedeutendster Arbeitgeber nicht nur in Seattle, sondern aller Nordweststaaten (geführte Besichtigung von *Boeing,* ➤ Seite 620). Eine seinerzeit international noch größere Beachtung findende **Weltausstellung** brachte Seattle 1962 wichtige ökonomische und infrastrukturelle Impulse, die das Stadtbild stark veränderten. Das *Seattle Center* und großangelegte Maßnahmen der Innenstadtsanierung gehen auf jenes Ereignis zurück.

Wer mehr zur Geschichte von Seattle und Washington State wissen möchte, wird bestens informiert unter www.historylink.org.

Die nördlichste City (ca. 730.000, Großraum 3,7 Mio. Einwohner) der kontinentalen USA liegt auf einer im zentralen Bereich gerade mal 4 km breiten, hügeligen Landenge zwischen einem tief nach Süden reichenden Meeresarm, dem **Puget Sound**, und dem fast 35 km langen Binnensee **Lake Washington**. Die **Kaskaden** im Osten und die ***Olympic Peninsula*** mit dem gleichnamigen Gebirge und Nationalpark im Westen bewahren Seattle vor extremen klimatischen Schwankungen. Warmes, wechselhaftes Sommerwetter mit Temperaturen, die selten 25°C übersteigen, und milde Winter mit hohen Niederschlagsmengen sorgten für den schönen Ruf der Stadt als ***Rain Capital*** der Vereinigten Staaten.

Gleichzeitig gibt es keine andere US-Großstadt, deren Einwohner ähnlich vielfältige Möglichkeiten zur Freizeitgestaltung haben. Jede Menge Salz- und Süßwasserreviere samt Inselwelt ringsum und Berglandschaften unterschiedlichster Charakteristik bieten beste Voraussetzungen für alle erdenklichen Sommeraktivitäten und Wintersport. Da sich das Wasser des Puget Sound stärker erwärmt als das des Pazifik, eignen sich auch die Salzwasserstrände der Stadt im Juli und August gut zum Baden.

5.1.2 Orientierung, Information und öffentlicher Transport

Freeways durch Seattle

Drei Autobahnen führen in Nord-Süd Richtung durch *Metropolitan Seattle*. Während die **I-405** als östliche Stadtumgehung für den Durchgangsverkehr konzipiert wurde, tangiert die **I-5** auf über einer Meile unmittelbar das Zentrum. Parallel zur I-5 wurde der ***Highway #99*** ausgebaut und verläuft im Citybereich auf Pylonen doppelstöckig zwischen Elliott Bay und Innenstadt. Nach Osten verbinden die ***Interstate* #90** (Seattle-Boston) und **Straße #520** (beide über den Lake Washington) Seattle mit der I-405.

Die Mehrzahl der Sehenswürdigkeiten konzentriert sich im Bereich **Downtown** (zwischen den *Freeways* #99/I-5 und Jackson/Pine Street) sowie im ***Seattle Center***, nur rund 1,5 km nordwestlich vom Geschäftszentrum.

Anfahrt ab Airport

Der internationale Flughafen *Sea-Tac* liegt 15 Autobahn-Meilen südlich des Zentrums. Außer zur morgendlichen und allabendlichen *Rush Hour* benötigt man für die Strecke in der Regel etwa 20 Minuten. Preiswert ($3) und rasch (38 min) geht es ab *Sea-Tac* auch mit der ***Link Light Rail*** zur *Westlake Station* in Downtown Seattle; Zugang zur Station über die *Skybridge* bzw. die Parkgarage in der 4. Etage; www.soundtransit.org.

Tipp: Die meisten H/Motels in Airport-Nähe sind günstiger als vergleichbare Häuser in der Innenstadt, so dass man sich für den Seattle-Besuch durchaus auch dort einquartieren kann.

Parken

Wie in vielen Großstädten gibt es während der üblichen Bürozeiten erhebliche **Parkprobleme**. Für kurzfristige Besuche hat man an der ***Waterfront*/Alaskan Way** und südlich/östlich des ***Pioneer Square*** bzw. nördlich des Zentrums noch die besten Aussichten auf eine **Parkuhr**. Pkw-Fahrer finden dort auch viele (teure) Parkgaragen. Aber dank des gut ausgebauten öffentlichen Transportsystems könnte man das Fahrzeug weiträumig abstellen, etwa auf den großen Parkplätzen rund ums *Seattle Center*.

Parken am Seattle Center und Weiterfahrt per Monorail ins Zentrum erspart Parkplatzsuche in der City. Hier die Bahn bei der Ausfahrt aus dem Museum of Pop Culture, ➤ *Seite 612*

5

Eine gute Übersicht mit aktuellen Tagespreisen gibt es im Web unter www.seattle.bestparking.com (abends mitunter Sondertarife: z.B. Parken von 17 Uhr bis nach Mitternacht oder bis zum nächsten Morgen für $5 in unmittelbarer Nähe des *Pike Place Market*). Mit **Wohnmobilen** sollte man wegen der starken Steigung einiger Ost-West-Straßen mit *Stop-and-go*-Situationen die Innenstadt besser meiden bzw. nur die Nord-Süd-Achsen befahren.

Öffentliche Verkehrsmittel

Vom *Seattle Center* verkehrt eine ***Monorail*** (➤ Foto umseitig) ins Zentrum (Pine St/5th Avenue/*Westlake Center*; Ticket *one-way* $2,50, Kinder 5-12 Jahre $1,25; www.seattlemonorail.com). Bei den **City-Bussen** zahlt man $2,75 Kinder (6-18 Jahre) $1,50. Beim Einstieg muss der exakte Fahrpreis zur Hand sein, sofern man nicht mit der *ORCA Card* (erhältlich bei den Ticketautomaten oder auch u.a. bei *Safeway*) oder mit der *Transit GO*-App zahlt; www.kingcounty.gov/depts/transportation/metro/fares-orca.aspx.

In Seattle gibt es zwei **Straßenbahnlinien**: die ***South Lake Union Line*** zwischen Lake Union und dem *Westlake Center* in Downtown mit Anschluss ans Bussystem/die *Monorail* sowie die ***First Hill Street Car*** zwischen dem Pioneer Square und Capitol Hill. Die Verbindung beider Routen ist im Bau. Tickets: $2,25/Fahrt, Kinder $1,50; Tagespass $4,50/$3; www.seattlestreetcar.org.

Die Distanzen zwischen den wichtigsten Sehenswürdigkeiten der Innenstadt lassen sich aber auch ganz **gut zu Fuß** bewältigen.

Sightseeing

Informativ und empfehlenswert sind die 1-stündigen **Hafenrundfahrten** ab *Pier 55*; $31/$17; www.argosycruises.com.

Viel Klamauk ist angesagt, wenn es im ***Ride the Ducks*** Amphibienfahrzeug durch Seattles Straßen und über den Lake Union geht. 90-minütige Touren ab Ecke 5th/Broad Street bei der *Space Needle*, im Sommer auch ab *Westlake Center*; Tickets kosten $38, Kinder zahlen $5-$23; www.rideth educksofseattle.com.

In einer »Ente« (Ride the Ducks) auf dem Lake Union mit Blick auf Downtown Seattle

Tourist Information

Das zentrale ***Seattle Visitor Center*** befindet sich im Erdgeschoss des *Convention Center*, 701 Pike St/Ecke 7th Ave, im Sommer täglich 9-17 Uhr, im Winter nur Mo-Fr, ✆ 1-866-732-2695. Der **Info-Kiosk** am *Pike Place Market* (Ecke 1st Ave/Pike St) hat auch im Winter täglich 10-18 Uhr geöffnet; www.visitseattle.org. Sehr hilfreich sind der dort kostenlos erhältliche ***Official Visitors Guide***, die Broschüre ***Where*** (monatlich mit Karten und Veranstaltungskalender) sowie das kleine Heftchen ***Seattle Premier Attractions*** mit zahlreichen Rabatt-*Coupons*, auch online unter www.seattleattractions.com.

5.1.3 Übernachten, Essengehen, Shopping

Airport

Der am Flughafen vorbeiführende International Boulevard (#99) und seine Nebenstraßem sind dicht besetzt mit H/Motels der Mittelklasse. Eine gute Wahl ist dort z.B. das ***Coast Gateway Hotel*** mit dem ***Sharp's Roaster & Ale House*** gleich gegenüber; #18415; ab ca. $210; ✆ 1-800-716-6199, www.coasthotels.com.

Downtown

Die Tarife variieren in Seattle stark. Preiswerte Unterkünfte existieren in der Innenstadt kaum. Erst in der **Aurora Ave** nördlich des *Seattle Center* beidseitig des Washington Channel findet man einfache **Motels mit regulären Preisen ab ca. $80**. Je näher man dem *Seattle Center* und Downtown kommt, umso teurer wird's:

- ***Moore Hotel***, 1926 2nd Ave, nostalgisches Haus beim *Pike Place*; ab $140; ✆ 1-800-421-5508, www.moorehotel.com
- ***Ace Hotel***, 2423 1st Ave, durchgestylt, aber viele Zimmer mit Gemeinschaftsbad; ab ca. $130; ✆ (206) 448-4721, www.acehotel.com
- ***Quality Inn & Suites Seattle Center***, 618 John St; ab $170; ✆ (206) 728-7666, www.qualityinnseattle.com
- ***Executive Hotel Pacific***, 400 Spring Street; ab ca. $200; ✆ 1-888-388-3932, www.executivehotels.net/seattle.

Hostels

- ***City Hostel Seattle***, 2327 2nd Ave; in Gehdistanz zur *Needle*; ab $33/Bett, $90/DZ; ✆ 1-877-846-7835, www.thehello.com
- ***HI Seattle at the American Hotel***, 520 S King Street, in schöner Downtown-Lage; ab $37, EZ, $80, DZ $99; unbedingt langfristig vorbuchen; ✆ (206) 622-5443, www.hihostels.com
- ***Green Tortoise Backpackers Hostel***, 105 Pike Street; Betten direkt beim *Pike Place* ab $37 inkl. Frühstück, DZ $68; ✆ (206) 340-1222, www.greentortoise.net.

Bed & Breakfast

Die Stadt verfügt über etliche **B&B-Quartiere**. Eine kleine Übersicht liefert das Portal www.lodginginseattle.com sowie die Touristen-Seite www.visitseattle.org/lodging/.

- In zentraler Lage unweit des *Pike Place* steht die einfache, aber gute ***Pensione Nichols***; 1923 1st Ave; So-Do ab $180, Fr+Sa ab $200; ✆ (206) 441-7125, www.pensionenichols.com.

Camping

Einigermaßen citynah lässt sich in Seattle nur auf Privatplätzen campen. Vergleichsweise preiswert und schön gelegen ist der ***Vasa Park*** am Lake Sammamish (Strand) unweit der I-90, *Exit* 13 zur West Lake Road. Die Tore schließen bei Einbruch der Dunkelheit. Unbedingt reservieren, da nur geringe Kapazität; 3560 Lake Sammamish Parkway; Zelte $34, *full hook-up* $44; © (425) 746-3260, www.vasaparkresort.com.

Die zwei stadtnahen ***State Parks*** verfügen über (graue) **Badestrände** und *Campsites*: Die Stellplätze bei ***Saltwater*** (südlich von Des Moines) haben keine *hook-ups,* liegen eng beinander und außerdem unter der Einflugschneise des *Sea-Tac Airport* (je nach Saison $20-$37). Schöner ist daher ***Dash Point*** bei Tacoma, noch 10 mi weiter an der #509 (mit *hook-up* $25-$45). Im Sommer ist eine Reservierung für beide Plätze unbedingt angeraten: © 1-888-226-7688 bzw. https://washington.goingtocamp.com.

Ebenfalls in Flughafennähe, 15 mi vom Zentrum entfernt, ist der ***Seattle KOA*** angesiedelt; 5801 South 212th St in Kent. Zufahrt ab der I-5 *Exit* 152, dann noch ca. 2 mi weiter auf Orillia Rd; *full hook-up* ab $60, Zelte ab $45; © 1-800-562-1892, www.seattlekoa.com.

Restaurants

Das leibliche Wohl kommt in Seattle garantiert nicht zu kurz. In Downtown sind vor allem folgende Adressen eine gute Wahl:

Der ***Pike Place Market*** mit einer unüberschaubaren Palette von Lokalen jeden Stils und jeder Küche (➤ auch Seite 615). Im Herzen des Marktes bietet ***Athenian Inn*** zum *Seafood* einen tollen Blick über die Elliott Bay; 1517 Pike Place/*Main Arcade*, © 206-624-7166, www.pikeplacemarket.org.

Seafood

An der ***Waterfront*** steht ein ***Seafood Restaurant*** am anderen, darunter ***The Crab Pot*** am *Pier 57* mit dem legendären *Seafeast*, bei dem die Meeresfrüchte einfach auf den Tisch gekippt werden (Video unter www.thecrabpotseattle.com).

Pier 57 mit dem Great Wheel und Crab Pot Restaurant

In den Hallen des Pike Place Market befindet sich einer der ältesten und in seiner Vielfalt interessantesten Fischmärkte der USA

Eine enorme Auswahl bei zum Teil gehobenerem Niveau findet sich im ***Pioneer Square District***. Und nach dem *Dinner* sind es dort nur ein paar Schritte bis zur nächsten **Kneipe** mit Live-Musik.

Eine tolle Sicht auf die *Skyline* hat man im ***Salty's Seafood Grill*** unweit der Alki Beach (Sa+So guter, üppiger *Brunch*; © (206) 937-1600; 1936 Harbor Ave SW oder mit Wassertaxi ab *Pier 50*).

Frisch geräucherten **Lachs** in der authentischen Umgebung eines Indianerdorfes wird im ***Tillicum Village*** auf Blake Island serviert, ➢ Seite 618. Lachs (und anderes) ohne Folklore und nicht ganz so kostspielig gibt's aber auch in indianisch gestylten Räumen oder auf einer Terrasse am See im ***Ivars Salmon House*** am Nordostufer des Lake Union; sonntags großes *Brunch Buffet*; 401 NE Northlake Way (nahe I-5); www.ivars.com.

Seattle Center

Der *Food Court* des ***Armory*** (im ***Seattle Center***) hat ein vielfältiges Angebot. Feiner und teurer ist das **Drehrestaurant** in der nahen ***Space Needle*** samt Aussicht über Stadt und Puget Sound; Reservierung unter © (206) 905-2100 oder www.spaceneedle.com.

Shopping

Im Großraum Seattle locken gleich mehrere ***Outlet Malls*** mit Designerware zu günstigen Fabrikpreisen:

- ***Seattle Premium Outlet Center***, 10600 Quil Ceda Blvd, Tulalip; 35 mi nördlich vom Zentrum direkt beim I-5 *Exit* 202; www.premiumoutlets.com/outlet/seattle
- ***The Outlet Collection***, 1101 Outlet Collection Way, Auburn; südlich vom *Sea-Tac*-Flughafen an der Straßenkreuzung #167/#18; www.outletcollectionseattle.com
- ***North Bend Premium Outlets*** an der I-90 gleich bei der Abfahrt 31; rund 30 mi östlich von Downtown Seattle.

Amazon

Handelsgigant ***Amazon*** eröffnete 2015 in Seattle seinen ersten **Buchladen** (im *University Village*, 4601 26th Ave NE) und startete drei Jahre später mit ***Amazon Go***. Die erste Supermarkt-Filiale dieser Art (Einkauf per *Amazon-Go-App*, **ohne Kassen**) befindet sich an der 2131 7th Avenue unweit der ***Amazon Spheres*** (➢ Seite 614).

5.1.4 Stadtbesichtigung

Start beim Seattle Center

Ein erster guter Anlaufpunkt in der Innenstadt ist das *Seattle Center*; ausgeschilderte Zufahrt ab der I-5 *Exit* 167. Dort kann man ggf. auch gleich das Fahrzeug für den Besuch von Downtown abstellen und in die *Monorail* umsteigen. Der Weltausstellungskomplex von 1962 wurde über die Jahre zu einem ***Entertainment Center*** umgestaltet. Das 30 Hektar große Parkgelände umfasst neben der *Space Needle* eine ganze Reihe von Museen und Kultureinrichtungen sowie jede Menge *Public Art*. Übersichtskarte: www.seattlecenter.com/downloads/sc_map_color_gates.pdf.

Im *Seattle Center* findet alljährlich Anfang September das 3-tägige ***Bumbershoot Arts Festival*** statt, eines der größten Kunst- und Musik-Events in Nordamerika (www.bumbershoot.org), und Ende Mai das ***Northwest Folklife Festival*** (www.nwfolklife.org).

Space Needle

Als Wahrzeichen der Stadt gilt die weithin sichtbare, 184 m hohe ***Space Needle***, eine elegante Stahlkonstruktion mit Aussichtsplattform und -restaurant an der 400 Broad Street. Vom ***Observation Deck*** genießt man einen fantastischen Blick über Seattle und den Puget Sound, bei guter Sicht auch auf die Olympic Mountains und die Kaskadengipfel Mount Rainier und Baker. 2018 wurde sie außerdem mit einem beweglichen Glasboden ausgestattet. Die Auffahrt (So-Do 10-21 Uhr, Fr+Sa 9-21 Uhr) kostet Fr-So nachmittags am meisten ($37,50, Kinder 5-12 Jahre $28,50), Mo-Do oder vormittags etwas weniger; www.spaceneedle.com. In der **Kombiticket-Variante** (z.B. mit *Chihuly Garden* und *Museum of Flight*) oder mit *City Pass*, ➤ Kasten unten) spart man etliche Dollars.

MoPOP

Genial wirkt der futuristische *Frank Gehry*-Komplex mit seinem gewölbten Glitzerdach gleich nebenan, in dem das ***Museum of Pop Culture*** (früher ***E****xperience* ***M****usic* ***P****roject*) mitsamt ***Science Fiction Museum*** und *Fantasy Hall of Fame* untergebracht ist. Alles in allem sehr spannend, ein interaktives musikalisches (*Rock'n Roll-*)Abenteuer der Extraklasse! Geöffnet täglich 10-19 Uhr, im Winter 10-17 Uhr; Eintritt $34, Kinder (5-17) $25; www.mopop.org. Den kleinen Hunger zwischendurch kann man bei Meisterkoch *Wolfgang Puck* in der 1. Etage stillen.

Chihuly Garden & Glass

Der 2012 eröffnete ***Chihuly Garden and Glass*** birgt eine Sammlung gigantischer Glaskunstwerke, sehr beeindruckend in Szene gesetzt in dunklen Räumen sowie in Form von Riesenblüten und Gewächsen im Garten unterhalb der *Needle*. Sehr sehenswert, wenn auch nicht ganz billig: $32/$19; geöffnet So-Do 10-19 Uhr, Fr+Sa bis 20 Uhr; www.chihulygardenandglass.com.

Tipp: Der Seattle ***CITY PASS*** gilt 9 Tage und beinhaltet die Tickets für folgende Attraktionen: *Seattle Aquarium*, *Space Needle*, Hafenrundfahrt *Argosy Cruises*, *Museum of Pop Culture* oder *Woodland Zoo* sowie *Chihuly Garden* oder *Pacific Science Center*; Erwachsene $99, Kinder 5-12 $79; www.citypass.com/seattle.

Pacific Science Center

Interessant für Familien könnte auch das ***Pacific Science Center*** sein; geöffnet täglich 10-17/18 Uhr; Eintritt: $26, Kinder $14-$18; www.pacificsciencecenter.org). Es beherbergt ein auf Jugendliche zugeschnittenes Wissenschaftsmuseum experimentellen Typs inklusive technischem Kinderspielplatz. *IMAX*-Kino, Schmetterlingshaus, Lasershows und ein Planetarium ergänzen das Angebot (kosten extra!).

Kostenfreie Ziele mit Kindern im *Seattle Center* sind der Spielplatz ***Artists at Play*** und die im Sommer erfrischende und originelle ***International Fountain***, deren Wasserspiele musikalisch untermalt werden. Das schon etwas in die Jahre gekommene ***Children's Museum*** richtet sich vor allem an die Kleinsten (unter 5 Jahre); geöffnet Di-Fr 10-17 Uhr, Sa+So 10-18 Uhr; Eintritt $2 für Kinder und Erwachsene; www.thechildrensmuseum.org.

Coffee & Mo(o)re

Ausgehend von Seattle eroberte die Kaffeehaus-Kette ***Starbucks*** die Welt und sorgte dafür, dass der amerikanische *Cup of Coffee* nun in aller Munde ist. Nirgendwo herrscht so ein Gedränge wie vor der ersten Niederlassung (eröffnet 1971) am 1912 Pike Place, auch wenn nicht weit davon entfernt schon die nächste Filiale steht. Warteschlangen bilden sich meist ebenso vor dem riesigen und stylischen ***Roastery* & *Tasting Room*** des Konzerns, wo man nebenbei noch alles über den Herstellungsprozess erfährt (1124 Pike Street; täglich 7-23 Uhr).

Seattle verdankt seinen Ruf als Kaffeemetropole aber auch kleineren Röstereien wie *Caffe Vita, Victrola* oder *Espresso Vivace* (alle mit gemütlichen Kaffeehäusern). Außerdem wird ***Latte Art*** groß geschrieben. Wer am Pike Place im *Storyville Coffee* Platz nimmt, wird staunen über das perfekt gegossene Herz im Milchschaum. Die aufwendigsten vergänglichen Kunstwerke kommen aber bei ***Moore Coffee*** an der 1930 2nd Ave in die Tassen. Dort verzieren Pandabären, Eulen, Miezekatzen und Schmetterlinge selbst die *TO GO*-Pappbecher!

Downtown Seattle, Pike Place und Waterfront

Downtown Rundfahrt/-gang

Um sich zunächst einen **Überblick** zu verschaffen, wäre eine Fahrt an den Piers entlang, verbunden mit einer »Runde« durch Downtown ein guter Einstieg. Vom *Seattle Center* führt die Broad St hinunter zum *Alaskan Way*. Zurück ginge es z.B. ab *Pier 50* über Yesler Way, James St und 4th oder 6th Ave. Wer per ***Monorail*** ins Zentrum fährt, hat von der Endstation ***Westlake Mall*** einen guten Start.

Architektonisch fallen folgende Wolkenkratzer auf:

- ***Columbia Center*** (701 5th Ave/Ecke Columbia St), das höchste Gebäude (286 m) mit ***Sky View Observatory***; tolle Aussicht u.a. auf die *Space Needle*; im Sommer 10-22 Uhr; Auffahrt $22/$14
- ***F5 Tower*** (gleich nebenan an der 801 5th Ave), 201 m
- ***1201 Third Ave Tower*** (3rd Ave/Ecke Seneca St), 235 m
- ***Two Union Square*** (601 Union St/Ecke 7th Ave), 226 m
- ***Rainier Tower*** (1301 5th Ave) ist zwar nur 157 m hoch, steht aber äußerst kurios auf einem schmalen Sockel.

Echte Hingucker sind auch der windschiefe Glaspalast der ***Seattle Central Library*** (1000 4th Ave) sowie das avantgardistische, kugelförmige Büro(gewächs)haus ***Amazon Spheres*** in der 2111 7th Ave. Einen Einblick in den Alltag im Hauptquartier des Versandgiganten bekommt man jeweils am 1. und 3. Samstag eines Monats; Anmeldung lange im Voraus nötig: www.seattlespheres.com.

Convention Center

Zwischen Seneca und Pike Street wurde die I-5 komplett überbaut vom ***Freeway Park***, einer grünen Betonkreation mit Wasserspielen (+gratis Internetzugang), und dem Glaspalast des ***Convention Center*** mit vielen beachtlichen **Kunstwerken**. Im Parterre (Zugang an der 705 Pike Street) befindet sich das **Besucherzentrum** der Stadt.

Shopping

Ebenfalls viel Glas, Licht und Grün zeichnet das mehrstöckige ***Westlake Center*** aus (400 Pine Street/Ecke 5th Ave). Benachbart sind die Kaufhäuser ***Macy's*** sowie die viel größere ***Pacific Place Mall*** mit einem sehr gut sortierten ***Barnes & Noble Bookshop***.

An der 1300 1st Ave/Ecke University Street steht der klotzige Bau des ***Seattle Art Museum*** (*SAM*). Die gut präsentierte Kollektion ist vielseitig und umfasst u.a. die Kunst der *Aborigines*, afrikanischer Völker und amerikanischer Ureinwohner sowie die Werke alter und moderner Meister. Geöffnet Mi-So 10-17 Uhr, Do bis 21 Uhr; $20, Kinder 13-17 Jahre $13; www.seattleartmuseum.org. Auffällig ist der 15 m hohe *Hammering Man* vor dem Eingang des Museums; die gleiche Figur ziert den Vorplatz der Messe Frankfurt. Zum *SAM* gehören auch die Kunstwerke im ***Olympic Sculpture Park*** an der Elliott Bay nördlich des *Pier 70*. Dieser Abstecher lohnt aber nur bedingt; allzu viel gibt es dort nicht zu sehen.

Hinter dem *Art Museum* an der Ecke 2nd Ave/University steht die ***Benaroya Concert Hall***; www.seattlesymphony.org/benaroya.

Pike Place Market

Der größte Publikumsmagnet in Downtown ist aber der ***Pike Place Market***, einer der besten Dauermärkte der USA. Ein Highlight sind dort die Fischhändler, die sich gerne einen Spaß machen, indem sie sich gegenseitig ihre glitschige Ware zuwerfen (»**Fliegende Fische**«). Zum Riesenkomplex gehören auch noch ein Obst- und Gemüsemarkt sowie diverse Shops, Galerien und *Eateries*. Der Haupteingang befindet sich an der Ecke 1st Ave/Pike St. Übersichtplan: www.pikeplacemarket.org/plan-your-visit. Für Unterhaltung sorgen auch die Musiker und Straßenkünstler in der näheren Umgebung.

Gum Wall

Direkt hinter dem *Market Info*-Kiosk geht es runter zur wohl ekligsten Sehenswürdigkeit der Stadt, die ***Gum Wall***: Die Hausfassaden in der schmalen **Post Alley** sind über und über mit bunten Kaugummis zugeklebt. Und das »Kunstwerk« wird täglich größer.

Waterfront

Über die Treppen des *Pike Place Hillclimb Walk* gelangt man von dort gleich zur ***Seattle Waterfront***, die (parallel zum Alaskan Way) einen etwa 2 km langen Abschnitt zwischen *Pier 50* und *Pier 70* umfasst. Unterhalb der hochgelegenen Innenstadt reihen sich die Restaurants, *Fast Food Eateries* und *Giftshops*.

Blick von der Waterfront (Pier 66) auf Downtown Seattle

Besuchenswert ist am *Pier 59* das ***Seattle Aquarium***, das die Unterwasserwelt des Pazifiks beleuchtet; täglich 9:30-17 Uhr, $30/$20; www.seattleaquarium.org. Für 2023 ist eine große Erweiterung und die Eröffnung des *Ocean Pavilion* geplant.

Die 12-minütige Fahrt in der klimatisierten Gondel des 53 m hohen ***Great Wheel*** am *Pier 57* kostet $14 bzw. $9 für Kinder 3-11 Jahre; www.seattlegreatwheel.com.

Fährterminal

Gleich südlich der *Waterfront*-Kommerzkonzentration legen vom ***Pier 52*** mehrfach täglich die Autofähren in Richtung **Bremerton** (60 min) und **Bainbridge Island** (35 min) ab, Richtung *Olympic NP* (➤ Seite 644); www.wsdot.wa.gov/ferries. Die Fähren zu den **San Juan Islands** sowie der ***Victoria Clipper*** nach Vancouver Island (Exkurs ➤ Seite 621) starten vom ***Pier 69***.

Zum ***Tillicum Indian Village***, einer Art Museumsdorf auf **Blake Island**, geht es **per Boot ab *Pier 55***; $92 p.P. inkl. Lachsessen und indianischer Tanz-Vorführung; 4-5 Std; www.argosycruises.com.

Totem Pole am Pioneer Square, im Hintergrund startet gerade eine Underground Tour

Pioneer Square Historical District

Pioneer Square

Gleich hinter dem *Pier 50* erstreckt sich bis zur 5th Ave und zwischen Yesler Way und King Street der ***Pioneer District*** mit vielen Backsteinfassaden. Die einstige Altstadt von Seattle wurde 1889 durch einen Großbrand vernichtet und später herausgeputzt, begrünt und mit Restaurants, Bars, Antiquitätenläden, Galerien und vielen Shops wiederbelebt; www.pioneersquare.org.

An der Ecke Main Street/2nd Ave rauscht Wasser über Felsen im ***Waterfall Garden Park***, ein Kleinod des Viertels.

Klondike Gold Rush Historic Park

Unbedingt besuchenswert im *Pioneer District* ist das ***Visitor Center & Museum*** des ***Klondike Gold Rush Nat'l Historical Park*** an der 319 2nd Ave. Ansehen sollte man sich die laufend gezeigten Filme zum Goldrausch der Jahrhundertwende, für den Seattle als Haupthafen der Einschiffung der Prospektoren gen Norden eine wichtige Rolle spielte. Auch die Dokumentation und die Exponate im Kellergeschoss sind aufschlussreich. Der Komplex hat Di-So geöffnet 10-17 Uhr, der Eintritt ist frei; www.nps.gov/klse.

Glasbläser

Von dort sind es nur ein paar Schritte bis zum ***Glasshouse Studio***, in dem man Glasbläsern bei der Arbeit zuschauen kann; Mo-Sa 10-17, So 11-16 Uhr, 311 Occidental Ave; www.glasshouse-studio.com.

City unter der City

Wer sich für die Geheimnisse der »City unter der City« interessiert, kann an einer ***Underground Tour*** teilnehmen, die am *Pioneer Square Park* startet. Sie führt durch Bereiche der Stadt, die 1889 abbrannten, aber unter dem darüber aufgebauten neuen Seattle teilweise erhalten blieben; 608 1st Ave; im Sommer täglich 9-19 Uhr, $22/$10-$20; 614 1st Ave; www.undergroundtour.com.

Smith Tower

Ganz in der Nähe (Ecke 2nd Ave/Yesler Way) steht der ***Smith Tower*** in nostalgischem Kontrast zu den nahen Hochhäusern. Der Turm war bei Fertigstellung 1914 ***Tallest Building West of the Mississippi*** und besitzt heute ein öffentlich zugängliches *Observation Deck* im 35. Stockwerk; Auffahrt täglich 10-23 Uhr, Do-Sa bis Mitternacht; $20, Kinder (5-12) $16; www.smithtower.com.

Während tagsüber die Altstadt den Touristen gehört, überwiegen abends die Einheimischen. Nirgendwo sonst in Seattle findet man vergleichbar viele **Kneipen mit Flair und Live-Musik**.

Football & Baseball Stadium

Südlich des *Pioneer District* erhebt sich das riesige *American-Football*-Stadium ***CenturyLink Field***, Heimat des *Seattle Seahawks* und Multifunktionsarena (auch Rock/Pop-Konzerte usw.) mit einem Fassungsvermögen von bis zu 72.000 Zuschauern.

In unmittelbarer Nachbarschaft steht noch das ***Safeco Field***, ein großes Baseballstadium mit »Schiebedach« und Platz für bis zu 48.000 Gäste. Der Komplex kann an spielfreien Tagen im Rahmen von 1-stündigen Touren meist 2-3x täglich besichtigt werden; Tickets $12/$10; www.mlb.com/mariners/ballpark/tours.

Chinatown

Südöstlich hinter dem *Pioneer Square* erstreckt sich der ***Chinatown-International District***, Zufahrt über Jackson oder Main Street. Anders als die *Chinatown* in San Francisco vermitteln die verstreuten asiatischen Fassaden, Restaurants und Spezialitätenshops in Seattle keine sonderlich exotische Atmosphäre. Das *Wing Luke Museum* ($17) thematisiert die Einwanderung aus Asien und bietet auch *Chinatown Discovery Tours* an; www.wingluke.org.

Blick auf Space Needle und Downtown vom Kerry Park (211 West Highland Dr)

Parks und Sehenswertes rund um die City

Washington Park

Von Downtown Seattle gelangt man über die Madison St direkt zur südlichen Zufahrt des ***Washington Park Arboretum***. Diese attraktivste Parkanlage der Stadt ist Teil der Botanischen Gärten der *University of Washington* und wird durch den East Lake Washington Blvd und den East Arboterum Drive erschlossen (freier Zutritt mit Ausnahme des ***Japanese Garden***). Bevor man einen der zahlreichen Spazierwege, die sich durch die üppige Baum- und Pflanzenwelt winden, in Angriff nimmt, kann man sich noch täglich 9-17 Uhr im *Graham Visitors Center* mit Infos und Karten versorgen (in der Nordostecke des Parks). Übersichtsplan im Web unter https://botanicgardens.uw.edu/washington-park-arboretum/visit/maps-trails.

Herbstlicher Farbenrausch im Japanese Garden in der Südecke des Washington Parks

Unweit des Besucherzentrums startet auch der wunderbare ***Foster & Marsh Island Loop*** (2,5 km), der zunächst durch ein kleines Wäldchen verläuft, dann unter der #520 hindurch und weiter auf *Foster Island* zwischen Seerosen und Schilf zur *Marsh Island*. Der rege Verkehr auf dem *Freeway* #520 stört etwas die Idylle. Diese Wanderung und die Union Bay sind zudem sehr beliebt bei den »***Seattleites***« (Bewohner von Seattle; Aussprache: »*seä tel laits*«), so dass in diesem Bereich an Wochenenden meist sehr viel los ist.

Universitätscampus

Wer nach dem Besuch des Arboretum noch den absolut beeindruckenden Campus der ***University of Washington*** sehen möchte, folgt dem East Lake Washington Blvd weiter bis zum Montlake Blvd. Dort geht es dann nach Norden (rechts) über die Union Bay Brücke zur 15 th Ave (immer der grünen Ausschilderung »*UW Visitor Info/Parking*« nach). Bei Anfahrt über die I-5 wählt man am besten den *Exit* 169 und fährt dann auf der 45th St nach Osten bis zur 15th Ave. Wer dort in der Umgebung keine freien Parklücken findet, kann die gebührenpflichtigen Garagen und Parkflächen der Uni ansteuern; Lageplan: www.washington.edu/maps.

Das ***Burke Museum of Natural History & Culture*** auf dem Universitätsgelände wurde stark erweitert und im Herbst 2019 an dem neuen Standort eröffnet; 4300 15th Avenue NE (Ecke 45th Street). Es hat eine gute anthropologische Abteilung, die sich den Völkern an der nordamerikanischen Pazifikküste widmet. Interessant für alle Altersgruppen; geöffnet täglich 10-17 Uhr, Do bis 20 Uhr; Eintritt $22, Kinder 4-17 Jahre $14; www.burkemuseum.org.

Die ***Henry Art Gallery*** unweit des Campus-Besucherzentrum ist relativ klein und kein Muss; $10/$6; www.henryart.org. Von dort sind es nur noch wenige Schritte bis zur Hauptplaza mit tollem Blick auf die ***Drumheller Fountain***. Bei klarer Sicht erhebt sich hinter ihr der scheinbar nahe, tatsächlich aber 100 km Luftlinie entfernte, **schneebedeckte Mount Rainier** südlich der Stadt.

Lake Union

Zwischen der I-5 und der #99 breitet sich nördlich von Downtown der **Lake Union** aus. An seiner Südspitze liegt an der Valley St die Zufahrt zum *Center for Wooden Boats*, wo man Boote mieten kann, und zum ***Museum of History & Industry*** (***MOHAI***). Dort wurde die Geschichte der Stadt gut und spannend aufbereitet; tägl. 10-17 Uhr, im Hochsommer Do bis 20 Uhr; $20/$16; www.mohai.org.

Hausboote

Bekannt ist der Lake Union vor allem durch seine hübsch aufgereihte **Hausboot-Flotte**, die entlang der Fairview Avenue den Uferbereich säumt. Fest verankert an der Westlake Ave liegt außerdem das *Floating Home* von *Tom Hanks* aus dem Kino-*Blockbuster* »**Schlaflos in Seattle**« mit *Meg Ryan*. Es ist in Privatbesitz; am besten sieht man es während einer *Ride the Ducks Tour* (➤ Seite 608) oder kostenfrei vom gegenüberliegenden ***Gas Works Park***, der die rostigen Überbleibsel eines Gaswerks birgt.

Fremont Troll

Ein beliebtes Fotomotiv versteckt sich noch nordwestlich des Lake Union. Dort »residiert« unterhalb der Aurora Bridge (Kreuzung #99/North 36th Street) der ***Fremont Troll***, ein 5 m hoher Zementkobold mit einem VW-Käfer in der Hand. Eine weitere Skulptur (*People waiting for the interurban*) befindet sich nahebei an der Ecke Fremont Ave/N 34th Street.

Woodland Park Zoo

Über die #99 (oder I-5 *Exit* 169) und die 50th St erreicht man den ***Woodland Park Zoo*, einer der besten in den USA**. Die Gehege sind sehr schön und weitläufig gestaltet, entsprechend groß ist daher der Zeitbedarf (mind. 4-5 Std einplanen!); im Sommer tägl. 9:30-18 Uhr; $25, im Winter günstiger oder als Kombi mit *Needle* und *Chihuly*; Parken kostet extra ($6, RVs $18); www.zoo.org.

Beim **Green Lake** im Norden des *Woodland Park* warten gleich zwei populäre Badestrände, die *East* und *West Lake Beach*.

Interlaken/ Volunteer Park

Östlich des Lake Union und der I-5 liegen unweit des Arboretums noch zwei weitere City-Parks: Durch den ***Interlaken Park*** und seinen verwunschenen Regenwald schlängelt sich eine enge und kurvenreiche Straße. Nichts deutet darauf hin, dass man sich dort noch mitten in der Großstadt befindet.

Sehenswerter – vom touristischen Standpunkt aus – ist aber der angrenzende ***Volunteer Park*** (15th Ave/Galer Street) mit dem ***Asian Art Museum***, einem Ableger des *Art Museum* in der 2nd Avenue (geöffnet Mi-So 10-17 Uhr, Do bis 21 Uhr, Sa ab 9 Uhr; $15/$10 www.seattleartmuseum.org), und dem ***Conservatory*** mit einheimischen sowie tropischen Pflanzen (zugänglich Di-So 10-16 Uhr; $4/$2). Vom ***Observation Deck*** des alten Wasserturms bietet sich ein (etwas zugewachsener) Blick über Stadt und Bucht.

Lake Washington

Durchaus empfehlenswert ist auch der Besuch der **Parks** am **Lake Washington**. Eine Fahrt ab dem *Washington Park* (➢ Seite 618) auf den Uferstraßen führt durch beneidenswerte Wohnviertel sowie vorbei an Marinas, Stränden und schönen Picknickplätzen (u.a. im ***Seward Park*** auf einer urtürmlich bewaldeten Halbinsel).

Strände am Puget Sound

Am Puget Sound sind die Strände in den Salzwasserparks ***Seahurst*** und ***Alki Park*** sehr beliebt. Letzterer bietet einen freien Blick auf die *Space Needle* und die Wolkenkratzer von Downtown und wird auch gerne zum **Sonnenuntergang** aufgesucht. Eine tolle seeseitige Rundfahrt in West-Seattle führt von dort über die Alki Ave, den Beach Drive SW und den Fauntleroy Way hinunter zum ebenfalls attraktiven ***Lincoln Park*** mit weiteren Uferwegen, Spiel- und Picknickplätzen sowie einem beheizten Salzwasser-Pool.

Northwest Seattle

Den weitgehend naturbelassenen ***Discovery Park*** im nordwestlichen Stadtteil Magnolia durchziehen **Wildnis-Wanderwege**. Ein Abstecher dorthin lohnt vor allem in Verbindung mit dem Besuch der ***Ballard Locks***. Zufahrt südlich des *Lake Washington Ship Canal* über den Commodore Way zum *Commodore Park*. Interessant ist dort die Fischtreppe mit Sichtfenstern, wenn **Ende Juni-Anfang Okt.** die **Lachse** vorbeiziehen; tägl. 7-20.45 Uhr; frei. Das Besucherzentrum der *Locks* und die Schleusenanlage befinden sich am nördlichen Ufer des Kanals, sind aber auch vom Süden aus zugänglich.

Wer vom *Visitor Center* der *Ballard Locks* die Rundfahrt in Richtung Küste fortsetzt, passiert an der Seaview Ave Seattles größte Marinas und erreicht dahinter den ***Golden Gardens Park*** mit einem bei gutem Wetter meist stark frequentierten Sandstrand.

Fährverbindungen

Von **Edmonds**, noch etwas weiter nördlich, findet man über die Autofähre nach **Kingston** Anschluss an die **Route 6.2.3** auf der Olympischen Halbinsel (➢ Seite 644); www.wsdot.wa.gov/ferries.

Flugzeugmuseen und Boeing-Werke

Flugzeug Museum

Eine der größten Sehenswürdigkeiten der Stadt liegt weit außerhalb, das ***Museum of Flight***; täglich 10-17 Uhr; Eintritt $25, Kinder 5-17 $16; www.museumofflight.org; Anfahrt ab Downtown über die I-5 in südliche Richtung, ausgeschildert ab *Exit* 158. In der lichten Halle und im *Airpark* fanden über 150 Flugzeugtypen Platz – vom Doppeldecker der Frühzeit über Kampfflieger aus dem 1. oder 2. Weltkrieg, einer ***Concorde*** und älteren ***Air Force One*** bis zum modernen Abfangjäger, darunter eine ***Fieseler Fi 103*** und eine ***Lockheed M-21 Blackbird***. Kinder dürfen in den Cockpits Platz nehmen, und Flugsimulatoren sowie zahlreiche *hands-on* Exponate könnten ebenfalls für Begeisterung sorgen. Top!

Boeing-Werke in Everett

»No cameras please!«

Die ***Boeing Typen 747***, ***767***, ***777*** und der ***Dreamliner 787*** werden in **Everett**, 25 mi nördlich von Seattle, montiert (4 mi westlich der I-5, Abfahrt 189, gut ausgeschildert). Die ***Boeing Tour*** (90 min) startet vom ***Future of Flight Aviation Center***, einem tollen Museum der zivilen Luftfahrt, durch riesige freitragende Montagehallen. Im Sommer mehrfach täglich 8.30-16 Uhr; $25 inkl. *Aviation Center*, Kinder bis 15 Jahre $15, **nicht unter 1,22 m**!

Reservierung sehr angeraten, bis zu 9 Monate im Voraus möglich unter www.futureofflight.org oder © 1-800-464-1476.

Anacortes

Rund 70 mi nördlich von Seattle liegt **Anacortes**, Ausgangspunkt für ***Whale Watching Trips*** (➤ Exkurs unten) und der Autofähre nach Vancouver Island. Anacortes ist dank des ***Washington Park*** in der westlichsten Ecke von Fidalgo Island so oder so einen Abstecher wert. Gleich hinter dem Fährhafen an der ***Sunset Beach*** beginnt die schmale ***Loop Road*** (RVs max. 23 Fuß) durch Regenwald und vorbei an herrlichen Stränden und ganz privaten Picknickplätzchen. Der Sonnenuntergang ist dort kaum zu übertreffen. Mittendrin versteckt sich ein komfortabler ***Campground*** mit etlichen *first-come, first-served*-Plätzen ($21, *hook-up* $27).

Vom **Coupeville-Anleger** auf Whidbey Island, ca. 35 mi südlich Anacortes, legen die Fähren nach **Port Townsend** ab (➤ Seite 644).

San Juan Islands - Whale Watching und Fähren nach Kanada

Orca

Zwischen der Olympischen Halbinsel, Vancouver Island und dem Festland bilden der *Puget Sound* und die *Strait of Georgia* ein ausgedehntes über die *Strait of Juan de Fuca* mit dem Pazifik verbundenes Binnengewässer. Mittendrin liegen die ***San Juan Islands***, ein Archipel einiger großer und zahlloser kleiner, mehrheitlich unbewohnter Inseln. Dieses Gebiet ist ausgesprochen ergiebig fürs ***Whale Watching***, entsprechend groß auch die Anzahl der Touranbieter, die von Anacortes, Bellingham, Port Townsend, Friday Harbor (auf San Juan Island) und Victoria (auf Vancouver Island) in See stechen.

Beste Chancen, einige der Meeressäuger zu Gesicht zu bekommen, hat man ab März den Sommer hindurch bis in den Herbst hinein: Schwertwale (*Orcas*) von Mai bis September, Grauwale im März/April und Buckel- sowie Zwergwale im Oktober/November. Weißkopfseeadler, Otter, Seehunde und -löwen gibt es meist noch als Zugabe. Ein Tourveranstalter, der in Anacortes startet, ist zum Beispiel ***Island Adventures***. Die 5-stündigen Trips kosten ca. $110/Person (Kinder $70); online bei langfristiger Vorbuchung mitunter 20% Rabatt; © 1-800-465-4604, www.island-adventures.com.

Wer eine grenzüberschreitende Reise durch die USA und Kanada unternimmt und dabei einen Abstecher nach ***Vancouver Island*** macht, kann mit etwas Glück Wale auch von den **Fährschiffen** ab Seattle oder Anacortes beobachten: Nur Passagiere transportiert der Katamaran ***Victoria Clipper*** ab ***Pier 69*** von Seattle nach **Victoria** (3 Stunden, 1-3 x täglich; im Sommer $119 einfache Fahrt, $205 retour; deutlich preiswerter bei mind. 7-Tage-Vorausbuchung unter © 1-800-888-2535 oder www.clippervacations.com/clipper-ferry.

Die **mit Abstand beste Fährroute** ist die **von Anacortes** durch das San Juan Archipel **nach Sidney**/Vancouver Island (2,5 Stunden; 1-2x täglich.; www.wsdot.wa.gov/ferries). Anacortes (➤ oben) erreicht man über die I-5 Richtung Vancouver. Ab Mount Vernon geht's dann weiter auf den Straßen #536/#20.

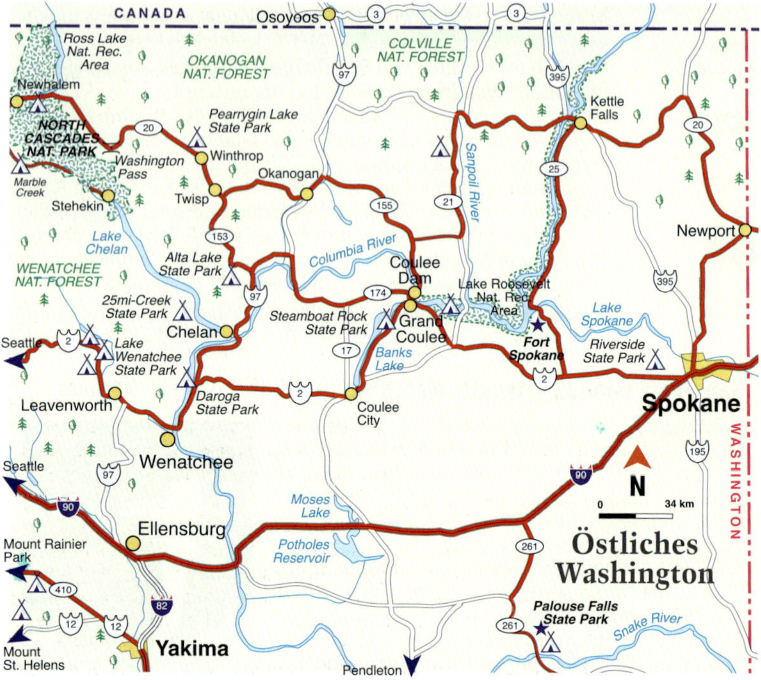

5.2 Startroute #1 ab Seattle: Zu den Nationalparks Glacier und Yellowstone

Interstate Freeway #90

Wenn Seattle Ausgangspunkt einer Reise durch den Nordwesten ist, sind die **Nationalparks Glacier** und **Yellowstone** oft wichtige Eckpunkte der Routenplanung. Mit der transkontinentalen Autobahn #90 von Seattle nach Boston gibt es einen raschen Zubringer. Bis zum Anschluss an die im ➤ **Kapitel 7** beschriebenen Strecken durch Idaho und Montana in Missoula sind es ca. 500 mi, die sich mit ein paar Zwischenstopps leicht in zwei Tagen machen lassen. Der Verlauf der I-90 durch Washington State ist jedoch bis auf die ersten 60 mi nicht reizvoll, durch Idaho/Montana dafür umso attraktiver.

Schönere Alternative: Straße #20 oder #2

Mit ausreichend Zeit kann man ab Seattle der **Straße #20** durch den ***North Cascades National Park*** folgen, einer der landschaftlich beeindruckendsten Bergstrecken im Nordwesten der USA. Eine fast ebenso reizvolle Alternative ist die in Everett startende **Straße #2** über die Kleinstadt **Leavenworth**. Beide Routen führen auf der Rückseite der Kaskaden weiter über den *Grand Coulee Dam*, bevor sie bei **Spokane** auf die I-90 treffen – sofern man nicht weiter auf Nebenstraßen bleiben möchte (Exkurs ➤ Seite 630).

5.2.1 Über die Interstate #90 nach Spokane

Snoqualmie Falls

Ein erster Abstecher gleich zu Beginn der Strecke könnte den 82 m hohen ***Snoqualmie Falls*** gelten (ca. 4 mi ab I-90/*Exit* 25 über die #18/#202). Die Aussichtsplattform ist mit wenigen Schritten vom Parkplatz erreicht und auch an den Fuß der Fälle führt ein Weg.

Outlet Mall

Die #202 führt von den *Falls* weiter nach North Bend, wo direkt vor der I-90 Auf-/Abfahrt 31 eine größere *Outlet Mall* wartet.

Ginkgo Petrified Forest SP

Ein dritter Stopp bietet sich auf halbem Weg zwischen Seattle und Spokane am Ufer des Columbia River im ***Ginkgo Petrified Forest State Park*** an (www.parks.wa.gov/288; *Exit* 136). Auf einem 2,5 km langen Rundparcours durch den kleinen versteinerten Wald kann man sich etwas die Füße vertreten. Solche Fundstellen sind weltweit ausgesprochen selten, doch die Baumstümpfe hier bei weitem nicht so sensationell wie z.B. in Arizona (➤ Seite 538).

Umweg über Palouse

Ab Vantage wäre ein Abstecher zum ***Palouse Falls State Park*** eine Überlegung wert (über die Straßen #26, #260 und #261). Die Wasserfälle und der Canyon liegen zwar recht »weitab vom Schuss«, sind aber beeindruckend; Grill- und Picknickplätze sowie ein einfacher *first-come, first-served Campground* sind vorhanden.

Im **späten Frühjahr** sollte man von den *Palouse Falls* nicht die Direktverbindung über die #261 nach Norden zurück zur I-90 (Auffahrt 221) wählen, sondern die Reise über die Straßenkombination #26/#195 fortsetzen und die **tolle Aussicht** von der Anhöhe der ***Steptoe Butte*** genießen. Bis an den Horizont »wellen« sich dort die saftig grünen, hügeligen Ackerflächen der ***Palouse Fields***; an klaren Tagen reicht der Blick über 100 km weit! Anfahrt zum *State Park* und Aussichtspunkt über die *Scholz* und *Hume Road* südlich der Ortschaft **Steptoe**; www.parks.wa.gov/592.

Auf direktem Weg über die I-90 erreicht man Spokane **ab Vantage** in ca. zwei Stunden, der Umweg über Palouse und Steptoe (+100 mi) kostet locker 3-4 Stunden mehr.

Kurz vor Sonnenuntergang bei den Palouse Falls

»Herzlich Wilkommen« in Leavenworth

5.2.2 Über die Straße #2 und Leavenworth nach Spokane

Straße #2

Die **Straße #2 durch die Kaskaden** steuert man von Seattle/Bellevue auf der I-405 North an; *Exit* 23 Straße #522. Die #2 führt erst am **Skykomish River** entlang und weiter durch herrliche Gebirgslandschaft. Unbedingt sollte man (noch westlich des *Stevens Pass*) den – nur 800 m langen – ***Deception Falls Nature Trail*** durch Regenwald ablaufen.

An der Strecke warten ***NF Campgrounds*** (sehr gut ***Tumbwater***, ca. 10 mi nordwestlich von Leavenworth). Auch der ***Lake Wenatchee SP*** verfügt über einen schönen Campingplatz (über die #207).

Oberbayern in den USA

Am Osthang der Berge passiert man **Leavenworth**, das mit nahezu perfekten bayrischen Hausfassaden überrascht: ***Just like Bavaria, but so close***! Ein kluger Schachzug einer ehemaligen Holzfällersiedlung, die Mitte des 20. Jh. kurz vor dem Niedergang stand und in der heute der Tourismus floriert; www.leavenworth.org.

Wer dort die Nacht verbringen möchte, darf sich im ***Enzian Inn*** (teuer und gut), im ***Linderhof***, in der ***Pension Abendblume*** oder im ***Ritterhof Motor Inn*** wie in der Heimat fühlen. Das gilt auch fürs Essengehen; die Restaurants tragen Namen wie ***München Haus*** und ***King Ludwig's***. Das deutsche Herz lacht und man ordert *Francforters and Potato Salad* oder *Knodels with Sauerkraut*. Das Preisniveau ist bei soviel *Gemutlichkeit* nicht niedrig und beginnt bei ca. $120 fürs einfache Zimmer.

Ein **Nussknackermuseum** vervollständigt das »heimische« Programm, wobei man dort nicht nur die *nutcracker* aus dem Erzgebirge zu sehen bekommt. Das Sortiment reicht zurück bis in die Zeit der Römer. In einem 14-minütigen Video erfährt man mehr zur Geschichte der Nussknacker; geöffnet von Mai bis Oktober 13-17 Uhr; Eintritt $5, Kinder $2; www.nutcrackermuseum.com.

Alpine Lakes Wilderness

Die am westlichen Stadtausgang von Leavenworth nach Süden abzweigende Icicle Creek Road verschafft Zugang zu den *Trailheads* der ***Alpine Lakes Wilderness***, die einen der **spektakulärsten Abschnitte der Kaskaden** unter Naturschutz stellt. Aufgrund seiner Schönheit und Beliebtheit bei *Backpackern* wurde das Wandergebiet, kurz auch »***Enchantments***« genannt, in fünf unterschiedliche ***Permit Areas*** gegliedert, für die von Mitte Mai bis Mitte Oktober Campingbewilligung verlost werden ($5/Person/Tag). Die Online-Lotterie findet bereits Anfang März statt. Infos im *Wenatchee River Ranger Office* (600 Sherbourne Street, Leavenworth) und unter www.fs.usda.gov/recarea/okawen/recarea/?recid=79432.

ALT-97 oder #97

Rund 20 mi hinter Leavenworth stößt die Straße #2 auf der Rückseite der Kaskaden noch vor der Brücke über den Columbia River auf die #ALT-97 nach Chelan, die Alternative zur etwas »schnelleren« #97 am Ostufer des Lake Entiat. Die #ALT 97 läuft die letzten 5 mi am Lake Chelan entlang. Beide vereinigen sich in Chelan.

Östlich der Kaskaden

Da östlich der Kaskaden geringe Niederschläge fallen, unterscheidet sich der Charakter des zentralen Washington klimatisch und landschaftlich dramatisch von der Westregion. Gutes warmes Wetter, das Wasser aus den Bergen samt Stauseen des Columbia River begünstigen den Obst- und Gemüseanbau. Von Yakima bis Okanogan kann man allerorten an Straßenverkaufsständen ***Fresh Farm Produce*** erwerben oder das Obst selbst pflücken. Dies kombiniert mit Klima, Wassersportmöglichkeiten und der Nähe der Berge zieht bis in den Herbst hinein viele Besucher an. Besonders der **Columbia River Bereich** nördlich von **Wenatchee** (Stausee Lake Entiat) besitzt eine stark auf den Tourismus ausgerichtete Infrastruktur.

Lake Chelan

Touristischer Zentralort der Region mit allen Einrichtungen der kommerziellen Ferienfreude (zahlreiche Hotels/Motels) ist **Chelan**, 35 mi nördlich von Wenatchee am Südende des gleichnamigen Sees, der rund 80 km in die Kaskaden hineinragt. Lake Chelan füllt ein tiefes Gletschertal (Wassertiefe bis 450 m, im Schnitt um 140 m) und ist natürlichen Ursprungs. Zum Zweck der Stromerzeugung wurde sein Wasserstand durch einen Staudamm vor der sog. *Chelan Gorge* künstlich erhöht. Dieser Canyon bildet den natürlichen Abfluss des Sees in den Columbia River.

Weinanbau am Lake Chelan

Der von Hochgebirge eingerahmte See mit seinen vielen Meilen einsamer Ufer, ungezählten Buchten und Anlegestellen (viele ***NF Campgrounds***) gilt als **eines der schönsten Bootsreviere des Nordwestens**; www.lakechelan.com.

Sehr empfehlenswert ist zum **Baden** und **Campen** der ***Lake Chelan State Park***, ca. 8 mi westlich des Ortes; www.parks.state.wa.us/531/Lake-Chelan. Eine gute Übersicht aller Campmöglichkeiten bietet www.lakechelan.com/stay/camping/.

Wer in Chelan dem Spieltrieb nachgeben möchte, findet an der Norduferstraße #150 ein **Spielkasino** der Colville-Indianer.

Per Boot in den North Cascades NP

Einzige Versorgungsbasis jenseits des ***25 Mile Creek State Park*** ist die nur per Boot, Wasserflugzeug oder zu Fuß erreichbare Siedlung **Stehekin** am Nordende des Sees. Die schnelle ***Lady Express*** fährt ganzjährig täglich von Chelan nach Stehekin ($61 retour, ca. 7 Stunden), in der Hauptsaison zusätzlich die ***Lady of the Lake*** ($41 retour, 9,5 Std; © (509) 682-4584; www.ladyofthelake.com). Mit welchem Boot auch immer, ein **toller Trip**!

Stehekin (www.stehekin.com) dient als Ausgangspunkt für *Trails* in die ***Lake Chelan National Recreation Area*** und für eine Mehrtageswanderung über den ***Cascade Pass*** nach Marblemount, ➤ Seite 628. Im Sommer verkehrt mehrfach täglich ein Bus zwischen dem **Bootsanleger/*Visitor Center*** und dem ***High Bridge Camp*** bzw. ***Old Wagon Trailhead*** (ca. 60 min Fahrzeit; $7).

Nach Grand Coulee

Mit einem Abstecher über Chelan lässt sich das nächste Ziel, Grand Coulee, am besten über die Straßenkombination #97/#17 und #174 erreichen. Wer direkt von Leavenworth anreist, bleibt auf der #2, überquert den Columbia River und fährt an dessen Ostufer auf der #97 bis Orondo. Dort verlässt man die Obstgärten und nimmt nach 60 mi hinter Coulee City die #155. Sie führt durch Canyons und Felsabbrüche am Banks Lake entlang zum ***Coulee Dam***. Ein komfortabler **Campingplatz** mit Strand wartet im ***Steamboat Rock State Park***; www.parks.state.wa.us/590/Steamboat-Rock.

Steamboat Rock am Banks Lake

Grand Coulee Dam, abends gibt es dort Lasershows

Coulee Dam
https://de.wikipedia.org/wiki/Grand-Coulee-Talsperre

Das Wasserkraftwerk des gewaltigen ***Coulee* Staudamms** (Baujahr 1941) ist auch heute noch eines der größten weltweit. Die dort angebotenen 50-minütigen, geführten Touren sind gratis. Am Staudamm findet in den Sommermonaten allabendlich nach Einbruch der Dunkelheit ein tolles Laserspektakel statt. Vom großen **Besucherzentrum** (im Hochsommer 8.30-22.30/23 Uhr, sonst kürzer) projiziert man zu Musik und erbaulichen Botschaften nationaler wie unternehmensbezogener Art eine **farbige Lasershow** auf die schneeweiß über die *Spillway* des Dammes stürzenden Wassermassen. Beginn ca. 22 Uhr (Mai-Juli), 21.30 Uhr (August), 20.30 Uhr (September); www.usbr.gov/pn/grandcoulee/visit/.

Lake Roosevelt NRA

Hinter der Talsperre staut sich der Roosevelt Lake mit einer Gesamtlänge von 250 km bis hinauf zur kanadischen Grenze. Seine Ufer und angrenzenden Gebiete gehören zur ***Lake Roosevelt National Recreation Area***, einem Freizeit- und Wassersportparadies mit zahlreichen Armen und Buchten. Der See ist das nördliche **Pendant zum Lake Powell** in Utah/Arizona, aber besser durch Straßen erschlossen. Nichtsdestoweniger sind auch in diesem Fall weite Uferbereiche völlig einsam und nur mit Booten erreichbar.

Dank der Sommerhitze im zentralen Washington steigt die **Wassertemperatur** bereits Ende Juni auf über 20°C und sinkt erst Mitte September wieder unter dieses Niveau. In einigen Nebenarmen werden im Juli/August bis zu 28°C gemessen. Ein schöner *NRA*-Platz mit Weitblick ist ***Spring Canyon***, etwa 5 mi östlich von Grand Coulee; in Strandnähe; $18; www.nps.gov/laro.

Auch am hohen Ufer des Banks Lake kann man in Electric City im ***Coulee Playland Resort*** campen ($38-$45) oder eine Jurte mieten ($99); © (509) 633-2671, www.couleeplayland.com.

Diverse Unterkünfte warten in Electric City, Grand Coulee und Coulee Dam auf Gäste. Empfehlenswert und praktisch ist z.B. das ***Columbia River Inn*** gegenüber dem *Visitor Center*; ab ca. $118, © 1-800-633-6421, www.columbiariverinn.com.

Kasino

Unmittelbar östlich der Brücke über den Columbia River steht in Coulee Dam in weiteres **Spielkasino** der Colville-Indianer.

Nach Spokane

Über die #174 und #2 geht es am schnellsten nach Spokane, schöner sind die Nebenstrecken weiter nördlich; ➤ Exkurs Seite 630.

5.2.3 Über den North Cascades Highway nach Spokane

Die nördlichste Route von Seattle nach Osten führt über den ***North Cascades National Park***. Auf der Ostseite der Kaskaden stößt die Straße in Chelan bzw. Grand Coulee auf die bereits beschriebene Route. Die Anfahrt zum Nationalpark erfolgt auf der I-5 nach Norden, ab Burlington auf der #20 nach Osten. Die auch mögliche #530 ab Arlington bringt nichts. Ein ***Visitor Center*** des Nationalparks befindet sich an der #2 bereits in Sedro Woolley, ein weiteres in Newhalem; www.nps.gov/noca.

Lake Baker

In den Bereich des nördlichsten der immer schneebedeckten Kaskadenvulkane, **Mt Baker**, führt die Stichstraße #11 ab **Birdsview** oder **Concrete**. An **Shannon** und **Baker Lake** und entlang der Straße passiert man mehrere gute einfache ***NF Campgrounds***. Direkt am Seeufer, ca. 20 mi nördlich Birdsview, liegt der populäre ***Swift Creek Campground*** ($18, kein *hook-up*) mit Bootsverleih. Von der nahegelegenen Forststraße #1130 führt ein kurzer Weg (0,5 km) zu dem meist stark nach Schwefel riechenden ***Baker Hot Springs*** (Badepool) im Wald. Der ***Rasar State Park*** in Birdsview bietet Plätze für Zelte oder RVs (*hook-up* $35) sowie kleine rustikale *Cabins* ($93), attraktiver ist aber der ***Rockport State Park*** im Regenwald oder die ***Recreation Area*** am Fluss im Ort Rockport.

Marblemount

Östlich der einstigen Beton-Hochburg Concrete werden die Berge langsam höher und mit **Marblemount** ist das Tor zum ***North Cascades National Park*** erreicht. Dort und in Rockport gibt es die letzten (wenigen) Zimmer westlich der Kaskaden.

Cascade River Road

Von Marblemount führen zwei Straßen in Richtung Nationalpark: die #20 weiter nach Winthrop sowie die nach Südosten abzweigende ***Cascade River Road***, auf der man nach 8 mi Fahrt (ab Marblemount) durch Regenwald den am Wildbach gelegenen ***NF Campground Marble Creek*** passiert.

Für RVs ist auf der *Cascade River Road* mit Ende der Asphaltierung nach ca. 10 Meilen Schluss, für alle anderen Fahrzeuge erst nach insgesamt 23 mi am ***Cascade Pass Trailhead*** (Weg bis zum Pass 6 km, 550 Höhenmeter; herrliches Bergpanorama; ca. 4 Std retour). Eine Mehrtageswanderung führt von dort zum ***High Bridge Camp*** (weitere 29 km), von wo im Sommer mehrmals täglich ein ***Bus*** nach Stehekin am Lake Chelan (➤ Seite 625) verkehrt.

Weiter auf der #20

Eintritt frei in den NP und die NRA

Von Marblemount führt der *North Cascades Hwy* durch die ***Ross Lake Nat'l Recreation Area***, die den Nationalpark in ein Nord- und Südareal teilt. Hinter Newhalem passiert man die Dämme des hier dreifach gestauten Skagit River. Für den türkisblauen, gletschergespeisten **Diablo Lake** (➤ Foto unten) bietet das *North Cascades Environmental Learning Center* Bootstouren an. Der daran anschließende 20 mi lange **Ross Lake** ist – außer Zufahrten zu Marinas – nur per Boot oder auf Wanderwegen zugänglich.

In Newhalem und am Diablo Lake gibt es mehrere ***Campingplätze***; am besten ist ***Colonial Creek*** am *Thunder Creek Arm*.

Washington Pass

Durch weiter grandiose Gebirgslandschaft geht es – bereits außerhalb der Nationalparkgrenzen – über den ***Washington Pass*** (auf etwa halber Strecke von Diablo nach Winthrop am Fuß der Berge). Nicht auslassen sollte man dort die Auffahrt zum ***Pass Overlook***, einem exponierten Aussichtspunkt auf 1.650 m. Etwas weiter unten passiert man weitere ***NF Campgrounds***.

Winthrop

In Winthrop warten einige originelle **Fotomotive**, denn der Ort – obwohl ohne Wildwest-Vergangenheit – hat sich einen typischen ***Western Town*-Look** zugelegt; www.winthropwashington.com. Am Abend ist dort dank diverser **Restaurants**, ***Saloon*** und ***Dance Hall*** mehr los, als man bei nur gerade 400 Einwohnern erwarten würde. Tagsüber verdient das ***Shafer Museum*** einen Besuch, ein kleiner Komplex von Blockhäusern mit einem Sammelsurium von Objekten. *Memorial* bis *Labor Day* 10-17 Uhr.

Quartiere sind in/bei Winthrop reichlich vorhanden, aber relativ teuer. Der ***Pearrygin Lake State Park*** ca. 5 mi nordöstlich von Winthrop verfügt über einen gut angelegten und komfortablen ***Campground***; www.parks.state.wa.us/563/Pearrygin-Lake.

Südlich campt man ortsnäher bei ***KOA***. Klimatisch begünstigter ist der ***Riverbend RV Park*** in **Twisp**, 11 mi südlich von Winthrop, mit Zelt- und Stellplätzen direkt am Methow River.

Über Okanogan und dann Straße #155 (besser als #153/#17/#174) erreicht man den ***Grand Coulee Dam***, ➤ Seite 627.

Diablo Lake an der #20 im North Cascades Nat'l Park im Hochsommer, nur dann zeigt er aufgrund des im Gletscherschmelzwasser gelösten »Felsmehl« dieses milchige Türkis

Zum Glacier Nationalpark auf Nebenstraßen

Mit genügend Zeit bzw. einem zusätzlichen Reisetag ist vom *North Cascades National Park* in Richtung Spokane ein schöner, größerer **Umweg durch die *Colville Indian Reservation*** (www.colvilletribes.com) möglich. Am besten wählt man hierfür die Verbindungsstrecke **ab Nespelem** an der #155 (ggf. mit Abstecher an den Owhi Lake) hinüber zur #21 oder alternativ die kurvenreiche Peter Dan Road **ab Coulee Dam**. Die **Straße #21**, ein **»Geheimtipp«** dieser Region, verläuft parallel zum Sanpoil River, der malerisch durch die Kettle River Mountains schneidet, hinauf nach **Republic** (www.republicwa.org). Dieses urige alte Goldrauschstädtchen mit z.T. noch intakten Minen liegt nur knapp 30 mi von der kanadischen Grenze entfernt und ist der einzig nennenswerte Ort weit und breit. Heute können Hobbyschatzsucher im Steinbruch des ***Stonerose Interpretive Center*** nach Fossilien »buddeln«. Das Personal hilft beim Identifizieren der Fundstücke; drei Fossilien (pro Tag) darf man dann sogar behalten; $10; www.stonerosefossil.org. Auf der **#20** überquert man im Anschluss die Kettle River Mountains und fährt ab Kettle Falls 84 mi auf der **#25** am ***Roosevelt Lake*** entlang nach ***Fort Spokane***. Vom alten Fort existieren kaum noch Reste. Badestopps sorgen an Schönwettertagen für mehr Abwechslung.

Bei Verzicht auf Spokane (sollte nicht allzu schwer fallen) und Ziel *Glacier Park* entspricht dieser Schlenker in den Norden mit Verbleib auf der **#20** und Weiterfahrt in Idaho/Montana auf der **#2** (➤ auch Seite 631) zugleich der **schönsten Route in dieser Region** überhaupt, wiewohl sie relativ viel Zeit kostet.

5.2.4 Weiterfahrt zum Glacier Nationalpark

Zum Glacier Nat'l Park

Das Ziel *Glacier National Park* könnte man mit viel Zeit von Grand Coulee über die landschaftlich schöneren Nebenstrecken #21, #20 und #2 ansteuern (➤ Exkurs oben) oder deutlich schneller über die Straßen #174 und #2 in Richtung Spokane.

Spokane

Die zweitgrößte Stadt von Washington State, Spokane, hat für ihre Größe (knapp 220.000 Einwohner) nicht ganz viel zu bieten. Die kleine und nur mäßig attraktive **Innenstadt** liegt zwischen dem Spokane River/I-90 und Browne/Monroe Streets.

Zentraler Anlaufpunkt ist der unverfehlbare ***Riverfront Park*** (Zufahrt von der I-90/Monroe Street, dann Spokane Falls Blvd), dem Überbleibsel einer seinerzeit kaum beachteten Weltausstellung 1974. Zu diesem Komplex am Fluss gehören ein *IMAX*-Kino und ein Kinderkarussell. Eine Gondelseilbahn schaukelt Besucher über die heute nicht mehr aufregenden ***Spokane Falls***, denen eine Staustufe den Zahn gezogen hat; www.visitspokane.com.

Riverfront Park in Spokane

Museen

Als kulturelles Aushängeschild der Stadt gilt das gute ***Northwest Museum of Arts & Culture*** mit gemischt historischer, naturkundlicher und Kunst-Ausstellung einschließlich indianischer Abteilung. Eine restaurierte **Villa des 19. Jahrhunderts** im englischen Tudor-Stil mit zeitgenössischer Möblierung gehört mit zum Komplex. Geöffnet Di-So 10-17 Uhr; Eintritt $10, Kinder $5-$8. Das Museum liegt am westlichen Ende der 1st Ave (Hausnr. 2316) in einem schönen Villenviertel hoch über dem Spokane River; Anfahrt nur über die 2nd Ave; www.northwestmuseum.org.

Planschbad

Näher als Museumsbesuche liegt bei der in Spokane im Sommer vorherrschenden Hitze vielleicht der Planschpark ***Splashdown Waterslide*** im *Valley Mission Park* südlich der I-90, *Exit* 289. Täglich 11-18 Uhr, So ab 12 Uhr, Do bis 20 Uhr; *Memorial* bis *Labor Day*, $17, unter 1,22 m $13; www.splashdownwaterpark.net.

Übernachten

Hohe H/Motelkapazitäten an den Ausfallstraßen bzw. Ausfahrten von der I-90 sorgen in Spokane für eher moderate Tarife.

Der ***Riverside State Park*** liegt gut 6 mi nordwestlich der City wunderbar am Spokane River. Tolle Hängebrücke und *Trails* und fünf *Campgrounds*. Anfahrt am besten über den Northwest Blvd (ausgeschildert); www.parks.state.wa.us/573/Riverside

Zum Glacier Park

Bei Ziel *Glacier Park* könnte man auch ab Spokane noch der **Straße #2** folgen (➤ Exkurs links). Bis über Sandpoint/Idaho hinaus bringt diese Strecke aber zunächst wenig. Erst im einsamen Abschnitt zwischen Troy und Kalispell/Montana durch die **Purcell Mountains** wird man für den Umweg belohnt. Da auch die Autobahn in Richtung Osten landschaftlich überzeugt, sollte man ab Spokane die raschere Fahrt auf der **I-90** bevorzugen.

Coeur d'Alene

Am Wege liegt bereits in Idaho ein Ort mit dem hübschen französischen Namen Coeur d'Alene, laut einer Umfrage (unter Amerikanern) **eine der zehn schönsten Kleinstädte der USA**. Das Zentrum ist auffallend gepflegt und am gleichnamigen See erstrecken sich europäisch anmutende Parkanlagen, Marinas und Apartmentkomplexe der Luxuskategorie. Der öffentliche Zugang zum **Lake Coeur d'Alene** ist jedoch stark eingeschränkt, da seine Ufer mit Ferienhäusern besetzt und überwiegend in Privatbesitz sind. Außerhalb des Strandbades gibt es nur östlich der Stadt an einigen Stellen Bademöglichkeiten; www.coeurdalene.org.

Abkürzung zum Glacier Park

Eine gute Abkürzung zum *Glacier Nat'l Park* bietet die Straßenkombination **#135/#200/#28** ab St. Regis/Montana, die in Elmo am Flathead Lake auf die **Hauptzufahrt #93** zum Nationalpark und damit auf die **Rundstrecke 7.3** stößt.

Büffelpark

Bei Interesse am Besuch der ***National Bison Range*** (Büffelgehege; www.fws.gov/bisonrange/nbr) bei Ravalli könnte man weiter der #200 in östliche Richtung folgen (7 mi westlich von Ravalli geht's links zum *Visitor Center* bei Agency, ➤ Seite 778). Die #93 erreicht man in Ravalli. Bei Verbleib auf der I-90 ergibt sich der Anschluss an die **Route 7.3** bei Missoula, ➤ ebenfalls Seite 778.

5.3 Startroute #2 ab Seattle: Über Mount Rainier und Mount St. Helens durch Oregon und Idaho zum Yellowstone

Während man bei Entscheidung für die in **Kapitel 5.2** beschriebenen Startrouten den *Yellowstone Nat'l Park* von Norden oder Westen ansteuert, eignet sich die Mount Rainier-Strecke auch für die Anfahrt von Süden her über Südidaho und den *Grand Teton NP*.

Entlang der Südroute besteht nach dem Besuch des Mount Rainier und St. Helens Gebiets die Möglichkeit, die Reise gleich nach Osten fortzusetzen (über Hood River und die I-84) oder – mit etwas mehr Zeit – noch länger in den Kaskaden zu verweilen, Portland und der *Columbia River Gorge* einen Besuch abzustatten und sich erst dort in Richtung Osten zu wenden. Ebenso denkbar wäre eine Durchquerung Oregons noch weiter südlich, z.B. ab Bend (Details ➢ Seite 700f in der Gegenrichtung).

Alternative Anfahrten zum Mount Rainier

Zum ersten Etappenziel, dem Mount Rainier Nationalpark, stehen ausgehend von Seattle oder Tacoma zwei meilenmäßig in etwa gleich weite Strecken zur Auswahl:

Straße #410

Der ***Mather Memorial Parkway*** **(#410)** zur nordöstlichen *Park Entrance* ist im Allgemeinen nicht so stark belastet, und bei Anfahrt von Seattle umgeht man die oft hohe Verkehrsdichte im Bereich Tacoma durch Übergang vom *Freeway* #167 auf die #164 bei Auburn. Man passiert im Park zunächst das attraktive *Sunrise*-Gebiet und muss – bei Fortsetzung der Reise nach Süden zum *Mount St. Helens Monument* – auch im Bereich *Paradise* keine doppelten Strecken in Kauf nehmen. In diesem Fall führt die Rundfahrt von der #410/#123/#706 weiter über die #7 bis nach Morton an der #12 und von dort dann zur West- oder Ostseite des Mount St. Helens.

Über die #7/#706

Die Straßenkombination #7/#706 **ab der #161 oder ab der I-5** bei Tacoma zur südwestlichen Haupteinfahrt empfiehlt sich für alle, die das *Mount St. Helens Monument* auslassen oder bereits im Vorfeld besucht haben, um dann rascher über Yakima und die I-82/I-90 nach Idaho/Wyoming zu gelangen. Steht im Anschluss der Besuch der Ostseite des Mount St. Helens an, kann man die *Sunrise* Region auch links liegen lassen. Wobei sich der Umweg bis zur Zufahrtsstraße noch in Grenzen hält (29 mi retour) und auf der Strecke der wunderbare **Tipsoo Lake** mit tollem Bergblick liegt.

Auf dieser landschaftlich – gegenüber der Straße #410 – gleichwertigen Mount Rainier-Anfahrt, befindet sich eine ganze Reihe kommerziell betriebener Attraktionen, darunter an der #161 ein riesiges Wildtier-Gehege (***Northwest Trek Wildlife Park***; $23/$11-$15; www.nwtrek.org) und in Elbe am Ostende des Stausees Alder Lake, bereits an der #7, das ***Mt Rainier Railroad & Logging Museum***. Dort kann man Zugfahrten mit einer nostalgischen Dampflok unternehmen; Mai-Oktober; $41/$21; www.mtrainierrailroad.com.

Übernachten

Interessant für Besucher mit Kindern könnten in Elbe das Restaurant und die (einfachen) Zimmer in ausrangierten Eisenbahnwaggons sein; ab $120; www.rrdiner.com. Zwischen dem Alder Lake und der Parkeinfahrt passiert die #706 noch weitere kleine **Motels** und **B&Bs**. Am Ufer des beliebten, oft aber sehr niedrig stehenden **Badesees** kann man auch campen. Zusätzliche Plätze befinden sich am Weg zum Nationalpark. Den Sommer über kommt man in diesem Bereich nur sehr schwer ohne Reservierung unter.

An der #706 fällt noch vor der Parkeinfahrt die ***Ex-Nihilo Sculpture Gallery*** auf mit allerhand originellen Skulpturen (Eintritt Spende). Es folgen der Mini-Ort **Ashford** mit der letzten Tankstelle und die *Nisqually Entrance Station* des Nationalparks, die als einzige ganzjährig geöffnet bleibt.

Mount Rainier National Park   www.nps.gov/mora

Eintritt $30/Auto $15/Person oder Interagency Jahrespass

Der Stratovulkan **Mount Rainier**, mit 4.392 m höchster Berg der Kaskaden, bietet zu jeder Jahreszeit ein eindrucksvolles Bild. Der weiße, immer schneebedeckte Gipfel scheint bei klarer Sicht selbst im 100 km entfernten Seattle noch zum Greifen nah. Zu Füßen des majestätischen Bergs breiten sich unberührte Wälder und im Sommer bunte Blumenwiesen aus, auf denen sich dann jede Menge Murmeltiere sonnen und vereinzelt auch Hirsche, Schneeziegen sowie Schwarzbären blicken lassen. Die Idylle soll aber nicht darüber hinwegtäuschen: Mount Rainier ist kein erloschener Vulkan, in seinem Inneren brodelt es und eines Tages könnte es auch hier – wie im Fall des Mount St. Helens – zum Ausbruch kommen. Dann wäre nicht nur die unmittelbare Umgebung bedroht, sondern auch die dicht bevölkerte Region rund um die Großstadt Tacoma.

Straßen durch den Park

Die südlich des Mount Rainier durch den 953 km^2 großen Nationalpark verlaufende #706 erschließt den Hauptbereich rund um ***Paradise*** und mündet im Südosten in die #123, auf der es dann nordwärts zur #410 und nach ***Sunrise*** geht. Direkt in diese Region führt die #410, die aus Richtung Seattle außerhalb der Parkgrenze einen weiten Bogen um die Ausläufer des Bergs im Norden macht.

Der über 100 km von Seattle entfernte Mount Rainier und die Silhouette der Stadt; Blick vom Kerry Park, *➢ Seite 617*

Den ganzen Sommer über ist das Verkehrsaufkommen in beiden Bereichen gleichermaßen hoch. Es empfiehlt sich eine frühe Anreise, denn die Parkflächen bei *Paradise* und *Sunrise* füllen sich schon im Lauf des Vormittags. Besonders dramatisch ist es bei *Sunrise*: Gibt es beim *Visitor Center* am Straßenende keinen Platz mehr, wird man an der Zufahrt bei der *White River Entrance Station* nicht weitergelassen, bis Besucher wieder herunterkommen!

Paradise Area

Von der Südwesteinfahrt geht es zunächst nach **Longmire** mit *Wilderness Info*, kleinem Museum und *National Park Inn*. Auf den folgenden 11 mi bis zum *Paradise*-Besucherzentrum gewinnt die Parkstraße schnell an Höhe. Am Weg liegen der Aussichtspunkt ***Ricksecker Point*** sowie drei Wasserfälle: Die ***Christine Falls*** stürzen direkt unterhalb einer Brücke in die Tiefe und die ***Narada Falls*** (54 m) befinden sich wenig später rechter Hand der #706. Bis zu den ***Comet Falls*** (92 m) sind es auf Schusters Rappen 270 HM und 6 km retour ab der Parkbucht 0,2 mi westlich der *Christine Falls*.

Die 4 mi lange *Paradise Valley Loop Road* bringt die Besucher zum *Visitor Center* auf 1.650 m, zum rustikalen ***Paradise Inn*** und zu den **gletschernächsten Wanderrouten** des Parks. Dort sollte man sich als Minimalprogramm den Lehrpfad ***Nisqually Vista Trail*** vornehmen (2 km retour, 60 HM). Anspruchsvoller wäre der sehr schöne ***Skyline Loop*** (ca. 9 km, 500 HM), auf dem auch abkürzende Teilrunden möglich sind (z.B. mit ***Alta Vista Trail*** ca. 3 km). Er führt besonders nah an die Eisfelder und Gletscher heran (*Glacier Vista*!). Berühmt ist das »Paradies« für seine **sagenhaften Wildblumenwiesen**; Beginn Mitte Juli und Höhepunkt meist in der ersten Augustwoche: www.nps.gov/mora/planyourvisit/wildflower-status.htm.

Tipp: Ähnlich prächtige Blumenteppichen zeigen sich auf der **Mazama Ridge** (➤Foto unten); Zugang über den ***Lakes Trail*** ca. 6 km retour ab dem *4th Crossing Trailhead* im östlichen Abschnitt der *Paradise Valley Loop Road*. Gute 3 km länger wird diese Wanderung mit Start beim *Paradise Inn* und über die ***Myrtle Falls***.

Im Hochsommer wähnt man sich im Paradise Valley unterhalb des Mount Rainier im (Blumen-)Paradies!

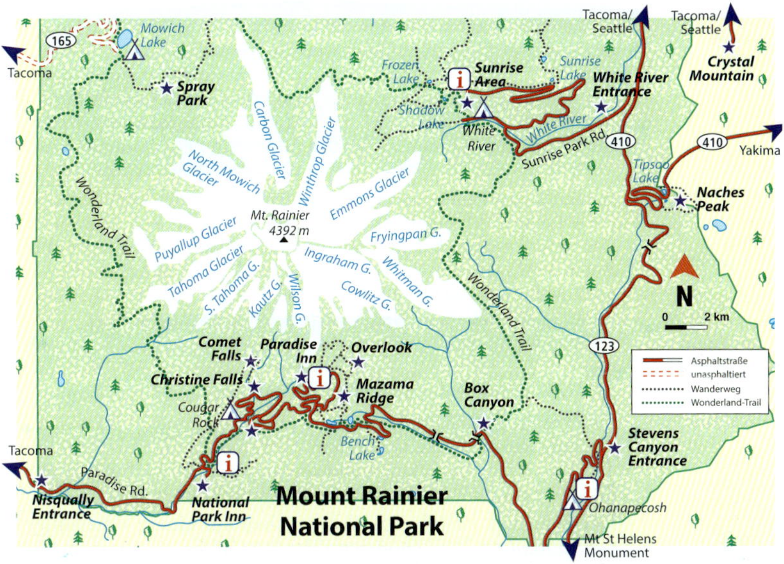

Auf der Weiterfahrt in Richtung *Sunrise* lohnen sich noch Stopps am **Reflection Lake**, beim **Bench Lake** (1,2 km Fußweg) und unweit der Osteinfahrt des Nationalparks am **Tipsoo Lake** an der #410 mit einem der besten Blicke auf den Mount Rainier.

Sunrise Area

Für die serpentinenreiche Fahrt zur ***Sunrise***-Region auf fast 2.000 m sollte man ein bisschen Extra-Zeit einplanen (14 mi ab der #410). Bei gutem Wetter wird man dort mit weiteren bunten Bergwiesen und schönen Ausblicken auf den Gipfel belohnt. Die Gletscher liegen in der Ecke des Parks zwar etwas weiter entfernt, aber vom Picknickplatz hinter dem *Sunrise Visitor Center* (nur Anfang Juli-Anfang September) genießt man **vormittags** dennoch ein Traumpanorama. Von den Wanderwegen besonders zu empfehlen ist der *Loop Trail* zum **Frozen** und **Shadow Lake**; ca. 6 km; 60 Höhenmeter.

Unterkunft

Die zwei *NP*-Quartiere verfügen über etliche preiswerte(re) Zimmer ohne Bad: Mit frühzeitiger Reservierung kommt man im nostalgischen ***Paradise Inn*** (nur Mitte Mai-Sept) oder ***National Park Inn*** (ganzjährig) unter; ab $130; www.mtrainierguestservices.com. Längere Anfahrtszeiten muss man vor den Toren des Parks an der #706 (➤ Seite 633) oder ab Packwood (➤ umseitig) in Kauf nehmen. In *Sunrise*-Nähe bieten sich auch die ***Crystal Mountain Hotels*** an.

Camping

Für ***Cougar Rock*** an der #706 (ideal für den *Paradise*-Besuch!) und den ***Ohanapecosh Campground*** (sehr hübsch am Fluss bei der Südosteinfahrt #123 gelegen) muss man lange im Voraus reservieren; $20; www.recreation.gov. Selbst im Sommer recht kalt kann es auf den *first-come, first-served*-Plätzen des ***White River Campground*** an der *Sunrise*-Auffahrt werden ($20; nur Ende Juni-Ende Sept).

Der weitläufige ***La Wis-Wis NF Campground*** an der #12 liegt toll am Wildwasser; nach Einfahrt (nur 0,6 mi südlich des Straßendreiecks #12/#123) am besten der Ausschilderung »*Tent Camping*« zu den schönsten Uferplätzen folgen (auch für Vans; $20). Sollte alles besetzt sein: die primitive Gratis-Ausweichlösung ist ***Summit Creek*** abseits der #12 Richtung Osten, Hinweistafel nach links kurz hinter der Kreuzung, dann 3 mi *Forest Road* (keine RVs!).

Versorgung

Außer in Longmire (Laden mit begrenztem Sortiment) gibt es im Park **keine Einkaufsmöglichkeit**, sieht man ab von Snacks und Postkarten in den oben beschriebenen Bereichen. Über einen ***Dining Room*** verfügen die Hotels *Paradise* und *National Park Inn*, im *Sunrise*-Bereich steht nur eine kleine *Eatery*.

Zur Ostseite des Mount St. Helens

Von der **südöstlichen Aus-/Einfahrt** des ***Mt. Rainier Park*** sind es rund 30 mi auf der #123/#12 am **Cowlitz River** entlang bis **Randle**, von wo ein Netz (von asphaltierten) Forststraßen die besonders reizvolle Ostseite des ***Mount St. Helens Monument*** erschließt.

Packwood

Das kleine **Packwood** am Wege verfügt über einige Unterkünfte; www.destinationpackwood.com. Günstigstes Haus ist dort das alte, rustikale ***Hotel Packwood***; einfache EZ ab $29, DZ mit/ohne Bad $35 bzw. $49; © (360) 494-5431, www.packwoodwa.com.

Der Stadtpark besteht im Wesentlichen aus einem weitläufigen ***Campingplatz***. Die schönsten Plätzchen findet man dort im Grünen im hinteren Areal; Zelte $18, RVs bei *hook-up*-Service ab $30; mit Duschen; © (360) 494-5145, www.packwoodrv.com.

Randle

Randle, noch 17 mi weiter, ist schon mehr auf den Mount St. Helens-Tourismus ausgerichtet und verfügt ebenfalls über etliche Quartiere und RV-Plätze. Wer in diesem Bereich ans Campen denkt, sollte den ***NF-Iron Creek Campground*** ($20) unter riesigen Douglasfichten, 10 mi südlich von Randle, ins Auge fassen. Er ist nach *La Wis-Wis* der beste Platz weit und breit, füllt sich daher oft auch früh und sollte lieber reserviert werden.

Mount Rainier für ausdauernde Bergwanderer/-steiger

Viel Zeit und eine gute Kondition muss mitbringen, wer den Vulkan zu Fuß umrunden oder sich als Gipfelstürmer versuchen möchte: Auf dem beliebten ***Wonderland Trail*** geht es 150 km lang nahezu ununterbrochen bergauf/bergab (insgesamt 6.000 HM!). Die Plätze auf den 20 *wilderness campgrounds* entlang des Rundwegs werden bereits früh im Jahr online vergeben; www.nps.gov/mora/planyourvisit/the-wonderland-trail.htm. Für das 50-km-Teilstück, das beide Hauptregionen (*Paradise–Sunrise*) des Nationalparks verbindet, benötigt man in der Regel zwei Tage, für die gesamte Umrundung locker 9-13 Tage.

Wer zudem Neigung zur Erklimmung des Mount Rainier verspürt, ohne selbst Bergspezialist zu sein, kann sich 4- oder 5-tägigen **Gipfeltouren** für knapp $1.200 bzw. $1.600 anschließen. Zwei Tage dienen der Vorbereitung, 2-3 Tage dauert dann der eigentliche Trip. Die notwendige Ausrüstung wird weitgehend gestellt. Nähere Auskünfte und Buchung in Ashford bei ***Rainier Mountaineering*** im Westen des Parks: © 1-888-892-5462; www.rmiguides.com.

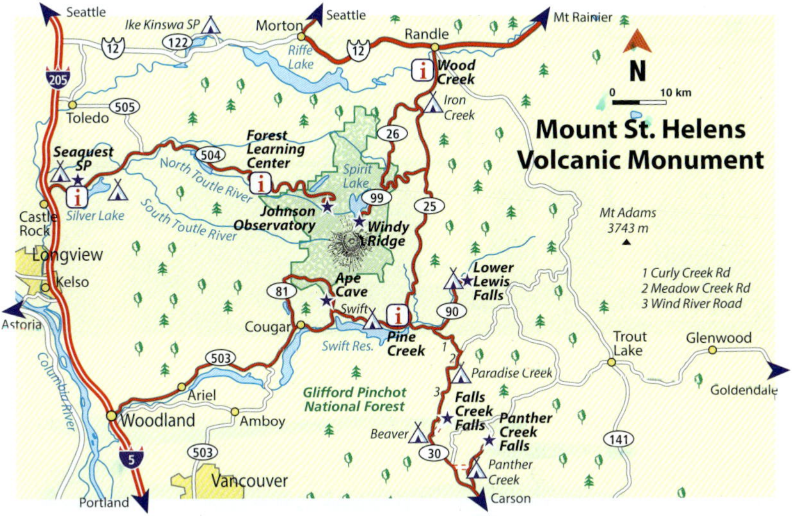

Mount St. Helens National Volcanic Monument und Maryhill

Ausbruch des Mount St. Helens

Im Jahr 1980 ereignete sich beim Mount St. Helens einer der stärksten Vulkanausbrüche des letzten Jahrhunderts. Drei Tage ununterbrochener Eruptionen und kleinere Nachbeben forderten 57 Menschenleben und verdunkelten den Himmel über Washington. Gletscher schmolzen und sorgten für Schlammfluten in der Umgebung. Viele Quadratkilometer Waldflächen im weiten Umkreis des Berges wurden total vernichtet, Lava ergoss sich auch nach Südosten. Das **Ergebnis** der vulkanischen Aktivitäten war **ein um 400 Höhenmeter reduzierter Berg** mit einem 1,5 km breiten, nach Norden aufgebrochenen Krater.

National Volcanic Monument

Der Krater selbst und das von Zerstörung am stärksten betroffene Gebiet wurden zur Sperrzone erklärt und schon 1982 ein großes Areal rund um den Berg als ***Volcanic Monument*** ausgewiesen. Man wollte die sich überraschend schnell abzeichnende Erholung der Natur in der ***Desaster Area***, in der zunächst alles Leben untergegangen zu sein schien, unbeeinflusst von menschlicher Einwirkung beobachten und auswerten. Die großflächige Zerstörung ist auch heute noch nicht zu übersehen. Die Forststraßen des Gebiets wurden zur Besucherbewältigung weiträumig ausgebaut und erlauben problemlose Fahrten bis hinauf zur **Windy Ridge**.

Eintritt

Das ***Mount St. Helens Monument*** wird gemeinschaftlich vom *Nat'l Park* und *NF-Service* verwaltet und betrieben. Inhaber des ***Interagency Pass*** haben kostenfreien Zugang. An der Ost- und Südseite bei der Windy Ridge und der *Ape Cave* gilt außerdem der ***Northwest Forest Pass*** ($5/Pkw), an der Westseite (➤ Seite 657) am *Johnston Ridge Observatory* oder in der *Coldwater Recreation Area* wird ein ***Monument Pass*** ausgestellt ($8). Der ***Northwest Forest***

Blick auf den Mount St. Helens vom Johnston Ridge Observatory

Pass ist dort auch gültig, aber – anders als an der Ostseite und in allen weiteren *NF*-Gebieten – nicht pro Pkw, sondern pro Person. D.h., in dem Fall wären dann $5/Tag für jeden weiteren Mitreisenden fällig. Das Besucherzentrum am Silver Lake bittet immer extra zur Kasse, da es von den *WA State Parks* betreut wird ($5 p.P.).

Visitor Center

Auf der **Westseite** existieren gleich **zwei *Visitor Center***, im **Osten** ein – nur im Sommer besetzter – ***Info Container*** an der Auffahrt zur Windy Ridge. Der ***Volcano Review***, die offizielle Zeitung des Monuments, informiert mit Karten und allen aktuellen Details; www.fs.usda.gov/recarea/giffordpinchot/recarea/?recid=34143.

Windy Ridge

Als Zufahrt zum Ostareal dient die Straße #25. Ca. 25 mi südlich von Randle geht es auf der #99 nach Westen hinauf zur **Windy Ridge** (nur im Sommer!). Der Gebirgskamm liegt über dem einst malerischen Bergsee **Spirit Lake** in größter Nähe zum Krater. Die Fahrt und der Blick von den diversen Aussichtspunkten vermitteln einen plastischen Eindruck von den Naturgewalten, die hier einst im Spiel waren. Den besten Überblick bietet der Hügel beim Parkplatz ganz am Straßenende (Treppenzug nach oben). Zum Spirit Lake hinunter führt ein ***Trail*** ab dem *Harmony View Point*. Der See ist auch heute noch z.T. von Baumstämmen bedeckt.

Ranger Talks

Sehr empfehlenswert ist, eine der Info-Veranstaltungen beim Meta Lake oder im Amphitheater am Ende der *Windy Ridge Road* wahrzunehmen: im Juli/August täglich zwischen 11.30 und 16.30 Uhr.

Trails

Auf einer Vielzahl von Wanderpfaden kann man die im Hochsommer bisweilen stark frequentierten Zubringer und speziell die Windy Ridge rasch hinter sich lassen. Da man heute in die einst gesperrte Zone der größten Zerstörung hineinlaufen darf, sind die entsprechenden Wege am interessantesten, zum Beispiel der *Trail* zu den beachtlichen ***Loowit Falls*** am Rand des Vulkankraters (rund 15 km hin und zurück).

Permit über 4800 ft

Auch den **Gipfel des Mount St. Helens** (8.365 ft = 2.560 m) darf man wieder erklimmen. Die letzte vulkanische Unruhe liegt über 10 Jahre zurück (2004-2008). Für alle Wege, die auf Höhen über 4.800 Fuß steigen, wird ein ***Permit*** ($22) benötigt. Nur 500 Stück/Tag werden im Zeitraum April-Mitte Mai vergeben, im Anschlus bis Ende Okt sind es sogar nur 100 Stück/Tag. Die Bewilligungen muss man sich schon früh im Jahr online besorgen. Alle Infos: www.fs.usda.gov/recarea/giffordpinchot/recreation/climbing/recarea/?recid=81369.

Ape Cave

Der Gipfelpfad beginnt im Südbereich des Monuments; dort stößt man auch auf ein **Wegenetz** durch eine auf frühere Ausbrüche zurückgehende **Lavalandschaft**. Einen Besuch verdient auch die ***Ape Cave***, eine nach beiden Seiten hin offene, fast 1 km lange Lavahöhle. Die *Ranger Station* am Beginn des ***Ape Cave Trail*** verleiht 10-17.30 Uhr Laternen; 6 mi ab Abzweig in der Nähe vom *Swift Dam*; www.mountsthelens.com/ape-caves.html.

Zeitbedarf

Das Abfahren der nur scheinbar geringen Distanzen rund um den Mount St. Helens kostet wegen der kurvenreichen Straßenführung und Tempolimits relativ viel Zeit. Für einen Besuch, der eine Fahrt hinauf zur Windy Ridge und zur *Ape Cave* mit einschließt, benötigt man ab Randle leicht 5-6 Stunden. Einen ganzen sehr langen Tag dauert eine »Vollumrundung« inkl. Fahrt zum *Johnston Ridge Observatory* auf der Westseite, ➤ Seite 657.

Straßen #90/#30

Auf dieser Strecke verlässt man die St. Helens-Region bei der ***Pine Creek Info Station*** über die **#90/#30** in Richtung Carson am Nordufer des Columbia River mit tollen Zielen am Weg (➤ Exkurs unten).

Weiterfahrt nach Osten

Der schnellste Route weiter nach Osten entspricht dann dem Verlauf der I-84 auf dem Südufer des Columbia River, zu erreichen über die Brücke nach Cascade Locks oder später in Hood River. Wer sich schon hier für die *Interstate* entscheidet, kommt via Cascade Locks trotz Mehrmeilen schneller voran. Vor allem ein Verbleiben auf der #14 hinter Bingen macht wenig Sinn. Man verbraucht am Nordufer des Flusses zuviel Zeit.

Abseits der Touristenpfade im Gifford Pinchot Nat'l Forest

Entlang der Strecke (#90/#30) durch den Nationalforst warten einige reizvolle Foto- und Wanderziele, für die man leicht einen 1/2 Tag einplanen könnte. Ein erster Ausflug führt zu den phantastischen ***Lower Lewis Falls*** mit beliebtem Camping- und Badeplatz (ab der *Pine Creek Info Station* 14 mi auf der #90). Von dort geht es dann auf gleichem Weg 10 mi zurück und auf der *Curly Creek Road* nach Süden bis zur Einmündung in die #30. Auf dieser sind es noch 12,3 mi bis zu einem weiteren wunderbaren Abstecher: Über die *Forest Roads* #3062/#057 gelangt man zum *Trailhead* der ***Falls Creek Falls*** (ca. 2,4 mi der Ausschilderung »*Lower Falls Creek*« folgend). Nach gut 3 km und 240 HM durch dichten Wald steht man vor den (be)rauschenden, 3-stufigen Wasserfällen. Schneller zu erreichen sind die kleineren ***Panther Creek Falls***, die in unmittelbarer Nähe der *Panther Creek Rd* (FR-65) in die Tiefe stürzen; Abzweig von der #30 nur 9,5 mi weiter südlich. Auf der FR-65 stellt man das Fahrzeug nach 7,4 mi am besten bei der (unmarkierten) Parkbucht rechts ab; Zugang zu den Wasserfällen etwa 30 m zurück auf der anderen Straßenseite. Die in dieser Gegend vorherrschenden, grün bemoosten Zauber(regen)wälder vermitteln einen guten Eindruck davon, wie idyllisch die Wasserfälle auf der anderen Seite der *Columbia River Gorge* in Oregon bis zum Großbrand im Sommer 2017 aussahen (➤ Seite 705f). Gute Info-Seite zum Thema »Wasserfälle im NW«: www.waterfallsnorthwest.com.

Maryhill

Einzige echte Sehenswürdigkeit an der #14, die leicht auch als **Abstecher von der I-84** (ab Biggs) erreicht werden kann, ist das dort gänzlich unerwartete, an italienische Renaissance erinnernde Gebäude des ***Maryhill Art Museum*** (täglich 10-17 Uhr; $9) hoch über dem Fluss. Es entstand als Privatvilla des Millionärs ***Sam Hill*** Anfang des 20. Jahrhunderts. Nach seinem Tod wurde daraus ein Kunstmuseum mit einer heterogenen Kollektion unterschiedlichster Objekte, darunter bemerkenswerte Einzelstücke und Sondersammlungen, u.a. Skulpturen und Gemälde von Auguste Rodin, kunstvolle Schachspiele und Ikonen; www.maryhillmuseum.org.

Derselbe *Sam Hill* ließ einige Meilen östlich eine Replica des englischen ***Stonehenge*** als *Memorial* für Gefallene des 1. Weltkriegs errichten; Zufahrt geöffnet ab 7 Uhr bis zur Dämmerung (frei).

Unten am Fluss liegt der außergewöhnlich gute ***Campground*** des ***Maryhill State Park*** mit allem Komfort und Badestrand.

Nach Osten auf der I-84

Hitze und Trockenheit kennzeichnen die Ebene zwischen Kaskadengebirge und nordwestlichen Höhenzügen der Rocky Mountains. Nur intensive Bewässerung ermöglicht hier wie im zentralen Washington die landwirtschaftliche Nutzung. Besonderes zu sehen gibt es an der I-84 am Columbia River entlang nicht. Erst ab Erreichen der Blue Mountains wird das Landschaftsbild erfreulicher. Noch in der Ebene passiert die *Interstate* Pendleton, Zentralort des nordöstlichen Oregon.

Pendleton und Baker City

Pendleton Rodeo

Gäbe es nicht das ***Pendleton Round-up***, eine der **bekanntesten Großveranstaltungen Nordamerikas**, wäre diese Kleinstadt in der entlegenen Nordostecke des Bundesstaates Oregon kaum jemandem ein Begriff. Alljährlich seit 1910 verwandelt sich Pendleton in der zweiten vollen Septemberwoche vom Provinznest in den Rodeo-Nabel der USA. So richtig rund geht es von Mittwoch bis Samstag mit dem täglichen Rodeo am frühen Nachmittag und einer großen Wildwest-Show am Abend in der ***Happy Canyon Open Air Arena***. Im Anschluss finden Umtrunk und Tanz in der *Happy Canyon Dance Hall* bis zum frühen Morgen statt. Die Stadt »vibriert« in diesen Tagen mit *Cowboys Breakfast* und *Barbecue*, Umzügen (am besten ***Westward Ho! Parade*** Freitag Vormittag) und Programm in der *Main Street* von nachmittags bis abends: ***Country Music, Square Dance*** und ***Gunfights.*** Der **Eintritt** ist moderat (Rodeo $20-$30, *Happy Canyon* $15-$24), die **Tickets** sind daher nicht selten schon lange vorher ausverkauft. Die Online-Vergabe startet zwei Jahre im Voraus! Alle Infos im Internet unter www.pendletonroundup.com sowie in der ***Chamber of Commerce*** in der 501 S Main Street; www.pendletonchamber.com.

Übernachten

Die **Unterkunftsituation** während des *Round-up* ist chaotisch und eine frühzeitige Buchung sinnvoll – am besten über die *Chamber of Commerce*, die auch als zentrales Vergabebüro für die RV-Stellplätze fungiert, die extra fürs *Round-up* eingerichtet werden. Eine 20 mi entfernte Alternative bietet die *Emigrant Springs State Heritage Area* an der I-84 (Zelte $17, *full hook-up* $26). Eine Reservierung unter www.recreation.gov ist dann unumgänglich.

Zu anderen Zeiten übernachtet man in Pendleton im Allgemeinen eher günstig. **Motelzimmer** gibt es ab ca. $60. Besonders gute *Coupon*-Tarife (➤ Seite 157) bietet das ***Rodeway Inn*** in Downtown (*Exit* 210 von der I-84). Oft nicht viel teurer ist das ***Red Lion Hotel*** südlich der *Intertstate*-Abfahrt mit großem Pool, angeschlossenem Restaurant und Weitblick von den Balkons vieler Zimmer.

»Stadt unter der Stadt«

Ansonsten hat Pendleton nicht viel zu bieten, mit Ausnahme der ***Underground Tours*** ($15), die einen Einblick in die Geschichte der Stadt mit ihrer in den 1880er-Jahren unterirdischen »Parallelwelt« geben; www.pendletonundergroundtours.org.

Zum Hells Canyon

Hinter Pendleton erreicht die I-84 die **Blue Mountains** und damit den besten Abschnitt ihres Verlaufs im östlichen Oregon. Im ***State Park Hilgard Junction*** (Abfahrt 252) campt man sehr schön am Grand Ronde River; www.oregonstateparks.org/park_20.php. Östlich von La Grande verflacht das Landschaftsbild dann wieder. Noch ca. 100 mi sind es bis **Baker City**. Am *Exit* 302 zweigt die #86 zum ***Hells Canyon*** ab, ➤ im **Kapitel 7.3** ab Seite 786.

Anfahrt nach Baker City ab Bend/Oregon ➤ Seite 701.

Baker City

Vor den nördlichen Toren der Stadt Meilen befindet sich an der #86 (I-84/Abfahrt 302) das hervorragende ***Oregon Trail Interpretive Center***. Im Außenbereich dieses historischen Museums kann man auch heute noch den einstigen ***Oregon Trail*** hautnah erleben und die tief eingefurchten Spuren der Planwagen der weißen Siedler sehen, die Mitte des 19. Jahrhunderts gen Westen strebten. Im Sommer ($8) 9-18 Uhr, im Winter ($5) 9-16 Uhr; Kinder unter 15 Jahre frei; www.blm.gov/or/oregontrail. Auf keinen Fall versäumen!

In Baker City kann man relativ preiswert übernachten. Die Häuser der Motelketten sind nicht zu verfehlen, darunter ***Super 8, Best Western***; www.visitbaker.com.

Auf der Weiterfahrt nach Idaho auf der I-84 passiert man die ***Farewell Bend Recreation Area*** am Snake River. Der Park verfügt über einen großzügig angelegten *Campground* mit Stellplätzen am Fluss; www.oregonstateparks.org/park_7.php.

In Idaho bzw. **Boise** ist der Anschluss an die Routen durch den zentralen Nordwesten hergestellt, ➤ Seite 788.

Oregon Trail Interpretive Center bei Baker City

6. WESTKÜSTEN-KASKADEN-RUNDSTRECKE

6.1 Zur Route

Startpunkt: Seattle und San Francisco, ggf. Portland

Gesamtstrecke:
Rechnerisch 3.500-4.000 km, realistisch 4.500-5.500 km

Zeitbedarf:
Nicht unter 3, besser 4 Wochen, speziell, wenn eventuell noch der Besuch des *Yosemite NP* mit eingeschlossen werden soll. **Teilstrecken** mit kürzerer Dauer sind auch als Rundkurs leicht definierbar, etwa bis Portland und dann zurück über den *Mount St. Helens* und *Mount Rainier NP*, ➤ vorstehenden Abschnitt (etwa 6-9 Tage). Weitere Umkehrpunkte wären der *Redwoods NP* und Eureka in Nordkalifornien. Von ersterem kann man leicht zum *Crater Lake NP* hinüberfahren und sich dann wieder nördlich orientieren (9-14 Tage); ab Eureka gilt dasselbe in Verbindung mit der *Whiskeytown Shasta-Trinity NRA* und dem *Lassen Volcanic National Park* (ca. 14-20 Tage).

Beste Reisezeit:
Mai bis Ende September, ab Juli in den Kaskaden (Schnee!)

Big Citys: Seattle, San Francisco

Interessante mittlere Großstädte: Portland, Sacramento, Reno

Nationalparks:
Olympic, Redwood, (Yosemite), Lassen Volcanic, Crater Lake.

Wichtige Nationalmonumente und Recreation Areas:
Lava Beds, Muir Woods, Newberry Crater, Oregon Dunes, Point Reyes National Seashore, Whiskeytown Shasta-Trinity NRA

Sonstiges: Schöne und abwechslungsreiche Strecken entlang der Oregon-Küste, an der kalifornischen Küste nördlich von San Francisco, im nordkalifornischen Küstengebirge, in den Kaskaden in Kalifornien und Oregon und im *Columbia River Valley*.

Routenverlauf: Die beschriebene Rundstrecke **beginnt in Seattle** und führt **bis San Francisco an der Westküste entlang,** alternativ teilweise auch auf küstennahen Abschnitten mit Abstecher nach **Portland**. Zurück nach Norden geht es durch die Gebirgsregionen der **Kaskaden** und ggf. auch der **Sierra Nevada** (Beschreibung im **Kapitel 2**: Startrouten ab San Francisco).

Auf den – ohne Abstecher und Umwege – mindestens 4.500 km effektiver Fahrstrecke liegen mit San Francisco die interessanteste *Big City* des Westens und mit Portland, Sacramento und Reno weitere besuchenswerte Großstädte. Die **Nationalparks und -monumente** auf der Route zeichnen sich durch sehr unterschiedliche und in ihrer Art einmalige Charakteristika aus.

6.2 Von Seattle nach San Francisco

6.2.1 Die Küstenstraßen #101 und #1

Die im **Kapitel 6.2** beschriebene Strecke folgt überwiegend dem Verlauf der **Straße #101** (Washington State und Oregon) und der **Straße #1**. Diese zweigt in Leggett/Nordkalifornien von der #101 ab und endet unterhalb Los Angeles bei San Juan Capistrano. Sie läuft in Kalifornien parallel zur dort weitgehend landeinwärts geführten #101 unmittelbar an der Küste entlang, weist aber auch mit dieser identische Teilstrecken auf (im Rahmen dieses Kapitels nur im Verlauf über die *Golden Gate Bridge*).

Die **#101 beginnt in** der Hauptstadt Washingtons, **Olympia**, und führt nach einem »Schlenker« um die ***Olympic Peninsula*** herum als **pazifische Nord-Süd Achse** bis Los Angeles.

Kennzeichnung

Allein dieser Teil der Route bietet mit einigen Abstechern **Abwechslung** genug für eine 2-Wochen-Reise. Neben den Nationalparks in Küstennähe und den Citys *Portland und San Fancisco* liegen am Wege viele *State Parks* und kaum bekannte Regionen, die landschaftlich durchaus mit populäreren Naturschönheiten konkurrieren können.

Andererseits sei nicht verschwiegen, dass die Küste teilweise über eine extensiv ausgebaute **touristische Infrastruktur** verfügt. In einigen Badeorten und auf manchen Campingplätzen herrscht in den Sommermonaten reichlich Betrieb.

6.2.2 Das Küstenklima

Nebel und Sonnenschein

Klimatisch ist die Küstenroute nicht ganz unproblematisch. Das **Kennzeichen** des Wetters am Pazifik sind mit Ausnahme Südkaliforniens **abrupte Wechsel**. Ein wunderschöner Tag kann urplötzlich in dichtem **Nebel** enden, der manchmal gleich für mehrere Tage Kälte und Feuchtigkeit mit sich bringt.

Diese Spezialität bleibt aber zum Glück oft in den Ausläufern der Küstengebirge hängen. Wenige Meilen landeinwärts strahlt dann schon wieder die Sonne. Das »Nebel-Risiko« ist im **Hochsommer** größer als im Frühjahr/Herbst, die ideale Reisezeit an der Küste ist daher Mai/Juni oder Mitte August bis Ende September.

Landeinwärts

Aber nicht nur bei Küstennebel lohnen sich Abstecher in Nationalforste und andere Bereiche des durchweg dünn besiedelten, manchmal völlig einsamen Hinterlandes. Von Washington bis Südkalifornien erstrecken sich touristisch nur wenig beachtete mittelgebirgsartige Landschaften mit herrlich glasklaren Bächen und Seen. Die **Temperaturen dieser Gewässer** sind im Gegensatz zum eiskalten Ozean bis Mitte September oder länger badefreundlich. Und die dort regelmäßig vorhandenen **Campingplätze in den *National Forests*** werden bei einiger Distanz zur Küste deutlich weniger frequentiert als die im Sommer vielfach überlaufenen direkt am Pazifik liegenden ***State Parks***.

6.2.3 Olympic Peninsula und Washington-Küste

Anfahrt

Vorab zu bedenken

Im Nordwesten stellt sich die Frage, ob ein Besuch des ***Olympic National Park*** den dafür kaum zu vermeidenden Umweg um die gesamte gleichnamige Halbinsel herum eigentlich lohnt. Zu kalkulieren sind dafür ohne größere Unternehmungen im Park ohne weiteres **2 Extratage**. Der hohe zeitliche Aufwand ergibt sich insbesondere daraus, dass neben der langsamen Fahrt auf der streckenweise sehr kurvenreichen #101 (von Seattle nach Aberdeen bei Fährbenutzung Seattle-Winslow ca. 250 mi) die verschiedenen Bereiche des Nationalparks nur über Stichstraßen erreicht werden können. Tatsächlich bietet er bei gutem Wetter großartige Ausblicke von den höheren Lagen sowie reizvolle Wanderwege durch Hochgebirge, üppigen Regenwald und herrliche Uferlandschaften und ist nicht umsonst einer der meistbesuchten Nationalparks der USA. **Aber bei Dauerregen** und damit verbundener trüber Sicht bleibt davon nicht viel, nur das dumpfe, ferne Dröhnen der Nebelhörner und eine Stimmung wie in einem Hitchcock-Film. Schlechtwetter ist zwar auch für den Besuch anderer Naturparks ungünstig, die Aussichten dafür sind in dieser Ecke Washingtons jedoch besonders hoch. Vor einer Entscheidung zur Fahrt rund um die Olympic Peninsula sollte daher unbedingt die Erkundung der aktuellen **Wettersituation** stehen.

Fähren ab Seattle

Am schnellsten von Seattle auf die Olympische Halbinsel gelangt man per **Fähre nach Winslow** auf Bainbridge Island (35 min; täglich mehr als 20 Abfahrten vom *Pier 52*). Zwei Personen mit Pkw zahlen im Sommer ca. $28, mit Campmobil 20-30 Fuß ca. $40; www.wsdot.wa.gov/ferries/fares. Eine weitere Fährverbindung besteht nach **Bremerton** (60 min) und bei **Umweg über Tacoma** (➢ Seite 656) kommt man auch ganz ohne Schiff aus.

Strecke zum Olympic NP

Nach Ankunft auf Bainbridge Island geht es weiter auf den Straßen #305/#3/#104 in Richtung #101/Port Angeles. Kurz unterbrechen lässt sich die Fahrt gleich zu Beginn mit einem Spaziergang durch die gepflegte Gartenanlage ***Bloedel Reserve*** und dem Besuch des ***Suquamish Museum*** (guter Einblick in das Leben der Küsten-Salish-Indianer; www.suquamishmuseum.org. Beachtung verdient am Weg auch die **Schwimm-Schubbrücke** über den *Hood Canal,* ein abenteuerliches Konstrukt aus 23 verschraubten Pontons.

Umweg über Port Townsend

Nur 2 mi nach der Einmündung der #104 in die #101, zweigt die #20 in Richtung **Port Townsend** ab (13 mi). Alternativ kann man ab der #104 auch schon über die #14 dorthin fahren; auf diesem Weg erreicht man auch die Zufahrt (#116) zu dem hervorragenden *Campground* bei der Küstenbefestigung von 1897 im ***Fort Flagler SP*** an der Nordspitze von Marrowstone Island; im Sommer ab $27, *full hookup* $40-50 reservierbar: www.parks.state.wa.us/508/Fort-Flagler.

Port Townsend

Das wegen seiner alten Klinkerfassaden gelobte Städtchen ist für Europäer kein »absolutes Muss«, ebenso wenig das nahe gelegene ***Fort Worden***. Nur wer auf die Fähre nach Coupeville auf Whidbey

N
0 20 km
Washington Westen
Vancouver, Kanada
Peace Arch
Artist Point
North Cascades National Park
Mt Baker 3286 m
Bellingham
Marblemount
Sedro-Woolley
N CASCADES HWY
Burlington
Anacortes
San Juan Islands NHP
Sidney
Vancouver Island
Victoria
Juan de Fuga Strait
KANADA
USA
Cape Flattery
Neah Bay
Shi Shi Beach
Sekiu
Ozette
Lake Crescent
Port Angeles
Hurricane Ridge
Sol Duc Hot Springs
Fort Worden SP
Port Townsend
Flagler SP
Keystone
Oak Harbor
Darrington
Whidbey Island
Everett
Rialto Beach
Forks
La Push
2nd Beach
3rd Beach
HOH RIVER RD
Mt Olympus 2918 m
Olympic National Park
Leavenworth
Ruby Beach
Kalaloch
QUEETS VALLEY RD
Winslow
North Bend
Scenic Beach SP
Bremerton
Hood Canal
SeaTac
Seattle
Spokane
Quinault
Quinault Lake
Taholah
Saltwater
Dash Point
Tacoma
Moclips
Buckley
Olympia
Mt Rainier National Park
Hoquiam
Elma
Ocean Shores
Aberdeen
Grays Harbor
Westport
Mowich Lake
Mt Rainier 4392 m
Sunrise
Elbe
Paradise
Raymond
Chehalis
Packwood
Yakima
Randle
Oysterville
Willapa Bay
Long Beach
Toutle
Visitor Center
Cape Disappointment SP
Chimok
Columbia River
Castle Rock
Mt Adams 3743 m
Lewis & Clark Museum
Mount St Helens NVM
Mt St Helens 2550 m
Fort Stevens SP
Longview
Astoria
Fort Clatsop NM
Ape Cave
Gifford Pinchot NF
Cougar
Seaside
Clatsop SF
Ecola SP
Cannon Beach
Battleground
Carson
Hood River
Vancouver
Cascade Locks
The Dalles
Rockaway Beach
Tillamook SF
Three Capes Scenic Drive
Cape Lookout SP
Tillamook
Portland
Multnomah Falls
Mt Hood NF
5
542
9
20
530
112
113
101
2
405
3
90
16
169
410
162
165
8
12
7
161
706
105
103
30
26
205
84

Island (➤ Seite 621) möchte bzw. mit ihr ankommt, könnte sich ein wenig Besichtigungszeit nehmen oder dort übernachten. Dafür eignen sich am besten die in auffällig hübschen Privathäusern untergebrachten **B&Bs** oder eines der Motels an der #20/Water Street.

Camper haben die Wahl zwischen den sehr guten staatlichen Plätzen beim ***Fort Worden*** an der nordöstlichen Spitze der Halbinsel (mit *full hook-up*) und beim ***Old Fort Townsend*** (auch *first-come, first-served sites*) einige Meilen südlich der Stadt im Wald.

Der städtische ***RV Park*** befindet sich in Fußgängerdistanz zu Restaurants, Kneipen und Läden des Ortes und in toller Uferlage hinter der ***Hudson Point Marina*** am Ende Water Street; mit *hook-up* ab $50; ✆ (360) 385-2828, www.portofpt.com/rates-and-fees.

Sequim

An der #101 kann man auf der Weiterfahrt kurz vor Blyn einen kurzen Stopp bei der ***Northwest Native Expressions Art Gallery*** mit gut sortiertem Souvenir-Shop einlegen und einige Meilen später beim **Sequim-Besucherzentrum** mit Infos und Karten zu den Lavendelfeldern der Umgebung; 1192 E Washington Street (alljährliches ***Lavender Festival*** Mitte Juli; www.lavenderfestival.com.

Etwas weiter westlich an derselben Straße befindet sich das ***Highway 101 Diner*** im Stil der 1950er-Jahre; 392 W Washington St.

Nördlich der Kleinstadt breitet sich die ***Dungeness Recreation Area*** auf einer weit in die *San Juan de Fuca*-Meerenge ragenden Nehrung aus. Dort kann man auf bewaldeten Plätzen oberhalb der Steilküste im Zelt oder Wohnmobil schlafen; $26; ✆ (360) 683-5847; www.clallam.net/Parks/Dungeness.html.

Wer sich eine Nacht in besonders luxuriösem Ambiete gönnen möchte, steigt auf der Weiterfahrt zwischen Meer und Lavendelfeld im **B&B *George Washington Inn*** ab, einem Nachbau vom Landsitz des ersten US-Präsidenten. Für die *Presidential Suite* zahlt man dort ab $280; 939 Finn Hall Rd; www.georgewashingtoninn.com.

Port Angeles und Hurricane Ridge des Olympic Nat'l Park

Port Angeles

Der mit 20.000 Einwohnern größte Ort auf der Olympischen Halbinsel ist touristisch bedeutsam als Ausgangspunkt für Fahrten in die Hochlagen des Nationalparks (*Hurricane Ridge*) und für die 90-min-Fährverbindung nach **Vancouver Island** (www.cohoferry.com). Das **Besucherzentrum** der Stadt steht an der 121 E Railroad Ave; Mo-Fr 9.30-17.30, Sa 10-17.30, So 10-15 Uhr; www.visitportangeles.com.

Zahllose **H/Motels** säumen im Ort die Ausfallstraßen. Dort unterzukommen ist – außer an Wochenenden – normalerweise kein besonderes Problem. Auch ein Hostel ist vorhanden, das ***Toadlily House*** in der 105 E 5th Street. Die Nacht im Schlafsaal kostet $25, im DZ $50-$64; ✆ (360) 797-3797; www.toadlilyhouse.com.

Erwähnenswert ist in Port Angeles auch die Landzunge ***Ediz Hook***, die eine natürliche Bucht bildet. Zur Spitze des »Hakens« führt eine Straße über das Gelände des Kommerzhafens. Vom schmalen Strand unterhalb der *Coast Guard Station* kann man an schönen Tagen das Panorama der Olympic Mountains genießen.

Olympic Nat'l Park

Eintritt $30/Auto $15/Person oder Jahrespass

(Der Besuch der Küsten abschnitte ist frei!)

An der ausgeschilderten Zufahrt zum Nationalpark lassen sich in Port Angeles die ***Park Headquarters*** mit *Wilderness Info Center* und kleinem Museum an der 3002 Mount Angeles Rd nicht verfehlen. Kaum ein Nationalpark in den USA verfügt über eine derart vielfältige Natur! Das als *UNESCO*-Biosphärenreservat und Weltnaturerbe ausgewiesene Gebiet vereint gemäßigt temperierten Regenwald, ewiges Gletschereis, heiße Quellen, malerische Steilküsten und Strände auf engstem Raum; www.nps.gov/olym.

Während die Höhenstraße zur ***Hurricane Ridge*** raschen Zugang ins Hochgebirge ermöglicht, gelangt man auf der Westseite in einen dschungelartigen ***Rain Forest*** mit jährlichen Niederschlagsmengen von bis zu über 4 m. Ein vom Hauptbereich (3.500 km^2) rund um den Mount Olympus (2.432 m) völlig separiertes Gebiet ist ein über 100 km langer, vor den Auswirkungen der Zivilisation auf die Ökologie weitgehend geschützter **Küstenstreifen**. An seinen Stränden türmt sich Treibholz in unvorstellbaren Mengen, und ihm vorgelagert sind zahllose kleine Felsinseln.

Hurricane Ridge

Die steile Auffahrt zum ***Hurricane*-Höhenzug** (17 mi ab den *Park Headquarters*; keine Übernachtungsmöglichkeit) bietet wunderbare Ausblicke auf die schneebedeckten, über 2.000 m hohe Gipfel. Vom Parkplatz am *Hurricane Ridge Visitor Center* (gutes 20 min Info-Video) führen kurze Rundwege zu weiteren Aussichtspunkten über die *Juan de Fuca*-Meerenge bis nach Vancouver Island hinüber. Beurteilung: Bei knapp bemessener Zeit sind die Regenwälder und die einzigartigen Strände auf der Westseite der Olympischen Halbinsel für die meisten Besucher sicher interessanter.

Zur Küsten- und Westregion des Olympic National Park

#101 ab Port Angeles

Für die Weiterfahrt ab Port Angeles ist die #101 die bessere Wahl. Die Küstenstraße #112 verläuft außerhalb des Parks größtenteils uferfern, kurvenreich und damit zeitraubend durch eine hügelige Waldlandschaft, ohne besondere Reize zu bieten. Ein einziger guter Grund, der für die #112 ab Port Angeles spricht, ist der wunderbare ***Salt Creek County Park*** bei Joyce. Dort kann man campen ($26-$32) oder bei Ebbe die Muschelbänke und *tide pools* am inselartigen ***Tongue Point*** oder gleich nordöstlich des (großen) Parkplatzes erkunden; www.clallam.net/Parks/SaltCreek.html.

Auffahrt zur Hurricane Ridge des Olympic National Park

Elwha River Valley

Vom Stadtzentrum von Port Angeles sind es auf der #101 keine 9 mi bis zum nächsten Abzweig in den Norden des Nationalparks. Die Olympic Hot Springs Road führt ins hübsche ***Elwha River Valley*** zum Ausgangspunkt des ***Madison Falls Trail*** (300 m retour). Dahinter bleibt die Straße wegen Flutschäden bis auf Weiteres gesperrt (Stand 2020). Der Weg zu den Badepools der ***Olympic Hot Springs*** ist derzeit also nicht 4 km lang, sondern über 16 km (*one-way*!).

Lake Crescent

Zurück an der #101 erreicht man schon bald die kristallklaren blauen Gewässer des **Lake Crescent**, der eine Tiefe bis zu 190 m aufweisen soll, aber im Sommer mit angenehmen Temperaturen zum Verweilen einlädt. Am Ostende gibt es einige Badestellen, besonders beliebt ist der *Devil's Punch Bowl* auf der Nord des Sees, den man über die *East Bench Road* bzw. den *Spruce Railroad Trailhead* erreicht: von dort dann ca. 20-minütige Wanderung.

Nahe der *Storm King Ranger Station* beginnt der Trail zu den hübschen ***Marymere* Wasserfällen** (ca. 3 km retour). Die 10 Meilen am Ufer entlang des fjordarigen Lake Crescent bilden einen der reizvollsten Teilabschnitte der #101 auf der Halbinsel.

Am westlichen Ende des Sees verfügt der ***Fairholme Campground*** des *National Park Service* über schöne Stellplätze direkt am Wasser ($20). Es ist dort aber wegen der nahen Straße relativ laut.

Sol Duc Hot Springs

Westlich von Fairholme geht es auf einer Stichstraße 12 mi kurvenreich hinauf zu den ***Sol Duc Hot Springs*** mit mehreren ***Open-air* Becken** unterschiedlicher Temperatur ($15; Kinder 4-12 Jahre $11). Der Abstecher lohnt sich für Fans von heißen Quellen und Wasserfällen (*Sol Duc Falls Trail*; 2,5 km retour) oder bei Nutzung des schattigen ***NP*-Campingplatzes** ($24; sehr beliebt und sollte im Voraus unter www.recreation.gov reserviert werden).

Das ***Sol Duc Resort*** umfasst an die 30 Blockhaus-*Cabins*, ab $210 inkl. Poolnutzung. Ein Komfortplatz für Campmobile gehört auch dazu und kostet $40; © 1-888-896-3818; www.olympicnationalparks.com/lodging/sol-duc-hot-springs-resort.

Zum Cape Flattery?

Knapp 15 mi westlich von der Sol Duc Road verschafft die #113 ab Sappho Zugang zur ***Makah Indian Reservation*** und der nordwestlichsten Ecke der USA (außer Alaska). Die Fahrt dorthin ist kein »Muss«, aber bei gutem Wetter und mind. einem Tag Extrazeit ist für Wanderer auch dieser tolle Küstenbereich den zusätzlichen Abstecher wert. Wer diese Landschaft an den wenigen Aussichtspunkten vor allem durchs Autofenster sieht und nur hier und dort für ein paar Schritte und Fotos aus dem Fahrzeug springt, könnte von dieser Region möglicherweise enttäuscht sein. *Backpacker* hingegen erleben beim *Point of Arches* **einen der schönsten Pazifikabschnitte des *Olympic NP***; ➤ nebenstehenden Exkurs.

Rialto Beach

Ein leicht per Straße zugänglicher Bereich der Nationalparkküste ist ***Rialto Beach*** mit steinigem Strand, Bergen von Treibholz und einem Felstor »*Hole-in-the-Wall*« ca. 2,5 km vom Parkplatz entfernt; ➤ Foto Seite 652; Abzweig von der #101 nördlich von Forks, zuerst auf der #110 und dann Mora Road (insgesamt 13 mi).

Exkurs Abstecher zum Cape Flattery und Ozette

Anfahrt über die #113/#112

Rund eine Stunde reine Fahrtzeit muss man für den 50-Meilen-Abstecher zum Cape Flattery einplanen (*one way*!). Die Route ab Sappho über die gut ausgebauten Straßen #113 und #112 bietet wenig und ist immer nur auf kurzen Teilstrecken am Wasser entlang reizvoll. Die beiden Orte am Wege, **Clallam Bay** und **Sekiu**, verfügen über eine recht bescheidene Infrastruktur. Es gibt nur Einfachstmotels und schlichte, enge RV-Parks direkt an der Küste, die überwiegend von Boot- und Angelenthusiasten bevölkert werden.

Neah Bay

Das etwas desolate 900-Seelen-Dorf **Neah Bay** ist das Zentrum der kleinen ***Makah Indian Reservation***. Direkt am Ortseingang befindet sich das ***Makah Museum*** ($5; täglich 10-17 Uhr). Es thematisiert vor allem die über 2000 Jahre alte Walfangtradition des Stammes. In Einbaumkanus nahm man es mit den bis zu 15 m langen und 30 t schweren Tieren auf. Bereits zweimal wurde den *Makahs* das ihnen 1855 von der US-Regierung zugesicherte Walfangrecht aberkannt; derzeit kämpfen sie erneut um eine Walfangquote (www.makah.com).

Makah Permits

Für den Besuch der Strände und des Cape Flattery wird ein ***Recreation Permit*** ($10/Auto) benötigt; erhältlich u.a. im Museum, beim *Tribal Center* oder in den Neah Bay-Supermärkten.

Cape Flattery

Ziel der meisten Tagesbesucher ist die **Kurzwanderung zum *Cape Flattery*** an der Spitze der *Olympic Peninsula*. Vom Ort sind es auf der Cape Flattery Road noch ca. 7 mi bis zum Ende der Zufahrt. Zunächst geht's auf einem Waldweg, dann auf einem ***Boardwalk*** durch dichten Regenwald hinaus zu den Klippen (1 km). Von den diversen Aussichtspunkten öffnet sich ein herrlicher Blick auf die wild zerklüftete Steilküste, vorgelagerte bewaldete Felsinselchen und den Leuchtturm von *Tatoosh Island*. Wer vorgesorgt hat, packt hier sein Picknick aus und lässt die Szenerie in Ruhe auf sich wirken.

Blick vom Cape Flattery nach Süden

Gelbschopflunde (»tufted puffins«) nisten auf den Felsen und Inseln vorm Cape Flattery. Sie sind Verwandte des Papageientauchers.

Von der Cape Flattery Road zweigt auf dem Rückweg nach Neah Bay noch vor dem Ort die **Hoback Beach Road** nach Süden ab. Ohne Campingabsicht sind *Sooes* und *Hobuck Beach* aber nicht weiter erwähnenswert (***Hobuck Beach Resort***; Zelte $25, *full hook-up* $40, *Cabins* ab $155; www.hobuckbeachresort.com).

Shi Shi Beach

Die wahre »Perle« dieser Gegend, ***Shi Shi Beach*** (Aussprache: *schay schay*), erreicht man nur zu Fuß ausgehend vom *Trailhead* kurz vor dem Ende der Hoback Beach Rd. Nach 6 km Wald- und Strandwanderung steht man vor einem der eindrucksvollsten und urtümlichsten Küstenstriche des Pazifischen Nordwestens. Weißkopfseeadler sind dort allgegenwärtig und mitunter wenig scheu. Am Südende von *Shi Shi Beach* liegt der ***Point of Arches*** mit einer sagenhaften Ansammlung von Felsbögen und Gezeitenbecken. Unbedingt vorher *Tide Tables* beachten, viele Seesterne – darunter die vielarmigen, gut 40 cm großen Sonnenblumenseesterne – werden erst bei **ca. -1,5 ft** freigelegt!

Camping Permits

Wer über Nacht am Strand bleiben möchte, benötigt ein ***Wilderness Camping Permit*** ($8; die Vergabe startet meist Mitte März: www.nps.gov/olym/planyourvisit/wilderness-permits.htm), einen *Food Container* (= *Bear Canister*; Verleih im *NP Visitor Center* in Port Angeles) und ein *Makah Permit* (➤ umseitig), da Parkplatz und *Trailhead* im Indianerreservat liegen.

Ozette

Westlich von Sekiu geht es von der #112 auf die **Hoko-Ozette Road**, die Zufahrt zum kleinen *Campground* (*first-come, first-served*, $20; auch RVs) am Ozette Lake sowie zum populären ***Ozette Triangle Loop Trail***. Von der *Ranger Station* am Straßenende sind es bis zum Ozean noch gut 4-5 km zu Fuß; der gesamte Rundweg über Cape Alava und Sand Point ist 14 km lang.

Hartgesottene starten von dort aus mehrtägige *Backpacking*-Touren entlang des ***Coastal Trail***: nach Norden bis zur *Shi Shi Beach* (24 km; 2 Tage) und in Richtung Süden zur *Rialto Beach* (32 km; 2-3 Tage). Auch hier sind vorab **Tidenkalender**, ***Wilderness Camping Permit*** und ***Bear Canister*** zu besorgen.

Knapp 2 mi vor dem Strand passiert man dabei den großen ***NP-Campground Mora*** am Ufer des Quillayute River mit schattigen Plätzchen im Regenwald und einigen Picknicktischen sowie Grillstellen; $20, *first-come, first-served.*

La Push

Rialto Beach gegenüber liegt – getrennt durch die Mündung des Flusses – am Ende der Straße #110 das nicht sonderlich attraktive Quileute-Indianerdorf **La Push** mit einem einfachen Restaurant und dem ***Quileute Oceanside Resort***. Die Motelräume und *Cabins* mit Küche und Balkon/Terrasse bieten teils freien Blick auf die *First Beach* und kosten im Sommer $99-$299; Übersicht aller Optionen unter: www.quileuteoceanside.com/accommodations.

Dieselben Betreiber sind auch für die Vergabe der Zelt- und Stellplätze direkt nebenan auf dem ***Lonesome Creek Campground*** zuständig; $20 bzw. $40 mit *full hook-up*.

Second & Third Beach

An der Zufahrt nach La Push starten gleich zwei schöne Wanderwege durch dichten Feuchtwald hinunter zur Küste: rund 1 mi vom *Resort* entfernt der Trail zur ***Second Beach***, eine grandiose Bucht voller Treibholz und einem großen Felsloch (1,2 km *one-way*), und nach rund 3 mi der 2,2 km lange Pfad zur ***Third Beach***. Im Sommer sind beide populäre Camping-Ziele. Von der *3rd Beach* lassen sich beliebig lange Tageswanderungen und *Backpacking*-Trips entlang der rauen, zerklüfteten *Olympic*-Küste unternehmen; *NP Permit* und *Bear Canister* erforderlich ➤ links. In den Wäldern leben dort auch heute noch Schwarzbären und Pumas.

Forks

Forks (knapp 4.000 Einwohner) ist zentraler Versorgungsort auf der Westseite des *Olympic NP* mit einfachen *Eateries* und einem *Thriftway*-Supermarkt. Die Siedlung war einst Zentrum der Holzindustrie und trug sogar den Beinamen *»Logging Capital of the World«*. Mit dem Niedergang dieses Industriesektors in den 1990er-Jahren, ging es vorübergehend auch mit ihr bergab.

Sonnenuntergang durch das Felsloch an der Second Beach

Twilight

Autorin *Stephenie Meyer* sorgte allerdings mit ihrer Vampir-Saga, in der Forks zentraler Schauplatz war, im neuen Jahrtausend für einen erneuten Boom. Es mangelte schon bald nicht an passenden Gimmicks (*Twilight Souvenirs, Twilight Pizza, Twilight Weekends* u.v.a.m.). Für Interessierte liegt im **Besucherzentrum** (im Sommer Mo-Sa 10-17 Uhr, So 11-16 Uhr) an der Südeinfahrt eine Karte mit den *Twilight*-Orten aus. Das ***Pacific Inn Motel*** bietet sogar *Twilight Rooms* für $190 (»normale« Doppelzimmer ab $135); © 1-800-235-7344, www.pacificinnmotel.com.

Die Anzahl der Unterkünfte ist sehr überschaubar, im Sommer ist daher eine langfristige Reservierung angeraten! Etwa $120 kosten dann die einfachen Zimmer im ***Forks Motel*** an der Hauptstraße #101 durch den Ort (© (360) 374-6243, www.forksmotel.com) oder im ***Olympic Suites Inn*** etwas abseits am 800 Olympic Drive (© 1-800-262-3433, www.olympicsuitesinn.com). In beiden lieber im 1. Stock buchen, denn der Boden knarrt ziemlich.

Rain Forest/ Hoh River

Auf keinen Fall auslassen, so es nicht gerade in Strömen regnet, sollte man die Fahrt – rund 40 mi hin und zurück – auf der ***Hoh River Road*** zum ***Rain Forest Visitor Center***. Besser erlebt man die nasse Welt des von Moosen und Farnen überwucherten Regenwaldes an keiner anderen Parkzufahrt. Als Ergänzung zu den Infos im Besucherzentrum ist auch ein Ablaufen des 1,3 km langen Naturlehrpfads ***Hall of Mosses*** touristische Pflicht. Der *Spruce Nature Trail* hingegen ist kein Muss. Vom Parkplatz am Ende der Straße startet auch der *Hoh River Trail* am gleichnamigen Fluss entlang, dem beliebig weit durch den grünen »Dschungel« gefolgt werden kann (den offiziellen Endpunkt erreicht man nach 28 km an den Gletschern unterhalb des 2.432 m hohen Mount Olympus). Nicht selten scheint hier im Landesinneren die Sonne, während die Strände im dichten Nebel versinken!

Die ***Campgrounds*** am unteren Ende der *Upper Hoh Road* sind zwar auch gut, aber absolut unübertroffen ist der Platz zwischen Fluss und *Visitor Center* im Nationalpark. Da möchte bei gutem Wetter nicht wieder weg, wer ein Plätzchen am Flussufer ergattert; *first-come, first-served*; $20.

Blick zurück auf Rialto Beach (➤ Seite 648) vom »Overland Trail« oberhalb des Felsbogens; im Hintergrund die vorgelagerten Inseln der First Beach bei La Push

Auf dem Hoh River Rain Forest Trail

Hostel

In großartiger Lage zwischen Hoh River und Küste befindet sich das kleine ***Rain Forest Hostel***, *Milepost* 169 an der #101. Neben 20 Herbergsbetten ($10 bar!) gibt es einen *Private Room*. Reservierung unter © (360) 374-2270 oder www.rainforesthostel.com.

Ruby Beach

Weiter südlich führt die #101 wieder hinaus an die Küste und passiert mehrere **Strände**. Am schönsten ist die leicht zugängliche ***Ruby Beach*** mit ihren zahlreichen vorgelagerten *sea stacks*. Die Ebbe legt die orange- und lilafarbenen Seesterne an den Felsen frei.

Kalaloch

Der sehr empfehlenswerte ***Kalaloch NP-Campground*** liegt westlich der Straße. Wer dort im Sommer in der 1. Reihe mit freiem Blick auf den Strand stehen möchte, sollte möglichst früh reservieren ($22). Immer auf *first-come, first-served*-Basis werden die Plätze oberhalb der ***South Beach*** vergeben ($15; kein Trinkwasser). Sehr auffällig sind die Sitka-Fichten in dieser Gegend mit z.T. riesigen »Geschwüren« an den Stämmen (wegen Parasitenbefalls).

Komfortable Räume sowie *Cabins* bietet die ***Kalaloch Lodge*** an der *Beach #2*; ab $250; © 1-866-662-9928, www.thekalalochlodge.com.

Langgestreckte Sandstrände kennzeichnen die Küste bei Kalaloch. An der ***Beach #4*** bilden sich bei Ebbe Gezeitenbecken aus; den Sommer über kann man sich auch *Guided Tours* dorthin anschließen.

Quinault Lake

Ein bei Urlaubern aus der Region außerordentlich beliebter See ist der Quinault Lake. An seinem Südufer findet man außerhalb der Parkgrenze einige ***NF-Campingplätze*** und die ***Lake Quinault Lodge*** mit ***Roosevelt Dining Room*** – teuer aber mit tollem Blick auf den See! Dasselbe gilt für die Zimmer mit Kamin und eigener Terrasse (Tarife jenseits der $300/Nacht); © 1-888-896-3818, www.olympicnationalparks.com/lodging/lake-quinault-lodge.

Rain Forest

Im ***Quinault Rain Forest*** vermittelt der kurze *Maple Glade Loop Trail* einen guten Eindruck vom üppigen Regenwald und bei den ebenfalls dort startenden, langen *Quinault River Trails* gilt - ähnlich wie am *Hoh River Trail* (➤ links): »Der Weg ist das Ziel!«

In **Amanda Park** steht – direkt am Fluss – das ***Quinault River Inn*** mit Zimmern für $175 im Sommer (sonst ab $109) und einem kleinen ***RV Park*** (*hook up* $40-$50); www.quinaultriverinn.com.

Straßen #101/#109

Dort ist die Rundfahrt durch den *Olympic Nat'l Park* beendet und die #101 verläuft im Landesinneren weiter nach Süden. Besondere Höhepunkte haben die Strände keine mehr zu bieten. Der Umweg über die Küstenstraße #109 lohnt sich nicht, zumal die phantastischen Steilküstenabschnitte bei **Taholah** im Indianerreservat der Quinault 2012 für Nicht-Stammesmitglieder (bis auf Weiteres) gesperrt wurden. Südlich von **Moclips** wird der flache, breite Sandstrand von einigen Flussmündungen unterbrochen und endet erst nach 35 km auf der Landzunge von **Ocean Shores**, dem ersten Ort seit Port Angeles mit einer größeren Infrastruktur (Kettenmotels, *RV Park* etc.). Bei **Hoquiam** stößt auch die #109 wieder auf die #101.

Auf der Straße #101 vom Olympic Park nach Oregon

Pazifikküste Washington

Auch Abstecher an die Küste ab der #101 südlich von Hoquiam – etwa nach **Pacific Beach** oder zu anderen Badeorten – enttäuschen eher. Endlose graue, flache Strände und in niedrigen Dünengürteln oder Waldstreifen gelegene Ferienkolonien bestimmen das Bild zwischen **Grays Harbor** und **Long Beach**. Die Orte bestehen im Wesentlichen aus einer Aneinanderreihung von Motels, Tankstellen, Shoppingzentren und *Fast-Food*-Filialen. Außerhalb der Hochsaison darf man an vielen Stellen den **Strand mit dem Auto befahren**, aber für Rundreisende aus Europa ist sonst wenig zu holen. Hier sollte man in Anbetracht der wunderbaren Küstenstriche in Oregon nicht zuviel Zeit verlieren. Lediglich die Fahrt auf der z.T. schön geführten **Straße #105** (speziell an der *Willapa Bay* entlang bis Raymond) ist ein Abweichen von der Hauptroute wert.

Seaview/ Long Beach

Südlich von **Raymond** zeigt sich die #101 wieder von ihrer besseren Seite. Nach schöner Fahrt entlang der Süd- und Ostufer der *Willapa Bay* erreicht man in **Seaview** das offene Meer. Dort wird außerhalb der Sommersaison der Strand zum offiziellen *Washington State Highway* und ein 13,5 mi langer Küstenabschnitt nördlich von Long Beach darf sogar ganzjährig mit dem Auto befahren werden. **Aber Achtung**, es gilt ein Tempolimit von 25 mph. Ein *Overnight-Parking* bzw. Campen am Strand ist nicht gestattet.

Kite Festival

Viel los ist in Long Beach immer in der 3. Augustwoche während des internationalen ***Kite Festival*** (www.kitefestival.com). Im *World Kite Museum* sind Drachenflieger ganzjährig zu bewundern.

Cape Disappointment

Von **Ilwaco** führt eine Stichstraße zum ***Cape Disappointment State Park***, der eine weit in die Mündung des Columbia River ragende Landzunge belegt. Besuchen kann man dort neben zwei Leuchttürmen (*North Head* & *Cape Disappointment Lighthouse*), das alte ***Fort Canby*** und ein ***Interpretive Center***, das den Pionieren ***Lewis & Clark*** gewidmet ist, die hier ihren westlichsten Punkt erreichten (➤ rechts). Von den beiden **Campbereichen** ist ***Benson Beach*** zu Recht besonders beliebt und im Sommer oftmals ausgebucht. Sehr schön ist die *Picnic Area* an der ***Waikiki Beach***!

Long Beach

Die Lewis & Clark Expedition (1804-1806)

Die Eroberung des amerikanischen Westens ist eng verknüpft mit den Namen ***Meriwether Lewis*** und ***William Clark***. Durch einen äußerst vorteilhaften Deal mit *Napoleon* und die Übernahme der *Louisiana Territories* im Jahr 1803 wurde das **US-Staatsgebiet** schlagartig **um über 2 Mio. km^2 erweitert** (ursprünglich sollte es bei den Verhandlungen nur um den Erwerb von New Orleans gehen!). Zur Erkundung und Kartierung dieser weitgehend unbekannten und unerforschten Region, die »irgendwo« im Westen bis in die Nähe des von den USA beanspruchten *Oregon Country* reichte, ließ **Präsident *Thomas Jefferson*** eine Expedition ausrüsten. Sie sollte vor allem auch eine mögliche **durchgehende Ost-West-Verbindung auf dem Landweg** auskundschaften. Die Wahl des Expeditionsleiters fiel auf *Captain Lewis*, den jungen Privatsekretär des Präsidenten. Dieser verpflichtete seinen Freund *William Clark* und heuerte zusätzlich eine 45 Köpfe starke *Crew* für das Vorhaben an. Mit ihnen legte er **am 14. Mai 1804** von St. Louis ab und kämpfte sich mit drei Booten den Missouri flussaufwärts. Nach einem Winterlager im heutigen South Dakota setzte die Expedition im Frühjahr 1805 ihren Weg auf dem Missouri fort und überquerte im Spätsommer die Bitterroot Mountains. Per Kanu ging es danach über die Flüsse Clearwater, Snake und Columbia in Richtung Pazifik. Am 7. November 1805 dann endlich die Notiz in *Clarks* Reisetagebuch: »*Ocean in view! O! The joy!*«, die Truppe hatte ***Cape Disappointment*** (➤ links) erreicht. ***Fort Clatsop*** (➤ Seite 665) diente ihnen als Winterquartier. Mitte März traten sie schließlich ihre Rückreise an und trafen erst am **23. September 1806** wieder in St. Louis ein. In fast 2,5 Jahren hatten *Lewis & Clark* mit ihren Männern über 8.000 Meilen zurückgelegt und ihre bemerkenswert exakten Aufzeichnungen ebneten den Weg für die Eroberung des Westens.

Der Expedition sind u.a. die ***Interpretive Center*** in Great Falls (➤ Seite 783) und am *Cape Disappointment* (➤ links) gewidmet.

Lewis & Clark Statue in Seaside/Oregon

Nach Oregon Von Ilwaco zur 6.500 m langen Brückentrasse über den Columbia River nach Astoria sind es noch rund 10 mi, ➤ Seite 665.

6.2.4 Direkt oder über Portland an die Oregon-Küste

Ohne den Umweg über den *Olympic Nat'l Park* führt der direkte Weg von Seattle zur Küste über die I-5 und ab Olympia über die ersten Meilen der #101, dann weiter auf der autobahnartigen #8.

Tacoma Auf dieser Route liegt die einstigen Glasbläserei-Hochburg **Tacoma** mit sehenswerten Museen und dem *Point Defiance Park*. Von der I-5 (*Exit* 133) geht es dafür zunächst auf der #705 ins hochliegende **Zentrum** mit Blick auf die Ausläufer der Commencement Bay.

Brücke über den Columbia River in Astoria mit dem nostalgischen Cannery Pier Hotel darunter, © 1-888-325-4996; www.canneryp ierhotel.com, ab ca. $330 im Sommer

Museen in Tacoma

Über die erste Ausfahrt (»Tacoma Dome«) der #705 erreicht man das ***LeMay - America's Car Museum*** mit der größten Automobilsammlung in Privatbesitz (über 350 sagenhafte Oldtimer und modernere Modelle); ausgeschildert. Täglich 10-17 Uhr; $18, Kinder $10-$14; +$5 Parkplatzgebühr; www.americascarmuseum.org.

Nur wenig später an der #705 stehen im Umfeld der *University of Washington* gleich drei Museen. Im alten Bahnhof an der Pacific Avenue wurde das ***Art Museum*** untergebracht. Mit der Übernahme der *Haub*-Kollektion birgt es seit 2012 eine der größten Sammlungen an *Western American Art*; Di-So 10-17 Uhr; Eintritt $15/$13; www.tacomaartmuseum.org. Das ***Washington State History Museum***, keine 500 m südlich davon, gehört auch zu den besseren seines Genres; geöffnet Di-So 10-17 Uhr; $14, Kinder 6-17 Jahre $11; www.washingtonhistory.org/visit/wshm.

Sehr sehenswert ist auch das ***Museum of Glass*** östlich der #705. Sagenhaft was dort an fragiler Kunst präsentiert wird und im ***Hot Shop*** führt man den Herstellungsprozess vor; 1801 Dock St; im Sommer Mo-Sa 10-17 Uhr, So ab 12; sonst nur Mi-So; $17/$5-$14; www.museumofglass.org. Wer nur wenig Zeit hat, sollte sich wenigstens die tollen Exponate auf der ***Chihuly Bridge of Glass*** anschauen (Fußgängerbrücke über die #705; gratis; ➤ Foto rechts).

Zum Point Defiance Park

Vom *Museum of Glass* geht es auf dem *Schuster Parkway* und *Ruston Way* immer am Ufer der Bucht entlang auf sehr schöner Strecke bis zum ***Point Defiance Park***, der die gesamte gleichnamige Landspitze bedeckt. Wer nicht durch das Zentrum von Tacoma fahren möchte, kann auch von der *Interstate* #5 den *Exit* 132 nehmen und der #16 nach Norden folgen und anschließend der #163 (North Pearl Street). Eine 5-mi-Rundstraße und zahlreiche Wanderwege erschließen die bewaldete Halbinsel. Vor allem für Leute **mit Kindern** lohnt sich der Abstecher in den kleinen **Zoo mit Aquarium** ($18, Kinder $10-$14; www.pdza.org) oder an die ***Owens Beach***, die bei gutem Wetter zu einem Bad einlädt, sowie zu den schönen Gartenanlagen und Picknickplätzen.

Fort Nisqually

Fast am Rundstraßenende steht noch eine echte Attraktion: das *Fort Nisqually* von 1833, ein restauriertes **Holzpalisadenfort** der *Hudson's Bay Company* (ältestes kanadisches Handelsunternehmen), mitsamt interessantem ***Living History Museum***; im Sommer täglich 11-17 Uhr, sonst bis 16 Uhr; $8,50/$5,50; www.metroparkstacoma.org/fort-nisqually-living-history-museum.

Olympia

Ein kurzer Zwischenstopp könnte der Hauptstadt Washingtons gelten. Deren wichtigste Sehenswürdigkeit, das Regierungsviertel, liegt nah an der I-5 und ist ausgeschildert. Das ***State Capitol*** beeindruckt zwar durch seine großzügige Anlage, die Gebäude im Einzelnen sind jedoch nicht sehr aufregend; ausgeschildert ab *Exit* 105 von der I-5; www.experienceolympia.com.

I-5 nach Portland

Eine bedenkenswerte **Alternative** zur Fahrt von Olympia an den Pazifik über Aberdeen wäre der schnelle Weg nach Süden auf der ***Interstate* #5 bis Portland**, um erst von dort den Weg zur Küstenroute einzuschlagen.

Mount St. Helens NVM Westareal

Infos/Karte ➤ Seite 637

Auf dem Weg liegt die Westzufahrt in das ***Mount St. Helens Nat'l Volcanic Monument***. Nur wenige Meilen vom *Exit* 49 entfernt steht am **Silver Lake** bereits das erste Besucherzentrum des Monuments. Der Zutritt in das ***Silver Lake Visitor Center*** ist kostenpflichtig ($5; Kinder $2,50; im Sommer täglich 9-17 Uhr, sonst kürzer). Die gezeigten Filme über den Vulkanausbruch sowie die interaktiven Exponate sind durchaus eindrucksvoll, aber die zwei zusätzlichen Besucherzentren weiter östlich an #504 haben auch einiges zu bieten und sind im *NVM*-Eintrittspreis inbegriffen

Auf der einst zerstörten, heute wieder bestens ausgebauten #504 geht es weiter in Richtung Mount St. Helens mit Blick auf den aufgebrochenen Krater des Vulkans. Beim *Mile Marker* 33 passiert man das ***Forest Learning Center***, das bereits in der »Blast Zone« (Explosionszone) liegt und einen ersten Einblick in das Geschehen vom 18. Mai 1980 bietet (Eintritt frei).

Zahlreiche Glaskunst-Exponate kann man in Tacoma auch ganz ohne einen Museumsbesuch auf der Fußgängerbrücke über die Interstate #705 unweit des Museum of Glass bewundern

Das unbedingt besuchenswerte ***Johnston Ridge Observatory*** befindet sich noch 19 mi näher am Berg (➤ Foto Seite 637). Das Museum und ein Film informieren über den Ausbruch und weiter bestehende vulkanische Aktivität; $8/Person oder *Interagency Pass*; www.fs.usda.gov/recarea/giffordpinchot/recarea/?recid=31562. Auch von dort starten längere Wanderwege in Richtung Krater.

Zur Ostseite des Mount St. Helens

Wer zusätzlich die **Windy Ridge** (➤ Seite 638) erkunden möchte, benötigt mindestens einen Tag für die volle »Runde« um den Berg. Statt wie in der **Startroute #2** ausgehend von Seattle beschrieben ab *Pine Creek Information Station* weiter nach Osten, orientiert man sich mit Ziel Portland/Westküste ab dort westwärts. Am Swift Reservoir vorbei geht es dann über Cougar zurück zur I-5. Auch die 6 mi (Abzweigung Nähe *Swift Dam*) zur Lavahöhle ***Ape Cave*** sind den kleinen Abstecher wert.

Zum Campen an der #504 bieten sich die Plätze am **Silver Lake** an: im ***Seaquest State Park*** (auch *full hook-up* und Jurten www.parks.state.wa.us/581/Seaquest) sowie privat betriebene ***Campgrounds*** (z.T. direkt am Wasser). Die Infrastruktur ist selbst in Castle Rock dünn. Wer dort eine Unterkunft sucht, findet einige Motels an der Ausfahrt, u.a. das ***Mount St. Helens Motel*** (DZ $117; ✆ (360) 274-7721; www.mountsthelensmotel.com) sowie das ***Timberland Inn*** (ab $115, ✆ (360) 274-6002; www.timberlandinn.com).

Nach Portland und weiter

Das recht ansehnliche **Portland** ist kein »Muss«, aber mit seinen über 75 Brauereien definitiv ein Ziel für *Craft Beer*-Liebhaber. Ohne den Besuch dieser Stadt könnte man die I-5 bereits bei Kelso/Longview verlassen und – nach Überquerung des Columbia River – auf der schön geführten Straße #30 die **Oregon-Küste** über **Astoria** (➤ Seite 665) ansteuern.

Beim Weg über Portland wären die Straßen #26 oder #6 der von dort zunächst sehr hoch wieder nach Norden laufenden #30 nach Astoria vorzuziehen. Die dabei weiter nördlich ausgelassenen Bereiche sind »verschmerzbar«. Die ebenso denkbare Route weiter südliche auf der #99W/#18 über McMinnville besitzt den Nachteil, dass man bei ihrer Wahl einige besonders attraktive Küstenabschnitte verpassen würde.

Portland und der Mount Hood von der Anhöhe des Pittock Mansion, ➤ Seite 662

6.2.5 Portland

Geographie, Klima und Geschichte

Kennzeichnung und Lage

Portland liegt – rund 100 km von der Küste entfernt – unterhalb der Tualatin Mountains beidseitig des Willamette River kurz vor dessen Mündung in den mächtigen Columbia River. Insbesondere die Stadtteile am Westufer, die sich weit nach Süden und über die westliche Hügelkette erstrecken, haben den Ruf Portlands als einer **Stadt mit hoher Lebensqualität** geprägt. Das **Stadtzentrum** wird eingeschlossen von Fluss und Umgehungsautobahn I-405. Die östlichen Vororte erreichen bereits Ausläufer der Kaskaden. Der immer schneebedeckte 3.700 m hohe Vulkan Mount Hood erhebt sich – bei klarem Wetter gut sichtbar – in rund 50 mi Entfernung.

Klima

Portland erfreut sich trotz der Binnenlage deutlich höherer Niederschläge als etwa das 1000 km entfernte San Francisco am Pazifik. Aber der Regen fällt im Wesentlichen zwischen Spätherbst und Frühjahr. Im Sommer ist Portland **sonnenreicher und wärmer** als der große »Nachbar« im Süden, ansonsten etwas kühler, aber dennoch insgesamt mild. Frost und Schnee sind eher seltene Ereignisse in dieser Stadt mit dem winterlichen Nordseeklima.

Geschichte

Gegründet wurde Portland im Jahr **1844** als **Etappe auf einer Kanuroute** zwischen den bereits bestehenden Handelsposten **Oregon City** (südlich der Stadt, zeitweise Hauptstadt, heute bedeutungslos, aber mit ***Oregon Trail Interpretive Center***) und Vancouver am Nordufer des Columbia River. Die Eisenbahn erreichte Portland 1883 und bewirkte eine rasante Entwicklung. Um die Jahrhundertwende besaß Portland eine Bevölkerung von 80.000 und war damit schon damals wichtigste Stadt zwischen San Francisco und Seattle. Die wirtschaftliche Kapitale Oregons hat heute rund 650.000 Einwohner im City- und fast 2,5 Mio. im Einzugsbereich, das sind über 50% aller Einwohner Oregons.

Orientierung und öffentliche Verkehrsmittel

Information

Die ***Visitor Information*** residiert am *Pioneer Courthouse Square*, 701 SW 6th Avenue, geöffnet Mo-Fr 8.30-17.30 Uhr, Sa 10-16 Uhr, im Sommer auch So 10-14 Uhr; © 1-877-678-5263. Ausgesprochen hilfreich ist ***Travel Portland*** mit Stadtplänen, jeder Menge Restaurant- und *Nightlife*-Tipps sowie Infos zu aktuellen Events; online unter: www.travelportland.com/travel-portland-magazine.

Orientierung

Die **Orientierung** in Portland fällt leicht. Die Mehrheit aller touristisch interessanten Anlaufpunkte liegt entweder in der weitgehend schachbrettartig aufgebauten *Downtown*-Zone zwischen Willamette River und I-405 (Anfahrt über die I-5) oder im ***Washington Park*** oberhalb der City. Dorthin gelangt am schnellsten auf dem Sunset Hwy #26, der von der I-405 abzweigt, oder auf kurviger Strecke durch schöne Wohnviertel über die Burnside Street.

Öffentlicher Transport

Portland verfügt über ein gut ausgebautes öffentliches Verkehrsnetz; Tagespass für *Streetcar*, Busse und *MAX* (*Metropolitan Area Express*) $5; 2-Stunden-Ticket $2,50; www.trimet.org.

Die Portland Aerial Tram führt vom Flussufer hinauf zur Uniklinik. Wegen dem tollen Blick auf die Stadt und den Mt. Hood ist sie auch ein Ziel für Touristen; Talstation an der 3303 SW Bond Avenue, unweit der Ross Island Bridge

Unterkunft, Camping, Essengehen

Situation **Airport**

In Portland gibt es bis auf den Bereich um ***Convention*** und ***Lloyd Center*** keine spezifische Hotel- oder Motelzone. Die verkehrsgünstige, gut von der I-205 und I-84 erreichbare Hotellerie in der **Umgebung des Flughafens** besteht aus Häusern der gehobenen (*Sheraton, Marriott Courtyard, Hilton Garden* etc. Tarife ab $160 im Sommer) und der Mittelklasse wie *Red Lion Hotel, Ramada, Rodeway Inn* oder *Super 8* (ab ca. $100). Zwischen *Downtown* und der I-205 liegen **Motels** u.a. am **Sandy Blvd** und Nebenstraßen (*Exit Bypass* #30) im Nordosten.

Zentral

Die Unterkünfte im Bereich *Downtown* sind mehrheitlich **hochpreisig**, selbst die ***Econolodge*** kostet dort schon mal jenseits der $180 während der Sommermonate. Relativ zentral liegt auch noch das ***Inn at Northrup Station*** mit trendigen Suiten ab $250 (2025 NW Northtrup St, © 1-800-244-1180, www.northrupstation.com).

Preiswert

Günstiger, dafür etwas weiter weg, ist das ***Viking Motel***, 6701 North Interstate Ave, I-5 *Exit* 304, ***online special*** ab $75; © 1-800-308-5097, www.vikingmotelportland.com. Preiswerter sind nur noch die Betten und Zimmer bei ***Hostelling International***:

- ***Northwest Portland***, 425 NW 18th Ave, zentral gelegen, Bett $36; DZ ab $99; © (503) 241-2783, www.nwportlandhostel.com
- ***Hawthorne Portland Hostel***, 3031 SE Hawthorne Blvd, östlich des Williamette River, Betten $35-$42, DZ $69-$77; © (503) 236-3380, www.portlandhostel.org.

Vororte

Auch nicht so teuer und noch relativ citynah schläft man in den Vororten an der I-84 (**Gresham** *Exit* 13 oder **Troutdale** *Exit* 16/17). Dort sind die Häuser der bekannten Ketten gut vertreten. Das beste Preis-Leistungs-Verhältnis hat die *Travelodge* mit Sommertarifen ab $80. Besonders zu empfehlen sind die Standorte an den Ausfahrten 13, 16 und 17 der I-84 für Reisende, die einen Ausflug zu den **Wasserfällen der *Columbia River Gorge*** planen (➤ Seite 706).

Camping

Dasselbe gilt auch für die Campingplätze rund um Gresham, Troutdale und Corbett. Die beste Wahl mit *hook-up* sind am **East Historic Columbia River Hwy** die ***RV Parks Sandy River Front*** (#1097; $48-$55; www.sandyrv.com) und ***Crown Point*** (#37000; ab $40; ✆ (503) 695-5207; www.crownpointrvpark.com; Anfahrt mit RV besser ab *Exit* 18 und nicht über die kurvige Strecke ab *Exit* 22).

Etwa 15 mi östlich von Portland liegt zudem der ***Oxbow Regional Park*** mit *Campground* tief unten im Flusstal (I-84, *Exit* 17 und dann weiter über die 257th und Division St zum Oxbow Parkway, $22; Duschen, aber keine *hook-up*; www.reserveamerica.com.

Die übrigen staatlichen Campplätze weiter östlich in der *Columbia River Gorge* sind zwar meist idyllisch im Regenwald gelegen (*Ainsworth State Park* oder *Eagle Creek*), aber aufgrund der nahen *Interstate* und Bahnlinie nachts unglaublich laut – so leider auch der absolute Komfortplatz ***Portland Fairview Park*** am 21401 NE Sandy Blvd (I-84, *Exit 14*), $55; www.portlandfairviewrv.com.

Der für einen Portland-Besuch günstig gelegene ***Jantzen Beach RV Park*** auf Hayden Island im *Columbia River* ist ebenfalls relativ laut ($50). Wer eine weite Anfahrt (ca. 45 min) nicht scheut, findet aber im ***Milo McIver State Park*** bei Estacada einen ruhigen und großartig angelegten *Campground* (*Exit* 12A von der I-205, dann Richtung Estacada; Zelte $18, RVs $26).

Essen

Zahlreiche Restaurants und *Fast Food Places* findet man in den ***Pioneer Place*** und ***Galleria Shopping Malls*** im Zentrum der Stadt. Vielfältige *Food Stands* sind ein wesentliches Element des ***Portland Saturday Market***, der von März bis Dezember nicht nur samstags (10-17 Uhr) sondern auch sonntags (11-16.30 Uhr) stattfindet; 108 W Burnside St; www.portlandsaturdaymarket.com.

Ein hippes Restaurant- und Kneipenviertel ist der ***Pearl District***, ein Dreieck begrenzt durch den *Willamette River* im Norden, der I-405 im Westen und der West Burnside Street im Süden. Dort wurden ausgediente Lagerhallen Ende der 1990er-Jahre von Künstlern mit viel Kreativität schön herausgeputzt und wiederbelebt.

Im Osten grenzt der *Pearl District* an ***Old Town Chinatown*** mit einer Vielzahl ethnischer Restaurants und einem klasse **Teehaus** im ***Lan Su Chinese Garden***; 239 NW Everett Street; im Sommer 10-19 Uhr; Eintritt $11/$8; www.lansugarden.org.

Wunderbar am Wasser liegt das etwas gehobenere ***Riverview Restaurant*** in Troutdale östlich von Portland (29311 SE Stark St).

Bier

Portland gilt als die Stadt mit den meisten ***Microbreweries*** der USA. Wem nach ***Beer Tasting*** ist, findet eine Adressenliste bei der *Visitor Info* oder unter www.portlandbeer.org.

Eine der urigsten und ältesten Kneipen ist der ***White Eagle Saloon*** östlich des Willamette River; 836 North Russell St; oft Live-Bands.

Stadtbesichtigung

Am besten zu Fuß

In Portlands Innenstadt fällt es im Gegensatz zu vielen anderen US-Citys leicht, den Wagen stehenzulassen. Denn die Entfernungen sind gut **per pedes** zu überbrücken, und Bus- oder *MAX*-Haltestellen gibt es an jeder Ecke. In der Regel hat man gute Chancen auf einen Parkplatz am Naito Pkwy entlang des Uferparks.

Zentrum

Beginnt man eine Stadtbesichtigung von der *Visitor Information* aus (Salmon/Naito Pkwy), ist man mit wenigen Schritten im überschaubaren **Geschäftszentrum**. Es zeigt sich freundlich und einladend. Brunnen allerorten und viel Grün sorgen für eine angenehme Auflockerung des Stadtbilds. **Hochhäuser** konzentrieren sich auf die Blocks zwischen Main und Columbia Streets bis zur 6th Ave und dominieren das Zentrum weit weniger als anderswo. 1% aller Neubau- und Renovierungskosten müssen in *Downtown* Portland für künstlerische Gestaltungsmaßnahmen ausgegeben werden. Der Erfolg ist nicht zu übersehen. Den zentralen Bereich bilden ***Pioneer Courthouse Square*** und die ***Mall***, eine Fußgängerzone in der 5th und 6th Ave bis Jefferson St: www.thesquarepdx.org. Das Geschäftsviertel erstreckt sich von der First St bis zum Broadway. Wer sich für **Bücher** interessiert, sollte in der Burnside St/Ecke 11th Ave unbedingt ***Powell's City of Books*** besuchen, einen gigantischen ***Bookshop*** mitsamt Lese-Café für antiquarische wie neue Bücher; www.powells.com.

Museen

An der Ecke Jefferson/Park Ave liegen sich ***Portland Art Museum*** (***PAM***) und ***Oregon History Center*** gegenüber. Im historischen Museum (Mo-Sa 10-17, So ab 12 Uhr; $10/$5-$8; www.ohs.org) beeindruckt die Präsentation der historischen Phasen Oregons mehr als die Kollektion. Das ***Art Museum*** präsentiert Stücke aller möglichen Epochen und Kulturkreise (geöffnet Di-Sa 10-17 Uhr, Do sowie Fr bis 20 Uhr; Eintritt $20, Kinder unter 18 Jahre frei, www.portlandartmuseum.org). Südlich der Museen befinden sich die feinen ***South Park Blocks*** und die ***Oregon State University***.

Mills End Park (56 SW Taylor St), laut Guinness weltkleinster Park unweit Portlands Waterfront

Für Schiff-Fans steht im Waterfront Park (beim östlichen Ende der Pine St) das ***Oregon Maritime Museum***; nur Mi, Fr+Sa 11-16 Uhr; $7/$3-$4; www.oregonmaritimemuseum.org).

Nur zwei Blocks weiter findet Sa+So der bunte ***Saturday Market*** mit vielfältigen *Food Stands* und *Open-air-Entertainment* statt; Ecke Burnside Street/***Tom McCall Waterfront Park***.

Portland – Die schönsten Aussichtspunkte

Nicht nur mit der ***Aerial Tram*** (➤ Seite 660) geht es hoch hinauf. Auch von der Gartenanlage (eintrittfrei) des ***Pittock Mansion*** blickt man auf die Stadt und – Schönwetter vorausgesetzt – sogar hinüber bis zum Mount Hood und St. Helens (Foto ➤ Seite 658; 3229 NW Pittock Dr; nördlich des *Washington Park*). Für ein ähnlich tolles Panorama steht man sogar selber auf einem vulkanischen Kegel, dem ***Rock Butte*** (187 m). Diese Anhöhe östlich des Zentrums unweit der *Interstate*-Kreuzung I-205/I-84 ist ebenfalls schnell und bequem mit dem Auto zu erreichen (Zufahrt über die NW Rocky Butte Road).

Rose Festival

Während **Portlands Mega-Event**, dem ***Rose Festival*** von Ende Mai bis Mitte Juni, liegen an der *Waterfront* gleich etliche Schiffe der *US Navy* vor Anker, die gratis besucht werden können. **Blumenparaden**, Konzerte etc. ergänzen das Programm; www.rosefestival.org.

City of Rose Festival Blumenparade

Den klangvollen Beinahmen »**City of Roses**« verdankt Portland nicht nur dem Festival, sondern auch dem sehenswerten ***Rose Test Garden*** im *Washington Park* (frei). Die Rosen blühen dort zwar im Mai/ Juni am schönsten, aber der Garten ist auch sonst eindrucksvoll. Unmittelbar gegenüber befindet sich der ***Japanese Garden***, der die Besucher dank seiner bunten Ahornbäume vor allem im Herbst begeistert (611 Kingston Ave; Di-So 10-19 Uhr, Mo ab 12; Eintritt $17/$12).

Washington Park

Folgt man den Serpentinen in die höheren Regionen des Parks, gelangt man zum ***Hoyt Arboretum*** (Fairview Blvd), einem separaten **Edelpark** mit beachtlichem Baumbestand, Besucherzentrum, Spazierwegen und Picknicktischen; www.hoytarboretum.org. Unterhalb des Arboretums (unweit *Freeway* #26, über den auch direkt anzusteuern) befinden sich noch zwei Anlaufpunkte: Das ***World Forestry Center*** informiert über Forst- und Holzwirtschaft in Oregon und an der Westküste; im Sommer 10-17 Uhr, $7; www.worldforestry.org. Im ***Oregon Zoo*** werden in erster Linie die Tiere des US-Westens und des hohen Nordens präsentiert; im Sommer 9.30-18 Uhr, sonst bis 16 Uhr, $18/$13; www.oregonzoo.org.

OMSI

Das ***Oregon Museum for Science & Industry*** befindet sich in einem Bau unweit der *Marquam Bridge* am Ostufer des Willamette River, kompliziert anzufahren, aber von der I-5 gut ausgeschildert; 1945 SE Water Ave; Di-So 9.30-17.30 Uhr, Eintritt $14,50/$10. Extra kosten *Empirical Theater* ($8,50), Planetarium+*Lasershows* ($7,50) und die Besichtigung des U-Boots *USS Blueback* ($7, filmbekannt aus »Jagd auf Roter Oktober« mit *Sean Connery*). Auf jeden Fall lohnenswert mit Kindern; www.omsi.edu.

The Grotto

Nur einen kleinen Abstecher von der I-84/I-205 erfordert ein Besuch im amerikanischen Lourdes ***The Grotto***, 85th Ave/Sandy Blvd, Haupteinfahrt Skidmore Street. Das schattige Gelände des ***Sanctuary of our Sorrowful Mother***, wie die Anlage offiziell heißt, wurde erst 1924 als Wallfahrtsort auserkoren und zu einem Park mit zahlreichen religiösen Skulpturen und Statuen umgestaltet. Das Herzstück der Anlage bildet eine künstlich geschaffene Grotte mit Altar unterhalb eines Steilhangs. Ein Fahrstuhl ($3) befördert die Besucher auf die obere Ebene, wo **Spazierwege** zu diversen Schreinen und Aussichtspunkte mit weitem Blick über den Columbia River warten. Logisch, dass da auch ein religiöser *Gift Shop* nicht fehlen darf. Täglich 9 Uhr bis 18.30 Uhr. Eintritt $7,50, Kinder 6-12 Jahre $4; www.thegrotto.org,.

Oregon City

Empfehlenswert ist der Besuch des ***End of the Oregon Trail Interpretive Center*** in Oregon City, 20 *Interstate*-Meilen südlich von *Downtown* Portland (I-5, dann I-205, *Exit* 10, ab dort ausgeschildert). Drei überdimensionale Planwagen symbolisieren das »Ende des Weges« nach Oregon. Das Innenleben der Wagen besteht aus Filmtheater und Museum. Besichtigung mit einführendem Vortrag (nur bei guten USA- und Englischkenntnissen verständlich) und daran anschließend **Multimediashow** über den beschwerlichen Weg der Siedler im 19. Jahrhundert in den Westen (➤ auch ***Oregon Trail Interpretive Center*** bei Baker City, Seite 641).

Zeitaufwand für den Umweg, ggf. Wartezeit und Besuch nicht unter 3 Stunden kalkulieren. Geöffnet Mo-Sa 9.30-17 Uhr, So ab 10.30 Uhr, zu anderen Jahreszeiten 11-16 Uhr; Eintritt $13, Kinder $8-$9; www.historicoregoncity.org.

Ausflüge mit dem Schaufelraddampfer

Zu Goldrausch-Zeiten galten Schaufelraddampfer im Westen Nordamerikas als eines der wichtigsten Transportmittel für Fracht und Passagiere. Ab Mitte des 19. Jh. verkehrten sie auf vielen großen Ströme, so auch am Columbia River. Heute sorgen kleinere Replikas der alten *Sternwheeler* (Heckraddampfer) für Unterhaltung. Den Sommer über kann man z.B. an Board der *MV Columbia Gorge* **ab Cascade Locks** (➤ Seite 706) die Schlucht von der Wasserseite aus erleben. Von November bis April startet das Schiff ab Portland zu *Sightseeing Cruises*, Brunch- und Dinner-Fahrten: www.portlandspirit.com/sternwheeler.php.

Das Feuerschiff Columbia draußen am Kai ist Teil des Maritime Museum in Astoria

6.2.6 Die Oregon-Küste

Die nördliche Küste von Astoria bis Newport

Astoria

Ob man nun über die #101 oder von Osten her auf der #30 den nordwestlichen Zipfel Oregons ansteuert, Astoria an der Mündung des Columbia River liegt vor Erreichen der Pazifikküste am Wege. Östlich der enormen ***Columbia River Bridge*** hat das heute bedeutungslose Hafenstädtchen seiner Vergangenheit ein Denkmal gesetzt: das schon architektonisch beachtliche ***Columbia River Maritime Museum*** (9.30-17 Uhr, $14/$5; www.crmm.org) präsentiert vielfältige Ausstellungsstücke zum Thema Seefahrt und Ozean. Im Mittelpunkt steht die Strandung unglücklicher Schiffe auf den Sandbänken in und vor der Mündung des Flusses.

Fort Clatsop National Monument

Unweit Astoria betritt man (wiederum) geschichtsträchtigen Boden. Im Jahre 1805 erreichten ***Lewis & Clark*** (➢ Seite 655) den Pazifik. Ihr Winterlager ***Fort Clatsop*** wurde rekonstruiert und ist heute ein ***National Memorial***, das man von Astoria über die *#101 Business* erreicht, dann Ausschilderung. Mit Anfahrt und Spaziergang ab *Visitor Center* zur kleinen Befestigungsanlage benötigt man inkl. Besichtigung der Ausstellung maximal eine Stunde (empfehlenswert!). Ein hübsch angelegter **Picknickplatz** ist auch vorhanden; $7 pro Person; www.nps.gov/lewi/planyourvisit/fortclatsop.htm.

Fort Stevens State Park

Der nördlichste mit dem Auto anzusteuernde Punkt Oregons liegt im ausgedehnten ***Fort Stevens SP***. Die Befestigungen des Forts hatten im Laufe ihrer Geschichte nur ein einziges Mal Feindkontakt: den Beschuss durch ein japanisches U-Boot, was aber kaum Schaden anrichtete. Das Interesse der meisten Besucher des Parks gilt eher der Küste mit den Wrackresten eines 1906 dort gestrandeten Schiffs *Peter Iredale* und kleinen **Süßwasserseen** mitten im Dünengürtel, die auf Badetemperaturen kommen, während der Ozean selbst im Hochsommer eiskalt bleibt. Der Popularität der ***Fort Stevens Beach*** entspricht die auf **mehrere Plätze** verteilte Camping-Kapazität; Zelte $22, *full hook-ups* $34; auch Jurten und *Cabins*.

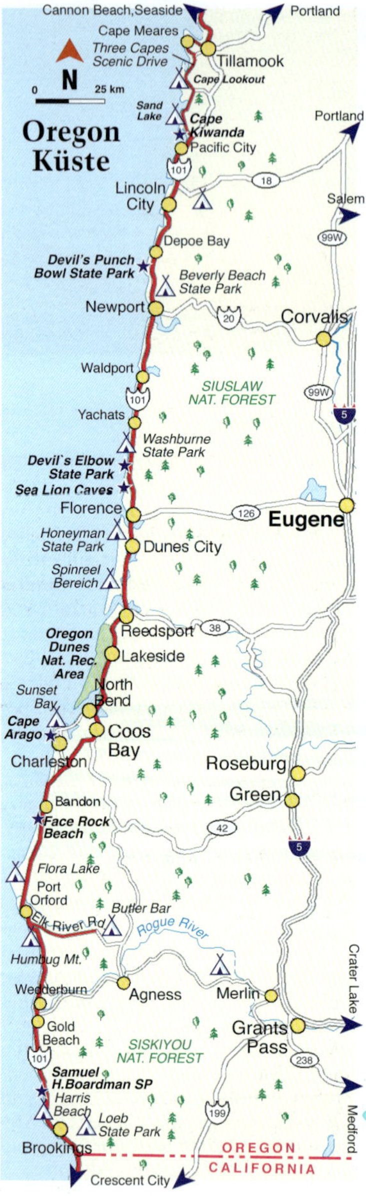

Die Küste bis Tillamook

Auf den ersten Meilen zeigt sich die #101 in Oregon noch nicht von ihrer besten Seite. Sie läuft zunächst überwiegend abseits des Pazifik, aber spätestens ab Cannon Beach werden selbst hochgesteckte Erwartungen nicht enttäuscht.

Über einen guten Campingplatz verfügt einige Meilen landeinwärts auch der ***Saddle Mountain State Park*** (Straße #26)

Seaside

Erster größerer Ort am Wege ist Seaside, ein zwar eher unattraktives Seebad, aber dennoch eines der beliebtesten Oregons. An der #101 sowie in Strandnähe ballen sich **H/Motels** und vor allem im Sommer wie auch während der *»Spring Break«*-Ferien herrscht Hochbetrieb auf der 2 km langen Strandpromenade, kurz ***The Prom***. Besonders günstig kommt man im ***Seaside Hostel*** unter; 930 North Holladay Dr; www.seasidehostel.net. Im August findet in Seaside alljährlich das weltweit größte Amateur-Volleyballturnier statt. Eine kleine ***Outlet Mall*** steht direkt am Hwy 101.

Cannon Beach

Sympathischer und hübscher ist der Ferienort **Cannon Beach**, 10 mi weiter südlich (www.cannonbeach.org) mit eleganten *Inns*, vielen Boutiquen und Kunstgalerien. Der Hauptanziehungspunkt ist aber der ***Haystack Rock***, der am südlichen Ortsende aus dem Wasser ragt. Bei Niedrigwasser bilden sich dort interessante Gezeitenbecken mit bunten Seesternen; hoch oben auf dem Felsen nisten u.a. niedliche Gelbschopflunde (➤ Foto Seite 650).

Beliebt bei Jung und Alt sind die pedalbetriebenen Dreiräder, sog. ***Funcycles***. Ein Sommer- und Wochenendproblem ist das Parken. Vorschlag für einen ausgedehnten **Strandspaziergang zum *Haystack***: Von Cannon Beach der Uferstraße folgen und das Auto bei der *Tolovana State Beach* abstellen. Mitte Juni zum *Sandcastle Day*, dem großen Sandburgen-Wettbewerb, wird es selbst dort knapp.

State Parks

Einer der schönsten Picknickplätze an der Nordküste Oregons wartet im ***Ecola State Park*** ($5; 2 mi nördlich von Cannon Beach). Hoch oben auf einem bewaldeten Felsvorsprung eröffnet sich einer **der schönsten Blicke entlang der Oregon-Küste**, mit rauer Steilküste im Vordergrund und den Felsen von Cannon Beach in der Ferne. Vom Sandstrand *Indian Beach* und dem dort startenden *Clatsop Loop Trail* erkennt man das weit draußen im Pazifik auf einem Minifelsen thronende ***Tillamook Rock Lighthouse***.

Die nächste herrliche, autofreie Landschaft mit Strand und Pfaden durch den Regenwald wartet im ***Oswald West State Park***, einige Meilen südlich von Cannon Beach. Die *Short Sand Beach* (900 m vom Parkplatz entfernt) ist vor allem bei Surfern populär.

Inmitten ausgedehnter Dünen auf einer Nehrung liegt der ***Nehalem Bay State Park*** mit einem großzügig angelegten und komfortablen *Campground* (Stichstraße von der #101 südlich von Manzanita; Zelte $31, *hook-up* $35, Jurten $62; reservierbar.

Sollten die *State Parks* der Umgebung voll besetzt sein, bietet die kleine *Anlage* ***Jetty Fishery*** (Zelte $30, *hook-up* $40; www.jettyfishery.com) am Ostufer der umwerfenden ***Nehalem Bay*** 4 mi südlich von Wheeler an der #101 eine gute Alternative (durch eine Bahnlinie und abfallendes Gelände von der Straße separiert). Boots- und Angelverleih sind auch vorhanden. Bei Ebbe ist dort eine Strand-/Wattwanderung an die Mündung der Bucht möglich.

Etwas weiter südlich und ebenfalls am Wasser liegt der ***Barview Jetty County Park***; Zelte $38; *full hook-up* $49; kleine *Cabins* $67; www.co.tillamook.or.us/gov/parks/campgrounds.htm.

Zwischen **Rockaway Beach** (mit Unterkünften, Kneipen und einem großen, vorgelagerten Meeresfelstor im Süden der Ortschaft) und **Garibaldi** verkehrt im Sommer mehrfach täglich die ***Oregon Coast Scenic Railroad*** mit historischer Dampflok; Tickets $22, Kinder 3-10 Jahre $14; www.oregoncoastscenic.org.

Tillamook

Die Stadt ist bekannt für ihren Käse. ***Tillamook Cheese*** findet man in nahezu jedem Supermarkt in den USA, frisch vom Hersteller aber nur im unverfehlbaren ***Creamery Visitor Center*** an der #101; kostenlose Besichtigung des Produktionsgeländes im Sommer 8-20 Uhr, sonst kürzer; www.tillamook.com/creamery.

Eine Auflistung aller Unterkünfte und *Campgrounds* der Umgebung findet man im Netz unter www.tillamookcoast.com.

Der 72 m hohe Felsmonolith Haystack Rock am Strand von Cannon Beach

Three Capes Scenic Drive

Ab Tillamook sollte man unbedingt dem ***Three Capes Scenic Drive*** (#131) über Oceanside, Sand Lake und Pacific City folgen. Er passiert in herrlichem Wechsel dichten Regenwald, **Steilhänge, Dünen und Strände**. Der erste Abstecher gilt der Wochenendsiedlung **Cape Meares** und ihrem mit Treibholz übersätem Sandstrand.

Cape Meares

Der nächste reizvolle Haltepunkt ist der ***Cape Meares State Park***. Der kurze Rundweg (knapp 1 km) zum Leuchtturm erlaubt herrliche Blicke entlang der Klippen. Der berühmte ***Octopus Tree***, eine mächtige Sitka-Fichte mit kandelaberartigen Verzweigungen, steht ebenfalls nicht weit vom Parkplatz entfernt.

Oceanside

Das winzige **Oceanside** liegt etwas versteckt abseits der Straße. Die ***Ocean Front Cabins*** (ab $130; © 1-888-845-8470; www.oceanfrontcabins.com) sowie das ***Three Arch Inn*** (Zimmer mit tollem Blick ab $135; © 1-888-406-8795; www.threearchinn.com) und eine Handvoll Restaurants bilden das Gros der Infrastruktur. Eine Kuriosität wartet auf die Strandbesucher: Durch einen engen, dunklen Tunnel geht es zu einer versteckten felsigen Bucht weiter im Norden.

Cape Lookout

Eine 8 km lange sandige Landzunge schützt die Netarts Bay vor den Wellen des Pazifik. Dahinter erhebt sich die bis zu 150 m hoch aufragende Halbinsel des ***Cape Lookout State Park***. Den **Picknick- und Campingplatz** des Parks passiert man noch vor dem Kap. Der Zugang zum Meer und zu den Dünen ist dort gebührenpflichtig (*day-use* $5). Der raue ***Cape Trail*** führt hinaus aufs Kap (8 km retour; etwas weiter südlich am *Scenic Drive*; dem Schild *Trailhead Parking* folgen). Von Dezember bis Juni ist das Kap ein guter Ort (an Land) fürs *Whale Watching*. November-Februar ziehen die Grauwale nach Süden, März-Juni wieder nordwärts.

Sand Lake Recreation Area

Westlich des **Sand Lake** (ein flacher **Salzwassersee**, der bei Ebbe weitgehend trockenfällt etwa auf halber Strecke zwischen *Cape Lookout* und *Kiwanda* ist ein Dünenbereich für **ATVs** und **ORVs** freigegeben. Im Sommer und besonders an Wochenenden geht's dort ebenso »rund« wie in den *Oregon Dunes* (➤ Seite 672).

Dann stehen meist auch mobile Vermieter bereit, die ATVs stundenweise anbieten. Zwischen Sanddünen und dem Sand Lake liegt ein schöner **Campingplatz** der Einfachkategorie, in Ufernähe weit weg vom Motorenlärm eine ***Picnic Area.*** Gut geeignet für **Familien mit Kindern**: zum Planschen im dort relativ warmen Wasser oder zum Entdecken von Meeresgetier im sandigen Watt.

Hinter dieser langen Nehrung liegt die Nehalem Bay, ➤ umseitig

Am Strand von Cape Kiwanda ist immer etwas los; er ist sehr beliebt bei Surfern, Stand-up-Paddlern und Kajakfahrern

Cape Kiwanda/ Pacific City

Das dritte Kap befindet sich nördlich der kleinen Ortschaft **Pacific City**. Vom breiten Strand (unverfehlbar an der Straße) blickt man auf einen zweiten ***Haystack Rock***. Anders als weiter nördlich in Cannon Beach (➢ Seite 666) ist dieser »Heuhaufen«-Felsen nicht bei Niedrigwasser zugänglich, birgt dafür aber einen deutlich sichtbaren, natürlichen Felsbogen. **Cape Kiwanda** ist berühmt für seine Brandung. Eine tolle Aussicht bietet sich von der riesigen **Düne** am nördlichen Ende des Strandes (im Hintergrund auf dem Foto ➢ oben). Auch **Wale** lassen sich mit etwas Glück von dort gut beobachten. Die Klippen wurden allerdings wegen einiger Todesstürze in den letzten Jahren größtenteils gesperrt.

In **Pacific City** serviert das ***Pelican Brew Pub*** & ***Restaurant*** fangfrischen Fisch, Meeresfrüchte und selbstgebrautes Bier direkt am Meer. Von der Terrasse genießt man den Blick auf die Bucht, wo die hohen, spitzen Brandungsboote (*Dory Boats*) ins Wasser geschoben werden oder gerade von dem Heilbutt- und Lachsfang zurückkehren. Auch Touristen dürfen an den *Fishing Trips* teilnehmen. Ab $225/Person ist man dabei: www.haystackfishing.com.

Ganz o.k. ist das ***Surf*** & ***Sand Inn*** an der südlichen Ortseinfahrt; Zimmer ab ca. $120; www.surfandsandinn.com. Einen exklusiven Blick auf die Bucht mit dem *Haystack* bieten die Zimmer (ab $170) im ***Inn at Cape Kiwanda*** am 33105 Cape Kiwanda Drive; www.yourlittlebeachtown.com/stay-the-night/the-inn.

Ebenfalls an der Hauptstraße und nicht weit von Strand und *Brew Pub* entfernt liegt das große ***Cape Kiwanda RV Resort***; Zelte $37-$41, *full hook-up* $57-$62; www.capekiwandarvresort.com.

Zurück auf die #101

Hinter Pacific City stößt man wieder auf die #101, die nun bis Yachats weit weniger spektakulär verläuft als weiter nördlich – trotz einiger hübscher *State Beaches* und *Waysides*.

Lincoln City

Lincoln City verfügt über eine ganze Reihe von Kettenmotels, eine mittelgroße ***Outlet Mall*** sowie ein ***Glass Center***, wo man nicht nur Glasbläsern bei der Arbeit zuschauen kann, sondern – mit vereinbartem Termin – auch selber zerbrechliche Kunstwerke gestalten darf. Trotz dichter touristischer Infrastruktur ist es in der Region um **Lincoln City** und **Newport** im Sommer oft schwierig, einen freien RV- oder Zeltplatz zu finden. Gute Ausweichmöglichkeiten bieten die schön am Siletz River gelegenen ***Campgrounds*** an der #229 (ab Kernville nur einige Meilen landeinwärts).

Depoe Bay

Das winzige **Depoe Bay**, ein Fischerdorf mit riesiger Marina, wurde durch den Film »Einer flog über das Kuckucksnest« (1975) mit Jack Nicholson bekannt. Heute gilt der Ort wegen der vielen gern hier vor der Küste verweilenden Grauwale auch als »***Whale Watching Capital***«. Man kann dort das ***Whale Watching Center*** besuchen (im Hochsommer tägl. 9-17 Uhr, sonst Mi-So 10-16 Uhr) und die unterschiedlichsten *Whale Watching Tours* buchen. Am günstigsten dafür ist der Zeitraum Ende März/Anfang April, Ende August/Anfang September sowie Ende Dezember/Anfang Januar.

Etwa 6 mi südlich des Ortes ragt ***Cape Foulweather*** (»Schmuddelwetter«) 150 m aus dem Meer und nur wenig weiter folgt der ***Devil's Punchbowl State Park*** mit seinem riesigen, von der Meeresbrandung ausgehöhlten Kessel, der bei einer bestimmten Fluthöhe röhrende Geräusche verursacht.

Yaquina Head

Lohnenswerter ist der Abstecher zu dem Leuchtturm und den bunten Gezeitentümpel (*tide pools*) der ***Yaquina Head Outstanding Natural Area*** bei Agate Beach nördlich von Newport. Seehunde und -vögel sind meist zahlreich anwesend (Eintritt frei mit *Interagency Pass*). Nicht verwechseln mit dem ***Yakina Bay Lighthouse***, dem einzigen in Oregon noch erhaltenen Leuchtturm aus Holz; Abzweig etwas weiter südlich von der #101.

Newport

Mit über 10.000 Einwohnern ist **Newport** nach Coos Bay bereits zweitgrößte Stadt an der Küste mit zahlreichen Motels und der übliche Shopping- und Restaurant-Kulisse. Da der Hauptverkehr am Ortszentrum vorbei fließt, hat man als kleine Attraktion an der *Historic Bayfront* nördlich der *Yaquina Bay Bridge* viele Fassaden mit Wandbildern (*Murals*) verschönt. Auch die Seelöwen helfen Besucher anzulocken und versammeln sich – ähnlich wie am *Pier 39* in San Francisco – am Steg direkt neben dem auffälligen Gebäude der (weniger spannenden) *Undersea Gardens*. Nur selten kommt man ihnen so nahe wie hier!

Aquarium

Das ***Oregon Coast Aquarium***, unmittelbar südlich der *Yaquina Bay Bridge* in Newport, ist ein kleines, aber gut aufbereitetes Aquarium mit Haibecken-Unterwassertunnel und einem speziell für Kinder reizvollen Seestern-*Touch-Pool* (erstaunlich wie »watteweich« einige Arten sind). Im Außenbereich tummeln sich Vögel, Seehunde, -löwen und -otter; geöffnet im Sommer 9-18 Uhr, sonst 10-18 Uhr; Eintritt $25, Kinder $15-$20; www.aquarium.org.

Camping

Der ***Beverly Beach State Park***, ein paar Meilen nördlich der Stadt, verfügt über einen großen, schön angelegten ***Campground*** abseits des Straßenlärms; Zelte $21, *full hook-up* $34. Er ist wegen des langen breiten Strandes sehr beliebt und im Sommer oft ausgebucht. Noch besser (aber ohne *full hook-up*) campt man im ***Beachside State Park*** südlich von Newport; $31, auch Jurten ($47). Waldport verfügt zudem über einen ***KOA*** und eine Handvoll Ferienhäuser.

Covered Bridges

Im Besucherzentrum von **Yachats** erhält man Infos und Karten zu den *Covered Bridges* der Umgebung. Über die Yachats River Road geht es zunächst 7 mi in Richtung Osten, dann nach links auf die North Yachats Road und nach 1,5 mi *Gravel Road* über/durch die kleine ***North Fork Yachats Covered Bridge*** (etwas verwittert, in grüner Umgebung). Nur wenige Meilen Luftlinie trennen sie von einer zweiten Brücke: ***Five Rivers Covered Bridge***, ebenfalls aus rotgestrichenem Holz. Anfang des letzten Jahrhunderts gab es 450 Brücken dieser Art in Oregon, heute sind es noch ca. 50 Exemplare; Übersicht: www.coveredbridgemap.com/or.

Das Heceta Lighthouse und rechts über der Bucht ein herrlich gelegenes Edel-B&B (rotes Dach)

Die zentrale Küste mit Oregon Dunes Nat'l Recreation Area

#101 Verlauf ab Yachats

Einer der besten Abschnitte der #101 beginnt hinter Yachats. Die Straße verläuft weitgehend direkt am Pazifik, teilweise oberhalb steil abfallender Klippen. Einen ersten Höhepunkt bildet im wahrsten Sinne des Wortes das ***Cape Perpetua***, mit 240 m über dem Meer eine der höchsten Felsnase an der Oregon-Küste. Ein eigenes ***Visitor Center*** informiert über *Trails*, Strände, Zufahrt und Camping.

Wer den beschwerlichen 5-km-Rundweg hinauf zur Kaphöhe nicht laufen möchte, kann auch mit dem Auto nach oben fahren (ausgeschildert; grandiose Aussicht). Bei Ebbe ziehen jede Menge ***Tide Pools***, bei Hochwasser ***Devil's Churn***, ein tosender Wellenbrecher, viele Besucher an. Originell sind das geysirähnliche ***Thor's Well*** und das ***Spouting Horn***, ein Felsloch, das Wasserfontäne und Sirenengeheul verursacht, aber nur bei bestimmten Wasserständen »in Betrieb« ist; www.fs.usda.gov/goto/siuslaw/cape.

Eine feine Aussicht auf den Pazifik bieten die Stellplätze im ***Sea Perch RV Resort*** beim *Mile Marker* 171, sie kosten aber $90-$100. Deutlich weniger zahlt man 5 mi weiter südlich im ***Carl G. Washburne State Park***; Zelte $21, *full hook-up* $33.

Heceta Head Lighthouse

Für einen weiteren (Picknick-)Stopp empfiehlt sich der von Felsen eingeschlossene Strand beim ***Heceta Head Lighthouse State Scenic Viewpoint*** unterhalb des Leuchtturms (Parken: $5).

Von der Bucht führt ein kurzer Pfad hinauf zum ***Heceta Head Lighthouse***, das tägl. 11-14 Uhr auch von innen besichtigt werden kann. Im Leuchtturmwärterhaus ist ein **Edel-B&B** untergebracht; im Sommer über $300, sonst ab $200; www.hecetalighthouse.com.

Seelöwenhöhle

Nur wenige Meilen weiter passiert man die ***Sea Lion Caves***, eine weitere populäre Sehenswürdigkeit an der Oregon-Küste. Hinter einem Riesen-*Giftshop* geht es mit dem Fahrstuhl 63 m hinunter in eine gewaltige Höhle auf Meereshöhe, die über einen Durchbruch mit dem Ozean verbunden ist und sich im Herbst/Winter fest in der Hand Hunderter von Seelöwen befindet. Im Frühjahr/Sommer ist die Besatzung dünner, dann findet man sie im Freien auf den umliegenden Felsen. Besichtigung lohnenswert je nach Licht, Wetter und Jahreszeit; im Sommer meist täglich 9-19 Uhr, sonst bis 17 Uhr; Eintritt $14/$8; www.sealioncaves.com.

Oregon-Dünen

Bei **Florence** (9.000 Einwohner), mit einer restaurierten *Old Town* (Straßenzeile am Siuslaw River), erreicht man das nördliche Ende der ***Oregon Dunes Nat'l Recreation Area***. Bis North Bend macht sich zwischen Hwy 101 und Pazifik ein 60 km langer Wanderdünengürtel breit. Mit bis zu 150 m hohen Sandhügeln und enormen Flächen ohne jeden Bewuchs sind die *Oregon Dunes* ein prädestiniertes Terrain für ***Off-Road-Vehicles*** **(ORV)**. Das erste von drei dafür freigegebenen Arealen (teilweise mit Strandanteilen!) liegt gleich südlich von Florence; Zufahrt über die *South Jetty Dune & Beach Access Road*. Die großen Parkplätze bieten den ORV-Fahrern genügend Platz für ihre Anhängergespanne und Dünenfahrzeuge. An guten Tagen ist allein schon der Besuch auf diesen »Staging Areas« ein Erlebnis, denn neben Serien-ATVs gibt es jede Menge kuriose, im Eigenbau entstandene Vehikel.

Off-Road-Spaß

Wer mitmachen möchte, findet ***ATV Rentals*** u.a. bei Dunes City, aber noch besser bei *Spinreel* südlich von Winchester Bay. Bei dieser Verleihstation abseits der Hauptstraße kann man auch prima **Dünentrips** mit Fahrer in originellen kleinen und großen »Passagier-ORVs« buchen. Ohne Übung in der Handhabung der Klein-ORVs ist das vielleicht die beste Methode, durch die Dünen zu karriolen, speziell mit kleineren Kindern; ab $15/Person für ca. 30 min. Quad-Verleih inklusive Helm ab $40/Std, *Buggies* ab $90/Std; nähere Infos unter www.ridetheoregondunes.com.

Deutscher Weltenbummler-Truck in den Oregon Dunes

Typische Dünenvehikel mit Überschlagbügel bei einem der Verleiher (hier in der Spinreel Region)

Natur/Trails

Der *NF Service* sorgt aber auch dafür, dass einige Teilbereiche des »Sandkastens« vom Einfall der *Off-Road-Vehicles* verschont bleiben. Dort kann man ohne Motorenlärm herrlich in den Dünen herumspazieren oder sogar bis ans Meer hinaus gehen. Die unten aufgelisteten Campingplätze (bis auf *Honeyman*) dienen als Ausgangspunkte für **Dünenwanderungen**. Die beste Möglichkeit bietet sich vom Parkplatz 400 m südlich des *Eel Creek Campground*, von dort sind es 4,5 km bis zum Meer (*John Dellenback Dunes Trail*). Einen rascheren Eindruck von der Landschaft gewinnt, wer den ***Overlook*** bei der ***Oregon Dunes Day-Use Area*** zwischen Reedsport und Dunes City ansteuert (mit begrenzt geöffnetem Infostand).

Das offizielle Besucherzentrum mit den umfassendsten Unterlagen zu Dünen, *ORV*-Regeln, Camping, Motels etc. liegt an der #101 am nördlichen Ortsausgang von Reedsport; www.fs.usda.gov/siuslaw/.

Baden & Campen

Man kann bei den Dünen auch einen tollen **Badestopp** einplanen. Im ***Jessie M. Honeyman Memorial State Park*** wartet der im Sommer angenehm temperierte **Cleawox Lake**. Kinder können dort von den Dünen direkt in das Wasser rutschen! Auf dem *Campground* des Parks lässt es sich außerdem schön und ohne Krach der Dünenfahrzeuge im Grenzgebiet zwischen Wanderdünen und Tannenwald übernachten. Großartig in den Randbereichen der Dünen gelegene ***NF Campgrounds*** sind ***Tahkenitch*** und ***Eel Creek***; beide $22 mit Trinkwasser, aber sanitär einfach. Für ORV-Besitzer zugelassene Plätze wie ***Spinreel*** und ***Waxmyrtle*** werden wegen des Lärms von anderen Besuchern gern gemieden. Gute Alternativen bieten sich auch an den landeinwärts gelegenen Seen östlich der #101.

Die südliche Küste von Coos Bay bis Kalifornien

Cape Arago Highway

Von Coos Bay bis Port Orford hat die #101 nicht viel zu bieten. Es empfiehlt sich in North Bend über die #540 (ausgeschildert) den ***Cape Arago Hwy*** anzusteuern. Vorbei an **Charleston**, einem kleinen Städtchen mit großer Hafenszenerie an der Coos Bay, geht es wieder hinaus ans offene Meer zum ersten der drei *State Parks*: Im ***Sunset Bay SP*** warten prima Campingplätze (Zelte, *full hookup* und Jurten) sowie eine geschützte, etwas wärmere (!) Badebucht.

Entlang des vom Park nach Süden verlaufenden tollen Teilabschnitts des ***Oregon Coastal Trail*** bietet sich zudem ein guter Blick auf den nicht zugänglichen Leuchtturm *Cape Arago Light*.

Schroffe, stark verwitterte Felsen mit kuriosen *concretions* (Steinkugeln) überziehen die Klippen im darauffolgenden ***Shore Acres State Park***, der im Frühjahr/Sommer auch für seine gepflegten Rhododendren- und Rosengärten und im Winter für »Monsterwellen« berühmt ist; *day-use* $5. Die aus dem hellen Sandstein herausragenden »Kanonenkugeln« sieht man am besten an der *Simpson Beach*, an den Klippen unterhalb des ehemaligen *tennis court* (nördlich vom großen Parkplatz), aber auch schon beim *Yoakam Point* am Cape Arago Hwy nördlich des *Sunset Bay State Park*.

Im ***Cape Arago State Park*** ist dann Umkehren angesagt (Sackgasse), aber nicht bevor man am *Simpson Reef Viewpoint* nach **Seelöwen /-hunden** Ausschau gehalten hat. Meist ist der Lärm ihrer großen Kolonien nicht zu überhören. Weiterfahrt zur #101 am besten ab Charleston über die Seven Devils Road und E Beaver Hill Road.

Bandon

Keinesfalls versäumen sollte man in Bandon an der #101 einen kurzen (oder längeren) Abstecher ans Wasser zur phänomenalen, dicht mit Felsnadeln gespickten ***Face Rock Wayside***; am besten über die 11th St SW und den Beach Loop Drive (Parken kostenlos). Einfache Zimmer bietet direkt nördlich davon an den Klippen das ***Sunset Motel*** (1865 Beach Loop Dr; ab $85; www.sunsetmotel.com) und schöne Suiten das ***Best Western Inn at Face Rock*** 1,5 km südlich des Strandes (ca. $190; www.innatfacerock.com).

Empfehlenswert ist auf der Weiterfahrt nach Süden auch das **B&B *Floras Lake House*** an dem gleichnamigen Windsurfer-See; Zufahrt ab Langlois (#130/136); $170-$215; www.floraslake.com.

Cape Blanco

Ein hübscher Leuchtturm kann im ***Cape Blanco State Park*** besucht werden; Touren April-Oktober Mi-Mo 10-15.30 Uhr; $2/Person.

Elk River

Dort campt man meist auch schön (Zelt/*hook-up*). Wenn allerdings Nebel und Kälte über der Küste liegen, empfiehlt sich ein Ausweichen ins sonnige Landesinnere. Die ***Elk River Rd*** (#208) zweigt 3 mi nördlich von Port Orford von der #101 ab, windet sich am Fluss entlang vorbei an wilden *NF Campsites* und Badepools, bis nach 18 mi die Asphaltierung am ***Campground Butler Bar*** endet.

Verlauf #101

Port Orford bietet im Wesentlichen Versorgung und Motels, keine eigenen Sehenswürdigkeiten. Aber südlich der Stadt zeigt sich die #101 bis nach Kalifornien wieder von ihrer besten Seite. Sie folgt dem Auf und Ab der Küste vorbei an zahllosen Buchten mit verborgenen Stränden und vorgelagerten Felsen. Der ***Humbug Mountain State Park***, 6 mi südlich von Port Orford, hat schöne Stellplätze in Strandnähe. Sportliche können den 500 m hohen Humbug Mountain per pedes bezwingen und die grandiose Aussicht genießen (ca. 8,5 km *Loop*, 530 Höhenmeter).

Flusstrips

Gold Beach an der Mündung des **Rogue River** ist Ausgangspunkt populärer **Jetboat-Touren** den Fluss hinauf; www.visitgoldbeach.com. Die Kurztrips bis Agness bieten fürs Geld zu wenig. Erst der

Oberlauf des Rogue River verdient die ihm verliehene Bezeichnung ***National Scenic Waterway***. Besser und preiswerter sind Ausflüge ab Grants Pass durch den ***Hellgate Canyon*** des Rogue River.

Nach **Grants Pass** gibt es eine attraktive, durchgehend asphaltierte Straße über Agness/Garlice. In Merlin lassen sich statt der *Jetboat*- auch Schlauchboot-Trips durch die Schlucht buchen. Komfortables Camping (*full hook-up*) bietet der ***Indian Mary County Park*** am Oberlauf des Flusses einige Meilen westlich von Merlin.

Letzte Meilen in Oregon

Die restlichen Meilen der #101 in Oregon zeichnen sich durch viele ***State Beaches*** aus mit schönen Picknickplätzen am Wasser. Einen der besten **Aussichtspunkte** zum weiten Blick über die Steilküste besitzt der ***Cape Sebastian SP***, 5 mi hinter Gold Beach (den südlichen Parkplatz ansteuern; *Meyers Creek Beach Viewpoint*).

Samuel H. Boardman State Scenic Corridor

Kaum zu übertreffen sind vor Brookings die 19 km *Oregon Coast* des ***Samuel Boardman Scenic Corridor*** mit einsamen und wild zerklüfteten Küstenabschnitten. Von teils schlecht ausgeschilderten Parkplätzen an der #101 führen Pfade zu **Aussichtspunkten**, entlang der Klippen oder hinunter zu **verwunschenen Buchten** mit zahlreichen Felsbögen und vorgelagerten, bewaldeten Inselchen.

Minimalprogramm ist ein Stopp beim ***Arch Rock*** sowie bei den ***Natural Bridges***. Wer das Gebiet genauer erkunden möchte, sollte unbedingt die Übersichtskarte mitnehmen (im PDF-Format unter www.oregonstateparks.org/park_77.php, ➤ *Brochures*). Vor Ort gibt es so gut wie keine Hinweisschilder oder Infos!

Für eine letzte Picknickpause in Oregon empfiehlt sich die ***Lone Ranch Beach*** an der Südspitze des *Boardman State Park*, eventuell mit einer weiteren kurzen Wanderung hinauf zum ***Cape Ferrelo***.

Wer länger verweilen möchte, findet in **Brookings** eine ganze Reihe von Unterkünften (u.a. ein *Best Western*) oder schlägt sein Zelt in einem der ***State Parks*** auf: in Ozeannähe an der ***Harris Beach*** nördlich von Brookings oder im ***Alfred A. Loeb SP***, 9 Meilen landeinwärts am Chetco River. Wie im Fall Elk River (➤ Seite links) entkommt man dort ggf. auch dem Küstennebel.

Malerische Küste im Samuel Boardman State Park

6.2.7 Durch Nordkalifornien

Durch die Redwood Parks

In Kalifornien verlässt der Hwy 101 bald die Küste und läuft landeinwärts. Bis **Crescent City**, einem Städtchen am Meer mit einer auf den *Redwood*-Tourismus ausgerichteten Infrastruktur, sind es rund 20 Meilen. Fürs Picknick oder zum Austoben mit Kindern (schöner Spielplatz) eignet sich der Park an der Hafenbucht, wo auch die ***Visitor Information*** residiert; 1001 Front St; www.exploredelnorte.com. Hilfreich ist der dort kostenlos erhältliche »101 Things to do Guide«, online unter www.101things.com/delnorte/del-norte/. Ebenfalls einen kurzen Stopp wert ist das **Besucherzentrum der *Redwood Parks*** gleich nebenan in der 1111 Second Street.

Die Stadt eignet sich ausgezeichnet als Basis oder Zwischenstation für den Besuch der *Redwoods*. Insbesondere gilt das für **Motelübernachter**. An der Durchgangsstraße #101 (Redwood Hwy), zugleich innerörtliche Hauptstraße als L- und M-Street, findet man unabhängige Motels und die Häuser der bekannten Ketten. Nur das ***Crescent Beach Motel***, etwa 1 mi südlich des Zentrums, steht direkt am Strand mit Terrassen zur Seeseite; ca. $120; www.crescentbeachmotel.com.

An der durch lange Molen künstlich geschaffenen Bucht befindet sich der holprige ***Shoreline Campground*** mit Grasplätzen direkt am Wassser; Zelte oder *hook-up* $38; © (707) 464-2473. Landschaftlich reizvoller sind indes die Möglichkeiten im *Jedediah Smith SP*, ➤ rechts.

Einmal in Crescent City sollte man sich zumindest ein Abfahren des ***Scenic Drive*** an der Küste entlang gönnen (ausgeschildert): Auf der Front Street am *Shoreline Park* entlang, dann auf die A Street und weiter nach links zum Pebble Beach Drive. Die Straße führt an Villen und der hier ausgefransten Küste mit vorgelagerten Felsinselchen entlang. Über die Pacific Ave fährt man zurück ins Zentrum und auf die #101.

Eine kleine Sehenswürdigkeit ist das ***Battery Point Lighthouse*** samt Wärterhaus auf einer kleinen Insel ca. 50 m vor der Küste. Bei Ebbe kann man hinüber gehen. Man erreicht es über die Front St, dann nach links zum Parkplatz am Beginn des Lighthouse Way, der über die ca. 1 km lange die Bucht schützende Westmole verläuft.

$5 kostet das »Vergnügen« einer Fahrt durch den Tour Thru Tree in Klamath

Crescent City ist in der Vergangenheit so heftig und oft wie kaum eine andere US-Westküstenstadt von Tsunamis heimgesucht worden. Das Karfreitagsbeben 1964 vor der Küste Alaskas hinterließ hier verheerende Schäden und zahlreiche Todesopfer. Auch die vom Fukushima-Beben 2011 ausgehenden Wellen zerstörten Teile des Hafens von Crescent City und rissen fünf Leute in den Tod.

Redwood Parks

Nur ein wenig südlich von Crescent City beginnt der ***Redwood National Park*** bzw. eine ungewöhnliche **Kombination** von geographisch zusammenhängenden ***State*** und ***National Parks***, welche die letzten größeren *Redwood*-Bestände Nordkaliforniens vor den Sägen der *Logging Companies* gerettet hat. Die mächtigen Bäume, von denen einzelne ein Alter von bis zu 2.000 Jahren, über 100 m Höhe und 6 m Durchmesser am Boden erreichen können, säumen in wechselnder Dichte den gesamten Verlauf der #101. Die größten Exemplare stehen jedoch in besonderen ***Redwood Groves*** abseits der Straßen; www.nps.gov/redw.

Jedediah Smith State Park

Der östlichste Park der *Redwood*-Zone ist der wunderbare ***Jedediah Smith Redwoods SP***, dessen Haupteingang an der #199 liegt, von Crescent City einige Meilen landeinwärts. Ein Besuch lohnt sich auch zum **Campen**, speziell aber zum Abfahren der absolut großartigen, wenn auch engen ***Howland Hill Rd*** (Schotter & Sand, nicht für *Motorhomes* größer als 24 Fuß) durch *Redwood*-Regenwald zurück auf die #101 (am Wege der ***Stout Grove*** wird von der #199 aus leichter erreicht). Besonders schön ist es hier Ende Mai, wenn sich die wilden Rhododendren zu Füßen der Giganten mit rosaroten Blüten schmücken; www.parks.ca.gov/?page_id=413.

Mit dem Umweg über den Park könnte man Crescent City auch links liegen lassen. Eine Weiterfahrt auf **der attraktiven #199** (im Tal des Smith River) in Richtung **Grants Pass/*Oregon Caves*** ließe sich – bei anderer Reiseroute als beschrieben – ebenfalls mit einem Abstecher in den *Jedediah Smith State Park* verbinden.

Mill Creek

Bis Klamath läuft die Straße zunächst überwiegend durch den ***Del Norte State Park*** mit herrlichen *Redwood*-Abschnitten. Ein grandioser, wegen der kurvigen Abfahrt oft nicht ganz so früh besetzter ***Campground*** ist ***Mill Creek*** in einem »jungen« *Redwood Forest* mit meterhohen und -dicken Baumstümpfen, die bereits im 19. Jahrhundert anfielen; www.parks.ca.gov/?page_id=414.

Im kurzen parkfreien Bereich zwischen *Del Norte State Park* und Klamath gibt es diverse **Motels**, einige private **Campingplätze** und das kommerzielle *Redwood*-Paradies ***Trees of Mystery***.

Trees of Mystery

Die Hauptattraktion dieses Park ist die Fahrt mit der Gondelbahn durch die *Redwood*-Baumgipfel. Naturlehrpfade durch ungewöhnlich gewachsene Bäume, originelle Schnitzfiguren wie »Paul Bunyan« (größter Holzfäller aller Zeiten, der das Publikum durch persönliche Ansprache verblüfft), ein kleines ganz nettes **Indianermuseum** und ein riesiges *Giftshop* ergänzen das Angebot. Im Sommer geöffnet 8.30-18 Uhr; September-Mai 9-16 Uhr; Eintritt: $18, Kinder (6-12) $9; www.treesofmystery.net.

Holzfäller-Sagengestalt Paul Bunyan mit Stier vor dem Redwood-Kommerzpark »Trees of Mystery«

Camping

Die Auswahl an *Campgrounds* ist groß: am Strand, mitten im Regenwald oder am *Klamath River*. Abseits der lauten #101 liegt z.B. der ***Kamp Klamath RV Park*** an der 1661 Klamath Beach Rd; © 1-866-KLAMATH, www.kampklamath.com. Östlich der #101 in Terwer und oft in der Sonne, wenn die Küste im Nebel steckt, befindet sich das ***Terwer Park Resort***; 641 Terwer Riffle Rd; *Exit* 769, dann 4 mi auf der #169. Man kann dort in der Nähe aber z.T. auch **kostenfrei** am Ufer des Klamath River übernachten. Noch besser fürs *Boondocking* eignet sich aber das südliche Flussufer; Zufahrt gleich bei der #101-Brücke. Die *National Forest*-Webseite liefert eine Übersicht mit allen Möglichkeiten: www.fs.usda.gov/activity/klamath/recreation/camping-cabins/.

Scenic Parkway

Durch den ***Prairie Creek Redwoods State Park*** führt einer der besten Abschnitte der alten #101, der ***Newton B. Drury Scenic Parkway***. Er beginnt wenige Meilen südlich von Klamath (die **neue #101** läuft als vierspurige Umgehung um den Park herum). Unbedingt anhalten und einen kleinen Spaziergang unternehmen sollte man an der ***Big Tree Wayside***.

Unweit des ***Visitor Center*** befindet sich die ***Elk Prairie*** mit vielen *Roosevelt*-Hirschen und einem hübsch gelegenen **Campingplatz**.

Fern Canyon

Ein herrlicher Abstecher führt über die wenig später von der #101 abzweigende, größtenteils nicht asphaltierte und kurvenreiche Davison Road zum ***Fern Canyon*** ($8/Auto; RVs nur bis zu 24ft!). Aktuelle Infos zum Straßenzustand sollte man zuvor im Besucherzentrum erfragen. Vom Parkplatz am Ende der 8 mi langen Zufahrt sind es noch ca. 400 m bis zum Canyoneingang. Von dort folgt ein »verwunschener« Pfad einem kleinen Bachlauf durch die engen, über und über mit Moosen und Farnen bewachsenen Wände (3,5 km retour; 1-2 Std.). Diese grüne Schlucht ist jedoch – auch wenn es so aussieht – nicht natürlichen Ursprungs! Der Name der ***Gold Bluffs Beach*** (mit *Campground*) an der Zufahrt deutet es bereits an: Hier wurde im 19. Jahrhundert mehr oder weniger erfolgreich nach Gold geschürft (*hydraulic mining*).

Alternativ lässt sich der Fern Canyon auch über den ***James Irvine Trail*** ausgehend vom *Visitor Center* erreichen (8 km *one-way*).

Tall Trees Grove

Die höchsten ***Redwoods* im Nationalpark** findet man – der Name sagt es – im ***Tall Trees Grove***. Dorthin gelangt man entweder **per pedes** auf dem ***Redwood Creek Trail*** (14 km, Startpunkt unweit der #101 an der *Bald Hills Road*) oder **mit Auto**, wofür aber ein ***Permit*** notwendig ist. Das wird in allen ***Redwood Park Visitor Centers*** ausgestellt (dabei kann die Nachfrage die maximale Permitzahl von 50/Tag schon mal übertreffen). Der Weg führt von der #101 die ***Bald Hills Road*** hinauf und weiter auf der ***Tall Trees Road*** (dort Sperre, nur zu öffnen über eine Ziffernkombination).

Lady Bird Johnson Grove

Ersatzweise tut's auch der ***Lady Bird Johnson Grove*** – Anfahrt ebenfalls über die *Bald Hills Road*, aber keine Restriktionen der Zufahrt. Die Länge der Wanderung durch den dichten Regenwald und die hier nicht ganz so hohen *Redwoods* beträgt etwa 2 km. Die Redwoodhaine in der ***Avenue of the Giants*** (siehe unten) sind indessen nicht weniger eindrucksvoll.

Redwoods Küste/Trails

Die *Redwood Parks* besitzen einen breiten, weitgehend unberührten Küstenstreifen. Mit dem Auto befahrbar sind der nur mäßig attraktive ***Coastal Drive*** südlich Klamath und die Stichstraße zu *Gold Bluffs Beach* und *Fern Canyon*. Ein ***Coastal Trail*** (ca. 50 km) durch urwüchsige Uferlandschaften verbindet die verschiedenen Parkbereiche. Einzelne Abschnitte lassen sich auch separat erwandern, etwa der ***Flint Ridge Trail*** in der Nähe von **Klamath** (Startpunkt *Alder Point/South Beach Rd*) oder das Stück vom Ende der *Requa Road* weiter in Richtung Norden.

Westlich von Orick passiert man das bestens ausgebaute ***Visitor Center*** des *Redwood National Park*, das man mitten in die Dünen gleich hinter dem Strand gesetzt hat. Bei gutem Wetter auch ein schöner Platz zum Picknick.

Fern Canyon

Durchs Humboldt County und noch mehr Redwoods

Humboldt Lagoons State Park

Bei den quellengespeisten Süßwasserlagunen *Stone* und *Big Lagoon* begleiten breite Parkspuren den Hwy 101 über Meilen. Nur wer dort auch anhält, bekommt die Schönheit dieses Küstenstreifens und des Naturschutzgebietes richtig mit. Zwischen den Lagunen und dem Pazifik befinden sich Dünen und Strände, mittendrin der *Walk-in*-Zeltplatz ***Dry Lagoon Beach*** (zwischen *Stone* und *Big Lagoon*); www.parks.ca.gov/?page_id=416.

Ganz hervorragend übernachtet man weiter südlich im ***Big Lagoon County Park*** (mit Bademöglichkeit; $5 *day-use*; *first-come, first-served*-Plätze für Zelte oder kleinere RV; $25) und im ***Patricks Point SP*** mit tollen Stellplätzen über der Küste (der Strand besteht dort aus Achatsand; *first-come, first-served* von Oktober bis April sonst reservierbar: www.parks.ca.gov/?page_id=417).

Parallel zur #101 läuft in diesem Bereich der ***Patricks Point Drive*** bis **Trinidad**, einem Fischer- und Touristendorf in herrlicher Lage; www.trinidadcalif.com.

Carson Mansion, das berühmteste der viktorianischen Villen in Old Town Eureka

Eureka

Die großenteils nicht eben attraktive »Metropole« der Holzindustrie **Eureka** – sieht man von den restaurierten Gebäuden in der ***Old Town*** (speziell dem prächtigen ***Carson Mansion*** an der Ecke 2nd/M Street; ➤ Foto) und dem ***Sequoia Park*** ab (mit **Zoo** für Kinder) – ist Verwaltungssitz des von Sonne und Natur begünstigten ***Humboldt County***; www.visitredwoods.com.

Ferndale

Bei **Ferndale**, 20 mi südlich von Eureka und 5 mi westlich der #101, handelt es sich um ein Städtchen wie aus dem **Bilderbuch der Jahrhundertwende**. Hier ist nichts nachgebaut, sondern die viktorianischen Gebäude sind echt. Ausgangs des 19. Jahrhunderts war Ferndale das agrarische Zentrum des *Humboldt County*.

Exkurs

Auf Backroads durch die Counties Humboldt, Trinity und Del Norte

Humboldt County

Der Tourismus konzentriert sich südlich der *Redwood Parks* weiterhin im Wesentlichen auf die #101, speziell auf Ferndale und die *Avenue of the Giants.* Die einsamen Straßen durch das schöne, kaum berührte Hinterland des *Humboldt County* und benachbarter Bezirke bleiben den Entdeckern vorbehalten. Die ***Petrolia-Mattole Road*** etwa ist umseitig beschrieben. Wem die Landschaft entlang dieser Straße gefällt, könnte auch von Honeydew auf der ***Wilder Ridge Road*** (überwiegend guter Schotter) zur ***Briceland Road*** (Garberville/Redway–Shelter Cove) weiterfahren oder Stichstraßen an die Küste folgen (z.B. der ***Lighthouse Road*** ab Petrolia).

Straße #36

Ebenfalls nur wenige Touristen verirren sich auf die **Straße #36** zwischen Fortuna/Alton und Red Bluff, die in Kombination mit der Straße #3 **Küstenroute** und ***Whiskeytown Shasta-Trinity Nat'l Recreation Area*** optimal verbindet. Auf den ersten 8 mi beeindruckt diese Strecke zwar gar nicht, aber ihr weiterer Verlauf, zunächst am Van Duzen River entlang, wird immer besser.

Nur etwa 13 mi sind es von Alton bis zum ***Van Duzen County Park*** mit Schwimmpools im warmen Flusswasser vor steilen Felswänden und herrlichen Picknick- und Campingplätzchen ($25, *first-come, first-served*) unter hohen ***Redwoods***.

Ein wenig weiter östlich liegt der ***Grizzly Creek Redwoods SP*** mit einem *Campground*, der meist den Winter über geschlossen bleibt; $35; www.parks.ca.gov/?page_id=421. Östlich von Bridgeville wird die #36 zu einer wunderbar geführten **Höhenstraße** ohne nennenswerten Verkehr.

Von **Bridgeville** aus kann man **Garberville** auch auf einer einsamen, attraktiven Route durchs *Hinterland* (großenteils Schotter) erreichen (über Blocksburg, Fort Seward und Philipsville). Über **Zenia** und **Covelo** (30 mi teilweise schlechter Schotter und unendliche Serpentinen, nicht geeignet für Campfahrzeuge größer als *Van Camper*) ließe sich der ***Backcountry-Trip*** bis Longvale an der #101 fortsetzen.

Straße #299

Auch die Hauptverbindung **#299** zwischen Küste und Inland, am Trinity River entlang ist landschaftlich reizvoll, aber stärker befahren. Am Wege liegt weiter östlich das »Nostalgiestädtchen« **Weaverville**; www.weavervilleinfo.com.

Straße #96

Dem Verkehr entgeht man dort auf einer weiteren erfreulichen, aber langwierig zu fahrenden Straße, der **#96** durch *Trinity* und *Del Norte County* und die *Hoopa Indian Reservation.* Sie folgt auf ganzer Länge dem Lauf des Klamath River bis zur I-5. Prima gelegene und angelegte ***NF Campgrounds*** säumen die Strecke, der erste nur ein wenig nördlich von Willow Creek.

Die einseitige Ausrichtung auf die Landwirtschaft führte allerdings bald zum Niedergang und verhinderte die Anpassung des Stadtbildes an modernere Erfordernisse. Weitsichtige Leute sorgten später für die Erhaltung der alten Substanz. Offenbar sind aber in den letzten Jahren diesbezügliche Investitionen nicht so ganz üppig ausgefallen. Auf den ***Fairgrounds*** zeltet/campt man günstigt; auch Plätze mit *full hook-up*; www.humboldtcountyfair.org/rv-park.

In den historischen Gebäuden werden auch B&B-Zimmer angeboten: www.victorianferndale.com/lodging.htm.

Petrolia und Mattole Road

Ferndale liegt auf dem Weg für alle, die sich entschließen, die Reise auf den wunderbar geführten (und ziemlich einsamen) ***Petrolia*** und ***Mattole Roads*** fortzusetzen. Sie verbinden Ferndale auf dem Umweg über eine kurze Strecke an der »***Lost Coast***« entlang und über mehrere Höhenzüge mit der ***Avenue of the Giants*** und sind eine tolle Alternativroute für Leute mit **1 Tag oder mehr Extrazeit**, die sich mal abseits üblicher Pfade bewegen möchten. Die Straße ist je nach Wetterlage und vorherigen Ereignissen und ggf. noch nicht erfolgter Reparatur in immer wieder unterschiedlichem Zustand, prinzipiell aber durchgehend geteert und machbar für Campmobile bis 24 Fuß. Indessen ist mit großen Fahrzeugen die unendliche Serpentinenkurverei eine arge Plackerei. Bis zur Größe *Van Camper* hat man jedoch keine ernsten Probleme. Auf jeden Fall muss man den Straßenzustand vor Fahrtantritt in einer Polizeistation, einem *Ranger Office* oder einer *Visitor Information* checken! Zwischen Ferndale und der *Avenue of the Giants* bzw. Garberville besteht keine ernstzunehmende Versorgungsmöglichkeit. Im winzigen **Petrolia** (ab Ferndale 30 mi, aber bis zu 2 Stunden kalkulieren!) gibt's einen kleinen *General Store*, in der Ortschaft **Honeydew** nichts außer ein paar »Villen« der Alternativszene.

Besucher und Redwood

Abgesehen davon, dass bereits die *Petrolia Road* eine Meile an der Küste entlang läuft, kann man ab Petrolia auf der ***Lighthouse Road* zur Küste** hinunter- und dort totale Einsamkeit erfahren (8 mi bis zum Leuchtturm). Einen einfachen Campingplatz (keine Duschen, aber sehr großzügiges Gelände) bietet der ***AW Way County Park*** einige Meilen südlich von Petrolia an einer Biegung des Mattole River. Der Fluss hat dort diverse schöne Schwimmlöcher und hält im heißen Sommer bis Herbst Abkühlung bereit.

Mit der Wahl dieser Route werden nicht einmal wesentliche *Redwood*-Bestände der *Avenue of the Giants* ausgelassen. Man spart sich sogar das doppelte Abfahren der *Bull Creek Flats Road* (= östliches Stück der Mattole Road), die man so automatisch »mitnimmt«.

Avenue of the Giants

Die ***Avenue of the Giants*** (www.aveofthegiants.com) beginnt südlich von Scotia als **Alternativroute zur #101** (Abfahrt Pepperwood), die hier autobahnmäßig ausgebaut ist, und endet nördlich von Garberville nach 31 mi (Abfahrt Phillipsville). Die kurvenreiche Fahrt am Eel River entlang führt durch mehrere *Redwood* Haine des ***Humboldt Redwoods State Park***. Höhepunkt an dieser Strecke ist der ***Rockefeller Forest*** (sehr schön dort der ***Founders Tree Trail***), der auch das *Visitor Center* des Parks beherbergt (südlich von Weott); www.humboldtredwoods.org.

Zunächst als ***Bull Creek Flats Road*** windet sich die ***Mattole Road*** nach/von Ferndale durch äußerst dicht stehende ***Redwood*-Giganten**. Der Abstecher bis mindestens ***Big Trees Grove*** (ca. 5 Meilen ab #101) ist **touristische Pflicht**.

Der wunderschön am Rande alter Obstgärten angelegte ***Albee Creek Campground*** noch weitere 2 mi weiter westlich hat die besten Stellplätze weit und breit und ist besser als der ***Burlington Campground*** an der Hauptstraße; beide $35. Nur von Mai bis Labor Day öffnet der ***Hidden Springs Campground***, ca. 5 mi weiter südlich.

Ein guter privater Platz ist in Myers Flat ***Giant Redwoods RV & Camp***, © (707) 943-9999, Zelte $40, *full hook-up* $55-$69; http://giantredwoodsrv.com/.

Garberville

Das hochgelegene Städtchen **Garberville** gilt als südliches Einfallstor zur *Avenue of the Giants* und seit den 1960er-Jahren als ***California's Pot Capital***. Die unbesiedelten, schlecht zugänglichen Wälder im Hinterland eigneten sich besonders gut zum Anbau von Hanf – ein florierender Wirtschaftszweig nach der Zulassung von *Medical Marijuana* (1996) und erst recht nach der Legalisierung von *Recreational Cannabis* in Kalifornien (2018).

Auffällig sind in Garberville die vergleichsweise dichte gastronomische Infrastruktur sowie die Reste der in den 1970/80er-Jahre dort dominierenden Alternativkultur. Ein paar nicht dem *American Mainstream* entsprechende Kneipen und Cafés lassen sich nicht verfehlen. Die Anzahl der Unterkünfte ist aber recht überschaubar (u.a. ein gutes *Best Western Plus*); www.garberville.org.

Die Straße #128 führt von der #101 über Geyserville und Calistoga nach St. Helena und weiter mitten durchs Napa Valley

6.2.8 Von Garberville nach San Francisco

Für die Weiterfahrt in Richtung Süden gibt es vorerst keine vernünftige Alternative zur Straße #101, es sei denn über einsame ***Backroads***, die nur etwas für abenteuerlustige Leute mit viel Zeit sind. Die folgenden 100 mi bis Ukiah bilden jedoch ohnehin den besten Abschnitt der #101 abseits der Küste. Am Wege liegen südlich von Garberville mehrere schöne ***State Parks***, ganz besonders ***Richardson Grove*** und ***Standish-Hickey*** mit *Redwood* Hainen und vor allem **Badestränden wie Stellplätzen** für *Vans* und Zelte am – im Sommer und Herbst – warmen *Eel River*.

Die Qual der Wahl

In der kleinen Ortschaft **Leggett** kann man im ***Drive-Thru-Tree-Park*** die letzte Gelegenheit nutzen, einen »untertunnelten« Baumgiganten per Auto zu durchfahren (www.drivethrutree.com), und steht dann vor der »Qual der Wahl«: Entweder biegt man dort auf die #1 ab und fährt entlang der Küste nach Süden (➤ Seite 686f) oder folgt weiterhin der #101. Reizvoll sind beide Routen, bei knapp bemessener Zeit oder flauer Wetterlage sollte man aber der Autobahn #101 durchs Landesinnere den Vorzug geben.

Die #101

Von Leggett sind es noch ca. 180 mi bis San Francisco. Von der #101 lässt sich leicht ein Umweg ins **Napa Valley**, das kalifornische Zentrum des Weinanbaus, einplanen und/oder das südlichste Teilstück der Küstenstraße #1 mit der *Point Reyes National Seashore* ansteuern: etwa ab **Santa Rosa** oder über die Verbindung **Healdsburg-Jenner** durch das hübsche, im Bereich Guerneville allerdings meist stark frequentierte Tal des Russian River.

Napa Valley

Jedoch zunächst zum Abstecher in die als ***Napa Valley*** bezeichnete Region nordwestlich der Stadt Napa. Wer sich für kalifornische Weine und Anbaugebiete interessiert, findet in den Tälern entlang der Straßen #29/#128 und #12 die bekanntesten der mit dem Weinanbau verbundenen Ortsnamen und eine ganze Reihe hochbewerteter Weingüter. Gute Infos dazu unter www.napavintners.com.

Anfahrt von Norden

Bei einem Blick auf die Karte liegt es ggf. nahe, die #101 bereits in Hopland zu verlassen und über den großen **Clear Lake** zu fahren. Dieser Umweg lohnt sich nicht. Der See ist »umstellt« von Sommerhäusern, kaum zugänglich und insgesamt nicht sehr attraktiv.

Besser wäre ein Abgehen von der #101 bei **Geyserville** mit Weiterfahrt über Calistoga/St. Helena/Oakville und dann über Glen Ellen/Sonoma zurück auf die #101 in Novato. Von Novato aus kann man über eine kleine Verbindungsstraße durch die Küstenberge noch weit vor San Francisco das letzte (gute) Teilstück der #1 erreichen und in die Reiseroute mit einbeziehen, ➤ Seite 687.

Calistoga

Für einen ersten Halt auf dieser vorgeschlagenen Route bietet sich **Calistoga** an; www.visitcalistoga.com. Dieses Städtchen, schick und aufgepeppt wie kein anderes weit und breit, besitzt eine Reihe von heißen Quellen und Schlammbädern (***Hot Springs & Spas***, www.calistogaspa.com) und als besondere Sehenswürdigkeit den ***Old Faithful Geyser***, der in regelmäßigen Abständen ca. alle 30-40 min) durch ein künstliches Bohrloch seine Heißwasserfontäne bis 20 m Höhe ausbläst. Dieses Schauspiel ist die $15 Eintritt/Person (Kinder $9) auch dann nur mit Mühe wert, wenn man den *Yellowstone National Park* (noch) nicht kennt; www.oldfaithfulgeyser.com.

Camping-hinweis:

Hoch über dem Lake Sonoma befinden sich ausgedehnte Areale des **Liberty Glen Campground** des BLM; sanitär sehr gut, Duschen; bisweilen Wasserprobleme.

Anfahrt von Geyserville zum Staudamm des Sees. Meist ist Platz; aber Wochenendbetrieb.

Napa Valley Region

Im Bereich **St. Helena** und südlich (Rutherford, Oakville) passiert man zahlreiche ***Vineyards***, die »durchgetaktete« Weinproben (10-16/17, selten 18 Uhr) gegen Dollarpauschalen anbieten. Beim ***Napa Valley Wine Tasting*** geht es also selten vergleichbar gemütlich und stimmungsvoll zu wie in den Winzerbetrieben Europas. Weder die Hügellandschaft des Gebietes noch die Ortschaften sind für sich sehr sehenswert; www.napavalley.com. Das gilt ähnlich für die Orte südlich von Santa Rosa an der **Straße #12** mit bekannten Namen wie **Glen Ellen** oder **Sonoma**.

Einzelne Weingüter stechen jedoch hervor wie z.B. das auf alt getrimmte burgartige ***Castello di Amorosa*** in Calistoga mit toll dekoriertem *Wine Tasting Room* (9.30-18 Uhr; 4045 St Helena Hwy; www.castellodiamorosa.com) oder das Landgut der ältesten noch betriebenen Kellerei ***Beringer Vineyards*** in St. Helena (seit 1876; 2000 Main Street; täglich meist 10-17 Uhr; www.beringer.com.

Über die #12, dann Adobe Canyon Road nördlich von Kenwood erreicht man auch den ***Sugarloaf Ridge SP*** mit einer in dieser Umgebung unerwarteten Wildnis und einer unglaublichen Aussicht, die an klaren Tagen bis zur *Golden Gate Bridge* und Sierra Nevada reicht (www.parks.ca.gov/?page_id=481). Ein weiterer ***State Park*** mit einem guten *Campground* ist ***Bothe-Napa Valley*** mit Stellplätzen am Richey Creek. Zufahrt von der Straße #29/#128 zwischen St. Helena und Calistoga; www.parks.ca.gov/?page_id=477.

6.2.9 Die Küstenroute: Straße #1

Highway #1

Die #1 beginnt in Legett und folgt weitgehend der Küstenlinie. Zahllose Kurven und Serpentinen bedingen nur **geringe Durchschnittsgeschwindigkeiten**. Für die ca. 220 mi bis San Francisco reicht eine Tagesetappe auf keinen Fall, zumal die steilen Klippen und hübsche Ortschaften immer wieder zu Stopps einladen.

Fort Bragg

Die größte Stadt am Wege ist das unattraktive **Fort Bragg**. Von dort kämpft sich im Sommer täglich ein als ***Skunk*** (Stinktier) bezeichneter **Ausflugszug** durch die Küstenberge und die letzten *Redwood* -Bestände dieser Region. Die Bahn kann auch in **Willits** (Bahnhof an der #101) bestiegen werden. Zufahrt zum Bahnhof vom Hwy #1 über die Pine oder Laurel Street; auch 1-stündige Kurztrips $27/$10-$18; Fahrplaninfo unter www.skunktrain.com.

Eine Meile südlich von Fort Bragg liegen die ***Coast Botanical Gardens***, ein hübscher Park am Meer; täglich 9-17/16 Uhr; $14/$5.

Mendocino

Der dank eines alten Ohrwurms populärste nordkalifornische Küstenort ist die **Künstlerkolonie Mendocino** (*Art Center* in der Little Lake St). Die ***Mendocino Headlands*** mit ihren zahlreichen Felsbögen und die Landschaft ringsum (u.a. das ***Big River Valley***) gehören mit zum Besten bis San Francisco; www.visitmendocino.com.

Camping

Unter den vielen Campgrounds an der Küste hat der ***Van Damme State Park*** (www.parks.ca.gov/?page_id=433) besonders gute Plätzchen und die ***Navarro Beach***, unweit der Einmündung der #128 in den Hwy #1, auch einen leichten Zugang zum Meer.

Bowling Ball Beach

Bei Niedrigwasser bietet sich ein kurzer Abstecher zur ***Bowling Ball Beach*** an. Vom Nordende des unscheinbaren Parkplatzes mit dem Schild »*Park facing south only*« (ca. 3 mi südlich von Point Arena bei Meile 11,4) geht es über abenteuerliche Holzleitern hinunter zum Strand und dann rund 1 km nach Norden bis zu einer eigenartigen Kugelansammlung unterhalb der steilen Klippen. Bei einem Wasserstand von 3 Fuß und darüber sind die Steine nicht sichtbar; Gezeiten unter https://tidesandcurrents.noaa.gov/noaatidepredictions/NOAATidesFacade.jsp?Stationid=9416841.

Die meisten Unterkünfte an diesem Küstenabschnitt befinden sich in **Gualala**, darunter das gemütliche ***Gualala County Inn*** (ab ca. $190 mit Frühstücksbuffet; www.gualalacountryinn.com).

Salt Point SP

Kuriose, stark verwitterte Sandsteinformationen machen den ***Salt Point State Park*** zu einem reizvollen Ziel. Der schönste Bereich befindet sich ca. 1,5 km nördlich der ***Gerstle Cove*** (mit ***Campground***) entlang des ***Salt Point Trail***; www.parks.ca.gov/?page_id=453.

Fort Ross

Wenige Meilen später trifft man im ***Fort Ross State Historic Park*** auf die restaurierten/rekonstruierten Gebäude des einzigen Handels- und Militärpostens an der Westküste, der von der russischen Präsenz im 18./19. Jh. zeugt. Ein *Visitor Center* erläutert die Geschichte; tägl. 10-16.30 Juli-September, sonst nur Fr-Mo; $8/Auto.

Sonoma Coast State Park

Kurz darauf erreicht man die Ortschaft **Jenner**, wo man jenseits der Brücke über den Russian River den Abstecher bis zu den Picknickplätzen in der pittoresken Bucht am Ende der ***Goat Rock Road*** nicht auslassen sollte. Mindestens ebenso perfekt für einen romantischen Sonnenuntergang ist das etwas gehobenere ***River's End Restaurant*** direkt an der Straße #1 im Norden der Bucht.

Bodega Bay

Bodega Bay, bekannt aus dem Hitchcock-Thriller »Die Vögel«, ist Heimat einer großen Fischereiflotte und verfügt über mehrere **Campingplätze** in Ortsnähe; www.visitbodegabayca.com/campgrounds. Hinter Bodega Bay verlässt die #1 dann die Küste und folgt in attraktivem Verlauf dem Ufer der Tomales Bay.

Nach San Francisco

Vorbei an der ***Point Reyes National Seashore*** (➤ Seite 331) bzw. (auf der #101) den Orten Tiburon und Sausalito geht es über die *Golden Gate Bridge* nach San Francisco, ➤ Seite 294ff.

Nur bei Niedrigwasser liegen die kuriosen Steinkugelreihen an der Bowling Ball Beach freigespült am Strand

6.3 Von San Francisco nach Reno

Nach dem Besuch von San Francisco (➤ Seite 294ff) bestehen drei touristisch sinnvolle Möglichkeiten der Fortsetzung der Reise. Alle drei sind im **Kapitel 2** als **Startrouten ab San Francisco** ausführlich beschrieben, **➤ ab Seite 332**.

Bei Plänen für eine Weiterfahrt entlang der Küste bleibt man bis Los Angeles ganz im San Francisco-Kapitel, ebenso bei Fortsetzung der Reise über den *Yosemite National Park* nach Süden. **Die hier ab Seattle konzipierte Rundstrecke** – bis San Francisco an der Küste entlang und zurück über die Nationalparks/-monumente im Kaskadengebirge – **nimmt erst ab Reno wieder den Faden auf**. Denn die möglichen Routen bis dorthin finden sich im San Francisco-Kapitel **➤ ab Seite 366** und – bei Umweg über den *Yosemite Park* – **➤ ab Seiten 484**.

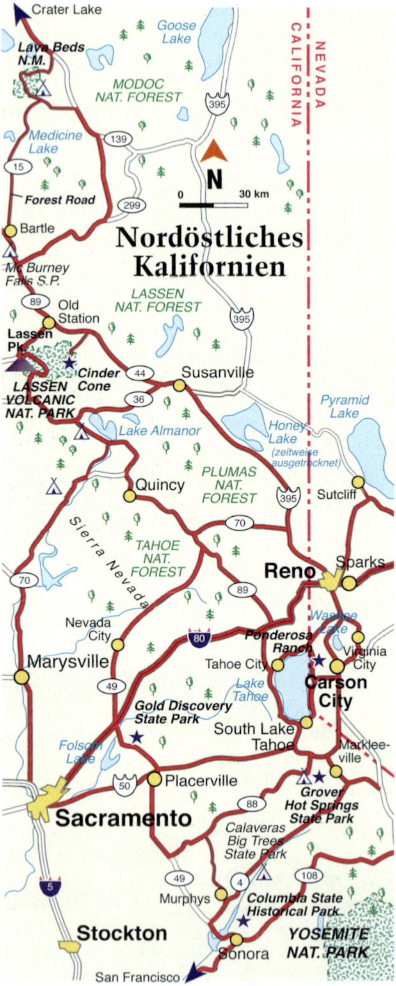

Wenn die Zeit für eine Fahrt durch die Sierra Nevada auf Landstraßen nicht reicht, ist der rasche Weg von San Francisco zur **Fortsetzung der Route ab Reno** ohne weiteres an einem Tag möglich (240 mi): Bei Fahrt auf der ***Interstate #80*** bleibt sogar auch noch Zeit für einen Zwischenstopp in Sacramento (➤ Seite 369). Und auch der Verlauf dieser Autobahn über den ***Donner Pass*** auf der Höhe der Sierra Nevada (2.200 m) bietet noch Einiges fürs Auge.

Man könnte bei knapper Zeitvorgabe **Reno auch ganz auslassen** und direkt zum ***Lassen Volcanic Nat'l Park*** fahren. Entweder auf der I-80 bis zur #89, einer schönen Gebirgsstrecke, oder **ab Sacramento** auf der **#70**: Sie führt malerisch durch den ***Feather River Canyon*** zum **Lake Almanor** (ab Caribou prima Nebenroute mit guten ***NF Campgrounds***) und stößt dort auf die im folgenden Abschnitt (➤ nebenstehend Mitte) beschriebene Route. Am schnellsten geht's zum ***Lassen Volcanic NP*** über die I-5 bis Red Bluff und die Straße #36.

Rechts erkennt man den Pfad hinauf auf den 200 m hohen Cinder Cone, einen gleichmäßig geformten vulkanischen Aschekegel im Lassen Volcanic Nat'l Park

6.4 Durch die Nationalparks der Kaskaden von Reno nach Portland/Seattle

6.4.1 Lassen Volcanic Park und das Lava Beds Monument

Anfahrt

Die direkte Route von Reno zum *Lassen Volcanic National Park* entspricht der **Straße #395** über Susanville. Wer sich auf 20 mi staubige *Dirt Road* durch die Wüste zwischen Pyramid Lake und Wendel einlässt (Straßenzustand vorher ggf. in Sutcliffe erkunden), könnte die Weiterfahrt ab Reno mit einem Besuch des Sees verbinden, ➢ Seite 383. Zwischen Reno und Susanville verpasst man nichts von Bedeutung. Der auf einigen Karten groß eingezeichnete **Honey Lake** ist im Sommer oft völlig ausgetrocknet. Wegen seiner geringen Wassertiefe von durchschnittlich unter 1 m bei höchstem Wasserstand besitzt er **keinen Freizeitwert**, ist dann nur eine riesige schlammig-braun gefärbte Wasserfläche.

Landschaftlich erheblich attraktiver als die #395, wenn auch zeitraubender ist die **Straßenkombination #70/#89** durch die nördliche Sierra Nevada. Der Abschnitt von Beckwourth bis zum **Lake Almanor** (beliebter Wochenendsee, aber ohne sonderlichen Reiz für USA-Urlauber) und davon wieder die Verläufe im **Tal des Feather River** sind hervorhebenswert.

Lassen Volcanic National Park

Eintritt $30/Auto $15/Person oder Interagency Jahrespass

Der ***Lassen Volcanic Nat'l Park*** – bereits im Kaskadengebirge, das sich an die Sierra Nevada anschließt – gehört zu den weniger bekannten und frequentierten Nationalparks. Vermutlich ist das auf seine verkehrstechnisch ungünstige Lage und die »unbequem« abseits der Straßen liegenden Höhepunkte zurückzuführen. Um sie zu erreichen, sind mit wenigen Ausnahmen mehr als nur kurze Spaziergänge notwendig; www.nps.gov/lavo.

Der **Lassen Peak**, einer der größten Vulkankegel der Welt und der südlichste der Kaskadenkette, entstand im Zuge von zahlreichen Eruptionen in den Jahren 1914 bis 1917. Er ist somit neben dem *Mount St. Helens* im Bundesstaat Washington der einzige Vulkan im Westen der USA, der im 20. Jahrhundert ausbrach. Die Parklandschaft zeigt noch überall deutliche Spuren vergangener und teils noch anhaltender geothermischer Aktivität.

Besucherzentrum

Bei Anfahrt von Süden erreicht man zunächst das ***Kohm Yah-mahnee Visitor Center*** (tägl. 9-17 Uhr Mai-Okt, sonst Mi-So). Bis dorthin gelangt man meist auch im Winter, der Rest der Parkstraße liegt aber in der Regel von November bis in den Juni hinein unter einer dicken Schneedecke. Infos zu den aktuellen Bedigungen findet man unter www.nps.gov/lavo/planyourvisit/conditions.htm.

Sulphur Works

Kurz hinter dem Besucherzentrum wartet bereits ein erstes Gebiet geothermischer Aktivität. Ein kurzer Brettersteg führt bei ***Sulphur Works*** über gelbe, leicht qualmende Schwefellöcher.

Bumpass Hell

Vielfältiger und interessanter ist ***Bumpass Hell***, ein Talkessel mit Heißwasserpools, Fumarolen und brodelnden Schlammtöpfen. Der Weg dorthin beginnt am Parkplatz zwischen Emerald Lake und Lake Helen (retour ca. 5 km). Wer noch nie im *Yellowstone NP* war, wo Gleiches noch weitaus spektakulärer vorkommt, wird das *Bumpass Hell*-Becken als durchaus sensationell empfinden. Aber auch bei abgeklärterer Sichtweise lohnt sich die Wanderung. Sie lässt sich auf leicht zu folgendem Pfad hoch über dem Cold Boiling Lake bergab fortsetzen bis zum hübschen **Picknickplatz *Kings Creek*** unweit der Durchgangsstraße. Wer es arrangieren kann, dort abgeholt zu werden, sollte diese Verlängerung des ***Bumpass Hell Trail*** der Rückkehr auf identischem Weg vorziehen.

Lassen Peak

Die Anstrengung, im *Lassen NP* bergauf zu laufen, darf man nicht unterschätzen. Das Gelände liegt größtenteils über 2.000 m hoch. Dennoch gehört der Pfad auf den kahlen **Lassen Peak** zu den beliebtesten *Trails* des Parks. Er ist 4 km lang und windet sich vom Parkplatz an der *Park Road* in zahllosen Serpentinen über 607 HM auf den **3.187 m hohen Gipfel**. Für die Mühe (über 3 Std retour) ein toller Weitblick, der bei gutem Wetter bis zum **Mount Shasta** reicht.

Schwefeldämpfe und schwefelgelbes Gestein im Gebiet Bumpass Hell

6

Parkstraße

Nördlich des Kings Creek verlässt der ***Lassen National Park Hwy*** die Höhe und läuft durch eine dicht bewaldete Gebirgslandschaft. Zwar passiert sie auch auf den Lassen-Ausbruch zurückgehende Lavafelder, weist aber keine erwähnenswerten Höhepunkte auf.

Cinder Cone

Die ***Butte Lake Area*** im Nordosten des *Lassen Volcanic* liegt zwar abseits der Hauptstraßen, aber der von *Painted Dunes* und *Fantastic Lava Beds* eingerahmte **Cinder Cone** (Fotos ➤ Seite 689 und umseitig) lohnt den Umweg: Ab der Abzweigung von der #89 in Old Station ca. 10 mi auf der #44, dann 7 mi rauer Schotter bis zur ***Butte Lake Ranger Station*** auf 1.860 m.

Painted Dunes

Der Cinder Cone, ein vulkanischer Aschekegel von erstaunlich regelmäßiger Form, erhebt sich 3 km vom Endpunkt der Straße. Ein schöner ***Trail*** führt durch Hochwald am 10 m hohen Lavabett entlang an den Fuß des ca. 200 m aufragenden Hügels. Den kräftezehrenden **Weg hinauf** über nachgebende Schlacke sollte man – einmal dort – unbedingt machen. Oben warten nicht nur ein 70 m tiefes Kraterloch sondern herrliche **Ausblicke** auf die ***Fantastic Lava Beds*** und die mit der Tageszeit scheinbar die Farben wechselnden ***Painted Dunes*** – bei tiefstehender Sonne eher bräunlich, erst nach Sonnenuntergang erscheinen sie rosa und grau.

Im Frühling/Sommer liegen die bunten Aschedünen am späteren Nachmittag bereits im Schatten, da sie sich im Osten und Südosten des Kraters befinden. Wer die *Painted Dunes* zu dieser Jahreszeit noch im Licht fotografieren möchte, sollte den Aufstieg nicht zu spät am Tag planen. Ein toller Platz für den Sonnenuntergang,

Blick vom Cinder Cone auf die Painted Dunes

aber Taschenlampe für den Rückweg nicht vergessen. Die Orientierung im Wald ist dann nicht leicht! Wem die *Cinder Cone*-Besteigung zu anstrengend erscheint, wählt den leichten *Trail* durch die ***Painted Dunes*** rund um den Kegel.

Tages-wanderung

Einer harten Ganztageswanderung (über 20 km) entspricht die Fortsetzung des Weges zum **Snag Lake** und von dort (am Südrand der *Lava Beds*) zurück zum **Butte Lake**. Leute mit guter Kondition schaffen auch die Strecke durch den Park vom Summit zum Butte Lake an einem Tag. Am Strand des relativ warmen Butte Lake lockt am Ende die Aussicht auf ein abschließendes **Bad**. Die Wassertemperatur der zwei kleinen Seen unweit nördlich des Zeltplatzes überschreitet von Mitte Juli bis Mitte August regelmäßig die 20°C-Grenze. Sie sind allerdings in den letzten Jahren leider zunehmend zugewachsen.

Unterkunft

Der *Lassen NP* verfügt außer ein paar rustikalen *Cabins* ($74-$99 ohne Bad) beim Manzanita Lake und einer *Guest Ranch* (ca. $400 für bis zu 3 Personen; www.lassenlodging.com) im entlegenen *Warner Valley* über keine Quartiere. Auch die Unterkunftsmöglichkeiten rund um den Park sind eher rar gesät. Einige wenige **Motels/B&Bs** stehen in **Chester** und **Mineral** an der #36 sowie in **Shingletown** an der #44. Eine größere Auswahl bieten erst wieder Redding oder Red Bluff an der 50 mi entfernten I-5. Gute Übersicht als PDF unter www.nps.gov/lavo/planyourvisit/lodging.htm.

Camping

Die *Campgrounds* beim **Butte** und **Summit Lake** (sanitär einfach) sowie am **Manzanita Lake** (mit Duschen und *Dump Station*) bieten Nationalparkdurchschnitt und sind – je nach Wetterlage – von Juni bis September/Oktober in Betrieb ($15-$26). Schöner campt man außerhalb auf den ***NF Campgrounds*** der ***Hat Creek Recreation Area*** (*Hat Creek, Old Station* und *Cave*) nur wenig südlich bzw. nördlich der Einmündung der #44 in die Straße #89.

Zum Crater Lake Nat'l Park via Lava Beds Nat'l Monument

Routen zum Crater Lake

Lake Shasta/ Whiskeytown

Wegen großflächigen Waldbränden sind voraussichtlich auch 2020 noch Trails und Campgrounds gesperrt!

Das **nächste größere Ziel** auf dieser Route ist der ***Crater Lake National Park*** in Oregon. Der schnellste Weg dorthin führt über Redding und auf der I-5 durch die ***Whiskeytown Shasta-Trinity National Recreation Area***. Die vielarmigen **Stauseen *Trinity*** und ***Shasta*** sind ein Dorado des Wassersports, speziell der Hausbootferien. In den ungezählten Buchten, deren Ufer hier im Gegensatz zu den Hausbootparadiesen Lake Mead und Lake Powell (Arizona/Nevada bzw. Utah) dicht bewaldet sind, findet jeder Bootsbesitzer seinen ganz privaten idyllischen Ankerplatz. Auch zum **Campen** gibt es dank gut angelegter *Forest Service* Plätze zahlreiche Möglichkeiten. Spätestens jedoch ab August, wenn der Wasserstand – manchmal dramatisch – sinkt, vermindert sich die Attraktivität der Seen; www.fs.usda.gov/stnf. Lediglich im **Whiskeytown Lake** an der Straße #299 westlich von Redding wird der Wasserstand auf hohem Niveau gehalten. **Badestrand** und ***Campground Brandy Creek*** warten an dessen Westende, Zufahrt über die #299; www.nps.gov/whis/planyourvisit/whiskeytown-camping.htm.

Zum Lava Beds National Monument

Trotz des imposanten **Mount Shasta** (➤ Foto unten) am schnellsten Weg nach Norden (#89, dann I-5/#97, oder auch #44 über Redding) wäre die Route über das ***Lava Beds Nat'l Monument*** unweit der Grenze zu Oregon nicht nur entfernungsmäßig am günstigsten, sondern auch am reizvollsten. Allerdings nur, wenn nicht der Umweg über die Straßen #299/#139 gefahren wird, sondern die (fast ganz asphaltierte) Forststraße über Medicine Lake. Das Ziel *Lava Beds* passt auch thematisch zur Kaskadenroute.

Aber zunächst einmal passiert man nördlich des *Lassen Park* die bereits erwähnte ***Nat'l Forest Hat Creek Recreation Area*** entlang eines glasklaren Bade- und Angelbaches mit einer ganzen Reihe kleiner Picknick- und Campingplätze. An Sommerwochenenden ist alles rappelvoll, sonst kommt man dort leichter unter.

Ähnliches gilt auch für den sehr schön am McBurney Creek angelegten ***McArthur-Burney Falls State Park*** mit den gleichnamigen 40 m hohen Wasserfällen (www.parks.ca.gov/?page_id=455; auch *Cabins*) nur wenige Meilen nördlich der Kreuzung #89/#299 unweit des Badesees **Lake Britton** (dort weitere ***NF Campgrounds***).

Mount Shasta im Herbst

Blick aus einer der Lavahöhlen des Lava Beds Nat'l Monument

Medicine Lake

Trotz scheinbarer Abgelegenheit sind die Stellplätze am **Medicine Lake** unweit der *Lava Beds* recht populär. Die Zufahrt erfolgt ab Bartle auf der ***Forest Road* #15** (asphaltiert), die weiter nördlich in die **Davis Road** (#49) übergeht. Sie führt an eingestürzten Lavahöhlen vorbei durch schwarze Lavafelder. Die **Gesamtstrecke bis zum *Lava Beds Monument***, das man in der Südwestecke ca. 1 mi nördlich des *Visitor Center* erreicht, beträgt **ab Bartle gut 45 mi**, davon nur die letzten Meilen noch *Gravel*, aber leicht zu befahren. (Achtung: Schnee ggf. bis Anfang Juni!).

Lava Beds

Eintritt $25/Auto $15/Person oder Interagency Jahrespass

Die Hauptsehenswürdigkeit des 180 km^2 großen abgelegenen Gebietes sind Höhlen, die sich in erkaltenden Lavaströmen gebildet haben. **Historisch interessant** ist die *Lava Beds* Region wegen des sog. **Modoc-Kriegs 1872/73**. Die Modoc-Indianer verschanzten sich aus Protest gegen die ihnen zugewiesenen Reservate in nur schwer zugänglichen Lavaformationen (**Captain Jack's Stronghold**) und leisteten ein halbes Jahr lang einer zwanzigfach überlegenen Armee Widerstand. Ein eigener lohnenswerter *Trail* im Nordosten des Monuments führt durch die alten Stellungen der Modoc; ca. 30 min.

Höhlen

Gleich hinter dem ***Visitor Center*** (mit Museum; im Sommer tägl. 9-17.30 Uhr, sonst kürzer) beginnt eine ***Cave Loop Road***, an der sich eine Reihe von Eingängen in ein zusammenhängendes **Höhlensystem** befindet. Die Höhlen dürfen überwiegend individuell erkundet werden. Wer keine ausreichend eigene Lampe dabei hat, kann eine Laterne leihen. Auch Schutzhelme liegen im Besucherzentrum bereit; auf sie sollte in Anbetracht der z.T. sehr niedrigen Durchgänge und scharfen Kanten nicht verzichtet werden. Neben den Höhlen an der Rundstrecke sind die **Eishöhlen *Merrill*** und ***Skull Cave*** besuchenswert; www.nps.gov/labe.

Lava Beds

Eine gute Übersicht über den Park und hinüber zum immer schneebedeckten Mount Shasta bietet die Gipfelstation (*Fire-Lookout*) des **Schonchin Butte**. Der Aufstieg vom Parkplatz ist in 20 min zu bewältigen.

Lage und Anlage des einfachen Campingplatzes ***Indian Well*** reizen zum Bleiben. Holz fürs Lagerfeuer muss von außerhalb des Monuments mitgebracht werden, Wasser ist vorhanden; nur $10.

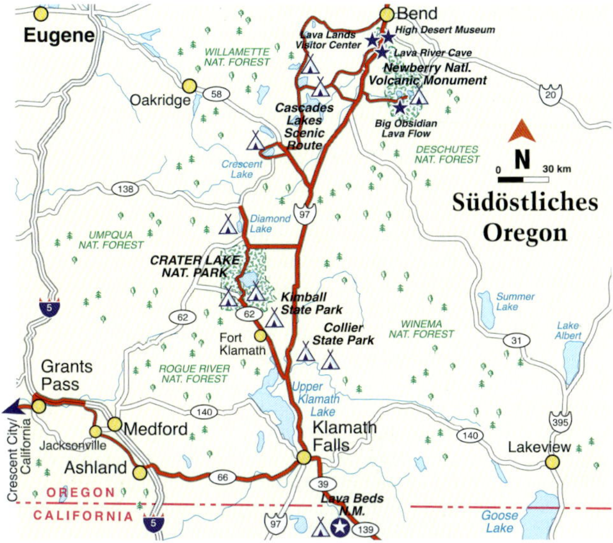

6.4.2 Vom Crater Lake Park bis zum Columbia River

Klamath Falls und Anfahrt zum Crater Lake Nat'l Park

Von den *Lava Beds* zum *Crater Lake NP* geht es durch den Süden Oregons zunächst rund 120 mi nach Norden.

Klamath Falls

Bis **Klamath Falls** (bereits in Oregon) fährt man ab den *Lava Beds* eine gute Stunde. Die 21.000-Einwohner-Stadt ist kommerzielles Zentrum für ein Gebiet von über 25.000 km^2 und eine wichtige **touristische Etappe** für Besucher des *Crater Lake National Park*.

Die Häuser der Mittelklasse-Kette ballen sich im Südosten der Stadt, speziell an der #39/South 6th Street, und sind vergleichsweise preiswert. Ab ca. $80 nächtigt man im ***Days Inn*** (3612 S 6th St) oder nördlich des Zentrums im ***Super 8*** (an der #97).

Info

Westlich des Lake Ewauna und der #97 residiert das lokale ***Visitor Center*** am 205 Riverside Drive; geöffnet Mo-Fr 9-17 Uhr, Sa 10-14 Uhr; © 1-800-445-6728, www.discoverklamath.com.

Old Town

Das **Zentrum** von Klamath Falls liegt östlich der #97 zwischen Klamath Ave und Pine Street. Neben **Uferparks** an Klamath und Ewauna Lake sowie am beide verbindenden Link bzw. Klamath River hat der Ort als solcher touristisch nicht sehr viel zu bieten. Die gern herausgestellten historischen Gebäude in der Main Street aus der Zeit um 1900, die Klamath Falls' ***Old Town*** ausmachen, sind aus europäischer Sicht so spannend nicht. Aufmerksamkeit verdient immerhin das ***Ross Ragland Theatre*** von 1940 in der 218 North 7th Street, ein schönes Beispiel für ein ***Art Deco Building***.

Museen

Vielen gefallen wird auch das kleine ***Favell Museum of Western Art and Indian Artefacts***. Schwerpunkt ist die beachtliche Gemäldesammlung der Stilrichtung ***Western Art*** von Kitsch bis Brillanz. Dazu gibt's viele originelle Skulpturen, eine Präsentation indianischer Kunst und Funde aus vorkolumbischer Zeit. Ein *Gift Shop* fehlt natürlich auch nicht; 125 West Main Street am linken Flussufer in Sichtweite der *Visitor Information*; Di-Sa 10-16/17 Uhr, Eintritt $10/$5; www.favellmuseum.org.

Wessen Interesse für Modoc-Indianer und ***Modoc War*** im *Lava Beds NM* geweckt worden ist, kann im ***Klamath County Museum*** in einer detailgenauen Ausstellung zum US-geschichtlich einzig bedeutsamen Ereignis der Region dazu mehr erfahren. Darüber hinaus gibt es Schaukästen zu unterschiedlichen hier relevanten Themenkreisen; 1451 Main Street im Zentralbereich der Stadt; Di-Sa 9-17 Uhr; www.co.klamath.or.us/museum/index.htm.

Oregon State Parks

Weiter zum Crater Lake Nationalpark geht es zunächst auf der #97, ab Chiloquin dann auf der #62. Der ***Collier Memorial State Park*** (an der #97 nördlich des Ortes) verfügt über ein kleines ***Logging Museum*** mit historischen Holzfäller-Gerätschaften (linker Hand der #97; im Sommer 8-20 Uhr) sowie über einen schönen und komfortablen ***Campground*** am Williamson River; Zelte $19, *full hook-up* $29; reservierbar: www.reserveamerica.com. Weitere Plätze am Flussufer findet man gleich nebenan im einfachen ***NF Campground Williamson River*** ($10; *first-come, first-served*; Zufahrt über die *Forest Service Road* #9730).

Hübsch am glasklaren Quellteich des Wood River platziert wurde der ***Campground*** der ***Jackson F. Kimball State Recreation Site*** 3,5 mi nördlich von Fort Klamath an der #624; nur 10 Stellplätze ($11), keine *hook-ups*/Duschen. Nur rund 1 mi entfernt von der Hauptstraße liegt die ***Day-use Area*** des Parks am Wood River, ideal fürs Picknick und ggf. im Sommer auch für gute Schwimmer.

Zur **Einfahrt** in den ***Crater Lake National Park*** sind es vom *Kimball State Park* noch gut 20 Meilen.

Schnee ist am Crater Lake bis Mitte Juni kein seltener Anblick

Crater Lake National Park

Eintritt $30/Auto $15/Person oder Interagency Jahrespass

Der einst fast 3.700 m hohe Vulkan **Mount Mazama** stürzte nach einem Ausbruch vor 7.700 Jahren in sich zusammen und bildete einen Krater von 11 km Durchmesser. Dieser füllte sich im Laufe der Jahre mit Regen- und Schmelzwasser; der **Crater Lake** entstand. Die ungewöhnliche **dunkelblaue** Farbe seines glasklaren Wassers kommt vom schwarzen Untergrund und der enormen Tiefe des Sees (bis zu 594 m!). Die große Wassermenge speichert im Sommer so viel Wärme, dass er trotz des dort sehr langen Winters selten zufriert. Der Pegel variiert nur geringfügig – Verdunstung und Frischwasserzufuhr halten sich in etwa die Waage. Als Folge eines jüngeren Ausbruchs innerhalb des Kraters erhob sich ***Wizard Island*** im Westen des Sees (➤ Foto links). Der sichtbare Teil der Insel ist sozusagen die Spitze eines Vulkans im Vulkan

Information

Im ***Rim Village Visitor Center*** (am Kraterrand auf 2.165 m) sowie im ***Steel Info Center*** (an der Südzufahrt) werden alle Einzelheiten zur Entstehung des Crater Lake und von *Wizard Island* eindrucksvoll erläutert. Auch die Übersichtskarte, die man samt Parkzeitung *Reflections* üblicherweise gleich bei der Einfahrt erhält, zeigt die zugrunde liegenden vulkanischen Prozesse.

Sperrungen

Straßen-Infos: www.nps.gov/crla/planyourvisit/conditions.htm

Infolge des erheblichen Schneefalls in den Kaskaden bleibt der hochgelegene Nordeingang und die Straße rund um den See meist bis in den Sommer hinein gesperrt: der ***West Rim Drive*** in der Regel bis Mai/Juni, der ***East Rim Drive*** manchmal sogar bis Mitte Juli. Und ab Oktober können beide jederzeit wieder geschlossen werden. Über die West- und Südzufahrt (Straße #62) bleibt der Bereich um ***Rim Village*** aber ganzjährig erreichbar.

Bootstour/ Wizard Island

Die 2-stündigen ***Standard Lake Cruises*** finden mehrfach täglich 9.30-15.45 Uhr statt ($42, Kinder $28). Die ***Wizard Island Tours***, bei denen man auf der Insel aussteigen und dort den Kraterrand besteigen darf, kosten etwas mehr ($57 bzw. $36). Alle, die auf *Wizard Island* noch etwas länger verweilen möchten, können einen extra ***Shuttle Service*** buchen und etwa 3 Stunden vor Ort verbringen.

Den Bootsableger am Nordufer des Sees erreicht man nur nach einem Abstieg vom Kraterrand über den ***Cleetwood Cove Trail*** (1,8 km, 230 HM). Die Fahrt bis zum Parkplatz ist eine Alternative zur Gesamtumrundung des Sees (10,5 mi ab *Rim Village* über den *West Rim Drive*). *Cleetwood Cove* ist der einzige Platz an dem man – auch ohne Bootstour – ans Wasser kommt.

Aussichtspunkte

Eine umwerfende Aussicht eröffnet sich vom Parkplatz am ***Discovery Point*** (unweit von der *Rim Village*, ➤ Foto links), unübertroffen bleibt aber der Blick vom ***Watchman Overlook*** (2,5 km retour; 130 HM). Letzterer befindet sich am *West Rim* und ist oft bis Juni ab dem *Discovery Point* nur auf Schusters Rappen zu erreichen (über 5 km *one-way*!). Mehr Kondition erfordert östlich des Kraters der Aufstieg zum **Mount Scott**, mit 2.721 m höchster Punkt des Parks (8 km retour, 320 HM). Der ***Pacific Crest Trail*** von der Grenze Mexikos nach Kanada verläuft westlich des Sees.

Übernachten

Direkt am Kraterrand steht die von außen schlicht wirkende, aber innen nostalgische ***Crater Lake Lodge***; Zimmer ab $200; geöffnet nur von Mitte Mai bis Mitte Oktober. Etwas günstiger sind die *Cabins* im ***Mazama Village*** (ca. $160). Beide müssen lange im Voraus reserviert werden: ✆ 1-866-292-6720, www.craterlakelodges.com.

Der ***Mazama Campground*** ($23/$32, keine *hook-ups*) ist zwar gut angelegt und komfortabel, aber recht überlaufen. **Zelt-Camper** schlafen schöner im *Lost Creek Campground* an der Stichstraße zu den pittoresken ***Pinnacles*** im *Wheeler Creek Canyon* ($5; 16 *first-come, first-served*-Plätze) oder bei kühler Witterung am angenehmsten in geringerer Höhenlage (800 m tiefer) auf einem der drei *Campgrounds* am **Diamond Lake**, ca. 20 mi nördlich des Parks an der #138. Dort warten wunderbare, großzügige Plätze am Seeufer für Zelte/RVs ($15-$22), zum Baden ist das Wasser etwas zu kalt.

Toketee Falls

North Umpqua Road

Vom Diamond Lake lohnt sich ein Abstecher zu den ***Toketee Falls*** an der #138 in Richtung Roseburg. Diese Straße entlang des »***wild & scenic***« **North Umpqua River** ist eine tolle Route für alle, die vom Crater Lake die Oregon-Küste als nächstes Ziel ansteuern möchten. Zahlreiche Wasserfälle, Picknick- und Campingplätze warten in herrlicher Umgebung! Für Wasserfall-Fans ist die #138 ein »Muss«, sie trägt nicht umsonst den Beinamen ***Highway of the Waterfalls***. Über ein Dutzend stürzen in Straßennähe über die sattgrün bemoosten Felsen und sind meist recht schnell und einfach von den Highway-Parkplätzen zu erreichen. Detaillierte Begleitbroschüren findet man online als PDF unter: www.blm.gov/or/districts/roseburg/recreation/ScenicByway/.

Bend und die Lava Lands

Nach Bend

In Richtung Bend geht es auf der #138 nach Osten zur **#97** und auf dieser dann nordwärts auf gerader, weitgehend ebener Strecke. Für diesen Bereich wird alternativ die ***Cascade Lakes Route*** propagiert. Die zum *Nat'l Scenic Byway* erhobene Route entspricht im Wesentlichen dem Verlauf der #46, einer schön geführten Straße durch Kiefernwälder, hohe Prärie und Lavafelder im *Deschutes National Forest*. Die schneebedeckten Gipfel der ***Three Sisters Wilderness*** spiegeln sich in den klaren Bergseen. In regionalen Broschüren wirkt diese Strecke außergewöhnlich reizvoll. Sie entspricht aber nur in ihrem nördlichsten Abschnitt den hohen Erwartungen, so dass man bei knapper Zeit besser auf den Umweg verzichtet und auf kürzestem Weg das ***Newberry Nat'l Volcanic Monument*** ansteuert.

Newberry National Volcanic Monument

Eintritt $5/Auto oder Interagency Jahrespass

Mit Erreichen der ***Newberry*-Region** befindet man sich mitten in den ***Lava Lands*** des zentralen Oregon, einer vielfältigen, von vulkanischer Aktivität stark geprägten Gebirgslandschaft. *Newberry* ist mit einem gigantischen Durchmesser von knapp 44 km der **größte Vulkan der Kaskaden**. Im Inneren seiner flachen, als solche nicht mehr erkennbaren und dicht bewaldeten Caldera (6x8 km) befinden sich der **Paulina** und **East Lake**, Freizeitseen mit sehr schön gelegenen ***Campgrounds***; besonders empfehlenswert ist *Little Crater* ($18). Die Fahrt zu den Seen (14 mi Stichstraße) lohnt sich wegen des riesigen ***Big Obsidian Flow*** aber auch ohne Campabsicht. Ein Lehrpfad verläuft durch den pechschwarzen glasartigen Basalt (=Obsidian) bis zu einer Anhöhe, die die Umgebung um 50 m überragt (1,6 km). Bei guter Sicht lohnt sich auch die holprige Auffahrt zum **Paulina Peak** (4 mi, nicht für RVs; ➤ Foto unten); www.fs.usda.gov/recarea/deschutes/recarea/?recid=66159.

Lavahöhle

Die Straße #97 folgt bereits ab Crescent dem pittoresken Lauf des Little Deschutes River, der mit seinen überwiegend harmlosen Stromschnellen bei Schlauchbootfahrern sehr beliebt ist. Die ***La Pine Recreation Area*** (Camping abseits des Flusses) wird dabei gerne als Startpunkt genutzt. Etwa 12 mi vor Bend passiert man die ***Lava River Cave***, eine 1,6 km lange Höhle knapp 20 m unter der Erdoberfläche. Dennoch wird es schon nach wenigen Metern kalt (ca. 5°C); im Sommer 10-17 Uhr, $5; Laternenverleih $5.

Lava Lands

Das ***Lava Lands Visitor Center*** (im Sommer 9-17 Uhr), westlich der Straße unterhalb eines Aschekegels, unterrichtet im Stil großer Nationalpark-Besucherzentren umfassend über den geologischen Ursprung, Flora und Fauna des Gebietes. Beeindruckend ist der Blick vom Aussichtsturm auf dem **Lava Butte**. Ein Shuttlebus verkehrt 10-16 Uhr Ende Mai-Anfang Sept dorthin (alle 20 min; $2 p.P. in bar). Während der ruhigeren Nebensaison dürfen Besucher auch mit dem eigenen Auto zum fahren, allerdings nur mit einer im Besucherzentrum ausgestellten Bewilligung (*first-come, first-served*!). Die Alternative ist der Aufstieg per pedes (2,8 km, 155 HM).

Museum

Nicht vorbeifahren darf man am ***High Desert Museum***, 6 mi südlich von Bend. Der Schwerpunkt der Ausstellungen im *High Desert Museum* liegt auf einer plastischen Demonstration zu den Themen »Eroberung des Westens« und »Siedlerleben im 19. Jh.« mit Freilichtmuseum. Schaukästen zur Indianerkultur des Nordwestens, ein wenig Naturkunde, eine kleine zoologische Anlage im Außengelände mit einheimischen Tieren und einer Raubvogel-Show

Blick vom Paulina Peak

sowie eine Galerie mit wechselnden Kunstwerken ergänzen die Hauptthematik. Auch für Kinder spannend aufbereitet, sie werden laufend zum Mitmachen animiert! Zeitbedarf 3-4 Std; Mai-Okt tägl. 9-17 Uhr, sonst 10-16 Uhr; $15/$9; www.highdesertmuseum.org.

Bend

Bend ist mit über 90.000 Einwohnern die größte und bedeutendste Stadt Oregons zwischen Kaskaden und Idaho, einem Gebiet von rund 170.000 km^2 Ausdehnung. Klimatisch begünstigt und hübsch am Deschutes River angelegt vermittelt sie dank ihrer Uferparks und gepflegter Wohnviertel einen überaus freundlichen Eindruck. Viel los ist das ganze Jahr: Im Winter wird im »Powder Heaven« an den Hängen des nahen Mount Bachelor Ski und Snowboard gefahren, und den Sommer über toben sich dort Mountainbiker aus. Als Drehscheibe des Feriengebietes *Central Oregon* verfügt Bend – vor allem entlang der Straßen #97 und #20 – über eine recht **dichte touristische Infrastruktur** mit ***Restaurants, Shopping Malls*** und **Motels** aller Kategorien. Nahezu sämtliche nennenswerten Ketten sind dort vertreten. Das **Tarifniveau** ist nachfrageabhängig und wochentags halbwegs moderat. Die preiswertesten Betten (ab $35) findet man, wie so meist, in der Jugendherberge: ***Bunk+Brew***, 42 NW Hawthorne Ave; auch DZ ab $69; www.bunkandbrew.com.

Gemütliche Kneipen laden abends in *Downtown* und am Flussufer zum Chillen ein, darunter die Brauhäuser ***Bend Brewing Company*** (1019 NW Brooks St) oder ***Deschutes Brewery*** (1044 NW Bond Street). Auch südlich des zentralen Bereichs lohnt ein Flanieren durch den attraktiven, weitgehend autofreien ***Old Mill District***. Auf dem Gelände des alten Sägewerks stehen heute, ebenfalls am Deschutes River, einige gehobenere Restaurants sowie zahlreiche Läden. Dort findet alljährlich im August das 3-tägige ***Bend Brewfest*** sowie die große Künstler-Messe ***Art in the High Desert*** statt.

Information

Mit reichlich Info-Material über die Stadt und ihre Umgebung wird man im ***Bend Visitor Center*** in *Downtown* versorgt; 750 NW Lava Road; Mo-Fr 9-17, Sa+So 10-16 Uhr; www.visitbend.com.

Pilot Butte

Ein großartiges **360°-Panorama über die Stadt und die Kaskadengipfel** (Three Sisters, Mount Bachelor und an guten Tagen bis zum Mount Hood im Norden) eröffnet sich vom ***Pilot Butte Viewpoint***; kurze Zufahrt ab der Greenwood Ave (#20), ca. 1 mi östlich der #97.

Exkurs

Von Bend durch Oregon nach Idaho

Wer von San Francisco kommend (ggf. auch von Seattle, ➤ Seite 606) die Fahrt am Ostrand der Kaskaden mit dem Besuch des *Yellowstone NP* und mit Zielen im zentralen Nordwesten (**Kapitel 7**) verbinden möchte, wählt für die Fahrt durch das heiße, trockene Hinterland Oregons in Richtung Idaho (Boise oder *Hells Canyon*) ab Bend am besten die **Straße #26**. An ihr sorgen Nationalforste, karge Felslandschaften, Canyons und durchwühlte **Goldrauschgebiete** für reichlich Abwechslung. Die weiter südlich verlaufende Straße #20 ist vergleichweise weniger reizvoll!

John Day Fossil Beds

Eintritt frei

Ab Bend geht es zunächst auf der **#97/#126** nach Prineville, wo man auf die #26 stößt. Knapp 80 mi östlich von Bend befindet sich die Zufahrt zum ersten und zugleich schönsten Teilbereich des ***John Day Fossil Beds Nat'l Monument***. Die absolut sensationelle ***Painted Hills Unit*** lohnt sich auch im Rahmen eines **Halbtagesausflugs ab Bend**! Aus den Grasebenen erheben sich dort sanfte Hügel aus verwitterter Vulkanasche und Lehm – bunt gestreift und mit den unglaublichsten Farbverläufen. Eine bei Trockenheit gut zu befahrende *Gravel Road* verschafft Zugang zu einem ***Overlook*** (toll am späten Nachmittag!), zum kurzen ***Painted Cove Trail*** durch rostbraune *Badlands* und führt weiter ins Hinterland des Parks, wo noch andere polychrome Hügel unwirklich aus der Landschaft ragen, darunter ein toller ***Red Hill***.

In **Mitchell**, einem Mini-Nest nur wenig weiter östlich an der #26, steht das einfache ***Oregon Hotel*** mit günstigen Zimmern; teilweise mit Gemeinschaftsbad; www.theoregonhotel.net.

Nicht nur zahllose pflanzliche Überreste wurden in den *John Day Fossil Beds* gefunden, auch Skelette der Vorfahren der heutigen Kamele, Nashörner und Tapire. Darüber informiert das *Thomas Condon Paleontology Center* der ***Sheep Rock Unit*** an der #19 (im Sommer 9-17 Uhr, sonst ab 10 Uhr). Dort sollte man auch noch unbedingt den Pfad ins ***Blue Basin*** hineinlaufen (*Island in Time Trail*, 2 km retour). Die 80 Meilen (*one-way*!) bis zur ***Clarno Unit*** lohnen sich weniger; www.nps.gov/joda.

Straße #7

Spannend bleibt die Weiterfahrt über die **#7 nach Baker City**. Sie führt vorbei an **Sumpter**, einem urigen »Nest« aus Goldrauschzeiten mit einem der größten Goldbagger der USA (***Gold Dredge State Heritage Area***, im Sommer täglich 8-17 Uhr) und einer historischen Schmalspurbahn (www.sumptervalleyrailroad.org).

Übernachten

An den Straßen #7/#26 befinden sich etliche ***NF Campgrounds***, empfehlenswert sind z.B. der große ***Union Creek*** am Phillips Lake östlich von Sumpter, ebenso die schönen, schattigen *first-come, first-served*-Plätze am Flussufer in der ***Clyde Holliday State Recreation Site*** zwischen John Day und Dayville. Unterkünfte sind entlang der gesamten Strecke echte Mangelware. In Sumpter wurde die alte Festungsanlage zum Motel umfunktioniert (www.sumpterstockade.com). Die größte Auswahl an Quartieren weit und breit hat **John Day** (dort auch Kettenmotels).

Painted Hills

Von Bend direkt nach Portland

Wer von Bend direkt nach Portland fahren möchte, hat die »Qual der Wahl«, denn die beiden Verbindungsrouten sind ähnlich lang (ca. 170 mi). Auf der **Straßenkombination #97/#26** nach Norden kommt man nah an den immer schneebedeckten Vulkankegel des Mount Hood heran, aber die Variante **#20/#22/I-5** ist mit einigen Stopps am Weg noch eine Spur attraktiver. Entlang dieser Route folgt man der #20 vorbei an **Sisters** (schmucker Ferienort mit Wildwest-Fassaden und zahlreichen Kunstgalerien), am *Santiam Pass* (1.468 m), den **Lost Lake** (dieser See verschwindet meist Anfang Mai durch eine gullyartiges Loch in einer unterirdischen Lavahöhle) und später der #22 am Westhang der Kaskaden entlang.

Mit kleineren Fahrzeugen (keine großen RVs!) empfiehlt sich ab Sisters der **Umweg über die #242 und #126** (+60 mi; aufgrund gesperrter Pässe meist nur im Hochsommer/Frühherbst möglich). Am Weg liegen u.a. die interessanten Lavalandschaften rund um den *McKenzie Pass* (1.623 m), die wunderschönen ***Proxy Falls*** (2,5 km *Loop Trail*), das unwirklich blaue ***Tamolitch/Blue Pool*** (6,5 km retour) und in #126-Nähe die ***Koosah*** und ***Sahalie Falls***.

Silver Falls State Park

Das Highlight an der #22 weiter im Westen ist der ***Silver Falls State Park***. Wer die für den *Trail of Ten Falls* nötige Zeit (ca. 4 Std; 250 HM) nicht mitbringt, gelangt zu den *South Falls* (mit Weg hinter dem Wasservorhang!) schneller ab der gleichnamigen *day-use area* (Parken $5). Der hübsche *SP-Campground* (mit *Cabins*) ist bei Einheimischen beliebt, daher lieber reservieren: www.reserveamerica.com. Zufahrt ab der #22 über die #214.

Salem

Hauptstadt Oregons liegt bereits an der I-5. Besuchenswert sind dort das ungewöhnliche ***State Capitol*** und gleich gegenüber der Campus der ***Willamette University*** mit dem Freilichtmuseum ***Willamette Heritage Center***; 1313 Mill St SE; Mo-Sa 10-17 Uhr; $8. Einige Häuserblocks weiter in Richtung Willamette River steht das ***Visitor Center*** der 170.000-Einwohner-Stadt; 388 State Street; Mo-Fr 9-17 Uhr, Sa 10-16 Uhr; www.travelsalem.com.

I-5 nach Portland

Nur ca. eine Autostunde trennen Salem von Portland. Die I-5 führt durch das fruchtbare ***Willamette Valley*** mit erstaunlich vielen Weingütern. Auf der Strecke bieten sich noch folgende Stopps an:

Truck Museum

Alte Trucks mit bis zu 8 Mio.(!) Meilen am Tacho stehen im ***Pacific Northwest Truck Museum*** in Brooks; 3995 Brooklake Rd; im Sommer nur Sa+So geöffnet; www.pacificnwtruckmuseum.org.

Outlet Center

Auf halbem Weg zwischen Salem und Portland locken die ***Woodburn Company Stores*** (I-5, *Exit* 271) mit einem großen Angebot und den in Oregon üblichen *tax-free* (!) *Outlet*-Preisen.

Flugzeug Museum (*Spruce Goose*)

Lohnenswert ist auch der Umweg über **McMinnville**: An der #18 ca. 30 mi nordwestlich von Salem, präsentiert das ***Evergreen Aviation & Space Museum*** viele seltene und ausgefallene Flugzeuge, u.a. auch Howard Hughes' ***Spruce Goose*** mit einer gewaltigen Flügelspannweite (98 m); 9-17 Uhr; $27/$19; www.evergreenmuseum.org. Ein Erlebnis ist gleich nebenan der Wasserpark ***Wings & Waves***.

Die Tuffsteinhänge im Smith Rock State Park sind ein überaus beliebtes Klettergebiet

Über Mount Hood und den Columbia River nach Portland

Auch entlang der **Straßenkombination #97/#26** in Richtung Portland über Madras und den Mt Hood-Bereich (oder die *Columbia River Gorge*, ➤ Seite 706) bieten sich einige Zwischenstopps an:

Smith Rock State Park

Nördlich von Redmond lohnt der Besuch des ***Smith Rock SP*** am Crooked River; ausgeschildert ab Terrebonne (ca. 3 mi). Schroffe Felsen, die man eher im US-Südwesten vermuten könnte, bieten gute Fotomotive sowie ein ideales Terrain für Kletterer. Ein schöner **Picknickplatz** liegt hoch über dem Fluss und Wanderwege führen auf die gegenüberliegende Seite. Empfehlenswert ist z.B. der Aufstieg zum *Monkey Face*-Felsen über den *Misery Ridge Trail* (2 km) mit tollem Blick über die Schleifen des gebogenen (=*crooked*) Flusses. Mit Rückkehr über den *River Trail* sind es insgesamt 6 km retour. Gute Beschreibung und Karte: www.smithrock.com.

Camping

Zeltcamping ist im Park erlaubt, für RVs ist dort aber kein Platz. Hier empfehlen sich die zwei rustikalen ***NF Campgrounds*** am **Haystack Reservoir** weiter nördlich an der #97; am Westufer *first-come, first-served* ($12), im Osten reservierbar ($15; www.recreation.gov). Der ***KOA*** an der Zufahrt bietet deutlich mehr Komfort, kann aber in puncto Naturkulisse nicht mithalten. Eine gute Alternative ist auch der Stausee **Lake Billy Chinook**. Der ***Cove Palisades SP*** umschließt dort die unter Wasser gesetzten, tief eingeschnittenen Schluchten des Deschutes und Crooked River und bietet zwei *Campgrounds*: *Crooked River* ($30 mit *hook-up*) und *Deschutes River* ($32 mit *full-hook-up*). Beide sind im Sommer oft ausgebucht.

Warm Springs

Nördlich von **Madras** (mit dichter Infrastruktur, Hotellerie & Gastronomie) durchquert die #26 die ***Warm Springs Indian Reservation***, die sich seit 1855 gleich drei Indianerstämme teilen (Wasco, Warm Springs und Paiute). Im kleinen Ort Warm Springs unterhalten sie ein größeres sehenswertes **Museum**; Eintritt $7, Kinder $3,50-$4,50; geöffnet im Sommer Di-So 9-17 Uhr, im Winter So+Mo geschlossen; http://museumatwarmsprings.org.

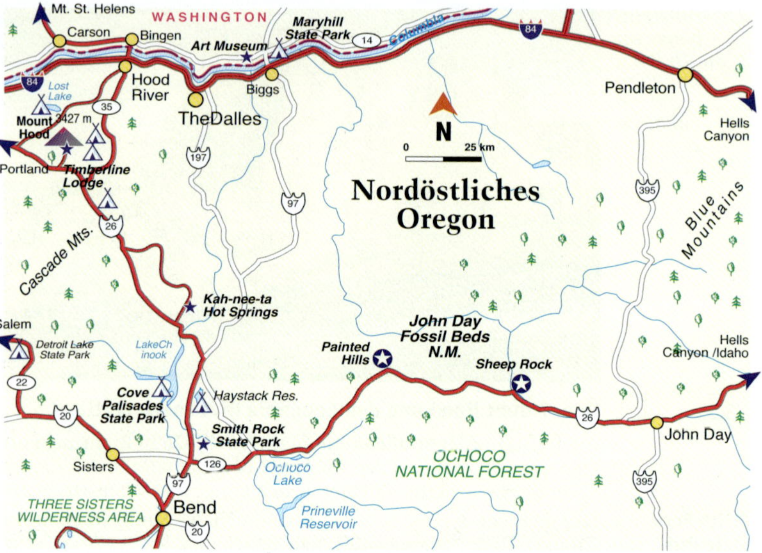

Mount Hood Bereich

Das gesamte *Hood River County* um den gleichnamigen, alles dominierenden Vulkan erfreut sich größter Beliebtheit bei Wanderern, Sportfischern und Campern; www.mthoodterritory.com. Eine klassische Postkartenansicht mit einem sich im Bergsee spiegelden Mount Hood genießt man vom Südufer des **Trillium Lake** (Abzweig unweit westlich des Straßendreiecks #26/#35). Der dort platzierte, sehr schöne ***NF Campground*** ist immer gut frequentiert ($22-$45), am besten im Voraus reservieren: www.recreation.gov.

Kurz darauf führt eine 6 mi-Stichstraße zur ***Timberline Lodge*** und noch näher ran an den 3.427 m hohen Berg. In dem Resort wurde einst der Horrorfilm ***The Shining*** mit Jack Nicholson gedreht; Doppelzimmer ab $180; *Chalets* ab $165; www.timberlinelodge.com. **Skifahrer und Snowboarder** können sich von dort aus selbst im frühen Sommer noch auf präparierten Pisten in den ewigen oder auch künstlichen Schnee hinaufliften lassen. Die Anlagen weiter östlich beim *Mt. Hood Meadows Ski Resort* sind in Abhängigkeit von den Schneefällen nur von November bis April/Mai in Betrieb.

Umweg über Hood River

Von der *Timberline Lodge* nach Portland sind es nur noch 60 mi auf breit ausgebauter Straße. Ergiebiger ist der **Umweg** über **Hood River** auf der **Straße #35** – schöne Bergstrecke mit dem Mount Hood als ständigem Begleitung zur Linken vorbei an weiteren *NF*-Campingplätzen und *Trailheads* (u.a. zu den ***Tamanawas Falls***, 6 km retour + 180 HM ab dem *NF Campground Sherwood*).

Die #35 ist auch die optimale Route bei Ziel Seattle mit Besuch der beiden Vulkanparks (*Mount St. Helens* und *Mount Rainier*).

Etwa 10 mi südlich der Stadt Hood River passiert man den prima am Fluss liegenden ***Toll Bridge Park Campground***, der zwar angelegt ist wie ein Forstplatz, aber dennoch Vollkomfort bietet; Zelte $20; *partial hook-up* $30; *first-come, first-served.*

Von dort bis zum Columbia River erstreckt sich entlang der sogenannten ***Fruit Loop*** ein großflächiges Obstanbaugebiet im Schatten des Berges (teilweise zum Selbstpflücken, »*u-pick*«). Früher war die ***Mount Hood Railroad*** dort für den Obsttransport zuständig, heute sorgt sie für Unterhaltung. Neben *Brunch*-Fahrten werden auch Zugüberfälle wie im Wilden Westen, *Murder Mystery Dinners* und auch *Rides* speziell für Kinder angeboten; Start vom Bahnhof in Hood River (110 Railroad St); www.mthoodrr.com.

Hood River

Hood River auf der Südseite der Schlucht (*Exit* 62 oder 63) ist im Sommer und an Wochenenden bis Mitte September ein **Mekka der Windsurfer**, entsprechend groß auch die Anzahl von **Motels** und ***Lodges*** zu einigermaßen moderaten Tarifen. Außerdem stehen hier etliche **B&Bs** sowie das nostalgische und gute ***Columbia Gorge Hotel*** im eigenen kleinen Park hoch über dem Fluss im Westen der Stadt. Zimmerpreise ab ca. $200; 4000 Westcliff Drive; ✆ (541) 386-5566; www.columbiagorgehotel.com.

Museum

Ein Muss für Oldtimer-Fans ist das ***Western Antique Aeroplane & Automobile Museum*** mit einer ausgesprochen liebevoll präsentierten Sammlung von alten Karossen, Bikes und Fluggeräten; 1600 Air Museum Rd; 9-17 Uhr; Eintritt $16/$7; www.waaamuseum.org.

Baden

Zwischen Brückenrampe und I-84 befindet sich das große *Mount Hood & Columbia Gorge* Besucherzentrum (www.hoodriver.org) und westlich davon der ***Waterfront Park*** mit einem kleinen **Sandstrand** am Flussufer (Zufahrt über die Ausfahrt 63 der I-84).

Rowena Plateau

Wer hier im April/Mai unterwegs ist, könnte einen Ausflug hinauf zum ***Rowena Plateau*** erwägen. Zu dieser Jahreszeit breitet sich ein Blütenmeer aus blauen Lupinen, sonnenblumenähnlichen Balsamwurzeln, roten *Indian Paintbrush* u.v.m. auf den Anhöhen oberhalb des Columbia River aus. Anfahrt von der I-84 *East, Exit* 69, und weiter auf der #30 durch die Ortschaft Mosier 6,5 mi hinauf bis zum *Rowena Crest Viewpoint* Parkplatz und dort dann am besten dem ausgeschilderten, kurzen Weg auf der gegenüberliegenden Straßenseite folgen. Vorsicht vor Klapperschlangen!

Nach Seattle über Mount St. Helens/ Mt. Rainier

Wer beabsichtigt, in Richtung **Seattle** über **Mount St. Helens/ Mount Rainier** weiterzufahren, kann in **Cascade Locks** (*Exit* 44 der I-84) den Columbia River überqueren. Ab **Carson** geht es auf der #30 durch den *Gifford Pinchot National Forest* nach Norden, ➤ **Kapitel 5.3** (Seite 639) gegen die dort verfolgte Richtung.

Bei etwas mehr Zeit und Zwischenziel Portland bzw. I-5 sollte man aber besser **auf der Südseite des Flusses bleiben** und einige Stopps in der *Columbia River Gorge* (➤ umseitig) einlegen. Die #14 am Nordufer hat weit weniger zu bieten, am schönsten ist dort noch der Abschnitt zwischen dem mächtigen Kletterfelsen ***Beacon Rock*** (mit einfachen *SP-Campsites*) bis nach Camas.

Columbia River Gorge

Zwischen **Hood River** und Portlands Vorort **Troutdale** durchbricht einer der mächtigsten Ströme der USA das Kaskadengebirge. Das als ***Columbia River Gorge Nat'l Scenic Area*** bezeichnete Flusstal mag auf ersten Blick enttäuschen, zumal dort nicht nur der breite Columbia River »durchrauscht« sondern auch der rege Verkehr auf *Interstate* und Eisenbahntrassen. Wer sich aber zu Fuß in eine der Seitenschluchten begibt und dabei einige Höhenmeter überwindet, der taucht bald in einen »**Märchenwald**« ein, der fast mit den berühmten *Rain Forests* im *Olympic NP* (➤ Seite 644f) mithalten kann. Es plätschern idyllische Bächlein zwischen üppigen Farnen, und dichtes Moos überzieht gleichermaßen Steine wie Bäume. Allein auf der Oregon-Seite der *Gorge* donnern 77 Wasserfälle über die Felsen und hohen Klippen. Die meisten führen ganzjährig Wasser, von ihrer schönsten Seite zeigen sie sich aber im späten Frühjahr.

Im Sommer 2017 wütete jedoch ein **verheerender Waldbrand** zwischen Cascade Locks und den *Multnomah Falls*. Quasi über Nacht vernichtete er im Herzstück der *Gorge* einen Großteil der Wälder. Das Ausmaß der Schäden ist enorm und wegen akuter Hangrutschgefahr sind etliche Wanderwege (u.a. der wunderbare ***Eagle Creek Trail***) noch gesperrt. Am besten vorab die aktuellen *Closure Maps* studieren: www.fs.usda.gov/alerts/crgnsa/alerts-notices/?aid=41589.

Inzwischen wieder zugänglich ist das Wahrzeichen der Schlucht, die ***Multnomah Falls***, 190 m hohe, zweistufige Fälle, die in ihrer Mitte von einer Brücke überspannt werden (I-84/*Exit* 31), ebenso die dort startende Rundtour über die ***Wiesendanger***, ***Ecola***, ***Wahkeena*** (74 m hoch) und ***Fairy Falls*** (8 km, 500 HM) sowie der Wanderweg ab den ***Horsetail Falls*** (an der #30) hinauf zu den ***Ponytail Falls*** und unter ihnen hindurch (1,5 km retour, 100 HM). Für einen hübschen Blick über die *Gorge* steuert man ab *Exit* 22 auf dem ***Historic Columbia River Hwy*** **(#30)** das ***Vista House*** und den ***Women's Forum Viewpoint*** an. Für RVs ist diese Zufahrt zu steil, sie müssen dorthin *Exit* 18 oder 28 (nur I-84 *East*) nehmen!

Übersichtskarten sind im Besucherzentrum bei den *Multnomah Falls* erhältlich sowie unter www.friendsofmultnomahfalls.org/maps.html, gute Wegbeschreibungen unter www.waterfallsnorthwest.com und www.oregonhikers.org/field_guide/Columbia_River_Gorge_Hikes. Die besten **Quartiere** der Region stehen in **Troutdale** (➤ Seite 660), in **Cascade Locks** (z.B. *Best Western*) oder **Hood River**. Die *Campgrounds* der *Gorge* sind zwar idyllisch, aber allesamt (zu) laut.

TIPP: Vom Großbrand verschont blieb auf der Oregon-Seite der östliche Bereich der *Gorge* (z.B. die Pfade entlang des **Gorton Creek** und **Starvation Creek**). Ebenfalls noch intakt ist der Regenwald im ***Gifford Pinchot Nat'l Forest*** auf der Washington-Seite mit einigen wunderbaren Wanderzielen, ➤ Exkurs Seite 639.

7. ROUTEN DURCH DEN ZENTRALEN NORDWESTEN

7.1 Zu den Routen

Startpunkt:
Salt Lake City, ggf. auch Denver; Anschluss zur Westküste über von dort ausgehende Startrouten: Seattle ➤ ab Seiten 622 und 632, San Francisco ➤ ab Seite 366, ab Reno/Straße #50, ➤ Seite 401.

Gesamtstrecke der Basisroute 7.2:
Rechnerisch 4.000-4.500 km, realistisch ca. 5.000-5.500 km

Erweiterungsroute 7.3:

ca. 2.500-3.200 km. **Abkürzungsmöglichkeit bei der Basis** über Alternativrouten durch Wyoming, ➤ Exkurs »Alternative Routen durch Wyoming« ab Seite 769.

Zeitbedarf der Basisroute 7.2: Etwa 3 Wochen

Erweiterung 7.3: Zusätzliche 1-2 Wochen je nach Route

Zeitangaben einschließlich 1-2 Tage Aufenthalt in Salt Lake City und in Denver. **Modifizierte kürzere Rundkurse** unter Einschluss des *Yellowstone Nat'l Park* sind leicht ableitbar.

Reisezeit:
Juni bis einschließlich September, aber bis Ende Mai, manchmal Mitte **Juni** für *Yellowstone, Glacier* und *Rocky Mountain National Park* **wegen Schneefalls noch kritisch**, ebenso die Sawtooth (Idaho) und Bighorn Mountains (Wyoming).

Juni generell und **September in den Bergen wechselhaft**, bisweilen sehr schön, aber erhöhtes Regenrisiko, kühle Witterung; **nachts ab 1.500 m Höhe ggf. Frost**.

Der Nordwesten eignet sich eher für eine **Sommerreise** (Juli/ August), obwohl dann Nationalparks und -monumente besonders stark besucht sind.

Big City: Denver

Großstadt: Salt Lake City

Mittelgroße Städte:
Boise, Helena, Rapid City, Cheyenne, Boulder, Idaho Falls

Nationalparks: *Grand Teton, Yellowstone, Glacier, Badlands, Wind Cave, Rocky Mountain*

Wichtige Nationalmonumente und Recreation Areas:
Craters of the Moon, Hells Canyon, Sawtooth Wilderness, Bighorn Canyon, Devils Tower, Mount Rushmore, Jewel Cave, Dinosaur, Flaming Gorge, Golden Spike

Routenverlauf:
Die **Basisroute 7.2** besitzt mit Salt Lake City, den *Yellowstone/ Grand Teton National Parks, Mount Rushmore/Badlands Nat'l*

Park und Denver/*Rocky Mountain National Park* **vier markante Eckpunkte**. Zwischen ihnen führt sie abwechslungsreich durch überwiegend gebirgige, oft einsame Landschaften einschließlich Hochgebirge (Grand Teton, Bighorn und Rocky Mountains) und die hügeligen **Prärien** des immer noch unverkennbaren Cowboystaates **Wyoming**.

Schießwut in Wyoming

Entlang der Route oder über kurze Abstecher leicht erreichbar liegen eine Reihe **sehenswerter Nationalmonumente** (vor allem *Golden Spike, Devils Tower, Mount Rushmore* und *Dinosaur*) und attraktive ***Recreation Areas*** (*Flaming Gorge, Bighorn Canyon*). Die gesamte Region ist mit zahlreichen schönen Campingplätzen bestückt. Mit **Jackson, Cody, Deadwood, Black Hawk/ Central City** und **Estes Park** gibt es in günstigen Abständen mehrere kleinere Ortschaften, in denen man (zumindest sommerliche) **Betriebsamkeit** (Kneipen, Musik, Theater, Rodeo etc.) und teilweise authentische **Wildwest-Kulissen** findet.

Erweiterung der Basisroute

Die vorgeschlagene **Erweiterung der Basisroute** führt durch **Lava und Vulkane** der *Craters of the Moon* und den *Hells Canyon* des Snake River quer durch **Idaho** und **Montana** zum *Glacier National Park* und danach von Norden zum *Yellowstone Park*. Sie folgt in der Reiseliteratur selten beschriebenen Strecken und bietet neben den expliziten *Highlights* und wiederum herrlichen Gebirgslandschaften weniger beachtete Kleinode wie z.B. die **Täler des Payette, Salmon** und **Lochsa River**, das ***Russell Museum*** in Great Falls, den Verlauf der ***Interstate* #15** in Montana und die alten **Goldgräberstädtchen** Nevada City und Virginia City.

Modifizierung der Routen/ Verbindung zu anderen Routen

Aus Basis- und Erweiterungsroute lassen sich mit den im Exkurs erläuterten Nord-Süd-Strecken durch Wyoming problemlos **weitere 2-, 3- oder 4-Wochen-Touren** zusammenstellen, die auf das zentrale und/oder östliche Wyoming und die *Badlands* sowie auf Denver und ggf. das gesamte nordwestliche Colorado verzichten. **Alle Rundstrecken finden bei Bedarf leicht Anschluss nach Westen** über ihrerseits attraktive Verbindungen durch Nevada (➤ Seite 401), Oregon (➤ Seite 701) oder Washington (➤ Seiten 622 und 632).

7.2 Basisroute durch den zentralen Nordwesten

Ab Denver oder Salt Lake City?

Als Ausgangspunkt für diese Route sind **Denver** und **Salt Lake City** gleich gut geeignet. Denver ist über internationale Flugverbindungen besser erreichbar (Direktflug mit *Lufthansa* und anderen europäischen Airlines), und außerdem gibt es dort Stationen aller großen Campervermieter, in SLC nur *Cruise America* und *El Monte*.

Salt Lake City steuert man am schnellsten mit *KLM* über Amsterdam oder mit *Delta Airlines* über Paris an. Die Stadt verfügt aber über gute inneramerikanische Flugverbindungen. Zudem bildet der Großraum Salt Lake City **den** Autobahn-Verkehrsknoten im Herzen des US-Westens.

Da viele Reisen mit Zielen im Nordwesten – das gilt besonders für den *Yellowstone NP* – in **San Francisco** oder **Las Vegas** starten, führt die Reiseroute von dort fast automatisch über Salt Lake City oder doch über Strecken in der Nähe. Von daher erschien es sinnvoll, die Routenbeschreibung für dieses Gebiet in Salt Lake City zu beginnen und damit einen problemlosen Anschluss an weiter südlich und westlich laufende Reiserouten herzustellen.

Wer eine Reise plant, die im Wesentlichen oder ausschließlich durch den zentralen Nordwesten führen wird, sollte aber vorzugsweise Salt Lake City oder Denver als Flugziel/Startpunkt wählen. Auch für kombinierte **Rundstrecken Nordwesten/*Yellowstone* mit Nationalparks des Colorado Plateaus** bieten sich beide Städte als Ausgangsbasis an.

7.2.1 Salt Lake City (SLC)

Charakteristik

Salt Lake City ist die mit Abstand größte Stadt zwischen San Francisco/Sacramento und Denver einerseits und Phoenix und Calgary/Kanada andererseits. Sie besitzt im zentralen Westen der USA, einem Gebiet von der Größe Westeuropas, Metropolenfunktion, hat jedoch nur rund **200.000 Einwohner**. Der **Großraum *Wasatch Metro*** einschließlich der Städte Provo und Ogden bringt es auf eine Bevölkerung von fast **2,5 Mio**. Über 80% der Menschen (insgesamt 3 Mio.) im 220.000 km^2 großen Utah leben in diesem 100 mi langen und nur 30 mi breiten Streifen westlich der Wasatch Mountains.

Unter den amerikanischen Großstädten nimmt SLC eine absolute Sonderstellung ein: so sauber und aufgeräumt, um nicht zu sagen »steril«, wie die Hauptstadt des Mormonenstaates Utah wirkt keine andere US-City. Gleichzeitig aber herrscht dort auch, so hat es den Anschein, gepflegte Langeweile.

Die wichtigsten Sehenswürdigkeiten von Salt Lake City sind religiöse Monumente und historische Stätten der Mormonen, ➤ ab Seite 713. Für alle, die sich dafür nicht oder nur am Rande interessieren, ist Salt Lake City für sich kein besonders interessantes Reiseziel, sondern eben in erster Linie nur Ausgangspunkt einer Reise oder Durchgangsstation.

Geographie, Geschichte und Klima

Geographie

Im Osten von Salt Lake City erheben sich die bereits erwähnten **Wasatch Mountains**, ein bis nach Wyoming hineinreichendes Teilgebirge der Rocky Mountains mit Gipfeln bis zu 3.500 m Höhe. Nordwestlich liegt der 4.000 km^2 große, nur maximal 15 m tiefe **Great Salt Lake**, nach den Großen Seen im Osten flächenmäßig größter natürlicher Binnensee der USA. Sein Salzgehalt beträgt rund 25%. Westlich und südwestlich davon erstreckt sich die ***Great Salt Lake Desert***, der östliche Teil des ***Nevada Big Basin***, einer kargen Wüstenlandschaft zwischen Rocky Mountains und Kaskadengebirge/Sierra Nevada. Bei der Großen Salzwüste handelt es sich um den Boden des riesigen prähistorischen Sees **Lake Bonneville**, der bis auf »kleine« Reste wie den Great Salt Lake und den Pyramid Lake bei Reno in Jahrmillionen austrocknete.

Geschichte Utah

Die Lage der Stadt geht auf eine Eingebung des Mormonenführers **Brigham Young** zurück. Als er – auf der Suche nach dem geeigneten Platz für das amerikanische Reich Zion – mit einer Vorhut seiner Anhänger der Kirche Jesu Christi der Heiligen der letzten Tage (***Church of Jesus Christ of the Latter Day Saints***) 1847 die Berge überquert hatte, sprach *Young* das geflügelte Wort »***This is the place!***« Ganz im Sinne einer eigenwillig interpretierten Verheißung des Alten Testaments brachten *Young* und mehrere tausend weitere Neusiedler seiner Gefolgschaft bald »die Wüste zum Blühen« und riefen den ***State of Deseret*** aus, den Staat der Honigbiene, das Symbol der Emsigkeit. Daraus entstand nach vielen Anfeindungen, die sich u.a. auf die Mehrehe bezog (*Young* selbst brachte es auf 27 Ehefrauen und 56 Kinder), **1896 der Bundesstaat Utah** mit Salt Lake City als Kapitale.

Mormonen

Der Begriff »**Mormonen**« bezieht sich auf das ***Book Mormon***, grundlegendes Werk des Sektengründers ***Joseph Smith***. Trotz offizieller Trennung von Staat und Kirche entwickelte sich in Utah ein von der Mormonenkirche beherrschtes politisches und wirtschaftliches Leben. Die Kirche ist zugleich Eigentümer eines Wirtschaftsimperiums, dessen Einfluss weit über die Staatsgrenzen hinausgeht. Fast 80% der Bevölkerung gehören dieser **Quasi-Staatskirche** an und leben mehrheitlich nach den von ihr gesetzten Regeln. Dazu gehören ein patriarchalisch geprägtes Familienleben und die Ablehnung von Kaffee, Tabak, Alkohol und Empfängnisverhütung.

Alkohol

Dennoch konnte sich in der Stadt eine erstaunliche **Brewpub-Szene** etablieren. Der Alkoholgehalt von Fassbier (*on tap*) wurde 2019 auf 5% erhöht und die strengen Reglementierungen konnten früher schon mit Flaschenbier (*bottled*) umgangen werden. Die *Uinta Brewing* braut und serviert sogar bis zu 13%iges Bier.

Klima

Salt Lake City erfreut sich zahlreicher Sonnentage und erheblicher Sommerhitze. In der trockenen **Wüstenluft** lassen sich aber auch Temperaturen über 30°C noch einigermaßen ertragen. Abends kühlt es auf der Höhenlage von ca. 1.300 m rasch ab. Die Winter sind kalt, Schneefälle häufig.

Orientierung

Die Orientierung in der Stadt ist einfach. Zentraler Punkt des Straßensystems ist die Kreuzung South Temple/State Street. Südlich davon sind alle Straßen durchnummeriert und mit dem Zusatz *South* versehen. Je nachdem, ob ein bestimmtes Haus sich rechts (östlich) oder links (westlich) der State Street befindet, wird die Hausnummer um *East* oder *West* ergänzt. Nördlich der Zentralkreuzung werden die Straßen mit dem Zusatz *North* versehen. Die westlichen Straßen sind dort *North Streets*, die östlichen *North Avenues*. Die erste Ziffer der jeweiligen Hausnummer bzw. – bei 4- und 5-stelligen Nummern – die ersten beiden oder drei verraten die Entfernung von der State Street in Blocks. In Salt Lake City können daher Ortsfremde jede Adresse ohne einen Stadtplan lokalisieren.

Öffentliche Verkehrsmittel

TRAX (light rail) und Busse verkehren in Downtown SLC innerhalb der ***Free Fare Zone*** gratis; Übersichtskarte unter www.rideuta.com/Fares-And-Passes/Free-Fare-Zone. Außerhalb dieses Bereichs kosten die einfachen Fahrten $2,50 und Tagespässe $6,25.

Vom internationalen Flughafen (www.slcairport.com) nordwestlich der Stadt ist die *Green Line* der *TRAX Rail* in knapp 20 min am Temple Square und City Center. Wochentags verkehren außerdem die Buslinien 453 und 454 nach Tooele bzw. Grantsville.

Information, Unterkunft, Camping, Essengehen

Information

Das große ***Salt Lake Visitors Bureau*** befindet sich in der 90 South West Temple Streeet im Komplex des *Salt Palace* beim *Salt Lake Art Center* und hat täglich 9 bis 17 Uhr geöffnet; © 1-800-541-4955; www.visitsaltlake.com. Eine **mormonenbezogene Besucherinformation** residiert am Temple Square, ➤ Seite 713.

H/Motels

Salt Lake City gehört zu den Städten mit einem saisonabhängig schwankenden Preisniveau für H/Motels; im Sommer kommt man oft preiswert unter. An der **West North** und **West South Temple** und entlang der **I-15**, die in Nord-Süd-Richtung zentrumsnah durch die ganze Stadt läuft, findet man an vielen Ausfahrten Quartiere, z.B. am *Exit* 297 ein gutes *La Quinta Inn* u.a.m.

Downtown Salt Lake City mit dem Mormonentempel und den schneebedeckten Wasatch Mountains im Hintergrund

Im **Airport-Bereich**, nur ca. 5-10 mi vom Zentrum entfernt nördlich vom *Exit* 113/I-80 rund um das Autobahnkreuz I-215/I-80, stehen Häuser der Ketten *Super 8*, *Quality*, *Comfort*, *Holiday Inn* usw. Die Tarife beginnen dort bei ca. $100. Auch in der **Innenstadt** ist die Auswahl groß; gute Zimmer haben dort z.B.

- ***Quality Inn***, 616 South 200 West, © (801) 534-0808, ab $90.
- ***Comfort Inn***, 171 West 500 South, © (801) 325-5300, ab $120

Etwas außerhalb liegt das ***University Guest House*** am 110 South Fort Douglas Blvd mit sehr guten Zimmern ab $145; © 1-888-416-4075; www.universityguesthouse.com.

Billigquartiere

Adressen für die schmalere Brieftasche sind:

- ***Avenues Hostel***, 107 F Street Nähe Downtown, © (801) 359-3855, Betten ab $27, DZ ab ca. $50; www.avenueshostel.com
- ***Camelot Inn & Hostel***, 165 West 800 South, © (801) 688-6196, $28, DZ ab $42; www.ut123.com.

B&B

Eine Übersicht aller B&Bs gibt's beim Besucherzentrum oder online: www.visitsaltlake.com/places-to-stay/bed-and-breakfast-inns.

Camping

Camping in/bei Salt Lake City ist nur auf Privatplätzen möglich. Zentrumsnah liegt der alles in allem akzeptable, aber sehr teure ***KOA-Großcampground*** an der 1400 West North Temple St; Zelt $39, RVs ab $64; www.koa.com/campgrounds/salt-lake-city/.

Ein angenehmerer Platz befindet sich 20 mi nördlich der Stadt bei Kaysville auf dem ***Cherry Hill***: I-15, *Exit* 324; Zelte $38, *full hookup* ab $46; © (801) 451-5379, www.cherry-hill.com. Nicht viel weiter ist es zum ***State Park Antelope Island***, ➤ Seite 714.

Restaurants & Malls

Ein neueres Aushängeschild der Stadt ist das ***City Creek Center***, das sich über gleich drei Blocks südlich des Temple Square ausbreitet. In dem riesigen Komplex sind alle wichtigen amerikanischen Kaufhäuser vertreten sowie zahlreiche Cafés und Restaurants; www.shopcitycreekcenter.com. Eine weiteres großes Shoppingparadies im Zentrum,***The Gateway***, liegt nicht weit entfernt an der 400 West Temple; www.shopthegateway.com.

Bei Salt Lake City stehen außerdem zwei ***Factory Outlets***:

- ***Outlets at Traverse Mountain***, 25 mi südl. vom Zentrum beim I-25 *Exit* 284 in Lehi, mit Läden von *Calvin Klein*, *Levi's* u.v.m.
- ***Tanger Outlets Park City***, große *Outlet Mall* an der I-80, Abfahrt 145, rund 25 mi östlich von Downtown.

Salt Lake City »Connect Pass«

Wer in SLC etwas mehr unternehmen möchte als sich nur die (weitgehend kostenlosen) Mormonen-Sehenswürdigkeiten anzusehen, kann sich einen ***Connect Pass*** ($36, 2 Tage: $54) holen. Mit ihm spart man das Eintrittsgeld u.a. im *Nat'l History Museum*, *This is the Place Heritage Park*, *Utah's Hogle Zoo*, Planetarium+*IMAX*; www.visitsaltlake.com/things-to-do/visit-salt-lake-connect-pass.

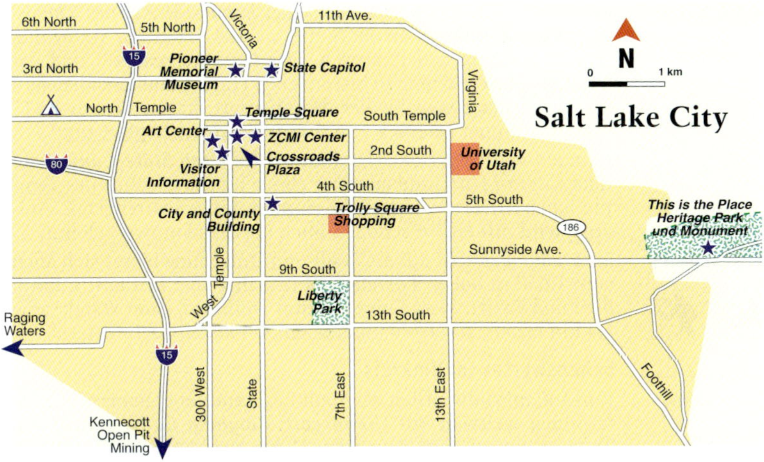

Sehenswürdigkeiten

Temple Square

Zentraler touristischer Anziehungs- und Anlaufpunkt ist das Herz der Mormonenbewegung, der **Temple Square** zwischen South und North Temple Street. In beiden ***Visitor Centers*** werden den Besuchern Hintergrund und Ablauf der Wanderung der ersten Mormonen nach Utah nahegebracht. Kostenlose, geführte 45-min-Rundgänge von 9 bis 21 Uhr; www.templesquare.com.

Tempel

Der ***Mormon Temple*** ist Hauptkirche der *Latter Day Saints*. Bei seiner Vollendung (1893) verschlang er seinerzeit unerhörte $4 Mio; https://churchofjesuschristtemples.org/salt-lake-temple/.

Tabernacle

Im ***Tabernacle*** singt der weltbekannte ***Mormon-Tabernacle Choir***. Die Orgel besitzt über 10.000 Pfeifen, das Gebäude (1867) eine hervorragende Akustik. Orgelproben finden **im Sommer** Mo-Sa 12 und 14 Uhr statt, So nur 14 Uhr. Der Chor probt öffentlich Donnerstag abends; www.mormontabernaclechoir.org.

Weitere Stätten

Auch außerhalb des Temple Square warten Mormonen-Stätten: Das ***Brigham Young Memorial*** für den Führer der Mormonenzuges nach Utah an der Ecke Main/South Temple Street, das ***Beehive House***, sein erstes Wohnhaus sowie das ***Lion House*** nebenan für seine stetig gewachsene Schar von Ehefrauen und Kindern.

Museen/ Sehenswürdigkeiten

Das ***Pioneer Memorial Museum*** (auch *DUP Museum*) beleuchtet das Wirken der ersten Siedler und das Leben im Wilden Westen; 300 N Main St; Mo-Sa 9-16 Uhr; Eintritt frei.

In den Hügeln über der Stadt thront das ***Natural History Museum of Utah***, ein Prachtbau mit wunderbarem Panorama und dem Themenschwerpunkt »Dinosaurier« – spannend aufbereitet auch für Kinder; 301 Wakara Way; täglich 10-17 Uhr, Mi bis 21 Uhr; $15/$10-$13, www.nhmu.utah.edu). Ebenfalls sehenswert sind das ***Clark Planetarium*** sowie ein ***International Peace Garden***.

State Park

Im Osten der Stadt steht am Ende der Sunnyside Ave das ***This-is-the-place-Monument*** an der Stelle, wo 1847 Brigham Young diesen denkwürdigen Satz sprach. Das Besucherzentrum und der ***Heritage Park***, wo man in historischen Hütten und Blockhäusern das Leben der ersten Siedler demonstriert, haben täglich 10-17 Uhr im Sommer geöffnet; $14/$10; www.thisistheplace.org.

Capitol

Offiziell nicht religiös befrachtet ist das ***Utah State Capitol*** auf dem *Capitol Hill*, unübersehbar einige Blocks nördlich des Temple Square. Der steile und bei Sommerhitze anstrengende Aufstieg wird mit einem schönen Blick über Downtown belohnt.

Ensign Peak

Eine tolle Aussicht auf die Stadt und Umgebung bietet sich auch vom 1.650 m hohen ***Ensign Peak*** (Zufahrt über den East Capitol Blvd und Ensign Vista Drive bis zum *Trailhead*, dann Wanderung: 1,4 km retour, 100 Höhenmeter; am schönsten nachmittags).

Sehenswertes im Umkreis

Kupfermine

Rund 30 mi südwestlich der Stadt liegt eine der ergiebigsten Kupferminen weltweit, die (***Kennecott***) ***Bingham Canyon Mine***, ein Tagebau gigantischen Ausmaßes (1 km tief, 4 km breit). Sie war wegen Hangrutsch jahrelang gesperrt, kann seit 04/2019 wieder besucht werden. Ab dem Parkplatz an der #111 (12732 Bacchus Hwy in Herriman) verkehrt 8.30-15.15 Uhr ein Shuttlebus hinauf zum *Mine Overlook* (April-Oktober bzw. wetterabhängig); Tickets $5 pro Person; https://riotintokennecott.com/visit/.

The Great Salt Lake

Zum stadtnächsten Zugang des Großen Salzsees im ***Great Salt Lake State Park*** mit Marina, ***Saltair Beach*** und Veranstaltungspalast ***The Saltair*** sind es von Downtown 18 mi (I-80, *Exit* 104). Wer dort weit genug hinauswatet, kann den Korkeneffekt ausprobieren: wie man sich auch dreht und wendet, man bleibt – als Folge von 25% Salzgehalt – garantiert oben!

Antelope Island

Eine weitaus bessere Möglichkeit zum »Schwimmen« im Salzsee bietet der Sandstrand an der ***Bridger Bay*** im ***Antelope Island State Park*** nordwestlich von SLC (7-mi-lange Brücke von Syracuse; I-15, *Exit* 332; Eintritt $10). Schöner aber als das meist unangenehm riechende Wasser sind die vielen dort lebenden Wildtiere, u.a. Bisons, Gabelböcke und Dickhornschafe. Auf der Insel lässt sich auch gut **campen** ($10-$30); Reservierungen unter © (801) 322-3770; www.stateparks.utah.gov/parks/antelope-island.

»World of Speed« auf den Bonneville Salt Flats

Sonnenuntergang bei den Bonneville Salt Flats

Bonneville Salt Flats

Endlose Salzflächen erstrecken sich am Rand des Great Salt Lake. Faszinierend schön sind – vor allem bei tiefstehender Sonne – die wabenförmigen Salzstrukturen direkt beim I-80-Parkplatz 100 mi westlich von Salt Lake City bzw. 10 mi vor **Wendover**. In den ***Bonneville Salt Flats*** wurden schon zahlreiche Geschwindigkeitsrekorde aufgestellt. Beim ***International Speedway*** darf man bei Trockenheit auch mit dem eigenen Fahrzeug hinaus auf die Salzflächen – »*at your own risk*«! Denn es »versinken« immer wieder Autos im Schlamm; Zufahrt: 4 mi ab der I-80, *Exit* #4.

Kuriose »Raketenautos« aus aller Welt können alljährlich im August während der ***Speed Week*** (www.scta-bni.org) oder Mitte September bei der ***World of Speed*** (www.saltflats.com) sogar aus allernächster Nähe bestaunt werden (➢ Foto links unten).

Golden Spike NM

Eintritt $10/Auto oder Interagency Jahrespass

Etwa 80 Meilen nördlich von *Downtown* Salt Lake City befindet sich der ***Golden Spike National Historic Site***; ausgeschilderte Zufahrt über die Straßen 13/#83 ab I-15/Exit #365,

1869 trafen sich dort am ***Promontory Summit*** die von den Eisenbahngesellschaften *Central* und *Union Pacific* gleichzeitig aus beiden Richtungen vorangetriebenen Trassen der **ersten Transkontinentalverbindung**. Der letzte Nagel war vergoldet und wurde **am 10. Mai 1869 um 12.47 Uhr** vom Gouverneur von Kalifornien in die Holzschwellen getrieben. Zum Festakt kam damals die Lokomotive ***Jupiter*** der *Central Pacific* vom Westen her »angedampft« und aus dem Osten die ***119*** der *Union Pacific*. Diese Zeremonie wird alljährlich zur gleichen Stunde wiederholt.

Die Nachbauten der historischen Originallokomotiven *Jupiter* und *119* werden aber auch sonst von Mai bis Mitte Oktober täglich für 200 m in Bewegung gesetzt. Um 10 Uhr trifft die *Jupiter* ein, um 10.30 Uhr die *119*, gegen 13 Uhr folgt die große »Dampfshow« und um 16 bzw. 16.30 fahren die Loks wieder ab. Das Aufeinandertreffen der zwei blitzblank polierten Lokomotiven (➢ Foto Seite 773) mit lautem Gebimmel und Getöse mitten im »Niemandsland« ist nicht nur für eingefleischte Eisenbahn-Fans ein toller Anblick!

Das kleine Museum im ***Visitor Center*** hat täglich von 9 bis 17 Uhr geöffnet; www.nps.gov/gosp.

7.2.2 Von Salt Lake City zum Yellowstone Park

Erstes wichtiges **Zwischenziel** der hier beschriebenen Route sind die zusammenhängenden Nationalparks ***Grand Teton*** und ***Yellowstone*** im äußersten Nordwesten Wyomings.

Routen zum Yellowstone

I-15/#20 nach West Yellowstone

Die schnellste Verbindung von Salt Lake City zum *Yellowstone Park* entspricht – zunächst – der I-15 über Idaho Falls nach West Yellowstone. Die Strecke ist aber weniger empfehlenswert. Die Autobahn verläuft eintönig, die Straße #20 ebenfalls ohne viel Abwechslung durch Farmland und dichte Wälder.

Nach Jackson über Idaho Falls (#26/#31/#33)

Man kann die *Interstate* jedoch auch für eine rasche Fahrt bis Idaho Falls nutzen und von dort über die Straßen #26/#31/#33 Jackson ansteuern. Die Straßen #31/#33 führen durch herrliche Gebirgslandschaften. Die #26 am **Palisades Lake** entlang (dort gute **Campmöglichkeiten**) und dann auf der #89 durch den *Snake River Canyon* erfordert zwar ca. 30 mi zusätzlich, ist aber ebenfalls eine erfreuliche Strecke. Gegenüber der hier favorisierten #89 gleich ab Brigham City sind damit jedoch insgesamt so viele Mehrmeilen verbunden, dass der Zeitvorteil aus der Autobahnfahrt wieder verlorengeht.

Über Lava Hot Springs (#30/#34/#89)

Überlegenswert wäre die Kombination **I-15/#30/#34/#89**: Auf der I-15 geht es rund 50 mi nach Idaho hinein, dann nach **Lava Hot Springs** (➤ Seite 773) auf #30 und ab Soda Springs auf #34 zur #89.

Die direkte Straße #89 von Salt Lake/Brigham City nach Jackson, dem südlichen Einfallstor für beide Parks, ist die alles in allem **schönste Route**. Sie führt aus der Ebene durch den ***Logan Canyon*** zunächst nach **Garden City** am **Bear Lake**, dessen Anblick schon fast allein die Wahl dieser Strecke rechtfertigte.

Bear Lake

Der über 300 km² große See auf der Grenze zwischen Utah und Idaho beeindruckt durch seine ungewöhnlich **türkisblaue Wasserfärbung**. Er ist ein beliebtes Wassersport- und Angelrevier. Aber Baden im so einladenden Bärensee setzt Abhärtung voraus; das glasklare Wasser bleibt selbst im Hochsommer kalt.

Bear Lake nordwestlich der Rendezvous Beach

Zum Verweilen am Ufer eignet sich so recht nur der Bereich zwischen Garden City und Laketown, wobei die ***State Parks Rendezvous Beach*** (steiniger Strand) am Südende und ***Marina*** nördlich Garden City (flaches und daher nicht so kaltes Wasser) den besten Zugang ermöglichen. Oberhalb Garden City in Richtung Idaho entfernt sich die #89 bald vom See; www.bearlake.org.

Ca. 5 mi landeinwärts beim Städtchen **Paris** in Idaho befindet sich im *Caribou-Targhee NF* der gut angelegte ***Paris Springs Campground*** an der #427. Die Zufahrt ist ab dem südlichen Ortsende ausgeschildert ($14; nur Fahrzeuge bis 20 Fuß; reservierbar: www.recreation.gov.

Wyoming

Kurz hinter Montpellier erreicht man Wyoming. Wie es sich im **Staat der Cowboys** gehört, gibt es dort keinen gestandenen Mann, der nicht diverse Schusswaffen sein eigen nennt. Dass dieses Arsenal auch zweckdienlich zum Einsatz kommt, beweisen noch gründlicher als in den Nachbarstaaten die **durchsiebten Verkehrsschilder** allerorten (➤ Foto Seite 708).

Snake River Canyon

Trotz gegenteiliger Kennzeichnung in den meisten Karten ist der **Straßenverlauf** ab Bear Lake bis Alpine Junction nicht sonderlich attraktiv. Die folgenden 25 mi durch den ***Snake River Canyon*** bilden aber einen Höhepunkt der Strecke. Die Straße läuft meist hoch über dem Fluss, der mit vielen ***Rapids*** geringen bis mittleren Schwierigkeitsgrades zu den beliebtesten ***White Water Rafting***-Revieren des Westens gehört.

Von Juni bis September kann man zahlreiche Schlauchboote beobachten, die vollbesetzt durch die Stromschnellen schießen.

River Rafting

Wer beim Zuschauen am Fluss Lust bekommen hat, kann hier gleich buchen und mit ins Boot steigen, wenn es zeitlich passt. Ein dreistündiger ***8 mi Whitewater Trip*** kostet ca. $80, Kinder 6-12 Jahre $65, www.sandswhitewater.com. In Hoback Junction sind die Stationen der ***River Rafters*** nicht zu übersehen.

Im Canyonbereich am Wege liegen – z.T. hübsch zwischen Fluss und Straße – mehrere ***NF Campgrounds***. Als Standquartier für einen Besuch im *Grand Teton* sind sie ein bisschen weit entfernt.

Jackson/Wyoming

Jackson

Mit **Jackson** erreicht man ein **Touristenzentrum par excellence**. Im Sommer ist der Ort die wichtigste Etappe im Umfeld der Nationalparks, im Winter Ziel für Skisportler. Nirgendwo sonst im Nordwesten gibt es eine ähnliche **Konzentration an (sehr teuren!) M/Hotels und Restaurants**. Bei nur 9.000 Einwohnern verfügt Jackson über ca. **60 Beherbergungsbetriebe** und über **50 Restaurants und Kneipen** allein im engeren Ortsbereich. Die touristische Infrastruktur wird noch durch eine Wiederbelebung der (in Realität gar nicht dagewesenen) Wildwest-Vergangenheit bereichert. Von *Memorial* bis *Labor Day* erwartet die Besucher täglich (außer So) Punkt 18 Uhr das ***Jackson Hole Shoot Out*** am Town Square. Info: www.jacksonholetraveler.com mit dem Magazin *Jackson Hole Traveler* zum Online-Blättern.

Nach dem Spektakel der Pistolenhelden beginnen die Theatervorstellungen. Sei es ein Melodrama auf der ***Grand Teton Main Stage*** oder eine ***Vaudeville Revue*** mit *Can-Can Girls* im ***Jackson Hole Playhouse*** (www.jhplayhouse.com), der Bezug zu den angeblich wilden Tagen der Vergangenheit fehlt nie. In der lokalen Kneipenszene ist die unverfehlbare ***Million Dollar Cowboy Bar*** am Town Square nicht zu übertreffen. Aus Sätteln gefertigte speckige Barhocker, Country-Musik und Tanz sorgen in der Saison für Hochbetrieb bis oft spät in die Nacht; www.milliondollarcowboybar.com.

H/Motel

Im Sommer (Mitte Juni bis *Labor Day*) in Jackson ohne Reservierung unterzukommen, ist trotz enormer Bettenkapazität bei später Ankunft ein Problem, von den Tarifen gar nicht zu reden, die dann bei jenseits der **$200 für ein mittelmäßiges Motel** liegen und bei besseren *Inns & Lodges* locker $300 und mehr betragen können.

Ein noch relativ gutes Preis-Leistungs-Verhältnis (ca. $200 im Hochsommer) bieten z.B.:

- ***Antler Inn***, 43 W Pearl Ave, nur 2 Blocks vom *Town Square*; © 1-800-522-2406, www.townsquareinns.com/properties/antler-inn
- ***Pony Express Motel***, 1075 W Broadway, zum Teil mit Küchenzeile; © 1-800-526-2658, www.ponyexpresswest.com
- ***Alpine Motel***, 70 S Jean Street, sehr zentral gelegen; © (307) 739-3200, schon etwas älter und abgewohnt
- ***Motel 6***, 600 S Hwy 89, im SW des Ortes, © (307) 733-1620.

Hostels

Die mit weitem Abstand preiswerteste Bleibe offeriert ***The Hostel*** am 3315 Village Drive im nahen **Teton Village**. Zur Hochsaison zahlt man dort für das Bett $34-$49 oder fürs Doppelzimmer ab $140; © (307) 733-3415, www.thehostel.us.

Visitor Center

Wer bei Ankunft nach 15 Uhr kein Quartier findet, wendet sich am besten an das ***Jackson Hole and Greater Yellowstone Visitor Center*** am nördlichen Ortsausgang. Dort werden nachmittags ggf. noch freie Zimmer gemeldet; http://www.jacksonholewy.com.

An allen vier Ecken des zentralen Platzes von Jackson, dem Town Square, steht ein aus jeweils 2000 Geweihen zusammengesetztes Tor

Information

Im Besucherzentrum erfährt man auch alles, was aktuell anliegt, und erhält einen *Dining Guide* mit der Speisekarten der lokalen Restaurants. Nebenbei dient das imposante Gebäude als Museum zu Flora, Fauna und Historie des ***Jackson Hole*** genannten ***Snake River Valley*** zwischen Teton und Gros Ventre Range der *Rockies*; 532 N Cache St; im Sommer täglich 8-19 Uhr; © (307) 733-3316.

Camping

In Ortsnähe finden sich in Jackson nur extrem teure und oft knallvoll gestellte *RV Parks*. Empfehlenswerter sind da die Plätze im *Grand Teton Park* (***Gros Ventre*** füllt sich meist erst im Laufe des Tages) und ggf am *Snake River Canyon*, ➤ Seite 717.

Aktivitäten

Jackson-Besucher können aus einer enormen Vielfalt kommerziell organisierter *Outdoor*-Angebote wählen. Allein **Wildwasserfahrten** werden von über einem Dutzend Firmen angeboten. Neben dem ***Rafting*** über die Stromschnellen im *Snake River Canyon* erfreuen sich Trips für *Sightseeing* und Tierbeobachtung auf dem im *Teton Park* ruhigen Fluss einiger Beliebtheit. Buchen kann man auch Ausritte, ***Chuckwagon Dinner***, Helikopter- und Heißluftballonflüge. **Rodeos**, Boot- und Bike-Verleih sind selbstverständlich.

Shopping

Auch die ***Shoppingszene*** ist in Jackson bestens bestückt. Eine besonders große Auswahl findet man für jegliche Art von ***Western Outfit***. In zahlreichen **Galerien** und **Schmuckläden** gibt es neben allerhand Kitsch auch Ergebnisse lokalen Schaffens von beachtlichem Niveau. Alles hat dort indessen seinen hohen Preis.

Museum

Sehenswert ist das ***National Museum of Wildlife Art*** mit teilweise sagenhaften Kunstwerken zu Flora, Fauna, Leben und Landschaft des Westens in 14 Galerien. Es befindet sich beim Gelände der *National Elk Refuge*, einer Winterzuflucht für Rotwild, erreichbar ab *Town Square* über den East Broadway, dann ausgeschildert; im Sommer Mo-Sa 9-17 Uhr, So ab 11; $15/$6; www.wildlifeart.org.

Fotogalerie

Einer der renommiertesten Naturfotografen unserer Zeit, **Thomas Mangelsen**, betreibt in Jackson eine Galerie mit Aufnahmen vom *Grand Teton Park* u.v.m.; 170 N Cache St; www.mangelsen.com.

Umgebung Jackson

Nordwestlich von Jackson liegt **Teton Village** (ca. 11 Meilen, zunächst Straße #22, dann Moose-Wilson Road nach Norden), ein Retortendorf für den Tourismus. Ein Umweg über Teton Village lohnt sich nur bei Absicht, die ***Jackson Hole Aerial Tramway*** zu benutzen, die Passagiere auf den fast 3.200 m hohen **Rendezvous Mountain** befördert – im Winter ein Mekka der Abfahrtsläufer, im Sommer Ausgangspunkt für Wanderungen ins einsame Hinterland der hochalpinen *Teton Range*; Tickets $40, Kinder $23. Online meist Rabatt: www.jacksonhole.com/summer-tram.html.

Die ***Bridger Gondola*** bringt Besucher auf knapp 2.800 m Höhe zum Ausgangspunkt des populären *Wildflower Trail*, der wieder zurück in das Tal führt (8 km). Ein *Summit Trail* verbindet beide Bergstationen; www.jacksonhole.com/hiking.html.

Die kleine Chapel of Transfiguration in Moose; im Hintergrund die über 4.000 m hohen Gipfel der Teton Range

Grand Teton National Park www.nps.gov/grte

Eintritt $35/Auto $20/Person oder Interagency Jahrespass

Mit Pkw (äußerstenfalls *Van Camper*, da kurvenreiche und teilweise schlechte *Gravel Road*) kann man ggf. vom Teton Village direkt in den Nationalpark weiterfahren und erreicht in Moose das ***Craig Thomas Visitor Center***. Dort wird die kostenlose Parkzeitung ***Grand Teton Guide*** ausgehändigt mit Parkkarte und Hinweisen auf aktuelle Ranger-Veranstaltungen etc.

Wegen seiner Nähe zum *Yellowstone* gehört der *Grand Teton* zu den sehr stark frequentierten Nationalparks und wird in allen amerikanischen Publikationen enthusiastisch beschrieben. Die im Mittelpunkt stehende Gebirgskette **Teton Range** erinnert stark an die Alpen, so dass Besucher aus Mitteleuropa diesen Nationalpark oft lediglich als Etappe mit eventuell kurzem Stopp auf dem Weg zum sensationellen nördlichen Nachbarn betrachten.

Bei Zeitknappheit besitzt die ***Teton Park Road*** zwischen Moose und dem Jackson Lake keine besonderen Vorzüge gegenüber der #89, die als **Hauptroute durch den Park** den Verlauf des *Snake River* begleitet – immer mit der grandiosen, knapp 4.200 m hohen Bergkulisse im Hintergrund.

Ähnlich beeindruckend wie im nahen Yellowstone Nationalpark sind die **zahlreichen Wildtiere**, u.a. Braun- und Schwarzbären, Elche, Bisons sowie Weißkopfadler, denen man nicht nur im Hinterland der *Tetons* sondern praktisch überall begegnen kann.

Chapel

Nicht auslassen sollte man aber den kurzen Abstecher zur kleinen Holzkirche ***Chapel of Transfiguration*** in Moose (nur ca. 1,5 mi von der #89 entfernt). Das Fenster direkt hinter dem Altar umrahmt quasi den Grand Teton (4.200 m). Allein dieser Blick lohnt schon die Anfahrt.

Jenny Lake

Wer sich im Anschluss für die Weiterfahrt entlang der *Teton Park Road* entschließt, könnte z.B. am **Jenny Lake** kurz anhalten oder sogar einen längeren Stopp mit **Bootstour/Wanderung** einplanen. Vom *Trailhead* an der *South Jenny Lake Junction* sind es 4 km *one-way* bis zu den 60 m hohen ***Hidden Falls***. Mit Shuttle-Boot ($18 retour, Kinder $10) über den See lässt sich diese populäre Wanderung noch abkürzen (auf nur ca. 2 km retour). Die dadurch gesparte Zeit/Kraft kann man für eine erweiterte Tour bis zum Aussichtspunkt ***Inspiration Point*** (0,6 km von den Wasserfällen entfernt) und durch den ***Cascade Canyon*** nutzen. Schön ist auch die Ganztagestour zum **Lake Solitude** (ab Anleger 24 km retour).

Eine weitere schöne Route führt südlich des Jenny Lake weit in die Teton Range hinauf zum **Surprise** und **Amphitheater Lake** (ca. 16 km retour, 5-6 Stunden., etwa 1.000 Höhenmeter – eher etwas für geübte Wanderer).

Fototipps

Für einen **Panoramablick** über das ganze Tal des Snake River, den Jackson Lake sowie auf Gletscher und Berge lohnt sich die Auffahrt zum **Signal Mountain** einige Meilen weiter nördlich an der *Teton Park Road* (5 mi; keine RVs!).

Viele der beliebtesten **Postkartenmotive** des Parks befinden sich für jedermann leicht zugänglich in unmittelbarer Nähe der Hauptstraße #89:

Sicherlich nicht allein wird man zum Sonnenaufgang bei den verlassenen Holzhütten an der ***Mormon Row*** sein, die von den ersten Siedlern im späten 19. Jahrhundert errichtet wurden; Zufahrt über die *Antelope Flats Road* ca. 1 mi nördlich von *Moose Junction*.

Ein weiterer Tipp für Frühaufsteher ist ***Schwachbachers Landing***, wo sich an windstillen Tagen die rotglühende *Teton*-Bergkette sehr malerisch in den kleinen Teichen spiegelt; Abzweig nochmals rund 3 mi weiter nördlich.

Dasselbe gilt auch für die Flussschleife ***Oxbow Bend*** ca. 1 mi östlich der *Jackson Lake Junction*. Besonders populär ist dieser Platz Ende September/Anfang Oktober, wenn der Herbstzauber vor der imposanten Bergkulisse seinen Höhepunkt erreicht (➤ Foto unten). Dann stehen zum Sonnenaufgang die Fotografen meist dicht an dicht am Ufer und verscheuchen die dort an ruhigeren Tagen anwesenden Wildtiere wie Biber, Schwäne oder Elche.

Unterkunft

Um eine große Marina am **Jackson Lake** und das ***Colter Bay Visitor Center*** erstreckt sich die komplette Versorgungsinfrastruktur (Supermarkt, großflächige Campingareale und ganze Siedlungen unterschiedlichster Unterkünfte). Einfachste ***Tent Cabins*** für 2 Personen kosten $76/Tag, etwas schönere mit eigenem Bad etwa $190 im Sommer; Reservierung unter ✆ (307) 543-3100 bzw. online auf dem Portal www.gtlc.com.

Derselbe Zugang bzw. dasselbe ✆ gilt auch für Buchung der höherwertigen ***Jackson Lake Lodge***. *Cottage* oder Zimmer ab $320. In der ***Jenny Lake Lodge*** kosten die »Luxushütten« noch mehr.

Die schönsten ***Campgrounds*** des Parks befinden sich am ***Jenny Lake*** (nur Zelte) sowie beim **Signal Mountain**. Im Sommer füllen sich beide Plätze aber meist schon früh morgens. Als Ausweichmöglichkeit bieten sich dann der große und ungemütliche ***Gros Ventre Campground*** im Südwesten oder der ebenfalls ausgedehnte Komfortplatz ***Colter Bay*** an (oft schon am frühen Nachmittag voll belegt). Eine günstige Lage besitzt ***Lizard Creek*** im Norden bereits in der Nähe des *Yellowstone Park*; aber auch dort wird es spätestens ab Mittag eng.

Weiter zum Yellowstone

Für eine reine Fahrt ohne Stopps im *Grand Teton* benötigt man **von Jackson bis zur Einfahrt in den *Yellowstone Park*** nur in Ausnahmefällen über **zwei Stunden** (rund **70 mi**). Eine weitere Stunde fährt man bis zum Hauptgeysirfeld *Upper Geyser Basin*.

Morgenstimmung am Oxbow Bend des Snake River; im Hintergrund der 3.840 m hohe Mount Moran

In all den kleinen und großen Geysirfeldern des Yellowstone raucht und qualmt es unablässig

7.2.3 Yellowstone National Park www.nps.gov/yell

Kennzeichnung und Information

Eintritt $35/Auto $20/Person oder Interagency Jahrespass

Der *Yellowstone Park* besitzt mit rund **10.000 km²** eine enorme Ausdehnung auf einem Hochplateau in über 2.000 m Höhe. **Geysire und heiße Quellen** sind Hauptanziehungspunkte dieses ältesten (1872!) und neben dem *Grand Canyon* bekanntesten amerikanischen Nationalparks. Ohne wintertaugliches Fahrzeug ist er aber **nur zeitlich begrenzt zugänglich**. Häufig versperren **Schneefälle** noch bis in den Juni hinein und bereits ab Mitte September einige Zufahrtstraßen.

Nach der Einfahrt, gleich aus welcher Richtung, erreicht man beim nächsten größeren Geysirfeld, am *Canyon Village* oder am Kreuzungspunkt *Fishing Bridge* eines der **fünf *Visitor Center***, wo es die jeweiligen Detailinformationen und -karten gibt. Im **Canyon Village** steht zudem das ***Canyon Education Center***, das speziell den ***Yellowstone Supervolcano*** thematisiert.

Karten & Apps

Man wird durch die bei Einfahrt erhaltenen Unterlagen – ***Official Map and Guide*** und die aktuelle Parkzeitung ***Yellowstone Today*** (verkürzt auch auf Deutsch) – bereits gut informiert, aber die beste Begleitung auf den Rundwegen durch die einzelnen Geysirfelder sind die kleinen **A5-Broschüren/Faltblätter**, die in den Besucherzentren für wenig Geld erhältlich sind. Online findet man die Detailkarten einiger *Basins* unter http://npmaps.com/yellowstone und weitere Infos auch unter www.yellowstonenationalpark.com.

In der Nationalpark-App (gratis) wurden ebenfalls alle wichtigen Wege, Pools und Geysire eingezeichnet, sie funktioniert im Park-Funkloch meist nur nachdem man die Funktion »Download Offline Content« aktiviert hat; www.nps.gov/yell/planyourvisit/app.htm.

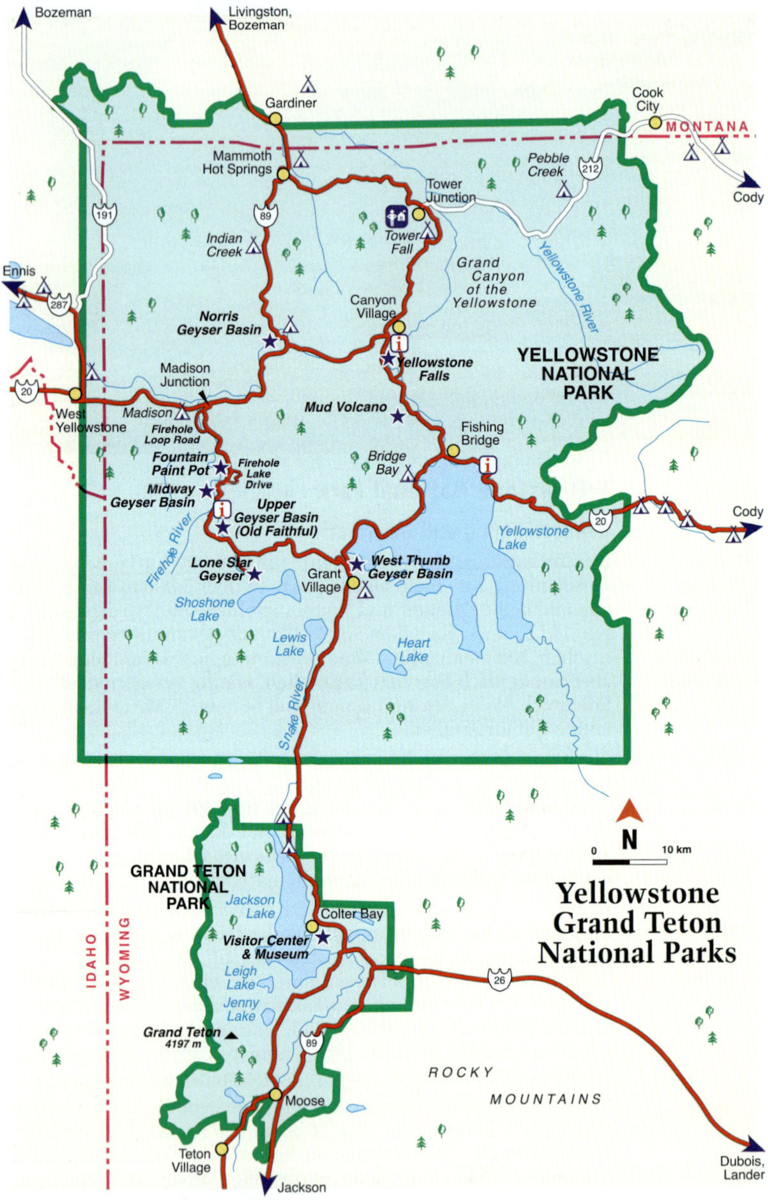
Yellowstone Grand Teton National Parks
Bozeman
Livingston, Bozeman
Gardiner
Cook City
MONTANA
Mammoth Hot Springs
Pebble Creek
Tower Junction
Cody
Tower Fall
Indian Creek
Grand Canyon of the Yellowstone
Yellowstone River
Ennis
Canyon Village
Norris Geyser Basin
Yellowstone Falls
YELLOWSTONE NATIONAL PARK
Madison Junction
Madison
West Yellowstone
Firehole Loop Road
Mud Volcano
Fishing Bridge
Fountain Paint Pot
Firehole Lake Drive
Bridge Bay
Midway Geyser Basin
Upper Geyser Basin (Old Faithful)
Firehole River
Yellowstone Lake
Lone Star Geyser
Grant Village
West Thumb Geyser Basin
Shoshone Lake
Lewis Lake
Heart Lake
Snake River
N
0
10 km
GRAND TETON NATIONAL PARK
Jackson Lake
Colter Bay
Visitor Center & Museum
Leigh Lake
Jenny Lake
Grand Teton 4197 m
IDAHO
WYOMING
ROCKY MOUNTAINS
Moose
Teton Village
Jackson
Dubois, Lander
191
89
212
287
20
26

Rundkurs/ Zeitbedarf

Parkinfo, Straßenzustand: © (307) 344-2117

Wie aus der Parkkarte (➤ links) ersichtlich, liegen die Mehrzahl der Geysirfelder und der berühmte *Grand Canyon of the Yellowstone River* entlang eines an eine 8 erinnernden Rundkurses (insgesamt ca. **140 mi**). Selbst bei sehr zügiger Besichtigung der wichtigsten Attraktionen benötigt man dafür **leicht zwei Tage**. Dabei bleibt kaum Zeit, geduldig auf den Ausbruch bestimmter Geysire zu warten, in Ruhe die größeren Felder abzulaufen oder vielleicht auch mal eine Badepause einzulegen und die Natur zu genießen.

Wenn irgend möglich, sollte man **mindestens drei Tage Aufenthalt** einplanen. Auch mehr Zeit lässt sich im *Yellowstone* spannend gestalten, denn dieser Nationalpark gehört **zum Allerbesten, was der nordamerikanische Kontinent zu bieten hat**.

West Thumb Geyser Basin

Bei Einfahrt in den Park von Süden passiert man noch vor dem Erreichen der Rundstrecke **Grant Village** am (eiskalten) Yellowstone Lake. Ein Verweilen lohnt dort nicht, es sei denn zur Klärung der Übernachtungsfrage oder für Besorgungen/Restaurantbesuch (verglastes **Steakhouse** auf Pfählen über dem Wasser).

7

West Thumb Basin

Von dort sind es nur wenige Meilen, bevor die Dampfschwaden des kleineren ***West Thumb Geyser Basin*** unweit des Seeufers ins Blickfeld geraten. Der 800 m lange Rundparcours liefert einen Vorgeschmack dessen, was der *Yellowstone* weiter westlich zu bieten hat. Beeindruckend sind die grünblaue heiße Quelle ***Abyss***, mit ihren 16 m eine der tiefsten im Park, sowie der ***Fishing Cone*** am Ufer des riesigen Yellowstone Lake, wo Besucher einst fürs Mittagessen ihre Angelruten mit den frischgefangenen Forellen nur kurz hinüber in den 94°C heißen »Topf« schwenken mussten. Heute ist das Fischen an dieser Stelle des Sees nicht mehr erlaubt.

Lone Star Geyser

Der Abstecher zum ***Lone Star Geyser*** auf der Weiterfahrt in Richtung *Old Faithful* lohnt sich vor allem für Leute, die nach dem Besuch der großen Thermalfelder noch Lust auf eine etwas ruhigere Wanderung haben. Vom Parkplatz an den *Kebler Falls* (ca. 14 mi von *West Thumb* entfernt) sind es 4 km Bike-/Wanderweg dorthin. Der »einsame Stern« bricht im Schnitt alle drei Stunden aus und beeindruckt durch seinen kegelartigen Aufbau.

West Thumb Geyser Basin am Ufer des Yellowstone Lake

Upper Geyser Basin

Das wichtigste und ausgedehnteste **Feld von Thermalquellen** und regelmäßig ausbrechender **Heißwassergeysire** ist das ***Upper Geyser Basin***. Eine erhebliche Parkplatzkapazität und eine komplette Service-Infrastruktur (jedoch **kein Campingplatz**) tragen der großen Besucherzahl dort Rechnung. Alle Einrichtungen gruppieren sich um den ***Old Faithful Geyser***, der seine Fontänen in erstaunlicher Regelmäßigkeit – seit Dekaden im Schnitt alle 60-90 Minuten – bis zu 55 m hoch ausbläst.

Ausbruch des Old Faithful

Am nahen ***Visitor Center*** befindet sich eine Tafel mit den voraussichtlichen Ausbruchszeiten der Geysire im *Upper Basin*. Unverzichtbar ist die dort erhältliche genaue **Umgebungskarte**, bevor man sich auf den Weg durch das von schwefligen Dämpfen und heißen Abflüssen durchzogene Feld macht. Man sollte unbedingt alle befestigten Wege (Asphalt + Holzbohlen) einschließlich der Schleife rund um den ***Geyser Hill*** oberhalb des *Old Faithful* bis zum sagenhaften ***Morning Glory Pool*** ablaufen (Gesamtdistanz ca. 6 km). Dazu benötigt man einschließlich der Fotopausen und Wartezeiten an einzelnen Geysiren kaum unter 3 Stunden. Ein höherer Zeitbedarf ergibt sich sehr leicht.

Schwer zu toppen sind die Ausbrüche des ***Beehive*** und ***Castle Geysers*** (beide 1-2x täglich). Auch beim ***Riverside Geyser*** lohnt sich das Warten! Grandios ist auch der Blick hinunter aufs *Upper Geyser Basin* und den ausbrechenden *Old Faithful* vom ***Observation Point*** (Erweiterung der Rundwanderung um 1,6 km; 80 Höhenmeter).

Black Sand Basin

Ein längerer Spaziergang führt zum – indessen auch mit dem Auto erreichbaren – ***Black Sand Basin*** am Iron Creek, einem kleinen Thermalfeld der Extraklasse, wo sich u.a. der attraktive ***Emerald Pool*** befindet. Leicht verpassen kann man den nicht minder schönen ***Opalescent Pool*** gleich an der Zufahrt zum Parkplatz, der von weißen, abgestorbenen Baumstämmen gesäumt wird.

Old Faithful Inn

Eine Sehenswürdigkeit für sich ist die **Innenarchitektur** des im Blockhausstil errichteten ***Old Faithful Inn***. Die Konstruktion der Hotelhalle ist absolut einmalig. Wer sich für die Einzelheiten interessiert, kann an Führungen teilnehmen, die mehrfach täglich stattfinden (gratis; Zeiten im kostenlosen *Yellowstone Today*).

Für eine Nacht im *Old Faithful* könnten sogar Camper einmal gut auf *open-air* verzichten, zumal das Hotel auch noch die **einzig gute Kneipe** weit und breit beherbergt (Reservierung ➤ Seite 731). Dort zahlt man im Sommer allerdings für ein Zimmer mit Bad über $300. Günstiger sind die *Cabins* der ***Old Faithful Lodge/Snow Lodge***.

Midway & Lower Geyser Basin

Midway Basin

Auf der Weiterfahrt in nunmehr nördliche Richtung passiert man zahlreiche kleinere Thermalgebiete. Einen Stopp wert ist jedes davon, speziell das ***Midway Geyser Basin*** mit der absolut sensationellen ***Grand Prismatic Spring*** (Durchmesser ca. 90 m; ➤ Coverfoto), die man neuerdings von einer **Aussichtsplattform** bewundern darf. Dafür stellt man das Auto am ***Fairy Falls Trailhead*** ab (südlich des offiziellen *Midway Basin* Parkplatzes!). Der kurze Aufstieg hinauf zum neuen *Overlook* zweigt vom Wanderweg zu den 61 m hohen Wasserfällen ab und war im August 2017 vor Ort noch nicht ausgeschildert (ca 1 km *one-way*, 30 Höhenmeter).

Folgt man dem Hauptpfad bis zu den Wasserfällen (8,4 km retour) und weiter ins Hinterland, erreicht man nach 5 km ein kleines Geothermalfeld mit den zwei hübschen **Geysiren *Imperial*** und ***Spray***.

Firehole Lake Drive

Wer den richtigen Zeitpunkt abpasst (Info im *Old Faithful Visitor Center*), kann sich am auch sonst attraktiven ***Firehole Lake Drive*** die Fontänen des ***Great Fountain Geyser*** oder einen der häufigeren Ausbrüche des ***White Dome*** ansehen.

Lower Basin

Das blubbernde »Matschloch« ***Fountain Paint Pot*** im ***Lower Geyser Basin*** trocknete im Lauf der Jahre etwas ein und verlor deutlich an Originalität, die aktiven Geysire (wie etwa ***Clepsydra***) im hinteren Bereich der Rundwanderung sind aber sehenswert.

Badestelle

Kurz vor *Madison Junction* geht es links ab zu den ***Firehole Falls*** (Einbahnstraße). Die kurze Rundstrecke verläuft durch den ***Firehole Canyon*** des gleichnamigen Flusses, der hier dank des ein paar Meilen oberhalb zulaufenden heißen Wassers aus diversen Geysiren etwas angewärmt wird. Zwischen den Felsen der Schlucht gibt es kurz hinter den Fällen prima **Badepools**. Die Strömung ist aber stellenweise recht stark!

Zwischen Madison und Norris

Bei einem mehrtägigen *Yellowstone*-Besuch bietet sich zwischen Madison und Norris noch ein Abstecher zu den ***Artist Paint Pots*** an, einem – wie der Name schon andeutet – ausgesprochen farbenfrohen Thermalgebiet (1,6 km Rundweg), oder die etwas längere Wanderung steil bergauf in das nur wenig besuchte ***Monument Geyser Basin*** mit einer eigenwilligen Anhäufung an flaschenhalsähnlichen Kegeln ehemaliger Geysire (3,5 km retour).

Castle Geyser in der Abenddämmerung

Die heißen Quellen des Yellowstone und ihre Farben

Wie »heiß« eine Thermalquelle ist, lässt sich bereits gut anhand ihrer Farbgebung ablesen. Neben Mineralstoffen sind in erster Linie die darin lebenden hitzeliebenden Kleinstlebewesen ausschlaggebend. Erscheint ein Pool **himmelblau**, ist das Wasser zu heiß für Mikroorganismen. **Grüne** und **gelbe** Bereiche in den Quellen weisen eine Temperatur von über 70°C auf, kühlere färben sich **orange** oder **rötlich** und am kältesten sind **bräunliche** Pools – das erklärt auch den fantastischen, regenbogenartigen Farbverlauf bei der *Grand Prismatic Spring* im *Midway Geysir Basin* (➢ Coverfoto dieses Buchs). Ihr Aussehen kann sich über die Jahre hinweg verändern – bedingt durch eine schwächere/stärkere geothermale Aktivität, und auch die Besucher haben bereits Spuren hinterlassen. So hat sich beispielsweise die einst strahlend blaue *Morning Glory* im *Upper Geyser Basin* dank des von »Glücksmünzen« blockierten/beschädigten Heißwasserzuflusses mittlerweile in einen grün-gelben Pool umgewandelt.

Morning Glory Pool

Norris Geyser Basin

Im ***Norris Geyser Basin*** findet man im Wesentlichen ähnliche Heißwasserpools und kleinere Geysire wie in anderen Feldern. Beeindruckend sind dort die bunten Pools in strahlend weißer Umgebung (***Porcelain Basin***) sowie der originelle ***Echinus Geyser***, der sich langsam mit heißem Wasser füllt und seinen Inhalt in wenigen Minuten wieder hinausbläst. Leider bricht er nur noch selten und unvorhersagbar aus.

Der ebenfalls im *Norris*-Becken befindliche mächtige ***Steamboat Geyser*** verharrte vor 2018 meist jahrelang inaktiv, nun zeigt er wieder regelmäßig seine bis über 90 m hohen Wasserfontänen (die höchsten weltweit!); 2019 im Schnitt sogar 1x pro Woche.

Mammoth Hot Springs

Bei knapp bemessener Zeit könnte der *Yellowstone*-Besuch sich auf die **kleine Rundstrecke** mit Weiterfahrt **von *Norris* zum *Canyon Village*** beschränken. Dabei verpasst man jedoch die *Mammoth Hot Springs* und die schöne Verbindungsstrecke dorthin, alles andere im oberen Bereich des Rundkurses ließe sich verschmerzen, denn der weitere Verlauf der Parkstraße über *Tower Junction* zum *Canyon Village* hält keine »Sensationen« bereit und auch den *Tower Waterfall* muss man nicht unbedingt gesehen haben.

Ganz anders als alle bisher beschriebenen Thermalfelder und ein Erlebnis eigener Art sind die ***Mammoth Hot Springs*** am nördlichen Parkausgang. Das heiße Quellwasser wird hier auf dem Weg an die Oberfläche stark mit dem Kalziumkarbonat des Deckgesteins (Kalksandstein) angereichert, das sich bei Austritt an die Oberfläche um die Öffnung herum ablagerte und auf diese Weise **Terrassen** gebildet hat, die weltweit größten ihrer Art.

Walkways führen mitten durch die stufenartig übereinander liegenden Kalziumformationen der ***Main Terrace Area***; eine ***Loop Road*** umrundet die ***Upper Terrace Area***. Der Wasserzustrom hat sich in den 1990er-Jahren nach Erdstößen verringert, so dass Teile der Terrassen ausgetrocknet und nicht mehr so attraktiv wie früher sind. Ihr Erscheinungsbild ändert sich aber von Jahr zu Jahr.

Im **Besucherzentrum** unterhalb der Sinterterrassen ist ein nur mäßig interessantes **Museum** zu Natur & *Wildlife* untergebracht.

Die kleine Siedlung Mammoth (mit einer schlichten *National Park Lodge*) wird häufig von ***Wapiti*-Herden** aufgesucht. Die mächtigen Rothirsche grasen dann scheinbar zahm mit erstaunlicher Seelenruhe die gepflegten Rasenflächen in den Gärten ab.

Grand Canyon of the Yellowstone

Der Name des Parks geht auf den gelben Sandstein im ***Grand Canyon of the Yellowstone*** zurück, eine vom Yellowstone River tief ausgewaschene Schlucht. Vom *Canyon Village* läuft eine Einbahnstraße an deren Nordrand entlang (***North Rim Drive***). Einer der besten Blicke hinunter in den »gelben« *Canyon* eröffnet sich vom ***Inspiration Point***.

Über zwei Fallstufen – die ***Upper*** und ***Lower Falls*** – stürzt das Wasser mehrere hundert Meter weiter flussaufwärts in die Tiefe. Der **untere Wasserfall** ist mit 94 m **spektakulär**. Das donnernde Schauspiel beeindruckt besonders vom ***Red Rock Point*** aus, vom ***Brink of the Lower Falls*** oberhalb der Fälle oder vom ***Artist Point*** am ***South Rim Drive*** auf der gegenüberliegenden Seite der Schlucht. Die *Upper Falls* sind weniger aufregend.

Zwischen *Canyon Village* und der Besucherzentrale *Fishing Bridge/Lake Village* liegt die ***Mud Volcano*** Region, eine besondere thermale Spezialität. Im Gegensatz zu den Klarwassergeysiren brodelt im *Mud Volcano* und seinen Nachbarn eine »Suppe« aus Regenwasser, geschmolzenem Schnee und Matsch, die durch Dämpfe vulkanischen Ursprungs erhitzt und in Bewegung gehalten wird. Am schönsten blubbert es im übelriechenden ***Dragon's Caldron*** am Ende des gut 1 km langen Rundweges auf Holzbohlen.

Hayden & Lamar Valley

Außer für seine Geysire ist der *Yellowstone* bekannt für seinen Fisch- und Wildreichtum. Um **Wapiti-Hirsche (*Elks*)** oder **Bisons** zu sehen, braucht man die Hauptstraßen kaum zu verlassen, speziell nicht in den frühen Morgen- und Abendstunden. Als beste Regionen zur **Wildtierbeobachtung** gelten das ***Hayden Valley*** zwischen *Mud Volcano* und *Canyon Village* und das ***Lamar Valley*** östlich der *Tower Junction*. Mit etwas Glück kann man dort **Elche (*Moose*)**, Kojoten, **Biber** und Gabelböcke beobachten.

Schwarz- und **Grizzlybären** machen sich dagegen eher rar. Vorwitzige Exemplare, die sich auf Campingplätze verirren, werden in abgelegene Gebiete transportiert. **Verhaltensmaßregeln für Begegnungen mit Bären und Bisons** finden sich in ***Yellowstone Today***. Darüber hinaus erhält jeder bei der Einfahrt in den Park das Merkblatt »*Be Bear Aware*«. Im Jahr 1995 wurden im *Yellowstone* auch **Wölfe** wieder erfolgreich angesiedelt.

Die Grasebenen Hayden und Lamar Valley sind ein Paradies für Bisons, Hirsche, Wölfe, Kojoten, Gabelböcke und andere Wildtiere

Unterkunft und Camping im Park

Eine besondere **Problematik** des *Yellowstone* – wie ja auch anderer besonders populärer Nationalparks – betrifft die Unterkunft. Im Sommer sind alle Quartiere langfristig ausgebucht, daher am besten **über einer Jahr im Voraus** reservieren! Die zentrale Buchungsseite schaltet **bereits am 1. Mai** die Kontigente für das Folgejahr frei: www.yellowstonenationalparklodges.com bzw. © 1-866-439-7375.

Wer in der Lage ist, frühzeitig zu disponieren, kann nicht nur in den sündteuren Suiten im ***Old Faithful Inn***, sondern auch günstiger unterkommen. Ein Tipp sind hier die *Lodge Cabins* gleich nebenan ($102/$170 ohne/mit Bad). Auch beim *Grand Canyon*, in Mammoth Hot Springs, am Yellowstone Lake und in Tower Junction stehen schlicht eingerichtete Holzhütten mit bis zu 4 Schlafplätzen. Einige Quartiere öffnen ihre Pforten erst im Juni und schließen bereits Anfang September, dasselbe gilt für die Campingplätze.

Camping

Die bestgelegenen (einfachen) **Plätze** des Parks sind ***Norris*** ($20) und ***Madison*** ($26). **Fünf *Campgrounds*** können (und sollten) im Voraus über die zentrale Buchungsseite (➢ oben) reserviert werden: *Madison* und die etwas komfortableren Plätze *Canyon, Grant Village, Bridge Bay* sowie *Fishing Bridge*. Letzterer verfügt als einziger über *hook-ups* ($48), ist aber unattraktiv und außerdem nicht für Zelte zugelassen, da nur die »harten« Wände von RVs ausreichend Schutz gegen Bären bieten (2019 geschlossen!).

Ohne Reservierung findet im Hochsommer im *Yellowstone* meist nur noch Platz, wer gleich früh morgens einen der **sieben *first-come, first-served Campgrounds*** ansteuert: *Norris* (zentral), *Indian Creek und Mammoth* (im Nordwesten des Parks), *Lewis Lake* (an der Südeinfahrt) und – fernab der großen Sehenswürdigkeiten im Nordosten des Parks – *Tower Fall, Pebble Creek* und *Slough Creek*. Die Auslastung kann man unter www.nps.gov/yell/planyourvisit/campgrounds.htm einsehen.

Quartiere außerhalb des Parks

Camping außerhalb des Parks

Die verkehrsmäßig günstigsten Ausweichmöglichkeiten sind die *NF Campgrounds* am **Hebgen Lake**: ***Bakers Hole*** liegt an der #191 rund 5 mi nördlich von West Yellowstone, der schönere ***Beaver Creek*** hoch über dem See an der #287 etwas weiter weg (25 mi bis zum Parkeingang). Am südlichen Seeufer steht außerdem das ***Madison Arm Resort*** (9 mi entfernt); © (406) 646-9328, www.madisonarmresort.com. Ein guter **kommerzieller Platz** in Fußgängerdistanz zu den Restaurants und Läden in **West Yellowstone** ist der hochkomfortable ***Yellowstone Grizzly RV Park***; Reservierung unter © (406) 646-4466 bzw. www.grizzlyrv.com.

West Yellowstone

West Yellowstone verfügt auch über das größte Zimmerangebot vom simplen ***Madison Hostel*** ($48/Bett, DZ ab $99; © (406) 646-7745, www.madisonhotelmotel.com) über das ***Alpine Motel*** (gutes Preis-Leistungs-Verhältnis; ab $110; © (406) 646-7544; www.alpinemotelwestyellowstone.com) bis zur ***Three Bear Lodge*** (Motelzimmer ab ca. $220, stilvoller in der *Lodge* ab ca. $280; © 1-800-646-7353; www.threebearlodge.com). Wichtig ist für Juli/August, ähnlich wie bei den Park-Unterkünften, eine Buchung möglichst viele Monate im Voraus, sonst kommt man entweder gar nicht oder nur noch zu Tarifen jenseits der $300/Nacht unter.

IMAX-Kino/ Museum

Wer ohnehin in West Yellowstone ist, kann sich die Wunder des *Yellowstone* auch im Superleinwandformat ansehen. Das ***IMAX*** steht am Ostende des Ortes; www.yellowstonegiantscreen.com.

Rundfahrten per Bus/ Leihfahrrad

In **West Yellowstone**, im ***Canyon Village*** und im ***Old Faithful Inn*** kann man **Rundfahrten** durch den Park buchen. Bei ausreichend Zeit ist für den Bereich *Norris* bis *Old Faithful* ein **Leihfahrrad** sicher für manchen eine reizvolle, aber zeitaufwendige Alternative (ab $35/Tag bei ***Freeheel & Wheel*** in West Yellowstone).

Gardiner/ Cooke City

Gardiner am Nordeingang (#89) ist ein ruhiger und – verglichen mit West Yellowstone oder Jackson – preiswerter Ort. Bis zum *Old Faithful*-Bereich bedeutet das aber viel Fahrerei. Das Gleiche gilt für **Cooke City**, eine Siedlung rustikaler Blockhäuser mitten im Nationalforst nordöstlich des Nationalparks an der #212.

Am Weg nach Cody

Die schön gelegenen ***NF Campgrounds*** an der **#14/#16 nach Cody** befinden sich weitab der Geysir-Felder und eignen sich eher für die Übernachtung vor oder nach Besuch des Parks. Das gilt erst recht für die Plätze **östlich von Cooke City** an der #212, die im Übrigen nur wenig *NF*-Romantik bieten.

Neue Heimat für »Problembären«

Das ***Grizzly & Wolf Discovery Center*** in West Yellowstone ist eine Auffangstation für sog. »Problembären«, die sich zu sehr an die Anwesenheit des Menschen gewöhnt haben und auf der Futtersuche wiederholt gefährlich in Erscheinung traten. Besucher, die im Park keinen Bären begegnet sind, können im gemeinnützigen *Center* die »schweren Brummer« aus nächster Nähe und in Action erleben. Täglich im Sommer 8.30-18 Uhr; $13/$8; www.grizzlydiscoveryctr.org.

Das alte Einfahrtstor in den Park bei Gardiner aus dem Jahr 1903 (Roosevelt Arch) trägt die Aufschrift »For the benefit and enjoyment of the people« (bei damals freiem Zutritt)

7.2.4 Vom Yellowstone durch Wyoming zu den Black Hills

Nach Cody

Neben der Strecke durch den *Grand Teton Park* ist die **Straße #14/#16/#20** über Cody die meistbenutzte, aber nur außerhalb des Parks attraktive Zufahrt zum *Yellowstone*. Eine Reihe schöner ***NF Campgrounds*** säumen den Shoshone River zwischen Park und Wapiti. Im ***Wapiti Valley*** ballen sich komfortable *Guest Ranches* und neuere Motels im *Blockhouse*-Design. Preiswertes, komfortables **Camping** in Cody-Nähe (ca. 8 mi) bieten zwei ***State Park Campgrounds*** am ***Buffalo Bill Reservoir***.

Ein Höhepunkt vor Erreichen der Stadt ist der ***Shoshone River Canyon***, durch den sich die Straße zwängt, mit dem ***Buffalo Bill Dam***; www.bbdvc.org. Den **Blick vom Damm** in die Schlucht sollte man sich gönnen (300 m Anmarsch).

Über den Chief Joseph Highway

Wer sich nach einer Runde durch den *Yellowstone Park* für die weite Nordostausfahrt (#212) über **Cooke City**/Montana, einem Nest im Blockhauslook, entscheidet (dort sind die Quartiere billiger als in Jackson), wird für den Umweg (Richtung Cody) mit dem Erlebnis des ***Chief Joseph Highway* #296** belohnt. Die Straße ist perfekt ausgebaut, aber weniger befahren, und bietet wunderbare Ausblicke über die Bergwelt. An der Strecke liegen der ***NF Campground Hunter*** und am Hunter Creek der – trotz der martialischen Bezeichnung – idyllische Platz ***Dead Indian***.

Bear Tooth Pass (#212)

Hinweis: Die Straße #212 nach Osten führt über den **3.000 m hohen *Bear Tooth Pass***. Diese **tolle Strecke** lässt sich – statt der direkten Fahrt über Gardiner – in Verbindung mit der #78 nach Columbus gut als Alternativroute nach Norden/Westen nutzen. In Columbus ist der ***Campground Itch-Kep-Pe*** am Fluss gratis.

Cody

Die **Hauptstadt des Buffalo Bill-Kultes** (Exkurs ➤ Seite 735) lebt vom *Yellowstone*-Tourismus. Die entsprechende Infrastruktur (Motels, *Campgrounds*, Restaurants) prägt das Erscheinungsbild. Die Tarife sind – wie in Gardiner und Cooke City – moderater als in Jackson, und es gibt ebenfalls ein breites Angebot an ***Outdoor*-Aktivitäten**, u.a. populäre Schlauchbootfahrten über die Stromschnellen des Shoshone River; www.codyyellowstone.org.

Buffalo Bill Center of the West

Pflicht in Cody ist der Besuch des ***Buffalo Bill Center***. Der beachtliche Komplex präsentiert nicht nur eine breite **Ausstellung zu Leben und Legende von Buffalo Bill**, sondern besitzt außerdem ein beachtliches **Museum zur Kultur der Prärieindianer**, eine kaum zu überbietende Kollektion von Colts und Gewehren im ***Cody Firearms Museum*** sowie die ***Whitney Gallery of Western Art***. Die Gemälde- und Skulpturensammlung dieser Galerie wird in einer solchen Breite von keinem anderen Spezialmuseum für die Kunst des Westens erreicht. Das ***Draper Natural History Museum*** widmet sich vorrangig der Fauna der *Yellowstone*-Region.

Das Kombiticket für alle Museen des *Buffalo Bill Center of the West* gilt für zwei Tage (kein Einzeleintritt): $19,50/$12,50; Mai-Mitte Sept 8-18 Uhr, sonst 10-17 Uhr; www.centerofthewest.org.

Das *Center* (720 Sheridan Ave) befindet sich an der Durchgangsstraße gegenüber dem grünen ***Town Square*** mit dem Besucherzentrum der Stadt (Mo-Fr 8-17 Uhr; www.codychamber.org).

Gunfighters & Rodeo

Von Juni bis September treten Mo-Sa um 18 Uhr beim historischen ***Irma Hotel*** an der Ecke Sheridan Ave/12th St (www.irmahotel.com) die ***Cody Gunfighters*** auf und veranstalten das unverzichtbare Pistolenduell (gratis!). Danach ist Zeit fürs *Dinner* und um 20 Uhr beginnt die ***Rodeo Show*** im *Stampede Park* ($21/$10; kein Muss, aber wer die Cowboy-Action noch nie live gesehen hat, kann sich das durchaus anschauen; nur Juni-August). Für die staubtrockene Kehle geht's danach in die ***$100.000 Bar*** im *Irma Hotel*, ein Geschenk der Queen Victoria von England für Buffalo Bill.

Old Trail Town

Zwischen den Originalholzhäusern aus dem späten 19. Jahrhundert in der ***Old Trail Town*** weht auch heute noch ein Hauch »Wildwest«. Sie wurden aus den unterschiedlichsten Ecken Montanas und Wyomings zusammengekarrt und in Cody wieder originalgetreu aufgebaut. Das Areal ist relativ klein, hat aber zum Teil eine überraschend gut erhaltene Inneneinrichtung; Mitte Mai bis Sept 8-18 Uhr; $10/$5; www.oldtrailtown.org.

Old Trail Town in Cody

Buffalo Bill, Western-Legende schon zu Lebzeiten

Bis in die 1930er-Jahre galt **William Cody**, genannt »Buffalo Bill«, weltweit als die Personifizierung des amerikanischen Westhelden. Wer ihn nicht in seiner Wildwest-Show erlebte, kannte die zahllosen Novellen und Comic Strips, in denen er die Rolle des Gerechten im wilden Land der Cowboys und Indianer spielte. Die von ihm selbst mitbegründete Stadt Cody und die *Buffalo Bill Memorial Association* sorgen bis heute dafür, dass ihr Held nicht in Vergessenheit gerät. Tatsächlich folgt William Codys Lebensweg der Eroberung des Westens bis zu den letzten Indianerkriegen und ist in erstaunlicher Weise immer wieder eng verbunden mit einer Vielzahl von Ereignissen und Namen, die später in die Geschichte eingingen.

Als Elfjähriger verlässt er nach dem Tod seines Vaters die Schule und trägt als reitender Bote, Fallensteller und Goldwäscher zum Familienunterhalt bei. Mit vierzehn heuert er beim legendären *Pony Express Service* an, der 1860/61 Briefe in 10 Tagen von St. Joseph in Missouri nach Sacramento in Kalifornien beförderte (3.200 km), und macht sich einen Namen, als er nach Ausfall von zwei Anschlussreitern drei 100-mi-Etappen in 22 Stunden durchgaloppiert. Nach dem Bürgerkrieg verdingt er sich als Pfadfinder bei der Armee und versorgt zeitweise über 1000 Gleisbauarbeiter mit einer täglichen Frischfleischration von 12 Büffeln, was ihm seinen Beinamen »**Buffalo Bill**« einbringt.

Als er 1872 bei einer Jagdpartie Fürst Alexanders von Russland die begleitenden Journalisten mit seinen Schießkünsten beeindruckt, geht sein Name durch die gesamte Presse und ein Bühnenstück »*Buffalo Bill: King of the Border Men*« entsteht. Bei der nächsten Inszenierung »*The Scouts of the Prairies*« spielt er seine Abenteuer selbst und feiert große Tourneeerfolge. Seine Idee von der Wildwest-Show verhilft William Cody 1883 auch zu internationalem Ruhm. Nach immer ausverkauften Vorstellungen in den USA transportiert er eine Crew von 600 Mitwirkenden und 500 Rindern, Pferden und Büffeln in die Alte Welt und führt den staunenden Europäern den »Wilden Westen« vor: Büffeljagden, Indianerüberfälle auf Wagenburgen, Schlachten zwischen Armee und Sioux und nie gesehene Reit- und Schießkapriolen mit Buffalo Bill als Hauptakteur. Sogar der Adel ist begeistert, und Kaiser Wilhelm beglückt seine Offiziere mit Nachhilfestunden in Logistik durch den großen Organisator aus Amerika.

Das Aufkommen des Kinos läutete indessen den Niedergang der teuren Live-Show ein. Es konnte Wildwest-Abenteuer billiger und in rascher Folge produzieren. Hohe Tourneeverluste entstanden, und bald waren die einst verdienten Millionen aufgebraucht. 1913 kamen die Reste von Bill Codys Wildwest-Imperium unter den Hammer. Er selbst machte weiter bis zum 70. Lebensjahr und trat im Zirkus und auf Showbühnen auf, bevor er am 10. Januar 1917 in die ewigen Jagdgründe einging. Buffalo Bill wurde auf dem **Lookout Mountain** bei Denver begraben; ➤ Seite 759 und www.buffalobill.org.

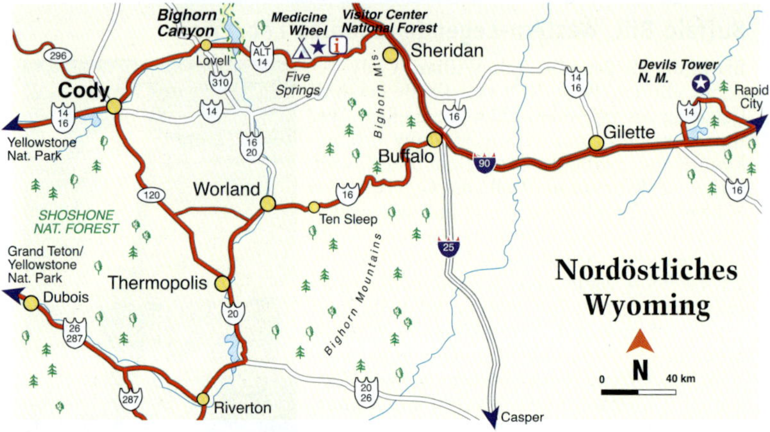

Durch Wyoming

Zur Fortsetzung der Fahrt von Cody über die **Bighorn Mountains** nach Osten stehen mehrere entfernungsmäßig nicht sehr voneinander abweichende Routen zur Wahl.

Gooseberry Badlands

Dank schöner Sandsteinformationen ist die **Straße #120** nach Thermopolis am eindrucksvollsten. Fans von Erosionslandschaften könnten am Weg, ca. 50 mi südlich von Cody, einen Abstecher (14 mi retour) zu den ***Gooseberry Badlands*** in Erwägung ziehen. Vom *Trailhead* an der #431 führt ein 2,5 km langer Rundweg vorbei an rötlichen Lehmhügeln und Steintürmchen.

Thermopolis

Das Städtchen **Thermopolis** wirbt mit der **weltgrößten Mineralquelle**, den *Rainbow Terraces* am Ufer des Bighorn River, heute Teil des ***Hot Springs State Park***. Eine kleine Menge der dort täglich ausgeschütteten 30.000 Liter wird umgeleitet und auf Badetemperatur abgekühlt. Die Benutzung des ***Bath House*** ist gratis (Mo-Sa 8-17.30 Uhr, So ab 12 Uhr). Der kuriose ***Tepee Fountain*** an der West Pioneer St sollte man auch kurz anschauen; http://wyoparks.state.wy.us/index.php/places-to-go/hot-springs (➤ *Maps & Brochures*).

Auf jeden Fall einen Besuch wert ist das ***Wyoming Dinosaur Museum***, eines der besseren seiner Art in den USA; 110 Carter Ranch Road; im Sommer täglich 8-18 Uhr; $10, Kinder $8 bzw. mit »*Dig Tour*« zu einer Ausgrabungsstätte $18,50/$14,50). Man kann aber auch live bei den Ausgrabungen auf der ***Wind River Ranch*** dabei sein; »*Dig for a Day*«, täglich 8-16 Uhr; $150, Kinder $100; Anmeldung erforderlich: www.wyomingdinosaurcenter.org.

Ringsum beuten weitere »Planschparks« die Quellen aus. Nördlich der Stadt (in Richtung Worland) dürfen sich Camper im ***Fountain of Youth RV Park*** zwischen #20 und Eisenbahnschienen an Thermalschwimmbecken im Grünen erfreuen; Zelte $30, RVs ab $40; © (307) 864-3265; https://camphotsprings.com.

Ten Sleep Canyon/#16

Ohne Umweg über Thermopolis erreicht man auf der **Kombination #120/#431** die Ortschaft **Worland**. Die von dort weiterführende **#16** ist die am besten ausgebaute und gleichzeitig – im Abschnitt durch den ***Ten Sleep Canyon*** bis hinauf zum ***Powder River Pass*** in 3.000 m Höhe – **spektakulärste Strecke** über das Bighorn-Gebirge. Entlang der #16 findet man einige ***NF Campgrounds*** in schöner Lage an klaren Flüsschen sowohl im Tal (u.a. *Leigh Creek*) als auch in der Höhe abseits der Durchgangsstraße.

Straße #14

Die **Straßen #14/#14A** verlaufen östlich von Cody eintönig durch die Prärien zwischen Rocky und Bighorn Mountains. Auch sie klettern über Passhöhen im 3.000 m-Bereich und führen durch einsame Gebirgslandschaften, in denen sich ***NF Campgrounds*** verstecken.Wer in den Hochlagen campen möchte, muss bedenken, dass **Nachtfröste** selbst im Juli/August nicht selten sind.

Straße #14A

Auf der nördlichsten Verbindung (**#14A**) passiert man die Zufahrt zur ***Bighorn Canyon Nat'l Recreation Area***. Der Stausee des Bighorn River erfreut sich wegen seiner abseitigen Lage an der Grenze zu Montana, der kargen Umgebung und der oft graubraunen Trübung des Wassers keiner allzu großen Beliebtheit. Der Blick vom ***Devil's Canyon Overlook*** (➤ Foto unten) tief hinunter auf das dort zwischen den Steilwänden eingezwängte *Bighorn Reservoir* ist dennoch reizvoll; Zufahrt über die #37, ca. 18 mi vom *NRA Visitor Center* in Lovell; $5 oder *Interagency Pass*; www.nps.gov/bica.

Five Springs

Beim Aufstieg zu den Bighorn Mountains befinden sich, 22 mi östlich von Lovell, die hübschen ***Five Springs Falls*** mit einem einfachen *BLM-Campground*. Die Handvoll Stellplätze (bis auf einen nur Zelte) sowie Picknick- und Grillmöglichkeiten fügen sich idyllisch in die Landschaft unterhalb der Fälle ein. Die enge, steile 2-mi-Zufahrt ist nicht für Fahrzeuge >25 Fuß geeignet.

Medicine Wheel

Etwa 6 Meilen weiter an der #14A zweigt hoch in den Bighorns eine *Gravel Road* zum ***Medicine Wheel*** ab, einem rätselhaften »Rad« mit zahlreichen aus Steinen zusammengelegten »Speichen« von 25 m Durchmesser auf einem Plateau beim Medicine Mountain. Rundherum befinden sich weitere künstliche Felsgebilde, deren Herkunft und Sinn im Dunkeln liegen. Nach kurzer Anfahrt erreicht man *Ranger Station* und Parkplatz; von dort geht es dann zu Fuß zum *Medicine Wheel* (noch ca. 2,5 km).

Bighorn Canyon

Bighorn Mountains

Wer **einsame Gebirgswelt** fern vom touristischen Hauptbetrieb sucht, wird mit den Bighorn Mts besser bedient als mit den Rocky Mountains im gleichnamigen Nationalpark oder den Grand Tetons. Nicht einmal in der **Höhe** stehen die Gipfel der *Bighorns,* einer Teilformation der nordamerikanischen Kordillere (➤ Seite 17), den *Rokkies* sonderlich nach. Ein **Geheimtipp** unter *Outdoor*-Enthusiasten ist die ***Cloud Peak Wilderness Area***, ein großes Gebiet rund um den 4.013 m hohen Gipfel des Cloud Peak; www.fs.usda.gov/bighorn. Ein ***National Forest Visitor Center*** kurz nach dem Zusammentreffen der Straßen #14/#14A bei Burgess Junction hat Karten, und eine *Campground*-Übersicht; www.bighornmountains.com. Östlich der Berge in Dayton sind die Nächte nicht mehr so kalt, z.B. im ***Foothills Motel & Campground*** mit Bademöglichkeit und einfachen Stellplätzen; \$76-\$34; www.foothillscampground.com.

Ostseite der Bighorns/ Sheridan

Die größten Orte im Einzugsbereich der *Bighorns,* aber bereits im Tiefland, sind **Sheridan** und **Buffalo** (gemeinsam nur 20.000 Einwohner). Beide Western-Städtchen sind als Zwischenstation sind sie mit ihrer dichten Infrastruktur gut geeignet. Im größeren Sheridan gibt es gut **20 M/Hotels**, sie reihen sich entlang der Main und Coffeen Avenue zu recht moderaten Tarifen. Das historische ***Sheridan Inn*** am Broadway/5th St mit einer langen Liste illustrer Gäste ist heute ein ***Nat'l Historic Landmark***. Die Zimmer sind dort nicht ganz billig (im Sommer ca. \$190). Im angeschlossenen Restaurant wird *American Cuisine* serviert; www.sheridaninn.com. In der East Alger St steht außerdem das ***Sanford's Grub Pub*** (& *Brewery*).

Buffalo

In Buffalo ist die **Moteldichte ebenfalls hoch**, vor allem an der #16 durch den Ort von/bis zur I-25/I-90. Wildwest-Flair hat das nostalgische ***Occidental Hotel*** an der 10 N Main St; ✆ (307) 684-0451; www.occidentalwyoming.com. Sehr ungewöhnlich für die USA ist der riesige *Swimming Pool* im ***Washington Park*** (gratis).

Rodeos

Wie es sich für Wyoming gehört, finden im Sommer **Rodeos** statt, in **Sheridan** das große **Wyoming Rodeo** am 2. Wochenende im Juli, in **Buffalo** mit ***Fair*** am 2. Wochenende im August, außerdem in **Buffalo** Mai-Juli jeweils dienstags *Cowgirls Rodeo* und mittwochs *Lions Club Rodeo* bis August, dann auch freitags Rodeo.

Weiterfahrt nach Süddakota

Keine 2,5-Std-Fahrt trennt Buffalo vom US-Bundesstaat South Dakota, wo die sog. »**Great 8**« warten: der **Missouri River**, der **Badlands Nationalpark**, in den Black Hills die Denkmäler ***Mount Rushmore*** und ***Crazy Horse***, zwei Höhlensysteme ***Wind Cave*** und ***Jewel Cave***, der ***Custer State Park*** sowie das historische **Deadwood**.

Ein Turm aus Lavasäulen (Devils Tower) erhebt sich aus der Prärie im Nordosten von Wyoming

7.2.5 Die Black Hills Region

Anfahrt Black Hills über Devils Tower, Lead und Deadwood

Geschichte

Von Buffalo geht es auf der *Interstate* #90 rund 100 mi durch eintönige, hügelige Weidelandschaft (*Grasslands*), bevor man die nordwestlichen Ausläufer der **Black Hills** erreicht, ein aus den umgebenden Prärien herausragendes, seenreiches **Mittelgebirge** im Grenzgebiet von Süddakota und Wyoming. Goldkieferwälder lassen die Berge aus der Ferne dunkel/schwarz erscheinen, was ihnen zu ihrem indianischen Namen (*He Sapa*) verhalf.

Einst waren die Black Hills heiliges Land der **Sioux-** und **Cheyenne-Indianer**. Es wurde ihnen 1868 von der US-Regierung in einem von zahlreichen, kurzlebigen Verträgen dieser Art als unantastbarer Landbesitz zugesprochen. Vorbei war es aber damit schon 1875, als in den »Schwarzen Bergen« **Gold** entdeckt wurde. Tausende von Prospektoren strömten ungehindert ins Indianerland und die Obrigkeit unternahm nichts gegen den **Vertragsbruch** durch die eigenen Bürger. Zwar wehrten sich die Sioux verzweifelt und errangen auch 1876 am ***Little Bighorn River*** gegen die US-Armee unter **General Custer** noch einmal einen großen Sieg, aber die Black Hills blieben verloren. Weitere Massaker folgten, bekannt wurde vor allem ***Wounded Knee*** **1890** (➤ Seite 746). Die überlebenden Sioux wurden in Reservate nach Montana und Süddakota zwangsumgesiedelt.

Situation heute

Heute ist die Region wieder eine wahre »Goldgrube« und zieht alljährlich **Millionen von Touristen** an. Für die Bevölkerung der benachbarten Präriestaaten sind die Black Hills im Sommer wie auch im Winter die attraktivste Landschaft weit und breit. Außerdem bilden die **Präsidentenköpfe im Granit des *Mt Rushmore*** einen Anziehungspunkt, den jeder aufrechte Amerikaner mind. 1x in seinem Leben gesehen haben muss. Touristen aus Europa mag **Keystone und Umgebung** auf ersten Blick vielleicht nicht als vorrangiges Ziel erscheinen, ist aber durchaus ein Geheimtipp mit einer ganzen Reihe von Wildwest-Städtchen und landschaftlichen Höhepunkten.

Devils Tower NM

Eintritt $25/Auto $15/Person oder Interagency Jahrespass

Gerade noch in Wyoming erreicht man das ***Devils Tower National Monument*** von der I-90 über die Straßen #14 und #24 (35 mi). Der Teufelsturm, ein abgeplatteter Klotz aus Säulenbasalt, erhebt sich weithin sichtbar **270 m** über die auslaufenden Black Hills. Die Geologen interpretieren ihn als ***Volcanic Plug***, den erkalteten Kern eines Vulkans, dessen umgebendes, weicheres Gestein nach und nach wegerodiert ist. Plastisch und detailliert wird dieser Vorgang im Besucherzentrum erläutert; www.nps.gov/deto. Einer Lakota-Legende zufolge wurden an der Stelle einst kleine Indianermädchen von einem Grizzly bedroht. Der »Große Geist« intervenierte und ließ die Erde unter ihnen anheben, so dass sich der Bär nur noch an den Flanken des neuen Turms festkrallen konnte (=die vielen Furchen, die man dort heute sieht). Im Film »Unheimliche Begegnung der dritten Art« von Steven Spielberg kommt ihm noch eine andere Bedeutung zu, als Landeplatz der Außerirdischen.

Besonders **beliebt** sind die Hänge des *Devils Tower* bei Kletterern. Der Normalbesucher begnügt sich mit dem Rundwanderweg am Fuße des Berges (ca. 2 km). Die dafür notwendigen kaum mehr als 30 min sollte man sich nehmen. An Sommertagen gibt es fast immer Kletterkünstler in den Steilwänden; sie zu beobachten ist ein Erlebnis. Auch die vielen possierlichen **Schwarzschwanz-Präriehunde** in Parkstraßennähe sorgen für reichlich Unterhaltung.

Der ***Campground*** des *National Monument* liegt schön am Belle Fourche River, einem klaren Fluss mit Schwimmlöchern, der sich auch bestens fürs *Inner Tubing* eignet, ➤ Seite 38.

Man spart auf schöner Strecke einige Meilen, wenn man über die **Straße #24 *East*** und **#111** auf die I-90 zurückkehrt.

Spearfish Canyon Road #14A

In den **nördlichen Black Hills** in South Dakota, nur wenige Meilen südlich der I-90, liegen Deadwood und Lead, zwei historische Goldrausch- und Minenstädte. Von der I-90 sollte man Lead über die **#14A** durch den pittoresken ***Spearfish Canyon*** ansteuern. Sie führt gut 18 mi am gleichnamigen Creek entlang (mit Picknickplätzen am Ufer) nach Cheyenne Crossing. Beim *NF Visitor Center* in **Spearfish** (*Exit* 10) gibt es ein Faltblatt zu diesem ***Scenic Byway***.

Kurz die Füße vertreten könnte man sich in Savoy. Zu den hübschen ***Spearfish Falls*** führt ein Pfad ab dem *Latchstring Restaurant* (1,2 km; 30 HM). Noch schneller sind die Wasserfälle der ***Roughlock Falls State Nature Area*** an der Forststraße #222 erreicht; Abzweig unmittelbar vor der ***Spearfish Canyon Lodge*** (recht gute Zimmer im Hochsommer ab ca. $150; ✆ 1-877-975-6343, www.spfcanyon.com). Sehr schön und beliebt ist in diesem Schutzgebiet auch der 3 km lange Rundweg, der dem idyllischen Flusslauf folgt. Noch etwas höher an der #222 wartet der kleine ***NF Campground Rod & Gun*** ($18; 3 mi ab der #14A), einer der Schauplätze in »Der mit dem Wolf tanzt« (*Oscar* »bester Film« 1991).

Lead

Am Südende der *Mile High City* **Lead**, passiert man das Riesenloch der ***Homestake Goldmine***, die 2002 stillgelegt wurde. Eine Ausstellung gibt Einblick in die *Black Hills Gold Rush*-Ära und in die heutigen Forschungsarbeiten in der Mine (u.a. mit Neutrinos); 160 W Main Street; Touren $8; www.sanfordlabhomestake.com.

Deadwood

Die authentischen Fassaden und **urigen Kneipen** im Western-Look machen Deadwood zu einem ausgesprochen attraktiven Ziel in den Black Hills. Seit in der Stadt die (außer in Indianerreservaten) sonst in South Dakota illegalen Glücksspiele ***Poker*** und ***Black Jack*** zur Abrundung der historischen Realität wieder zugelassen und auch ***Slot Machines*** aufgestellt wurden, sind die Besucherzahlen enorm gestiegen. In der ***Historic Main Street*** verbirgt sich nun so ziemlich hinter fast jeder Fassade eine kleine Spielhölle.

Shoot-outs

Im Beiprogramm gibt's im Sommer Mo-Sa ***Shoot-Outs*** vor den Hotels *Tin Lizzie* (14 Uhr), *Celebrity* (16 Uhr) und *Franklin* (18 Uhr). Ebenso fester Bestandteil der Touristensaison ist die unendliche Wiederbelebung der dramatischen Ermordung der Wildwest-Größe **Wild Bill Hickock**. Gleich mehrfach am Tag lässt man ihn den Sommer über im ***Saloon No.10*** an der Main Street sterben.

Die Festnahme des Mörders Jack McCall wird Mo-Sa um 19.30 Uhr vor dem *Saloon* inszeniert, die anschließende Verurteilung im *Masonic Building*; Eintritt $6/$3; www.deadwoodalive.com.

Friedhof

Den Beweis für die einst reale Existenz der Hauptakteure liefern die Gräber von *Wild Bill* und seiner ebenfalls im Wildwest-Ruhm unsterblichen Freundin **Calamity Jane** auf dem Friedhof ***Mount Moriah Cemetery*** (am Ende der Lincoln Street).

Viele **Quartiere** in Deadwood befinden sich in Fußgängerdistanz zum Zentrum oder an einer ***Trolley Route***, die Hotelgäste von der westlichen Charles Street in die Stadt befördert.

Sehenswerter ist an der #85 ca. 1 mi nördlich der Stadt der Skulpturenpark ***Tatanka: Story of the Bison*** von Kevin Costner mit einem kleinem Museum und Führungen durch Lakota-Indianer (im Sommer 10, 11.30, 13 + 14.30 Uhr); $12/$5; www.storyofthebison.com.

Routen durch die Black Hills

Touristisches Hauptziel in den Black Hills ist das ***Mount Rushmore Memorial***. Wer keinen Abstecher zum ***Badlands NP*** plant, kann Rapid City links liegen lassen und über den ***Black Hills Parkway*** (#385) und **Keystone** direkt dorthin fahren (im Sommer ist das Verkehrsaufkommen meist hoch); www.blackhillsbadlands.com.

Bei Fahrtziel *Badlands NP* empfiehlt sich daher die **Kombination #14A/I-90** durch den ***Boulder Canyon*** und **Sturgis**. Enormer Besucherandrang herrscht in dieser Kleinstadt Anfang August während der 10-tägigen ***Motorcycle Rally*** und Ende August/Anfang Sept bei der ***Mustang Rally***. Ganzjährig sind tolle historische Motorräder im ***Sturgis Motorcycle Museum*** zu bewundern; $10 (2. Person -50%).

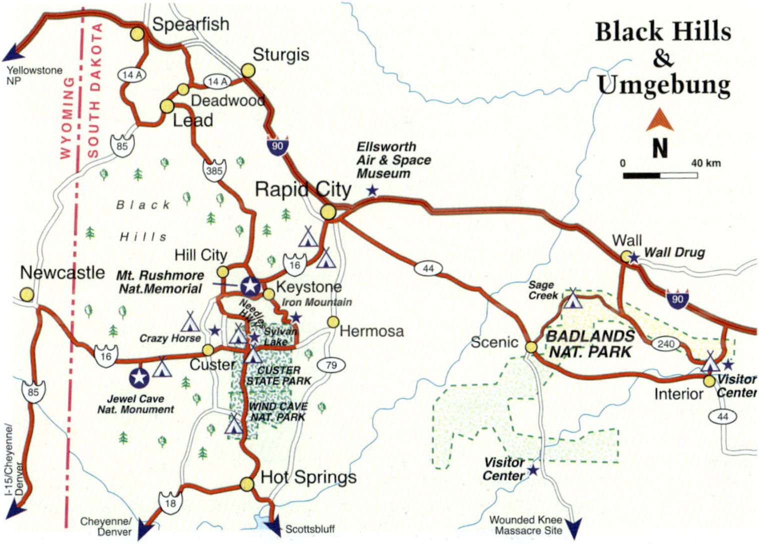

Pittoresk von Felsen umsäumter Sylvan Lake mitten in den Black Hills, *➤ Seite 748*

Rapid City

In Richtung *Badlands Nat'l Park* führt kein Weg an **Rapid City** vorbei, die 1876 von Goldgräbern gegründet wurde. Sie fungiert damals wie heute als **östliches Eingangstor zu den Black Hills** und ist mit 75.000 Einwohnern die mit Abstand größte Stadt in mehreren hundert Meilen Umkreis. Als Basislager für eine mehrtägige Erkundung des Nationalparks und der *Hills* eignen sich alternativ die Ortschaften **Custer** oder **Hill City** und allen voran **Keystone** (➤ Seite 747) mit einer ebenfalls größeren Auswahl an Unterkunftsmöglichkeiten.

Information

Gleich zwei Büros sind für die Touristen zuständig: die ***Visitor Info*** der Stadt befindet sich im Zentrum am Main St Square (tägl. 8-17 Uhr), die große ***Black Hills Info*** beim *Exit* 61 der I-90 (1851 Discovery Circle; tägl. 8-17 Uhr, im Sommer meist auch länger).

Für die Planung sehr hilfreich sind der ***Rapid City Guide*** (auch online: www.visitrapidcity.com/request-visitors-guide) sowie das Heft ***Exploring the Black Hills & Badlands*** (www.blackhillsbadlands.com/publications/exploring-black-hills-badlands-vacation-guide).

Unterkunft

Die Bettenkapazität von Rapid City ist überschaubar, so dass es im Hochsommer und generell an Wochenenden von *Memorial* bis *Labor Day* eng werden kann (ganz speziell während der großen **Events in Sturgis** im August, ➤ umseitig). Die meisten H/Motels ballen sich im Norden/Nordosten der Stadt rund um die I-90 *Exits* 59 und 61 sowie an der Mount Rushmore Road (#16) bei der südlichen Stadtausfahrt. Die Ketten der Mittelklasse sind gleich mit mehreren Häusern vertreten. Die Tarife sind aber stark saison- und auslastungsabhängig (im Frühling ab $40, im Sommer ab $80). Zu den hinsichtlich Preis-Leistungs-Verhältnis empfehlenswerten Häusern im Sommer gehören:

H/Motels

- ***Big Sky Lodge***, 4080 Tower Road, günstig gelegen an der #16 in Richtung Black Hills mit schönem Blick zurück auf die Stadt; ab $109; ✆ 1-800-318-3208, www.bigskylodge.com
- ***Grand Gateway Hotel***, 1721 N Lacrosse St (I-94/*Exit* 59), etwas gehobeneres Haus mit gepflegten Zimmer ab ca. $125; ✆ 1-866-742-1300, www.grandgatewayhotel.com

- ***Alex Johnson (Hilton) Hotel***, 523 6th Street im Zentrum, historische Herberge mit (innen) Nostalgie-Western-Look; sehr gute Zimmer ab ca. $180; ✆ 1-888-729-0708, www.alexjohnson.com.

Weitere Motels stehen in Wall an der I-90 beim *Badlands Nat'l Park* (➤ Seite 745). In Rapid City und den Black Hills gibt es einige B&B-Unterkünfte, z.T. auch **auf schönen *Ranches***. Eine Übersicht findet man unter www.blackhillsvacations.com/places-to-stay/lodges-resorts-bed-and-breakfasts.

Camping

Für einen längeren Aufenthalt in dieser Gegend empfehlen sich die *Campgrounds* direkt in den Black Hills, z.B. am Sylvan Lake ➤ Seite 748. Wer in Stadtnähe verweilen möchte, findet eine ganze Reihe kommerziell betriebener Plätze an der Mount Rushmore Rd (#16). Kaum Wünsche offen lässt an der #79 südlich von Rapid City das

- ***Hart Ranch Camping Resort***, 23756 Arena Drive; riesige Anlage mit Schwimmbecken, *Hot Tubs*, Golf- und Minigolfplatz u.v.m.; Zelte $32, *full hook-up* $75, auch hübsche *Cabins* ab ca. $100; ✆ 1-800-605-4278, www.hartranchresort.com.

Restaurants

Obwohl ein dichtes gastronomisches Angebot existiert, sind kulinarische Feste in Rapid City wohl nicht zu feiern. In Downtown sitzt man aber im ***Independent Ale House*** (625 Saint Joseph St) oder in der ***Firehouse Brewing Company*** (610 Main St) schön und bekommt Bierspezialitäten sowie etwas Ordentliches zu essen.

Während der Sommersaison eine Alternative zum Üblichen bieten ***Chuckwagons*** wie in der ***Fort Hays Old West Town*** 6 mi südlich der Stadt an der #16. Nach Verzehr der rustikalen Cowboy-Kost läuft die *Country-Western-Show*; täglich pünktlich um 18.30 Uhr; $34, Kinder (5-12) $17; https://mountrushmoretours.com. Weitere *Chuckwagon*-Attraktionen findet man an der Straße #87 im *Custer State Park* (***Blue Bell***) und bei Hill City (***Circle B***).

Black Hills Souvenirs

Typische Produkte aus der Region sind Schmuckstücke, hergestellt aus ***Black Hills Gold***. Einen Souvenirshop ungeheuren Ausmaßes findet man beim *Visitor Center* des *Mount Rushmore*. Beeindruckend ist aber allen voran das **Kunsthandwerk der Sioux-Indianer**, erhältlich z.B. im Shop des Museums *The Journey* (➤ unten) oder in der ***Prairie Edge Gallery*** an der 606 Main St/Ecke 6th St; unübertroffenen, leider auch die Preise; www.prairieedge.com.

Museen

Lebensgroße **Bronzeskulpturen ehemaliger US-Präsidenten** schmücken Downtown. Auch einige Museen verdienen Erwähnung: Das in einem modernen Bau untergebrachte ***The Journey*** widmet sich der Geschichte der Black Hills, den Dinosaurierfunden sowie den Sioux-Indianern; 222 New York St; im Sommer Mo-Sa 9-18 Uhr und So 11-17 Uhr; $12, Kinder $7; www.journeymuseum.org.

Das ***Dahl Fine Arts Center*** beherbergt Wanderausstellungen sowie ein 60 m langes, leicht naiv-verklärendes Rundum-Wandbild, das durch 200 Jahre (weißer) amerikanischer Geschichte bis zum Aufbruch ins Weltall führt; 713 7th Street; Mo-Fr 10-18 Uhr, Sa bis 17 Uhr; Eintritt frei, aber $5 Spende erbeten; www.thedahl.org.

Kommerzielle Attraktionen

Außer in Museen können sich die Besucher von Rapid City in kommerziell betriebenen Attraktionen der Umgebung die Zeit vertreiben. Ob in den ***Reptile Gardens*** mit Reptilien aller Art, im riesigen ***WaTiki Indoor Waterpark***, in **Goldminen** mit Waschpfannen (Erfolg garantiert) oder illuminierten **Höhlen** und bei Untergrund-Wasserfällen, die Möglichkeiten für ein volles Programm sind vielfältig, aber durchweg mit hohen Eintrittspreisen verbunden.

Interessant mit Kindern könnte ein Ausflug in den ***Wildlife Park Bear Country*** sein, wo man im eigenen Auto auf »Bärensafari« gehen und in einem kleinen Gehege noch den **Babybären** beim Herumtollen zusehen darf; an der #16 südl. der Stadt; im Sommer 8-19/18 Uhr; $18/$12; www.bearcountryusa.com.

Zwischen **Hill City** und **Keystone** verkehrt außerdem der beliebte ***1880 Train*** mit Dampflok auf den Gleisen der alten Goldgräberzüge. Das Rundtrip-Ticket kostet $29/$14. An ausgewählten Tagen im Juni/Juli/August kann man bei der Fahrt in Richtung Keystone sogar einen inszenierten Raubüberfall mit Schießerei und viel Action erleben: www.1880train.com/old-west-shootout.html.

Kostenfreie Besucherziele

Gratis ist der ***Dinosaur Park***. Seine knallgrünen Zementdinos beeindrucken zwar nicht einmal mehr Kinder, aber dafür bietet sich von der Anhöhe ein weiter Blick über Rapid City; 940 Skyline Dr, über die Quincy St (ausgeschildert ab der #16); im Sommer zugänglich 8-22 Uhr. Auch bei der Stabskirche ***Chapel on the Hills*** am westl. Stadtrand (3788 Chapel Lane) wird kein Eintritt verlangt.

Besuchenswert ist das ***South Dakota Air & Space Museum*** rund 10 mi östlich von Rapid City (I-90, *Exit* 67B). Der Zutritt in die Ausstellungshalle sowie zum eindrucksvollen ***Open-Air Park*** mit zahlreichen ausgemusterten Militärflugzeugen und Raketen ist kostenlos; zugänglich Juni-September 8.30-18 Uhr, sonst bis 15/16.30 Uhr; www.sdairandspacemuseum.com. Die Bustouren durch die umliegende *Ellsworth Air Force Base* sind nur für US-Amerikaner. Sie ist die Kommandozentrale einer weltweit einsatzfähigen Vernichtungskapazität von Interkontinentalraketen und einer Flotte von überschallschnellen Langstreckenbombern. Einige davon werden immer noch rund um die Uhr atomar bestückt startbereit gehalten.

Yellow Mounds im Badlands NP

Exkurs

Abstecher zum Badlands National Park

Wer bis zu den Black Hills reist, sollte auf einen Abstecher zum *Badlands NP* nicht verzichten. An der I-90 am Weg befindet sich neben dem Ort **Wall** (*Exit* 109) und dem ***Air & Space Museum*** (*Exit* 67B, kostenlos; ➤ links) noch eine *National Historic Site*:

Minuteman II Missile NHS

www.nps.gov/mimi

In *Interstate*-Nähe verbergen sich die unterirdischen Silos der mit Nuklearsprengköpfen bestückten Interkontinentalraketen vom Typ ***Minuteman II*** aus der Zeit des Kalten Krieges. Einen guten Einblick in die Thematik vermitteln die Ausstellung und der 30-min-Film »Beneath The Plains« im *Visitor Center* (**Exit 131**; tägl. 8-16 Uhr). Zwei Silos können auch besucht werden: ***Delta 09 Silo*** beim ***Exit* 116** (Dillon Pass Rd; tägl. 9-15 Uhr, *self-guided Tour* für Smartphone-Besitzer: www.nps.gov/thingstodo/mimi-delta09cellphonetour.htm). Wer mehr sehen und wissen will, bucht eine 45-min-Ranger-Führung zum ***Delta 01 Silo*** (***Exit* 127**; täglich 9-15 Uhr; Kosten $12; Kinder erst ab 6 Jahre!), Reservierung im Voraus nötig: www.nps.gov/mimi/planyourvisit/launch-control-facility-delta-01-tours-and-tickets.htm. Über 150 solcher Anlagen befanden sich einst östlich der Black Hills verteilt auf 35.000 km². Die Nachfolgemodelle *Minuteman III* stehen nach wie vor einsatzbereit in den *Great Plains*.

Wall Drug

Wall beim ***Exit* 109**, nördlich der westlichen Zufahrt zum *Badlands NP*, ist Heimat des größten und kuriosesten ***Drug Store*** der USA; www.walldrug.com. Der aus vielen Läden, Snack Bars und Ausstellungen zusammengesetzte Komplex ist wie ein *Shopping Center* mit Museen. Alles hat damit begonnen, dass die Gründer (in den 1930er-Jahren) die Idee hatten, Autofahrer mit ***Coffee for 5 Cents*** *und* ***Free Ice Cubes*** in ihren Laden zu locken. Beides gibt es heute noch. *Wall Drug* macht über Hunderte von Meilen auf sich aufmerksam und wurde zu einer eigenständigen Touristenattraktion, die einen Stopp verdient. ***Motels*** (*Super 8, BW, EconoLodge*) sowie ***Campgrounds*** fehlen dort auch nicht.

Badlands National Park

Eintritt $30/Auto oder Interagency Jahrespass

Gleich zwei I-90 *Exits* kommen für die Zufahrt in Frage: Die ***Badlands Loop Road*** (#240) macht einen Schlenker durch den nördlichen Teil des Nationalparks und verbindet dabei die ***Exits* 110** (bei Wall) und **131** miteinander. Das ***Ben Reifel Visitor Center*** mit Infos zum geologischen Ursprung und zu der Geschichte dieser ungewöhnlichen Gegend befindet sich beim Osteingang. Es macht daher Sinn, die Erkundung ab *Exit* 131 zu beginnen. Das gilt vor allem, wenn im Anschluss ohnehin die Rückkehr in die Black Hills ansteht; www.nps.gov/badl.

Über diese Abfahrt passiert man am Weg eine Präriehund-Kolonie, das Mini-Freilichtmuseum ***Prairie Homestead*** (Grassodenhaus aus 1909) und nach der Parkeingang den ersten phänomenalen ***Overlook*** (*Big Badlands*). 2 mi später taucht die #240 in die Mondlandschaft ein. Bei sengender Sommerhitze fällt dort das Wandern schwer. Dann empfehlen sich allenfalls kürzere

Spaziergänge, z.B. auf dem nur 400 m langen ***Window Trail*** oder ***Door Trail*** (1,2 km retour), beide mit tollen Ausblicken in ***Cedar Pass***-Nähe. Etwas anstrengender ist der ***Notch Trail*** (2,4 km retour), bei dem es über eine leiterähnliche Vorrichtung zu weiteren Aussichtspunkten geht. Ähnliches gilt für den ***Cliff Shelf Nature Trail*** jenseits der Passhöhe (nur 800 m lang, aber 60 HM).

Hinter dem Besucherzentrum steht die einzige Unterkunft im Park, die ***Cedar Pass Lodge*** mit *Cabins* ($179) und *Campsites* auf fast vegetationslosem Terrain und ungeschützt gegen die häufigen Winde (Zelte $22, RVs $37); www.cedarpasslodge.com.

Badlands Loop Road

Hinter der *Lodge* wendet sich die **Parkstraße** dann nach Westen und folgt der Abbruchkante zwischen Prärie und *Badlands*. Zahlreiche Haltepunkte liefern immer wieder neue Eindrücke von der Vielfalt und -farbigkeit dieser bizarren Formationen. Unbedingt einen Stopp einlegen sollte man am ***Fossil Exhibit Trail*** (400 m retour), beim ***Panaroma Point*** und ***Burns Basin Overlook*** (beide mit rotgestreiften Lehmhügeln) sowie im Bereich der gelb-roten ***Yellow Mounds*** (➤ Foto Seite 744). Von dort führt eine Seitenstraße hinunter zur ***Conata Picnic Area*** zwischen den zerfurchten, ausgewaschenen Abhängen.

Sage Creek Rim Road

Westlich vom ***Pinnacles Overlook*** zweigt die ***Sage Creek Rim Rd*** von der #240 ab. Diese bei Trockenheit gut befahrbare Schotterpiste bietet weiterhin neue, wenngleich nicht mehr ganz so spannende Ausblicke. Auf diesem Weg gelangt man aber zur ***Roberts Prarie Dog Town*** und zum *Sage Creek Campground* (*first-come, first-served*, selten voll; gratis; kein Wasser!). Dort begegnen Besucher noch am ehesten den einst fast ausgerottteten, in den *Badlands* wieder heimisch gemachten ***Bisons*** (Büffel). Bessere Chancen bietet indes der *Yellowstone NP* (➤ Seite 730). Die *Sage Creek Rim Road* mündet nach nur 25 mi in die #44 bei **Scenic** ein, die zurück nach Rapid City führt (43 mi).

Wounded Knee

Wer sich intensiver für die Geschichte der Sioux interessiert, kann über die #27 weiterfahren zum Ort des berüchtigten Massakers am **Wounded Knee River**, wo die Kavallerie der US-Armee am 29. Dezember 1890 über 150 Indianer niedergemetzelt hat (49 mi südlich von Scenic). Zu sehen gibt es vor Ort praktisch nichts außer einem Friedhof und Gedenkstein. Mehr Einblick in die Geschehnisse bietet das ***Wounded Knee Museum*** in **Wall** (600 Main St) an der I-90 oder das ***White River Visitor Center*** in der Südostecke des *Badlands Nat'l Park* (20 mi südlich von Scenic). Auf dem entlegenen *Stronghold Table* hatten die Sioux-Indianer zuvor ihren letzten *Ghost Dance* abgehalten.

Fortsetzung der Reiseroute

Ohne Abstecher nach *Wounded Knee* geht es vom *Badlands NP* alternativlos zurück nach Rapid City und von dort unter Umgehung der – ggf. bereits besuchten – südlichen Black Hills auf der Straße #79 nach Hot Springs oder auf der Straße #16 nach Keystone, dem Zentrum des *Mount Rushmore*-Rummels.

Mount Rushmore und die Black Hills

Mount Rushmore

Eintritt = Parkgebühr $10/Auto

Von Rapid City leitet die Ausschilderung den kontinuierlichen Strom der Fahrzeuge unverfehlbar durch **Keystone** (mit guter, voll auf den Besucherandrang ausgerichteter Infrastruktur) zu den riesigen Parkplätzen/-häusern des ***Mount Rushmore Nat'l Memorial***. Über eine Allee von fahnengeschmückten Säulen für alle Bundesstaaten geht es in gerader Linie auf die von hoch oben die Szenerie überwachenden vier Präsidentenköpfe zu; www.nps.gov/moru.

Von der Aussichtsterrasse vor dem *Visitor Center* am Ende der Anmarschstrecke haben die Besucher freien Blick auf diese einzigartige bildhauerische Mammutleistung. Ein pausenloser Film erläutert die hehren Motive und die Arbeit (über 14 Jahre!) des von seiner Idee besessenen Schöpfers der über 20 m hohen Köpfe, Gutzon Borglum. Kritische Reflexionen über ein derartiges Monument ausgerechnet im ehemals sakrosankten Sioux-Gebiet kommen dort niemandem in den Sinn, dafür umso mehr ausgiebiger Einkauf im bombastischen Souvenirshop.

Am günstigsten ist ein **Besuch am Vormittag**, wenn die Sonne auf die Bergfront fällt. Zusätzlich könnte man einen **Abendbesuch** mit Flaggenparade und Mitsingen der Nationalhymne vor den dann illuminierten Präsidenten erwägen. Ein lohnenswerter Fotostopp an der #244 mit Washingtons Seitenansicht und einem extra dafür geschaffenen Parkplatz liegt nur 0,3 mi westlich der Ausfahrt. Weitere tolle Blicke auf alle »Köpfe« eröffnen sich außerdem bei der Anfahrt von Osten auf der #244 sowie durch den ***Doane Robinson Tunnel*** am nördlichen Abschnitt der *Iron Mountain Road* (#16A).

Custer State Park

Eintritt $20/Auto für 7 Tage

Südlich vom Mt. Rushmore erstreckt sich der ***Custer State Park***, der einige der landschaftlichen Höhepunkte der Black Hills umfasst; www.custerstatepark.info. Man erreicht ihn **ab Keystone** auf direktem Wege auf der kurvigen und engen *Iron Mountain Road* (Teil der #16A) oder **ab Rapid City** am schnellsten über die Straßen #79/#36 (keine 30 mi bis zur östlichen Parkgrenze).

Restriktionen für RVs: Sowohl die ***Iron Mountain Road*** als auch die schönste Strecke im Park, der ***Needles Highway*** (#87), winden sich serpentinenreich durch die Wälder der Black Hills und durch einige **einspurige Tunnel**, die für größere RVs problematisch sind.

Von links nach rechts: George Washington (1789–97), Thomas Jefferson (1801–09), Theodore Roosevelt (1901–09) und Abraham Lincoln (1861–65) am Mount Rushmore

Engstelle entlang des Needles Highway unmittelbar östlich der Eye of the Needle Formation

Zusammen mit der #16A zum Ort Custer, der *Horse Thief Lake Road* (#244) und der *Sylvan Lake Road* (#89) bilden sie den fantastischen ***Peter Norbeck Scenic Byway*** (insgesamt 70 Meilen). Die jeweiligen Abmessungen der Engstellen sind auf der *Park Map* vermerkt: https://gfp.sd.gov/parks/detail/custer-state-park/.

Needles Hwy

Am spannendsten ist das nördlichste Teilstück des ***Needles Highway*** in der Nähe des **Sylvan Lake**, das durch ein Gebiet voller **spitzer Granitnadeln** führt, die auch *Rockclimber* magisch anziehen. Die besten Formationen konzentrieren sich im Bereich rund um das Felsloch ***Needles Eye*** und auf den nächsten paar Meilen östlich des engsten Straßentunnels der Black Hills (➤ Foto oben).

Dem idyllischen, von Felsen überaus pittoresk eingefassten **Sylvan Lake** (➤ Foto Seite 742) nähert man sich mit größeren RVs am besten ab Custer über die breite #89. Der See lässt sich **leicht zu Fuß umrunden** oder per Kanu, Kajak oder Tretboot entdecken. Seine Strände laden im Sommer zu einem erfrischenden Bad ein. Wer eine traumhafte Aussicht auf die *Needles* genießen möchte, erklimmt den historischen ***Fire Tower*** am **Black Elk Peak**; *Trail #9* ab Parkplatz im Osten des Sees (13 km *Loop*, 420 HM; 4-5 Std).

Wildlife Loop

Beim **Besucherzentrum**, nur 2,5 mi von der Straßenkreuzung #36/#16A und der Osteinfahrt entfernt, startet die 18 mi lange ***Wildlife Loop Road*** durch das südliche Parkareal. Bisons, Dickhornschafe, Gabelböcke und Präriehunde lassen sich dort gerne blicken und bettelnde Wildesel schauen auch schon mal ungebeten durch's Autofenster rein. Am besten abends oder zeitig morgens! Ende September findet alljährlich das große ***Bison Roundup*** statt.

Camping

Der ***State Park*** verfügt über einige ausgesprochen schön gelegene Stellplätze (Zelte $21, mit *hook-up* $25) an der Straße #16A zwischen dem Besucherzentrum und dem Dorf Custer (z.B. im großzügigen *Game Lodge Campground*) und am **Sylvan Lake**. Zusätzliche Möglichkeiten bieten die ***NF Campgrounds Bismarck Lake*** ($26, nur Zelte, Abzweig von der #16A noch vor der Westausfahrt) und ***Comanche Park*** ($16, auch RVs, 6 mi hinter Custer).

Erwähnenswert wären auch zwei kommerziell betriebene Plätze:

- ***Custer's Gulch RV Park*** südlich der #16A unmittelbar bei der westlichen Parkausfahrt; Zelte $26, RVs $34-$54, **Blockhäuser** ab $60; ✆ 1-800-531-5923, www.custersgulch.com.
- ***Rafter J Bar Campground***, eine komfortable Camping-Superanlage in einem Wäldchen unweit der Kreuzung #16/#244 südlich von Hill City; im Sommer Zelte $43, *full hook-up* ab $62; ***Cabins*** ab $80; ✆ (605) 574-2527, www.rafterj.com.

In der Region »Black Hills« einen Stellplatz zu finden, ist nur selten schwierig, außer während der **Events in Sturgis** (➤ Seite 741). Dann muss man vorbuchen zu meist auch (viel höheren) Tarifen.

Custer

Dasselbe gilt für die Hotellerie im Ort Custer westlich des Parks. Zahlreiche Motels, Restaurants und *Fast Food Places* säumen dort die #16. Schöner schläft man aber in den nostalgischen Häusern des *Custer State Park Resort* (www.custerresorts.com):

- ***Sylvan Lake Lodge*** in allerbester Lage beim gleichnamigen See an der #87 mit Zimmern ab $165 und *Cabins* ab $220
- ***State Game Lodge*** an der #16A westlich des Besucherzentrums mit Zimmern ab $165 und *Cabins* ab $190.

Crazy Horse Memorial

Das gigantische Gegenstück zum *Mt Rushmore* lässt sich in Umrissen schon von der Straße #16/#385, 5 mi nördlich von Custer, recht gut erkennen. Das ***Crazy Horse Memorial*** soll nach Fertigstellung (noch nicht absehbar) den **Sioux-Häuptling Crazy Horse samt Pferd** als 171 m hohe Felsskulptur zeigen. Der bereits verstorbene Bildhauer Korzcak Ziolkowski begann auf Einladung der Indianer im Jahr 1948 mit der Sisyphusarbeit am harten Granit.

Mit den Eintrittsgeldern ($12 pro Person oder $30/Fahrzeug) und Spenden wird das Werkeln am *Memorial for all North American Indians* unterstützt, das der Tourist von einer Aussichtsplattform aus großer Distanz verfolgen darf. Auch inbegriffen sind der Besuch des *Indian Museum* sowie die **Lasershow**, die im Sommer abends auf den Berg projiziert wird. Näher an die laufenden Arbeiten ran, kommt man im Rahmen einer 25-minütiger Bustour; $4 extra pro Person; www.crazyhorsememorial.org.

Mt Coolidge

Wer beide *Memorials* auf einen Schlag (wiewohl aus weiter Ferne!) sehen und einen schönen Blick über den *Custer State Park* haben möchte, kann den ***Mount Coolidge Lookout Tower*** besuchen. Münzferngläser sind vorhanden; kurze steile, enge Anfahrt; 1,7 mi auf Schotter ab der #87, Abzweig 1,5 mi südlich der #16A.

Jewel Cave National Monument

Die ***Jewel Cave***, ca. 12 mi westlich von Custer, ist Teil des bislang nur ansatzweise erforschten riesigen Höhlensystems der Black Hills. An »Juwelen« erinnern ihre kristallinen Kalzitablagerungen. Beim *Visitor Center* (geöffnet 8-17.30 Uhr) starten ganzjährig geführte ***Scenic Tours*** (1,5 Stunden; $12/$8); im Sommer 15x täglich zwischen 9 und 16 Uhr, sonst seltener. Besucher können dort auch mit einer *Historic Latern* auf Entdeckungstour gehen oder an abenteuerlichen *Wild Caving*-Höhlenerkundungen mit Helm, Stirnlampe und Knieschutz teilnehmen; www.nps.gov/jeca.

Wind Cave Nat'l Park

Im Süden schließt der ***Wind Cave National Park*** direkt an den *Custer State Park* an. Auf dem Gelände dieses eher kleinen Naturschutzgebiets grasen Hunderte von Bisons und Präriehunde haben dort einige ***Prairie Dog Towns*** errichtet. Darunter erstrecken sich weitere Höhlenlabyrinthe, hier – anders als bei der *Jewel Cave* – mit wabenartigen *Boxwork*-Formationen. In der Begleitung von Rangern geht es durch den natürlichen Eingang in die *Wind Cave* ($12/$6) oder per Lift direkt hinunter in den »Garden of Eden« ($10/$5). Auch auf dem Programm: *Wild Cave Tours* oder mit *Candlelight* (wie die ersten Höhlenforscher); www.nps.gov/wica.

Der gute ***Elk Mountain Campground*** ($18) liegt in schöner Umgebung beim *Visitor Center* in der Südwestecke des Nationalparks.

Hot Springs

Ein letzter Abstecher von den Black Hills könnte der Ortschaft Hot Springs gelten. Die namensgebenden heißen Quellen rund um den Ort speisen den öffentlichen Badepool ***Evans Plunge*** mit Innen-/Außenbecken und Rutschen; im Sommer Mo-Fr 6-20 Uhr, Sa+So erst ab 10 Uhr; Eintritt $14/$10; www.evansplunge.com.

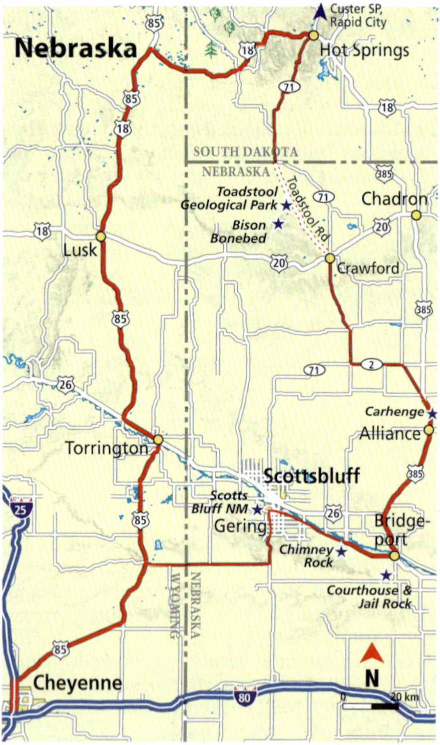

Bei naturhistorischem Interesse lohnt sich der Besuch der Ausgrabungsstätte ***The Mammoth Site*** an der südlichen Ortsumgehung #18. Die Knochenreste der vor 26.000 Jahren umgekommenen Mammuts wurden an ihren Originalfundplätzen belassen und präpariert; geöffnet Mai-Mitte August 8-20 Uhr, sonst bis 18 Uhr oder kürzer; Beischtigung $10, Kinder 4-12 Jahre $7; www.mammothsite.com.

Spannend für Pferdefreunde ist in der Gegend noch das ***Wild Horse Sanctuary*** und die ***Windcross Spanish Mustang Preserve***.

Carhenge

7.2.6 Von den Black Hills nach Colorado

Routen nach Süden

Von der Region »Black Hills« geht es auf der **#16** (etwa nach Besuch der *Jewel Cave*) oder über die Kombination #385/#89/#18 in Richtung Colorado. Beide Routen führen auf die **Straße #85 nach Cheyenne**, der Hauptstadt Wyomings. Diese Strecke durch die Südostecke des Staates, gleich ob über **Torrington** oder ab **Lusk zur I-25**, bietet keine besonderen Reize und kann rasch durchfahren werden. Das ***Fort Laramie***, eine *Historic Site* nordwestlich von Torrington, ist nur mäßig interessant; www.nps.gov/fola

Über Nebraska nach Cheyenne/Denver

Toadstool Geologic Park

Eine attraktivere, aber etwas zeit- und meilenaufwendigere Alternative wäre die Straße #385 durch Nebraska. Hierfür folgt man ab Hot Springs/South Dakota **entweder direkt der #385** nach Süden **oder** – wer etwas holprige *Gravel Roads* nicht scheut – **der #71/#2** mit einem Stopp am Rande der *Oglala* Prärielandschaft im ***Toadstool Geologic Park*** nördlich von Crawford.

Ein kurzer **Naturlehrpfad** führt ab den Picknicktischen und schattenlosem **Einfachstcampplatz** ($5) durch hellgraue *Badlands*. Größere »Steinpilze« wie im Südwesten darf man dort aber nicht erwarten. Zufahrt über die Toadstool Rd (Abzweig an der Nebraska-Grenze, ca. 37 Meilen südlich von Hot Springs), dann 11 mi bis zur *Forest Road* #902 und noch weitere 1,4 mi bis zum Ziel. Bei Trockenheit ist die Strecke Pkw-tauglich. Das gilt ebenso für die 12 mi vom Park nach Süden zurück zur #71/#2.

Bison Bonebed

Wer sich für Paläontologie interessiert, könnte noch gleich im Anschluss dem ***Hudson-Meng Bison Bonebed*** eine Stippvisite abstatten (6-mi-Abstecher etwas weiter südlich, auch an der Toadstool Road); geführte Tour durch die »Knochenhalle«, wo man Forschern bei den Ausgrabungen über die Schulter blicken darf, $5, Kinder $3. Im Sommer 9-17 Uhr, die letzte Tour startet um 16 Uhr.

Carhenge

Nicht versäumt werden sollte östlich von Alliance an der #385 das kuriose ***Carhenge***. Ähnlich wie in Maryhill, ➤ Seite 639, handelt es sich um eine Immitation des englischen Megalithkreises *Stonehenge*, der hier allerdings nicht aus Steinen besteht, sondern – wie der Name schon erahnen lässt – aus Autos. Mitten auf einer Ackerfläche wurden 38 in Einheitsgrau lackierte Oldtimer scheinbar »wild« übereinander gestapelt. Gleich nebenan befindet sich noch eine zusätzliche Reihe senkrecht in den Erdboden verbrachter Vehikel sowie weitere moderne »Kunstwerke«. Der Eintritt ist frei, aber Spende erwünscht; www.carhenge.com.

Oregon Trail Landmarken

Interpretive Center in Oregon, ➤ Seite 641

Nach der Überquerung des North Platte River bei Bridgeport warten 6 mi südlich an der Straße #88 die ***Courthouse & Jail Rocks*** auf Besucher. Sehenswerter ist aber auf der Fahrt nach Scottsbluff die weit aus der Prärie herausragende Felsspitze des ***Chimney Rock*** unmittelbar südlich der #92. Beide dienten, ebenso wie die Sandsteinklippen im ***Scotts Bluff National Monument***, als wichtige Landmarken entlang des ***Oregon Trail***; www.nps.gov/scbl.

Von der größten Völkerwanderung in der Geschichte Nordamerikas sieht man auch heute noch die Spuren, die die Planwagen der Siedler bei den Klippen von Scotts Bluff hinterlassen haben

Mitte des 19. Jahrhunderts überquerten auf dieser 3.100-km-Strecke Hunderttausende von Farmern mit ihrem Planwagen die *Rockies* und trugen so maßgeblich zur Besiedlung des Westens bei.

Von Scottsbluff geht es weiter nach Cheyenne – am raschesten über die #71 und dann auf der *Intertstate* #80 bzw. I-25.

Cheyenne

Die kleine **Kapitale** Cheyenne, mit rund 60.000 Einwohnern zugleich größte Stadt Wyomings vor Casper, Laramie und Rock Springs, unterscheidet sich von diesen im Wesentlichen durch das Regierungskapitol mit der unvermeidlichen goldenen Kuppel. Ansonsten wirkt sie genauso angenehm aufgelockert mit viel Grün im (Mini-) Zentrum wie langweilig. Denn »los« ist auch in der Hauptstadt nicht viel. Außer im Juni & Juli, da gibt's mehrfach in der Woche einen ***Gunfight*** mit rauchenden Colts; die Zeiten schwanken; für aktuelle Info dazu am besten in die ***Cheyenne Gunslingers*** Facebook-Seite schauen.

Überdimensionaler Cowboy-Stiefel auf der Depot Plaza in Downtown Cheyenne

Seit ein paar Jahren verschönern 18 von lokalen Künstlern gestaltete, 2,5 m hohe **Cowboystiefel** die City. Ein PDF für die selbstgeführte ***Big Boot Tour*** findet man zum Download unter www.cheyenne.org/things-to-do/attractions .

Höhepunkt des Jahres sind die ***Frontier Days*** vom vorletzten bis letzten Juliwochenende mit dem ältesten regelmäßigen und wahrscheinlich **größten Rodeo-Fest des Wilden Westens** ($17-$30). Zum täglichen Rodeo mit allen Schikanen wird ein umfassendes Beiprogramm auf Straßen,

Plätzen und Showbühnen der Stadt abgezogen. Zur Ausnüchterung reichen am Morgen Bürger Cheyennes das für jedermann freie ***Cowboy Pancake Breakfast*** vom Planwagen; www.cfdrodeo.com.

Alle Unterkünfte sind zu dieser Zeit langfristig ausgebucht und die Campingplätze voll. Für **RVs/Zelte** werden dann zusätzliche Plätze bereitgestellt; 11234 Coonrod Rd; www.lastchancecamp.com.

Museum

Wer's Ende Juli nicht nach Cheyenne schafft, muss sich mit dem Besuch des ***Frontier Days Old West Museum*** im Frontier Park begnügen; 4610 Carey Ave/Ecke 8th; Mo-Fr 9-17 Uhr, während der *Frontier Days* 8-19 Uhr, $10; www.oldwestmuseum.org.

Big Boy

Im *Holliday Park* (zwischen 5th Street und I-80) verbringt eine der weltgrößten Dampfloks, die ***Big Boy No. 4004*** der *Union Pacific Railroad,* ihren Lebensabend. Ein Muss für Eisenbahn-Fans!

Information

Das große ***Wyoming & Cheyenne Travel Info Center*** befindet sich südlich der Stadt (I-25, *Exit* 4), das Büro in Downtown am One Depot Square (121 West 15th Street); www.cheyenne.org.

Unterkunft

In Cheyenne stehen zahlreiche **H/Motels** an der Ost-West- (#30/**Lincolnway**) und Nord-Süd-Achse (#85/**Central Ave**). Fürs Campen kommen nur private Plätze in Frage, z.B. ***AB Camping*** (1503 W College Drive südöstlich des Autobahnkreuzes I-25/I-80; Zelte $23, *full hook-up* $46; www.campcheyenne.com) und ***Terry Bison Ranch*** (I-25 *Exit* 2, dann 3 mi; 51 E I-25 Service Road; Zelte $23, *full hook-up* $48; www.terrybisonranch.com).

Zum Rocky Mountain Park

Von Cheyenne bis zur Abfahrt **Loveland/Straße #34**, Zubringer zum *Rocky Mountain National Park,* sind es nur 50 mi (Einzelheiten zu Colorado ➤ Seite 518f). **Der malerische Verlauf der Straße #34 durch das Tal des Thompson River macht diese Route zur attraktivsten Anfahrt zum Nationalpark**. Nichtsdestoweniger folgt der Hauptstrom der Besucher aus dem Großraum Denver der direkten Straße #36 über **Boulder**, fast einer Vorstadt von Denver mit vielen Parks, Universität und hohem Freizeitwert.

Nach Denver

Die zusätzlichen Meilen zum Besuch Denvers lohnen bei knapper Reisezeit so recht nur, wenn bestimmte Ziele in oder um Denver besonders reizen, ➤ folgende Seiten. Denn **Denver gehört** – abgesehen von seiner Lage vor dem Panorama der *Rockies* und einiger Ziele westlich der Stadt – nach Meinung der Autoren **nicht zu den überdurchschnittlich spannenden amerikanischen Citys**.

Cowboys, Pferde und Rodeo: aus Wyoming nicht wegzudenken

7.2.7 Denver und Umgebung

Geschichte, Geographie, Klima und Information

Denver ist die einzige *Big City* zwischen Kansas und der Westküste. Ihre Metropolenfunktion für ein Einzugsgebiet von der Größe Westeuropas hat für schnelles Wachstum gesorgt.

Geschichte

1858 führten **Goldfunde** am Cherry Creek und South Platte River zu einem vorübergehenden *Boom* und der Errichtung des ersten *Saloons* in Colorado dort, wo heute Denver steht. Zwar verließ die Mehrheit der Prospektoren nach der Entdeckung von Goldadern im nahen Central City bald die – wie sich herausstellte – ziemlich unergiebigen Flussbetten um Denver, aber die junge, verkehrsgünstig gelegene 5.000-Seelen-Gemeinde partizipierte am Reichtum des nahen Nachbarn in den Bergen und wurde **1861 Hauptstadt des *Colorado Territory***. Dabei blieb es auch nach der Proklamierung des US-Bundesstaates Colorado im Jahr 1876. Bereits Ende des 19. Jahrhunderts hatte die Bevölkerung der Stadt die 100.000er-Marke geknackt. Heute leben dort über 700.000 Einwohner, im Großraum Denver sogar knapp 3 Millionen.

Geographie

Denver liegt 85 mi südlich von Wyoming im Zentrum der Westhälfte der USA in einer weitgehend ebenen Landschaft am Rande der **Prärien** des mittleren Westens. Zu ihnen gehören auch – für manche sicher überraschend – rund 40% des Territoriums von Colorado. Nur der Westteil des Staates wird von den Hochgebirgszügen der *Rockies* dominiert. Der Verlauf der **Nord-Süd-*Interstate* #25** markiert in etwa die Trennlinie zwischen den gegensätzlichen Landschaftsbildern. Auf die sich fast ohne Übergang erhebenden ***Foothills*** der Rocky Mountains stößt man in Nord-Colorado ca. 10-15 mi westlich der *Interstate* #25. Da die Prärien von Osten nach Westen stark ansteigen und vor Erreichen der Berge bereits eine Höhenlage von 1.600 m (= eine Meile) aufweisen, nennt sich die Hauptstadt Colorados auch gerne ***The Mile High City***.

Klima

Denver erfreut sich eines sonnenreichen Kontinentalklimas mit warmen, aber aufgrund der Höhenlage selten zu heißen Sommertagen. Die Winter sind wegen der Rocky Mountain-Barriere gegen Westen relativ schneearm. Regentage konzentrieren sich auf das Frühjahr und den Frühsommer. Beste Besuchsmonate sind August, September und der (frühe) Oktober. Selbst wenn in Denver die Sonne scheint, kann das Herbstwetter in den Hochlagen von Colorado wechselhaft und ungemütlich sein.

Anfahrt

Gleich aus welcher Richtung man anreist, ins Zentrum geht es mit dem Auto am schnellsten über die I-25, *Exit* »Colfax Ave« (#40/ #287 *East*). Alternativ gelangt man vom *Transit Center* des *Denver Internat'l Airport* (DEN) auch mit öffentlichen Verkehrsmitteln nach Downtown. Die ***A Line*** ist in nur 37 min beim zentral gelegenen Hauptbahnhof ***Union Station***; tagsüber im 15-min-Takt, sonst halbstündlich; $10,50; www.rtd-denver.com/airport.shtml.

Information

In der 5. Etage des *Airport Main Terminals* gibt es einen kleinen *Info Desk*. Das **Visitors Bureau** in Downtown befindet sich beim Fußgängerbereich der *16th Street Mall* und hat massenhaft Infomaterial zu Denver und Colorado; 1575 California St, geöffnet Mo-Fr 9-18 Uhr, Sa 9-17 Uhr, So 10-14 Uhr; guter *Online Guide*: www.denver.org/about-denver/denver-resources/visitors-guide.

Eine Plakette auf den Stufen zum State Capitol (ist innen absolut sehenswert!) weist auf deren Höhe exakt 1 mi über Meeresniveau hin (»Mile High City«)

Unterkunft, Camping, Restaurants

Airportbereich

Rund um den Flughafen (I-70 Abfahrten 284/285) und auch im Kreuzungsbereich I-70/I-270 sind die Hoteltarife hoch. Ein relativ gutes Preis-Leistungs-Verhältnis (im Sommer ab ca. $120) haben die Zimmer u.a. in folgenden Kettenhäusern:

- ***Econo Lodge Airport***, 15900 E 40th Ave, *Exit* 283 von der I-70
- ***Microtel Inn & Suites***, 18600 E 63rd Ave, © 1-800-337-0050.

Preiswertere Motels ballen sich an Denvers **Ausfallstraßen**, z.B. an der Arapahoe Road im Süden, *Exit* 197 von der I-25.

Downtown

In Downtown sind die Quartiere eher hochpreisig, im Hochsommer findet man aber auch dort gute Zimmer unter $200:

- ***Crowne Plaza***, 1450 Glenarm Place, sehr zentral gelegen; ab $130; © (303) 573-1450, www.hoteldenver.net
- ***HI Express***, 401 17th Street, ab $175; © 1-800-181-7341

Historischer Charme wird geboten im:

- ***Oxford Hotel***, 1600 17th Street, bei der *Union Station*, ab $250/Nacht; © 1-800-228-5838, www.theoxfordhotel.com
- ***Brown Palace Hotel,*** 321 17th St, altehrwürdiges Haus aus 1892; DZ ab $350, © 1-800-321-2599, www.brownpalace.com.

B&B

Gemütliche B&B-Zimmer sind auch in Denver eine Alternative:

- ***The Holiday Chalet***, 1820 East Colfax Avenue; ab $130; © (303) 437-8245, www.theholidaychalet.com
- ***Queen Anne Inn***, 2147-51 Tremont Place, nobles Haus 2 Blocks vom Capitol entfernt; ab $165; www.queenannebnb.com.

Hostels

- ***11th Ave Hostel***, 1112 Broadway, ziemlich zentral, Betten $29, DZ $53; © (303) 894-0529, www.11thavenuehotelandhostel.com
- ***Hostel Fish***, 1217 20th Street; Bett im 6er- bis 10er-Zimmer ab $45, DZ ab $180; © (303) 954-0962, www.hostelfish.com
- ***Mile High Guest House***, 1445 High Street, Betten $38; DZ $86; © (720) 531-2898, www.milehighguesthouse.com.

Camping

Fürs Camping im erweiterten City-Bereich geht nichts über den ***Cherry Creek Lake State Park*** mit Bademöglichkeit im See (Anfahrt über I-225 *Exit* 4; Zelte $20, *full hook-up* $30). Auch der (etwas entferntere) ***Chatfield Lake SP*** im Südosten der Stadt an der #85 eignet sich gut, wenn man das Wohnmobil in Denver übernimmt/abgibt ($26-$30). Beide Plätze lassen sich reservieren: © 1-800-244-5613 bzw. www.cpw.state.co.us/placestogo/parks.

Essengehen & Kneipen

Für den schnellen Imbiss empfiehlt sich die ***16th Street Mall*** mit ihren hübschen Café-Terrassen und der *Fast Food Arcade* im *Tabor Center*. Gleich um die Ecke liegt außerdem der **Larimer Square** mit einer ganzen Reihe guter Restaurants der gehobenen Klasse.

Wen Spezialitäten wie Elch- oder Buffalo Steak reizen, der ist im ***Buckhorn Exchange Restaurant & Saloon*** gut aufgehoben; überaus originelles und teures Ambiente. Do-Sa gibt's ***Folk Music live*** im Saloon im 1. Stock; 1000 Osage Street unweit von Downtown (*Light Rail*-Station vor der Tür); www.buckhorn.com.

Als lokale Sehenswürdigkeit gilt ***Casa Bonita***, ein mexikanisches Dorf mit rosa Glockenturm, Wasserfall und Pool an der 6715 Colfax Avenue; üppiges mexikanisches Essen zu *Mariachi*-Klängen und moderaten Preisen; www.casabonitadenver.com.

In den Ziegelbauten von *Lower Downtown* findet man Dutzende Musik- und Bier-Kneipen, empfehlenswert ist z.B. die ***Wynkoop Brewing Company*** unweit der *Union Station*, wo Hausbräu serviert wird; auch Gratis-Touren durch die Brauerei Di-Sa um 15 oder 16 Uhr teilnehmen; 1634 18th St; Web: www.wynkoop.com.

Shopping

Neben der hübschen Fußgängerzone im Zentrum (***16th Street Pedestrian Mall***) findet man vor den Toren der Stadt noch einige Einkaufsparadiese mit Fabrikpreisen: ***Colorado Mills*** (I-70 *West, Exit* 262), ***Outlets at Castle Rock*** (I-25 *South, Exit* 184), ***Outlets at Loveland*** (I-25 *North, Exit* 257).

*Die **Public Art**-Skulpturen in Downtown Denver (auf dem Foto links »The Yearling« bei der Library) sind sehenswert; alle Details dazu unter www.denverpublicart.org/tours*

Stadtbesichtigung

Einen verbundenen Gesamtkomplex bilden das *State Capitol*, der *Civic Center Park* mit dem *Denver Art Museum*, das *Colorado History Museum* und auch noch die *US Mint*.

Art Museum

Durch die von der **Goldkuppel des Regierungspalastes** überragte Parkanlage gelangt man zum **Kunstmuseum**, dessen burgartiges Gemäuer 2006 um das eigenwillige, sehenswerte ***Hamilton Building***, einen **Libeskind-Bau**, erweitert wurde. Das *Denver Art Museum* ist eines der größten und besten seiner Art im US-Westen. Neben modernen und zeitgenössischen Werken, sind vor allem die Kollektion und Präsentation präkolumbischer wie indianischer Kunst beachtlich; geöffnet täglich 10-17 Uhr, freitags bis 20 Uhr, Eintritt $13, bis 18 Jahre frei; www.denverartmuseum.org.

History Colorado Center

Zum **Museum für die Geschichte Colorados** gelangt man vom Kunstmuseum über den Broadway, Ecke 13th Ave. Die Ausstellung vermittelt ein Bild von den Ursprüngen Denvers und der Pionierzeit in Colorado. Geöffnet täglich 10-17 Uhr, Eintritt $14, Kinder $8-$10; www.historycoloradocenter.org.

US Mint

Großer Popularität erfreut sich die Besichtigung der ***US Mint***, einer von zwei Münzprägeanstalten der USA. Allein in Denver werden täglich Abermillionen von Münzen ausgestoßen. Die Tickets für die **45-min-Führungen** (Mo-Do 8-15.30 Uhr) sind **gratis** und werden an der 320 West Colfax Ave jeweils ab 7 Uhr morgens vergeben; www.usmint.gov/about/mint-tours-facilities/visiting-the-denver-mint.

Molly Brown House

Zwei Blocks östlich des *State Capitol* befindet sich das Haus von ***Molly Brown***, die nicht nur den Untergang der *Titanic* überlebte, sondern sich für die Gleichberechtigung stark machte in einer Zeit, als die Frauen noch kein Wahlrecht hatten; 1340 Pennsylvania St; geführte Touren tägl. 10-15.30 Uhr; $13/$9; www.mollybrown.org.

Downtown/ 16th Street Mall

Zur zentralen ***Shopping*-Achse** der Stadt wurde die 16th Street ausgebaut, eine **Fußgängerzone** (»*pedestrian mall*«) von etwa 2 km Länge, die an der *Civic Center Plaza* ihren Ausgang nimmt. **Pendelbusse** (frei) sind die einzigen legal verkehrenden Fahrzeuge. Downtown lässt sich ohne Busbenutzung leicht in zwei Stunden »ablaufen«. Anschauen sollte man sich dort u.a. beim unübersehbaren ***D&F Tower*** das ***Tabor Center*** mit *Indoor*-Wasserspielen, ausgefallenen Ladentypen und breitgefächerter *Fast Food Arcade*. Gleich nebenan liegt außerdem der **Larimer Square** mit aufpolierten *Old Town Denver*-Fassaden, schicken Restaurants und teuren *Shops*. Südwestlich der *16th Street Mall* befinden sich Parkplätze, dahinter das *Performing Arts Center* und das *Colorado Convention Center* mit dem überdimensionalen, blauen Bären, ein ***Public Art*-Kunstwerk** das den Titel »I see what you mean« trägt.

LoDo/LoHi

Das Gebiet nordöstlich der Shopping Zone bis *Union Station* heißt *Lower Downtown* (***LoDo***) und beherbergt eine angesagte **Kneipenszene**. Ebenfalls im Visier der Nachtschwärmer ist der vom nördlichen Ende der *16th Street Mall* zugängliche Stadtteil *Lower*

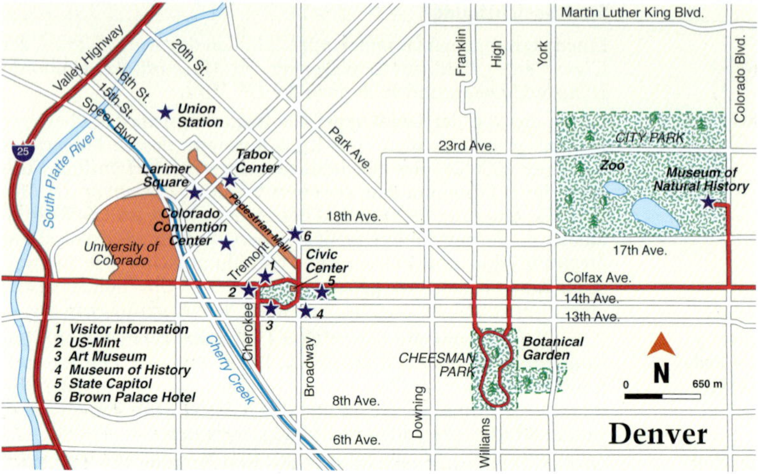

Highlands (**LoHi**), wo neben zahlreichen Bars, Cafés und Restaurants noch viele kleine Kunstgalerien zu finden sind. Zugang vom nördlichen Ende der *16th Street Mall* über den *Commons Park* bzw. die *Millenium* und *Highland Pedestrian Bridge*, die sowohl den South Platte River als auch die I-25 überspannen.

Brown Palace Hotel

Östlich der *16th Street Mall* ballen sich die Hochhäuser des ***Financial District***. Mittendrin steht das traditionsreichste Hotel der Stadt, ***Brown Palace Hotel*** (17th St/Ecke Broadway), gegenüber der Glaspalast des ebenfalls sehenswerten ***Mile High Plaza Building***. Die Zimmer in Denvers Spitzenhotel eignen sich nicht für jedes Portemonnaie, aber dessen **Innenarchitektur** darf man auch kostenlos und ohne Übernachtung besichtigen.

University/ Elitch Gardens

Jenseits des Speer Blvd erstreckt sich der ***Auraria Campus*** der ***University of Colorado***, nördlich davon am Flussufer die ***Elitch Gardens***, ein großer ***Amusementpark*** (fast) mitten in der City – mit alten Holzkonstruktions-*Rollercoaster* und **Wasserplanschpark** (im Hochsommer 10.30-21 Uhr, Fr+Sa bis 22 Uhr; Tickets $40 (Online-Preis, vor Ort deutlich teuer!); www.elitchgardens.com.

Children's Museum

Ein ebenfalls lohnenswertes Ziel mit Kindern auf der gegenüberliegenden Uferseite ist das ***Children's Museum of Denver***, wo interaktiv und auf spielerische Art Wissen vermittelt wird; 2121 Children's Museum Drive; Mo-Fr 9-16 Uhr, Mi bis 19.30 Uhr, Sa+So 10-17 Uhr; Eintritt $14; www.mychildsmuseum.org.

City Park

Im ***City Park***, etwa 2,5 mi östlich des Zentrums, befinden sich der (kleine und eher durchschnittliche) ***Denver Zoo*** sowie das hervorragende ***Museum of Nature & Science*** (mit ***IMAX*-Kino** und Planetarium). Nur die naturkundlichen Museen in New York und Chicago bieten zur Thematik »Flora und Fauna Nordamerikas« Vergleichbares oder mehr. Die Abteilung zur indianischen Kultur ist ebenfalls sehr gut. Von der Terrasse und dem 1. Stock fällt der Blick über den Park auf die City-Kulisse mit *Rockies*-Panorama dahinter; 2001 Colorado Blvd; 9-17 Uhr, $20/$15; www.dmns.org.

Ziele in Denvers Umgebung

Westlich von Denver liegen gleich mehrere erwägenswerte Zwischenziele für kleine Abstecher. Auf der Weiterfahrt in Richtung Westen oder *Great Sand Dunes NP* (➤ Seite 522) lassen sie sich gut in die Reiseroute einbauen. Ebenfalls bei Rückkehr auf der hier beschriebenen Rundstrecke, siehe Ende des Abschnitts.

Red Rocks Theatre

Von der **Ausfahrt 259** der I-70 führt die Straße #26 nach Süden hinauf zum (ausgeschilderten) ***Red Rocks Amphitheatre***, einer grandiosen ***Open-air*-Bühne** zwischen roten Felsen. Von den Rängen blicken die Besucher auf das ferne Denver. Eine **Konzertveranstaltung** in diesem Rahmen unter klarem Nachthimmel und den *Citylights* im Hintergrund ist ein Erlebnis; aktuelles Programm unter www.redrocksonline.com oder bei der *Denver Visitor Information*. Der Besuch lohnt aber auch ohne Veranstaltung.

Umgehung der I-70

Von dort gelangt man südlich auf die **Straße #74 durch den malerischen *Bear Creek Canyon***. Sie führt über das hübsche Städtchen Idledale nach Evergreen und dann zurück auf die I-70. Diese Strecke ist ideal für eine Rundfahrt, die über Golden – oder erweitert um einen Umweg bis Mount Evans/Central City – wieder zurück nach Denver führt.

Lookout Mountain

Von der I-70 direkt oder auch von der #6 südlich von Golden geht es auf der ***Lookout Road*** zum gleichnamigen Berg (2.249 m). Oben befindet sich das Grab von **Buffalo Bill** (➤ Seite 709), außerdem ein **kleines Museum** mit Gemälden zum Thema »Wilder Westen« und Ausstellungsstücken zum Leben des Helden (sehenswert!). Im Sommer 9-17 Uhr, $5/$1; www.buffalobill.org. Abends überblickt man vom Lookout Mt das **Lichtermeer** von Denver & Umgebung.

Golden

Hübsch und grün ist die Stadt **Golden** zu Füßen der *Rockies*. Die dort ansässige ***MillerCoors Brewery*** ist der größte Brauereikomplex weltweit. Zahlreiche Biermarken gehören zu diesem Konzern.

Red Rock Amphitheatre

MillerCoors Brauerei

Vom Parkplatz (Ecke 13th/Ford Street) fährt ein Shuttlebus für die Gäste zu den Werksgebäuden; Besichtigung gratis (*self-guided tour*, ca. 30 min mit anschließendem ***Beer Tasting***). Anfang Juni-Mitte August Mo-Sa 10-16 Uhr, So ab 12 Uhr; sonst Di+Mi keine Touren; aktuelle Infos: © 1-866-812-2337, www.millercoors.com.

Art Festival

Am dritten Wochenende im August findet ein tolles Kunstfestival auf hohem Niveau statt; www.goldenfineartsfestival.org.

Eisenbahn Museum

Golden beherbergt außerdem ein beachtliches Eisenbahnmuseum, das ***Colorado Railroad Museum*** nordöstlich des Ortes. Es verfügt über ein Freigelände mit wunderbaren alten Lokomotiven und restaurierten Waggons. Im Museumsgebäude steht eine riesige Modelleisenbahn-Anlage (mit Dampfloks!); 17155 W 44th Ave; täglich 9-17 Uhr; $10/$5; www.coloradorailroadmuseum.org.

Central City/ Black Hawk

Eine **hübsche Abweichung** vom Verlauf der I-70 bietet die Straße #6 durch das Tal des malerischen Clear Creek. Von ihr zweigt die #119 ab hinauf ins ehemalige Goldrauschgebiet der **Doppelstadt Central City/Black Hawk**. Goldhaltiges Erz wird dort immer noch aus den Bergen geholt (Minenaktivitäten am Ende der Ortsdurchfahrt in Richtung Idaho Springs). Einige verbliebene Fassaden und Relikte aus dem vorletzten Jahrhundert sorgten dort früher nur für einen Rest Wildwest-Atmosphäre. Nachdem aber 1991 in Colorado (per Volksentscheid) das **Glücksspiel legalisiert** worden war, entwickelte sich in kürzester Zeit in Central City/Black Hawk ein neues **Spielerparadies**. Nahezu jedes Haus wurde mit ***Slot Machines*** und ***Black Jack***-Tischen vollgestellt und neue ***Saloons***, ***Gambling Halls*** und **Kasinohotels** schossen aus dem Boden. Ein Zubringerbus ab Denver sorgt laufend für Gästenachschub.

Man kann auch über Nacht bleiben: An **H/Motels** mangelt es nicht in der Doppelstadt. Hübsche ***NF Campgrounds*** sind ebenso nicht weit: Ca. 6 mi nördlich an der Straße #119 (***Cold Springs*** mit Spielplatz) und 3 mi nordwestlich von Central City (ausgeschilderte *Gravel Road*); www.blackhawkcolorado.com.

Zurück zur I-70

Die kürzeste Verbindung zwischen Central City und Idaho Springs an der I-70 ist die ***Virginia Canyon Road***, von der lokalen Werbung als ***Oh-my-God-Road*** propagiert. Die Serpentinenroute an einigen noch intakten Goldminen vorbei besteht zwar aus Schotter, verursacht aber zumindest bei Trockenheit (!) – trotz ihrer Bezeichnung – mit Vehikeln bis ca. 24 Fuß kein ernstliches Kopfzerbrechen. Das Panorama des Mount Evans-Massiv belohnt die Mühe der etwas beschwerlichen Fahrt.

Mount Evans

Durch das Städtchen Idaho Springs, das bessere Tage gesehen hat, geht es auf der #103 und ***Highest Road in the US*** (#5; asphaltiert!) zum Gipfel des **4.348 m** hohen **Mount Evans**. Die Streckenführung enttäuscht zunächst, das letzte Teilstück entschädigt aber mit phänomenaler Fernsicht und durch die dort meist in großer Zahl anwesenden Schneeziegen und Dickhornschafe. Mitte September-Mitte Juni kann die Straße wegen Schnees gesperrt sein (Maut

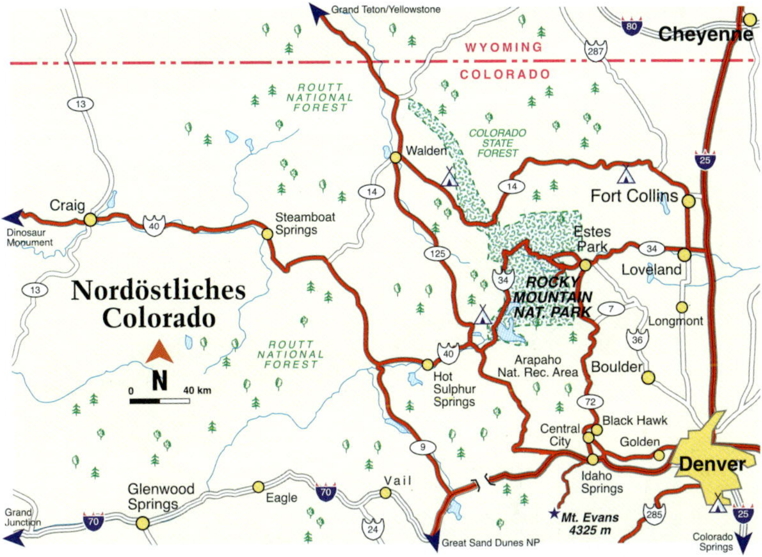

$10); 27,5 mi *one-way* ab I-70 *Exit* 240, dann 500 m Fußweg und 40 Höhenmeter bis zum Gipfel. An der #103 auf halber Höhe liegt der im Sommer beliebte, einfache ***NF Campground*** am Echo Lake.

Zum Rocky Mountain Nat'l Park

Von Black Hawk findet man Anschluss an die beschriebene Reiseroute in Richtung Rocky Mountains (➤ umseitig) über die **Straßen #119/#72/#7**. Ohne ausgeprägtes Interesse an den Gold- und Spielrauschstädtchen ist diese Strecke aber zu zeitaufwendig.

Ab Golden und Denver sind daher die Direktverbindungen über **Boulder** vorzuziehen. Die 100.000-Einwohner-Stadt, 30 mi westlich von Downtown Denver, rangiert bei landesweiten Umfragen zum Thema »Lebensqualität« immer auf den vorderen Plätzen; www.bouldercoloradousa.com. Die angenehme Atmosphäre in der Fußgängerzone (***Pearl Street Mall***), die nahen Rocky Mountains mit ihren zahllosen *Outdoor*-Möglichkeiten, die große Universität und das ***Mary Rippon Outdoor Theatre*** mit *Shakespeare*-Aufführungen unter freiem Himmel im Sommer tragen erheblich dazu bei. Von Boulder sind es nur noch rund 40 Meilen bis **Estes Park**, dem Einfallstor des *Rocky Mountain National Park*.

Weiterfahrt über die I-70

Erwägenswert wäre ggf. ein **Verzicht auf den *Rocky Mountain NP*** (➤ umseitig) und Weiterfahrt über die Straßenkombination I-70/#40 nach Granby auf der Westseite des Nationalparks **oder** über die I-70/#9 (besser) **oder** #131 **oder** #13 zur #40 in Richtung *Dinosaur NM*. Zu bedenken wäre auch die schnelle Route nach Westen (I-70) bis Grand Junction (auf dem Weg: ***Georgetown Railroad***, ➤ Seite 521) und dann weiter auf der tollen Strecke **#139/#40**.

7

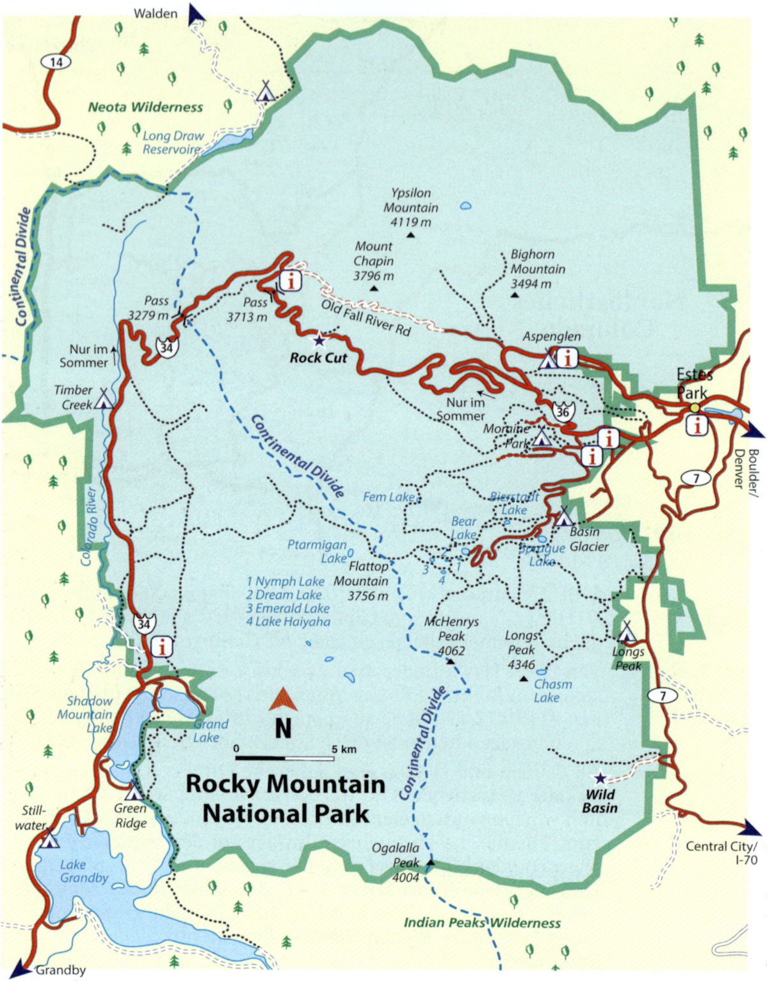

7.2.8 Über den Rocky Mountain National Park und das Dinosaur Monument nach Salt Lake City

Rocky Mountain National Park

Estes Park

Die meisten Besucher des *Rocky Mountain Nat'l Park* erreichen ihr Ziel über das Ferienstädtchen Estes Park (Sommerfrische und Wintersport). Im Vergleich zu anderen Hochburgen des Tourismus (auf dieser Route z.B. Jackson und Cody) ließ die einschlägige

Infrastruktur das Erscheinungsbild relativ unbeschädigt. Die üblichen touristischen Angebote wie Planwagen- und Reitausflüge, *River Rafting*, Seilbahn usw. fehlen dennoch nicht. Und selbst abends ist in Estes Park noch was los mit einem guten und vielfältigen Gastronomieangebot; www.visitestespark.com.

Die Zimmer sind dort den Sommer über immer knapp und relativ teuer. Ein gutes Preis-Leistungs-Verhältnis bietet u.a. ***4 Seasons Inn on the Fall River*** (1130 West Elkhorn Ave, ab ca. $140) und ***YMCA of the Rockies*** (2515 Tunnel Rd; 4-Bett-Zimmer ab $90, *Cabins* ab $160; © 1-888-613-9622, www.ymcarockies.org).

Shuttles zum Park

Interessant für alle, die in der *Bear Lake Area* des Nationalparks wandern möchten, könnte der ***Hiker Express*** sein (7.30-20 Uhr). Er startet beim ***Visitor Center*** der Stadt (500 Big Thompson Ave; unweit der #34/#36-Kreuzung; im Sommer geöffnet Mo-Sa 8-20 Uhr, So bis 18 Uhr). Mit diesem Bus geht es zum *NP*-Besucherzentrum ***Beaver Meadows*** (dort wird man mit Parkkarte und -zeitung versorgt) sowie zum *Glacier Basin Campground*, dem Startpunkt von Wanderwegen und des ***Bear Lake Shuttle*** zu den *Trailheads* dieses stark frequentierten Parkbereichs. Beide sind kostenlos; www.nps.gov/romo/planyourvisit/shuttle_bus_route.htm.

Rocky Mountain NP
$35/Auto oder Jahreskarte

Kurz hinter der *Beaver Meadows Entrance* zweigt die ***Bear Lake Road*** in Richtung Süden ab. Die Parkplatzkapazität entlang dieser Stichstraße, die nach 10 mi am Bear Lake endet, ist dank der Nähe zum Raum Denver meist schon früh erschöpft. An Tagen mit hohem Besucheraufkommen wird die Strecke ohnehin für den Individualverkehr gesperrt. Tipp: Shuttlebus ab Estes Park ➢ oben.

Bear Lake Area Trails

Am **Bear Lake** starten hübsche **Wanderwege** hinauf zu zahlreichen Bergseen und über die Kammlinie der *Rockies* zur Westseite des Parks. Ein relativ kurzer Aufstieg ist mit dem ***Trail*** zum **Dream Lake** verbunden (5,4 km retour; 130 HM). Wer noch etwas weiter wandern möchte, kann von dort einen Abstecher zum **Emerald Lake** oder **Lake Haiyaha** machen (+ 2,2 km bzw. + 3,4 km retour)). Abwechslungsreich ist auch die Ganztagestour zum **Fern Lake** (12 km retour ab dem *Bear Lake Trailhead*; 420 HM). In Anbetracht der Höhenlage (3.000 m!) mag mancher aber die weniger anstrengenden ***Nature Trails*** in einer Ebene rund um **Bear** und **Sprague Lake** (beide ca. 800 m lang) vorziehen.

»Traumsee« Dream Lake unterhalb des Flattop Mountain

Passstraße

Die ***Trail Ridge Road*** nach Westen ist immer **stark befahren**, zumal sie Teilstück der 250-mi-Rundstrecke von Denver durch die Rocky Mountains und zurück über Granby und die I-70 ist (geöffnet meist Ende Mai bis Mitte/Ende Okt, schneefallabhängig). Noch bevor der höchste Punkt der Straße (**3.713 m**) kurz vor dem ***Fall River Pass*** erreicht wird, führt der ***Tundra Communities***-Naturlehrpfad zu Felsformationen in der Nähe vom Parkplatz »*Rock Cut*« – perfekt zum Fußevertreten und Minimalprogramm.

Das ***Alpine Visitor Center*** am *Fall River Pass* (3.595 m) lässt kaum Wünsche offen: Infos und Souvenirs en masse. Die **Alternative** zur Hauptroute ist die alte, gelegentlich wegen Instandhaltung gesperrte ***Old Fall River Road*** (steile und kurvenreiche Schotter-Einbahnstraße nach oben mit bis zu 16% Steigung; für Campmobile nicht geeignet; nur Juni bis Ende September).

Jenseits des ***Milner Pass*** geht die Fahrt wieder bergab – begleitet vom **Colorado River**, hier noch ein kleiner Gebirgsbach (er entspringt im Westen des Parks!) und weiter durch das **Kawuneeche Valley** bis zum Ende der *Trail Ridge Road* vor dem Grand Lake.

Im Westen des Parks

Auch an dieser Parkein/-ausfahrt steht ein **Besucherzentrum** und am Ufer des **Grand Lake** häufen sich die Camp- und Übernachtungsmöglichkeiten. In der angrenzenden ***Arapahoe National Recreation Area*** mit zwei Seen (Lake Granby und Shadow Mountain) befindet sich noch eine Reihe von ***NF Campgrounds***.

Camping

Ohne Reservierung kommt man im Sommer selbst bei früher Ankunft kaum unter, lediglich bei den ***Campgrounds Long Peak*** im Südosten des Parks (erst ab Ende Juni geöffnet) und ***Timber Lake*** jenseits der Bergkette gilt *first-come, first-served*. Am besten sind ***Aspenglen*** unweit der *Fall River*-Einfahrt sowie ***Moraine Park*** am Beginn der *Bear Lake Rd*; alle $26 und ohne *hook-up*. Der Reservierungskalender für die Sommersaison wird üblicherweise im Mai freigeschaltet; www.nps.gov/romo/planyourvisit/camping.htm.

Bewertung

Selbst ohne das Überfüllungsproblem wird dieser Nationalpark bei vielen Touristen aus Mitteleuropa nicht ganz so große Euphorie auslösen wie andere Parks im Westen der USA. Die meisten der gepriesenen Ausblicke von der *Trail Ridge Road* sind landschaftlich lange nicht so beeindruckend wie z.B. im *Glacier NP* (➤ Seite 779) und erreichen auch nur stellenweise die Attraktivität der Alpen. Wer kurz 'mal »Höhenluft schnuppern« möchte, ist hier oder auf dem Gipfel des **Mount Evans** (➤ Seite 760) am richtigen Platz. Für viele Besucher sicher lohnend ist die Region rund um den **Bear Lake**. Und **Tierfreunde** werden von den zahlreichen Dickhornschafen, Elchen, Hirschen, Murmeltieren und Pfeifhasen – oft in unmittelbarer Nähe der Hauptrouten durch den Park – begeistert sein.

Zum Dinosaur National Monument

Straße #40 nach Westen

Weiter zum *Dinosaur NM* geht es auf schöner, nun verkehrsärmerer Strecke (**Straße #40**) zunächst am Colorado und Muddy River entlang und dann über die *Gore Range*, einen zum Nationalpark parallel verlaufenden Höhenzug der *Rockies*. Im *Routt National*

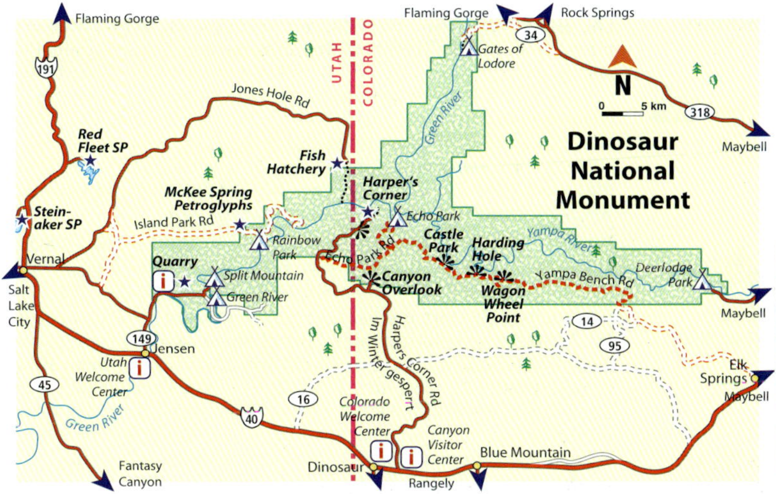

Forest laden in grüner Gebirgsvegetation gelegene *Campgrounds* ein letztes Mal ein, bevor hinter Craig die im Sommer hitzeflimmernde Ebene zwischen White und Yampa River beginnt.

Steamboat Springs

Mit Steamboat Springs passiert man ein bekanntes *Ski Center,* das dank heißer **Mineralquellen** und leicht erreichbarer Bergwildnis auch im Sommer viele Gäste anzieht. Der Heißwasser-Badekomplex ***Old Town Hot Springs*** ($18) liegt an der Hauptstraße, reizvoller ist die weitgehend naturbelassene, in die Landschaft eingebettete Poolanlage ***Strawberry Hot Springs*** an der #36 ca. 7 mi nördlich des Ortes; Zufahrt ab der #40 über die 7th St/Missouri Ave/N Park Rd. Man kann dort auch übernachten (*Cabins* und Camping).

Die *Fish Creek Falls Rd* und ein 400 m langer Fußweg führen zu den 86 m hohen **Wasserfällen**; 3 mi östlich des Ortes, Parken $5.

Dinosaur National Monument

Eintritt $25/Auto oder Jahrespass

Das *Dinosaur Nat'l Monument* **im Grenzgebiet von Colorado und Utah** umschließt eine Fläche von rund 830 km², dessen Kerngebiet nur zu Fuß oder per Boot zugänglich ist. Die Bezeichnung ist daher ein wenig irreführend, denn nur 30 ha beziehen sich auf Fundstellen von Dinosaurierskeletten. Dennoch begnügt sich die Mehrzahl der Besucher mit der Besichtigung des ***Quarry Exhibit Hall*** im Westen des Parks mit der überbauten Felswand, aus der die meisten Knochen heraus gemeißelt wurden. Im Sommer verkehren 9.30-17 Uhr im 15-min-Takt kostenlose Shuttlebusse zwischen dem *Quarry*-Besucherzentrum und der 400 m entfernten Halle; Zufahrt über die #149 ab Jensen; www.nps.gov/dino.

Am Fluss, wenige Meilen hinten dem *Visitor Center*, liegen zwei *Campgrounds*: ***Green River*** ($18, *first-come, first-served*) und ***Split Mountain*** (besser, aber den Sommer über Gruppen vorbehalten).

Im Osten des Parks

Die größte Attraktion des *Dinosaur NM* sind die **Schluchten des Green und Yampa River** und die umgebende Felslandschaft. Ein erster Abstecher von der #40 bei Fahrt von Ost nach West bietet sich hinter Maybell an. Dort führt die **#318** rund 46 mi nach Nordwesten bis zur kurzen *Gravel Road* zu den ***Gates of Lodore*** (6 mi) mit Einfach-*Campground* und Zugang zum Green River. Von dort starten ***Raft Trips*** durch die *Lodore*-Schlucht, ebenso die Trips durch den *Split Mountain Canyon* (für Anfänger) oder am Yampa River (anspruchsvoller); buchbar in Vernal/Utah.

Knapp 16 mi weiter westlich an der #40 beginnt die gut ausgebaute Stichstraße zum ***Deerlodge Park*** am Yampa River (14 mi) mit *first-come, first-served*-Zeltplätzen in Wildwest-Kulisse.

Yampa River Road

Die nächste Zufahrt ins *Backcountry* des Parks erreicht man in Elk Springs. Die holprige ***Yampa Bench Road*** ist 4WD-Fahrzeugen vorbehalten und führt durch raue Landschaft bis zur ***Echo Park Road*** (etwa 2 Stunden für ca. 40 Meilen; vor Fahrtantritt nach Straßenzustand erkundigen!). Der schönste Abschnitt der sonst eher eintönigen Strecke konzentriert sich um die **grandiosen Aussichtspunkte** *Wagon Wheel, Harding Hole* und *Castle Point.*

Echo Park

Die bessere Zufahrt zum ***Echo Park*** am Zusammenfluss von Green und Yampa River zweigt von der ***Harpers Corner Road*** ab, die beim Hauptquartier des Monuments in der Nähe der Ortschaft **Dinosaur** beginnt. Hochliegende Fahrzeuge können der *Echo Park Road* auch ohne 4WD folgen. Aber Vorsicht, bei Nässe werden die teils sehr steilen Haarnadelkurven schnell problematisch. Mit Campfahrzeugen sind sie leider selbst bei Trockenheit nicht machbar. Als Lohn für die Mühe der holprigen Anfahrt wartet nach 11 mi **einer der umwerfendsten *Campgrounds* des US-Westens** am Ufer des Green River (➤ Foto unten) umgeben von hoch aufragenden Felswänden; $8, nur 22 Zeltplätze, einige als *Walk-in*.

Harpers Corner

Aber auch sonst empfiehlt sich die Fahrt entlang der ***Harpers Corner Road***. Einen ersten Höhepunkt bietet der ***Canyon Overlook*** mit Aussicht auf den *Sand Canyon*. Weitere *Viewpoints* folgen, bevor man 37 mi von der #40 entfernt den Parkplatz am Straßenende erreicht. Von dort geht es hinaus auf ***Harpers Corner***, einem Felsvorsprung von dem der Blick beidseitig auf die fast 800 m tiefergelegene Flussschleife des Green River fällt. Die **Canyon-Kulisse ist überwältigend**; ca. 4 km retour, 50 HM. Der Park zählt zu den am wenigsten besuchten im US-Westen – ganz zu Unrecht finden die Autoren!

Steamboat Rock im Echo Park

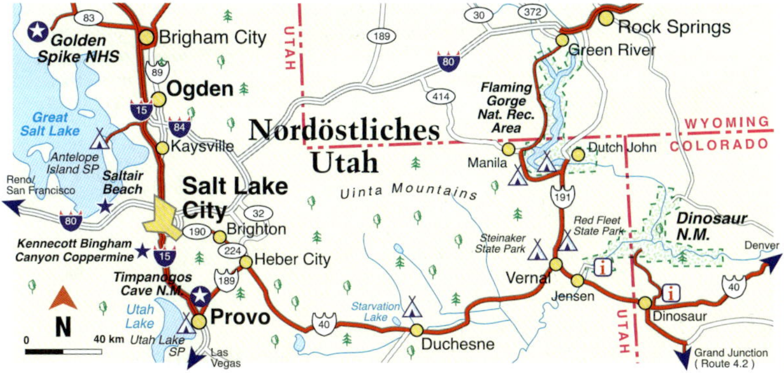

Vom Dinosaurier-Park nach Salt Lake City

Vernal

Die verbleibenden 175 mi bis Salt Lake City führen zunächst über **Vernal**, den einzigen Ort weit und breit mit nennenswerten Einkaufs- und Versorgungsmöglichkeiten, zahlreichen **Motels**, Restaurants und ***KOA Campground***. Einen 10-mi-Umweg lohnen die Stellplätze am Bade(stau)see des ***Red Fleet State Park*** an der #191 (➤ Seite 772). Die Kleinstadt steht ganz im Zeichen des benachbarten *Nat'l Monuments*: Hinter jeder Ecke lauert ein bunter Betondino.

Das ***Utah Field House of Natural History Museum*** lohnt sich vor allem für Geologie- und Fossilien-Interessierte. Der ***Dinosaur Garden*** des Museums bereitet auch Kindern Freude. Geöffnet im Sommer täglich 9-17 Uhr; $7/$3,50; www.utah.com/utah-field-house.

McConkie Ranch Petroglyph Site

Wer sich für indianische Felszeichnungen begeistern kann, der findet neben den *McKee Spring*-Petrogplyphen im *Dinosaur NM* (lange Anfahrt!) schneller zugängliche, von Kunstwerken übersäte Felswände im ***Dry Fork Canyon*** 10 mi nordwestlich des Orts über die North 3500 St; Info: www.dinoland.com/play/virtual-brochures.

Nach Salt Lake City

Die Strecke in Richtung Salt Lake City auf der #40 bleibt westlich von Vernal zunächst mehr oder weniger langweilig. Aber immerhin liegt am Wege noch der **Starvation Lake**, der sich gut für eine Pause und ein erfrischendes Bad eignet; *day-use fee* $10. Am Ende der Zufahrt ab Duchesne befindet sich ein komfortabler *State Park Campground*; www.stateparks.utah.gov/parks/starvation.

Mit zunehmender Höhe verändert sich bald das Landschaftsbild. Die Strecke bis **Heber City** bietet in ihrem Verlauf durch den *Uinta National Forest* wieder einiges fürs Auge. Vom schönen Heber Valley zwischen den Wasatch und Uinta Mountains sind es über die I-80 nur noch rund 40 mi bis Salt Lake City.

Route über die #190

Ein letztes kleines Abenteuer gönnt sich, wer stattdessen die steile, serpentinenreiche **#190** über Midway/Brighton und die Wasatch Mountains wählt (***Big Cottonwood Canyon Road***). Die Strecke eignet sich aber nicht für RVs größer als *Van Camper*.

Weiterfahrt auf der #189/#92

Kurvenreich ist auch die **#92**, die südlich von Heber City von der **#189** abzweigt. Nach Überwindung der Höhe passiert man den sehr gut angelegten, stark frequentierten ***NF Campground Little Mill*** ($24; reservierbar unter www.recreation.gov).

Timpanogos Cave NM

Keine 2 mi westlich liegt das *Timpanogos Cave Nat'l Monument.* Die Tickets ($12/$7) für die beliebten Führungen durch die **Tropfsteinhöhle** besorgt man sich am besten bis zu 30 Tage im Voraus online: www.nps.gov/tica. Touren von Mitte Mai bis *Labor Day* 7-15.15 Uhr alle 15 Minuten; Zeitbedarf: 3,5 Stunden; 55 min in der Höhle, davor 2,5 km Anmarsch (330 HM). Über Lehi geht es auf der I-15 nach Salt Lake City, ➤ Seite 709.

Provo Canyon

Man kann auch der #189 durch den *Provo Canyon* weiter nach Süden folgen. Auf dem Weg liegen hübsche Picknickplätze am Fluss und die 185 m hohen *Bridal Veil Falls*.

Exkurs

Alternative Routen durch Wyoming

Vom Yellowstone nach Süden

Viele Reisende möchten eine Fahrt in den *Yellowstone* Park gerne mit dem Besuch weiter südlich gelegener Ziele verbinden. Im Rahmen der zur Verfügung stehenden Zeit ist das meist nur möglich unter Verzicht anderer Ziele im Nordwesten.

D.h., nach dem Besuch des *Yellowstone* wird eine mehr oder minder rasche Umkehr bzw. Weiterfahrt in Richtung Süden angestrebt. Erfreulicherweise gibt es zur Abkürzung der beschriebenen Rundreise durch Wyoming **mehrere reizvolle Möglichkeiten**.

Die folgenden **drei Routen führen alle über Rock Springs**/Green River zur ***Flaming Gorge National Recreation Area*** und zum ***Dinosaur National Monument***. Sie entsprechen einer »Ideallinie« von den verbundenen Parks ***Yellowstone/Grand Teton*** zu den Nationalparks des Großen Plateaus:

Route 1

Die **Fahrt vom *Yellowstone* in Richtung Cody** (➤ Seite 733) vermeidet das doppelte Befahren von Streckenabschnitten für alle, die zunächst von Süden über Jackson angereist sind. Die Route bis einschließlich Thermopolis wurde bereits beschrieben, ➤ Seite 736. Von dort führt die **#20** am Wind River entlang und – teilweise über dem Flussbett – durch den ***Wind River Canyon***. Hinter dem etwas verwahrlosten **Shoshoni** verflacht die Landschaft. Das *Wind River Casino* in **Riverton** ist von Juni bis August Austragungsort von Tanzaufführungen und *Pow Wows* der *Arapaho*-Indianer; www.windriver.org/experience/native-american-powwows.

Sinks Canyon

Mit **Lander** erreicht man eine weitere Kleinstadt mit Zentralenfunktion für das ausgedehnte Umfeld; www.landerchamber.org. Ein interessantes **Naturwunder** hält der ***Sinks Canyon State Park*** 7 mi südwestlich von Lander bereit (Straße #131): In der malerischen Umgebung der östlichen Ausläufer der Rocky Mountain Wind River Range verschwindet das Wasser des ***Popo-Agie River*** in einer höhlenartigen Felsöffnung und tritt einige hundert Meter tiefer in einem großen Teich wieder zutage. Nur zu Zeiten der Schneeschmelze, wenn die unterirdische Durchflusskapazität nicht ausreicht, fließt Wasser im Oberflächenbett.

Ein ***Visitor Center*** (im Sommer geöffnet 9-18 Uhr) informiert über die Details dieses Phänomens; www.sinkscanyonstatepark.org. Sehr schön am Fluss liegt der ***Popo Agie Campground*** ($16, weder Duschen noch *hook-ups*). Der *NF Campground* ($15) ein wenig südlicher an der #131 ist vergleichsweise unattraktiv.

Die asphaltierte Straße wird weiter oben zur *Gravel Road* und führt an diversen Seen vorbei (meist mit ***Campground***) zur **Straße #28**. Eine Karte der ***Louis Lake Road*** steht an deren Beginn.

South Pass City

Rund 2 mi abseits der Hauptstraße liegt die spärlich bewohnte, ärmliche **Atlantic City** in karger Einöde. An der östlichen Zufahrt passiert man einen **Campingplatz** der Einfachkategorie (*BLM*). Bei **South Pass City**, einige Meilen weiter westlich (Schotterstraße), handelt es sich um eine museal restaurierte ***Mini-Ghost Town*** der jüngeren Vergangenheit ($6, Mitte Mai-September 9-18 Uhr).

South Pass City State Historic Site, ein gut erhaltenes und sehenswertes Goldgräberstädtchen von 1867 im Südwesten Wyomings

Der kleine Abstecher nach South Pass City lohnt sich allemal, ein größerer Umweg, etwa von der #191 kaum; Karte/Beschreibung: http://wyoparks.state.wy.us/ pdf/Brochure/SouthPassCity.pdf.

Route 2

Die **Straßen #189/#191 von Jackson nach Rock Springs** bieten eine Menge fürs Auge, solange es durch die Berge geht. Bei **Pinedale** passiert man die Zufahrt zum **Fremont Lake**, einem beliebten, sogar badefreundlichen See vor der Kulisse der Wind River Mountains. Die Südufer reichen bis in die Prärie, während sein nördlicher Ausläufer im bewaldeten *National Forest* liegt. Die Stichstraße passiert den sehr schönen ***NF Campground Fremont Lake*** am Seeufer und führt weiter zum ***Trails End Campground***.

Route 3

Eine weniger befahrene und – trotz ansprechender Abschnitte im Rocky Mountain-Bereich – insgesamt **nicht so reizvolle Route** ist die **Straßenkombination #287/#26** zwischen *Grand Teton Park* und Lander (➤ umseitig). Südlich von **Dubois** läuft sie weitgehend durch eine eintönige Ebene, passiert aber auch interessante Sandsteinformationen am Wind River. Das 1.000-Einwohner Dorf besitzt einige **Motels** und **Restaurants** sowie zwei urige ***Western-Saloons*** mit *Live-Music* im Sommer; www.duboiswyoming.org. Im Ort und der Umgebung gibt es mehrere private **B&Bs**.

Eine gute Schotterstraße (*Bald Mountain Road*) führt von Dubois ins Vorgebirge der Rockies. Etwa 12 mi nördlich liegt malerisch ein kleiner ***NF Campground*** am ***Horse Creek*** und ein wenig bachaufwärts dessen »Mini-Canyon«.

In Lander stößt man auf die Zufahrt zum ***Sinks Canyon Park*** wie auf der vorhergehenden Seite beschrieben.

Red Desert

Auf jeder der vorstehenden Routen gelangt man nach Farson/Eden, Nestern am Rande der ***Red Desert***. Das Wüstengebiet erstreckt sich in etwa zwischen der Straße #191 und den Green/

Seminoe Mountains (Straße #287). Die hohen ***Killpecker Sand Dunes*** bei Eden erfreuen sich bei ATV/ORV-Enthusiasten (➤ Seite 36) großer Beliebtheit. In den einsameren Ecken der »roten Wüste« haben sich die letzten **Herden wilder Pferde** und wild lebender **Bisons** gehalten. Dort eingefangene, noch nicht zugerittene Pferde werden auf dem ***Red Desert Round-up*** **in Rock Springs** (letztes Juli-Wochenende) vorgeführt und widerstehen dort bockig den Reitversuchen; www.rdrrodeo.com.

Green River

Rock Springs und Green River bieten nicht viel Erwähnenswertes, sie sind aber Eingangstore zur *Flaming Gorge National Recreation Area*. Da für die Anfahrt zum attraktiven *Flaming Gorge*-Südbereich die **Straße #530** der #191 vorzuziehen ist, sollte man sich die Mühe machen, über **Green River** zu fahren, und die Stadt dabei von Westen her (I-80/*Exits* 90 und 91) entlang der ***Palisades*** (steile Felswände) und durch das imposante Massiv des ***Tollgate Rock*** ansteuern. Sowohl Rock Springs als auch Green River besitzen vor allem in *Freeway*-Nähe zahlreiche **Motels**.

Flaming Gorge National Recreation Area

In **Manila** (nur eine Handvoll Quartiere) erreicht man die Straße #44. Erste Ausblicke über das **Flaming Gorge Reservoir** zwischen Felswänden und tief hinunterreichenden Kiefernwäldern belohnen den Umweg. Besonders erfreulich verläuft die #44 entlang des **Sheep Creek**. Wer eine **Extrastunde** erübrigen kann, sollte unbedingt die ***Geological Loop Road*** abfahren, die sich durch bizarre Felsformationen schlängelt. Eine kurze Zufahrt führt zu den schönen *first-come, first-served NF-sites* ($14) am kleinen **Browne Lake**.

Über eine Stichstraße von der #44 geht es zum ***Red Canyon Visitor Center*** und ***Overlook*** mit Blick auf den tiefblauen See in der roten Schlucht. Toll in *Rim*-Nähe liegt dort der *NF Campground Red Canyon* ($20, etliche Plätze auch reservierbar) und gleich nebenan die ***Red Canyon Lodge*** mit *Cabins* ab $139.

Schwimmen/ Rafting

Ins Wasser springen kann man in der Nähe der *NF Campgrounds Lucerne* ($25), *Stateline Cove* ($12) oder *Buckboard Crossing* ($20). Und unterhalb des Staudamms sowie etwas weiter stromabwärts (*Little Hole*) dienen ruhige Ausbuchtungen des Flussbetts als Ausgangspunkte kurzer und längerer **Wildwasserfahrten** auf dem Green River, die zu den schönsten und aufregendsten Angeboten ihrer Art gehören. Geübte können Boote für ***Green River Trips*** **auf eigene Faust** in Dutch John und Cedar Springs ausleihen.

Flaming Gorge

Nach Vernal

Auf dem Weg vom *Flaming Gorge*-Hochplateau in die niedriger gelegene Halbwüste Utahs passiert man ca. 10 mi nördlich Vernal die Zufahrt zum ***State Park*** am **Red Fleet Reservoir**, einem warmen Badesee in felsiger Lage mit einigen *dinosaur tracks* (Fußabdrücken) und prima Campingmöglichkeiten: eindeutig empfehlenswerter als der *State Park* am Steinaker Reservoir etwas weiter südlich; www.stateparks.utah.gov/parks/red-fleet.

Mit **Vernal** (➤ Seite 767) wird die **Basisroute** durch Wyoming und den Norden von Colorado und Utah erreicht. Das ***Dinosaur Nat'l Monument*** mit eindrucksvollen Fossilienfunden und dem *Harpers Corner Overlook* gehört zu den Zielen, dessen Besuch auch auf dieser Route nicht versäumt werden sollte, ➤ Seite 765.

Verbindung zur Route 4.2

Zwischen **Dinosaur** und **Grand Junction** (an der ***Interstate* #70**) existiert mit der Straßenkombination **#40/#64/#139** eine entfernungsmäßig wie vom Verlauf her **ideale Verbindung zwischen den Routen im Nord- und Südwesten (Route 4.2.4, ➤ Seite 493)**. Die mögliche **Alternativroute #40/#191/I-70** ist nicht nur weiter, sondern auch landschaftlich weniger reizvoll.

Vom Yellowstone nach Colorado

Eine **weitere Strecke zur Durchquerung Wyomings**, die eventuell dann erwogen werden könnte, wenn man den eben beschriebenen Weg über *Dinosaur, Flaming Gorge Nat'l Recreation Area* und Jackson (mit dem Ziel *Yellowstone NP*) bereits in Süd-Nord-Richtung gefahren ist, führt **von Lander über Rawlins** in den Bundesstaat Colorado (bis Lander ➤ Seite 769):

Die **Straße #287** am Nordhang der Green Mountains verläuft eher eintönig, ein kleiner Schlenker könnte aber den **Stauseen** weiter östlich gelten. Einfache, z.T. in Campingführern/im Internet nicht verzeichnete Plätze befinden sich am **Alcova, Pathfinder** und **Seminoe Reservoir**. An letzterem wartet auch ein schlichter ***State Park***; http://wyoparks.state.wy.us/index.php/places-to-go/seminoe.

Die Straße zwischen Alcova und Sinclair an der I-80 besteht zwar streckenweise aus Schotter, lässt sich aber bei Trockenheit recht gut befahren.

Routen durch Colorado

In Walcott zweigt die **Straße #130** von der I-80 ab und führt über **Saratoga** (eintrittsfreie, rund um die Uhr geöffnete ***Mineral Hot Springs*** mit zwei Pools hinter dem lokalen Schwimmbecken; ausgeschildert) und Riverside nach **Walden**/Colorado.

Je nach Zielsetzung geht es von dort auf unterschiedlichen Wegen weiter. Mit der Absicht, Denver zu besuchen, aber ohne Präferenz für den *Rocky Mountain National Park* bietet die **Straße #14 Ost** nach **Fort Collins** eine schöne Route über den 3.100 m hohen ***Cameron Pass*** und dann am Cache La Poudre River entlang.

Die von Walden nach Süden führenden Straßen stellen über die *Interstate* #70 und die Straßen #91/#24 die Verbindung zur Route 4.3 her (➤ Seite 518). **Reizvoller**, aber zeitlich aufwendiger als die gut ausgebaute Kombination #14 West/ #40/ #9 verläuft die #125 und danach weiter die #40 Ost.

7.3 Durch Idaho und Montana

Die in diesem Abschnitt beschriebenen Strecken eignen sich als **Erweiterung der Route durch Wyoming** (7.2), aber auch – vor allem in Verbindung mit einem Besuch des *Yellowstone Park* und ggf. unter Einbeziehung von Routen, die im vorstehenden Exkurs skizziert wurden – als **eigenständige Alternative** für eine Reise durch den zentralen Nordwesten der USA.

7.3.1 Von Salt Lake City zum Glacier National Park

Durch Idaho

Nach Idaho/ Klima

Vom ***Golden Spike Nat'l Historic Site*** (➤ Seite 715), ca. 80 mi nördlich von Salt Lake City, sind es bis nach **Idaho** nur noch 35 mi (#102, dann I-15). Einen kurzen Stopp einlegen könnte man wenige Meilen hinter der Grenze beim bestens mit Info-Material ausgestatteten ***Idaho Welcome Center*** südlich von Malad City. In den niedriger gelegenen Regionen des Staates (in etwa südlich der Linie Boise–Idaho Falls und in den Tälern des Salmon und Snake River) setzen sich die durch Trockenheit und sommerlicher Hitze geprägten Klimabedingungen West-Utahs fort. Erstes wichtiges Zwischenziel in Idaho, **Kartoffelstaat No.1**, ist das ***Craters of the Moon Nat'l Monument***.

Lava Hot Springs

25 mi südlich Pocatello zweigt die Straße #30 nach **Lava Hot Springs** ab (auch Zufahrt zum *Yellowstone*, ➤ Seite 716). Ein richtig großes **Schwimmbad** befindet sich an der westlichen Ortseinfahrt, eine **Heißwasser-Poolanlage** (*Sunken Gardens)* vor der östlichen Ausfahrt; www.lavahotsprings.com. Im Sommer wird das Flüsschen durch den Ort fleißig fürs ***Inner Tubing*** genutzt. **Verleih von Schläuchen** an der Main Street.

Fort Hall

In **Pocatello**, dem kommerziellen Zentrum im Südosten Idahos, steht die hübsche Rekonstruktion des ***Fort Hall***, das im 19.Jh. einer der bedeutendsten Handelsposten entlang des *Oregon Trails* war (➤ Seite 751); I-15, *Exit* 67, dann 5th Ave 0,6 mi nach Norden.

Das inszenierte Aufeinandertreffen der beiden Loks erinnert an die Vollendung der ersten transkontinentalen Eisenbahnverbindung am 10. Mai 1869 mitten im Niemandlandsland nördlich von Salt Lake City, ➤ Seite 715

Auf der Weiterfahrt nach Blackfoot durchquert man die *Fort Hall Reservation*, wo jedes Jahr im August eines der farbenprächtigsten ***Pow Wows*** des US-Nordwestens stattfindet, das ***Shoshone-Bannock Indian Festival***; www.shobanfestival.com.

Atomreaktor

Von **Blackfoot** geht es auf der Straße #26 in Richtung *Craters of the Moon NM*. Etwa 20 mi südöstlich von Arco steht 2 mi abseits der Straße in flacher Prärie der **weltweit erste Atomreaktor**, der ***Experimental Breeder Reactor #1*** (kurz *EBR-1*) von 1951, der nuklear erzeugten elektrischen Strom nach Arco lieferte. 1976 wurde das Gebäude dekontaminiert und zu einem interessanten Museum umfunktioniert; geöffnet täglich 9-17 Uhr vom *Memorial* bis *Labor Day*, Eintritt frei; www.inl.gov/ebr. Im *Open-Air*-Bereich beim Parkplatz stehen außerdem zwei Prototypen eines (noch viel zu großen) nuklearen Flugzeugantriebs.

Noch viel zu großer Prototyp eines nuklearen Flugzeugantriebs aus den 1950er-Jahren im open-air-Bereich des EBR-1-Atommuseums bei Arco/Idaho

Craters of the Moon NM

Eintritt $20/Auto $10/Person oder Jahrespass

Tiefschwarzes Vulkangestein empfängt Touristen bereits weit vor den Parkgrenzen. Aber erst die beim ***Visitor Center*** beginnende ***Loop Road*** (ca. 7 mi) führt voll hinein in die Welt der erstarrten Lavaströme. Die letzte vulkanische Aktivität liegt hier nur erdgeschichtlich unbedeutende 2.000 Jahre zurück. Geologie und Eigenart der bizarren Landschaft erschließen sich dem Besucher am besten auf den Fußwegen; www.nps.gov/crmo.

Das **Minimalprogramm** sollte den Aufstieg zum ***Inferno Viewpoint*** (700 m retour, 40 HM), den Blick in die kleinen Krater ***Spotter Cones*** und ***Snow Cone*** und einen Abstieg in zumindest eine der (erstaunlich kühlen) **Lavahöhlen** beinhalten. Für ihre Erkundung benötigt man festes Schuhwerk, Pullover und eine gute Lampe.

Der einfache ***Campground*** des Monuments liegt mitten im Lavafeld zwischen schwarzen Felsbrocken und minimaler Vegetation. Der Untergrund besteht aus steiniger Schlacke; $15, alle Stellplätze *first-come, first-served*.

Erstarren Lavaströme an der Oberfläche schneller als die darunter liegenden Schichten, können Lavahöhlen entstehen

Hotelzimmer gibt es im unmittelbaren Umfeld des Monuments nicht, aber **Arco** verfügt über eine Handvoll **Motels** – von preiswert bis untere Mittelklasse.

Ketchum

Rund 40 mi westlich des Monuments geht es auf der ***Sawtooth Scenic Route*** (#75) hinauf in die Sawtooth Mountains mit der gleichnamigen *National Recreation and Wilderness Area* in der Hochlage. **Ketchum** und dessen Vorort **Sun Valley** sind populäre, stark kommerziell bestimmte Ziele für Sommer- und Skiurlauber. Ernest Hemingway verbrachte seine letzten Lebensjahre in Ketchum (nicht in Key West!) und schrieb dort »*Wem die Stunde schlägt*«. Er beging dort 1961 Selbstmord. Der kleine Friedhof mit seinem Grab liegt an der Hauptstraße etwas außerhalb des Ortes im Norden. Ein schlichtes **Denkmal** am *Trail Creek* erinnert an den berühmtesten Bürger der Stadt. Wer in Ketchum und Umfeld ein Zimmer sucht, findet ein breites Angebot vom preiswerten **Motel** bis zur piekfeinen ***Lodge***; www.visitsunvalley.com.

Hot Springs

In dieser Gegend locken zahlreiche **heiße Quellen**, einige von ihnen werden kommerziell betrieben und sind im Ort/an der #75 nicht zu übersehen, andere blieben **naturbelassene Badepools**. Im Besucherzentrum (491 Sun Valley Road) liegt eine Liste der *Hot Springs* aus.

Sawtooth National Recreation Area

Die *Sawtooth National Recreation Area* mit der westlich angrenzenden Wildnisregion erfreut sich bei Naturfreunden zu Recht großer Beliebtheit. **Angeln** und **Gebirgswandern** sind dort die bevorzugten Aktivitäten. Auch ***Rafting*-Abenteuer** lassen sich in Stanley buchen, darunter 4-stündige Trips auf dem Salmon River (ab $75/$60) oder teurere Mehrtagestrips auf dem wilden Oberlauf des Middle Fork Salmon River.

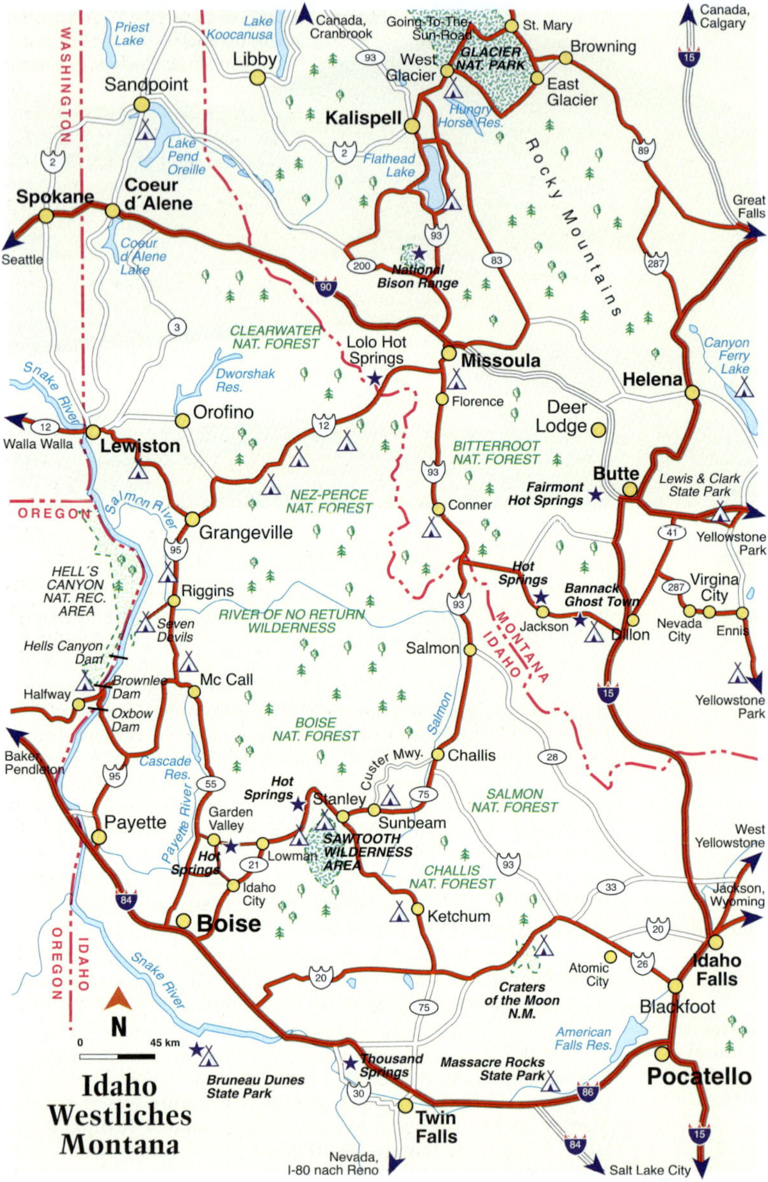
Idaho
Westliches
Montana
Spokane
Coeur d´Alene
Sandpoint
Libby
Kalispell
West Glacier
East Glacier
Browning
St. Mary
Glacier Nat. Park
Going-To-The-Sun-Road
Canada, Cranbrook
Canada, Calgary
Great Falls
Missoula
Helena
Butte
Deer Lodge
Lewiston
Orofino
Grangeville
Riggins
Mc Call
Salmon
Challis
Stanley
Sunbeam
Ketchum
Boise
Payette
Idaho City
Garden Valley
Lowman
Twin Falls
Pocatello
Idaho Falls
Blackfoot
Atomic City
Jackson
Dillon
Nevada City
Virgina City
Ennis
Florence
Conner
Halfway
Seattle
Walla Walla
Baker, Pendleton
Nevada, I-80 nach Reno
Salt Lake City
West Yellowstone
Jackson, Wyoming
Yellowstone Park
Lolo Hot Springs
National Bison Range
Fairmont Hot Springs
Lewis & Clark State Park
Hot Springs
Bannack Ghost Town
Hell´s Canyon Nat. Rec. Area
Seven Devils
Hells Canyon Dam
Brownlee Dam
Oxbow Dam
Sawtooth Wilderness Area
Craters of the Moon N.M.
Thousand Springs
Massacre Rocks State Park
Bruneau Dunes State Park
Clearwater Nat. Forest
Nez-Perce Nat. Forest
Bitterroot Nat. Forest
River of No Return Wilderness
Boise Nat. Forest
Salmon Nat. Forest
Challis Nat. Forest
Rocky Mountains
Custer Mwy.
Priest Lake
Lake Koocanusa
Lake Pend Oreille
Flathead Lake
Hungry Horse Res.
Coeur d´Alene Lake
Dworshak Res.
Canyon Ferry Lake
Cascade Res.
American Falls Res.
Snake River
Salmon River
Payette River
Salmon
Washington
Oregon
Idaho
Montana
N
0 45 km

Stanley

Stanley im Blockhaus-Look zählt keine 100 Einwohner, verfügt aber als einziger Ort weit und breit über Tankstelle, Supermarkt und Übernachtungsmöglichkeiten, z.B. ***Valley Creek Lodge*** (schlichte Zimmer und *Hook-up*-Stellplätze, www.stanleyidaho.com). Schöner sind die *NF*-Campingplätze, die an der **#75** (am Salmon River) und **#21** liegen. Populärer Ausgangspunkt für Wildnistrips ist der glasklare **Redfish Lake** vor der Sägezähnen ähnelndem Silhouette des **Mt Heyburn**. An der Nordspitze des im flachen Uferbereich badewarmen Sees (rund 3 mi westlich der #75, asphaltierte Zufahrt) warten gleich einige wunderbare *NF*-Plätzchen am Wasser. Am besten aufgehoben ist man im ***Point Campground*** auf einer Halbinsel. Empfehlenswert sind auch die Campingplätze am **Stanley Lake**, einem weiteren See nördlich der Ortschaft (3 mi über die #445 ab der #21). Reservierbar unter www.recreation.gov.

Das ***Visitor Center*** am Redfish Lake und die ***Stanley Ranger Station***, an der #75 rund 1,5 mi nördlich des Abzweigs zum Redfish Lake, halten Karten und Infos bereit; www.fs.usda.gov/sawtooth.

Routen zum Glacier Park

Der direkte Weg zum *Glacier NP* folgt weiter der #75. Mindestens zwei, besser drei Tage zusätzlich wären erforderlich für einen **Umweg über Boise zum *Hells Canyon***, ➤ ab Seite 786. Wer auf den Schlenker über Stanley verzichtet, und vom *Craters of the Moon NM* direkt nach Boise bzw. zum *Hells Canyon* fährt, spart einen Tag und würde dabei die Sawtooth Mountains ausklammern.

Straßen #75/#93

Die Weiterreise auf der **#75** bzw. ab Challis auf der **#93** bleibt bis nach Montana hinein erfreulich. An schön gelegenen ***NF Campgrounds*** am Salmon River besteht kein Mangel. Mehrere Einfach-Plätze des *Bureau of Land Management* liegen weiter nördlich am Salmon River (teilweise mit Badestellen).

Umweg durchs Goldrauschgebiet

Alternativ zur #75 kann man (ab Sunbeam) den ***Custer Motorway*** nehmen, eine überwiegende *Dirt Road* (Juni bis September; nicht für RVs, aber auch mit Pkw/SUV besser vorher erkundigen) am Rand der ***River-of-no-return-Wilderness*** durch ein früheres **Goldrauschgebiet** (immer noch Molybdän- und Goldgewinnung) mit den ***Ghost Towns* Custer** und **Bonanza City**. Fast identische Meilen bis **Challis**, aber mindestens plus 2-3 Stunden Zeitbedarf inkl. kleiner Stopps. ***Campgrounds*** liegen dort auch am Weg. Der einzig nennenswerte Ort zur Versorgung ist **Salmon**.

Im Hintergrund die Sawtooth Range bei Stanley

Durch Montana

Bereits in Montana, etwa 6 mi nördlich von Sula, befindet sich an der #93 bei Conner die ***Rocky Knob Lodge***, © (406) 821-3520, mit einer urigen **Kneipe**. Eine letzte **Campingempfehlung** vor Erreichen von Missoula gilt der ***Chief Looking Glass Recreation Area*** nördlich von Florence, ca. 1 mi westlich der Straße am Bitterroot River.

Missoula

In der Universitätsstadt Missoula ist das Waldbrandbekämpfungs-Center an der Verlängerung des Broadway (#93 West) in Nachbarschaft zum *Airport* eine wichtige Institution. Fast jeden Sommer gibt es viel zu tun für die Männer des ***Smokejumpers Base Aerial Fire Depot***. Den Besuchern werden Technik, Probleme und Gefahren der **Waldbrandbekämpfung** aus der Luft nahegebracht. 45-min-Führungen; Spende erbeten; www.smokejumpers.com.

Büffelgehege

36 Meilen nördlich von Missoula, zweigt (in Ravalli) die #200 von der #93 ab. Nach ca. 6 mi geht es in Richtung Agency zur Einfahrt der ***National Bison Range***, wo 300-400 Bisons leben (Eintritt $5/Auto). Beim ***Visitor Center*** startet der **19-mi-Rundparcours** durch die hügelige Prärielandschaft (Einbahn gegen den Uhrzeigersinn); im Sommer 9-17 Uhr; www.fws.gov/refuge/National_Bison_Range.

Unterkunft

Östlich der *Bison Range* stehen in **St. Ignatius** an der Straße #93 ein Motel und das kleine ***Bear Spirit Lodge B&B*** (im Sommer ca. $120; www.bearspiritlodge.com). Weitere Unterkünfte findet man an der Strecke nach Norden und in **Polson**, z.B. das ***Swan Hill B&B*** (auch *Cabins*; www.swanhillbedandbreakfast.com).

Flathead Lake

Zur Weiterfahrt in Richtung *Glacier Park* gibt es **mehrere Alternativen**. Die **Hauptstraße westlich des Flathead Lake** nach Kalispell ist die schnellste, aber weniger attraktive Strecke; sie läuft zudem **überwiegend weitab vom Seeufer**. Die #35 auf der Ostseite verfügt über mehr Abschnitte direkt am Wasser und eine Reihe von ***State Parks***. Stellplätze direkt am Kiesstrand bietet die indianisch verwaltete ***Blue Bay Picnic- & Camping Area*** im südlichen Bereich des Sees. Die **#200 & #83** bilden auch eine erwägenswerte, verkehrsärmere Kombination durch das schöne Tal des Swan River (50 mi Umweg).

Hungry Horse Lake

Kurz vor dem *Glacier Park* führt eine Stichstraße (4 mi) vom Ort **Hungry Horse** (Straße #2) zum gleichnamigen, 30 mi langen Stausee mit einfachen ***NF Campgrounds*** direkt am Wasser. Dort ist nur an Wochenenden wirklich Betrieb, das Panorama aber kaum weniger eindrucksvoll als am gelobten Lake McDonald im *Glacier NP*.

Am Flathead Lake

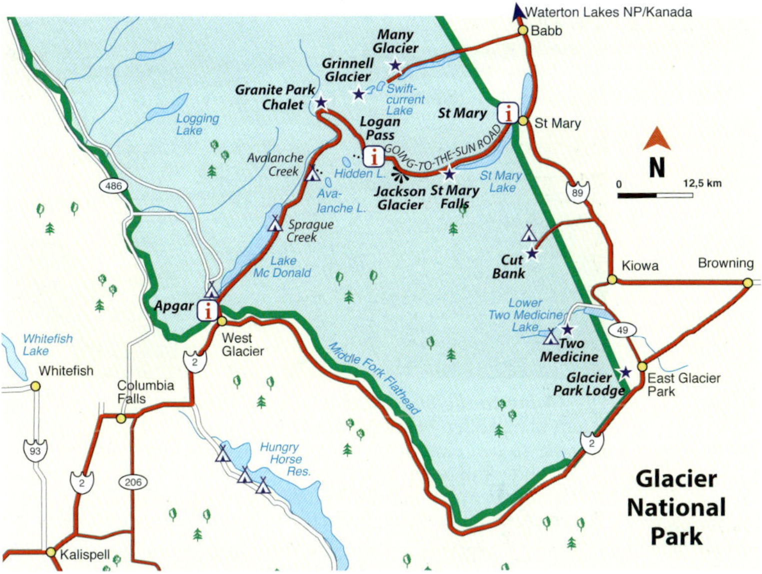

Glacier National Park www.nps.gov/glac

Eintritt $35/Auto oder Jahrespass (im Winter etwas billiger)

Anders als der Name es vermuten lässt, gibt es **kaum noch größere sichtbare Gletscher** im *Glacier Nat'l Park*, der ein hochalpines Gebiet der Rocky Mountains an der kanadischen Grenze unter Naturschutz stellt. Bei seiner Gründung zu Beginn des 20. Jahrhunderts waren sie noch zahlreich. In den letzten Dekaden wird ihr Rückzug jedoch immer dramatischer und Prognosen zufolge, soll bis zum Jahr 2030 auch das letzte »ewige Eis« aus diesem Teil der *Rockies* verschwunden sein.

Gemeinsam mit dem kanadischen Nationalpark ***Waterton Lakes*** bildet der *Glacier NP* den ***International Peace Park*** (»Friedenspark«) und ist Teil des *UNESCO*-Weltnaturerbes. Wanderwege führen von und zu Ausgangspunkten in beiden Ländern, ganz ohne Grenzkontrollen. Dieses einsame, raue Hinterland wird bis heute eher durch Pumas, Grizzly- und Schwarzbären »patroulliert«.

Die #2 verbindet die Ortschaften West und East Glacier und umrundet dabei gemeinsam mit der #49/#89 den Nationalpark im Süden und Osten. Wirklich attraktiv ist auf dieser Strecke nur die #2, besonders auf der Westseite des Parks entlang des Middle Fork Flathead River. Mitten durch das Schutzgebiet erläuft von West nach Ost die **spektakuläre *Going-to-the-Sun Road***. Zwei ebenfalls schöne Bereiche im Parkosten, die ***Two Medicine*** und ***Many Glacier Areas***, sind nur über Stichstraßen ab der #89 bzw. #49 zu erreichen.

Nostalgischer Touristenbus an der Going-to-the-Sun Road durch den Glacier National Park

Going-to-the-Sun Road

Aktuelle Straßenbedingungen unter: www.nps.gov/glac/planyourvisit/gettingaround.htm

Die ***Going-to-the-Sun Road*** durch den Glacier Park weckt mit ihrem klangvollen Namen große Erwartungen. Und tatsächlich gehört sie zu den **eindrucksvollsten Gebirgsstrecken Nordamerikas**. Selbst ohne Stopps sind für diese 50 Meilen gut 2 Stunden zu kalkulieren, mit Ausflügen und Wanderungen kann man locker einen Tag einplanen. Ihre Befahrbarkeit ist allerdings eingeschränkt:

- Schnee versperrt die Pässe bis Mitte Juni – bisweilen bis in den Juli hinein – und spätestens ab September/Oktober wieder. Wetterstürze mit sehr niedrigen Temperaturen sind selbst im Juli/August in Hochlagen keine Seltenheit. Der Bereich zwischen West Glacier und der *Lake McDonald Lodge* wird auch im Winter geräumt und bleibt ganzjährig geöffnet.
- ***Motorhomes* länger als 21 Fuß und breiter als 8 Fuß** sind auf der gesamten Strecke zwischen den Campingplätzen *Avalanche* und *Rising Sun* **nicht zugelassen**. Selbst mit kleineren Campmobilen ist das Fahren – zumindest in Richtung Ost-West – wegen überhängender Felsen und der Gefahr, mit den Aufbauten »anzuecken«, bei Gegenverkehr kitzelig.
- Der Umstieg in einen der **kostenlosen *Shuttle*-Busse**, die im Juli/August zwischen den Apgar und St. Marys Besucherzentren verkehren und an sämtlichen *Trailheads/Campgrounds* stoppen, ist nicht nur für Wohnmobil-Fahrer eine gute Option. Vor allem an sommerlichen Schönwettertagen und Wochenenden werden die **Parkplätze** am *Logan Pass* sowie bei diversen anderen populären Zielen an der *Going-to-the-Sun-Road* schnell zu Mangelware.

Backcountry Permits

Kurz hinter dem Westeingang steht das ***Apgar Visitor Center***. Dort erhält man die Bewilligungen zum Zelten im Hinterland. Die Hälfte der *Backcountry Permits* wird allerdings bereits im Frühling im Web verlost: www.nps.gov/glac/planyourvisit/backcountry.htm.

Lake McDonald

Entlang des größten Sees des Parks, dem 16 km langen **Lake McDonald**, warten malerische von auffällig bunten Steinen gesäumte Uferbereiche, Picknickplätze sowie der beste mit dem Fahrzeug leicht erreichbare ***Campground*** am **Sprague Creek**.

Avalanche Gorge

Etwa 5,5 mi östlich der rustikalen *Lake McDonald Lodge* befindet sich der Ausgangspunkt für den besonders reizvollen *Trail* entlang der engen ***Avalanche Gorge***, wo sich grünblaues Wasser seinen Weg durch rotbraunes Gestein gebahnt hat. Wer keine Zeit für die komplette Tour bis hinauf zum **Avalanche Lake** hat (mind. 2-3 Stunden; 230 HM), sollte hier wenigstens den kurzen Lehrpfad ***Trail of the Cedars*** ablaufen (Rundweg bis zur Brücke über die Schlucht und retour ca. 30-40 min; einfach, kaum Höhengewinn).

Logan Pass

Im Anschluss folgt die Parkstraße dem türkisblauen ***McDonald Creek***, bevor sie sich parallel zur kontinentalen Wasserscheide hinauf zum ***Logan Pass*** windet. Ausgehend vom ***Visitor Center***, bereits oberhalb der Baumgrenze auf 2.025 m, empfiehlt sich der wunderbare ***Trail*** zum ***Hidden Lake Overlook*** mit Blick auf den gleichnamigen See und den aus dieser Perspektive dreieckig aufragenden Bearhat Mountain (4 km bis zum *Overlook* und retour, 160 Höhenmeter). Wanderer sind auf dem Weg meist zahlreich, mit etwas Glück **Schneeziegen** ebenso. Dieser Bereich des Parks ist zudem bekannt für seine ausgedehnten Bestände an **Bärengras**, ein bis zu 90 cm hohes, lilienartiges Gewächs, das sich Ende Juni/Anfang Juli mit übergroßen, weißen Blüten schmückt.

Zum Lake St. Mary

Jenseits vom *Logan Pass* (schöner Blick zurück ➤ Foto links) geht es hinunter zum 700 m tieferen St. Mary Lake. Der ***Jackson Glacier Overlook*** auf halbem Weg bietet die beste Möglichkeit, direkt von der Straße aus einen der wenigen im Park noch vorhandenen Gletscher zu sehen. Wasserfallfans könnten dort außerdem die *Deadwood Falls* besuchen (2 km *one-way*). Noch schöner und ebenso von dunkelrotem Gestein umgeben sind die ***St. Mary Falls***, der zusätzliche Aufwand bis zu den ***Virginia Falls*** lohnt sich ebenfalls (1,8 km respektive 3 km, jeweils *one-way*; *Trailhead* kurz bevor man den Saint Mary Lake erreicht). Vorbei am beliebten Fotomotiv mit der von hohen Bergen eingerahmten *Wild Goose Island* im **Saint Mary Lake** und dem ***KOA Campground*** (Zelt $49, RV ab $80) erreicht man am östlichen Ende des Sees und der »Straße zur Sonne« schließlich das ***St. Mary Visitor Center*** unweit des Osteingangs des Parks.

Grinnell Lake

Über die #89 geht es von dort nach Süden zur ***Two Medicine Lake Area*** (wer weniger frequentierte Wanderwege sucht, ist dort richtig!) oder nach Norden zur ***Many Glacier Area*** mit dem rustikalen ***Many Glacier Hotel*** am **Swiftcurrent Lake** (➤ Foto umseitig) und der großartigen Wanderung zum **Grinnell Lake** oder noch weiter bis zum gleichnamigen Gletscher (17 km retour, 500 HM; 5 km weniger bei Abkürzung durch Bootsfahrten auf den Seen).

Camping

Sechs der 13 *Campgrounds* des Nationalparks liegen an der *Going-to-the-Sun Road*. Mit Ausnahme von *St. Mary*, *Apgar* und *Fish Creek* (Reservierung unter www.recreation.gov) werden alle Plätze *first-come, first-served* vergeben und sind meist schnell belegt. Alternative: *Cut Bank* oder in der *Two Medicine Lake Area*.

Ungewöhnlich viele ausschließlich per pedes anzusteuernde ***Walk-in-Campgrounds*** befinden sich im Hinterland der Parks. Für sie ist ein *Backcountry Permit* notwendig, siehe *Apgar* ➤ Seite 780.

Unterkünfte im Park

Wer im Park übernachten möchte, sichert sich sein Zimmer am besten bereits **ein Jahr im Voraus** über das Portal www.glaciernationalparklodges.com. Bei einem längeren Aufenthalt sind die meisten Park-Unterkünfte nahezu unerschwinglich und die preiswertesten sehr schnell ausgebucht: ***Rising Sun Motor Inn*** (ca. $175), ***Swiftcurrent Motor Inn*** (ab $175, *Cabins* ab $115), ***Many Glacier Hotel*** (ab $211) sowie das ***Apgar Village Inn*** (einfache Motelräume $179, mit Küche ab $240 und 5-Bett-Zimmer für $240). Mitte/ Ende Sept. ist die Saison vorbei und fast alle Quartiere schließen ihre Pforten, die sie dann frühestens Mitte Juni wieder öffnen.

H/Motels außerhalb des Parks

Ebenso gut gebucht wie die *NP-Lodges* sind die Häuser bei den Einfallstoren, so in **St. Mary** am Osteingang: An der Kreuzung #89/ *Going-to-the-Sun Road* steht die ***St. Mary Lodge*** mit gutem Preis-Leistungs-Verhältnis; *Queen Rooms* ab $130, aber meist über (!) ein Jahr im Voraus schon ausgebucht; www.glacierparkcollection.com. Im $100-Einfachstzimmer des ***Red Eagle Motel*** darf man sich keinerlei Komfort erwarten, hinsichtlich Tarif ist es aber im *Glacier*-Umfeld nicht zu unterbieten; www.redeaglemotelrvpark.com.

Eine ähnlich begrenzte Versorgungsinfrastruktur bietet westlich des Parks das nur im Sommer belebte Touristendorf **West Glacier**. Die Quartiere und kommerziellen *Campgrounds* konzentrieren sich entlang der #2 zw. West Glacier und Columbia Falls, ➤ Seite 778.

In **East Glacier** hat man die Wahl zwischen einer Jugendherberge ***Backpackers Inn Hostel*** ($20 pro Bett, *Cabins* ab $50; www.serranosmexican.com/backpackers-inn.php) und der ***Glacier Park Lodge*** (grandioser Hotelbau im Blockhausstil, aber für Tarife ab $250 wenig exquisite Zimmer; www.glacierparkcollection.com).

Many Glacier Hotel am Ufer des Swiftcurrent Lake

»When Sioux and Blackfeet met«, Kampfszene zwischen Sioux- und Blackfeet-Indianern, ein Gemälde von Charles M. Russell

7.3.2 Vom Glacier zum Yellowstone National Park

Der direkte Weg vom *Glacier* zum *Yellowstone Nat'l Park* (**Nordeinfahrt/*Mammoth Hot Springs***, ca. 370 mi) ist identisch mit dem schönen Verlauf der Straße #89 über Great Falls. **Mehr Abwechslung** bietet aber die hier beschriebene Route über Helena und Butte nach West Yellowstone.

Browning

In beiden Fällen geht es zunächst auf der #89 durch das Reservat der ***Blackfeet*-Indianer** in Richtung Great Falls. Browning, ein vom indianischen Niedergang geprägter Ort, ist Sitz der Reservatsverwaltung. Am westlichen Ortseingang wartet das ***Museum of the Plains Indian*** mit einer informativen, aber nicht überwältigenden Ausstellung zur Indianerkultur der Prärien auf Besucher. Geöffnet in den Sommermonaten Di-Sa 9-16.30 Uhr; Eintritt $5/ $1; Okt-Mai kostenlos; www.doi.gov/iacb/MuseumPlainsIndian.

Für die Weiterfahrt empfiehlt sich die #89, da der **Verlauf der I-15** zwischen Helena und Great Falls besonders reizvoll ist und die kürzere #287 (direkt nach Helena) nicht viel fürs Auge bietet.

Great Falls

Beidseitig des Missouri River dehnt sich Great Falls aus. Die drittgrößte Stadt Montanas mit knapp 60.000 Einwohnern ist wirtschaftlich stark auf die nahe *Malmstrom Air Force Base* ausgerichtet und eher unattraktiv, hat aber zwei interessante Anlaufpunkte:

Russell Museum

Das ***Charles M. Russell Museum*** beherbergt weit über 1.000 Werke dieses herausragenden Vertreters der ***Western Art***, dessen Heimat Great Falls war. *Russells* oft fotografisch genau wirkende Gemälde kreisen überwiegend um Trapper, Indianer, Pioniere und die Eroberung des Westens. Das Museum ist ausgeschildert und nicht zu verfehlen im Villenviertel südlich des Flusses; 400 13th Street; im Sommer Di-So 10-17 Uhr; sonst Mi-So; $9/$4; www.cmrussell.org.

Lewis & Clark Center

Das grandiose ***Lewis & Clark National Historic Trail Interpretive Center*** steht am Ufer des Missouri im ***Giant Springs State Park*** östlich der Stadt. Es beherbergt ein hervorragendes Museum zur Expedition von *Lewis & Clark* (➤ Seite 655). Geöffnet von Ende Mai bis September täglich 9-18 Uhr, sonst Di-Sa bis 17 Uhr, So ab 12 Uhr; $8 ab 16 Jahre, mit *Interagency Pass* frei (➤ Seite 30).

Ein ***KOA*** liegt im Südosten der Stadt an der 500 51st Street South; schöne, schattige Plätze; www.koa.com/campgrounds/great-falls.

Gates of the Mountain Canyon

Die gelobte I-15 verlässt einige Meilen südwestlich von Great Falls die Prärie und läuft im Tal des Missouri grandios **durch die Ausläufer der Rocky Mountains**. Kurz vor Helena durchbrach der Fluss die Beartooth-Höhen und bildete den ***Gates of the Mountains Canyon***. Er ist heute Teil des aufgestauten Holter Lake, unter dem einst gefährliche Stromschnellen verschwanden. Eine Stichstraße vom *Freeway* führt zu See und Anleger (*Exit* 209).

Helena

Die **Hauptstadt Montanas**, eines Staates mit etwa der Fläche Deutschlands, zählt nur etwas über 30.000 Einwohner. Dort gibt es nicht so ganz viel zu sehen, vornehmlich:

- das ***City Center*** mit der ***Last Chance Gulch Pedestrian Mall***, einer *Shopping* Zone just dort, wo 1864 das erste *Nugget* im *Gold West Country* von Montana gefunden wurde
- das – wie anderswo – bombastische ***State Capitol***
- das ***Historical Society Museum*** direkt am *Capitol Park* mit einer guten Ausstellung zu Pionierzeit, Minentradition, Indianerkultur und einer ***Western Art* Abteilung** (auch überwiegend *C.M. Russell*); im Sommer Mo-Sa 9-17; $5/$1; www.mhs.mt.gov.

Ein Besucherzentrum befindet sich an der 105 Reeder's Alley, die *Chamber of Commerce* an der 225 Cruse Ave; www.helenamt.com.

Rodeo

Ende Juli (letztes Wochenende) kommt Leben in die Stadt, wenn die ***Last Chance Stampede*** abgehalten wird mit Rodeo, Jahrmarkt und Landwirtschaftsschau.

Übernachten

Helena verfügt über eine große Auswahl an **Motels** und ***Lodges***, vor allem im unteren bis mittleren Preissektor, darunter *Days Inn, Comfort Inn, Holiday Inn, Super 8, Motel 6, Shilo* etc.

Stadtnah campt man am besten am **Hauser Lake**, einem weiteren Stausee des Missouri, ca. 12-15 mi östlich der Stadt. An ihm liegen kommerzielle ***Campgrounds*** und der ***Black Sandy State Park***; http://stateparks.mt.gov/black-sandy. Etwas südlicher liegt der **Canyon Ferry Lake**. Am Nordostufer gibt es mehrere ***Campgrounds*** der Einfachkategorie.

Maryville

Der vor Ort gern empfohlene Abstecher zur 25 mi nordwestlich gelegenen, bewohnten »Geisterstadt« Marysville lohnt selbst für eingefleischte *Ghost Town*-Fans kaum. In den 1880/90er Jahren war Maryville zwar die bedeutendste Goldgräberstadt Montanas, viele Häuser sind aber aus der Zeit nicht übrig geblieben.

Butte

Die ***Interstate* #15** beeindruckt auch südlich von Helena weiter mit ihrer Streckenführung. **Butte** ist eine – mit dem Nachlassen ihrer einst Reichtum bringenden Kupfervorkommen – speziell im Zentrum heruntergekommene **Minenstadt**. Das leicht chaotische, aber ganz interessante ***World Museum of Mining & 1899 Mining Camp*** (April-Oktober Mo-Sa 9-18 Uhr, So ab 10 Uhr; Eintritt $8,50/$5; www.miningmuseum.org) und der ***Butte Historic District*** veranschaulichen die Arbeit früherer Tage in den Minen und vor allem den mit der industriellen Monokultur verbundenen Aufstieg und Niedergang der Stadt.

Zum Picknicken oder zur Übernachtung (eher Zelte, für RVs ungünstig) eignen sich die diversen Plätze des ***Thompson Park***, ein paar Meilen östlich der Stadt an der wunderbar über den *Pipestone Pass* geführten Straße #2.

Fairmont Hot Springs

Ein guter **Abstecher** von Butte lässt sich zu den ***Fairmont Hot Springs*** unternehmen. An diesen heißen Quellen, ca. 18 mi westlich auf der I-90, *Exit* 211, steht eine **Freizeitanlage** mit großen Warmwasserpools und einer langen Rutsche. Für die Gäste der zugehörigen ***Lodge*** (ab $180) ist der Eintritt frei, sonst $10-$12, Kinder $7-$9; © 1-800-332-3272, www.fairmontmontana.com. Ein **Campingplatz** befindet sich gleich nebenan; Zelte $30, *full hook-up* ab $44, © (406) 797-3505, www.fairmontrvresort.com.

Von Butte zum Yellowstone

Der schnellste Weg von Butte zum *Yellowstone NP* führt über Bozeman, Livingston (beide an der I-90; toller Verlauf auf den ersten 50 Meilen!) und Gardiner (#89). In Cardwell könnte man die *Interstate* für einen Besuch der ***Lewis & Clark Caverns*** verlassen (Straße #2). Vom Besucherzentrum in malerischer Lage in den Tobacco Root Mountains sind es nur 15-20 min bis zum Eingang der Tropfsteinhöhle. Die 2-stündigen Besichtigungstouren ($12/$5) starten üblicherweise alle halbe Stunden Juni-August 9.30-18.30 Uhr; www.stateparks.mt.gov/lewis-and-clark-caverns. Untem im Tal in der Nähe des Flussufers befindet sich der Einfach-*Campground* des Parks; reservierbar online oder © 1-855-922-6768.

Weitere Plätze findet man im ***Missouri Headwaters State Park*** rund 25 mi weiter östlich, wo sich drei Flüsse zum Missouri River vereinen; *Exit* 278/I-90 und dann die Frontage Road nach Osten;

Wenig ergiebig ist die rüttelige Fahrt zum ***Madison Buffalo Jump SP***, einem alten indianischen Büffel-Jagdgrund; 13 mi retour ab *Exit* 283.

Bozeman

In Bozeman lohnt sich dafür der Besuch des ***Museum of the Rockies*** im Stadtsüden unweit der *University of Montana*; 600 W Kagy Blvd; geöffnet 8-18 Uhr im Sommer, sonst 9-17 Uhr; $14,50, Kinder (5-17 Jahre) $9,50; www.museumoftherockies.org.

Tyrannusaurus Rex und Triceraptus Skelette gefunden in Montana und jetzt zu sehen im »Museum of the Rockies« in Bozeman

Bekannt ist das Naturkundemuseum für seine umfangreiche Fossiliensammlung, darunter der weltgrößte *T-Rex*-Schädel. Im Außenbereich (Eintritt frei) befindet sich noch eine kleine *Living History Farm,* in der kostümierte Darsteller den Besuchern das Leben im späten 19. Jahrhundert etwas näher bringen.

Chico Hot Springs

Einen kleinen Umweg für Anhänger heißer Quellen sind die ***Chico Hot Springs*** auf jeden Fall wert – wenige Meilen östlich der Straße #89 (Livingston-*Yellowstone NP*). Es handelt sich um eine nostalgische, eher einfache Hotelanlage mit **Warmwasser-*Pool*** ($7,50/ $3,50) und einem – direkt damit verbundenen – **Saloon**; Zimmer ohne Bad ab $73, mit ab $110; www.chicohotsprings.com.

Hotel im Wildwest-Look (auch drinnen) in Nevada City; Zimmer ab $120; © 1-855-377-6823, www.aldergulchaccommodations.com

Nevada und Virginia City

Eine **erwägenswerte alternative Strecke** von Butte zum *Yellowstone NP* ist die **Straßenkombination #41/#287**. Sie führt über Nevada & Virginia City, zwei besuchenswerte historische Städtchen im Wildwest-Look. **Virginia City** avancierte durch die *Alder Creek*-Goldader im späten 19. Jh. kurzzeitig sogar zur Hauptstadt des einstigen *Montana Territory*. Noch über 100 Gebäude aus der Zeit sind erhalten geblieben und sorgfältig restauriert worden. Mit originellen Läden, *Brew Pub* und dem ***Opera House*** (dort *Vaudeville Shows*; www.virginiacityplayers.com) ausgestattet ist der denkmalgeschützte Ort heute bestens aufbereitet für den Besucherandrang. Das Angebot an Quartieren ist deutlich breiter als im benachbarten, beschaulicheren **Nevada City**, einem reinen Freilichtmuseumsdorf; $8/$6 bzw. $10/$8 an Wochenenden, wenn kostümierte Mitarbeiter der einstigen Goldgräbersiedlung wieder Leben einhauchen.

Ebenfalls ein Wildwest-Relikt ist **Ennis** an der #287 ein paar Meilen weiter; www.ennischamber.com.

Hebgen Lake

Bis West Yellowstone, einem voll dem Park-Tourismus verschriebenen Städtchen (➤ Seite 732), bleiben noch 85 mi Fahrt auf der #287 großenteils am Madison River entlang. Am Westende des **Hebgen Lake** erläutert ein Besucherzentrum die Einzelheiten und Auswirkungen des ***Madison River Canyon Earthquake*** von 1959. Die Erdbebenschäden sind immer noch erkennbar.

7.3.3 Der Umweg über den Hells Canyon

Streckenverlauf

(Karte ➤ Seite 776)

Statt vom *Craters of the Moon NM* auf direktem Weg den *Glacier Park* anzusteuern, könnte man bei ausreichender Zeit eine **Routenerweiterung** über **Boise**, den ***Hells Canyon*** und die Täler des **Salmon**, **Clearwater** und **Lochsa River** ins Auge fassen. Neben dem Hauptziel *Hells Canyon* reizt vor allem der landschaftlich und klimatisch abwechslungsreiche Streckenverlauf durch wunderschöne und weniger touristische Gebiete Idahos.

Anfahrt

Zwar wäre es schade, die Sawtooth-Gebirgsregion auszulassen, aber während sich die Strecke bis Boise (ab den *Craters of the Moon* ca. 180 mi) und darüberhinaus einschließlich einer kurzen Stadtbesichtigung leicht an einem Tag bewältigen lässt, benötigt man für die Straßenkombination #75/#21 (ca. 270 mi, von Lowman bis Idaho City serpentinengespickt) mit Übernachtung **mindestens zwei volle Tage**, ➤ auch Seite 777.

Von Stanley bis Lowman/ Hot Springs

Zunächst ist die ***Ponderosa Pine Scenic Route*** von Stanley bis hinunter nach Lowman (#21) gut ausgebaut und nicht so attraktiv wie die #75 nach Norden. Ca. 20 mi nördlich von Lowman liegt unweit der Straße der ***NF Campground Bonneville***, ca. 500 m von den gleichnamigen ***Hot Springs*** entfernt, deren Warmwasser am Fluss in flachen Badebecken genossen werden kann. Ca. 15 mi weiter passiert die Straße die ***Kirkham Hot Springs*** am South Fork Payette River, wo auch ein Campingplatz und naturbelassene Mini-Pools zum Bleiben einladen. Eine gut ausgebaute Straße führt **von Lowman** hinunter nach Garden Valley und Banks **zur #55** im schönen Tal des Payette River (Badestrände). Auch an dieser Route gibt's wieder ***Hot Springs***, am besten ***Pine Flats*** (z.T. sehr heiß) mit ***NF Campground***. In Garden Valley starten Trips mit Schlauchbooten bis zu einem Tag Dauer über die Stromschnellen des Payette River.

Idaho City

Nach zahllosen Kehren im Gebirgswald erreicht man auf der #21 Idaho City. Diese in den 1860er-Jahren einwohnerreichste Stadt des US-Nordwestens ist heute eine »halbe« ***Ghost Town*** mit einem originellem *Visitor Center* und dem ***Boise Basin Historical Museum***, das ein Sammelsurium zu den Themen *Gold Rush* und »Wilde Vergangenheit« beherbergt. Zwischen Idaho City und Placerville (*Gravel Road*) zeugen durchwühlte Areale von den Aktivitäten der Prospektoren. Eine – im positiven Sinne – total verrückte Holzhütte steht an der Ecke Centerville/Main Street in Idaho City – nicht verpassen!

Einige Meilen südwestlich des Ortes liegt an der #21 das ***The Springs Resort*** mit Heißwasserpool; täglich 10-22 Uhr außer Di (Mi-Fr nur ab 18 Jahre!); $20/$14; www.thespringsid.com.

Von Salt Lake City direkt nach Boise

Bei Verzicht auf »Mondkrater« und »Sägezahn-Berge« erreicht man von Salt Lake City aus Boise leicht an einem Tag (ca. 300 mi). Außer zum ***Golden Spike National Historical Park*** (➤ Seite 715) könnten Abstecher von dieser insgesamt eher eintönigen Strecke den ***Thousand Springs*** und ***Bruneau Dunes*** gelten.

1000 Springs

Zwischen **Buhl** und **Hagerman** sprudeln am östlichen Steilufer des Snake River »Tausende« von kleineren und größeren Quellen zum Teil wasserfallartig aus dem Fels und ergießen sich in den Fluss. Nach ihnen benannt wurde nicht nur die Straße #30 (***Thousand Springs Scenic Byway***) sondern auch der aus 5 getrennten Einheiten bestehende ***State Park***. Es handelt sich um wiederaustretendes Wasser eines bei Arco (➤ Seite 774) in Lavakanäle versickerten ***Lost River***. Etliche Zufahrten beginnen direkt an der I-84; Übersichtskarte: www.parksandrecreation.idaho.gov/parks/thousand-springs.

Balanced Rock

Ab Buhl bietet sich ein Abstecher zum ***Balanced Rock*** an (15 mi; ausgeschildert ab der Burley Ave), einem knapp 15 m hohen und auf einem Podest balancierenden Felsen (mittlerweile etwas mit Beton verstärkt), mit anschließender Picknickpause in der grünen, schattigen Schlucht des ***Balanced Rock Park*** (0,5 mi östlich des »Steinpilzes«). Am Ufer des Salmon Falls Creek kann man auch gleich über Nacht bleiben (Einfachststellplätze ohne *hook-up*).

Hot Springs

Die Straße führt westlich des *Balanced Rock* in einem großen Bogen wieder zur #30, wo nur 0,4 mi zurück in Richtung Buhl die Zufahrt zu den ***Banbury Hot Springs*** liegt. Bei den von heißen Quellen gespeisten Pool-Anlagen warten schattige Plätze auf Zelte/RVs.

Bruneau Dunes & Canyon

Die ***Bruneau*-Sanddünen** erheben sich bis zu 140 m aus der kargen Landschaft zwischen Snake und Bruneau River; $5/Auto; ca. 20 mi entfernt von der I-84, über die #78/#51. Der *State Park* verfügt über zwei kleine Seen mit Picknick-Möglichkeiten und einen grünen Campingplatz abseits der Dünen. Wer bis hierher fährt, könnte auch noch 18 mi *Gravel* bis zum ***Bruneau Canyon*** »dranhängen«, wo sich der Fluss durch eine enge, 240 m tiefe Schlucht zwängt (Abzweig in der Ortschaft Bruneau ausgeschildert).

Boise

Boise (sprich: *Beusie*) ist **Idahos kleine grüne Hauptstadt**. Von den gerade 1,8 Mio. Einwohnern des Staates leben über 200.000 in der Kapitale. Boise wirkt aufgeräumt, sauber und langweilig. Hauptattraktion ist das ***State Capitol*** an der 700 W Jefferson St. Beidseitig des Capitol Blvd und 2-3 Blocks südlich des Capitol Building findet man hübsche Straßencafés und eine Ballung von Restaurants. Der Grüngürtel an den Ufern des durch die Stadt fließenden Boise River erweitert sich im Zentrumsbereich zum ***Julia Davis Park*** mit ***Historical*** und ***Art Museum*** (beide nur mittelmäßig), übersichtlichem **Zoo** (gerade richtig mit Kindern), Picknicktischen und Joggingpfaden – gut für die Rast zwischendurch.

Picknickplatz gegenüber den Bruneau Dunes im Südwesten Idahos

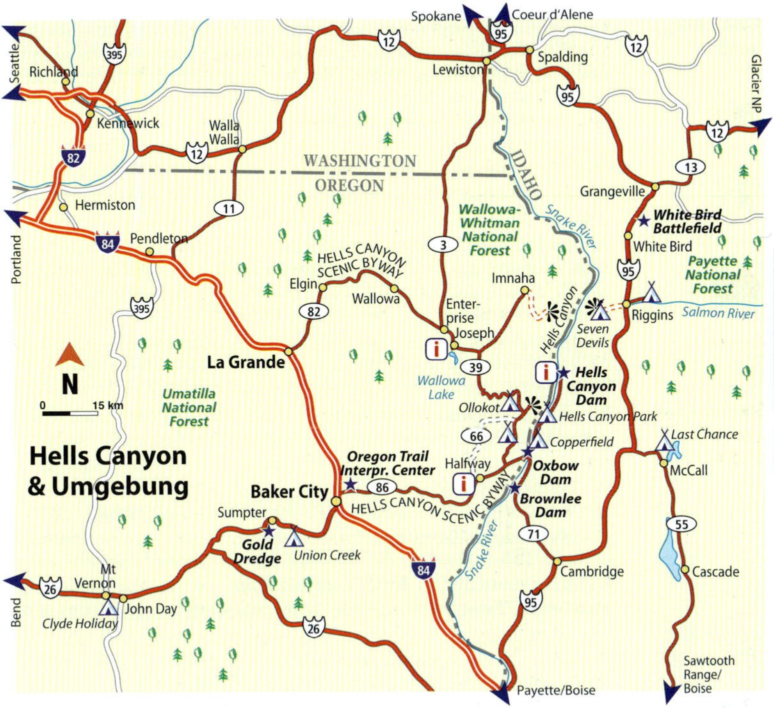

Zum Hells Canyon of the Snake River

Die kürzeste Verbindung zum ***Oxbow Dam*** des ***Hells Canyon*** ab Boise bildet die **Straße #95** (via Payette, *Exit* 3) gemeinsam mit der **#71**. Zur Vermeidung doppelt zurückzulegender Strecken (#71) könnte man aber auch zunächst der I-84 bis **Baker City/Oregon** (ca. 130 mi, ➤ Seite 641) folgen und danach der #86 durch raue, abschnittsweise sehr schöne Gebirgslandschaften am Powder River und Pine Creek entlang, dem südlichen Abschnitt des ***Hells Canyon Scenic Byway***. Eine ganz hübsche Etappe am Wege ist nur wenig abseits das Dorf **Halfway**. Der Umweg über Baker City mit insgesamt rund drei Fahrtstunden Mehraufwand lohnt sich.

Der »Höllencanyon des Schlangenflusses« beeindruckt nicht nur durch seine Bezeichnung. Rechnerisch (Distanz höchste Randerhebung bei den Seven Devils Mountains bis zum Grund der Schlucht = 2.436 m) übertrifft er sogar den »nur« 1.857 m tiefen ***Grand Canyon***. Er lässt sich aber ansonsten mit dem berühmten Bruder vom Colorado River kaum vergleichen. In Idaho und Oregon »entfällt« der Blick von oben. Zwar sind beide Seiten in der Höhe zugänglich, jedoch nur über abgelegene Schotterpisten; Karte und Broschüre unter www.fs.usda.gov/detail/wallowa-whitman/recreation/?cid=stelprdb5238987.

Snake River Road

Dafür gibt es nirgendwo sonst im nordamerikanischen Westen eine Straße, die so weit in eine vergleichbar tiefe Schlucht hineinführt. Die **25 Meilen** entlang des in diesem Bereich aufgestauten Snake River vom ***Oxbow Dam*** zum ***Hells Canyon Dam*** am Fuß der Steilwände sind **ein Erlebnis**! Gleich hinter der Staumauer beginnen die wilden 65 km der über 200 km langen Schlucht. Wer dort nicht in ein Boot steigt (➤ unten), kann am Westufer noch etwas weiter hineinwandern. Ab dem Besucherzentrum bis zum Umkehrpunkt am Stud Creek sind es ca. 1,5 km.

An der Stichstraße liegen einige *Boondocking Sites* sehr schön am Flussufer wie auch der ***Hells Canyon Park***, einer der zahlreichen für Zelte wie auch für RVs (mit *hook-up*) geeigneten von *Idaho Power* betriebenen *Campgrounds*; Überblick: www.idahopower.com/recreation/parks-and-campgrounds/hells-canyon-complex. Mehr Schatten und Komfort gibt es im ***Copperfield Park*** gleich beim Abzweig der *Snake River Road* (Zelte $10, RVs $16).

Bootstouren durch den Hells Canyon

Für **Schlauch- und Jetbootfahrten** durch die mit Stromschnellen gespickte Schlucht stehen diverse Anbieter zur Auswahl. Die meisten starten im Norden bei **Lewiston** an der #95 und sind **ganz- oder sogar mehrtägig** unterwegs. Gute Übersicht im Web unter www.gonorthwest.com/Idaho/Hells_Canyon/jetboattours.htm.

Von ***Pittsburgh Landing*** (Zufahrt über eine enge, steile Schotterpiste ab White Bird an der #95) sowie von der Anlegestelle beim Besucherzentrum am ***Hells Canyon Dam*** werden auch **Kurztrips** angeboten; Reservierung nötig: www.hellscanyonadventures.com.

Weiterfahrt über die #95

Auf weiterhin landschaftlich reizvoller Strecke geht es über den *Brownlee Dam*, **Cambridge** (am Straßendreieck #71/#95) auf der #95 nach Norden. Am Weg befinden sich einige hübsche Übernachtungsplätze, darunter der toll angelegte *NF Campground Last Chance* (etwa 6,5 mi von der #95 entfernt; von New Meadows 4 mi auf der #55 nach Osten und dann noch 2,5 mi Schotterpiste).

Riggins

Das winzige Riggins, 80 mi nördlich von Cambridge, ist zentraler Ort des *Salmon River Country* mit einer Handvoll Motels, *Campgrounds*, rustikalen Restaurants sowie Kneipen – ein guter Ausgangspunkt für die Entdeckung des weitgehend unerschlossenen Hinterlandes, die ***Hells Canyon Wilderness*** sowie ***Gospel-Hump Wilderness***; dort Zeitzonenwechsel: Uhr 1 Std zurückstellen.

Hells Canyon Scenic Byway: Diese durchgehend asphaltierte Strecke umrundet ab Baker City und La Grande (I-84-*Exits* 302/261) die bis zu 3.000 m hohen **Wallowa Mountains** (meist nur Ende Mai-Okt befahrbar). Das südliche Teilstück (**#86**) führt ab Baker City (➤ Seite 641) in Richtung *Oxbow* und *Hells Canyon Dam*. Von dort geht es weiter auf der **#39** vorbei am ***Hells Canyon Overlook*** und dann auf der **#350** nach **Joseph** am **Wallowa Lake**. Neben zahlreichen Übernachtungssmöglichkeiten gibt es dort eine Gondelbahn, ein tolles Wandergebiet und jedes Jahr Ende Juli die ***Chief Joseph Days*** zu Ehren des berühmten Nez Perce-Indianers. Ab Joseph folgt der *Scenic Byway* dem Verlauf der **#82** durchs fruchtbare Wallowa Valley und stößt bei La Grande schließlich wieder auf die I-84.

Seven Devils Mountains

Am südlichen Ortsrand von **Riggins** gelangt man auf steiler, enger Piste (nicht für RVs größer als *Van Camper* geeignet) zum *Windy Saddle* und *Seven Devils Campground* in den gleichnamigen Bergen (rund 17 mi *one-way*). Dort kann man die spannende ***Seven Devils Loop*** in Angriff nehmen, ein 3-tägiger, 43 km langer *Backpacking*-Trip durch nahezu unberührte Wildnis, oder auf rauer Piste weiterfahren zum ***Heavens Gate Lookout*** mit gutem Blick über die »Höllenschlucht«. Am besten den aktuellen Straßenzustand vorab in der *Ranger (Info) Station* in Riggins erfragen.

Salmon River Valley

Der leicht zugängliche Teil des pittoresken Salmon River Valley liegt östlich und nördlich von Riggins. Die schmale ***Big Salmon Road*** (#1614) führt am Fluss entlang in die *Gospel Hump Wilderness*, der *NF Campground Spring Bar* liegt am Wege.

Entlang der #95 weiter in Richtung Norden laden bis White Bird **Flussstrände** zum Baden und teilweise zum gebührenfreien Campen ein. Im Juli/August ist es dort oft unerträglich heiß, und bis Ende September herrschen sommerliche Tagestemperaturen.

Hinter **White Bird** erklimmt die #95 in scheinbar endlosem Anstieg wieder höhergelegene Zonen. Dabei passiert sie das ***White Bird Battlefield***, auf dem 1877 eine der letzten Kämpfe der Indianerkriege (Unterwerfung der Nez Perce) stattfand. Die hindurchführende *Auto Loop Road* ist Teil des ***Nez Perce National Historical Park***, der zahlreiche historische Punkte und Gebäude in der *Nez Perce Indian Reservation* zusammenfasst. Das dazugehörige **Besucherzentrum mit Museum** befindet sich in **Spalding**, an der #95 weiter nördlich ca. 10 mi vor Lewiston; freier Eintritt; www.nps.gov/nepe.

Straße #13

Über die sehr schön geführte **#13** geht es von **Grangeville** (ehemalige *Gold Rush Town* mit Rodeo Anfang Juli; www.grangevilleborderdays.org) nach Kooskia im **Clearwater/Lochsa River Valley**.

Straße #12

In diesem Tal läuft die gut ausgebaute **Straße #12** – vom Tourismus kaum entdeckt – über **100 einsame und fantastische Meilen** durch den ***Nez Perce National Forest***, bevor sie den Kamm der Bitterroot Mountains am ***Lolo Pass*** überquert. Zahlreiche *NF Campgrounds* liegen am Wege – kleine und auch größere wie z.B. der *Wilderness Gateway*. Für eine willkommene Abwechslung sorgen die ***Jerry Johnson Hot Springs***. Man erreicht die Pools jenseits der Hängebrücke über den Fluss nur zu Fuß (***Warm Springs Trail*** #49; 2 km). Von den drei natürlichen Quellen ist die erste meistens im frühen Sommer noch vom Schmelzwasser überschwemmt.

Lolo Hot Springs

Kommerziell betrieben wird die Heißwasser-Badeanlage ***Lolo Hot Springs*** nördlich des *Lolo Pass*, sie ist aber nicht außerordentlich attraktiv. Dafür lässt es sich dort gut übernachten: im *RV Park* mit *full hook-ups*, auf Zeltplätzen oder in den *Cabins*; © (406) 273-2294, www.lolohotsprings.com.

Rund 10 mi vor Missoula, stößt man auf die bereits beschriebene **Straße #93 zum *Glacier Nat'l Park***, ➤ Seite 778f.

8. JAHRESZEITABHÄNGIGE ROUTENVORSCHLAGE

Überlegung

Wie eingangs des Reiseteils erläutert (➤ Seite 196), existieren wegen der großen Dichte attraktiver Reiseziele und Strecken vielfältige Möglichkeiten zur Gestaltung einer individuell optimalen Route. In **Ergänzung zu den Routen in den Reisekapiteln**, die für sich bereits sinnvolle Vorschläge darstellen, sollen einige **zusätzliche Routen** den Reiseteil abschließen.

Dauer und Distanz

Sie beziehen sich durchweg auf eine **Reisezeit von 4 Wochen, lassen sich aber durch Modifizierungen ohne weiteres auf abweichende Zeiträume verkürzen oder erweitern**.

Bei der Zusammenstellung wurde berücksichtigt, dass die meisten »Rundreiser« möglichst viel sehen möchten. Deshalb beinhalten alle Vorschläge nach Abzug von Besichtigungstagen in Cities und Nationalparks mit weniger Tageskilometern eine im Durchschnitt relativ hohe tägliche Fahrleistung. Die genannte Gesamtdistanz entspricht Erfahrungswerten, die zusätzlich zur addierten Straßenentfernung eine Pauschale für Stadt- und Nationalparkfahrten und Motel-/Campingplatzsuche enthält. Abstecher und Umwege führen leicht zu erheblichen Mehrmeilen.

Ausgangspunkte

Drei der vier Routen beginnen **an der Westküste**, da San Francisco, Los Angeles und Seattle die am leichtesten erreichbaren Ausgangspunkte und gleichzeitig attraktive Citys sind.

Die Kombination von Westküste und Zielregionen tief im Binnenland besitzt den unvermeidbaren kleinen Nachteil, dass ereignislosere und im Sommer meist sehr heiße Teilstrecken im Süden von Kalifornien, durch Nevada oder im östlichen Bereich der US-Bundestaaten Oregon und Washington in Kauf genommen werden müssen.

Leser, die auf die Westküste und ihre Citys verzichten mögen, könnten eine landschaftlich reizvolle und abwechslungsreiche Reise durch die Nationalparks im zentralen Nordwesten mit **Startpunkt Salt Lake City**, **Denver** oder **Las Vegas** machen, wie in den Kapiteln 4 und 7 beschrieben. Zueinander passende Streckenabschnitte können leicht kombiniert werden.

Prioritäten

Abschließend sei angemerkt, dass man im Rahmen einer immer begrenzten Reisezeit nie in der Lage sein wird, »alles« zu sehen. Es sollten von vornherein klare Prioritäten gesetzt und geographisch ungünstig liegende Ziele ausgeklammert werden. Gar zu leicht wird sonst unterwegs die Zeit knapp, und die Reise artet in Hetzerei aus. Die **Routenvorschläge 1 und 4** liegen unter diesem Gesichtspunkt schon an der Grenze dessen, was man sich in vier Wochen vornehmen sollte. Den geringeren Meilen der **Routen 2 und 3** steht eine höhere Dichte an Sehenswürdigkeiten gegenüber, aber sie sind auch in 3 Wochen »machbar«.

Mehr Urlaubserholung verknüpft mit intensiverem Reiseerlebnis, wer die Gesamtfahrleistung deutlich unter 5.000 Meilen hält.

Route 1 Sommer im US-Westen

San Francisco – Avenue of the Giants – Humboldt County – Redwood Park s– Crater Lake – Lava Lands – Bend – (Hells Canyon)– Boise – (Craters of the Moon –) Yellowstone/Grand Teton Parks – Flaming Gorge NRA – Dinosaur National Monument – Arches National Park (– Mesa Verde National Park – Monument Valley – Natural Bridges NM – Lake Powell) – Capitol Reef National Park– Grand Staircase-Escalante NM – Bryce Canyon (+ ggf. Zion) Nat'l Park – Grand Canyon Nat'l Park – Oatman– Hoover Dam – Las Vegas – Death Valley– Yosemite Nat'l Park– San Francisco

Zurückzulegende Strecke: 5.000 mi (8.000 km)

Empfohlener Reisebeginn:

Anfang Juni bis Ende August. Bei Reisebeginn im Juni in umgekehrter Richtung.

Bemerkungen:

Diese Route ist besonders geeignet für diejenigen, die nur in den Sommermonaten Zeit haben und neben San Francisco unbedingt die populärsten Nationalparks ***Yosemite***, ***Yellowstone*** und ***Grand Canyon*** sehen wollen. Ruhiger wäre es hier, den *Grand Canyon* auszulassen und vom *Zion Park* quer durch Nevada zum *Yosemite Park* zu fahren. Naturgemäß wird es auf einigen Teilstrecken sehr heiß (Zentrales Oregon, Wyoming, Las Vegas, *Death Yalley*). Durch Klammern bzw. mit unterbrochener Linie ist ein Umweg gekennzeichnet, der bei mehr als vier Wochen Reisezeit einbezogen werden könnten.

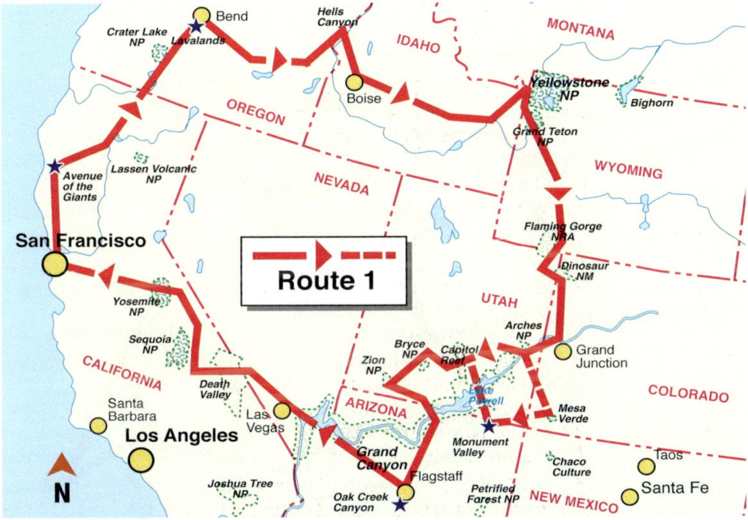

Route 2 Frühjahr oder Herbst im US-Südwesten

Las Vegas – Valley of Fire – Zion und Bryce Canyon National Parks – Grand Staircase-Escalante NM – Capitol Reef National Park – Arches/Canyonlands National Parks – Mesa Verde Nat'l Park – Great Sand Dunes NP – Santa Fe (über Bandelier NM) – Albuquerque – Carlsbad Caverns Nat'l Park – Guadalupe Mountains National Park – White Sands National Monument – Gila Cliffs – Chiricahua National Monument – Tombstone – Tucson/Saguaro National Park – Apache Trail – Phoenix – Oak Creek Canyon – Flagstaff/Walnut Canyon NM – Petrified Forest Nat'l Park – Canyon de Chelly – Monument Valley – Navajo National Monument – Lake Powell – Grand Canyon National Park – Lake Mead – Las Vegas

Zurückzulegende Strecke: 2.800 mi (4.500 km)

Empfohlener Reisebeginn: Mai, Juni und September

Zu früheren und späteren Terminen kann es im Bereich Bryce bis Mesa Verde National Park noch bzw. schon sehr kalt sein. Der Oktober bietet dabei oft schönes, klares Wetter.

Bemerkungen:

Der Startpunkt Las Vegas wurde willkürlich gewählt, genausogut kann man auch **Phoenix** oder **Albuquerque** zum Ausgangspunkt machen. Beginnt man die Reise in **Los Angeles**, sind einige Tage und 500 mi für die Anfahrt dazuzurechnen.

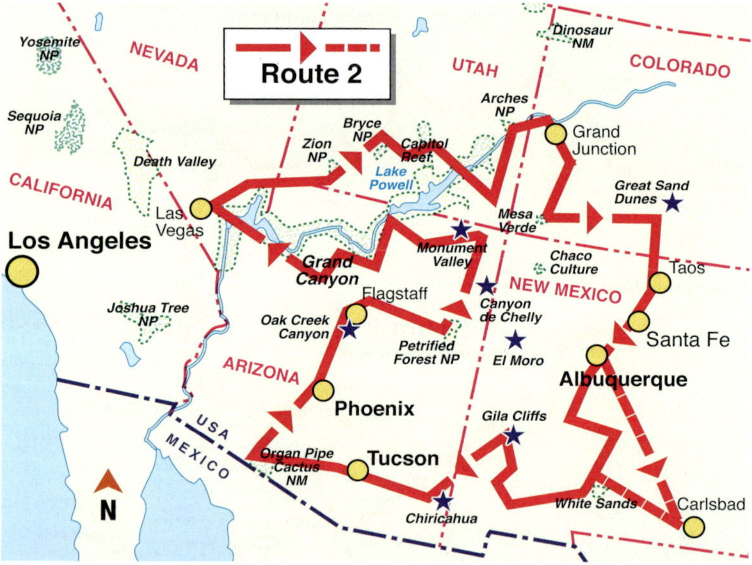

Route 3 Frühjahr oder Frühherbst im US-Südwesten

Los Angeles – Santa Barbara – Monterey/Carmel – San Francisco – Yosemite National Park – Sequoia Nat'l Park – (oder Devil's Postpile und Death Valley) – Las Vegas – Zion und Bryce Canyon Nat'l Parks – Grand Staircase-Escalante NM – Capitol Reef Nat'l Park – Lake Powell – Monument Valley – Arches/Canyonlands Nat'l Parks – Colorado NM – Black Canyon of the Gunnison Nat'l Park – Mesa Verde Nat'l Park – Santa Fe/Taos – Albuquerque – Flagstaff – Grand Canyon Nat'l Park – Oak Creek Canyon – Lake Havasu – Joshua Tree National Park – Los Angeles

Zurückzulegende Strecke: 3.200 mi (5.100 km)

Empfohlener Reisebeginn:
Mitte August bis Mitte September,
Mitte Mai bis Mitte Juni in umgekehrter Richtung .

Bemerkungen:
Insgesamt gesehen ist die Route 1 noch abwechslungsreicher als diese, aber wer vor Mitte Juni oder erst im September reisen muss oder möchte, kann z.B. beim Yellowstone-Besuch auf witterungsmäßige Probleme stoßen. Ohne den Yellowstone Nationalpark als nördlichen »Eckpunkt« lohnt sich eine Fahrt nach Norden weniger als zusätzliche Meilen zu Sehenswürdigkeiten, die in Basisroute 1 noch nicht enthalten sind. Ein Vorteil dieser Route ist die erheblich geringere Gesamtdistanz.

Route 4 Sommer im US-Nordwesten

Seattle – North Cascades NP – Winthrop – Lake Chelan – Grand Coulee Dam – Republic – Glacier NP – Yellowstone NP – Grand Teton NP – Jackson – Craters or the Moon NM – Oregon Trail Interpretive Center (Baker City) – John Day Fossil Beds NM – Bend – Newberry Crater – Crater Lake NP – Grants Pass – Oregon Caves NM – Jedediah Smith Redwoods – Crescent City – Brookings – Samuel Boardman State Scenic Corridor – Bandon – Cape Arago & Shore Acres SP – Oregon Dunes – Zentrale Oregon-Küste – Three Capes Scenic Drive – Cannon Beach – Portland – Mount St. Helens (Windy Ridge) – Mount Rainier NP – Olympic NP – Seattle

Zurückzulegende Strecke: 4.000 mi (6.400 km)

Empfohlener Reisebeginn:

Mitte Juni-Ende August; aufgrund des Glacier NP am besten nicht vor Ende Juni und wegen des Yellowstone NP vor Mitte August starten. Perfekt getimt hat die Rundtour, wer den Mount Rainier Nationalpark in der ersten Augustwoche erreicht (= meist Höhepunkt der alpinen Wildblumenblüte bei Paradise).

Bemerkungen:

Dic Route lässt sich **auf 3 Wochen reduzieren**, wenn man **ab Bend** den Schlenker nach Süden auslässt und von dort direkt über Salem hinaus ans Meer nach Pacific City fährt.

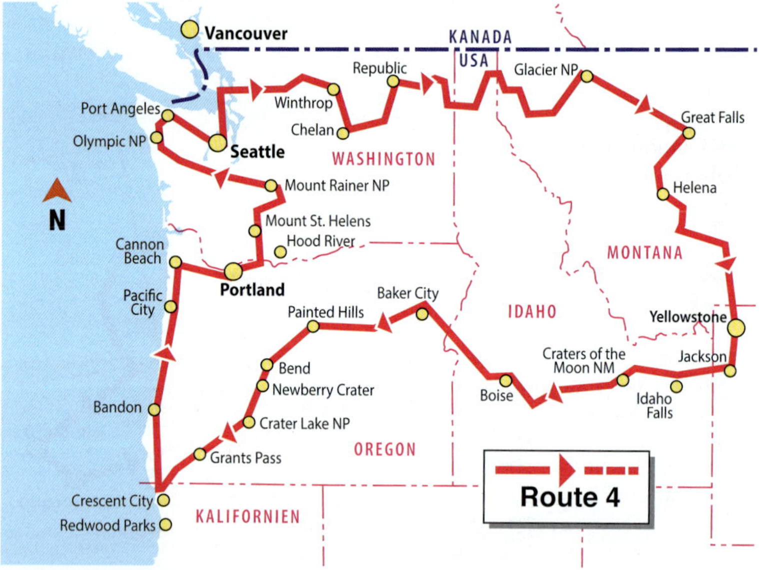

ANHANG

Geschichte der USA im Überblick

Man schätzt, dass vor der Ankunft der Europäer etwa 3 Millionen – von *Columbus* in Verkennung seines geographischen Standortes »Indianer« genannte – Menschen in zahlreichen autonomen Gruppierungen Nordamerika großräumig bevölkerten. Sie gelten als Nachfahren asiatischer Nomaden, die vor 20.000-30.000 Jahren über eine damals noch existierende Landbrücke zwischen Alaska und Sibirien nach Osten gelangt waren. Ihre weitere Entwicklung verlief nach dem Verschwinden der Verbindung mit Asien unbeeinflusst von der anderer Kontinente.

Die amerikanische Geschichtsschreibung beginnt gemeinhin mit der Landung Columbus' auf den heutigen Bahamas: 1492 ist das Jahr Null und lieferte das Datum für die 500-Jahr-Feierlichkeiten 1992. Dabei setzte Columbus auf keiner seiner vier Reisen über den Atlantik seinen Fuß auf nordamerikanischen Boden. Das blieb seinem einstigen Begleiter Juan Ponce de León vorbehalten, siehe unten. Im folgenden die wichtigsten Geschichtsdaten in tabellarischer Form:

1507 Nach dem Begründer der Erdteiltheorie für das neu entdeckte Land im Westen, Amerigo Vespucci, erhält Amerika seinen Namen von dem deutschen Kartographen *Waldseemüller.*

1513 Der Spanier de León landet an Floridas Gestaden.

16.Jh. Erkundung der Küsten Nordamerikas, erste Expeditionen ins Landesinnere und »Inbesitznahme«, vor allem durch Spanien (Florida und südwestliche Gebiete) und Frankreich

1609 »Geburtsjahr« der ersten britischen Kolonie Virginia, Gründung von Santa Fé durch die Spanier.

1620 Landung der *Mayflower* mit den *Pilgrim Fathers*.

1626–1636 In kurzer Folge treffen neue Siedler ein und proklamieren entlang der Atlantikküste sieben zunächst separate britische Kolonien.

1664 Durch Besetzung von New Amsterdam, New Jersey und das ebenfalls holländische Delaware runden die Briten ihre amerikanischen Besitzungen ab, die

1681 noch erweitert werden durch das Pennsylvania der Quäkerbrüder unter William Penn.

1682 Ausrufung von *Louisiana* durch die Franzosen für den Bereich um die Mississippimündung.

1718 Gründung von New Orleans.

1732 Ausdehnung des britischen Einflusses durch die neue Kolonie Georgia. Die Engländer beherrschen damit die gesamte Ostküste mit Ausnahme Floridas.

1773 *Boston Tea Party* (als Indianer verkleidete Bürger kippen die Teeladung eines britischen Handelsschiffes ins Meer), die sich zum Unabhängigkeitskampf ausweitet.

1776	am 4. Juli: Proklamation der Unabhängigkeit der zu jenem Zeitpunkt 13 britischen Kolonien als Vereinigte Staaten von Amerika. Die internationale Anerkennung erfolgt nach sich anschließenden, wechselvollen Kämpfen erst
1783	im Frieden von Versailles. In der Folge weitet der junge Staat sein Gebiet bis zum Mississippi aus. England bleibt in Kanada und im pazifischen Nordwesten.
1789	tritt die demokratische Verfassung in Kraft, George Washington wird erster Präsident der USA.
1800	Das eigens gegründete Washington DC wird Hauptstadt.
1803	Im *Louisiana Purchase* erwerben die USA über 2 Millionen km^2 westlich des Mississippi für $15 Mio. von den Franzosen, mit denen ursprünglich nur über den Kauf von New Orleans verhandelt worden war.
1818	die USA übernehmen zusätzliche Gebiete im Norden des (heutigen) mittleren Westens von den Briten.
1836	Die mexikanische Provinz Texas erkämpft sich die Unabhängigkeit und wird 1845 US-Bundesstaat.
1846	Die heutigen Staaten Oregon, Washington, Idaho sowie Teile von Montana und Wyoming gelangen aus britischem »Besitz« unter den Einfluss der USA.
1846–1848	Siegreicher Krieg der USA gegen Mexiko, das mit der Niederlage seine Gebietsansprüche im heutigen Südwesten einschließlich Kalifornien, Nevada und Utah abtreten muss.
1853	Im *Gadsden Purchase* wird den Mexikanern für $10 Mio. ein breiter Landstreifen zwischen Rio Grande und Colorado River abgekauft, der die kontinentalen USA »komplettiert«. Aus dem Land im Westen bilden sich erst nach und nach Bundesstaaten. Als letzte treten Neu-Mexiko und Arizona 1912 der Union bei.
1861	kommt es über die Frage der Sklavenhaltung zur »Sezession« von 11 »Südstaaten« aus dem damals 34 Staaten zählenden Verbund und Gründung der sog. »Konföderierten Staaten von Amerika«. Der daraus resultierende Bürgerkrieg endet erst nach vier Jahren
1865	mit einer vernichtenden Niederlage des Südens. Die Union wird wiederhergestellt, die Sklaverei abgeschafft.
Ab 1865	wenden sich die USA verstärkt der faktischen Einverleibung der im Westen annektierten Territorien zu und brechen
1886	endgültig den Widerstand der Indianer gegen die weiße Landnahme. Die letzten noch freien Stämme werden in »Reservate« umgesiedelt.
1867	Kauf Alaskas vom russischen Zaren für $7,2 Mio.
1890	Offiziell erklärtes Ende der *Frontier*-Epoche, während der eine kontinuierliche Ausdehnung der USA stattgefunden hatte. Die Zeit des »Isolationismus« endet ebenfalls. Die USA entwickeln sich in der zweiten Hälfte des 19. Jahrhunderts dank ihres hohen

	Bevölkerungswachstums durch Einwanderung (von 23 Mio. 1850 auf 75 Mio. 1900), ihrer immensen Rohstoffvorkommen und enormer industrieller wie agrarischen Potenz zu einer international beachteten Großmacht.
1898	Krieg gegen Spanien. Die USA übernehmen für $20 Mio. die spanischen Kolonien Puerto Rico, Philippinen und Guam. Die Hawaii-Inseln werden annektiert.
1899	kommen die deutsch beanspruchten Samoa-Inseln dazu.
1903	erfolgt die Gründung des Staates Panama von amerikanischen »Gnaden« anlässlich der Kanalbauplanung.
1917	Nach anfänglicher »parteiischer« Neutralität Eintritt der USA in den 1.Weltkrieg, aus dem sie als Weltmacht hervorgeht.
1929	»Schwarzer Freitag« an der New Yorker Börse führt zur Weltwirtschaftskrise und schafft damit u.a. die Voraussetzungen zur Machtergreifung der Nationalsozialisten in Deurschland.
1933	Franklin Delano Roosevelt wird 32. und durch den sog. *New Deal* (Kampf gegen Massenarbeitslosigkeit, Einführung von Sozialgesetzgebung etc.) und den 2. Weltkrieg der vielleicht bedeutendste Präsident der USA; 1941 bisher einmaliger Fall der 2.Wiederwahl).
1941	Indirektes Eingreifen der USA in den Krieg durch zunächst nur materielle Unterstützung der UDSSR und Englands sowie Besetzung von Grönland und Island.
1941	am 7. Dezember: Überfall der Japaner auf Pearl Harbor, Basis der US-Pazifikfotte. Danach Kriegserklärung gegen Japan und die europäischen Achsenmächte.
1945	Mit dem Ende des 2. Weltkriegs (im Mai in Europa und im September in Asien nach den A–Bomben auf Hiroshima und Nagasaki) steigen die USA zur Weltmacht Nummer 1 auf. Die Teilung der Welt in eine östlich und westlich (bzw. amerikanisch) beeinflusste Hemisphäre beginnt.
1949	Gründung der *NATO* als westliche Verteidigungsorganisation gegen die Bedrohung durch die Sowjetunion.
1950–1953	Koreakrieg
1957	Start des *Sputnik* veranlasst die USA zu erheblichen Anstrengungen in der Weltraumforschung.
1959	Alaska und Hawaii werden als 49. und 50. Bundesstaat in die Union aufgenommen.
1960	Amtsantritt von John F.Kennedy.
1962	Die Kubakrise führt knapp an einer militärischen Konfrontation mit der Sowjetunion vorbei.
1963	Am 22.November fällt Präsident J.F. Kennedy in Dallas einem Attentat zum Opfer. Nachfolger Kennedys wird der Texaner Lyndon Baines Johnson, der die USA ab
1964	durch eskalierende Schritte in den Vietnamkrieg treibt.

1968	Ermordung von Martin Luther King und des Justizministers Robert Kennedy, Bruder des 1963 ermordeten Präsidenten.
1969	Die Amerikaner Armstrong und Aldrin landen auf dem Mond.
1973	Beendigung des Vietnam Krieges.
1974	Die sogenannte *Watergate* Affäre führt zur Amtsenthebung von Präsident Richard Nixon.
1981–89	Präsident Ronald Reagan sorgt mit seiner Politik extremer Haushaltsdefizite für eine Verschlechterung der Wirtschaftslage, bleibt aber in der Bevölkerung überaus beliebt.
1989	George Bush (*Senior*) wird 41.Präsident.
1990	Friedensvertrag mit (Gesamt-) Deutschland 45 Jahre nach Beendigung des 2. Weltkriegs.
1991	Siegreicher Golfkrieg gegen den Irak und Wiedererstarken der USA als militärische Supermacht, dadurch im Bewusstsein vieler Amerikaner (zunächst) Überwindung des sog. »Vietnam-Traumas«.
1992	Wegen wirtschaftlicher und sozialer Probleme, Ernüchterung. *George Bush* erhält kein Mandat für weitere vier Jahre. Nach zwölf Jahren republikanischer Präsidentschaft zieht
1993	mit Bill Clinton wieder ein Demokrat ins Weiße Haus ein.
1996	Bill Clinton gewinnt die Wiederwahl und tritt im Januar 1997 seine zweite Amtszeit als Präsident an, konsolidiert den Haushalt und sorgt für einen wirtschaftlichen Aufschwung der USA.
1999	Gegen Präsident Clinton wird ein formelles Absetzungsverfahren (*impeachment)* in Gang gesetzt, aber letztlich niedergeschlagen. Er bleibt turnusmäßig bis Ende 2000 im Amt.
2000/01	Erst Wochen nach der Wahl und unklaren Ergebnissen in Florida wird George W. Bush zum Wahlsieger über Al Gore erklärt. Ab 2001 ist der Sohn des 41. Präsidenten 43. Präsident der USA.
2001	**11. September**, Anschlag auf die Türme des *World Trade Center* in New York mit über 3000 Toten. **Intervention in Afghanistan** und Vertreibung der Al-Kaida-freundlichen *Taliban*.
2003	Kurzer, militärisch siegreicher **Irak-Krieg** mit Folgeproblemen.
2004	Im November Wiederwahl von George W. Bush für eine zweite vierjährige Amtsperiode ab 2005 bis Ende 2008.
2008	Ausbruch einer globalen **Wirtschaftskrise** nach dem Zusammenbruch des US-Immobilienmarktes und der ***Lehman***-Bankpleite
2008	**Barack Obama** wird im November als erster Farbiger zum (44.) Präsidenten der USA gewählt.
2009-14	Politik des »leichten Geldes« zur Bekämpfung der Wirtschaftskrise
2010	Im August Abzug der letzten US-Truppen aus dem **Irak**
2012	Rückzug (bis 2014) der USA und der NATO aus **Afghanistan.**
2013	Beginn zweite Amtsperiode von **Barack Obama** als US- Präsident.
2017 Jan	Donald Trump wird als 45. Präsident vereidigt.

Geschichte und Situation der Indianer

Indianer heute

Reservate

Indianische Kunstgegenstände, Zeugnisse ihrer Kultur und Symbole einstiger Größe (Totempfähle, Statuen u. ä.) sind in Museen, städtischen Parks und Besucherzentren zahlreicher Nationalparks nicht zu übersehen. Den Indianern selbst be-gegnet man als »durchreisender« Tourist seltener; am ehesten noch in Arizona und New Mexico auf der nahezu zwangsläufigen Fahrt durch **Navajo**-Reservate* und in den Dörfern der **Pueblo**-Indianer.

Überwiegend abseits der typischen touristischen Pfade liegen ausgedehnte Reservate außerdem in Idaho, Montana, Süddakota, Utah, Washington State und Wyoming, ➤ Karte Seite 810.

Indianer leben in größerer Zahl, aber für den Besucher unauffällig, auch in Regionen und Städten außerhalb der Reservate. Besonders gilt dies für Kanada, wo »Schutzgebiete« ähnlich denen der USA nicht existieren. Dort sind Indianer m.E. ein Teil der Gesellschaft, wenngleich – wie in den Staaten – mehrheitlich auf den unteren Sprossen der Sozialhierarchie.

Zahl heute

Trotz der skrupellosen Ausrottung ganzer Stämme in den Jahrhunderten einer rüden Pionierepoche und einer durch Morde, Vertreibung und Krankheiten erfolgten weiteren Verminderung der Urbevölkerung auf ein Viertel der Zahl vor Columbus bis Ende des 19. Jahrhunderts sind die Indianer als Gesamtheit nicht (mehr) im Aussterben begriffen.

Laut Volkszählung von 1990 lebten damals rund 2 Mio. Menschen indianischer Abstammung in den USA, (angeblich wieder) schätzungsweise so viele wie um das Jahr 1500. Mit diesem Bevölkerungsanstieg ging in jüngerer Zeit eine **Renaissance indianischer Kultur** einher und ein – bei Amerikanern wie Europäern – neuerwachtes Interesse an den Indianern, ihrer Geschichte und Kultur, aber auch an ihren Problemen.

Will man der gegenwärtigen Situation der Indianer einigermaßen gerecht werden, bedarf es eines historischen Rückblicks verbunden mit einer Erläuterung der unterschiedlichen Kultur- und Stammesregionen Nordamerikas zu Columbus' Zeit.

Indianer vor Columbus

Die geschriebene Geschichte der **Indianer**, wie Columbus die Menschen der Neuen Welt in Verkennung seines Standortes nannte, begann in Nordamerika erst im 17. Jahrhundert. Zwar hatten spanische Eroberer bereits 1540 den Rio Grande überschritten, sich aber bald wieder zurückgezogen.

(*) Von den dort lebenden Stämmen selbstverwaltete Territorien, in denen nicht das Gesetz des jeweiligen Staates, sondern spezielles Bundesrecht für Indianer gilt

Spanien beschränkte sich danach zunächst auf die Errichtung einiger Missionsstationen im Bereich des heutigen Florida zur Bekehrung der Seminolen.

Kulturregionen

Zu jener Zeit war Nordamerika zwar dünn, aber – in den klimatisch gemäßigten und warmen Zonen – weiträumig besiedelt durch zahlreiche kleine und größere Indianervölker unterschiedlichster ökonomischer, sozio-kultureller und sprachlicher Ausprägung. Sie konzentrierten sich mehrheitlich auf die Küstenregionen. Während die Stämme im Nordwesten – im Bereich des heutigen Oregon, Washington, British Columbia und des südlichen Alaska – Jagd und Fischfang kultivierten, entwickelten sich im Ostküstenbereich bis hoch zum St.-Lorenz-Strom bei den **Delaware**, **Iroquois** (Irokesen) und **Cherokee** landwirtschaftlich orientierte Gemeinwesen.

Indianische Kulturregionen in Nordamerika vor Kolumbus

Die Karte zeigt die skizzierte geographische Abgrenzung der Kulturregionen vor Kolumbus nach heutigem Verständnis.

Prärien

In etwa identisch mit den Prärien des mittleren Westens war das Siedlungsgebiet der bis ins 16. Jahrhundert hinein ebenfalls überwiegend vom Bodenbau lebenden Indianervölker der **Dakota, Cheyenne, Apache, Comanche, Ojibwa, Sioux** und **Blackfeet**. Erst mit dem Auftauchen der Pferde Mitte bis Ende des 16. Jahrhunderts (in deren Besitz sich Indianer der Grenzgebiete zu Mexiko durch Tauschgeschäft und Diebstahl gebracht hatten) und ihrer raschen Ausbreitung gewann die Büffeljagd Bedeutung.

Einzelne Stämme konzentrierten sich überwiegend darauf und folgten den Herden als Nomaden. Sie sind es, die unser Indianerbild in so starker Weise prägten: Berittene, Büffel jagende Krieger und im Hintergrund die Wigwams (*Teepees*) des rasch zu verlegenden Dorfes. Vor Ankunft der Weißen gab es das noch nicht.

Südwesten

Im Südwesten gab und gibt es die sesshaften **Pueblo-**Indianer, **Hopi** und **Zuni**, mit vergleichsweise hoch entwickelten gemeinschaftlichen Dorfanlagen, sowie die – früher – nomadisierenden **Navajo**- und **Apachen-Stämme**. Die ökonomisch und kulturell ärmste Region war und ist die des *Great Basin* im heutigen Nevada und westlichen Utah, bevölkert nur von kleineren Gruppen der **Ute**, **Paiute** und **Shoshone**, Sammlern und Kleintierjägern.

Nordwesten

Weiter nördlich lebten die Stämme der höhergelegenen Plateau-Region, die das Areal des heutigen Idaho, Teile von Oregon, Montana und Washington und das südliche Britisch-Kolumbien umfasst. Sie waren von der Flora und Fauna als Lebensgrundlage besser bedacht worden als ihre armen Nachbarn im Süden.

Küste

Küsten, Flüsse und Wälder einer Region, die in etwa mit dem US-Staat Kalifornien übereinstimmt und durch Sierra Nevada und Kaskaden vom Großen Becken getrennt wird, boten den dortigen Stämmen ebenfalls eine reiche Basis für den Lebensunterhalt.

Kanada

Die riesigen Waldflächen Kanadas nördlich einer gedachten Linie Montreal–Winnipeg–Edmonton mit langen harten Wintern wurden nur von wenigen indianischen Jägern und Sammlern, **Athabasken** und **Algonquin**, bewohnt. Noch weiter nördlich, in der Arktik Nordkanadas und Alaskas, lebten und leben mit den Eskimos (**Inuit**) die Nachfahren einer maritimen Subsistenzkultur, die – bedingt durch Klima und Umwelt – lange völlig separat blieb und erst in den letzten Dekaden mit Beginn der wirtschaftlichen Ausbeutung des Nordens nachhaltig gestört wurde.

Mural in Gallup/New Mexico

Indianer und Europäer

Besiedelung bis zur Gründung der USA

Es wurde bereits erwähnt, dass Nordamerika erst ein gutes Jahrhundert nach Columbus in das – europäisch inspirierte – Weltgeschehen eintrat. Wo schon früher die Spanier die Pueblo-Indianer drangsaliert hatten, erfolgte 1598 im späteren Santa Fe die Ausrufung der zweiten spanischen Provinz (Neu-Mexiko nach Florida). 1604 gründeten die Franzosen Port Royal im heutigen Neuschottland, 1607 folgte das englische Jamestown (Virginia), 1612 die erste holländische Siedlung auf der Insel Manhattan und 1620 die Landung der *Pilgrim Fathers* an den Gestaden von Massachusetts, siehe auch den geschichtlichen Überblick.

Im Gegensatz zum von vornherein auf Unterdrückung ausgerichteten Vorgehen der Spanier ergaben sich an der Atlantikküste zunächst freundschaftliche Beziehungen zwischen Ankömmlingen und Indianerstämmen. Tatsächlich überlebte die Mehrheit der weißen Siedler nur dank der Vorräte und tatkräftigen Hilfe von Indianern die ersten Jahre in der Neuen Welt. Das hinderte sie indessen nicht, das Land ihrer Retter später nach Gutdünken zu okkupieren. Die Indianer hatten dem – nach der Ankunft immer neuer Einwanderer – trotz heftiger Gegenwehr letztlich nichts entgegenzusetzen.

Neben anderen Gründen führte auch die relativ indianerfreundliche Politik der britischen Krone, die sich während der ersten Hälfte des 18. Jahrhunderts durchzusetzen begann, zu Protesten der selbstbewusster werdenden Kolonien Englands und letztlich zur Unabhängigkeitserklärung der 13 »Vereinigten Staaten von Amerika« (vorher 13 koloniale Territorien) im Jahr 1776. Nach 150 Jahren blutiger Auseinandersetzung zwischen Indianern und Siedlern im Osten dehnte sich in der Folge der Kampf gegen die störenden Ureinwohner auf den gesamten Halbkontinent aus.

Hundert Jahre Krieg und Vertreibung im neuen Staat

Östliche Gebiete

Der junge amerikanische Staat zog massenhaft Einwanderer an und erzeugte damit automatisch Druck auf die – unklaren – Grenzen im Westen und Süden, hinter denen sich die immensen französischen und spanischen Territorien befanden.

Die dort lebenden Indianerstämme waren mangels nennenswerter Einwanderung weitgehend »in Ruhe« gelassen worden, wurden aber ab Ende des 18.Jahrhunderts von in diese Gebiete eindringenden Amerikanern mit Knebel- und Übervorteilungsverträgen zurückgedrängt oder unterjocht. Ihr Widerstand in den östlichen und südöstlichen Waldregionen war mit wenigen Ausnahmen **1838** endgültig gebrochen, als das große Volk der **Cherokesen** nach den Statuten eines ***Indian Removal Act*** zwangsweise nach Oklahoma in ein eigens geschaffenes Territorium umgesiedelt wurde, in das vor ihnen – auf dem ***Trail of Tears*** – schon andere kleine Stämme gegangen waren und weitere folgen sollten.

...

Der Kampf im Westen

Das Land war 1803 als Teil der im *Louisiana Purchase* erworbenen 2 Mio. km^2 an die USA gefallen und hatte damit schlagartig die Gesamtfläche der Vereinigten Staaten verdoppelt: Raum für die zukünftigen Immigrantenheere. Zwar wurde 1840 entlang des Mississippi eine »ewige« Grenze definiert, die weißes und Indianerland voneinander trennen sollte, aber sie hielt nur kurze Zeit.

Als **1848** Mexiko die von der spanischen Krone übernommenen Gebiete weitgehend an die USA abtreten musste, folgten Hunderttausende dem **Ruf nach Westen**, der just in jenem Jahr – nach Goldfunden in der Sierra Nevada Kaliforniens und anderswo – besonders laut erscholl. Die Obrigkeit duldete und unterstützte den Bruch des gerade abgeschlossenen Grenzvertrages. Gegen den Drang der unzähligen Weißen, die sich weder um die gewachsenen noch um immer wieder neu aufgelegten, vertraglich zugesicherten Rechte der Indianer scherten, war ohnehin kein Kraut gewachsen. Den erbitterten Widerstand der Indianer brachen die USA nach Beendigung des Bürgerkrieges (1865) durch Einsatz der Armee – wie in zahlreichen Western plastisch dokumentiert ist.

»Befriedung«

Nordwesten

1868 kam es im Nordwesten mit den Sioux, Cheyenne und anderen verbundenen Stämmen zu einem **Friedensvertrag**, der den Indianern große Gebiete in Süd-Dakota zusicherte. Jedoch die Nachricht von Gold in den ***Black Hills***, einer den *Sioux* heiligen Region mitten im just geschaffenen Reservat, vereitelte eine längere konfliktfreie Periode. Statt für die Einhaltung der Verträge zu sorgen, wandte sich die Armee gegen die Indianer und sah sich 1876 (ausgerechnet zum 100-jährigen Geburtstag der USA) in der bekannten **Schlacht am *Little Bighorn River***, die **General Custer** und 600 seiner Leute zum Verhängnis wurde, vernichtend geschlagen. Indessen war dies der letzte große Sieg der Sioux. Sie gaben – nach dem Versprechen eines ehrenhaften Friedens – auf und wurden in neue Reservate verwiesen. Die *Cheyenne* erhielten ein noch heute existierendes Gebiet in Montana.

Südwesten

Den Stämmen des Südwestens erging es kaum besser. Träger des Widerstandes gegen die Mexikaner und nach 1848 die Amerikaner waren die **Chiricahua-Apachen**. In einem jahrelangen Guerillakrieg zermürbten sie die Armee. Ihr Häuptling **Cochise** erreichte 1875 die Festschreibung eines Reservats im heimatlichen Gebiet. Wie so oft folgte aber der Vertragsbruch der Amerikaner auf dem Fuße. Der wiederaufgenommene Kampf der Apachen unter ***Geronimo*** ging bis 1886. Die Überlebenden wanderten in die Reservate Oklahomas. Alle Indianerstämme galten mit der Niederwerfung der Apachen als »befriedet«.

Wounded Knee

Ein letztes, eher wohl religiöses Aufbäumen einer indianischen Geistertanzbewegung führte 1890 in Süd-Dakota zum berüchtigten **Massaker am *Wounded Knee***: Amerikanische Kavallerie eröffnete nach Ermordung des Häuptlings **Sitting Bull** wahllos das Feuer auf wehrlose Sioux und tötete Hunderte, davon die meisten Frauen und Kinder.

Indianer im 20. Jahrhundert

Bureau of Indian Affairs

Schon vor den letzten kriegerischen Auseinandersetzungen kam es zur Gründung des noch heute für alle indianischen Angelegenheiten zuständigen ***Bureau of Indian Affairs***. Es soll vorrangig die Rechte der Indianer sichern helfen, diente aber lange eher der Durchsetzung gegen sie gerichteter Interessen.

Dawes Act

Als Folge des ***Dawes Act* von 1887**, der faktisch eine Privatisierung der Reservate vorsah, begann eine schrittweise Reduzierung der noch in indianischem Besitz befindlichen Flächen. Besonders betroffen waren die Gebiete, in die als erste die sog. fünf »zivilisierten Nationen« des Südostens *(Cherokee* u.a.) verbracht worden waren und die zunächst 22 Stämme beherbergten.

Schon 1890 entstand dort das weiße **Territorium Oklahoma** und 1907 dann der gleichnamige Staat nach Einverleibung fast des gesamten Restes ehemals indianischer Areale. Die Indianer, soweit sie blieben, wurden in eine Minoritätenposition gedrängt. Insgesamt gingen den Indianern mit dem *Dawes Act* rund zwei Drittel der ehemals zugebilligten Ländereien verloren. 550.000 km^2 reduzierten sich auf nur wenig mehr als 200.000 km^2. Die Verluste betrafen – das lässt sich denken – die qualitativ besseren und mineralogisch vielversprechenderen Landstriche.

Meriam Report

Erst nach der Teilnahme von Indianern am 1. Weltkrieg und Verleihung der Staatsbürgerschaftswürde an sie – nicht immer eine vorteilhafte Ehre, denn damit ist u.a. die Steuerpflicht verbunden – führte der ***Meriam Report*** 1928 zu einer langsamen Wende in der Indianerpolitik. Neben Statusverbesserungen bei den Bürgerrechten und finanziellen Zugeständnissen kam es zum ***Indian Reorganization Act***: Eine Reprivatisierung der Reservate durch Rückkauf und Zusammenfassung von zwischenzeitlich separiertem Besitz wurde zugelassen und gefördert.

Navajo Code

Ebenso wie bereits im ersten kämpften Indianer auch im zweiten Weltkrieg in der US-Armee. Berühmt wurden die ***Navajo Wind Talkers***, die im Pazifikkrieg eine überragende Rolle bei der Chiffrierung amerikanischer Funksprüche spielten, ➢ http://de.wikipedia.org/wiki/Navajo-Code. Eine kleine Ausstellung zu diesem Thema gibt es im *Burger King* (!) von **Kayenta**.

Termination

Eine neue Bewegung in den 1950er-Jahren schrieb die Befreiung der Indianer von der Bevormundung auf ihre Fahne, erreichte mit der sogenannten *Termination*-Politik aber unbeabsichtigt eine Art Reinstitutionalisierung des 70 Jahre alten *Dawes Act*. Faktisch entließ man zahllose Indianer mit einigen tausend Dollar Erlös aus dem Verkauf ihrer Grundstücke ohne Vorbereitung in die weiße Zivilisation der Städte. Das Ergebnis war verheerend.

1970er-Jahre

Trotzdem führte die vereinte Kraft derjenigen Indianer, die sich assimilierten und unter Weißen behaupten konnten, zu einer früher nicht vorhandenen politischen Handlungsfähigkeit und zu ersten Erfolgen im Kampf gegen indianisches Elend und Unrecht.

Die meisten Indianerreservate befinden sich in den West- und Präriestaaten

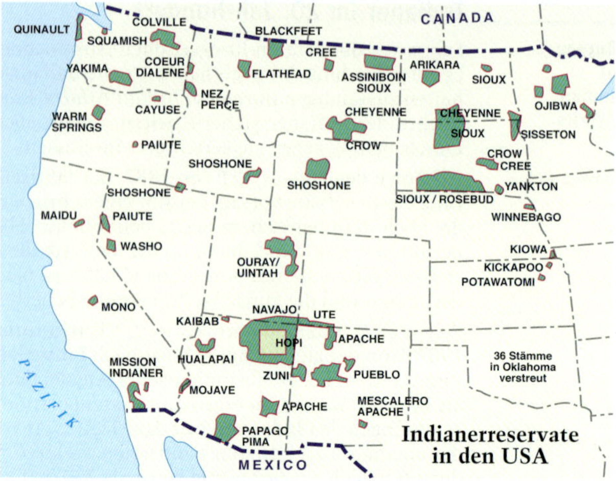

Die Proteste in den 1970er Jahren – wie der »Marsch der gebrochenen Verträge« nach Washington (1972), die Verbarrikadierung von Mitgliedern des *American Indian Movement* im Dorf von *Wounded Knee*, dem Ort des Massakers von 1890, samt der daraus resultierenden, damals weltweit Aufmerksamkeit erregenden Belagerung durch die Ordnungskräfte (1973) und die Feiern **200 Jahre Widerstand** zum 200-jährigen Geburtstag der USA (1976) – waren zwar Ausdruck einer tiefempfundenen Ohnmacht, spiegelten aber gleichzeitig das gestiegene Selbstbewusstsein und den Willen zur Auflehnung gegen weitere Unterdrückung wider.

Heutige Situation

Seitdem hat sich manches verändert. Die Selbstbestimmungsmöglichkeiten der Indianer, die Emanzipation von der Bevormundung durch das »Büro für indianische Angelegenheiten« und die Integration der indianischen Völker in die US-amerikanische Gesellschaft bei gleichzeitiger Betonung ethnischer Herkunft und Zusammengehörigkeit sind vorangekommen.

Die Probleme der Indianer wurden deshalb aber noch lange nicht gelöst. Sie sind für aufmerksame Touristen offensichtlich. Armut, Arbeitslosigkeit, trotz allem eine immer noch unzureichende Gesundheitsfürsorge, Alkoholismus, schlechte Schulbildung und hohe Jugendkriminalität betrifft die Indianer offenbar stärker als manch andere benachteiligte Randgruppe, wenn auch stammabhängig sehr unterschiedlich.

Reisen durchs Indianerland

Reservate

Die nebenstehende Karte zeigt die wichtigsten Indianerreservate im Westen der USA (im Ostteil gibt es keine Reservate in nennenswerter Zahl und Größe). Viele Reservate sind – touristisch gesehen – unauffällig; die meisten liegen abseits üblicher Reiserouten. Bedeutsame Ausnahmen bilden, wie erwähnt, die **Navajo-Hopi** Reservate in Arizona, die Dörfer der **Zuni** und **Pueblo** Indianer in New Mexico und die Gebiete der **Blackfeet**, **Flathead** und **Cheyenne** in Montana.

Lebensbedingungen

Die Mehrheit der Reservats-Indianer, gleich welchem Kulturkreis zugehörig, lebt heute weder im *Teepee* noch in traditionellen Gras- oder Lehmhütten und *Pueblos* – obschon es auch das noch gibt – sondern in schlichten Behausungen »moderner« Prägung. Das Erscheinungsbild indianischer Siedlungen in oft trostloser Öde ist dabei überwiegend armselig. Im Reservats-Supermarkt, wiewohl sonst gut sortiert, sucht man Alkoholika vergeblich. Theoretisch darf der durchfahrende Weiße nicht einmal alkoholische Getränke im Auto mitführen. Einerseits Bevormundung durch das *Bureau of Indian Affairs* (heute durchaus unterstützt von den Organen der indianischen Selbstverwaltung), andererseits aber auch ein deutlicher Hinweis auf die Schwere des Alkoholproblems.

Kunst und Kultur

Im Gegensatz zum bisweilen ziemlich irritierenden äußeren Eindruck steht in manchen Reservaten die stolze und eindrucksvolle Präsentation indianischer Relikte aus der Zeit vor Columbus – ***Cliff Dwellings, Pueblos***, zum Teil in eigenen Parks wie ***Canyon de Chelly***, den ***Hopi Mesas*** und ***Taos Pueblo*** – und der vergangenen wie gegenwärtigen Kultur in Museen und Kulturzentren der Stämme (z.B. in Albuquerque/New Mexico) sowie die Demonstration indianischer Tradition und Folklore während zahlreicher Tanz- und Musikfeste (den ***Pow Wows***).

Kachina Doll, Navajo-Puppe als Talisman für alle Lebenslagen.

Wenig bekannt ist, dass die **Musik der Indianer** (Apache, Kiowa, Blackfeet, Navajo u. a.) auf Platten, Kassetten und heute CDs schon lange den Weg in die Läden fand (besonders im Umfeld von Indianergebieten, auch in Shops von Nationalparks).

Indianische Kunstgegenstände wie Silberschmuck, Tongefäße und -geschirr, Web- und Lederwaren, Schnitzereien, Grafik und Gemälde werden in den Weststaaten, speziell im Südwesten allerorten angeboten. Sie sind nicht billig, aber preiswerter als anderswo findet man ***Indian Handicraft*** in den Reservaten, selbstverwalteten Museen und Kulturzentren. Dort hat man die Gewissheit, dass die Erlöse voll bei den Indianern verbleiben.

Kasinos

Seit 1988 ein Bundesgesetz das ***High Stake Gambling***, sprich: »Glückspiel um Geld«, in Reservaten erlaubt, haben landesweit fast alle Indianerstämme die Spielwut der Weißen zur Haupteinnahmequelle gemacht. Faktisch gibt es heute **kein Reservat mehr ohne Spielkasino**, ➤ diverse Hinweise und Fotos im Reiseteil.

Kontakte

Bei persönlichen Kontakten kommt es vor, dass Aufgeschlossenheit gegenüber indianischer Kultur und den Problemen der Gegenwart große Resonanz erzeugt. Vor allem gebildete Indianer suchen den Kontakt nach außen und werben um Verständnis und Unterstützung für ihre Anliegen gerne auch bei ausländischen Besuchern. Über die internationale öffentliche Meinung erhofft man sich die Forcierung von Entwicklungen, die allein nicht oder nur sehr mühsam in Gang zu setzen wären.

Permits

In Indianerreservaten herrschen z.T. andere Gesetze. Auch ohne explizite Ausschilderung vor Ort sind nicht alle Gebiete abseits der Hauptstraßen frei zugänglich für Besucher. Für viele Ausflüge/Wanderungen sind ***Backcountry Permits*** oder ein ***Guide*** erforderlich; Infos hierzu gibt es in den zuständigen *Tribal Offices*. Vorsicht ist auch beim Fotografieren geboten, dies ist oftmals nicht nur unerwünscht sondern bei einigen Festen sogar untersagt!

Literatur

In den meisten ***Bookshops*** und in Besucherzentren der Nationalparks und -monumente gibt es reichlich – auch kritische – Literatur zu Indianerfragen, darunter Bücher und Materialien der Indianer selbst zur aktuellen Situation. In deutscher Sprache sind u.a. folgende neuere Veröffentlichungen empfehlenswert:

Das große Buch der Indianer, Thomas Jeier, Ueberreuter 2011

Mythen & Legenden: Indianer, Thomas Jeier, Stürtz 2012

Die Indianer Nordamerikas, Edward S. Curtis, Taschen Verlag 2016 (beeindruckende Fotografien, in erster Linie ein Bildband)

500 Nations, illustrierte Geschichte der Indianer, A.M. Josephy, Prachtband Frederking & Thaler, 1996

Eine etwas andere Art von Literatur sind die **Kriminalromane** des Erfolgsautors **Tony Hillerman**. Sie spielen im Navajo-Reservat und erhellen die heutige Situation und das Leben im Navajoland. Einige seiner Romane wurden übersetzt und erschienen als Taschenbuch bei Goldmann. Die amerikanischen Originale gibt's in jedem Buchladen und im Navajo-Reservat sogar im Supermarkt. **Bestsellertitel** sind ***Talking God***, ***Finding Moon*** und ***Sacred Clowns***.

Im Navajoland nördlich von Window Rock (Straße #12) befindet sich dieser Friedhof für Veteranen, die in Welt-, Korea- und Vietnamkrieg kämpften. Patriotismus für Amerika bei den Navajos!

Amerika ist anders

Wer auf Reisen in den USA Land und Leute näher kennenlernt, wird feststellen, dass es mancherlei uns ziemlich **fremde Gepflogenheiten** und **soziale Spielregeln** gibt. Ganz erheblich sind etwa die Unterschiede zwischen amerikanischer und deutscher Schul- und Ausbildung und daraus resultierender andersartiger Verhaltensweisen und Perspektiven. Von Themen, Eigenarten und Verhaltensmustern, denen man in Gesprächen und Kontakten auch als Tourist während eines kurzen Aufenthaltes oft begegnet, soll in den folgenden Abschnitten die Rede sein. Zunächst einige Bemerkungen zu Sprache und Sprachkenntnissen der Amerikaner:

Sprache

Unterschiede Englisch/ Amerikanisch

Das amerikanische unterscheidet sich vom britischen Englisch bekanntermaßen in der **Aussprache**. Auch gibt es zahlreiche abweichende Wortgebräuche (zum Beispiel ist *cheap* im Amerikanischen eher *billig* im übertragenen Sinn, bezogen auf Preise sagt man *inexpensive*) und **rein amerikanische Ausdrücke**, die kein Engländer benutzen würde (z.B. *gas* statt *petrol* für Benzin). Wer die englische Sprache einigermaßen beherrscht, wird damit kaum Schwierigkeiten haben, zumal heute im Englischunterricht bei uns die wichtigsten Amerikanismen berücksichtigt werden. Die Bedeutung eines amerikanischen Begriffs ergibt sich im übrigen oft aus dem Zusammenhang. Vom Touristen benutzte englische Worte, die in Amerika unüblich sind, werden normalerweise verstanden; kleine Missverständnisse lassen sich leicht ausräumen. Problematischer ist bisweilen die Aussprache. Auch wer gut Englisch spricht, aber nicht in amerikanischem Tonfall und Akzent, wird in Läden, Tankstellen und Motels nicht immer auf Anhieb verstanden.

Aussprache

Regionale Unterschiede in der Aussprache sind weniger auffällig als im kleinen Deutschland zwischen Nord und Süd. Sprachliche Abweichungen im Sinne von Dialekten existieren im US-Westen kaum, sieht man ab von Ausdrücken und Redewendungen mit *Slang*-Charakter. Lediglich in den Südstaaten und in Texas pflegen viele Amerikaner nicht nur einen oft schwer verständlichen Akzent, sondern auch manche sprachliche Besonderheit. Eine Rolle für Art der Sprache und Aussprache spielt – wie bei uns – natürlich auch die soziale Schichtung. Verständigungsschwierigkeiten treten daher in einer Bank seltener auf als an der Tankstelle. Ein spezifisches Amerikanisch, auch was das Vokabular betrifft, sprechen viele Schwarze, *Afro-Americans*, wie es heute in den USA *politically correct* heißt.

Akzente

Bei manchen Amerikanern schlagen noch Akzente ihrer Herkunftsländer durch. Der gut Englisch sprechende Tourist wird daher trotz Akzent nicht ohne weiteres als Ausländer erkannt. Bestimmte Bevölkerungsgruppen sprechen ohnehin nur wenig oder gar kein Englisch. Zum Beispiel leben in Südkalifornien, in Florida, Arizona, New Mexico und Texas große, ausschließlich Spanisch sprechende Minderheiten.

Sprachkenntnisse der Amerikaner

Auch bei geringen Englischkenntnissen gibt es in den USA keine ernsten Schwierigkeiten »durchzukommen«, aber mit besonderen persönlichen Kontakten darf man nicht rechnen. Denn Amerikaner sprechen kaum Fremdsprachen, und wenn, dann eher Französisch oder Spanisch. Sprachunterricht in den *Highschools* vollzieht sich überwiegend auf freiwilliger Basis. Systematisch aufgebaute Sprachkurse über Jahre hinweg wie bei uns üblich haben die wenigsten Schüler genossen. Von Deutschkenntnissen des Personals in Hotels, Restaurants und auf geführten Touren darf man daher nur sehr begrenzt ausgehen, auch wenn gelegentlich dazu (übertrieben) optimistische Angaben gemacht werden. Immerhin steigt die Anzahl der Nationalparks, die ihre Informationsbroschüren auch in fremden Sprachen bereithalten. Man sollte sich nicht scheuen, danach zu fragen.

Im Grunde erwarten Amerikaner – wohl, weil sie es einfach so gewohnt sind –, dass Besucher Englisch sprechen. Selbst gute Sprachkenntnisse des Touristen rufen nur selten Erstaunen hervor. Sie werden eher als selbstverständlich angesehen.

Schule und Universität

Schulsystem

Amerikanische Kinder gehen, bevor sie zur Schule kommen, in den ***Kindergarten***. Das ist nur insofern bemerkenswert, als für diese Institution das deutsche Wort gebräuchlicher ist als der englische Begriff ***Nursery School***. Die ersten 6 Jahre besuchen sie die ***Elementary School***. Sie sind dann **nicht in der** ersten, zweiten, usw. ***class***, sondern *in the* ***first, second, etc. grade***. Nach der *Elementary School* beginnt die ***Highschool***. Sie spielt in Amerika eine viel größere gesellschaftliche Rolle als die Schulen bei uns. Vor allem in kleineren Orten ist sie Zentrum vielfältiger, durchaus nicht nur auf die Schulangehörigen begrenzten Aktivitäten und sportlicher Ereignisse.

Die ***Highschool*** bezieht sich generell auf die Klassen 7 bis 12. Manchmal auch auf die kürzere Periode von 9 bis 12, wo die Grundschule ausnahmsweise 8 Jahre dauert. Bei der sechsjährigen *Highschool* unterscheidet man die ***Junior*** und die ***Senior Highschool*** mit den Klassen 6 bis 9 bzw. 10 bis 12. Grundsätzlich ist mit der Abstufung keine Auslese verbunden. Alle Schüler sollten an sich 12 Schuljahre absolvieren. Dennoch verlassen viele vorzeitig die Schule; sie heißen ***Dropouts***.

Schulniveau

Die – in bestimmten Regionen und Städten unerhört hohen – Raten der *Dropouts* und Analphabeten stehen in enger Relation zur jeweiligen Qualität der *Highschool*. Neben guten Schulen, deren Niveau in den Leistungskursen durchaus dem bei uns in Gymnasien üblichen entspricht oder übertrifft, gibt es sehr viele unterdurchschnittliche *Highschools*.

Probleme des Systems

Ein Grund solcher Unterschiede liegt in der weitgehenden Finanzierung der Schulen aus lokalen Steuermitteln. In wohlhabenden Regionen und Stadtteilen mit höherem Aufkommen findet man deshalb besser ausgestattete Schulen und bezahlte Lehrkräfte als in ärmeren Landstrichen und Orten. Bereits unter der Präsidentschaft Reagan/Bush sen. hatte sich als Folge allgemeiner auch die Kommunen betreffender Budgetkürzungen die Situation an den Schulen verschlechtert. Erst in den 1990er-Jahren nahmen Öffentlichkeit und staatliche Administration die **Bildungsmisere** offiziell zur Kenntnis und räumten einer Verbesserung der Schulbildung Priorität ein, Bill Clinton zumindest verbal. George W. Bush ging ebenfalls mit dem Versprechen, mehr Geld in die Bildung zu investieren, in den Wahlkampf, »kassierte« aber wegen der nach 9/11 erfolgten (extremen) Erhöhung der Militärausgaben bald wieder einen Teil seiner Zusagen. Auch heute ist weiterhin keine Besserung in Sicht, unter Präsident Trump soll der Etat für das US-Bildungsministerium sogar erneut gekürzt werden.

Interne Begriffe

Wenn Amerikaner von ihrer Schulzeit erzählen oder sich auf den Schulbesuch ihrer Kinder beziehen, hört man oft die Ausdrücke ***Freshman*** (9. Klasse), ***Sophomore*** (10. Klasse), ***Junior*** (11. Klasse) und ***Senior*** (12. Klasse). Sie werden auch für die 4 Collegejahre wieder verwendet. Der Begriff ***pupil*** ist ungebräuchlich, auch der jüngste Schüler ist bereits ein ***student***.

Schulabschluss

Mit dem *Highschool*-Abschluss (***Diploma***) erwirbt man keine Zugangsberechtigung zum *College* oder zur *University*. Das Diplom ist lediglich **eine** Voraussetzung der Zulassung. Zusätzlich muss ein Aspirant landesweit einheitlichee Tests machen, der sprachliche und analytische Fähigkeiten prüft. Die dabei erreichte Punktzahl entscheidet weitgehend darüber, welche Weiterbildungsmöglichkeiten ihm oder ihr offenstehen.

College

Da es eine formalisierte berufliche Bildung in den USA nicht gibt, erfolgt die Ausbildung für viele Berufe auf dem *College*, das von einem hohen Prozentsatz der *Highschool*-Absolventen besucht wird. Die übliche Studiendauer beträgt vier Jahre. Die sog. ***Undergraduate Studies*** schließen mit dem akademischen Grad eines ***Bachelor*** (***of Arts, of Science***) ab. Im Prinzip entspricht die Ausbildung einem fachbezogenen Abitur plus der Vorprüfung einer Universität oder – in exzellenten Ausnahmefällen – dem Abschluss einer Fachhochschule, überträgt man die Situation auf unsere bisherigen Gegebenheiten. Die bei uns nun eingeführten Bachelor-Studiengänge dürften im Niveau den amerikanischen *Bachelor* oft übertreffen, nicht zuletzt deshalb, weil das dem *Highschool Diploma* überlegene Abitur Eingangsvoraussetzung ist.

Universität

Colleges sind zum Teil selbständige Institute, oft aber einer Universität angegliedert. Studenten sprechen seltener vom *College* oder von der Universität, die sie besuchen, sondern sie reden von der »Schule«, an der sie studieren. Ein ***Undergraduate Student*** an der ***School of Medicine*** der *X-University* ist also ein Medizinstudent der unteren Semester.

Bachelor und Masters

Nach dem ***Bachelor Degree*** erwirbt man durch ein ein- bis zweijähriges Zusatzstudium an der Universität seinen zweiten akademischen Grad, den ***Masters Degree***, der alles in allem unserem bisherigen Diplom und vergleichbaren Abschlüssen entspricht. Diese werden (einschließlich *Highschool* und manchmal sogar *Junior Highschool*) mit bombastischen öffentlichen Feiern (***Graduation Ceremonies***) gewürdigt, auf denen bereits Schüler »Doktorhüte« und farbenprächtige Umhänge tragen.

Kosten

Unter anderem hat dies etwas mit den hohen Kosten der Ausbildung zu tun. Nach dem vielen investierten Geld möchten Eltern und Schüler den Erfolg der Bemühungen gern auch nach außen hin dokumentiert sehen. Zwar sind die staatlichen *Highschools* schulgeldfrei, aber für eine Prestige und Bildungsniveau fördernde private Schule müssen Amerikaner tief in die Tasche greifen. Eine *College-* und Universitätsausbildung kostet immer viel Geld, egal, ob die jeweilige Institution unter staatlicher oder privater Trägerschaft steht. Am teuersten sind Privatuniversitäten wie *Harvard* und *Stanford,* wo nur Bewerber mit höchsten Punktzahlen im erwähnten Test eine Chance auf Zulassung haben.

Leben in College und Universität

Was bereits für die *Highschool* gesagt wurde, gilt noch stärker für *College* und Universität. Das gesellschaftliche Leben der Studenten ist stark auf die Lehranstalt fixiert. Denn anders als bei uns leben die meisten Studenten direkt auf dem Campus in ***University Residences*** oder ***College Dormitories***. Die Universität organisiert wegen der Notwendigkeit, in jeder Beziehung attraktiv zu sein (d.h., viele zahlende Studenten zu finden), kulturelle Ereignisse und vor allem Sportveranstaltungen. Unis finanzieren auch häufig eigene Sportteams zur institutionellen Imagewerbung.

(Lateinische) Termini

Erstaunlich sind in den USA die lateinischen Begriffe im Universitätsleben, obschon kaum jemand Latein lernt. Ehemalige Studenten etwa werden als ***Alumni*** (Schüler) bezeichnet. Zu ihnen hält jede Universität engen Kontakt. Alljährlich finden sogenannte ***Homecomings*** statt, Feste zu Ehren der Ehemaligen mit dem eindeutigen Zweck, die Spenden-Großzügigkeit der *Alumni* gegenüber der alten ***Alma Mater*** zu stimulieren.

Absolventen der Stanford University gründeten im Umfeld eigene Firmen, dabei entstand das Silicon Valley, einer der bedeutendsten IT- und High Tech-Standorte weltweit

Fraternities und ***Sororities*** sind rein männliche bzw. weibliche Studentenverbindungen mit ausgeschriebenen griechischen Buchstabenkombinationen als Namen, z. B. *Epsilonxi*. Bevor ein ***Freshman*** (Student/in im ersten Jahr) in eine Verbindung aufgenommen wird, hat er/sie irgendeinen, mit einer gewissen Courage verbundenen Blödsinn anzustellen.

Öffentliches Leben

Flagge

An Schulen, Universitäten und überhaupt im öffentlichen Leben spielt die Flagge eine ungleich größere Rolle als in den meisten europäischen Ländern. Der patriotische Ehrenkodex fordert, dass die ***Stars and Stripes*** weder im Dunkeln noch im Regen wehen und niemals den Boden berühren. Flaggenparaden und Treueeide vor dem Nationalbanner beschränken sich in den USA nicht auf militärische Zeremonien. Wenn bei solcher oder anderer Gelegenheit (z.B. Sportereignisse, *Graduation* in der *Highschool)* die Nationalhymne gespielt wird, steht das Publikum auf und singt mit. Dabei legt ein ordentlicher Patriot die rechte Hand aufs Herz. Eine abfällige Bemerkung über den **Flaggen- und Nationalkult** wäre ganz und gar unangebracht, denn viele Amerikaner nehmen diese Dinge ausgesprochen ernst. Hilfreich ist die aufgezogene Flagge bisweilen bei der Suche nach einem Postamt.

Toiletten

Ein ganz anderer Aspekt des öffentlichen Lebens betrifft die Bezeichnungen für Toiletten. Gehört es sich schon nicht recht, nach ***Toilets*** zu fragen, wäre die Benutzung des umgangsenglischen Wortes ***Loo*** ein ganz böser *Faux Pas*. Toiletten in der Öffentlichkeit (Restaurants, Parks usw.) sind ***Restrooms*** (to rest = ruhen) und etwas subtiler ***Mens*** oder ***Ladies Rooms***. In privaten Häusern handelt es sich selbst bei der separaten Gästetoilette immer um einen ***Bathroom***. Bisweilen begegnet man sogar dem Begriff ***Comfort Station*** (*to comfort*=trösten).

In öffentlichen Toiletten, auf Campingplätzen und sogar in manchen Kneipen wird man ab und zu Türen vor den Kabinen vermissen. Ihr Fehlen ist seltener eine Folge von Vandalismus als Ausdruck von Besorgnis der Obrigkeit über unerwünschte Aktivitäten hinter verschlossener Tür.

Am Strand

Prüderie bestimmt im Allgemeinen das Verhalten am Strand. Abgesehen von abgelegenen geduldeten Nacktbadestränden dürfen Frauen in den USA auf keinen Fall barbusig sonnenbaden. Amerikaner ziehen sich am Strand auch nicht um, nicht einmal im Schutze eines Bademantels. Das macht man entweder im Auto und geht in Badebekleidung an den Strand oder in Umkleidekabinen, so vorhanden. Sollte der Tourist den ungeschriebenen und in einigen Staaten sogar geschriebenen Gesetzen zuwiderhandeln, wird er indignierte Blicke, wenn nicht lauten Protest ernten.

Nur sehr »progressive« Eltern lassen über 2 Jahre alte Kleinkinder am belebten Strand nackt herumtollen. Kleine Mädchen benötigen ein Bikinioberteil, sobald sie laufen können.

Football

Neben dem artistisch gespielten **Basketball** sind die Spiele der ***Football***- und ***Baseball-Ligen*** die Publikumsmagneten und Fernsehdauerbrenner. ***American Football*** ist nicht Fußball, das in den USA *Soccer* heißt, sondern eine Art *Rugby*. Dessen Popularität entspricht der des Fußballs in Europa. Bei den relativ seltenen Spielen der Profiliga kennt die Begeisterung keine Grenzen.

Baseball

Das dem englischen *Cricket* verwandte *Baseball* besitzt in europäischen Augen wenig *Action* und zieht sich oft über viele langweilige Stunden hin. Das tut der Beliebtheit aber keinen Abbruch. Mit *Popcorn* und ***Pop*** (Cola, Sprite) überbrückt man die »toten« Phasen beider Spiele und lässt sich ansonsten von den neckisch uniformierten ***Cheerleaders***, den mittlerweile in einigen Sportarten (Basketball) auch bei uns bekannten weiblichen »Einpeitschern«, und ***Marching Bands*** in Stimmung bringen.

Wenn am Ende der Saison die amerikanisch/kanadische Meisterschaft ausgespielt wird, spricht man für beide Sportarten von ***World Championship*** oder ***World Series***. Und tatsächlich handelt es sich hier um Weltmeisterschaften, da andere Nationen kaum *Football* oder *Baseball* à la Nordamerika spielen.

Soccer (Fußball)

Die amerikanische Profiliga, in der einst Franz Beckenbauer für *Cosmos* New York kickte, spielt zwar mit wachsendem Erfolg, dennoch gilt ***Soccer*** in Amerika heute nach wie vor eher als ein Spiel der Mittelschicht und ist besonders beliebt bei Mädchen. Der erneute 1. Platz des US-Teams bei der Fußballweltmeisterschaft 2015 der Damen spricht da für sich.

Übergewicht

Im Gegensatz zur vehementen Sportlichkeit vieler Amerikaner, die insgesamt stärker ausgeprägt zu sein scheint als unter jungen Europäern, steht auf der anderen Seite ein bemerkenswert hoher Prozentsatz der Bevölkerung, der offenbar ohne jegliche körperliche Aktivität auskommt. Extrem übergewichtige (auch junge) Menschen sind eine wachsende Minderheit. Auch ein hoher Anteil der Kinder kämpft mit Gewichtsproblemen, die in vergleichbar krasser Form bei uns trotz aller Klagen bislang nicht bekannt sind. Falsche Ernährung und die Passivität noch mehr als bei uns fördernde Lebensgewohnheiten haben für viele ersichtlich der Gesundheit abträgliche Konsequenzen.

Tourist und Amerikaner

Verhalten gegenüber Fremden

Amerikaner begegnen außerhalb der atypischen Großstädte Fremden oft mit bei uns ungewohnter **Offenheit, Freundlichkeit** und – wenn es nötig ist – **Hilfsbereitschaft**. Die Begegnung mit gleichgültiger Bedienung, muffeligen Tankwarten und unlustigen Verkäufern macht man in den USA seltener als hierzulande. Das entspannte Miteinander der Amerikaner ist eine der erfreulichen Erfahrungen jeder USA-Reise.

Wird er/sie als Deutsche(r) erkannt, schlägt dem Besucher gelegentlich unerwartete Herzlichkeit entgegen: Der Gesprächspartner war vor Jahren in der (alten) Bundesrepublik als GI stationiert, ist mit einer Deutschen verschwägert und ähnliches mehr. Viele Amerikaner zeigen ein manchmal sympathisch-naives Interesse am »Woher« und »Wohin« des Touristen.

Wer leidlich Englisch spricht (➤ oben), hat im Allgemeinen wenig Probleme, auf derartige Kontakte einzugehen. Geographische Aufklärung derart etwa, dass Bayern (*Bavaria* mit dem weithin bekannten *Hofbrauhaus* in *Munich*) zu Deutschland gehört, stößt bisweilen auf erhebliches Erstaunen. Dank der umfassenden Berichterstattung nach der Wiedervereinigung und über die Widerborstigkeit Deutschlands im Zusammenhang mit Irak und Afghanistan, globaler Wirtschaftskrise und generell der amerikanischen Außenpolitik hat sich aber, so scheint es, das Deutschland betreffende Informationsdefizit vermindert.

Einladung

Zur Kontaktfreude der Amerikaner gehört auch die spontan ausgesprochene Einladung zu einem Bier, zum Essen, vielleicht eine Nacht zu bleiben oder an einer Party teilzunehmen. Man sollte keine Hemmungen haben, so Zeit und Lust vorhanden ist, Einladungen anzunehmen. Amerikaner meinen (meist), was sie sagen. Wird eine Einladung ausgesprochen, so ist man freundlich empfangener Gast. Wie verhält man sich nun als solcher?

Verhalten als Gast

Bezieht sich die Einladung nur auf einen Drink, genügt die persönliche Ungezwungenheit als Mitbringsel. Bei Einladungen zum Essen oder zu einer Party wird das Entzücken der Gastgeber keine Grenzen kennen, sollte der Gast Blumen (sofern ein Blumengeschäft aufzutreiben ist) oder ein kleines Präsent überreichen. Beides ist in Amerika ungewohnt und wird dem Gast als besonderer ***European Style*** ausgesprochen positiv ausgelegt. Nur bei besonderen Anlässen braucht man sich Gedanken über die passende Garderobe zu machen.

Bei der Begrüßung gibt man sich zwanglos und tauscht Floskeln wie »*How do you do?*«, »*It's nice to meet you*« aus, ohne dass darauf eine ausführliche Entgegnung angebracht wäre. Soweit noch nicht vorher geschehen, wird spätestens jetzt nach Vornamen gefragt. Wenn nicht Generationen zwischen den Anwesenden liegen und oft auch dann, erfolgt die Vorstellung und Anrede der Gäste und des Gastgebers ebenfalls mit Vornamen.

Bei Tisch

Selbst bei einer Einladung zum *Dinner* gibt man sich im Allgemeinen formlos. Nur in sehr wenigen amerikanischen Haushalten steht – außer zu ganz speziellen Gelegenheiten – der eigens gedeckte Tisch bei Ankunft der Gäste schon bereit. Man integriert Gast bzw. Gäste einfach in den auch sonst in der Familie üblichen Ablauf. Ist das Essen aufgetragen, achtet niemand auf »richtiges« Benehmen bei Tisch. Jeder isst mehr oder weniger, wie es ihm passt. Wesentlich ist, dass es schmeckt. Unsicherheit über die geeignete Verhaltensweise braucht also nicht aufzukommen.

Wer keine silbernen Löffel stiehlt und folgende Punkte beachtet, kann wenig verkehrt machen:

Ansichten über die USA

- Im Verlauf eines Abends als Gast wie auch bei anderen Gelegenheiten wird schnell die Frage auftauchen »*How do you like America/the States*?« Als Antwort sind differenzierende Ausführungen selten angebracht. Jedermann wird hocherfreut sein, wenn der Tourist, ohne dass er dabei unehrlich zu sein braucht, seine Begeisterung über Dinge äußert, die ihm gut gefallen haben. Bevor ggf. auch negative Eindrücke zur Sprache kommen können, ist meist schon ein anderes Thema dran. Auf jeden Fall liegt man richtig, das Positive und Sehenswerte an den US herauszustreichen. Zwar bestätigt man derart – ggf. wider Willen – die trotz aller Probleme in jüngerer Zeit immer noch verbreitete Überzeugung von Amerika als dem ***most wonderful country on earth*** oder sogar ***God's own country***, aber darüber lässt sich ohnehin nicht diskutieren.
- Negative Äußerungen sind nur angebracht, wenn die Konversation sich auf Themen bezieht, die auch von Amerikanern kontrovers erörtert werden, dann aber vorsichtshalber »gut verpackt«. Obwohl dies m.E. von den Gesprächspartnern abhängt, ist es meist ratsam, eher Zurückhaltung bei der kritischen Beurteilung des Gesehenen und Erlebten zu üben, möchte man nicht ins Fettnäpfchen treten.

  Das gilt unter anderem und speziell für Beobachtungen zu sozialen Missständen in den USA. Die aus europäischer Sicht vielfach unglaublichen Gegensätze zwischen Arm und Reich und der beklagenswerte Zustand mancher Stadtviertel oder strukturell benachteiligter Regionen sind selten ein Thema für davon nicht Betroffene. Schon gar nicht als ein explizit geäußerter Zweifel am *American Way of Life*.

Politik

- Kommt das Gespräch auf politische Ereignisse und Themen, ist niemand verwundert, wenn sich der Tourist in inneramerikanischen Angelegenheiten einigermaßen auskennt.

Andererseits wird nicht übelgenommen, wenn der Informationsstand des Ausländers gering ist. Sind doch Kenntnisse der Amerikaner über den Rest der Welt im Allgemeinen lückenhaft. Politischem Engagement sollte man nur unklar Ausdruck verleihen (vor allem dann, wenn wir es als liberal oder gar »links« bezeichnen würden). Sogar die explizit positive Einschätzung eines ehemaligen Präsidenten wie z.B. von **Barack Obama** kann problematisch sein, denn er war im eigenen Land nicht unumstritten.

Ohne Flagge oder die Farben der Flagge geht gar nichts in den USA

Politische Kritik

- Mit Kritik an amerikanischer Politik oder amerikanischen Institutionen macht man sich mit ziemlicher Sicherheit immer unbeliebt. Amerikaner sind in dieser Hinsicht ausgesprochen empfindlich und fühlen sich von den Europäern, speziell Deutsachen mit ihrer mangelnden Begeisterung für weltweite militärische Einsätze sowieso politisch unverstanden.

  Nach dem Ende des Kalten Krieges, dem seinerzeit gefeierten Sieg im Golfkrieg und der Überwindung des Vietnam-Traumas wurde die Renaissance Amerikas in den 1990er-Jahren als Super- und Ordnungs- und führender Wirtschaftsmacht – unabhängig von sonstigen politischen Einstellungen – allseits begrüßt. Erst mit den Problemen im Irak, in Afghanistan und im Zusammenhang mit der Weltwirtschaftskrise kamen wieder Zweifel an der Überlegenheit amerikanischer Ideologie auf.

USA, the »greatest country on earth«

  Trotz aller Probleme: Kein Präsident, sei er Republikaner oder Demokrat, wurde – auch schon vor Trump – je müde, seinen Landsleuten bei jeder Gelegenheit zu versichern, wie *great* die USA und seine Wähler, das amerikanische Volk seien.

Freunde

- Aus Einladungen ergeben sich gelegentlich weitere Kontakte. So wird dem Gast etwa die Adresse von Freunden und Bekannten mitgegeben. Der Aufforderung, diese aufzusuchen, sollte die Reiseroute in der Nähe verlaufen, darf man durchaus nachkommen. Beim Anruf (der sollte aber sein, auf keinen Fall ist ein »Überfall« angezeigt) genügt der Hinweis auf die Empfehlung der »gemeinsamen Freunde«.

  Apropos: Die bei uns übliche Unterscheidung zwischen Freunden und Bekannten findet in den USA kaum statt. Den soeben aufgegabelten Touristen wird man dem Nachbarn ohne weiteres als (*new*) ***friend*** vorstellen. Denn Freunde »macht« man in Amerika schnell (*making friends*). Als »Amerikaner auf Zeit« darf man diesem Ausdruck einer harmlos-üblichen Oberflächlichkeit die guten Seiten abgewinnen.

Reisetipps

- In freundlicher Hilfsbereitschaft lässt es sich kaum ein Amerikaner nehmen, Reisebekannten gute Tipps für Ziele und Sehenswürdigkeiten zu geben. Bei solchen Ratschlägen ist aber Vorsicht geboten. Optik und **Bewertungsmaßstäbe von Amerikanern** unterscheiden sich erheblich von unseren Vorstellungen. Bevor man also Empfehlungen folgt, sollte man sich daher möglichst noch anderswo vergewissern, ob ein durch Superlative angepriesener Abstecher wirklich Zeit und Umweg wert ist. Vokabeln wie ***breathtaking***, ***overwhelming***, ***awe inspiring*** (atemberaubend, überwältigend, Ehrfurcht einflößend) usw. sind auch für weniger umwerfende Ziele schnell zur Hand. Das gilt ebenso für Formulierungen in touristischer Werbung, in denen Fotos und vollmundige Beschreibungen die Realität bisweilen bei weitem in den Schatten stellen.

Die Weststaaten der USA – Basisdaten/Besucher-Info

Arizona	***The Grand Canyon State***, Staat der USA seit 1912 **Hauptstadt**: Phoenix; **Fläche**: 295.000 km^2; **Bevölkerung**: 7,1 Mio. Arizona Office of Tourism, 1110 West Washington, Suite 155 Phoenix, AZ 85007, ✆ (602) 364-3700, www.visitarizona.com
California	***The Golden State***, Staat der USA seit 1850 **Hauptstadt**: Sacramento; **Fläche**: 424.000 km^2; **Bevölkerung:** 39,6 Mio. California Office of Tourism, 555 Capitol Mall Suite 1100, Sacramento, CA 95814, ✆ (916) 444-4429, www.visitcalifornia.com
Colorado	***The Centennial State***, Staat der USA seit 1876 **Hauptstadt**: Denver; **Fläche**: 270.000 km^2; **Bevölkerung:** 5,7 Mio. Colorado Tourism Office, 1625 Broadway, Suite 2700 Denver, CO 80202, ✆ 1-800-265-6723, www.colorado.com
Idaho	***The Gem State***, Staat der USA seit 1890 **Hauptstadt**: Boise; **Fläche**: 216.000 km^2; **Bevölkerung:** 1,8 Mio. Division of Tourism Development, 700 W State Street Boise, ID 83720-0093, ✆ 1-800-VISITID, www.visitidaho.org
Montana	***Big Sky Country***, Staat der USA seit 1889 **Hauptstadt**: Helena; **Fläche**: 381.000 km^2; **Bevölkerung**: 1,0 Mio. Travel Montana, 301 S Park, P.O. Box 200533, Helena, MT 59620-2870, ✆ 1-800-847-4868, www.visitmt.com
Nebraska	***Cornhusker State***, Staat der USA seit 1867 **Hauptstadt**: Lincoln; **Fläche**: 200.000 km^2 **Bevölkerung:** 1,9 Mio 301 Centennial Mall South, PO Box 98907, Lincoln, NE 68509-8907, ✆ (402) 471-3796, www.visitnebraska.com
Nevada	***The Silver State***, Staat der USA seit 1864 **Hauptstadt**: Carson City; **Fläche**: 286.000 km^2 **Bevölkerung:** 3 Mio Commission on Tourism, 401 N Carson St, Carson City, NV 89701, ✆ 1-800-NEVADA-8, www.travelnevada.com

New Mexico	***The Land of Enchantment***, Staat der USA seit 1912 **Hauptstadt**: Santa Fe; **Fläche**: 314.000 km^2 **Bevölkerung:** 2,1 Mio. Department of Tourism, 491 Old Santa Fe Trail Santa Fe, NM 87501, ✆ (505) 827-7336, www.newmexico.org
Oregon	***The Beaver State***, Staat der USA seit 1859 **Hauptstadt**: Salem; **Fläche**: 255.000 km^2; **Bevölkerung:** 4,2 Mio. Oregon Tourism Commission, 670 Hawthorne Ave SE, Suite 240, Salem, OR 97301, ✆ 1-800-547-7842, www.traveloregon.com
South Dakota	***Mount Rushmore State***, Staat der USA seit 1896 **Hauptstadt**: Pierre; **Fläche**: 200.000 km^2; **Bevölkerung:** 880.000 Department of Tourism, Capitol Lake Plaza, 711 E Wells Ave, Pierre, SD 57501-5070, ✆ 1-800-732-5682, www.travelsouthdakota.com
Utah	***The Beehive State***, Staat der USA seit 1896 **Hauptstadt**: Salt Lake City; **Fläche**: 220.000 km^2 **Bevölkerung:** 3,2 Mio. Utah Office of Tourism, 55 N 300 W, Salt Lake City, UT 84101, ✆ (801) 356-9077, www.utah.com
Washington	***Evergreen State***, Staat der USA seit 1889 **Hauptstadt**: Olympia; **Fläche**: 185.000 km^2; **Bevölkerung**: 7,5 Mio. Washington State Tourism, P.O. Box 42500, Olympia, WA 98504, ✆ 1-800-544-1800, www.experiencewa.com
Wyoming	***The Cowboy State***, Staat der USA seit 1890 **Hauptstadt**: Cheyenne; **Fläche**: 253.000 km^2; **Bevölkerung**: 580.000 Wyoming Office of Tourism, 5611 High Plains Road Cheyenne, WY 82007, ✆ 1-800-225-5996, www.travelwyoming.com

Generelle touristische Informationen für alle US-Staaten auf dem Webportal www.discoveramerica.com

Touristisches Kurzlexikon Amerikanisch – Deutsch

Die folgenden Begriffe und Abkürzungen gehören zum »touristischen Alltag« der USA. Ein Großteil von ihnen wird dem Leser unterwegs »begegnen«:

Im Flugzeug und auf dem Airport

Airfare	Flugpreis
Airport Pick-up	Flughafen-Abholservice
Airport Shuttle (Service)	Transport zwischen Flughafen und Hoteletc.
Aisle	Gang zwischen den Sitzen
Arrival/Arrivals	Ankunft/Ankunfts-Bereich im Airport
Baggage Cart	Gepäckwagen
Baggage Claim	Gepäckausgabe
Boarding Pass	Einsteigekarte
Cabin	Innenraum des Flugzeugs
Cancellation/cancelled	(Flug-)Annullierung, annulliert
Carrier	"Beförderer": Fluggesellschaft
Carry-on Luggage	Handgepäck
Center Seat	Mittelplatz
Check-in	"Einchecken", Abfertigungsschalter
Coach Class	Touristenklasse
Commuter Airline	Regionalfluglinie/Zubringer
Concourse	Flugsteig/Flügel des Abfertigungsgebäudes
Connecting Flight	Anschlussflug
Counter	Schalter
Customs	Zoll
Deadline	letzter Termin
Delay/delayed	Verspätung/verspätet
Departure/Departures	Abflug/Abflugbereich im Airport
Destination	Zielort
Domestic Flight	Inlandsflug
Fare	Tarif
Flight Attendant	Flugbegleiter(in)
Gate	Ausgang zum Flugzeug
Hub	Knotenpunktflughafen
Immigration	Passkontrolle
Locker	Schließfach
Lost Baggage	Schalter für verlorengegangenes Gepäck
Night Coach	Abendflugzeug (nach 21 Uhr)
Non-resident	Wohnhaft außerhalb der USA
Nothing to declare	Nichts zu verzollen
Onward-Flight	Anschlussflug
Overbooking	Mehr Plätze reserviert als vorhanden
Overhead Bin/Compartment	Gepäckablage über den Sitzen
Round Trip	Hin- und Rückflug
Runway	Start-/Landebahn
Safety	Sicherheit
Schedule/Scheduled Flight	Flugplan/planmäßiger Flug
Seat Belts	Sicherheitsgurte
Terminal	Flughafen-/Abfertigungsgebäude
Timetable	Flugplan
Time Zone	Zeitzone

Motel/Hotel und andere Unterkünfte

Air-Condition	Klimaanlage
AYH, American Youth Hostel	Jugendherberge

Bed & Breakfast	Zimmer mit Frühstück
Cancellation	Stornierung
Check-in / Check-out	Anmeldung / Schlüsselrückgabe im Hotel
College Dormitory	Studentenwohnheim
Complimentary	kostenloser Service
Continental Breakfast	Frühstück, oft nur Kaffee/Tee und Gebäck
Country Inn	ländlicher Gasthof/Hotel
Deposit	Sicherheitsleistung/Pfand
Dormitory	Schlafraum/-saal
Double Occupancy	Belegung eines Zimmers mit 2 Personen
Efficiency	Apartment/Zimmer mit Kleinküche
Front Desk	Rezeption
Hostel	Jugendherberge
Hotel Pick-up	Abholung im Hotel
Key Deposit	Schlüsselpfand
Kingsize (Bed)	Doppelbett (ca. 1,90 m breit)
Late Check-out	spätes Räumen eines Zimmers
No Vacancy	alles besetzt
Non-refundable	nicht stornierbar
Non-Smoking Room	Nichtraucher-Zimmer (Hotel)
Queensize (Bed)	Französisches Bett (ca. 1,50 m breit)
Reception Office	Rezeption
Reservation	Reservierung
Room Maid	Zimmermädchen
Single Occupancy	Einzelbelegung
Twin Bedroom	Hotelzimmer mit zwei (Doppel-)Betten
Vacancy	Zimmer frei
Valet Service	kostenpflichtiger Service (z.B. Parken des Autos durch Hotelpersonal)
Waterslide	Wasserrutsche
Weekend-Special	Wochenendtarif

Restaurant, Supermarkt und Einkauf

All-you-can-eat	unbegrenzt viele Portionen
Bacon	Speck
Bagel	(jüdisches) Sauerteig-Brötchen mit »Loch«
Bakery	Bäckerei
Barbecue	Grillveranstaltung
Beef	Rindfleisch
Beverages	Getränke (ohne Alkohol)
Boiled Egg	gekochtes Ei
Brunch	Mittelding aus Breakfast und Lunch
Bulk food	Lose Lebensmittel aus Containern
Bun	weiches Brötchen
Candy	Süßigkeiten
Cashier	Kassierer
Casual (Wear)	Freizeitkleidung
Cereal	(Sammelbegriff für Cornflakes bis Müsli)
Check	Rechnung
Chicken	Hähnchen (fleisch)
Cocktail Lounge	Bar/Thekenraum
Complimentary ...	Gratis.../Zugabe
Convenience Store	kleiner Lebensmittel- und Gemischtwarenladen
Cookies	Kekse
Corn	Mais
Coupon	Gutschein
Cover Charge	Eintritt

Cream	Kaffeesahne
Credit Card Slip	Kreditkartenbeleg
Dairy Products	Milchprodukte
Danish (Pastry)	Blätterteiggebäck
Department Store	Kaufhaus
Dessert	Nachtisch
Diner	Esslokal
Dinner	abendliche Hauptmahlzeit
Donuts (doughnuts)	Berlinerähnliches Gebäck mit »Loch«
Eatery	Synonym für Fast Food Restaurants/Imbiß
Entree	Hauptgericht im Restaurant
Expiration Date	Verfallsdatum
Express Lane	Kasse für Kunden mit wenigen Artikeln (*Items*)
Family Shopping	Familieneinkauf(stag)
Food Mart	Lebensmittelmarkt/Supermarkt
Formal Wear	Abendkleidung/Anzug
French Fries	Pommes Frites
Garlic	Knoblauch
General Store	Gemischtwarenladen (auf dem Lande)
Generic Food	Lebensmittel ohne Markenbezeichnung
Give-Away	Gratis-/preiswerter Artikel
Gratuity	Trinkgeld (»feiner« als *tip*)
Ham	Schinken
Hardware Store	Eisen- und Haushaltswarengeschäft
Hash Browns	Gebratene Reibekartoffeln mit Spiegel-/ Rührei serviert
Health Food	Gesundheitskost
Homo(genized) Milk	Vollmilch
Host/Hostess	Platzzuweiser(in) im Restaurant
Hot	heiß, auch scharf
Ice(d)Tea	Eistee
Icecream	Speiseeis
Item	Artikel, Anzahl der ..., siehe *Express Lane*
Jam/Jelly	Marmelade/Gelee
Juice	Fruchtsaft
Kaiser Rolls	Brötchen
Ladies Room	Damentoilette
Lamb	Lamm
Licensed Restaurant	Restaurant mit Alkoholausschank
Liqueur	Likör
Liquor (Store)	Alkohol/Schnaps (-laden)
Lemonade	Limo
Lobster	Hummer
Low-fat Milk	fettarme Milch
Lunch	Mittagessen
Mall	überdachtes Einkaufszentrum
Maple Syrup	Ahornsirup
Meat	Fleisch
Medium	»halb durch« beim Steak
Men's Room	Herrentoilette
Menu	Speisekarte
Minimart	andere Bezeichnung für *Convenience Store*
Muffin	runder, süßer Kuchen;
On Sale	Sonderangebot
Organic Food	Bio Lebensmittel
Oysters	Austern
Package Store	Laden für Alkoholika (syn. für *Liquor Store*)
Pancakes	Pfannkuchen, meist mit Sirup serviert

Pharmacy	Apotheke
Pie	Torte
Produce (Betonung 1. Silbe)	Obst und Gemüse
Pork	Schweinefleisch
Refill (Free refill)	gratis Nachschenken mit Softdrinks, Kaffee etc
Restroom (Bathroom)	Toilette
Root Beer	braunes Limonadengetränk (pure Chemie)
Sales Tax	Umsatzsteuer
Salmon	Lachs
Scrambled Eggs	Rühreier
Seafood	Fisch-/Muschelgerichte
Seat yourself	im Restaurant: sich selber einen Platz suchen
Shopping Mall	überdachtes Einkaufszentrum
Shrimps	Krabben
Sirloin Steak	Lendensteak, zartes Rumpsteak
Sixpack	Sechserpack (Bier/Cola etc.)
Slice	Scheibe, Stück
Soda Pop	Erfrischungsgetränke (Coca Cola, Sprite etc.)
Soft Drink	Erfrischungsgetränke (Coca Cola, Sprite etc.)
Sparkling Water / Wine	Wasser mit Kohlensäure
Sunny Side up	Spiegelei
Supper	(leichtes) Abendessen
Sweetener	Süßstoff
Sweets	Süßigkeiten
Tip	Trinkgeld
Tuna	Thunfisch
Turkey	Pute
Veal	Kalbfleisch
Wait in Line	Schlangestehen
Wait to be Seated	warten, bis man einen Platz zugewiesen bekommt
Waiter/Waitress	Kellner(in)
Well done	durchgebraten (Steak)

Camping, Wandern, Geographische Begriffe

Arch	Felsbogen
Backcountry	unerschlossenes Hinterland
Backpacking	Rucksack-Wanderungen unternehmen
Badlands	aride Hüfgellandschaft
Black Water	Abwasser aus der Toilette
Boardwalk	Holzplankenweg
Boondocking	kostenloses Camping
Butte	Spitzkuppe
Campground	Campingplatz
Campsite	Stellplatz auf dem Campground
Caprock	Felsnadel, Erdpyramide
Cliffs	Klippen
Creek	Bach, kleiner Flusslauf
Dispersed Camping	kostenloses Camping
Dry Camping	Platz ohne Anschlüsse
Dump(ing) Station	Ent-/Versorgungsstelle auf Campingplätzen
Fee	Gebühr
Firewood	Feuerholz
First-come, first-served	Bedienung in Reihenfolge der Ankunft
Flashlight	Taschenlampe
Full-Hook-up	Strom-, Wasser- und Abwasseranschluss
Gorge	Schlucht
Gulch	Schlucht
Hiking Trail	Wanderweg

Hollow	Schlucht
Hoodoo	Felsnadel, Erdpyramide
Hook-up	Wohnmobil-Stellplatz mit Anschlüssen
Kitchen Shelter	Küchenhäuschen auf Campingplätzen
Loop Trail	Rundwanderweg
Map	Landkarte
Mesa	Tafelberg
Narrows	enge Schlucht
National Forest	Nationalforst
Natural Bridge	Steinbrücke
Nature Trail	kurzer Wanderweg, Naturlehrpfad
No Trespassing	Durchgang verboten
Outdoor Recreation	Freizeitvergnügen »draußen in der Natur«
Park Ranger	Aufsichtsperson im National oder State Park etc.
Permit	schriftliche Genehmigung fürs Zelten o.ä.
Picnic Area	Picknickplatz
Pillar	Steinsäule
Pinnacle	Felsnadel, Erdpyramide
Plug	Stecker/Steckdose
Private Property	Privateigentum
Recreation Area	Erholungsgebiet
Rim	Abbruchkante
Rock Art	indianische Felszeichnungen
RV	*Recreational Vehicle* (Wohnmobil)
RV-Park	Campingplatz für Campmobile,
Self Registration	Selbstanmeldung auf Campingplätzen
Sewer	Abwasserabfluss
Shower	Dusche
Slickrock	glatter, harter Sandstein
Slide-out	ausfahrbarer, erweiterbarer Bereich des Wohnmobils
Slot (Canyon)	enge Schlucht
Tent	Zelt
Track	Spur
Trail	Wanderweg
Trailhead	Startpunkt eines Wanderwegs
Visitor Center	Besucherzentrum/Parkinformation,
Walk-in-Campground	nur zu Fuß erreichbarer Zeltplatz
Wash	ausgetrocknetes Flussbett
Woodyard	Sammelstelle für Feuerholz

Rund ums Auto

AAA	American Automobile Assocation
Accident	Unfall
Axle	Achse
Backroad	Einsame Nebenstraße
Brake	Bremse
Bumper	Stoßstange
Car Drop-off	Leihwagen-Rückgabe
Carpool	Gemeinschaftliche Autonutzung
Collision Damage Waiver	Vollkaskoversicherung (CDW)
Compact Car	Pkw Größe VW Golf/Ford Escort
Convertible (Car)	Cabriolet
Damage Claim	Schadenersatzanspruch
Dashboard	Armaturenbrett
Driver's license	Führerschein
Drop-off Charge	Zusatzgebühr für Einweg-Automiete
Emergency	Notfall
Engine	Motor

Exhaust	Auspuff
First Aid Box	Erste Hilfe-Kasten/Verbandskasten
Full Service	Bedienung an der Tankstelle
Gallon	Gallone (3,8 Liter)
Garage	Werkstatt
Gas Mileage	Benzinverbrauch (Meilen pro Gallone)
Gas(oline) Station	Tankstelle
Headlight	Scheinwerfer
High (Low) Beam	Fernlicht (Abblendlicht)
Hood	Motorhaube
Leaded	verbleit (Benzin)
Lead-free/unleaded	bleifrei
Liability Insurance	Haftpflichtversicherung
License Plate	Nummernschild
Limousine	Großraum-Pkw (verlängerte Karosserie)
Loss Damage Waiver	Vollkaskoversicherung (LDW)
Lube Service	Abschmierdienst
Minivan	Kleinbus
Mobil Home	transportables Wohnhaus
Motorhome	größeres Campingfahrzeug
One-way Fee	Einweggebühr (bei Automiete)
Pick-up (-truck)	Kleinlastwagen
Power Breaks	Servobremsen
Power Steering	Servolenkung
Premium Unleaded	unverbleites Superbenzin
Quick Lube	Abschmier-Schnelldienst
Radiator	Kühler
Recreation Vehicle	Wohnmobil (RV)
Registration	Fahrzeugschein
Rental-Car-Return	Mietwagen-Rückgabestelle
Seat (auch: Safety) Belt	Sicherheitsgurt
Sedan	geschlossener Pkw
Shock Absorber	Stoßdämpfer
Spare Tire	Reservereifen
Spark Plug	Zündkerze
Station Wagon	Kombi
Steering Wheel	Lenkrad
Tire Pressure	Reifendruck
Title	Fahrzeugbrief
Transmission	Getriebe
Trailer	Anhänger, auch: Wohnwagen
Trunk	Kofferraum
Unleaded	bleifrei
Van	Lieferwagen, kleines Campmobil
Windshield	Windschutzscheibe
Wiper	Scheibenwischer

Straßenverkehr

Buckle up	sich anschnallen
Bump	Bodenschwelle
Byway	Nebenstrecke
Carpool-Lane	Schnellspur für Autos mit mehreren Insassen
Cop	Umgangssprachlich: Polizist
County Road (CR)	Kreisstraße
Dead End	Sackgasse
Detour	Umleitung
Dip	Bodensenke
Dirt Road	unbefestigte Straße

Divided Highway	Durch Mittelstreifen getrennte Fahrspuren
Do not enter/pass	Einfahrt/Überholen verboten
Entrance	Einfahrt
Emergency (Road Service)	Notfall/Straßendienst
Exit	(Autobahn-) Ausfahrt
Flagman	»Flaggenmann« zur Verkehrsregelung
Forest Road	Straße im National Forest (FR)
Freeway	Autobahn
Frontage Road (auch: Business Loop)	Geschäftsstraße (Tankstellen, Fast-Food etc.) parallel zur Autobahn
Grade Crossing	Bahnübergang
Gravel Road	Schotterstraße
Highway	Straße (nicht Autobahn)
Improved Road	Befestigte Straße = Schotterstraße
Intersection	Einmündung oder Kreuzung
Interstate (Freeway)	Autobahn des bundesweiten Netzes
Junction	Straßenkreuzung, Abzweigung
Lane Ends	Fahrspur endet
Maximum Speed	Höchstgeschwindigkeit
Men Working	Baustelle (»Männer bei der Arbeit«)
Merge	einordnen
No Parking any Time	absolutes Halteverbot
No Right Turn on Red	Rechtsabbiegen bei Rot verboten
One Way	Einbahnstraße
Paved	geteert (an sich: gepflastert)
Pedestrian	Fußgänger
Pilot Car	Baustelle: vorwegfahrendes Konvoi-Fahrzeug
Ramp	Autobahnauffahrt/-abfahrt
Rest Area	Rastplatz
Road Construction	Baustelle
Rush Hour	Zeit des Berufsverkehrs
Shortcut	Abkürzung
Slippery when wet	Rutschgefahr bei Nässe
Speed Limit	Geschwindigkeitsgrenze
Speed Zone Ahead	Geschwindigkeitsbegrenzung voraus
State Route (SR)	Staatsstraße
Streetcar	Straßenbahn
Toll (Road)	Gebühr (mautpflichtige Straße)
Tow Away Zone	Abschleppzone
Traffic Light	Verkehrsampel
Unimproved Road	unbefestigte Straße
Unlimited Mileage	unbegrenzte Meilen (Automiete)
Unpaved Road	nicht asphaltierte Straße
U-Turn	Wenden
Wrong Way	falsche Fahrtrichtung
Yield (Right of Way)	Achtung Vorfahrt

Unterwegs von Bedeutung

Bleach	Bleiche (Zusatz beim Wäschewaschen)
Cab	Taxi
Capital	Hauptstadt
Capitol	Regierungsgebäude
Dentist	Zahnarzt
Detergent	Waschmittel
Directory	Adressbuch/Telefonbuch
Doctors Office	Arztpraxis
Emergency Number	Notfall-Telefonnummer (911)

Fare	Fahrpreis
General Delivery	postlagernd
Highway Map	Straßenkarte
Hitchhiking	Trampen, per Anhalter reisen
Identification (ID)	Identifikation (Führerschein oder Reisepass)
Laundry/Laundromat	Münzwaschsalon
Medical Doctor	Arzt
Officer	Beamter: Anrede für Polizisten, Parkranger etc
Outlet Mall	Ladencenter für Direktverkauf ab Fabrik
Physician	Arzt
Platform	Bahnsteig
Prescription	Rezept
Ranger	Aufsichtbeamter in National und State Parks
Road Map	Straßenkarte
Round Trip Ticket	Hin- und Rückfahrkarte
Subway	Untergrundbahn
Token	Wertmarke (U-Bahn/Spielkasino)
Toll free	gebührenfrei
Tour Book	Regionalführer des Automobilklubs AAA
Tour Guide	Reiseleiter
Trailhead	Ausgangspunkt eines Wanderweges
Van Service	Kleinbuslinie/-Hotelservice
View (Vista) Point	Aussichtspunkt
Voucher	Gutschein (Hotel/Mietwagen)

Zahlung und Geld

ATM	Automatic Teller Machine (Bargeldautomat)
Buck	umgangssprachlich für Dollar
Cash or Credit	Barzahlung oder Zahlung per Kreditkarte
Cashing	Per Kreditkarte Bargeld abheben
Change	Wechselgeld
Charge	zahlen mit Kreditkarte; auch »berechnen«
Debit Card	Bankkarte, bei der das Konto sofort oder nach nur wenigen Tagen belastet wird
Dime	10 Cents
Dollar Bill/Greenback	Dollarnote
Nickel	5 Cents
Prepay	im Voraus bezahlen
Quarter	25 Cents

Post und Telefon

Air Mail	Luftpost
Answering machine	Anrufbeantworter
Area Code	Vorwahl
Busy	am Telefon: besetzt
Call	anrufen, Anruf
Calling/Phone Card	Telefonkarte
Cell Phone	Handy (nicht »*handy*« = handlich)
Collect Call	R-Gespräch
Country Code	Vorwahl eines Landes
Local Call	Ortsgespräch
Long Distance Call	Ferngespräch
Operator	Telefonvermittlung
Parcel	Paket
Pay Phone	Münztelefon
Stamp	Briefmarke
Toll-free Number	gebührenfreie Telefonnummer
Yellow Pages	Gelbe Seiten
Zip Code	Postleitzahl

Fotonachweis

Michael Anding, Jena: Seiten 68 und 69
Eyke Berghahn, Teneriffa: Seite 153
Burghard Bock, Bremen: Seite 235
Heiko Boeck, Zwickau: Seiten 521 und 716
Burkhard Brocke, Westerstede: Seiten 59, 402, 560, 582 unten links+rechts
Horst Deuerlein, Nürnberg: Seite 770
Dirk Ehrentraut (www.dirk-ehrentraut.de): Seiten 250, 445 und 714
Tilman Früh, Erlangen: Seiten 34, 341 unten, 498, 510
Rainer Gerhard, Neustadt/Weinstraße: Seiten 23, 66, 119, 135, 224 oben und 277
Mareike Hartl (www.mareikehartl.de): Seiten 200, 542, 565, 586 und 589 unten
Markus Hundt, Bonn: Seite 436
Andrea Körner, Börnersdorf: Seite 397
Thomas Löffler, Dresden: Seiten 52, 320, 423, 425, 429, 435, 440 und Coverbild
Simone & Olaf Patt (www.two-vagabonds.de): Seiten 58, 672, 682 und 753
Christian Pehlemann, München: Seiten 4, 166 und 601
Petra Pokar, Schwarzenbruck: Seiten 574 und 718
Andreas Scheidle (www.scheidle-online.de): Seite 37
Thomas Schröder (www.bikeamerica.de): Seiten 63, 80 und 458
Peter Schickert (www.schickert.info): Seiten 226, 266, 311, 362, 818
Dirk Steiner, Kämpfelbach: Seite 432
Steffen Synnatschke, Dresden (www.synnatschke.de): Seiten 21 oben, 128/129, 314 unten 416, 419, 471, 482, 508, 515, 592 und 728
Jörg Vaas, Steinheim: Seiten 186, 187, 233, 479, 520, 689 und 738
Peter Zeidler, Höhenkirchen: Seite 775

©Shutterstock.com (Seite)

peresanz 1, anirbandas08081986 50, John Hoffman 75, Philip Pilosian 95, Alena Mozhjer 169, Johnny Adolphson 197, Featureflash Photo Agency 218, Ken Wolter 227, robert cicchetti 228 unten, Akkharat Jarusilawong 232, Civdis 239, Supannee_Hickman 264, Vacclav 295, DTM Media 296, Michael Vi 298, Mariusz S. Jurgielewicz 322, HTurner 364, tusharkoley 376, My Good Images 452, Marek Pelikan 455, Katherine Hammons 485, goodeeday 488, Eric Brinley 522, iacomino FRiMAGES 527, Barna Tanka 579, meunierd 589, Tim Roberts Photography 593, Joseph Sohm 611, kan_khampanya 633, f11photo 658, EQRoy 660, Kelvin Wong 683, DanielFreyr 667, Jim Parkin 744 oben, marekuliasz 750, Capture Light 759, Jerry Susoeff 773, EdwinM 780, Pung 781 unten + Umschlag innen Nr.5, OLOS 782, Everett Historical 783+791, Hugh K Telleria 785, Zhukova Valentyna 846, Pi-Lens Umschlag innen Nr.1, Phitha Tanpairoj Umschlag innen Nr.3, Pius Lee Umschlag innen Nr.6

©iStockphoto.com (Seite)

m_grageda Seite 22, Betty4240 24 oben, RickTravel 25, MBRubin 27 unten, jonmccormackphoto 28, Cody Marsh 40, northwoodsphoto 49, schantalao 61, NosUA 92, woodStockimages 112, f11photo 120, robertcicchetti 121, demerzel21 122, MorePixels 146,

Stevezminal 175, SeanPavonePhoto 205, frwooar 213,SeanPavonePhoto 216, ludhi85 217, Merkuri2 225, Mmaxmax 228 oben, alancrosthwaite 258, Vladone 272, Steve Zmina 273, Vladone 274, julof90 276, JohnSeiler 285, hanusst 300, pikappa 305, AndreyKrav 307, jewhyte 310, TasfotoNL 313, canbalci 316, Meinzahn 317, gangliu10 318, tupungato 326, chameleonseye 329, yhelfman 330, ebettini 334, maybefalse 336, rightdx 339, Wolterk 341 oben, jejim 343+345, optionm 346 unten, lucky-photographer 350 + Umschlag innen, digital94086 355, CrackerClips 358, csfotoimages 359, Kit_Leong 361, casch 369, photoquest7 372+380, littleny 392, Koonyongyut 394, jfoltyn 396, Bakstad 398, pabradyphoto 405, demerzel21 406+408, 4FR 418, Matthew Dixon 420, SallyAnneRay 427, Vladone 434, Wirepec 439, littleny 441, wesvandinter 443, venemama 472, tupungato 494, boydhendrikse 503, lucky-photographer 505, sdbower 529, spasticlizard 533, jamirae 535, zrfphoto 540+543, SumikoPhoto 556, zrfphoto 563+564, tonda 566, Tashka 569, zrfphoto 573+578, deymos 611, zrfphoto 618, Schaef1 621, Soldier76 625, ARSimonds 625, thundor 626, jbeck32661 627, SEASTOCK 629, Joecho-16 630, SlocumMedia 637, sdphotography 640 + Umschlag innen Nr.4, Png-Studio 663, Patrick Hutter 690, ChrisBoswell 693, zrfphoto 694, scampdesigns 698, c_sorvillo 699, legacyimagesphotography 711, rtrueman 722, Betty4240 731, Albert-Pego 734, jivz 737, DC_Colombia 742, searagen 744 unten, Kjsmith47 747 + Umschlag innen Nr.2, PatHH 748, zrfphoto 752 oben, tupungato 763, Delpixart 771, knowles-gallery 777, MABroussard 778, Frank_Merfort 788, SpVVK 814

Media Images **Best Time RV**, Dallas: Seite 116 **Buffalo Bill CoW**, Cody: Seite 735
Carlsbad Caverns NP: Seite 570 **Crab Pot Restaurant**, Seattle: Seite 610
Escape Campervans, SF: Seite 106 **Greyhound Inc**, Dallas: Seite 62
Hearst Castle Administration, Seite 353 **Ivar's Salmon House**: Seite 177
Land & Sea Tours, Santa Barbara: Seite 53 **MGM**, Las Vegas: Seite 431
Visit Berkeley (www.visitberkeley.com): Seite 367
Visit Cheyenne (www.cheyenne.org): Seite 752 unten

Alle anderen Fotos sind von den Autoren (ca. 350)

Fotografen bei der Natural Bridge in Santa Cruz südlich von San Francisco

Internet war gestern.
Heute gibt's das BUCH!

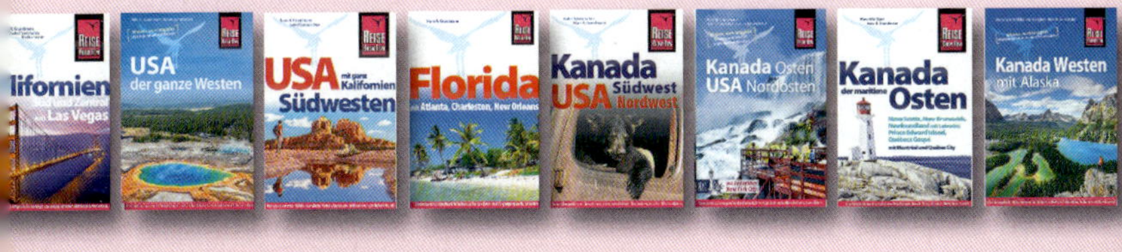

Die Nr. 1 für Nordamerika!*

Alphabetisches Register – Index

Im Register finden sich alle Ortsnamen, Sehenswürdigkeiten und geographischen Bezeichnungen ebenso wie alle wichtigen Sachbegriffe. Egal, wonach man sucht, seien es Informationen zur Automiete, zu einer Stadt oder einem Nationalpark, alles ist unterschiedslos alphabetisch eingeordnet.